UNSER ONLINE-BONUS

Herzlichen Glückwunsch zum
Kauf dieses Buches. Auf der
unten genannten Website finden
Sie exklusive und kostenlose
Zusatzangebote. Klicken Sie rein –
es lohnt sich!

www.doko-buch.de

Doberenz, Gewinnus

Visual Basic 2008

Kochbuch

Bleiben Sie einfach auf dem Laufenden:
www.hanser.de/newsletter
Sofort anmelden und Monat für Monat
die neuesten Infos und Updates erhalten.

Walter Doberenz
Thomas Gewinnus

Visual Basic 2008

Kochbuch

HANSER

Die Autoren:
Professor Dr.-Ing. habil. Walter Doberenz, Altenburg
Dipl.-Ing. Thomas Gewinnus, Frankfurt/Oder

Alle in diesem Buch enthaltenen Informationen, Verfahren und Darstellungen wurden nach bestem Wissen zusammengestellt und mit Sorgfalt getestet. Dennoch sind Fehler nicht ganz auszuschließen. Aus diesem Grund sind die im vorliegenden Buch enthaltenen Informationen mit keiner Verpflichtung oder Garantie irgendeiner Art verbunden. Autoren und Verlag übernehmen infolgedessen keine juristische Verantwortung und werden keine daraus folgende oder sonstige Haftung übernehmen, die auf irgendeine Art aus der Benutzung dieser Informationen – oder Teilen davon – entsteht.
Ebenso übernehmen Autoren und Verlag keine Gewähr dafür, dass beschriebene Verfahren usw. frei von Schutzrechten Dritter sind. Die Wiedergabe von Gebrauchsnamen, Handelsnamen, Warenbezeichnungen usw. in diesem Buch berechtigt deshalb auch ohne besondere Kennzeichnung nicht zu der Annahme, dass solche Namen im Sinne der Warenzeichen- und Markenschutz-Gesetzgebung als frei zu betrachten wären und daher von jedermann benutzt werden dürften.

Bibliografische Information Der Deutschen Nationalbibliothek
Die Deutsche Nationalbibliothek verzeichnet diese Publikation in der
Deutschen Nationalbibliografie; detaillierte bibliografische Daten sind im
Internet über http://dnb.d-nb.de abrufbar.

Dieses Werk ist urheberrechtlich geschützt.
Alle Rechte, auch die der Übersetzung, des Nachdruckes und der Vervielfältigung des Buches, oder Teilen daraus, vorbehalten. Kein Teil des Werkes darf ohne schriftliche Genehmigung des Verlages in irgendeiner Form (Fotokopie, Mikrofilm oder ein anderes Verfahren) – auch nicht für Zwecke der Unterrichtsgestaltung – reproduziert oder unter Verwendung elektronischer Systeme verarbeitet, vervielfältigt oder verbreitet werden.

© 2008 Carl Hanser Verlag München
Gesamtlektorat: Fernando Schneider
Sprachlektorat: Sabine Wagner, Altenburg
Herstellung: Steffen Jörg
Coverconcept: Marc Müller-Bremer, www.rebranding.de, München
Umschlaggestaltung: MCP · Susanne Kraus GbR, Holzkirchen
Datenbelichtung, Druck und Bindung: Kösel, Krugzell
Ausstattung patentrechtlich geschützt. Kösel FD 351, Patent-Nr. 0748702
Printed in Germany

ISBN 978-3-446-41492-1

www.hanser.de/computer

Inhaltsverzeichnis

	Vorwort	19
1	**Kleiner VB-Crashkurs für Anfänger**	**23**
	R1.1 Das EVA-Prinzip anwenden	23
	R1.2 Ein Array definieren und initialisieren	27
	R1.3 Die Arraygröße zur Laufzeit ändern	29
	R1.4 Berechnungen in eine Methode auslagern	31
	R1.5 Konsolenprogramm nach Windows portieren	35
	R1.6 Zahlen in eine ListBox eingeben und auswerten	39
2	**Sprache**	**43**
	R2.1 Anwendungen von C# nach Visual Basic portieren	43
	R2.2 String in Array kopieren und umgekehrt	49
	R2.3 Ein Byte-Array in einen String konvertieren	51
	R2.4 Strukturvariablen in Arrays einsetzen	53
	R2.5 Eine einzelne Spalte aus einem Array kopieren	56
	R2.6 In einer ArrayList suchen und sortieren	57
	R2.7 In einer generischen Liste suchen und sortieren	59
	R2.8 Zufallszahlen erzeugen	61
	R2.9 Eine Iterationsschleife verstehen (Quadratwurzel)	62
	R2.10 Eine Iterationsschleife verstehen (Goldener Schnitt)	65
	R2.11 Funktionen rekursiv aufrufen	67
	R2.12 Zeichenketten mittels StringBuilder addieren	68
	R2.13 Strings vergleichen	72
	R2.14 Zeitdifferenzen ermitteln	75
	R2.15 Datumsdifferenzen ermitteln	77
	R2.16 Das Alter in Jahren bestimmen	80
	R2.17 Die Monatsdifferenz berechnen	81
	R2.18 Das Datum beweglicher Feiertage berechnen	83
	R2.19 Ersten und letzten Wochentag des Monats ermitteln	85
	R2.20 Abschreibungen auf Monatsbasis berechnen	86
	R2.21 Reisespesen berechnen	90
	R2.22 Geldbeträge kaufmännisch runden	93
	R2.23 Fehler bei mathematischen Operationen behandeln	94

R2.24	Mit Potenzen und Wurzeln rechnen	99
R2.25	Einen Delegate definieren und anwenden	100
R2.26	Mit Delegates sortieren (Bubblesort)	102
R2.27	Referenz- oder Wertetypen als Parameter übergeben	105
R2.28	Die Syntax von LINQ-Abfragen verstehen	108
R2.29	Strings mit LINQ abfragen und filtern	112
R2.30	Ein Zahlen-Array mit LINQ auswerten und sortieren	113
R2.31	Tipps & Tricks	116
	Die aktuelle Uhrzeit anzeigen	116
	Die Uhrzeit als DateTime-Datentyp speichern	117
	Zahlen definiert runden	117
	Auf das letzte Zeichen im String testen	117
	Die letzten Zeichen eines Strings abschneiden	117
	Leerzeichen aus einem String entfernen	118
	Zur Laufzeit ein Array definieren	118

3 Oberfläche — 119

R3.1	Das Startformular festlegen	119
R3.2	Beim Programmstart eine Abfrage ausführen	120
R3.3	Das Schließen des Formulars verhindern	122
R3.4	Mit mehreren Formularen arbeiten	123
R3.5	Eine MDI-Applikation erstellen	128
R3.6	Formulare im Formular anzeigen	131
R3.7	Zur Laufzeit ein Steuerelement erzeugen	134
R3.8	Steuerelemente-Array per Code erzeugen	136
R3.9	Auf ein Control-Array zugreifen	138
R3.10	Mit der TextBox arbeiten	141
R3.11	In einer TextBox suchen	143
R3.12	Nur Zahleneingaben zulassen	145
R3.13	Dezimalkomma in Dezimalpunkt umwandeln	147
R3.14	Tastatureingaben für mehrere TextBoxen filtern	148
R3.15	RadioButtons und CheckBoxen einsetzen	150
R3.16	Die ListBox kennen lernen	152
R3.17	Die ComboBox kennen lernen	155
R3.18	Objekte in ListBox/ComboBox anzeigen	158
R3.19	Mit der CheckedListBox arbeiten	161
R3.20	Die Maus abfragen	164
R3.21	Das TableLayoutPanel einsetzen	165

R3.22	Mit einem Kontextmenü arbeiten	170
R3.23	Einfache Datenbindung praktizieren	172
R3.24	Anwendungseinstellungen an Steuerelemente binden	175
R3.25	Mit Drag & Drop arbeiten	179
R3.26	Mit dem ErrorProvider arbeiten	183
R3.27	Eingaben validieren	186
R3.28	Das NotifyIcon-Control in der Taskleiste einsetzen	189
R3.29	Ein Array in einer ListView anzeigen	194
R3.30	Eine ListView mit dem Inhalt eines DataSets füllen	196
R3.31	In der ListView nach beliebigen Spalten sortieren	200

4 Grafikprogrammierung 207

R4.1	Ein Graphics-Objekt erzeugen	207
	Variante 1: Verwendung des Paint-Events	207
	Variante 2: Überschreiben der OnPaint-Methode	208
	Variante 3: Graphics-Objekt mit CreateGraphics erzeugen	209
	Variante 4: Verwendung des Graphics-Objekts einer PictureBox	210
R4.2	Verbundene Linien und Pfeile zeichnen	210
R4.3	Eine gemusterte Linie zeichnen	212
R4.4	Rechtecke und Ellipsen zeichnen	213
R4.5	Rechtecke mit runden Ecken zeichnen	215
R4.6	Transparente Farben verwenden	216
R4.7	Ein Tortendiagramm zeichnen	217
R4.8	Die Grafikdialoge richtig einsetzen	219
R4.9	Ein Control-Array mit Grafiken ausstatten	221
R4.10	Einen grafischen Würfel programmieren	224
R4.11	Den Abstand zwischen zwei Punkten berechnen	227
R4.12	Ein Balkendiagramm zeichnen	229
R4.13	Das Mischen von Farbwerten verstehen	234
R4.14	Eine Verkehrsampel programmieren	238
R4.15	Eine 2D-Vektorgrafik manipulieren	242
R4.16	Geometrische Transformationen durchführen	247
R4.17	Eine Grafik scrollen	250
R4.18	Eine Bitmap erzeugen und als Datei speichern	251
R4.19	Eine Metafilegrafik erzeugen und speichern	252
R4.20	Einen Fenster-Screenshot erzeugen	253
R4.21	Einen Desktop-Screenshot realisieren	256
R4.22	Auf dem Windows-Desktop zeichnen	258

R4.23	Eine Grafik aus den Programmressourcen laden	260
R4.24	Zwei Farbwerte miteinander vergleichen	263
R4.25	Einen Farbverlauf erzeugen	264
R4.26	Einen transparenten Stift erzeugen	265
R4.27	Texte gedreht ausgeben	266
R4.28	Text mit Schatten ausgeben	267
R4.29	Mehrzeiligen Text ausgeben	269
R4.30	Text mit Tabulatoren ausgeben	270
R4.31	Die installierten Schriftarten ermitteln	271
R4.32	Die JPEG-Kompression festlegen	273
R4.33	Eine Grafik maskieren	274
R4.34	Die Transparenz einer Grafik steuern	277
R4.35	Einfache GIF-Animationen wiedergeben	278
R4.36	Auf einzelne GIF-Frames zugreifen	280
R4.37	Aus animierten Gifs ein Bitmap-Strip erzeugen	282
R4.38	Flackernde Grafikausgaben vermeiden	283
R4.39	Einfache Grafikanimationen realisieren	286
R4.40	RGB-Grafiken manipulieren	288
R4.41	Einen Markierungsrahmen erzeugen	295
R4.42	Zeichenoperationen mit der Maus realisieren	297
R4.43	Ein Testbild programmieren	301

5 Drucker/Drucken — 305

R5.1	Mit Visual Basic drucken	305
R5.2	Den Windows Standard-Drucker ermitteln	306
R5.3	Den Windows Standard-Drucker ändern	307
R5.4	Die verfügbaren Drucker ermitteln	308
R5.5	Einen Drucker auswählen	309
R5.6	Papierformate und Seitenabmessungen bestimmen	311
R5.7	Den physikalischen Druckbereich ermitteln	312
R5.8	Die aktuelle Seitenausrichtung ermitteln	314
R5.9	Testen ob es sich um einen Farbdrucker handelt	314
R5.10	Die physikalische Druckauflösung abfragen	314
R5.11	Prüfen, ob beidseitiger Druck möglich ist	316
R5.12	Einen Informationsgerätekontext erzeugen	316
R5.13	Drucken in Millimetern	318
R5.14	Die Seitenränder für den Druck festlegen	319
R5.15	Den Druckjobnamen festlegen	322

R5.16	Die Anzahl der Kopien festlegen	322
R5.17	Beidseitigen Druck realisieren	322
R5.18	Bestimmte Seitenbereiche drucken	323
R5.19	Den PageSetup-Dialog verwenden	328
R5.20	Das Windows-Drucker-Fenster anzeigen	331
R5.21	Eine Textdatei drucken	332
R5.22	Den Inhalt einer TextBox drucken	335
R5.23	Den Drucker umfassend konfigurieren	337
R5.24	Mit Microsoft Word per OLE drucken	347
R5.25	Ein Microsoft Word-Formulare füllen und drucken	350
R5.26	Mit Microsoft Access drucken	354
R5.27	Die Drucker-Konfiguration anzeigen	357
R5.28	Diverse Druckereigenschaften bestimmen	358
R5.29	Dokumente mit dem Internet Explorer drucken	360
R5.30	Einen Drucker anhalten	362

6 OOP/Komponenten — 365

R6.1	Überladene/überschriebene Methoden vergleichen	365
R6.2	Aggregation und Vererbung gegenüberstellen	368
R6.3	Objekte serialisieren	375
R6.4	Ein wieder verwendbares Formular erstellen	378
R6.5	Von einem Formular erben	381
R6.6	Von vorhandenen Steuerelementen erben	386
R6.7	Eine Komponente zur Farbauswahl entwickeln	390
R6.8	Eine Digitalanzeige-Komponente programmieren	396
R6.9	OOP beim Kartenspiel erlernen	401
R6.10	Eine Klasse zur Matrizenrechnung entwickeln	406

7 Kleiner OOP-Crashkurs — 413

R7.1	Klassen und Objekte verstehen	413
R7.2	Einen eigenen Konstruktor implementieren	418
R7.3	Eigenschaften kapseln	420
R7.4	Vererbung und Polymorphie anwenden	424
R7.5	Ereignisse programmieren	432
R7.6	Das Observer-Pattern demonstrieren	435
R7.7	Multicast-Events verwenden	446
R7.8	Das Microsoft Event Pattern implementieren	448

8 Dateien/Verzeichnisse ... **455**

R8.1	Mit den Dateidialogen auf eine Textdatei zugreifen	455
R8.2	Alle Unterverzeichnisse auflisten	459
R8.3	Alle Dateien auflisten	460
R8.4	Die GetFileSystemInfos-Methode einsetzen	462
R8.5	Die Path-Klasse kennen lernen	463
R8.6	Verzeichnis- und Datei-Informationen gewinnen	464
R8.7	Änderungen im Dateisystem überwachen	468
R8.8	Dateien rekursiv suchen	471
R8.9	Eine sequenzielle Datei lesen und schreiben	474
R8.10	Serialisierte Objekte in einer Datei abspeichern	477
R8.11	Den Inhalt einer ListView als Datei abspeichern	482
R8.12	Den Verzeichnisinhalt in einer ListView anzeigen	487
R8.13	Einen Verzeichnisbaum in eine TreeView einlesen	489
R8.14	Eine Datei verschlüsseln	492
R8.15	Eine Datei komprimieren	495
R8.16	Die vorhandenen Laufwerke feststellen	497
R8.17	Datei-Ladefortschritt mit ProgressBar anzeigen	498

9 XML ... **501**

R9.1	DataSets in Xml-Strings konvertieren	501
R9.2	DataSets in XML-Dateien speichern	505
R9.3	In Dokumenten mit dem XPathNavigator navigieren	508
R9.4	In Dokumenten mit XElement/XDocument navigieren	513
R9.5	In Dokumenten mit dem XPathNavigator suchen	518
R9.6	Hierarchische XML-Daten in einer TreeView darstellen	521
R9.7	XML-Daten mit dem XmlReader lesen	525
R9.8	XML-Daten mit LINQ to XML einlesen/filtern	528
R9.9	XML-Daten mit dem XmlWriter erzeugen	530
R9.10	XML-Dokumente mit LINQ to XML erzeugen	532
R9.11	Verzeichnisstruktur als XML-Dokument sichern	534
R9.12	Binäre Daten in einem XML-Dokument speichern	536
R9.13	Objektstrukturen im XML-Format sichern	539
R9.14	XML-Dokumente mit XSLT transformieren	545
R9.15	XML-Dokumente mit LINQ transformieren	547
R9.16	XML-Daten mit XmlDataDocument bearbeiten	549
R9.17	XML-Daten in SQL Server-Tabellen speichern	552
R9.18	XML-Dokumente in Webanwendungen anzeigen	554

10 ADO.NET ... 559

R10.1 Auf eine Access-Datenbank zugreifen ... 559
R10.2 Auf den SQL Server zugreifen ... 562
R10.3 ConnectionString in Konfigurationsdatei ablegen ... 564
R10.4 Den DataReader kennen lernen ... 567
R10.5 Minimaler DB-Client für Lese- und Schreibzugriff ... 569
R10.6 Schemainformationen verwenden ... 571
R10.7 Query Notifications verwenden ... 575
R10.8 Mit einer Datenquelle arbeiten ... 580
R10.9 Eine Aktionsabfrage ausführen ... 586
R10.10 Daten direkt hinzufügen oder löschen ... 588
R10.11 Gespeicherte Prozeduren aufrufen ... 591
R10.12 Eine Access-Auswahlabfrage aufrufen ... 594
R10.13 Parametrierte Abfragen unter MS Access ausführen ... 597
R10.14 Parametrierte Abfragen für SQL Server ausführen ... 598
R10.15 Datumswerte in SQL-Anweisungen einbauen ... 600
R10.16 Die Datenbank manuell aktualisieren ... 603
R10.17 Die Datenbank mit CommandBuilder aktualisieren ... 607
R10.18 Mit Stapel-Abfragen arbeiten ... 608
R10.19 RowUpdating-/RowUpdated-Ereignisse verwenden ... 610
R10.20 MARS kennen lernen ... 613
R10.21 Auf Zeilen und Spalten der DataTable zugreifen ... 617
R10.22 Eine ListBox an einen DataView binden ... 619
R10.23 Das DataGridView mit ComboBoxen ausrüsten ... 621
R10.24 Auf eine einzelne Zeile im DataGridView zugreifen ... 624
R10.25 DataTable erzeugen und in Binärdatei speichern ... 627
R10.26 Eine DataTable in einer XML-Datei abspeichern ... 631
R10.27 Die RemotingFormat-Property des DataSets nutzen ... 633
R10.28 Master-Detail-Beziehungen im DataGrid anzeigen ... 636
R10.29 Im DataView sortieren und filtern ... 639
R10.30 Im DataView nach Datensätzen suchen ... 641
R10.31 Zwischen DataTable und DataReader umwandeln ... 643
R10.32 Steuerelemente manuell an ein DataSet binden ... 645
R10.33 Datensätze im Detail-Formular editieren ... 651
R10.34 Tabellen mittels ComboBox verknüpfen ... 657
R10.35 Spalten und Zeilen im DataGridView formatieren ... 661
R10.36 DataReader in einer ListView anzeigen ... 664

R10.37	Bilder aus der Datenbank anzeigen	667
R10.38	Ein ungebundenes DataSet erzeugen	669
R10.39	Ein typisiertes DataSet im Designer erzeugen	673
R10.40	Ein typisiertes DataSet befüllen	676
R10.41	Eine LINQ to SQL-Abfrage realisieren	678

11 Reporting Services — 683

R11.1	Einen einfachen Bericht entwerfen	683
R11.2	Einen Bericht ohne Assistentenhilfe erstellen	687
R11.3	Im Bericht sortieren	690
R11.4	Im Bericht filtern	695
R11.5	Im Bericht gruppieren	698
R11.6	Weitere Tipps & Tricks	702
	Unterstreichungslinie in Tabelle	702
	Währungsformatierung	703
	Wechselnde Zeilenfarbe	703
	Anzeige von True und False in Booleschen Feldern vermeiden	703
	Anzeige von Nullwerten unterdrücken	704
	Die lästigen Sekunden beseitigen	704
	Abstand zwischen zwei Tabellenspalten vergrößern	704
	Nachkommastellen festlegen	704
	Berechnen und formatieren	704
	Unterdrücken von Kopf- und Fußzeilen auf der ersten Seite	704
	Seitenzahlen in den Report einfügen	705
	Datumsformatierung	705
	Anzeigen variabler Daten in einem Seitenkopf oder -fuß	705

12 ASP.NET/Webdienste — 707

R12.1	Eine einfache Webanwendung erstellen	707
R12.2	Tabellen mit der Table-Komponente erstellen	713
R12.3	Daten zwischen Web Forms austauschen	720
R12.4	Informationen über den Browser ermitteln	723
R12.5	Die Bildschirmauflösung des Clients ermitteln	725
R12.6	Das Browser-Fenster maximieren	727
R12.7	Cookies in ASP.NET-Anwendungen verwenden	728
R12.8	HTML-Ausgaben an den Client senden	730
R12.9	Bilder/Dateien an den Client senden	732
R12.10	Die IP-Adresse des Clients abfragen	733

R12.11	Die Anzahl der Seitenaufrufe eines Users ermitteln	734
R12.12	Auf den Fehlercode 404 reagieren	735
	Variante 1: Alternative Fehlerseite einblenden	736
	Variante 2: Zentrale Fehlerbehandlung	737
R12.13	Die Validierung temporär deaktivieren	738
R12.14	Den Eingabefokus bei Validierung setzen	738
R12.15	Eine clientseitige Validierung realisieren	738
R12.16	Die Zellen in einem GridView formatieren	739
R12.17	Ein GridView mit Bildlaufleisten realisieren	741
R12.18	Einen Mouseover-Effekte im GridView realisieren	742
R12.19	Keine Daten im GridView vorhanden	743
R12.20	Daten einfach ins MS Excel-Format exportieren	744
R12.21	Berechnungen in GridView-Zeilen realisieren	747
R12.22	Spaltensummen im GridView berechnen	749
R12.23	Währungswerte im GridView korrekt anzeigen	751
R12.24	Eine Validierung im GridView realisieren	751
R12.25	Mit einem Popup-Fenster Detaildaten anzeigen	754
R12.26	Eine Sicherheitsabfrage realisieren	758
R12.27	E-Mail-Versand in ASP.NET realisieren	759
R12.28	Verzeichnisbäume mit der TreeView anzeigen	761
R12.29	Datenaustausch zwischen ClientScript und Server	764
R12.30	Dateien auf den Server hochladen	766
R12.31	Ein ASP.NET-Menü dynamisch erzeugen	767
R12.32	Die Browser-Kopfzeile zur Laufzeit ändern	769
R12.33	Einen Zeilenumbruch im Label-Control realisieren	769
R12.34	HTML-Zeichenfolgen im Browser anzeigen	770
R12.35	Die Browser-Scrollposition wiederherstellen	771
R12.36	Dateien eines Unterverzeichnisses auflisten	772
R12.37	MouseOver-Effekte für Controls realisieren	774
R12.38	Server Controls zur Laufzeit erzeugen	775
R12.39	Doppelklicks auf Schaltflächen verhindern	777
R12.40	Das Browserfenster per Client-Skript schließen	779
R12.41	Ein ASP.NET User Control programmieren	780
R12.42	Grafikausgaben per User Control realisieren	784
R12.43	Die Upload-Begrenzung ändern	787
R12.44	Eine Webseite per JavaScript drucken	788
R12.45	Ein Projekt auf den IIS exportieren	789

R12.46	Ärger mit den Cookies vermeiden	791
R12.47	Einen XML-Webdienst programmieren	792
R12.48	Einen Webdienst-Client erstellen	797
R12.49	Datenbankzugriffe mit Webdiensten realisieren	802
	Webdienst entwerfen	802
	Service-Client (Windows Forms)	809
	Service-Client (Web Forms)	814
R12.50	Einen Webverweis aktualisieren	818
R12.51	Authentifikation für Webdienste nutzen	819
R12.52	Caching in Webdiensten realisieren	820
	WebMethodAttribute.CacheDuration	820
	Verwendung des Cache-API	821
R12.53	Den Microsoft IIS nachträglich installieren	822
R12.54	Die neuen AJAX-Controls verwenden	824
R12.55	Tipps & Tricks	827
	Ärger mit Leerzeichen in URLs vermeiden	827
	Testen, ob Nutzer angemeldet ist	827
	Den Namen des aktuellen Nutzers ermitteln	827
	Eine zufällige Datei zur Anzeige auswählen	828
	Einen Datei speichern unter...-Dialog anzeigen lassen	829
	Anwendungseinstellungen in der Web.config sichern	830

13 Windows Presentation Foundation — 831

R13.1	WPF-Anwendung im Fullscreen-Mode starten	831
R13.2	Fenster auf einem bestimmten Screen anzeigen	832
R13.3	Das Hauptfenster festlegen und ändern	834
R13.4	Einen Splash-Screen erzeugen und anzeigen	835
R13.5	Eine WPF-Browseranwendung erstellen	837
	Größe und Titel des Browserfensters festlegen	838
	Größe der Browseranwendung anpassen	839
	Ein-/Ausblenden der Navigationsschaltflächen	840
	Navigation zwischen einzelnen Seiten (Pages)	841
	Verwendung von Cookies	843
	Abfrage von QueryStrings	844
	Übergabe von Page-Instanzen per Konstruktor	846
	Eine Instanz der Seite erhalten	846
	Einen Ersatz für Window realisieren	847
R13.6	WPF-Oberflächen zur Laufzeit erzeugen	848

R13.7	Grafiken in WPF skaliert anzeigen	851
R13.8	Grafiken aus Dateien zur Laufzeit laden	853
R13.9	Grafiken aus Ressourcen zur Laufzeit zuweisen	855
R13.10	Sonderzeichen im Content darstellen	858
R13.11	Eigene Schriftarten in die Anwendung einbetten	859
R13.12	WPF-Controls trotz Layout frei positionieren	861
R13.13	Textformatierungen im Content realisieren	862
R13.14	Irreguläre Window-Formen erzeugen	863
R13.15	Einfache Zeichnungen zur Laufzeit ausgeben	865
R13.16	Programmparameter auswerten	868
R13.17	Ein Video anzeigen und steuern	870
R13.18	Schatteneffekt für Controls realisieren	873
R13.19	Eine TextBox beim Fokuserhalt optisch markieren	875
R13.20	Den TextBox-Inhalt beim Fokuserhalt markieren	877

14 System — 879

R14.1	Nutzer und Gruppen des Systems ermitteln	879
R14.2	Testen, ob Nutzer in einer Gruppe enthalten ist	881
R14.3	Testen, ob der Nutzer ein Administrator ist	882
R14.4	Die IP-Adressen des Computers bestimmen	883
R14.5	Die IP-Adresse über den Hostnamen bestimmen	884
R14.6	Diverse Systeminformationen ermitteln	885
	Betriebssystem (Name, Version, Bootmode)	886
	Schriftarten/-Informationen	887
	Bildschirme	888
	Netzwerk (User-Name, PC-Name ...)	889
	Environment Variablen auslesen	890
	Energiestatus	891
	Hardware-Informationen	891
	Anwendung (Pfad, Name, Assemblies)	892
	Soundkarte(n)	894
	CLR-Version	894
R14.7	Alles über den Bildschirm erfahren	895
R14.8	Die Registrierdatenbank verwenden	896
R14.9	Eine verknüpfte Anwendung öffnen	900
R14.10	Eine Dateiverknüpfung erzeugen	900
R14.11	Den Computer herunterfahren oder neu starten	902
	Variante 1 (ExitWindowsEx)	903

Variante 2 (Shutdown.exe) 905
R14.12 Den "Herunterfahren"-Dialog anzeigen 907
R14.13 Das System-Shutdown-Ereignis auswerten 908
R14.14 Windows in den Standby-Modus versetzen 908
R14.15 Systemereignisse auswerten 909
R14.16 Windows Botschaften verarbeiten 911
R14.17 Alle geöffneten Windows Fenster ermitteln 912
R14.18 Die Taskbar Notification Area (TNA) verwenden 915
R14.19 Neue Programmgruppen erzeugen 918
R14.20 Verknüpfungen auf dem Desktop erzeugen 919
R14.21 Den Bildschirmschoner aktivieren/deaktivieren 921
R14.22 Drag & Drop mit dem Explorer realisieren 922
R14.23 System-Icons verwenden 924
R14.24 Die Desktop-Icons ein-/ausblenden 925
R14.25 Die Taskbar ausblenden 927
R14.26 Den Papierkorb leeren 928
R14.27 Den Windows Suchassistenten verwenden 929
R14.28 Systemtöne und WAV-Dateien wiedergeben 930
R14.29 Das Windows-Systemprotokoll nutzen 932
R14.30 Das Windows-Systemprotokoll überwachen 935
R14.31 Die Zwischenablage überwachen und anzeigen 936
R14.32 Das Datei-Eigenschaftenfenster anzeigen 939
R14.33 Prüfen, ob Visual Styles aktiviert sind 942
R14.34 Schriftarten dynamisch einbinden und verwenden 942
R14.35 Eine Soundkarte erkennen 944
R14.36 Prozess- und Thread-Informationen gewinnen 945
R14.37 Ein externes Programm starten 951
R14.38 Eine externe Anwendung starten und überwachen 953

15 Sonstiges 957

R15.1 Eine einfache E-Mail versenden 957
R15.2 EMails mit dem integrierten Mail-Client versenden 958
R15.3 Logische Fehler mittels Debugger aufspüren 960
R15.4 Eigene Fehlerklassen definieren 967
R15.5 Die MessageBox-Klasse verwenden 969
R15.6 Nur eine Anwendungsinstanz zulassen 971
R15.7 Die Anwendungsparameter auswerten 973
R15.8 Die Zwischenablage verwenden 975

R15.9	Tastaturbefehle senden	977
R15.10	Mittels Reflection Typinformationen sammeln	981
R15.11	Ressourcen per Reflection auslesen	983
R15.12	Client/Server-Anwendung mit zwei Projekten	986
R15.13	Eine Windows Form-Anwendung lokalisieren	990
R15.14	Eine Assembly dynamisch einbinden	994
R15.15	Den .NET-Reflector verwenden	997
R15.16	Eine GUID erzeugen	999
R15.17	Bytes in MByte umrechnen	1000
R15.18	Einen String verschlüsseln	1001
R15.19	Die Verwendung von DoEvents verstehen	1003
R15.20	Eine Pause realisieren	1006
R15.21	Hilfedateien programmieren	1007
R15.22	Hilfedateien in die VB-Anwendung einbinden	1011
R15.23	Eine alternative Hilfe-IDE verwenden	1016
R15.24	Installationsdateien erzeugen	1017
R15.25	Eine farbige Konsolenanwendung realisieren	1026

16 Komplexbeispiele **1029**

R16.1	Kleines Textverarbeitungsprogramm	1029
	MDI-Rahmenfenster	1029
	MDI-Kindfenster	1030
	Menüs zusammenführen	1031
	PopUp-Menü hinzufügen	1034
	Quellcode für MDI-Hauptfenster	1035
	Quellcode für MDI-Kindfenster	1038
	Programmtest	1041
	Dokumente drucken	1042
	Bemerkungen zur RichTextBox	1046
R16.2	Buchungssystem mit Random Access Datei	1047
	Klassenübersicht	1047
	Entwurf der Bedienoberfläche	1047
	Entwicklung des Geschäftsmodells	1048
	Programmieren der Bedienoberfläche	1057
	Programmtest	1060
R16.3	Ein einfacher FTP-Client	1061
	Bedienoberfläche	1062
	Auflisten des FTP-Verzeichnisses	1062

	Herunterladen einer Datei per FTP	1063
	Heraufladen einer Datei per FTP	1065
	Löschen einer Datei im FTP-Verzeichnis	1066
	Bedienfunktionen	1067
	Programmtest	1068
R16.4	Lösen von linearen Gleichungssystemen	1069
	Ein wenig Theorie	1069
	Komponente CTBMatrix	1071
	Bedienoberfläche	1072
	Programmtest	1076
R16.5	Rechner für komplexe Zahlen	1079
	Was sind komplexe Zahlen?	1079
	Programmierung der Klasse CComplexN	1080
	Bedienoberfläche für Testprogramm	1083
	Quellcode für Testprogramm	1084
	Programmtest	1086
R16.6	Formel-Rechner mit dem CodeDOM	1087
	Basisversion des Rechners	1088
	Funktionsverlauf grafisch darstellen	1093
R16.7	Digitalvoltmeter an RS232	1097

Anhang **1103**

A:	Glossar	1103
B:	Wichtige Datei-Extensions	1107
C:	ANSI-Tabelle	1108

Index **1111**

Vorwort

Liebe Leserin, lieber Leser,

Sie halten gerade die dritte Auflage unseres im Jahr 2003 erstmalig erschienenen Visual Basic-Kochbuchs in den Händen. Gegenüber dem Vorgängertitel zur Version 2005 wurde es gründlich überarbeitet und von verstaubten Inhalten befreit, um Platz für die zahlreichen Neuerungen der Version 2008 (LINQ, WPF ...) zu schaffen.

Eingeflossen sind weiterhin die kritischen Hinweise unserer Leser zu den bis jetzt von uns veröffentlichten Visual Basic-Büchern, die Erfahrungen von Lehrgängen und Workshops und, last but not least, die gesammelten Erkenntnisse unserer eigenen intensiven Programmiertätigkeit.

All das findet seinen Niederschlag in mehr als 100 verbesserten und neuen Rezepten, sodass der Umfang dieses Buchs um mehr als 300 Seiten gegenüber seinem Vorgänger angewachsen ist!

Wie es der Titel bereits suggeriert, besteht der Inhalt aus einer Fülle von "Rezepten", die Ihnen sowohl beim Einstieg in Visual Basic 2008 als auch bei der Bewältigung Ihrer alltäglichen Programmieraufgaben helfen sollen. Bis auf wenige Ausnahmen sind alle Rezepte lauffähige Programme mit eigener Bedienoberfläche, die sofortiges Ausprobieren und eigene Experimente mit "Aha-Effekt" ermöglichen, wobei sich der inhaltliche Bogen vom einfachen Tipp & Trick für den Einsteiger bis hin zur komplexen Profi-Applikation spannt.

Hat ein solches Kochbuch im Internet-Zeitalter überhaupt noch eine Chance, wo man doch über Suchmaschinen auf (fast) jede Frage Dutzende von Lösungen gratis frei Haus erhält? Die Antwort ist heute, mehr denn je, ein eindeutiges Ja. Gerade in der ausufernden Flut von Lösungen, die über das Internet abrufbar sind, liegt ein gravierendes Problem, denn es wird dadurch immer schwieriger, die Spreu vom Weizen zu trennen.

Wie immer haben wir uns auch in diesem Buch bemüht, nur qualitativ hochwertige Lernbeispiele und Problemlösungen zu bringen, ohne dabei das zu wiederholen, was Ihnen die zu Visual Basic 2008 bzw. Visual Studio 2008 allgemein verfügbaren Quellen ohnehin schon bieten.

Zum Buch-Inhalt

Die fast 500 Rezepte des Kochbuchs sind in 16 Themengruppen übersichtlich angeordnet und mit treffsicheren Titeln ausgestattet. Der Index sollte ein Übriges dazu beitragen, schnell an die gewünschten Informationen zu kommen.

- Kapitel 1 ist speziell für den Programmier-Einsteiger gedacht. Es enthält einen kleinen Crashkurs, in welchem in mehreren sorgfältig aufeinander abgestimmten Rezepten wichtige Grundlagen der Sprache Visual Basic allgemeinverständlich erläutert werden.

- Kapitel 2 widmet sich speziellen Features der Sprache Visual Basic, wie z.B. Stringverarbeitung, Parameterübergabe, Delegates und LINQ-Erweiterungen.
- Kapitel 3 enthält Rezepte zur optimalen Programmierung von Windows Forms Oberflächen und befasst sich mit den Besonderheiten der wichtigsten Steuerelemente.
- Kapitel 4 enthält zahlreiche Rezepte zu den verschiedensten Problemen, wie sie bei der Grafikprogrammierung auftreten.
- Kapitel 5 ist dem Problemkreis Drucken/Druckeransteuerung gewidmet, wie er immer wieder Gesprächsstoff in diversen Entwickler-Foren ist.
- Kapitel 6 enthält verschiedene Rezepte zu OOP-Grundlagen und zur Komponentenentwicklung.
- Kapitel 7 umfasst eine unterhaltsame Serie von aufeinander abgestimmten Beispielen, die bis in die gehobenen Regionen der OOP führen (Microsoft Event Pattern!).
- Kapitel 8 befasst sich mit dem Dateizugriff unter .NET und den dabei auftretenden Problemen.
- Kapitel 9 enthält zahlreiche Rezepte rund um den Problemkreis XML.
- Kapitel 10 widmet sich verschiedensten Aspekten des Datenbankzugriffs unter ADO.NET.
- Kapitel 11 enthält einige nützliche Rezepte, die den Einstieg in die relativ neue Technologie der Microsoft Reporting Services erleichtern sollen.
- Kapitel 12 umfasst zahlreiche Rezepte, die (fast) alle Facetten der Web-Programmierung unter ASP.NET ausleuchten.
- Kapitel 13 bezieht sich auf Rezepte zur neuen WPF-Technologie, einem der Highlights von Visual Studio 2008.
- Kapitel 14 enthält eine Sammlung von Rezepten für den Zugriff auf wichtige Funktionen des Windows-Betriebssystems.
- Kapitel 15 kapselt ein Sammelsurium von Rezepten zu Themen, die sich in keines der anderen Kapitel sinnvoll einordnen ließen, z.B. Setup-Projekte und Hilfedateien.
- Kapitel 16 bildet den krönenden Abschluss des Kochbuchs. In praxistauglichen Beispielapplikationen werden verschiedene Programmiertechniken im Zusammenhang demonstriert.

Inhalt der Buch-DVD

Die zu diesem Buch mitgelieferte DVD enthält den vollständigen Quellcode aller Rezepte. Auch alle benötigten Beispieldatenbanken sind mehrfach enthalten. Alle Rezepte wurden unter Windows XP und Windows Vista auf Funktionsfähigkeit getestet.

Für den Einsteiger hier noch einige weitere Hinweise, die wir aufgrund von Erfahrungen mit unseren Visual Basic Vorgängertiteln diesmal nicht vergessen wollen:

- Sie sollten natürlich Visual Studio 2008 auf Ihrem PC installiert haben. Für einige Beispiele ist auch eine Installation von SQL Server 2005 (SQLEXPRESS) erforderlich.
- In der Regel sind alle von der Festplatte gestarteten Beispiele sofort lauffähig, da die Datenbanken (sowohl für MS Access als auch für MS SQL Server) meistens direkt in das Projektverzeichnis kopiert wurden, wodurch Probleme mit absoluten Pfadangaben entfallen.
- Bei verteilten Anwendungen, insbesondere bei den Beispielen zu ASP.NET und XML-Webdiensten, ist besondere Aufmerksamkeit geboten (Reihenfolge der Installation der Client- und Server-Komponenten beachten, siehe beigefügte Liesmich-Dateien).

> **HINWEIS:** Zusätzlich ist auf der DVD die deutsche Version der *Visual Studio 2008 Express Edition* enthalten, mit welcher die Mehrheit der Rezepte dieses Buchs nachvollzogen werden kann.

Kontakt zu den Autoren

Nobody is perfect, und so können es auch die Autoren nicht ausschließen, dass sich auf den circa 1200 Seiten dieser oder jener Fehler eingeschlichen hat oder dass etwas sehr Wichtiges einfach vergessen wurde. Auch wenn Sie das "Haar in der Suppe" gefunden haben sollten – wir sind für alle sachlich fundierten Hinweise und Kritiken dankbar!

Richten Sie Ihr Feedback bitte an folgende Adresse:

autoren@doko-buch.de

Aktuelle Hinweise, Fehlerberichtigungen etc. finden Sie auf unserer Homepage:

www.doko-buch.de

Wir wünschen Ihnen -- neben dem notwendigen Stehvermögen -- auch zahlreiche freudige "Aha"-Erlebnisse auf Ihrem Weg zum erfolgreichen Visual Basic-Programmierer!

Walter Doberenz und Thomas Gewinnus

Altenburg und Frankfurt/O., im April 2008

Kapitel 1

Kleiner VB-Crashkurs für Anfänger

Vor Beginn des Windows-Zeitalters wurden Programme geschrieben, die für jede Ein- und Ausgabe von Daten eine neue Textzeile in einem Bildschirmfenster (Konsole) erzeugten. Dieses Verhalten war ein Erbe aus jener Zeit, als lediglich Fernschreiber für die Ein- und Ausgabefunktionen von Computern zur Verfügung standen.

Aber auch heute noch kann es für den Newcomer durchaus sinnvoll sein, wenn er für seine ersten Schritte die gute alte Konsolentechnik verwendet. So kann er sich doch auf das zunächst Wesentliche, nämlich die Logik von VB-Befehlen, konzentrieren, ohne von der erdrückenden Vielfalt der Windows-Oberfläche abgelenkt zu werden.

Die folgende Serie von sechs Anfängerbeispielen benutzt zunächst Konsolenanwendungen, um einige grundlegende VB-Sprachelemente zu üben. Die letzten beiden Beispiele zeigen dann den Übergang zur zeitgemäßen Windows-Programmierung.

HINWEIS: Der "Kleine VB-Crashkurs" kann keinesfalls das Studium einführender VB-Literatur ersetzen, sondern ist lediglich als Ergänzung zu verstehen, z.B. für unser Buch [*Visual Basic 2008 – Grundlagen und Profiwissen*].

R1.1 Das EVA-Prinzip anwenden

Jeder Weg, und ist er noch so weit, beginnt mit dem ersten Schritt! Für den Anfang soll uns deshalb ein ganz einfaches Beispiel genügen.

Aufgabenstellung

Nacheinander sind drei positive ganze Zahlen einzugeben. Das Programm soll die größte der drei Zahlen ermitteln und das Ergebnis anzeigen.

Lösungsvorschlag

Einen Vorschlag (Algorithmus) für den Programmablauf zeigt der nachfolgende Plan.

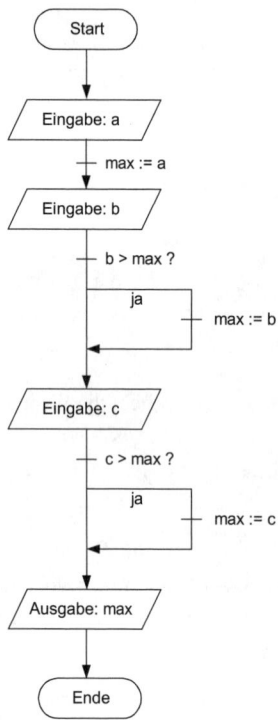

Sie erkennen daran das altbekannte EVA-Prinzip eines Programms, wobei die Anweisungen in der Reihenfolge

- **E**ingabe,
- **V**erarbeitung,
- **A**usgabe

ausgeführt werden.

Programmierung

Ein Programmablaufplan (PAP), wie ihn die obige Abbildung zeigt, ist zwar heute etwas aus der Mode gekommen, für den Anfänger kann er aber ganz nützlich sein, um die Anweisungsfolge eines VB-Programms besser zu verstehen.

Wählen Sie auf der Startseite von Visual Studio 2008 das Menü *Datei/Neu/Projekt...* Es öffnet sich das Dialogfenster "Neues Projekt". Wählen Sie links den Projekttyp *Visual Basic* und rechts die Vorlage *Konsolenanwendung*. Die Einträge für *Name* und *Projektmappenname* können auf den Standardeinstellungen *ConsoleApplication1* verbleiben. Nachdem Sie den *Speicherort* (das Verzeichnis, in welches Ihr Projekt abgespeichert werden soll) festgelegt haben, erscheint das Fenster des Quellcode-Editors, in welchem bereits ein Codegerüst "vorgefertigt" ist. Ihren eigenen Code fügen Sie in der *Main*-Methode hinzu.

R1.1 Das EVA-Prinzip anwenden

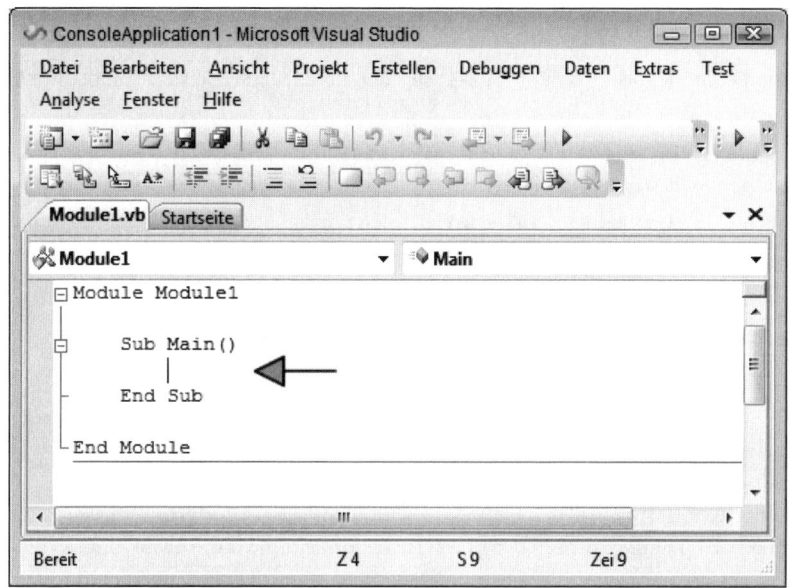

Ergänzen Sie, ohne länger über die Bedeutung der Anweisungen nachzudenken, den Code entsprechend folgendem VB-Listing:

```
Module Module1
    Sub Main()
        Console.WriteLine("Maximum von drei Zahlen")   ' Überschrift
        Console.WriteLine()                            ' Leerzeile
        Dim a, b, c, max As Integer                    ' Variablendeklaration
        Console.WriteLine("Geben Sie die erste Zahl ein!")
        a = CInt(Console.ReadLine())                   ' Eingabe a
        max = a                                        ' Initialisieren von max
        Console.WriteLine("Geben Sie die zweite Zahl ein!")
        b = CInt(Console.ReadLine())                   ' Eingabe b
        If b > max Then max = b                        ' Bedingung
        Console.WriteLine("Geben Sie die dritte Zahl ein!")
        c = CInt(Console.ReadLine())                   ' Eingabe c
        If c > max Then max = c                        ' Bedingung
        Console.WriteLine("Das Maximum ist " & max.ToString())    ' Ergebnisausgabe
        Console.ReadLine()                             ' Programm wartet auf <Enter>, um zu beenden
    End Sub
```

HINWEIS: Die mit Apostroph (') eingeleiteten Kommentaranweisungen in obigem Listing können Sie auch weglassen!

Test

Kompilieren Sie das Programm (F5-Taste) und überzeugen Sie sich von der Funktionsfähigkeit:

```
file:///C:/Users/Chef/V S 2 0 0 8/V B/KOCHBUCH/B E I S P I E L E/01 ...
Maximum von drei Zahlen

Geben Sie die erste Zahl ein!
3
Geben Sie die zweite Zahl ein!
-11
Geben Sie die dritte Zahl ein!
27
Das Maximum ist 27
_
```

HINWEIS: Durch Drücken der Enter-Taste beenden Sie die Anwendung.

Bemerkungen

Für den Anfänger hier noch einmal eine Zusammenstellung einiger wichtiger VB-Grundlagen, wie sie in diesem Beispiel angewendet wurden:

- Unser VB-Programm beginnt mit der *Main*-Methode, die gewissermaßen den Einstiegspunkt in das Programm darstellt.

- Jedes VB-Programm besteht aus einer Folge von Anweisungen. Es besteht kein Unterschied zwischen Groß- und Kleinschreibung!

- Jede VB-Anweisung wird mit einem Zeilenumbruch abgeschlossen, eine Zeile ist also eine kompletter VB-Befehl.

- Die mit einem Apostroph (') eingeleiteten Anweisungen sind lediglich Kommentare und für den Programmablauf bedeutungslos.

- Vor Beginn eines Programms (bzw. eines in sich abgeschlossenen Programmteils) sind alle benötigten Variablen zu deklarieren, d.h., ihr Name und ihr Datentyp müssen festgelegt werden.

- Unter dem Begriff "Initialisierung einer Variablen" versteht man das Zuweisen eines Anfangswertes.

- *ReadLine* und *WriteLine* sind die einfachsten Ein-/Ausgabeanweisungen, wie Sie sie allerdings nur bei einer Konsolenanwendung verwenden sollten. Die Endung ...*Line* der Befehlswörter bewirkt einen Zeilenvorschub.

- Die *If... Then*...-Anweisung (wenn ... dann ...) ist ein Verzweigungsbefehl und führt eine Anweisung in Abhängigkeit von einer Bedingung aus.

R1.2 Ein Array definieren und initialisieren

Nachteilig am Vorgängerbeispiel war vor allem die Festlegung auf drei Zahleneingaben.

Aufgabenstellung

Erweitern Sie das Programm so, dass es die Eingabe einer flexiblen Anzahl von Werten ermöglicht!

Lösungsvorschlag

Der im nachfolgenden PAP dargestellte Algorithmus geht davon aus, dass die Zahlenwerte nicht mehr in Einzelvariablen *a, b, c*, sondern in einem Array gespeichert werden. Stellen Sie sich ein solches Array wie ein Regal mit einzelnen Fächern vor, in denen beliebig große Zahlenwerte abgelegt werden. Die Fächer sind beschriftet mit 1, 2, 3 ... Die Anzahl der Regalfächer beträgt *Nmax*. Diese Konstante ist ausreichend groß zu wählen, damit genügend Reserven für die maximale Anzahl *N* von Zahlenwerten vorhanden sind.

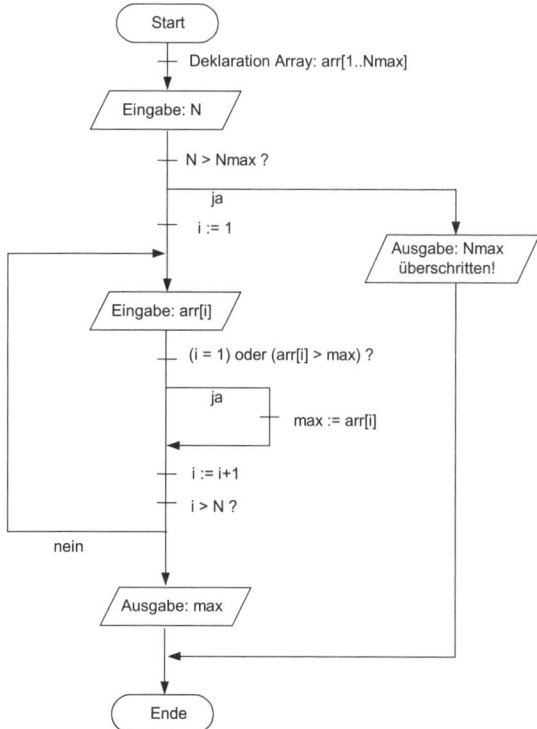

Programmierung

Die Umsetzung des PAP in ein VB-Programm dürfte Ihnen besonders dann leicht fallen, wenn Sie das Vorgängerbeispiel gut verstanden haben.

```
Module Module1
    Sub Main()
        Const Nmax As Integer = 10              ' maximale Anzahl von Werten
        Console.WriteLine("Maximumbestimmung einer Zahlenfolge")   ' Überschrift
        Console.WriteLine()                      ' Leerzeile
        Dim arr(10) As Integer                   ' Array dimensionieren
        Dim n, max As Integer                    ' zwei Variablen deklarieren
        Console.Write("Geben Sie die gewünschte Anzahl von Werten ein: ")
        n = Convert.ToInt32(Console.ReadLine())  ' Eingabe n
        If (n > Nmax) Then                       ' Bedingung trifft zu
            Console.WriteLine("Es dürfen maximal nur " & _
                        Nmax.ToString() & " Werte eingegeben werden!")
        Else                                     ' Bedingung trifft nicht zu
            For i As Integer = 1 To n            ' Beginn der Schleife
                Console.Write("Geben Sie die " & i.ToString() & ".Zahl ein: ")
                arr(i - 1) = Convert.ToInt32(Console.ReadLine())   ' Eingabe i-te Zahl in Array
                If (i = 1) Or arr(i - 1) > max Then max = arr(i - 1)
            Next i                               ' Ende der Schleife
            Console.WriteLine()
            Console.WriteLine("Das Maximum ist " & max.ToString() & " !")   ' Ergebnis
        End If
        Console.ReadLine()
    End Sub
End Module
```

Test

Gleich nach Programmstart werden Sie zur Eingabe der gewünschten Anzahl von Werten aufgefordert, die allerdings hier nicht größer als 10 sein darf.

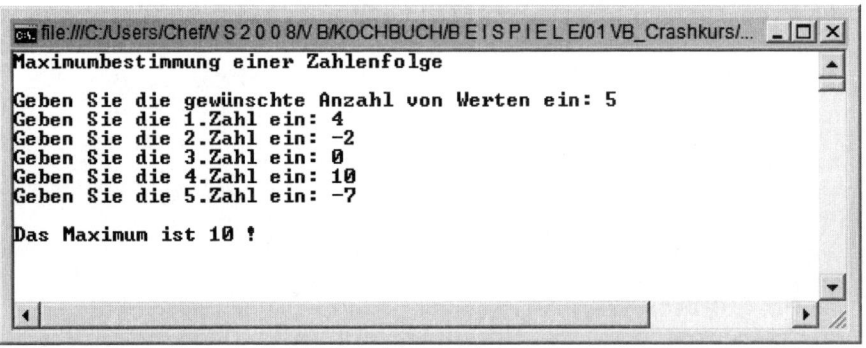

Bemerkungen

- Ein Array-Index steht immer in runden Klammern hinter der Arrayvariablen. Der untere Index eines Arrays beginnt mit null, deshalb wird im Feld *arr(0)* die erste Zahl gespeichert.
- Die *ToString*-Funktion, über die jedes .NET-Objekt verfügt, verwandelt den Array-Index *i* (Datentyp *Integer*) in eine Zeichenkette (Datentyp *String*), damit eine Ausgabe über *Write* ermöglicht wird.

R1.3 Die Arraygröße zur Laufzeit ändern

Im Vorgängerbeispiel wurde das Programm nach einem einzigen Durchlauf beendet, danach war ein Neustart erforderlich.

Aufgabenstellung

Ergänzen Sie das Programm so, dass es nach Ermitteln des Maximums entweder wieder von vorn beginnt oder aber beendet werden kann!

Lösungsvorschlag

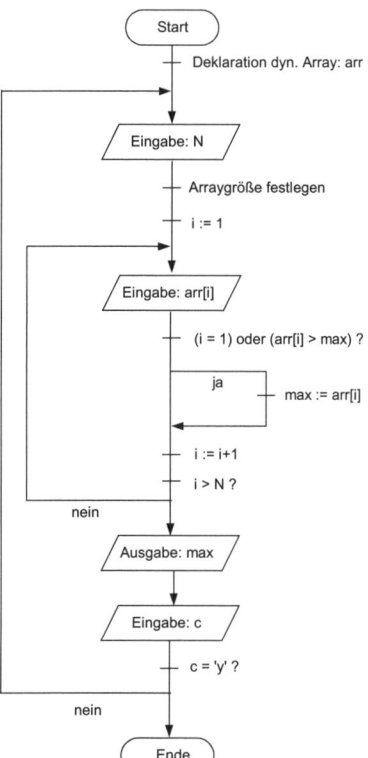

Programmierung

Der Programmablauf weist viele Analogien zum Vorgängerbeispiel auf, deshalb wird nur auf die Neuigkeiten per Kommentar hingewiesen:

```vb
Module Module1

    Sub Main()
        Console.WriteLine("Maximum einer Zahlenfolge")     ' Überschrift
        Console.WriteLine()                                ' Leerzeile

        Dim arr() As Integer
        Dim n, max As Integer
        Dim c As String

        Do
            Console.Write("Geben Sie die gewünschte Anzahl von Werten ein: ")
            n = Convert.ToInt32(Console.ReadLine())        ' Eingabe n
            ReDim arr(n)
            For i As Integer = 1 To n
                Console.Write("Geben Sie die " & i.ToString() & ".Zahl ein: ")
                arr(i - 1) = Convert.ToInt32(Console.ReadLine())    ' Eingabe i-te Zahl
                If i = 1 Or arr(i - 1) > max Then max = arr(i - 1)
            Next i
            Console.WriteLine()
            Console.WriteLine("Das Maximum ist " & max.ToString() & " !")   ' Ergebnis
            arr = Nothing
            Console.WriteLine()
            Console.Write("Wollen Sie das Programm beenden? (j/n) ")
            c = Console.ReadLine()
        Loop While c <> "j"
    End Sub

End Module
```

Test

Sie können den Berechnungszyklus jetzt beliebig oft wiederholen und dabei die Länge der einzugebenden Zahlenreihe neu festlegen.

HINWEIS: Nach Eingabe von "*j*" bzw. "*n*" müssen Sie die Enter-Taste drücken!

```
file:///C:/Users/Chef/V S 2 0 0 8/V B/KOCHBUCH/B E I S P I E L E/01 VB_Crashkurs/...
Maximum einer Zahlenfolge

Geben Sie die gewünschte Anzahl von Werten ein: 3
Geben Sie die 1.Zahl ein: -5
Geben Sie die 2.Zahl ein: 33
Geben Sie die 3.Zahl ein: 12

Das Maximum ist 33 !

Wollen Sie das Programm beenden? (j/n) n
Geben Sie die gewünschte Anzahl von Werten ein: 5
Geben Sie die 1.Zahl ein: -1
Geben Sie die 2.Zahl ein: 0
Geben Sie die 3.Zahl ein: 3
Geben Sie die 4.Zahl ein: -4
Geben Sie die 5.Zahl ein: -23

Das Maximum ist 3 !

Wollen Sie das Programm beenden? (j/n) _
```

Bemerkungen

- Mit *Nothing* (eine Zeigervariable auf "nichts") wird der vom Array belegte Speicherplatz wieder freigegeben.

- Die *Do ... Loop While...*-Schleifenanweisung verlangt am Ende eine Abbruchbedingung.

- In unserem Beispiel dient die *String*-Variable c der Entgegennahme einer Benutzereingabe ("*j*" bzw. "*n*").

R1.4 Berechnungen in eine Methode auslagern

Es gibt kein Programm, das man nicht noch weiter verbessern könnte. Da sich von einer Zahlenreihe weitaus mehr Informationen gewinnen lassen als nur der Maximalwert, sollen Sie noch ein weiteres Problem lösen.

Aufgabenstellung

Ergänzen Sie das Programm, damit nicht nur das Maximum, sondern auch Minimum und Durchschnitt ausgegeben werden!

Lösungsvorschlag

Trotz der erweiterten Funktionalität erscheint der nachfolgend abgebildete PAP keinesfalls komplizierter als sein Vorgänger zu sein. Dies wurde vor allem durch das Auslagern der Berechnungsfunktionen für Maximum, Minimum und Durchschnitt in ein Unterprogramm (eine Methode) erreicht.

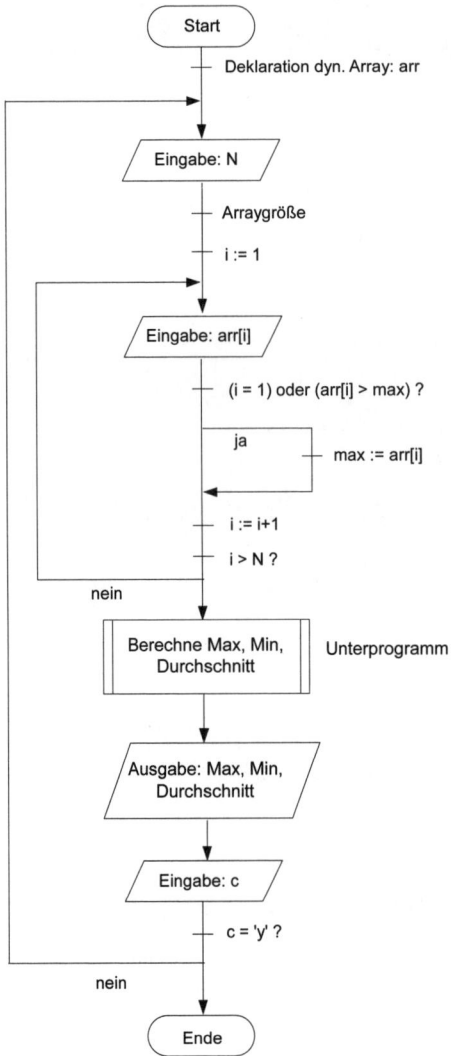

Programmierung

Aufgrund der vielen Analogien zum Vorgängerbeispiel wird auch hier nur auf die Besonderheiten per Kommentar hingewiesen:

```
Module Module1
```
Globale Variablen deklarieren:
```
    Private arr() As Integer
    Private max, min As Integer
    Private av As String
```

R1.4 Berechnungen in eine Methode auslagern

```vb
Private Sub berechne()                        ' hier beginnt die Methode
    Dim sum As Double = arr(0)                ' lokale Variable
    min = arr(0)
    max = arr(0)          ' globale Variablen initialisieren
    Dim n As Integer = arr.Length - 1
    For i As Integer = 1 To n
        If arr(i) > max Then
            max = arr(i)
        Else
            If arr(i) < min Then min = arr(i)
        End If
        sum += arr(i)
    Next i
    sum = sum / (n + 1)                       ' Durchschnitt berechnen
    av = sum.ToString("#0.00")                ' globale Variable zuweisen
End Sub                                       ' hier endet die Methode

Sub Main()
    Console.WriteLine("Auswerten einer Zahlenfolge")      ' Überschrift
    Console.WriteLine()                                    ' Leerzeile
    Dim n As Integer
    Dim c As String
    Do
        Console.Write("Geben Sie die gewünschte Anzahl von Werten ein: ")
        n = Convert.ToInt32(Console.ReadLine())            ' Eingabe n
        ReDim arr(n - 1)
        For i As Integer = 1 To n
            Console.Write("Geben Sie die " & i.ToString() & ".Zahl ein: ")
            arr(i - 1) = Convert.ToInt32(Console.ReadLine())    ' Eingabe i-te Zahl
        Next i
        Console.WriteLine()
        berechne()                      ' Zahlenfolge auswerten (Methodenaufruf)
```

Globale Variablen anzeigen:

```vb
        Console.WriteLine("Das Maximum ist " & max.ToString() & " !")
        Console.WriteLine("Das Minimum ist " & min.ToString() & " !")
        Console.WriteLine("Der Durchschnitt ist " & av & " !")
        arr = Nothing
        Console.WriteLine()
        Console.Write("Wollen Sie das Programm beenden? (j/n) ")
```

```
            c = Console.ReadLine()
            Console.WriteLine()
        Loop While c <> "j"
    End Sub
End Module
```

Test

Vergleichen Sie die Leistungsfähigkeit dieses Programms mit der ersten Version (R1.1), so ist doch bereits ein deutlicher Unterschied festzustellen:

```
Auswerten einer Zahlenfolge

Geben Sie die gewünschte Anzahl von Werten ein: 3
Geben Sie die 1.Zahl ein: -1
Geben Sie die 2.Zahl ein: 0
Geben Sie die 3.Zahl ein: 1

Das Maximum ist 1 !
Das Minimum ist -1 !
Der Durchschnitt ist 0,00 !

Wollen Sie das Programm beenden? (j/n) n
Geben Sie die gewünschte Anzahl von Werten ein: 5
Geben Sie die 1.Zahl ein: 3
Geben Sie die 2.Zahl ein: -12
Geben Sie die 3.Zahl ein: 2
Geben Sie die 4.Zahl ein: 6
Geben Sie die 5.Zahl ein: -1

Das Maximum ist 6 !
Das Minimum ist -12 !
Der Durchschnitt ist -0,40 !

Wollen Sie das Programm beenden? (j/n) _
```

Bemerkungen

- In unserem Quellcode wurden Variablen auf globaler Ebene (gültig innerhalb des gesamten Programms) und auf lokaler Ebene (gültig innerhalb der Methode *berechne*) benutzt. Eine lokale Variable hat immer Vorrang vor einer gleichnamigen globalen Variablen.

- Die lokale Variable *sum* enthält anfangs die Summe und zuletzt den Durchschnitt, wird also zweifach benutzt. Etwas übersichtlicher wäre es, wenn Sie stattdessen eine weitere lokale Variable (z.B. *average*) verwenden würden.

- Die *ToString("#0.00")*-Methode besitzt hier einen so genannten Formatierungsstring als Argument, damit der Durchschnitt (eine Gleitkommazahl!) so in eine Zeichenkette umgeformt wird, dass immer zwei Nachkommastellen angezeigt werden.

- Die *Length*-Eigenschaft der *arr*-Variablen liefert die Anzahl der Array-Elemente. Da die Indizierung eines dynamischen Arrays stets mit null beginnt, ist der höchste Index immer um Eins niedriger.

- Ein Unterprogramm (hier die benutzerdefinierte Methode *berechne*) ist immer dann zweckmäßig, wenn die Übersichtlichkeit des Programms erhöht werden soll, oder aber wenn gleiche Codeabschnitte mehrfach ausgeführt werden sollen. Außerdem wird ein Wiederverwendbarkeit des Quellcodes erleichtert (siehe nächstes Beispiel R1.5).

- Nicht nur der trostlose Textbildschirm, auch die mühselige Bedienung, bei der der Rechner die Reihenfolge der Benutzereingaben zwangsweise vorgibt, wird Ihnen missfallen haben. Dies sollte ein weiterer wichtiger Grund dafür sein, von der Konsolen- zur Windows-Anwendung überzugehen (siehe folgende Beispiele).

R1.5 Konsolenprogramm nach Windows portieren

Wir wollen die langweiligen Konsolenanwendungen endlich hinter uns lassen und ab jetzt nur noch zeitgemäße Windows-Applikationen verwenden. Auch hier geht es mit einer ganz einfachen Aufgabe los.

Aufgabenstellung

Lösen Sie mit einer Windows Forms-Anwendung das gleiche Problem (Maximumbestimmung von drei Integer-Zahlen) wie im Beispiel R1.1!

Lösungsvorschlag

Starten Sie Visual Studio und öffnen Sie ein neues Projekt (*Projekttyp* "Visual Basic", *Vorlage* "Windows Forms-Anwendung"). Geben Sie als *Namen* z.B. "Maximum3" ein und suchen Sie sich den Speicherort bzw. Projektordner aus.

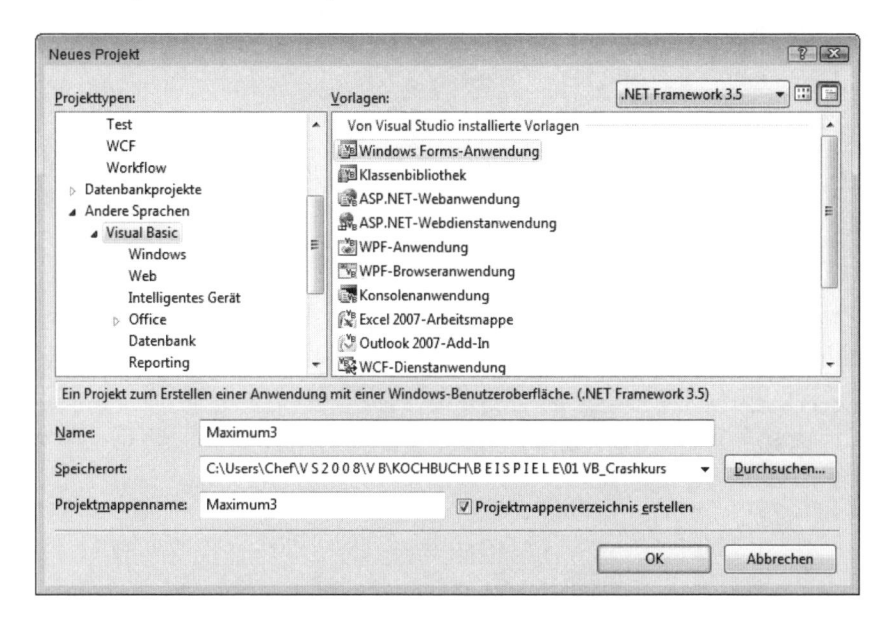

Mit F4 holen Sie das Eigenschaftenfenster in den Vordergrund und stellen damit die *Text*-Eigenschaft (das ist die Beschriftung der Titelleiste) des Startformulars *Form1* neu ein: "Maximum von drei Zahlen".

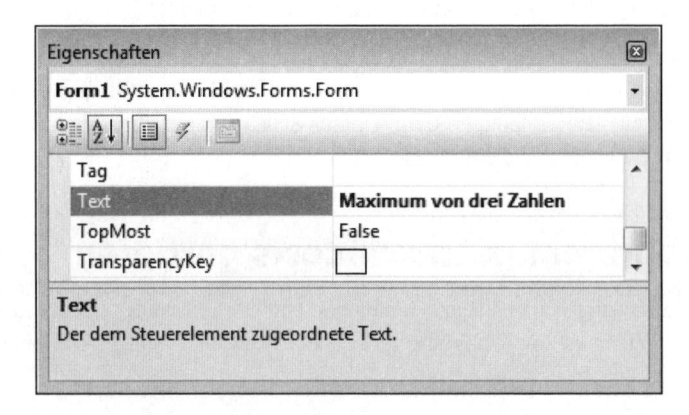

Von der Toolbox (*Strg+Alt+X*) ziehen Sie die Steuerelemente (3 mal *TextBox*, 1 mal *Button*, 4 mal *Label*) gemäß folgender Abbildung auf *Form1* und stellen auch hier die gewünschten *Text*-Eigenschaften ein:

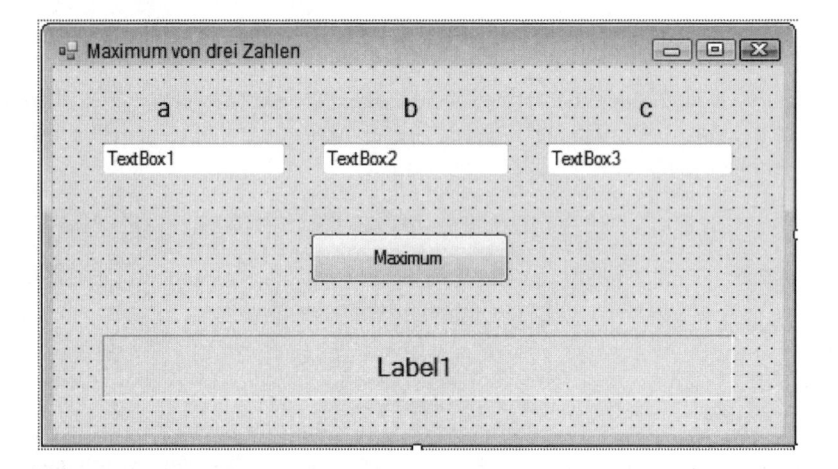

Programmierung

Durch einen Doppelklick auf *Button1* wird automatisch das Codefenster der Klasse *Form1* mit dem bereits vorbereiteten Rahmencode des *Click*-Eventhandlers geöffnet. In diesem Zusammenhang ist ein für den Einsteiger wichtiger Hinweis zu beachten, der auch für die Zukunft gilt:

HINWEIS: In der Regel brauchen Sie den Rahmencode der Eventhandler nicht selbst einzutippen, sondern können ihn durch Visual Studio erzeugen lassen!

```vb
Public Class Form1

    Private Sub Button1_Click(ByVal sender As System.Object, ByVal e As System.EventArgs) _
                                                                   Handles Button1.Click
        ' Hier müssen Ihre VB-Anweisungen eingefügt werden!
    End Sub

End Class
```

Füllen Sie den Körper des obigen Eventhandlers mit den erforderlichen Anweisungen aus, sodass der komplette Eventhandler schließlich folgendermaßen aussieht:

```vb
    Private Sub Button1_Click(ByVal sender As System.Object, ByVal e As System.EventArgs) _
                                                                   Handles Button1.Click
        Try
            Dim a As Integer = Convert.ToInt32(TextBox1.Text)     ' Eingabe a
            Dim max As Integer = a                                ' Initialisieren von max
            Dim b As Integer = Convert.ToInt32(TextBox2.Text)     ' Eingabe b
            If b > max Then max = b                               ' Bedingung
            Dim c As Integer = Convert.ToInt32(TextBox3.Text)     ' Eingabe c
            If c > max Then max = c                               ' Bedingung
            Label1.Text = "Das Maximum ist " & max.ToString & " !" ' Ergebnisausgabe
        Catch ex As Exception
            MessageBox.Show(ex.Message, "Fehler")                 ' Fehlermeldung
        End Try
    End Sub
```

HINWEIS: Beim Vergleich mit der Konsolenanwendung erkennen Sie, dass Ein- und Ausgabe deutlich einfacher und übersichtlicher geworden sind!

Test

Nachdem Sie das Projekt abgespeichert haben, kompilieren und starten Sie das Programm mit der F5-Taste (oder durch Klick auf die entsprechende kleine Schaltfläche mit dem grünen Dreieck auf der Hauptsymbolleiste von Visual Studio 2008).

Wenn Sie die Programmbedienung mit der bei einer Konsolenanwendung vergleichen, so stoßen Sie auf ein Hauptmerkmal der Windows-Programmierung: Eine fest vorgeschriebene Reihenfolge für die Benutzereingaben gibt es nicht mehr!

HINWEIS: Sie können mit der Tab-Taste den Eingabefokus zwischen den einzelnen Komponenten der Bedienoberfläche verschieben!

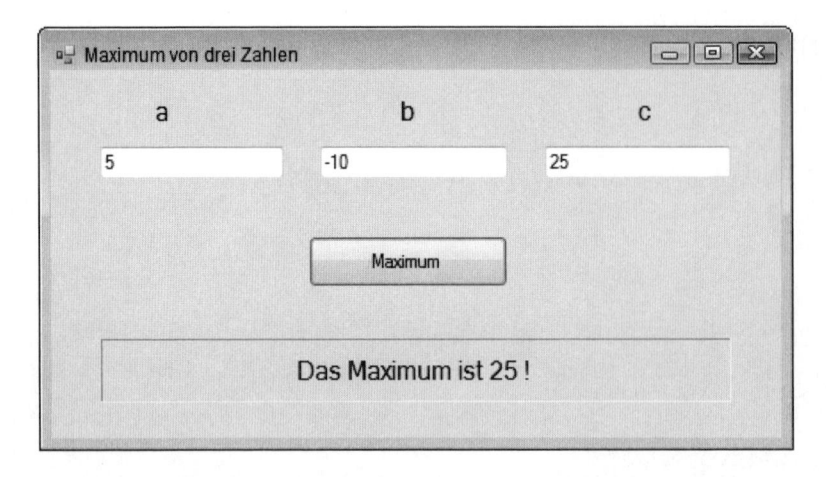

In unserem Beispiel darf man nur Ganzzahlen eingeben. Dank Fehlerbehandlung mittels *Try-Catch*-Block stürzt das Programm aber bei falschen Eingaben nicht ab, sondern liefert eine höfliche Meldung:

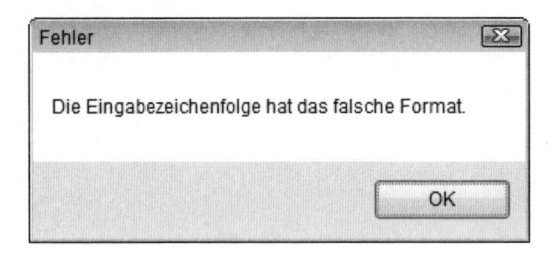

Bemerkungen

- Genauso wie im Konsolen-Beispiel haben wir es auch auch hier mit VB-Anweisungen zu tun, die sich jetzt allerdings innerhalb einer Ereignisbehandlungsmethode (Event-Handler) befinden.

- Im Unterschied zur Konsolenanwendung (*ReadLine/WriteLine*) ist die Ein-/Ausgabe der Zahlen etwas umständlicher. Deren Werte sind zunächst in der *Text*-Eigenschaft der drei Textboxen enthalten und müssen mit Hilfe der *Convert*-Klasse vom Datentyp *String* in den *Integer*-Datentyp umgewandelt werden. Die Ergebnisausgabe erfolgt umgekehrt mittels der bereits bekannten *ToString*-Methode, deren Ergebnis der *Text*-Eigenschaft von *Label1* zugewiesen wird.

R1.6 Zahlen in eine ListBox eingeben und auswerten

Mittlerweile sind Sie auf den Geschmack gekommen und wollen sich an eine etwas anspruchsvollere Windows Forms-Anwendung heranwagen. Schließlich verfügt Visual Studio nicht nur über solch einfache Steuerelemente wie *Label*, *TextBox* und *Button*, sondern über ein ganzes Arsenal attraktiver und leistungsfähiger Controls, wie z.B. die *ListBox*.

Aufgabenstellung

Verwandeln Sie das Konsolenprogramm aus R1.4 in eine Windows Forms-Applikation und zeigen Sie die Zahlenreihe in einer *ListBox* an. Für die Eingabe sollen nicht nur ganze Zahlen, sondern auch Gleitkommazahlen zulässig sein.

Lösungsvorschlag

Da Sie die allgemeine Vorgehensweise bereits am Vorgängerbeispiel geübt haben, können sich die folgenden Erläuterungen auf das Spezifische beschränken.

Die folgende Abbildung zur Gestaltung der Benutzerschnittstelle ist lediglich als Anregung zu verstehen. Eine *TextBox* dient zur Eingabe der Zahlen, die dann per Enter-Taste in eine *ListBox* übernommen werden sollen. Für die bequeme Bedienung und Anzeige sind weiterhin zwei *Button*- und drei *Label*-Steuerelemente vorgesehen.

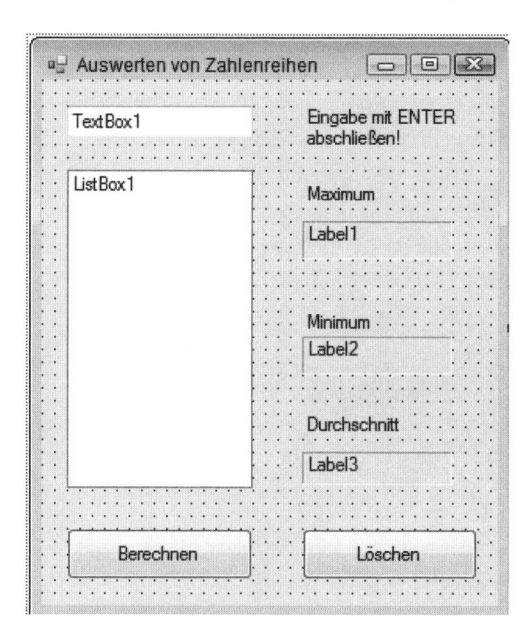

Programmierung

In die Klasse *Form1* tragen Sie zunächst folgenden Code ein, wie er Ihnen bereits in ähnlicher Gestalt aus der entsprechenden Konsolenanwendung bekannt ist.

```
Public Class Form1
    Private arr() As Double                     ' globale Variable deklarieren
    Private max, min As Double
    Private av As String

    Private Sub berechne()
        Dim sum As Double = arr(0)              ' lokale Variable
        min = arr(0)
        max = arr(0)                            ' globale Variable initialisieren
        Dim n As Integer = arr.Length - 1
        For i As Integer = 1 To n
            If arr(i) > max Then
                max = arr(i)
            Else
                If arr(i) < min Then min = arr(i)
            End If
            sum += arr(i)
        Next i
        sum = sum / (n + 1)                     ' Durchschnitt berechnen
        av = sum.ToString("#0.00")              ' globale Variable zuweisen
    End Sub
```

Der folgende Event-Handler für das *KeyUp*-Ereignis von *TextBox1* überträgt dann den Eintrag nach *ListBox1*, wenn die Enter-Taste gedrückt wird. Anschließend wird der Eintrag in der *TextBox* gelöscht, um für neue Zahleneingaben bereit zu sein.

HINWEIS: Tippen Sie den Rahmencode dieser Event-Handler nicht per Hand ein, sondern erzeugen Sie ihn über die "Ereignisse"-Seite des Eigenschaftenfensters (F4), indem Sie in die rechte Spalte doppelklicken (siehe Abbildung)!

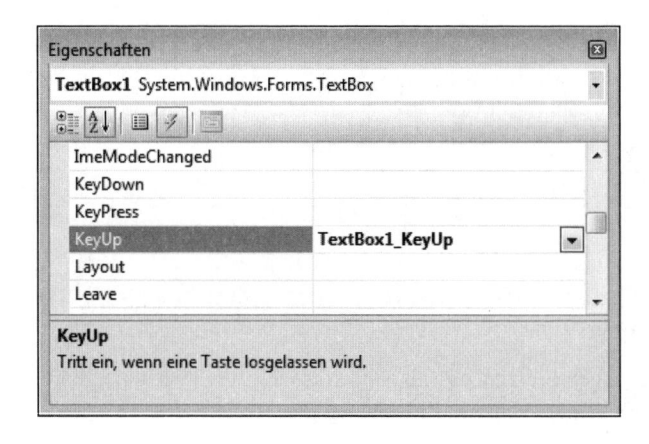

R1.6 Zahlen in eine ListBox eingeben und auswerten

```vb
Private Sub TextBox1_KeyUp(ByVal sender As System.Object, _
                ByVal e As  System.Windows.Forms.KeyEventArgs) Handles TextBox1.KeyUp
    If (e.KeyCode = Keys.Enter) And (TextBox1.Text <> String.Empty) Then    ' Enter-Taste
        ListBox1.Items.Add(TextBox1.Text)          ' TextBox => ListBox
        TextBox1.Text = String.Empty               ' TextBox-Inhalt löschen
    End If
End Sub
```

Ein weiterer Event-Handler wertet das *Click*-Ereignis von *Button1* aus. Der Inhalt der *ListBox* wird ausgelesen und in das Array kopiert. Da der erste Eintrag einer *ListBox* (genauso wie das erste Feld des Arrays) immer den Index null hat, kann man das Kopieren elegant in einer *For ... Next*- Schleife erledigen. Nach Aufruf der Methode *berechne* erfolgt dann die Ergebnisanzeige:

```vb
Private Sub Button1_Click(ByVal sender As System.Object, _
                     ByVal e As System.EventArgs) Handles Button1.Click
    Dim n As Integer = ListBox1.Items.Count        ' Anzahl der ListBox-Einträge
    If n > 0 Then                  ' ListBox hat mindestens einen Eintrag
        ReDim arr(n - 1)           ' Array dimensionieren
        For i As Integer = 0 To n - 1
            Try
                arr(i) = Convert.ToDouble(ListBox1.Items(i))     ' ListBox => Array
                berechne()                                       ' Methodenaufruf
            Catch ex As Exception                                ' Fehlerbehandlung
                MessageBox.Show(ex.Message, "Fehler")
            End Try
        Next i
        Label1.Text = max.ToString()       ' Ergebnisanzeige
        Label2.Text = min.ToString()
        Label3.Text = av                   ' Gleitkommazahl formatieren
    End If
End Sub
```

Der letzte Event-Handler ermöglicht das Löschen der gesamten Zahlenreihe und der Anzeige, um wieder von vorn beginnen zu können:

```vb
Private Sub Button2_Click(ByVal sender As System.Object, _
                     ByVal e As System.EventArgs) Handles Button2.Click
    ListBox1.Items.Clear()
    arr = Nothing                  ' Array freigeben
    TextBox1.Text = String.Empty
    Label1.Text = String.Empty
    Label2.Text = String.Empty
```

```
        Label3.Text = String.Empty
    End Sub
End Class
```

Test

Geben Sie eine beliebig lange Zahlenkolonne ein (Dezimaltrennzeichen ist das Komma, jede Zahl mit Enter-Taste abschließen) und lassen Sie sich dann das Ergebnis der Auswertung anzeigen:

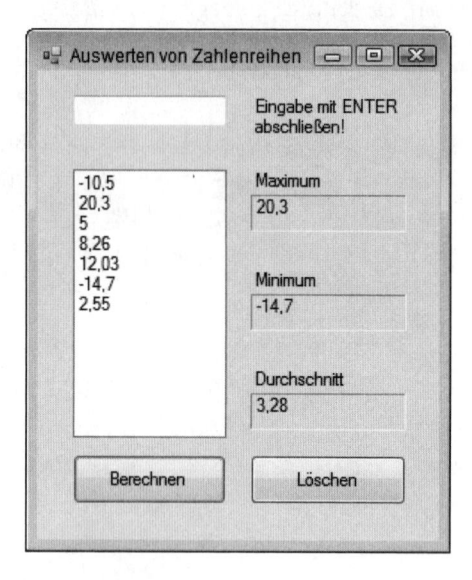

Bemerkungen

- Vergleichen Sie den Quellcode dieses Programms mit dem der Konsolenanwendungen aus den Vorgängerbeispielen. Nach einiger Praxis dürfte es Ihnen nicht schwer fallen, weitere "alte" Konsolenrogramme auf ähnliche Weise unter Visual Studio "aufzumöbeln". Dabei wird das "Zusammenschieben" der Benutzerschnittstelle nicht das Problem sein, da die Vorgehensweise starke Ähnlichkeiten mit einem Zeichenprogramm hat. Dreh- und Angelpunkt ist vielmehr das Aufbrechen des linearen Programmablaufs (PAP) und seine zweckmäßige Verteilung auf verschiedene Event-Handler.

- In einer Windows-Anwendung hat der klassische Programmablaufplan (PAP) – zumindest außerhalb von Methoden bzw. Event-Handlern – seine Bedeutung weitestgehend verloren, da es keine festgelegte Reihenfolge der Benutzereingaben mehr gibt.

- Wenn Sie auch dieses letzte Beispiel ohne größere Schwierigkeiten gemeistert haben, sind Sie auf dem besten Weg zu einem hoffnungsvollen VB-Programmierer, denn Sie haben bereits ein Gefühl für die wichtigsten sprachlichen Grundlagen entwickelt. Die Zeit ist also reif, um sich an anspruchsvollere Projekte zu wagen.

Kapitel 2

Sprache

R2.1 Anwendungen von C# nach Visual Basic portieren

Sie sind C#-Programmierer und wollen zu Visual Basic wechseln? Oder Sie haben einen in C# geschriebenen Quellcode und wollen diesen nach Visual Basic übersetzen? Das vorliegende Rezept soll Ihnen den Umstieg erleichtern.

Leider können wir Ihnen für eine automatisierte Durchführung keine Patentlösung geben. Im Internet werden zwar diverse Übersetzungshilfen angeboten, sie sind allerdings so mit Mängeln behaftet, dass wir sie Ihnen beim besten Willen nicht empfehlen wollen.

Am schnellsten und zuverlässigsten geht das Portieren immer noch in "Handarbeit":

- Öffnen Sie das zu übersetzende C#-Projekt mit Visual Studio 2008.
- Laden Sie eine zweite Instanz von Visual Studio 2008 und öffnen Sie ein neues Visual Basic-Projekt.
- Kopieren Sie über die Windows-Zwischenablage die visuellen Komponenten (keine Formulare!) von der C#- in die VB-Entwicklungsumgebung.
- Kopieren Sie abschnittsweise den C#-Code in das VB-Codefenster und ersetzen Sie dort Schritt für Schritt die C#- durch die VB-Syntax.

Die folgenden Ausführungen sollen Ihnen dabei die Arbeit erleichtern.

Die augenfälligsten Unterschiede

Beim Vergleich beider Programmiersprachen stechen zunächst die folgenden Unterschiede ins Auge:

- **Abschluss einer Befehlszeile**
  Während in Visual Basic der Zeilenumbruch eine Befehlszeile abschließt, übernimmt in C# das Semikolon diese Funktion, sodass sich Anweisungen über mehrere Zeilen erstrecken können!

- **Groß-/Kleinschreibung**
  Hier dürfte es kaum Probleme geben, denn in Visual Basic spielt die Groß-/Kleinschreibung keine Rolle, C# hingegen ist eine casesensitive Sprache, die in "Oberlehrermanier" peinlichst zwischen Groß- und Kleinschreibung unterscheidet.

- **Kommentare**
  In C# sind auch mehrzeilige, in VB hingegen nur einzeilige, Kommentare möglich.

- ***this* wird zu *Me***
  Als Bezug auf die eigene Klasseninstanz benutzt man unter C# das Schlüsselwort *this*, unter VB aber *Me*.

- **Gültigkeitsbereiche**
  Während die Gültigkeitsbereiche der lokalen Variablen sich in C# eindeutig aus der durch die geschweiften Klammern eingegrenzten Blockstruktur ergeben, kann man in VB die Blöcke nur indirekt aus der Struktur der Anweisungen ableiten.

- **Namespaces**
  Während ein Namensraum unter VB mit *Imports* eingebunden wird, erfolgt dies unter C# mit *using*.

Ehe wir weiter ins Detail gehen, zeigt die folgende Tabelle eine zeilenweise Gegenüberstellung von zwei kompletten Programmen (Konsolenanwendungen).

HINWEIS: Den Quellcode für beide Programme finden Sie auf der Buch-CD!

C#	VB
| ```
using System;         // Namespace einbinden
class Program         /* Das Programm ist eine
                         Konsolenanwendung */
{
  static void Main(string[] args)
  {
    char c;
    Console.WriteLine("Umrechnung Euro-Dollar");
    do
    {
      float kurs, euro, dollar;
      Console.Write("Kurs 1 : ");
      kurs = Convert.ToSingle(Console.ReadLine());
      Console.Write("Euro: ");
      euro = Convert.ToSingle(Console.ReadLine());
      dollar = euro * kurs;
      Console.WriteLine("Sie erhalten " +
              dollar.ToString("0.00 Dollar"));
      Console.Write("Programm beenden? (j/n)");
      string s = Console.ReadLine(); c = s[0];
    } while(c != 'j');
  }
}
``` | ```
Imports System        ' Namespace einbinden
Module Module1        ' Das Programm ist eine
                      ' Konsolenanwendung

  Sub Main()

    Dim c As Char
    Console.WriteLine("Umrechnung Euro-Dollar")
    Do

      Dim kurs, euro, dollar As Single
      Console.Write("Kurs 1 : ")
      kurs = CSng(Console.ReadLine())
      Console.Write("Euro: ")
      euro = CSng(Console.ReadLine())
      dollar = euro * kurs
      Console.WriteLine("Sie erhalten " & _
              dollar.ToString("0.00 Dollar"))
      Console.Write("Programm beenden? (j/n)")
      c = CChar(Console.ReadLine())
    Loop While c <> "j"
  End Sub
End Module
``` |

Datentypen

C#-Datentyp	VB.NET-Datentyp	.NET-CLR-Typ
byte	Byte	System.Byte
sbyte	SByte	System.SByte
short	Short	System.Int16
ushort	UShort	System.UInt16
int	Integer	System.Int32
uint	UInteger	System.UInt32
long	Long	System.Int64
ulong	ULong	System.UInt64
float	Single	System.Single
double	Double	System.Double
decimal	Decimal	System.Decimal
char	Char	System.Char
bool	Boolean	System.Boolean
string	String	System.String
object	Object	System.Object

Operatoren

C#	VB	C#	VB	C#	VB
= + -	= + -	&	And	==	=
++		|	Or	< >	< >
* /	* /	^	Xor	<= >=	<= >=
	\	&&	AndAlso	!=	<>
%	Mod	||	OrElse		
	^	!	Not		

Verzweigungen

VB	C#

`If zensur = 1 Then`
`   Label1.Text = "Sehr gut!"`
`ElseIf zensur = 2 Then`
`   Label1.Text = "Gut"`
`ElseIf zensur = 3`
`   Label1.Text = "Befriedigend"`
`Else`
`   Label1.Text = "Nicht erlaubte Zensur!"`
`End If`
	`if (zensur == 1)`
	`   label1.Text = "Sehr gut!";`
	`else if (zensur == 2)`
	`   label1.Text = "Gut";`
	`else if (zensur == 3)`
	`   label1.Text = "Befriedigend";`
	`else`
	`   label1.Text = "Nicht erlaubte Zensur!";`

VB	C#
| ```vb
Select Case zensur
  Case 1: Label1.Text = "Sehr gut"
  Case 2: Label1.Text = "Gut"
  Case 3: Label1.Text = "Mmmm"
  Case Else
    Label1.Text = "????"
End Select
``` | ```csharp
switch (zensur)
{ case 1: label1.Text = "Sehr gut"; break;
  case 2: label1.Text = "Gut"; break;
  case 3: label1.Text = "Mmmm"; break;
  default:
  label1.Text = "????"; break;
}
``` |
| ```vb
Try
  c = a / b
  Me.Text = c.ToString
Catch ex As Exception
  MessageBox.Show(ex.Message)
End Try
``` | ```csharp
try
{
  c = a / b;
  this.Text = c.ToString();
}
catch(Exception ex)
{
  MessageBox.Show(ex.Message);
}
``` |

Schleifen

VB	C#
| ```vb
For i As Integer = 1 To 10
    ListBox1.Items.Add("Hallo!")
Next i
``` | ```csharp
for (int i = 1; i <= 10; i++)
    listBox1.Items.Add(" Hallo!");
``` |
| ```vb
Do While i <= 10
  ListBox1.Items.Add("Hallo!")
  i += 1
Loop
``` | ```csharp
while (i <= 10)
{ listBox1.Items.Add("Hallo!");
  i++;
}
``` |
| ```vb
Do
 ListBox1.Items.Add("Hallo!")
 i +=1
Loop While i <=10
``` | ```csharp
do
{ listBox1.Items.Add("Hallo!");
  i ++;
} while (i <= 10);
``` |

Arrays

VB	C#
| ```vb
Dim A(100) As Double
A(0) = 12.5
``` | ```csharp
double[] A = new double[100];
A[0] = 12.5;
``` |
| ```vb
Dim feld As Double
For Each feld In A
  MessageBox.Show(feld.ToString)
Next feld
``` | ```csharp
foreach (double feld in A)
{
  MessageBox.Show(feld.ToString());
}
``` |

Strukturen

VB	C#

`Structure Person`
`  Public vorName, nachName As String`
`  Public alter As Integer`
`End Structure`
	`struct Person`
	`{ public string vorName, nachName;`
	`  public int alter;`
	`}`

Enumerationen

VB	C#

`Enum erstesQuartal As Byte`
`  JANUAR = 1`
`  FEBRUAR`
`  MÄRZ`
`End Enum`
	`enum erstesQuartal: byte`
	`{JANUAR = 1,`
	`  FEBRUAR,`
	`  MÄRZ`
	`}`

- Arrays sind in .NET alle dynamisch und beginnen grundsätzlich mit dem Index 0, dieser ist in C# in eckige, in VB hingegen in runde Klammern einzuschließen.
- In VB ist einfaches Umdimensionieren von Arrays zur Laufzeit mittels *ReDim*-Anweisung möglich.

Funktionen, Prozeduren, Methoden

VB	C#

`Function Kugel(ByVal ra As Double, _`
`            ByVal sg As Double) As Double`
`  Dim vol As Double = _`
`      4 / 3 * Math.Pi * Math.Pow(ra, 3)`
`  Return sg * vol`
`End Function`
	`double Kugel(double ra, double sg)`
	`{`
	`  double vol =`
	`    4 / 3.0 * Math.PI * Math.Pow(ra, 3);`
	`  return(sg * vol);`
	`}`

`Sub Kugel(ByVal ra As Double, _`
`          ByVal sg As Double)`
`  Dim vol As Double = _`
`      4 / 3 * Math.Pi * Math.Pow(ra, 3)`
`  gew = sg * vol`
`End Sub`
	`void Kugel(double ra, double sg)`
	`{`
	`  double vol =`
	`    4 / 3F * Math.PI * Math.Pow(ra, 3);`
	`  gew = sg * vol;`
	`}`

`Declare Function GetDC Lib "user32" _`
`  Alias "GetDC" (ByVal hwnd As Integer) _`
`  As Integer`
`...`
`Dim dc As Integer = GetDC(0)`
	`[DllImport("user32.dll")]`
	`static extern int GetDC(int hwnd);`
	`...`
	`int dc = GetDC(0);`

HINWEIS: VB unterscheidet zwischen Funktionen und Prozeduren, C# kennt nur Methoden mit und ohne (*void*) Rückgabewert.

Klassendefinition

VB	C#
| ```vb
Public Class CKunde

  Public Shared Const mwst As Double = 0.19
  Private _anrede, _name As String

  Public Sub New(ByVal anr As String, _
                 ByVal nam As String)
    _anrede = anr: _name = nam
  End Sub

  Public Property name() As String
    Get
      Return _name
    End Get
    Set(ByVal Value As String)
      _name = Value
    End Set
  End Property

  Public Function adresse() As String
    Dim s As String = _anrede & " " & _name
    Return s
  End

End Class
``` | ```csharp
public class CKunde
{
  public static const double mwst = 0.19;
  private string _anrede, _name;

  public CKunde(string anr, string nam)
  {
    _anrede = anr;  _name = nam;
  }

  public string name
  {
    get
    {return(_name);}
    set
    {_name = value;}
  }

  public string adresse()
  {
    string s = _anrede + " " + _name;
    return(s);
  }
}
``` |

Erzeugen eines Objekts

VB	C#
Private kunde1 As CKunde kunde1 = New CKunde("Frau", "Maus")	private CKunde kunde1; kunde1 = new CKunde1("Frau", "Maus");
Private kunde1 As New CKunde("Frau", "Maus")	private CKunde kunde1 = new CKunde("Frau", "Maus");

Ereignis definieren

VB	C#

`Public Event ereignis( _`
`    ByVal sender As Object, ByVal e As String)`
`...`
`RaiseEvent ereignis(Me, "Hallo")`
	`public delegate void EreignisTyp(`
	`                    object sender, string e);`
	`public event EreignisTyp ereignis;`
	`...`
	`ereignis(this, "Hallo");`

Ereignis verwenden

VB	C#

`Private WithEvents kunde1 As CKunde`
`kunde1 = New CKunde`
`AddHandler kunde1.ereignis, _`
`           AddressOf Me.ereignisHandler`
`...`
`Private Sub ereignisHandler( _`
`    ByVal sender As Object, ByVal e As String)`
`...`
`End Sub`
	`private CKunde kunde1;`
	`kunde1 = new CKunde();`
	`kunde1.ereignis += new`
	`    CKunde.EreignisTyp(this.ereignisHandler);`
	`...`
	`private void ereignisHandler(`
	`                object sender, string e)`
	`{`
	`    ...`
	`}`

HINWEIS: Unter VB ist auch das (statische) Zuweisen eines Eventhandlers mittels *Handles*-Klausel möglich.

R2.2 String in Array kopieren und umgekehrt

Es gibt die verschiedensten Gründe, einen String zu zerpflücken und seine Bestandteile in einem Array abzuspeichern (Formelparser, Compiler, Suchfunktionen, ...). Dieses Rezept zeigt die Vorgehensweise und dürfte gleichzeitig ein gutes Beispiel für das Zusammenwirken von Instanzen- und Klassenmethoden sein (*Split* und *Join*).

Oberfläche

Um die Wirkungsweise anschaulich zu demonstrieren, zeigen wir den Stringinhalt links in einer *TextBox* an und den Arrayinhalt rechts in einer *ListBox* (siehe Laufzeitsansicht). Die drei *RadioButtons* dienen uns zum Einstellen des gewünschten Trennzeichens (Zeilenumbruch, Leerzeichen oder Komma). Die Abbildung zeigt die Laufzeitansicht.

Quellcode

```
Public Class Form1
```

Das Trennzeichen bestimmt die Aufteilung des Strings:

```
    Private tz As Char
```

Ein dynamisches Array soll als Behälter für die Bestandteile des Strings dienen:

```
    Private A() As String
```

Damit Sie sich das mühselige Eintippen eines Beispieltextes ersparen, wird die Textbox bereits beim Laden des Formulars gefüllt:

```
    Private Sub Form1_Load(ByVal sender As System.Object, ByVal e As System.EventArgs) _
                    Handles MyBase.Load
        TextBox1.Text = "Alle Vögel sind schon da, alle Vögel alle! "
        TextBox1.Text &= "Welch ein Singen, Musiziern, "
        TextBox1.Text &= "Pfeifen, Zwitschern, Tirriliern!"
    End Sub
```

Zum Kopieren des Strings in das Array wird die *Split*-Methode des Strings ausgeführt, der man als Parameter das Trennzeichen übergibt. Rückgabewert ist das gefüllte Array.

```
    Private Sub Button1_Click( _
            ByVal sender As System.Object, ByVal e As System.EventArgs) Handles Button1.Click
        Dim s As String = TextBox1.Text
```

Die Auswahl des Trennzeichens (nur erstes Zeichen nehmen):

```
        If radioButton1.Checked Then tz = CChar(Environment.NewLine)
        If radioButton2.Checked Then tz = CChar(" ")
```

```
        If radioButton3.Checked Then tz = CChar(",")
        TextBox1.Text = String.Empty
```

Hier erfolgt die Trennung:

```
        A = s.Split(tz)
```

Die Anzeige des Arrayinhalts dient lediglich unserer Information:

```
        ListBox1.Items.Clear()
        For i As Integer = 0 To A.Length - 1
            ListBox1.Items.Add(A(i))
        Next
```

Ebenfalls nur der Befriedigung unserer Neugier dient die Anzeige der Arraygröße:

```
        Label1.Text = "A(" & A.Length.ToString & ")"
    End Sub
```

Die Rückverwandlung des Arrays in einen String ist mit der (statischen) *Join*-Methode der *String*-Klasse eine einfache Angelegenheit. Übergabeparameter sind das Trennzeichen und das gefüllte Array. Rückgabewert ist der zusammengesetzte String:

```
    Private Sub Button2_Click( _
          ByVal sender As System.Object, ByVal e As System.EventArgs) Handles Button2.Click
        ListBox1.Items.Clear()
        Dim s As String = String.Join(tz, A)
        TextBox1.Text = s
    End Sub
End Class
```

Test

Kopieren Sie die Strings unter Verwendung verschiedener Trennzeichen hin und zurück (siehe obige Laufzeitansicht).

R2.3 Ein Byte-Array in einen String konvertieren

Haben Sie beispielsweise ein Byte-Array mit acht Feldern und möchten die ersten fünf Felder in einen ersten String und die letzten in einen zweiten String kopieren, so sind Sie als Einsteiger ratlos. Als "richtiger" Programmierer wissen Sie sich natürlich zu helfen. Getreu der Devise "Hauptsache es funktioniert" werden Sie mit den Ihnen bekannten elementaren String-Funktionen natürlich zu einer Lösung kommen.

Erst wenn Sie sich ein wenig in der gigantischen Klassenbibliothek des .NET-Frameworks auskennen, wird Ihnen vielleicht eine elegantere Lösung einfallen und Sie wissen, dass die *Encoding*-Klasse Methoden bereitstellt, mit deren Hilfe Arrays und Zeichenfolgen von Unicode-

Zeichen aus direkt in Byte-Arrays konvertiert werden können, die für eine bestimmte Zielcodepage codiert sind.

Das vorliegende Rezept bietet durch Gegenüberstellung beider Varianten gute Vergleichsmöglichkeiten.

Oberfläche

Zwei *Button*s und zwei *Label* genügen für einen Test (siehe Laufzeitabbildung).

Quelltext

```
Public Class Form1
```

Die Quelle ist ein gefülltes Byte-Array, welches den Zeichen *A, B, C, D, E, F, G, H* entspricht:

```
Private ba() As Byte = {65, 66, 67, 68, 69, 70, 71, 72}
```

Das Ziel sind zwei Strings, in welche die ersten fünf bzw. die letzten drei Elemente des Arrays kopiert werden sollen:

```
Private s1, s2 As String
```

Beginnen wir mit der umständlichen Lösung, bei der wir jedes einzelne Byte in einer *For-Next*-Schleife aus dem Array herauskopieren und mittels explizitem Typecasting in einen *Char*-Datentyp verwandeln und zum Ergebnisstring hinzuaddieren:

```
Private Sub Button1_Click( _
        ByVal sender As System.Object, ByVal e As System.EventArgs) Handles Button1.Click
    Dim i As Integer
    For i = 0 To 4
        s1 &= Convert.ToChar(ba(i))
    Next i
    For i = 5 To 7
        s2 &= Convert.ToChar(ba(i))
        ' s2 &= CChar(ba(i))        ' geht nicht!
        ' s2 &= CType(ba(i), Char)  ' geht nicht!
    Next i
    Label1.Text = s1 & Environment.NewLine & s2
End Sub
```

Jetzt die einfache Lösung, bei der jeweils eine Anweisung genügt, um mittels *GetString*-Methode das Byte-Array zu decodieren:

```
Private Sub Button2_Click( _
        ByVal sender As System.Object, ByVal e As System.EventArgs) Handles Button2.Click
    ' decodiert Byte-Array:
    s1 = System.Text.Encoding.Default.GetString(ba, 0, 5)   ' 5 Zeichen ab Position 0
```

```
            s2 = System.Text.Encoding.Default.GetString(ba, 5, 3)    ' 3 Zeichen ab Position 5
            Label2.Text = s1 & Environment.NewLine & s2
        End Sub
End Class
```

Test

Die aus dem *Byte*-Array erzeugten Strings werden rechts angezeigt. Wie man sieht, kommen beide Varianten zum gleichen Ergebnis.

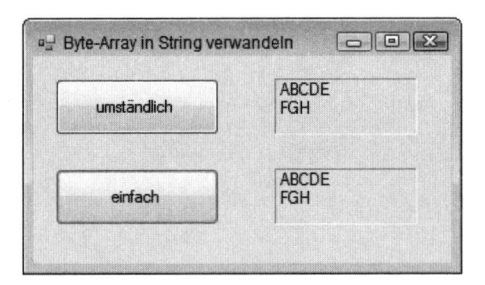

R2.4 Strukturvariablen in Arrays einsetzen

Dieses Lernrezept zeigt dem Einsteiger anschaulich, wie man ein Array von Strukturvariablen erzeugen und darauf zugreifen kann. Ziel ist eine kleine Personalverwaltung, in welcher wir Daten von maximal zehn Personen ablegen wollen.

HINWEIS: Strukturvariablen kann man durchaus als Vorläufer der Objekte bezeichnen. Wer ihre Verwendung beherrscht, dem wird auch der Übergang zur OOP (Objektorientierte Programmierung) nicht schwer fallen.

Oberfläche

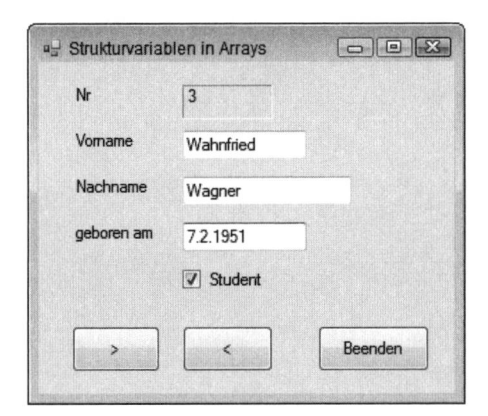

Quellcode

```
Public Class Form1
```

Die Struktur definieren:

```
    Private Structure Person
        Dim Vorname, Nachname As String
        Dim Geburt As Date
        Dim Student As Boolean
    End Structure
```

Einige globale Variablen:

```
    Const pmax As Integer = 10            ' maximale Anzahl Personen
    Private pListe(pmax) As Person        ' statisches Array aus Strukturvariablen
    Private pos As Integer = 1            ' Positionszähler
```

Die Methode zum Anzeigen eines Datensatzes:

```
    Private Sub anzeigen()
        Label1.Text = pos.ToString
        With pListe(pos)
            TextBox1.Text = .Vorname
            TextBox2.Text = .Nachname
            TextBox3.Text = CStr(.Geburt)
            CheckBox1.Checked = .Student
        End With
    End Sub
```

Die Methode zum Speichern eines Datensatzes:

```
    Private Sub speichern()
        With pListe(pos)
            .Vorname = TextBox1.Text
            .Nachname = TextBox2.Text
            .Geburt = CDate(TextBox3.Text)
            .Student = CheckBox1.Checked
        End With
    End Sub
```

Es folgen vier Ereignisbehandlungsroutinen (Eventhandler).

Beim Laden des Formulars wird die Anzeige mit Anfangswerten initialisiert:

```
    Private Sub Form1_Load( _
            ByVal sender As System.Object, ByVal e As System.EventArgs) Handles MyBase.Load
        Label1.Text = "1"
```

R2.4 Strukturvariablen in Arrays einsetzen

```
            TextBox1.Text = ""
            TextBox2.Text = ""
            TextBox3.Text = "00:00:00"
        End Sub
```

Vorwärts blättern mit der ">"-Schaltfläche:

```
        Private Sub Button1_Click( _
                ByVal sender As System.Object, ByVal e As System.EventArgs) Handles Button1.Click
            If pos < pmax Then
                Call speichern()
                pos += 1
                Call anzeigen()
            End If
        End Sub
```

Rückwärts blättern mit der "<"-Schaltfläche:

```
        Private Sub Button2_Click( _
                ByVal sender As System.Object, ByVal e As System.EventArgs) Handles Button2.Click
            If pos > 1 Then
                Call speichern()
                pos -= 1
                Call anzeigen()
            End If
        End Sub
        ...
End Class
```

Test

Nach dem Programmstart (F5) können Sie das leere *Personal*-Array mit Daten füllen (siehe obige Laufzeitansicht).

HINWEIS: Die Übernahme in den Speicher erfolgt hier erst **nach** dem Weiterblättern!

Bemerkungen

- Der unterste Index eines Arrays ist stets 0! Dieses Feld haben wir aber leer gelassen, damit wir mit dem Feldindex 1 beginnen können.
- Leider sind nach dem Beenden des Programms alle mühselig eingegebenen Personaldaten futsch. In der Praxis werden Sie deshalb diese Daten auf der Festplatte abspeichern, siehe dazu R8.9 (Eine sequenzielle Datei lesen und schreiben).

R2.5 Eine einzelne Spalte aus einem Array kopieren

Leider funktioniert in diesem Fall die Anweisung *System.Array.CopyTo* nicht, weil die Elemente einer Spalte nicht direkt hintereinander im Speicher angeordnet sind (der unterste Index ist immer null!).

BEISPIEL: Ein Array mit fünf Spalten und drei Zeilen

```
Dim A(4, 2) As Double
```

hat folgenden Aufbau (dritte Spalte fett gedruckt):

[0,0] [1,0] **[2,0]** [3,0] [4,0]

[0,1] [1,1] **[2,1]** [3,1] [4,1]

[0,2] [1,2] **[2,2]** [3,2] [4,2]

Man muss also eine Schleife verwenden, um auf die Elemente einer Spalte zuzugreifen. Das vorliegende Rezept zeigt eine Funktion, die diese Aufgabe erledigt.

Oberfläche

Eine kleine *ListBox* zur Kontrollanzeige des Inhalts der kopierten Spalte soll uns genügen.

Quellcode

```
Public Class Form1
```

Die Funktion *getColumn* liefert ein eindimensionales Integer-Array mit dem Inhalt der Spalte *c* des übergebenen zweidimensionalen Integer-Arrays *A*:

```
    Private Function getColumn(ByVal A(,) As Integer, ByVal c As Integer) As Integer()
        Dim zmax As Integer = A.GetLength(1)    ' Anzahl Zeilen des Quell-Arrays ermitteln
        Dim B(zmax - 1) As Integer              ' eindimensionales Ziel-Array passender Größe
```

Array *B* mit Inhalt der Spalte *c* aus *A* füllen:

```
        For i As Integer = 0 To zmax - 1        ' Spalte in Ziel-Array kopieren
            B(i) = A(c, i)
        Next i
        Return B
    End Function
```

Der Test der Methode *getColumn* erfolgt hier beim Laden des Formulars:

```
    Private Sub Form1_Load( _
            ByVal sender As System.Object, ByVal e As System.EventArgs) Handles MyBase.Load
```

Array mit 4 Spalten und 3 Zeilen erzeugen und mit irgendwelchen Werten initialisieren:

```
Dim A(,) As Integer = {{1, 2, 3}, {4, 5, 6}, {7, 8, 9}, {10, 11, 12}}
```

Eindimensionales Ziel-Array erzeugen und mit Inhalt der zweiten Spalte von *A* füllen:

```
Dim B() As Integer = getColumn(A, 1)
```

Kontrollanzeige:

```
        For i As Integer = 0 To B.Length - 1
            ListBox1.Items.Add(B(i).ToString)        ' zeigt 4, 5, 6
        Next i
    End Sub
End Class
```

Test

Nach Programmstart wird der Inhalt der zweiten Spalte von *A* in der *ListBox* ausgegeben:

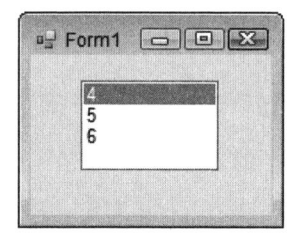

R2.6 In einer ArrayList suchen und sortieren

Bei einer *ArrayList* handelt es sich um eine universell einsetzbare Sammlung (Collection) von Objekten, die vom standardmäßig eingebundenen Namensraum *System.Collections* bereitgestellt wird.

Das vorliegende Rezept zeigt nicht nur, wie man in der *ArrayList* sortiert oder sucht, sondern auch wie man deren Inhalt ausliest und in einer *ListBox* zur Anzeige bringt.

Oberfläche

Auf dem Startformular *Form1* platzieren Sie eine *ListBox*, eine *TextBox* und drei *Button*s (siehe Laufzeitabbildung am Schluss des Rezepts).

Quellcode

```
Imports System.Collections
Public Class Form1
    Private al As ArrayList
```

Nach dem Programmstart wird die *ArrayList* erzeugt, mit Werten gefüllt und angezeigt:

```
Private Sub Form1_Load( _
        ByVal sender As System.Object, ByVal e As System.EventArgs) Handles MyBase.Load
    al = New ArrayList()           ' Instanziierung der ArrayList
    ' Initialisierung:
    al.Add("Das") : al.Add("ist") : al.Add("ein") : al.Add("Test") : al.Add("mit")
    al.Add("der") : al.Add("ArrayList.") : al.Add("Das") : al.Add("ist") : al.Add("ok.")
    listeAnzeigen(al)
End Sub
```

Die Routine zur Anzeige des Inhalts in der *ListBox*:

```
Private Sub listeAnzeigen(ByVal al As ArrayList)
    ListBox1.Items.Clear()
    For i As Integer = 0 To al.Count - 1
        ListBox1.Items.Add(al(i))
    Next i
End Sub
```

Aufsteigend sortieren:

```
Private Sub Button2_Click( _
        ByVal sender As System.Object, ByVal e As System.EventArgs) Handles Button2.Click
    al.Sort()
    listeAnzeigen(al)
End Sub
```

Absteigend sortieren:

```
Private Sub Button3_Click( _
        ByVal sender As System.Object, ByVal e As System.EventArgs) Handles Button3.Click
    al.Reverse()
    listeAnzeigen(al)
End Sub
```

Suchen:

```
Private ix As Integer = -1               ' Index des letztmaligen Vorkommens
Private Sub Button1_Click( _
        ByVal sender As System.Object, ByVal e As System.EventArgs) Handles Button1.Click
    Dim i As Integer = al.IndexOf(TextBox1.Text, ix + 1)    ' Suche wird ab ix fortgesetzt
    If i < 0 Then
        MessageBox.Show("Das Element wurde nicht gefunden!" & _
                        Environment.NewLine & " Suche beginnt wieder von vorn!")
        ix = -1
        ListBox1.SelectedIndex = -1       ' Zeilenmarkierung entfernen
```

```
            Else
                ListBox1.SelectedIndex = i      ' gefundenes Wort markieren
                ix = i
            End If
        End Sub
End Class
```

Test

Die Abbildung zeigt eine erfolgreiche Suche ohne vorherige Sortierung.

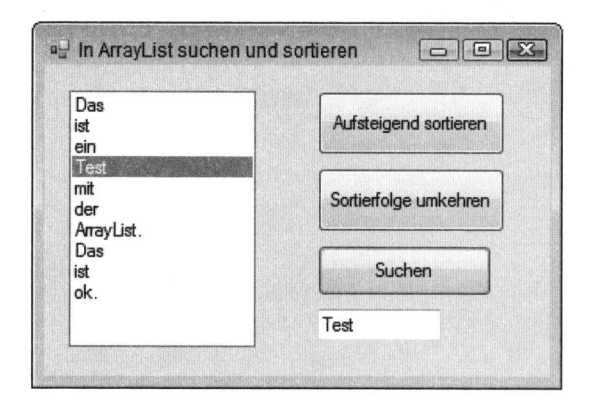

Die Ansichten der sortierten Liste:

R2.7 In einer generischen Liste suchen und sortieren

Generics sind Klassen bzw. Methoden, denen die Typinformationen erst zur Laufzeit zugewiesen werden. Die variablen Datentypen werden mittels *Of*-Klausel unmittelbar nach dem Klassen- bzw. Methodenbezeichner angegeben. Im neuen Namespace *System.Collections.Generic* finden sich zahlreiche generische Klassen, wie z.B. die *List*, welche als Alternative zur altbekannten *ArrayList* infrage kommt.

Unser Beispiel löst das gleiche Problem wie im Vorgängerrezept R2.6 "In einer ArrayList suchen und sortieren" mittels einer generischen *List*.

Oberfläche

Die Bedienoberfläche entspricht dem Vorgängerrezept.

Quellcode

Alle Änderungen gegenüber dem Vorgängerrezept sind fett hervorgehoben. Wie Sie sehen, können *ArrayList* und *List* direkt ausgetauscht werden, da sie über dieselben Methoden (*Add*, *Sort*, *Reverse*, *IndexOf*) verfügen.

```
Imports System.Collections.Generic

Public Class Form1
```

Die generische *List* vom Datentyp *String* wird deklariert:

```
    Private gl As List(Of String)

    Private Sub Form1_Load( _
            ByVal sender As System.Object, ByVal e As System.EventArgs) Handles MyBase.Load
        gl = New List(Of String)          ' Instanziierung der generischen List
        ' Initialisierung:
        gl.Add("Das") : gl.Add("ist") : gl.Add("ein") : gl.Add("Test") : gl.Add("mit")
        gl.Add("der") : gl.Add("ArrayList.") : gl.Add("Das") : gl.Add("ist") : gl.Add("ok.")
        listeAnzeigen(gl)
    End Sub

    Private Sub listeAnzeigen(ByVal gl As List(Of String))
        ListBox1.Items.Clear()
        For i As Integer = 0 To gl.Count-1
            LstBox1.Items.Add(gl(i))
        Next i
    End Sub
    ...
    ' restlicher Code siehe Vorgängerrezept
End Class
```

Test

Das Programm zeigt erwartungsgemäß das gleiche Verhalten wie sein Vorgänger.

Bemerkungen

Gegenüber der *ArrayList* des Vorgängerrezepts bietet die generische *List* alle Vorteile einer typsicheren Programmierung:

- Anstatt eines Laufzeitfehlers erhalten Sie bereits einen Compiler-Fehler, falls Sie einen falschen Datentyp in der *List* speichern wollen.
- Eine Typumwandlung (Typecasting) entfällt, wenn Sie auf die Werte der generischen *List* zugreifen wollen.
- Das Boxing von Wertetypen ist nicht mehr erforderlich, weil *List(Of String)* in unserem Beispiel jetzt "weiß", welcher Datentyp zu speichern ist und wie viel Speicher man dafür reservieren muss.

R2.8 Zufallszahlen erzeugen

Das .NET-Framework enthält eine Klasse mit dem Namen *Random*, die Sie zum Erzeugen zufälliger Integer-Werte verwenden können. Das vorliegende Rezept zeigt die Realisierung eines Zufallszahlengenerators.

Oberfläche

Auf dem Startformular *Form1* finden ein *Label* und zwei *NumericUpDown*-Komponenten ihren Platz (siehe Laufzeitabbildung). Außerdem wird noch ein *Timer* benötigt (*Interval = 1000*; *Enabled = True*).

Um das Beispiel optisch etwas aufzuwerten, können Sie die *FormBorderStyle*-Eigenschaft von *Form1* auf *Fixed3D* setzen und auch die Eigenschaften *Font.Size* und *Font.Bold* von *Label1* ändern.

Quellcode

```
Public Class Form1
```

Öffnen Sie die "Ereignisse"-Seite des Eigenschaftenfensters des *Timer*s und lassen Sie den Rahmencode für den Eventhandler des *Tick*-Ereignisses erzeugen, welches Sie anschließend wie folgt besetzen:

```
    Private Sub Timer1_Tick(ByVal sender As System.Object, _
                            ByVal e As System.EventArgs) Handles Timer1.Tick
        Dim uWert As Integer = CType(NumericUpDown1.Value, Integer)
        Dim oWert As Integer = CType(NumericUpDown2.Value, Integer)
        If oWert >= uWert Then
            Dim rnd As New System.Random()
            Dim z As Integer = rnd.Next(uWert, oWert + 1)   ' Zufallszahl generieren
            Label1.Text = z.ToString()
```

```
            Else
                Label1.Text = String.Empty
            End If
        End Sub
    End Class
```

Test

Nach Programmstart ändern sich die Zufallszahlen zwischen beiden Grenzwerten im Sekundentakt.

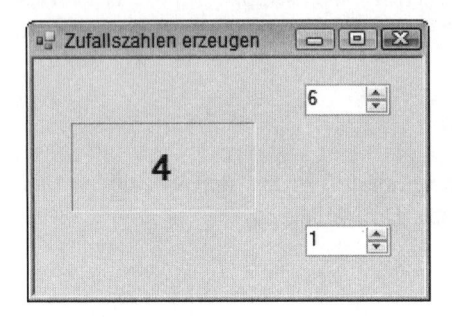

Bemerkungen

- Der *Next*-Methode eines *Random*-Objekts werden in unserem Beispiel die beiden Bereichsgrenzen als Parameter übergeben, wobei die erzeugte Zufallszahl größer oder gleich dem unteren Grenzwert, aber kleiner als der obere Grenzwert ist. Zwei weitere Überladungen der *Next*-Methode erlauben die Übergabe des oberen Grenzwerts als einzigen Parameter (der untere Grenzwert ist 0) oder einen parameterlosen Aufruf (es wird der gesamte positive Integer-Bereich ausgeschöpft).

- Eine komfortableres Beispiel finden Sie unter R4.10 "Einen grafischen Würfel programmieren".

R2.9 Eine Iterationsschleife verstehen (Quadratwurzel)

Eigentlich ist ein Computer ja "dumm" und erscheint nur dadurch "intelligent", dass er primitive Rechenoperationen in hoher Geschwindigkeit erledigt. Der pfiffige Programmierer kann dies ausnutzen, indem er dem Computer Aufgaben stellt, die sich nicht sofort, sondern nur durch schrittweises Ausprobieren lösen lassen. Typisch für diese Sorte von Aufgaben ist eine so genannte *Iterationsschleife*, die mit einer "über den Daumen gepeilten" *Startnäherung* beginnt und an deren Ende eine *Abbruchbedingung* überprüft wird. Wie viele Male die Schleife durchlaufen wird, kann nicht exakt vorausbestimmt werden.

Ohne auf die mathematischen Grundlagen näher einzugehen, wollen wir in diesem Rezept eine Iterationsschleife für das Ziehen der Quadratwurzel demonstrieren. Wir verzichten also auf die

Sqrt-Funktion, wie sie standardmäßig von der *Math*-Klasse bereitgestellt wird, und programmieren stattdessen eine eigene Lösung.

Programmablaufplan

Obwohl in der objekt- und ereignisorientierten Programmierung der PAP völlig aus der Mode gekommen ist, eignet er sich nach wie vor gut zur Veranschaulichung von Iterationszyklen.

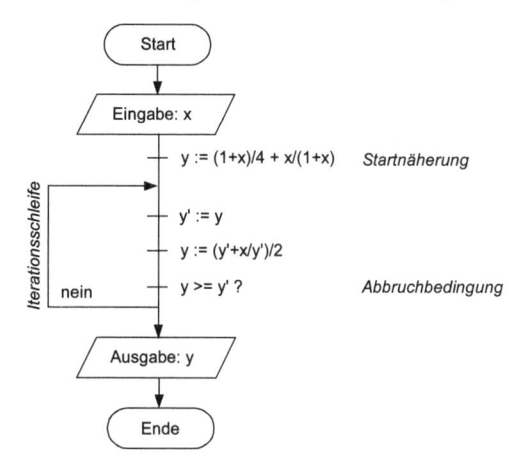

```
                    Start
                      │
                  Eingabe: x
                      │
              ┌──── y := (1+x)/4 + x/(1+x)      Startnäherung
              │       │
Iterations-   │   ── y' := y
schleife      │       │
              │   ── y := (y'+x/y')/2
              │       │
        nein  └── y >= y' ?                     Abbruchbedingung
                      │
                  Ausgabe: y
                      │
                    Ende
```

Oberfläche

Für die Eingabe findet eine *TextBox*- und für die Ausgabe eine *Label*-Komponente Verwendung. Die Iterationsschleife starten wir mit einem *Button*. Eine *ListBox* ist nicht unbedingt erforderlich, aber wir sind ja neugierig und wollen auch die Zwischenergebnisse betrachten (siehe Laufzeitabbildung).

Quellcode

Die programmtechnische Umsetzung des obigen PAP führt (in Verbindung mit dem Code für die Ein- und Ausgabe und für die Anzeige von Zwischenergebnissen) zu folgender Lösung:

```
Public Class Form1
```

Die Schaltfläche "Quadratwurzel>>":

```
    Private Sub Button1_Click(ByVal sender As System.Object, _
                              ByVal e As System.EventArgs) Handles Button1.Click
```

Einige Variablen deklarieren und den Eingabewert explizit in einen *Double*-Wert konvertieren:

```
        Dim x, y, ya As Double
        x = Convert.ToDouble(TextBox1.Text)
```

Die Quadratwurzel darf nur aus positiven Zahlen gezogen werden:

```
        If x > 0 Then
```

Inhalt der *ListBox* löschen:

```
ListBox1.Items.Clear()
```

Die Startnäherung:

```
y = (1 + x) / 4 + x / (1 + x)
```

Wie geschaffen für unsere Iterationsschleife ist die *Do...Loop Until*-Anweisung:

```
Do
    ya = y
    y = (ya + x / ya) / 2
```

Das Zwischenergebnis anzeigen:

```
ListBox1.Items.Add(y.ToString)
```

Die Abbruchbedingung prüfen:

```
Loop Until y >= ya
```

Das Endergebnis anzeigen:

```
            Label1.Text = y.ToString
        Else
            Label1.Text = "Bitte geben Sie einen positiven Wert ein!"
        End If
    End Sub
End Class
```

Test

Die Zwischenergebnisse nähern sich schrittweise der endgültigen Lösung. Sie werden feststellen, dass circa fünf bis sieben Iterationen notwendig sind, um die Abbruchbedingung zu erfüllen, d.h., die Quadratwurzel in einer für *Double*-Zahlen ausreichenden Genauigkeit zu ermitteln:

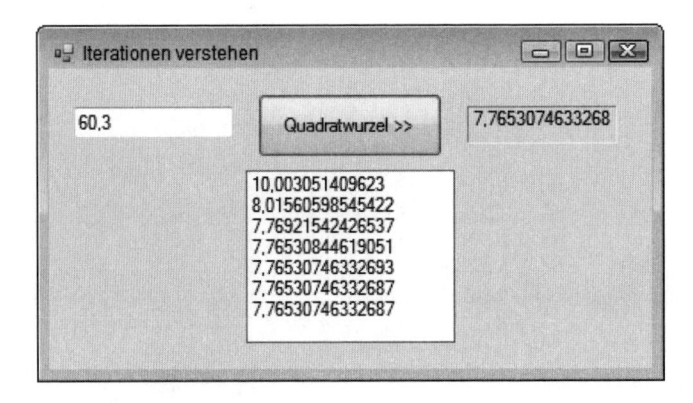

```
Iterationen verstehen

60,3          Quadratwurzel >>      7,7653074633268

              10,003051409623
              8,01560598545422
              7,769215422426537
              7,76530844619051
              7,76530746332693
              7,76530746332687
              7,76530746332687
```

Ergänzung

Der fortgeschrittene Programmierer wird obigen Code – besonders im Hinblick auf seine Wiederverwendbarkeit – in eine Funktion *qWurzel* verpacken. Da die Testphase abgeschlossen ist, kann auch auf die Anzeige der Zwischenergebnisse in der *ListBox* verzichtet werden:

```
Public Function qWurzel(ByVal x As Double) As Double
    Dim y, ya As Double
    y = (1 + x) / 4 + x / (1 + x)     ' Startnäherung
    Do
        ya = y
        y = (ya + x / ya) / 2
    Loop Until y >= ya                ' Abbruchbedingung
    Return y
End Function
```

Der Aufruf gestaltet sich nun wesentlich übersichtlicher:

```
Private Sub Button1_Click(ByVal sender As System.Object, _
                          ByVal e As System.EventArgs) Handles Button1.Click
    Dim x As Double = Convert.ToDouble(TextBox1.Text)
    If x > 0 Then
        Label1.Text = qWurzel(x).ToString
    Else
        Label1.Text = "Bitte geben Sie einen positiven Wert ein!"
    End If
End Sub
```

R2.10 Eine Iterationsschleife verstehen (Goldener Schnitt)

Der so genannte "Goldene Schnitt" unterteilt eine Strecke c so in zwei ungleiche Abschnitte a und b, dass das Verhältnis der Gesamtlänge c zur langen Seite a gleich dem Verhältnis der langen Seite a zur kurzen Seite b ist, also gelten die Beziehungen:

$$c = a + b$$

und

$$c / a = a / b$$

Im Ergebnis entsteht die quadratische Gleichung

$$a^2 - ab - b^2 = 0$$

deren Lösung für a einen Wert von 61,8 % und für b einen Wert von 38,2 % der Gesamtlänge c ergibt.

Jeder, der nicht mehr ganz so sattelfest in Mathematik ist, kann sich die Mühen der Berechnung sparen und stattdessen eine Lösung mittels Iterationsschleife versuchen.

Oberfläche

Um den Goldenen Schnitt auf anschauliche Weise zu demonstrieren, verwenden wir eine *ProgressBar* mit den Starteigenschaften *Minimum = 0*, *Maximum = 100* und *Value = 0*. Weiterhin werden ein *Button* und zwei *Label*s auf *Form1* platziert (siehe Laufzeitansicht).

Quellcode

```
Public Class Form1
    Private Sub Button1_Click(ByVal sender As System.Object, ByVal e As System.EventArgs) _
                                                                Handles Button1.Click

        Dim a As Double = 0
```

Die folgende Schleife vergrößert die Variable *a* in kleinen Schritten (*0.001*) solange, bis ihr Verhältnis zur kurzen Seite (*100-a*) dem Goldenen Schritt entspricht:

```
        Do
            a += 0.001
            ProgressBar1.Value = Convert.ToInt32(a)
        Loop While (100 / a > a / (100 - a))
```

Die Prozentanzeige der beiden Teilabschnitte:

```
        Label1.Text = a.ToString("#0.00") & " %"
        Label2.Text = (100 - a).ToString("#0.00") & " %"
    End Sub
End Class
```

Test

Nach Klick auf die "Start"-Schaltfläche dauert es nur Sekundenbruchteile, bis Sie sich optisch und prozentual einen Eindruck über diese gesetzmäßig vorgegebene, optimale Längenaufteilung verschaffen können.

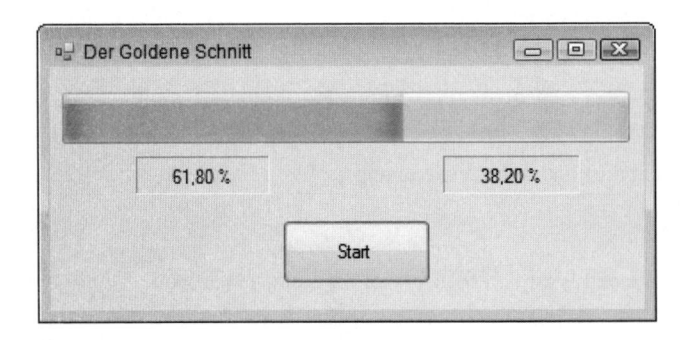

R2.11 Funktionen rekursiv aufrufen

Dass eine Funktion sich wiederholt auch selbst aufrufen kann, um damit quasi eine Iterationsschleife in Gang zu setzen, wollen wir am Beispiel der *Fibonacci*[1]-Zahlenreihe demonstrieren.

Oberfläche

Auf das Startformular setzen wir eine *TextBox*, einen *Button* und ein *Label* (siehe Laufzeitabbildung).

Quelltext

```
Public Class Form1
```

Die Funktion zur Berechnung der Fibonacci-Zahl für den Zeittakt *n* sieht zwar kurz und harmlos aus, hat es aber in sich:

```
    Private Function berechneFibo(ByVal n As Integer) As Integer
        If n <= 0 Then Return 0
        If n = 1 Then Return 1
```

Hintereinander erfolgen hier zwei rekursive Aufrufe:

```
        Return berechneFibo(n - 1) + berechneFibo(n - 2)
    End Function
```

Die Auswertung:

```
    Private Sub Button1_Click(ByVal sender As System.Object, _
                              ByVal e As System.EventArgs) Handles Button1.Click
        Dim n As Integer = CType(TextBox1.Text, Integer)
        Dim res As Integer = berechneFibo(n)
        Label1.Text = res.ToString
    End Sub
End Class
```

Test

Es empfiehlt sich nicht, Werte größer als 50 einzugeben, da die Berechnungszeit selbst bei einem superschnellen Rechner ins Uferlose ansteigt bzw. ein Zahlenüberlauf gemeldet wird (für den Wert 40 warten Sie etwa 5 bis 10 Sekunden auf das Ergebnis).

---

[1] Wer sich für die nicht unbedeutende Rolle dieser Zahlen bei diversen Naturprozessen interessiert, der mag ja mal in einem Mathe-Grundlagenbuch nachschauen, ansonsten tut der theoretische Hintergrund nichts zur Sache.

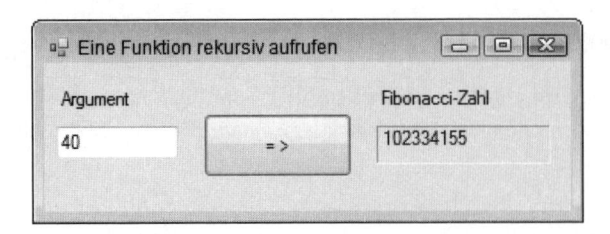

R2.12 Zeichenketten mittels StringBuilder addieren

Unter .NET sind auch Strings Referenztypen, d.h., eine Stringvariable speichert nicht den Wert, sondern lediglich einen Verweis (Referenz, Adresse) auf die Speicherstelle. Allerdings muss ein wichtiger Unterschied beachtet werden:

HINWEIS: Strings werden im Speicher als **unveränderliche** Zeichenketten abgelegt. Mit jeder Änderung einer String-Variablen wird ein **neuer String** erzeugt!

In diesem Rezept können Sie sich davon überzeugen, was für ein gefährlicher Zeit- und Speicherplatzfresser deshalb die einfache Stringaddition mittels "&"-Operator sein kann und welch gewaltige Performancesteigerung man durch Verwendung eines *StringBuilder*-Objekts erreicht. Nebenbei erfahren Sie auch etwas über den Einsatz der *TimeSpan*-Klasse zur Zeitmessung.

Oberfläche

Öffnen Sie eine neue Windows Forms-Anwendung und gestalten Sie die abgebildete Benutzerschnittstelle. Weisen Sie der *TrackBar* die Werte *Maximum = 50000, Minimum = 1000, SmallChange = 1000, LargeChange = 10000* zu.

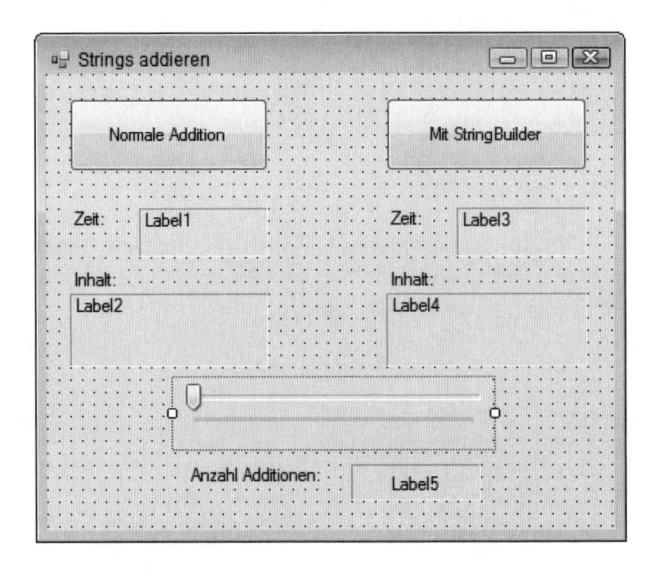

Quellcode Klasse CTest

Über das Menü *Projekt|Klasse hinzufügen...* fügen Sie zum Projekt eine neue Datei mit dem Namen *Test.vb* hinzu.

```
Imports System.Text
```

Die Klasse *CTest* stellt zwei statische Methoden bereit, welche die beiden Verfahren zur Stringaddition demonstrieren sollen. Als Rückgabewert der beiden Methoden dient die Struktur *TestResult*, deren Felder den Ergebnisstring und die zur Addition benötigte Zeit (in Millisekunden) kapseln:

```
Public Structure TestResult
    Dim inhalt As String
    Dim zeit As Integer
End Structure


Public Class CTest
```

Beide Methoden addieren in einer Schleife (beginnend mit Eins) die ganzen Zahlen fortlaufend zu einem Teststring. Beim Aufruf wird ein Parameter *nr* übergeben, welcher die Anzahl der Schleifendurchläufe bzw. Additionsoperationen festlegt.

Die erste Methode demonstriert die übliche Stringaddition mittels "&"-Operator. Für die Zeitmessung wird die *TimSpan*-Klasse benutzt:

```
    Public Shared Function addNormal(ByVal nr As Integer) As TestResult
        Dim t1 As DateTime = DateTime.Now
        Dim r As TestResult
```

String addieren:

```
        Dim str As String = String.Empty
        For i As Integer = 0 To nr - 1
            str &= i.ToString() & " "
        Next i
        r.inhalt = str
```

Zeitmessung:

```
        Dim t2 As DateTime = DateTime.Now
        Dim ts As New TimeSpan(t2.Ticks - t1.Ticks)
        r.zeit = Convert.ToInt32(ts.TotalMilliseconds)
        Return r
    End Function
```

Analog ist die Methode *addWithStringBuilder* aufgebaut, welche zur Addition die *Append*-Methode der *StringBuilder*-Klasse benutzt:

```
Public Shared Function addWithStringBuilder(ByVal nr As Integer) As TestResult
    Dim t1 As DateTime = DateTime.Now
    Dim r As TestResult
```

Mit *StringBuilder* addieren:

```
    Dim sb As New StringBuilder()
    For i As Integer = 0 To nr - 1
        sb.Append(i.ToString() & " ")
    Next i
    r.inhalt = sb.ToString()
```

Zeitmessung:

```
    Dim t2 As DateTime = DateTime.Now
    Dim ts As New TimeSpan(t2.Ticks - t1.Ticks)
    r.zeit = Convert.ToInt32(ts.TotalMilliseconds)
    Return r
  End Function
End Class
```

Quellcode Form1

```
Public Class Form1
```

Die normale Stringaddition:

```
    Private Sub Button1_Click(ByVal sender As System.Object, ByVal e As System.EventArgs) _
                                                            Handles Button1.Click
        Label1.Text = String.Empty :  Label2.Text = String.Empty
        Me.Refresh()
        Me.Cursor = Cursors.WaitCursor
        Dim tr As TestResult = CTest.addNormal(TrackBar1.Value)
        Label1.Text = tr.zeit.ToString() & " ms"
        Dim s As String = tr.inhalt
```

Da es sinnlos ist, einen tausende Zeichen langen String komplett in einem *Label* anzuzeigen, beschränken wir uns hier auf die letzten hundert Zeichen:

```
        Label2.Text = s.Substring(0, 100)
        Me.Cursor = Cursors.Default
    End Sub
```

R2.12 Zeichenketten mittels StringBuilder addieren

Die Addition mittels *StringBuilder*:

```
Private Sub Button2_Click(ByVal sender As System.Object, ByVal e As System.EventArgs) _
                                                            Handles Button2.Click
    Label3.Text = String.Empty
    Label4.Text = String.Empty
    Me.Refresh()
    Me.Cursor = Cursors.WaitCursor
    Dim tr As TestResult = CTest.addWithStringBuilder(TrackBar1.Value)
    Label3.Text = tr.zeit.ToString() & " ms"
    Dim s As String = tr.inhalt
    Label4.Text = s.Substring(0, 100)
    Me.Cursor = Cursors.Default
End Sub
```

Die Anzeige der Anzahl der Schleifendurchläufe wird aktualisiert:

```
    Private Sub TrackBar1_ValueChanged(ByVal sender As System.Object, _
                    ByVal e As System.EventArgs) Handles TrackBar1.ValueChanged
        Label5.Text = TrackBar1.Value.ToString()
    End Sub
End Class
```

Test

Kompilieren Sie das Programm und stellen Sie zuerst die gewünschte Anzahl von Additionen ein. Das Ergebnis ist eindrucksvoll.

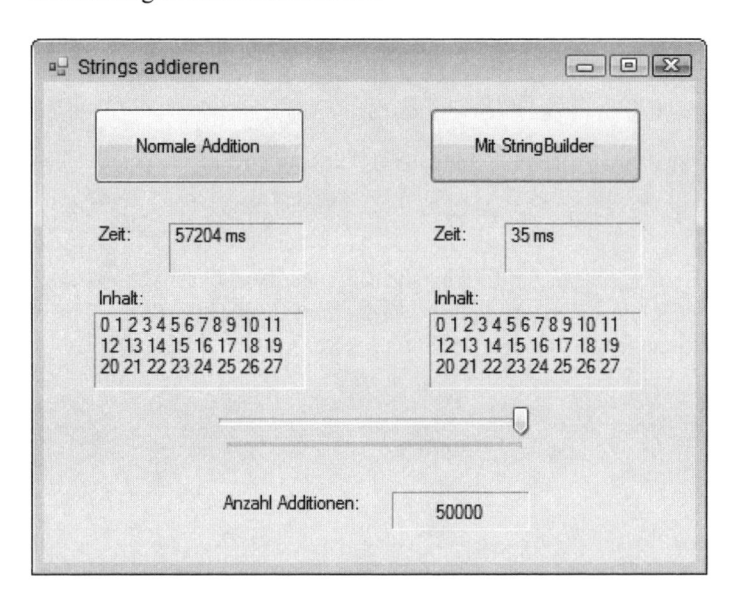

Wie das abgebildete Beispiel zeigt, bringt hier bei 50000 Durchläufen die Verwendung eines *StringBuilder*s einen Performancegewinn fast um den Faktor 1000! Allerdings wächst dieses Verhältnis nicht linear. Bei nur 20000 Durchläufen war das Verhältnis immerhin noch 16ms zu 6250ms zugunsten des *StringBuilder*s (Pentium 2,6 GHz).

Bemerkungen

- Da jede Änderung an einer *String*-Variablen einen neuen Wert erzeugt, wird dadurch ein Verhalten quasi wie bei Wertetypen erreicht, obwohl es sich bei Strings – genauso wie z.B. bei Arrays – um Referenztypen handelt.
- Bei der einfachen Stringaddition muss pro Addition stets eine Kopie des Strings im Speicher angelegt werden, selbst wenn nur ein einzelnes Zeichen hinzuzufügen ist. Das ist sehr zeit- und speicherplatzaufwändig.
- Werden, wie in unserem Beispiel, viele Additionen nacheinander ausgeführt, so kommen Sie kaum um die Verwendung eines *StringBuilder*s umhin, wenn Sie Ihr Programm nicht total ausbremsen wollen.
- Wenn Sie beim Instanziieren der *StringBuilder*-Klasse die möglichst gut geschätzte Anfangsgröße des internen Arrays übergeben, können Sie den Code beschleunigen.

R2.13 Strings vergleichen

Man kann Strings entweder über ihre Referenz oder über ihren Inhalt miteinander vergleichen.

- Die *ReferenceEquals*-Methode der *Object*-Klasse vergleicht die Speicheradressen zweier Variablen. Damit stellt man fest, ob es sich tatsächlich um identische Objekte handelt.
- Um nur den Inhalt von Strings miteinander zu vergleichen, stehen die Methoden *Equals* und *Compare/CompareTo* entweder als statische Methoden der *String*-Klasse oder (teilweise) als Instanzenmethoden des aktuellen Strings zur Verfügung.

In diesem Rezept demonstrieren wir einige Vergleichsmöglichkeiten von Zeichenketten.

Oberfläche

Außer den beiden *TextBox*en für die Eingabe der zu vergleichenden Zeichenketten werden noch einige in eine *GroupBox* eingebetteten *RadioButton*s, zwei *CheckBox*en sowie diverse *Label*s benötigt (siehe Laufzeitabbildung am Schluss des Rezepts).

R2.13 Strings vergleichen

Quellcode

```
Public Class Form1
```

Die Schaltfläche "Vergleichen":

```
    Private Sub Button1_Click(ByVal sender As System.Object, _
                              ByVal e As System.EventArgs) Handles Button1.Click
        Dim s1 As String = TextBox1.Text
        Dim s2 As String = TextBox2.Text
```

Vergleich der Objektreferenzen:

```
        If RadioButton1.Checked Then
            If CheckBox2.Checked Then s2 = s1
            If (Object.ReferenceEquals(s1, s2)) Then
                Label1.Text = "s1 ist dasselbe Objekt wie s2"
            Else
                Label1.Text = "s1 und s2 sind unterschiedliche Objekte"
            End If
        End If
```

Bei der von uns verwendeten (überladenen) Version der (statischen) *Compare*-Methode wird neben den beiden zu vergleichenden Zeichenketten auch ein boolescher Parameter übergeben, der das Ignorieren der Groß-/Kleinschreibung einschaltet (*True*) bzw. ausschaltet (*False*).

```
        If RadioButton2.Checked Then
            Dim i As Integer = String.Compare(s1, s2, CheckBox1.Checked)
            Select Case i
                Case -1 : Label1.Text = "s1 ist kleiner als s2"
                Case 0  : Label1.Text = "s1 ist gleich s2"
                Case 1  : Label1.Text = "s1 ist größer als s2"
            End Select
        End If
```

Die *Equals*-Methode der statischen *String*-Klasse liefert einen booleschen Rückgabewert (zum *StringComparision*-Parameter, siehe Bemerkungen am Schluss):

```
        If RadioButton3.Checked Then
            Dim b As Boolean
            If CheckBox1.Checked Then
                b = String.Equals(s1, s2, StringComparison.InvariantCultureIgnoreCase)
            Else
                b = String.Equals(s1, s2, StringComparison.InvariantCulture)
            End If
```

```
            If (b) Then
                Label1.Text = "s1 ist gleich s2"
            Else
                Label1.Text = "s1 ist ungleich s2"
            End If
        End If
```

Die *Equals*-Methode kann auch als Methode des aktuellen Strings zum Einsatz kommen:

```
        If RadioButton4.Checked Then
            If s1.Equals(s2) Then
                Label1.Text = "s1 ist gleich s2"
            Else
                Label1.Text = "s1 ist ungleich s2"
            End If
        End If
```

Natürlich kann der Inhalt von Strings auch mit dem simplen Gleichheitsoperator (=) verglichen werden (Operation wird intern auf *Equals*-Methode zurück geführt):

```
        If RadioButton5.Checked Then
            If s1 = s2 Then
                Label1.Text = "s1 ist gleich s2"
            Else
                Label1.Text = "s1 ist ungleich s2"
            End If
        End If
    End Sub

End Class
```

Test

Überzeugen Sie sich von den verschiedenen Möglichkeiten des Vergleichs von Zeichenketten.

HINWEIS: Eine Berücksichtigung der Groß-/Kleinschreibung ist in diesem Beispiel nur bei den Vergleichsmethoden *Compare*- und der statischen *Equals*-Methode möglich!

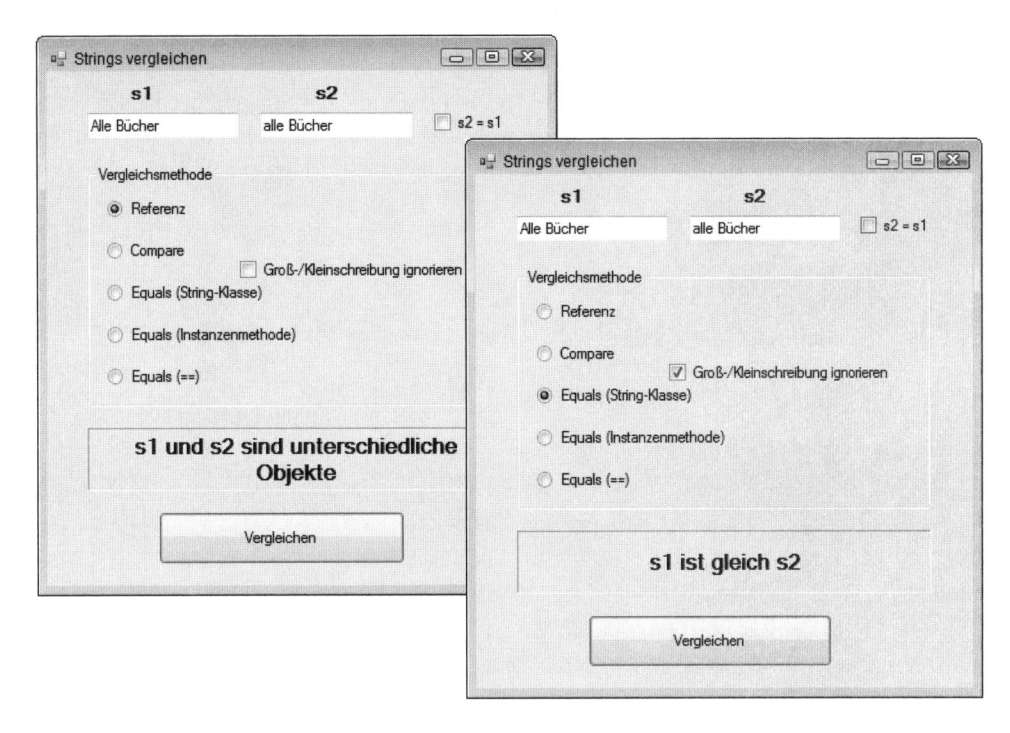

Bemerkungen

- Sowohl *Compare*- als auch *Equals*-Methode verwenden den Typ *StringComparision*, der die (kulturabhängigen) Regeln des Stringvergleichs definiert.

- Der Wert *InvariantCulture* aus *StringComparision* ist weder eine neutrale noch eine spezifische Kultur, sondern dient zum Stringvergleich ohne das Risiko kulturspezifischer Fehler (vorher auf ordinalen Vergleich umstellen).

- Wie man mit einer eigenen Klasse, die das *IComparer*-Interface implementiert, die Vergleichsregeln beliebig definieren kann, zeigt R3.31 ("In der ListView nach beliebigen Spalten sortieren").

R2.14 Zeitdifferenzen ermitteln

Mit dem *TimeSpan*-Datentyp kann man genaue Zeitdifferenzen zwischen zwei Datumswerten ermitteln. Grundlage der Berechnungen ist die *Ticks*-Eigenschaft (1 Tick = 100 Nanosekunden) von *DateTime*-Werten, welche die Anzahl von Nanosekunden (!) liefert, die seit dem 1.1.0001 vergangen sind. Diese *Ticks*-Werte können dann ganz normal addiert oder subtrahiert werden.

Oberfläche

Im Wesentlichen benötigen wir zwei *TextBox*en zur Eingabe der beiden Datums-Zeit-Werte, einen *Button* zum Starten der Berechnung und vier *Label* zur Anzeige der Ergebnisse in Tagen, Stunden, Minuten und Sekunden (siehe Laufzeitabbildung am Schluss des Rezepts).

Quellcode

```
Public Class Form1
```

Berechnen der Zeitdifferenz:

```
    Private Sub Button1_Click(ByVal sender As System.Object, _
                              ByVal e As System.EventArgs) Handles Button1.Click
        Dim d1 As DateTime = Convert.ToDateTime(TextBox1.Text)
        Dim d2 As DateTime = Convert.ToDateTime(TextBox2.Text)
        Dim ts As TimeSpan = New TimeSpan(d2.Ticks - d1.Ticks)
        Label1.Text = ts.TotalDays.ToString("0.000")
        Label2.Text = ts.TotalHours.ToString("0.000")
        Label3.Text = ts.TotalMinutes.ToString("0.000")
        Label4.Text = ts.TotalSeconds.ToString()
    End Sub
End Class
```

Test

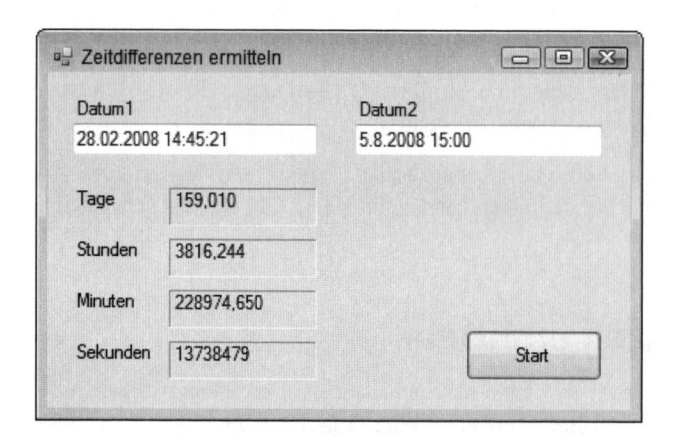

Wie die Abbildung zeigt, liegen zwischen beiden Datumswerten exakt 159,010 Tage. Das entspricht 3.816,244 Stunden oder 228.974,650 Minuten oder 13.738.479 Sekunden.

Bemerkung

- Wem die Genauigkeit immer noch nicht ausreicht, der kann auf die *TotalMilliseconds*-Methode der *TimeSpan*-Klasse zurückgreifen, eine praktische Anwendung zur Zeitmessung finden Sie z.B. in R2.12 ("Zeichenketten mittels StringBuilder addieren").

- Wer auf die *TimeSpan*-Klassen verzichten und alles per Hand programmieren will sollte beachten, dass es seit dem 16. Jahrhundert den Gregorianischen Kalender gibt, der besagt, dass ein Februar nie 30 Tage hat, sondern 28 Tage und im Schaltjahr 29 Tage. Schaltjahr ist alle 4 Jahre, mit Ausnahme der vollen Jahrhunderte mit Ausnahme der durch 4 teilbaren Jahrhunderte (z.B. Jahr 2000 -> Schaltjahr, Jahr 2004 -> Schaltjahr, Jahr 2100 -> kein Schaltjahr).

R2.15 Datumsdifferenzen ermitteln

Zwar ist es uns bereits im Vorgängerrezept R2.14 ("Zeitdifferenzen ermitteln") mit Hilfe von Methoden der *TimeSpan*-Klasse gelungen, genaue Zeitdifferenzen zwischen zwei Datumswerten zu berechnen, allerdings nur in den Einheiten "Tage", "Stunden", "Minuten" oder "Sekunden".

Was aber, wenn die Differenz zwischen zwei Datumswerten als Summe von Jahren, Monaten und Tagen ausgedrückt werden soll? An dieser an und für sich simplen Aufgabenstellung hat sich schon mancher die Zähne ausgebissen, da .NET hierfür keine direkte Unterstützung anbietet. Der Grund ist, dass – im Unterschied zu Tagen, Stunden etc. – Monate und Jahre keine konstante Länge haben. Monate können 28, 29, 30 oder 31 Tage lang sein und Schaltjahre sind einen Tag länger als normale Jahre.

Um das Problem zu lösen müssen wir zunächst herausfinden, wie wir als Menschen an diese Aufgabe herangehen würden. Für uns ist ein Jahr dann vergangen, wenn dasselbe Datum (Tag und Monat) im Folgejahr erreicht ist. Analog dazu ist ein Monat dann verstrichen, wenn derselbe Tag im Folgemonat herangekommen ist.

Wir addieren also zum ersten Datum so viele Jahre, bis das zweite Datum ohne Überlauf erreicht ist. Anschließend werden entsprechend viele Monate und schließlich Tage hinzuaddiert, bis das Zieldatum erreicht ist.

BEISPIEL: Die Differenz zwischen dem 28.2.2004 und dem 1.4.2006 beträgt 2 Jahre, 1 Monat und 4 Tage. Die gleiche Differenz wird aber auch zwischen dem 28.2.2005 und dem 1.4.2007 berechnet, obwohl 2004 ein Schaltjahr ist.

Oberfläche

Die Oberfläche ähnelt dem Vorgängerrezept, nur dass wir diesmal zur Anzeige nur drei *Label*s brauchen (Jahre, Monate, Tage).

Quellcode

```
Public Class Form1
```

Als Rückgabewert der Funktion *calcDateDiff* definieren wir einen neuen Datentyp, welcher die berechneten Jahre, Monate und Tage kapselt:

```
Private Structure DateDiff
    Dim years, months, days As Integer
End Structure
```

Die Funktion *calcDateDiff* erwartet als Parameter zwei Datumswerte (das Datum *d1* muss immer vor *d2* liegen, ansonsten liefert die Funktion falsche Ergebnisse!):

```
Private Function calcDateDiff(ByVal d1 As DateTime, ByVal d2 As DateTime) As DateDiff
    Dim years, months, days As Integer
    years = d2.Year - d1.Year
    Dim dt As DateTime = d1.AddYears(years)
    If dt > d2 Then
        years = years - 1
        dt = d1.AddYears(years)
    End If
    months = d2.Month - d1.Month
    If (d2.Day < d1.Day) Then months = months - 1
    months = (months + 12) Mod 12
    dt = dt.AddMonths(months)
    days = (d2 - dt).Days + 1
    Dim ddf As DateDiff
    ddf.years = years
    ddf.months = months
    ddf.days = days
    Return ddf
End Function
```

Bevor die Berechnung gestartet werden kann, müssen die Datumswerte übergeben und und validiert werden:

```
Private Sub Button1_Click(ByVal sender As System.Object, _
                          ByVal e As System.EventArgs) Handles Button1.Click
    Label1.Text = String.Empty : Label2.Text = String.Empty : Label3.Text = String.Empty
    Try
        Dim d1 As DateTime = DateTimePicker1.Value
        Dim d2 As DateTime = DateTimePicker2.Value
```

```
            If d2 > d1 Then
                Dim ddf As DateDiff = calcDateDiff(d1, d2)
                Label1.Text = ddf.years.ToString()
                Label2.Text = ddf.months.ToString()
                Label3.Text = ddf.days.ToString()
            Else
                MessageBox.Show("Datum2 muss größer Datum1 sein!", "Falsche Eingabewerte!")
            End If
        Catch ex As Exception
            MessageBox.Show(ex.Message, "Kein gültiges Datum!")
        End Try
    End Sub
End Class
```

Test

Sie können nun z.B. das erreichte Lebensalter Ihres Goldhamsters genau berechnen:

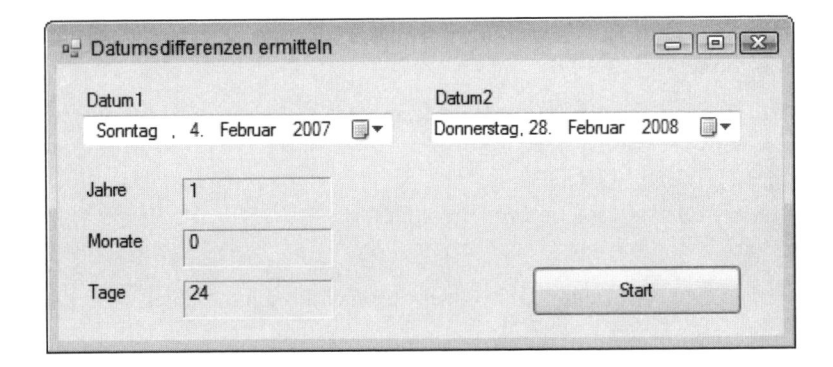

Bei Eingabe eines ungültigen Datums erhalten Sie die Meldung:

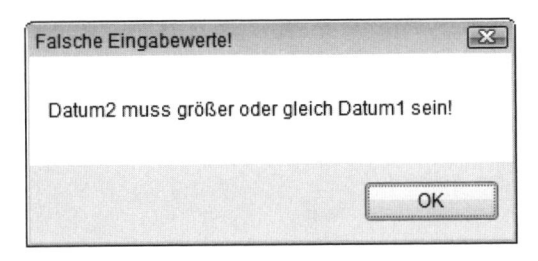

R2.16 Das Alter in Jahren bestimmen

Das Alter einer Person wird in der Regel in Jahren (ganzzahlig) angegeben. Wenn Sie aber "quick and dirty" nur die Differenz aus der aktuellen Jahreszahl und dem Geburtsjahr bilden, so ist das Ergebnis nur dann exakt, wenn die Person im aktuellen Jahr bereits Geburtstag hatte. Anderenfalls wird ein Jahr zu viel berechnet.

BEISPIEL: Ein Kind, das am 31.12.2004 geboren wurde, wäre am 1.1.2005 bereits 1 Jahr alt, was höchst unsinnig ist.

Die hier demonstrierte Lösung ist eine vereinfachte Variante des Vorgängerrezepts R2.15.

Oberfläche

Auf einem Formular (*Form1*) platzieren Sie im Wesentlichen zwei *TextBox*en für die Datumseingaben und ein *Label* zur Ausgabe des Alters (siehe Laufzeitansicht am Schluss).

Quellcode

```
Public Class Form1
```

Aus Bequemlichkeitsgründen weisen wir bereits beim Laden des Formulars beiden *TextBox*en gültige Werte zu:

```
    Private Sub Form1_Load(ByVal sender As System.Object, ByVal e As System.EventArgs) _
                                                              Handles MyBase.Load
        TextBox1.Text = "3.4.1975"                     ' beliebiges Datum
        TextBox2.Text = DateTime.Now.ToString("dd.MM.yyyy")    ' aktuelles Datum
    End Sub
```

Die folgende Funktion ermittelt das exakte Alter einer Person (in Jahren) zum Zeitpunkt *heute*:

```
    Public Function berechneAlter(ByVal gebTag As DateTime, ByVal heute As DateTime) As Integer

        Dim alter As Integer = heute.Year - gebTag.Year     ' grobe Ermittlung des Alters
        Dim gth As DateTime = gebTag.AddYears(alter)        ' Geburtstag im Jahr von heute
        If gth > heute Then alter -= 1 ' falls noch kein Geburtstag dann korrigieren
        Return alter
    End Function
```

Berechnung starten:

```
    Private Sub Button1_Click(ByVal sender As System.Object, ByVal e As System.EventArgs) _
                                                              Handles Button1.Click
        Dim alter As Integer = berechneAlter(DateTime.Parse(TextBox1.Text), _
                                             DateTime.Parse(TextBox2.Text))
```

```
        Label1.Text = " Die Person ist " & alter.ToString() & " Jahre alt!"
    End Sub
End Class
```

Test

Geben Sie verschiedene Datumswerte ein und überprüfen Sie z.B. auch das Alter vor, zum und nach dem Geburtstag.

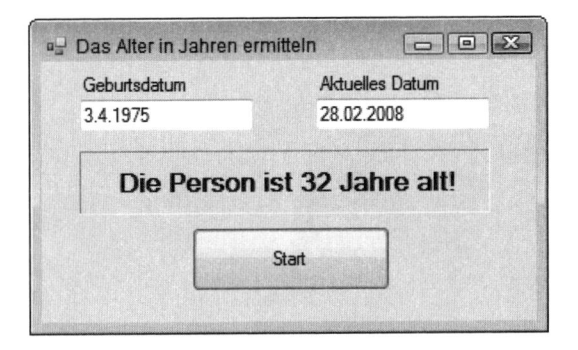

R2.17 Die Monatsdifferenz berechnen

Es gibt Fälle, wo man die Anzahl von Monaten zwischen zwei Datumswerten wissen muss, z.B. bei rückständigen Mietzahlungen. Zur Lösung des Problems stellen wir hier zwei Varianten gegenüber.

Oberfläche

Ein *Form*ular mit zwei *TextBox*en, drei *Label*s und zwei *Button*s genügt zum Testen (siehe Laufzeitansicht am Schluss).

Variante 1

Bei dieser Variante können wir auf die *AddYears*-Methode sowie die *Month*- und *Day*-Eigenschaften von *DateTime*-Variablen zurückgreifen.

```
Private Function calcMonths_1(ByVal d1 As DateTime, ByVal d2 As DateTime) As Integer
    Dim years As Integer = d2.Year - d1.Year
    Dim dt As DateTime = d1.AddYears(years)
    If dt > d2 Then years -= 1
    Dim months As Integer = d2.Month - d1.Month
    If d2.Day < d1.Day Then months -= 1
    months = (months + 12) Mod 12 + years * 12
```

```
        Return months
    End Function
```

Der Aufruf:

```
Private Sub Button1_Click(ByVal sender As System.Object, ByVal e As System.EventArgs) _
                                                        Handles Button1.Click
    Label3.Text = "Die Differenz beträgt " & _
            calcMonths_1(DateTime.Parse(TextBox1.Text), _
                    DateTime.Parse(TextBox2.Text)).ToString & " Monate!"
End Sub
```

Variante 2

Diese Variante der *calcMonths*-Funktion ist vielleicht etwas zeitaufwändiger, dafür aber leichter zu verstehen. Unter Verwendung der *AddMonths*-Methode addiert man in einer Schleife immer wieder einen Monat zu *d1* bis das Zieldatum *d2* erreicht ist:

```
Private Function calcMonths_2(ByVal d1 As DateTime, ByVal d2 As DateTime) As Integer
    Dim i As Integer = 0
    Do
        d1 = d1.AddMonths(1)
        i += 1
    Loop While d1 <= d2
    Return i - 1
End Function
```

Der Aufruf entspricht dem von Variante 1.

Test

Beide Varianten müssen natürlich zum gleichen Ergebnis führen.

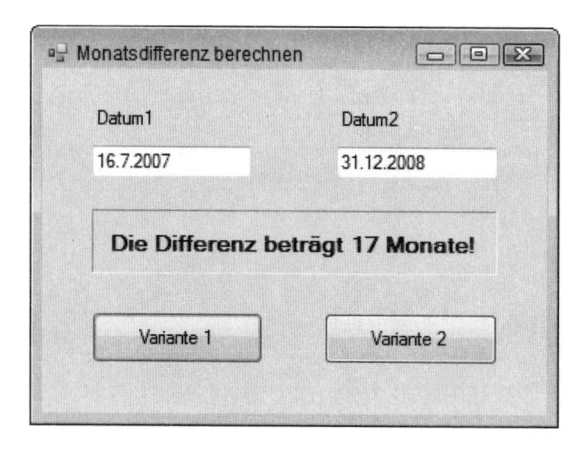

R2.18 Das Datum beweglicher Feiertage berechnen

Der Schlüssel zur Berechnung des Datums beweglicher Feiertage liegt beim Ostersonntag. Dies ist der erste Sonntag des Jahres, der dem Tag des ersten Vollmonds nach dem Frühjahrsäquinoktium (Tag- und Nacht-Gleiche) folgt.

Relativ zum Ostersonntag lassen sich folgende Feiertage einfach ermitteln:

- Aschermittwoch (-46 Tage)
- Karfreitag (-2 Tage)
- Ostermontag (1 Tag)
- Christi Himmelfahrt (+ 39 Tage)
- Pfingstsonntag (+49 Tage)
- Pfingstmontag (+50 Tage)
- Fronleichnam (+60 Tage)

Oberfläche

Das Startformular *Form1*, eine *TextBox* und ein *Label* genügen.

Quellcode

Die folgende Funktion liefert das Datm des Ostersonntags ab dem Jahr 1583 (Einführung des bis heute gültigen Gregorianischen Kalenders)[1].

```
Public Class Form1
    Public Function Ostern(ByVal year As Integer) As DateTime
        Dim c1 As Integer = year Mod 19
        Dim c2 As Integer = year \ 100
        Dim c3 As Integer = year Mod 100
        Dim c4 As Integer = c2 \ 4
        Dim c5 As Integer = c2 Mod 4
        Dim c6 As Integer = (c2 + 8) \ 25
        Dim c7 As Integer = (c2 - c6 + 1) \ 3
        Dim c8 As Integer = (19 * c1 + c2 - c4 - c7 + 15) Mod 30
        Dim c9 As Integer = c3 \ 4
        Dim c10 As Integer = c3 Mod 4
        Dim c11 As Integer = (32 + 2 * c5 + 2 * c9 - c8 - c10) Mod 7
        Dim c12 As Integer = (c1 + 11 * c8 + 22 * c11) \ 451
```

---

[1] Die verwendete Berechnungsformel entstammt dem Buch *Astronomical Formulae for Calculators* von *Jean Meeus*, *Willmann Bell Verlag 1982*.

```
        Dim c13 As Integer = c8 + c11 - 7 * c12 + 114
        Dim c14 As Integer = c13 \ 31          ' Monat
        Dim c15 As Integer = c13 Mod 31 + 1    ' Tag
        Dim res As DateTime = New DateTime(year, c14, c15)
        Return res
    End Function
```

Der Aufruf:

```
    Private Sub TextBox1_KeyUp(ByVal sender As System.Object, _
                   ByVal e As System.Windows.Forms.KeyEventArgs) Handles TextBox1.KeyUp
        If (e.KeyCode = Keys.Enter) AndAlso (TextBox1.Text <> String.Empty) Then
            Dim jahr As Integer = Int32.Parse(TextBox1.Text)
            If (jahr > 1582) Then Label1.Text = "Der Ostersonntag ist der " & _
                                      Ostern(jahr).ToString("d.M.yyyy") & " !"
        Else
            Label1.Text = "Berechnung nicht möglich!"
        End If
    End Sub
End Class
```

Test

Nach Eingabe einer Jahreszahl (ab 1583) und Betätigen der *Enter*-Taste erhalten Sie das Datum für den Ostersonntag.

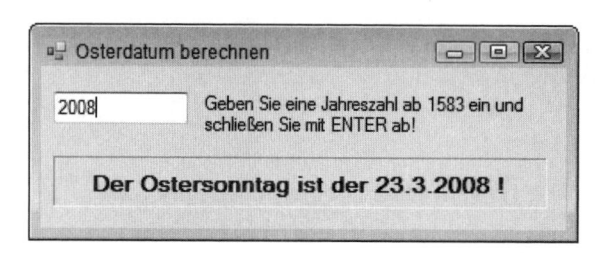

Andere Feiertage berechnen

Die anderen beweglichen Feiertage lassen sich aufgrund ihrer konstanten relativen Verschiebung zu Ostern (siehe ganz oben) mittels *AddDays*-Methode einfach berechnen.

BEISPIEL: Pfingsten

```
Dim pfingsten As DateTime = Ostern(jahr).AddDays(49)
```

R2.19 Ersten und letzten Wochentag des Monats ermitteln

Mitunter möchte man wissen, auf welchen Wochentag der Monatsanfang oder das Monatsende fallen. Das vorliegende Rezept zeigt eine Lösung auf Basis der beiden nutzerdefinierten Funktionen *getFirstDayOfMonth* und *getLastDayOfMonth*., die wiederum auf den Funktionen *AddMonths* und *AddDays* beruhen. Außerdem wird die Anwendung der *Format*-Methode der statischen *String*-Klasse demonstriert.

Oberfläche

Die Abbildung zeigt die Laufzeitansicht.

Quellcode

```
Public Class Form1
```

Die beiden Funktionen:

```
    Private Function getFirstDayOfMonth(ByVal dat As DateTime) As DateTime
        Return dat.AddDays(-(dat.Day - 1))
    End Function


    Private Function getLastDayOfMonth(ByVal dat As DateTime) As DateTime
        Dim d As DateTime = dat.AddMonths(1)
        Return d.AddDays(-(d.Day))
    End Function
```

Der Aufruf:

```
    Private Sub Button1_Click(ByVal sender As System.Object, ByVal e As System.EventArgs) _
                                                                    Handles Button1.Click
        Dim dat As DateTime = Convert.ToDateTime(TextBox1.Text)

        dat = getFirstDayOfMonth(dat)
        TextBox2.Text = dat.ToShortDateString()
```

```
        Label1.Text = String.Format("{0:dddd}", dat)

        dat = getLastDayOfMonth(dat)
        TextBox3.Text = dat.ToShortDateString()
        Label2.Text = String.Format("{0:dddd}", dat)
    End Sub
End Class
```

Test

Geben Sie ein gültiges Datum ein und klicken Sie die "Start"-Schaltfläche (siehe obige Laufzeitansicht).

Bemerkungen

- Die nahe liegende Verwendung der Instanzenmethode *DayOfWeek* ist weniger zweckmäßig, da die Wochentagsnamen dann nur in englischer Sprache erscheinen:

```
Label1.Text = dat.DayOfWeek.ToString    ' liefert z.B. "Thursday"
```

- In die obere *TextBox* könnte das Datum auch in einem anderen Format eingegeben werden, z.B. als "20.November 08".

R2.20 Abschreibungen auf Monatsbasis berechnen

Jetzt verlangt das Finanzamt auch vom Freiberufler nicht mehr die Aufsplittung der Abschreibungskosten auf jährlicher bzw. halbjährlicher, sondern auf monatlicher Basis. Das macht sich vor allem bei relativ teuren kurzlebigen Wirtschaftsgütern, wie z.B. Computern, deutlich bemerkbar, wo Sie z.B. im ersten Jahr nur noch den monatlichen Anteil an der Gesamtlebenszeit als Kosten ansetzen können.

BEISPIEL: Sie kaufen sich am 23.12.2006 für 1000 € einen Computer, für den Sie eine Lebenszeit von drei Jahren festlegen, was einer jährlichen Abschreibungsrate von 33,3%, d.h. 333,33 €, entspricht. Bislang konnten Sie dafür im Anschaffungsjahr noch die Hälfte, das sind 166,66 €, als Kosten ansetzen, obwohl der Computer nur ca. einen Monat da war. Jetzt sind dafür höchstens noch 27,78 € möglich (monatliche Abschreibungsrate = 33,3 % / 12 = 2,78%).

Es ist üblich, dass ein vollständig abgeschriebenes Wirtschaftsgut nicht den Restwert null erhält, sondern mit einem so genannten "Erinnerungswert" (1€) so lange in den Büchern verbleibt, bis es explizit "verschrottet" wird.

Die Programmierung einer entsprechenden Funktion scheint zunächst nicht sonderlich schwierig zu sein. Wie Sie aber sehen werden, bereiten vor allem das erste und das letzte Jahr der Lebensdauer gewisse Probleme.

Oberfläche

Die Abbildung zeigt einen Vorschlag für die Benutzerschnittstelle.

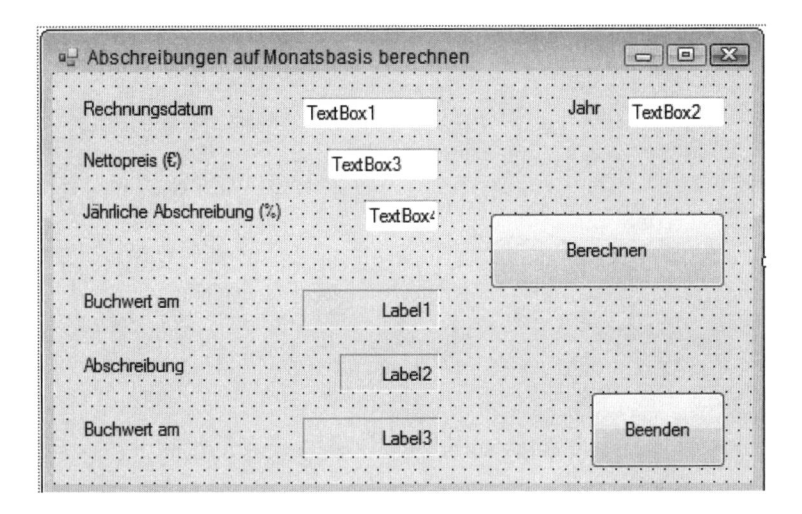

Quellcode

```
Public Class Form1
```

Es sieht professioneller aus, wenn wir die Rückgabewerte der Funktion *calcAbschreibung* – anstatt in mehreren "lose herumflatternden" globalen Variablen – in einer Struktur kapseln, dabei sind *abz* die Abschreibungskosten im abzurechnenden Jahr, *bw1* der Buchwert am 31.12. des Vorgängerjahrs und *bw2* der Buchwert am 31.12. des abzurechnenden Jahrs.

```
    Private Structure TAbschreibung
        Dim abz, bw1, bw2 As Decimal
    End Structure
```

Die an die Funktion *calcAbschreibung* zu übergebenden Parameter sind das Datum der Anschaffung *dr*, das abzurechnende Jahr *jahr*, der Anschaffungspreis *netto* und die jährliche Abschreibung in % *apj*:

```
    Private Function calcAbschreibung(ByVal dr As DateTime, ByVal jahr As Integer, _
                        ByVal netto As Decimal, ByVal apj As Decimal) As TAbschreibung
        Dim AB As TAbschreibung                 ' Rückgabewert der Funktion
        Dim am As Decimal = apj / 100 / 12 * netto   ' monatliche Abschreibung in Euro
```

Durchlaufen aller Monate mit folgenden Startwerten:

```
        Dim rw As Decimal = netto       ' Restwert entspricht zu Beginn Netto
        Dim ad As DateTime = dr         ' lfd. Datum entspricht zu Beginn dem Rechnungsdatum
        Dim bw As Decimal = 0           ' Buchwert im Vorgängerjahr
```

Wiederholen, solange Restwert > 0 und Jahr nicht größer als Auswertungsjahr ist:

```
    Do While ((rw > 1) AndAlso (ad.Year <= jahr))  ' wdhl., solange Restwert > 0  und
                                                    ' Auswertungsjahr nicht überschritten ist
        Dim betrag As Decimal            ' Abschreibungsbetrag
        Dim rw1 As Decimal = rw - am     ' neuer Restwert
        If (rw1 < 1.0) Then rw1 = 0      ' wenn neuer Restwert unter 1Euro => auf Null runden
        ' Restwert herabsetzen:
        If rw1 > 0 Then                  ' volle Monatsrate kann abgezogen werden
            betrag = am
            rw -= betrag
        Else                             ' letzte Monatsrate kann nicht größer als Restwert sein
            betrag = rw - 1
            rw = 1                       ' Erinnerungswert
        End If
```

Abschreibungen im Auswertungsjahr akkumulieren:

```
        If ad.Year = jahr Then AB.abz += betrag
```

Buchwert für Dezember des Vorgängerjahrs:

```
        If (ad.Year = (jahr - 1)) AndAlso (ad.Month = 12) Then bw = rw
        ad = ad.AddMonths(1)             ' nächster Monat
    Loop
```

Die Buchwerte ermitteln:

```
    If jahr = dr.Year Then      ' im Anschaffungsjahr gibt es keinen Buchwert bw1
        AB.bw1 = 0
        AB.bw2 = netto - AB.abz
    Else
        AB.bw1 = bw
        AB.bw2 = AB.bw1 - AB.abz
    End If
```

Erinnerungswert 1 € auch bei Jahren nach Ende der Lebensdauer beibehalten:

```
    If jahr > ad.Year Then
        AB.bw1 = 1
        AB.bw2 = 1
    End If
    Return AB
End Function
```

Die Schaltfläche "Berechnen" realisiert das bekannte EVA-Prinzip (Eingabe-Verarbeitung-Ausgabe):

```
Private Sub Button1_Click(ByVal sender As System.Object, ByVal e As System.EventArgs) _
                                                        Handles Button1.Click
    Label2.Text = String.Empty : Label1.Text = String.Empty : Label3.Text = String.Empty
    Try
```

Eingabe:

```
        Dim dr As DateTime = DateTime.Parse(TextBox1.Text)
        Dim jahr As Integer = Int32.Parse(TextBox2.Text)
        Dim netto As Decimal = Decimal.Parse(TextBox3.Text)
        Dim afm As Decimal = Decimal.Parse(TextBox4.Text)
```

Verarbeitung:

```
        Dim ab As TAbschreibung = calcAbschreibung(dr, jahr, netto, afm)
```

Ausgabe:

```
        Label1.Text = ab.bw1.ToString("c")
        Label2.Text = ab.abz.ToString("c")
        Label3.Text = ab.bw2.ToString("c")
        Label4.Text = "Buchwert am " & "31.12." & (jahr - 1).ToString
        Label5.Text = "Abschreibungen in " & jahr.ToString
        Label6.Text = "Buchwert am " & "31.12." & (jahr).ToString
    Catch ex As Exception
        MessageBox.Show(ex.Message.ToString)
    End Try
End Sub
...
End Class
```

Test

In unserem Beispiel berechnen wir für das Jahr 2008 die Kosten, die man in der Gewinnermittlung für einen im September 2005 angeschafften 1000 €-Computer mit einer Lebenszeit von 3 Jahren (Abschreibung = 33,33 % pro Jahr) ansetzen kann. Wie Sie sehen, ist der Computer im Jahr 2008 abgeschrieben und verbleibt mit einem Erinnerungswert von 1 € in den Büchern.

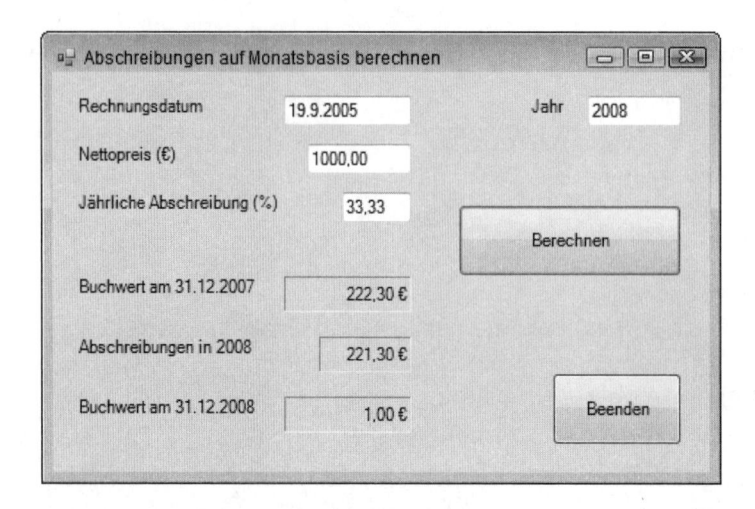

HINWEIS: Zwecks Kontrolle ermitteln Sie nacheinander die jährlichen Abschreibungskosten (2005 = 111,10 €; 2006 = 333,30 €; 2007 = 333,30 €; 2008 = 221,30 €). Die Summe plus Erinnerungswert 1 € muss exakt den Neuwert von 1000 € ergeben.

R2.21 Reisespesen berechnen

Sie möchten den Umgang mit Datums-/Zeitfunktionen an einem sinnvollen praktischen Beispiel üben, wie z.B. die Spesenberechnung für Dienstreisen. Im "Steuerfachchinesisch" heißt das "Verpflegungsmehraufwendungen".

Grundlage ist folgende Spesentabelle:

Dauer	Pauschbetrag
>= 24 Std.	24 €
>= 14 ... < 24 Std.	12 €
>= 8 ... < 14 Std.	6 €

Für jeden einzelnen Tag wird der Pauschbetrag gemäß obiger Tabelle ermittelt und zur Gesamtsumme addiert.

BEISPIEL: Eine Inlandsdienstreise beginnt am 10.12.2006 um 17 Uhr und endet am 13.12.2006 um 16 Uhr. Der Verpflegungsmehraufwand ergibt sich zu 60 Euro, die sich wie folgt zusammensetzen:

- 0 Euro für den ersten Tag, da weniger als 8 Stunden unterwegs;
- 48 Euro zusammen für den zweiten und dritten Tag, da jeden Tag 24 Stunden unterwegs;
- 12 Euro für den Abreisetag, da mehr als 14 Stunden unterwegs.

Von Gerechtigkeit kann hier allerdings keine Rede sein.

BEISPIEL: Wer am 10.10.2008 16:05 zu einer Dienstfahrt aufgebrochen ist und am nächsten Tag um 7:55 zurückkehrt erhält, obwohl er ca. 16 Std. unterwegs war und sich sogar die Nacht um die Ohren geschlagen hat, ... nichts. Allerdings muss auch an der Intelligenz des Betreffenden gezweifelt werden, denn eine winzige Mogelei auf dem Abrechnungsformular (10.10.2008 16:05 bis 11.12.2008 8:00) hätte ihm wenigstens 12 € eingebracht.

Bedienoberfläche

Öffnen Sie eine neue Windows-Anwendung. Auf dem Startformular *Form1* platzieren Sie zwei *TextBox*en, zwei *Button*s und drei *Label*s (siehe Laufzeitansicht).

Quellcode

Das eigentliche Problem sind nicht die vollen Reisetage, sondern An- und Abreisetag, wofür wir zweckmäßigerweise eine Hilfsprozedur *pHours* schreiben. Die Übergabeparameter *dat1* und *dat2* sind DatumZeit-Werte vom gleichen Tag, sie unterscheiden sich also nur in ihrem Zeitanteil!

```
Public Class Form1
    Private Function pHours(ByVal dat1 As DateTime, ByVal dat2 As DateTime) As Decimal
        Dim betrag As Decimal = 0
```

Da die *Hours*-Eigenschaft einer Datumsdifferenz immer die abgerundete Stundenzahl liefert, wird die Verpflegungspauschale korrekt ermittelt, also erst ab Erreichen der vollen Stunde wirksam:

```
        Dim stunden As Integer = (dat2 - dat1).Hours    ' liefert abgerundete Stunden aus
                                                        ' Datumsdifferenz!
        If stunden >= 8 Then betrag += 6
        If stunden >= 14 Then betrag += 6
        Return betrag
    End Function
```

Die Hauptprozedur *getExpenses* benötigt als Parameter den Beginn (*beginn*) und das Ende (*ende*) der Reise, Rückgabewert ist die Höhe der Spesen:

```
    Public Function getExpenses(ByVal beginn As DateTime, ByVal ende As DateTime) As Decimal
        Dim vp As Decimal = 0
```

Wir führen zwei Hilfsvariablen *d1* und *d2* ein, sie entsprechen *dat1* und *dat2* ohne Zeitanteil:

```
        Dim sd1 As String = beginn.ToShortDateString
        Dim d1 As DateTime = DateTime.Parse(sd1)        ' 0-Uhr am Anreisetag
        Dim sd2 As String = ende.ToShortDateString
        Dim d2 As DateTime = DateTime.Parse(sd2)        ' ... Abreisetag
```

Die Reisedauer in Tagen, wobei hier An- und Abreisetag ebenfalls als ein Tag zählen:

```
    Dim tage As Integer = (d2 - d1).Days + 1          ' Reisedauer in Tagen

    If tage = 1 Then vp += pHours(beginn, ende) ' Spesen für eintägige Reise
    If tage > 1 Then
        Dim d1E As DateTime = d1.AddDays(1)   ' Ende des Anreisetags (0 Uhr am zweiten Tag)
        vp += pHours(beginn, d1E)             ' Spesen für Anreisetag
        vp += pHours(d2, ende)                ' ... Abreisetag
    End If
```

Die Spesen für die zwischen An- und Abreisetag liegenden vollen Tage berechnen sich hingegen kinderleicht:

```
    If tage > 2 Then vp += 24 * (tage - 2)    ' Spesen für volle Tage
    Return vp
End Function
```

Die "Start"-Schaltfläche, wobei wir diesmal bezüglich Fehlerbehandlung nicht geizen wollen:

```
Private Sub Button1_Click(ByVal sender As System.Object, ByVal e As System.EventArgs) _
                                                        Handles Button1.Click
    Dim dat1, dat2 As DateTime

    Try
        dat1 = DateTime.Parse(TextBox1.Text)
        dat2 = DateTime.Parse(TextBox2.Text)
        If dat2 > dat1 Then
            Dim vp As Decimal = getExpenses(dat1, dat2)       ' Aufruf der Funktion
            Label3.Text = "Sie erhalten " & vp.ToString("c") & " Spesen!"
        Else
            Label3.Text = "'Beginn' muss vor 'Ende' liegen!"
        End If
    Catch ex As Exception
        Label3.Text = ex.Message.ToString()
    End Try
End Sub
...
End Class
```

Test

Ab sofort dürfte es für Sie kein Problem mehr sein, Ihre Reisespesen exakt zu ermitteln.

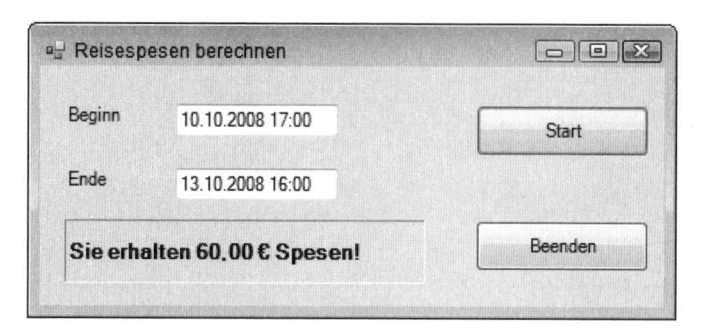

Reisespesen berechnen
Beginn: 10.10.2008 17:00
Ende: 13.10.2008 16:00
Sie erhalten 60,00 € Spesen!

R2.22 Geldbeträge kaufmännisch runden

Wie schafft man es, einen Betrag immer auf 50 Cent aufzurunden, z.B. von 11,35 € auf 11,50 € oder von 11,52 € auf 12,00 €? Mit der *Round*-Funktion der *Math*-Klasse ist das nicht zu schaffen, denn die rundet auf oder ab, je nach nächstliegendem ganzzahligen Wert.

Wir entwickeln eine Funktion, die dieses Problem löst!

Oberfläche

Im Wesentlichen benötigen wir nur eine *TextBox* für die Eingabe eines Geldbetrags und ein *Label* für die Anzeige des gerundeten Betrags (siehe Laufzeitabbildung).

Quellcode

Da auch die expliziten Typkonvertierungen *CInt*, *Convert.ToInt32* bzw. *CType* alle auf den nächstliegenden Integer-Wert runden, muss zunächst eine Hilfsfunktion definiert werden, die nur abrundet, also immer nur den ganzzahligen Anteil einer Gleitkommazahl zurückgibt.

Rettung naht in Gestalt der *Floor*-Funktion der *Math*-Klasse, die den nächstliegenden gleichgroßen oder kleineren ganzzahligen Wert zurückgibt:

```
Public Class Form1
    Private Function Int(ByVal z As Double) As Double
        Return (Math.Floor(z))
    End Function
```

Das kaufmännische Runden erledigt dann die folgende Funktion:

```
    Public Function betragK(ByVal betr As Double, ByVal rdUp As Double) As Double
        Return (rdUp * (1 + Int((betr - 0.001) / rdUp)))
    End Function
```

Im Folgenden wird die Anwendung der Funktion *betragK* im *KeyUp*-Event der *TextBox* gezeigt. Der Berechnungsvorgang startet nach Betätigen der Enter-Taste:

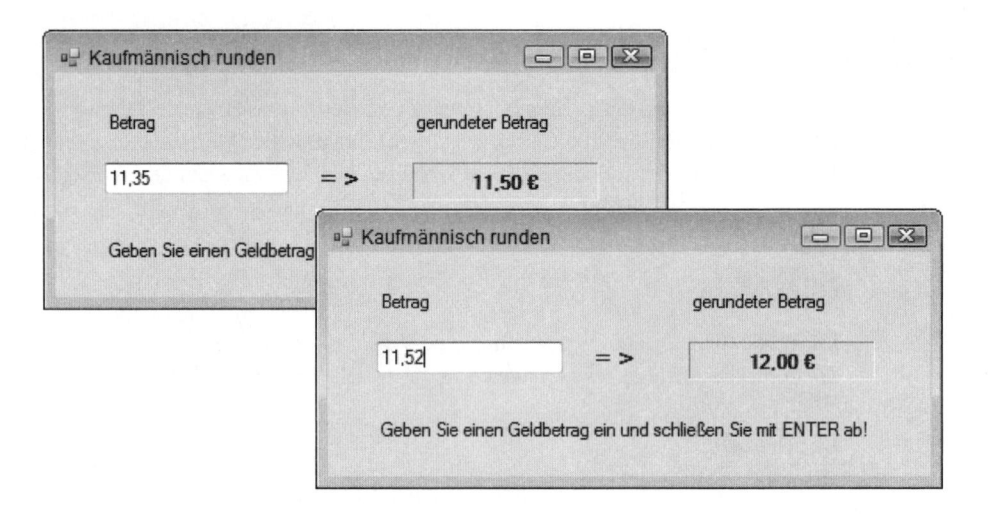

```
    Private Sub TextBox1_KeyUp(ByVal sender As System.Object, _
                    ByVal e As System.Windows.Forms.KeyEventArgs) Handles TextBox1.KeyUp
        If e.KeyCode = Keys.Enter Then
            Dim geld As Double = Double.Parse(TextBox1.Text)
            Label1.Text = betragK(geld, 0.5D).ToString("c")      ' rundet auf 50 Cent
        End If
    End Sub
End Class
```

Test

HINWEIS: Überprüfen Sie auch das Runden glatter Werte, z.B. dürfen 12,00 € nicht auf 12,50 € aufgerundet werden!

R2.23 Fehler bei mathematischen Operationen behandeln

Dieses Rezept soll nur nebenbei die (doch relativ triviale) Anwendung der mathematischen Grundoperationen demonstrieren. Vor allem soll auf die Möglichkeiten der Fehlerbehandlung mittel *Try-Catch*-Blöcken und *Throw Exception* hingewiesen werden.

Oberfläche

Die Abbildung zeigt einen sehr einfachen "Taschenrechner", der nur für ganze Zahlen (Integer) ausgelegt ist.

R2.23 Fehler bei mathematischen Operationen behandeln

In einer *GroupBox* sind fünf *RadioButton*s angeordnet. Das Textfeld für die Ergebnisanzeige (*TextBox4*) ist deshalb so breit, weil dort auch die eventuellen Fehlermeldungen erscheinen sollen.

Quellcode

```
Public Class Form1
```

Für jede der fünf arithmetischen Grundoperationen wird eine eigene Funktion definiert, welche die Anzeige des Ausdrucks übernimmt und die Berechnung durchführt.

Alle fünf Operationen nehmen nur *Integer*-Werte als Operanden entgegen und liefern als Ergebnis einen Integer-Wert zurück!

Die Addition:

```
    Private Function addiere(ByVal op1 As Integer, ByVal op2 As Integer) As Integer
        TextBox3.Text = op1.ToString() & " + " & op2.ToString()
        Return op1 + op2
    End Function
```

Die Subtraktion:

```
    Private Function subtrahiere(ByVal op1 As Integer, ByVal op2 As Integer) As Integer
        TextBox3.Text = op1.ToString() & " - " & op2.ToString()
        Return op1 - op2
    End Function
```

Das Multiplizieren:

```
Private Function multipliziere(ByVal op1 As Integer, ByVal op2 As Integer) As Integer
    TextBox3.Text = op1.ToString() & " * " & op2.ToString()
    Return op1 * op2
End Function
```

Die Integer-Division:

```
Private Function dividiere(ByVal op1 As Integer, ByVal op2 As Integer) As Integer
    TextBox3.Text = op1.ToString() & " / " & op2.ToString()
    Return (op1 \ op2)
End Function
```

Die Restwert-Division:

```
Private Function modulo(ByVal op1 As Integer, ByVal op2 As Integer) As Integer
    TextBox3.Text = op1.ToString() & " % " & op2.ToString()
    Return op1 Mod op2
End Function
```

In Abhängigkeit vom angeklickten *RadioButton* führt die folgende Funktion die Operation aus bzw. liefert eine Fehlermeldung:

```
Private Function berechne(ByVal op1 As Integer, ByVal op2 As Integer) As Integer
    Dim res As Integer = 0
    If RadioButton1.Checked Then
        res = addiere(op1, op2)
    ElseIf (RadioButton2.Checked) Then
        res = subtrahiere(op1, op2)
    ElseIf (RadioButton3.Checked) Then
        res = multipliziere(op1, op2)
    ElseIf (RadioButton4.Checked) Then
        res = dividiere(op1, op2)
    ElseIf (RadioButton5.Checked) Then
        res = modulo(op1, op2)
    Else
        Throw New InvalidOperationException("Kein Operator ausgewählt!")
    End If
    Return res
End Function
```

Die Schaltfläche "Berechnen":

```
Private Sub Button1_Click(ByVal sender As System.Object, ByVal e As System.EventArgs) _
                                                            Handles Button1.Click
```

R2.23 Fehler bei mathematischen Operationen behandeln

```vb
        Try
            Dim op1 As Integer = System.Int32.Parse(TextBox1.Text)
            Dim op2 As Integer = System.Int32.Parse(TextBox2.Text)
            Dim res As Integer = berechne(op1, op2)
            TextBox4.Text = res.ToString()
        Catch ex As System.Exception
            TextBox4.Text = ex.Message
        End Try
    End Sub
End Class
```

> **HINWEIS:** Achten Sie darauf, dass im obigen Code an zwei unterschiedlichen Stellen eine Fehlerbehandlung erfolgt (Fettdruck)!

Test

Ihrer Experimentierfreude sind nun keine Grenzen gesetzt, dank der doppelten Fehlerbehandlung werden Sie großzügig mit Informationen versorgt und es wird Ihnen nicht gelingen, das Programm zum Absturz zu bewegen.

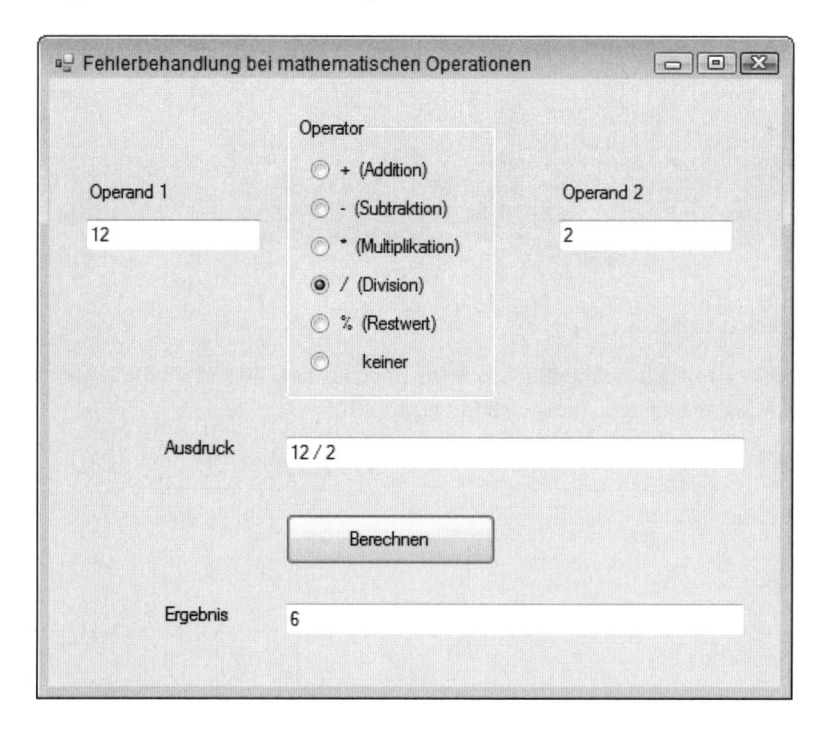

Auch bei der gefürchteten Division durch Null erfolgt anstelle des Ergebnisses eine vernünftige Fehlermeldung:

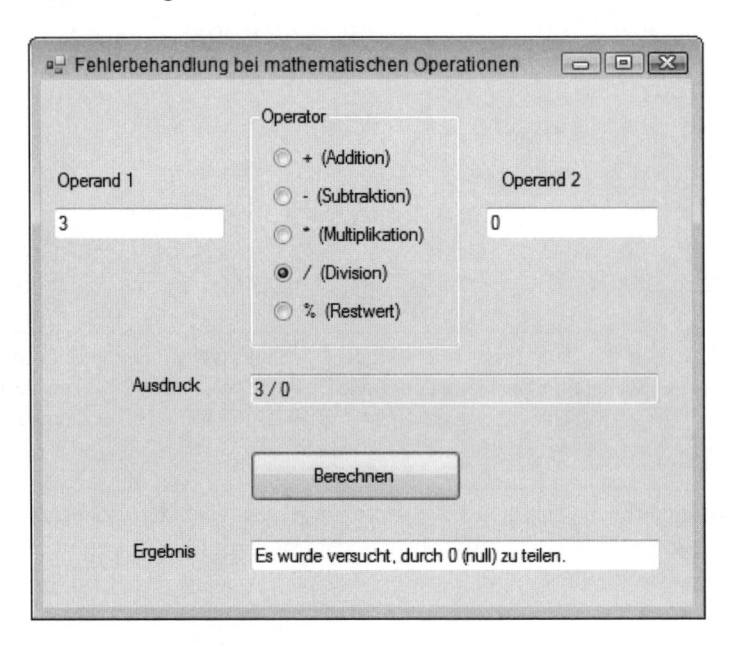

Fehlerbehandlung bei mathematischen Operationen

- Operand 1: 3
- Operator: / (Division)
- Operand 2: 0
- Ausdruck: 3 / 0
- Ergebnis: Es wurde versucht, durch 0 (null) zu teilen.

Weitere Fehlermeldungen:

- Ergebnis: Kein Operator ausgewählt!
- Ergebnis: Die Eingabezeichenfolge hat das falsche Format.

Bemerkungen

- Sie können leicht nachprüfen, dass das Ergebnis der Modulo-Division gleich dem Restwert ist, wie er bei Integer-Division übrig bleibt, z.B.:

```
10 \ 3 = 3
```

Der Rest ist 1:

```
10 Mod 3 = 1
```

R2.24 Mit Potenzen und Wurzeln rechnen

Ein gutes Beispiel, um den Umgang mit Wurzeln und Potenzen zu trainieren, bietet die Formel zur Berechnung des Volumens einer Kugel:

V = 4 / 3 * π * r³

Oberfläche

Ein *Form*ular mit zwei *TextBox*en genügt für den Test der Formel.

Quellcode

```
Public Class Form1
```

Mit Hilfe der *Pow*-Methode der (statischen) *Math*-Klasse ist es kein Problem, ausgehend von obiger Formel die entsprechenden Funktionen zu entwickeln, wobei wir anstatt des Radius den Durchmesser der Kugel als Parameter bzw. Rückgabewert verwenden. Die Genauigkeit wird auf drei Nachkommastellen begrenzt.

```
Public Function Kugeldurchmesser(ByVal v As Double) As Double
    Dim d As Double = Math.Pow((6.0 / Math.PI * v), 1 / 3.0)   ' Pow berechnet dritte Wurzel
    Return d
End Function

Public Function Kugelvolumen(ByVal d As Double) As Double
    Dim v As Double = Math.PI * Math.Pow(d, 3) / 6              ' Pow berechnet dritte Potenz
    Return v
End Function
```

Nun zur Anwendung der beiden Funktionen. Wenn in einer der beiden *TextBox*en ein Wert geändert wurde, soll auch der Wert in der jeweils anderen *TextBox* aktualisiert werden.

Der Kugeldurchmesser wurde geändert:

```
Private Sub TextBox1_KeyUp(ByVal sender As System.Object, _
                ByVal e As System.Windows.Forms.KeyEventArgs) Handles TextBox1.KeyUp
    If e.KeyCode = Keys.Enter Then
        TextBox2.Text = Kugelvolumen(Double.Parse(TextBox1.Text)).ToString("#,#0.000")
    End If
End Sub
```

Das Kugelvolumen wurde geändert:

```
Private Sub TextBox2_KeyUp(ByVal sender As System.Object, _
                ByVal e As System.Windows.Forms.KeyEventArgs) Handles TextBox2.KeyUp
    If e.KeyCode = Keys.Enter Then
        TextBox1.Text = Kugeldurchmesser(Double.Parse(TextBox2.Text)).ToString("#,#0.000")
```

```
        End If
    End Sub

End Class
```

Test

Geben Sie in eine der beiden Textboxen einen Wert ein und schließen Sie die Eingabe mit der Enter-Taste ab:

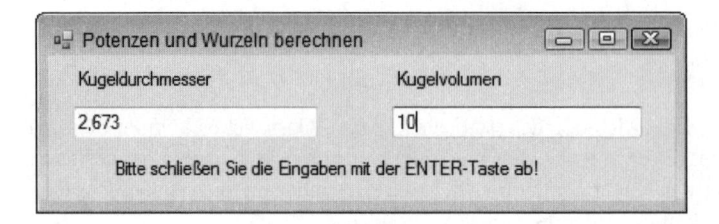

R2.25 Einen Delegate definieren und anwenden

Delegaten sind typisierte Funktionszeiger und als solche für den Ein- und Umsteiger gewöhnungsbedürftig. Das vorliegende Rezept soll das Prinzip am Beispiel eines (sehr) einfachen "Taschenrechners" erläutern.

Oberfläche

Auf das Startformular *Form1* setzen wir zwei *TextBox*en für die Eingabe der Operanden und ein attraktives *Label* zur Ergebnisanzeige. Die durchzuführende Rechenoperation (Addition, Multiplikation, Division) wird über drei *RadioButtons* ausgewählt, die in einer *GroupBox* angeordnet sind (siehe Laufzeitabbildung).

Quellcode

```
Public Class Form1
```

Das Anmelden der Eventhandler lassen wir diesmal nicht von Visual Studio erledigen, sondern nehmen das selbst in die Hand. Grund dafür ist, dass sowohl beide *TextBox*en als auch alle drei *RadioButton*s jeweils gemeinsame Eventhandler verwenden sollen.

```
    Private Sub Form1_Load(ByVal sender As System.Object, _
                           ByVal e As System.EventArgs) Handles MyBase.Load
        AddHandler TextBox1.KeyUp, AddressOf TextBox_KeyUp
        AddHandler TextBox2.KeyUp, AddressOf TextBox_KeyUp
        AddHandler RadioButton1.CheckedChanged, AddressOf RadioButton_CheckedChanged
        AddHandler RadioButton2.CheckedChanged, AddressOf RadioButton_CheckedChanged
```

R2.25 Einen Delegate definieren und anwenden

```vb
        AddHandler RadioButton3.CheckedChanged, AddressOf RadioButton_CheckedChanged
End Sub
```

Zum eigentlichen Thema dieses Rezepts kommen wir erst jetzt: Unser Delegate soll einen Methodentyp definieren, welcher zwei Gleitkommazahlen als Parameter entgegennimmt und eine Gleitkommazahl zurückliefert:

```vb
Private Delegate Function calcDlg(ByVal x As Single, ByVal y As Single) As Single
```

Die drei Rechenmethoden müssen der Signatur des Delegaten entsprechen:

```vb
Private Function addFloat(ByVal a As Single, ByVal b As Single) As Single
    Return a + b
End Function

Private Function multFloat(ByVal a As Single, ByVal b As Single) As Single
    Return a * b
End Function

Private Function divFloat(ByVal a As Single, ByVal b As Single) As Single
    Return a / b
End Function
```

Die folgende allgemeine Rechenmethode *calc* weist dem Delegaten eine konkrete Methodenadresse zu, führt die Rechenoperation aus und zeigt das Ergebnis auf zwei Nachkommastellen genau an:

```vb
Private Sub calc()
    Dim calcMethod As calcDlg = Nothing
    If RadioButton1.Checked Then
        calcMethod = AddressOf addFloat
    ElseIf RadioButton2.Checked Then
        calcMethod = AddressOf multFloat
    ElseIf RadioButton3.Checked Then
        calcMethod = AddressOf divFloat
    End If
    Dim z1 As Single = Single.Parse(TextBox1.Text)
    Dim z2 As Single = Single.Parse(TextBox2.Text)
    Label1.Text = calcMethod(z1, z2).ToString("#,##0.00")
End Sub
```

Der Rest bietet keine Besonderheiten:

```vb
Private Sub TextBox_KeyUp(ByVal sender As Object, ByVal e As KeyEventArgs)
    If (e.KeyCode = Keys.Enter) Then calc()        ' Neuberechnung bei Enter-Taste
End Sub
```

```
Private Sub RadioButton_CheckedChanged(ByVal sender As Object, ByVal e As EventArgs)
    calc()                          ' Neuberechnung bei Ändern der Operation
End Sub

End Class
```

Test

Wenn Sie die Eingabe eines Operanden mittels Enter-Taste abschließen oder eine andere Rechenoperation einstellen wird das Ergebnis sofort aktualisiert.

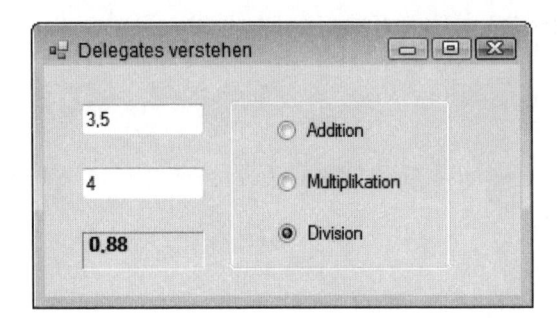

R2.26 Mit Delegates sortieren (Bubblesort)

Das vorliegende Rezept realisiert einen einfachen Sortieralgorithmus (Bubblesort) unter Verwendung eines Delegaten als Methodenzeiger.

Oberfläche

Auf das Startformular setzen wir drei *ListBox*en und einen *Button* (siehe Laufzeitansicht).

Quelltext

```
Public Class Form1
```

Wir deklarieren unseren Delegaten:

```
    Delegate Function CompareFunc(ByVal x As Integer, ByVal y As Integer) As Boolean
```

CompareDeleg soll auf die Funktionen *SortAscending* oder *SortDescending* zeigen, deren Signatur natürlich zum Delegaten passen muss.

Vergleichsfunktion für die aufsteigende Suche:

```
    Function SortAscending(ByVal x As Integer, ByVal y As Integer) As Boolean
        If y < x Then SortAscending = True
    End Function
```

Vergleichsfunktion für die absteigende Suche:

```
Function SortDescending(ByVal x As Integer, ByVal y As Integer) As Boolean
    If y > x Then
        SortDescending = True
    End If
End Function
```

Die folgende Sortier-Routine arbeitet nach dem Bubblesort-Verfahren und empfängt als Parameter einen Delegaten als Funktionszeiger (dieser bestimmt, ob auf- oder absteigend sortiert werden soll) und das zu sortierende Integer-Array:

```
Sub BubbleSort(ByVal compMethod As CompareFunc, ByVal intArr() As Integer)
    Dim tmp As Integer
    For i As Integer = 0 To intArr.Length
        For j As Integer = i + 1 To intArr.Length - 1
```

Ob *SortAscending* oder *SortDescending* aufgerufen wird, bestimmt der Methodenzeiger *compMethod*:

```
            If compMethod(intArr(i), intArr(j)) Then    ' Aufruf der Methode
```

Falls erforderlich, muss getauscht werden:

```
                tmp = intArr(j)
                intArr(j) = intArr(i)
                intArr(i) = tmp
            End If
        Next j
    Next i
End Sub
```

Wir testen die Sortierfunktion mit einem Array, welches mit 20 Zufallszahlen gefüllt wird:

```
Private Sub Button1_Click(ByVal sender As System.Object, _
                         ByVal e As System.EventArgs) Handles Button1.Click
    Dim rnd As New Random()
    Dim max As Integer = 20
    ListBox1.Items.Clear(): ListBox2.Items.Clear() :  ListBox3.Items.Clear()
    Dim iArr(max - 1) As Integer
```

Das Array füllen:

```
    For i As Integer = 0 To max - 1
        iArr(i) = rnd.Next(0, 100)
        ListBox1.Items.Add(iArr(i).ToString)
    Next
```

Aufsteigend sortieren:

```
    BubbleSort(AddressOf SortAscending, iArr)
    For i As Integer = 0 To max - 1
        ListBox2.Items.Add(iArr(i).ToString)
    Next
```

Absteigend sortieren:

```
    BubbleSort(AddressOf SortDescending, iArr)
    For i As Integer = 0 To max - 1
        ListBox3.Items.Add(iArr(i).ToString)
    Next
    End Sub
End Class
```

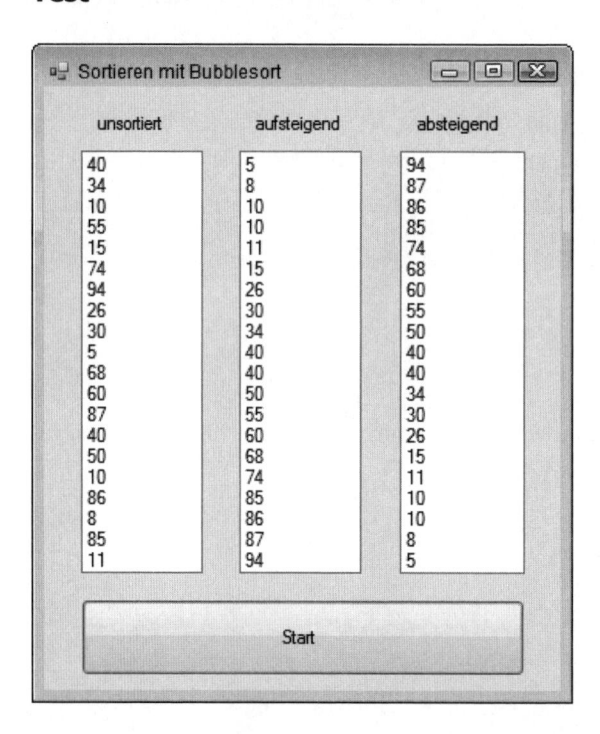

Test

HINWEIS: Einfachere und effektivere Sortiermöglichkeiten für beliebige Auflistungen ergeben sich aus der Anwendung der LINQ-Technologie (siehe R2.30).

R2.27 Referenz- oder Wertetypen als Parameter übergeben

Bekanntlich kann man durch Voranstellen des Schlüsselworts *ByRef* einen Parameter an eine Methode "per Referenz" übergeben. Was aber, wenn dieser Parameter kein Wertetyp, sondern ebenfalls ein Referenztyp (also eine Objektvariable) ist? Objektvariablen sind ja quasi Verweise auf Speicherplatzadressen, die auf das auf dem Heap gespeicherte Objekt zeigen. Besonders Einsteiger werden hier irritiert und haben oft erhebliche Schwierigkeiten, diese mehrdeutigen Zusammenhänge zu verstehen.

BEISPIEL: Kurz nach Erscheinen ihres Buchs [*Visual Basic 2008 – Grundlagen und Profiwissen*] erreichte die Autoren eine Leserzuschrift mit (auszugsweise) folgendem Inhalt:

"*Ein Eventhandler wird doch wie folgt deklariert:*

```
Private Sub Button1_Click(ByVal sender As System.Object, ByVal e As System.EventArgs) _
                                                            Handles Button1.Click
```

Sie schreiben aber, dass der **sender**-*Parameter "...eine Referenz auf ein Objekt ist, welches das Ereignis ausgelöst hat ...", müsste denn dann nicht die Methodendeklaration wie folgt aussehen:*

```
Private Sub Button4_Click(ByRef sender As System.Object, ByRef e As System.EventArgs) _
                                                            Handles Button4.Click
```

Das folgende kleine Testprogramm soll Licht in die Dunkelheit bringen. Vier verschiedene Versionen einer Methode *brutto()* berechnen den Bruttowert eines Preises auf Basis von Netto und Mehrwertsteuer. Übergabeparameter sind einmal eine Strukturvariable (ein Wertetyp) und ein anderes Mal eine Objektvariable (ein Referenztyp). Die Übergabe erfolgt sowohl als Kopie, als auch als Referenz.

Oberfläche

Unsere Testoberfläche sollte zur Laufzeit etwa folgenden Anblick bieten:

Quellcode

```
Public Class Form1
```

Im ersten Teil unseres Tests verwenden wir als Parameter eine Strukturvariable vom Typ *TPreis*, also einen Wertetyp.

Die Typdefinition:

```
Public Structure TPreis                    ' Wertetyp!
    Dim netto As Decimal
    Dim mwst As Decimal
    Dim brutto As Decimal
End Structure
```

Natürlich ist eines der Felder *netto*, *mwst* oder *brutto* eigentlich überflüssig und zeugt von einem schlechten Programmierstil, da sich sein Wert zwangsläufig aus den beiden übrigen Feldern ergibt. Für unsere Tests aber ist diese redundante Struktur ziemlich nützlich, da der Rückgabewert der *brutto*-Methode im *brutto*-Feld der Strukturvariablen gespeichert werden kann.

Die *brutto1*-Methode arbeitet mit einer **Kopie** der Strukturvariablen (das entspricht der standardmäßigen Parameterübergabe unter VB):

```
Private Sub brutto1(ByVal pr As TPreis)
    pr.brutto = pr.netto * (1 + pr.mwst)
End Sub
```

Wir testen diese Methode:

```
Private Sub Button1_Click(ByVal sender As System.Object, ByVal e As System.EventArgs) _
                                                    Handles Button1.Click
    Dim preis As TPreis
    preis.netto = 20
    preis.mwst = 0.19D
    brutto1(preis)
    Label1.Text = preis.brutto.ToString()
End Sub
```

Die Methode *brutto2* arbeitet mit einer **Referenz** auf die übergebene Strukturvariable:

```
Private Sub brutto2(ByRef pr As TPreis)
    pr.brutto = pr.netto * (1 + pr.mwst)
End Sub
```

Der Test:

```
Private Sub Button2_Click(ByVal sender As System.Object, ByVal e As System.EventArgs) _
                                                    Handles Button2.Click
    Dim preis As TPreis
```

```
        preis.netto = 20
        preis.mwst = 0.19D
        brutto2(preis)
        Label1.Text = preis.brutto.ToString()
    End Sub
```

Im zweiten Teil unseres Tests verwenden wir als Parameter eine Objektvariable, also einen Referenz- bzw. Verweistyp.

Die Klassendefinition *CPreis* soll sich an die der Struktur *TPreis* anlehnen und ist deshalb ebenfalls sehr einfach gehalten:

```
Public Class CPreis                          ' Referenztyp!
    Public netto As Decimal
    Public mwst As Decimal
    Public brutto As Decimal
```

Um das Initialisieren der Objektvariablen zu vereinfachen, erhält die Klasse einen Konstruktor:

```
    Public Sub New(ByVal nett As Decimal, ByVal mws As Decimal)
        netto = nett
        mwst = mws
    End Sub
End Class
```

Eine Überladung der *brutto1*-Methode arbeitet mit einer lokalen Kopie der Objektvariablen:

```
Private Sub brutto1(ByVal pr As CPreis)
    pr.brutto = pr.netto * (1 + pr.mwst)
End Sub
```

Der Testaufruf:

```
Private Sub Button3_Click(ByVal sender As System.Object, ByVal e As System.EventArgs) _
                                                              Handles Button3.Click
    Dim preis As New CPreis(20, 0.19D)
    brutto1(preis)
    Label2.Text = preis.brutto.ToString()
End Sub
```

Schließlich eine Überladung der *brutto2*-Methode, die eine Objektvariable per Referenz entgegennimmt:

```
Private Sub brutto2(ByRef pr As CPreis)
    pr.brutto = pr.netto * (1 + pr.mwst)
End Sub
```

Der letzte Test:

```
    Private Sub Button4_Click(ByVal sender As System.Object, ByVal e As System.EventArgs) _
                                                                  Handles Button4.Click
        Dim preis As New CPreis(20, 0.19D)
        brutto2(preis)
        Label2.Text = preis.brutto.ToString()
    End Sub
End Class
```

Test

Probieren Sie alle vier Varianten aus. Außer der ersten Variante der *brutto*-Methode (Parameter ist Wertetyp, Parameterübergabe *ByVal*) führen die anderen drei zur erfolgreichen Berechnung des Bruttowerts (*23,80*).

Bemerkungen

- Wie Sie gesehen haben, gibt es bei der Parameterübergabe als Kopie (*ByVal*) einen gravierenden Unterschied zwischen Wertetyp-Parameter und Referenztyp-Parameter. Die *ByVal*-Übergabe führt dazu, dass im Körper der *brutto*-Methode mit einer lokalen Kopie der Strukturvariablen *preis* gearbeitet wird. Im Label wird deshalb "0" angezeigt, weil dem *brutto*-Feld von *preis* kein Ergebnis zugewiesen wurde. Hingegen führt die *ByRef*-Übergabe von *preis* zum gewünschten Resultat "23,80".

- Der zweite Teil des Programms (Übergabe eines Referenztypparameters) führt in beiden Varianten (mit *ByVal* und mit *ByRef*) zum gewünschten Ergebnis. Bei der *ByVal*-Variante wird zwar ebenfalls eine lokale Kopie *pr* der Objektvariablen *preis* angelegt. Beide Objektvariablen zeigen aber auf dasselbe Objekt und können es deshalb manipulieren.

R2.28 Die Syntax von LINQ-Abfragen verstehen

In diesem Rezept lernen Sie den prinzipiellen Aufbau von LINQ[1]-Abfragen kennen. Im Zusammenhang damit kommen die ab .NET 3.0 eingeführten neuen Sprachfeatures wie Typinferenz, Lambda-Ausdrücke und Erweiterungsmethoden zum Einsatz.

Prinzipiell gibt es zwei verschiedene Syntaxformen für LINQ-Abfragen

- *Query Expression Syntax*
  Hier werden Standard-Query-Operatoren verwendet.

- *Extension Method Syntax*
  Hier kommen Erweiterungsmethoden zum Einsatz.

---

[1] Language Integrated Query

R2.28 Die Syntax von LINQ-Abfragen verstehen

Im Folgenden werden beide Syntaxformen demonstriert, um den Inhalt eines Integer-Arrays zu verarbeiten. Außerdem wird eine Mischform vorgeführt.

Oberfläche

Auf dem Startformular *Form1* finden eine *ListBox* und vier *Button*s ihren Platz (siehe Laufzeitansicht).

Quellcode

In der Regel ist der *System.Linq* Namespace bereits standardmäßig eingebunden, sodass die folgende Anweisung entfallen kann:

```
Imports System.Linq

Public Class Form1
```

Das abzufragende Integer-Array enthält irgendwelche ganzzahligen Werte:

```
Private zahlen() As Integer = {5, -4, 18, 26, 0, 19, 16, 2, -1, 0, 9, -5, 8, 15, 19}
```

Die Abfrage in Query Expression Syntax:

```
Private Sub Button1_Click(ByVal sender As System.Object, ByVal e As System.EventArgs) _
                                                                  Handles Button1.Click
```

Im Abfrageergebnis sollen alle Zahlen, die größer als 10 sind, enthalten sein und nach ihrer Größe sortiert werden. Im Abfrageausdruck kommen die SQL-ähnlichen Standard-Abfrageoperatoren (*From*, *Where*, *Order By*, S*elect*) zum Einsatz:

```
Dim expr = From z In zahlen _
           Where z > 10 _
           Order By z _
           Select z
```

HINWEIS: Obige Definition hat noch nicht die Ausführung der Abfrage zur Folge (siehe Bemerkungen)! Gleiches gilt auch für die späteren zwei Abfrageausdrücke.

Ausführen der Abfrage und Anzeige des Abfrageergebnisses:

```
    For Each z As Integer In expr
        ListBox1.Items.Add(z.ToString)
    Next z
End Sub
```

Dieselbe Abfrage in Extension Method Syntax:

```
Private Sub Button2_Click(ByVal sender As System.Object, ByVal e As System.EventArgs) _
                                                                  Handles Button2.Click
```

Hier werden im Abfrageausdruck so genannte Erweiterungsmethoden (*Where*, *OrderBy*, *Select*) zusammen mit Lambda-Ausdrücken (*Function(z)* z) benutzt:

```
Dim expr = _
    zahlen.Where(Function(z) z > 10). _
    OrderBy(Function(z) z). _
    Select(Function(z) z)
```

Ausführen der Abfrage und Anzeige des Abfrageergebnisses:

```
    For Each z As Integer In expr
        ListBox1.Items.Add(z.ToString)
    Next z
End Sub
```

Schließlich die gleiche Abfrage in gemischter Syntax:

```
Private Sub Button3_Click(ByVal sender As System.Object, ByVal e As System.EventArgs) _
                                                            Handles Button3.Click
```

Hier wird der erste (geklammerte) Teil des Abfrageausdrucks in Query Expression Syntax, und der zweite (mit einem Punkt eingeleitete) Teil in Extension Method Syntax geschrieben:

```
Dim expr = _
    (From z In zahlen _
    Where z > 10 _
    Select z). _
    OrderBy(Function(z) z)
```

Ausführen der Abfrage und Anzeige des Abfrageergebnisses:

```
    For Each z As Integer In expr
        ListBox1.Items.Add(z.ToString)
    Next z
End Sub
```

ListBox-Inhalt löschen:

```
Private Sub Button4_Click(ByVal sender As System.Object, ByVal e As System.EventArgs) _
                                                            Handles Button4.Click
    ListBox1.Items.Clear()
End Sub
End Class
```

Test

Egal, welche der drei Schaltflächen Sie klicken, das Ergebnis wird stets dasselbe sein:

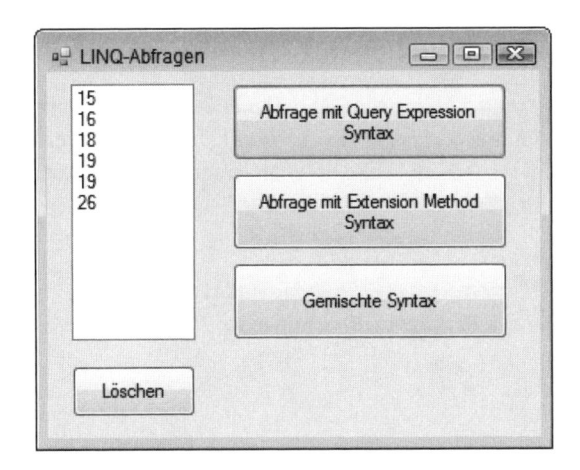

Bemerkungen

- Die Abfrage wird mit Definition des Abfrageausdrucks *expr* noch nicht ausgeführt! Sie können sich leicht selbst davon überzeugen, indem Sie **nach** Definition von *expr* den Inhalt der *zahlen*-Collection manipulieren. Das angezeigte Ergebnis bezieht sich immer auf den aktuellen Inhalt der Collection.

- Unter *Typinferenz* versteht man ein Sprachmerkmal welches es erlaubt, dass der Datentyp **lokaler** Variablen bei der Deklaration vom Compiler automatisch ermittelt wird, ohne dass explizit der Typ angegeben werden muss Wie wir gesehen haben, erweist sich dieses Feature vor allem für *anonyme Typen* als praktisch bzw. notwendig.

- Bei den *Lambda-Ausdrücke*n handelt es sich vom Prinzip her um nichts weiter als um funktional erweiterte *anonyme Methoden*. Der offensichtlichste Unterschied zeigt sich in der Syntax: auf die Parameterliste folgt das Schlüsselwort *Function*, gefolgt von einer einzelnen Anweisung oder einem Anweisungsblock.

- Normalerweise erlaubt eine objektorientierte Programmiersprache das Erweitern von Klassen durch Vererbung. VB führt eine neue Syntax ein, die das direkte Hinzufügen neuer Methoden zu einer vorhandenen Klasse erlaubt. Diese so genannten *Erweiterungsmethoden* werden als statische Methoden in einer neuen statischen Klasse implementiert und können dann wie eine normale Methode (d.h. Instanzmethode) des erweiterten Datentyps aufgerufen werden.

- Nicht nur Zahlen-Auflistungen, wie im vorliegenden Rezept, sondern jede Collection, die das *System.Collections.Generic.IEnumerable* Interface (oder das generische Interface *IEnumerable<T>*) unterstützt, kann mit LINQ verarbeitet werden (siehe R2.29 und R2.30).

- Mehr zu LINQ finden Sie in unserem Buch [*Visual Basic 2008 – Grundlagen und Profiwissen*].

R2.29 Strings mit LINQ abfragen und filtern

Auch die *String*-Klasse implementiert die generische *IEnumerable<T>*-Schnittstelle, deshalb kann mittels LINQ jede Zeichenfolge als Zeichensequenz aufgefasst und abgefragt werden. Im vorliegenden Rezept ermitteln wir auf diese Weise unter anderem die Anzahl der in einem String enthaltenen numerischen Ziffern.

Oberfläche

Auf das Startformular *Form1* setzen Sie eine *ListBox* und einen *Button*.

Quellcode

```
Public Class Form1

    Private Sub Button1_Click(ByVal sender As System.Object, ByVal e As System.EventArgs) _
                                                                    Handles Button1.Click
```

Ein x-beliebiger String:

```
        Dim s As String = "XY34/w = abc-12"
        ListBox1.Items.Add(s)
        ListBox1.Items.Add(String.Empty)
```

Mittels LINQ-Abfrage nur die Zeichen auswählen, die Zahlen darstellen:

```
        Dim query1 = From c In s _
                     Where Char.IsDigit(c) _
                     Select c
```

Erst jetzt wird die Abfrage ausgeführt:

```
        For Each c As Char In query1
            ListBox1.Items.Add(c)
        Next c
```

Die *Count*-Methode auf der Abfrage ausführen:

```
        Dim count As Integer = query1.Count()
        ListBox1.Items.Add("Anzahl = " & count.ToString())
```

Alle Zeichen vor dem ersten "=" auswählen:

```
        Dim query2 = s.TakeWhile(Function(c) c <> "=")
```

Die zweite Abfrage ausführen:

```
        For Each c As Char In query2
            ListBox1.Items.Add(c.ToString())
```

```
        Next c
    End Sub
End Class
```

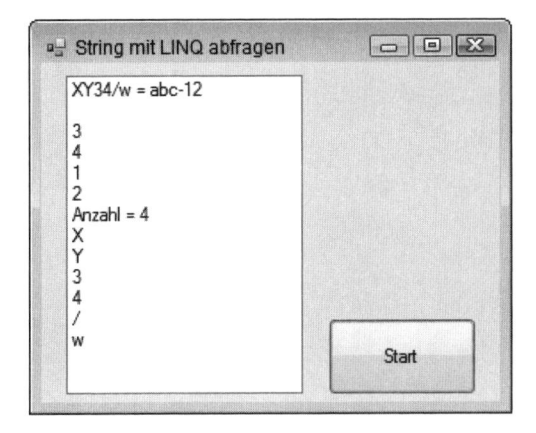

Test

```
XY34/w = abc-12

3
4
1
2
Anzahl = 4
X
Y
3
4
/
w
```

Bemerkungen

- In unserem Beispiel wird die Abfrage *query1* ein zweites Mal verwendet, nachdem sie erstmalig ausgeführt wurde. Dies ist möglich, da die Abfrage selbst die eigentlichen Ergebnisse nicht speichert.

- Das Beispiel soll vor allem das LINQ-Prinzip verdeutlichen, denn für die praktische Ausführung von Mustervergleichsoperationen wird man besser die *Regex*-Klasse verwenden.

R2.30 Ein Zahlen-Array mit LINQ auswerten und sortieren

Im vorliegenden Rezept demonstrieren wir, wie anhand von Aggregat-Abfragen eine Auflistung von Gleitkommazahlen (z.B. eine Messwertliste) nach verschiedenen Kriterien ausgewertet werden kann. Gewissermaßen als "Nebeneffekt" wird die Liste auch noch sortiert.

Oberfläche

Diesmal wollen wir das Array nicht fest kodieren, sondern dem Benutzer die Möglichkeit überlassen, eine beliebige Menge von Gleitkommazahlen über eine *TextBox* einzugeben. Die Zahlenkolonne wird in einer *ListBox* dargestellt und anschließend ausgewertet und sortiert angezeigt.

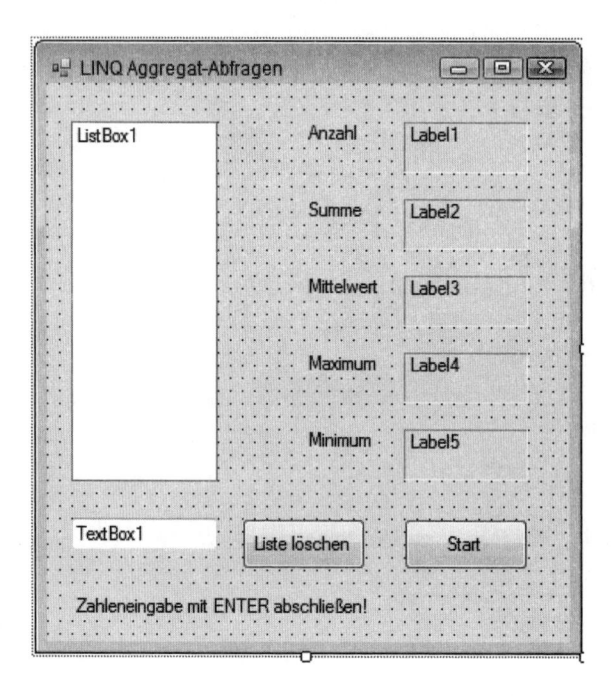

Quellcode

```
Public Class Form1
```

Start:

```
    Private Sub Button1_Click(ByVal sender As System.Object, ByVal e As System.EventArgs) _
                                                               Handles Button1.Click
```

Länge der Zahlenliste wird bestimmt:

```
        Dim n As Integer = ListBox1.Items.Count      ' Anzahl der Werte
        If n = 0 Then Exit Sub
```

Zahlen werden aus der *ListBox* an ein *Single*-Array übergeben:

```
        Dim zahlen(n - 1) As Single
        For i As Integer = 0 To n - 1
            zahlen(i) = Convert.ToSingle(ListBox1.Items(i))
        Next i
```

Die Abfrage wird definiert:

```
        Dim expr = From z In zahlen _
                   Order By z _
                   Select z
```

R2.30 Ein Zahlen-Array mit LINQ auswerten und sortieren

Nacheinander wird der Abfrage-Ausdruck für verschiedene Aggregat-Methoden ausgewertet:

```
Dim count = expr.Count()            ' Anzahl
Label1.Text = count.ToString()

Dim sum = expr.Sum()                ' Summe
Label2.Text = sum.ToString()

Dim avg = expr.Average()            ' Durchschnitt
Label3.Text = avg.ToString()

Dim max = expr.Max()                ' Maximum
Label4.Text = max.ToString()

Dim min = expr.Min()                ' Minimum
Label5.Text = min.ToString()
```

Sortierte Anzeige in der *ListBox*:

```
ListBox1.Items.Clear()
For Each z As Single In expr
    ListBox1.Items.Add(z.ToString())
Next z
End Sub
```

Eine in die *TextBox* eingegebene Zahl wird mittels Enter-Taste in die *ListBox* übernommen:

```
Private Sub TextBox1_KeyUp(ByVal sender As System.Object, _
            ByVal e As System.Windows.Forms.KeyEventArgs) Handles TextBox1.KeyUp
    If e.KeyCode = Keys.Enter Then
        ListBox1.Items.Add(TextBox1.Text)
        TextBox1.Clear()
    End If
End Sub
```

ListBox-Inhalt löschen:

```
Private Sub Button2_Click(ByVal sender As System.Object, ByVal e As System.EventArgs) _
                                                        Handles Button2.Click
    ListBox1.Items.Clear()
End Sub
End Class
```

Test

Nach Eingabe einer Zahlenkolonne (Dezimaltrennzeichen ist natürlich das Komma!) können Sie Auswertung und Sortierung starten:

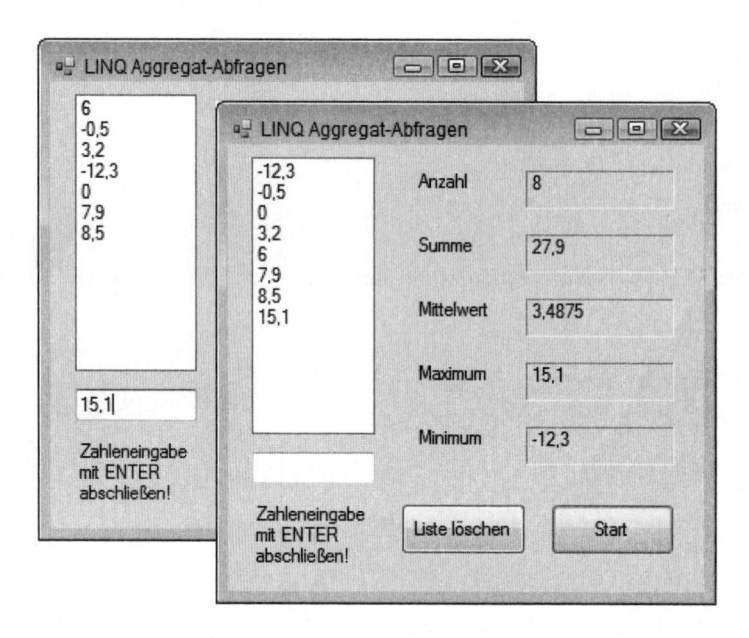

Bemerkungen

- Um die Zahlenreihe anstatt in aufsteigender, in absteigender Reihenfolge zu sortieren, ist im Abfrageausdruck die Klausel **Order By z** zu ersetzen durch **Order By z Descending**.
- Die Wirkung der Aggregatmethoden (*Count, Sum, Average, Min, Max*) ist völlig unabhängig davon, ob die zugrunde liegende Zahlenmenge sortiert ist oder nicht.

R2.31 Tipps & Tricks

Die aktuelle Uhrzeit anzeigen

Die aktuelle Uhrzeit erscheint in einem *Label*.

```
Timer1.Enabled = True
Timer1.Interval = 1000
...
Private Sub Timer1_Tick(ByVal sender As System.Object, ByVal e As System.EventArgs)
    Label1.Text = DateTime.Now.ToString("hh:mm:ss")
End Sub
```

Die Uhrzeit als DateTime-Datentyp speichern

BEISPIEL: Sie haben z.B. eine Ini-Datei, in der eine Uhrzeit steht (Format: "21:00") und wollen diesen Wert irgendwie in einen *DateTime*-Datentyp "quetschen".

```
Dim s As String = "21:00"
Dim d As DateTime = DateTime.Parse(s)
Label1.Text = d.ToShortTimeString()            ' zeigt "21:00"
```

Zahlen definiert runden

BEISPIEL: Einen *Decimal*-Typ ab dem Wert 0.01 auf 0 abrunden.

```
If d < 0.01 Then d = 0
```

Auf das letzte Zeichen im String testen

BEISPIEL: Einen Backslash (\) an den Dateipfad anhängen, falls der Backslash nicht vorhanden ist.

```
If Not pfad.EndsWith("\") Then pfad &= "\"
```

Die letzten Zeichen eines Strings abschneiden

BEISPIEL: Ein einzelnes Zeichen am Schluss entfernen.

```
Dim st As String  = "Hallo"
st = st.Remove(st.Length-1, 1)            ' ergibt "Hall"
```

BEISPIEL: Das angehängte Euro-Symbol eines Währungsstrings abschneiden.

```
Dim kostenS As String = "3.567,89 Euro"
Dim kosten As Decimal = Convert.ToDecimal(kostenS.Remove(kostenS.Length - 5, 5))
```

oder

```
Private Function removeLast(ByVal s As String, ByVal n As Integer) As String
    Return s.Remove(s.Length-n, n)
End Function
```

Leerzeichen aus einem String entfernen

Verwenden Sie den Namespace *System.Text.RegularExpressions*.

```
Dim strval As String = "Jack and Jill"
Dim strNewVal As String = Regex.Replace(strval, " ", "")
Response.Write(strNewVal)
```

Zur Laufzeit ein Array definieren

BEISPIEL: Ein *String*-Aray mit 5 Feldern wird definiert. Das letzte Feld erhält den Wert "Hallo".

```
Dim länge As Integer = 5
Dim strArr(länge-1) As String    ' Index zwischen 0 und 4
strArr(4) = "Hallo"
```

Kapitel 3

Oberfläche

R3.1 Das Startformular festlegen

Besteht Ihre Anwendung aus mehr als nur einem Formular, stehen Sie vor der Frage, welches Formular denn das Hauptformular bzw. das Startobjekt sein soll.

Standardmäßig ist nach dem Erstellen eines Windows Forms-Projekts *Form1* als Startobjekt definiert, d.h., mit diesem Fenster beginnt die Programmausführung bzw. das Programm wird mit dem Schließen des Fensters beendet.

Nachträglich können Sie jederzeit auch ein anderes Fenster als Startobjekt festlegen, wie es der folgende Test beweist.

Oberfläche

Erzeugen Sie ein neue Windows Forms-Anwendung und ergänzen Sie diese um ein zweites Formular (Menü *Projekt|Windows Form hinzufügen...*).

Öffnen Sie den Projekteigenschaften-Dialog über das Menü *Projekt|WindowsApplication1-Eigenschaften...* Auf der Seite "Anwendung" können Sie das Startformular ändern:

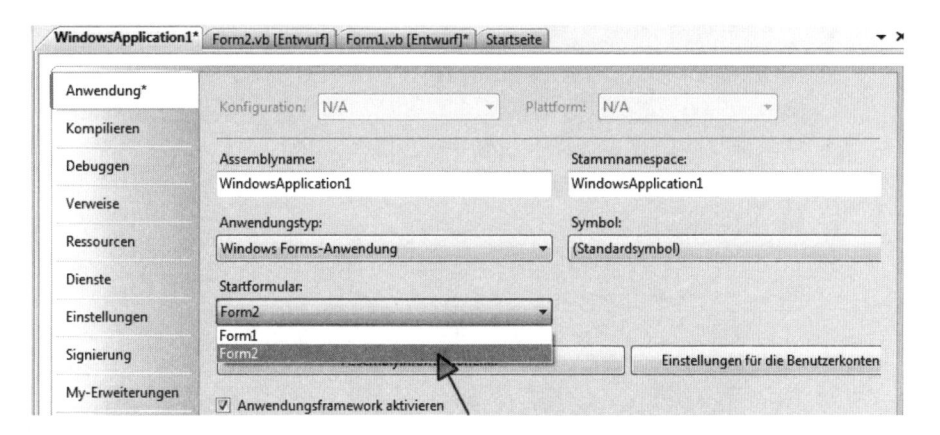

Test

Wenn Sie jetzt das Programm kompilieren und erneut starten, erscheint *Form2* und nicht *Form1*.

Bemerkungen

- Eine andere Möglichkeit zum Zuweisen des Startformulars (über das Anwendungsframework) kommt im folgenden Rezept R3.2 zum Einsatz.
- R3.3 bzw. R3.4 demonstrieren, wie Sie vom Startformular aus andere Formulare aufrufen.
- Nicht immer soll ein Formular das Startobjekt sein. Wenn Sie das Häkchen bei "Anwendungsframework aktivieren" entfernen, können Sie auch eine selbst definierte Methode (*Sub Main*) als Startobjekt festlegen. Ein konkretes Beispiel zeigt R3.28 ("Das NotifyIcon-Control in der Taskleiste einsetzen").

R3.2 Beim Programmstart eine Abfrage ausführen

Nicht in jedem Fall ist es erwünscht, dass sofort ein Formular beim Start der Anwendung angezeigt wird. Sollen beispielsweise Übergabeparameter ausgewertet werden, ist es häufig günstiger, zunächst diese zu bearbeiten und dann erst das Startformular anzuzeigen.

In diesem Rezept zeigen wir, wie man es erreicht, dass bei Programmstart zunächst eine Abfrage per Messagebox zu sehen ist, bevor das Startformular erscheint.

Oberfläche

Zum Startformular *Form1* fügen Sie noch ein weiteres Formular *Form2* hinzu (Menü *Projekt/Windows Form hinzufügen...*). Klicken Sie im Projekt-Eigenschaftendialog (Seite "Anwendung") unten rechts auf die Schaltfläche "Anwendungsereignisse anzeigen" (vorher aber Häkchen bei "Anwendungsframework aktivieren" setzen!).

R3.2 Beim Programmstart eine Abfrage ausführen

Erzeugen Sie mit Hilfe der beiden Comboboxen am oberen Rand des Codefensters *ApplicationEvents.vb* den Rahmencode eines Eventhandlers für das *StartUp*-Ereignis:

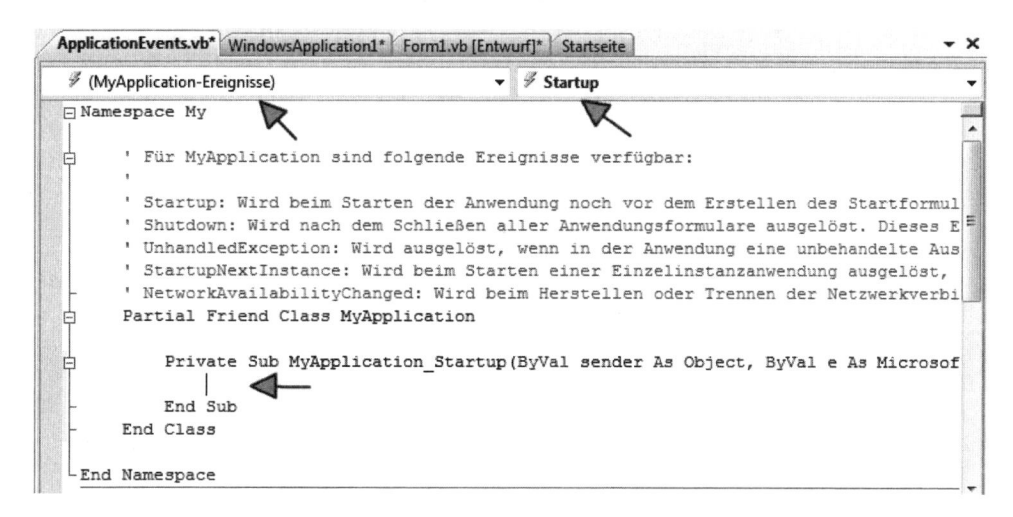

```
Namespace My

    ' Für MyApplication sind folgende Ereignisse verfügbar:
    '
    ' Startup: Wird beim Starten der Anwendung noch vor dem Erstellen des Startformul
    ' Shutdown: Wird nach dem Schließen aller Anwendungsformulare ausgelöst. Dieses E
    ' UnhandledException: Wird ausgelöst, wenn in der Anwendung eine unbehandelte Aus
    ' StartupNextInstance: Wird beim Starten einer Einzelinstanzanwendung ausgelöst,
    ' NetworkAvailabilityChanged: Wird beim Herstellen oder Trennen der Netzwerkverbi
    Partial Friend Class MyApplication

        Private Sub MyApplication_Startup(ByVal sender As Object, ByVal e As Microsof

        End Sub
    End Class
End Namespace
```

Quellcode

```
Namespace My

    Partial Friend Class MyApplication

        Private Sub MyApplication_Startup(ByVal sender As Object, _
                    ByVal e As Microsoft.VisualBasic.ApplicationServices.StartupEventArgs) _
                                                                    Handles Me.Startup
            If MessageBox.Show("Wollen Sie das Programm wirklich ausführen?", "Frage", _
                                            MessageBoxButtons.YesNo) = DialogResult.Yes Then
                Me.MainForm = Global.WindowsApplication1.Form2
            Else
                e.Cancel = True
            End If
        End Sub

    End Class

End Namespace
```

Test

Bei Programmstart erscheint zunächst das Meldungsfenster:

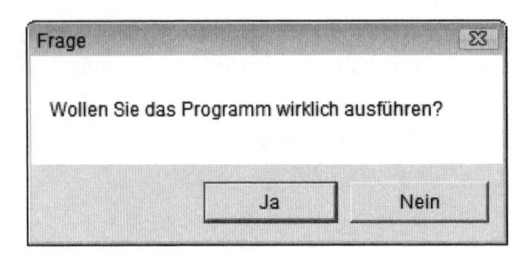

Mit dem Druck auf den *Ja*-Button wird der Anwendung *Form2* als Hauptformular zugewiesen und ausgeführt. Andernfalls endet die Programmausführung an dieser Stelle.

R3.3 Das Schließen des Formulars verhindern

Es gibt Fälle, wo man verhindern möchte, dass ein geöffnetes Formular wieder geschlossen wird (siehe z.B. R7.8, Microsoft Event-Pattern). Natürlich macht das meist nur dann einen Sinn, wenn es sich nicht um das Startformular (Hauptfenster) der Anwendung handelt, denn der Benutzer möchte ja doch in der Regel das Recht behalten, sein Programm nach eigenem Ermessen wieder schließen zu können.

Oberfläche

Das Startformular *Form1* wird mit zwei *Button*s ausgestattet (siehe Laufzeitansicht). Fügen Sie ein zweites Formular hinzu (Menü *Projekt/Windows Form hinzufügen...*), auf welches Sie einen *Button* platzieren.

Quellcode Form1

```
Public Class Form1
```
Aufruf von *Form2*:
```
    Private Sub Button1_Click(ByVal sender As System.Object, ByVal e As System.EventArgs) _
                                                              Handles Button1.Click
        Dim f2 As New Form2()
        f2.Show()
    End Sub
```
Anwendung beenden:
```
    Private Sub Button2_Click(ByVal sender As System.Object, ByVal e As System.EventArgs) _
                                                              Handles Button2.Click
        Me.Close()
    End Sub
End Class
```

Quellcode Form2

```
Public Class Form2
```

Wird die *Cancel*-Eigenschaft des vom *FormClosing*-Event übergebenen Parameters *e* auf *True* gesetzt, so wird das Schließen des Formulars verhindert:

```
    Private Sub Form2_FormClosing(ByVal sender As System.Object, _
        ByVal e As System.Windows.Forms.FormClosingEventArgs) Handles MyBase.FormClosing
        e.Cancel = True
    End Sub
```

Die "Schließen"-Schaltfläche (bzw. der Eventhandler für *Button1*) sind eigentlich überflüssig und sollen nur verdeutlichen, dass der Aufruf der *Close*-Methode nutzlos ist:

```
    Private Sub Button1_Click(ByVal sender As System.Object, ByVal e As System.EventArgs) _
                                                                      Handles Button1.Click
        Me.Close()
    End Sub
End Class
```

Test

Sie können nach dem Programmstart zwar *Form2* aufrufen, aber schließen können Sie *Form2* nicht. Erst mit dem "Beenden"-Button von *Form1* werden *Form2* und *Form1* geschlossen.

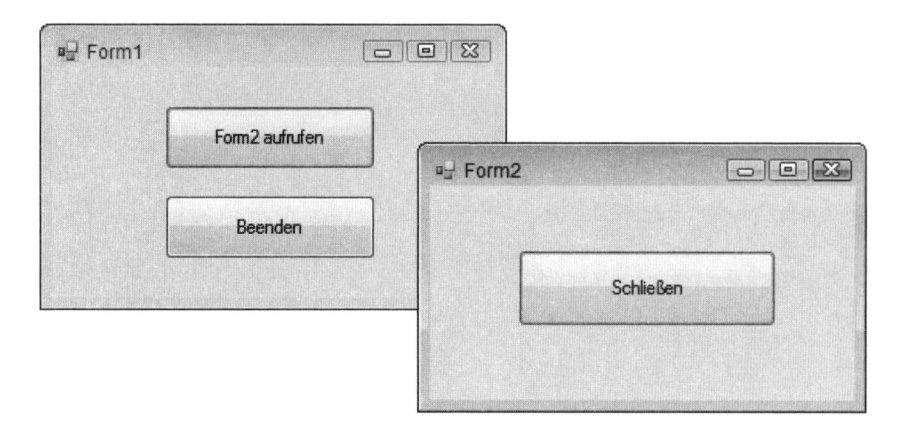

R3.4 Mit mehreren Formularen arbeiten

Dieses Rezept soll Ihnen zeigen, wie Sie von einem Hauptformular aus verschiedene andere Formulare öffnen können. Sie lernen, wie man Eigenschaften und Methoden eines anderen Formulars aufruft und wie man eine *PictureBox* zur Laufzeit mit Bildinhalten füllt.

Oberfläche

Diesmal genügt uns das Startformular *Form1* allein nicht, denn wir benötigen noch vier weitere Formulare. Über das Menü *Projekt|Windows Form hinzufügen* fügen zu Ihrem Projekt die Formulare *Form2* bis *Form5* hinzu.

Vom Hauptformular *Form1* aus sollen über vier Schaltflächen *Form2* bis *Form5* aufgerufen werden:

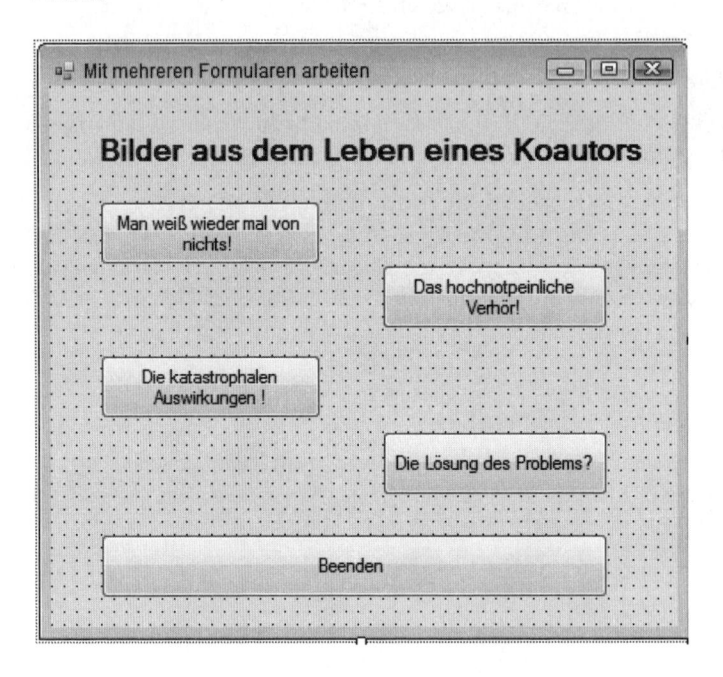

Form2 bis *Form5* erhalten jeweils eine *PictureBox* und einen *Button* mit der Beschriftung "Zurück" (siehe Laufzeitabbildung).

Quellcode Form1

```
Public Class Form1
```

Der Aufruf von *Form2*:

```
    Private Sub Button1_Click(ByVal sender As System.Object, ByVal e As System.EventArgs) _
                                                                     Handles Button1.Click
        Dim f As New Form2()
```

Die Titelleiste von *Form2* wird neu beschriftet:

```
        f.Text = Button1.Text
```

Beim Aufruf der Methode *anzeigen* wird als Parameter der Namen einer Bilddatei übergeben:

```
    f.anzeigen("Bild1.wmf")      ' Bild wird übergeben
    f.Show()                     ' Form2 wird angezeigt
End Sub
```

Völlig analog programmieren Sie den Aufruf der übrigen Formulare *Form3* bis *Form5*.

Die "Beenden"-Schaltfläche:

```
Private Sub Button5_Click(ByVal sender As System.Object, ByVal e As System.EventArgs) _
                                                              Handles Button5.Click
    Me.Close()
    End Sub
End Class
```

HINWEIS: Vergessen Sie jetzt nicht, die Bilddateien *Bild1.wmf* bis *Bild4.wmf* in das Unterverzeichnis *\bin\Debug* des Projekts zu kopieren (damit umgehen Sie ärgerliche Probleme mit absoluten Pfadangaben).

Quellcode Form2 bis Form5

```
Public Class Form2
```

Das *Bitmap*-Objekt referenzieren:

```
    Private bild As Bitmap
```

Die Methode zum Anzeigen der *Bitmap*:

```
    Public Sub anzeigen(ByVal pfad As String)
```

Alte *Bitmap* freigeben:

```
        If bild IsNot Nothing Then bild.Dispose()
```

Neues Bild an Größe der *PictureBox* anpassen:

```
    PictureBox1.SizeMode = PictureBoxSizeMode.StretchImage
```

Bild anzeigen:

```
    bild = New Bitmap(pfad)
    PictureBox1.Image = bild
End Sub
```

Die "Zurück"-Schaltfläche:

```
Private Sub Button1_Click(ByVal sender As System.Object, ByVal e As System.EventArgs) _
                                                              Handles Button1.Click
```

```
        Me.Close()
    End Sub
End Class
```

HINWEIS: Der Code für *Form3*, *Form4* und *Form5* ist identisch!

Test

Haben auch Sie jetzt Ihren Spaß an der ach sooooo lustige Bilderstory!

Eine verbesserte Variante

Diese Programmiervariante vermeidet das mehrfache Kopieren von Code. Benutzt werden nur zwei Formulare (*Form1* und *Form2*), wobei *Form2* als Prototyp für *Form2* bis *Form5* dient.

Im Code von *Form1* kommt ein gemeinsamen Click-Eventhandler für alle vier *Button*s zum Einsatz:

```
Public Class Form1
    Private Sub Form1_Load(ByVal sender As System.Object, ByVal e As System.EventArgs) _
                                                                   Handles MyBase.Load
        AddHandler Button1.Click, AddressOf Button_Click
        AddHandler Button2.Click, AddressOf Button_Click
        AddHandler Button3.Click, AddressOf Button_Click
        AddHandler Button4.Click, AddressOf Button_Click
    End Sub

    Private Sub Button_Click(ByVal sender As Object, ByVal e As EventArgs) Handles Button1.Click
        Dim f As New Form2()
        Dim btn As Button = CType(sender, Button)
        f.Text = btn.Text
        If btn Is Button1 Then f.anzeigen("Bild1.wmf")
        If btn Is Button2 Then f.anzeigen("Bild2.wmf")
        If btn Is Button3 Then f.anzeigen("Bild3.wmf")
        If btn Is Button4 Then f.anzeigen("Bild4.wmf")
        f.Show()
    End Sub
```

Der Code von *Form2* ist geringfügig gegenüber der ersten Variante modifiziert:

```
Public Class Form2
    Private bild as Bitmap
    Public Sub anzeigen(ByVal pfad As String)
        If bild IsNot Nothing Then bild.Dispose()
        PictureBox1.SizeMode = PictureBoxSizeMode.StretchImage
        bild = New Bitmap(pfad)
        PictureBox1.Image = bild
    End Sub
...
End Class
```

> **HINWEIS:** Diese Variante ist allerdings nur dann der ursprünglichen Lösung mit fünf Formularen vorzuziehen, wenn Abmessungen und Ausstattung aller aufgerufenen Formulare gleich sind.

R3.5 Eine MDI-Applikation erstellen

Dieses Rezept soll eine sinnvolle Weiterentwicklung des Vorgängerrezepts R3.4 "Mit mehreren Formularen arbeiten" (verbesserte Variante) sein, denn die dort noch lose herum flatternden Fensterchen können nicht als der Weisheit letzter Schluss angesehen werden. Der erfahrene Programmierer bringt mit einer MDI-Applikation Ordnung in das Chaos!

Sie lernen unter anderem auch, wie schnell man mit Visual Studio eine Menüleiste erstellen kann. Gehen Sie wie folgt vor, um das vorhandene Projekt in eine standesgemäße MDI-Anwendung zu verwandeln:

Anpassen des Hauptfensters (Form1)

Ändern Sie die *IsMDIContainer*-Property des Hauptformulars (*Form1*) in *True*. Entfernen Sie alle *Button*s von der Oberfläche und den dahinterliegenden Ereigniscode, denn wir wollen die Unterformulare, so wie es sich gehört, über ein Menü aufrufen. Fügen Sie deshalb eine *MainMenuStrip*-Komponente von der Toolbox hinzu, sie wird ihren Platz im Komponentenfach einnehmen.

Nach einem Klick auf die Menüleiste öffnet sich der Menüeditor, und im Handumdrehen ist das Menü erstellt.

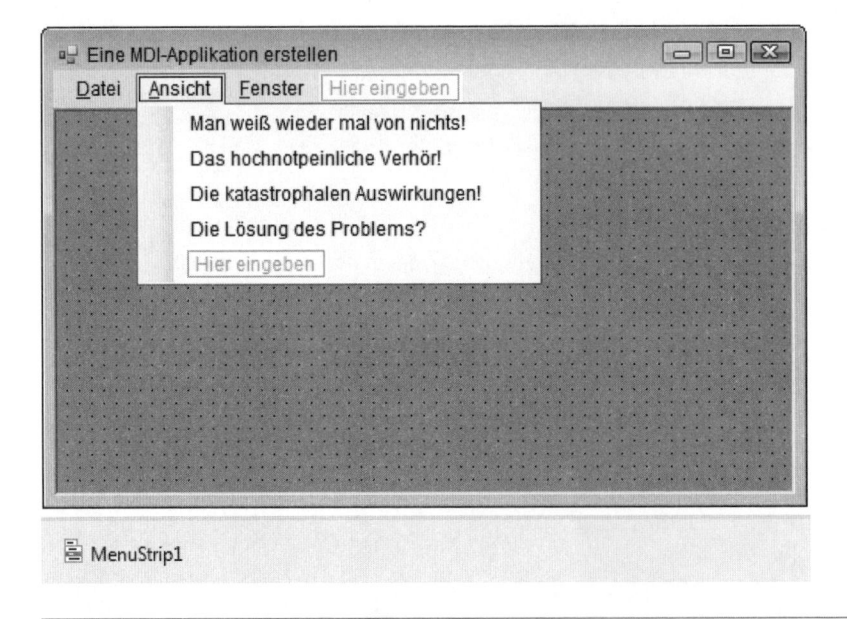

HINWEIS: Die Bedienung des Menüeditors ist so intuitiv, dass sich weitere Erläuterungen erübrigen!

Das Menü könnte z.B. die folgende Struktur haben:

1. Ebene	2. Ebene
&Datei	
	&Beenden
&Ansicht	
	Wehe, man weiß mal wieder von nichts!
	Das hochnotpeinliche Verhör!
	Die Auswirkungen sind katastrophal!
	Das aber kann die Lösung nicht sein!
&Fenster	
	&Überlappend
	&Horizontal anordnen
	&Vertikal anordnen

HINWEIS: Durch Voranstellen des Zeichens "&" (es bleibt zur Laufzeit unsichtbar) wird es möglich, einen Menüpunkt über die Tastatur aufzurufen!

Anpassen des Quellcodes von Form1

Jeder Menüeintrag ist ein Objekt, für das man – genauso wie z.B. für einen *Button* – einen Eventhandler für das *Click*-Ereignis schreiben kann.

HINWEIS: Wenn Sie (zur Entwurfszeit) auf einen Menüeintrag klicken, erscheint sofort der Rahmencode des entsprechenden Event-Handlers!

```
Public Class Form1
```

Klappen Sie (im Entwurfsmodus) das *Datei*-Menü auf und doppelklicken Sie auf den Eintrag *Beenden*:

```
Private Sub beendenToolStripMenuItem_Click(ByVal sender As System.Object, _
                ByVal e As System.EventArgs) Handles beendenToolStripMenuItem.Click
    Me.Close()
End Sub
```

Wie Sie sehen, leitet sich die standardmäßige Namensvergabe der einzelnen Menüeinträge von deren *Text*-Eigenschaft ab, was teilweise zu ziemlich langen Bezeichnern führt. Wem das nicht gefällt, der kann die *Name*-Eigenschaft ändern.

Der Aufruf des ersten Kindfensters (*Form2*):

```
Private Sub manWeißWiederMalVonNichtsToolStripMenuItem_Click(ByVal sender As _
                   System.Object, ByVal e As System.EventArgs) _
                Handles manWeißWiederMalVonNichtsToolStripMenuItem.Click
    Dim f As New Form2()
```

Damit sich ein Kindfenster dem Hauptfenster unterordnet, muss seine *MdiParent*-Eigenschaft gesetzt werden:

```
    f.MdiParent = Me          ' MDI-Hauptfenster zuordnen
    f.Text = manWeißWiederMalVonNichtsToolStripMenuItem.Text
    f.anzeigen("Bild1.wmf")
    f.Show()
End Sub
```

Völlig analog werden die Aufrufe der übrigen Kindfenster programmiert.

Über das *Fenster*-Menü soll die Art der Anordnung der Kindfenster festgelegt werden. Dazu ist die *LayoutMdi*-Eigenschaft des Hauptfensters zu setzen:

Überlappend:

```
Private Sub überlappendToolStripMenuItem_Click(ByVal sender As System.Object, _
            ByVal e As System.EventArgs) Handles überlappendToolStripMenuItem.Click
    Me.LayoutMdi(MdiLayout.Cascade)
End Sub
```

Horizontal anordnen:

```
Private Sub horizontalAnordnenToolStripMenuItem_Click(ByVal sender As System.Object, _
          ByVal e As System.EventArgs) Handles horizontalAnordnenToolStripMenuItem.Click
    Me.LayoutMdi(MdiLayout.TileHorizontal)
End Sub
```

Vertikal anordnen:

```
Private Sub vertikalAnordnenToolStripMenuItem_Click(ByVal sender As System.Object, _
          ByVal e As System.EventArgs) Handles vertikalAnordnenToolStripMenuItem.Click
    Me.LayoutMdi(MdiLayout.TileVertical)
End Sub

End Class
```

Kindfenster (Form2)

Form2 dient als Prototyp für alle Kindfenster.

```
Public Class Form2
    Private bild As Bitmap
```

```
Public Sub anzeigen(ByVal pfad As String)
    If bild IsNot Nothing Then bild.Dispose()
    PictureBox1.SizeMode = PictureBoxSizeMode.StretchImage
    bild = New Bitmap(pfad)
    PictureBox1.Image = bild
End Sub

End Class
```

Test

Nach dem Programmstart erscheint zunächst nur das leere Rahmenfenster. Fügen Sie nun über das *Ansicht*-Menü nach Belieben Kindfenster hinzu und ordnen Sie diese über das *Fenster*-Menü auf verschiedene Weise an.

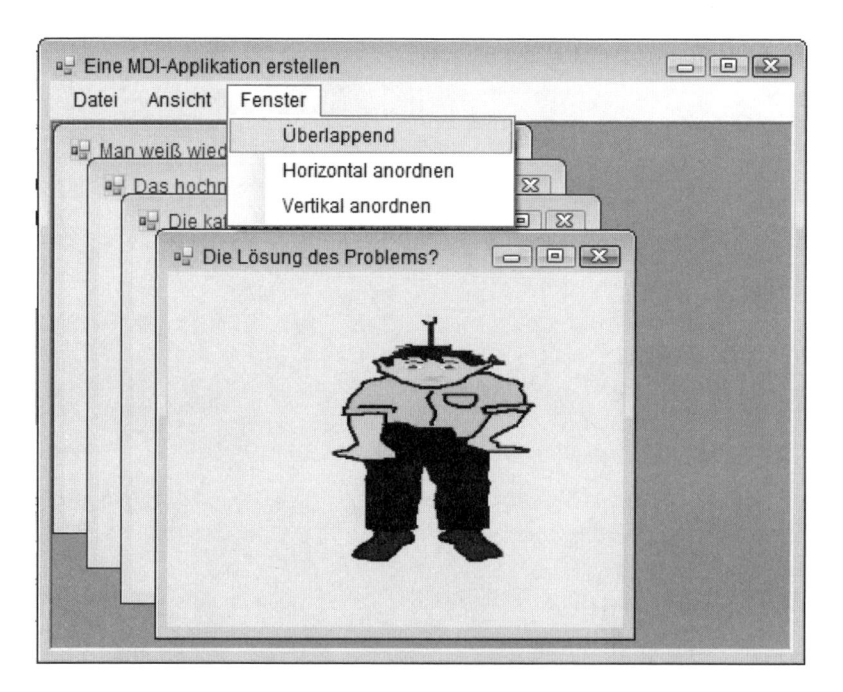

R3.6 Formulare im Formular anzeigen

Dieses Rezept zeigt Ihnen, wie Sie – gewissermaßen als Alternative zur MDI-Anwendung – weitere Formulare nicht nur innerhalb eines normalen Formulars anzeigen können, sondern auch innerhalb eines anderen Controls, wie z.B. eines *Panel*s oder eines *Button*s.

Oberfläche

Klicken Sie das Menü *Projekt|Windows Form hinzufügen...*, um zum Startformular (*Form1*) ein zweites Formular (*Form2*) hinzuzufügen.

Statten Sie beide Formulare, wie in der Abbildung gezeigt, mit Steuerelementen aus.

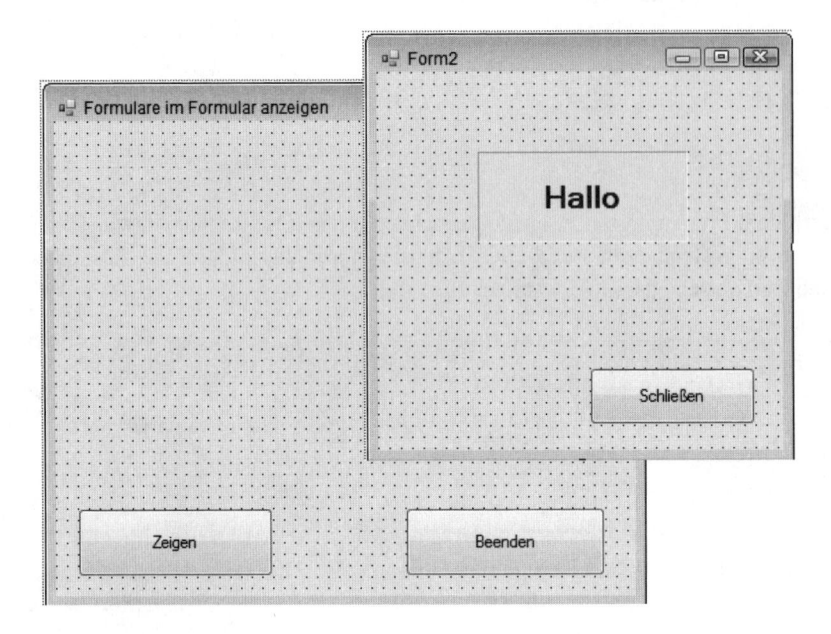

Quellcode Form1

```
Public Class Form1
```

Die Schaltfläche "Zeigen":

```
    Private Sub Button1_Click(ByVal sender As System.Object, ByVal e As System.EventArgs) _
                                                                      Handles Button1.Click

        Dim f As New Form2()
        f.TopLevel = False
        Me.Controls.Add(f)
        f.Show()
    End Sub
```

Die "Beenden"-Schaltfläche:

```
    Private Sub Button2_Click(ByVal sender As System.Object, ByVal e As System.EventArgs) _
                                                                      Handles Button2.Click

        Me.Close()
    End Sub
End Class
```

Quellcode Form2

```
Public Class Form2
```

Die "Schließen"-Schaltfläche:

```
    Private Sub Button1_Click(ByVal sender As System.Object, ByVal e As System.EventArgs) _
                                                                       Handles Button1.Click
        Me.Close()
    End Sub
End Class
```

Test

Nach dem Programmstart können Sie mehrfach auf den "Zeigen"-Button klicken und Zeuge der wundersamen Vermehrung von *Form2* werden.

> **HINWEIS:** Da sich die erzeugten Instanzen von *Form2* exakt überdecken, müssen Sie sie zunächst mit der Maus "anfassen" und "wegziehen"!

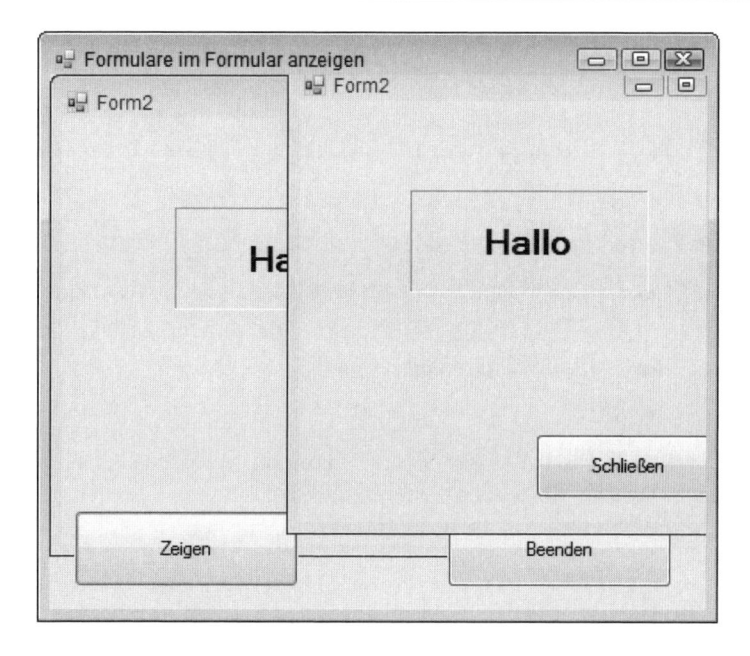

Bemerkungen

- Das Setzen der *TopLevel*-Property von *Form2* auf *False* ist wichtig, weil ein Steuerelement der oberen Ebene nicht zu einem anderen Steuerelement hinzugefügt werden kann.

- Sie können *Form2* auch zu einem beliebigen anderen Control hinzufügen, welches sich auf *Form1* befindet.

BEISPIEL: *Form2* wird zu *Panel1* hinzugefügt:

```
Dim f As New Form2()
f.TopLevel = False
Me.Panel1.Controls.Add(f)
f.Show()
```

R3.7 Zur Laufzeit ein Steuerelement erzeugen

Wie Sie beliebige Controls nicht von der Toolbox abziehen, sondern selbst per Code erzeugen können, zeigt dieses einfache Rezept.

Aufgabe ist es, zu einem *Form*ular einen *Button* hinzuzufügen, mit dem das *Form*ular geschlossen werden kann.

Oberfläche

Das leere Startformular *Form1* genügt!

Quellcode

```
Public Class Form1
```

Auf globaler Ebene deklarieren Sie zunächst eine Objektvariable vom Typ *Button*:

```
    Private Button1 As Button
```

In unserem Beispiel soll *Button1* beim Laden von *Form1* erzeugt werden:

```
    Private Sub Form1_Load(ByVal sender As System.Object, ByVal e As System.EventArgs) _
                                                            Handles MyBase.Load
```

Eine Instanz der *Button*-Klasse wird erzeugt:

```
        Button1 = New Button()
```

Nun die wichtigsten Eigenschaften zuweisen, wie Position der linken oberen Ecke (200, 100), die Abmessungen (Breite = 100, Höhe = 50) und die Beschriftung:

```
        Button1.Bounds = New Rectangle(New Point(200, 100), New Size(100, 50))
        Button1.Text = "Beenden"
```

Der frisch erzeugte *Button* muss zur *Controls*-Auflistung von *Form1* hinzugefügt werden:

```
        Controls.Add(Button1)
```

Last but not least soll unser *Button* nicht nur zur Dekoration da sein, sondern auch auf das *Click*-Ereignis reagieren:

```
        AddHandler Button1.Click, AddressOf Button1_Click
    End Sub
```

Den Rahmencode für den Eventhandler müssen Sie diesmal komplett per Hand eintippen, da Ihnen Visual Studio dabei nicht helfen kann:

```
    Private Sub Button1_Click(ByVal sender As Object, ByVal e As System.EventArgs)
        Me.Close()
    End Sub
End Class
```

Test

Sofort nach dem Start ist wie von Geisterhand der neue *Button* da und erfüllt seine Aufgabe:

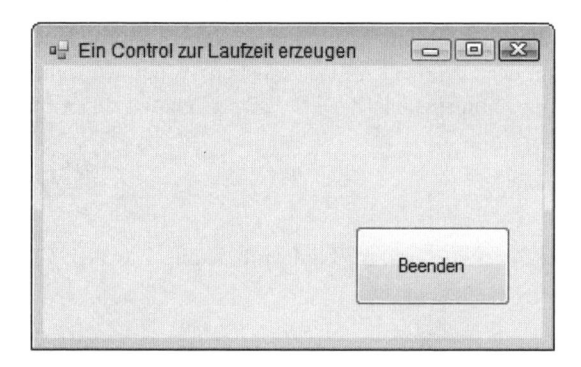

Bemerkungen

- Nach dem gleichen Prinzip können Sie jedes beliebige Steuerelement zur Laufzeit erzeugen.
- Als Alternative zur *AddHandler*-Anweisung bietet Visual Basic auch die Möglichkeit, eine Ereignisbehandlung durch Deklarieren des Steuerelements mittels *WithEvents* und Anfügen der *Handles*-Klausel an die Eventhandlerkopfzeile zu definieren. Unser komplettes Beispiel würde dann so aussehen:

```
Public Class Form1
    Private WithEvents Button1 As Button

    Private Sub Form1_Load(ByVal sender As System.Object, ByVal e As System.EventArgs) _
                                                              Handles MyBase.Load
        Button1 = New Button()
        Button1.Bounds = New Rectangle(New Point(200, 100), New Size(100, 50))
        Button1.Text = "Beenden"
        Controls.Add(Button1)
    End Sub

    Private Sub Button1_Click(ByVal sender As Object, ByVal e As System.EventArgs) _
                                                              Handles Button1.Click
```

```
        Me.Close()
    End Sub
End Class
```

R3.8 Steuerelemente-Array per Code erzeugen

Das "Zusammenschieben" einer großen Anzahl matrixförmig angeordneter Steuerelemente ist eine ziemlich stupide, wenn nicht gar nervige Angelegenheit. Hier sollte man der reinen Codeprogrammierung den Vorzug geben und auf den visuellen Designer verzichten. Neben der Zeitersparnis ist dabei auch die pixelgenaue Positionierung von Vorteil.

Im vorliegenden Beispiel wollen wir ein eindimensionales und ein zweidimensionales *Label*-Arrays per Code erzeugen. Um der Demo einen Sinn zu geben, wollen wir mittels einer *TrackBar* eine bestimmte Spalte im zweidimensionalen Array markieren, um deren Inhalt in das eindimensionale Array zu kopieren.

Oberfläche

Da wir alle Controls (auch die *TrackBar*) erst zur Laufzeit hinzufügen wollen, genügt ein nacktes *Form*ular.

Quellcode

```
Public Class Form1
```

Referenzen auf die per Code zu erzeugenden Steuerelemente:

```
    Private labels_A(,) As Label    ' Quell-Array  (zweidimensional)
    Private labels_B() As Label     ' Ziel-Array   (eindimensional)
    Private tbar As TrackBar        ' zum Markieren der zu kopierenden Spalte des Quell-Arrays
```

Das eindimensionale Ziel-Array erzeugen (*x0, y0* = linke obere Ecke; *b, h* = Breite und Höhe einer Zelle, *zmax* = Anzahl der Zeilen):

```
    Private Sub createArray_B(ByVal x0 As Integer, ByVal y0 As Integer, ByVal b As Integer, _
                              ByVal h As Integer, ByVal zmax As Integer)
        ReDim labels_B(zmax - 1)               ' Label-Array dimensionieren
        For z As Integer = 0 To zmax - 1
            Dim lb As New Label()
            lb.Bounds = New Rectangle(New Point(x0, y0 + z * h), New Size(b, h))
            lb.BorderStyle = BorderStyle.Fixed3D
            Me.Controls.Add(lb)                ' Label zum Formular hinzufügen
            labels_B(z) = lb                   ' Label in Array eintragen
        Next z
    End Sub
```

R3.8 Steuerelemente-Array per Code erzeugen

Das zweidimensionale Quell-Array erzeugen (*x0, y0* = linke obere Ecke; *b, h* = Breite und Höhe einer Zelle; *zmax, smax* = Anzahl der Zeilen bzw. Spalten):

```
Private Sub createArray_A(ByVal x0 As Integer, ByVal y0 As Integer, ByVal b As Integer, _
             ByVal h As Integer, ByVal zmax As Integer, ByVal smax As Integer)
    ReDim labels_A(zmax - 1, smax - 1)       ' Label-Array dimensionieren
    Dim rnd As New Random()
    For z As Integer = 0 To zmax - 1
        For s As Integer = 0 To smax - 1
            Dim lb As New Label()
            lb.Bounds = New Rectangle(New Point(x0 + s * b, y0 + z * h), New Size(b, h))
            lb.BorderStyle = BorderStyle.Fixed3D
            Me.Controls.Add(lb)              ' Label zum Formular hinzufügen
            Dim wert As Double = rnd.Next(100)   ' Zufallszahl erzeugen und
            lb.Text = wert.ToString()            ' ... in Label eintragen
            labels_A(z, s) = lb                  ' Label in Array eintragen
        Next s
    Next z
```

TrackBar hinzufügen und über dem Quell-Array positionieren:

```
    tbar = New TrackBar()
    tbar.Bounds = New Rectangle(New Point(x0, y0 - h), New Size(b * smax, h))
    tbar.Minimum = 0
    tbar.Maximum = smax - 1
    tbar.LargeChange = 1
    Me.Controls.Add(tbar)
```

Ereignisbehandlung für die *TrackBar* anmelden:

```
    AddHandler tbar.ValueChanged, AddressOf tbar_ValueChanged
End Sub
```

Der *TrackBar*-Wert wurde geändert:

```
Private Sub tbar_ValueChanged(ByVal sender As Object, ByVal e As EventArgs)
    Dim s As Integer = tbar.Value        ' die ausgewählte Spalte
```

Kopieren der Spalte s in das eindimensionale Zielarray:

```
    For z As Integer = 0 To labels_A.GetLength(0) - 1 ' für alle Zeilen der Spalte
        labels_B(z).Text = labels_A(z, s).Text        ' Kopieren des Wertes
    Next z
End Sub
```

Erzeugen der Arrays bei Programmstart:

```
Private Sub Form1_Load(ByVal sender As System.Object, ByVal e As System.EventArgs) _
                                                            Handles MyBase.Load
    createArray_A(40, 70, 50, 30, 3, 4)   ' zweidimensional (3 Zeilen, 4 Spalten)
    createArray_B(300, 70, 50, 30, 3)     ' eindimensional (3 Zeilen)
End Sub
End Class
```

Test

Bereits nach Programmstart erscheint eine mit Zufallszahlen gefüllte zweidimensionale *Label*-Matrix. Verschieben Sie die *TrackBar* auf eine bestimmte Spalte, so wird deren Inhalt nach rechts in die eindimensionale Matrix kopiert.

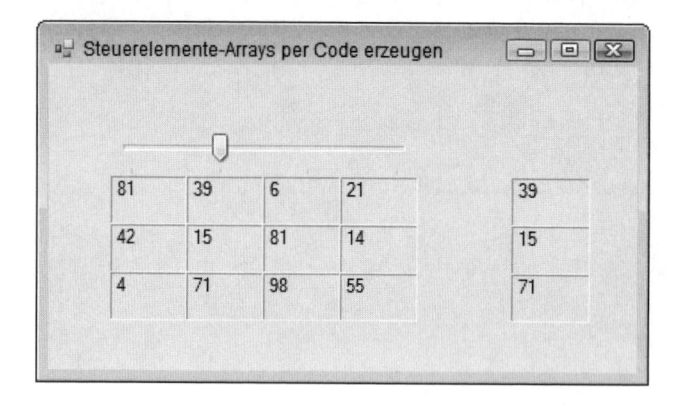

Bemerkungen

- Wem das Beispiel noch zu kompliziert ist, der sollte es zunächst mal mit folgendem Rezept versuchen: R3.7 ("Zur Laufzeit ein Steuerelement erzeugen").

- Anstatt mit *Label*s können auf identische Weise auch Arrays aus anderen Steuerelementen erzeugt werden (*TextBox*, *Button*, ...).

R3.9 Auf ein Control-Array zugreifen

Am Beispiel eines Schachbretts wollen wir demonstrieren, wie ein zur Laufzeit erzeugtes Control-Array mit interaktivem Verhalten ausgestattet werden kann, d.h., das Anmelden von Eventhandlern für jedes Feld. Nebenbei kommen auch noch andere Techniken zum Einsatz, wie z.B. Grafikmethoden zum Beschriften der Zeilen und Spalten oder die Verwendung der *Tag*-Eigenschaft.

Oberfläche

Außer dem Startformular *Form1* wird im Wesentlichen nur noch ein am unteren Rand angeordnetes *Label* benötigt, welches den Namen des angeklickten Feldes anzeigt.

Quellcode

```
Public Class Form1
```

Die folgende Methode erzeugt ein Schachbrett. Übergabeparameter sind *x0, y0* (linke obere Ecke des Bretts) und *a* (Breite und Höhe eines einzelnen Felds).

```
    Public Sub createChessTable(ByVal x0 As Integer, ByVal y0 As Integer, ByVal a As Integer)
```

Die folgenden drei Anweisungen sind für die Beschriftung der Zeilen und Spalten erforderlich:

```
        Dim g As Graphics = CreateGraphics()
        g.TranslateTransform(x0, y0)
        Dim b As Brush = New SolidBrush(Color.Black)
```

Das Schachbrett wird als zweidimensionale Matrix aus 64 *Label*-Controls generiert:

```
        Dim lb As Label = Nothing
        Dim farbe As Color = Color.White
```

Alle Zeilen durchlaufen:

```
        For z As Integer = 0 To 7
            If farbe.Equals(Color.Black) Then
                farbe = Color.White
            Else
                farbe = Color.Black
            End If
```

Beschriftung der Zeilen ("1", "2", ... ,"8"):

```
            g.DrawString((8 - z).ToString(), New Font("Arial", 8), b, -30, a * z + 10)
```

Alle Spalten durchlaufen:

```
            For s As Integer = 0 To 7
                lb = New Label()
                lb.Bounds = New Rectangle(x0 + s * a, y0 + z * a, a, a)
                If farbe.Equals(Color.Black) Then
                    farbe = Color.White
                Else
                    farbe = Color.Black
                End If
                lb.BackColor = farbe
```

Der Bezeichner eines Feldes wird in der *Tag*-Eigenschaft hinterlegt (65 ... 72 sind die Codes für "A" ... "H"):

```
            Dim c As Char = Convert.ToChar(s + 65)
            lb.Tag = c + (8 - z).ToString
```

Beschriftung der Spalten ("A", "B", ..., "H"):

```
            g.DrawString(c, New Font("Arial", 8), b, s * a + 10, y0 + 8 * a)
```

Den gemeinsamen *Click*-Eventhandler anmelden:

```
            AddHandler lb.Click, AddressOf lb_Click
```

Das fertige *Label* zum *Form*ular hinzufügen:

```
            Me.Controls.Add(lb)
        Next s
    Next z
End Sub
```

Der von allen *Label*s gemeinsam genutzte *Click*-Eventhandler zeigt den Wert der *Tag*-Eigenschaft an:

```
Private Sub lb_Click(ByVal sender As Object, ByVal e As EventArgs)
    Dim lb As Label = CType(sender, Label)
    Label1.Text = lb.Tag.ToString()
End Sub
```

Wegen der für die Beschriftung erforderlichen Grafikoperationen erfolgt der Aufruf im *Paint*-Ereignis:

```
Private Sub Form1_Paint(ByVal sender As System.Object, ByVal e As PaintEventArgs) _
                                                         Handles MyBase.Paint
    createChessTable(60, 20, 30)
    End Sub
End Class
```

Test

Gleich nach dem Start überrascht Sie ein ordnungsgemäß beschriftetes Schachbrett. Klicken Sie auf ein Feld, so wird der den Schachregeln entsprechende Feldbezeichner angezeigt.

R3.10 Mit der TextBox arbeiten

Die *TextBox* gehört zweifelsfrei zu den wichtigsten Steuerelementen der Benutzeroberfläche. In diesem kleinen Rezept wollen wir uns näher mit ihr beschäftigen.

Oberfläche

Entwerfen Sie eine Oberfläche mit zwei *TextBox*en und einigen *Button*s. Die *MultiLine*-Eigenschaft beider *TextBox*en setzen Sie auf *True*.

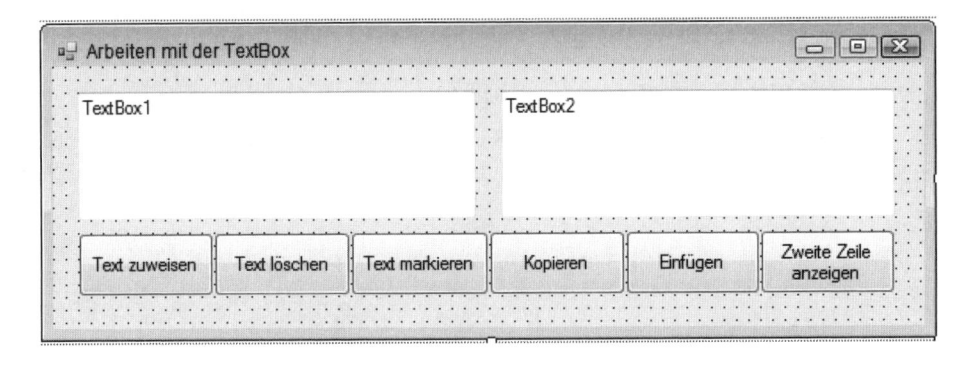

Quelltext

```
Public Class Form1
```

Text zuweisen:

```
    Private Sub Button1_Click(ByVal sender As Object, ByVal e As EventArgs) _
                                                        Handles Button1.Click
        TextBox1.Text = "Ein erster Test mit der TextBox!" & Environment.NewLine & _
                                                    "Das ist die zweite Zeile!"
    End Sub
```

Den Text löschen:

```
    Private Sub Button2_Click(ByVal sender As Object, ByVal e As EventArgs) _
                                                        Handles Button2.Click
        TextBox1.Clear()
    End Sub
```

11 Zeichen ab dem 4. Zeichen markieren:

```
    Private Sub Button3_Click(ByVal sender As Object, ByVal e As EventArgs) _
                                                        Handles Button3.Click
        TextBox1.Select(4, 11)
```

oder

```
        ' TextBox1.SelectionStart = 4
        ' TextBox1.SelectionLength = 11
```

Selektierten Text markieren:

```
        TextBox1.Focus()
    End Sub
```

Die Verbindung zur Windows-Zwischenablage verwaltet das *Clipboard*-Objekt.

Möchten Sie den selektierten Inhalt in die Zwischenablage kopieren, genügt der folgende Aufruf:

```
    Private Sub Button4_Click(ByVal sender As Object, ByVal e As EventArgs) _
                                                        Handles Button4.Click
        If TextBox1.SelectedText <> String.Empty Then
            Clipboard.SetText(TextBox1.SelectedText)
        Else
            MessageBox.Show("Kein Text selektiert!")
        End If
    End Sub
```

Das Einfügen von Daten aus der Zwischenablage in *TextBox2*:

```
Private Sub Button5_Click(ByVal sender As Object, ByVal e As EventArgs) _
                                                     Handles Button5.Click
    If Clipboard.ContainsText() Then
        TextBox2.Text = Clipboard.GetText()
    Else
        MessageBox.Show("Keine geeigneten Daten in der Zwischenablage!")
    End If
End Sub
```

Die zweite Zeile von *TextBox1* in *TextBox2* anzeigen:

```
Private Sub Button6_Click(ByVal sender As Object, ByVal e As EventArgs) _
                                                     Handles Button6.Click
    If TextBox1.Lines.Length > 1 Then
        TextBox2.Text = TextBox1.Lines(1)
    End If
End Sub
End Class
```

Test

Starten Sie das Programm und testen Sie alle Möglichkeiten.

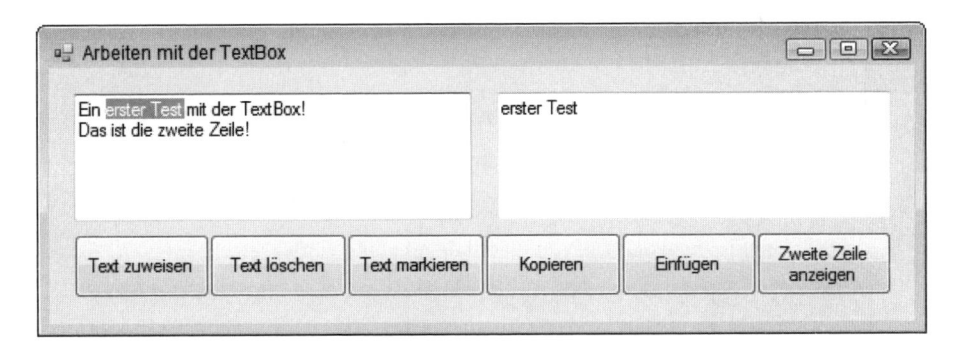

R3.11 In einer TextBox suchen

In diesem Rezept erfahren Sie, wie Sie die *IndexOf*-Methode der *String*-Klasse zum Suchen innerhalb eines Textes einsetzen. Außerdem wird gezeigt, wie man mit der *SelectionStart*- und *SelectionLength*-Eigenschaft einer *TextBox* bestimmte Textstellen markieren kann.

Oberfläche

Neben dem Startformular benötigen wir im Wesentlichen zwei *TextBox*en zur Eingabe eines Textes und eines Suchbegriffs, ein *Label* zum Melden des Suchergebnisses sowie einen *Button* (siehe Laufzeitabbildung).

Setzen Sie die *HideSelection*-Eigenschaft von *TextBox1* auf *False* und *MultiLine* auf *True*.

Quellcode

```
Public Class Form1
```

Zwei globale Variablen für die Position des ersten Zeichens und die Länge der zu suchenden Zeichenfolge:

```
    Private pos, len As Integer
```

Die folgenden Anfangsinitialisierungen dienen lediglich der Arbeitserleichterung:

```
    Private Sub Form1_Load(ByVal sender As Object, ByVal e As EventArgs) Handles MyBase.Load
        TextBox1.Text = "Willkommen in der Skatstadt Altenburg!"
        TextBox2.Text = "Altenburg"
        Label1.Text = String.Empty
        pos = 0
        Button1.Select()          ' Eingabefokus
    End Sub
```

Die Suche geht los:

```
    Private Sub Button1_Click(ByVal sender As Object, ByVal e As EventArgs) _
                                                    Handles Button1.Click
        If pos = 0 Then             ' Suche starten
            pos = TextBox1.Text.IndexOf(TextBox2.Text, 0)
        Else                        ' Suche fortsetzen
```

Wenn am Ende, dann die Position auf den Anfang zurücksetzen:

```
        If pos > TextBox1.Text.Length - 1 Then pos = -1 ' Position zurücksetzen
            pos = TextBox1.Text.IndexOf(TextBox2.Text, pos + 1)     ' Suche ab pos fortsetzen
        End If
```

Anzeige der Suchergebnisse:

```
        If pos >= 0 Then
            len = TextBox2.Text.Length
            Label1.Text = "Wort gefunden an Position " & pos.ToString() & _
                                    " bis " & (pos + len - 1).ToString() & " !"
```

Markieren der Fundstelle:

```
            TextBox1.SelectionStart = pos
            TextBox1.SelectionLength = len
            TextBox1.Select()
        Else
            Label3.Text = "Leider nichts (mehr) gefunden!"
        End If
    End Sub

End Class
```

Test

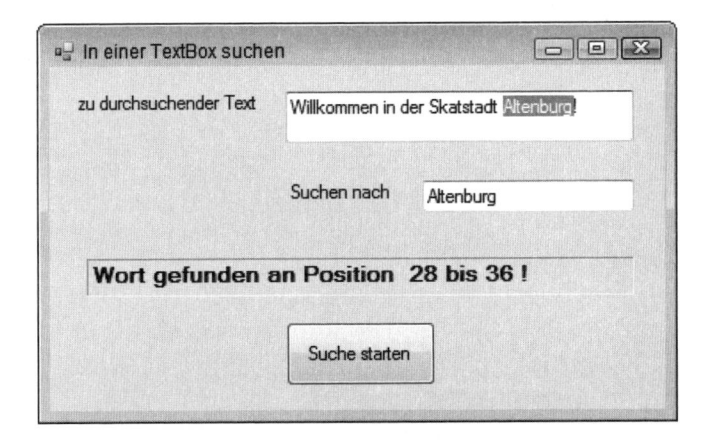

[Screenshot: Formular "In einer TextBox suchen" mit zu durchsuchendem Text "Willkommen in der Skatstadt Altenburg", Suchbegriff "Altenburg", Meldung "Wort gefunden an Position 28 bis 36!" und Schaltfläche "Suche starten"]

HINWEIS: Suchen Sie auch einmal nach mehrfach vorkommenden Zeichen bzw. Wörtern. Durch wiederholtes Betätigen der Schaltfläche wird die nächste "Fundstelle" angezeigt, falls vorhanden.

R3.12 Nur Zahleneingaben zulassen

Häufig sind für die Eingabe in *TextBox*en nur Zahlen (inkl. Komma) zugelassen, z.B. Preise. Das vorliegende Rezept zeigt dazu eine Realisierungsmöglichkeit.

Oberfläche

Auf das Startformular setzen wir eine *TextBox* und ein *Label*.

Quellcode

```
Public Class Form1
```

Die Auswertung beginnt mit Betätigen der Enter-Taste. Wir verwenden die *Parse*-Methode der (statischen) *Decimal*-Klasse und überlassen die Entscheidung über die Gültigkeit der Eingabe einem *Try-Catch*-Block:

```
    Private Sub TextBox1_KeyUp(ByVal sender As Object, ByVal e As KeyEventArgs) _
                                                         Handles TextBox1.KeyUp
        Dim zahl As Decimal
        If e.KeyCode = Keys.Enter Then
            Try
                zahl = Decimal.Parse(TextBox1.Text)
                Label1.Text = zahl.ToString("c")
            Catch
                Label1.Text = String.Empty
                MessageBox.Show("Das ist keine Zahl!")
            End Try
        End If
    End Sub
End Class
```

Test

Es wird Ihnen nicht gelingen, etwas anderes als eine Zahl einzugeben.

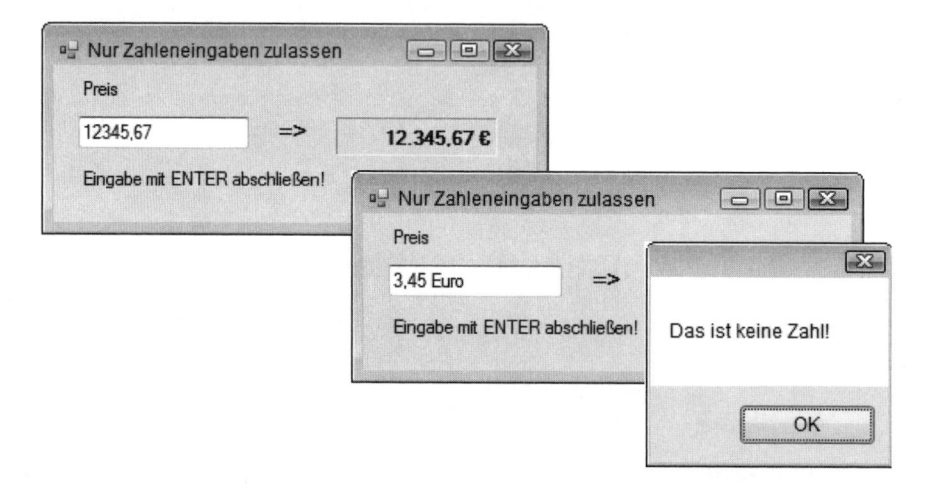

Bemerkungen

- Auf die Verwendung gemeinsamer Eventhandler wird eingegangen in R3.14 ("Tastatureingaben für mehrere TextBoxen filtern").
- Ähnliche Problemlösungen werden erörtert in R3.26 ("Mit dem ErrorProvider arbeiten") und R3.27 ("Eingaben validieren").

R3.13 Dezimalkomma in Dezimalpunkt umwandeln

Das Rezept zeigt, wie ein eingegebenes Zeichen nach jedem Tastendruck auf das Komma geprüft und dann "gewaltsam" in einen Punkt verwandelt wird.

Oberfläche

Eine *TextBox* – mehr brauchen Sie nicht für diesen kleinen Test. Sie können – müssen aber nicht – die *TextAlign*-Eigenschaft der *TextBox* auf *Right* setzen und außerdem die Schrift etwas vergrößern (*Font.Size*-Eigenschaft).

Quellcode

```
Public Class Form1
```

Wir verwenden das *KeyPress*-Event der *TextBox*, um das Komma (aus dem übergebenen Ereignisobjekt *e*) herauszufiltern und stattdessen einen Punkt einzufügen.

```
    Private Sub TextBox1_KeyPress(ByVal sender As Object, ByVal e As KeyPressEventArgs) _
                                                            Handles TextBox1.KeyPress
        If e.KeyChar = "," Then e.KeyChar = CChar(".")
    End Sub
End Class
```

Test

Immer wenn Sie versuchen, ein Komma einzugeben, wird es "wie von Geisterhand" in einen Punkt umgewandelt.

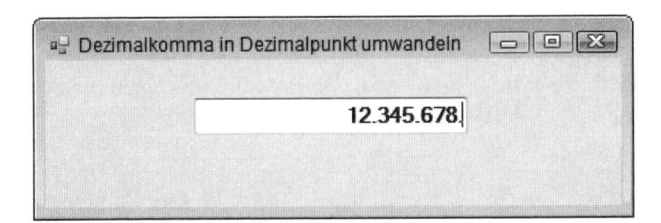

R3.14 Tastatureingaben für mehrere TextBoxen filtern

Dieses Rezept demonstriert Ihnen den Umgang mit Ereignisbehandlungsroutinen (Event-Handlern), wobei als Fallbeispiel folgendes Problem zugrunde liegt:

In mathematischen Programmen oder in Datenbankanwendungen gibt es häufig Eingabemasken mit einer Vielzahl von Feldern, in welche nur Ziffern für die Eingabe zulässig sind. Zusätzlich sollten eine Korrekturmöglichkeit (Rücktaste) und natürlich auch das Dezimaltrennzeichen erlaubt sein.

Das Beispielprogramm demonstriert die Addition von drei Gleitkommazahlen.

Oberfläche

Vier *TextBox*en und ein *Button* sollen uns genügen (siehe Laufzeitabbildung).

Quellcode

```
Public Class Form1
```

Da wir für alle drei zur Eingabe benutzten *TextBox*en jeweils identische Ereignisprozeduren für das *KeyPress*-Event schreiben müssten, lohnt sich eine Zusammenfassung in einer einzigen Prozedur. Diese muss allerdings exakt die gleiche Signatur wie eine *KeyPress*-Ereignisprozedur aufweisen. Fügen Sie also die folgende "ganz normale" Methode hinzu, welche das Herausfiltern der zugelassenen Zeichen aufgrund des übergebenen ASCII-Codes übernimmt:

```
    Private Sub eingabeFilter(ByVal absender As Object, ByVal keyArgs As KeyPressEventArgs)
        Dim asc As Integer = Convert.ToInt32(keyArgs.KeyChar)   ' Ascii-Code ermitteln
        Select Case asc
```

Diese Zeichen (Rücktaste, Komma, Punkt, 0 bis 9) sind zugelassen:

```
            Case 8, 44, 46, 48 To 57
```

Alle anderen Zeichen werden von der Ereignisbehandlung ausgeschlossen:

```
            Case Else
                keyArgs.Handled = True
        End Select
    End Sub
```

> **HINWEIS:** Eine Tabelle über die ASCII-Codes der Tastatur entnehmen Sie bitte dem Anhang des Buches!

Damit obige Prozedur den drei *TextBox*en als *KeyPress*-Ereignisprozedur zugeordnet werden kann, sind bereits vorher (hier beim Laden des Formulars) die entsprechenden Zuweisungen durch Aufruf von *AddHandler* zu treffen:

```vb
Private Sub Form1_Load(ByVal sender As Object, ByVal e As EventArgs) Handles MyBase.Load
    AddHandler TextBox1.KeyPress, AddressOf eingabeFilter
    AddHandler TextBox2.KeyPress, AddressOf eingabeFilter
    AddHandler TextBox3.KeyPress, AddressOf eingabeFilter
End Sub
```

Das Ausführen der Addition:

```vb
Private Sub Button1_Click(ByVal sender As System.Object, ByVal e As System.EventArgs) _
                                                                Handles Button1.Click
    Try
        Dim d As Double
        d = Convert.ToDouble(TextBox1.Text) + Convert.ToDouble(TextBox2.Text) + _
                                                     Convert.ToDouble(TextBox3.Text)
        TextBox4.Text = d.ToString()
    Catch ex As Exception
        MessageBox.Show(ex.ToString(), "Fehler")
    End Try
End Sub
End Class
```

Test

Es wird Ihnen nicht gelingen, das Programm zum Absturz zu bewegen. Stattdessen werden Sie zu korrekten Eingaben gezwungen:

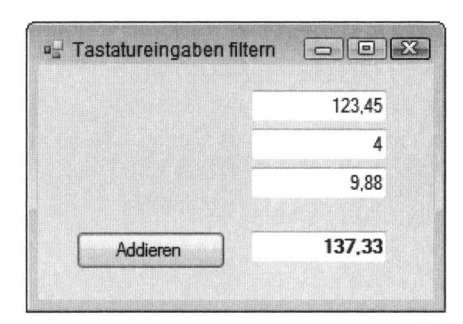

Bemerkungen

- Auf die gleiche Weise können Sie beliebige Tastaturfilter entwickeln, z.B. zum Umwandeln von Groß- in Kleinschreibung oder zum Überprüfen von Wertebereichen, siehe auch R3.13 ("Dezimalkomma in Dezimalpunkt umwandeln").

- Lösungen zum gleichen Thema finden Sie auch unter R3.26 ("Mit dem ErrorProvider arbeiten") oder R3.27 ("Eingaben validieren").

R3.15 RadioButtons und CheckBoxen einsetzen

Für das Auswerten von Optionen und Einstellungen werden häufig Komponenten vom Typ *RadioButton* oder *CheckBox* eingesetzt. Während Erstere immer eine *1* aus *n* Auswahl realisieren (also gegeneinander verriegelt sind), arbeiten Letztere völlig unabhängig voneinander. Das vorliegende Rezept zeigt die Verwendung beider Komponententypen.

Oberfläche

In eine *GroupBox* setzen Sie vier *RadioButtons*. Außerhalb platzieren Sie vier *CheckBox*en. Zusätzlich werden jeweils zwei *Buttons* zum Setzen bzw. Abfragen benötigt.

HINWEIS: Achten Sie darauf, dass die *RadioButtons* direkt in die *GroupBox* eingefügt werden, dazu müssen Sie die *GroupBox* vorher markieren!

Quelltext

```
Public Class Form1
```

Setzen des dritten *RadioButton*s, der vorher aktive Button verliert dadurch automatisch die Markierung:

```
    Private Sub Button1_Click(ByVal sender As Object, ByVal e As EventArgs) _
                                                      Handles Button1.Click
        RadioButton3.Checked = True
    End Sub
```

R3.15 RadioButtons und CheckBoxen einsetzen

Beim Auswerten der *RadioButton*s können Sie in jedem Fall davon ausgehen, dass immer nur ein einziger Button markiert ist:

```
Private Sub Button2_Click(ByVal sender As Object, ByVal e As EventArgs) _
                                                        Handles Button2.Click
    If RadioButton1.Checked Then
        MessageBox.Show("RadioButton 1 gesetzt")
    ElseIf RadioButton2.Checked Then
        MessageBox.Show("RadioButton 2 gesetzt")
    ElseIf RadioButton3.Checked Then
        MessageBox.Show("RadioButton 3 gesetzt")
    ElseIf RadioButton4.Checked Then
        MessageBox.Show("RadioButton 4 gesetzt")
    End If
End Sub
```

Setzen Sie hingegen eine *CheckBox*, so bleibt der Status der anderen *CheckBox*en erhalten.

```
Private Sub Button4_Click(ByVal sender As Object, ByVal e As EventArgs) _
                                                        Handles Button4.Click
    CheckBox3.Checked = True
End Sub
```

Die Auswertung der *CheckBox*en erfolgt wie bei den *RadioButton*s, hier aber können durchaus mehrere Meldungsfenster nacheinander erscheinen:

```
Private Sub Button3_Click(ByVal sender As Object, ByVal e As EventArgs) _
                                                        Handles Button3.Click
    If CheckBox1.Checked Then MessageBox.Show("CheckBox 1 gesetzt")
    If CheckBox2.Checked Then MessageBox.Show("CheckBox 2 gesetzt")
    If CheckBox3.Checked Then MessageBox.Show("CheckBox 3 gesetzt")
    If CheckBox4.Checked Then MessageBox.Show("CheckBox 4 gesetzt")
End Sub
End Class
```

Test

Starten Sie das Programm und studieren Sie die Funktionalität der beiden Komponententypen! Das Setzen der Komponenten kann natürlich auch direkt erfolgen.

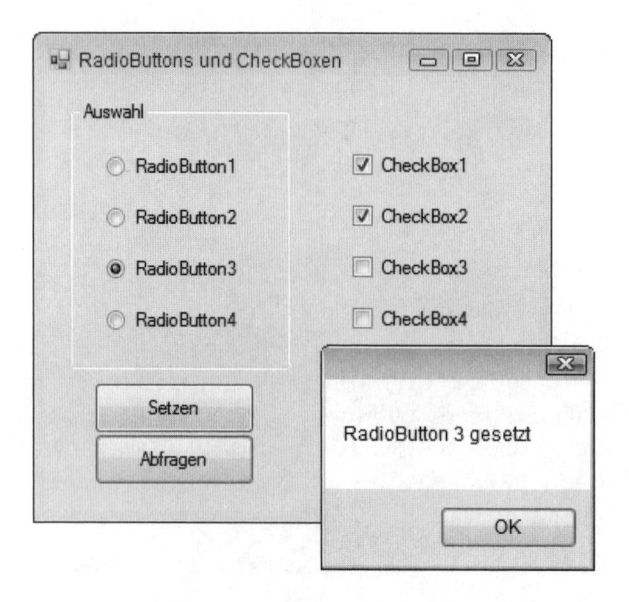

R3.16 Die ListBox kennen lernen

Die *ListBox* gehört zweifelsfrei zu den häufiger benutzten Standardkomponenten von Visual Studio. Im vorliegenden Rezept lernen Sie dazu einige grundlegende Programmiertechniken kennen:

- Füllen einer *ListBox* mit mehreren Einträgen
- Löschen des Inhalts einer *ListBox*
- Löschen des selektierten Eintrags
- Lesezugriff auf den selektierten Eintrag
- Hinzufügen eines Eintrags
- Suchen nach einem bestimmten Eintrag

Die getroffene Auswahl ist keinesfalls vollständig, trotzdem ist es für Sie sicherlich angenehm, dass Sie nicht von der kompletten Flut aller möglichen Objekte, Eigenschaften und (überladenen) Methoden überschwemmt werden, sondern den Blick auf das zunächst Wesentliche richten können.

Oberfläche

Unser Experimentierprogramm besteht aus einer *ListBox*, einer *TextBox* und mehreren *Button*s (siehe Laufzeitansicht).

Im Eigenschaften-Fenster (F4) der *ListBox* nehmen Sie folgende Einstellungen vor:

- *SelectionMode = One*
  Damit ist die Auswahl nur eines einzigen Eintrags erlaubt. Alternativen wären *None*, *MultiSimple* und *MultiExtended*, womit Sie keine Auswahl oder eine Mehrfachauswahl (durch gleichzeitiges Drücken der Leertaste bzw. der Shift-Taste) erreichen.

- *Sorted = True*
  Die Einträge erscheinen in alphabetischer Reihenfolge geordnet.

Quellcode

Die zentrale Rolle spielt bei einer *ListBox* die *Items*-Auflistung, in welcher alle Einträge enthalten sind und deren vielfältige Eigenschaften und Methoden eine Manipulation ermöglichen. Sie können die *Items*-Auflistung bereits sehr bequem im Eigenschaften-Fenster (F4) zuweisen, es öffnet sich dazu ein kleiner Texteditor (ein Eintrag pro Zeile), wir aber wollen das im Folgenden per Code erledigen und füllen die *ListBox* mittels *Add*-Methode zunächst mit zehn Einträgen.

HINWEIS: Beachten Sie, dass die Indizierung der Einträge in allen Auflistungen prinzipiell mit null beginnt, der erste Eintrag also immer den Index 0 hat!

```
Public Class Form1
```

Die *ListBox* mit 10 Einträgen füllen:

```
    Private Sub Button1_Click(ByVal sender As System.Object, ByVal e As System.EventArgs) _
                                                            Handles Button1.Click
        ListBox1.BeginUpdate()                  ' Anzeige ausschalten
        For i As Integer = 1 To 10
            ListBox1.Items.Add("Eintrag " + i.ToString())    ' 10 Einträge hinzufügen
        Next i
        ListBox1.EndUpdate()                    ' Anzeige einschalten
        ListBox1.SetSelected(0, True)           ' ersten Eintrag markieren
    End Sub
```

Die oben angewendeten *BeginUpdate-/EndUpdate*-Methoden sorgen dafür, dass die *ListBox* während des Füllens nicht immer wieder neu angezeigt wird.

Um einen selektierten Eintrag zu löschen, muss zunächst dessen Index ermittelt und der *RemoveAt*-Methode der *Items*-Auflistung übergeben werden:

```
    Private Sub Button2_Click(ByVal sender As System.Object, ByVal e As System.EventArgs) _
                                                            Handles Button2.Click
        If ListBox1.SelectedItems.Count > 0 Then
            Dim i As Integer = ListBox1.SelectedIndices(0)    ' Index des selektierten Eintrags
```

```
            ListBox1.Items.RemoveAt(i)
        End If
    End Sub
```

Beachten Sie, dass die Methode *SelectedIndices(0)* den Index des **ersten** selektierten Eintrags zurückliefert. Da die *SelectionMode*-Eigenschaft auf *One* eingestellt ist, gibt es nur natürlich immer nur einen einzigen selektierten Eintrag.

Den selektierten Eintrag in die *TextBox* kopieren:

```
    Private Sub Button3_Click(ByVal sender As System.Object, ByVal e As System.EventArgs) _
                                                            Handles Button3.Click
        TextBox1.Text = ListBox1.SelectedItems(0).ToString()
        ListBox1.ClearSelected()                       ' Selektion aufheben
    End Sub
```

Einen einzelnen Eintrag hinzufügen:

```
    Private Sub Button4_Click(ByVal sender As System.Object, ByVal e As System.EventArgs) _
                                                            Handles Button4.Click
        ListBox1.Items.Add(TextBox1.Text)
    End Sub
```

Einen bestimmten Eintrag suchen, der vorher in die *TextBox* eingegeben wurde:

```
    Private Sub Button5_Click(ByVal sender As System.Object, ByVal e As System.EventArgs) _
                                                            Handles Button5.Click
        Dim i As Integer = ListBox1.FindString(TextBox1.Text)
        If i >= 0 Then
            ListBox1.SetSelected(i, True)        ' gefundenen Eintrag markieren
        Else
            ListBox1.ClearSelected()
        End If
    End Sub
```

Allerdings wird nur der **erste** Eintrag markiert, dessen Anfangszeichenfolge dem in der *TextBox* eingegebenen Suchstring entspricht.

Den kompletten Inhalt der *ListBox* löschen wir mit der *Clear*-Methode der *Items*-Auflistung:

```
    Private Sub Button6_Click(ByVal sender As System.Object, ByVal e As System.EventArgs) _
                                                            Handles Button6.Click
        ListBox1.Items.Clear()
    End Sub
End Class
```

Test

Nach Programmstart (F5) haben Sie nun die Chance, durch "Herumspielen" die Wirkung der einzelnen Funktionen in der Praxis zu überprüfen und mit dem Quellcode zu vergleichen.

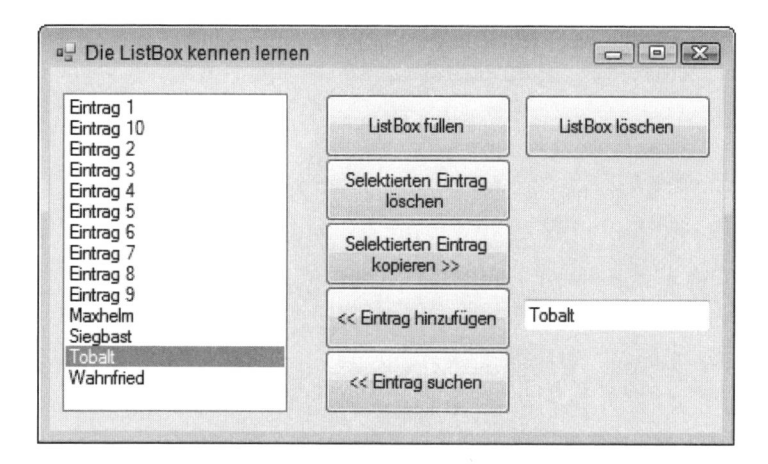

Bemerkungen

- Setzen Sie die *MultiColumn*-Eigenschaft der *ListBox* auf *True*, so ist eine mehrspaltige Anzeige möglich. Allerdings erreichen Sie damit keine Tabellendarstellung, die Spalte "bricht" lediglich um, wenn der untere Rand erreicht ist, sodass ein vertikaler Bildlauf vermieden wird. Für mehrspaltige Ausgaben in Tabellenform sollten Sie deshalb ein *DataGridView* oder eine *ListView* verwenden, siehe dazu z.B. R3.29 ("Ein Array in einer ListView anzeigen").

- Als Alternative zur *Add*-Methode der *Items*-Eigenschaft können Sie eine *ListBox* auch noch über deren *DataSource*-Eigenschaften füllen, siehe dazu R3.18 ("Objekte in ListBox/ComboBox anzeigen").

- Eine Anwendung zur Anzeige von Datenbankinhalten finden Sie unter R10.22 ("Eine ListBox an eine DataView binden").

R3.17 Die ComboBox kennen lernen

Die *ComboBox* gehört – genauso wie ihre Schwester, die *ListBox* – zu den gebräuchlichsten Standardkomponenten. Im vorliegenden Rezept lernen Sie dazu einige grundlegende Programmiertechniken kennen:

- Füllen einer *ComboBox* mit mehreren Einträgen
- Löschen des Inhalts einer *ComboBox*
- Löschen des selektierten Eintrags

- Lesezugriff auf den selektierten Eintrag
- Hinzufügen eines Eintrags
- Suchen nach einem bestimmten Eintrag

Obwohl die *ComboBox* viele Ähnlichkeiten mit der *ListBox* aufweist, sind doch auch einige gravierende Unterschiede zu beachten, insbesondere beim Zugriff auf selektierte Einträge.

Oberfläche

Unser Experimentierprogramm besteht aus einer *ComboBox*, einer *TextBox* und mehreren *Button*s (siehe Laufzeitansicht).

Nehmen Sie im Eigenschaften-Fenster (F4) folgende Einstellungen vor bzw. überprüfen Sie diese:

- *Sorted = True*
  Die Einträge erscheinen in alphabetischer Reihenfolge geordnet.
- *DropDownStyle = DropDown*
  Das ist normalerweise die Standardeinstellung für das äußere Erscheinungsbild. Die beiden anderen Werte ergeben wenig Sinn bzw. lassen sich besser durch eine *ListBox* ersetzen.

Quellcode

Auch bei einer *ComboBox* spielt die *Items*-Auflistung die zentrale Rolle, denn sie speichert alle Einträge. Sie können die *Items*-Auflistung bereits im Eigenschaften-Fenster (F4) zuweisen, es öffnet sich dazu ein kleiner Texteditor (ein Eintrag = eine Zeile), wir aber wollen das im Folgenden per Code erledigen (Füllen der *ComboBox* mittels *Add*-Methode mit zehn Einträgen).

HINWEIS: Beachten Sie, dass die Indizierung der Einträge in allen Auflistungen mit null beginnt, der erste Eintrag also stets den Index 0 hat!

```
Public Class Form1
```

Die *ComboBox* füllen:

```
    Private Sub Button1_Click(ByVal sender As System.Object, ByVal e As System.EventArgs) _
                                                      Handles Button1.Click
        ComboBox1.BeginUpdate()              ' Anzeige ausschalten
        For i As Integer = 1 To 10
            ComboBox1.Items.Add("Eintrag" + i.ToString())    ' 10 Einträge hinzufügen
        Next i
        ComboBox1.EndUpdate()                ' Anzeige einschalten
        ComboBox1.SelectedIndex = 0          ' ersten Eintrag markieren
    End Sub
```

R3.17 Die ComboBox kennen lernen

Die oben angewendeten *BeginUpdate-/EndUpdate*-Methoden sorgen dafür, dass die *ComboBox* während des Füllens nicht immer wieder neu angezeigt wird, was der Performance zugute kommt.

Um den ausgewählten Eintrag zu löschen, muss dessen Index ermittelt und der *RemoveAt*-Methode der *Items*-Auflistung übergeben werden:

```
Private Sub Button2_Click(ByVal sender As System.Object, ByVal e As System.EventArgs) _
                                                        Handles Button2.Click
    Dim i As Integer = ComboBox1.SelectedIndex          ' Index des selektierten Eintrags
    If i >= 0 Then ComboBox1.Items.RemoveAt(i)
End Sub
```

Um den selektierten Eintrag in die *TextBox* zu kopieren, gibt es eine einfache Möglichkeit:

```
Private Sub Button3_Click(ByVal sender As System.Object, ByVal e As System.EventArgs) _
                                                        Handles Button3.Click
    TextBox1.Text = ComboBox1.Text
End Sub
```

Einen Eintrag zur *ComboBox* hinzufügen, den Sie vorher in die *TextBox* geschrieben haben:

```
Private Sub Button4_Click(ByVal sender As System.Object, ByVal e As System.EventArgs) _
                                                        Handles Button4.Click
    ComboBox1.Items.Add(TextBox1.Text)
    ComboBox1.Text = TextBox1.Text
End Sub
```

So realisieren Sie mit der *FindString*-Methode eine Suchfunktion:

```
Private Sub Button5_Click(ByVal sender As System.Object, ByVal e As System.EventArgs) _
                                                        Handles Button5.Click
    Dim i As Integer = ComboBox1.FindString(TextBox1.Text)
    ComboBox1.SelectedIndex = i
End Sub
```

Angezeigt wird der **erste** Eintrag, dessen Anfangszeichenfolge dem in der *TextBox* eingegebenen Suchstring entspricht.

Den kompletten Inhalt der *ComboBox* löscht man mittels *Clear*-Methode der *Items*-Auflistung:

```
Private Sub Button6_Click(ByVal sender As System.Object, ByVal e As System.EventArgs) _
                                                        Handles Button6.Click
    ComboBox1.Items.Clear()
    ComboBox1.Text = String.Empty                       ' Anzeigefeld säubern
End Sub

End Class
```

Test

Es bietet sich Ihnen nun die Chance, nach Programmstart (F5) durch "Herumspielen" die Wirkung der einzelnen Funktionen zu überprüfen und mit dem Quellcode zu vergleichen.

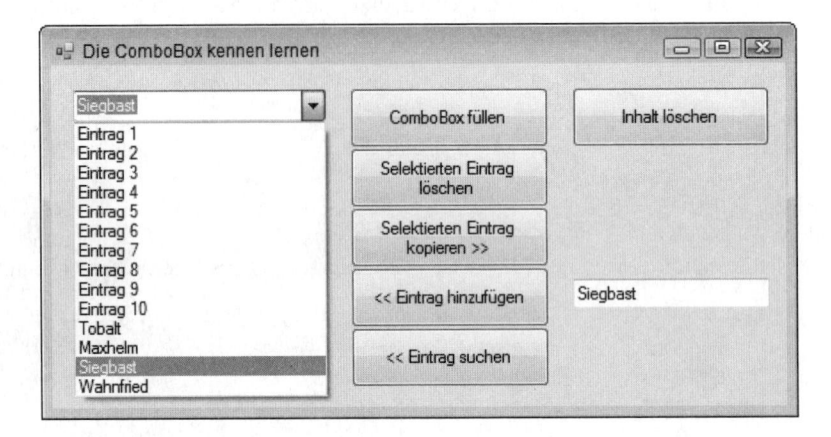

Bemerkungen

- Da es sich bei der *ComboBox* quasi um eine *ListBox* mit angefügter *TextBox* handelt, könnten Sie in unserem Beispiel auch die separate *TextBox* weglassen und stattdessen die "eingebaute" TextBox verwenden, z.B. beim Hinzufügen eines Eintrags:

  ```
  ComboBox1.Items.Add(ComboBox1.Text)
  ```

- Alternativ zur *Add*-Methode der *Items*-Eigenschaft können Sie eine *ComboBox* auch noch über ihre *DataSource*-Eigenschaft füllen, siehe dazu R3.18 ("Objekte in ListBox/ComboBox anzeigen").

- Eine Anwendung der *ComboBox* zum Verknüpfen von Datenbanktabellen finden Sie in R10.34 ("Tabellen mittels ComboBox verknüpfen").

R3.18 Objekte in ListBox/ComboBox anzeigen

Neben der Anwendung der *Items*-Auflistung gibt es mit den Eigenschaften *DataSource*, *ValueMember* und *DisplayMember* eine weitere Möglichkeit, um *ComboBox* bzw. *ListBox* mit Daten zu füllen.

Das vorliegende Rezept zeigt, wie man damit die in einer generischen *List* gespeicherten Objekte anzeigt.

Oberfläche

Auf das Startformular *Form1* setzen Sie eine *ComboBox* und eine *ListBox* (siehe Laufzeitabbildung).

Quellcode der Klasse CPerson

Bevor wir Objekte anzeigen können, müssen wir uns um ihre Definition kümmern. Über das Menü *Projekt|Klasse hinzufügen...* erweitern Sie das Projekt um eine weitere Klasse:

```
Public Class CPerson
```

Zwei Zustandsvariablen:

```
    Private _vorN As String
    Private _nachN As String
```

Ein einfacher Konstruktor erlaubt es uns, dass die Objekte sofort beim Erzeugen mit Vornamen und Nachnamen initialisiert werden können:

```
    Public Sub New(ByVal vorN As String, ByVal nachN As String)
        _vorN = vorN
        _nachN = nachN
    End Sub
```

Der einfache Lesezugriff genügt uns:

```
    Public ReadOnly Property Vorname() As String
        Get
            Return _vorN
        End Get
    End Property

    Public ReadOnly Property Nachname() As String
        Get
            Return _nachN
        End Get
    End Property
```

Die *ToString*-Methode wird überschrieben, sie liefert uns jetzt den kompletten Namen (Nachname + Vorname):

```
    Public Overrides Function ToString() As String
        Return (_nachN & ", " & _vorN)
    End Function
End Class
```

Quellcode Form1

```
Public Class Form1
```

Eine generische *List* dient als (typisierter) Behälter für unsere Objekte:

```
    Private personen As List(Of CPerson)
```

Bei Programmstart wird die *List* mit Objekten gefüllt und anschließend in der *ListBox* angezeigt:

```
Private Sub Form1_Load(ByVal sender As System.Object, ByVal e As System.EventArgs) Handles MyBase.Load
    personen = New List(Of CPerson)
    personen.Add(New CPerson("Maxhelm", "Müller"))
    personen.Add(New CPerson("Wahnfried", "Wagner"))
    personen.Add(New CPerson("Susi", "Sägezahn"))
    personen.Add(New CPerson("Siegbast", "Sorglos"))
    ListBox1.DisplayMember = "NachName"     ' Eigenschaft, die angezeigt wird
    ListBox1.ValueMember = "VorName"        ' Eigenschaft, die angebunden wird
    ListBox1.DataSource = personen          ' Datenquelle zuweisen
End Sub
```

Ein Eintrag in der *ListBox* wird selektiert und in der *ComboBox* angezeigt:

```
Private Sub ListBox1_SelectedValueChanged(ByVal sender As System.Object, _
                    ByVal e As System.EventArgs) Handles ListBox1.SelectedValueChanged
    Dim i As Integer = ListBox1.SelectedIndex
    If i <> -1 Then
        ComboBox1.DataSource = personen
        ComboBox1.DisplayMember = personen(i).ToString()
    End If
End Sub
End Class
```

Test

Wenn Sie links auf einen Eintrag klicken, wird er nach rechts übernommen:

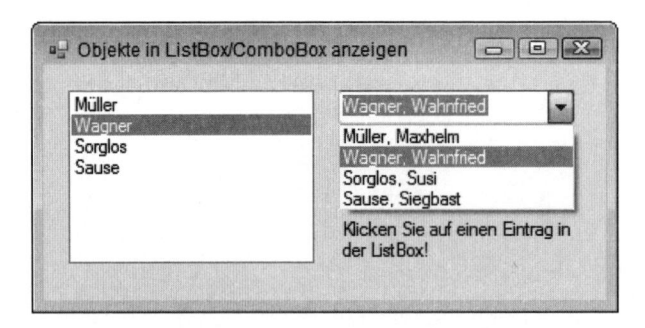

Bemerkungen

- Ist die *DataSource*-Eigenschaft einmal festgelegt, kann der Benutzer die Elementauflistung nicht mehr ändern.

- Zum Sortieren sollten Sie anstatt der *Sort*-Eigenschaft von *ListBox/ComboBox* besser die *Sort*-Methode der *List* verwenden.

- Die Anzeige mittels *Items*-Eigenschaft wird beschrieben in R3.16 ("Die ListBox kennen lernen") und R3.17 ("Die ComboBox kennen lernen").

R3.19 Mit der CheckedListBox arbeiten

Bei der *CheckedListBox* handelt es sich um ein interessantes und vielseitig verwendbares Steuerelement, welches – im Unterschied zur *ListBox* – zusätzlich über Kontrollkästchen verfügt, wodurch es möglich wird, bestimmte Einträge auszuwählen. Das vorliegende Rezept demonstriert die wichtigsten Einsatzmöglichkeiten.

Oberfläche

Neben einer *CheckedListBox* benötigen Sie noch eine "normale" *ListBox*, eine *TextBox* und vier *Button*s (siehe Laufzeitansicht).

Quellcode

```
Public Class Form1
```

Gleich zu Beginn füllen wir die *CheckedListBox* mit einigen Einträgen (zur Laufzeit können dann weitere Einträge hinzugefügt werden):

```
Private Sub Form1_Load(ByVal sender As System.Object, ByVal e As System.EventArgs) _
                                                              Handles MyBase.Load
    CheckedListBox1.Items.Clear()
    CheckedListBox1.Items.Add("Müller")
    CheckedListBox1.Items.Add("Krause")
    CheckedListBox1.Items.Add("Lehmann")
    CheckedListBox1.Items.Add("Schultze")
    CheckedListBox1.Items.Add("Kaiser")
    CheckedListBox1.Items.Add("Siegbast")
```

Um eine weitere Möglichkeit zu demonstrieren, wollen wir mittels *AddRange*-Methode noch eine Namensliste mit fünf Einträgen anhängen:

```
    Dim weitereNamen() As String = {"Apel", "König", "Meyer", "Weber", "Zacharias"}
    CheckedListBox1.Items.AddRange(weitereNamen)
```

Die Auswahl eines Eintrags soll durch einfachen Klick statt Doppelklick ermöglicht werden:

```
    CheckedListBox1.CheckOnClick = True
```

Anzeige in sortierter Reihenfolge:

```
    CheckedListBox1.Sorted = True
```

Da zu Beginn kein Eintrag markiert ist, soll die "Übertragen"-Schaltfläche zunächst gesperrt sein:

```
    Button1.Enabled = False
End Sub
```

Das *ItemCheck*-Event der *CheckedListBox* wird dann ausgelöst, wenn Sie auf ein Kontrollkästchen klicken. Wir verwenden es, um den "=>"-Button zu aktivieren, falls mindestens ein neuer Eintrag vorhanden ist:

```
Private Sub CheckedListBox1_ItemCheck(ByVal sender As System.Object, _
                ByVal e As System.Windows.Forms.ItemCheckEventArgs) _
                                    Handles CheckedListBox1.ItemCheck
    If e.NewValue = CheckState.Unchecked Then
        If CheckedListBox1.CheckedItems.Count = 1 Then
            Button1.Enabled = False
        End If
    Else
        Button1.Enabled = True
    End If
End Sub
```

Durch Klick auf den "=>"-Button werden alle markierten Einträge nach rechts in die *ListBox* übertragen und dort angezeigt:

```
Private Sub Button1_Click(ByVal sender As System.Object, ByVal e As System.EventArgs) _
                                    Handles Button1.Click
    ListBox1.Items.Clear()
    For i As Integer = 0 To CheckedListBox1.CheckedItems.Count - 1
        ListBox1.Items.Add(CheckedListBox1.CheckedItems(i))
    Next i
    Button1.Enabled = False
End Sub
```

Weitere Einträge können über die *TextBox* zur *CheckedListBox* hinzugefügt werden. Dazu dient der "Hinzufügen"-Button. Die *Contains*-Methode erlaubt eine Prüfung, ob der Eintrag bereits in der Liste vorhanden ist.

Ein Kontrollkästchen kann die drei Zustände *Checked*, *UnChecked* oder *Indeterminate* annehmen, welche Bestandteile der *CheckState*-Enumeration sind. Wir wollen einem neu hinzugefügten Eintrag den Zwischenzustand *Indeterminate* verordnen:

```
Private Sub Button2_Click(ByVal sender As System.Object, ByVal e As System.EventArgs) _
                                    Handles Button2.Click
    If TextBox1.Text <> String.Empty Then
        If CheckedListBox1.Items.Contains(TextBox1.Text) = False Then
            CheckedListBox1.Items.Add(TextBox1.Text, CheckState.Indeterminate)
```

```
            Else
                MessageBox.Show(TextBox1.Text + " ist bereits vorhanden!")
            End If
            TextBox1.Text = String.Empty
        End If
    End Sub
```

Über den "Zurücksetzen"-Button deaktivieren Sie alle Kontrollkästchen in der *CheckedList-Box*, außerdem wird mittels *SetItemCheckState*-Methode der komplette Inhalt der *ListBox* gelöscht:

```
Private Sub Button3_Click(ByVal sender As System.Object, ByVal e As System.EventArgs) _
                                                             Handles Button3.Click
    CheckedListBox1.ClearSelected()
    For i As Integer = 0 To CheckedListBox1.Items.Count - 1
        CheckedListBox1.SetItemCheckState(i, CheckState.Unchecked)
    Next i
    ListBox1.Items.Clear()
    End Sub
End Class
```

Test

Das kleine Programm bietet zahlreiche Experimentiermöglichkeiten. So wird z.B. der Versuch, einen bereits vorhandenen Eintrag hinzuzufügen, verwehrt:

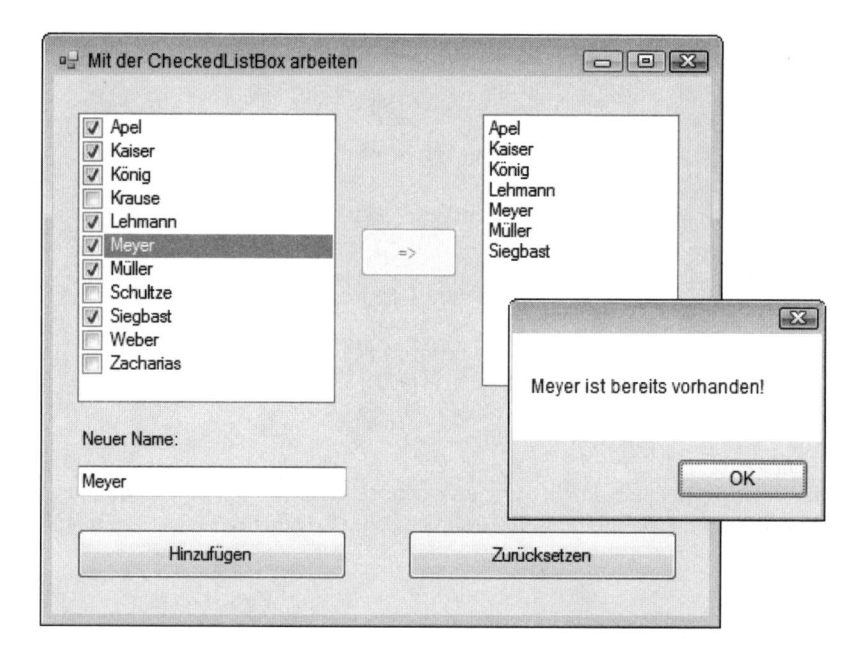

Bemerkungen

- Wie Sie mit einer normalen *ListBox* arbeiten, siehe R3.16 ("Die ListBox kennen lernen").
- Das Pendant zur *SetItemCheckState*- ist die *GetItemCheckState*-Methode, mit welcher Sie den Aktivierungszustand eines bestimmten Eintrags abfragen können (auch hier hat der erste Eintrag den Index 0):

BEISPIEL: Abfrage des Zustands des dritten Eintrags:

```
Dim z As CheckState = CheckedListBox1.GetItemCheckState(2)
MessageBox.Show(z.ToString())              ' liefert "Unchecked"
```

R3.20 Die Maus abfragen

Im Ereignisparameter *e* eines Maus-Ereignisses werden sowohl die aktuellen Koordinaten übermittelt als auch die Information darüber, welche Maustaste gedrückt wurde. Das vorliegende Rezept zeigt dazu ein einfaches Lernbeispiel.

Oberfläche

Auf das Startformular *Form1* setzen wir lediglich zwei dicke fette *Label* zwecks Koordinatenanzeige (siehe Laufzeitabbildung).

Quellcode

```
Public Class Form1
    Private rec As Rectangle = New Rectangle(50, 50, 100, 150)
```

Im *Paint*-Ereignis des Formulars wird das Rechteck gezeichnet:

```
Private Sub Form1_Paint(ByVal sender As System.Object, _
                ByVal e As System.Windows.Forms.PaintEventArgs) Handles MyBase.Paint
    e.Graphics.DrawRectangle(New Pen(Color.Black), rec)
End Sub
```

Jede Mausbewegung löst das *MouseMove*-Event aus, welches wir wie folgt besetzen:

```
Private Sub Form1_MouseMove(ByVal sender As System.Object, _
                ByVal e As System.Windows.Forms.MouseEventArgs) Handles MyBase.MouseMove
    Label1.Text = "X = " & e.X.ToString()
    Label2.Text = "Y = " & e.Y.ToString()
```

Die *Contains*-Methode des *Rectangle*-Objekts ermittelt, ob die Mauskoordinaten innerhalb des Rechtecks liegen. Die Ereignisdaten werden dem übergebenen Objekt *e* entnommen:

```
If (rec.Contains(e.X, e.Y) AndAlso _
                (e.Button = System.Windows.Forms.MouseButtons.Right) Then
```

```
            Me.Cursor = Cursors.WaitCursor    ' Mauszeiger ändert sich (Sanduhr)
        Else
            Me.Cursor = Cursors.Default       ' Mauszeiger wird zurückgesetzt (Pfeil)
        End If
    End Sub
End Class
```

Test

Die Mauskoordinaten werden kontinuierlich angezeigt. Sobald Sie den Cursor im Bereich des Rechtecks bewegen und dabei die rechte Maustaste drücken, wird er sein Aussehen ändern.

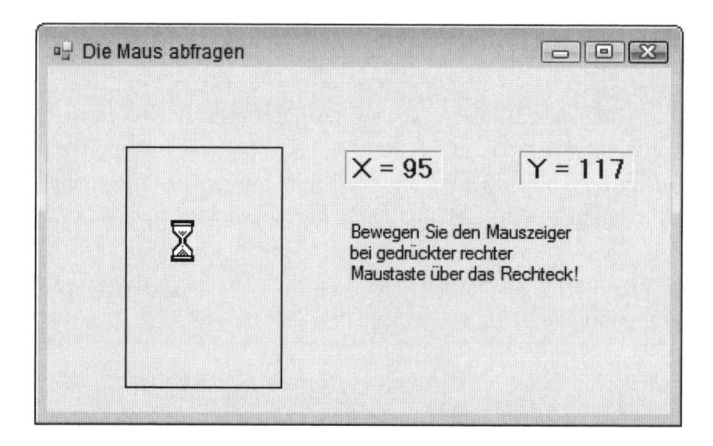

R3.21 Das TableLayoutPanel einsetzen

In diesem Rezept erzeugen wir unter Verwendung einer *TableLayouPanel*-Komponente eine einfache Eingabemaske, deren Controls sich an der Gitterstruktur des Containers orientieren, der sich dynamisch an die Größenverhältnisse des Formulars anpasst. Das gewünschte Verhalten ist bereits zur Entwurfszeit sichtbar.

Oberfläche Form1

Auf das Startformular *Form1* setzen wir eine *TableLayoutPanel*-Komponente, am unteren rechten Rand von *Form1* findet noch ein *Button* seinen Platz. Dieser befindet sich außerhalb des *TableLayoutPanel*s und wir können für ihn bereits jetzt die *Anchor*-Eigenschaft auf *Bottom*, *Right* setzen um dafür zu sorgen, dass er sich – unabhängig von den Formularabmessungen – stets in der rechten unteren Ecke befindet.

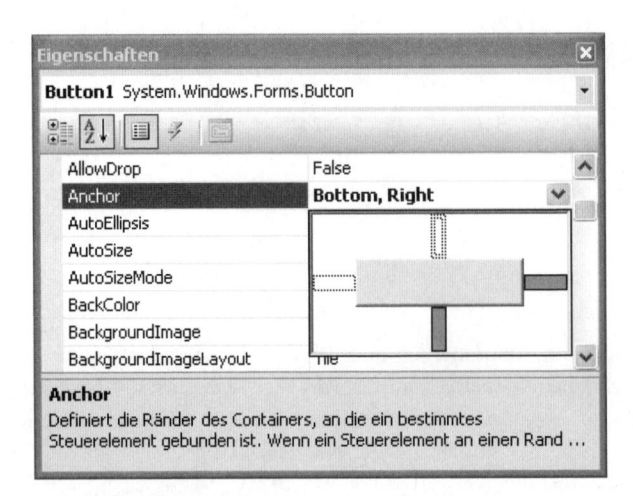

Da das *TableLayoutPanel* standardmäßig mit nur zwei Zeilen und zwei Spalten erscheint, vergrößern wir zunächst deren Anzahl auf 5 bzw. 4. Dazu ändern wir im Eigenschaftenfenster *RowCount* und *ColumCount* oder aber wir verwenden das normale Kontextmenü oder das durch den Smarttag zur Verfügung gestellte Menü (*Spalte hinzufügen* bzw. *Zeile hinzufügen*).

HINWEIS: Für ein attraktiveres Outfit können wir die *CellBorderStyle*-Eigenschaft z.B. auf *Inset* setzen.

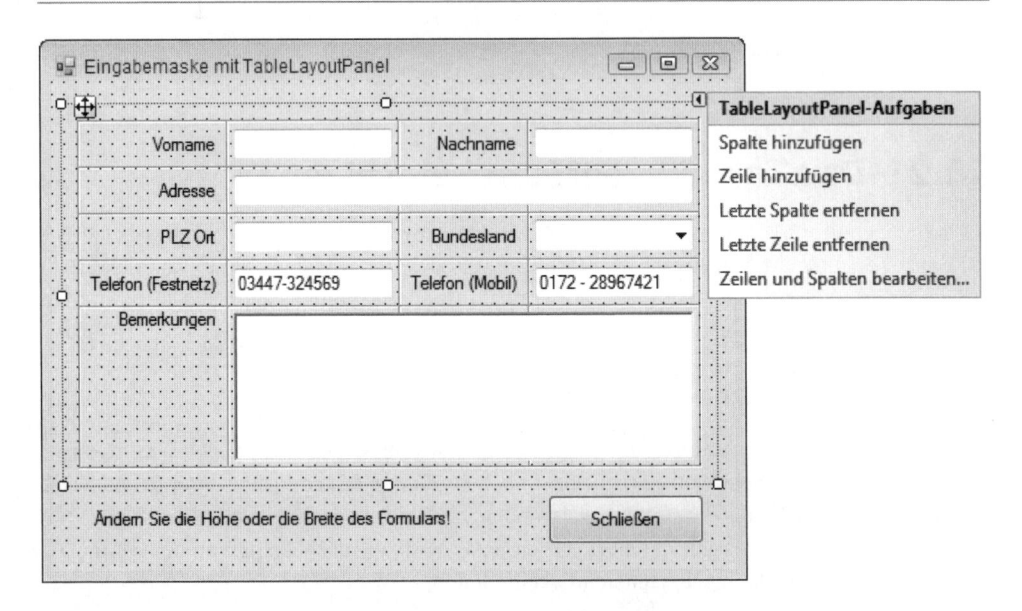

Damit sich das *TableLayoutPanel* gleichmäßig an die Größe des Formulars anpasst, verankern wir es allseitig, indem wir seine *Anchor*-Eigenschaft auf *Top*, *Bottom*, *Left*, *Right* setzen.

Child-Controls platzieren

Um das Prinzip des *TableLayoutPanel*s zu verstehen ist es ziemlich egal, welche Child-Controls wir in den einzelnen Zellen platzieren. Wir ziehen deshalb einige für Eingabemasken besonders typische Controls (*Label*, *TextBox*en, *ComboBox*, *RichTextBox*) direkt von der Toolbox in die entsprechenden Zellen des *TableLayoutPanel*s (siehe erste Abbildung).

> **HINWEIS:** Um das Verhalten der Child-Controls innerhalb ihrer Container-Zellen zu spezifizieren, sind vor allem die Eigenschaften *Anchor*, *ColumnSpan* und *Dock* wichtig.

Für die in der ersten und dritten Spalte platzierten *Label*s ist die *Anchor*-Eigenschaft auf *Right* zu setzen, damit bleibt ihr Abstand zum rechten Rand der Zelle konstant. Lediglich das *Label8* "Bemerkungen" (erste Spalte der fünften Zeile) soll zusätzlich noch am oberen Rand der Zelle festgemacht werden (*Anchor = Top, Right*).

Die beiden *TextBox*en der ersten Zeile (*Vorname*, *Nachname*) sollen ihre Breite an die Breite der Container-Zelle anpassen, demzufolge gilt für beide *Anchor = Left, Right*.

Die gleiche Verankerung gilt auch für *TextBox3*, in welche die *Adresse* eingetragen werden soll. Da diese relativ viel Platz beansprucht, soll sich das Control auch noch über die nächsten beiden Spalten ausdehnen (*ColumnSpan = 3*).

Die *ComboBox* wird per Programm mit einem Inhalt fester Breite gefüllt, weshalb sich eine automatische Größenanpassung erübrigt (*Anchor = Left*).

Mit der *RichTextBox* haben wir schließlich ein Beispiel für ein Child-Control, das sich über drei Spalten erstreckt (*ColumnSpan = 3*) und diesen Platz in beiden Richtungen vollständig ausfüllen soll. Zu diesem Zweck setzen wir *Anchor = Top, Bottom, Left, Right* oder aber *Dock = Fill*.

Weitere Anpassungen

Sie brauchen das Programm nicht erst zu starten, um das Layout zu testen, denn das reale Verhalten zeigt sich bereits zur Entwurfszeit. So werden Sie feststellen, dass beim vertikalen Aufzoomen des Formulars die Höhe der ersten drei Zeilen nicht konstant bleibt, was von unserer Seite keinesfalls beabsichtigt ist. Abhilfe ist über das Smarttag-Menü des *TableLayoutPanel*s möglich (*Zeilen und Spalten anpassen ...*).

Wie Sie dem Dialog "Spalten- und Zeilenstile" entnehmen, lassen sich bei Zeilen und Spalten drei so genannte *Größentypen* unterscheiden:

- *Absolut*
  Breite der Spalte bzw. Höhe der Zeile entspricht genau einer bestimmten Anzahl von Pixeln.

- *Prozent*
  Breite der Spalte bzw. Höhe der Zeile in Prozent von Breite bzw. Höhe des *TableLayoutPanel*s

- *AutoSize*
  automatisches Anpassen, damit Platz für weitere Zeilen bzw. Spalten vorhanden ist.

Das Zuweisen geeigneter Größentypen verlangt etwas Fingerspitzengefühl und lässt viele Gestaltungsspielräume. Unser Vorschlag:

- Wir stellen für die erste und die dritte Spalte *AutoSize* und für die zweite und vierte Spalte *Percent* (ca. 50%) ein.
- Die ersten vier Zeilen erhalten den Größentyp *Absolut* (28 Pixel), die letzte Zeile *Percent* (100%).

HINWEIS: Auf eine absolut genaue Festlegung der Werte für die einzelnen Zeilen bzw. Spalten kommt es nicht an, denn wenn im ContainerZeilen oder Spalten unterschiedliche Größentypen aufweisen, wird der nach der anfänglichen Reservierung verbleibende Speicherplatz zwischen den Zeilen oder Spalten verteilt, die die Größentypen *AutoSize* oder *Percent* aufweisen.

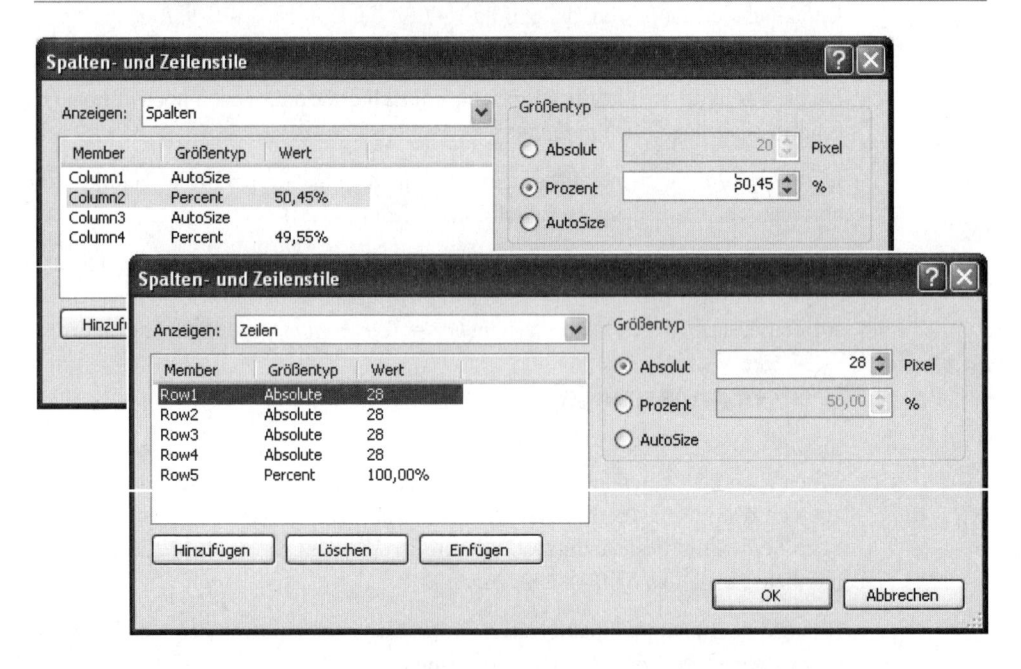

Test

Egal ob zur Entwurfszeit oder zur Laufzeit – Sie können das Formular in beliebigen Richtungen auf- und abzoomen und werden mit dem Ergebnis stets zufrieden sein.

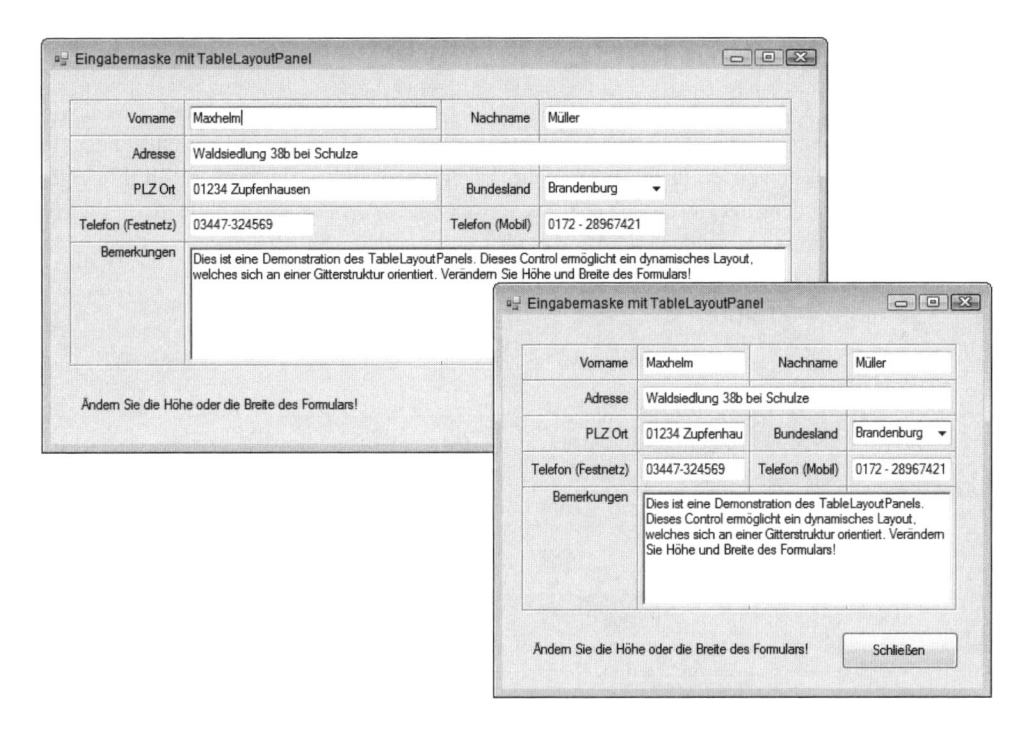

Bemerkungen

- Jedes Windows Forms Control kann als Child-Control eines *TableLayoutPanels* verwendet werden, sogar andere Instanzen des *TableLayoutPanel*!

- Das Docking-Verhalten der Child-Controls entspricht dem anderer Container Controls, hingegen weicht das Verhalten beim Verankern ab. Falls der Wert der *Anchor* Property *Left* oder *Right* ist, wird das Control relativ zur linken oder rechten Kante der Zelle platziert, wobei sich der Abstand aus der Summe der *Margin* Property des Controls und der *Padding* Property des Panels ergibt.

- Wenn sowohl die Werte für *Left* und *Right* gesetzt sind, wird sich das Control der Breite der Zelle unter Berücksichtigung der *Margin* und *Padding* Werte anpassen. Analog ist das Verhalten beim *Top* und *Bottom* Verankern.

- Falls *Column* und *Row* Eigenschaften eines Child-Controls -1 sind, wird das Control zur Laufzeit zur ersten leeren Zelle verschoben. Die leere Zelle wird von links oben nach rechts unten gesucht.

R3.22 Mit einem Kontextmenü arbeiten

Fast jede Windows-Applikation stellt diverse kontextsensitive PopUp-Menüs bereit. Diese erscheinen nach Klick mit der rechten Maustaste auf ein bestimmtes Objekt der Bedienoberfläche. Das folgende kleine Testprogramm zeigt, wie Sie im Handumdrehen Ihre eigenen Programme mit derartigen Menüs "nachrüsten" können. Ganz nebenbei demonstriert es auch den Einsatz gemeinsamer Eventhandler und die Verwendung von *If-Then-Else-* und *Select Case*-Konstrukten.

Oberfläche

Auf dem Startformular *Form1* platzieren Sie eine *TextBox* und einen *ContextMenuStrip*.

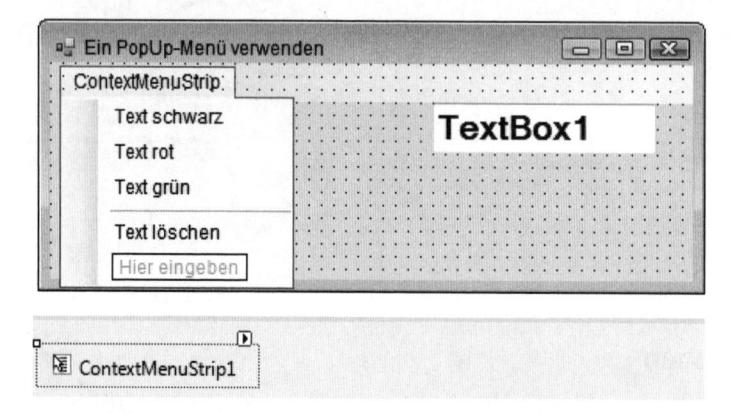

Klicken Sie einmal auf die *ContextMenuStrip*-Komponente und es erscheint der Menüeditor am oberen linken Rand von *Form1*. Tragen Sie dort die Menüzeilen entsprechend der Abbildung ein.

HINWEIS: Um den Trennstrich einzugeben, genügt ein einzelnes Zeichen "-".

Quelltext

```
Public Class Form1
```

Jeder Menüeintrag ist genauso ein Objekt wie jede andere Komponente und verfügt demzufolge auch über Eigenschaften und Methoden. Ähnlich wie bei einem *Button* gibt es aber nur ein wesentliches Ereignis, das *Click*-Event.

Wir verwenden für alle Menüobjekte eine gemeinsame Ereignisbehandlungsroutine:

```
    Private Sub menuItem_Click(ByVal sender As Object, ByVal e As EventArgs)
        Select Case CType(sender, ToolStripMenuItem).Text
            Case "Text schwarz" : TextBox1.ForeColor = Color.Black
            Case "Text rot" : TextBox1.ForeColor = Color.Red
            Case "Text grün" : TextBox1.ForeColor = Color.Green
```

```
            Case "Text löschen" : TextBox1.Clear()
        End Select
    End Sub
```

Da wir obigen Eventhandler nicht mit Hilfe der IDE erzeugt haben, müssen wir uns selbst darum kümmern, dass die *Click*-Ereignisse der einzelnen Menüeinträge mit diesem Eventhandler verbunden werden. Wir erledigen dies beim Laden von *Form1*:

```
    Private Sub Form1_Load(ByVal sender As System.Object, ByVal e As System.EventArgs) _
                                                                Handles MyBase.Load
        AddHandler textSchwarzToolStripMenuItem.Click, AddressOf menuItem_Click
        AddHandler textRotToolStripMenuItem.Click, AddressOf menuItem_Click
        AddHandler textGrünToolStripMenuItem.Click, AddressOf menuItem_Click
        AddHandler textLöschenToolStripMenuItem.Click, AddressOf menuItem_Click
    End Sub

End Class
```

Test

Starten Sie das Programm und drücken Sie über der *TextBox* die rechte Maustaste. Es passiert – nichts! Kein Wunder, denn woher soll *TextBox1* denn von ihrem Glück wissen, dass ihr ein Popup-Menü zugeordnet wurde?

Setzen Sie die *ContextMenuStrip*-Eigenschaft von *TextBox1* auf *ContextMenuStrip1*!

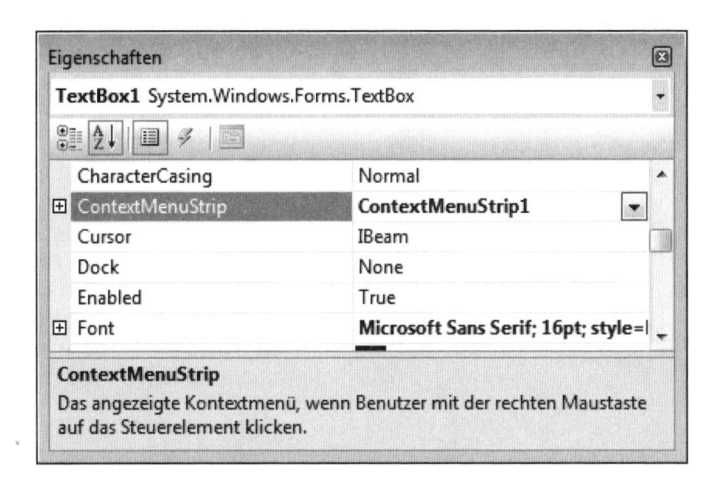

Haben Sie das Versäumte nachgeholt, können Sie über das Kontextmenü die Schriftfarbe der *TextBox* ändern sowie deren Inhalt löschen.

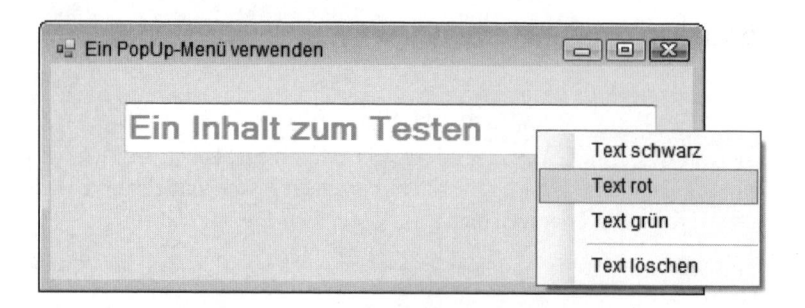

HINWEIS: Durch Setzen der Properties *Visible*, *Enabled*, *Checked* u.a. (siehe Eigenschaften-Fenster) zur Laufzeit können Sie Menüeinträge verschwinden lassen, sperren oder sogar mit einem Häkchen versehen.

R3.23 Einfache Datenbindung praktizieren

In diesem Rezept wird gezeigt, wie Sie Objekte, die in einer generischen *List* gespeichert sind, an beliebige Steuerelemente binden können.

Um alternative Lösungen zu studieren, empfehlen wir R2.4 ("Strukturvariablen in Arrays einsetzen") und R3.18 ("Objekte in ListBox/ComboBox anzeigen").

Oberfläche

Die Eingabemaske bedarf wohl kaum weiterer Erläuterungen:

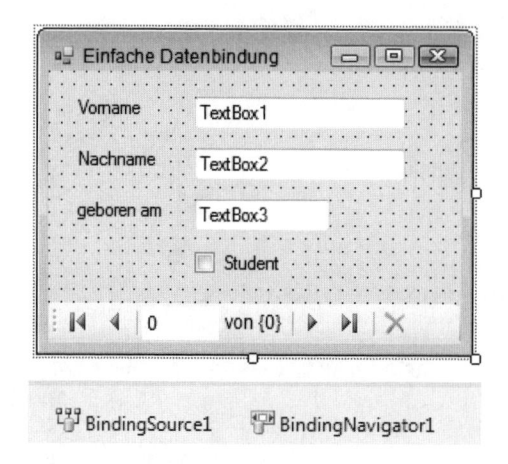

Verbinden Sie die *BindingSource*-Eigenschaft von *BindingNavigator1* mit *BindingSource1*!

Quellcode für Klasse CPerson

Fügen Sie eine Klasse *CPerson* zum Projekt hinzu:

```
Public Class CPerson
```

Die Zustandsvariablen:

```
    Private _vorname, _nachname As String
    Private _geburt As DateTime
    Private _student As Boolean
```

Ein Konstruktor initialisiert die Zustandsvariablen:

```
    Public Sub New(ByVal vorname As String, ByVal nachname As String, ByVal geburt As String, _
                   ByVal student As Boolean)
        _vorname = vorname
        _nachname = nachname
        _geburt = Convert.ToDateTime(geburt)
        _student = student
    End Sub
```

Die Zugriffsmethoden für die Eigenschaften:

```
    Public Property Vorname() As String
        Get
            Return _vorname
        End Get
        Set(ByVal value As String)
            _vorname = value
        End Set
    End Property

    Public Property Nachname() As String
        Get
            Return _nachname
        End Get
        Set(ByVal value As String)
            _nachname = value
        End Set
    End Property

    Public Property Student() As Boolean
        Get
            Return _student
        End Get
```

```
        Set(ByVal value As Boolean)
            _student = value
        End Set
    End Property

    Public Property Geburtstag() As String
        Get
            Return _geburt.ToShortDateString()
        End Get
        Set(ByVal value As String)
            _geburt = Convert.ToDateTime(value)
        End Set
    End Property
End Class
```

Quellcode für Form1

```
Public Class Form1
```

Die generische *List* mit den Daten ist global verfügbar:

```
    Private Persons As New List(Of CPerson)
```

Beim Laden von *Form1* sind wichtige Vorbereitungen zu treffen:

```
    Private Sub Form1_Load(ByVal sender As System.Object, ByVal e As System.EventArgs) _
                                                                Handles MyBase.Load
```

Die *List* mit einigen *Personen*-Objekten füllen:

```
        Persons.Add(New CPerson("Maxhelm", "Müller", "3.2.1953", False))
        Persons.Add(New CPerson("Siegbast", "Senf", "5.11.1961", True))
        Persons.Add(New CPerson("Tobalt", "Müller", "13.6.1979", True))
        Persons.Add(New CPerson("Wahnfried", "Wagner", "15.12.1975", True))
        Persons.Add(New CPerson("Susi", "Sorglos", "28.5.1973", False))
```

Die *BindingSource* mit der *List* verbinden:

```
        BindingSource1.DataSource = Persons
```

Die *Text*-Eigenschaft der *TextBox*en an die *BindingSource* anbinden:

```
        TextBox1.DataBindings.Add("Text", BindingSource1, "Vorname")
        TextBox2.DataBindings.Add("Text", BindingSource1, "Nachname")
        TextBox3.DataBindings.Add("Text", BindingSource1, "Geburtstag")
        CheckBox1.DataBindings.Add("Checked", BindingSource1, "Student")
    End Sub
End Class
```

Test

Sofort nach Programmstart können Sie durch die vorhandenen Datensätze blättern:

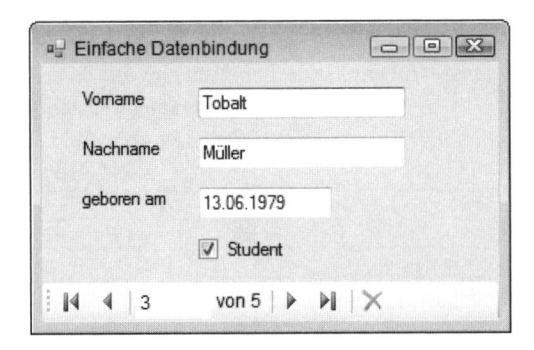

Auch das Editieren und Löschen von Datensätzen ist möglich, allerdings ist keine Datenpersistenz implementiert, d.h., alle vorgenommenen Änderungen sind nach Beenden des Programms futsch. Eine Lösung zeigt R8.9 ("Eine sequenzielle Datei lesen und schreiben").

R3.24 Anwendungseinstellungen an Steuerelemente binden

Mit der Eigenschaft *ApplicationSettings* lassen sich Steuerelemente bereits zur Entwurfszeit an die von Ihnen in die Konfigurationsdatei (*App.config*) eingetragenen anwendungs- oder benutzerspezifischen Eigenschaften binden. Außerdem ergeben sich bequeme Möglichkeiten für nachträgliche Anpassungen des Programms an die Bedürfnisse des Benutzers.

Oberfläche

Auf dem Startformular *Form1* platzieren wir ein attraktives *Label* und einen *Button*. Außerdem brauchen wir noch ein *ToolTip*-Control, welches seinen Platz im Komponentenfach einnimmt.

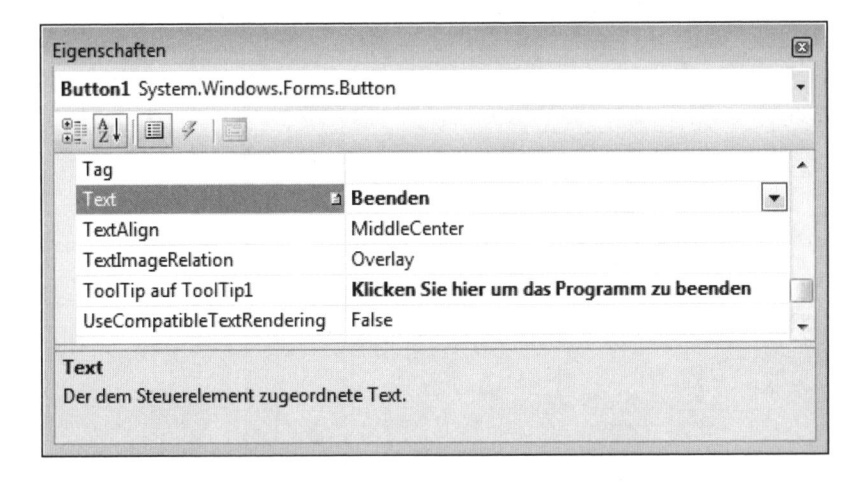

Belegen Sie im Eigenschaftenfenster von *Button1* die Eigenschaft *ToolTip auf ToolTip1* mit einem entsprechenden Text, z.B. "Klicken Sie hier um das Programm zu beenden".

Anwendungseinstellungen eintragen

Über das Menü *Projekt|<Projektname>-Eigenschaften...* öffnen Sie die Seite "Einstellungen" des Projekteigenschaften-Dialogs. Hier tragen Sie die vier Anwendungseinstellungen *Welcome*, *FormColor*, *Button1Text* und *DisplayToolTips* gemäß der folgenden Abbildung ein:

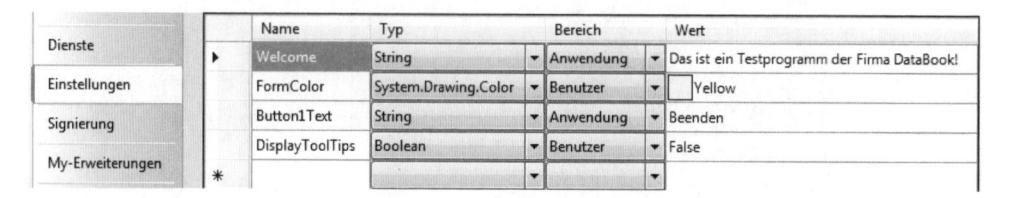

	Name	Typ	Bereich	Wert
	Welcome	String	Anwendung	Das ist ein Testprogramm der Firma DataBook!
	FormColor	System.Drawing.Color	Benutzer	Yellow
	Button1Text	String	Anwendung	Beenden
	DisplayToolTips	Boolean	Benutzer	False

Wie Sie sehen, müssen wir zwischen anwendungs- und benutzerspezifischen Einstellungen unterscheiden.

> **HINWEIS:** Alle Einträge in der "Werte"-Spalte sind als Standardwerte zu betrachten, denn sie können später durch Editieren der Konfigurationsdatei *<Projektname>.exe.config* geändert werden, ohne dass dazu das Programm neu kompiliert werden müsste!

Anwendungseinstellungen an Steuerelemente binden

Sie können nun beliebige Eigenschaften mit den unter (*ApplicationSettings*) | (*PropertyBinding*) angebotenen Anwendungseinstellungen verbinden. Da die API für Anwendungseinstellungen streng typisiert ist, werden immer nur die Anwendungseinstellungen angeboten, deren Typ zur jeweiligen Eigenschaft passt.

Die folgende Abbildung zeigt dies für die Hintergrundfarbe des Formulars. Die Eigenschaft *BackColor* wird an die Anwendungseinstellung *FormColor* gebunden:

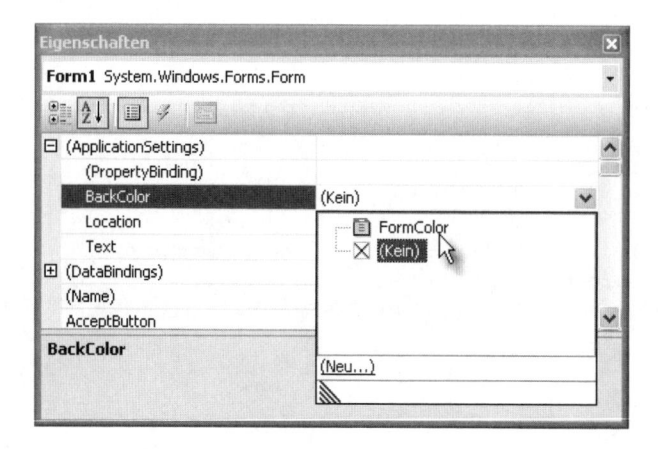

Auf gleiche Weise verbinden wir die *Text*-Eigenschaften von *Label1* und *Button1* mit den Anwendungseinstellungen *Welcome* und *Button1Text*.

Schließlich binden wir noch die *Active*-Eigenschaft des *ToolTip1*-Controls an die Anwendungseinstellung *DisplayToolTips*, wie es die folgende Abbildung zeigt:

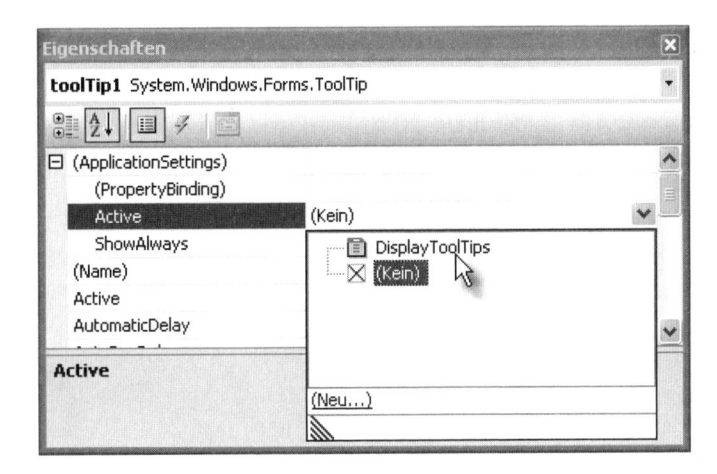

Alle vorgenommenen Einstellungen sind, soweit dies möglich ist, bereits zur Entwurfszeit sichtbar:

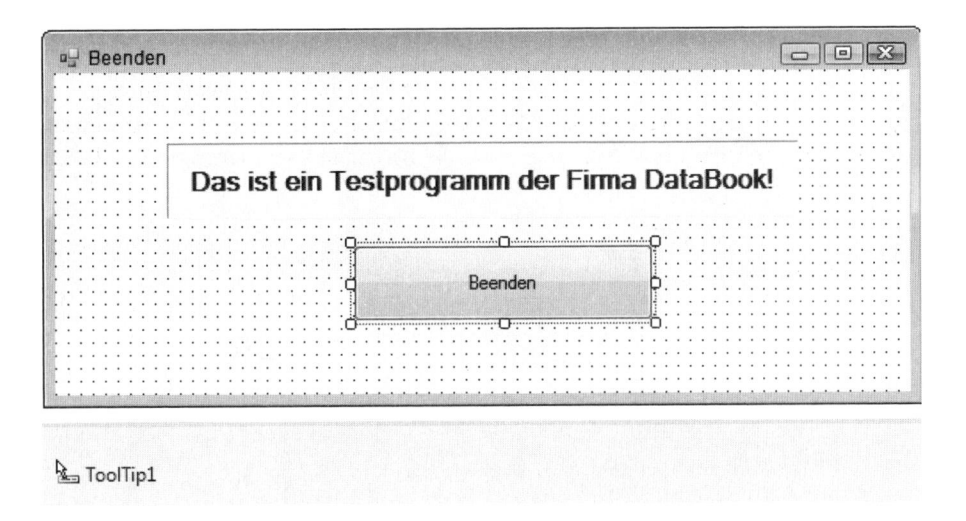

Test

Kompilieren und starten Sie das Programm, so werden vielleicht nur Sie zufrieden mit dem Ergebnis sein. Ihr Auftraggeber wird aber vielleicht die fehlenden Quickinfos vermissen. Auch an der Farbe des Formulars und den Beschriftungen der Steuerelemente hat er eventuell etwas auszusetzen.

Für Sie ist das aber kein Grund zur Beunruhigung, denn Sie haben ja, wie im Folgenden gezeigt wird, vorgesorgt, und die Angelegenheit ist mit einem Telefonanruf erledigt.

Anpassungen durch den Programmnutzer

Da auch der spätere Programmbenutzer die zur Assembly mitgegebene XML-Konfigurationsdatei (*.exe.config*) einfach editieren kann, ergeben sich ideale Möglichkeiten für nachträgliche benutzerspezifische Anpassungen, ohne das Programm erneut kompilieren zu müssen.

Hier das (etwas verkürzte) Listing dieser XML-Datei, wie man sie bequem mit dem im Windows-Zubehör enthaltenen *Notepad* öffnen kann:

```xml
<?xml version="1.0" encoding="utf-8" ?>
<configuration>
    <configSections>
    ...
    </configSections>
    <applicationSettings>
        <WindowsApplication1.Properties.Settings>
            <setting name="Welcome" serializeAs="String">
                <value>Das ist ein Testprogramm der Firma DataBook!</value>
            </setting>
            <setting name="ButtonText1" serializeAs="String">
                <value>Beenden</value>
            </setting>
        </WindowsApplication1.Properties.Settings>
    </applicationSettings>
    <userSettings>
        <WindowsApplication1.Properties.Settings>
            <setting name="FormColor" serializeAs="String">
                <value>Yellow</value>
            </setting>
            <setting name="DisplayToolTips" serializeAs="String">
                <value>False</value>
            </setting>
        </WindowsApplication1.Properties.Settings>
    </userSettings>
</configuration>
```

Wie Sie sehen, sind die anwendungsspezifischen Einstellungen im Abschnitt *applicationSettings* und die nutzerspezifischen Einstellungen im Abschnitt *userSettings* enthalten.

Ändern Sie die im obigen Listing fett hervorgehobenen Einträge wie folgt:

Das ist ein Testprogramm der Firma DataBook => H A P P Y S O F T W A R E
Beenden => Mir reicht es jetzt
Yellow => LightGreen
False => True

Anschließend können Sie sofort die *.exe*-Datei starten um sich von den Auswirkungen der Änderungen zu überzeugen (Sie brauchen also nicht erneut zu kompilieren!):

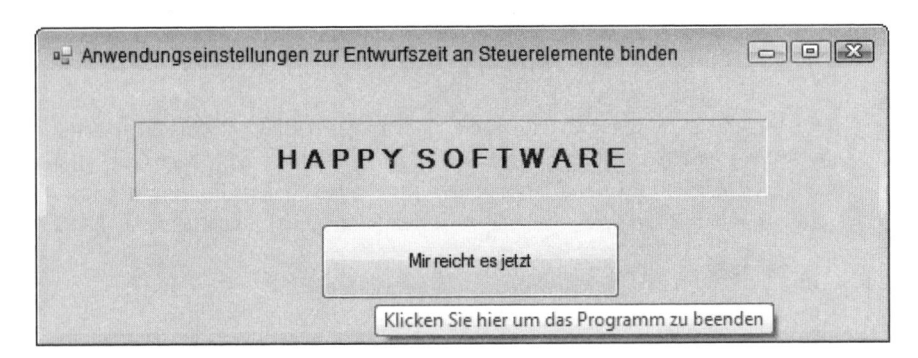

R3.25 Mit Drag & Drop arbeiten

Drag & Drop-Operationen gehören mit zur Kernfunktionalität von Windows-Anwendungen. Auch unter .NET sind im Zusammenhang mit dem "Ziehen und Loslassen" eine Vielzahl von Objekten, Ereignissen und Methoden zu beachten. Das vorliegende Rezept zeigt anhand zweier einfacher Beispiele wie es geht.

Oberfläche

Platzieren Sie auf dem Startformular zwei *ListBox*en und zwei *PictureBox*en, deren *SizeMode*-Eigenschaft Sie zweckmäßigerweise auf *StretchImage* setzen.

Kopieren Sie in das Anwendungsverzeichnis eine beliebige Bilddatei (*Bild1.jpg*).

Quellcode

```
Public Class Form1
    Private Sub Form1_Load(ByVal sender As System.Object, ByVal e As System.EventArgs) _
                                                                   Handles MyBase.Load
```

Alle vier Controls werden zu potenziellen Drag & Drop-Ablagezielen erklärt:

```
        ListBox1.AllowDrop = True
        ListBox2.AllowDrop = True
        PictureBox1.AllowDrop = True
        PictureBox2.AllowDrop = True
```

Einige Anfangswerte zuweisen:

```
    Dim liste() As String = {"Müller", "Schulze", "Lehmann", "Krause", "Fischer", "Wagner"}
    ListBox1.Items.AddRange(liste)
    PictureBox1.Image = Image.FromFile("Bild1.jpg")
End Sub
```

Der nachfolgende Code besteht aus zwei voneinander völlig unabhängigen Teilen.

1. Drag & Drop zwischen *ListBox1 und ListBox2*:

Die folgenden Ereignisbehandlungen werden von beiden *ListBox*en jeweils gemeinsam benutzt. Am besten erstellen Sie zunächst den Eventhandler für *ListBox1* auf bekannte Weise, benennen ihn anschließend im Eigenschaftenfenster um und weisen ihn dann auch der *ListBox2* zu (analog verfahren Sie später mit den anderen Eventhandlern).

Das zu ziehende Objekt (ein *ListBox*-Eintrag) wird angefasst:

```
Private Sub ListBox_MouseDown(ByVal sender As Object, _
            ByVal e As System.Windows.Forms.MouseEventArgs) _
                Handles ListBox1.MouseDown, ListBox2.MouseDown
```

Nur wenn die linke Maustaste gedrückt und ein Eintrag selektiert wurde, startet die Drag & Drop-Operation durch Aufruf der *DoDragDrop*-Methode der *ListBox*:

```
    If e.Button = System.Windows.Forms.MouseButtons.Left Then
        Dim lbSrc As ListBox = CType(sender, ListBox)
        If lbSrc.SelectedIndex > -1 Then
            Dim dat As System.Object = lbSrc.Items(lbSrc.SelectedIndex)
```

Der *DoDragDrop*-Methode werden ein Objekt mit den zu übertragenden Informationen und der Typ des DragDrop-Vorgangs als Parameter übergeben. Hier ist lediglich das Verschieben (*Move*) von Text erwünscht (kein *Copy*, Link, *Scroll* oder *None!*)

```
            Dim dropEffect As DragDropEffects = lbSrc.DoDragDrop(dat, DragDropEffects.Move)
```

Start der Drag & Drop-Operation. Nur bei Erfolg der Drag & Drop-Operation wird der Eintrag in der Quellen-*ListBox* gelöscht. Der Rückgabewert präsentiert das Ergebnis des Drag & Drop-Vorgangs, er kann deshalb benutzt werden, um notwendige "Aufräumarbeiten" in der Quelle zu erledigen, in unserem Fall soll der Eintrag in der Quellen-*ListBox* gelöscht werden:

```
            If dropEffect = DragDropEffects.Move Then
                lbSrc.Items.RemoveAt(lbSrc.SelectedIndex)
            End If
        End If
    End If
End Sub
```

Das *DragEnter*-Ereignis wird immer dann ausgelöst, wenn ein gezogenes Objekt in den Zielbereich eintritt. Im Eventhandler legen wir den Typ des Drag & Drop-Vorgangs fest (*Move*), falls das gezogene Objekt Text enthält (Form des Mauszeigers ändert sich und signalisiert Bereitschaft zum Ablegen):

```
Private Sub ListBox_DragEnter(ByVal sender As Object, _
              ByVal e As System.Windows.Forms.DragEventArgs) _
                           Handles ListBox1.DragEnter, ListBox2.DragEnter
```

Typ des Drag & Drop-Vorgangs festlegen, nur das Verschieben (*Move*) von Text ist erlaubt (kein *Copy*, *Link* oder *Scroll*):

```
    If e.Data.GetDataPresent(DataFormats.Text) = True Then
        e.Effect = DragDropEffects.Move
    Else
        e.Effect = DragDropEffects.None
    End If
End Sub
```

Das gezogene Objekt wird losgelassen und löst damit das *DragDrop*-Ereignis aus:

```
Private Sub ListBox_DragDrop(ByVal sender As Object, _
              ByVal e As System.Windows.Forms.DragEventArgs) _
                           Handles ListBox1.DragDrop, ListBox2.DragDrop
    Dim lbDest As ListBox = CType(sender, ListBox)
```

Dem Parameter *e* können nun die übertragenen Textdaten entnommen werden:

```
    Dim txt As String = e.Data.GetData(DataFormats.Text).ToString
```

Eintrag zur Ziel-*ListBox* hinzufügen:

```
    lbDest.Items.Add(txt)
End Sub
```

2. Drag & Drop zwischen *PictureBox1* und *PictureBox2*:

Auch hier ist der Drag & Drop-Vorgang durch die Aufeinanderfolge von *MouseDown*-Ereignis des Quellenobjektes sowie *DragEnter*- und *DragDrop*-Ereignis des Zielobjekts charakterisiert. Da die Programmierung analog zu den *ListBox*en erfolgt, kann auf weitere Erläuterungen verzichtet werden.

```
Private Sub PictureBox_MouseDown(ByVal sender As Object, _
              ByVal e As System.Windows.Forms.MouseEventArgs) _
                           Handles PictureBox1.MouseDown, PictureBox2.MouseDown
    If e.Button = System.Windows.Forms.MouseButtons.Left Then
        Dim pbSrc As PictureBox = CType(sender, PictureBox)
        Dim dropEffect As DragDropEffects
        If Not (pbSrc.Image Is Nothing) Then
            dropEffect = pbSrc.DoDragDrop(pbSrc.Image, DragDropEffects.Move)
        End If
```

```
            If dropEffect = DragDropEffects.Move Then pbSrc.Image = Nothing
        End If
    End Sub

    Private Sub PictureBox_DragEnter(ByVal sender As Object, _
                        ByVal e As System.Windows.Forms.DragEventArgs) _
                        Handles PictureBox1.DragEnter, PictureBox2.DragEnter
        If e.Data.GetDataPresent(DataFormats.Bitmap) Then
            e.Effect = DragDropEffects.Move
        Else
            e.Effect = DragDropEffects.None
        End If
    End Sub

    Private Sub PictureBox_DragDrop(ByVal sender As Object, _
                        ByVal e As System.Windows.Forms.DragEventArgs) _
                        Handles PictureBox1.DragDrop, PictureBox2.DragDrop
        Dim pbDest As PictureBox = CType(sender, PictureBox)
        pbDest.Image = CType(e.Data.GetData(DataFormats.Bitmap), Bitmap)
    End Sub
End Class
```

Test

Sie können die Objekte beliebig hin- und herbewegen. In bekannter Windows-Manier signalisiert die Gestalt des Mauszeigers, ob ein Ablegen erlaubt ist.

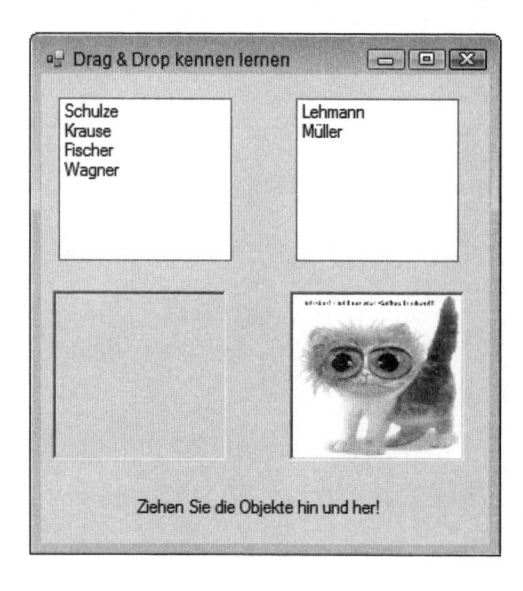

Bemerkungen

- Interessant dürfte für Sie die Entdeckung sein, dass Sie die Drag & Drop-Operation auch innerhalb einer einzigen *ListBox* ausführen können. In diesem Fall kommt es lediglich zu einem Umsortieren der Reihenfolge der Einträge!
- Testen Sie auch Drag & Drop zwischen zwei verschiedenen Instanzen des Programms!
- Das *GiveFeedback*-Ereignis ermöglicht der Quelle des Zieh-Ereignisses, die Darstellung des Mauszeigers zu ändern (visuelles Feedback).
- Tritt der Mauszeiger in ein anderes Steuerelement ein, so wird *DragEnter* für dieses Steuerelement ausgelöst. Verlässt die Benutzeraktion das Fenster, wird das *DragLeave*-Ereignis ausgelöst.
- Ein Bewegen der Maus ohne das Steuerelement zu verlassen löst das *DragOver*-Ereignis aus. *DragOver*- und *GiveFeedback*-Ereignis können zusammengefasst werden, damit der Benutzer beim Bewegen der Maus über das Ablageziel eine aktuelle Rückmeldung von der Mausposition erhält.
- Ändert sich der Tastatur- oder Maustastenzustand, so wird das *QueryContinueDrag*-Ereignis ausgelöst. Entsprechend dem Wert der *Action*-Eigenschaft von *QueryContinueDragEventArgs* wird bestimmt, ob der Ziehvorgang fortgesetzt, die Daten abgelegt oder der Vorgang abgebrochen werden soll.

R3.26 Mit dem ErrorProvider arbeiten

Eine Eingabevalidierung ist sinnvoll, um den Nutzer Ihrer Programme sofort auf ungültige Eingaben hinzuweisen. Für diese Zwecke eignet sich das *ErrorProvider* Control, es zeigt ein Fehlersymbol unmittelbar neben dem betreffenden Eingabe-Control (z.B. *TextBox*) an und erlaubt erst dann die Fortsetzung des Programms, wenn alle Fehler behoben sind.

In unserem Beispiel wird der Inhalt der *TextBox*en eines *Form*ulars bei jedem Tastendruck überprüft. Bei der ersten *TextBox* wird ein *Regulärer Ausdruck* benutzt um festzustellen, ob es sich um eine gültige EMail-Adresse handelt, bei der zweiten *TextBox* wird geprüft, ob wirklich eine Zahl eingegeben wurde.

Oberfläche

Auf das Startformular *Form1* setzen Sie zwei *TextBox*en (für die Eingabe einer EMail-Adresse und einer Zahl bzw. eines Preises). Fügen Sie außerdem ein *ErrorProvider*-Control aus der Toolbox hinzu (alternativ könnten Sie die Komponente auch im Quellcode mittels *New*-Operator erzeugen).

HINWEIS: Pro Formular ist – unabhängig von der Anzahl der zu validierenden Controls – nur ein *ErrorProvider* erforderlich!

Quellcode

```
Imports System.Text.RegularExpressions

Public Class Form1
```

Gültigkeit der EMail-Adresse mit Hilfe eines regulären Ausdrucks prüfen:

```
    Private Sub TextBox1_TextChanged(ByVal sender As System.Object, _
                        ByVal e As System.EventArgs) Handles TextBox1.TextChanged
        Dim ctrl As Control = CType(sender, Control)
```

Dieser reguläre Ausdruck definiert die Grundstruktur einer EMail-Adresse:

```
        Dim regex As New Regex("\S+@\S+\.\S+")
```

Falls der eingegebene Text gültig ist, wird eine evtl. vorhandene Fehlermeldung vom *Error-Provider* entfernt:

```
        If regex.IsMatch(ctrl.Text) Then
            ErrorProvider1.SetError(ctrl, String.Empty)
```

Falls die Überprüfung fehlschlägt, wird unter Verwendung der *ErrorProvider.SetError*-Methode eine Fehlermeldung generiert und ein Error- Icon erscheint neben dem Control:

```
        Else
            ErrorProvider1.SetError(ctrl, "Das ist keine gültige E-Mail Addresse!")
        End If
    End Sub
```

Beim Validieren der zweiten *TextBox* (nur Zahleneingaben) ist die Vorgehensweise identisch, nur dass diesmal die Bewertung nicht in einem *If-Then-Else-*, sondern in einem *Try-Catch-*Block erfolgt:

```
    Private preis As Decimal = 0
```

```vb
Private Sub TextBox2_TextChanged(ByVal sender As System.Object, _
            ByVal e As System.EventArgs) Handles TextBox2.TextChanged
    Dim ctrl As Control = CType(sender, Control)
    Try
        preis = Decimal.Parse(TextBox2.Text)
        ErrorProvider1.SetError(ctrl, String.Empty)
    Catch
        ErrorProvider1.SetError(ctrl, "Das ist keine gültige Zahl!")
    End Try
End Sub
```

Schließlich durchläuft der *Click*-Eventhandler des "OK"-*Button*s alle Controls des Formulars und überprüft, ob ihre Inhalte fehlerfrei sind, bevor die Anwendung geschlossen werden kann:

```vb
Private nl As String = Environment.NewLine

Private Sub Button1_Click(ByVal sender As System.Object, ByVal e As System.EventArgs) _
                        Handles Button1.Click
    Dim errorText As String = String.Empty
    Dim invalidInput As Boolean = False

    For Each ctrl As Control In Me.Controls
        If ErrorProvider1.GetError(ctrl) <> String.Empty Then
            errorText &= " - " & ErrorProvider1.GetError(ctrl) & nl
            invalidInput = True
        End If
    Next ctrl
    If invalidInput Then
        MessageBox.Show("Das Formular enthält unbehandelte Fehler:" & nl & errorText, _
            "Fehlerhafte Eingabe", MessageBoxButtons.OK, MessageBoxIcon.Warning)
    Else
        Me.Close()
    End If
End Sub
End Class
```

Test

Nach Programmstart können Sie beliebige Eingaben in den *TextBox*en vornehmen. Der *ErrorProvider* wird sofort ein Warnsymbol rechts neben der entsprechenden *TextBox* anzeigen, falls Eingabefehler vorliegen. Wenn der Nutzer mit der Maus über ein Warnsymbol fährt, erscheint die detaillierte Fehlermeldung.

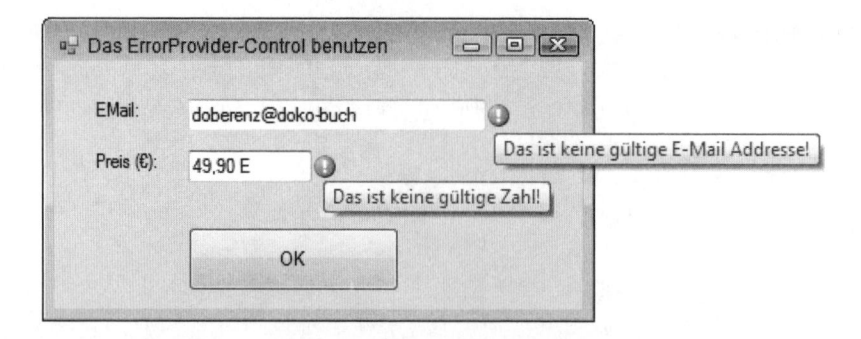

Der Versuch, die Anwendung trotz fehlerhafter Eingaben über die "OK"-Schaltfläche zu schließen, wird verhindert, wobei das Meldungsfenster alle Fehler auflistet:

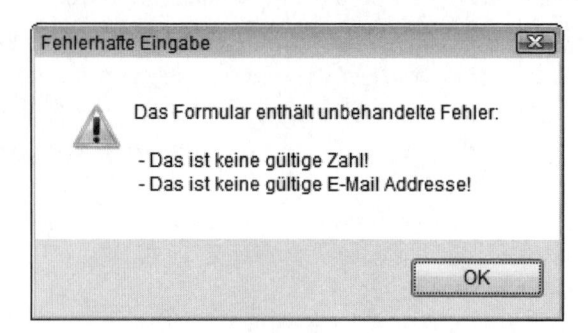

R3.27 Eingaben validieren

Dieses Rezept zeigt Ihnen eine weitere Möglichkeit, wie Sie den Anwender Ihres Programms zu gültigen Eingaben zwingen können. In diesem Zusammenhang verdienen insbesondere die *CausesValidation*-Eigenschaft der Steuerelemente und ihr *Validating*-Event Beachtung.

Oberfläche

Wir benötigen drei *TextBox*en für die Eingabe einiger Personendaten und zwei *Button*s für das Abbrechen der Eingabe bzw. das Beenden des Programms.

Der folgende Hinweis ist besonders wichtig, weil sonst ein Verlassen des Programms bei ungültigen Eingaben unmöglich wird:

HINWEIS: Setzen Sie die *CausesValidation*-Eigenschaft des "Abbrechen"-*Button*s auf *False*!

Quellcode

```
Public Class Form1
```

Im *Validating*-Event der ersten *TextBox* wird der Namen überprüft:

```vb
    Private Sub TextBox1_Validating(ByVal sender As System.Object, _
            ByVal e As System.ComponentModel.CancelEventArgs) Handles TextBox1.Validating
        If TextBox1.Text = String.Empty Then
            MessageBox.Show("Geben Sie einen Namen ein!")
            e.Cancel = True
        End If
    End Sub
```

Das Geburtsdatum überprüfen:

```vb
    Private Sub TextBox2_Validating(ByVal sender As System.Object, _
            ByVal e As System.ComponentModel.CancelEventArgs) Handles TextBox2.Validating
        Dim d As DateTime
        Try
            d = Convert.ToDateTime(TextBox2.Text)
        Catch
            MessageBox.Show("Geben Sie ein gültiges Datum ein!")
            e.Cancel = True
        End Try
    End Sub
```

Das Gehalt überprüfen:

```vb
    Private Sub TextBox3_Validating(ByVal sender As System.Object, _
            ByVal e As System.ComponentModel.CancelEventArgs) Handles TextBox3.Validating
        Dim d As Decimal
        Try
            d = Convert.ToDecimal(TextBox3.Text)
            If d < 100 Then
                MessageBox.Show("Geben Sie Betrag größer 100   ein!")
                e.Cancel = True
            End If
        Catch
            MessageBox.Show("Geben Sie einen gültigen Betrag ein!")
            e.Cancel = True
        End Try
    End Sub
```

Die "Abbrechen"-Schaltfläche:

```
Private Sub Button1_Click(ByVal sender As System.Object, ByVal e As System.EventArgs) _
                                                        Handles Button1.Click
    TextBox1.CausesValidation = False
    TextBox2.CausesValidation = False
    TextBox3.CausesValidation = False
    Button1.Focus()
End Sub
```

Nicht vergessen werden darf das Rücksetzen von *CausesValidation* bei Eintritt in eine *TextBox*:

```
Private Sub TextBox_Enter(ByVal sender As Object, ByVal e As System.EventArgs)
    CType(sender, TextBox).CausesValidation = True
End Sub
```

Obige gemeinsame Behandlung des Enter-Events wird beim Laden des Formulars zugewiesen:

```
Private Sub Form1_Load(ByVal sender As System.Object, ByVal e As System.EventArgs) _
                                                        Handles MyBase.Load
    AddHandler TextBox1.Enter, AddressOf TextBox_Enter
    AddHandler TextBox2.Enter, AddressOf TextBox_Enter
    AddHandler TextBox3.Enter, AddressOf TextBox_Enter
    Button1.CausesValidation = False            ' ermöglicht Abbrechen!
End Sub
```

Beenden:

```
Private Sub Button2_Click(ByVal sender As System.Object, ByVal e As System.EventArgs) _
                                                        Handles Button2.Click
    Me.Validate()
    Me.Close()
End Sub
End Class
```

Test

Es wird Ihnen zunächst nicht gelingen, nach einer ungültigen Eingabe eine *TextBox* zu verlassen oder die Anwendung zu beenden, Sie werden jedes Mal gnadenlos zurückgepfiffen.

HINWEIS: Erlösung aus dem Teufelskreis ist nur durch gültige Eingaben oder durch Klicken der "Abbrechen"-Schaltfläche möglich.

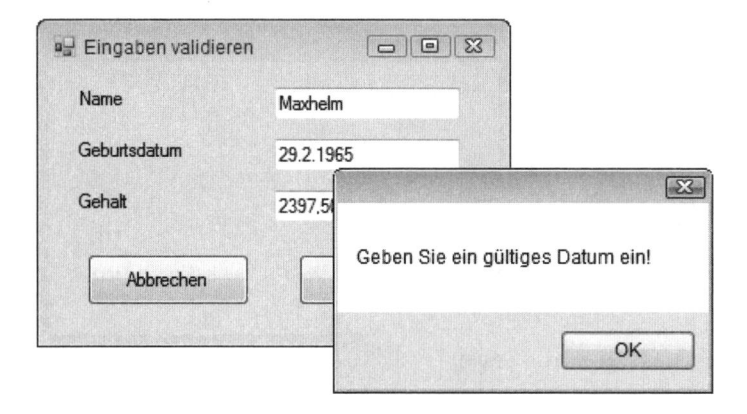

Bemerkungen

- Die gezeigte Eingabevalidierung ist nur direkt nach Verlassen eines Steuerelementes sinnvoll. Wenn Sie erst nach Betätigen des OK-Schalters prüfen wollen, dann verwenden Sie besser das *Click*-Event dieses Schalters.
- Durch Aufruf der *Validate*-Methode des Formulars können Sie auch das Steuerelement, welches zuletzt den Fokus hatte, überprüfen.

R3.28 Das NotifyIcon-Control in der Taskleiste einsetzen

Das *NotifyIcon*-Control erlaubt es Ihnen, mit geringem Programmieraufwand ein Symbol in der *Taskbar Notification Area* (TNA)[1] zu platzieren und von hier aus eine Anwendung zu starten. In der Regel wird die TNA von Programmen benutzt, die zwar bei Systemstart geladen werden, aber zunächst kein sichtbares Fenster besitzen. Das vorliegende Rezept demonstriert die Programmierung anhand einer im Hintergrund laufenden Anwendung, die bei Bedarf die Uhrzeit für verschiedene Zeitzonen anzeigen kann.

Bedienoberfläche

Auf dem Startformular *Form1* findet lediglich ein *Label* seinen Platz, welches den gesamten Clientbereich ausfüllt (*Dock = Fill*). Im Komponentenfach sind neben dem *NotifyIcon*-Steuerelement noch ein *ContextMenuStrip* und ein *Timer* (*Interval = 1000, Enabled = True*) enthalten.

---

[1] Mitunter wird die TNA auch als *System Tray* bezeichnet.

Es dürfte für Sie keine Schwierigkeit sein, das folgende Kontextmenü zu erstellen (der Menüeditor öffnet sich automatisch, nachdem Sie *ContextMenuStrip1* markiert haben):

Weisen Sie im Eigenschaftenfenster von *NotifyIcon1* noch folgende Properties zu:

- *ContextMenuStrip = ContextMenuStrip1*
- *BalloonTipText = "Wie spät ist es woanders?"*
- *Text = "Zeitzonen"*

Besetzen Sie auch die *Icon*-Eigenschaft mit einem passenden Symbol (z.B. Weltkugel).

Quellcode Form1

```
Public Class Form1
```

Eine globale Variable speichert die Differenz der entsprechenden Zeitzone zur aktuellen Systemzeit:

```
    Private diff As Integer = 0
```

R3.28 Das NotifyIcon-Control in der Taskleiste einsetzen

Beim Laden des Formulars legen wir fest, dass der Inhalt der Sprechblase (*BalloonTipText*) ca. 5 Sekunden angezeigt wird:

```
Private Sub Form1_Load(ByVal sender As System.Object, ByVal e As System.EventArgs) _
                                                             Handles MyBase.Load
    NotifyIcon1.ShowBalloonTip(5)
End Sub
```

Das *Timer*-Event wird im Sekundentakt ausgelöst und zeigt die jeweilige Zeit im *Label* an:

```
Private Sub Timer1_Tick(ByVal sender As System.Object, ByVal e As System.EventArgs) _
                                                             Handles Timer1.Tick
    Dim dat As DateTime = DateTime.Now.AddHours(diff)
    Label1.Text = dat.ToShortTimeString()
End Sub
```

Jetzt folgt die Behandlung der vom Kontextmenü des *NotifyIcon* ausgelösten Ereignisse. In jedem der Eventhandler wird eine neue Instanz von *Form1* erzeugt:

```
Private Sub BerlinToolStripMenuItem_Click(ByVal sender As System.Object, _
           ByVal e As System.EventArgs) Handles BerlinToolStripMenuItem.Click
    Dim frm As New Form1()
```

Die folgende Anweisung sorgt dafür, dass nicht noch ein weiteres Symbol in der TNA angezeigt wird (das Symbol des NotifyIcon der Startinstanz von Form1 ist ja bereits vorhanden):

```
    frm.NotifyIcon1.Visible = False
```

Die' Zeitzonendifferenz und Beschriftung der Titelleiste des Formulars werden gesetzt:

```
    frm.diff = 0
    frm.Text = "Berlin"
    frm.Show()
End Sub
```

Die übrigen Eventhandler sind analog aufgebaut, z.B.:

```
Private Sub SanFranciskoToolStripMenuItem_Click(ByVal sender As System.Object, _
           ByVal e As System.EventArgs) Handles SanFranciskoToolStripMenuItem.Click
    Dim frm As New Form1()
    frm.NotifyIcon1.Visible = False
    frm.diff = -9
    frm.Text = "San Franzisko"
    frm.Show()
End Sub
```

Beim Klick auf den "Beenden"-Eintrag des Kontextmenüs werden sämtliche Instanzen von *Form1* geschlossen. Damit auch das Symbol aus der TNA verschwindet, muss der *Icon*-Eigenschaft des *NotifyIcon* extra der Wert *Nothing* zugewiesen werden:

```
Private Sub BeendenToolStripMenuItem_Click(ByVal sender As System.Object, _
            ByVal e As System.EventArgs) Handles BeendenToolStripMenuItem.Click
    NotifyIcon1.Icon = Nothing
    Application.Exit()
End Sub
```

Wir müssen noch verhindern, dass *Form1* sofort nach Programmstart angezeigt wird. Andererseits soll aber das Symbol des *NotifyIcon* sofort in der TNA sichtbar sein. Um das zu realisieren, müssen wir eine extra Startmethode schreiben. In der folgenden Startmethode wird *Form1* zwar instanziiert, allerdings nicht in der von der *Application.Run*-Methode in Gang gesetzten Nachrichtenschleife:

```
Public Shared Sub Main()
    Application.EnableVisualStyles()
    Application.SetCompatibleTextRenderingDefault(False)
    Dim frm As New Form1
    Application.Run()
End Sub
End Class
```

Wir müssen jetzt noch dafür sorgen, dass nicht *Form1* unser Startobjekt ist, sondern dass diese Rolle die von uns definierte *Sub Main* übernimmt. Öffnen Sie die Seite "Anwendung" des Projekteigenschaften-Dialogs und entfernen Sie zunächst das Häkchen bei "Anwendungsframework deaktivieren". Sie werden feststellen, dass sich die Beschriftung der darüber liegenden ComboBox von ehemals "Startformular:" ändert in "Startobjekt:". Hier wählen Sie anstatt *Form1* die angebotene Methode *Sub Main* aus:

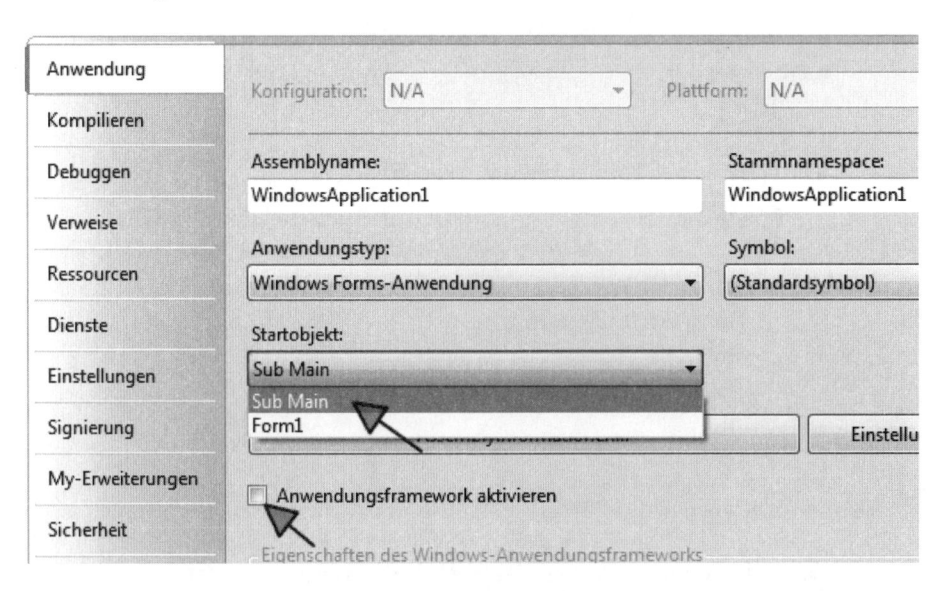

Test

Gleich nach Programmstart erscheint die Sprechblase über dem Symbol in der Taskbar und verschwindet langsam wieder:

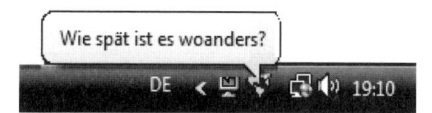

Öffnen einer Instanz über das Kontextmenü der Taskbar:

Hier laufen z.B. drei Instanzen von *Form1*:

Bemerkungen

- Normalerweise werden alle über die Taskbar erreichbaren Anwendungen durch Doppelklick geöffnet. Damit wir, zusätzlich zum Kontextmenü, auch noch dieses Feature haben, weisen wir auf der "Ereignisse"-Seite des Eigenschaftenfensters von *NotifyIcon1* dem *DoubleClick*-Event das Ereignis *BerlinToolStripMenuItem_Click* zu. Damit reagiert unser Symbol auch auf Doppelklick und zeigt dann standardmäßig das Fenster mit der aktuellen Systemzeit an.

- Bei den meisten über die Taskleiste zu startenden Anwendungen soll – im Unterschied zu unserem Programm – ein Mehrfachstart verhindert werden, d.h., es ist nur eine Instanz zulässig. Diese Forderung lässt sich mit einem so genannten *Mutex* erfüllen, das ist ein spezielles Systemobjekt zur Synchronisierung des Zugriffs von mehreren Threads auf eine Ressource (siehe unser Buch [*Visual Basic 2008 – Grundlagen und Profiwissen*]).

R3.29 Ein Array in einer ListView anzeigen

Häufig benötigt man für die tabellenförmige Ausgabe von Zahlen eine scrollbare Komponente. Das vorliegende Rezept zeigt, wie man den Inhalt eines zweidimensionalen Integer-Arrays in einer *ListView* darstellen kann. Allerdings ist die *ListView* nicht gerade ein Musterbeispiel für bequeme Programmierung. Anstatt einen einfachen indizierten Zugriff zu ermöglichen, müssen wir mit *Item*- und *SubItem*-Objekten kämpfen.

Oberfläche

Ein Formular mit einer *ListView*, der wir die Eigenschaften *View = Details* und *GridLines = True* zuweisen, und ein *Button* genügen (siehe Laufzeitansicht).

Quellcode

```
Public Class Form1
```

Die "Start"-Schaltfläche:

```
    Private Sub Button1_Click(ByVal sender As System.Object, ByVal e As System.EventArgs) _
                                                              Handles Button1.Click
```

Ein zweidimensionales Integer-Array mit 21 Zeilen und 11 Spalten wird erzeugt und mit Zufallszahlen zwischen 0 und 100 gefüllt:

```
        Dim A(19, 9) As Integer                   ' 20 Zeilen, 10 Spalten
        Dim rnd As New Random()
        For i As Integer = 0 To A.GetLength(0) - 1     ' alle Zeilen
            For j As Integer = 0 To A.GetLength(1) - 1 ' alle Spalten
                A(i, j) = rnd.Next(100)
            Next j
        Next i
```

Das Array wird an die Anzeigeroutine der *ListView* übergeben:

```
        showListView(A)
    End Sub
```

Jetzt zur Anzeigeroutine, die als Parameter das zweidimensionale Integer-Array empfängt:

```
    Private Sub showListView(ByVal M(,) As Integer)
        With ListView1
```

Den kompletten Inhalt löschen:

```
            .Clear()
```

Zunächst wollen wir alle Spalten erzeugen und beschriften. Wir beginnen mit der linken (leeren) Randspalte, der wir eine Breite von 20 Pixeln und rechtsbündige Ausrichtung verordnen:

R3.29 Ein Array in einer ListView anzeigen

```
            .Columns.Add("", 20, HorizontalAlignment.Right)
```

Die übrigen Spalten erzeugen und die Kopfzeile beschriften:

```
            For j As Integer = 0 To M.GetLength(1) - 1
                .Columns.Add(j.ToString, 30, HorizontalAlignment.Center)
            Next
```

Jetzt beginnt die Hauptarbeit: Alle Zeilen erzeugen, beschriften und die Zellen füllen.

```
            For i As Integer = 0 To M.GetLength(0) - 1
```

Pro Zeile brauchen wir ein neues *ListViewItem*, welches wir gleichzeitig mit der Zeilennummer beschriften (linke Randspalte):

```
                Dim item As New ListViewItem(i.ToString)
```

Nun geht es an das Hinzufügen der *SubItem*-Objekte, jedes davon entspricht einem Feld unseres Arrays:

```
                For j As Integer = 0 To M.GetLength(1) - 1
                    item.SubItems.Add(M(i, j).ToString)
                Next
```

Das Hinzufügen des *ListViewItem*-Objekts zur *ListView*-Komponente entspricht dem Hinzufügen einer Zeile:

```
                .Items.Add(item)
            Next
        End With
    End Sub
End Class
```

Test

Die angezeigte Tabelle entspricht exakt dem Inhalt des Arrays.

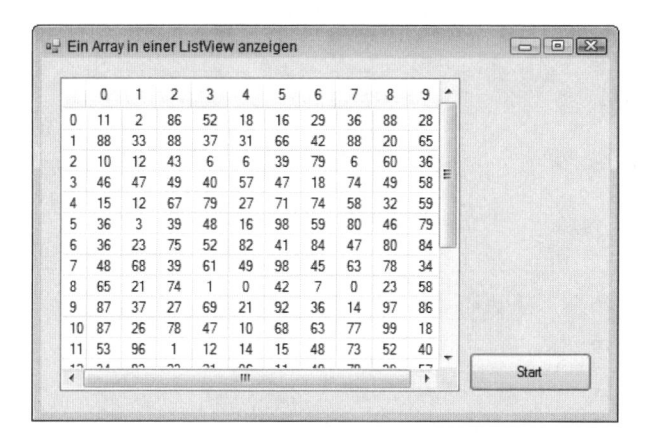

	0	1	2	3	4	5	6	7	8	9
0	11	2	86	52	18	16	29	36	88	28
1	88	33	88	37	31	66	42	88	20	65
2	10	12	43	6	6	39	79	6	60	36
3	46	47	49	40	57	47	18	74	49	58
4	15	12	67	79	27	71	74	58	32	59
5	36	3	39	48	16	98	59	80	46	79
6	36	23	75	52	82	41	84	47	80	84
7	48	68	39	61	49	98	45	63	78	34
8	65	21	74	1	0	42	7	0	23	58
9	87	37	27	69	21	92	36	14	97	86
10	87	26	78	47	10	68	63	77	99	18
11	53	96	1	12	14	15	48	73	52	40

Bemerkungen

- Der naheliegende Gedanke, es mal weniger kompliziert mit einer *ListBox* zu versuchen, führt in die Irre, denn diese eignet sich leider nicht für eine tabellenförmige Zahlendarstellung, siehe R3.16 ("Die ListBox kennen lernen").

- Die *showListView*-Routine ist universell einsetzbar, da sie jedes übergebene Array entgegennimmt und nicht von den Abmessungen abhängig ist.

R3.30 Eine ListView mit dem Inhalt eines DataSets füllen

Um sich den Inhalt eines *DataSet*s zu betrachten, werden Sie natürlich zunächst an eine *DataGridView*- bzw. eine *DataGrid*-Komponente denken. die bereits über "eingebaute" Fähigkeiten zur Datenbindung verfügen (siehe ADO.NET-Kapitel 10).

Als einfache Alternativlösung kommt (zumindest wenn es nur um die Anzeige, und nicht auch um das Editieren der Daten geht) auch eine *ListView*-Komponente infrage, deren Datenbindungsfähigkeiten Sie allerdings "per Hand" programmieren müssen.

Das *ListView* Control bietet nicht nur ideale Möglichkeiten zur Anzeige von Informationen aus dem Dateisystem (siehe Windows-Explorer), sondern auch aus XML-Dateien oder Datenbanken. Typischerweise wird das *ListView* Control in Verbindung mit verschiedenen Grafiksymbolen eingesetzt, die in der Regel aus einer *ImageList* stammen. Zusammen mit dem beschreibenden Text repräsentieren diese Icons jeweils ein *ListViewItem*.

Zusätzlich können aber zu einem *ListViewItem* beliebig vieler *SubItems* hinzugefügt werden, die weitere Informationen speichern. Wenn zum Beispiel eine *ListView* eine Liste von Dateien darstellen soll, so können die *SubItems* weitere Details, wie die Dateigröße oder das Änderungsdatum, anzeigen. Die folgende Abbildung verdeutlicht dies an Hand des Datei-Explorers von Windows-Vista, wenn Sie im *Ansichten*-Menü den Eintrag *Details* gewählt haben:

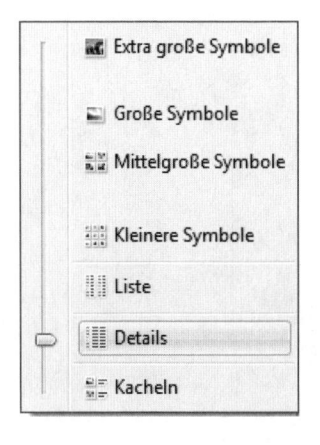

R3.30 Eine ListView mit dem Inhalt eines DataSets füllen

HINWEIS: Um *SubItem*-Informationen anzeigen zu können, müssen Sie die *View*-Eigenschaft der *ListView* auf *View.Details* einstellen.

Doch das war noch nicht alles. Sie müssen auch *ColumnHeader*-Objekte erzeugen und diese zur *Columns*-Property der *ListView* hinzufügen. Auf diese Weise kann eine Anzeige ähnlich wie in einem *DataGrid*- bzw. *DataGridView*-Control erreicht werden.

Das vorliegende Rezept demonstriert die Programmierung für die Anzeige der *Artikel*-Tabelle der Datenbank *Nordwind.mdb*. Auf die Zugabe von Icons wird dabei verzichtet.

Oberfläche

Auf das Startformular setzen Sie einfach eine entsprechend aufgezoomte bzw. angedockte *ListView*-Komponente (siehe Laufzeitabbildung am Schluss des Rezepts).

Quellcode

```
...
Imports System.Data.OleDb

Public Class Form1
```

Beim Laden von *Form1* werden die *ListView* konfiguriert und die Anzeige aufgerufen[1]:

```
Protected Overrides Sub OnLoad(ByVal e As System.EventArgs)
    initializeListView()    ' ListView initialisieren
    displayList()           ' DataSet-Inhalt in ListView anzeigen
    MyBase.OnLoad(e)
End Sub
```

Die Initialisierungsroutine:

```
Private Sub initializeListView()
    ' Wichtig ist das Einstellen der Detailansicht:
    With ListView1
        .View = View.Details
        ' Weitere(Einstellungen)
        .AllowColumnReorder = True    ' Spalten verschiebbar
        .GridLines = True              ' Gitterlinien anzeigen
```

Die Items in aufsteigender Reihenfolge sortieren:

```
        .Sorting = SortOrder.Ascending
```

---

[1] Um eine (von Microsoft empfohlene) Alternative zum *Form_Load*-Eventhandler aufzuzeigen, haben wir hier die *OnLoad*-Methode der *Form*-Basisklasse überschrieben.

Eine Spalte für jedes *ListViewItem* hinzufügen:

```
        .Columns.Add("Artikelname", 200, HorizontalAlignment.Left)
        .Columns.Add("ArtikelNr", 70, HorizontalAlignment.Left)
        .Columns.Add("Einzelpreis", 70, HorizontalAlignment.Right)
        .Columns.Add("Verfallsdatum", 100, HorizontalAlignment.Left)
    End With
End Sub
```

Die folgende Hilfsmethode stellt eine Verbindung zur Datenbank *Nordwind.mdb* her (die Datenbank befindet sich im Anwendungsverzeichnis) und liefert ein *DataSet* mit dem Inhalt der *Artikel*-Tabelle. Da der Code nicht unmittelbar mit dem Inhalt des vorliegenden Rezepts im Zusammenhang steht (dem *DataSet* ist es egal, woher die Daten kommen), wird auf eine Kommentierung verzichtet:

```
    Private Function getArtikels() As DataSet
        Dim conn As New OleDbConnection( _
                        "Provider=Microsoft.Jet.OLEDB.4.0;Data Source=Nordwind.mdb;")
        Dim selStr As String = _
                   "SELECT ArtikelNr, Artikelname, Einzelpreis, Verfallsdatum FROM Artikel"
        Dim da As New OleDbDataAdapter(selStr, conn)
        Try
            Dim ds As New DataSet()
            conn.Open()
            da.Fill(ds, "Artikel")
            conn.Close()
            Return ds
        Catch ex As Exception
            MessageBox.Show(ex.Message, "Kann nicht auf die Daten zugreifen!", _
                                 MessageBoxButtons.OK, MessageBoxIcon.Error)
            conn.Close()
            Return Nothing
        End Try
    End Function
```

DataSet-Inhalt in der *ListView* anzeigen:

```
    Private Sub displayList()
```

Das' *DataSet* wird gefüllt:

```
        Dim ds As DataSet = getArtikels()
```

Die Artikel-Tabelle aus dem *DataSet* holen:

```
        Dim dt As DataTable = ds.Tables("Artikel")
```

R3.30 Eine ListView mit dem Inhalt eines DataSets füllen

Alle *DataRows* in der *DataTable* durchfahren:

```
For i As Integer = 0 To dt.Rows.Count - 1
```

Das *DataRow*-Objekt der i-ten Zeile:

```
Dim dr As DataRow = dt.Rows(i)
```

Ein *ListViewItem* erzeugen:

```
Dim lvi As New ListViewItem(dr("Artikelname").ToString)
```

Drei *SubItems* zum *ListViewItem* hinzufügen:

```
lvi.SubItems.Add(dr("ArtikelNr").ToString)
lvi.SubItems.Add(dr("Einzelpreis").ToString)
Dim d As DateTime = Convert.ToDateTime(dr("Verfallsdatum"))
lvi.SubItems.Add(d.Date.ToString("d"))
```

Die komplette Zeile (ein *ListViewItem* mit drei *SubItems*) zur *ListView* hinzufügen:

```
        ListView1.Items.Add(lvi)
    Next i
  End Sub
End Class
```

Test

Wenige Sekunden nach Programmstart erscheint die gefüllte *ListView*, sortiert nach den Einträgen in der linken Spalte (das sind die eigentlichen *ListViewItem*s, die anderen Spalten zeigen die *SubItem*s).

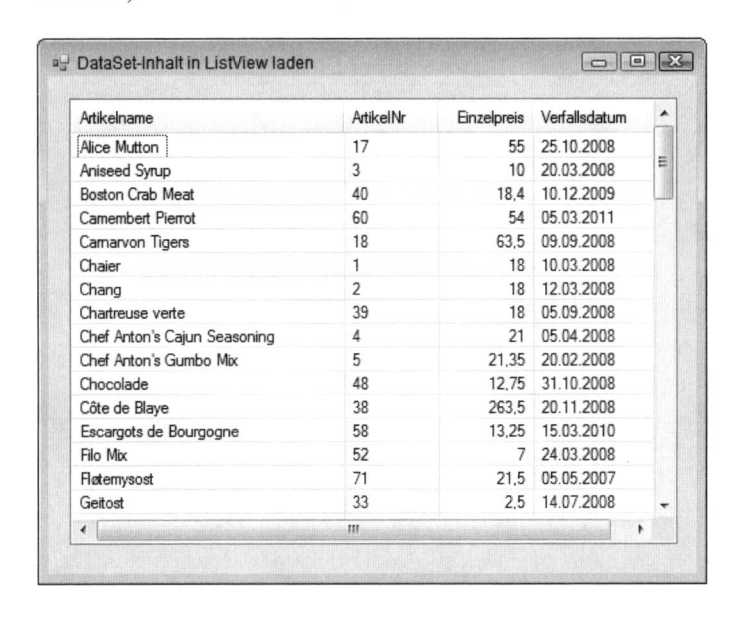

Artikelname	ArtikelNr	Einzelpreis	Verfallsdatum
Alice Mutton	17	55	25.10.2008
Aniseed Syrup	3	10	20.03.2008
Boston Crab Meat	40	18,4	10.12.2009
Camembert Pierrot	60	54	05.03.2011
Carnarvon Tigers	18	63,5	09.09.2008
Chaier	1	18	10.03.2008
Chang	2	18	12.03.2008
Chartreuse verte	39	18	05.09.2008
Chef Anton's Cajun Seasoning	4	21	05.04.2008
Chef Anton's Gumbo Mix	5	21,35	20.02.2008
Chocolade	48	12,75	31.10.2008
Côte de Blaye	38	263,5	20.11.2008
Escargots de Bourgogne	58	13,25	15.03.2010
Filo Mix	52	7	24.03.2008
Fløtemysost	71	21,5	05.05.2007
Geitost	33	2,5	14.07.2008

> **HINWEIS:** Fassen Sie die Spaltenköpfe mit der Maus an und verändern Sie die Reihenfolge der Spalten.

Bemerkungen

- Die Spalte *Verfallsdatum* gehört nicht zur standardmäßigen *Artikel*-Tabelle der *Nordwind*-Datenbank und wurde nur hinzugefügt, um neben *String*, *Decimal* und *Int32* auch noch den Datentyp *DateTime* untersuchen zu können.

- Wie Sie gesehen haben, wird die Sortierfunktion im *ListView* Control durch dessen *Sorting* Eigenschaft bereitgestellt. Damit konnten wir aber lediglich die *SortingOrder* (*Ascending*, *Descending*, *None*) für die *ListViewItem*s definieren. Das betrifft in unserem Beispiel also nur die Spalte *Artikelname*. Wollen wir aber nach einer der *SubItem*-Spalten (*ArtikelNr*, *Einzelpreis*, *Verfallsdatum*) sortieren lassen, so müssen wir eine entsprechende Sortierung selbst definieren (siehe folgendes Rezept R3.31).

R3.31 In der ListView nach beliebigen Spalten sortieren

Wollen Sie nicht nur nach der *ListViewItem*-Spalte, sondern auch nach beliebigen *SubItem*-Spalten der *ListView* sortieren, müssen Sie der *ListViewItemSorter*-Eigenschaft der *ListView* die Instanz einer von der *IComparer*-Schnittstelle abgeleiteten benutzerdefinierten Klasse zuweisen. In dieser Klasse muss die von der Schnittstelle geerbte *Compare*-Methode für die verschiedenen, in den *SubItem*s verpackten Datentypen von Ihnen selbst implementiert werden.

Das vorliegende Rezept erweitert das Vorgängerrezept R3.30 um eine benutzerdefinierte Sortierungs-Klasse *CListViewItemComparer*, sodass auch eine Sortierung der *ListView* nach den Spalten *ArtikelNr*, *Einzelpreis* und *Verfallsdatum* möglich wird.

> **HINWEIS:** Für den Einsteiger dürfte dieses Rezept eine gute Übung in Sachen *Schnittstellenvererbung* sein.

Oberfläche

Diese besteht lediglich aus einer *ListView*, die auf dem Startformular *Form1* abgesetzt wird.

Quellcode CListViewItemComparer

Fügen Sie zum Vorgängerprojekt eine neue Klasse mit dem Namen *CListViewItemComparer* hinzu.

```
Imports System.Collections         ' wegen IComparer
Public Class CListViewItemComparer
    Implements IComparer
```

Die folgenden privaten Variablen werden gleich bei ihrer Deklaration initialisiert.

Die Spalte, nach der sortiert werden soll:

```
Private colToSort As Integer = 0
```

Die Sortierfolge (aufsteigend, absteigend, ohne):

```
Private orderOfSort As SortOrder = SortOrder.None
```

Damit der Vergleich unabhängig von der Groß-/Kleinschreibung vonstatten geht:

```
Private objectCompare As New CaseInsensitiveComparer()
```

Die folgende *Compare*-Methode ist vom *IComparer* Interface geerbt und muss deshalb zwangsläufig implementiert werden, sie nimmt zwei Parameter vom *Object*-Datentyp entgegen, die die zu vergleichenden Elemente enthalten. Beim Aufruf der *Sort*-Methode der *ListView* wird das der *ListViewItemSorter* Property zugewiesene *CListViewItemComparer*-Objekt benutzt, um dessen *Compare*-Methode aufzurufen.

Der Rückgabewert ist 0 bei Gleichheit, negativ wenn *x* kleiner als *y* und positiv wenn *x* größer als *y* ist.

```
Public Function Compare(ByVal x As Object, ByVal y As Object) As Integer _
                                                Implements IComparer.Compare
    Dim compResult As Integer = 0
    Dim lviX, lviY As ListViewItem
```

Die zu vergleichenden Objekte werden zunächst in *ListViewItem* Objekte konvertiert:

```
    lviX = CType(x, ListViewItem)
    lviY = CType(y, ListViewItem)
```

Die Bestimmung des Typs der zu vergleichenden Objekte erfolgt nach der Versuch und Irrtum-Methode. Nacheinander wird versucht, die Objekte in die Datentypen *DateTime*, *Decimal* und letztendlich *String* zu konvertieren (siehe Methodenimplementierungen weiter unten)

```
    Try
        compResult = CompareDateTime(lviX, lviY)
    Catch
        Try
            compResult = CompareDecimal(lviX, lviY)
        Catch
            compResult = CompareString(lviX, lviY)
        End Try
    End Try
```

Den Rückgabewert in Abhängigkeit von der Sortierrichtung ermitteln:

```
    If orderOfSort = SortOrder.Ascending Then
        Return compResult
    ElseIf (orderOfSort = SortOrder.Descending) Then
        Return (-compResult)
```

```
        Else
            Return 0                 ' bei Gleichheit
        End If
    End Function
```

Die drei internen datentypspezifischen Vergleichsfunktionen:

```
    Private Function CompareDateTime(ByVal lviX As ListViewItem, ByVal lviY As ListViewItem) _
                                                                                    As Integer
        Dim firstDate As DateTime = DateTime.Parse(lviX.SubItems(colToSort).Text)
        Dim secondDate As DateTime = DateTime.Parse(lviY.SubItems(colToSort).Text)
```

Beide Datumswerte vergleichen:

```
        Dim compareResult As Integer = DateTime.Compare(firstDate, secondDate)
        Return compareResult
    End Function


    Private Function CompareDecimal(ByVal lviX As ListViewItem, ByVal lviY As ListViewItem) _
                                                                                    As Integer
        Dim firstValue As Decimal = Decimal.Parse(lviX.SubItems(colToSort).Text)
        Dim secondValue As Decimal = Decimal.Parse(lviY.SubItems(colToSort).Text)
```

Beide Dezimalwerte vergleichen:

```
        Dim compareResult As Integer = Decimal.Compare(firstValue, secondValue)
        Return compareResult
    End Function


        Private Function CompareString(ByVal lviX As ListViewItem, ByVal lviY As ListViewItem) _
                                                                                    As Integer
```

Bei Strings einen case-insensitiven Vergleich ausführen:

```
        Dim compareResult As Integer = objectCompare.Compare(lviX.SubItems(colToSort).Text, _
                                                             lviY.SubItems(colToSort).Text)
```

Bei Strings einen case-insensitiven Vergleich ausführen:

```
        Return compareResult
    End Function
```

Die Eigenschaft *SortColumn* liest oder schreibt die Nummer der zu sortierenden Spalte:

```
    Public Property SortColumn() As Integer
        Get
            Return colToSort
        End Get
        Set(ByVal value As Integer)
```

```
                colToSort = value
            End Set
        End Property
```

Die Eigenschaft *SortOrder* liest oder schreibt die Sortierrichtung:

```
        Public Property Order() As SortOrder
            Get
                Return orderOfSort
            End Get
            Set(ByVal value As SortOrder)
                orderOfSort = value
            End Set
        End Property
End Class
```

Quellcode Form1

Am Quelltext von *Form1* sind folgende Ergänzungen vorzunehmen:

```
Public Class Form1
```

Den Sortierer für die *ListView* erzeugen:

```
    Private lviComparer As New CListViewItemComparer()
```

Den Sortierer der *ListView* zuweisen:

```
    Protected Overrides Sub OnLoad(ByVal e As System.EventArgs)
        ...
        ListView1.ListViewItemSorter = lviComparer      ' !
        ...
    End Sub
```

Ein Klick auf den Spaltenkopf soll die Sortierung starten. Fügen Sie deshalb folgenden Handler für das *ColumnClick*-Event der *ListView* hinzu:

```
    Private Sub ListView1_ColumnClick(ByVal sender As System.Object, _
          ByVal e As System.Windows.Forms.ColumnClickEventArgs) Handles ListView1.ColumnClick
```

Ist die geklickte Spalte bereits sortiert, dann soll die Sortierrichtung umgedreht werden:

```
        If e.Column = lviComparer.SortColumn Then
            If lviComparer.Order = SortOrder.Ascending Then
                lviComparer.Order = SortOrder.Descending
            Else
                lviComparer.Order = SortOrder.Ascending
            End If
```

Ist die Spalte unsortiert, so wird die standardmäßige Sortierrichtung (aufsteigend) eingestellt:

```
        else
            lviComparer.SortColumn = e.Column
            lviComparer.Order = SortOrder.Ascending
        End If
```

Jetzt endlich passiert es, die *ListView* wird neu sortiert:

```
        ListView1.Sort()
    End Sub
End Class
```

Test

Nach Programmstart dauert es ein paar quälend lange Sekunden, bis das Formular erscheint (siehe Bemerkungen). Doch dann erleben Sie eine Funktionalität, die der Details-Ansicht im Windows-Explorer nahekommt: Nach Klick auf einen Spaltenkopf werden alle Datensätze dieser Spalte sortiert, ein nochmaliger Klick kehrt die Sortierfolge um.

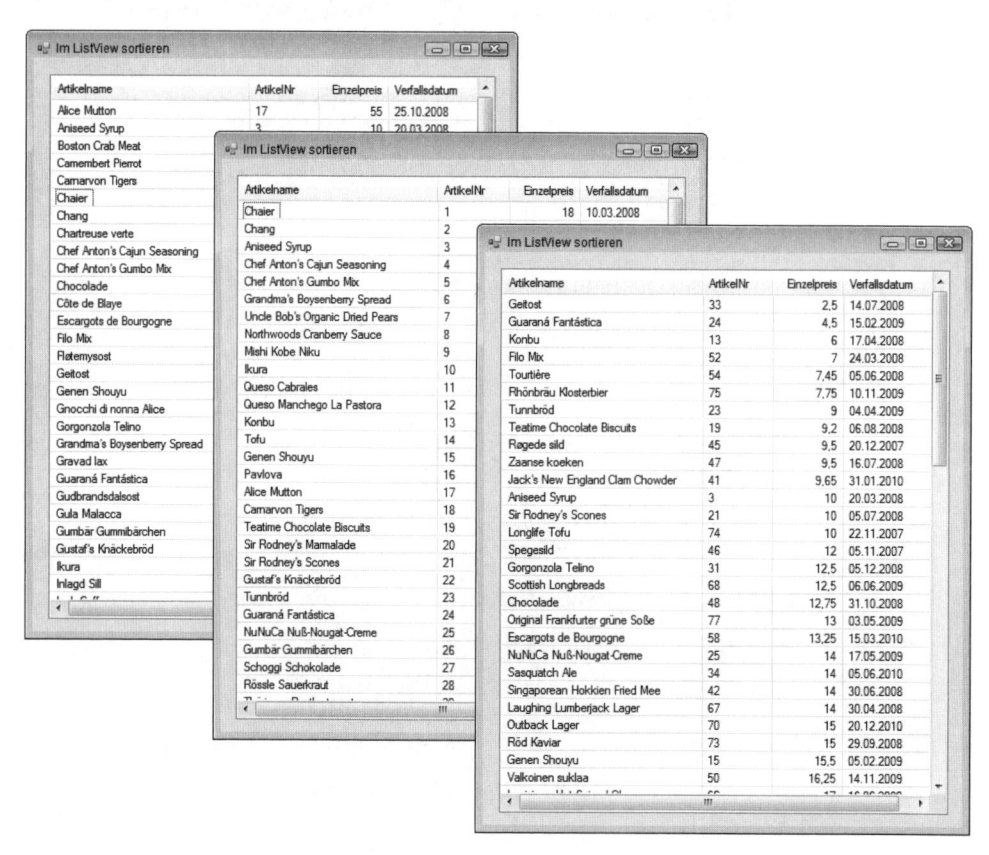

> **HINWEIS:** Wenn Sie die Eigenschaft *LabelEdit* der *ListView* auf *True* setzen, können Sie im *ListView* editieren. Ändern Sie dann die Groß-/Kleinschreibung bei den Artikelnamen so werden Sie feststellen, dass dies keinerlei Einfluss auf die Sortierfolge hat.

Bemerkungen zur Performanceverbesserung

Beim Testen des Programms ist Ihnen sicher aufgefallen, dass zwar die Spalte *Verfallsdatum* ziemlich schnell sortiert wird, die übrigen Spalten aber eine längere Zeitspanne (einige Sekunden bei nur 100 Datensätzen) brauchen. Die Ursache liegt in der verschachtelten *Try-Catch*-Strategie bei der Implementierung der *Compare*-Methode, nach welcher weitere Abfrageebenen zu durchlaufen sind, um die Datentypen *Decimal* und *String* zu ermitteln. Wesentlich schneller geht es, wenn die zu sortierende Spalte direkt innerhalb der *Compare*-Methode ausgewertet wird:

```
Public Function Compare(ByVal x As Object, ByVal y As Object) As Integer _
                                         Implements IComparer.Compare
    ...
    Select Case colToSort
        Case 0: compResult = CompareString(lviX, lviY)
        Case 1: compResult = CompareInteger(lviX, lviY)
        Case 2: compResult = CompareDecimal(lviX, lviY)
        Case 3: compResult = CompareDateTime(lviX, lviY)
    End Select
    ...
End Function
```

Der Preis für die höhere Geschwindigkeit ist allerdings der Verzicht auf die Allgemeingültigkeit der Klasse *CListViewItemComparer*, da diese nun für jedes Projekt neu angepasst werden müsste.

Kapitel 4

Grafikprogrammierung

R4.1 Ein Graphics-Objekt erzeugen

In klassischen Programmiersprachen ist es üblich, mit Methoden direkt auf die Zeichenoberfläche eines Formulars oder eines Picture-Controls zuzugreifen. Als .NET-Programmierer müssen Sie umdenken.

Zugriff auf alle wesentlichen Grafik-Methoden erhalten Sie über ein *Graphics*-Objekt. Im Vergleich mit anderen .NET-Objekten hat es allerdings die Besonderheit, dass man es nicht mit dem *New*-Konstruktor erzeugen kann. Woher also nehmen wir es? Das vorliegende Rezept zeigt Ihnen vier Möglichkeiten:

- Nutzung des im *Paint*-Event des Formulars übergebenen *Graphics*-Objekts,
- Nutzung des in der überschriebenen *OnPaint*-Methode übergebenen *Graphics*-Objekts,
- Erzeugen eines neuen *Graphics*-Objekts mit der *CreateGraphics*-Methode des Formulars,
- Nutzung des im *Paint*-Event einer *PictureBox* (oder einer anderen Komponente, die über dieses Ereignis verfügt) übergebenen *Graphics*-Objekts.

Lassen Sie uns also ein wenig experimentieren!

Oberfläche

Zunächst soll uns ein nacktes Windows *Form* genügen, auf das wir verschiedenfarbige Ellipsen zeichnen wollen. Später ergänzen wir noch weitere Steuerelemente (*Button*, *PictureBox*).

Variante 1: Verwendung des Paint-Events

Die in der *System.Windows.Forms.Form*-Basisklasse implementierte *OnPaint*-Methode wird automatisch nach jedem Freilegen und Verdecken des Fensters aufgerufen, sie löst das *Paint*-Ereignis aus, das wir in einem *Paint*-Eventhandler abfangen und behandeln wollen.

Über das Argument des Events ist ein *Graphics*-Objekt verfügbar:

```
Private Sub Form1_Paint(ByVal sender As Object, ByVal e As PaintEventArgs)
    Dim g As Graphics = e.Graphics
    g.FillEllipse(New SolidBrush(Color.Red), 10, 30, 200, 100)        ' rote Ellipse
End Sub
```

Test

Die rote Ellipse erscheint sofort nach Programmstart und ist auch nach Freilegen und Verdecken des Fensters zu sehen:

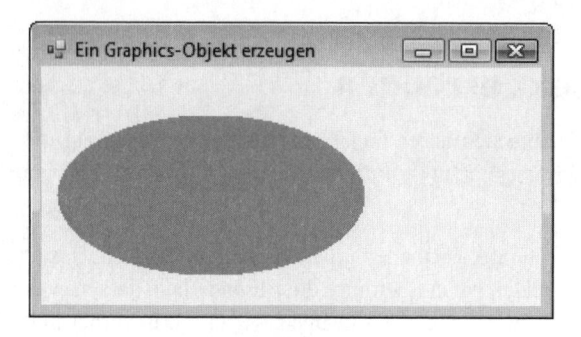

Variante 2: Überschreiben der OnPaint-Methode

Dies ist die in der MS.NET Dokumentation favorisierte Realisierung, bei der Sie keinen neuen Eventhandler verwenden müssen, sondern lediglich die *OnPaint*-Methode der Basisklasse überschreiben. Wir wollen nach diesem Prinzip eine versetzte blaue Ellipse zeichnen.

Implementieren Sie die Überschreibung wie folgt:

```
Protected Overrides Sub OnPaint(ByVal e As PaintEventArgs)
    Dim g As Graphics = e.Graphics
    g.FillEllipse(New SolidBrush(Color.Blue), 40, 60, 200, 100)       ' blaue Ellipse
    MyBase.OnPaint(e)          ' Aufruf der Basisklassenmethode
End Sub
```

Test

An der Reihenfolge (unten Blau, oben Rot) erkennen Sie, dass die überschriebene *OnPaint*-Methode zuerst abgearbeitet wurde und erst anschließend der bereits vorhandene *Paint*-Eventhandler.

R4.1   Ein Graphics-Objekt erzeugen **209**

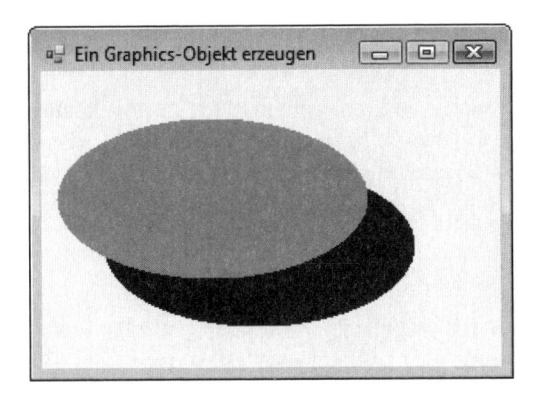

HINWEIS: Wenn Sie die Anweisung *MyBase.OnPaint(e)* auskommentieren, wird das *Paint*-Ereignis nicht mehr ausgelöst, und nur noch die blaue Ellipse erscheint!

Variante 3: Graphics-Objekt mit CreateGraphics erzeugen

Diese Variante nutzt die Möglichkeit, über die *CreateGraphics*-Methode des Formulars ein neues *Graphics*-Objekt zu erzeugen. Allerdings benötigen wir hier einen *Button*, um das Zeichnen (versetzte gelbe Ellipse) zu demonstrieren.

```
Private Sub Button1_Click(ByVal sender As System.Object, ByVal e As System.EventArgs) _
                                         Handles Button1.Click
    Dim g As Graphics = Me.CreateGraphics()
    g.FillEllipse(New SolidBrush(Color.Yellow), 70, 90, 200, 100)        ' gelbe Ellipse
End Sub
```

Test

Die gelbe Ellipse erscheint erst nach Klick auf den Button. Im Unterschied zur roten und blauen Ellipse (Variante 1 und 2) verschwindet diese Ellipse wieder, nachdem das Formular vorübergehend verdeckt wurde.

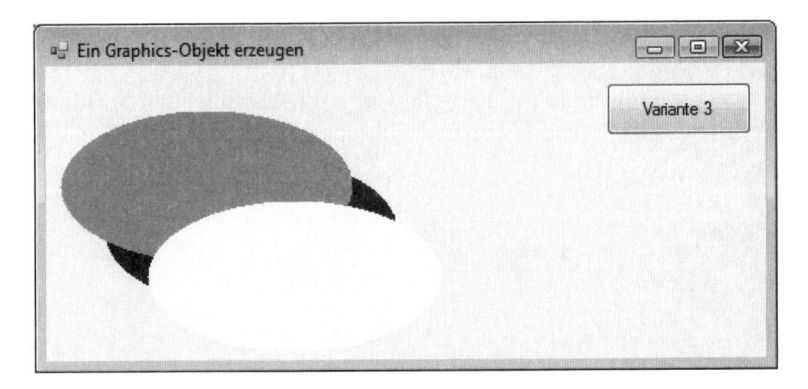

Variante 4: Verwendung des Graphics-Objekts einer PictureBox

Bei einer *PictureBox* – wie bei vielen anderen Komponenten auch – können Sie über die *CreateGraphics*-Methode auf die Zeichenfläche zugreifen. Sinnvoller ist allerdings auch hier die Nutzung des im *Paint*-Event übergebenen *Graphics*-Objekts, da Sie sich dann um die Restaurierung des Bildinhalts nicht weiter zu kümmern brauchen.

Ergänzen Sie die Oberfläche des Testformulars um eine *PictureBox* und erzeugen Sie einen Eventhandler für das *Paint*-Ereignis der *PictureBox*:

```
Private Sub PictureBox1_Paint(ByVal sender As System.Object, _
                              ByVal e As System.Windows.Forms.PaintEventArgs) _
                              Handles PictureBox1.Paint
    Dim g As Graphics = e.Graphics
    g.FillEllipse(New SolidBrush(Color.Red), 10, 30, 200, 100)
End Sub
```

Abschlusstest

Alle vier Varianten im Überblick:

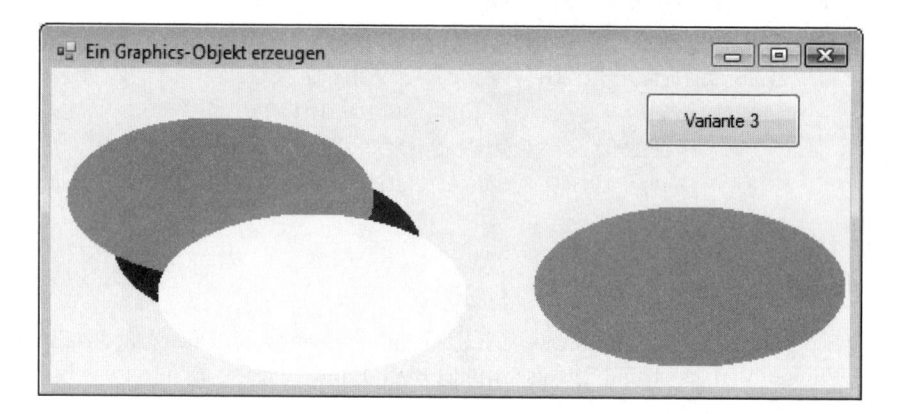

R4.2 Verbundene Linien und Pfeile zeichnen

Dieses Rezept zeigt Ihnen den Umgang mit einigen Klassen des *System.Drawing.Drawing2D*-Namespace wie *LineCap* und *LineJoin*, die es ermöglichen, mehr als nur eine simple Linie zu erzeugen.

Oberfläche

Ein nacktes Windows *Form* genügt!

Quelltext

```
Imports System.Drawing.Drawing2D

Public Class Form1
...
```

Alles spielt sich in der überschriebenen *OnPaint*-Ereignisprozedur von *Form1* ab:

```
Protected Overrides Sub OnPaint(ByVal e As System.Windows.Forms.PaintEventArgs)
    Dim g As Graphics = e.Graphics
```

Einen einfarbigen Pen der Stärke 15 erzeugen:

```
Dim myPen As New Pen(Color.Red, 15)
```

Ein Punkte-Array für die Linienenden definieren und initialisieren:

```
Dim punkte As PointF() = {New PointF(100, 50), New PointF(300, 150), _
                         New PointF(100, 250)}
```

Der Linienstart (als Pfeil):

```
myPen.StartCap = LineCap.ArrowAnchor
```

Das (runde) Linienende:

```
myPen.EndCap = LineCap.Round
```

Verbindung der zwei Linien (rund):

```
myPen.LineJoin = LineJoin.Round
```

Linien zeichnen:

```
    g.DrawLines(myPen, punkte)
    MyBase.OnPaint(e)
End Sub

End Class
```

Test

Ohne Kommentar:

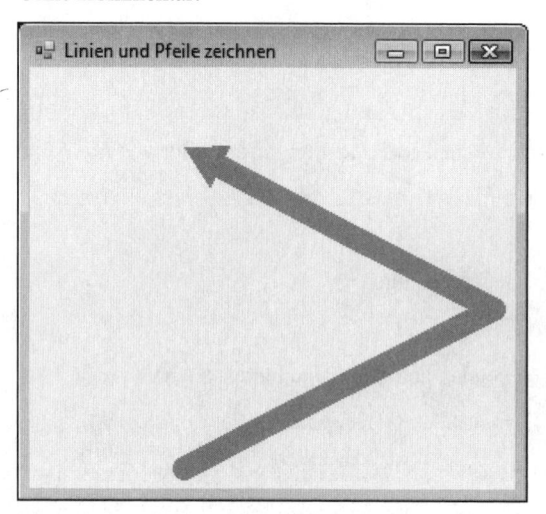

R4.3 Eine gemusterte Linie zeichnen

> **HINWEIS:** Verwechseln Sie nie Stifte mit Pinseln! Mit Stiften können Sie niemals eine Figur füllen, mit Pinseln hingegen können Sie keine Figuren zeichnen, sondern nur füllen!

Oberfläche

Eine Windows *Form* genügt.

Quelltext

```
Imports System.Drawing.Drawing2D
Public Class Form1
    Private Sub Form1_Paint(ByVal sender As Object, ByVal e As PaintEventArgs) _
                            Handles MyBase.Paint
        Dim myBrush As New HatchBrush(HatchStyle.DiagonalCross, _
                                      Color.Yellow, Color.Red)
        Dim myPen As New Pen(myBrush, 20)
        Dim g As Graphics = e.Graphics
        g.DrawLine(myPen, 10, 10, 200, 200)
    End Sub
End Class
```

Test

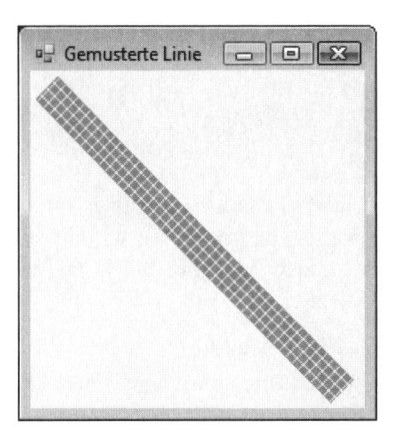

R4.4 Rechtecke und Ellipsen zeichnen

Das *Graphics*-Objekt der *System.Drawing*-Klassenbibliothek verfügt über zahlreiche Grafikmethoden. Neben dem Zeichnen einer Linie werden besonders häufig Rechtecke und Ellipsen/Kreise benötigt.

Auch die Lösung eines weiteren Problems soll demonstriert werden: Das Wiederherstellen der Zeichnung nach vorübergehendem Verdecken durch ein anderes Formular unter Verwendung des *Paint*-Ereignisses.

Um die Vielfalt der Lösungsmöglichkeiten zu demonstrieren, wollen wir sowohl auf ein Formular als auch auf eine *PictureBox* zeichnen und dabei unterschiedliche Techniken zum Erzeugung von Grafikobjekten demonstrieren.

Oberfläche

Außer einem *Button* brauchen wir unten rechts eine *PictureBox*, deren *BorderStyle*-Eigenschaft wir der besseren Übersicht wegen auf *Fixed3D* setzen.

Quellcode

Zunächst wollen wir auf das Formular zeichnen. Den Aufruf der Grafikfunktionen verlegen wir in die *OnPaint*-Methode des Formulars, die wir zu diesem Zweck überschreiben. Über den Parameter *e* wird der Methode das *Graphics*-Objekt des Formulars übergeben:

```
Public Class Form1
    Protected Overrides Sub OnPaint(ByVal e As PaintEventArgs)
        Dim rec As New Rectangle()
        rec.X = 10
        rec.Y = 10
```

```
            rec.Width = 200
            rec.Height = 100
            e.Graphics.DrawRectangle(Pens.Blue, rec)
            e.Graphics.FillEllipse(Brushes.Green, rec)
            MyBase.OnPaint(e)
        End Sub
```

Als alternative Variante zeichnen wir die gleichen Figuren – allerdings mit anderen Farben bzw. Füllungen – in die *PictureBox*. Zur Abwechslung verwenden wir hier direkt die *Paint*-Ereignisprozedur, nehmen einen Konstruktor für das *Rectangle*-Objekt und leisten uns auch den Luxus extra angelegter *Pen*- und *Brush*-Objekte.

```
        Private Sub PictureBox1_Paint(ByVal sender As System.Object, _
                                ByVal e As System.Windows.Forms.PaintEventArgs) _
                                Handles PictureBox1.Paint
            Dim rec As New Rectangle(10, 10, 200, 100)
            Dim b As New SolidBrush(Color.Yellow)
            e.Graphics.FillRectangle(b, rec)
            Dim p As New Pen(Color.Red, 2)
            e.Graphics.DrawEllipse(p, rec)
        End Sub
End Class
```

Test

Die Figuren sind sofort nach dem Start zu sehen und verschwinden auch nicht, wenn sie vorübergehend verdeckt worden sind.

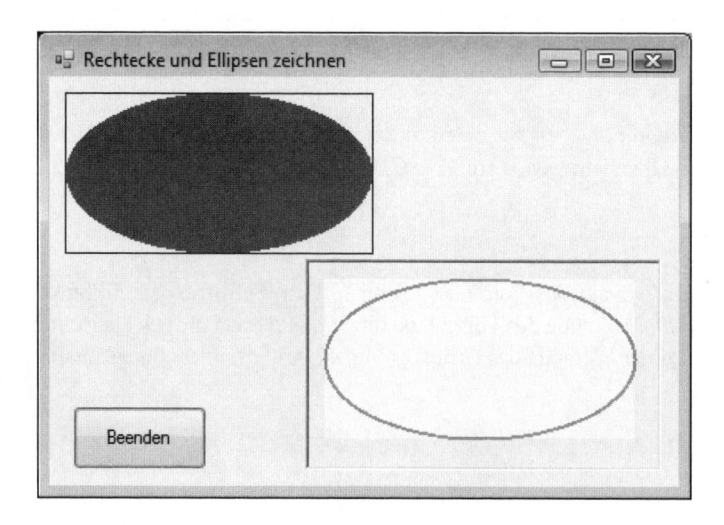

R4.5 Rechtecke mit runden Ecken zeichnen

Leider scheint es so, als hätte man dieses Feature unter GDI+ ersatzlos gestrichen! Das vorliegende Rezept zeigt deshalb eine "selbstgestrickte" *RoundRect*-Methode.

Oberfläche

Ein leeres *Form*ular genügt!

Quelltext

```
Public Class Form1
```

Der Routine werden ein *Graphics*-, ein *Pen*- und ein *Rectangle*-Objekt sowie die Koordinaten der linken oberen Ecke übergeben:

```
    Private Sub RoundRect(ByVal g As Graphics, ByVal p As Pen, ByVal rect As Rectangle, _
                ByVal x As Integer, ByVal y As Integer)
        ' Rundung oben links:
        g.DrawArc(p, New Rectangle(rect.Left, rect.Top, 2 * x, 2 * y), 180, 90)
        ' Rundung oben rechts:
        g.DrawArc(p, New Rectangle(rect.Left + rect.Width - 2 * x, rect.Top, 2 * x, _
                2 * y), 270, 90)
        ' Rundung unten rechts:
        g.DrawArc(p, New Rectangle(rect.Left + rect.Width - 2 * x, rect.Top + _
                rect.Height - 2 * y, 2 * x, 2 * y), 0, 90)
        ' Rundung unten links:
        g.DrawArc(p, New Rectangle(rect.Left, rect.Top + rect.Height - _
                2 * y, 2 * x, 2 * y), 90, 90)
        ' obere Kante:
        g.DrawLine(p, rect.Left + x, rect.Top, rect.Right - x + 1, rect.Top)
        ' untere Kante:
        g.DrawLine(p, rect.Left + x, rect.Bottom, rect.Right - x + 1, rect.Bottom)
        ' linke Kante:
        g.DrawLine(p, rect.Left, rect.Top + y, rect.Left, rect.Bottom - y + 1)
        ' rechte Kante:
        g.DrawLine(p, rect.Right, rect.Top + y, rect.Right, rect.Bottom - y + 1)
    End Sub
```

Der Aufruf erfolgt im *Paint*-Event:

```
    Private Sub Form1_Paint(ByVal sender As System.Object, _
                ByVal e As System.Windows.Forms.PaintEventArgs) Handles MyBase.Paint
        Dim g As Graphics = e.Graphics
        RoundRect(g, New Pen(Color.Black, 3), New Rectangle(50, 30, 250, 150), 20, 10)
```

```
        RoundRect(g, New Pen(Color.Black, 3), New Rectangle(10, 10, 190, 150), 50, 50)
    End Sub
End Class
```

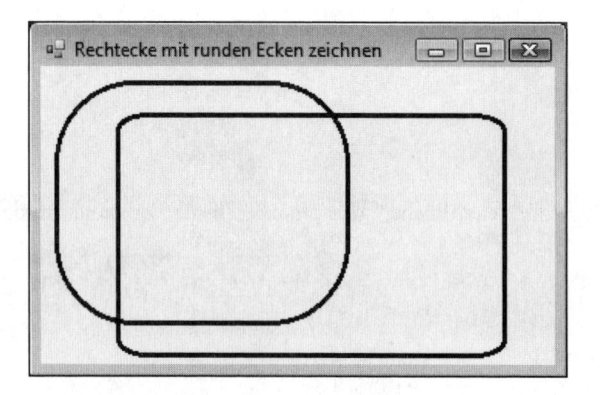

Test

R4.6 Transparente Farben verwenden

Im höchstwertigen Byte einer ARGB-Farbe wird die Transparenz gespeichert (255 = volle Deckkraft, 0 = vollständige Transparenz). Das vorliegende Rezept demonstriert die Wirkung an Hand der Überdeckung von zwei teiltransparenten Ellipsen.

Oberfläche

Ein Windows *Form* mit einem *Button* genügt!

Quellcode

```
Public Class Form1
```

Der überschriebene *OnPaint*-Eventhandler sorgt für das Zeichnen:

```
    Protected Overrides Sub OnPaint(ByVal e As System.Windows.Forms.PaintEventArgs)
        Dim c1, c2 As Color
        Dim g As Graphics = e.Graphics
        c1 = Color.FromArgb(125, Color.Red)
        g.FillEllipse(New SolidBrush(c1), New Rectangle(10, 10, 150, 100))
        c2 = Color.FromArgb(12, Color.Red)
        g.FillEllipse(New SolidBrush(c2), New Rectangle(50, 50, 250, 200))
        MyBase.OnPaint(e)
    End Sub
```

Zusätzlich können Sie über den *Button* die zweite Ellipse mehrfach zeichnen:

```
    Private Sub Button1_Click(ByVal sender As System.Object, ByVal e As System.EventArgs) _
                   Handles Button1.Click
        Dim g As Graphics = Me.CreateGraphics()
        Dim c As Color = Color.FromArgb(12, Color.Red)
        g.FillEllipse(New SolidBrush(c), New Rectangle(50, 50, 250, 200))
    End Sub
End Class
```

Test

Klicken Sie wiederholt auf die Schaltfläche, so addieren sich die Farbwerte immer weiter, bis eine vollständige Deckung erreicht ist:

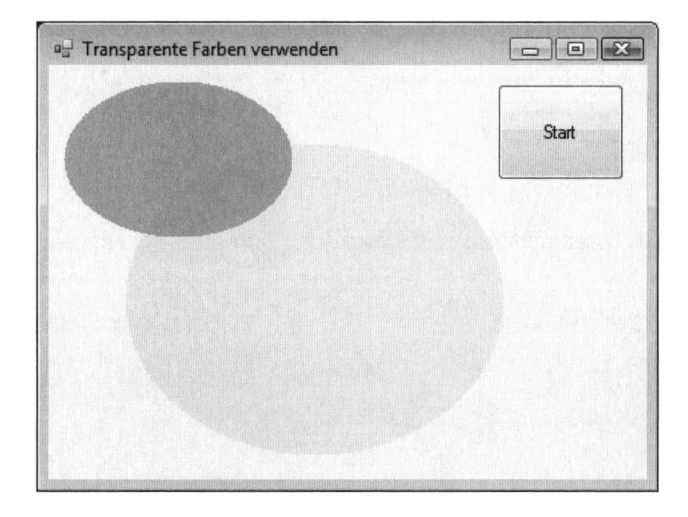

HINWEIS: Nach vorübergehendem Überdecken durch ein anderes Fenster ist sofort wieder der Anfangszustand der Farben erreicht!

R4.7 Ein Tortendiagramm zeichnen

Da die GDI+-Funktionen Winkel als Parameter erwarten, ist das Erzeugen von Tortendiagrammen besonders einfach.

In diesem Rezept zeichnen wir mittels *FillPie*-Methode ein Tortendiagramm mit den Winkeln 100, 60 und 200 (in Grad).

Oberfläche

Ein leeres *Form*ular genügt!

Quellcode

```
Public Class Form1

    Protected Overrides Sub OnPaint(ByVal e As System.Windows.Forms.PaintEventArgs)
        Dim g As Graphics = e.Graphics
        Dim rec As Rectangle = New Rectangle(50, 20, 200, 200)
        g.FillPie(New SolidBrush(Color.Red), rec, 0, 100)
        g.FillPie(New SolidBrush(Color.Green), rec, 100, 60)
        g.FillPie(New SolidBrush(Color.Yellow), rec, 160, 200)
        MyBase.OnPaint(e)
    End Sub

End Class
```

Test

Nach dem Start ist das Diagramm bereits zu sehen:

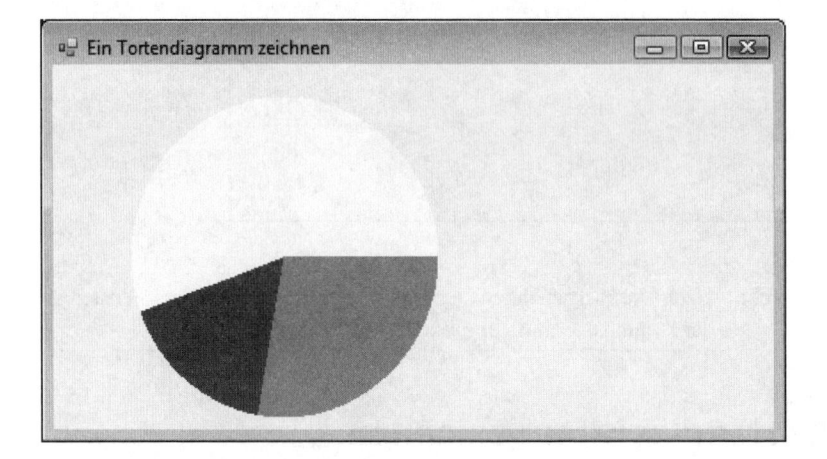

R4.8 Die Grafikdialoge richtig einsetzen

Dieses einfache Rezept soll den Einsatz der *FontDialog*- und der *ColorDialog*-Komponente am praktischen Beispiel demonstrieren:

Oberfläche

Erstellen Sie eine Oberfläche entsprechend folgender Abbildung:

Quellcode

```vb
Public Class Form1
```

Schriftartendialog aufrufen:

```vb
    Private Sub Button1_Click(ByVal sender As System.Object, ByVal e As System.EventArgs) _
                              Handles Button1.Click
        FontDialog1.Font = Label1.Font
        If FontDialog1.ShowDialog() = Windows.Forms.DialogResult.OK Then
            Label1.Font = FontDialog1.Font
        End If
    End Sub
```

Farbdialog aufrufen:

```vb
    Private Sub Button2_Click(ByVal sender As System.Object, ByVal e As System.EventArgs) _
                              Handles Button2.Click
        ColorDialog1.AllowFullOpen = False
```

Der im Farbdialog angezeigte Satz benutzerdefinierter Farben wird festgelegt:

```
        ColorDialog1.CustomColors = New Integer() {6975964, 231202, 1294476}
        If ColorDialog1.ShowDialog() = Windows.Forms.DialogResult.OK Then
            Me.BackColor = ColorDialog1.Color
        End If
    End Sub
End Class
```

Test

Sie können nun nach Belieben sowohl die im *Label* angezeigte Schriftart als auch die Hintergrundfarbe des Formulars manipulieren:

Ein Beispiel:

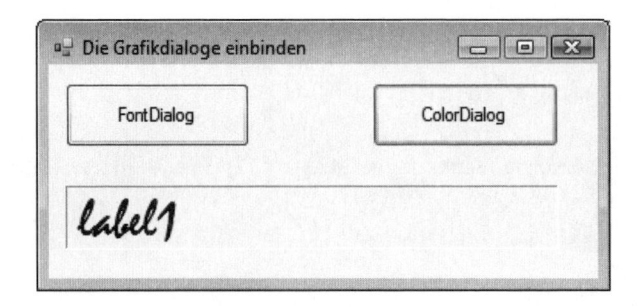

R4.9 Ein Control-Array mit Grafiken ausstatten

Ein Control-Array (Steuerelementefeld) besteht aus vielen gleichartigen Komponenten. In der Regel sind auch deren Ereignisbehandlungen nahezu identisch. Wie aber kann man die vielen Ereignisbehandlungen in einer einzigen zusammenfassen, sodass sinnlose Schreibarbeit vermieden wird? Das vorliegende Rezept zeigt eine Lösung und dürfte gleichzeitig den Umgang mit den Methoden der *Graphics*-Objekte der Windows Forms-Controls anschaulich verdeutlichen.

Oberfläche

Die Oberfläche mit den neun matrixförmig angeordneten *Panel*-Komponenten erinnert an das bekannte Tic-Tac-Toe-Spiel:

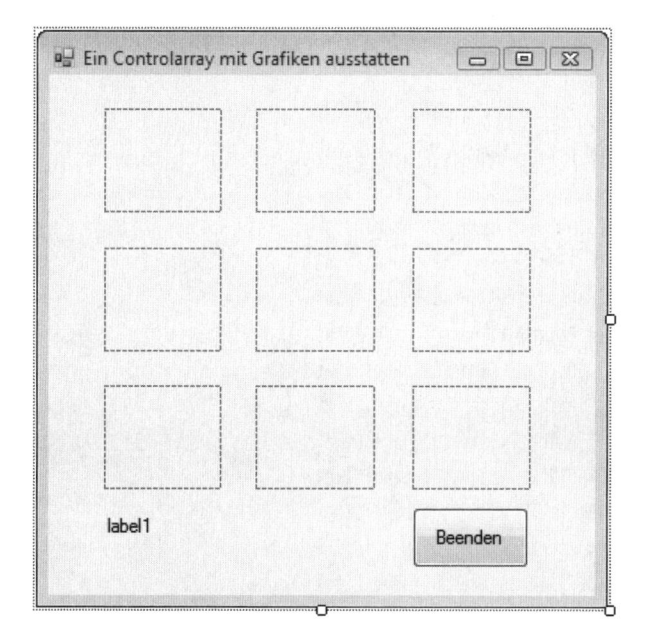

Quelltext

```
Public Class Form1
```

Zu Beginn gibt es allerhand zu tun:

```
    Protected Overrides Sub OnLoad(ByVal e As System.EventArgs)
```

Zunächst werden alle *Panel*-Komponenten "herausgefischt", sie erhalten eine rote Farbe und ihre *Tag*-Eigenschaft wird als Index (1, 2, 3 ... 9) verwendet:

```
        Dim index As Integer = 0
        For i As Integer = 0 To Me.Controls.Count - 1
```

```
            Dim o As Object = Controls(i)
            If o.GetType().Name = "Panel" Then
                Dim p As Panel = CType(o, Panel)
                p.BackColor = Color.Red
                index += 1
                p.Tag = index.ToString()
            End If
        Next
```

HINWEIS: Obiger Code könnte entfallen, wenn Sie *BackColor = Red* sowie die *Tag*-Eigenschaft (1, 2, 3 ... 9) bereits im Eigenschaften-Fenster zuweisen.

Als nächstes werden die Eventhandler *panelPaint* und *panelClick* für das *Paint*- und das *Click*-Ereignis aller Panels angemeldet:

```
        AddHandler panel1.Paint, AddressOf panelPaint
        AddHandler panel2.Paint, AddressOf panelPaint
        AddHandler panel3.Paint, AddressOf panelPaint
        AddHandler panel4.Paint, AddressOf panelPaint
        AddHandler panel5.Paint, AddressOf panelPaint
        AddHandler panel6.Paint, AddressOf panelPaint
        AddHandler panel7.Paint, AddressOf panelPaint
        AddHandler panel8.Paint, AddressOf panelPaint
        AddHandler panel9.Paint, AddressOf panelPaint
        AddHandler panel1.Click, AddressOf panelClick
        AddHandler panel2.Click, AddressOf panelClick
        AddHandler panel3.Click, AddressOf panelClick
        AddHandler panel4.Click, AddressOf panelClick
        AddHandler panel5.Click, AddressOf panelClick
        AddHandler panel6.Click, AddressOf panelClick
        AddHandler panel7.Click, AddressOf panelClick
        AddHandler panel8.Click, AddressOf panelClick
        AddHandler panel9.Click, AddressOf panelClick
        MyBase.OnLoad(e)
    End Sub
```

Der gemeinsame Eventhandler für das *Paint*-Ereignis der *Panel*s:

```
    Private Sub panelPaint(ByVal sender As Object, _
                  ByVal e As System.Windows.Forms.PaintEventArgs)
        Dim p As Panel = DirectCast(sender, Panel)
```

e.Graphics ist das übergebene *Graphics*-Objekt des *Panel*s:

```
e.Graphics.FillRectangle(New SolidBrush(p.BackColor), p.ClientRectangle)
If p.BackColor.Equals(Color.Red) Then          ' Ellipse
    e.Graphics.DrawEllipse(New Pen(Color.Blue, 3), p.ClientRectangle)
Else
    e.Graphics.DrawLine(New Pen(Color.Red, 3), 0, 0, p.Width, p.Height)
    e.Graphics.DrawLine(New Pen(Color.Red, 3), 0, p.Height, p.Width, 0)
End If
End Sub
```

In Abhängigkeit von der Hintergrundfarbe wird entweder eine blaue Ellipse (die das *Panel* exakt ausfüllt) oder aber ein rotes diagonales Kreuzchen gezeichnet. Sie sehen im obigen Code, wie einfach es sich auf dem im *Paint*-Event übergebenen *Graphics*-Objekt zeichnen lässt.

Nun zum gemeinsamen Eventhandler für das *Click*-Ereignis der Panels:

```
Private Sub panelClick(ByVal sender As Object, ByVal e As System.EventArgs)
    Dim p As Panel = DirectCast(sender, Panel)
    If p.BackColor.Equals(Color.Red) Then
        p.BackColor = Color.Blue
    Else
        p.BackColor = Color.Red
    End If
```

Dank der eingangs zugewiesenen *Tag*-Eigenschaft ist es möglich, die Panels sauber voneinander zu unterscheiden:

```
    ' p.Invalidate()
    Label1.Text = "Es wurde auf das " & p.Tag & ". Panel geklickt!"
End Sub
End Class
```

> **HINWEIS:** Der (auskommentierte) Aufruf der *Invalidate*-Methode am Ende erklärt das *Panel* für ungültig und veranlasst, dass es neu gezeichnet wird. Die Praxis zeigt aber, dass das *Paint*-Ereignis bereits beim Neuzuweisen von *BackColor* ausgelöst wird, sodass dieser Methodenaufruf entfallen kann.

Test

Klicken Sie auf ein Feld, so wechseln Farbe und Zeichnung, ähnlich wie dies bei einem Tic-Tac-Toe-Spiel der Fall ist. Im *Label* wird der Index angezeigt.

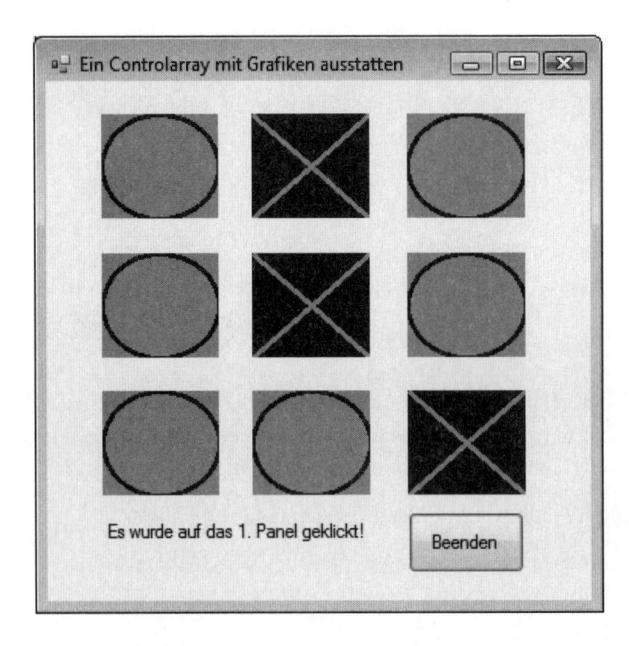

Bemerkungen

- Gezeichnet werden kann auf jedes Windows Forms-Steuerelement, für welches das *Paint*-Ereignis zur Verfügung steht.
- Wer die Steuerelemente nicht mühselig per Hand positionieren möchte, wird fündig in R3.8 "Steuerelemente-Array per Code erzeugen".

R4.10 Einen grafischen Würfel programmieren

Bekanntlich ist der jedem Menschen innewohnende Spieltrieb eine gewaltige Triebkraft für seine geistige Entwicklung, dies gilt in besonderem Maß auch für Programmierer. Deshalb wollen wir in diesem Rezept einen "richtigen" Würfel mit Hilfe der .NET-Grafikfunktionen programmieren.

Ausgangsbasis ist das Rezept R2.8 ("Zufallszahlen erzeugen"), wo der Einsatz der *Random*-Klasse demonstriert wird.

Oberfläche

Da wir den Würfel direkt auf das Startformular *Form1* zeichnen wollen, brauchen wir lediglich noch einen *Button* zum Beenden des Programms und etwas Platz (siehe Laufzeitabbildung am Schluss).

Die optische Darstellung nähert sich an das physikalische Original an. Umrandet von einem Quadrat sollen die sieben Punkte P1 ... P7 die gewürfelte Zahl darstellen:

R4.10 Einen grafischen Würfel programmieren

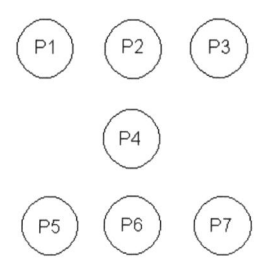

Die folgende Tabelle zeigt die Zuordnung der sieben Punkte zu den Zahlen 1 bis 6:

	P1	P2	P3	P4	P5	P6	P7
1				X			
2	X						X
3	X			X			X
4	X		X		X		X
5	X		X	X	X		X
6	X	X	X		X	X	X

Quelltext

```
Public Class Form1
```

Die Methode *drawWürfel* zeichnet den Würfel in einer zufälligen Lage, wobei lediglich die Koordinaten der linken oberen Ecke übergeben werden müssen:

```
Private Sub drawWürfel(ByVal x0 As Integer, ByVal y0 As Integer)
```

Eine Zufallszahl zwischen 1 und 6 wird erzeugt:

```
Dim rnd As New Random()
Dim z As Integer = rnd.Next(1, 7)
```

Vorbereitende Grafikoperationen:

```
Dim g As Graphics = Me.CreateGraphics()
Dim b As Brush = New SolidBrush(Color.White)
g.FillRectangle(New SolidBrush(Color.Black), x0, y0, 100, 100)
```

Damit wir die *FillElipse*-Methode nicht 21mal aufrufen müssen, sondern nur einmal pro Punkt, lohnt sich ein Blick auf die obige Tabelle:

```
If (z = 1) OrElse (z = 3) OrElse (z = 5) Then
    g.FillEllipse(b, x0 + 40, y0 + 40, 15, 15)
End If
If z > 1 Then
    g.FillEllipse(b, x0 + 20, y0 + 20, 15, 15)
```

```
                g.FillEllipse(b, x0 + 60, y0 + 60, 15, 15)
            End If
            If z > 3 Then
                g.FillEllipse(b, x0 + 60, y0 + 20, 15, 15)
                g.FillEllipse(b, x0 + 20, y0 + 60, 15, 15)
            End If
            If z = 6 Then
                g.FillEllipse(b, x0 + 40, y0 + 20, 15, 15)
                g.FillEllipse(b, x0 + 40, y0 + 60, 15, 15)
            End If
            g.Dispose()
        End Sub
```

Durch Mausklick auf den Würfel wird obige Funktion aufgerufen, wobei die Koordinaten der linken oberen Ecke des Würfels übergeben werden:

```
        Private Sub Form1_MouseDown(ByVal sender As Object, ByVal e As MouseEventArgs) _
                                   Handles MyBase.MouseDown
            Dim x0 As Integer = 150, y0 As Integer = 50
            If New Rectangle(x0, y0, 100, 100).Contains(e.X, e.Y) Then
                drawWürfel(x0, y0)
            End If
        End Sub
```

Damit die Grafik sofort nach Programmstart zu sehen ist und auch nach einem vorübergehenden Überdecken des Fensters nicht verschwindet, sollte man das *Paint*-Ereignis von *Form1* wie folgt besetzen:

```
        Private Sub Form1_Paint(ByVal sender As Object, ByVal e As PaintEventArgs) _
                                Handles MyBase.Paint
            drawWürfel(150, 50)
        End Sub
        ...
End Class
```

Test

Viel Spaß beim Würfeln!

> **HINWEIS:** Sind Sie mit den Grundlagen der Objektorientierten Programmierung (OOP) vertraut, so dürfte es Ihnen nicht schwer fallen, eine Klasse *CWürfel* zu programmieren, um dann z.B. mit drei Instanzen gleichzeitig spielen zu können.

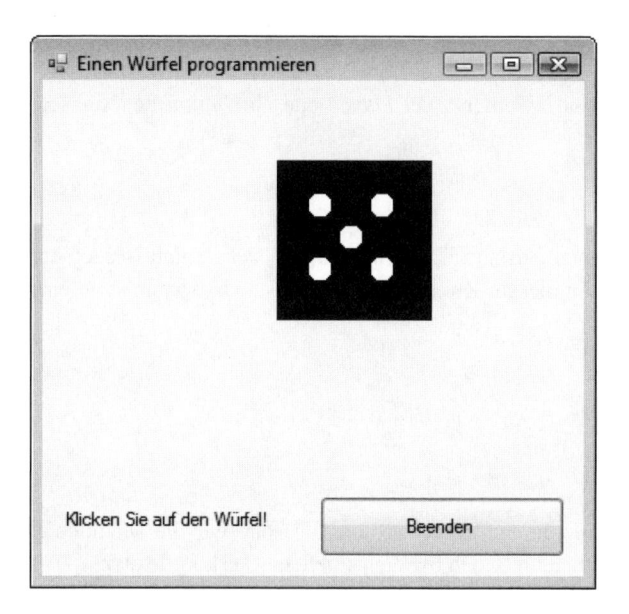

R4.11 Den Abstand zwischen zwei Punkten berechnen

Haben Sie im Mathematikunterricht gut aufgepasst, so wird Ihnen das vorliegende Rezept nicht mehr als ein müdes Lächeln entlocken. Allen anderen soll die folgende Skizze auf die Sprünge helfen:

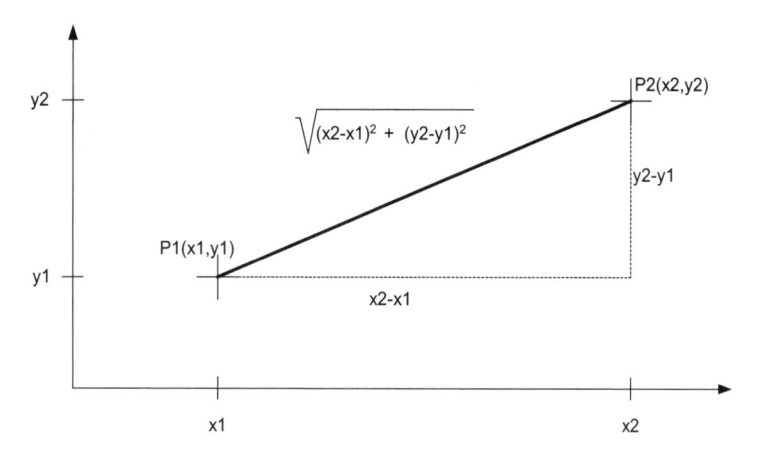

Neben der Umsetzung des *Lehrsatzes des Pythagoras* mittels der Funktionen *Sqr* (Quadrat) und *Sqrt* (Quadratwurzel) werden ganz nebenbei scheinbar triviale Dinge aus dem Grafikbereich (Löschen der Zeichenfläche, Zeichnen einer Linie, Umwandeln von Grafikkoordinaten) sowie der Begriff der *Zustandsvariablen* geübt.

Oberfläche

Für das Startformular *Form1* werden zwei *Labels* und ein *Button* benötigt (siehe Laufzeitansicht).

Quellcode

Das Programm muss seinen Zustand "kennen", d.h., ob der Anfangs- oder der Endpunkt der Linie angeklickt wurde. Zu diesem Zweck wird eine Zustandsvariable *state* eingeführt und mit dem Wert 1 initialisiert:

```
Public Class Form1
    Private state As Integer = 1     ' Zustandsvariable (1, 2)
    Private x1, y1, x2, y2 As Integer
    Private dist As Integer          ' Entfernung (Pixel)
```

Um das *MouseDown*-Ereignis auszuwerten, überschreiben wir die Methode *OnMouseDown* der Basisklasse. Im Parameter *e* finden Sie die aktuellen Mauskoordinaten *X, Y* (in Pixel):

```
Protected Overrides Sub OnMouseDown(ByVal e As _
                                    System.Windows.Forms.MouseEventArgs)
    Dim g As Graphics = Me.CreateGraphics()
    g.Clear(Me.BackColor)
```

Anfangspunkt setzen:

```
    If state = 1 Then
        x1 = e.X
        y1 = e.Y
        state = 2           ' Überführung zum nächsten Zustand
    Else                    ' Endpunkt setzen und Linie berechnen und zeichnen
        x2 = e.X
        y2 = e.Y
```

Die Verbindungslinie wird gezeichnet:

```
        g.DrawLine(New Pen(Color.Black), x1, y1, x2, y2)
```

Jetzt endlich kommt der gute alte Pythagoras zu Wort:

```
        dist = CType(Math.Sqrt((x2 - x1) * (x2 - x1) + (y2 - y1) * (y2 - y1)), Integer)
```

Die Anzeige der Länge:

```
        Label1.Text = " Länge der Linie : " & dist.ToString & " Pixel"
```

Zurück zum Anfangszustand:

```
        state = 1
    End If
```

```
        MyBase.OnMouseDown(e)
    End Sub
End Class
```

Test

Ohne viele Worte:

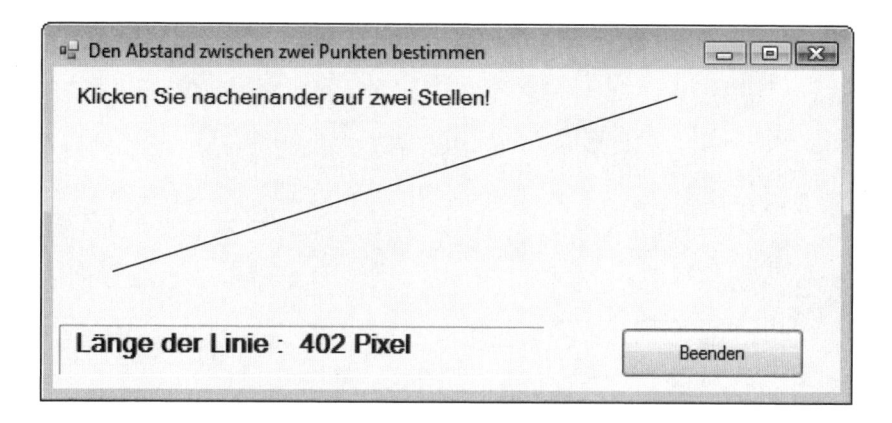

Den Abstand zwischen zwei Punkten bestimmen

Klicken Sie nacheinander auf zwei Stellen!

Länge der Linie : 402 Pixel   Beenden

R4.12 Ein Balkendiagramm zeichnen

Zwar gibt es mittlerweile .NET-Komponenten, die diese Aufgabe erledigen, doch in diesem Rezept geht es vor allem um das Vermitteln von Grundlagenwissen in der Grafikprogrammierung, wie z.B.

- der Einsatz der *TranslateTransform*-Methode des *Graphics*-Objekts,
- der Unterschied zwischen *DrawLine* und *DrawLines*,
- die maßstabsgerechte Unterteilung und Beschriftung von Achsen
- oder ganz allgemein die Darstellung eines Funktionsdiagramms, dessen Werte in einem Array abgelegt sind.

Oberfläche

Dazu gibt es nicht viel zu sagen (siehe Abbildung), wichtig ist nur, dass auf dem Formular genügend Platz für das Diagramm freigehalten wird.

Quelltext

```
Public Class Form1
```

Eine ganze Reihe von globalen Konstanten und Variablen bestimmen das spätere Outfit des Diagramms:

Die Werte für die Verschiebung des Koordinatensystems (Pixel):

```
Private Const x0 As Single = 50, y0 As Single = 100
```

Die gewünschten Skalenteilungen in Einheiten:

```
Private Const xmax As Integer = 12, ymax As Integer = 10
```

Den y-Maßstabsfaktor legen wir mit 10 fest, d.h., die Skalenteilung der y-Achse hat die Werte 0, 10, 20, ..., 100:

```
Private Const my As Integer = 10
```

Die Dehnungsfaktoren für die Darstellung der Achsen:

```
Private Const fx As Integer = 40    ' 40 Pixel / Einheit
Private Const fy As Integer = 20    ' 20 Pixel / Einheit
```

Die Anzahl Pixel pro Achse bestimmt die Auflösung des Diagramms:

```
Private xpix As Integer = xmax * fx
Private ypix As Integer = ymax * fy
```

Ein Array dient als Zwischenspeicher für die y-Werte:

```
Private a(xmax) As Integer
```

Die Aktivitäten beim Laden des Formulars:

```
Protected Overrides Sub OnLoad(ByVal e As System.EventArgs)
    Dim monate() As String() = {"Januar", "Februar", "März", "April", "Mai", "Juni", _
        "Juli", "August", "September", "Oktober", "November", "Dezember"}
    ComboBox1.Items.AddRange(monate)        ' Füllen der Combobox
    ComboBox1.SelectedIndex = 0
```

Damit das Diagramm zu Beginn nicht gar zu leer und trostlos aussieht, werden Zufallswerte eingetragen:

```
    randomValues()              ' Zufallswerte eintragen
    MyBase.OnLoad(e)
End Sub
```

Die Hauptroutine *drawBarGraph()* hat es in sich, muss hier doch maßstabsgerecht das komplette Diagramm aufgebaut werden:

```
Private Sub drawBarGraph()
```

Ohne ein *Graphics*-Objekt, dessen Koordinatenursprung wir auf die linke obere Ecke unseres Diagramms verschieben, geht gar nichts:

```
    Dim g As Graphics = Me.CreateGraphics()
    g.TranslateTransform(x0, y0)        ' Koordinatenursprung verschieben
    Dim p As New Pen(Color.Black, 1)
    Dim b As New SolidBrush(Color.Black)
```

Beide Koordinatenachsen mit einem einzigen Befehl (*DrawLines*) zeichnen:

```
    Dim points As Point() = {New Point(0, 0), New Point(0, ypix), New Point(xpix, ypix)}
    g.DrawLines(p, points)
```

Vertikale Skalenteilung:

```
    For i As Integer = 0 To ymax        ' vertikale Skalenteilung:
        g.DrawLine(p, -4, i * fy, 0, i * fy)
        Dim s As String = ((ymax - i) * my).ToString()
```

Beschriftung entsprechend Maßstab (0 ... 100):

```
        g.DrawString(s, New Font("Arial", 8), b, -30, i * fy - 6)
    Next
```

Für die Beschriftung der horizontalen Achse verwenden wir die ersten drei Buchstaben des Monats, den wir der *ComboBox* entnehmen:

```
    For i As Integer = 1 To xmax        ' horizontale Skalenteilung:
```

```
            Dim monat As String = ComboBox1.Items(i - 1).ToString()
            monat = monat.Substring(0, 3)          ' nur die ersten drei Buchstaben
            g.DrawString(monat, New Font("Arial", 8), b, i * fx - 30, ypix + 2)
        Next
```

Balken eintragen:

```
        For i As Integer = 0 To xmax - 1
            Dim x, y As Integer
            x = i * fx
            y = a(i) * fy / my
```

Zunächst den alten Balken in voller Länge mit der Hintergrundfarbe löschen:

```
            g.FillRectangle(New SolidBrush(Me.BackColor), x + 5, 0, fx - 5, ypix)
```

Dann den neuen Balken eintragen (in diesem Fall beträgt der Abstand zwischen beiden Balken 5 Pixel):

```
            g.FillRectangle(New SolidBrush(Color.Red), x + 5, ypix - y, fx - 5, y)
        Next
        g.Dispose()
    End Sub
```

Nach jedem Verdecken des Formulars muss alles neu gezeichnet werden:

```
    Protected Overrides Sub OnPaint(ByVal e As System.Windows.Forms.PaintEventArgs)
        drawBarGraph()
        MyBase.OnPaint(e)
    End Sub
```

Die Übernahme des Textbox-Inhalts ist erst nach dem Betätigen der Enter-Taste möglich:

```
    Private Sub TextBox1_KeyUp(ByVal sender As System.Object, _
                  ByVal e As System.Windows.Forms.KeyEventArgs) Handles TextBox1.KeyUp
        If (e.KeyCode = Keys.Enter) AndAlso (TextBox1.Text <> "") Then
            Dim i As Integer = ComboBox1.SelectedIndex
            Dim y As Integer = Convert.ToInt32(TextBox1.Text)
```

Falls der zulässige Maximalwert nicht überschritten wird, erfolgt die Übernahme in den Zwischenspeicher:

```
            If y <= ymax * my Then a(i) = y
            drawBarGraph()
        End If
    End Sub
```

R4.12 Ein Balkendiagramm zeichnen

Zufällige Beispielwerte erzeugen:

```
    Private Sub randomValues()
        Dim rnd As New Random()
        For i As Integer = 0 To 11
            a(i) = rnd.Next(100)
        Next
        TextBox1.Text = a(0).ToString()
    End Sub
End Class
```

Test

Nach dem Start können Sie das Programm auf Herz und Nieren prüfen.

HINWEIS: Vergessen Sie bei der Eingabe neuer Werte nicht, diese mit der Enter-Taste abzuschließen!

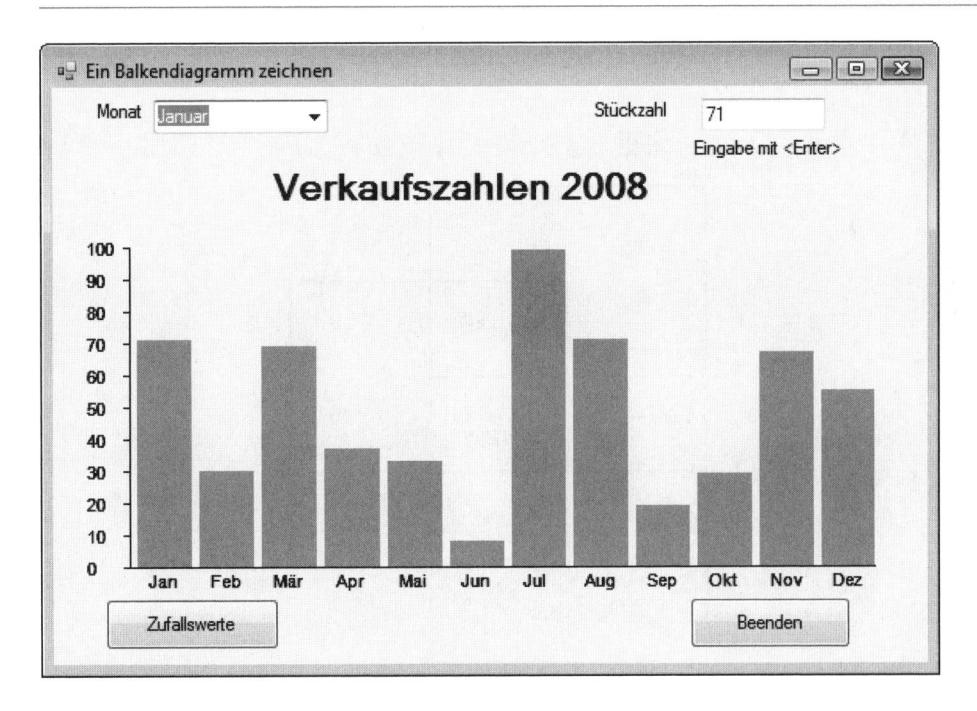

Bemerkung

Durch Ändern der globalen Konstanten lassen sich Position, Abmessungen, Auflösung und die Anzahl der anzuzeigenden Werte verändern, ohne dass Eingriffe in die *drawBarGraph*-Methode erforderlich sind.

R4.13 Das Mischen von Farbwerten verstehen

Wer möchte nicht auch einmal andere Farben verwenden, als es die in .NET integrierten Farbkonstanten (*Color.Red, Color.SteelBlue, ...*) ermöglichen?

Vorliegendes Rezept soll anschaulich demonstrieren, wie man beliebige Farben aus der additiven Überlagerung der drei Grundfarben gewinnen kann.

> **HINWEIS:** Farbwerte haben den Datentyp *Color*, dahinter verbirgt sich eine vier Byte lange Integer-Zahl, von der das höchstwertige Byte die Transparenz der Farbe speichert und die nachfolgenden Bytes die Farbintensität für Blau, Grün und Rot angeben. Damit sind ca. 16 Mio. Farben möglich!

Vorbereitungen

Wir wollen einfachheitshalber jede der drei Grundfarben in einem Quadrat statt wie üblich in einem Farbkreis darstellen. Alle drei Quadrate überlappen sich und zeigen die verschiedenen daraus resultierenden Mischfarben. Um ein ausgewogenes Verhältnis zwischen den einzelnen Flächen zu erhalten, wird eine Aufteilung wie in folgender Abbildung vorgenommen:

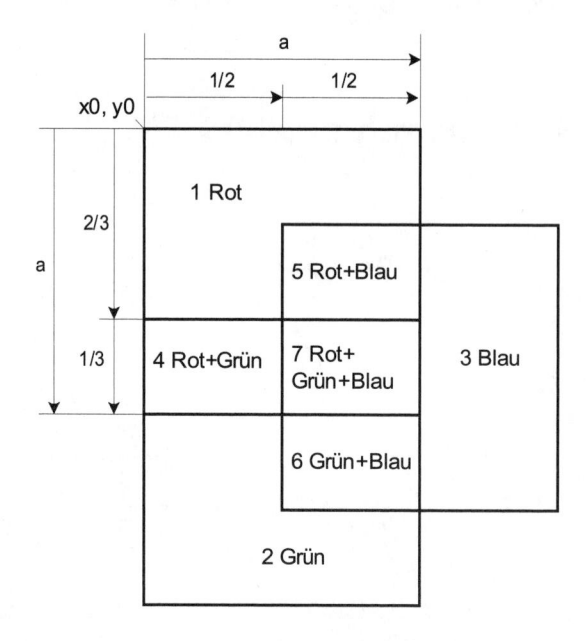

Die folgende Tabelle dient als Grundlage für die spätere Programmierung ($x0, y0$ = Bezugspunkt = linke obere Ecke des roten Farbquadrats; $x1, y1$ = linke obere Ecke des Rechtecks):

R4.13 Das Mischen von Farbwerten verstehen

Rechteck	Farbe	x1	y1	Höhe	Breite
1	Rot	x0	y0	a	a
2	Grün	x0	y0+2a/3	a	a
3	Blau	x0+a/2	y0+a/3	a	a
4	Rot+Grün	x0	y0+2a/3	a/3	a/2
5	Rot+Blau	x0+a/2	y0+a/3	a/3	a/2
6	Grün+Blau	x0+a/2	y0+a	a/3	a/2
7	Rot+Grün+Blau	x0+a/2	y0+2a/3	a/3	a/2

Oberfläche

Auf dem Startformular platzieren Sie drei *VScrollBar*- und drei *Panel*-Komponenten. Ändern Sie deren *Maximum*-Eigenschaft in 255. Lassen Sie rechts genug Platz, damit zur Laufzeit die sich überlappenden drei Farbquadrate angezeigt werden können (Laufzeitansicht).

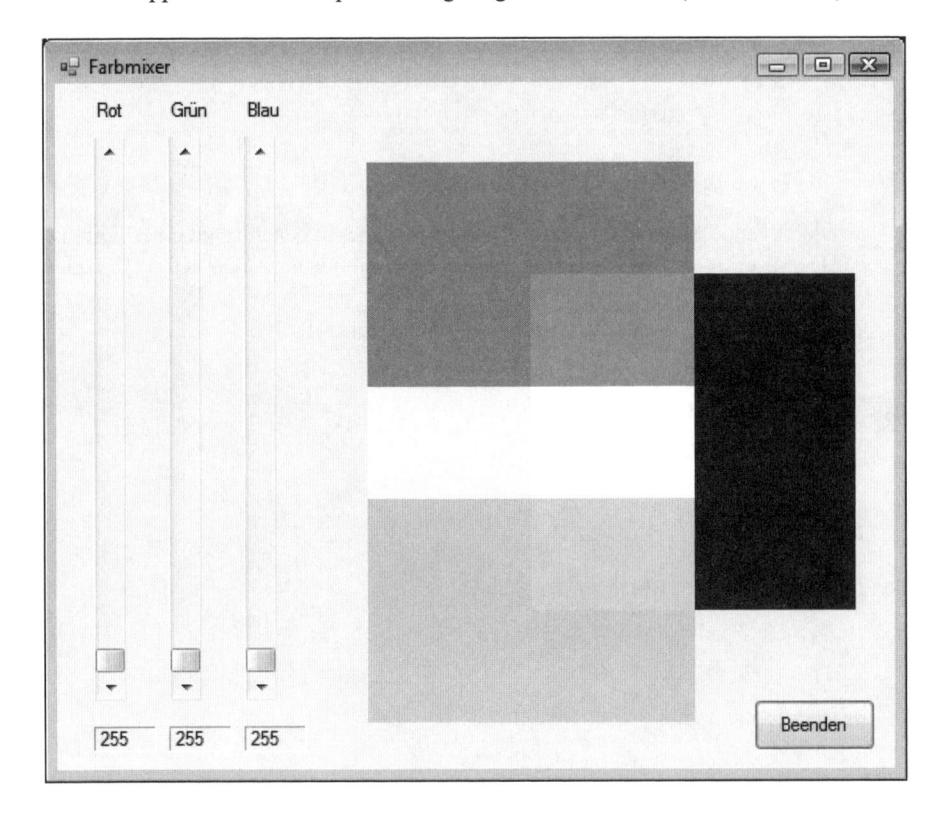

Quelltext

```
Public Class Form1
```

Folgende globale Variablen sind notwendig, um sich die aktuellen Einstellungen der *VScroll-Bar*s zu "merken":

```
    Private rot, grün, blau As Integer     ' Farbanteile (0 ... 255)
```

Die folgenden Konstanten bestimmen Position und Abmessungen der Zeichnung:

```
    Private Const x0 As Integer = 200, y0 As Integer = 50    ' linke obere Ecke des Farbquadrats
    Private Const a As Integer = 210                         ' Kantenlänge eines Farbquadrats
```

Diese zentrale Methode zeichnet ein farbiges Rechteck (*x1,y1* = linke obere Ecke, *breit* = Breite, *hoch* = Höhe in Pixel, *frb* = Farbe):

```
    Private Sub füllRechteck(ByVal x1 As Integer, ByVal y1 As Integer, _
                             ByVal breit As Integer, ByVal hoch As Integer, ByVal frb As Color)
        Dim g As Graphics = Me.CreateGraphics()
        Dim rec As Rectangle = New Rectangle(x1, y1, breit, hoch)
        g.FillRectangle(New SolidBrush(frb), rec)
        g.Dispose()
    End Sub
```

Die folgende Methode zeichnet die vier Bereiche, in denen es zu einer Farbmischung kommt. Das Mischen erledigt hierbei die *FromArgb*-Methode der *Color*-Klasse, welcher die Werte der drei Farbanteile (0 ... 255) als Parameter übergeben werden. Die Transparenz (erster Parameter) wird immer auf 255 eingestellt (volle Deckkraft):

```
    Private Sub ÜberDeckung()
        Dim c As Color
```

Überdeckung rot + grün:

```
        c = Color.FromArgb(255, rot, grün, 0)
        füllRechteck(x0, y0 + (2 * a) / 3, a / 2, a / 3, c)
```

Überdeckung rot + blau:

```
        c = Color.FromArgb(255, rot, 0, blau)
        füllRechteck(x0 + a / 2, y0 + a / 3, a / 2, a / 3, c)
```

Überdeckung grün + blau:

```
        c = Color.FromArgb(255, 0, grün, blau)
        füllRechteck(x0 + a / 2, y0 + a, a / 2, a / 3, c)
```

Überdeckung rot + grün + blau:

```
        c = Color.FromArgb(255, rot, grün, blau)
```

R4.13 Das Mischen von Farbwerten verstehen

```
        füllRechteck(x0 + a / 2, y0 + (2 * a) / 3, a / 2, a / 3, c)
    End Sub
```

Die nachfolgenden Event-Handler reagieren auf das *ValueChanged*-Ereignis der Scrollbars.

Rotanteil ändern:

```
    Private Sub VScrollBar1_ValueChanged(ByVal sender As System.Object, _
                        ByVal e As System.EventArgs) Handles VScrollBar1.ValueChanged
        rot = vScrollBar1.Value
        füllRechteck(x0, y0, a, a, Color.FromArgb(255, rot, 0, 0))
        Label1.Text = rot.ToString()
        ÜberDeckung()
    End Sub
```

Grünanteil ändern:

```
    Private Sub VScrollBar2_ValueChanged(ByVal sender As System.Object, _
                        ByVal e As System.EventArgs) Handles VScrollBar2.ValueChanged
        grün = VScrollBar2.Value
        füllRechteck(x0, y0 + (2 * a) / 3, a, a, Color.FromArgb(255, 0, grün, 0))
        Label2.Text = grün.ToString()
        ÜberDeckung()
    End Sub
```

Blauanteil ändern:

```
    Private Sub VScrollBar3_ValueChanged(ByVal sender As System.Object, _
                        ByVal e As  System.EventArgs) Handles VScrollBar3.ValueChanged
        blau = VScrollBar3.Value
        füllRechteck(x0 + a / 2, y0 + a / 3, a, a, Color.FromArgb(255, 0, 0, blau))
        Label3.Text = blau.ToString()
        ÜberDeckung()
    End Sub
```

Um bereits beim Start des Programms etwas Sinnvolles anzuzeigen sowie nach vorübergehendem Abdecken des Fensters die Grafik zu regenerieren, kann das *OnPaint*-Event überschrieben werden:

```
    Protected Overrides Sub OnPaint(ByVal e As System.Windows.Forms.PaintEventArgs)
        VScrollBar1_ValueChanged(Me, e)
        VScrollBar2_ValueChanged(Me, e)
        VScrollBar3_ValueChanged(Me, e)
        MyBase.OnPaint(e)
    End Sub
End Class
```

Test

Zu Beginn sind alle drei Regler auf Maximalstellung, das zentrale Feld wird deshalb ein reines Weiß anzeigen. Sind alle Regler in der oberen Stellung, sehen die Farbquadrate schwarz und hässlich aus, kein Wunder, denn alle drei Grundfarben sind dann auf *null* gesetzt.

Bemerkungen

- Das Beispiel eignet sich gut zum Beurteilen von Farbwerten, die man in anderen Programmen verwenden möchte. Dabei sollte natürlich Ihre Grafikkarte auf die hohe Farbauflösung eingestellt sein.

- Sie können mit einem zusätzlichen Regler auch noch den ersten Parameter (Transparenz) der *FromArgb*-Methode variabel gestalten.

R4.14 Eine Verkehrsampel programmieren

"Mit der *FillEllipse*-Methode des *Graphics*-Objekts dürfte das wohl kaum ein Problem sein", werden Sie vielleicht denken. Das vorliegende Rezept bietet aber weit mehr als nur eine bloße Demonstration von .NET-Grafikfunktionen, denn Sie lernen auch den Umgang mit Klassen und die Bedeutung von Zustandsvariablen kennen.

Oberfläche

Ein *Timer* und eine "Beenden"-Schaltfläche – das ist alles (siehe Laufzeitansicht)!

Zustandsdiagramm

Unsere Verkehrsampel soll vier Zustände haben, die unterschiedlich lang andauern und zyklisch in vorgegebener Reihenfolge wechseln. In Abhängigkeit vom aktuellen Zustand führt das *Timer*-Ereignis zu einem anderen Folgezustand.

Quellcode für Klasse CAmpel

Über den Menüpunkt *Projekt|Klasse hinzufügen...* erzeugen Sie das Skelett einer neuen Klasse.

```
Imports System.Drawing

Public Class CAmpel
```

Von besonderer Bedeutung ist die Zustandsvariable *state*, welche den aktuellen Zustand der Ampel speichert:

```
  Private state As Integer
```

R4.14 Eine Verkehrsampel programmieren

Weitere private Variablen:

```
Private frm As Form
Private xp, yp As Single
Private dt1, dt2, dt3, dt4 As Integer
```

Im Konstruktor wird die Ampel initialisiert, die privaten Variablen erhalten ihre Anfangswerte:

```
Public Sub New(ByVal f As Form, ByVal x As Single, ByVal y As Single, _
               ByVal st As Integer, ByVal t1 As Integer, ByVal t2 As Integer, _
               ByVal t3 As Integer, ByVal t4 As Integer)

    state = st              ' Anfangszustand
    frm = f                 ' Formular - Objekt
    xp = x
    yp = y                  ' linke obere Ecke der Ampel
```

Die vier Schaltphasen:

```
    dt1 = t1 * 1000         ' Grün
    dt2 = t2 * 1000         ' Gelb
    dt3 = t3 * 1000         ' Rot
    dt4 = t4 * 1000         ' RotGelb
End Sub
```

Die (private) Methode zum Zeichnen der Ampel. Übergabeparameter sind die Farben der drei Leuchten:

```
Private Sub drawAmpel(ByVal fO As Color, ByVal fM As Color, ByVal fU As Color)
    Dim g As Graphics = frm.CreateGraphics()
    ' Ampelkasten
    g.FillRectangle(New SolidBrush(Color.Black), xp - 20, yp - 20, 90, 210)
    g.FillEllipse(New SolidBrush(fO), xp, yp, 50, 50)            ' oben: Rot - Leuchte
    g.FillEllipse(New SolidBrush(fM), xp, yp + 60, 50, 50)       ' mitte: Gelb - Leuchte
    g.FillEllipse(New SolidBrush(fU), xp, yp + 120, 50, 50)      ' unten: Grün - Leuchte
    g.Dispose()
End Sub
```

Die einzige öffentliche Methode der Klasse ist deren Zustandsüberführungsfunktion. Als Parameter wird ein *Timer*-Objekt übergeben, dessen *Interval*-Eigenschaft der Dauer des neuen Zustands anzupassen ist:

```
Public Sub nextState(ByVal tm As Timer)
    Select Case state
        Case 1
            drawAmpel(Color.Gray, Color.Gray, Color.LightGreen)
            tm.Interval = dt1
```

```
                Exit Select
            Case 2
                drawAmpel(Color.Gray, Color.Yellow, Color.Gray)
                tm.Interval = dt2
                Exit Select
            Case 3
                drawAmpel(Color.Red, Color.Gray, Color.Gray)
                tm.Interval = dt3
                Exit Select
            Case 4
                drawAmpel(Color.Red, Color.Yellow, Color.Gray)
                tm.Interval = dt4
                Exit Select
        End Select
        state += 1
        If state = 5 Then  state = 1           ' zurück zum Anfangszustand des Schaltzyklus
    End Sub
End Class
```

Quellcode für Form1

Wie es sich für einen ordentlichen objektorientierten Entwurf gehört, kommt die Benutzerschnittstelle mit wenig Programmcode aus (die gesamte Intelligenz ist ja in der darunter liegenden Klasse *CAmpel* gekapselt):

```
Public Class Form1
```

Ein Ampelobjekt wird referenziert:

```
    Private ampel As CAmpel
```

Beim Laden des Formulars werden die gewünschten Ampeleigenschaften dem Konstruktor als Initialisierungsparameter übergeben. In unserem Fall soll die Ampel auf dem aktuellen Formular (*Me*) an der Position x=100, y=50 gezeichnet werden. Der Ampelzyklus beginnt mit dem Zustand 1 (Grünphase). Als Dauer der einzelnen Zyklen werden die Werte 3 Sekunden (Grün), 1 Sekunde (Gelb), 3 Sekunden (Rot) und 1 Sekunde (RotGelb) festgelegt:

```
    Protected Overrides Sub OnLoad(ByVal e As System.EventArgs)
        ampel = New CAmpel(Me, 100, 50, 1, 3, 1, 3, 1)
        MyBase.OnLoad(e)
    End Sub
```

Der Zustandswechsel wird durch das *Tick*-Event des *Timer*s ausgelöst:

```
    Private Sub Timer1_Tick(ByVal sender As System.Object, ByVal e As System.EventArgs) _
                    Handles Timer1.Tick
```

```
        ampel.nextState(Timer1)
    End Sub
```

Formular schließen:

```
    Private Sub Button1_Click(ByVal sender As System.Object, ByVal e As System.EventArgs) _
                    Handles Button1.Click
        Close()
    End Sub
End Class
```

Test

Nach dem Programmstart brauchen Sie sich um nichts weiter zu kümmern. Lehnen Sie sich entspannt zurück und beobachten Sie den Wechsel zwischen den Ampelphasen:

Bemerkungen

- Durch Zuweisen von helleren und dunkleren Farbtönen (*FromArgb()*-Funktion der *Color*-Klasse) können Sie die Ampel noch attraktiver gestalten. Siehe dazu R4.13 "Das Mischen von Farbwerten verstehen".

- Die Vorteile einer objektorientierten Programmierung (OOP) werden noch deutlicher, wenn Sie eine komplette Ampelkreuzung mit 4 Ampeln programmieren. Hierzu bilden Sie vier Instanzen (*ampel1*, *ampel2*, *ampel3*, *ampel4*) der Klasse *CAmpel*, denen Sie jeweils andere Anfangszustände zuweisen.

R4.15 Eine 2D-Vektorgrafik manipulieren

Vektorgrafiken brauchen weniger Speicherplatz und sind meist schneller im Bildaufbau als Pixelgrafiken. Ein einzelnes Grafiksymbol braucht nur einmal in "Normalposition" definiert zu werden, um dann für alle nur möglichen gedrehten bzw. gespiegelten Raumlagen gleichermaßen gültig zu sein. Wir schreiben ein Demoprogramm, mit welchem wir das im Folgenden abgebildete "Haus" vergrößern, verkleinern, drehen und spiegeln können.

Ganz nebenbei werden auch theoretische Grundlagen animierter Grafiken vermittelt oder scheinbar nebensächliche Dinge wie das Löschen des Fensterhintergrunds.

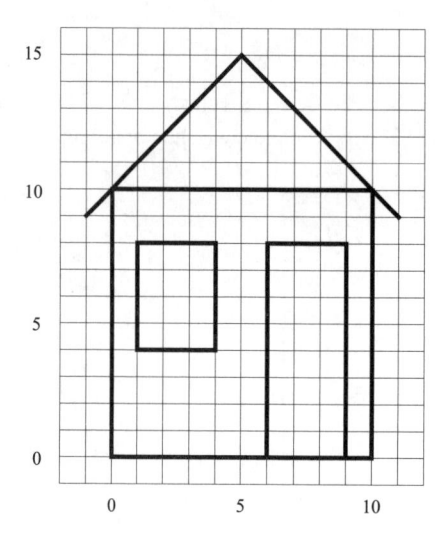

Oberfläche

Auf dem Startformular (*Form1*) werden ein *Timer* und fünf Befehlsschaltflächen (*Button1* bis *Button5*) platziert (siehe Abbildung am Ende). Die *Interval*-Eigenschaft des Timers stellen Sie auf ca. 100 ein (= 100 ms).

HINWEIS: Vergessen Sie nicht, die *Enabled*-Eigenschaft des Timers auf *True* zu setzen!

Quellcode

```
Public Class Form1
```

Es beginnt mit einer Reihe von globalen Variablendeklarationen:

```
    Private alf As Double            ' Drehwinkel
    Private si, co As Double         ' Sinus und Kosinus
    Private sf As Integer            ' Spiegelungsfaktor
    Private mf As Double             ' Maßstabsfaktor
```

```
Private x0, y0 As Double        ' absolute Bezugskoordinaten
Private dirFlg As Boolean             ' Richtungsflag
```

Zwecks Anfangsinitialisierung der globalen Variablen wird die virtuelle *OnLoad*-Methode der Basisklasse überschrieben. Dabei werden die Bezugskoordinaten *x0, y0* automatisch in Mitte von *Form1* zentriert:

```
Protected Overrides Sub OnLoad(ByVal e As System.EventArgs)
    x0 = Me.Size.Width / 2
    y0 = Me.Size.Height / 2
    alf = 0
    sf = 1
    mf = 10
    MyBase.OnLoad(e)
End Sub
```

Die nachfolgenden Methoden haben ganz bewusst kurze Bezeichner, da sie häufig aufgerufen werden und der Quellcode möglichst nicht zu lang sein sollte (siehe *drawHouse*-Methode unten).

Die Methode *dwc* zeichnet einen Kreis mit dem Radius *R* an der zu *x0, y0* relativen Position *dx1, dy1*:

```
Private Sub dwc(ByVal dx1 As Double, ByVal dy1 As Double, ByVal R As Double)
' zeichnet relativen Kreis
    Dim x1, y1 As Double        ' Koordinaten transformieren:
    dx1 = mf * dx1
    dy1 = mf * dy1
    R = mf * R
    x1 = x0 + dx1 * co - sf * dy1 * si
    y1 = y0 - sf * dy1 * co - dx1 * si
    Dim x, y, d As Single       ' Hilfsvariablen
```

Wegen *Option Strict On* sind die nachfolgenden Typkonvertierungen unumgänglich:

```
    x = Convert.ToSingle(x1 - R)    ' linke obere Ecke
    y = Convert.ToSingle(y1 - R)    '   "     "    "
    d = Convert.ToSingle(2 * R)     ' Durchmesser
```

Jetzt kann der Kreis gezeichnet werden (Linienstärke = 2 Pixel):

```
    Dim p As New Pen(Color.Black, 2)
    Dim g As Graphics = Me.CreateGraphics()
    g.DrawEllipse(p, x, y, d, d)
    g.Dispose()
End Sub
```

Völlig analog laufen die Dinge bei der *dwl*-Methode, welche eine Linie zeichnet, deren Anfangs- und Endkoordinaten(*dx1, dy1, dx2, dy2*) relativ zum Ursprung *x0, y0* transformiert werden:

```
Private Sub dwl(ByVal dx1 As Double, ByVal dy1 As Double, ByVal dx2 As Double, _
               ByVal dy2 As Double)        ' zeichnet relative Linie
    Dim x1, y1, x2, y2 As Double
    dx1 = mf * dx1
    dy1 = mf * dy1
    x1 = x0 + dx1 * co - sf * dy1 * si
    y1 = y0 - sf * dy1 * co - dx1 * si
    dx2 = mf * dx2
    dy2 = mf * dy2
    x2 = x0 + dx2 * co - sf * dy2 * si
    y2 = y0 - sf * dy2 * co - dx2 * si
    Dim xa, ya, xb, yb As Single       ' Hilfsvariablen
```

Auch hier sind Konvertierungen vom *Double*- in den *Single*-Datentyp erforderlich, da die *DrawLine*-Methode leider keine Überladung für *Double*-Parameter besitzt:

```
    xa = Convert.ToSingle(x1)       ' Anfangspunkt
    ya = Convert.ToSingle(y1)       '      "
    xb = Convert.ToSingle(x2)       ' Endpunkt
    yb = Convert.ToSingle(y2)       '      "
```

Linie zeichnen:

```
    Dim p As New Pen(Color.Black, 2)
    Dim g As Graphics = Me.CreateGraphics()
    g.DrawLine(p, xa, ya, xb, yb)
    g.Dispose()
End Sub
```

Der Aufruf der obigen Methoden erfolgt entsprechend der gewünschten Grafik, wobei die Rasterzeichnung des Hauses als Vorlage dient:

```
Private Sub drawHouse()       ' zeichnet Haus
    'Frontseite:
    dwl(0, 10, 10, 10) : dwl(10, 10, 10, 0) : dwl(10, 0, 0, 0) : dwl(0, 0, 0, 10)
    ' Fenster:
    dwl(1, 8, 4, 8) : dwl(4, 8, 4, 4) : dwl(4, 4, 1, 4) : dwl(1, 4, 1, 8)
    ' Tür:
    dwl(6, 0, 6, 8) : dwl(6, 8, 9, 8) : dwl(9, 8, 9, 0) : dwl(9, 0, 6, 0)
    ' Dachgiebel:
    dwl(-1, 9, 5, 15) : dwl(5, 15, 11, 9)
```

R4.15 Eine 2D-Vektorgrafik manipulieren

```
        ' rundes Giebelfenster:
        dwc(5, 12, 1)
        ' Schornstein:
        dwl(7, 13, 7, 16) : dwl(7, 16, 9, 16) : dwl(9, 16, 9, 11)
    End Sub
```

Der Aufruf erfolgt im *Tick*-Event des Timers:

```
    Private Sub timer1_Tick(ByVal sender As System.Object, ByVal e As System.EventArgs) _
                    Handles timer1.Tick
        Dim g As Graphics = Me.CreateGraphics()
        g.Clear(Me.BackColor)        ' Zeichnung lschen
        If dirFlg Then
            alf = alf + Math.PI / 100         ' im Uhrzeigersinn
        Else
            alf = alf - Math.PI / 100         ' entgegen Uhrzeigersinn
        End If
        si = Math.Sin(alf)
        co = Math.Cos(alf)
        drawHouse()
    End Sub
```

Die Manipulation der Vektorgrafik gestaltet sich einfach durch Verändern der globalen Variablen.

Vergrößern:

```
    Private Sub Button1_Click(ByVal sender As System.Object, ByVal e As System.EventArgs) _
                    Handles Button1.Click
        mf += 1
    End Sub
```

Verkleinern:

```
    Private Sub Button2_Click(ByVal sender As System.Object, ByVal e As System.EventArgs) _
                    Handles Button2.Click
        mf -= 1
    End Sub
```

Spiegeln:

```
    Private Sub Button4_Click(ByVal sender As System.Object, ByVal e As System.EventArgs) _
                    Handles Button4.Click
        sf = -sf
    End Sub
```

Richtung ändern:

```
Private Sub Button3_Click(ByVal sender As System.Object, ByVal e As System.EventArgs) _
                  Handles Button3.Click
    dirFlg = Not dirFlg
  End Sub
End Class
```

Test

Nach Programmstart sollte die Grafik in 1/8-Grad-Schritten im Uhrzeigersinn rotieren. Weitere Manipulationen können Sie bequem über die Schaltflächen quasi online durchführen.

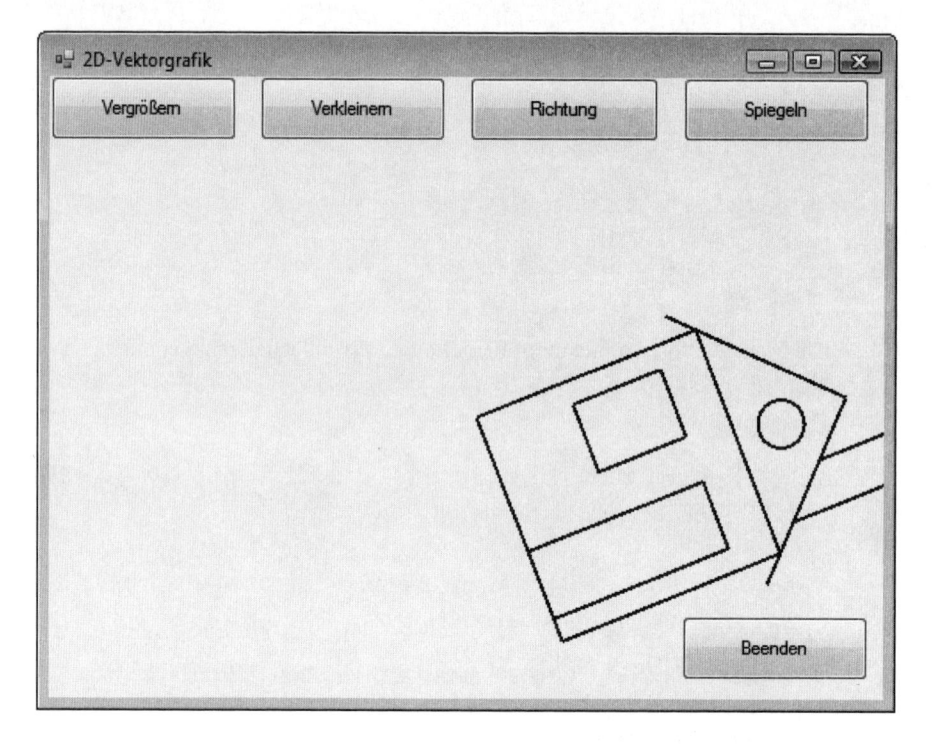

Bemerkungen

- Weitere Verbesserungen lassen sich erzielen, wenn für die Rechtecke eine eigene Methode (*dwr*) geschrieben wird, für welche nur noch die Koordinaten der linken oberen und rechten unteren Ecke zu übergeben sind.

- Natürlich wäre es auch möglich, die Geometrie nicht direkt im Quelltext, sondern z.B. in einem *Array* zu speichern, was allerdings zusätzliche Eingabeprozeduren erforderlich machen würde.

- Dieses ist vor allem ein Lernrezept, welches den Einsteiger mit einfachen Mitteln in die Grundlagen der 2D-Grafikprogrammierung einführen soll. Wer das Beispiel mit den Klassen des *System.Drawing.Drawing2D*-Namensraums programmieren möchte sei auf R4.16 "Geometrische Transformationen durchführen" verwiesen.

R4.16 Geometrische Transformationen durchführen

Der *System.Drawing.Drawing2D*-Namespace stellt leistungsfähige Klassen für die Manipulation von 2D-Vektorgrafiken bereit. In diesem Rezept wollen wir die *Matrix*-Klasse einsetzen, um das gleiche Problem wie im Vorgängerbeispiel R4.15 (die Rotation eines Hauses) auf eine etwas elegantere Art zu lösen.

Oberfläche

Die Bedienoberfläche entspricht der des Vorgängerrezepts, lediglich auf die Schaltfläche "Spiegeln" wurde verzichtet.

Quellcode

```vb
Imports System.Drawing.Drawing2D

Public Class Form1
```

Die globalen Variablen zur Steuerung der Grafik:

```vb
Private alf As Single = 0            ' Drehwinkel
Private mf As Integer = 10           ' Maßstabsfaktor
Private x0 As Integer, y0 As Integer ' absolute Bezugskoordinaten
Private dirFlg As Boolean = True
```

Beim Laden des Formulars werden die Bezugskoordinaten auf die Mitte von *Form1* gesetzt:

```vb
Protected Overrides Sub OnLoad(ByVal e As System.EventArgs)
    x0 = CType(Me.Size.Width, Integer) / 2
    y0 = CType(Me.Size.Height, Integer) / 2
    MyBase.OnLoad(e)
End Sub
```

Die folgende Routine kapselt alle Zeichenoperationen:

```vb
Public Sub drawHaus()
    Dim g As Graphics = Me.CreateGraphics()
    Dim myPen As New Pen(Color.Black, 2)
```

Die Rotation um den Punkt *x0, y0* wird vorbereitet:

```vb
    Dim rPunkt As PointF = New PointF(x0, y0)       ' Rotationspunkt
```

Die Matrix kapselt eine affine 3 x 3-Matrix, die die Umrechnungskoeffizienten für eine geometrische Transformation bereitstellt:

```
Dim mtrx As Matrix = New Matrix()
mtrx.RotateAt(alf, rPunkt, MatrixOrder.Append)
```

Schließlich kann das Grafikobjekt transformiert werden:

```
g.Transform = mtrx
```

Die Zeichenoperationen können wie in Normalposition kodiert werden:

```
    g.DrawRectangle(myPen, New Rectangle(x0, y0 - mf * 10, mf * 10, mf * 10))
    g.DrawRectangle(myPen, New Rectangle(x0 + mf * 1, y0 - mf * 8, mf * 3, mf * 4))
    g.DrawRectangle(myPen, New Rectangle(x0 + mf * 6, y0 - mf * 8, mf * 3, mf * 8))
    g.DrawLine(myPen, x0 - mf * 1, y0 - mf * 9, x0 + mf * 5, y0 - mf * 15)
    g.DrawLine(myPen, x0 + mf * 5, y0 - mf * 15, x0 + mf * 11, y0 - mf * 9)
    g.DrawEllipse(myPen, New Rectangle(x0 + mf * 4, y0 - mf * 13, mf * 2, mf * 2))
End Sub
```

Die Bedienfunktionen entsprechen (fast) 100%-ig dem Vorgängerrezept.

Vergrößern:

```
Private Sub Button1_Click(ByVal sender As System.Object, ByVal e As System.EventArgs) _
                Handles Button1.Click
    mf += 1
End Sub
```

Verkleinern:

```
Private Sub Button2_Click(ByVal sender As System.Object, ByVal e As System.EventArgs) _
                Handles Button2.Click
    mf -= 1
End Sub
```

Richtung ändern:

```
Private Sub Button3_Click(ByVal sender As System.Object, ByVal e As System.EventArgs) _
                Handles Button3.Click
    dirFlg = Not dirFlg
End Sub
```

Im *Tick*-Event des Timers wird das Neuzeichnen ausgelöst:

```
Private Sub Timer1_Tick(ByVal sender As System.Object, ByVal e As System.EventArgs) _
                                                Handles Timer1.Tick
    Dim g As Graphics = Me.CreateGraphics()
    g.Clear(Me.BackColor)       ' Zeichnung löschen
    If dirFlg Then
```

```
            alf = alf + 2
        Else
            alf = alf - 2
        End If
        drawHaus()
    End Sub
End Class
```

Test

Es wird das gleiche Ergebnis wie im Vorgängerrezept erzielt, allerdings mit deutlich geringerem Programmieraufwand:

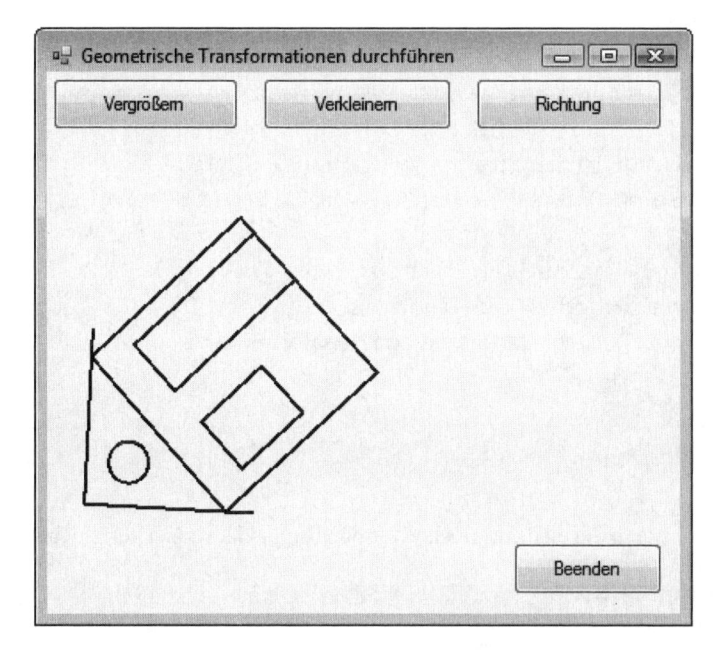

Bemerkungen

- Anstatt mit globalen Koordinaten könnten Sie es z.B. auch mit Seiten- oder Gerätekoordinaten versuchen, die durch entsprechende Transformationsmethoden (*TranslateTransform*, *RotateTransform*, *ScaleTransform*) ermittelt werden.

- Zum Vergrößern bzw. Verkleinern kann alternativ die *PageScale*-Eigenschaft des *Graphics*-Objekts verwendet werden.

R4.17 Eine Grafik scrollen

Oft ist eine Grafik größer als es die Fensterabmessungen zulassen. Hier bietet es sich an, mit Hilfe eines *Panel*s die Grafik, d.h. in unserem Fall eine *PictureBox,* zu verschieben.

Oberfläche

Auf das *Form*ular platzieren Sie ein *Panel*, das den Scrollbereich darstellt. Auf das *Panel* kopieren Sie wiederum eine *PictureBox* (*SizeMode=AutoSize*), in der wir später das Bild anzeigen wollen. Legen Sie die Eigenschaft *AutoScroll* mit *True* fest.

Mit einem *OpenFileDialog*, den Sie ebenfalls einbinden, laden wir später die Grafikdatei.

Quelltext

```
Das Laden der Grafik:
    Private Sub Button1_Click(ByVal sender As System.Object, ByVal e As System.EventArgs) _
                        Handles Button1.Click
        OpenFileDialog1.InitialDirectory = Application.StartupPath
        OpenFileDialog1.Filter = "Grafikdateien (*.jpg)|*.jpg|(*.bmp)|*.bmp|" & _
                        "Alle Dateien (*.*)|*.*"        ' Filterzeichenfolge
        If OpenFileDialog1.ShowDialog() = Windows.Forms.DialogResult.OK Then
            PictureBox1.Location = New Point(0, 0)
            PictureBox1.Image = New Bitmap(OpenFileDialog1.FileName)
        End If
    End Sub
```

Test

Nach dem Start können Sie eine entsprechend große Bitmap laden und verschieben:

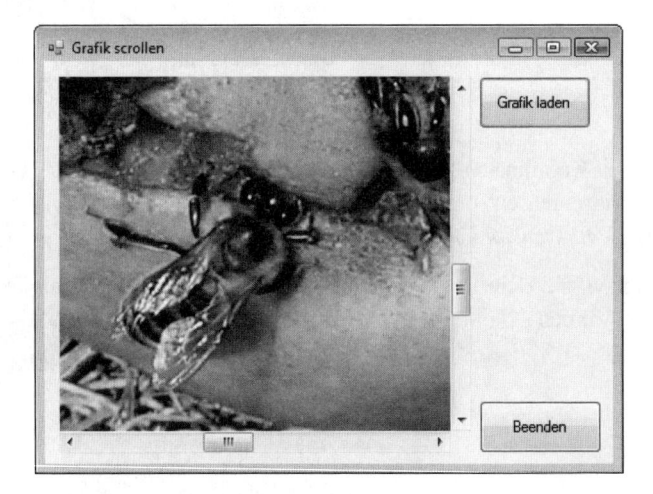

R4.18 Eine Bitmap erzeugen und als Datei speichern

Die Lösung dieses ziemlich häufig auftretenden Problems soll an einem kleinen Beispiel demonstriert werden.

Oberfläche

Benötigt werden lediglich ein Windows *Form* und ein *Button*.

Quelltext

Importieren Sie zunächst den folgenden Namespace, um sich etwas Schreibarbeit zu ersparen:

```
Imports System.Drawing.Imaging

Public Class Form1
```

Der Klick auf den *Button*:

```
Private Sub Button1_Click(ByVal sender As System.Object, ByVal e As System.EventArgs) _
        Handles Button1.Click
```

Wir erzeugen zunächst eine Bitmap in der gewünschten Größe:

```
Dim b As New Bitmap(100, 100, PixelFormat.Format32bppArgb)
```

Ein dazu passendes *Graphics*-Objekt:

```
Dim g As Graphics = Graphics.FromImage(b)
```

Zwei einfache Zeichenoperationen:

```
g.FillRectangle(Brushes.Yellow, 0, 0, b.Width, b.Height)
g.DrawEllipse(New Pen(Color.Red, 4), 10, 10, 100, 100)
```

Und schon können wir die Bitmap in einer Datei speichern:

```
b.Save("c:\test.png", ImageFormat.Png)
End Sub

End Class
```

HINWEIS: In diesem Fall haben wir uns für das PNG-Format entschieden, Sie können jedoch auch jedes andere Format verwenden.

Test

Nach dem Klick auf den "Start"-Button sollte sich folgende Grafik auf Ihrer Festplatte wiederfinden (siehe folgende Abbildung).

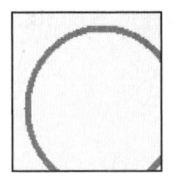

R4.19 Eine Metafilegrafik erzeugen und speichern

Auch Freunde von Vektorgrafiken werden in den .NET-Untiefen fündig. Relativ problemlos können Sie Metafilegrafiken erzeugen, speichern und verarbeiten. Im vorliegenden Rezept beschränken wir uns auf das Erzeugen und Speichern einer einfachen Vektorgrafik.

Oberfläche

Nur ein Windows *Form* und ein *Button*.

Quelltext

Namespace einbinden:

```
Imports System.Drawing.Imaging
Public Class Form1

    Private Sub Button1_Click(ByVal sender As System.Object, ByVal e As System.EventArgs) _
                              Handles Button1.Click
```

Zunächst benötigen wir einen gültigen DC, also erzeugen wir einen:

```
Dim g1 As Graphics = Me.CreateGraphics()
Dim hdc As IntPtr = g1.GetHdc()
```

Mit dem DC können wir auch das Metafile erzeugen:

```
Dim mf As New Metafile("c:\test.wmf", hdc, New Rectangle(0, 0, 10000, 10000))
```

Jetzt noch ein *Graphics*-Objekt für die Zeichenoperationen erzeugen ...

```
Dim g2 As Graphics = Graphics.FromImage(mf)
```

... und schon können wir nach Herzenslust Grafikausgaben in das Metafile schreiben:

```
For i As Integer = 0 To 40
    g2.DrawLine(Pens.Black, 0, 0, i * 10, 150)
    g2.DrawLine(Pens.Black, 400, 0, 400 - i * 10, 150)
Next
```

Das Aufräumen nicht vergessen:

```
g2.Dispose()
```

```
            gl.ReleaseHdc(hdc)
            gl.Dispose()
        End Sub
    End Class
```

Test

Klicken Sie auf den *Button* und kontrollieren Sie, ob die neue Datei vorhanden ist:

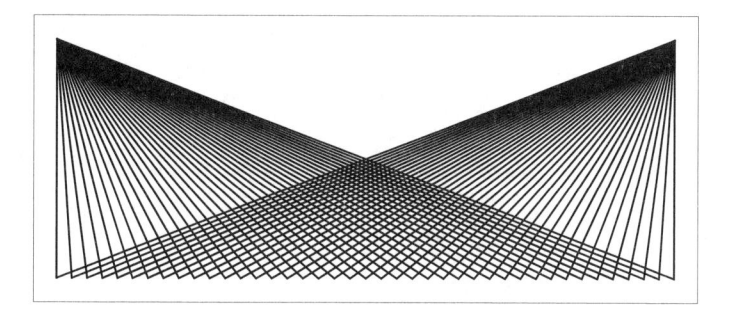

Bemerkung

Ob die 39 möglichen Überladungen des *Metafile*-Konstruktors der Übersicht förderlich sind, muss jeder selbst beantworten. Wir wollen Sie dennoch auf einen weiteren Konstruktor hinweisen, bei dem Sie die Größe der Grafik bestimmen können:

BEISPIEL: Eine Grafik mit vorgegebener Größe erzeugen

```
...
Dim mf As New Metafile("c:\test.wmf", hdc, New Rectangle(0,0,10000,10000))
...
```

HINWEIS: Die Maßeinheit für das umschließende Rechteck sind 1/100 mm!

R4.20 Einen Fenster-Screenshot erzeugen

Geht es darum, einen Screenshot vom aktuellen Fenster zu erzeugen, kommen Sie um ein wenig GDI-Programmierung nicht herum.

Oberfläche

Erstellen Sie zunächst eine Oberfläche mit drei Schaltflächen und einer *PictureBox* (siehe Laufzeitansicht).

Quelltext

```
Imports System.Runtime.InteropServices

Public Class Form1
```

Binden Sie nachfolgende Konstante sowie die GDI-Funktion *BitBlt* ein:

```
Private Const SRCCOPY As Integer = 13369376


<DllImport("gdi32.dll")> _
Private Shared Function BitBlt(ByVal hDestDC As IntPtr, ByVal x As Integer, _
                ByVal y As Integer, ByVal nWidth As Integer, _
                ByVal nHeight As Integer, ByVal hSrcDC As IntPtr, _
                ByVal xSrc As Integer, ByVal ySrc As Integer, _
                ByVal dwRop As Integer) As Integer
End Function
```

Die Routine zum Speichern des Screenshots:

```
Private Sub Button1_Click(ByVal sender As System.Object, ByVal e As System.EventArgs) _
            Handles Button1.Click
    Dim g1 As Graphics, g2 As Graphics
    Dim dc1 As IntPtr, dc2 As IntPtr
    Dim img As Image
```

Erzeugen einer neuen Bitmap mit den Maßen und der Farbtiefe des aktuellen Fensters:

```
    g1 = Me.CreateGraphics()
    img = New Bitmap(Me.ClientRectangle.Width, Me.ClientRectangle.Height, g1)
    g2 = Graphics.FromImage(img)
```

Kopieren der Fenster-Bitmap in die eigene Bitmap:

```
    dc1 = g1.GetHdc()
    dc2 = g2.GetHdc()
    BitBlt(dc2, 0, 0, Me.ClientRectangle.Width, Me.ClientRectangle.Height, dc1, _
       0, 0, 13369376)
    g1.ReleaseHdc(dc1)
    g2.ReleaseHdc(dc2)
```

Speichern der Daten im PNG-Format:

```
    img.Save("c:\Form1.png", System.Drawing.Imaging.ImageFormat.Png)
    MessageBox.Show("Fenster-Screenshot gesichert", "Info")
End Sub
```

R4.20 Einen Fenster-Screenshot erzeugen

Ähnlich gestaltet sich die Routine zur Anzeige in der *PictureBox*:

```
Private Sub Button2_Click(ByVal sender As System.Object, ByVal e As System.EventArgs) _
                    Handles Button2.Click
    Dim g1 As Graphics, g2 As Graphics
    Dim dc1 As IntPtr, dc2 As IntPtr
    Dim img As Image
    g1 = Me.CreateGraphics()
    img = New Bitmap(Me.ClientRectangle.Width, Me.ClientRectangle.Height, g1)
    g2 = Graphics.FromImage(img)
    dc1 = g1.GetHdc()
    dc2 = g2.GetHdc()
    BitBlt(dc2, 0, 0, Me.ClientRectangle.Width, Me.ClientRectangle.Height, dc1, _
        0, 0, 13369376)
    g1.ReleaseHdc(dc1)
    g2.ReleaseHdc(dc2)
```

Zuweisen der Grafik:

```
    PictureBox1.Image = img
End Sub
...
End Class
```

Test

Nach dem Programmstart und dem Klick auf den Button "Anzeige in PictureBox" sollte sich Ihnen der folgende Anblick bieten:

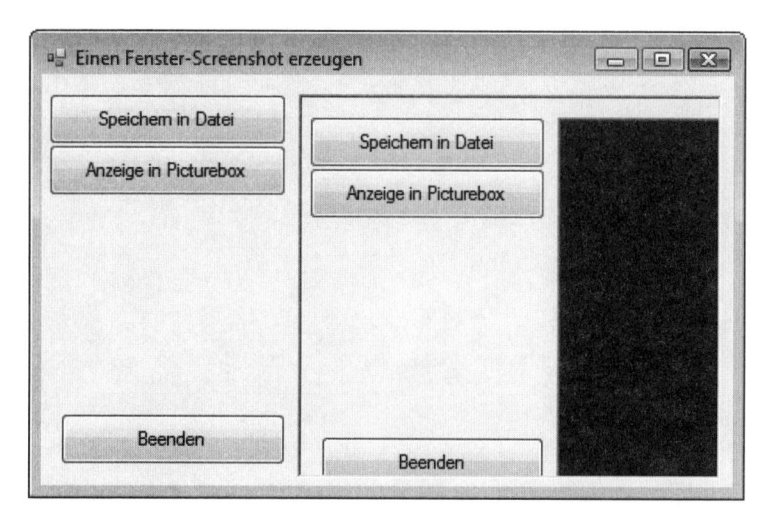

Die erzeugte Datei *Form1.png* findet sich im Verzeichnis "C:\", Sie können diese zum Beispiel mit dem Internet Explorer anzeigen oder aber auch mit der in Windows integrierten Bild- und Faxanzeige.

R4.21 Einen Desktop-Screenshot realisieren

Etwas aufwändiger als ein Fenster-Screenshot ist ein echter Screenshot des gesamten Desktops. Voraussetzung ist, dass wir einen Handle bzw. ein DC für den Desktop erhalten. Dies ist mit Hilfe der API-Funktion *GetDC* kein Problem.

Oberfläche

Entwerfen Sie eine einfache Oberfläche mit drei Schaltflächen und einer *PictureBox* (siehe Laufzeitansicht).

Quelltext

```
Imports System.Runtime.InteropServices

Public Class Form1
```

Binden Sie zunächst die folgenden GDI- und API-Funktionen ein:

```
Private Const SRCCOPY As Integer = 13369376

<DllImport("gdi32.dll")> _
Private Shared Function BitBlt(ByVal hDestDC As IntPtr, ByVal x As Integer, _
                               ByVal y As Integer, ByVal nWidth As Integer, _
                               ByVal nHeight As Integer, ByVal hSrcDC As IntPtr, _
                               ByVal xSrc As Integer, ByVal ySrc As Integer, _
                               ByVal dwRop As Integer) As Integer
End Function

<DllImport("user32.dll")> _
Private Shared Function GetDC(ByVal hwnd As Integer) As IntPtr
End Function

<DllImport("user32.dll")> _
Private Shared Function ReleaseDC(ByVal hwnd As Integer, ByVal hdc As IntPtr) As Integer
End Function
```

Die Routine zum Speichern des Screenshots in einer Datei:

```
Private Sub Button1_Click(ByVal sender As System.Object, ByVal e As System.EventArgs) _
        Handles Button1.Click
```

```
        Dim g1 As Graphics
        Dim dc1 As IntPtr, dc2 As IntPtr
        Dim img As Image
```

Eine Bitmap mit den Maßen des Desktops erzeugen:

```
    Me.Visible = False
    img = New Bitmap(Screen.PrimaryScreen.WorkingArea.Width, _
                Screen.PrimaryScreen.WorkingArea.Height)
    g1 = Graphics.FromImage(img)
```

Einen DC für den Screen erzeugen:

```
    dc1 = GetDC(0)
```

Einen DC für die Bitmap erzeugen:

```
    dc2 = g1.GetHdc()
```

Die Bilddaten kopieren:

```
    BitBlt(dc2, 0, 0, Screen.PrimaryScreen.WorkingArea.Width,
            Screen.PrimaryScreen.WorkingArea.Height, dc1, 0, 0, SRCCOPY)
```

Screen-DC und Bitmap-DC freigeben:

```
    ReleaseDC(0, dc1)
    g1.ReleaseHdc(dc1)
```

Das Bild speichern:

```
    img.Save("c:\Form1.png", System.Drawing.Imaging.ImageFormat.Png)
    MessageBox.Show("Desktop-Screenshot gesichert", "Info")
End Sub
```

HINWEIS: Verwenden Sie für derartige Bitmaps (relativ große gleichfarbige Flächen, wenige Farben) das Platz sparende PNG-Format, das im Gegensatz zu JPEG verlustfrei ist.

Zur Anzeige in einer *PictureBox* gehen Sie genauso vor, weisen Sie jedoch zum Schluss das Image der *PictureBox* zu:

```
Private Sub Button2_Click(ByVal sender As System.Object, ByVal e As System.EventArgs) _
                Handles Button2.Click
    Dim g1 As Graphics
    Dim dc1 As IntPtr, dc2 As IntPtr
    Me.Visible = False
    Dim img As Image = New Bitmap(Screen.PrimaryScreen.WorkingArea.Width, _
                Screen.PrimaryScreen.WorkingArea.Height)
    g1 = Graphics.FromImage(img)
```

```
        dc1 = GetDC(0)
        dc2 = g1.GetHdc()
        BitBlt(dc2, 0, 0, Screen.PrimaryScreen.WorkingArea.Width, _
            Screen.PrimaryScreen.WorkingArea.Height, dc1, 0, 0, SRCCOPY)
        ReleaseDC(0, dc1)
        g1.ReleaseHdc(dc1)
        PictureBox1.Image = img
        Me.Visible = True
    End Sub
    ...
End Class
```

Test

Starten Sie das Programm und probieren Sie die beiden Varianten aus:

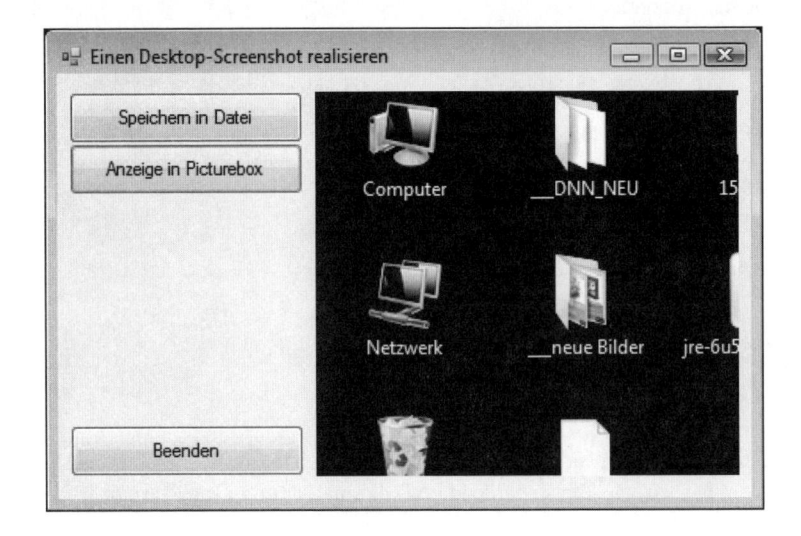

R4.22 Auf dem Windows-Desktop zeichnen

Das folgende Rezept demonstriert, wie Sie für einen vorhandenen DC (*Device Context*), in diesem Fall den Windows-Desktop, ein *Graphics*-Objekt erzeugen und verwenden.

Oberfläche

Wieder einmal brauchen wir lediglich ein Windows *Form* und einen *Button*.

Quelltext

```
Imports System.Runtime.InteropServices

Public Class Form1
```

Binden Sie zunächst die folgenden API-Funktionen ein:

```
<DllImport("user32.dll")> _
Private Shared Function GetDC(ByVal hwnd As Integer) As IntPtr
End Function


<DllImport("user32.dll")> _
Private Shared Function ReleaseDC(ByVal hwnd As Integer, ByVal hdc As IntPtr) As Integer
End Function
```

Mit dem Klick auf den Button geht das Inferno los:

```
Private Sub Button1_Click(ByVal sender As System.Object, ByVal e As System.EventArgs) _
                Handles Button1.Click
```

Einige Objekte und Variablen erzeugen:

```
    Dim blackPen As New Pen(Color.Black, 3)
    Dim dc As IntPtr
    Dim g As Graphics
    Dim Rnd As New Random()
```

Den DC des Desktops ermitteln:

```
    dc = GetDC(0)
```

Ein *Graphics*-Objekt erzeugen:

```
    g = Graphics.FromHdc(dc)
```

Grafikausgaben vornehmen:

```
    For i As Integer = 0 To 1000
        g.DrawLine(blackPen, Rnd.Next(600), Rnd.Next(600), Rnd.Next(600), Rnd.Next(600))
    Next
```

Graphics-Objekt und DC freigeben:

```
    g.Dispose()
    ReleaseDC(0, dc)
End Sub
End Class
```

Test

Starten Sie das Programm, klicken Sie auf die "Start"-Schaltfläche und bewundern Sie die abscheuliche "Schmiererei":

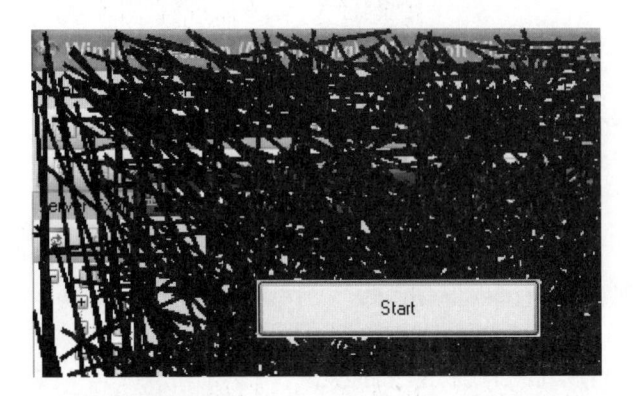

R4.23 Eine Grafik aus den Programmressourcen laden

Nicht in jedem Fall möchten Sie, dass zu einem Programm Dutzende externer Dateien mitgegeben werden müssen. Soll beispielsweise der Formularhintergrund mit unterschiedlichen Bitmaps gefüllt werden, bietet es sich doch an, diese gleich mit in die EXE zu kompilieren.

Oberfläche

Erstellen Sie ein neues Projekt, das lediglich aus dem nackten Formular *Form1* besteht. Fügen Sie über *Projekt|Ressourcen-Eigenschaften|Ressourcen* eine oder mehrere Grafiken in die Programmressourcen ein:

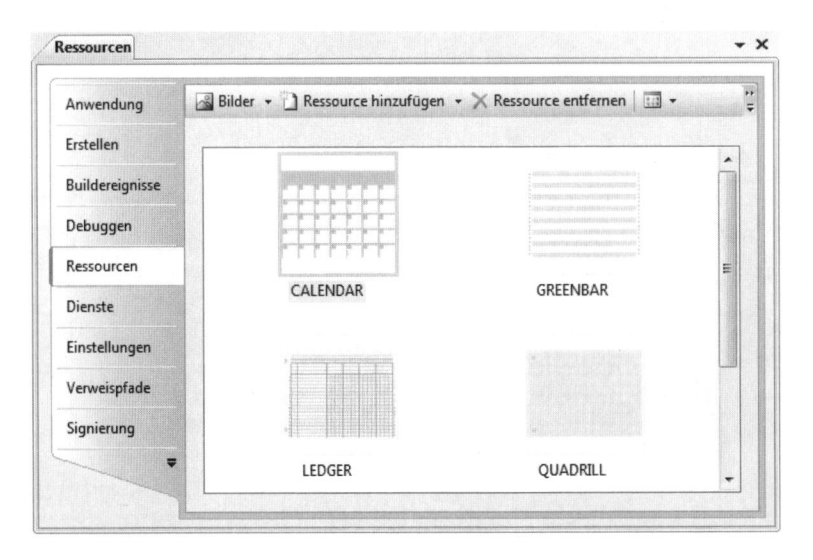

Quelltext

```
Public Class Form1
```

Tragen Sie in das Form-*Load*-Ereignis folgende Anweisung ein:

```
Private Sub Form1_Load(ByVal sender As System.Object, ByVal e As System.EventArgs) _
                      Handles MyBase.Load
    Me.BackgroundImage = My.Resources.LEDGER
End Sub
```

Der Editor:

```
Private Sub Form1_Load(ByVal sender As System.Object, ByVal
    Me.BackgroundImage = My.Resources.
End Sub
```

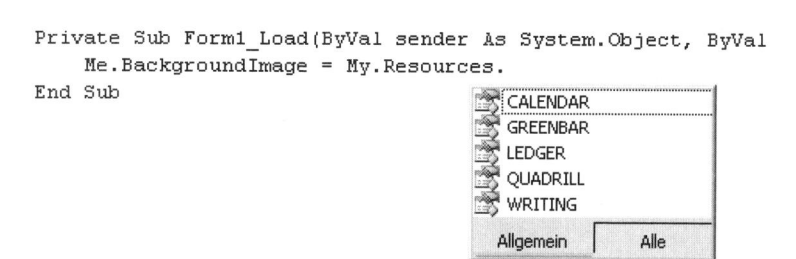

```
CALENDAR
GREENBAR
LEDGER
QUADRILL
WRITING
Allgemein   Alle
```

Wie Sie sehen, werden Ihnen bereits die verfügbaren Ressourcen angezeigt, es genügt, wenn Sie diese aus der Liste auswählen. Fehlerhafte Schreibweisen etc., wie noch unter .NET 1.x, gehören damit der Vergangenheit an.

Quelltext (.NET 1.x)

Haben Sie noch "Altprojekte" zu pflegen oder wollen Sie die Ressourcen aus einer externen Assembly laden, müssen Sie noch die "konventionelle" Variante verwenden. In diesem Fall wird die Grafik der Assembly über den Projektmappen-Explorer hinzugefügt:

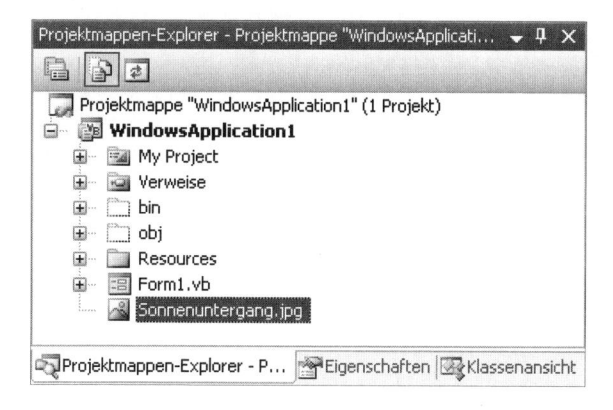

```
Projektmappen-Explorer - Projektmappe "WindowsApplicati...
    Projektmappe "WindowsApplication1" (1 Projekt)
    WindowsApplication1
        My Project
        Verweise
        bin
        obj
        Resources
        Form1.vb
        Sonnenuntergang.jpg
Projektmappen-Explorer - P...   Eigenschaften   Klassenansicht
```

Über das Eigenschaftenfenster legen Sie für diese Ressource den Buildvorgang mit "Eingebettete Ressource" fest.

Der Zugriff auf diese Ressource erfolgt mit:

```
Imports System.Reflection

Public Class Form1
    ...
    Private Sub Form1_MouseDown(ByVal sender As Object, ByVal e As MouseEventArgs) _
                        Handles MyBase.MouseDown
        Dim bmp As Image = New Bitmap( _
                        Assembly.GetExecutingAssembly().GetManifestResourceStream( _
                        "WindowsApplication1.Sonnenuntergang.jpg"))
        Dim g As Graphics = Me.CreateGraphics()
        g.DrawImage(bmp, 40, 40)
    End Sub

End Class
```

HINWEIS: Achten Sie peinlichst auf die korrekte Schreibweise, Groß-/Kleinschreibung wird berücksichtigt! "Ressourcen" im obigen Code steht für den Namen Ihres Projekts!

Test

Unmittelbar nach Programmstart können Sie sich bereits am Ergebnis erfreuen. Klicken Sie mit der Maustaste auf das Formular, wird die zweite Ressource angezeigt:

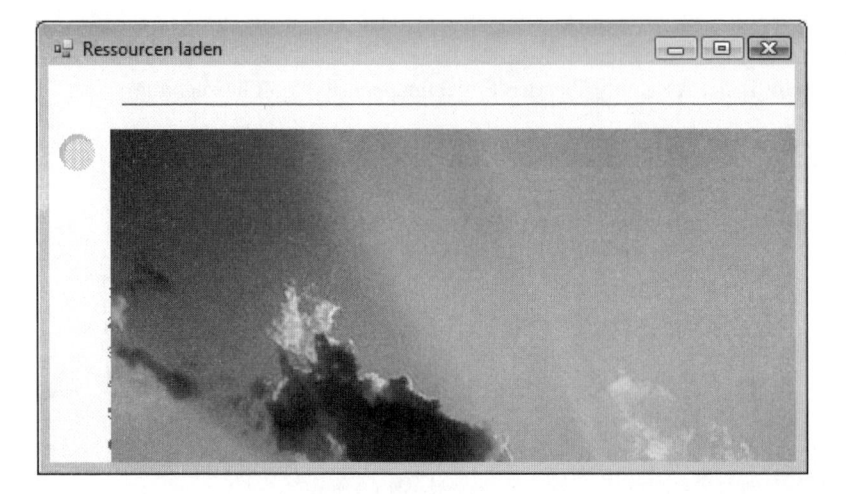

R4.24 Zwei Farbwerte miteinander vergleichen

Vielleicht sind Sie auch schon auf die Idee gekommen, zwei Farbwerte miteinander zu vergleichen. Die folgende Lösung ist in jedem Fall fehlerhaft:

```
Dim c1 As Color = Color.AliceBlue
Dim c2 As Color = Color.FromArgb(-984833)
If (c1 = c2) Then MessageBox.Show("Gleich!")
```

HINWEIS: Sie vergleichen in diesem Fall zwei Objekte und nicht zwei Farben!

Richtig ist die folgende Lösung:

```
Dim c1 As Color = Color.AliceBlue
Dim c2 As Color = Color.FromArgb(-984833)
If c1.ToArgb() = c2.ToArgb() Then
    MessageBox.Show("Beide Farben sind gleich!")
Else
    MessageBox.Show("Keine Übereinstimmung!")
End If
```

Bemerkungen

In praktischen Anwendungen werden zwei Farbwerte nicht immer auf das Bit genau gleich sein. In diesem Fall hilft Ihnen die folgende Funktion weiter:

```
Function Farbvergleich(ByVal c1 As Color, ByVal c2 As Color, ByVal diff As Byte) As Boolean
    Return (Math.Abs(CType(c1.R, Integer) - c2.R) < diff) AndAlso _
           (Math.Abs(CType(c1.G, Integer) - c2.G) < diff) AndAlso _
           (Math.Abs(CType(c1.B, Integer) - c2.B) < diff)
End Function
```

Kontrolliert wird, ob die Farbdifferenz unter einem Schwellwert liegt. Dazu müssen jedoch die drei Farbebenen einzelnen verglichen werden, der Wert von *ToArgb* ist hierfür nicht geeignet.

BEISPIEL: Verwendung der obigen Funktion

```
c1 = Color.FromArgb(100, 150, 160)
c2 = Color.FromArgb(105, 147, 159)
If Farbvergleich(c1, c2, 10) Then
    MessageBox.Show("Beide Farben sind (fast) gleich!")
Else
    MessageBox.Show("Keine Übereinstimmung!")
End If
```

R4.25 Einen Farbverlauf erzeugen

Nichts einfacher als das, mit GDI+ reduziert sich diese Aufgabe auf die Verwendung eines *LinearGradientBrush*s. Das Grundprinzip: Sie geben zwei Farben und eine Richtung (daher das "linear") an, und GDI+ berechnet Ihnen den zugehörigen Farbverlauf.

An den Konstruktor können Sie folgende Werte übergeben:

SYNTAX:
```
Public Sub LinearGradientBrush (point1 As Point, point2 As Point, _
                                color1 As Color, color2 As Color)
```

oder auch

SYNTAX:
```
Public Sub LinearGradientBrush (rect As Rectangle, color1 As Color, _
                                color2 As Color, linearGradientMode _
                                As LinearGradientMode )
```

Rectangle gibt ein Rechteck an (es sind auch zwei *Point*-Werte zulässig), in dem der Farbverlauf berechnet wird. Die Betonung liegt auf "berechnet", welche Ausgabefläche Sie später mit dem neuen *Brush* füllen ist eine ganz andere Frage.

Start- und Endfarbe sind normale ARGB-Color-Werte mit Transparenzangabe, d.h., wenn Sie beispielsweise zwei gleiche Farben, aber unterschiedliche Alpha-Werte angeben, können Sie einen Farbverlauf mit zu- bzw. abnehmender Transparenz realisieren.

Oberfläche

Ein Windows *Form* genügt.

Quelltext

```
Imports System.Drawing.Drawing2D

Public Class Form1

    Private Sub Form1_Paint(ByVal sender As Object, ByVal e As PaintEventArgs) _
                    Handles MyBase.Paint
        Dim g As Graphics = e.Graphics
' Neuen Brush erstellen (Farbverlauf links oben, rechts unten):
        Dim myBrush As New LinearGradientBrush(New Point(0, 0), _
                    New Point(Me.Width, Me.Height), Color.Yellow, Color.SteelBlue)
        g.FillRectangle(myBrush, Me.ClientRectangle)
    End Sub
End Class
```

Test

R4.26 Einen transparenten Stift erzeugen

Möchten Sie transparente Stifte verwenden ist auch das dank GDI+ kein Problem. Ein kleines Beispielprogramm zeigt wie es geht.

Oberfläche

Es genügt ein Windows *Form*, in das Sie über die Eigenschaft *BackgroundImage* eine Grafik einblenden.

Quelltext

```
Public Class Form1
```

Erzeugen eines einfarbigen Pens mit 50% Transparenz und 20 Pixeln Breite:

```
    Private Sub Form1_Paint(ByVal sender As System.Object, _
                ByVal e As System.Windows.Forms.PaintEventArgs) Handles MyBase.Paint
        Dim myPen As Pen = New Pen(Color.FromArgb(128, 17, 69, 137), 20)
```

HINWEIS: Alternativ können Sie auch *Color.FromArgb (<Transparenzwert>, <Color>)* schreiben.

```
        Dim g As Graphics = e.Graphics
```

Linie zeichnen:

```
        g.DrawLine(myPen, 10, 10, Me.Width, 300)
    End Sub
End Class
```

Test

[Screenshot: Ein transparenter Stift – Fenster mit Seerosenbild und transparentem diagonalen Balken]

R4.27 Texte gedreht ausgeben

Wer sich in der Vor-.NET-Ära mit der Ausgabe von gedrehtem Text beschäftigt hat, wird sich vielleicht mit einem Stöhnen an den Aufwand erinnern. Wesentlich einfacher geht es mit GDI+.

Oberfläche

Ein Windows *Form* genügt für den Test.

Quelltext

```
Public Class Form1
```

Zur Abwechslung überschreiben wir die *Paint*-Methode, Sie können jedoch auch die anderen Varianten, wie in R4.1 gezeigt, verwenden:

```
Protected Overrides Sub OnPaint(ByVal e As PaintEventArgs)
    Dim s As String = "Gedrehter Text ..."
    Dim f As Font
```

Wir verschieben zunächst das Koordinatensystem in die Mitte des Fensters:

```
e.Graphics.TranslateTransform(Me.ClientSize.Width / 2, Me.ClientSize.Height / 2)
```

Und jetzt geht's rund:

```
For i As Integer = 1 To 24
```

Unterschiedlich große Schriften definieren:

```
f = New Font("Arial", i)
```

Textausgabe:

```
e.Graphics.DrawString(s, f, Brushes.Black, i + 10, 0, _
                      StringFormat.GenericTypographic)
```

Drehwinkel verändern:

```
        e.Graphics.RotateTransform(18)
    Next
```

Nicht vergessen, die Basis-Methode aufrufen:

```
        MyBase.OnPaint(e)
    End Sub

End Class
```

Test

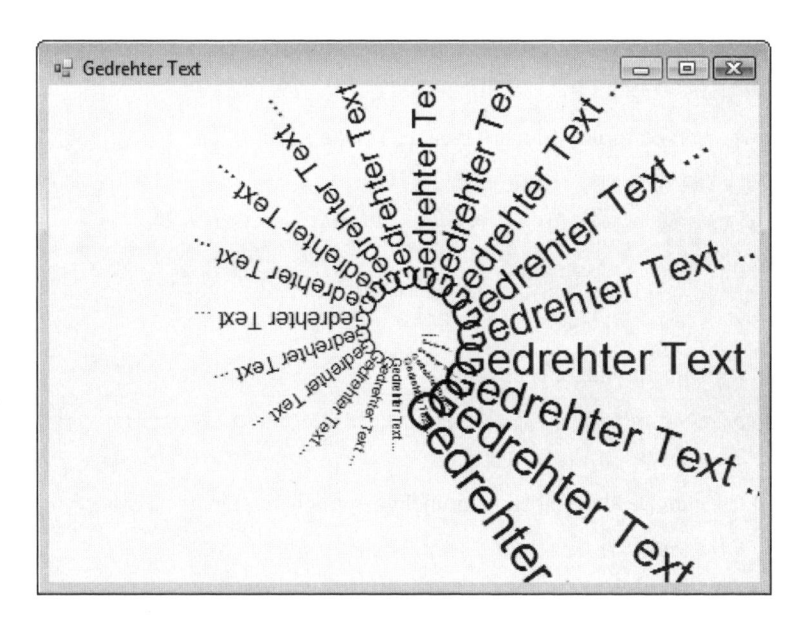

R4.28 Text mit Schatten ausgeben

Schnöden Text kann jeder per *DrawString* ausgeben, wer etwas Besonderes sucht wird vielleicht auf Schatteneffekte zurückgreifen wollen. Wir zeigen Ihnen, wie Sie einen diffusen Schatteneffekt realisieren können.

Oberfläche

Ein Windows *Form*, sonst nichts.

Quelltext

> **HINWEIS:** Die folgende Routine verwendet Funktionen aus dem Rezept R4.40. Bitte informieren Sie sich ab Seite 288 über die technischen Hintergründe.

Binden Sie zunächst zwei zusätzliche Namespaces ein:

```
Imports System.Drawing.Imaging
Imports System.Drawing.Drawing2D

Public Class Form1
```

Die Ausgabefunktion (Parameter: Koordinaten, Text, Schriftart):

```
Private Sub TextShadow(ByVal x As Integer, ByVal y As Integer, _
                      ByVal text As String, ByVal f As Font)
```

Graphics-Objekt erzeugen:

```
Dim g As Graphics = Me.CreateGraphics()
```

Eine passende Hintergrund-Bitmap erzeugen (Maße entsprechend Textbreite/-höhe):

```
Dim size As SizeF = g.MeasureString(text, f)
Dim bmp As Bitmap = New Bitmap(CType(size.Width, Integer) + 13, _
                               CType(size.Height, Integer) + 13)
Dim g2 As Graphics = Graphics.FromImage(bmp)
g2.Clear(Me.BackColor)
```

Text auf der Hintergrundgrafik ausgeben:

```
g2.DrawString(text, f, Brushes.Gray, 3, 3, StringFormat.GenericTypographic)
g2.Dispose()
```

Weichzeichner anwenden und Hintergrundbitmap (Schatten) im Fenster ausgeben:

```
Filter.Smoothing(bmp)
g.DrawImage(bmp, x, y)
```

Den Text ausgeben:

```
g.DrawString(text, f, Brushes.Black, x, y, StringFormat.GenericTypographic)
End Sub
```

Die Verwendung:

```
Private Sub Form1_Paint(ByVal sender As System.Object, _
                ByVal e As System.Windows.Forms.PaintEventArgs) Handles MyBase.Paint
    Dim myfont As Font = New Font("Arial", 50, FontStyle.Bold)
    TextShadow(10, 10, "Text mit Schatten", myfont)
End Sub
End Class
```

Test

R4.29 Mehrzeiligen Text ausgeben

Für die Ausgabe von mehrzeiligem Text nutzen Sie eine überladene Variante von *DrawString*, die zusätzlich eine *Rectangle*-Struktur als Parameter akzeptiert:

SYNTAX: `DrawString (String, Font, Brush, RectangleF)`

Oberfläche

Ein nacktes Windows *Form* reicht aus.

Quelltext

```
Public Class Form1
    Private Sub Form1_Paint(ByVal sender As Object, ByVal e As PaintEventArgs) _
                    Handles MyBase.Paint
        Dim g As Graphics = e.Graphics
        Dim myfont As New Font("Arial", 12, FontStyle.Bold)
        g.DrawString("Mehrzeilige Textausgabe im Rechteck ist in GDI+ ohne" & _
            " viel Aufwand mglich!", myfont, Brushes.Red, New RectangleF(10, 10, 180, 120))
        g.DrawRectangle(New Pen(Color.Black), New Rectangle(10, 10, 180, 120))
    End Sub
End Class
```

Test

Das Ergebnis:

> **Mehrzeilige Textausgabe im Rechteck ist in GDI+ ohne viel Aufwand möglich!**

HINWEIS: Möchten Sie die Anzahl der entstehenden Zeilen und Spalten ermitteln, können Sie die Methode *MeasureString* nutzen.

R4.30 Text mit Tabulatoren ausgeben

Für die Ausgabe von Tabellen etc. bietet sich nach wie vor die Verwendung von Tabulatoren an. Wie Sie diese richtig verwenden, zeigt das folgende Beispiel.

Oberfläche

Nur ein Windows *Form*.

Quelltext

```
Public Class Form1
    Private Sub Form1_Paint(ByVal sender As Object, ByVal e As PaintEventArgs) _
                                                         Handles MyBase.Paint
        Dim g As Graphics = e.Graphics
```

Schrift erzeugen:

```
        Dim myfont As New Font("Arial", 12, FontStyle.Bold)
```

Array mit den Tabulatoren erzeugen und in *StringFormat* speichern:

```
        Dim sFormat As New StringFormat()
        sFormat.SetTabStops(2, New Single() {75, 190})
```

Kopfzeile erzeugen:

```
        Dim s As String = "i " & Chr(9) & "SIN(i) " & Chr(9) & "COS(i)"
        g.DrawString(s, myfont, Brushes.Black, New RectangleF(10, 0, Me.Width, 120), sFormat)
```

Zehn Zeilen ausgeben:

```
        For i As Integer = 0 To 9
            s = i.ToString() & Chr(9) & Math.Sin(i).ToString() & _
                & Chr(9) & Math.Cos(i).ToString()
            g.DrawString(s, myfont, Brushes.Black, New RectangleF(10, i * 15 + _
                15, Me.Width, 120), sFormat)
        Next
    End Sub

End Class
```

Test

```
Text mit Tabulatoren ausgeben
i       SIN(i)                  COS(i)
0       0                       1
1       0,841470984807897       0,54030230586814
2       0,909297426825682       -0,416146836547142
3       0,141120008059867       -0,989992496600445
4       -0,756802495307928      -0,653643620863612
5       -0,958924274663138      0,283662185463226
6       -0,279415498198926      0,960170286650366
7       0,656986598718789       0,753902254343305
8       0,989358246623382       -0,145500033808614
9       0,412118485241757       -0,911130261884677
```

R4.31 Die installierten Schriftarten ermitteln

Bevor Sie in Ihren Anwendungen großzügig Gebrauch von diversen Schriftarten machen, sollten Sie überprüfen, ob diese überhaupt beim Anwender installiert sind. Das vorliegende Rezept listet alle installierten Schriftarten auf und zeigt optional ein Beispiel an.

Oberfläche

Ein Windows *Form*, eine *ListBox* und eine *PictureBox* (siehe Laufzeitansicht).

Quelltext

```
Imports System.Drawing.Text

Public Class Form1

    Private ifc As New System.Drawing.Text.InstalledFontCollection
```

ListBox füllen:

```
Private Sub Form1_Load(ByVal sender As System.Object, ByVal e As System.EventArgs) _
                                                              Handles MyBase.Load
    For Each ff As FontFamily In ifc.Families
        ListBox1.Items.Add(ff.Name)
    Next ff
End Sub
```

Den selektierten Font darstellen:

```
Private Sub ListBox1_SelectedIndexChanged(ByVal sender As System.Object, _
              ByVal e As System.EventArgs) Handles ListBox1.SelectedIndexChanged

    Dim f As New Font(ListBox1.SelectedItem.ToString(), 30, FontStyle.Bold)
    Dim g As Graphics = PictureBox1.CreateGraphics()
    g.Clear(Color.White)
    g.DrawString(ListBox1.SelectedItem.ToString(), f, Brushes.Black, New PointF(10, 5))
End Sub
End Class
```

Test

Nach dem Start ist die Liste bereits gefüllt, beim Klick auf einen Eintrag wird die entsprechende Schriftart dargestellt:

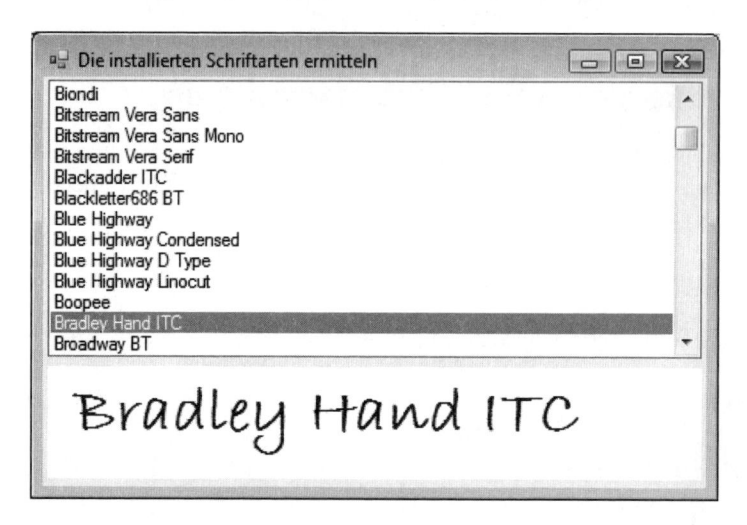

R4.32 Die JPEG-Kompression festlegen

Sicher hat es Sie auch schon gestört, dass Sie Ihre Bilder zwar problemlos im JPEG-Format sichern können, es aber zunächst keine Möglichkeit zu geben scheint, die Kompressionsrate einzustellen.

BEISPIEL: Sichern einer Grafik im JPEG-Format

```
PictureBox1.Image.Save("Bild.jpg", ImageFormat.Jpeg)
```

Wer genauer hinschaut, der wird unter den zahlreichen Überladungen der *Save*-Methode einen Kandidaten für unsere Aufgabenstellung finden:

SYNTAX: `Image.Save (String, ImageCodecInfo, EncoderParameters)`

Das vorliegende Rezept erklärt die Vorgehensweise.

Oberfläche

Ein Windows *Form,* eine *PictureBox*, eine *CombobBox* sowie eine Schaltfläche genügen (siehe Laufzeitansicht).

Quelltext

```
Imports System.Drawing.Imaging
Public Class Form1
    Private Sub Button1_Click(ByVal sender As System.Object, ByVal e As System.EventArgs) _
            Handles Button1.Click
```

Wegen der universellen Architektur ist die Verwendung nicht ganz trivial. Zunächst müssen wir den JPEG-Codec aus der Liste der möglichen Codes ermitteln:

```
Dim myImageCodecInfo As ImageCodecInfo = Nothing
For Each codec As ImageCodecInfo In ImageCodecInfo.GetImageEncoders()
    If codec.MimeType = "image/jpeg" Then myImageCodecInfo = codec
Next codec
Dim myParameter As New EncoderParameters()
```

Parameter festlegen:

```
myParameter.Param(0) = New EncoderParameter(System.Drawing.Imaging.Encoder.Quality, _
                      ComboBox1.SelectedIndex * 25 + 25)
```

Zu guter Letzt speichern wir mit Hilfe des Codes und des Parameters unsere JPEG-Grafik ab:

```
PictureBox1.Image.Save("Bild.jpg", myImageCodecInfo, myParameter)
    End Sub
End Class
```

Test

Die folgenden Abbildungen zeigt einen Vergleich zwischen der Qualität 25% (deutliche Artefakte, kaum noch Details) und der Qualität von 75% (beide Abbildungen sind stark vergrößert).

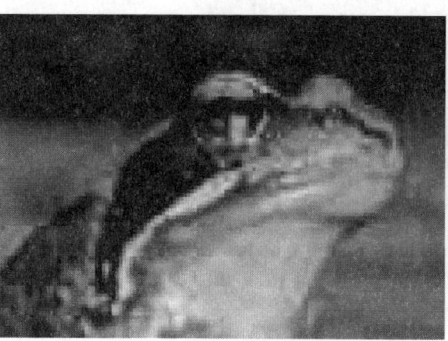

R4.33 Eine Grafik maskieren

Für die Wiedergabe von grafischen Animationen benötigen Sie meist keine rechteckigen Objekte (Sprites) sondern bereits freigestellte Grafiken, d.h., der Hintergrund ist transparent.

Zwei Verfahren bieten sich an:

- Sie verwenden das GIF- oder PNG-Format und definieren bereits hier (im Zeichenprogramm) den transparenten Hintergrund. Lesen Sie eine derartige Datei mittels GDI+ ein, wird auch die Transparenz bei Ausgaben berücksichtigt.

- Sie füllen den Hintergrund mit einer definierten Farbe (z.B. Violett) und stellen die Grafik erste zur Laufzeit frei.

HINWEIS: Verwenden Sie ein verlustloses Komprimierverfahren (GIF, PNG, BMP), anderenfalls werden durch die Kompressionsartefakte die Masken unscharf wiedergegeben.

- Variante 1 unterscheidet sich nicht von der normalen Wiedergabe mittels *DrawImage* etc., wir gehen deshalb nicht weiter darauf ein.
- Variante 2 erfordert etwas Vorarbeit.

BEISPIEL: Freigestellte Grafik, der Hintergrund wurde mit Violett gefüllt

Oberfläche

Ein Windows Form, in das Sie eine beliebige Hintergrundgrafik einblenden (*BackgroundImage*), sowie zwei Schaltflächen.

Fügen Sie jeweils eine Grafik mit definierter Transparenz und eine Grafik mit freigestelltem Hintergrund als Ressourcen in das Projekt ein (*Projekt|Eigenschaften*).

Quelltext

Im Programm selbst müssen wir zunächst die Grafik laden und können dann mit Hilfe der Methode *MakeTransparent* den "Hintergrund" entfernen. Dazu lesen wir die Farbe eines der violetten Pixel aus:

```
Public Class Form1
    Private Sub Button1_Click(ByVal sender As System.Object, ByVal e As System.EventArgs) _
                       Handles Button1.Click

        Dim bmp1 As Bitmap = My.Resources._2
        Dim g As Graphics = Me.CreateGraphics()
        bmp1.MakeTransparent(bmp1.GetPixel(2, 2))
```

Grafikausgabe:

```
        g.DrawImage(bmp1, 150, 80)
        g.Dispose()
    End Sub
```

Die Variante mit transparentem Hintergrund:

```
    Private Sub Button2_Click(ByVal sender As System.Object, ByVal e As System.EventArgs) _
                        Handles Button2.Click
        Dim bmp1 As Bitmap = My.Resources._1
        Dim g As Graphics = Me.CreateGraphics()
        g.DrawImage(bmp1, 110, 80)
        g.Dispose()
    End Sub
End Class
```

Test

Das Bild über der Hintergrundgrafik einblenden:

R4.34 Die Transparenz einer Grafik steuern

Sollen Bilder ein- bzw. ausgeblendet werden, müssen Sie das Rad nicht neu erfinden. Hier hilft Ihnen GDI+ mit seiner bereits eingebauten Fähigkeit, die Transparenz mit Hilfe des so genannten Alpha-Kanals zu steuern (im vorhergehenden Beispiel war die Transparenz des Hintergrunds auf 100% gesetzt).

Oberfläche

Ein Windows Form, ein *TrackBar* sowie eine Grafik, die Sie als Ressource einbinden. Das *TrackBar*-Maximum legen Sie mit 100 fest.

Quelltext

```
Imports System.Drawing.Imaging

Public Class Form1

    Private bmp As Bitmap

    Public Sub New()
        InitializeComponent()
```

Das Flackern unterbinden:

```
        SetStyle(ControlStyles.UserPaint, True)
        SetStyle(ControlStyles.AllPaintingInWmPaint, True)
        SetStyle(ControlStyles.DoubleBuffer, True)
```

Bild aus den Ressourcen laden:

```
        bmp = My.Resources._512
    End Sub
```

Das Bild zeichnen:

```
    Protected Overrides Sub OnPaint(ByVal e As PaintEventArgs)
```

Der Bitmap werden neue Attribute (eine *ColorMatrix*) zugewiesen:

```
        Dim iattr As New ImageAttributes()
        Dim m As New ColorMatrix()
```

Hier wird die Transparenz festgelegt:

```
        m.Matrix33 = trackBar1.Value / 100.0F
        iattr.SetColorMatrix(m)
```

Leider ist die nötige Überladung der *DrawImage*-Methode etwas umfangreich:

```
       e.Graphics.DrawImage(bmp, New Rectangle(0, 0, bmp.Width, bmp.Height), 0, 0, _
                    bmp.Width, bmp.Height, GraphicsUnit.Pixel, iattr)
    End Sub
```

Zu guter Letzt müssen wir noch die Bildaktualisierung erzwingen:

```
    Private Sub trackBar1_Scroll(ByVal sender As System.Object, ByVal e As System.EventArgs) _
                    Handles trackBar1.Scroll
        Me.Invalidate()
    End Sub
End Class
```

Test

Verschieben Sie den *TrackBar*-Regler um die Transparenz zu verändern:

R4.35 Einfache GIF-Animationen wiedergeben

Auch für diese Aufgabe stellt das .NET-Framework bereits die nötige Infrastruktur in Gestalt der *ImageAnimator*-Klasse zur Verfügung. Diese hat einen integrierten Timer, der automatisch zwischen den einzelnen Bildern umschaltet.

Oberfläche

Zunächst nur ein Windows Form. Fügen Sie zusätzlich die Animated GIFs als Ressourcen in Ihre Anwendung ein, diese laden wir zur Laufzeit.

Quelltext

```
Public Class Form1
```

Die beiden Grafiken:

```
    Private bmp2 As Bitmap = My.Resources.affe_03
    Private bmp1 As Bitmap = My.Resources.vogel_041

    Public Sub New()
        InitializeComponent()
```

Melden Sie nachfolgend die Bitmap beim ImageAnimator an:

```
        If ImageAnimator.CanAnimate(bmp1) Then
            ImageAnimator.Animate(bmp1, AddressOf Me.OnNextFrame)
        End If
        If ImageAnimator.CanAnimate(bmp2) Then
            ImageAnimator.Animate(bmp2, AddressOf Me.OnNextFrame)
        End If
```

Verwenden Sie dazu die *Animate*-Methode, der Sie neben der jeweiligen Grafik auch einen Eventhandler übergeben können. Immer wenn ein neues Bild fällig ist, wird das Ereignis ausgelöst.

Flackern unterbinden:

```
        SetStyle(ControlStyles.UserPaint, True)
        SetStyle(ControlStyles.AllPaintingInWmPaint, True)
```

```
        SetStyle(ControlStyles.DoubleBuffer, True)
    End Sub
```

Erstellen Sie den Eventhandler, der für die Ausgabe verantwortlich ist:

```
Private Sub OnNextFrame(ByVal o As Object, ByVal e As EventArgs)
    Me.Invalidate()
End Sub
```

Geben Sie die Grafiken aus und schalten Sie mit *UpdateFrames* auf das jeweils nächste Bild in der Sequenz um:

```
Protected Overrides Sub OnPaint(ByVal e As PaintEventArgs)
    e.Graphics.DrawImage(bmp2, 10, 20)
    e.Graphics.DrawImage(bmp1, 100, 50)
    ImageAnimator.UpdateFrames()
End Sub
End Class
```

Test

R4.36 Auf einzelne GIF-Frames zugreifen

Im vorhergehenden Rezept haben wir eine Möglichkeit aufgezeigt, wie Sie als Programmierer die einzelnen Frames einer animierten GIF-Datei auslesen können, um zum Beispiel eine Animation zu realisieren. Allerdings haben Sie mit den o.g. Mitteln keinen Zugriff auf einen beliebigen Frame und Sie können auch nicht die Anzahl der Frames bestimmen.

Verantwortlich für diese Aufgaben ist ein *FrameDimension*-Objekt, dessen Konstruktor übergeben Sie die GUID der *FrameDimensionsList* des gewählten Bildes.

BEISPIEL: Abrufen eines *FrameDimension*-Objekts

```
Dim fdim As New FrameDimension(bmp.FrameDimensionsList(0))
```

R4.36 Auf einzelne GIF-Frames zugreifen

> **HINWEIS:** Über die *FrameDimensionsList* werden die einzelnen Frames bzw. verschiedenen Auflösungen des Bildes von .NET verwaltet.

Unser Beispielprogramm zeigt, wie Sie auf einzelne Frames zugreifen können.

Oberfläche

Ein Windows Form und ein *TrackBar*. Fügen Sie zusätzlich eine GIF-Grafik in die Projektressourcen ein.

Quelltext

Möchten Sie einzelne Frames wiedergeben (zum Beispiel durch Verschieben eines *TrackBars*), brauchen Sie neben der Anzahl der Frames auch eine Möglichkeit, den aktuellen Frame zu setzen. In beiden Fällen hilft Ihnen das o.g. *FrameDimensions*-Objekt weiter.

```vb
Imports System.Drawing.Imaging

Public Class Form1
    Private bmp As Bitmap = My.Resources.vogel_041
    Private fdim As FrameDimension

    Public Sub New()
        InitializeComponent()
```

FrameDimensions-Objekt abrufen und *TrackBar* konfigurieren:

```vb
        fdim = New FrameDimension(bmp.FrameDimensionsList(0))
        TrackBar1.Maximum = bmp.GetFrameCount(fdim) - 1
    End Sub
```

Auf die Änderungen des *TrackBars* reagieren und anderen Frame einblenden:

```vb
    Private Sub TrackBar1_Scroll(ByVal sender As Object, ByVal e As EventArgs) _
                   Handles TrackBar1.Scroll
        bmp.SelectActiveFrame(fdim, TrackBar1.Value)
        Dim g As Graphics = Me.CreateGraphics()
        g.Clear(Me.BackColor)
        g.DrawImage(bmp, 30, 30)
    End Sub
End Class
```

> **HINWEIS:** *GetFrameCount* liefert die Anzahl der verfügbaren Frames für die gewählte Bildabmessung, *SelectActiveFrame* setzt den aktiven Frame, der zum Beispiel beim Kopieren mittels *DrawImage* genutzt wird.

Test

Verschieben Sie den *TrackBar* und erfreuen Sie sich an der "Nervensäge":

R4.37 Aus animierten Gifs ein Bitmap-Strip erzeugen

Möchten Sie alle Bilder aus einer animierten Gif extrahiert und zum Beispiel als fortlaufenden Streifen in einer Bitmap sichern, hilft Ihnen das vorliegende Rezept weiter.

Oberfläche

Ein Windows Form, eine *PictureBox* und eine in die Projektressourcen eingebundene GIF-Grafik.

Quelltext

```vb
Imports System.Drawing.Imaging

Public Class Form1

    Private Sub Form1_Load(ByVal sender As System.Object, ByVal e As System.EventArgs) _
                                                                    Handles MyBase.Load
```

GIF aus den Ressourcen laden:

```vb
        Dim bmp As Bitmap = My.Resources.frosch_11
        Dim fdim As New FrameDimension(bmp.FrameDimensionsList(0))
```

Hilfsbitmap erzeugen, mit *Breite=Frameanzahl*Framebreite*:

```vb
        Dim bmp2 As New Bitmap((bmp.GetFrameCount(fdim) - 1) * bmp.Width, bmp.Height)
        Dim g As Graphics = Graphics.FromImage(bmp2)
```

Nacheinander die Frames kopieren:

```
    For i As Integer = 0 To bmp.GetFrameCount(fdim) - 1
        bmp.SelectActiveFrame(fdim, i)
        g.DrawImageUnscaled(bmp, i * bmp.Width, 0)
    Next
```

Die Hilfsbitmap der *PictureBox* zuweisen:

```
    PictureBox1.BackgroundImage = bmp2
    PictureBox1.Size = bmp2.Size
    g.Dispose()
End Sub

End Class
```

Test

Das Ergebnis kann sich sehen lassen:

HINWEIS: Alternativ können Sie die Bitmap auch mit der *Save*-Methode in verschiedenen Dateiformaten speichern.

R4.38 Flackernde Grafikausgaben vermeiden

Sicher haben Sie auch schon vor dem Problem gestanden, dass Sie umfangreiche Grafiken ausgeben wollten, die Darstellung auf dem Bildschirm aber unerträglich flackerte. Ein Beispielprogramm zeigt die Problematik und im Anschluss auch den Lösungsansatz.

Oberfläche

Lediglich ein Windows *Form* und zwei *Button*s sind erforderlich.

Quelltext

```
Public Class Form1
    ...
```

Zunächst die konventionelle Variante, bei der die Grafik mit viel Flackerei aufgebaut wird:

```
    Private Sub Button1_Click(ByVal sender As System.Object, ByVal e As System.EventArgs) _
                  Handles Button1.Click
        Dim von As Double = System.Environment.TickCount
        Dim g As Graphics = Me.CreateGraphics()
        For i As Integer = 0 To 799
            g.DrawLine(Pens.Red, 0, i, 420, i)
        Next
        For x As Integer = 0 To 399 Step 28
            For y As Integer = 0 To 399 Step 28
                g.DrawImage(My.Resources.fax, x, y)
            Next
        Next
        g.Dispose()
        Dim bis As Double = System.Environment.TickCount
        Label1.Text = ((bis - von) / 1000).ToString() & " s"
    End Sub
```

Mit Hilfe einer zusätzlichen Speicher-Bitmap können wir die Ausgaben zunächst unabhängig von der Oberfläche realisieren und nachfolgend ausgeben.

Fortführung des obigen Beispiels:

```
    Private Sub Button2_Click(ByVal sender As System.Object, ByVal e As System.EventArgs) _
                  Handles Button2.Click
        Dim von As Double = System.Environment.TickCount
```

Bitmap erzeugen (entsprechend der Fenstergröße):

```
        Dim bmp As New Bitmap(ClientRectangle.Width, ClientRectangle.Height)
```

Grafikausgaben in der Bitmap vornehmen:

```
        Dim g As Graphics = Graphics.FromImage(bmp)
        For i As Integer = 0 To 799
            g.DrawLine(Pens.Red, 0, i, 420, i)
        Next
```

R4.38 Flackernde Grafikausgaben vermeiden

```
            For x As Integer = 0 To 399 Step 28
                For y As Integer = 0 To 399 Step 28
                    g.DrawImage(My.Resources.fax, x, y)
                Next
            Next
            g.Dispose()
            g = Me.CreateGraphics()
```

Die Bitmap im Fenster wiedergeben:

```
            g.DrawImage(bmp, 0, 0)
            g.Dispose()
            bmp.Dispose()
            Dim bis As Double = System.Environment.TickCount
            Label1.Text = ((bis - von) / 1000).ToString() & " s"
        End Sub
End Class
```

Test

Bei Verwendung der Hintergrundbitmap können Sie eine wesentliche Verbesserung beim Zeitbedarf feststellen, zusätzlich ist die Ausgabe flackerfrei und – last but not least – können wir die Bitmap mit jeder *Paint*-Operation ausgeben, ohne sie erneut aufbauen zu müssen.

Bemerkungen

Und was ist mit der *PictureBox*? Hier haben wir es mit einem Sonderfall zu tun, die *PictureBox* beherrscht bereits "ab Werk" Double Buffering. Doch Achtung:

> **HINWEIS:** Sie müssen mit der enthaltenen Grafik arbeiten, nicht mit der Bildschirmdarstellung.

BEISPIEL: Falsch

```
Dim g As Graphics = PictureBox1.CreateGraphics()
...
```

BEISPIEL: Richtig

```
Dim g As Graphics = Graphics.FromImage(PictureBox1.Image)
...
g.Dispose()
PictureBox1.Invalidate()
```

HINWEIS: Wichtig ist das *Invalidate*, sonst passiert auf dem Bildschirm nichts, bis die Grafik – zum Beispiel nach einem Verdecken – neu gezeichnet werden muss.

Sollten Sie keine Grafik in die *PictureBox* geladen haben, erzeugen Sie einfach eine entsprechende Grafik:

```
Dim bmp As New Bitmap(ClientRectangle.Width, ClientRectangle.Height)
PictureBox1.Image = bmp
```

R4.39 Einfache Grafikanimationen realisieren

Welcher Programmierer wird nicht ab und zu vom Spieltrieb übermannt? Zu jedem Spiel gehört auch etwas Action, und damit sind wir schon mitten im Thema angelangt. Wie können wir in .NET ein paar Bitmaps möglichst flackerfrei über den Bildschirm bewegen, ohne gleich auf DirectX zurückgreifen zu müssen?

Oberfläche

Ein Windows *Form* und ein *Timer*. Binden Sie zusätzlich eine Grafik für den Hintergrund und eine Grafik für das Sprite (Vordergrundbitmap) ein. Nutzen Sie dafür den Ressourcen-Editor von Visual Studio.

Quelltext

Im vorhergehenden Rezept war ja bereits die Rede von Double Buffering, eine Technik, die wir auch hier einsetzen wollen.

Die nahe liegende Lösung dürfte also das Erzeugen einer Hintergrundbitmap sein, auf der wir die einzelnen Bitmaps verschieben. Mit einem *Timer* blenden wir diese Bitmap zyklisch in den Vordergrund ein.

So weit so gut, das Flackern beim Bildaufbau könnten wir auf diese Weise rein theoretisch vermeiden, allerdings macht uns Windows hier einen Strich durch die Rechnung. Es flackert trotzdem und zwar mit der Frequenz des Timers. Die Ursache findet sich in der Messagebehandlung

R4.39 Einfache Grafikanimationen realisieren

für das Aktualisieren des Fensterhintergrunds (gilt auch für ein Control). Windows löscht bei jedem Refresh zunächst den Hintergrund mit der entsprechenden Hintergrundfarbe.

Lange Rede kurzer Sinn, mit Hilfe veränderter ControlStyles können wir Einfluss auf die Messagebehandlung durch Windows nehmen und stattdessen selbst für das Neuzeichnen des Controls/Fensters sorgen.

```
Public Class Form1
```

Die Bitmaps aus den Ressourcen laden:

```
    Private bmp1 As Bitmap = My.Resources.fliege1
    Private bmp2 As Bitmap = My.Resources.fliege1
    Private bckbmp As Bitmap = My.Resources._00000021211
    Private pos As Integer = 0
```

Ändern der Messagebehandlung im Formular-Konstruktor

```
    Public Sub New()
        InitializeComponent()
        SetStyle(ControlStyles.UserPaint, True)
        SetStyle(ControlStyles.AllPaintingInWmPaint, True)
        SetStyle(ControlStyles.DoubleBuffer, True)
```

Da wir im Beispielrezept für die Sprites GIF-Grafiken verwendet haben, können wir diese auch animiert darstellen:

```
        If ImageAnimator.CanAnimate(bmp1) Then
            ImageAnimator.Animate(bmp1, Nothing)
        End If
        If ImageAnimator.CanAnimate(bmp2) Then
            ImageAnimator.Animate(bmp2, Nothing)
        End If
    End Sub
```

Überschreiben Sie die *OnPaint*-Methode des Formulars und führen Sie hier die Grafikoperationen aus:

```
    Protected Overrides Sub OnPaint(ByVal e As PaintEventArgs)
        e.Graphics.DrawImage(bckbmp, 0, 0)
        e.Graphics.DrawImage(bmp2, 500 - pos, pos)
        e.Graphics.DrawImage(bmp1, 2 * pos - 100, 200)
    End Sub
```

Nutzen Sie einen *Timer*, um zyklisch die *Invalidate*-Methode aufzurufen (ruft die *Paint*-Methode auf):

```
    Private Sub Timer1_Tick(ByVal sender As System.Object, ByVal e As System.EventArgs) _
                                                                    Handles Timer1.Tick
```

```
        pos += 1
        ImageAnimator.UpdateFrames()
        If pos > 500 Then pos = 0
        Me.Invalidate()
    End Sub
End Class
```

Test

Im Beispielprogramm verschieben wir zwei Sprites über der Hintergrundbitmap, ein Ruckeln werden Sie trotz des recht einfachen Verfahrens nicht feststellen:

HINWEIS: Beachten Sie, dass im Beispielprojekt für die Sprites GIF-Grafiken verwendet wurden. Diese ermöglichen es, Transparenz bereits in der Grafik festzulegen, Sie müssen die Objekte also nicht erst freistellen (Maskieren).

R4.40 RGB-Grafiken manipulieren

Im Folgenden möchten wir Ihnen die Verwendung einer Klasse demonstrieren, die einen Low-Level-Zugriff auf RGB-Grafiken ermöglicht.

Ansatzpunkt ist in diesem Fall die Verwendung von *LockBits* und *Scan0*. Dabei handelt es sich um Eigenschaften des *Bitmap*-Objekts. Mit *LockBits* wird eine Bitmap im Arbeitsspeicher für uns gesperrt, gleichzeitig können wir die Bitmap in einen für uns günstigen Datentyp umwandeln. Der eigentliche Clou ist *Scan0*, ein Pointer auf das erste Bitmap-Byte.

Folgende Reihenfolge müssen Sie beim direkten Zugriff auf die einzelnen Bitmap-Bytes beachten:

- Bitmap mit *LockBits* sperren,
- mit *Scan0* einen Pointer auf das erste Byte ermitteln,
- über *Marshal.Read...* die gewünschten Bytes/Integers etc. lesen,
- über *Marshal.Write...* die gewünschten Bytes/Integers schreiben,
- die Bitmap mit *UnlockBits* freigeben und
- eventuell die zugehörige *PictureBox* mit *Refresh* aktualisieren.

Bei wem jetzt der Wunsch nach schneller Pointer-Arithmetik aufkommt, der sei an die Sprache C# verwiesen, wo Sie mit unsafe Code die entsprechende Funktionalität realisieren können, dies allerdings mit entsprechender Geschwindigkeit und natürlich auch mit der Gefahr von fehlerhaften Speicherzugriffen. VB.NET will Ihnen diese Ungemach ersparen und verhindert derartige Zugriffe gleich gänzlich. Wir müssen uns also nach Ersatz umschauen und der findet sich beim *Marshal*-Objekt. Mit der Methode *Copy* können Sie einen Speicherbereich in ein VB-Array kopieren (der umgekehrte Weg ist mit einer Überladung der Methode ebenfalls möglich). Der Vorteil für unser Programm ist, dass wir nicht unzählig viele einzelne Marshal-Aufrufe realisieren müssen, sondern nur zwei. In der Zwischenzeit arbeiten wir mit einem VB.NET-Array.

Oberfläche

Entwerfen Sie eine Oberfläche entsprechend folgender Abbildung (Laufzeitansicht):

Quelltext (Filter-Klasse)

HINWEIS: Auf die technischen Einzelheiten können wir an dieser Stelle leider nicht weiter eingehen, diese werden ausführlich in unserem aktuellen Buch [*Visual Basic 2008 – Grundlagen und Profiwissen*] beschrieben.

Für Experimente mit dem *Marshal*-Objekt:

```
Imports System.Runtime.InteropServices

Public Class Filter
```

Den wohl wichtigsten Punkt dürfen wir natürlich auch nicht vergessen:

HINWEIS: Auch wenn die Konstanten *Format24bppRgb* oder *Format32bppArgb* heißen, lassen Sie sich nicht in die Irre leiten! Die Bytes liegen immer in der Reihenfolge Blau-Grün-Rot bzw. Blau-Grün-Rot-Alpha im Speicher!

BEISPIEL: Alle Pixel der Grafik sollen auf Schwarz gesetzt werden (24-Bit-Bitmap)

```
Public Shared Sub AllesSchwarzTest1(ByVal bmp As Bitmap)
    Dim offset As Integer = 0
    Dim bmpData As BitmapData
    Dim p As Byte
    Dim ptr As IntPtr
```

Sperren der Bitmap:

```
    bmpData = bmp.LockBits(New Rectangle(0, 0, bmp.Width, bmp.Height), _
                ImageLockMode.ReadWrite, PixelFormat.Format24bppRgb)
```

Pointer ermitteln:

```
    ptr = bmpData.Scan0
    For y As Integer = 0 To bmp.Height - 1
        For x As Integer = 0 To bmp.Width * 3 - 1
            p = 0
```

Schreiben in den gewünschten Speicherbereich (alle Farbwerte = 0):

```
            Marshal.WriteByte(ptr, offset, p)
```

Offset für *Marshal.Write* setzen:

```
            offset += 1
        Next
    Next
```

R4.40 RGB-Grafiken manipulieren

Freigabe der Bitmap:

```
    bmp.UnlockBits(bmpData)
End Sub
```

Haben Sie sich zu einem Test hinreißen lassen, wird es Ihnen sicher nicht anders als den Autoren ergangen sein. Nach quälenden Sekunden (bei uns waren es mindestens 20) ist endlich das Bild schwarz.

Programmierer der ersten Stunde (Visual Studio 2002/2003) werden jetzt sicher verwundert sein, war doch dort dasselbe Beispiel ausreichend schnell (im Millisekunden-Bereich).

BEISPIEL: Eine optimierte Variante des vorhergehenden Beispiels, wir verwenden das bereits erwähnte VB-Byte-Array, lösen unnötige Schleifen auf und verzichten auf unnötige Rechnereien:

```
Public Shared Sub AllesSchwarzTest3(ByVal bmp As Bitmap)
    Dim bmpData As BitmapData = bmp.LockBits(New Rectangle(0, 0, bmp.Width, bmp.Height), _
                    ImageLockMode.ReadWrite, PixelFormat.Format32bppRgb)
    Dim size As Integer = bmp.Width * bmp.Height * 4
    Dim ba(size) As Byte
    Marshal.Copy(bmpData.Scan0, ba, 0, size)
    For i As Integer = 0 To size
        ba(i) = 0
    Next
    Marshal.Copy(ba, 0, bmpData.Scan0, size)
    bmp.UnlockBits(bmpData)
End Sub
```

Endlich dürfte die Ausführungsgeschwindigkeit auch den letzten Nörgler zufrieden stellen, 16 Millisekunden für die Beispielgrafik von der CD sind schon ganz gut.

Damit wird uns dieser Lösungsansatz auch für die weiteren Beispiele als Vorlage dienen.

BEISPIEL: Eine der einfachsten Operationen ist das **Invertieren** einer Bitmap, die einzelnen RGB-Werte brauchen nur negiert zu werden, d.h., der Farbwert ist von 255 abzuziehen.

```
Public Shared Sub Invert(ByVal bmp As Bitmap)
    Dim bmpData As BitmapData = bmp.LockBits(New Rectangle(0, 0, bmp.Width, bmp.Height), _
                    ImageLockMode.ReadWrite, PixelFormat.Format32bppRgb)
    Dim size As Integer = bmp.Width * bmp.Height * 4
    Dim ba(size) As Byte
    Marshal.Copy(bmpData.Scan0, ba, 0, size)
    For i As Integer = 0 To size
        ba(i) = ba(i) Xor 255
    Next
```

```
        Marshal.Copy(ba, 0, bmpData.Scan0, size)
        bmp.UnlockBits(bmpData)
    End Sub
```

BEISPIEL: Beim Umwandeln einer Farbgrafik in ein **Graustufenbild** werden die einzelnen Farben entsprechend ihrer Leuchtkraft bewertet und daraus ein Graustufenwert (8 Bit) berechnet. Dieser Wert wird nachfolgend allen drei Farbkanälen zugewiesen.

```
Public Shared Sub Grey(ByVal bmp As Bitmap)
    Dim grau, blau, grün, rot As Byte
    Dim bmpData As BitmapData = bmp.LockBits(New Rectangle(0, 0, bmp.Width, bmp.Height), _
                                ImageLockMode.ReadWrite, PixelFormat.Format32bppRgb)
    Dim size As Integer = bmp.Width * bmp.Height * 4
    Dim ba(size) As Byte
    Marshal.Copy(bmpData.Scan0, ba, 0, size)
    For i As Integer = 0 To size - 1 Step 4
        blau = ba(i)
        grün = ba(i + 1)
        rot = ba(i + 2)
        grau = ((77 * blau + 151 * grün + 28 * rot) / 256)
        ba(i) = grau
        ba(i + 1) = grau
        ba(i + 2) = grau
    Next
    Marshal.Copy(ba, 0, bmpData.Scan0, size)
    bmp.UnlockBits(bmpData)
End Sub
```

BEISPIEL: Um ein Bild aufzuhellen oder dunkler zu machen genügt es, dass zu jedem Wert eine Konstante addiert wird. Um Werteüberläufe zu verhindern, müssten wir entweder bei jedem Wert abfragen, ob das Berechnungsergebnis den Wertebereich (255) überschreitet, oder wir legen gleich ein Array an, in welchem für jeden der möglichen 256 Werte der neue Wert gespeichert ist. Insbesondere bei großen Bildern können Sie so wertvolle Sekunden sparen, da nur noch der Wert aus dem Array ausgelesen werden muss (LUT = Look-Up-Table).

Normieren auf den Bereich 0... 255:

```
Private Shared Function normiere(ByVal Value As Integer) As Byte
    If Value < 0 Then Return 0
    If Value > 255 Then Return 255
    Return Value
End Function
```

R4.40 RGB-Grafiken manipulieren

```vb
Public Shared Sub Brightness(ByVal bmp As Bitmap, ByVal Value As Short)
    Dim ar As Byte() = New Byte(256) {}
    For i As Integer = 0 To 255
        ar(i) = normiere(i + Value)
    Next
    Dim bmpData As BitmapData
    bmpData = bmp.LockBits(New Rectangle(0, 0, bmp.Width, bmp.Height), _
                           ImageLockMode.ReadWrite, PixelFormat.Format32bppRgb)
    Dim size As Integer = bmp.Width * bmp.Height * 4
    Dim ba(size) As Byte
    Marshal.Copy(bmpData.Scan0, ba, 0, size)
    For i As Integer = 0 To size
        ba(i) = ar(ba(i))
    Next
    Marshal.Copy(ba, 0, bmpData.Scan0, size)
    bmp.UnlockBits(bmpData)
End Sub
```

BEISPIEL: Um den Kontrast eines Bildes zu erhöhen, normieren wir zunächst die Farbwerte, indem wir diese in einen Integerwert umwandeln und 128 abziehen. Den resultierenden Wert multiplizieren wir mit einem konstanten Faktor, nachfolgend wird die Normierung durch Addition von 128 wieder aufgehoben. Da wir die Gleitkomma-Operationen nicht für jeden Pixel ausführen möchten (Performance!), verwenden wir wieder ein Array (LUT), in welchem wir die Farbwerte vorberechnen.

```vb
Public Shared Sub Contrast(ByVal bmp As Bitmap, ByVal Value As Single)
    Dim ar As Byte() = New Byte(256) {}
    Value = 1 + Value / 100
    For i As Integer = 0 To 255
        ar(i) = normiere(Convert.ToInt32((i - 128) * Value) + 128)
    Next
    Dim bmpData As BitmapData
    bmpData = bmp.LockBits(New Rectangle(0, 0, bmp.Width, bmp.Height), _
                           ImageLockMode.ReadWrite, PixelFormat.Format32bppRgb)
    Dim size As Integer = bmp.Width * bmp.Height * 4
    Dim ba(size) As Byte
    Marshal.Copy(bmpData.Scan0, ba, 0, size)
    For i As Integer = 0 To size
        ba(i) = ar(ba(i))
    Next
    Marshal.Copy(ba, 0, bmpData.Scan0, size)
```

```
        bmp.UnlockBits(bmpData)
    End Sub
```

BEISPIEL: Möchten Sie den Gamma-Wert eines Bildes anpassen, ist die Rechnerei schon etwas aufwändiger. Auch hier hilft nur eine LUT weiter, sonst ist die Laufzeit nicht zu verantworten.

```
Public Shared Sub Gamma(ByVal bmp As Bitmap, ByVal Value As Double)
    Dim ar As Byte() = New Byte(256) {}
    For i As Integer = 0 To 255
        ar(i) = Math.Min(255, Convert.ToInt32((255 * Math.Pow(i / 255, 1 / Value)) + 0.5))
    Next
    Dim bmpData As BitmapData
    bmpData = bmp.LockBits(New Rectangle(0, 0, bmp.Width, bmp.Height), _
                    ImageLockMode.ReadWrite, PixelFormat.Format32bppRgb)
    Dim size As Integer = bmp.Width * bmp.Height * 4
    Dim ba(size) As Byte
    Marshal.Copy(bmpData.Scan0, ba, 0, size)
    For i As Integer = 0 To size
        ba(i) = ar(ba(i))
    Next
    Marshal.Copy(ba, 0, bmpData.Scan0, size)
    bmp.UnlockBits(bmpData)
End Sub
```

Die weiteren Funktionen finden Sie auf der Buch-CD, wir drucken den Quellcode an dieser Stelle nicht vollständig ab.

```
Public Shared Sub AutoAdjust(ByVal bmp As Bitmap)
...
End Sub


Public Shared Sub Sharpen(ByVal bmp As Bitmap)
...
End Sub


Public Shared Sub Smoothing(ByVal bmp As Bitmap)
...
End Sub


Public Shared Sub Emboss(ByVal bmp As Bitmap)
...
End Sub
```

```
    Public Shared Sub Gauss(ByVal bmp As Bitmap)
    ...
    End Sub
End Class
```

Quelltext (Form1)

Die Verwendung der *Filter*-Klasse ist denkbar einfach, Sie können den Methoden die jeweilige *Bitmap* übergeben und müssen nur noch die Bildschirmdarstellung mit *Invalidate* aktualisieren:

```
Public Class Form1

    Private Sub Button1_Click(ByVal sender As System.Object, ByVal e As System.EventArgs) _
                Handles Button1.Click
        Filter.Sharpen(PictureBox1.Image)
        PictureBox1.Invalidate()
    End Sub
    ...
End Class
```

Test

Probieren Sie die verschiedenen Varianten mit unterschiedlichen Parametern aus.

HINWEIS: Eine Verwendung der *Filter*-Klasse finden Sie ebenfalls im Rezept R4.28.

R4.41 Einen Markierungsrahmen erzeugen

So wie die Autoren wird sich sicher auch mancher Leser verwundert die Augen gerieben haben, denn mit der Umstellung auf .NET bzw. GDI+ fehlte plötzlich ein XOR-Zeichenmodus, bei dem das erneute Zeichnen mit den gleichen Koordinaten die vorhergehende Zeichnung wieder löscht (Gummiband).

Wir zeigen Ihnen eine einfach zu realisierende Lösung.

Oberfläche

Ein nacktes Windows Form.

Quelltext

```
Public Class Form1
```

Zunächst zwei Variablen, in denen wir uns die Koordinaten merken:

```
    Private p1 As Point
    Private p2 As Point
```

Mit dem Klicken der Maus speichern wir die Position ab:

```
    Private Sub Form1_MouseDown(ByVal sender As Object, ByVal e As MouseEventArgs) _
                    Handles MyBase.MouseDown
        p1 = e.Location
        p2 = e.Location
    End Sub
```

Bewegt sich die Maus und ist die linke Maustaste gedrückt:

```
    Private Sub Form1_MouseMove(ByVal sender As Object, ByVal e As MouseEventArgs) _
                    Handles MyBase.MouseMove
        If e.Button = Windows.Forms.MouseButtons.Left Then
```

Löschen des vorher gezeichneten Rechtecks:

```
            ControlPaint.DrawReversibleFrame(New Rectangle(PointToScreen(p1), _
                    New Size(p2.X - p1.X, p2.Y - p1.Y)), Color.Black, FrameStyle.Dashed)
```

Neue Koordinate bestimmen:

```
            p2 = e.Location
```

Zeichnen des neuen Rechtecks:

```
            ControlPaint.DrawReversibleFrame(New Rectangle(PointToScreen(p1), _
                    New Size(p2.X - p1.X, p2.Y - p1.Y)), Color.Black, FrameStyle.Dashed)
        End If
    End Sub
```

Soll zum Schluss das Markierungsrechteck gelöscht werden, müssen wir noch einmal die Zeichenoperation ausführen:

```
    Private Sub Form1_MouseUp(ByVal sender As Object, ByVal e As MouseEventArgs) _
                    Handles MyBase.MouseUp
        ControlPaint.DrawReversibleFrame(New Rectangle(PointToScreen(p1), _
                    New Size(p2.X - p1.X, p2.Y - p1.Y)), Color.Black, FrameStyle.Dashed)
    End Sub

End Class
```

Test

Ziehen Sie einfach einen Rahmen im Fenster auf:

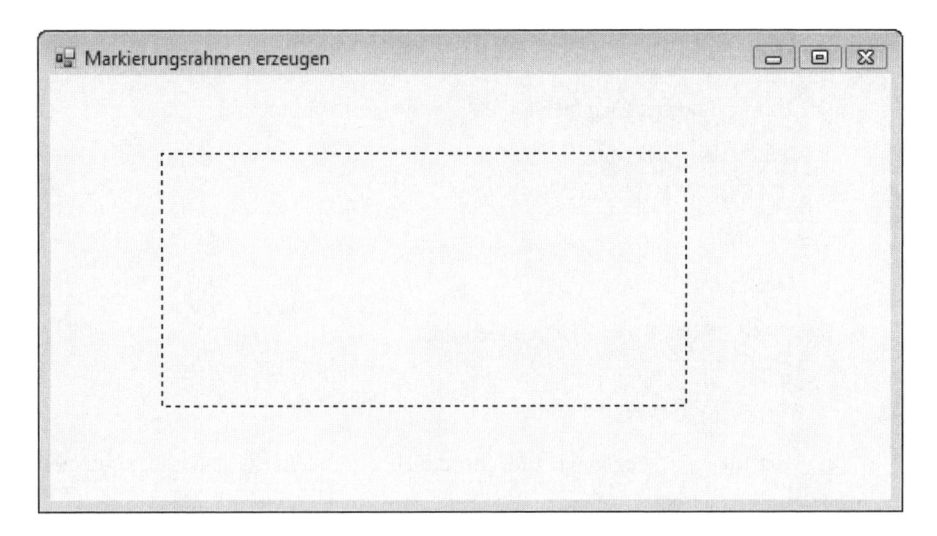

R4.42 Zeichenoperationen mit der Maus realisieren

Dieses Rezept zeigt Ihnen eine Möglichkeit, wie Sie einfache Zeichenoperationen (Linie, Ellipse, Rechteck) in ein eigenes Programm integrieren können. Dreh- und Angelpunkt ist die Verwendung einer Hintergrundbitmap, mit deren Hilfe wir einen Gummiband-Effekt beim Zeichnen realisieren.

Oberfläche

Ein Windows Form und eine *ToolStrip*-Komponente zur Auswahl der Zeichenoperation. Zusätzlich fügen Sie noch eine *ColorDialog*-Komponente zur Auswahl der Malfarbe ein.

HINWEIS: Wir haben die Oberfläche bewusst einfach gehalten, denn hier geht es um das Handling der Maus-Events und die Verwendung einer Hintergrundbitmap und nicht um Schönheit im Detail.

Quelltext

```
Public Class Form1
```

Zunächst eine Enumeration definieren:

```
    Enum Figuren As Integer
        Linie
        Ellipse
```

```
        Rechteck
    End Enum
```

Eine Statusvariable für die Zeichenoperation:

```
    Private Figur As Figuren = Figuren.Linie
```

Die Bitmap und das *Graphics*-Objekt für die Hintergrundbitmap

```
    Private bmp As Bitmap
    Private bckg As Graphics
```

Der Malstift:

```
    Private p As Pen
```

Start- und Endpunkt der Zeichenoperation:

```
    Private p1 As Point
    Private p2 As Point
```

Im Konstruktor erzeugen wir zunächst die Hintergrundgrafik in der maximal nötigen Größe:

```
Public Sub New()
    InitializeComponent()
    Dim maxsize As Size = SystemInformation.PrimaryMonitorMaximizedWindowSize

    bmp = New Bitmap(maxsize.Width, maxsize.Height)
    bckg = Graphics.FromImage(bmp)
```

Mit Hintergrundfarbe füllen:

```
    bckg.Clear(Me.BackColor)
```

Zeichenstift initialisieren:

```
    p = New Pen(Color.Black)
End Sub
```

Mit dem Drücken der Maustaste beginnt der Zeichenvorgang, wir merken uns die Position:

```
    Private Sub Form1_MouseDown(ByVal sender As Object, ByVal e As MouseEventArgs) _
                        Handles MyBase.MouseDown
        p1 = e.Location
    End Sub
```

Jede Mausbewegung bei gedrückter linker Maustaste erfordert das Wiederherstellen der Grafik vor dem Zeichenvorgang und das erneute Zeichnen mit den neuen Mauskoordinaten:

```
    Private Sub Form1_MouseMove(ByVal sender As Object, ByVal e As MouseEventArgs) _
                        Handles MyBase.MouseMove
        p2 = e.Location
        If e.Button = Windows.Forms.MouseButtons.Left Then
```

```
            Dim g As Graphics = CreateGraphics()
            g.DrawImage(bmp, 0, 0)
            Zeichne(g)
            g.Dispose()
        End If
    End Sub
```

Erst wenn die Maustaste losgelassen wird, fügen wir das gerade gewählte Zeichenobjekt mit den aktuellen Koordinaten in die Hintergrundbitmap ein:

```
    Private Sub Form1_MouseUp(ByVal sender As Object, ByVal e As MouseEventArgs) _
                    Handles MyBase.MouseUp
        Zeichne(bckg)
    End Sub
```

Die eigentliche Zeichenroutine unterscheidet die einzelnen Zeichenobjekte:

```
    Private Sub Zeichne(ByVal dst As Graphics)
        Select Case Figur
            Case Figuren.Linie
                dst.DrawLine(p, p1, p2)
            Case Figuren.Rechteck
                dst.DrawRectangle(p, p1.X, p1.Y, p2.X - p1.X, p2.Y - p1.Y)
            Case Figuren.Ellipse
                dst.DrawEllipse(p, p1.X, p1.Y, p2.X - p1.X, p2.Y - p1.Y)
        End Select
    End Sub
```

Auch nach einem Verdecken des Fensters soll die Grafik wieder hergestellt werden:

```
    Private Sub Form1_Paint(ByVal sender As Object, ByVal e As PaintEventArgs) _
                    Handles MyBase.Paint
        Dim g As Graphics = e.Graphics
        g.DrawImage(bmp, 0, 0)
    End Sub
```

Auswahl der Zeichenobjekte über den *ToolStrip*:

```
    Private Sub toolStripButton1_Click(ByVal sender As System.Object, _
                ByVal e As System.EventArgs) Handles toolStripButton1.Click
        Figur = Figuren.Linie
    End Sub

    Private Sub toolStripButton3_Click(ByVal sender As System.Object, _
                ByVal e As System.EventArgs) Handles toolStripButton3.Click
```

```
        Figur = Figuren.Ellipse
    End Sub

    Private Sub toolStripButton2_Click(ByVal sender As System.Object, _
            ByVal e As System.EventArgs) Handles toolStripButton2.Click
        Figur = Figuren.Rechteck
    End Sub
```

Auswahl der Malfarbe:

```
    Private Sub toolStripButton4_Click(ByVal sender As System.Object, _
            ByVal e As System.EventArgs) Handles toolStripButton4.Click
        ColorDialog1.AllowFullOpen = True
        If ColorDialog1.ShowDialog() = Windows.Forms.DialogResult.OK Then
            p = New Pen(ColorDialog1.Color)
        End If
    End Sub

End Class
```

Test

Nach dem Start können Sie Ihren künstlerischen Fähigkeiten nachgehen:

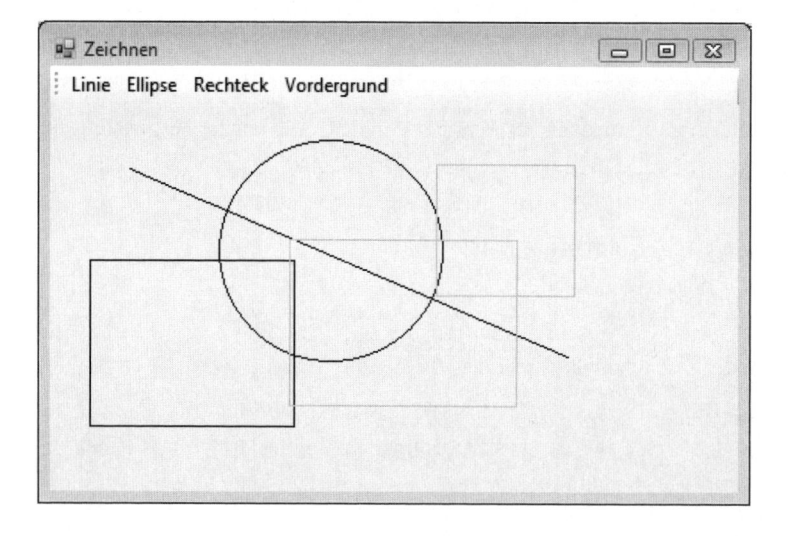

R4.43 Ein Testbild programmieren

Vielleicht haben Sie sich endlich eine neue Grafikkarte gekauft und vielleicht auch den dazu passenden Monitor und möchten beides optimal aufeinander abstimmen. Dann dürfte dieser Beitrag genau richtig für Sie sein. Statt irgendein Testprogramm zu bemühen, schreiben Sie sich doch einfach selbst eins! Der Aufwand ist relativ gering, mit Visual Basic lässt sich schon nach ein paar Minuten ein Testbild auf den Monitor zaubern.

HINWEIS: Die Geschwindigkeit spielt eine untergeordnete Rolle. Eine Forderung an unser Programm soll jedoch nicht vergessen werden: Automatische Größenanpassung, unabhängig von der Bildschirmauflösung.

Oberfläche

Setzen Sie die *BackColor*-Eigenschaft des Formulars auf *Black* und *FormBorderStyle* auf *None* (im Gegensatz zu obiger Abbildung sollte der Bildschirmhintergrund schwarz sein, das Formular hat weder Titelleiste noch Rand).

Zusätzlich müssen wir noch für ein möglichst großes Fenster sorgen, setzen Sie dazu die Eigenschaft *WindowsState* auf *Maximized*.

HINWEIS: Falls Sie die Windows-Taskbar stört: Im Rezept R14.25 finden Sie eine Lösung, wie Sie diese ausblenden können.

Quelltext

```
Public Class Form1

    Private Sub Form1_Paint(ByVal sender As System.Object, _
                ByVal e As System.Windows.Forms.PaintEventArgs) Handles MyBase.Paint
```

Einen weißen Stift definieren:

```
Dim p1 As New Pen(Color.White)
```

In einem Array legen wir ein paar Standardfarben ab:

```
Dim brush As New Brush(16) {}
brush(0) = Brushes.Black
brush(1) = Brushes.Maroon
brush(2) = Brushes.Green
brush(3) = Brushes.Olive
brush(4) = Brushes.Navy
brush(5) = Brushes.Purple
brush(6) = Brushes.Teal
```

```
brush(7) = Brushes.Gray
brush(8) = Brushes.Silver
brush(9) = Brushes.Red
brush(10) = Brushes.Lime
brush(11) = Brushes.Blue
brush(12) = Brushes.Fuchsia
brush(13) = Brushes.Aqua
brush(14) = Brushes.Yellow
brush(15) = Brushes.White
```

Höhe und Breite des Fensters bestimmen.

```
Dim b As Integer = Me.Width - 1
Dim h As Integer = Me.Height - 1
```

Den Zugriff auf das *Graphics*-Objekt vereinfachen:

```
Dim g As Graphics = e.Graphics
```

Wir zeichnen einige Farbblöcke:

```
For i As Integer = 0 To 7
    g.FillRectangle(brush(i + 1), (i + 4) * b / 16.0 + 1, _
                    h / 4.0 + 1, b / 16.0, h / 12.0)
    g.FillRectangle(brush(i + 8), (i + 4) * b / 16.0 + 1, _
                    h * 8 / 12.0 + 1, b / 16.0, h / 12.0)
Next
```

Ein Raster einblenden:

```
For x As Integer = 0 To 16
    g.DrawLine(p1, x * b / 16.0, 0, x * b / 16.0, h)
Next
For y As Integer = 0 To 12
    g.DrawLine(p1, 0, y * h / 12.0, b, y * h / 12.0)
Next
g.DrawLine(p1, 0, 0, b, h)
g.DrawLine(p1, b, 0, 0, h)
```

Einige Kreise zeichnen:

```
For i As Integer = 1 To h / 100
    Dim h1 As Integer = i * 100
    g.DrawEllipse(p1, (b - h1) / 2.0, (h - h1) / 2.0, h1, h1)
Next
```

Interferenz-Muster zeichnen:

```
    For i As Integer = 0 To b / 16 Step 2
        g.DrawLine(p1, i, 0, i, h / 12.0)
        g.DrawLine(p1, b - i, 0, b - i, h / 12.0)
        g.DrawLine(p1, i, h, i, h - h / 12.0)
        g.DrawLine(p1, b - i, h, b - i, h - h / 12.0)
    Next
    For i As Integer = b / 16 To b / 8 Step 3
        g.DrawLine(p1, i, 0, i, h / 12.0)
        g.DrawLine(p1, b - i, 0, b - i, h / 12.0)
        g.DrawLine(p1, i, h, i, h - h / 12.0)
        g.DrawLine(p1, b - i, h, b - i, h - h / 12.0)
    Next
    For i As Integer = b / 8 To b * 3 / 16 Step 4
        g.DrawLine(p1, i, 0, i, h / 12.0)
        g.DrawLine(p1, b - i, 0, b - i, h / 12.0)
        g.DrawLine(p1, i, h, i, h - h / 12.0)
        g.DrawLine(p1, b - i, h, b - i, h - h / 12.0)
    Next
```

Einen Text ausgeben:

```
    Dim s As String = "abcdefghijklmnopqrstuvwxyz ABCDEFGHIJKLMNOPQRSTUVWXYZ 1234567890"
    Dim w As Integer = CType(g.MeasureString(s, Me.Font).Width, Integer)
    g.DrawString(s, Me.Font, New SolidBrush(Color.White), _
        New PointF((b - w) / 2, h / 2 + 10))
End Sub
```

Last but not least müssen wir auch noch das Fenster schließen (bei beliebigem Tastendruck):

```
Private Sub Form1_KeyPress(ByVal sender As System.Object, _
        ByVal e As System.Windows.Forms.KeyPressEventArgs) Handles MyBase.KeyPress
    Close()
End Sub
End Class
```

Test

Das Ergebnis zeigt recht anschaulich die Verwendung der verschiedenen Grafikmethoden sowie die in diesem Zusammenhang interessanten Eigenschaften des Formulars.

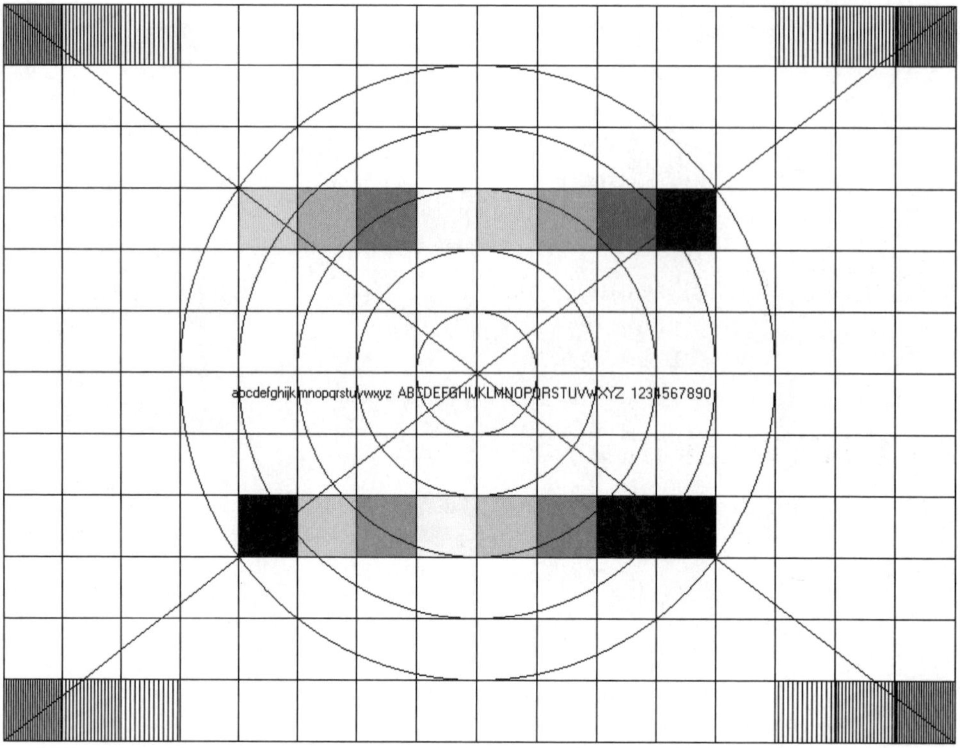
abcdefghijklmnopqrstuvwxyz ABCDEFGHIJKLMNOPQRSTUVWXYZ 1234567890

Kapitel 5

Drucker/Drucken

R5.1 Mit Visual Basic drucken

Aufgabe dieses "Rezeptchens" ist die Druckausgabe eines 10 x 10 cm großen Rechtecks auf dem Standarddrucker. Damit soll das Grundkonzept der Druckausgabe in Visual Basic demonstriert werden.

Oberfläche

Fügen Sie einem Windows *Form*ular lediglich eine *PrintDocument*-Komponente und einen *Button* hinzu.

Quelltext

```
Public Class Form1
```

Besetzen Sie das *PrintPage*-Ereignis der *PrintDocument*-Komponente wie folgt:

```
    Private Sub PrintDocument1_PrintPage(ByVal sender As System.Object, _
                ByVal e As System.Drawing.Printing.PrintPageEventArgs) _
                                            Handles PrintDocument1.PrintPage
        e.Graphics.PageUnit = GraphicsUnit.Millimeter
        e.Graphics.FillRectangle(New SolidBrush(Color.Blue), 30, 30, 100, 100)
    End Sub
```

Den Druckvorgang starten Sie über den *Button*:

```
    Private Sub Button1_Click(ByVal sender As System.Object, ByVal e As System.EventArgs) _
                                            Handles Button1.Click
        PrintDocument1.Print()
    End Sub
End Class
```

Test

Nach dem Klick auf den *Button* dürfte sich Ihr Drucker in Bewegung setzen.

R5.2 Den Windows Standard-Drucker ermitteln

Für die Anzeige in Auswahlboxen oder den Vergleich mit dem aktuell im Programm ausgewählten Drucker ist es sinnvoll, auch den von Windows definierten Standarddrucker abzufragen.

Dafür eigentlich sich am besten ein neu initialisiertes *PrintDocument*-Objekt, diesem ist automatisch zunächst der System-Standarddrucker zugewiesen.

Oberfläche

Nur ein Windows *Form*ular und ein *Label*-Control zur Anzeige.

Quelltext

```vb
Imports System.Drawing.Printing

Public Class Form1
    ...
    Private Sub Form1_Load(ByVal sender As System.Object, ByVal e As System.EventArgs) _
                Handles MyBase.Load
```

Instanz bilden:

```vb
        Dim pd As New PrintDocument()
```

Abfrage des aktuell gewählten Druckers:

```vb
        Label1.Text = pd.PrinterSettings.PrinterName
    End Sub
End Class
```

Test

Nach dem Start wird der Name des Windows Standarddruckers angezeigt:

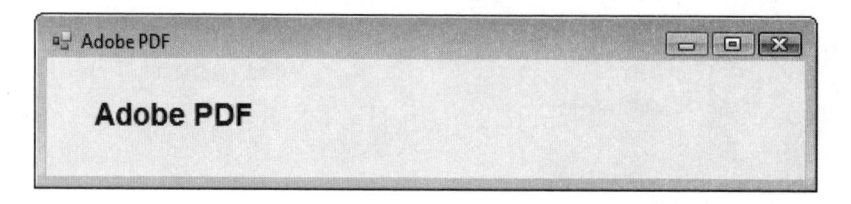

Den Standarddrucker erkennen Sie in der Systemsteuerung an einem kleinen Häkchen:

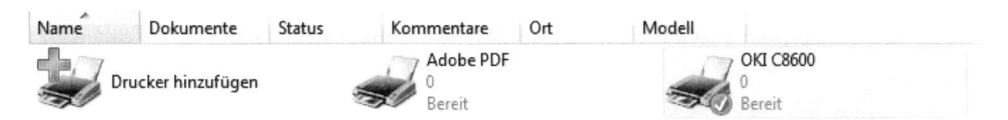

Name	Dokumente	Status	Kommentare	Ort	Modell
Drucker hinzufügen			Adobe PDF 0 Bereit		OKI C8600 0 Bereit

Bemerkung

Möchten Sie überprüfen, ob der aktuell gewählte Drucker gleichzeitig auch der Systemstandarddrucker ist, können Sie dies mit Hilfe der Eigenschaft *IsDefaultPrinter* realisieren.

```
If printDocument1.PrinterSettings.IsDefaultPrinter Then
    ...
```

R5.3 Den Windows Standard-Drucker ändern

Soll der Drucker nicht nur innerhalb Ihrer .NET-Anwendung geändert werden (z.B. für das Drucken per Web-Browser oder OLE-Automation), müssen Sie schon auf die API zurückgreifen, die .NET-Klassen wirken sich nicht auf die Systemeinstellungen aus.

Oberfläche

Nur ein Windows *Form* und eine *ComboBox* zur Anzeige der vorhandenen Drucker.

Quelltext

```
Imports System.Drawing.Printing
Imports System.Runtime.InteropServices

Public Class Form1
```

Die API-Funktion einbinden:

```
<DllImport("Winspool.drv")> _
Private Shared Function SetDefaultPrinter(ByVal printerName As String) As Boolean
End Function
```

ComboBox mit den Namen der verfügbaren Drucker füllen und Standarddrucker markieren:

```
Private Sub Form1_Load(ByVal sender As System.Object, ByVal e As System.EventArgs) _
            Handles MyBase.Load
    For Each Printername As String In PrinterSettings.InstalledPrinters
        ComboBox1.Items.Add(Printername)
    Next
```

```
        Dim DefaultPrinter As String = (New PrintDocument()).PrinterSettings.PrinterName
        ComboBox1.SelectedItem = DefaultPrinter
    End Sub
```

Mit einer Auswahl in der *ComboBox* ändern wir auch den Standarddrucker:

```
    Private Sub ComboBox1_SelectedIndexChanged(ByVal sender As System.Object, _
                     ByVal e As System.EventArgs) Handles ComboBox1.SelectedIndexChanged
        SetDefaultPrinter(DirectCast(ComboBox1.SelectedItem, String))
    End Sub
End Class
```

Test

Öffnen Sie neben der Anwendung noch die Windows-Druckerliste und beobachten Sie die Position des kleinen schwarzen Häkchens, wenn Sie den Drucker per *ComboBox* wechseln:

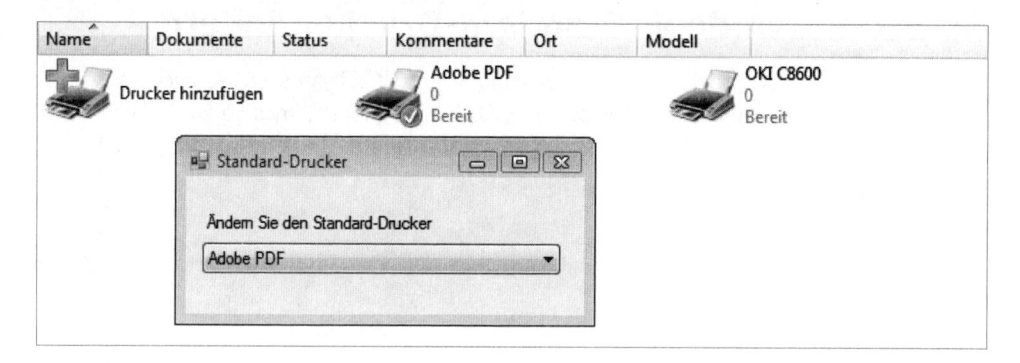

R5.4 Die verfügbaren Drucker ermitteln

Der Quelltext ist so kurz, dass es sich kaum lohnt, dafür ein extra Rezept zu schreiben.

Oberfläche

Auf das Startformular *Form1* setzen Sie eine *ListBox* und zwei *Button*s.

Quelltext

```
Imports System.Drawing.Printing

Public Class Form1
    Private Sub Button1_Click(ByVal sender As System.Object, ByVal e As System.EventArgs) _
                     Handles Button1.Click
```

```
        For Each Printername As String In PrinterSettings.InstalledPrinters
            ListBox1.Items.Add(Printername)
        Next
    End Sub

    Private Sub Button2_Click(ByVal sender As System.Object, ByVal e As System.EventArgs) _
                              Handles Button2.Click

        Close()
    End Sub
End Class
```

Test

Nach Klick auf die "Start"-Schaltfläche begrüßt Sie die Auflistung Ihrer Drucker:

R5.5 Einen Drucker auswählen

Natürlich könnte man einen Standarddialog verwenden, um einen anderen als den Windows-Standarddrucker einzustellen. Wir aber wollen dies per Code erledigen und müssen deshalb in der *Printers*-Auflistung nach weiteren Alternativen Ausschau halten. Einen Lösungsvorschlag zeigt das vorliegende Rezept.

Oberfläche

Mehr als eine *ComboBox*, ein *Button* und eine *PrintDocument*-Komponente sind nicht erforderlich.

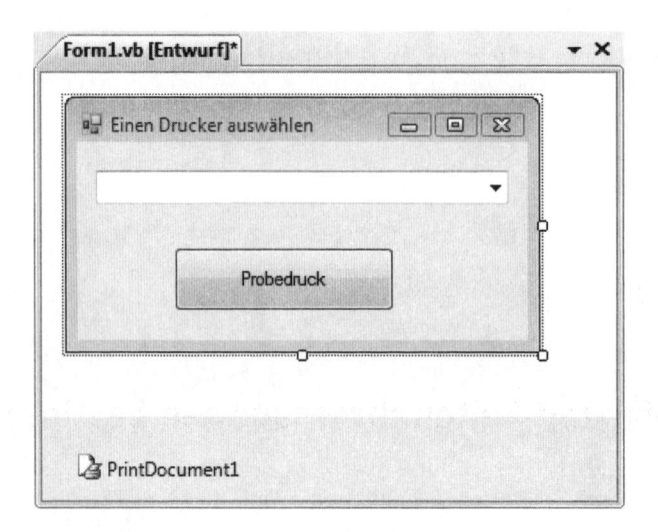

Quelltext

```
Imports System.Drawing.Printing

Public Class Form1
```

Die Startaktivitäten:

```
    Private Sub Form1_Load(ByVal sender As System.Object, ByVal e As System.EventArgs) _
                                                                  Handles MyBase.Load
        For Each Printername As String In PrinterSettings.InstalledPrinters
            ComboBox1.Items.Add(Printername)
        Next
        ComboBox1.Text = PrintDocument1.PrinterSettings.PrinterName
    End Sub
```

Den Probedruck starten:

```
    Private Sub Button1_Click(ByVal sender As System.Object, ByVal e As System.EventArgs) _
                                                                  Handles Button1.Click
        PrintDocument1.DefaultPageSettings.PrinterSettings.PrinterName = ComboBox1.Text
        PrintDocument1.Print()
    End Sub
```

Der Aufruf der *Print*-Methode löst das *PrintPage*-Event aus. Im übergebenen *Graphics*-Objekt zeichnen wir ein blaues Rechteck:

```
    Private Sub PrintDocument1_PrintPage(ByVal sender As System.Object, _
                                 ByVal e As System.Drawing.Printing.PrintPageEventArgs) _
                                                         Handles PrintDocument1.PrintPage
```

```
        e.Graphics.PageUnit = GraphicsUnit.Millimeter
        e.Graphics.FillRectangle(New SolidBrush(Color.Blue), 30, 30, 100, 100)
    End Sub
End Class
```

Test

Sofort nach Programmstart erscheint die Liste der verfügbaren Drucker. Treffen Sie Ihre Auswahl und starten Sie den Probedruck.

R5.6 Papierformate und Seitenabmessungen bestimmen

Geht es um die Abfrage, welche Papierarten der Drucker unterstützt, können Sie einen Blick auf die *PaperSizes*-Collection werfen. Diese gibt Ihnen nicht nur Auskunft über die Blattgröße (*Height, Width*), sondern auch über die Blattbezeichnung (*PaperName*) und den Typ (*Kind*).

Oberfläche

Ein Windows *Form* und eine *ListBox*.

Quelltext

```
Imports System.Drawing.Printing

Public Class Form1

    Private Sub Form1_Load(ByVal sender As System.Object, ByVal e As System.EventArgs) _
                Handles MyBase.Load
        Dim pd As PrintDocument = New PrintDocument()
        For Each ps As PaperSize In pd.PrinterSettings.PaperSizes
            ListBox1.Items.Add(ps)
        Next
    End Sub
End Class
```

Test

> **HINWEIS:** Die Blattabmessungen werden in 1/100 Zoll zurückgegeben! Der Umrechnungsfaktor in Millimetern ist 0,254.

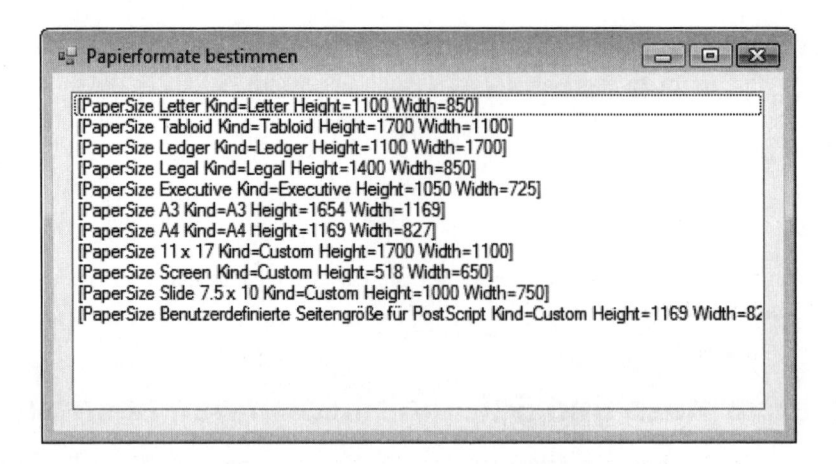

```
Papierformate bestimmen
[PaperSize Letter Kind=Letter Height=1100 Width=850]
[PaperSize Tabloid Kind=Tabloid Height=1700 Width=1100]
[PaperSize Ledger Kind=Ledger Height=1100 Width=1700]
[PaperSize Legal Kind=Legal Height=1400 Width=850]
[PaperSize Executive Kind=Executive Height=1050 Width=725]
[PaperSize A3 Kind=A3 Height=1654 Width=1169]
[PaperSize A4 Kind=A4 Height=1169 Width=827]
[PaperSize 11 x 17 Kind=Custom Height=1700 Width=1100]
[PaperSize Screen Kind=Custom Height=518 Width=650]
[PaperSize Slide 7.5 x 10 Kind=Custom Height=1000 Width=750]
[PaperSize Benutzerdefinierte Seitengröße für PostScript Kind=Custom Height=1169 Width=82
```

BEISPIEL: Anzeige der aktuellen Blattabmessungen in Millimetern

```
Debug.WriteLine(pd.PrinterSettings.DefaultPageSettings.PaperSize.Height * 0.254)

Debug.WriteLine(pd.PrinterSettings.DefaultPageSettings.PaperSize.Width * 0.254)
```

Gleichzeitig steht Ihnen mit *System.Drawing.Printing.PaperKind* eine Aufzählung der Standardpapierformate zur Verfügung (Auszug):

Element	Beschreibung
A2	A2 (420 x 594 mm)
A3	A3 (297 x 420 mm)
A3Extra	A3 Extra (322 x 445 mm)
A3ExtraTransverse	A3 Extra quer (322 x 445 mm)
A3Rotated	A3 gedreht (420 x 297 mm)
A3Transverse	A3 quer (297 x 420 mm)
A4	A4 (210 x 297 mm)

R5.7 Den physikalischen Druckbereich ermitteln

Leider druckt nicht jeder Drucker bis zu den Blatträndern, was den MS-Programmierern bis zur Version 2.0 des .NET-Framework wohl verborgen geblieben ist. Doch alles wird gut, und so finden Sie in der neuen Version drei Eigenschaften, mit der sich der eigentliche Druckbereich und insbesondere der Offset des Druckbereichs bestimmen lassen.

HINWEIS: Vergessen Sie in diesem Zusammenhang die Eigenschaft *Margins* ganz schnell wieder, hier handelt es sich lediglich um theoretische Seitenränder, die Sie selbst definieren können.

Oberfläche

Nur ein Windows *Form* und eine *ListBox*.

Quelltext

```
Imports System.Drawing.Printing
Public Class Form1
```

Auslesen der Werte:

```
    Private Sub Form1_Load(ByVal sender As System.Object, ByVal e As System.EventArgs) _
                           Handles MyBase.Load
        Dim pd As New PrintDocument()
        ListBox1.Items.Add("Linker Rand:" & (pd.DefaultPageSettings.HardMarginX * _
                           0.254).ToString())
        ListBox1.Items.Add("Oberer Rand:" & (pd.DefaultPageSettings.HardMarginY * _
                           0.254).ToString())
        ListBox1.Items.Add("Druckbreite:" & (pd.DefaultPageSettings.PrintableArea.Width * _
                           0.254).ToString())
        ListBox1.Items.Add("Druckhöhe:" & (pd.DefaultPageSettings.PrintableArea.Height * _
                           0.254).ToString())
    End Sub
End Class
```

HINWEIS: Die etwas umständliche Rechnerei ist dem Maßsystem unserer amerikanischen Freunde geschuldet.

Test

Nach dem Start werden die gesuchten Werte in der *ListBox* angezeigt:

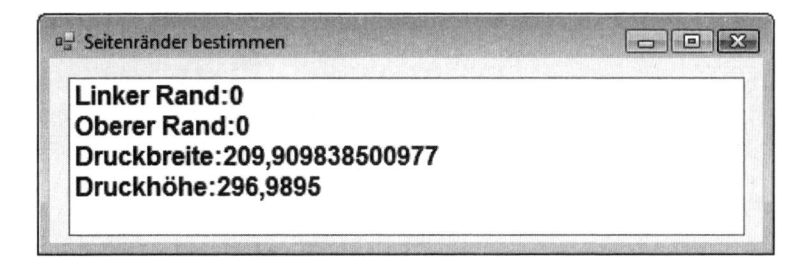

```
Seitenränder bestimmen
Linker Rand:0
Oberer Rand:0
Druckbreite:209,909838500977
Druckhöhe:296,9895
```

R5.8 Die aktuelle Seitenausrichtung ermitteln

Kurz und knapp: Die aktuelle Blatt- bzw. Seitenausrichtung können Sie über die Eigenschaft *Landscape* abfragen.

BEISPIEL: Abfrage der Seitenausrichtung

```
Imports System.Drawing.Printing
...
   Dim pd As New PrintDocument()
   If pd.PrinterSettings.DefaultPageSettings.Landscape Then
...
```

R5.9 Testen ob es sich um einen Farbdrucker handelt

Auch hier gibt es eine kurze Antwort: Ob Ihr aktuell gewählter Drucker auch in der Lage ist, mehr als nur Schwarz zu Papier zu bringen, lässt sich mit der Eigenschaft *SupportsColor* ermitteln.

BEISPIEL: Farbfähigkeit bestimmen

```
Imports System.Drawing.Printing
...
   Dim pd As New PrintDocument()
   If pd.PrinterSettings.SupportsColor Then
...
```

R5.10 Die physikalische Druckauflösung abfragen

Möchten Sie sich über die physikalische Druckauflösung des aktiven Druckers informieren, sollten Sie sich mit der Eigenschaft *PrinterResolution* näher beschäftigen.

Oberfläche

Nur ein Windows *Form* und eine *ListBox*.

Quelltext

```
Imports System.Drawing.Printing

Public Class Form1
    Private Sub Form1_Load(ByVal sender As System.Object, ByVal e As System.EventArgs) _
                    Handles MyBase.Load
```

R5.10 Die physikalische Druckauflösung abfragen

```
        Dim pd As New PrintDocument()
        ListBox1.Items.Add("Auflösung X: " & _
                    pd.DefaultPageSettings.PrinterResolution.X.ToString())
        ListBox1.Items.Add("Auflösung Y: " & _
                    pd.DefaultPageSettings.PrinterResolution.Y.ToString())
        ListBox1.Items.Add("Kind: " & pd.DefaultPageSettings.PrinterResolution.Kind.ToString())
    End Sub

End Class
```

HINWEIS: Die Rückgabewerte entsprechen Punkten pro Zoll (Dots per Inch: dpi).

Über die *Kind*-Eigenschaft können Sie folgenden Werte abrufen:

Kind	Beschreibung
Custom	Benutzerdefinierte Auflösung
Draft	Auflösung in Entwurfsqualität
High	Hohe Auflösung
Low	Niedrige Auflösung
Medium	Mittlere Auflösung

Test

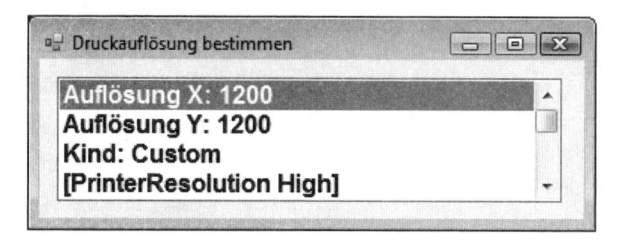

```
Druckauflösung bestimmen
Auflösung X: 1200
Auflösung Y: 1200
Kind: Custom
[PrinterResolution High]
```

Bemerkung

Möchten Sie die Druckauflösung ändern, können Sie nur auf die *PrinterResolution*-Eigenschaft zugreifen, die Elemente *X* bzw. *Y* sind schreibgeschützt. Gültige Werte für die Zuweisung können Sie über die Auflistung *PrinterResolutions* abrufen:

```
...
    Dim pd As New PrintDocument()
    For Each pr As PrinterResolution In pd.PrinterSettings.PrinterResolutions
        ListBox1.Items.Add(pr.ToString())
    Next
```

Beispielausgabe:

```
[PrinterResolution Low]
[PrinterResolution Draft]
[PrinterResolution X=600 Y=600]
[PrinterResolution X=300 Y=300]
```

R5.11 Prüfen, ob beidseitiger Druck möglich ist

Ob ein Drucker duplexfähig ist, d.h., ob er beidseitig drucken kann, ermitteln Sie über die Eigenschaft *CanDuplex*.

BEISPIEL: Duplexfähigkeit bestimmen

```
Imports System.Drawing.Printing
...
        Dim pd As New PrintDocument()
        If pd.PrinterSettings.CanDuplex Then
...
```

HINWEIS: Siehe dazu auch R5.17 "Beidseitigen Druck realisieren".

R5.12 Einen Informationsgerätekontext erzeugen

Wer schon mit GDI-Funktionen gearbeitet hat, dem wird der Begriff "Informationsgerätekontext" sicher nicht unbekannt sein. Der Hintergrund: Bei einem Drucker wird für die Abfrage von Gerätemerkmalen (Auflösung, Seitenränder etc.) häufig ein DC benötigt, der zum Beispiel im Zusammenhang mit der Funktion *GetDeviceCaps* genutzt wird. Dieses DC ist nur für die **Abfrage** von Werten vorgesehen.

Die Lösung: Mit Hilfe der Methode *CreateMeasurementGraphics* erzeugen Sie zunächst ein *Graphics*-Objekt, und dieses stellt bekanntlich die Methode *GetDC* zur Verfügung.

Im Beispielprogramm testen wir die Grafikfähigkeit des Druckers[1].

Oberfläche

Nur ein Windows *Form* und ein *Label*.

---

[1] Nicht jeder Drucker muss auch voll grafikfähig sein, hier müssen Sie teilweise Einschränkungen erwarten.

Quelltext

```vb
Imports System.Drawing.Printing
Imports System.Runtime.InteropServices

Public Class Form1
```

Die Konstanten für die möglichen Rückgabewerte der API-Funktion:

```vb
    Private Const TECHNOLOGY As Integer = 2
    Private Const DT_PLOTTER As Integer = 0
    Private Const DT_RASPRINTER As Integer = 2
    Private Const DT_CHARSTREAM As Integer = 4
    Private Const DT_METAFILE As Integer = 5
```

Einbinden der API-Funktion:

```vb
    <DllImport("gdi32.dll")> _
    Private Shared Function GetDeviceCaps(ByVal hdc As IntPtr, ByVal nIndex As Integer) _
            As Integer
    End Function


    Private Sub Form1_Load(ByVal sender As System.Object, ByVal e As System.EventArgs) _
                Handles MyBase.Load
```

Informationsgerätekontext erzeugen:

```vb
        Dim pd As New PrintDocument()
        Dim g As Graphics = pd.PrinterSettings.CreateMeasurementGraphics()
        Dim dc As IntPtr = g.GetHdc()
```

Abfrage der Grafikfähigkeit und Auswertung:

```vb
        Select Case GetDeviceCaps(dc, TECHNOLOGY)
            Case DT_PLOTTER
                Label1.Text = "Plotter"
                Exit Select
            Case DT_CHARSTREAM
                Label1.Text = "Zeichen"
                Exit Select
            Case DT_METAFILE
                Label1.Text = "Metafile"
                Exit Select
            Case DT_RASPRINTER
                Label1.Text = "Rasterdrucker"
                Exit Select
```

```
        End Select
        g.ReleaseHdc(dc)
    End Sub
End Class
```

HINWEIS: Vergessen Sie nicht, den DC wieder freizugeben. Dies muss innerhalb der aktuellen Ereignisroutine geschehen, Sie können den Wert **nicht** in einer globalen Variablen speichern!

Test

Nach dem Start wird bereits das Ergebnis angezeigt:

HINWEIS: Installieren Sie ruhig einmal den "Generic/Text Only"-Drucker als Standarddrucker und lassen Sie dann das Programm laufen. Dieser Druckertreiber kann nur Zeichen verarbeiten, keine Grafiken (siehe oben).

R5.13 Drucken in Millimetern

Sie werden hoffentlich nicht auf die Idee kommen, Zeichnungen in Pixeln auf dem Drucker auszugeben, je nach Modell ist sonst Ihre Grafik mikroskopisch klein oder riesengroß. Bleibt die Frage, wie Sie die Maßeinheit auf Millimeter umstellen können. Die Lösung ist schnell gefunden, über die Eigenschaft *PageUnit* können Sie eine der folgenden Maßeinheiten auswählen:

Konstante	Eine Einheit entspricht ...
Display	1/75 Zoll
Document	1/300 Zoll
Inch	1 Zoll
Millimeter	1 Millimeter
Pixel	1 Gerätepixel
Point	1/72 Zoll (Point)

BEISPIEL: Setzen der Maßeinheit im *PrintPage*-Ereignis

```
Imports System.Drawing.Printing
...
    Private Sub PrintDocument1_PrintPage(ByVal sender As System.Object, _
                                ByVal e As System.Drawing.Printing.PrintPageEventArgs) _
                                Handles PrintDocument1.PrintPage
        e.Graphics.PageUnit = GraphicsUnit.Millimeter
        e.Graphics.DrawLine(New Pen(Color.Black, 10), 50, 100, 150, 200)
...
```

R5.14 Die Seitenränder für den Druck festlegen

Tja, welche Ränder meinen Sie denn? Geht es um Seitenränder wie zum Beispiel in MS Word, nutzen Sie die Eigenschaft *Margins*. Allerdings bedeutet das Festlegen per Code oder mit Hilfe der Dialogbox *PageSetupDialog* noch lange nicht, dass diese Ränder auch zwingend eingehalten werden. Dafür sind Sie im *PrintPage*-Ereignis selbst verantwortlich.

Die folgende Abbildung soll Ihnen die Problematik verdeutlichen. In jedem der drei Fälle werden, beginnend mit der Koordinate 0,0 (linke obere Ecke), Zufallslinien gezeichnet, die maximal die Abmessungen des Blattes erreichen.

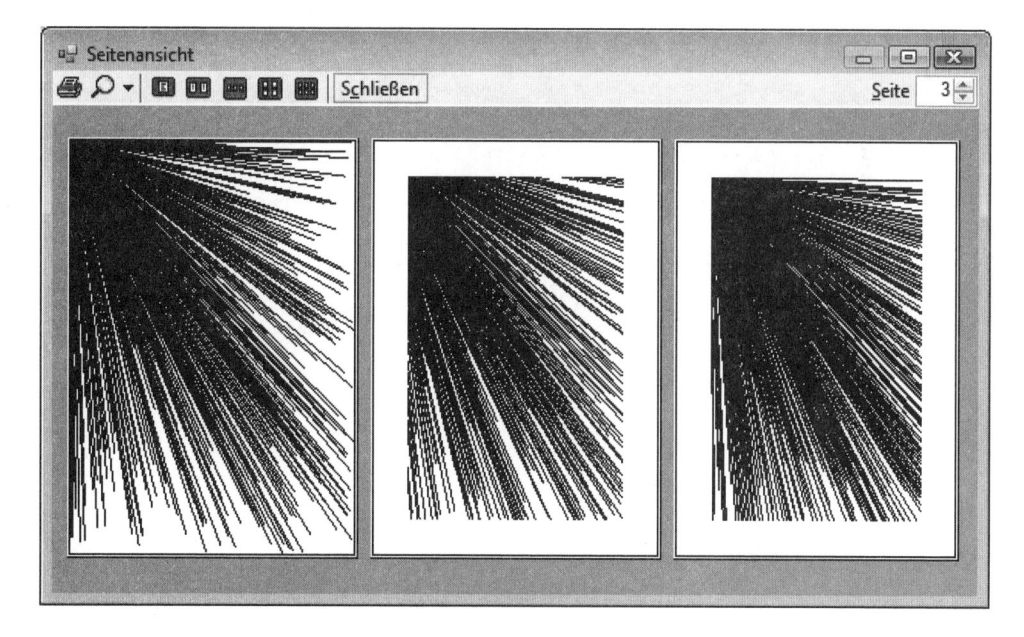

Ein kleines Testprogramm zeigt die Vorgehensweise.

Oberfläche

Ein Windows Form, ein *Button*, eine *PrintDocument*-Komponente sowie ein *PrintPreviewDialog* als Druckvorschau.

Verknüpfen Sie *PrintDocument* und *PrintPreviewDialog* über die Eigenschaft *Document* miteinander.

Quelltext

```
Public Class Form1
...
```

Eine Variable für die Seitenauswahl:

```
    Private page As Integer
```

Die Anzeige der Druckvorschau:

```
    Private Sub Button1_Click(ByVal sender As System.Object, ByVal e As System.EventArgs) _
                    Handles Button1.Click
        PrintPreviewDialog1.ShowDialog()
    End Sub
```

Vor dem Drucken wählen wir die erste Seite:

```
    Private Sub PrintDocument1_BeginPrint(ByVal sender As System.Object, _
                    ByVal e As System.Drawing.Printing.PrintEventArgs) _
                    Handles PrintDocument1.BeginPrint
        page = 1
    End Sub
```

Der eigentliche Druckvorgang:

```
    Private Sub PrintDocument1_PrintPage(ByVal sender As System.Object, _
                    ByVal e As System.Drawing.Printing.PrintPageEventArgs) _
                    Handles PrintDocument1.PrintPage
```

Einige Objekte initialisieren:

```
        Dim g As Graphics = e.Graphics
        Dim p As New Pen(Color.Black)
        Dim Rnd As New Random()
        g.PageUnit = GraphicsUnit.Display
        Select Case page
            Case 1
```

Variante1 ignoriert die eingestellten Seitenränder (Default:100,100,100,100):

```
g.PageUnit = GraphicsUnit.Display
For i As Integer = 0 To 500
    g.DrawLine(p, 0, 0, Rnd.Next(e.PageBounds.Width), _
               Rnd.Next(e.PageBounds.Height))
Next
```

Variante 2 berücksichtigt bereits die eingestellten Seitenränder durch die Verwendung eines Clipping-Bereichs:

```
Case 2
    g.PageUnit = GraphicsUnit.Display
    g.SetClip(e.MarginBounds)
    For i As Integer = 0 To 500
        g.DrawLine(p, 0, 0, Rnd.Next(e.PageBounds.Width), _
                   Rnd.Next(e.PageBounds.Height))
    Next
```

Variante 3 bringt auch den Koordinatenursprung an die richtige Position:

```
Case 3
    g.PageUnit = GraphicsUnit.Display
    g.SetClip(e.MarginBounds)
    g.TranslateTransform(e.MarginBounds.Left, e.MarginBounds.Top)
```

Damit brauchen Sie sich beim Zeichnen eigentlich nur noch um die Breite und Höhe des bedruckbaren Bereichs (*e.MarginBounds.Width* bzw. *e.MarginBounds.Height*) zu kümmern, die linke obere Ecke ist bereits korrekt gesetzt.

```
        For i As Integer = 0 To 500
            g.DrawLine(p, 0, 0, Rnd.Next(e.PageBounds.Width), _
                       Rnd.Next(e.PageBounds.Height))
        Next
    End Select
```

Auf die nächste Seite wechseln:

```
        page += 1
        e.HasMorePages = page < 4
    End Sub
End Class
```

HINWEIS: Die Eigenschaft *Margins* hebt natürlich keine physikalischen Grenzen auf. Wenn der Drucker einen entsprechenden Offset aufweist, müssen Sie diesen auch berücksichtigen (siehe Rezept R5.7 "Den physikalischen Druckbereich ermitteln").

Test

Nach dem Start klicken Sie auf den Button, um die Druckvorschau mit den drei Varianten anzuzeigen (siehe Einleitung).

R5.15 Den Druckjobnamen festlegen

Was im Normalfall eher sekundär ist, kann in Netzwerk- bzw. Multiuser-Umgebungen für mehr Übersicht sorgen. Über die Eigenschaft *DocumentName* können Sie vor dem Drucken einen aussagekräftigen Druckjobnamen festlegen, der im Druckerspooler angezeigt wird.

BEISPIEL: Ändern des Druckjob-Namens

```
PrintDocument1.DocumentName = "Mein erster Visual Basic-Druckversuch"
```

R5.16 Die Anzahl der Kopien festlegen

Die Anzahl der Druckkopien kann zum einen mit Hilfe des Dialogs *PrintDialog*, zum anderen auch per Code festgelegt werden. Nutzen Sie dazu die Eigenschaft *Copies*.

BEISPIEL: Drei Kopien

```
PrintDocument1.PrinterSettings.Copies = 3
```

HINWEIS: Mit *MaximumCopies* können Sie einen Maximalwert für die Druckdialoge vorgeben!

BEISPIEL: Maximal drei Kopien zulassen

```
PrintDocument1.PrinterSettings.MaximumCopies = 5
```

R5.17 Beidseitigen Druck realisieren

Geht es um das beidseitige Bedrucken von Papier, was aus ökologischer Sicht sicher sinnvoll ist, müssen Sie sich zunächst vergewissern, dass der Drucker auch über dieses Feature verfügt (siehe Rezept R5.11 "Prüfen, ob beidseitiger Druck möglich ist"). Nachfolgend können Sie über die *Duplex*-Eigenschaft den gewünschten Wert einstellen.

BEISPIEL: Einstellen der *Duplex*-Eigenschaft

```
Imports System.Drawing.Printing
...
PrintDocument1.PrinterSettings.Duplex = Duplex.Horizontal
```

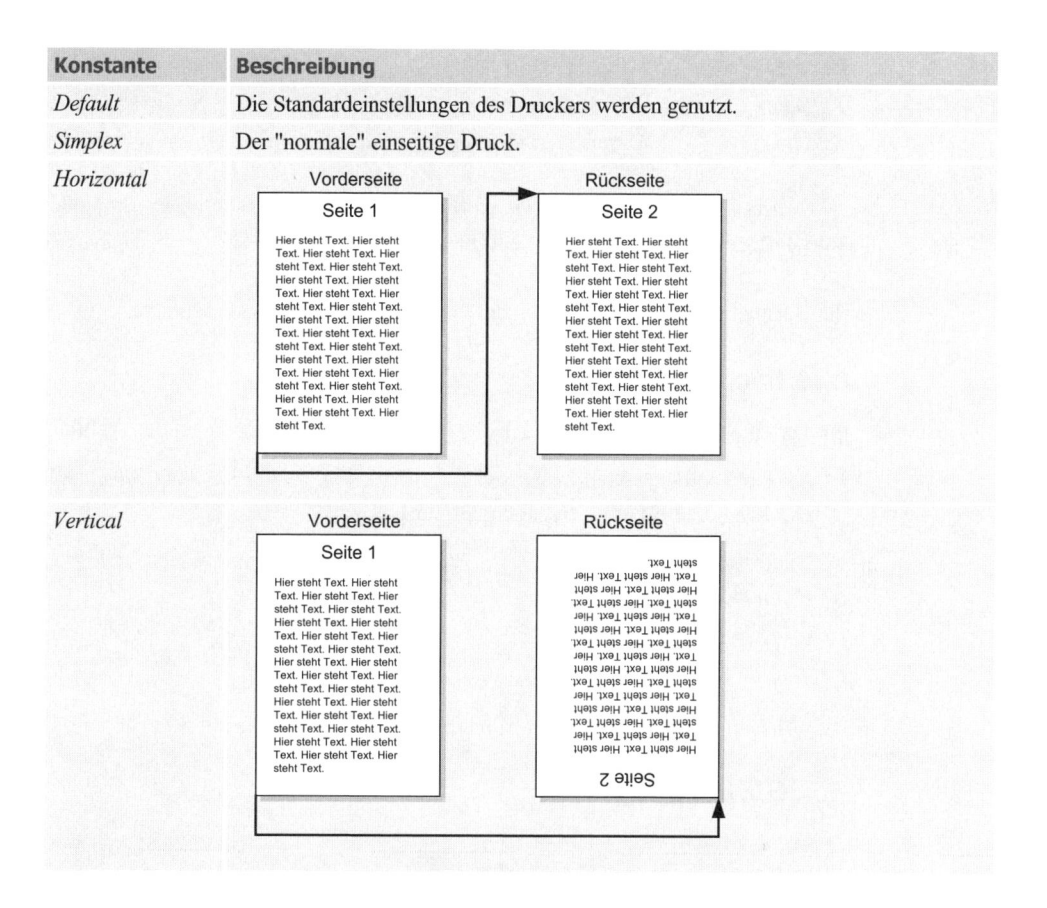

Konstante	Beschreibung
Default	Die Standardeinstellungen des Druckers werden genutzt.
Simplex	Der "normale" einseitige Druck.
Horizontal	
Vertical	

R5.18 Bestimmte Seitenbereiche drucken

Die Überschrift dürfte auf den ersten Blick etwas missverständlich klingen, da Sie doch selbst über den zu druckenden Inhalt entscheiden. Wenn Sie sich jedoch an den Standard-Druckerdialog erinnern, sind dort auch Optionen für die Seitenauswahl möglich:

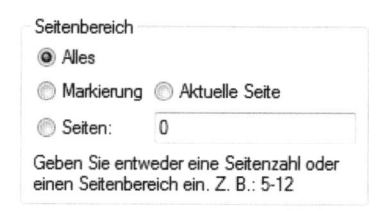

Leider ist die Unterstützung dieser Option ein nicht ganz leicht verdaulicher Brocken.

Zunächst einmal unterscheiden Sie die vier gewählten Optionen (Alles, Markierung, Seiten, Aktuelle Seite) mit Hilfe der folgenden Konstanten über die *PrintRange*-Eigenschaft.

Konstante	Beschreibung
AllPages	Alle Seiten drucken.
Selection	Die ausgewählten Seiten drucken (diese müssen in Ihrem Programm ausgewählt werden).
SomePages	Die Seiten zwischen *FromPage* und *ToPage* sollen gedruckt werden.
CurrentPage	Die aktuelle Seite drucken (was die aktuelle Seite ist, bestimmt Ihr Programm).

Ein Beispiel zeigt die Auswertung der vier Varianten im Zusammenhang.

Oberfläche

Entwerfen Sie eine einfache Oberfläche nach dem Vorbild der folgenden Abbildung.

- *ListBox1* soll eine Mehrfachauswahl ermöglichen, setzen Sie dazu *SelectionMode* auf *MultiExtended*. Die Einträge erzeugen wir zur Laufzeit.
- Die *Document*-Eigenschaft von *PrintDialog1* und *PrintPreviewDialog1* setzen Sie auf *PrintDocument1*.
- Setzen Sie *AllowCurrentPage*, *AllowSelection* und *AllowSomePages* von *PrintDialog1* auf *True*.
- *Maximum* und *Minimum* von *NumericUpDown1* legen Sie auf 30 bzw. 1 fest.

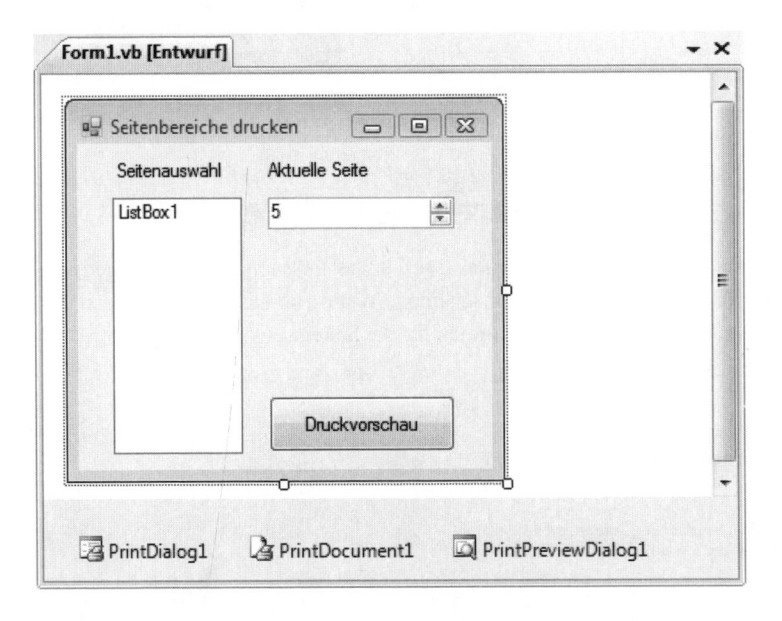

Quelltext

```
Imports System.Drawing.Printing
Public Class Form1
```

Eine Variable für die aktuell zu druckende Seite:

```
    Private page As Integer
```

Die aktuelle Seite bei Mehrfachauswahl:

```
    Private selectedindex As Integer
```

Die maximal druckbaren Seiten (Dokumentlänge):

```
    Const maxpages As Integer = 30
```

Beim Programmstart füllen wir zunächst die *ListBox* mit den möglichen Seitenzahlen (1 ... 30):

```
    Private Sub Form1_Load(ByVal sender As System.Object, ByVal e As System.EventArgs) _
                  Handles MyBase.Load
        For i As Integer = 0 To maxpages
            ListBox1.Items.Add("Seite " & i.ToString())
        Next
    End Sub
```

Druckerdialog anzeigen und im Erfolgsfall die Druckvorschau öffnen:

```
    Private Sub Button2_Click(ByVal sender As System.Object, ByVal e As System.EventArgs) _
                  Handles Button2.Click
        If PrintDialog1.ShowDialog() = Windows.Forms.DialogResult.OK Then
            PrintPreviewDialog1.ShowDialog()
        End If
    End Sub
```

Vorbereiten des "Druckvorgangs":

```
    Private Sub PrintDocument1_BeginPrint(ByVal sender As System.Object, _
                  ByVal e As System.Drawing.Printing.PrintEventArgs) _
                  Handles PrintDocument1.BeginPrint
        page = 1
        selectedindex = 0
```

Zur Sicherheit prüfen wir, ob auch mindestens eine Seiten ausgewählt wurde (nur bei Seitenauswahl):

```
        Select Case PrintDialog1.PrinterSettings.PrintRange
            Case PrintRange.Selection
                If ListBox1.SelectedItems.Count = 0 Then
                    e.Cancel = True
```

```
            End If
        End Select
    End Sub
```

Der eigentliche Druckvorgang:

```
    Private Sub PrintDocument1_PrintPage(ByVal sender As System.Object, _
                        ByVal e As System.Drawing.Printing.PrintPageEventArgs) _
                        Handles PrintDocument1.PrintPage
        Dim printpage As Integer = 0
```

Ja nach Auswahl im Druckdialog müssen wir nun die aktuelle Seite bestimmen:

```
        Select Case e.PageSettings.PrinterSettings.PrintRange
```

Es soll die aktuelle Seite gedruckt werden (der Wert wird per *NumericUpDown* bestimmt):

```
            Case PrintRange.CurrentPage
                printpage = CType(NumericUpDown1.Value, Integer)
```

Es soll ein Seitenbereich gedruckt werden:

```
            Case PrintRange.SomePages
                printpage = page + e.PageSettings.PrinterSettings.FromPage - 1
```

Es sollen alle Seiten gedruckt werden:

```
            Case PrintRange.AllPages
                printpage = page
```

Eine Seitenauswahl (*ListBox*) soll gedruckt werden:

```
            Case PrintRange.Selection
                printpage = ListBox1.SelectedIndices(selectedindex)
                selectedindex += 1
        End Select
```

Hier können Sie die Seite auswerten und die Drucklogik unterbringen:

```
        Select Case printpage
            Case 1
                ' ...
            Case 2
                ' ...
        End Select
```

Unser Beispiel zeigt stattdessen die aktuelle Seitenzahl an:

```
        e.Graphics.DrawString("Seite : " & printpage.ToString(), New Font("Arial", 30, _
                    FontStyle.Bold, GraphicsUnit.Millimeter), Brushes.Black, 70, 150)
```

Eine Seite weiter:

```
    page += 1
```

Ja nach Auswahl im Druckerdialog bestimmen wir jetzt, ob es noch weitere Seiten gibt:

```
        Select Case e.PageSettings.PrinterSettings.PrintRange
            Case PrintRange.Selection
                e.HasMorePages = selectedindex < ListBox1.SelectedIndices.Count
            Case PrintRange.CurrentPage
                e.HasMorePages = False
            Case PrintRange.SomePages
                e.HasMorePages = (printpage < e.PageSettings.PrinterSettings.ToPage)
            Case PrintRange.AllPages
                e.HasMorePages = (page <= maxpages)
        End Select
    End Sub
End Class
```

Test

Der Sinn obiger Logik wird sich Ihnen sicher erst nach intensiven Tests mit dem Beispielprogramm erschließen.

BEISPIEL: Auswahl einiger Elemente in der *ListBox*

Auswahl im Druckdialog:

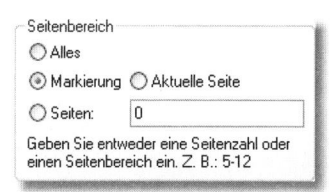

Das Ergebnis:

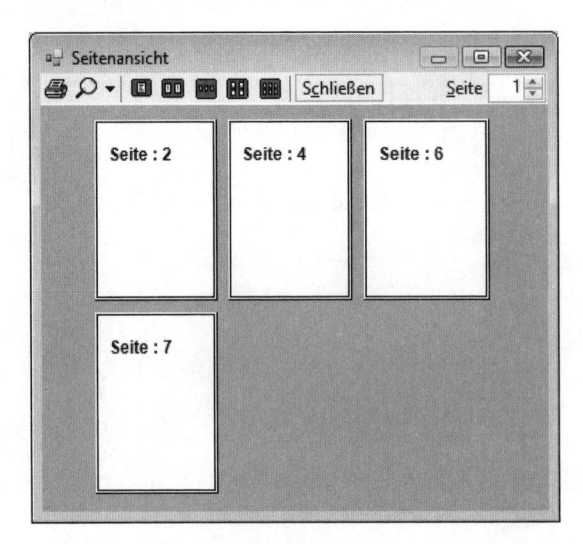

R5.19 Den PageSetup-Dialog verwenden

Aus vielen Programmen dürfte Ihnen der folgende Dialog bekannt sein, mit dem Sie einen Menüpunkt "Seite einrichten" realisieren können.

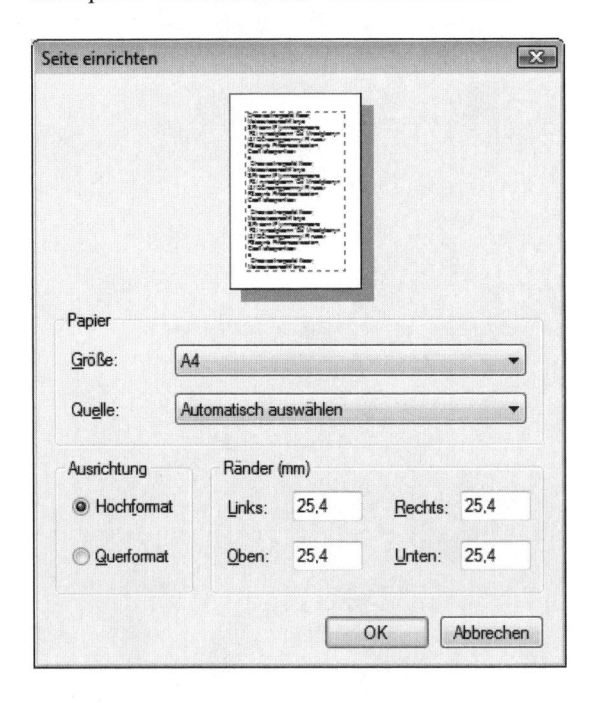

R5.19 Den PageSetup-Dialog verwenden

Auch diese *PageSetupDialog*-Komponente können Sie mittels *Document*-Eigenschaft direkt an eine *PrintDocument*-Komponente binden, um die eingestellten Parameter automatisch zu übernehmen.

Eigenschaft	Beschreibung
AllowMargins	... aktiviert den Bereich "Ränder (mm)".
AllowOrientation	... aktiviert den Bereich "Orientierung".
AllowPaper	... aktiviert den Bereich "Papier".
AllowPrinter	... aktiviert die Schaltfläche "Drucker...".
ShowHelp	... aktiviert die Schaltfläche "Hilfe".
MinMargins	... legt die minimalen Werte für die Ränder fest.
PageSettings *PrinterSettings*	Über diese Eigenschaften können Sie Standardwerte vorgeben bzw. die geänderten Werte abfragen.

HINWEIS: Über das Ereignis *HelpRequest* können Sie auf den Button "Hilfe" reagieren!

Doch wo viel Licht, da ist auch Schatten, ein kleiner Bug hat sich in die Komponente eingeschlichen, der nur in den lokalisierten Varianten von Visual Studio auftritt:

HINWEIS: Die Werte der eingestellten Ränder stimmen nicht mit den Werten der Eigenschaft *Margins* überein (aus einem Zoll Vorgabewert werden in der Anzeige 10 Millimeter und aus diesen wiederum korrekte 0,39 Zoll). Eine fragwürdige Umrechnung.

Mit einem kleinen Workaround ist auch dieses Problem lösbar.

Oberfläche

Ein *Button*, ein *PageSetupDialog*- und ein *PrintDocument*-Control sowie eine *ListBox*. Verknüpfen Sie *PageSetupDialog* und *PrintDocument* über die *Document*-Eigenschaft miteinander.

Quelltext

```
Public Class Form1
    Private Sub Button1_Click(ByVal sender As System.Object, ByVal e As System.EventArgs) _
                Handles Button1.Click
```

Je nach Systemeinstellung die Umrechnung vornehmen:

```
        If System.Globalization.RegionInfo.CurrentRegion.IsMetric Then
            PageSetupDialog1.PageSettings.Margins.Left = _
                CType((PageSetupDialog1.PageSettings.Margins.Left * 2.54), Integer)
```

```
            PageSetupDialog1.PageSettings.Margins.Top = _
                CType((PageSetupDialog1.PageSettings.Margins.Top * 2.54), Integer)
            PageSetupDialog1.PageSettings.Margins.Right = _
                CType((PageSetupDialog1.PageSettings.Margins.Right * 2.54), Integer)
            PageSetupDialog1.PageSettings.Margins.Bottom = _
                CType((PageSetupDialog1.PageSettings.Margins.Bottom * 2.54), Integer)
        End If
```

Dialog anzeigen:

```
        If PageSetupDialog1.ShowDialog() = Windows.Forms.DialogResult.OK Then
```

Das Ergebnis in der *ListBox* präsentieren:

```
            ListBox1.Items.Clear()
```

Nach der Aufruf stehen Ihnen die Seitenränder wieder in der korrekten 1/100-Zoll-Angabe zur Verfügung.

```
            ListBox1.Items.Add("Links = " & (PageSetupDialog1.PageSettings.Margins.Left * _
                0.2541).ToString() & " mm")
            ListBox1.Items.Add("Oben = " & (PageSetupDialog1.PageSettings.Margins.Top * _
                0.2541).ToString() & " mm")
            ListBox1.Items.Add("Rechts = " & (PageSetupDialog1.PageSettings.Margins.Right * _
                0.2541).ToString() & " mm")
            ListBox1.Items.Add("Unten = " & (PageSetupDialog1.PageSettings.Margins.Bottom * _
                0.2541).ToString() & " mm")
        End If
    End Sub

End Class
```

Test

Rufen Sie den PageSetup-Dialog auf und geben Sie die folgenden Werte ein:

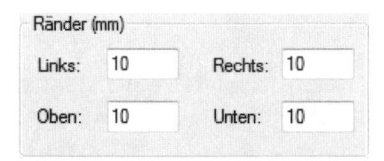

Ränder (mm)			
Links:	10	Rechts:	10
Oben:	10	Unten:	10

Die Ergebnisse in der *ListBox* zeugen von diversen Rundungsfehlern, die jedoch in den meisten Fällen vernachlässigbar sind (siehe folgende Abbildung).

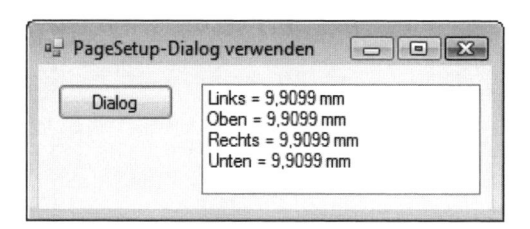

> **HINWEIS:** Der PageSetup-Dialog zeigt nur ganzzahlige Werte an (so entstehen die Rundungsdifferenzen).

R5.20 Das Windows-Drucker-Fenster anzeigen

Haben Sie einen umfangreichen Druckjob gestartet kann es sinnvoll sein, das zugehörige Druckerfenster einzublenden, um den Nutzer über den Druckfortschritt zu informieren.

Über die Funktion *SHInvokePrinterCommand* der Shell-API steht Ihnen diese Funktionalität zur Verfügung.

Oberfläche

Nur ein Windows *Form* und ein *Button*.

Quelltext

```
Imports System.Drawing.Printing
Imports System.Runtime.InteropServices

Public Class Form1
```

Deklaration der API-Konstante:

```
Public Const PRINTACTION_OPEN As UInt32 = 0
```

Einbinden der API-Funktion:

```
<DllImport("shell32.dll", CharSet:=CharSet.Unicode)> _
Public Shared Function SHInvokePrinterCommand(ByVal hwnd As IntPtr, _
                        ByVal uAction As UInt32, ByVal lpBuf1 As String, _
                        ByVal lpBuf2 As String, ByVal fModal As Int32) As Boolean
End Function

Private Sub Button1_Click(ByVal sender As System.Object, ByVal e As System.EventArgs) _
                        Handles Button1.Click
```

Fenster für den Standard-Drucker anzeigen:

```
        Dim pd As PrintDocument = New PrintDocument()
        SHInvokePrinterCommand(Me.Handle, PRINTACTION_OPEN, pd.PrinterSettings.PrinterName, _
                                "", 1)
    End Sub
End Class
```

Test

Nach dem Start brauchen Sie nur auf den Button zu klicken, um das Fenster zu öffnen:

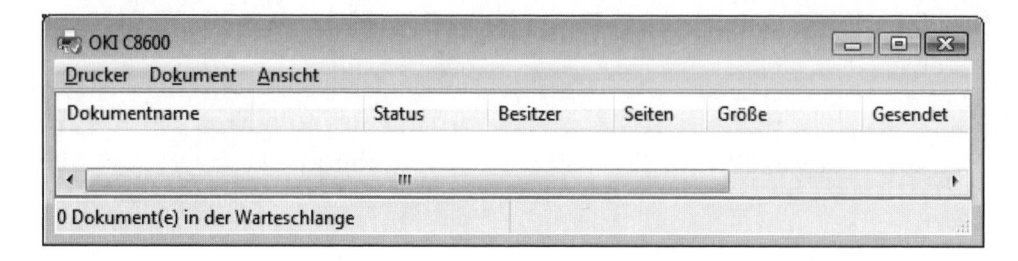

R5.21 Eine Textdatei drucken

Grundsätzlich erfolgt das Drucken unter .NET ereignisgesteuert. Jeder Druckvorgang benötigt ein *PrintDocument*-Objekt, dessen *Print*-Methode die *PrintPage*-Ereignisprozedur aufruft, in welcher der eigentliche Code zum Drucken einer Seite implementiert werden muss.

Im vorliegenden Rezept wird eine Textdatei auf dem Standarddrucker ausgedruckt.

Oberfläche

Ein *Form*ular mit zwei *Button*s soll für unseren Test genügen.

Quellcode

```
Imports System.Drawing.Printing
Imports System.IO

Public Class Form1
    Private fnt As Font
    Private reader As StreamReader
```

Um Alternativen zu zeigen, wollen wir diesmal das *PrintDocument*-Objekt nicht von der Werkzeugleiste abziehen, sondern durch handgeschriebenen Code selbst erzeugen:

```
    Private doc As PrintDocument
```

R5.21 Eine Textdatei drucken

Die Startaktivitäten:

```
Private Sub Form1_Load(ByVal sender As System.Object, ByVal e As System.EventArgs) _
                Handles MyBase.Load
    fnt = New Font("Arial", 12)
```

Objekt erzeugen:

```
    doc = New PrintDocument()
```

Nicht vergessen dürfen wir auch das Anmelden der *PrintPage*-Ereignisbehandlung:

```
    AddHandler Me.doc.PrintPage, AddressOf doc_PrintPage
End Sub
```

Drucken:

```
Private Sub Button1_Click(ByVal sender As System.Object, ByVal e As System.EventArgs) _
                Handles Button1.Click
    Try
        reader = New StreamReader("Test.txt")   ' Lesezugriff auf Textdatei
        doc.Print()                             ' Druckvorgang starten
        reader.Close()
    Catch ex As Exception
        MessageBox.Show(ex.Message)
    End Try
End Sub
```

Das *PrintPage*-Ereignis (wird zu Beginn jeder Seite ausgelöst):

```
Private Sub doc_PrintPage(ByVal sender As Object, ByVal e As PrintPageEventArgs)
    Dim max As Single = 0            ' Zeilen pro Seite
    Dim y As Single = 0              ' y-Position
    Dim i As Integer = 0             ' Zeilenzähler
    Dim left As Single = e.MarginBounds.Left    ' linke Randbreite
    Dim top As Single = e.MarginBounds.Top      ' obere Randbreite
    Dim line As String = Nothing                ' Zwischenspeicher für eine Zeile
```

Maximale Zeilenanzahl pro Seite ermitteln:

```
    max = e.MarginBounds.Height / fnt.GetHeight(e.Graphics)
```

Jede Zeile der Seite drucken:

```
    While i < max
        line = reader.ReadLine()        ' nächste Zeile aus Datei lesen
        If Not (line Is Nothing) Then
```

Neue vertikale Druckposition berechnen:

```
        y = top + i * fnt.GetHeight(e.Graphics)
```
Nächste Zeile drucken:
```
        e.Graphics.DrawString(line, fnt, Brushes.Black, left, y, New StringFormat())
        i += 1
    Else
        i = CType(max, Integer) + 1   ' Abbruch erzwingen, wenn Dateiende erreicht ist
    End If
End While
```
Falls mehr Zeilen, dann nächste Seite drucken:
```
    If Not (line Is Nothing) Then
        e.HasMorePages = True
    Else
        e.HasMorePages = False
    End If
End Sub

End Class
```

Test

Klicken Sie auf die "Drucken"-Schaltfläche und es wird nicht lange dauern, bis sich Ihr angeschlossener Standarddrucker in Bewegung setzt.

HINWEIS: Es wird in unserem Beispiel davon ausgegangen, dass keine Zeile die Seitenbreite überschreitet!

Bemerkungen

- Die zu druckende Textdatei *Test.txt* befindet sich in unserem Fall im *\bin\Debug*-Unterverzeichnis des Projekts. Durch Verwenden eines Dateidialogs könnten Sie den Standort frei bestimmen.

- Der Quellcode lässt sich auf vielfältige Weise verbessern, z.B. durch Kontrolle der Seitenbreite oder durch Einfügen einer Druckvorschau, siehe z.B. R5.22 ("Den Inhalt einer Textbox drucken").

R5.22 Den Inhalt einer TextBox drucken

Das Zeichnen von Figuren mit den .NET-Druckfunktionen ist relativ einfach. Hingegen gestaltet sich die Ausgabe von Text (*DrawString*-Methode) ziemlich umständlich, da Sie in der .NET-Klassenbibliothek nach einer nostalgischen *Print "Hallo"*-Methode vergeblich suchen werden und sich stattdessen um alle Details wie Druckposition, Zeilenvorschub, Zeilenhöhe etc. pixelgenau selbst kümmern müssen.

Das vorliegende Rezept versucht mit Hilfe eines einfachen Beispiels, der Textausgabe ihren Schrecken zu nehmen.

Oberfläche

Neben einer *TextBox* (*MultiLine = True*) brauchen Sie noch eine *PrintDialog*- und eine *PrintDocument*-Komponente.

Verbinden Sie die *Document*-Eigenschaft von *PrintDialog1* mit *PrintDocument1*.

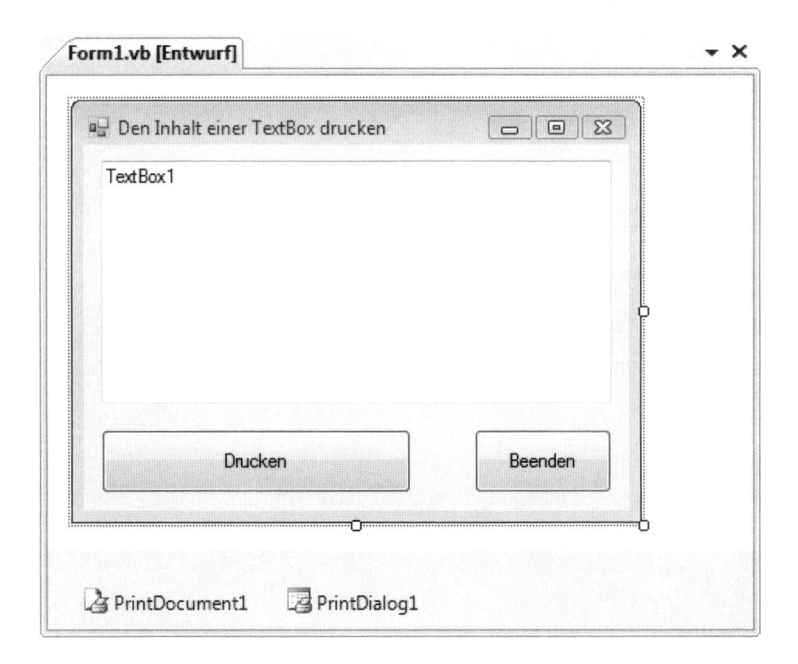

Quellcode

```
Public Class Form1
...
```

Die "Drucken"-Schaltfläche:

```
    Private Sub Button1_Click(ByVal sender As System.Object, ByVal e As System.EventArgs) _
                    Handles Button1.Click
```

```
        If PrintDialog1.ShowDialog() = Windows.Forms.DialogResult.OK Then
            Try
                PrintDocument1.Print()
            Catch
                MessageBox.Show("Fehler beim Drucken", "Fehler")
            End Try
        End If
    End Sub
```

Der obligatorische *PrintPage*-Eventhandler erledigt das eigentliche Drucken:

```
    Private Sub PrintDocument1_PrintPage(ByVal sender As System.Object, _
                    ByVal e As System.Drawing.Printing.PrintPageEventArgs) _
                    Handles PrintDocument1.PrintPage
        Dim g As Graphics = e.Graphics
        Dim printRec As Rectangle = e.MarginBounds
        Dim fnt As Font = TextBox1.Font
```

Umrandung drucken:

```
        g.DrawRectangle(Pens.Black, printRec)
```

Ausgabeposition:

```
        Dim x As Single = printRec.X, y As Single = printRec.Y
```

Zeilenhöhe bestimmen:

```
        Dim lineH As Single = g.MeasureString("X", fnt).Height
```

Layoutformat festlegen (Deaktiviert Textumbruch während des Formatierens):

```
        Dim sf As StringFormat = New StringFormat(StringFormatFlags.NoWrap)
```

Alle Zeilen durchlaufen:

```
        For i As Integer = 0 To TextBox1.Lines.Length - 1
            Dim rectf As RectangleF = New RectangleF(x, y, printRec.Width, lineH)
```

Zeile drucken:

```
            g.DrawString(TextBox1.Lines(i), fnt, Brushes.Black, rectf, sf)
            y += lineH
        Next
    End Sub
End Class
```

Test

Starten Sie das Programm, geben Sie etwas Text ein und starten Sie den Druckvorgang.

Bemerkungen

- Das Programm funktioniert nur dann zufriedenstellend, wenn der Inhalt der *TextBox* in eine einzige Druckseite passt. Anderenfalls ist eine Seitensteuerung zu implementieren, was einen deutlich größerer Aufwand erfordert.

- Zum Drucken können nur TrueType- oder OpenType-Schriften verwendet werden, leider keine PostScript-Schriften.

R5.23 Den Drucker umfassend konfigurieren

Das Ziel dieses Rezepts ist eine umfassende Darstellung des Zusammenspiels der einzelnen Drucker-Komponenten sowie deren Konfiguration per Code bzw. per Dialogbox. Insgesamt zehn Beispielseiten verdeutlichen die verschiedenen Möglichkeiten der Gestaltung des Druckbildes.

Oberfläche (Hauptformular Form1)

Entwerfen Sie eine Oberfläche entsprechend folgender Abbildung:

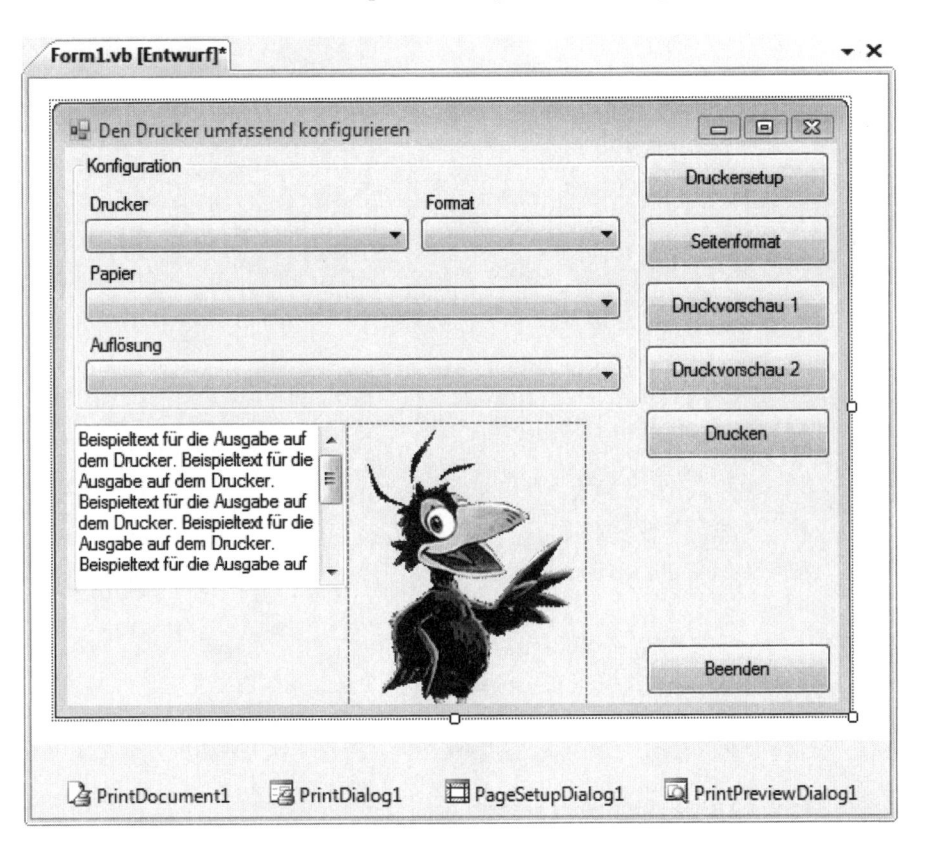

Verknüpfen Sie die vier nicht sichtbaren Komponenten (siehe unterer Bildrand) über die *Documents*-Eigenschaft mit dem *PrintDocument1*.

Sowohl die *TextBox* als auch die *PictureBox* dienen uns lediglich als Container für einen zu druckenden Text bzw. eine zu druckende Grafik.

Oberfläche (Druckvorschau Form2)

Mit der folgenden Oberfläche wollen wir keinen Schönheitspreis gewinnen, es geht lediglich um die Darstellung des Grundprinzips. Welche Komponenten Sie für die Oberflächengestaltung nutzen, bleibt Ihrer Fantasie überlassen. Wichtig ist vor allem das *PrintPreview*-Control.

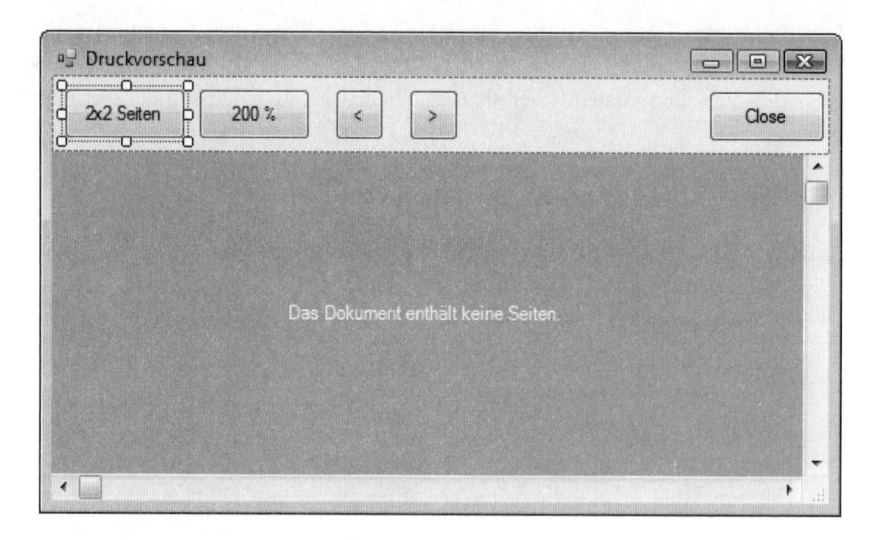

Quelltext (Form1)

```
Imports System.Drawing.Printing

Public Class Form1
```

Eine globale Variable erleichtert uns die Anzeige bzw. den Druck der richtigen Seite:

```
    Private page As Integer
```

Die folgende Routine aktualisiert die *ComboBox*en nach Änderungen über die Standarddialoge:

```
    Private Sub aktualisieren()
```

Der aktuelle Drucker:

```
        ComboBox1.Text = PrintDocument1.PrinterSettings.PrinterName
```

Die verschiedenen Papierformate:

```
ComboBox2.Items.Clear()
For Each ps As PaperSize In PrintDocument1.PrinterSettings.PaperSizes
    ComboBox2.Items.Add(ps)
Next
ComboBox2.Text = PrintDocument1.DefaultPageSettings.PaperSize.ToString()
```

Die Seitenausrichtung:

```
If PrintDocument1.DefaultPageSettings.Landscape Then
    ComboBox3.SelectedIndex = 0
Else
    ComboBox3.SelectedIndex = 1
End If
```

Die Druckauflösung:

```
ComboBox4.Items.Clear()
For Each res As PrinterResolution In PrintDocument1.PrinterSettings.PrinterResolutions
    ComboBox4.Items.Add(res)
Next
ComboBox4.Text = PrintDocument1.DefaultPageSettings.PrinterResolution.ToString()
End Sub
```

Beim Programmstart füllen wir zunächst *comboBox1* mit den Namen der verfügbaren Drucker und aktualisieren die Anzeige:

```
Private Sub Form1_Load(ByVal sender As System.Object, ByVal e As System.EventArgs) _
                Handles MyBase.Load
    For Each s As String In PrinterSettings.InstalledPrinters
        ComboBox1.Items.Add(s)
    Next
    aktualisieren()
End Sub
```

Die Anzeige des Standard-Druckerdialogs:

```
Private Sub Button2_Click(ByVal sender As System.Object, ByVal e As System.EventArgs) _
                Handles Button2.Click
    PrintDialog1.ShowDialog()
    aktualisieren()
End Sub
```

Das Einrichten der Seite (Fehler bei der Umrechnung beachten!):

```
Private Sub Button3_Click(ByVal sender As System.Object, ByVal e As System.EventArgs) _
                Handles Button3.Click
```

```
            PageSetupDialog1.PageSettings.Margins.Left = _
                    CType((PageSetupDialog1.PageSettings.Margins.Left * 2.54), Integer)
            PageSetupDialog1.PageSettings.Margins.Top = _
                    CType((PageSetupDialog1.PageSettings.Margins.Top * 2.54), Integer)
            PageSetupDialog1.PageSettings.Margins.Right = _
                    CType((PageSetupDialog1.PageSettings.Margins.Right * 2.54), Integer)
            PageSetupDialog1.PageSettings.Margins.Bottom = _
                    CType((PageSetupDialog1.PageSettings.Margins.Bottom * 2.54), Integer)
            PageSetupDialog1.ShowDialog()
            aktualisieren()
        End Sub
```

Start des Druckvorgangs bzw. der Druckvorschau:

```
        Private Sub PrintDocument1_BeginPrint(ByVal sender As System.Object, _
                    ByVal e As System.Drawing.Printing.PrintEventArgs) _
                    Handles PrintDocument1.BeginPrint

            page = 1
            PrintDocument1.DocumentName = "Mein erstes Testdokument"
        End Sub
```

Das eigentliche Drucken der Seiten passiert wie immer im *PrintPage*-Event unseres *PrintDocument*-Objekts:

```
        Private Sub PrintDocument1_PrintPage(ByVal sender As System.Object, _
                    ByVal e As System.Drawing.Printing.PrintPageEventArgs) _
                    Handles PrintDocument1.PrintPage
```

Eine Zufallszahl für optische Spielereien:

```
            Dim rnd As Random = New Random()
```

Einen *Pen* definieren:

```
            Dim p As New Pen(System.Drawing.Color.Black, 1)
```

Eine Variable für den einfacheren Zugriff auf das *Graphics*-Objekt:

```
            Dim g As Graphics = e.Graphics
```

Die aktuell zu druckende Seite:

```
            Dim printpage As Integer = 0
```

Umschalten in Millimeter:

```
            g.PageUnit = GraphicsUnit.Millimeter
```

R5.23 Den Drucker umfassend konfigurieren

Berücksichtigung des Druckbereichs:

```
Select Case e.PageSettings.PrinterSettings.PrintRange
    Case PrintRange.SomePages
        printpage = page + e.PageSettings.PrinterSettings.FromPage - 1
    Case PrintRange.AllPages
        printpage = page
End Select
```

Drucken der jeweiligen Seite (1 bis 10):

```
Select Case printpage
    Case 1
```

Ein paar Rechtecke (10 x 10 cm):

```
        g.FillRectangle(New SolidBrush(Color.Blue), 30, 30, 100, 100)
        g.FillRectangle(New SolidBrush(Color.Green), 40, 40, 100, 100)
        g.FillRectangle(New SolidBrush(Color.Yellow), 50, 50, 100, 100)
        g.FillRectangle(New SolidBrush(Color.Cyan), 60, 60, 100, 100)
        g.FillRectangle(New SolidBrush(Color.Red), 70, 70, 100, 100)
    Case 2
```

Einige Linien auf Seite 2:

```
        g.DrawLine(New Pen(Color.Black, 10), 50, 100, 150, 200)
        g.DrawLine(New Pen(Color.Black, 10), 50, 200, 150, 100)
    Case 3
```

Ausgabe der Grafik in Originalgröße:

```
        g.DrawString("Grafik 100%", New Font("Arial", 10, FontStyle.Bold, _
            GraphicsUnit.Millimeter), Brushes.Black, 70, 50)
        g.DrawImage(PictureBox1.Image, 50, 100)
    Case 4
```

Skalieren der Grafik auf 10 cm Breite:

```
        g.DrawString("Grafik 10cm breit", New Font("Arial", 10, FontStyle.Bold, _
            GraphicsUnit.Millimeter), Brushes.Black, 70, 50)
        g.DrawImage(PictureBox1.Image, 50, 100, 100, _
            PictureBox1.Image.Height * 100 Mod PictureBox1.Image.Width)
        g.DrawRectangle(New Pen(Color.Black, 0.1F), 50, 100, 100, _
            PictureBox1.Image.Height * 100 Mod PictureBox1.Image.Width)
    Case 5
```

Anzeige der Seitenränder:

```
        g.DrawString("Seitenränder", New Font("Arial", 10, FontStyle.Bold, _
                        GraphicsUnit.Millimeter), Brushes.Black, 70, 50)
        g.PageUnit = GraphicsUnit.Display
        g.DrawRectangle(New Pen(Color.Black), e.MarginBounds)
        g.PageUnit = GraphicsUnit.Millimeter
    Case 6
```

Ausgabe von Text (linksbündig):

```
        Dim rect As New RectangleF()
        rect = CType(e.MarginBounds, RectangleF)
        g.PageUnit = GraphicsUnit.Display
        g.DrawString(TextBox1.Text, New Font("Arial", 10, FontStyle.Bold, _
                        GraphicsUnit.Millimeter), Brushes.Black, rect)
        g.PageUnit = GraphicsUnit.Millimeter
    Case 7
```

Ausgabe von Text (zentriert):

```
        Dim rect1 As New RectangleF()
        Dim format As New StringFormat()
        format.Alignment = StringAlignment.Center
        rect1 = CType(e.MarginBounds, RectangleF)
        g.PageUnit = GraphicsUnit.Display
        g.DrawString(TextBox1.Text, New Font("Arial", 10, FontStyle.Bold, _
                        GraphicsUnit.Millimeter), Brushes.Black, rect1, format)
        g.PageUnit = GraphicsUnit.Millimeter
    Case 8
```

Ausgabe von zufälligen Linien über den gesamten Blattbereich:

```
        g.DrawString("Zufallslinien ohne Clipping", New Font("Arial", 10, _
                FontStyle.Bold, GraphicsUnit.Millimeter), Brushes.White, 70, 50)
        g.PageUnit = GraphicsUnit.Display
        For i As Integer = 0 To 500
            g.DrawLine(p, 0, 0, rnd.Next(e.PageBounds.Width), _
                                rnd.Next(e.PageBounds.Height))
        Next
    Case 9
```

HINWEIS: Vergleichen Sie den Ausdruck mit der Druckvorschau, werden Sie feststellen, dass die Druckvorschau die physikalischen Seitenränder nicht berücksichtigt.

R5.23 Den Drucker umfassend konfigurieren

Berücksichtigung der Seitenränder bei der Druckausgabe:

```
        g.DrawString("Zufallslinien mit Clipping", New Font("Arial", 10, _
                FontStyle.Bold, GraphicsUnit.Millimeter), Brushes.White, 70, 50)
        g.PageUnit = GraphicsUnit.Display
        g.SetClip(e.MarginBounds)
        For i As Integer = 0 To 500
            g.DrawLine(p, 0, 0, rnd.Next(e.PageBounds.Width), _
                        rnd.Next(e.PageBounds.Height))
        Next
    Case 10
```

Berücksichtigung der Seitenränder sowie Verschieben des Offsets bei der Druckausgabe:

```
        g.PageUnit = GraphicsUnit.Display
        g.SetClip(e.MarginBounds)
        g.TranslateTransform(e.MarginBounds.Left, e.MarginBounds.Top)
        For i As Integer = 0 To 500
            g.DrawLine(p, 0, 0, rnd.Next(e.PageBounds.Width), _
                        rnd.Next(e.PageBounds.Height))
        Next
    End Select
```

Seitennummer einblenden:

```
    g.DrawString("Seite : " & printpage.ToString(), New Font("Arial", 10, _
            FontStyle.Bold, GraphicsUnit.Millimeter), Brushes.Red, 10, 10)
```

Vorbereiten der nächsten Seite:

```
    page += 1
```

Berücksichtigung des Druckbereichs:

```
    Select Case e.PageSettings.PrinterSettings.PrintRange
        Case PrintRange.SomePages
            e.HasMorePages = (printpage < e.PageSettings.PrinterSettings.ToPage)
            Exit Select
        Case PrintRange.AllPages
            e.HasMorePages = (page < 11)
            Exit Select
    End Select
End Sub
```

Aktuellen Drucker wechseln:

```
Private Sub ComboBox1_SelectedIndexChanged(ByVal sender As System.Object, _
        ByVal e As System.EventArgs) Handles ComboBox1.SelectedIndexChanged
```

```vb
        PrintDocument1.PrinterSettings.PrinterName = ComboBox1.Text
        aktualisieren()
    End Sub
```

Seitenausrichtung ändern:

```vb
    Private Sub ComboBox3_SelectedIndexChanged(ByVal sender As System.Object, _
                ByVal e As System.EventArgs) Handles ComboBox3.SelectedIndexChanged
        PrintDocument1.DefaultPageSettings.Landscape = (ComboBox3.SelectedIndex = 0)
        aktualisieren()
    End Sub
```

Papierformat ändern:

```vb
    Private Sub ComboBox2_SelectedIndexChanged(ByVal sender As System.Object, _
                ByVal e As System.EventArgs) Handles ComboBox2.SelectedIndexChanged
        PrintDocument1.DefaultPageSettings.PaperSize = _
                PrintDocument1.PrinterSettings.PaperSizes(ComboBox2.SelectedIndex)
    End Sub
```

Druckauflösung ändern:

```vb
    Private Sub ComboBox4_SelectedIndexChanged(ByVal sender As System.Object, _
                ByVal e As System.EventArgs) Handles ComboBox4.SelectedIndexChanged
        PrintDocument1.DefaultPageSettings.PrinterResolution = _
                PrintDocument1.PrinterSettings.PrinterResolutions(ComboBox4.SelectedIndex)
    End Sub
```

Druckvorschau anzeigen (Vollbild):

```vb
    Private Sub Button1_Click(ByVal sender As System.Object, ByVal e As System.EventArgs) _
                Handles Button1.Click
        PrintPreviewDialog1.WindowState = FormWindowState.Maximized
        PrintPreviewDialog1.ShowDialog()
    End Sub
```

Die eigene Druckvorschau anzeigen:

```vb
    Private Sub Button4_Click(ByVal sender As System.Object, ByVal e As System.EventArgs) _
                Handles Button4.Click
        Dim f2 As New Form2()
        f2.PrintPreviewControl1.Document = PrintDocument1
        f2.ShowDialog()
    End Sub
```

Den Druckvorgang starten:

```
    Private Sub Button5_Click(ByVal sender As System.Object, ByVal e As System.EventArgs) _
                    Handles Button5.Click
        PrintDocument1.Print()
    End Sub
End Class
```

Quelltext (Form2)

Im Formular *Form2* geht es im Wesentlichen nur um die Konfiguration der *PrintPreview-Control*-Komponente.

Die Navigation zwischen den Seiten:

```
Public Class Form2

    Private Sub Button4_Click(ByVal sender As System.Object, ByVal e As System.EventArgs) _
                    Handles Button4.Click
        PrintPreviewControl1.StartPage -= 1
    End Sub


    Private Sub Button5_Click(ByVal sender As System.Object, ByVal e As System.EventArgs) _
                Handles Button5.Click
        PrintPreviewControl1.StartPage += 1
    End Sub
```

Seite auf 200 Prozent skalieren:

```
    Private Sub Button3_Click(ByVal sender As System.Object, ByVal e As System.EventArgs) _
                    Handles Button3.Click
        PrintPreviewControl1.AutoZoom = False
        PrintPreviewControl1.Zoom = 200
    End Sub
```

Vier Seiten gleichzeitig anzeigen (eingepasst in die Komponente):

```
    Private Sub Button2_Click(ByVal sender As System.Object, ByVal e As System.EventArgs) _
                    Handles Button2.Click
        PrintPreviewControl1.Columns = 2
        PrintPreviewControl1.Rows = 2
        PrintPreviewControl1.AutoZoom = True
    End Sub
End Class
```

Test

Nach dem Programmstart sollten alle Druckerparameter korrekt in den ComboBoxen angezeigt werden. Testen Sie, was passiert, wenn Sie Änderungen in den ComboBoxen bzw. mit Hilfe der Druckerdialoge vornehmen.

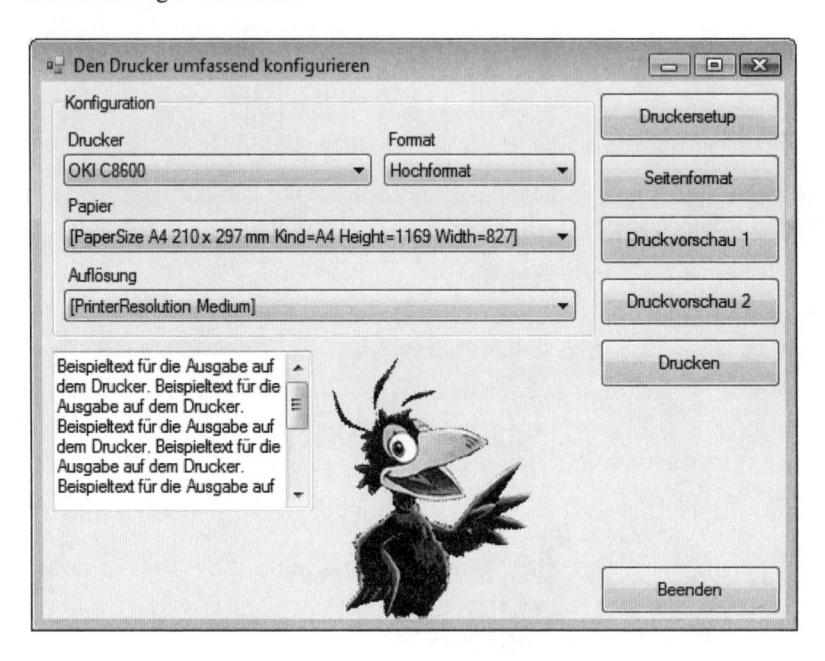

Nun haben Sie die Möglichkeit, sich die 10 verschiedenen Druckseiten in einer der beiden Druckvorschauen zu betrachten oder zu Papier zu bringen:

Als Beispiel hier unsere "selbst gebastelte" Druckvorschau in Aktion:

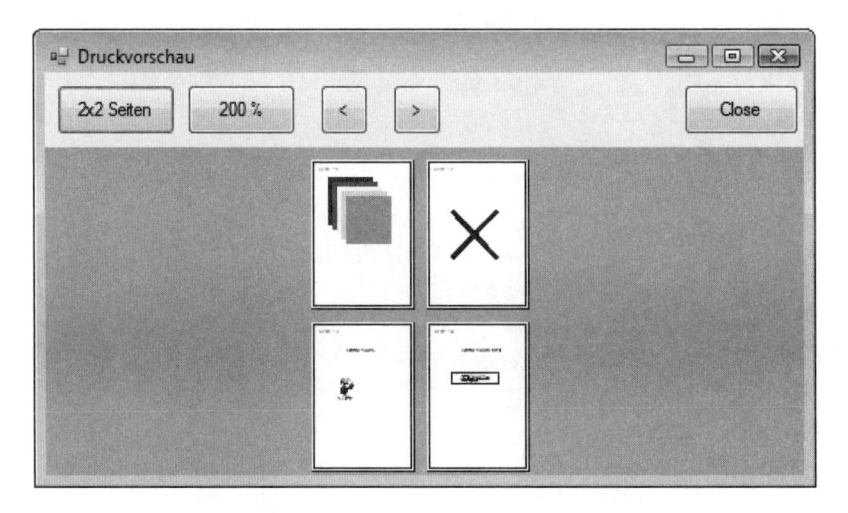

R5.24 Mit Microsoft Word per OLE drucken

Eines der "dankbarsten Opfer" für OLE-Automation ist nach wie vor Word für Windows. Unser Rezept zeigt Ihnen, wie Sie aus einem VB-Programm heraus ein neues Word-Dokument erstellen, Kopf- und Fußzeilen einfügen und Daten übertragen (das Beispiel lässt sich problemlos so anpassen, dass die Daten statt aus den Eingabefeldern gleich aus einer Datenbank kommen).

Oberfläche

Den Grundaufbau können Sie der folgenden Abbildung entnehmen:

In der *ComboBox* finden sich drei Einträge: "1. Mahnung" ... "3. Mahnung", die Sie im Eigenschaftenfenster über die *Items*-Auflistung hinzufügen.

Damit Sie problemlos die Word-Objekte und -Konstanten verwenden können, müssen Sie einen Verweis auf die "Microsoft Word 12.0 Library" einrichten (*Projekt|Verweis hinzufügen...*).

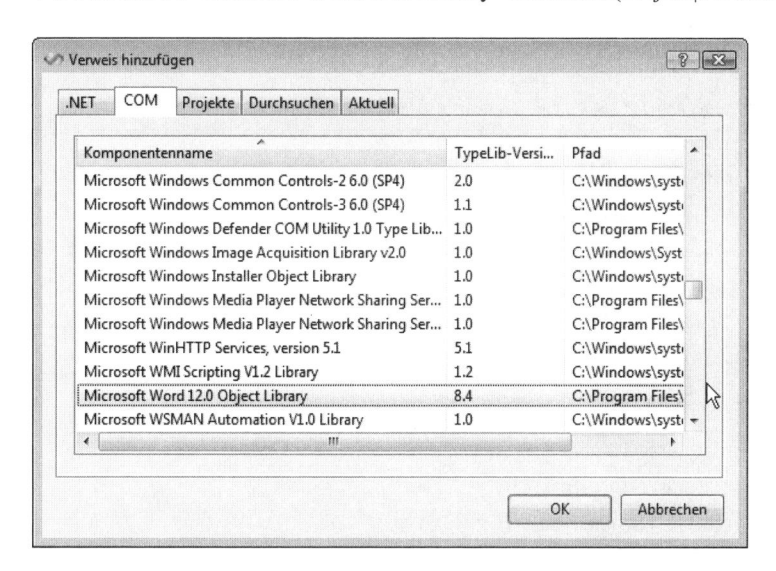

Quelltext

```
Imports Microsoft.Office.Interop.Word

Public Class Form1
```

Es geht los:

```
    Private Sub Button1_Click(ByVal sender As System.Object, ByVal e As System.EventArgs) _
                Handles Button1.Click
```

Grundlage für die Verbindung zu Word ist eine allgemeine Variable vom Typ *Application-Class*:

```
        Dim wordapp As New ApplicationClass()
```

Der Ablauf ist mit wenigen Worten erklärt: Nach Initialisierung der Variablen mit *CreateObject* können Sie alle Methoden des *Application*-Objekts verwenden. Bevor Sie lange in der Online-Hilfe von Word herumstochern, ist es sinnvoller, ein Word-Makro aufzuzeichnen und dieses entsprechend zu modifizieren. Zum einen haben Sie gleich die korrekte Syntax, zum anderen sparen Sie sich jede Menge Arbeit.

Bei Problemen kneifen wir an dieser Stelle:

```
    If wordapp Is Nothing Then
        MessageBox.Show("Konnte keine Verbindung zu Word herstellen!")
        Return
    End If
```

Word sichtbar machen (standardmäßig wird Word nicht angezeigt):

```
        wordapp.Visible = True
```

Ein neues Dokument erzeugen:

```
        wordapp.Documents.Add()
        If wordapp.ActiveWindow.View.SplitSpecial <> 0 Then
            wordapp.ActiveWindow.Panes(2).Close()
        End If
        If (DirectCast(wordapp.ActiveWindow.ActivePane.View.Type, Integer) = 1) Or _
           (DirectCast(wordapp.ActiveWindow.ActivePane.View.Type, Integer) = 2) Or _
            (DirectCast(wordapp.ActiveWindow.ActivePane.View.Type, Integer) = 5) Then
            wordapp.ActiveWindow.ActivePane.View.Type = WdViewType.wdPrintView
        End If
```

Kopfzeile erzeugen:

```
        wordapp.ActiveWindow.ActivePane.View.SeekView = WdSeekView.wdSeekCurrentPageHeader
        wordapp.Selection.Font.Name = "Times New Roman"
        wordapp.Selection.Font.Size = 12
```

```
wordapp.Selection.Font.Bold = 1
wordapp.Selection.ParagraphFormat.Alignment = _
                WdParagraphAlignment.wdAlignParagraphCenter
wordapp.Selection.TypeText("Kohlenhandel Brikett-GmbH & Co.-KG." & _
                " - Holzweg 16 - 54633 Steinhausen")
```

Fußzeile erzeugen:

```
wordapp.ActiveWindow.ActivePane.View.SeekView = WdSeekView.wdSeekCurrentPageFooter
wordapp.Selection.TypeText("Bankverbindung: Stadtsparkasse Steinhausen " & _
                "BLZ 123456789    KtoNr. 782972393243")
```

In den Textteil wechseln und die Adresse eintragen:

```
    wordapp.ActiveWindow.ActivePane.View.SeekView = WdSeekView.wdSeekMainDocument
wordapp.Selection.TypeText(TextBox2.Text & " " & TextBox1.Text)
wordapp.Selection.TypeParagraph()
wordapp.Selection.TypeText(TextBox3.Text)
wordapp.Selection.TypeParagraph()
wordapp.Selection.TypeParagraph()
wordapp.Selection.Font.Name = "Times New Roman"
wordapp.Selection.Font.Size = 12
wordapp.Selection.Font.Bold = 1
wordapp.Selection.TypeText(TextBox4.Text & " " & TextBox5.Text)

wordapp.Selection.TypeParagraph()
wordapp.Selection.TypeParagraph()
wordapp.Selection.TypeParagraph()
wordapp.Selection.TypeParagraph()
wordapp.Selection.Font.Name = "Arial"
wordapp.Selection.Font.Size = 14
wordapp.Selection.Font.Bold = 1
wordapp.Selection.TypeText(ComboBox1.Text)

wordapp.Selection.TypeParagraph()
wordapp.Selection.TypeParagraph()
wordapp.Selection.TypeParagraph()
wordapp.Selection.Font.Name = "Times New Roman"
wordapp.Selection.Font.Size = 12
wordapp.Selection.Font.Bold = 1
If radioButton2.Checked Then
    wordapp.Selection.TypeText("Sehr geehrter Herr " & TextBox1.Text)
```

```
        Else
            wordapp.Selection.TypeText("Sehr geehrte Frau " + TextBox1.Text)
        End If
    End Sub
End Class
```

Test

Starten Sie das Programm, füllen Sie die Maske aus und übertragen Sie die Daten in ein Word-Dokument!

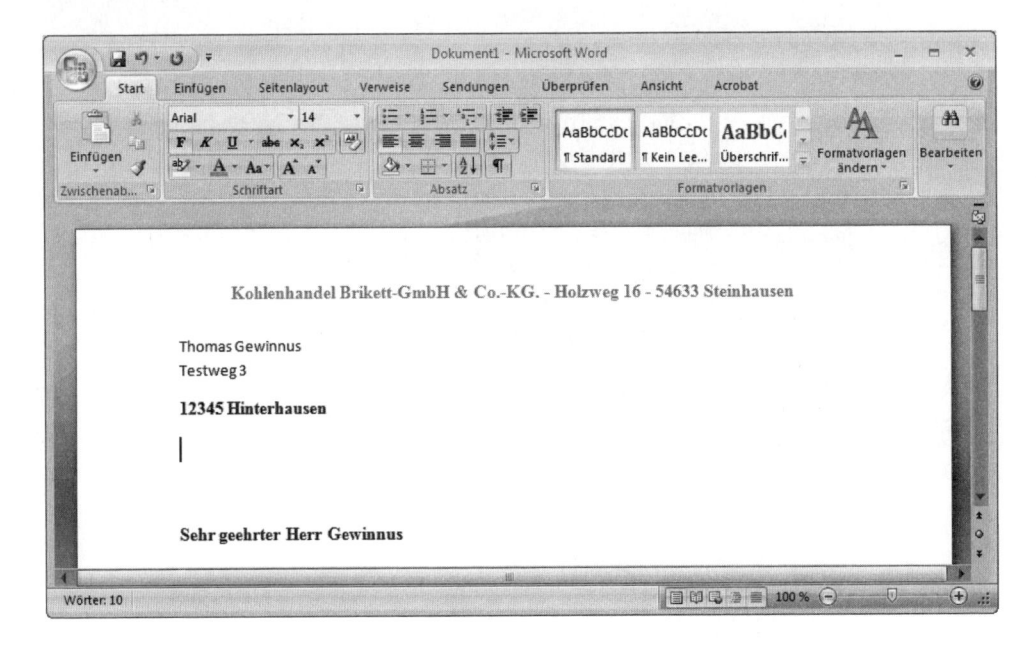

R5.25 Ein Microsoft Word-Formulare füllen und drucken

Das Textverarbeitungsprogramm *Word* können Sie zum idealen Reportgenerator umfunktionieren! Der Vorteil liegt auf der Hand: Der Report kann einfach durch jedermann editiert werden, denn die Daten laden wir erst zur Laufzeit in das vorhandene Formular.

Das vorliegende Rezept geht in zwei Etappen vor:

- Erstellen des Reports als Word-Dokument
- Zugriff auf das Word-Dokument von Visual Basic aus

Word-Dokument erstellen

In dieser ersten Etappe starten Sie *Microsoft Word* und gestalten den Report nach Ihren Wünschen. Fügen Sie als Platzhalter *Text-Formularfelder* ein. Auf diese Weise kann der Report entweder "von Hand" oder per Programm ausgefüllt werden.

> **HINWEIS:** Falls (in Word 2007) die Registerkarte *Entwicklertools* nicht angezeigt wird, müssen Sie diese zunächst über die Optionen (Kontrollkästchen *Entwicklerregisterkarte in der Multifunktionsleiste anzeigen*) einblenden.

> **HINWEIS:** Wir verwenden im Beispiel das unter *Legacyformulare* befindliche Textfeld.

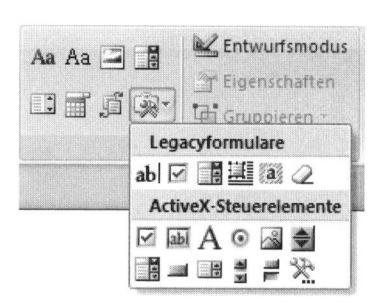

Über die Schaltfläche "Formularfeld-Optionen" (oder über rechte Maustaste *Eigenschaften*) können Sie die Optionen für jedes Textformularfeld einstellen. Außer eventuell den Vorgabetext brauchen Sie im Allgemeinen nichts weiter zu ändern, denn jedes Textformularfeld erhält von Word bereits automatisch eine eigene Textmarke (*Text1*, *Text2* ...) zugewiesen:

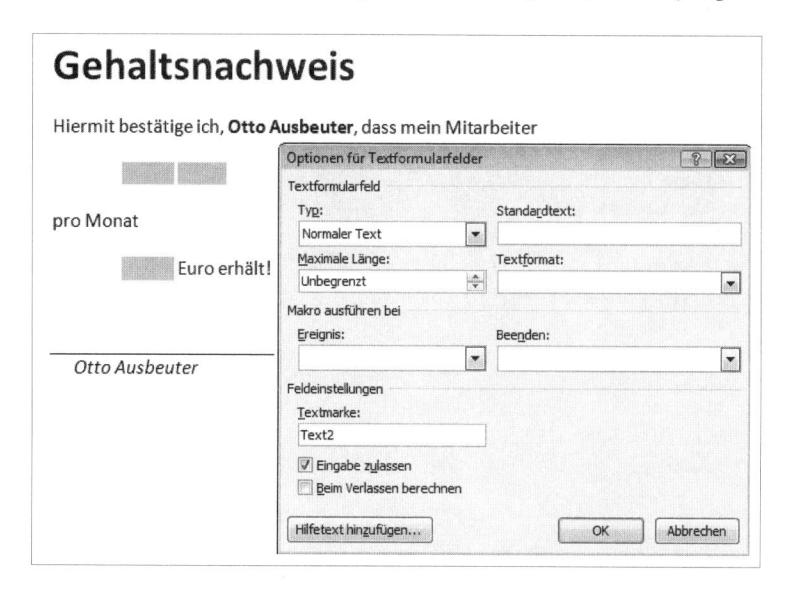

HINWEIS: Speichern Sie das Dokument unter dem Namen *gehalt.doc* in das *\bin\Debug*-Unterverzeichnis Ihres Projekts ab.

Oberfläche

Nun starten Sie Visual Studio und erstellen eine neue Windows-Anwendung. Den Aufbau der Oberfläche zeigt die Abbildung:

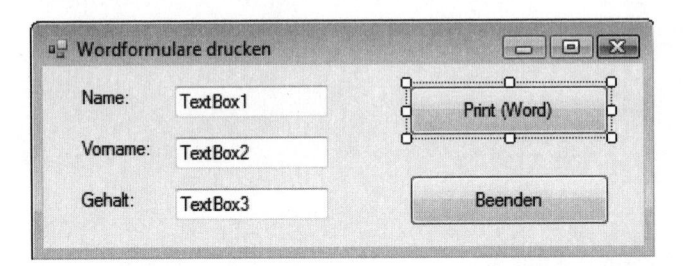

Unser "Report" ist nicht gar zu anspruchsvoll, aber für einen kleinen Vorgeschmack auf die sich eröffnenden Möglichkeiten dürfte es ausreichen.

HINWEIS: Damit Sie problemlos die Word-Objekte und -Konstanten verwenden können, müssen Sie einen Verweis auf die "Microsoft Word 12.0 Library" einrichten (*Projekt|Verweis hinzufügen...*).

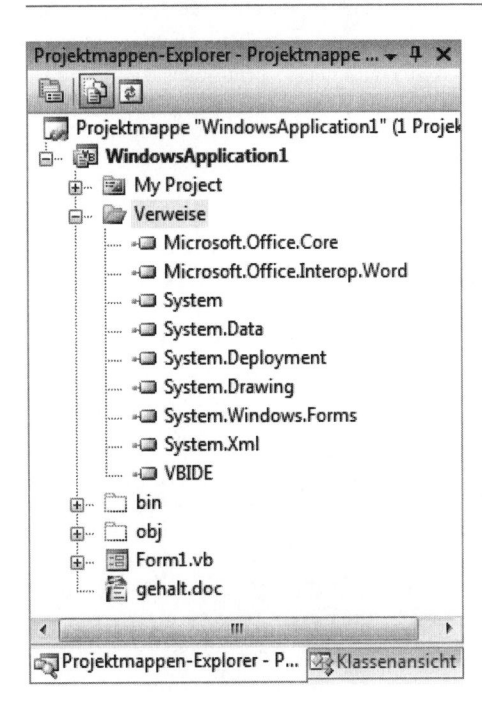

Quelltext

Der Zugriff auf das Word-Dokument wird, wie nicht anders zu erwarten, über OLE realisiert:

```
Imports Microsoft.Office.Interop.Word

Public Class Form1

    Private Sub Button1_Click(ByVal sender As System.Object, ByVal e As System.EventArgs) _
            Handles Button1.Click

        Dim wordapp As ApplicationClass = New ApplicationClass()
        Dim o0 As Object = System.Windows.Forms.Application.StartupPath & "\gehalt.doc"

        Dim o1 As Object = "Text1"
        Dim o2 As Object = "Text2"
        Dim o3 As Object = "Text3"

        If wordapp Is Nothing Then
            MessageBox.Show("Konnte keine Verbindung zu Word herstellen!")
            Return
        End If
```

Nach dem Erzeugen einer Objektinstanz laden wir den gewünschten Report:

```
        wordapp.Visible = True
        wordapp.Documents.Open(o0)
```

Nachfolgend können wir die Formularfelder füllen:

```
        wordapp.ActiveDocument.FormFields(o1).Result = TextBox1.Text
        wordapp.ActiveDocument.FormFields(o2).Result = TextBox2.Text
        wordapp.ActiveDocument.FormFields(o3).Result = TextBox3.Text
    End Sub
End Class
```

Test

Starten Sie das Programm, füllen Sie die Editfelder aus und drücken Sie auf die Schaltfläche.

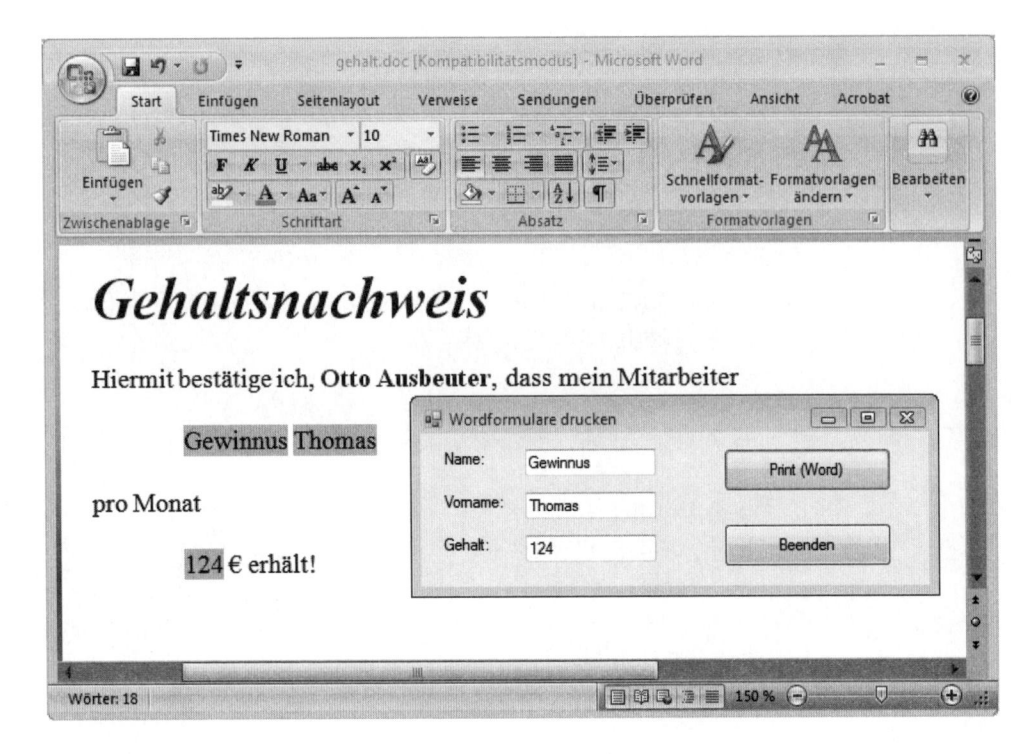

Bemerkungen

Durch Aufruf der *PrintOut*-Methode könnte man den Druck auch direkt aus dem Programm heraus starten. Welche Optionen dabei zur Verfügung stehen, zeigt ein Auszug aus der Word-Hilfe (wie unschwer zu erkennen ist, handelt es sich um alle Optionen der Dialogbox "Drucken"):

SYNTAX: PrintOut (Background, Append, Range, OutputFileName, From, To, Item, Copies, Pages,
         PageType, PrintToFile, Collate, FileName, ActivePrinterMacGX,
         ManualDuplexPrint, PrintZoomColumn, PrintZoomRow, PrintZoomPaperWidth,
         PrintZoomPaperHeight)

Günstiger ist es allerdings, wenn der Endbenutzer den Druck selbst in die Hand nimmt (so kann z.B. auch der Drucker gewechselt werden).

R5.26 Mit Microsoft Access drucken

Drucken über Microsoft Access schlägt "zwei Fliegen mit einer Klappe". Zum einen können Sie die Daten in der Access-Datenbank speichern, zum anderen sind in dieser Datenbank auch die erforderlichen Berichte enthalten. Dritter Vorteil: Sie können den recht intuitiven Report-Generator von Access zum Berichtsentwurf einsetzen und müssen sich nicht mit zusätzlichen Tools herumschlagen.

Referenzen einbinden

Zum Einbinden der COM-Interop-Assemblies in das Projekt klicken Sie auf den Menüpunkt *Projekt|Verweis* hinzufügen und wählen in der Rubrik "COM" die *Microsoft Access 12.0 Object Library*:

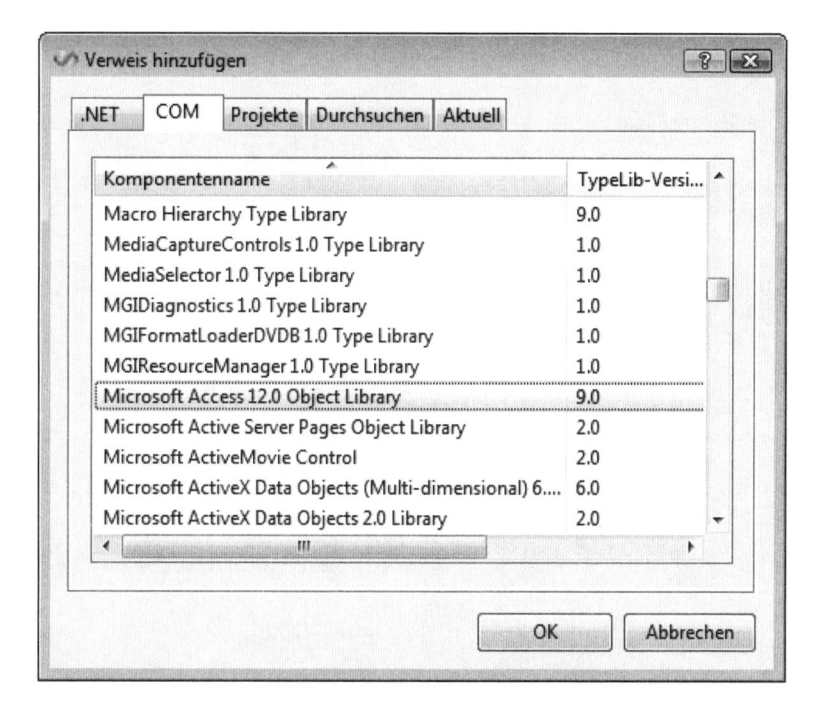

Oberfläche

Nur ein Windows *Form* und ein *Button*.

Quellcode

Auf die Verwendung der *Imports*-Anweisung verzichten wir lieber, da es andernfalls zu massiven Überschneidungen der Bezeichner in den Namespaces kommt.

Nach dem Klick auf die Schaltfläche starten wir die Reportausgabe (nur als Vorschau):

```
Private Sub Button1_Click(ByVal sender As System.Object, ByVal e As System.EventArgs) _
                    Handles Button1.Click
    Dim myAccess As Microsoft.Office.Interop.Access.Application
    myAccess = New Microsoft.Office.Interop.Access.ApplicationClass()
```

Nach dem erfolgreichen Erstellen einer Access-Instanz können wir schon mit Access arbeiten:

```
myAccess.OpenCurrentDatabase(Application.StartupPath & "\Test.mdb", False, "")
myAccess.Visible = True
```

```
        myAccess.DoCmd.OpenReport("Mitarbeiter", _
                        Microsoft.Office.Interop.Access.AcView.acViewPreview, , , _
                        Microsoft.Office.Interop.Access.AcWindowMode.acWindowNormal)
End Sub
```

Zunächst öffnen wir die gewünschte Datenbank, blenden die Oberfläche von Access ein und zeigen mittels *DoCmd*-Objekt den gewünschten Report an.

SYNTAX: `DoCmd.OpenReport(ReportName, View, FilterName, WhereCondition, WindowMode, OpenArgs)`

Wie Sie sehen, ist auch die Übergabe von Filtern oder Bedingungen (entspricht einer WHERE-Klausel bei SQL) kein Problem.

HINWEIS: Weitere Informationen und Beispiele finden Sie in der Hilfe zu Microsoft Access unter dem Stichwort "DoCmd".

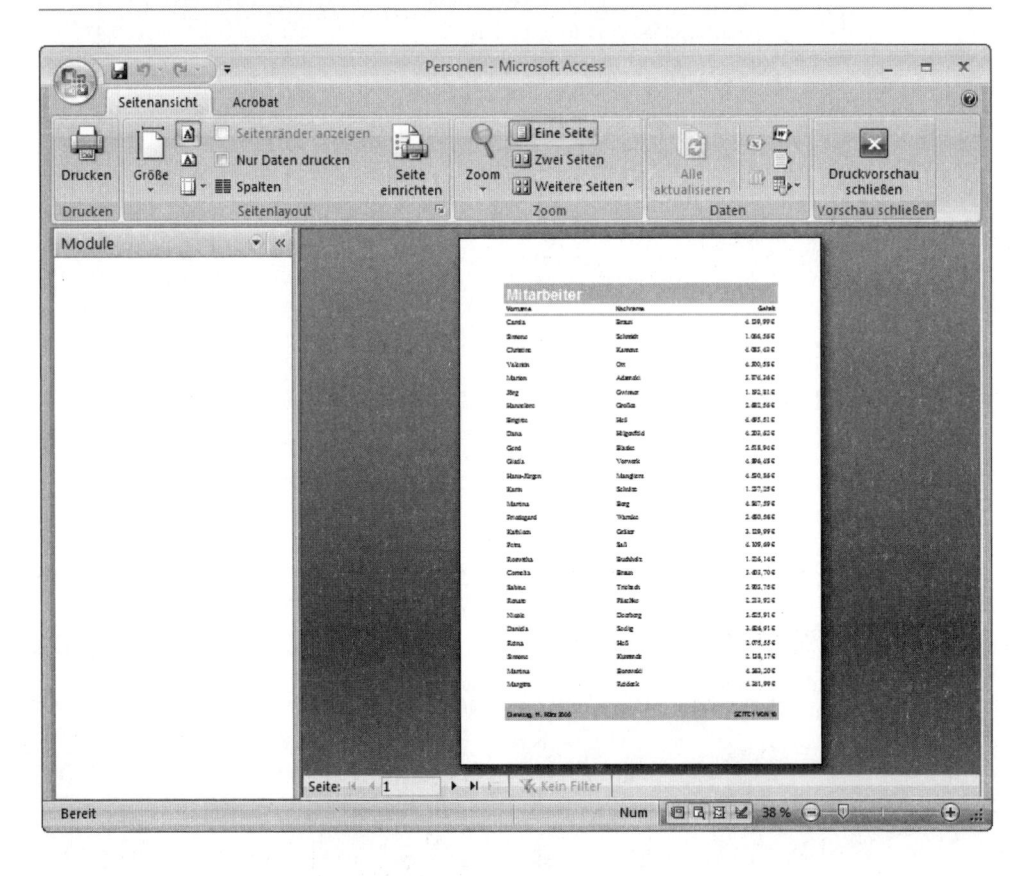

R5.27 Die Drucker-Konfiguration anzeigen

In einigen Anwendungsfällen ist es wünschenswert, direkt die Eigenschaften des Standarddruckers zu verändern. Mit dem von Windows her bekannten Dialog ist auch das kein Problem:

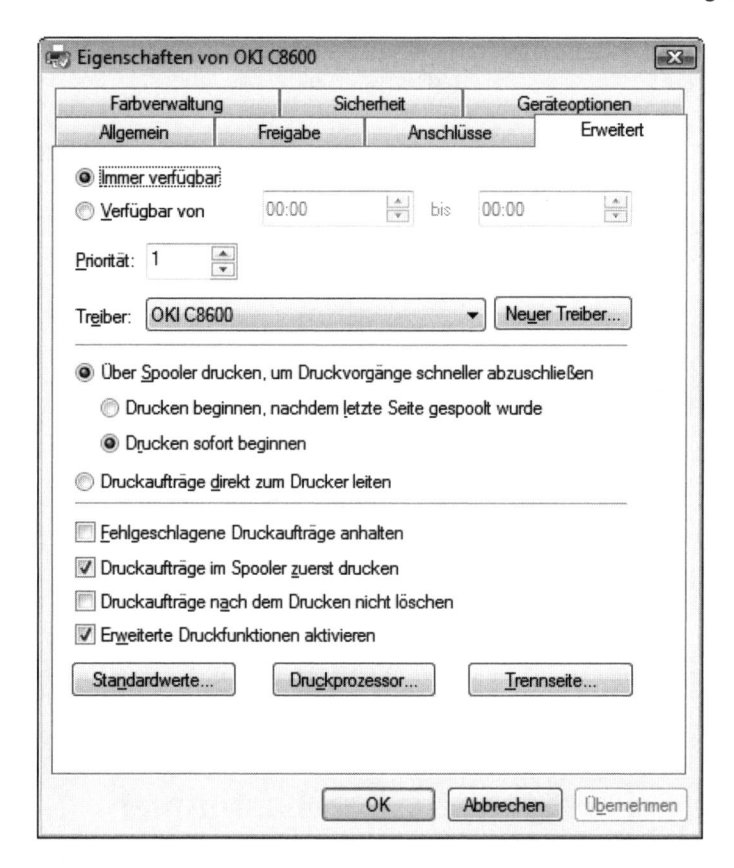

Anzeigen können Sie diesen Dialog über die Shell-API-Funktion *SHInvokePrinterCommand*. Ein Beispiel zeigt, wie es geht.

Oberfläche

Nur ein Windows *Form* und ein *Button* sind erforderlich.

Quelltext

```
Imports System.Drawing.Printing
Imports System.Runtime.InteropServices

Public Class Form1
```

Eine API-Konstante deklarieren:

```
Public Const PRINTACTION_PROPERTIES As UInt16 = 1
```

Import der API-Funktion:

```
<DllImport("shell32.dll", CharSet:=CharSet.Unicode)> _
Public Shared Function SHInvokePrinterCommand(ByVal hwnd As IntPtr, _
                ByVal uAction As UInt32, ByVal lpBuf1 As String, _
                ByVal lpBuf2 As String, ByVal fModal As Int32) As Boolean
End Function
```

Die Verwendung:

```
Private Sub Button1_Click(ByVal sender As System.Object, ByVal e As System.EventArgs) _
                Handles Button1.Click
```

Standarddrucker abrufen und Dialog anzeigen:

```
    Dim pd As New PrintDocument()
    SHInvokePrinterCommand(Me.Handle, PRINTACTION_PROPERTIES, _
                pd.PrinterSettings.PrinterName, "", 1)
End Sub
End Class
```

Test

Nach dem Start klicken Sie einfach auf den Button, um den gewünschten Dialog (siehe Einleitung) aufzurufen.

R5.28 Diverse Druckereigenschaften bestimmen

Wem die von den .NET-Klassen gelieferten Informationen immer noch nicht ausreichen, der kann sich auch mittels *Windows Management Instrumentation* (kurz WMI) informieren.

Oberfläche

Einem Windows *Form* fügen Sie eine *ListBox* hinzu. Zusätzlich binden Sie noch einen Verweis auf die *System.Management*-Assembly ein.

Quelltext

```
Imports System.Management

Public Class Form1
```

R5.28 Diverse Druckereigenschaften bestimmen

Mit dem Laden des Formulars erzeugen wir eine *ManagementObjectSearcher*-Instanz:

```
Private Sub Form1_Load(ByVal sender As Object, ByVal e As System.EventArgs) Handles Me.Load
    Try
        Dim mos As ManagementObjectSearcher = _
            New ManagementObjectSearcher("SELECT * FROM Win32_Printer")
            ' WHERE DEFAULT = 'True'
```

Alle Drucker werden als Collection zurückgegeben:

```
        For Each mo As ManagementObject In mos.Get()
```

Name ausgeben:

```
            ListBox1.Items.Add("DeviceID: " & mo("DeviceID").ToString())
```

Alle definierten Eigenschaften ausgeben:

```
            For Each pd As PropertyData In mo.Properties
                If pd.Value IsNot Nothing Then
                    ListBox1.Items.Add("            " & pd.Name & ": " & _
                                       Convert.ToString(pd.Value))
                End If
            Next
        Next
    Catch ex As Exception
    End Try
End Sub
End Class
```

Test

Je nach Druckeranzahl können schon einige Sekunden vergehen, bis die Anzeige erfolgt:

```
DeviceID: Generic / Text Only
    Attributes: 576
    AveragePagesPerMinute: 0
    Capabilities: System.UInt16[]
    CapabilityDescriptions: System.String[]
    Caption: Generic / Text Only
    CreationClassName: Win32_Printer
    Default: False
    DefaultPriority: 0
    DetectedErrorState: 0
    DeviceID: Generic / Text Only
    Direct: False
    DoCompleteFirst: True
    DriverName: Generic / Text Only
    EnableBIDI: False
    EnableDevQueryPrint: False
    ExtendedDetectedErrorState: 0
```

> **HINWEIS:** Möchten Sie nur den aktuellen Standarddrucker abfragen, verwenden Sie folgende Abfrage "SELECT * FROM Win32_Printer **WHERE DEFAULT = 'True'**"

Bemerkung

Eine der interessantesten Eigenschaften dürfte *PrinterStatus* sein, die Bedeutung der zurückgegebenen Werte können Sie dem folgenden Codefragment entnehmen:

```
...
        For Each mo As ManagementObject In mos.Get()
...
            Select Case mo("PrinterStatus").ToString()
                Case "1"
                    ListBox1.Items.Add("              Status: Other")
                    Exit Select
                Case "2"
                    ListBox1.Items.Add("              Status: Unknown")
                    Exit Select
                Case "3"
                    ListBox1.Items.Add("              Status: Idle")
                    Exit Select
                Case "4"
                    ListBox1.Items.Add("              Status: Printing")
                    Exit Select
                Case "5"
                    ListBox1.Items.Add("              Status: Warmup")
                    Exit Select
...
            End Select
        Next
...
```

R5.29 Dokumente mit dem Internet Explorer drucken

Haben Sie vor, HTML- bzw. XML-Dokumente zu drucken, müssen Sie das Rad nicht unbedingt neu erfinden. Binden Sie einfach den Internet Explorer in Ihre Anwendung ein und überlassen Sie diesem die Arbeit.

Oberfläche

Ein Windows *Form*, ein *WebBrowser*-Control und ein *Button*.

Quelltext

```
Public Class Form1
```

Mit dem Klick auf den Button weisem wir dem *WebBrowser*-Control ein XML-Dokument zu:

```
    Private Sub Button1_Click(ByVal sender As System.Object, ByVal e As System.EventArgs) _
                Handles Button1.Click
        WebBrowser1.DocumentText = "<html><body><span style='font-family:"& _
                    " Arial'><strong>Drucktest mittels WebBrowser-Control.<br/>" & _
                    "</body></html>"
    End Sub


    Private Sub webBrowser1_DocumentCompleted(ByVal sender As System.Object, _
            ByVal e As System.Windows.Forms.WebBrowserDocumentCompletedEventArgs) _
            Handles WebBrowser1.DocumentCompleted
        WebBrowser1.Print()
    End Sub
End Class
```

HINWEIS: Wer gleich nach dem Zuweisen der *DocumentText*-Eigenschaft versucht, das neue Dokument zu drucken, wird keinen Erfolg haben. Erst nach dem Auslösen des *DocumentCompleted*-Ereignisses steht die Druckfunktion zur Verfügung.

Test

Nach dem Start klicken Sie auf den Button, um den Druckvorgang zu starten:

HINWEIS: Wer den Webbrowser nicht anzeigen will, kann diesen mittels *Visible*-Eigenschaft ausblenden.

R5.30 Einen Drucker anhalten

Haben Sie einen Druckjob abgeschickt, und soll dieser angehalten werden, kann der Nutzer entweder schnell im Druckfenster reagieren oder Sie nutzen die WMIs um das betreffende Gerät kurzzeitig still zu legen.

Mit Bordmitteln (.NET-Klassen) ist leider kein direkter Zugriff auf den Drucker möglich.

Oberfläche

Ein Windows *Form*ular mit zwei *Button*s.

HINWEIS: Binden Sie die Assembly *System.Management* in Ihr Projekt ein.

Quelltext

```
Imports System.Management

Public Class Form1
```

Abrufen des Standarddruckers per WMI und Aufruf der *Pause*-Methode (dies geht nur per *Invoke*):

```
    Private Sub Button1_Click(ByVal sender As System.Object, ByVal e As System.EventArgs) _
                      Handles Button1.Click
        Dim mos As New ManagementObjectSearcher( _
                         "SELECT * FROM Win32_Printer WHERE DEFAULT = 'True'")
        For Each mo As ManagementObject In mos.Get()
            mo.InvokeMethod("Pause", Nothing)
        Next
    End Sub
```

Natürlich wollen wir auch ein Fortsetzen (Resume) ermöglichen:

```
    Private Sub Button2_Click(ByVal sender As System.Object, ByVal e As System.EventArgs) _
                      Handles Button2.Click
        Dim mos As ManagementObjectSearcher = _
            New ManagementObjectSearcher("SELECT * FROM Win32_Printer WHERE DEFAULT = 'True'")
        For Each mo As ManagementObject In mos.Get()
            mo.InvokeMethod("Resume", Nothing)
        Next
    End Sub
End Class
```

Test

Öffnen Sie neben der Anwendung auch das Windows-Druckerfenster, um sich vom Erfolg zu überzeugen:

Name	Dokumente	Status	Kommentare
Drucker hinzufügen			
Adobe PDF	0	Bereit	
Generic / Text Only	0	Bereit	
OKI C8600	1	Angehalten - Fehler	

Kapitel 6

OOP/Komponenten

R6.1 Überladene/überschriebene Methoden vergleichen

Für den Einsteiger scheint es ziemlich schwierig zu sein, beide ähnlich lautenden "Methodentypen" auseinanderzuhalten, sodass es oft zu Verwechslungen kommt. Zunächst bleibt festzuhalten, dass es sich in beiden Fällen um Methoden mit gleich lautenden Namen handelt, die in einem Programm in mehreren Versionen friedlich nebeneinander existieren. Damit enden aber auch schon die Gemeinsamkeiten.

- *Überladen von Methoden*
  Innerhalb einer Klasse können zwei und mehr gleichnamige Methoden konfliktfrei nebeneinander existieren, wenn sie eine unterschiedliche Signatur (Reihenfolge und Datentyp der Übergabeparameter) besitzen. Eine besondere Kennzeichnung ist nicht erforderlich.

- *Überschreiben von Methoden*
  Im Unterschied zum Überladen findet das Überschreiben von Methoden innerhalb einer Vererbungshierarchie statt, d.h., eine in der Oberklasse als *Overridable* definierte (virtuelle) Methode kann in den Unterklassen mittels *Overrides* überschrieben werden. Dabei bleibt die Signatur dieselbe. Was sich ändert, ist der Methodenkörper, also die Implementierung.

Im vorliegenden Rezept demonstrieren wir die Unterschiede anhand einer Methode *addGuthaben* einer Klasse *CKunde.*, von der eine Klasse *CPrivatKunde* erbt. Die Methode *addGuthaben* wollen wir in zwei überladenen und in einer überschriebenen Version implementieren[1].

Damit wir gut vergleichen können, erfüllen alle drei Methodenversionen den gleichen Zweck, sie erhöhen das Guthaben eines Privatkunden um denselben Betrag.

---

[1] Eigentlich handelt es sich um drei überladene Methoden, von denen die dritte zusätzlich noch überschreibbar (virtuell) ist.

Oberfläche

Zum Testen benötigen wir ein *Form*ular mit drei *Button*s (damit rufen wir die verschiedenen Versionen der Methode *addGuthaben* auf). Außerdem brauchen wir ein repräsentatives *Label* für die Ergebnisanzeige (siehe Laufzeitansicht am Schluss).

Quellcode

Um den Code überschaubarer zu machen, wurden die Klassen *CKunde* und *CPrivatKunde* gleich innerhalb von *Form1* implementiert.

```
Public Class Form1
    Public Class CKunde
```

Jeder Kunde hat ein Netto-Guthaben:

```
Public guthaben As Decimal
```

Die erste Methodenüberladung nimmt als Parameter den Nettobetrag entgegen:

```
Public Overloads Sub addGuthaben(ByVal netto As Decimal)
    guthaben += netto
End Sub
```

Die zweite Methodenüberladung benötigt zwei Paramter, den Bruttobetrag und die Mehrwertsteuer:

```
Public Overloads Sub addGuthaben(ByVal brutto As Decimal, ByVal mwst As Decimal)
    guthaben += brutto / (1 + mwst)
End Sub
```

Die dritte Überladung der Methode erhöht das Kundenguthaben um 5 Euro, allerdings ist sie auch als *Overridable* deklariert und kann deshalb (muss aber nicht) in der Nachkommen-Klasse *CPrivatKunde* überschrieben werden.

```
Public Overridable Overloads Sub addGuthaben()
    guthaben += 5
End Sub
End Class
```

Die Klasse *CPrivatKunde* erbt von *CKunde* und überschreibt (*Overrides*) die Methode *addGuthaben*:

```
Public Class CPrivatKunde
    Public Class CPrivatKunde
    Inherits CKunde

    Public Overrides Sub addGuthaben()
```

Zunächst wird die Methode der Basisklasse aufgerufen, die 5 Euro addiert:

```
MyBase.addGuthaben()
```

Weitere 5 Euro werden addiert, sodass sich das Guthaben insgesamt um 10 Euro erhöht:

```
        guthaben += 5
    End Sub
End Class
```

Um alle Methoden zu testen, wird zunächst ein Privatkunde erzeugt:

```
Private kunde1 As New CPrivatKunde()
```

Die erste Methodenüberladung aufrufen und dabei das Netto-Guthaben des Kunden um 10 Euro erhöhen:

```
Private Sub Button1_Click(ByVal sender As System.Object, ByVal e As System.EventArgs) _
                                                            Handles Button1.Click
    kunde1.addGuthaben(10)
    Label1.Text = "Das Guthaben beträgt " & kunde1.guthaben.ToString("c")
End Sub
```

Zweite Methodenüberladung aufrufen (die übergebenen Parameter für Bruttobetrag und Mehrwertsteuer sind so gewählt, dass sich auch hier das Netto-Guthaben um 10 Euro erhöht):

```
Private Sub Button2_Click(ByVal sender As System.Object, ByVal e As System.EventArgs) _:
                                                            Handles Button2.Click
    kunde1.addGuthaben(11.9D, 0.19D)
    Label1.Text = "Das Guthaben beträgt " & kunde1.guthaben.ToString("c")
End Sub
```

Die überschriebene Methodenversion aufrufen:

```
Private Sub Button3_Click(ByVal sender As System.Object, ByVal e As System.EventArgs) _
                                                            Handles Button3.Click
    kunde1.addGuthaben()
    Label1.Text = "Das Guthaben beträgt " & kunde1.guthaben.ToString("c")
    End Sub
End Class
```

Test

Egal auf welche Schaltfläche Sie klicken, in jedem Fall erhöht sich das Guthaben in 10 Euro-Schritten.

[Screenshot: Fenster "Überladen vs Überschreiben" mit Schaltflächen "Erste überladene Methode", "Zweite überladene Methode", "Überschriebene Methode" und Anzeige "Das Guthaben beträgt 60,00 €"]

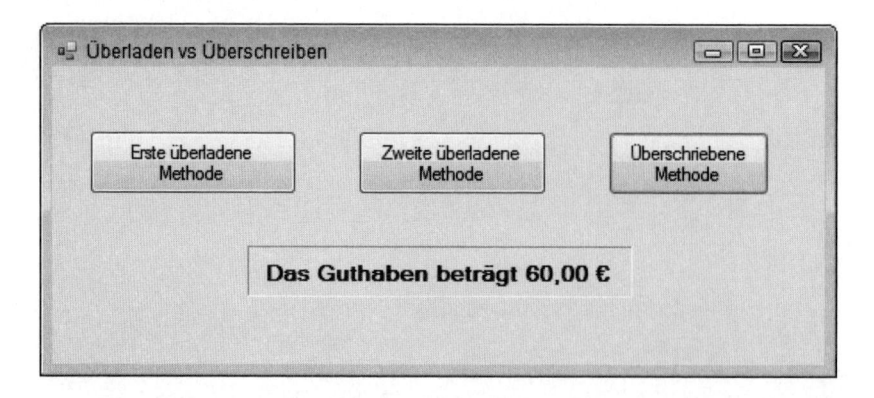

Bemerkungen

- Während das Überladen mehrere Versionen einer Methode innerhalb einer Klasse erlaubt, wird durch das Überschreiben in einer abgeleiteten Klasse eine geerbte Methode komplett ersetzt.

- Überladung wird beispielsweise verwendet, wenn eine Methode mehrere quasi optionale Parameter besitzen soll. Die Auswahl unter Visual Studio fällt leicht, da die Intellisense alle Überladungen und deren Signaturen anzeigt.

- Überschreibung kommt bei der Vererbung zum Einsatz. So kann eine Basisklasse die Implementierung einer Methode vorschreiben, die jedoch bei jeder Ableitung – trotz gleicher Signatur – eine unterschiedliche Aufgabe lösen soll. Dieses Verhalten ist als "Polymorphie" bekannt und gehört mit zu den zentralen OOP-Konzepten.

R6.2 Aggregation und Vererbung gegenüberstellen

Jeder Programmierer hat den Ehrgeiz, mit möglichst wenig Schreibarbeit auszukommen und möglichst viel von seinem Code wieder verwenden zu können. Voraussetzung dafür sind optimale Klassendiagramme, für die es unter dem Aspekt der Wiederverwendbarkeit von Code zwei wesentliche Beziehungen gibt:

- Aggregation/Komposition
- Vererbung

Damit sind wir bereits bei zwei fundamentalen Begriffen der OOP angelangt. Ob wir von *Aggregation* oder *Komposition* sprechen ist in diesem Zusammenhang unerheblich, denn die *Komposition* stellt lediglich die stärkere Form der *Aggregation* dar.

Unter Vererbung ist hier genau genommen die *Implementierungsvererbung* gemeint, denn die unter .NET ebenfalls mögliche *Interfacevererbung* erspart keinerlei Schreibarbeit.

R6.2 Aggregation und Vererbung gegenüberstellen

> **HINWEIS:** Sowohl Aggregation/Komposition als auch Vererbung verlangen eine spezifische Herangehensweise bei der Implementierung, die clientseitige Nutzung der Klasse ist aber identisch.

In unserem Beispiel soll dies an Hand einer kleinen Personalverwaltung demonstriert werden, wobei alle Personen in einer Auflistung gespeichert sind, welche die Funktionalität der recht leistungsfähigen *Hashtable*-Klasse nutzt.

In der folgenden Abbildung sind die Klassendiagramme beider Varianten gegenübergestellt.

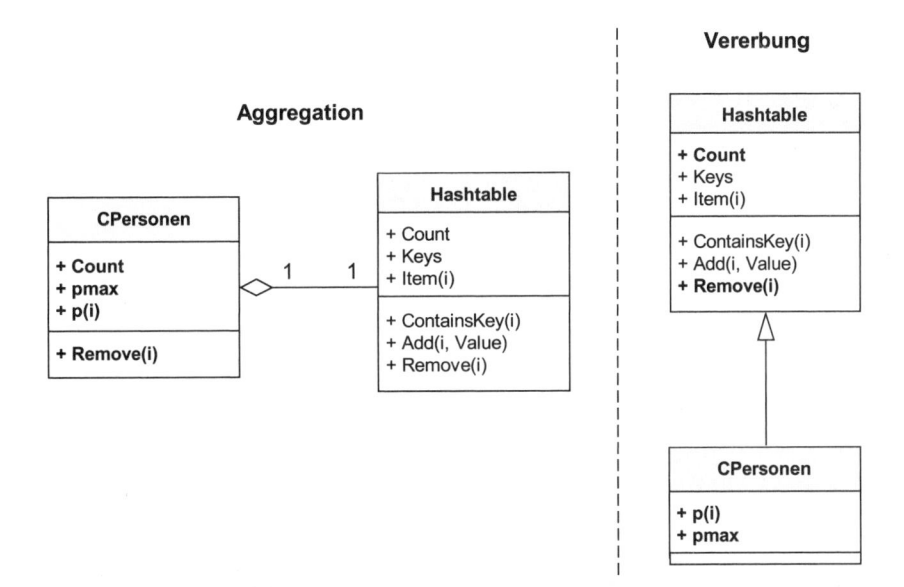

Aggregation

```
CPersonen                        Hashtable
+ Count         1 ◇——— 1        + Count
+ pmax                           + Keys
+ p(i)                           + Item(i)
+ Remove(i)                      + ContainsKey(i)
                                 + Add(i, Value)
                                 + Remove(i)
```

Vererbung

```
         Hashtable
         + Count
         + Keys
         + Item(i)
         + ContainsKey(i)
         + Add(i, Value)
         + Remove(i)
              △
              |
         CPersonen
         + p(i)
         + pmax
```

Die Klasse *CPersonen* soll über die Standardeigenschaft *p(i)* einen indizierten Lese- und Schreibzugriff auf die Elemente der Auflistung bereitstellen, um damit die *Item*- und die *Add*-Methode von *Hashtable* zu kapseln. Weitere Eigenschaften sind *Count* (Gesamtzahl der abgespeicherten Personen) sowie *pmax* (höchster Index bzw. Schlüsselwert innerhalb der Auflistung). Die von *Hashtable* direkt geerbte *Remove*-Methode ermöglicht das Löschen einer bestimmten Person.

Bedienoberfläche

Das abgebildete Hauptformular bedarf wohl keiner besonderen Erläuterung:

Variante 1: Klassen CPerson und CPersonen mit Aggregation

```
Public Class Form1
```

Der Übersichtlichkeit halber haben wir hier den Code beider Klassen zum *Form1*-Klassenmodul hinzugefügt, Sie könnten ihn aber auch ohne weiteres in ein oder zwei separate Klassenmodule auslagern.

```
    Public Class CPerson
        Public Vorname, Nachname As String
        Public Geburt As Date
        Public student As Boolean
    End Class

    Public Class CPersonen
```

Innerhalb der Klasse *CPersonen* wird die Klasse *Hashtable* instanziiert – das ist Aggregation pur!

```
        Private ht As New Hashtable()
```

Mit einem kleinen Trick, wir definieren eine Eigenschaft *p* als Standardeigenschaft, implementieren wir einen *Quasi-Indexer*[1] für den indizierten Zugriff auf die Personenliste.

---

[1] Im Unterschied zu C# erlaubt Visual Basic nicht die direkte Implementierung eines Indexers.

R6.2 Aggregation und Vererbung gegenüberstellen

HINWEIS: Mittels dieser Standardeigenschaft kann eine *CPersonen*-Collection auf die gleiche Weise wie ein Array indiziert werden!

```
Default Public Property p(ByVal i As Integer) As CPerson
    Get
        If ht.ContainsKey(i) Then
            Return CType(ht.Item(i), CPerson)
        Else
            Return Nothing
        End If
    End Get
    Set(ByVal value As CPerson)
        If ht.ContainsKey(i) Then
            ht.Item(i) = value          ' überschreiben, falls Schlüssel vorhanden
        Else
            ht.Add(i, value)            ' anhängen, falls Schlüssel noch nicht besetzt
        End If
    End Set
End Property
```

Das Löschen eines Elements der Auflistung:

```
Public Sub Remove(ByVal i As Integer)
    ht.Remove(i)
End Sub
End Class
```

Nachdem die Klassen *CPerson* und *CPersonen* implementiert sind, geht es mit dem eigentlichen Code von *Form1* weiter.

Objekte instanziieren:

```
Private pListe As New CPersonen()      ' die Personenliste
Private person As CPerson              ' die aktuelle Person
```

Zustandsvariablen zum Steuern der Anzeige:

```
Private pos As Integer = 1             ' die aktuelle Position
Private pmax As Integer                ' die max. Anzahl von Personen
```

Die Startaktivitäten:

```
Protected Overrides Sub OnLoad(ByVal e As System.EventArgs)
    Label1.Text = pos.ToString()
    anzeigeLöschen()
```

```
        MyBase.OnLoad(e)
    End Sub
```

Die Anzeige der aktuellen Person:

```
Private Sub anzeigen()
    Label1.Text = pos.ToString()
    person = pListe(pos)              ' Zugriff wie über Indexer!
    Try
        With person
            TextBox1.Text = .Vorname
            TextBox2.Text = .Nachname
            TextBox3.Text = .Geburt.ToString("dd.MM.yyyy")
            CheckBox1.Checked = .student
        End With
    Catch
        anzeigeLöschen()
    End Try
End Sub
```

Die Hilfsroutine zum Löschen der Anzeige:

```
Private Sub anzeigeLöschen()
    Label1.Text = String.Empty
    TextBox1.Text = String.Empty : TextBox2.Text = String.Empty
    TextBox3.Text = "00:00:00"
    CheckBox1.Checked = False
End Sub
```

Vorwärts blättern:

```
Private Sub Button3_Click(ByVal sender As System.Object, ByVal e As System.EventArgs) _
                                                      Handles Button3.Click
    pos += 1
    anzeigen()
End Sub
```

Rückwärts blättern:

```
Private Sub Button2_Click(ByVal sender As System.Object, ByVal e As System.EventArgs) _
                                                      Handles Button2.Click
    If pos > 1 Then
        pos -= 1
        anzeigen()
    End If
End Sub
```

Zum Anfang:

```
Private Sub Button1_Click(ByVal sender As System.Object, ByVal e As System.EventArgs) _
                                                            Handles Button1.Click
    pos = 1
    anzeigen()
End Sub
```

Zum Ende:

```
Private Sub Button4_Click(ByVal sender As System.Object, ByVal e As System.EventArgs) _
                                                            Handles Button4.Click
    pos = pmax
    anzeigen()
End Sub
```

Speichern der aktuellen Person:

```
Private Sub Button5_Click(ByVal sender As System.Object, ByVal e As System.EventArgs) _
                                                            Handles Button5.Click
    person = New CPerson()          ' nur Instanzen können hinzugefügt werden!!!
    With person
        .Vorname = TextBox1.Text
        .Nachname = TextBox2.Text
        .Geburt = Convert.ToDateTime(TextBox3.Text)
        .student = CheckBox1.Checked
    End With
    pListe(pos) = person             ' Zugriff wie über Indexer
    If pos > pmax Then pmax = pos    ' max. Schlüsselwert
    anzeigen()
End Sub
```

Löschen der aktuellen Person:

```
Private Sub Button6_Click(ByVal sender As System.Object, ByVal e As System.EventArgs) _
                                                            Handles Button6.Click
    pListe.Remove(pos)
    anzeigeLöschen()
End Sub
...
End Class
```

Test

Es können beliebig viele Personen eingegeben werden. Der zugeteilte Schlüsselwert entspricht der "Lfd.Nr"-Anzeige. Wenn unter dem Schlüssel bereits eine Person existiert, wird diese überschrieben, anderenfalls neu angelegt.

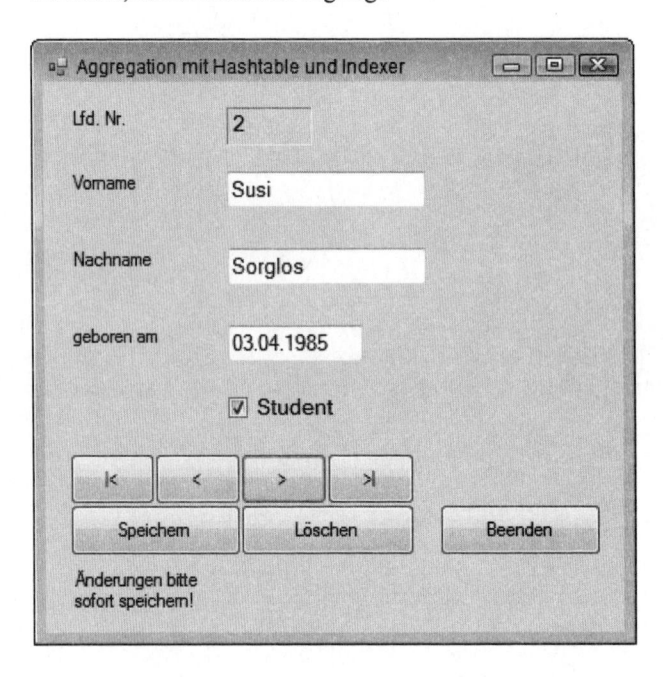

HINWEIS: Das Abspeichern passiert nicht automatisch beim Weiterblättern, sondern Sie müssen **vor** dem Weiterblättern die "Speichern" Schaltfläche klicken (ansonsten sind die Änderungen futsch)!

Variante 2: Klasse CPersonen mit Vererbung

Alternativ zur Aggregation können wir die Klasse *CPersonen* auch so implementieren, dass die Eigenschaften/Methoden direkt von der Klasse *Hashtable* "geerbt" werden (siehe Abbildung zu Beginn).

```
Public Class CPersonen
    Inherits Hashtable                  ' Vererbung

    Default Public Property p(ByVal i As Integer) As CPerson
        Get
            If ContainsKey(i) Then
                Return CType(Item(i), CPerson)
            Else
```

```
                Return Nothing
            End If
        End Get
        Set(ByVal value As CPerson)
            If ContainsKey(i) Then
                Item(i) = value           ' überschreiben, falls Schlüssel vorhanden
            Else
                Add(i, value)             ' anhängen, falls Schlüssel noch nicht besetzt
            End If
        End Set
    End Property
End Class
```

Vergleichen Sie diesen Code mit der ersten Variante, so stellen Sie fest, dass eine Instanziierung von *Hashtable* nicht mehr erforderlich ist. Stattdessen können die benötigten Eigenschaften und Methoden der Basisklasse direkt aufgerufen werden.

Da dank Implementierungsvererbung alle öffentlichen Eigenschaften/Methoden von *Hashtable* jetzt auch in der Schnittstelle von *CPersonen* verfügbar sind, entfällt auch die Implementierungen der *Remove*-Methode.

Bis auf die vereinfachte Klasse *CPersonen* sind, gegenüber der ersten Variante (Aggregation) keine weiteren Unterschiede festzustellen, der Client "sieht" die gleiche Schnittstelle.

Test

Das Ergebnis ist erwartungsgemäß identisch mit Variante 1.

> **HINWEIS:** Damit der mühsam eingegebene Personalbestand das Ausschalten des Rechners überlebt, ist das Abspeichern in eine Datei erforderlich, siehe dazu R6.3 ("Objekte serialisieren").

R6.3 Objekte serialisieren

Durch Serialisieren wird der Zustand eines Objekts in eine Bytefolge verwandelt, womit die Voraussetzung zum (persistenten) Abspeichern des Objekts in eine Binärdatei gegeben ist. Umgekehrt erlaubt es das Deserialisieren, aus einer Bytefolge wieder das ursprüngliche Objekt zu restaurieren.

Das .NET-Framework stellt für diese Zwecke einen binären Serialisierer zur Verfügung, der in der Klasse *System.Runtime.Serialization.Formatters.Binary.BinaryFormatter* implementiert ist.

In der vorliegenden Demo wollen wir die im Vorgängerrezept R6.2 ("Aggregation und Vererbung gegenüberstellen") implementierte Personalverwaltung mittels Serialisierung in eine Binärdatei auslagern.

Oberfläche

Die Oberfläche entspricht der des Vorgängerrezepts.

Quellcode von CPersistent

Eine zusätzliche Klasse *CPersistent* erlaubt uns das Serialisieren/Deserialisieren beliebiger Objekte, indem sie dazu die statischen Methoden *saveObject* und *loadObject* bereitstellt:

```
Imports System.IO
Imports System.Runtime.Serialization.Formatters.Binary

Public Class CPersistent
```

Abspeichern eines Objekts in eine Datei als statische Methode:

```
    Public Shared Sub saveObject(ByVal o As Object, ByVal datei As String)
        Dim fs As New FileStream(datei, FileMode.Create, FileAccess.Write, FileShare.None)
        Dim bf As New BinaryFormatter()
        bf.Serialize(fs, o)
        fs.Close()
    End Sub
```

Ebenso das Laden des Objekts aus einer Datei:

```
    Public Shared Function loadObject(ByVal datei As String) As Object
        Dim o As Object
        Dim fs As New FileStream(datei, FileMode.Open, FileAccess.Read, FileShare.Read)
        Dim bf As New BinaryFormatter()
        o = bf.Deserialize(fs)
        fs.Close()
        Return o
    End Function

End Class
```

Beide Klassen serialisierbar machen

Die Serialisierung eines Objekts ist nur dann möglich, wenn den am Objektmodell beteiligten Klassen das Attribut *<Serializable>* vorangestellt wurde. In unserem Test-Rezept haben wir es mit zwei Klassen zu tun, denen wir dieses Attribut nachträglich verabreichen müssen:

R6.3 Objekte serialisieren

```
<Serializable> _
Public Class CPerson
    ...

<Serializable> _
Public Class CPersonen
    ...
```

Aufruf der Dateioperationen

Das Laden der Datei (Deserialisieren) realisieren wir innerhalb der *OnLoad*-Ereignisprozedur von *Form1*:

```
Protected Overrides Sub OnLoad(ByVal e As System.EventArgs)
    Label1.Text = pos.ToString()
    Try
        pListe = CType(CPersistent.loadObject("Personal.bin"), CPersonen)
        anzeigen()
    Catch
        anzeigeLöschen()
    End Try
    MyBase.OnLoad(e)
End Sub
```

Analog dazu findet das Speichern (Serialisieren) beim Schließen des Formulars statt:

```
Protected Overrides Sub OnClosing(ByVal e As System.ComponentModel.CancelEventArgs)
    CPersistent.saveObject(pListe, "Personal.bin")
    MyBase.OnClosing(e)
End Sub
```

Test

Unsere kleine Personalverwaltung ist nun endlich rund und komplett! Die Datei *Personal.bin* steht sofort nach Programmstart zur Verfügung und wird bei Beenden des Programms automatisch gesichert. Damit konnte auf extra Schaltflächen bzw. Menüs für "Datei öffnen" und "Datei speichern" verzichtet werden.

Bemerkungen

- Die erzeugte Binärdatei finden Sie im *\bin\Debug*-Unterverzeichnis des Projektordners.
- Sie können auch mehrere Objekte in einer Binärdatei speichern. Serialisieren Sie dazu in einen *System.IO.MemoryStream*, aus welchem sich ein Byte-Array erzeugen lässt, das in ein eigenes Dateiformat gespeichert werden kann.

- Mit dem Attribut *<NonSerialized>* kann ein einzelnes Klassenmitglied von der Serialisierung ausgenommen werden.

HINWEIS: Weitere Rezepte zu Dateioperationen finden Sie im Kapitel 8.

R6.4 Ein wieder verwendbares Formular erstellen

Das Prinzip der komponentenbasierten Entwicklung gehört zu den grundlegenden .NET-Konzepten. Für viele Programmbeispiele lohnt sich daher das Anlegen einer wieder verwendbaren Komponente, welche die Grundfunktionalität eines einfachen Eingabeformulars kapselt. Von diesem Eingabeformular können die Formulare beliebiger anderer Programme "erben", sodass deren Programmierung sich vereinfacht, da man sich nur noch um die zusätzlichen Funktionalitäten kümmern muss.

Wir wollen die Vorgehensweise anhand eines wieder verwendbaren Eingabeformulars für den Zugriff auf die Kundendatei einer Firma demonstrieren,

Klassenbibliothek anlegen

Öffnen Sie ein neues Projekt vom Typ *Klassenbibliothek* und geben Sie diesem den Namen *FirmaLibrary:*

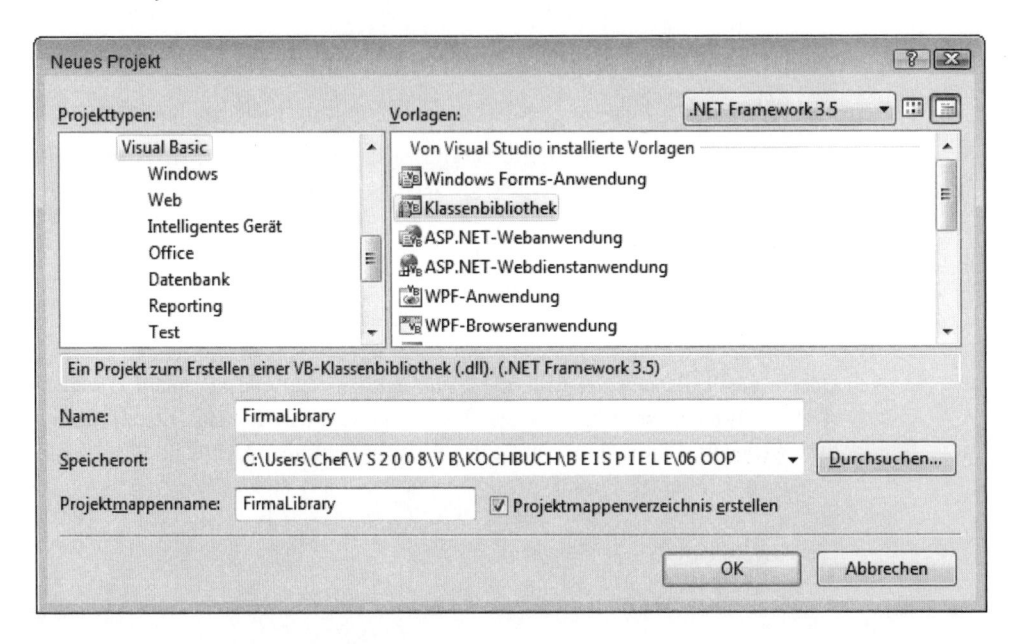

Nach dem "OK" erscheint ein vorbereitetes Codefenster für eine Klasse *Class1.vb*. Löschen Sie diese Klasse im Projektmappenexplorer, denn wir brauchen sie nicht.

Klicken Sie dann den Menüpunkt *Projekt|Neues Element hinzufügen...* und wählen Sie *Windows Form*. Geben Sie der neuen *Form* den Namen *KundenForm.vb*.

Oberfläche für Klasse KundenForm

Die vererbbare Klasse *KundenForm* erhält vier *Label*s und vier *TextBox*en:

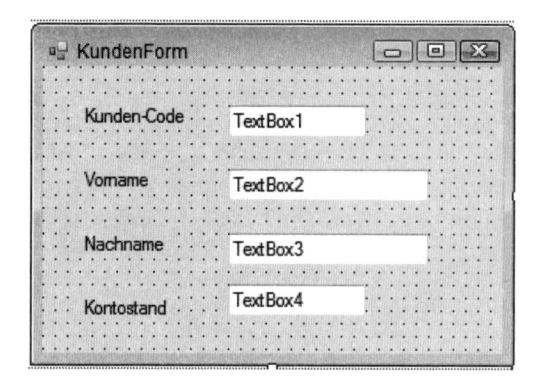

Quellcode für Klasse KundenForm

```
Imports System.Windows.Forms

Public Class KundenForm
```

Die Klasse *KundenForm* exportiert die Methoden *clearTextBoxes*, *setTextBoxes* und *getTextBoxes*, welche das Löschen der Inhalte sowie deren einfache Ein- und Ausgabe ermöglichen, indem die Werte der Eingabemaske in "einem Schwung" als *String*-Array übergeben werden.

Im Klassenkörper ergänzen Sie folgende Deklarationen:

Anzahl der *TextBox*en:

```
Protected tbCount As Integer = 4
```

Enum-Konstanten für die Indizierung der *TextBox*en ermöglichen einen klar erkennbaren Zugriff auf das *String*-Array:

```
Public Enum tB
    CODE
    VOR
    NACH
    SALDO
End Enum
```

Nun zu den Methoden:

LÖSCHEN: Alle Steuerelemente des Formulars werden durchlaufen, ist eine *TextBox* dabei, so wird deren Inhalt gelöscht:

```
Public Sub clearTextBoxes()
    For i As Integer = 0 To Controls.Count - 1
        Dim c As Control = Controls(i)
        Try
            Dim tb As TextBox = CType(c, TextBox)
            tb.Text = String.Empty
        Catch
        End Try
    Next i
End Sub
```

EINGABE: Ein *String*-Array mit fünf Feldern wird zurückgegeben, es ist mit den Inhalten der vier *TextBox*en gefüllt:

```
Public Function getTextBoxes() As String()
    Dim values() As String
    ReDim values(tbCount)
    values(tB.CODE) = TextBox1.Text
    values(tB.VOR) = TextBox2.Text
    values(tB.NACH) = TextBox3.Text
    values(tB.SALDO) = TextBox4.Text
    Return values
End Function
```

AUSGABE: Die vier *TextBox*en werden mit den Inhalten des übergebenen *String*-Arrays gefüllt. Am Anfang wird bestimmt, ob das *String*-Array die korrekte Länge hat, um in die *TextBox*en zu passen:

```
Public Sub setTextBoxes(ByVal values As String())
    If values.Length <> tbCount + 1 Then
        Throw (New ArgumentException("Es müssen " & tbCount.ToString & _
                                     "Strings im Array sein!"))
    Else
        TextBox1.Text = values(tB.CODE)
        TextBox2.Text = values(tB.VOR)
        TextBox3.Text = values(tB.NACH)
        TextBox4.Text = values(tB.SALDO)
    End If
End Sub
End Class
```

Bibliothek kompilieren

Nachdem Sie mit F5 kompiliert haben, erschreckt Sie trotz erfolgreichen Abschlusses eine Meldung (siehe folgende Abbildung).

Doch keine Panik – wir wollten das Projekt ja gar nicht starten, sondern nur die Assembly *FirmaLibrary.dll* erzeugen. Diese ist jetzt im Projektverzeichnis zu finden und bereit, von anderen Anwendungen benutzt zu werden.

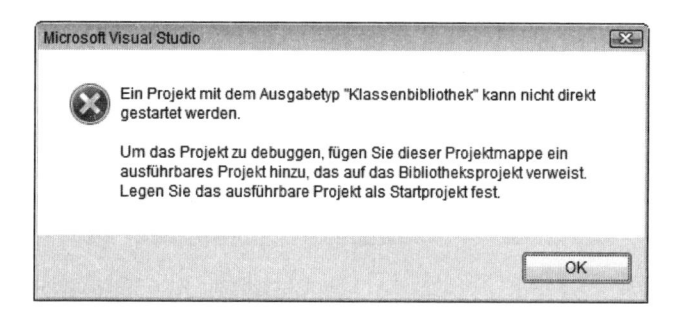

Test

Die Funktionsfähigkeit der von uns erstellten Komponente testen wir in R6.5 ("Von einem Formular erben").

R6.5 Von einem Formular erben

Der routinierte Programmierer beginnt nicht bei all seinen Projekten mit dem Stand null, sondern greift auf wieder verwendbare Komponenten zurück. In diesem Rezept wollen wir die Vorgehensweise demonstrieren und verwenden dazu das im Vorgängerrezept R6.4 ("Ein wieder verwendbares Formular erstellen") erzeugte und in der Klassenbibliothek *FirmaLibrary.dll* abgespeicherte Eingabeformular.

Das geerbte Formular hinzufügen

Öffnen Sie ein neues Projekt als normale Windows Forms-Anwendung und klicken Sie das Menü *Projekt|Neues Element hinzufügen...* Im Dialogfenster wählen Sie links die Kategorie *Windows Forms* und rechts die Vorlage *Geerbtes Formular*.

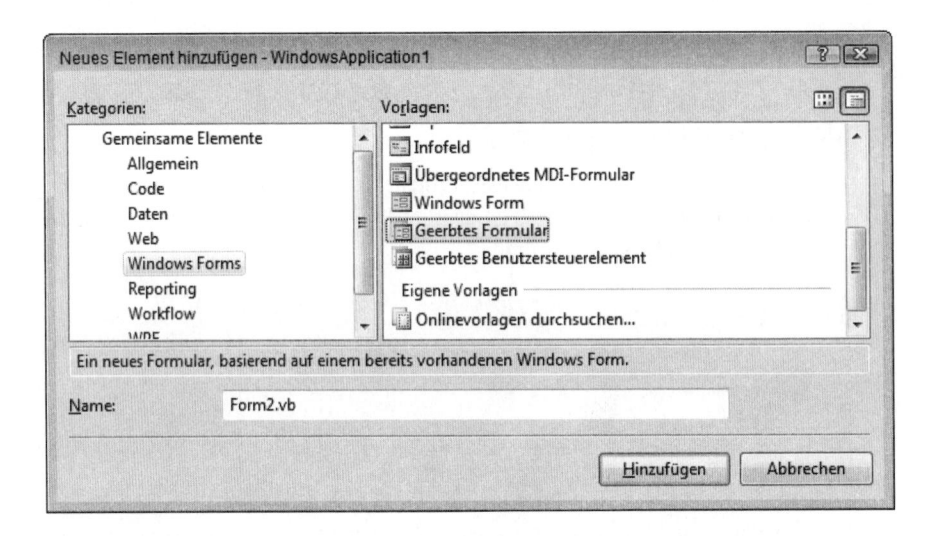

Nach Klick auf die "Hinzufügen"-Schaltfläche könnte zunächst ein Meldungsfenster für Verwirrung sorgen:

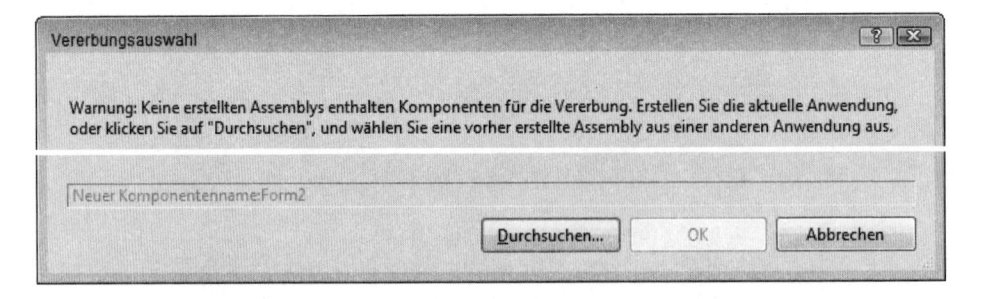

Klicken Sie auf "Durchsuchen..." um die erzeugte Assembly *FirmaLibrary.dll* mit dem sich öffnenden Dateidialog aufzuspüren (sie befindet sich im *\bin\Debug*-Unterverzeichnis des Vorgängerprojekts). Ein Dialogfenster zeigt eine Liste der enthaltenen Klassen. Uns fällt die Auswahl nicht schwer, da bis jetzt nur die benötigte Klasse *KundenForm* enthalten ist:

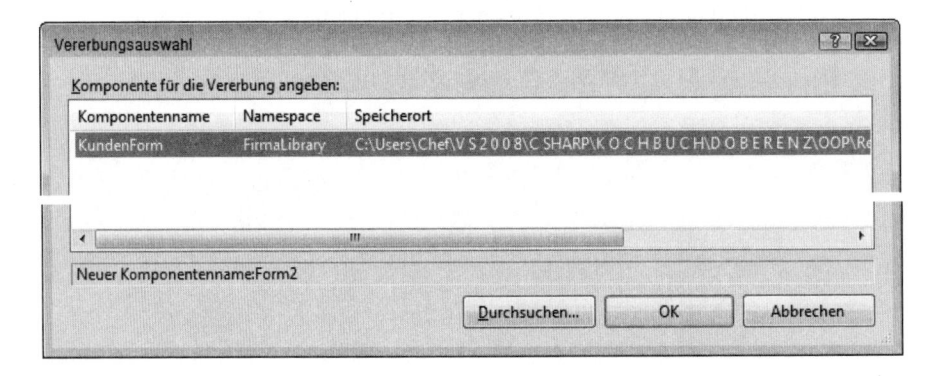

Nach dem "OK" ist in der Entwurfsansicht bereits das "geerbte" Formular zu sehen. Die blauen Tags deuten auf dessen Herkunft hin:

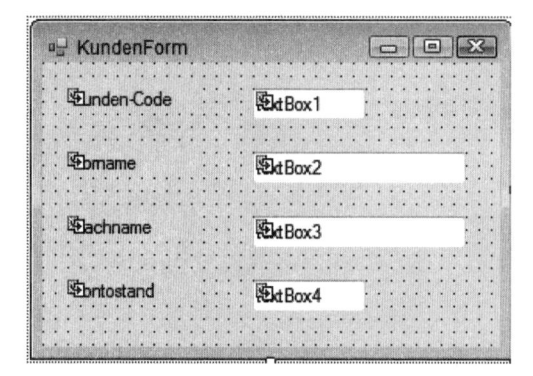

Im Projektmappen-Explorer entdecken Sie neben der neu hinzugekommen *Form2.vb* auch einen neu hinzugekommenen Verweis auf den Namespace *FirmaLibrary*:

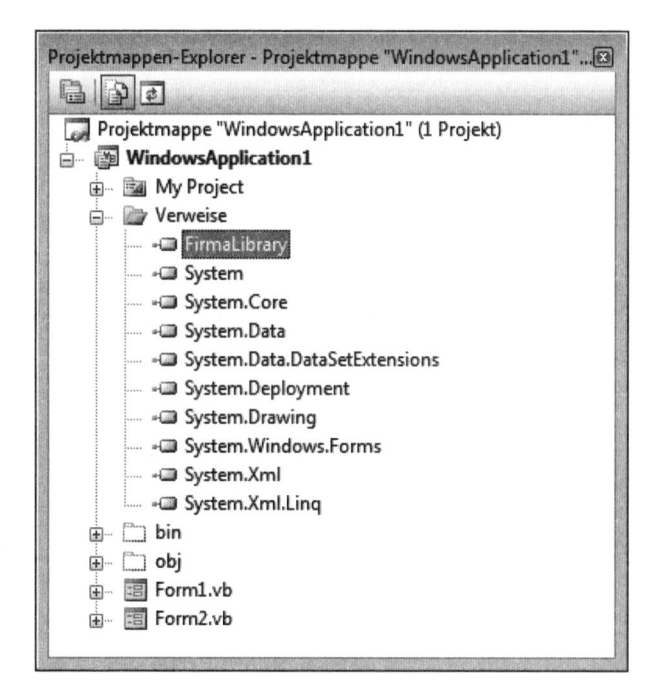

Da wir das standardmäßig angelegte Startformular *Form1.vb* nicht brauchen, löschen wir es im Projektmappen-Explorer *Form1.vb* (über Kontextmenü).

Wenn Sie jetzt mit F5 kompilieren wollen, erhalten Sie eine Fehlermeldung, da das Startformular *Form1* nicht mehr vorhanden ist. Öffnen Sie über das *Projekt*-Menü den Projekteigenschaften-Dialog und wählen Sie auf der Seite "Anwendung" als Startformular *Form2*.

Oberfläche ergänzen

Wir haben von *KundenForm* ja nicht nur die *TextBox*en und *Label*s geerbt, sondern auch die drei Methoden *clearTextBoxes*, *getTextBoxes* und *setTextBoxes*, die wir jetzt testen wollen. Zoomen Sie deshalb *Form2* auf und fügen Sie noch vier *Button*s und eine *ListBox* hinzu:

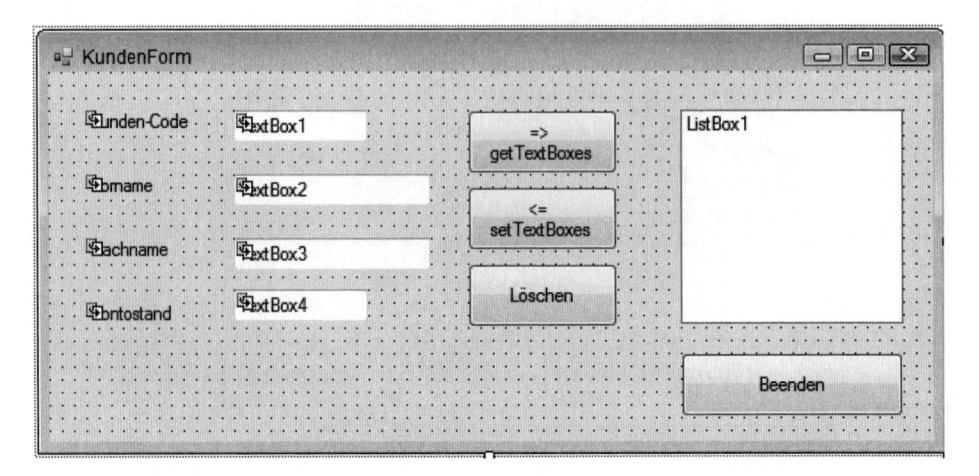

Quellcode Form2

```
Public Class Form2
```

Ein *String*-Array kapselt die Werte der Eingabemaske:

```
    Private values() As String
```

Über die Schaltfläche "Löschen" testen wir die *clearTextBoxes*-Methode der Basisklasse:

```
    Private Sub Button3_Click(ByVal sender As System.Object, ByVal e As System.EventArgs) _
                                                      Handles Button3.Click

        clearTextBoxes()
    End Sub
```

Die Schaltfläche " => " dient zum Testen der geerbten *getTextBoxes*-Methode. Zur Kontrolle wird der zurückgegebene Inhalt des *String*-Arrays in der *ListBox* angezeigt:

```
    Private Sub Button1_Click(ByVal sender As System.Object, ByVal e As System.EventArgs) _
                                                      Handles Button1.Click
```

Das *String*-Array *values* wird aus den Inhalten der Textboxen gefüllt:

```
        values = getTextBoxes()
        For i As Integer = 0 To values.Length - 2
            ListBox1.Items.Add(values(i).ToString)
        Next i
```

```
            If values(tB.CODE) = String.Empty Then
                MessageBox.Show("Geben Sie einen Kunden-Code ein!")
            End If
        End Sub
```

Schließlich testen wir über die "<="-Schaltfläche die umgekehrte Richtung, d.h. die geerbte Methode *setTextBoxes*.

```
        Private Sub Button2_Click(ByVal sender As System.Object, ByVal e As System.EventArgs) _
                                                                        Handles Button2.Click
```

Die Textboxen werden mit dem in *values* übergebenem *String*-Array gefüllt:

```
            setTextBoxes(values)
            ListBox1.Items.Clear()
        End Sub
        ...
End Class
```

Test

Was Sie eingeben ist völlig Wurst, weil es sich hier nur um ein Testformular handelt, welches noch nicht mit einer Datenquelle verbunden ist.

Zweckmäßigerweise betätigen Sie die Schaltflächen in der folgenden Reihenfolge:

- "=>" (der Inhalt der vier *TextBox*en erscheint in der *ListBox*),
- "Löschen",
- "<=".

Am Ende dieses Zyklus sollte die Eingabemaske wieder ihren anfänglichen Zustand aufweisen:

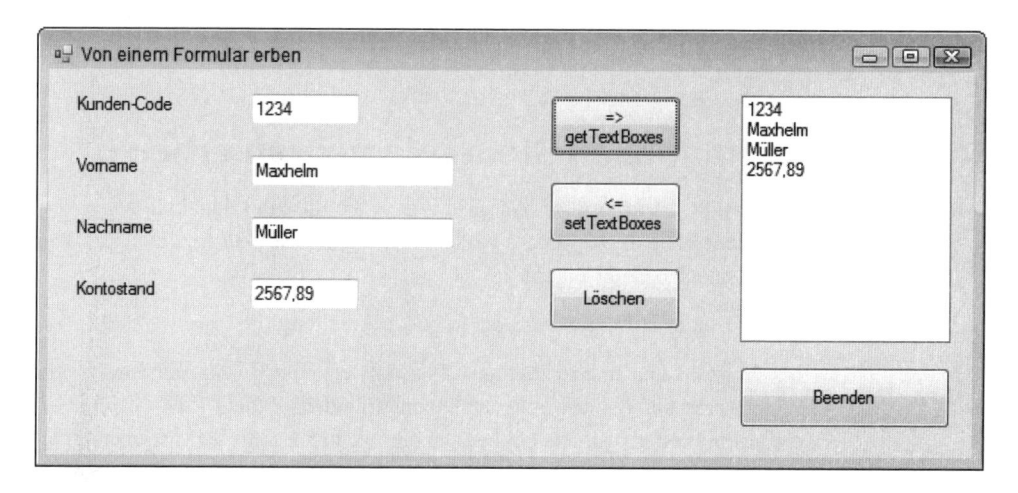

Bemerkungen

- Es würde überhaupt keine Rolle spielen, wenn Sie die Klassenbibliothek statt in VB in C# geschrieben hätten, da man dem in der Assembly *FirmaLibrary.dll* enthaltenen Formular nicht ansieht, in welcher Programmiersprache es entstanden ist. Genau dies entspricht der .NET-Philosophie von der sprachübergreifenden komponentenbasierten Entwicklung!

- Beim Testen kann es zum häufigen Hin- und Her zwischen dem Projekt des Mutterformulars und dem erbenden Projekt kommen. Achten Sie dabei im Projektexplorer immer auf das Vorhandensein des Verweises auf *FirmaLibrary* und ergänzen Sie ihn gegebenenfalls über das Kontextmenü *Verweis hinzufügen...*

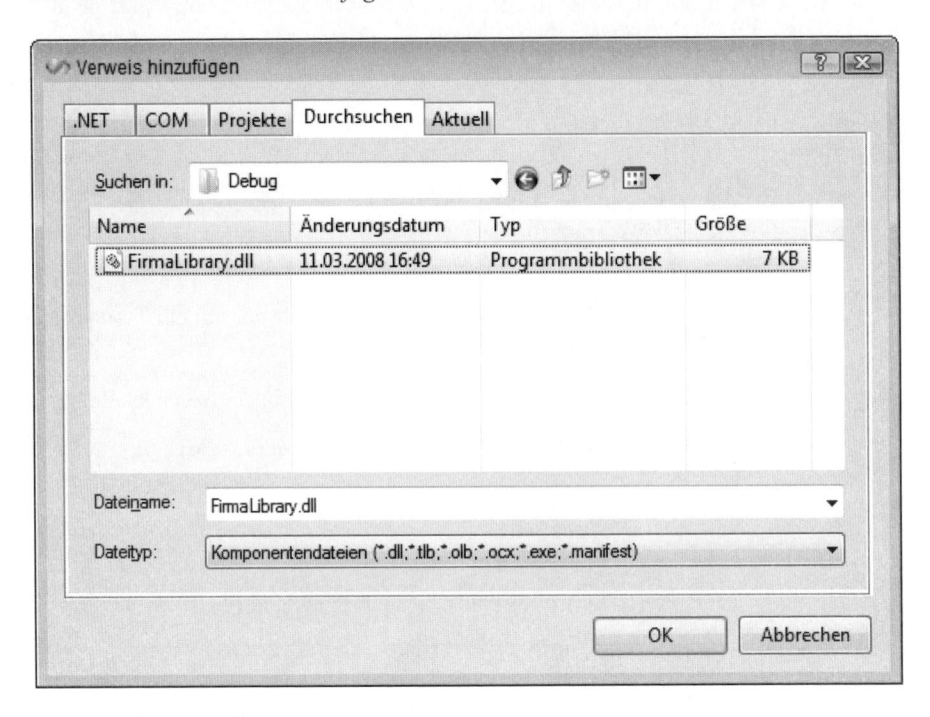

R6.6 Von vorhandenen Steuerelementen erben

In der .NET-Praxis kommt es häufig vor, dass Sie die Funktionalität der in der Toolbox angebotenen Steuerelemente erweitern wollen. Natürlich wird man dazu den leistungsfähigen .NET-Vererbungsmechanismus nutzen.

Die Visual Studio-Hilfe gibt dazu die folgende Anleitung:

- Ihr Projekt kann einen beliebigen Typ aufweisen, z.B. ein Windows Forms-Anwendung-Projekt oder ein Windows-Steuerelementbibliothek-Projekt (falls Sie eine Windows-Steuerelementbibliothek wählen, können Sie die folgenden zwei Schritte überspringen).

- Wählen Sie das Menü *Projekt|Geerbtes Steuerelement hinzufügen...* Das Dialogfeld *Neues Element hinzufügen* wird angezeigt.
- Wählen Sie *Benutzerdefiniertes Steuerelement*, um ein neues benutzerdefiniertes Steuerelement dem Projekt hinzuzufügen.
- Suchen Sie im Code-Editor nach der Zeile, in der die Basisklasse angegeben wird, von der geerbt werden soll (normalerweise *Control*) und ändern Sie den Namen der Basisklasse in den Namen des Steuerelements, von dem geerbt werden soll.

Das vorliegende Rezept zeigt einen etwas einfacheren Weg, bei dem das Gerüst einer leeren Klasse als Ausgangsbasis genügt. Als "Versuchskaninchen" soll uns ein "handgestricktes" Steuerelement dienen, das von der *Button*-Klasse erbt.

Die bescheidenen Neuerungen unseres *Button*-Nachkömmlings:

- eine rote Umrandung,
- beim Niederdrücken soll der Button sich gelb verfärben.

Quellcode der Klasse CNewButton

Öffnen Sie ein neues Projekt als normale Windows Forms-Anwendung. Über das Menü *Projekt| Klasse hinzufügen...* fügen Sie eine neue Klasse mit dem Namen *CNewButton* hinzu.

Binden Sie zusätzlich die folgenden beiden Namensräume ein:

```
Imports System.Windows.Forms
Imports System.Drawing
```

Wichtig ist, dass Sie die neue Klasse *CNewButton* als Nachkömmling der *Button*-Klasse deklarieren:

```
Public Class CNewButton
    Inherits Button      ' erbt von Button-Klasse!
```

Eine Zustandsvariable für die Farbe des Buttons im Ruhezustand:

```
Private bc As Color
```

Dem Konstruktor werden die Beschriftung(*txt*), die linke obere Ecke(*x,y*), die Höhe(*h*) und die Breite(*b*) des Buttons übergeben:

```
Public Sub New(ByVal txt As String, ByVal x As Integer, ByVal y As Integer, _
               ByVal h As Integer, ByVal b As Integer)
    Text = txt
    Bounds = New Rectangle(New Point(x, y), New Size(b, h))
```

Die geerbte Standardfarbe "merken":

```
    bc = BackColor
End Sub
```

Die *OnPaint*-Ereignismethode wird überschrieben, um einen roten Rahmen auf das übergebene *Graphics*-Objekt zeichnen zu können:

```
Protected Overrides Sub OnPaint(ByVal e As System.Windows.Forms.PaintEventArgs)
    MyBase.OnPaint(e)                    ' erst normal zeichnen ...
    Dim g As Graphics = e.Graphics
    Dim p As New Pen(Color.Red, 3)
    g.DrawRectangle(p, ClientRectangle)  ' ... dann rote Umrandung
End Sub
```

HINWEIS: Vergessen Sie nicht den Aufruf von *MyBase.OnPaint*, ansonsten erscheint statt des Buttons nur ein schwarzer Kasten!

Ebenfalls überschrieben werden müssen die Ereignisbehandlungen *OnMouseDown/OnMouseUp*, um das Ändern der Hintergrundfarbe zu ermöglichen:

```
    Protected Overrides Sub OnMouseDown(ByVal e As MouseEventArgs)
        MyBase.OnMouseDown(e)
        BackColor = Color.Yellow
    End Sub

    Protected Overrides Sub OnMouseUp(ByVal e As MouseEventArgs)
        MyBase.OnMouseUp(e)
        BackColor = bc
    End Sub
End Class
```

Testoberfläche

An den unteren Rand des Startformulars (*Form1*) setzen wir eine *CheckBox*, mit der wir das Erzeugen/Entfernen unseres *NewButton* steuern wollen.

Quellcode Form1

```
Public Class Form1
```

Wir erzeugen und initialisieren unseren neuen Button mit einer einzigen Anweisung:

```
    Private nb As New CNewButton("Bitte klicken!", 100, 50, 100,300)
```

Da wir mit dem neuen Button auch etwas Nützliches anstellen wollen, sollte er zumindest auf das *Click*-Ereignis reagieren (natürlich hat er diese Fähigkeit von seiner Basisklasse geerbt). Beim Laden von *Form1* verbinden wir das *Click*-Ereignis unseres neuen Buttons mit einem Eventhandler:

R6.6 Von vorhandenen Steuerelementen erben

```vb
    Protected Overrides Sub OnLoad(ByVal e As System.EventArgs)
        AddHandler nb.Click, AddressOf nb_Click
        MyBase.OnLoad(e)
    End Sub
```

Den Eventhandler unseres "selbstgemachten" Buttons müssen wir komplett "per Hand" hinzufügen (Visual Studio kann uns hierbei nicht unterstützen!):

```vb
    Private Sub nb_Click(ByVal sender As Object, ByVal e As EventArgs)
        MessageBox.Show("Der neue Button wurde geklickt!")
    End Sub
```

Um den neuen Button sichtbar bzw. unsichtbar zu machen, muss er zur *Controls*-Auflistung von *Form1* hinzugefügt bzw. von dieser entfernt werden:

```vb
    Private Sub CheckBox1_CheckedChanged(ByVal sender As System.Object, _
                      ByVal e As System.EventArgs) Handles CheckBox1.CheckedChanged
        If CheckBox1.Checked Then
            Me.Controls.Add(nb)          ' neuen Button hinzufügen
        Else
            Me.Controls.Remove(nb)       ' neuen Button entfernen
        End If
    End Sub
End Class
```

Test

Nach Programmstart klicken Sie auf die *CheckBox*, um den riesigen neuen Button wie von Geisterhand hinzuzufügen bzw. ihn wieder verschwinden zu lassen.

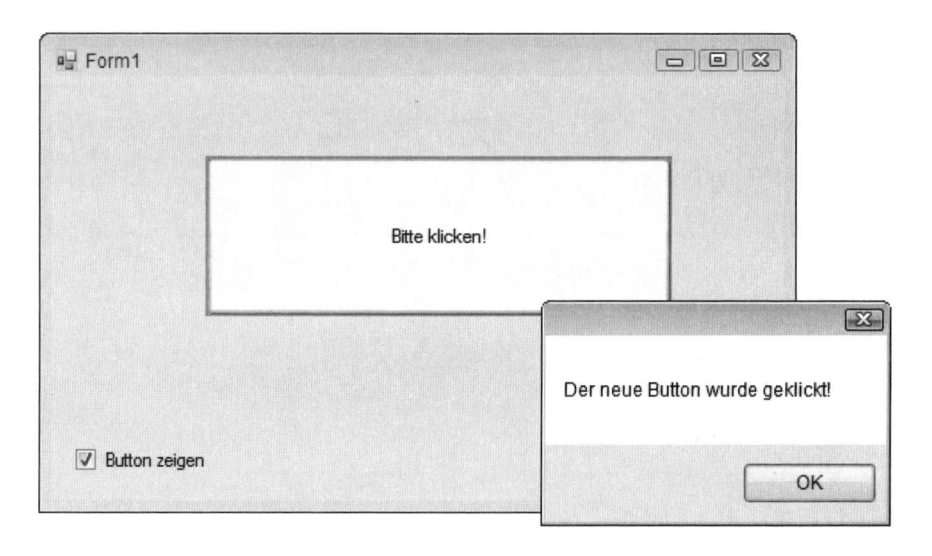

Bemerkungen

- Es dürfte Ihnen nun nicht schwer fallen, den Button mit weitaus wichtigeren neuen Eigenschaften, Methoden und Ereignissen auszustatten, als wir das hier demonstrieren konnten.

- Sie können das *OnPaint*-Ereignis nur bei solchen Steuerelementen überschreiben, die selbst über ein solches Ereignis verfügen (bei der *TextBox* wäre dies z.B. nicht möglich).

R6.7 Eine Komponente zur Farbauswahl entwickeln

In diesem Rezept wollen wir zeigen, wie einfach Sie unter Visual Studio eigene Steuerelemente entwickeln und zur Toolbox hinzufügen können.

Als Beispiel soll die uns bereits bestens bekannte *ComboBox* so modifiziert werden, dass später ohne zusätzlichen Programmieraufwand 16 Grundfarben angezeigt und über eine *SelectedColor*-Eigenschaft abgefragt werden können. Alternativ soll diese Information auch über ein Ereignis *SelectedColorChange* bereitgestellt werden.

Vorbereitungen

Öffnen Sie ein neues Projekt vom Typ *Windows Forms-Steuerelementebibliothek* und geben Sie ihm den Namen *ColorComboBox*:

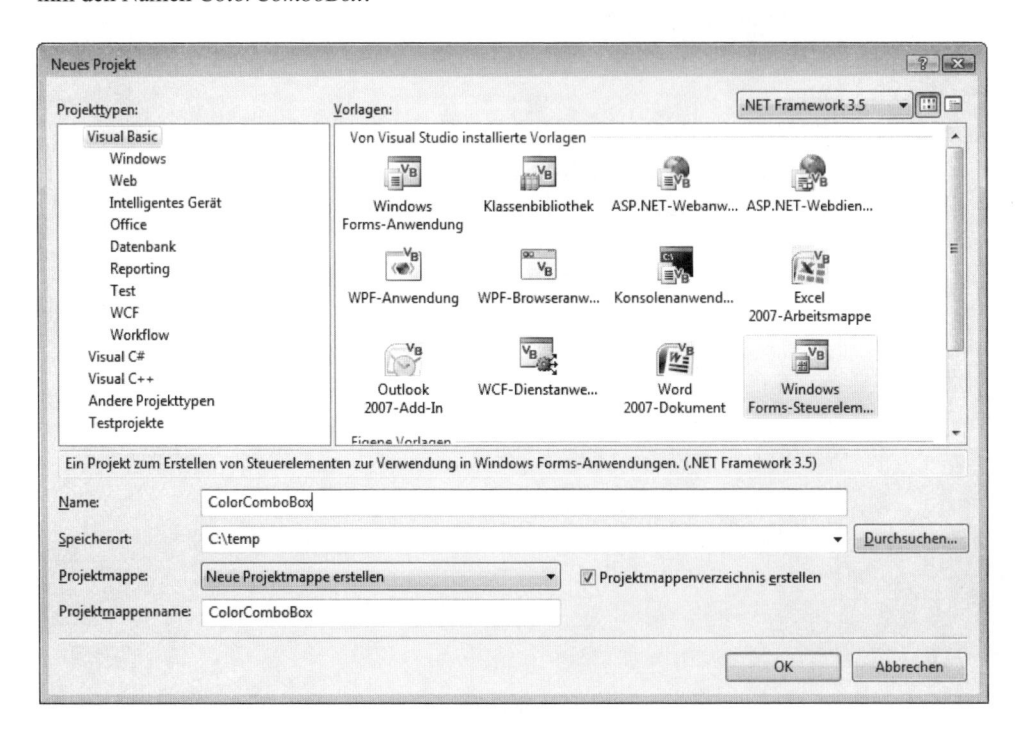

R6.7 Eine Komponente zur Farbauswahl entwickeln

Löschen Sie im neu erstellten Projekt das bereits vorhandene Benutzersteuerelement und erzeugen Sie über *Projekt|Neues Element hinzufügen...* ein neues "Benutzerdefiniertes Steuerelement" mit dem Namen *ColorComboBox.vb*.

Quellcode

Wechseln Sie zur Codeansicht:

```
Public Class UserControl1
    Inherits System.Windows.Forms.UserControl
    ...
End Class
```

Erster Schritt zur fertigen Komponente ist in der Regel das Ableiten von einer bereits vorhandenen. Ändern Sie deshalb die ersten beiden Zeilen wie folgt:

```
Public Class FarbComboBox
    Inherits System.Windows.Forms.ComboBox
    ...
```

Zunächst erzeugen Sie eine weitere Klasse für die vom neuen Ereignis gelieferten Informationen:

```
Public Class ColorChangeEventArgs
    Inherits EventArgs
    Private myColor As Color
```

Die neue Eigenschaft:

```
    Public Property SelectedColor() As Color
        Get
            Return myColor
        End Get
        Set(ByVal Value As Color)
            myColor = Value
        End Set
    End Property
End Class
```

Nun wieder zurück in den Körper der eigentlichen Klasse *ColorComboBox*:

```
Public Class FarbComboBox
    Inherits System.Windows.Forms.ComboBox
```

Fügen Sie zum Konstruktor die beiden unteren Zeilen hinzu:

```
  Public Sub New()
    MyBase.New()
```

```
'Dieser Aufruf ist für den Komponenten-Designer erforderlich.
InitializeComponent()

Me.DrawMode = System.Windows.Forms.DrawMode.OwnerDrawFixed
Me.DropDownStyle = System.Windows.Forms.ComboBoxStyle.DropDownList
End Sub
```

Die ReadOnly-Eigenschaft *SelectedColor* wird über den gewählten Index in der *ComboBox* ermittelt:

```
Public Property SelectedColor() As Color
  Get
    Select Case Me.SelectedIndex
      Case 0 : Return Color.Blue
      Case 1 : Return Color.Red
      Case 2 : Return Color.Green
      Case 3 : Return Color.Cyan
      Case 4 : Return Color.Yellow
      Case 5 : Return Color.Lime
      Case 6 : Return Color.DarkBlue
      Case 7 : Return Color.DarkRed
      Case 8 : Return Color.DarkGreen
      Case 9 : Return Color.DarkCyan
      Case 10 : Return Color.Maroon
      Case 11 : Return Color.White
      Case 12 : Return Color.LightGray
      Case 13 : Return Color.DarkGray
      Case 14 : Return Color.Gray
      Case 15 : Return Color.Black
      Case Else : Return Color.White
    End Select
  End Get
  Set(ByVal Value As Color)
    ' hier könnten Sie sich weiter betätigen, müssen aber nicht
  End Set
End Property
```

Eigentlich hatten wir vor, bereits im Konstruktor die 16 Einträge für die *ComboBox* zu erzeugen, aber leider macht uns die IDE einen Strich durch die Rechnung. Mit dem Einfügen des Steuerelements aus der Toolbox wird auch der Konstruktor abgearbeitet, folgerichtig würden 16 Einträge erzeugt werden. Das wäre soweit auch in Ordnung, leider ist die IDE aber so "komfortabel", dass bereits im *Form*-Konstruktor diese 16 Einträge abgespeichert und damit zur Laufzeit auch erneut erzeugt werden. Zusammen mit den 16 Einträgen des Steuerelements haben wir dann aber bereits 32, was wohl nicht im Sinne des Erfinders ist.

Besser ist die folgende Lösung, bei der die Elemente zu einem späteren Zeitpunkt erzeugt werden. Selbst wenn bereits Elemente vorliegen, werden diese mit *Clear* zuverlässig gelöscht. Überschreiben Sie also die Methode *InitLayout*:

```
Protected Overloads Overrides Sub InitLayout()
  Me.Items.Clear()
  For i As Integer = 1 To 16
    Me.Items.Add(i.ToString)
  Next
End Sub
```

Zum Zeichnen der einzelnen Einträge überschreiben wir die Methode *OnDrawItem*:

```
Protected Overloads Overrides Sub OnDrawItem(ByVal e As DrawItemEventArgs)
  Select Case e.Index
    Case 0 : e.Graphics.FillRectangle(Brushes.Blue, e.Bounds)
    Case 1 : e.Graphics.FillRectangle(Brushes.Red, e.Bounds)
    Case 2 : e.Graphics.FillRectangle(Brushes.Green, e.Bounds)
    Case 3 : e.Graphics.FillRectangle(Brushes.Cyan, e.Bounds)
    Case 4 : e.Graphics.FillRectangle(Brushes.Yellow, e.Bounds)
    Case 5 : e.Graphics.FillRectangle(Brushes.Lime, e.Bounds)
    Case 6 : e.Graphics.FillRectangle(Brushes.DarkBlue, e.Bounds)
    Case 7 : e.Graphics.FillRectangle(Brushes.DarkRed, e.Bounds)
    Case 8 : e.Graphics.FillRectangle(Brushes.DarkGreen, e.Bounds)
    Case 9 : e.Graphics.FillRectangle(Brushes.DarkCyan, e.Bounds)
    Case 10 : e.Graphics.FillRectangle(Brushes.Maroon, e.Bounds)
    Case 11 : e.Graphics.FillRectangle(Brushes.White, e.Bounds)
    Case 12 : e.Graphics.FillRectangle(Brushes.LightGray, e.Bounds)
    Case 13 : e.Graphics.FillRectangle(Brushes.DarkGray, e.Bounds)
    Case 14 : e.Graphics.FillRectangle(Brushes.Gray, e.Bounds)
    Case 15 : e.Graphics.FillRectangle(Brushes.Black, e.Bounds)
  End Select
End Sub
```

Unser neues Ereignis:

```
Public Event SelectedColorChange(ByVal sender As Object, ByVal e As ColorChangeEventArgs)
```

Zum Schluss bleibt nur noch das Auslösen des Ereignisses.

```
Protected Overrides Sub OnSelectedIndexChanged(ByVal e As EventArgs)
  MyBase.OnSelectedIndexChanged(e)
```

Wir erzeugen und parametrieren eine neue Instanz von *ColorChangeEventArgs*:

```
Dim args As New ColorChangeEventArgs()
args.SelectedColor = Me.SelectedColor
```

Das Auslösen des Ereignisses:

```
    RaiseEvent SelectedColorChange(Me, args)
  End Sub

End Class
```

Erzeugen des neuen Steuerelements

Kompilieren Sie das Projekt über das Menü *Erstellen/ColorComboBox erstellen*.

Wählen Sie das Menü *Extras|Toolboxelemente auswählen...* und dort die Seite ".NET Framework-Komponenten". Klicken Sie auf die "Durchsuchen"-Schaltfläche und wählen Sie die eben erzeugte Assembly *ColorComboBox.dll* (im *\bin\Debug*-Unterverzeichnis des Projektordners).

Klicken Sie auf die "OK"-Schaltfläche, um die Komponente in die Toolbox zu übernehmen:

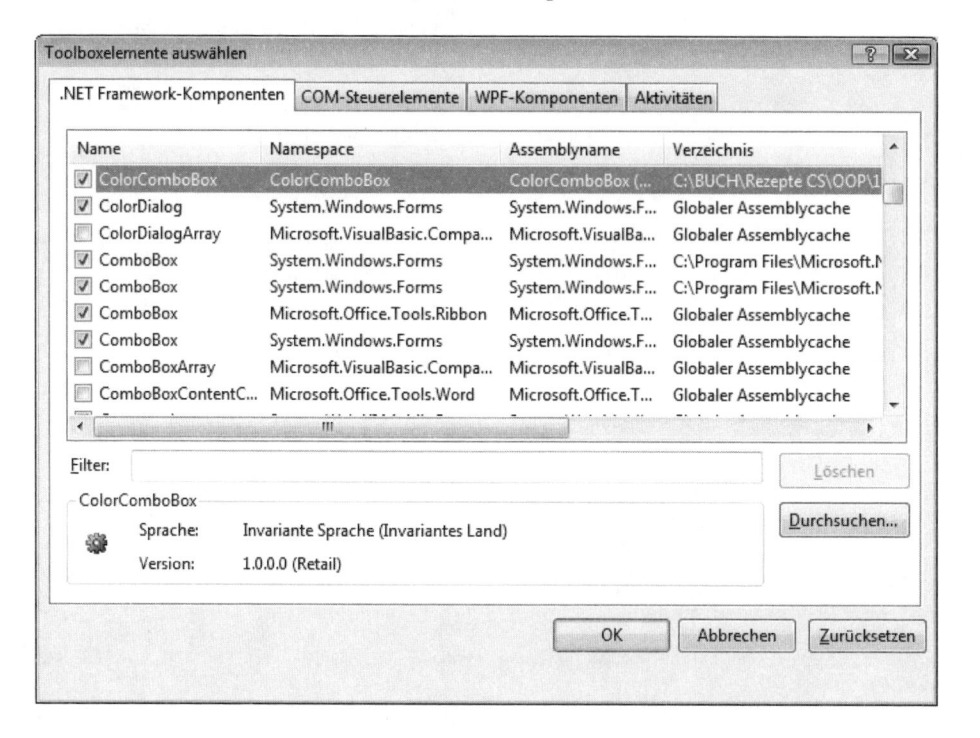

Sie finden Ihr neues Steuerelement auf der "Alle Windows Forms"-Seite der Toolbox:

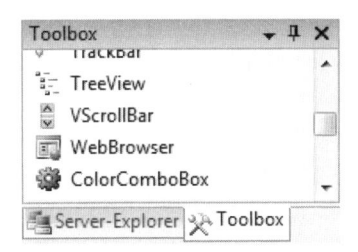

Testprogramm

Öffnen Sie ein neues Projekt als normale Windows Forms-Anwendung und platzieren Sie die *ColorComboBox* auf dem Formular. Fügen Sie den folgenden Code für das *SelectedColorChange*-Ereignis hinzu:

```
Private Sub ColorComboBox1_SelectedColorChange(ByVal sender As Object, _
                ByVal e As ColorComboBox.ColorChangeEventArgs) _
                            Handles ColorComboBox1.SelectedColorChange
    Me.BackColor = e.SelectedColor
End Sub
```

Jetzt können Sie sich von der Funktionsfähigkeit der neuen Komponente überzeugen und das Formular beliebig bunt einfärben:

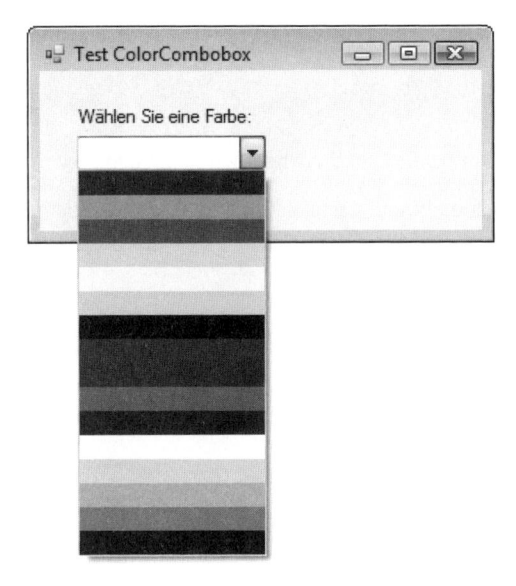

R6.8 Eine Digitalanzeige-Komponente programmieren

In manchen Programmen wünscht man sich für die Ausgabe numerischer Werte eine Anzeige, die einen "technischen" Eindruck macht. Das könnte zum Beispiel heißen, dass statt eines Labels eine 7-Segment-Anzeige erscheint.

Wir entwickeln eine Komponente zur 7-Segment-Anzeige eines bis zu zehnstelligen Integer-Wertes. Die Anzahl der Segmente können Sie frei festlegen! Eine Größenänderung der Komponente entfällt, da die Abmessungen sich aus der Anzahl der Segmente bestimmen.

Für die Realisierung bieten sich zwei prinzipielle Varianten an:

- Einblenden von verschiedenen Bitmaps (Ziffern 0 ... 9)
- Zeichnen der Grafik über *Line*- oder *Polyline*-Befehle

Während die erste Variante vom Aufwand her wesentlich einfacher ist, bietet Variante 2 den Vorteil, auch eine Skalierung des Steuerelements zuzulassen.

Wir haben uns für Variante 1 entschieden, wer aber an der Realisierung der zweiten Variante interessiert ist, dürfte mit dem vorliegenden Steuerelementegerüst ebenfalls recht schnell zum Ziel kommen.

Folgende Eigenschaften sollen implementiert werden:

Eigenschaft	Beschreibung/Beispiel
Digits	... die Anzahl der Stellen (1 ... 10).
DisplayOn	... (*True/False*) entscheidet darüber, ob lediglich ein schwarzer Hintergrund angezeigt wird oder der aktuelle Wert.
Value	... der darzustellende Wert (*Integer*).

Methoden und Ereignisse werden wir bei diesem Steuerelement nicht benötigen.

Da im Vorgängerrezept R6.8 bereits die grundlegende Vorgehensweise bei der Entwicklung benutzerdefinierter Steuerelemente beschrieben wurde, werden sich die folgenden Ausführungen auf das Wesentliche beschränken.

Oberfläche

Eigentlich ist die Bezeichnung "Oberfläche" nicht ganz zutreffend, geht es doch lediglich darum, die benötigten Bitmaps zu erstellen. Zusätzlich könnten Sie auch ein neues Icon für die Toolbar entwerfen.

Speichern Sie die Bitmaps für die einzelnen Segmentzustände in den Dateien *0.bmp* ... *9.bmp* sowie in der Datei *leer.bmp*. Mit der letzten Bitmap wird die Anzeige initialisiert bzw. gelöscht.

R6.8 Eine Digitalanzeige-Komponente programmieren

Ziehen Sie die Dateien aus dem Explorer direkt in den Projektmappen-Explorer. Nachfolgend legen Sie für alle Bitmaps die Eigenschaft *BuildAction* auf "Eingebettete Ressource" fest.

> **HINWEIS:** Achten Sie in diesem Zusammenhang penibel auf die Schreibweise der Dateinamen, da beim späteren Aufruf die Groß-/Kleinschreibung unterschieden wird.

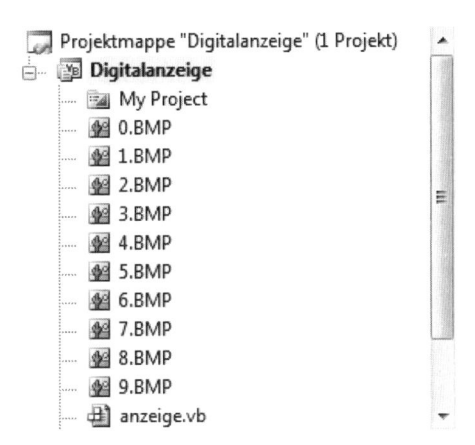

```
Projektmappe "Digitalanzeige" (1 Projekt)
  Digitalanzeige
    My Project
    0.BMP
    1.BMP
    2.BMP
    3.BMP
    4.BMP
    5.BMP
    6.BMP
    7.BMP
    8.BMP
    9.BMP
    anzeige.vb
```

Quelltext

> **HINWEIS:** Um den Test der Komponente so einfach wie möglich zu gestalten, fügen wir die Komponente direkt in ein Windows Forms-Projekt ein. Es wird also eine EXE erzeugt, die unsere Komponente und das Testprogramm umfasst. Möchten Sie lediglich eine DLL erstellen, erzeugen Sie vorher eine "Steuerelementebibliothek". Die weitere Vorgehensweise unterscheidet sich, bis auf die dann notwendige Installation der Komponente, nicht.

Obwohl es sich um eine relativ triviale Komponente handelt, ist der Quellcode doch recht umfangreich geworden.

Erstellen Sie zunächst über den Menüpunkt *Projekt|Neues Element hinzufügen|Benutzerdefiniertes Steuerelement* ein leeres Grundgerüst (Name = *Anzeige*).

```vb
Public Class anzeige
    Inherits System.Windows.Forms.Control
```

Zunächst definieren wir einige private Variablen für den internen Ablauf:

```vb
Private FDigits, FValue As Integer
Private FOn As Boolean
Private FOldDisplay As String
Private FBmp(10) As Image
...
```

Im *Image*-Array *FBmp* zwischenspeichern wir die Bitmaps aus den Programmressourcen. So vereinfacht sich der Aufruf und die Ausführungsgeschwindigkeit wird gesteigert.

Im Konstruktor wird neben diversen Statusvariablen auch die Default-Größe des Steuerelements festgelegt. Weiterhin laden wir die Bitmaps aus der Ressource:

```
Public Sub New()
  MyBase.New()
  InitializeComponent()
```

Flackern der Anzeige verhindern und auf ein *Resize* reagieren:

```
  SetStyle(ControlStyles.Opaque, True)
  SetStyle(ControlStyles.ResizeRedraw, True)
  FDigits = 10
  FOn = True
  FValue = 0
  Me.Height = 28
  Me.Width = FDigits * 14
  For i As Integer = 0 To 9
    FBmp(i) = New Bitmap(System.Reflection.Assembly.GetExecutingAssembly(). _
                  GetManifestResourceStream("Ü2." & i.ToString() & ".BMP"))
  Next
  FBmp(10) = New Bitmap(System.Reflection.Assembly.GetExecutingAssembly(). _
                  GetManifestResourceStream("Ü2.LEER.BMP"))
  FOldDisplay = "          "
End Sub
```

Die Eigenschaft *Digits* (Stellenanzahl festlegen):

```
Public Property Digits() As Integer
  Get
    Return FDigits
  End Get
  Set(ByVal Value As Integer)
    FDigits = Value
    Me.Width = FDigits * 14
    Me.Height = 28
    Invalidate()
  End Set
End Property
```

Die Eigenschaft *DisplayOn*:

```
Public Property DisplayOn() As Boolean
  Get
```

R6.8 Eine Digitalanzeige-Komponente programmieren

```
      Return FOn
    End Get
    Set(ByVal Value As Boolean)
      FOn = Value
      If FOn Then
```

Hier wird ein mit Leerzeichen aufgefüllter String erzeugt:

```
        FOldDisplay = String.Format("{0,10}", FValue)
      Else
        FOldDisplay = "          "
      End If
      Invalidate()
    End Set
  End Property
```

Das Setzen des Anzeigewertes ist über die Eigenschaft *Value* möglich:

```
Public Property Value() As Integer
  Get
    Return FValue
  End Get
  Set(ByVal Value As Integer)
    FValue = Value
```

Auch hier wird aus dem Integerwert ein mit Leerzeichen aufgefüllter String erzeugt:

```
    FOldDisplay = String.Format("{0,10}", FValue)
    Invalidate()
  End Set
End Property
```

Für den Refresh nach dem Verdecken oder zur erstmaligen Anzeige wird die Methode *OnPaint* überschrieben:

```
Protected Overrides Sub OnPaint(ByVal pe As System.Windows.Forms.PaintEventArgs)
  MyBase.OnPaint(pe)
```

Zunächst korrigieren wir gegebenenfalls die Höhe bzw. Breite des Steuerelements (tritt auch nach einen *Resize* auf)

```
  If Me.Height <> 28 Then Me.Height = 28
  If Me.Width <> FDigits * 14 Then Me.Width = FDigits * 14
```

Nachfolgend kümmern wir uns um das Einblenden der einzelnen Ziffern:

```
  For i As Integer = 10 - FDigits To 9
    Select Case FOldDisplay.Substring(i, 1)
      Case " " : pe.Graphics.DrawImageUnscaled(FBmp(10), 14 * (i - (10 - FDigits)), 0)
```

```
            Case "0" : pe.Graphics.DrawImageUnscaled(FBmp(0), 14 * (i - (10 - FDigits)), 0)
            Case "1" : pe.Graphics.DrawImageUnscaled(FBmp(1), 14 * (i - (10 - FDigits)), 0)
            Case "2" : pe.Graphics.DrawImageUnscaled(FBmp(2), 14 * (i - (10 - FDigits)), 0)
            Case "3" : pe.Graphics.DrawImageUnscaled(FBmp(3), 14 * (i - (10 - FDigits)), 0)
            Case "4" : pe.Graphics.DrawImageUnscaled(FBmp(4), 14 * (i - (10 - FDigits)), 0)
            Case "5" : pe.Graphics.DrawImageUnscaled(FBmp(5), 14 * (i - (10 - FDigits)), 0)
            Case "6" : pe.Graphics.DrawImageUnscaled(FBmp(6), 14 * (i - (10 - FDigits)), 0)
            Case "7" : pe.Graphics.DrawImageUnscaled(FBmp(7), 14 * (i - (10 - FDigits)), 0)
            Case "8" : pe.Graphics.DrawImageUnscaled(FBmp(8), 14 * (i - (10 - FDigits)), 0)
            Case "9" : pe.Graphics.DrawImageUnscaled(FBmp(9), 14 * (i - (10 - FDigits)), 0)
        End Select
    Next
  End Sub
End Class
```

Damit endet auch schon unser Quellcode für das Steuerelement.

Demoprogramm

Das Demoprogramm fällt diesmal etwas dürftig aus, wird allerdings völlig ausreichen, um die Funktionsweise des Steuerelements zu demonstrieren.

Binden Sie, falls erforderlich (DLL-Projekt), zunächst das Steuerelement ein, indem Sie über den Menüpunkt *Extras|Toolbox anpassen...* die neue .NET-Komponente in die Toolbox einfügen (siehe vorhergehendes Rezept) und dann auf dem Formular platzieren.

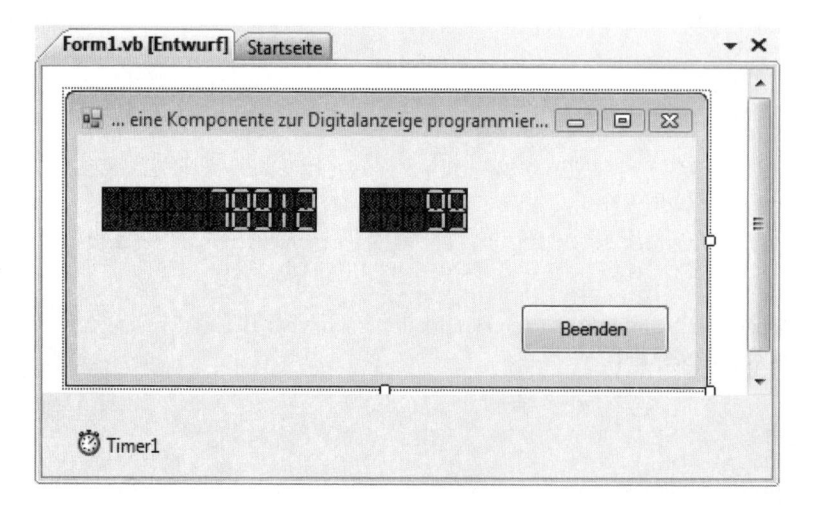

Um etwas Bewegung in die Anzeige zu bringen, verwenden wir einen *Timer*, um zyklisch den Wert der *Value*-Eigenschaft von *Anzeige1* und *Anzeige2* zu inkrementieren:

```
Private Sub Timer1_Tick(ByVal sender As System.Object, ByVal e As System.EventArgs) _
                                                              Handles Timer1.Tick
    Anzeige1.Value += 2
    Anzeige2.Value += 1
End Sub
```

Test

Die Abbildung zeigt das Ergebnis zur Laufzeit:

R6.9 OOP beim Kartenspiel erlernen

Am Beispiel eines Skatspiels soll das vorliegende Rezept Ihnen helfen, Ihre OOP-Grundlagen "spielend" weiter auszubauen. Es wird gezeigt, wie die in einem Array abgespeicherten *Karten*-Objekte durch einen Konstruktor erzeugt werden und selbst wiederum nach außen als Eigenschaften einer Klasse *Spiel* in Erscheinung treten.

> **HINWEIS:** Zum Verständnis dieses Rezepts ist die Kenntnis der Skatregeln keinesfalls Voraussetzung. Es reicht aus zu wissen, dass das Spiel aus 32 Karten besteht und jeder der drei Spieler zu Beginn 10 Karten erhält und die restlichen zwei davon im so genannten "Skat" verbleiben.

Oberfläche

Die folgende Abbildung bedarf wohl keines weiteren Kommentars.

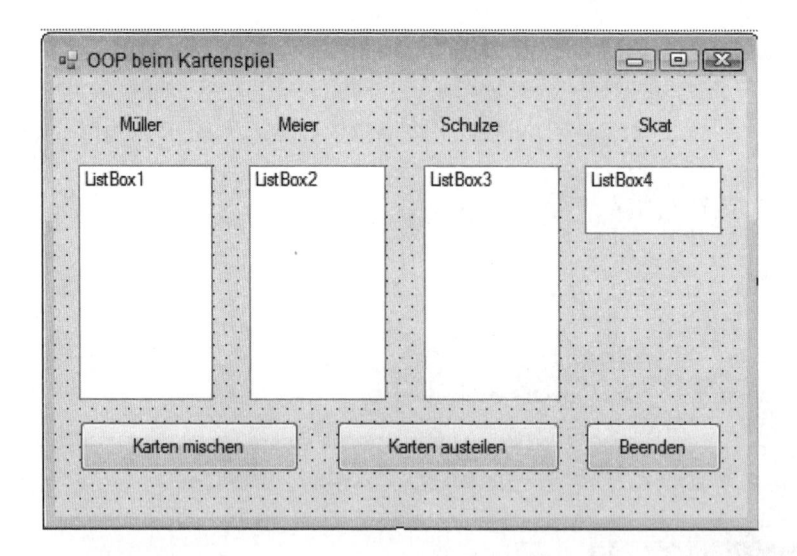

Quellcode

Es dient der Übersicht, wenn man für jede Klasse ein eigenes Klassenmodul verwendet. Diesmal aber wollen wir zeigen, dass man auch Klassen ineinander verschachteln kann. In diesem Sinne implementieren wir innerhalb des Klassencodes von *Form1* die Klassen *CKarte* und *CSpiel*:

```
Public Class Form1
    Public Class CKarte
        Public Farbe As String
        Public Wert As String
```

Der Konstruktor erzeugt ein bestimmtes Kartenobjekt, welches durch Farbe und Wert charakterisiert ist:

```
        Public Sub New(ByVal f As String, ByVal w As String)
            Farbe = f
            Wert = w
        End Sub
    End Class                     ' von CKarte
```

Die Klasse *CSpiel* kapselt 32 Instanzen der Klasse *CKarte*:

```
    Public Class CSpiel
```

Die Eigenschaft *Karten* (das ist ein Array mit 32 Karten!):

```
        Public Karten(32) As CKarte
```

Eine Hilfsmethode soll das Generieren der Karten vereinfachen:

```
        Private Sub createKarten(ByVal farbe As String, ByVal a As Integer)
            Karten(a) = New CKarte(farbe, "Sieben")
```

R6.9 OOP beim Kartenspiel erlernen

```
            Karten(a + 1) = New CKarte(farbe, "Acht")
            Karten(a + 2) = New CKarte(farbe, "Neun")
            Karten(a + 3) = New CKarte(farbe, "Zehn")
            Karten(a + 4) = New CKarte(farbe, "Bube")
            Karten(a + 5) = New CKarte(farbe, "Dame")
            Karten(a + 6) = New CKarte(farbe, "König")
            Karten(a + 7) = New CKarte(farbe, "As")
        End Sub
```

Der Konstruktor erzeugt und füllt das Spiel der Reihe nach mit allen 32 Karten:

```
        Public Sub New()
            Call createKarten("Eichel", 1)
            Call createKarten("Grün", 9)
            Call createKarten("Rot", 17)
            Call createKarten("Schell", 25)
        End Sub
```

Die Methode zum Mischen der Karten:

```
        Public Sub mischen()
            Dim z, i As Integer
```

Der Zwischenspeicher für den Kartentausch:

```
            Dim tmp As CKarte
```

Ein Zufallszahlengenerator:

```
            Dim rnd As New Random()
```

Alle Karten nacheinander durchlaufen:

```
            For i = 1 To Karten.Length - 1
```

Den Index einer zufälligen anderen Karte bestimmen:

```
                z = rnd.Next(1, Karten.Length)
```

Die zufällige Karte mit der aktueller Karte vertauschen:

```
                tmp = Karten(z)
                Karten(z) = Karten(i)
                Karten(i) = tmp
            Next
        End Sub
    End Class                  ' von CSpiel
```

HINWEIS: Aus Gründen der Einfachheit bleibt der Index 0 des *Karten*-Arrays ungenutzt.

Nun kommen wir zum eigentlichen Klassencode von *Form1*:

Ein neues Kartenspiel wird erzeugt:

```
Dim spiel As New CSpiel()
```

Eine Hilfsroutine zum Löschen der Anzeige:

```
Private Sub loeschen()
    ListBox1.Items.Clear()
    ListBox2.Items.Clear()
    ListBox3.Items.Clear()
    ListBox4.Items.Clear()
End Sub
```

Alle Karten mischen:

```
Private Sub Button1_Click(ByVal sender As System.Object, ByVal e As System.EventArgs) _
                                                        Handles Button1.Click
    loeschen()
    spiel.mischen()
End Sub
```

Alle Karten austeilen:

```
Private Sub Button2_Click(ByVal sender As System.Object, ByVal e As System.EventArgs) _
                                                        Handles Button2.Click
    loeschen()
```

Die Karten für Müller:

```
    For i As Integer = 1 To 10
        ListBox1.Items.Add(spiel.Karten(i).Farbe & " " & spiel.Karten(i).Wert)
    Next
```

Die Karten für Meier:

```
    For i As Integer = 11 To 20
        ListBox2.Items.Add(spiel.Karten(i).Farbe & " " & spiel.Karten(i).Wert)
    Next
```

Die Karten für Schulze:

```
    For i As Integer = 21 To 30
        ListBox3.Items.Add(spiel.Karten(i).Farbe & " " & spiel.Karten(i).Wert)
    Next
```

Die restlichen zwei Karten wandern in den Skat:

```
    For i As Integer = 31 To 32
        ListBox4.Items.Add(spiel.Karten(i).Farbe & " " & spiel.Karten(i).Wert)
```

R6.9 OOP beim Kartenspiel erlernen

```
        Next
    End Sub
    ...
End Class                    ' Form1
```

Test

Wenn Sie, vor lauter Ungeduld, unmittelbar nach Programmstart auf die Schaltfläche "Karten austeilen" klicken, werden Sie von allen drei Spielern laute Protestrufe ernten, da die Karten offensichtlich noch nicht gemischt wurden:

Erst nach ein- oder mehrmaligem Klick auf die Schaltfläche "Karten mischen" hat die Gerechtigkeit ihren Einzug gehalten und der Zufall bestimmt, welche Karten die Spieler Müller, Meier und Schulze erhalten:

R6.10 Eine Klasse zur Matrizenrechnung entwickeln

Eine Matrix ist nichts weiter wie der mathematische Begriff für ein Array. In diesem Rezept soll am Beispiel einer Klasse *CMatrix* die grundlegende Vorgehensweise bei der Entwicklung einer Klasse erläutert werden, die schon etwas anspruchsvoller ist als z.B. eine triviale *CPerson*-Klasse.

Die Schwerpunktthemen sind:

- überladener Konstruktor
- überladene Methoden
- Eigenschaftsmethoden
- Standardeigenschaft als Indexer
- Unterschied zwischen statischen (Shared-) Methoden und Instanzen-Methoden

Die Klasse *CMatrix* soll Funktionalität zur Verfügung stellen, die Sie zur Ausführung von Matrixoperationen benötigen (Addition, Multiplikation...).

Obwohl wir hier nur die Addition implementieren werden, kann die Klasse von Ihnen nach dem gezeigten Muster selbständig um weitere Matrizenoperationen erweitert werden, wie z.B. Multiplikation oder Inversion.

> **HINWEIS:** Wer sich nicht für Mathematik interessiert, kann das Beispiel trotzdem sehr gut verwenden, da der Schwerpunkt auf den verwendeten Programmiertechniken im Zusammenhang mit dem Array-Zugriff liegt!

Quellcode der Klasse CMatrix

Wir beginnen diesmal nicht mit dem Startformular (*Form1*), sondern erweitern zunächst über den Menüpunkt *Projekt|Klasse hinzufügen...* unser Projekt um eine neue Klasse mit dem Namen *CMatrix*.

Die Klasse *CMatrix* verwaltet ein zweidimensionales Array aus *Double*-Zahlen. Die Zustandsvariablen *_rows* und *_cols* speichern die Anzahl der Zeilen und Spalten.

```
Public Class CMatrix
    Private _rows, _cols As Integer
    Private _array(,) As Double
```

Ein neues Array wird über den Konstruktor instanziiert, der in zwei Versionen vorliegt. Falls Sie später *New()* ohne Argument aufrufen, wird eine Matrix mit einem einzigen Element generiert, ansonsten mit den gewünschten Dimensionen.

```
Sub New()
    MyBase.New()
    _rows = 1
```

R6.10 Eine Klasse zur Matrizenrechnung entwickeln

```
        _cols = 1
        ReDim _array(_rows, _cols)
    End Sub

    Sub New(ByVal R As Integer, ByVal C As Integer)     ' überladener Konstruktor
        MyBase.New()
        _rows = R
        _cols = C
        ReDim _array(_rows, _cols)
    End Sub
```

Der Zugriff auf die (privaten) Zustandsvariablen *_rows* und *_cols* wird über die Eigenschaften *Rows* und *Cols* gekapselt.

```
    Public Property Rows() As Integer       ' Eigenschaft zum Zugriff auf Zeilenanzahl
        Get
            Return _rows
        End Get
        Set(ByVal Value As Integer)
            _rows = Value
        End Set
    End Property

    Public Property Cols() As Integer       ' Eigenschaft zum Zugriff auf Spaltenanzahl
        Get
            Return _cols
        End Get
        Set(ByVal Value As Integer)
            _cols = Value
        End Set
    End Property
```

Der Zugriff auf ein bestimmtes Matrix-Element wird elegant über die Standardeigenschaft realisiert, die hier quasi wie ein Indexer funktioniert:

```
    Default Public Property Cell(ByVal row As Integer, ByVal col As Integer) As Double
        Get
            Return _array(row, col)
        End Get
        Set(ByVal Value As Double)
            _array(row, col) = Value
        End Set
    End Property
```

Die *Add*-Methode akzeptiert entweder ein oder zwei *CMatrix*-Objekte als Parameter, falls Sie nur ein *CMatrix*-Objekt übergeben, wird die aktuelle Instanz der Matrix als zweiter Operand verwendet.

Die erste Überladung der *Add*-Methode ist statisch, sie wird also nicht über einem *CMatrix*-Objekt, sondern direkt über der *CMatrix*-Klasse ausgeführt! Die Methode nimmt beide Operanden (*CMatrix*-Objekte) entgegen und liefert ein *CMatrix*-Objekt zurück.

```
Public Overloads Shared Function Add(ByVal A As CMatrix, ByVal B As CMatrix) As CMatrix
    If Not (A.Rows = B.Rows And A.Cols = B.Cols) Then
        Add = New CMatrix()
        Exit Function
    End If
    Dim newMatrix As New CMatrix(A.Rows, A.Cols)
    For row As Integer = 0 To A.Rows - 1
        For col As Integer = 0 To A.Cols - 1
            newMatrix(row, col) = A(row, col) + B(row, col)
        Next
    Next
    Return newMatrix
End Function
```

Obige Methode wird mit einer leeren "Verlegenheitsmatrix" verlassen, wenn beide Operanden nicht die gleichen Dimensionen aufweisen sollten.

Bei der zweiten Überladung handelt es sich um eine normale Instanzen-Methode, sie nimmt als Parameter nur ein einziges *CMatrix*-Objekt entgegen. Der zweite Operand ist naturgemäß die aktuelle *CMatrix*-Instanz, die diese Methode aufruft.

```
Public Overloads Function Add(ByVal A As CMatrix) As CMatrix
    If Not (A.Rows = MyClass.Rows And A.Cols = MyClass.Cols) Then
        Return New CMatrix()
        Exit Function
    End If
    Dim newMatrix As New CMatrix(MyClass.Rows, MyClass.Cols)
    For row As Integer = 0 To MyClass.Rows - 1
        For col As Integer = 0 To MyClass.Cols - 1
            newMatrix(row, col) = A(row, col) + MyClass.Cell(row, col)
        Next
    Next
    Return newMatrix
End Function

End Class
```

R6.10 Eine Klasse zur Matrizenrechnung entwickeln

Der Unterschied zwischen statischen- und Instanzen-Methode dürfte Ihnen so richtig erst beim Sichten des Codes von *Form1* klar werden, wo beide Überladungen aufgerufen werden.

Hier ein Vorgriff auf den Code von *Form1*:

```
Dim A, B, C As CMatrix
...
C = CMatrix.Add(A, B)          ' Aufruf der  statischen Methode
C = A.Add(B)                   ' Aufruf der Instanzen-Methode
```

Oberfläche

Wir benötigen drei *ListView*-Komponenten und drei *Button*s. Setzen Sie folgende zwei Eigenschaften für jede *ListView*: *View = Details* und *GridLines = True*.

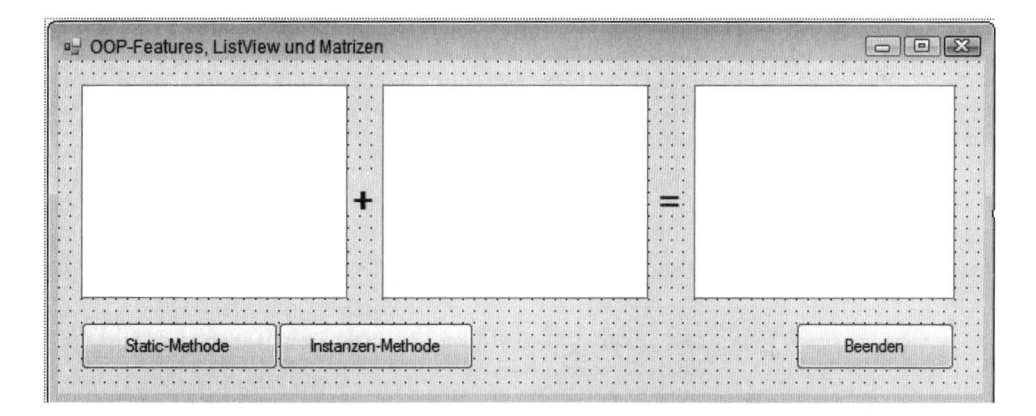

Quellcode von Form1

```
Public Class Form1
```

Wir verwenden für beide *Button*s einen gemeinsamen Eventhandler:

```
Private Sub Button_Click(ByVal sender As System.Object, ByVal e As System.EventArgs) _
                                                Handles Button1.Click, Button2.Click
```

Unser Beispiel benutzt Matrizen mit 9 Zeilen und 6 Spalten:

```
    Const rows As Integer = 9     ' Anzahl Zeilen
    Const cols As Integer = 6     ' Anzahl Spalten
```

Zufallszahlengenerator instanziieren:

```
    Dim rnd As New System.Random()
```

Die Matrix *A* instanziieren, mit Zufallszahlen füllen und anzeigen (man beachte den bequemen Zugriff über den Indexer!):

```
    Dim A As New CMatrix(rows - 1, cols - 1)
    For i As Integer = 0 To A.Rows - 1
        For j As Integer = 0 To A.Cols - 1
            A(i, j) = rnd.Next(100)              ' Zugriff auf Matrixelement über Indexer!
        Next
    Next
    showListView(A, ListView1)                   ' Anzeige in linker ListView
```

Gleiches geschieht mit Matrix *B*:

```
    Dim B As New CMatrix(rows - 1, cols - 1)
    For i As Integer = 0 To B.Rows - 1
        For j As Integer = 0 To B.Cols - 1
            B(i, j) = rnd.Next(100)
        Next
    Next
    showListView(B, ListView2)                   ' Anzeige in mittlerer ListView
```

Die resultierende Matrix *C* berechnen wir – in Abhängigkeit vom geklickten *Button* – mit der ersten oder mit der zweiten Überladung der *Add*-Methode.

HINWEIS: Beide Überladungen der *Add*-Methode leisten absolut das Gleiche, nur die Aufruf-Syntax ist unterschiedlich!

```
    Dim C As CMatrix
    If CType(sender, Button) Is Button1 Then
        C = CMatrix.Add(A, B)                    ' Aufruf Shared-Methode
    Else
        C = A.Add(B)                             ' Aufruf Instanzen-Methode
    End If
    showListView(C, ListView3)                   ' Anzeige in rechter ListView
End Sub
```

Der Anzeigeroutine *showListView* werden ein *CMatrix*-Objekt und eine *ListView*-Komponente übergeben:

```
Private Sub showListView(ByVal M As CMatrix, ByVal lv As ListView)
    With lv
        .Clear()
```

Alle Spalten erzeugen und beschriften:

```
.Columns.Add("", 20, HorizontalAlignment.Right)    ' linke (leere) Randspalte
For j As Integer = 0 To M.Cols - 1
```

Spaltennummerierung und Formatierung in Kopfzeile:

```
    .Columns.Add(j.ToString, 30, HorizontalAlignment.Right)
Next
```

Alle Zeilen erzeugen, beschriften und Zellen füllen:

```
For i As Integer = 0 To M.Rows - 1
```

Pro Zeile ein *ListViewItem*, Zeilennummerierung in linke Randspalte eintragen:

```
    Dim item As New ListViewItem(i.ToString)
    For j As Integer = 0 To M.Cols - 1
```

Alle Zellen füllen (pro Zelle ein *SubItem*):

```
        item.SubItems.Add(M(i, j).ToString)
    Next
```

Zeile zur *ListView* hinzufügen:

```
            .Items.Add(item)
        Next
        End With
    End Sub
End Class
```

Test

Nach Programmstart werden die beiden ersten Matrizen mit Zufallszahlen zwischen 0 und 100 gefüllt. Ob Sie dann *Button1* oder *Button2* klicken ist völlig egal, in beiden Fällen wird die resultierende Summenmatrix mit dem richtigen Ergebnis gefüllt:

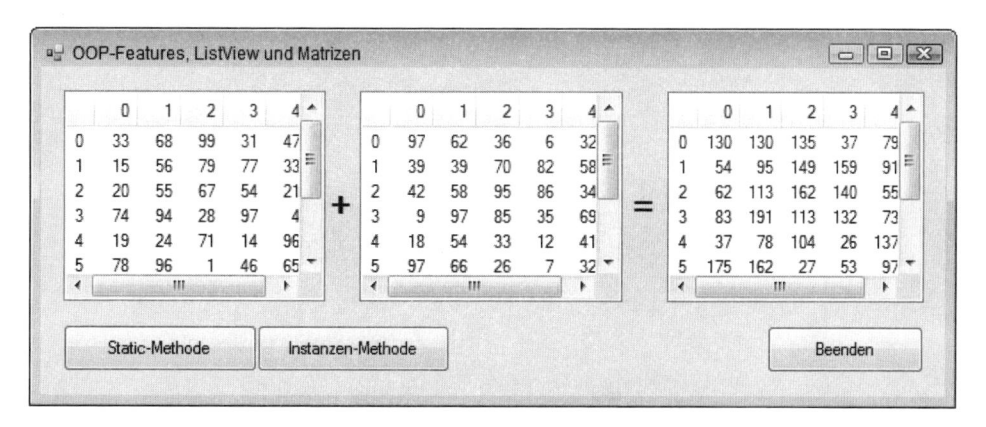

Bemerkungen

- Das Resultat einer Matrix-Operation ist immer eine neue Matrix, wenn allerdings beide Matrizen inkompatibel sind, wird eine leere Matrix zurückgegeben. Alternativ könnte in einem solchen Fall auch eine Ausnahme innerhalb der Methoden erzeugt werden (*Throw New System.ArgumentException()*).
- Ausführlich wird die Anzeigeroutine erklärt in R3.29 ("Ein Array in einer ListView anzeigen").

Kapitel 7

Kleiner OOP-Crashkurs

Für den Newcomer – oder aber auch für den von der prozeduralen Programmierung kommenden Umsteiger – ist das Konzept der Objektorientierten Programmierung (OOP) durchaus gewöhnungsbedürftig und mit zahlreichen neuen Begriffen und Regeln verbunden.

Diese in vielen unserer Schulungen erprobte Rezepte-Serie soll Ihnen den Einstieg in die OOP erleichtern. In acht Etappen werden Sie aus den Niederungen der OOP bis auf deren Höhen katapultiert.

Nacheinander werden die folgenden zentralen Begriffe in den Mittelpunkt gerückt:

- Klassen und Objekte,
- Konstruktor und Destruktor,
- Eigenschaften,
- Vererbung und Polymorphie,
- Ereignisse,
- Observer Pattern (Microsoft Event Pattern).

Damit bei all dieser scheinbar trockenen Materie der Spaß nicht zu kurz kommt, soll das Ganze als "Autorennen" grafisch in Szene gesetzt werden.

R7.1 Klassen und Objekte verstehen

Wir wollen zunächst eine Klasse *CAuto* definieren, das ist gewissermaßen die "Konstruktionsvorschrift" für unsere Objekte. Später werden wir dann mit dieser Klasse zwei verschiedene Objekte (*Auto1*, *Auto2*) herstellen.

Oberfläche

Öffnen Sie eine neue Windows Forms-Anwendung. Im unteren Teil von *Form1* richten Sie drei "Cockpits" für die noch zu erzeugenden Auto-Objekte ein[1]. Unterhalb platzieren Sie in zwei Rahmen (*GroupBox1*, *GroupBox2*) jeweils zwei Schaltflächen (*Button1* ... *Button4*). Auch ein Zeitgeber-Control (*Timer1*) ist erforderlich (*Enabled = True*; *Interval = 100*).

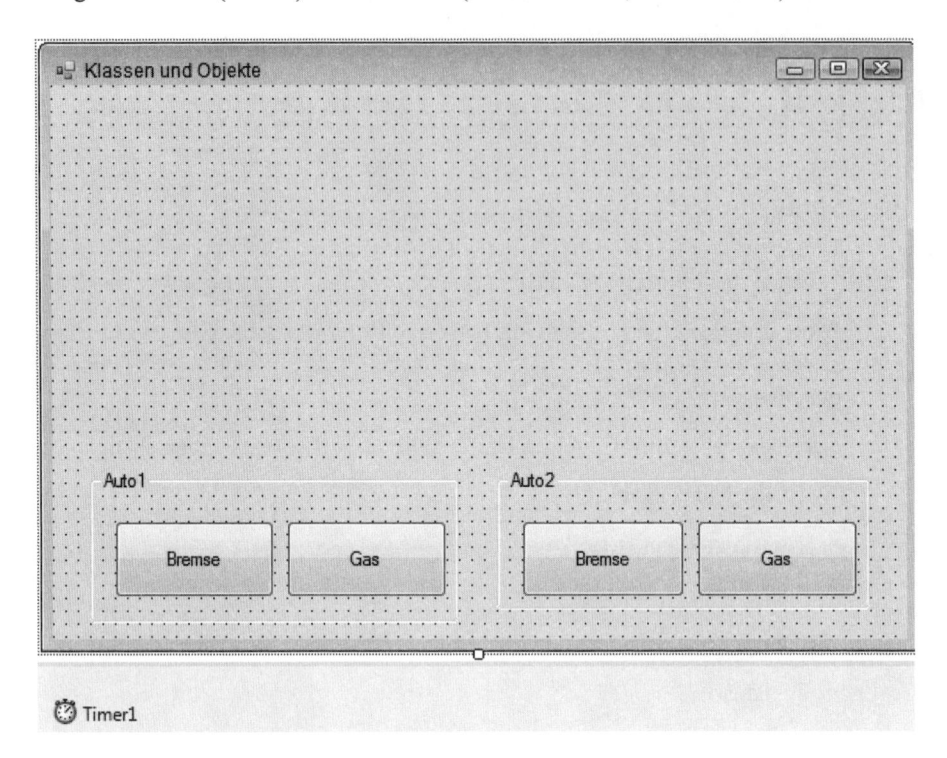

Quellcode Klasse CAuto

Jetzt müssen wir definieren, wie unsere Auto-Objekte aussehen sollen (Eigenschaften) und wie sie funktionieren sollen (Methoden). Die entsprechende Klassendeklaration könnten wir zwar auch noch mit im Code von *Form1* unterbringen, da wir aber wollen, dass die *CAuto*-Klasse zur allgemeinen Verfügung stehen soll, also später auch von beliebigen anderen Programmen benutzt werden kann, werden wir sie in einer separaten Klassendatei anlegen.

Fügen Sie also über das Menü *Projekt/Klasse hinzufügen* ... eine neue Klasse hinzu, sie heißt zwar standardmäßig *Class1*, wir wollen Sie aber aus nahe liegenden Gründen auf den Namen *CAuto* umtaufen.

Der Rahmencode der Klasse ist bereits vorbereitet, lasst uns vier Eigenschaften (*x*, *y*, *va*, *farbe*) und drei Methoden (*Schneller*, *Bremsen*, *Zeichnen*) hinzufügen:

---

[1] In unserem Fall gehört das Cockpit nicht mit zum Auto-Objekt, es ist als separates Bedienpult zu verstehen, ähnlich wie bei einem ferngesteuerten Modell.

R7.1 Klassen und Objekte verstehen

```vb
Imports System.Drawing

Public Class CAuto
```

Drei öffentliche Felder, die quasi Eigenschaften sind:

```vb
    Public x, y As Integer      ' x- und y-Position
    Public va As Single         ' aktuelle Geschwindigkeit
    Public farbe As Color       ' Lackierung
```

Zwei Methoden, die die Bewegung des Autos simulieren:

```vb
    Public Sub Schneller(ByVal dv As Single)
        va += dv
        If va > 100 Then va = 100
    End Sub

    Public Sub Bremsen(ByVal dv As Single)
        va -= dv
        If va <= 0 Then va = 0
    End Sub
```

Diese Methode zeichnet ein Auto in der Draufsicht:

```vb
    Public Sub Zeichnen(ByVal g As Graphics, ByVal colr As Color)
        Dim b As Brush = New SolidBrush(colr)
        Dim p As New Pen(colr)
        g.FillRectangle(b, x + 10, y + 5, 30, 20)       ' linkes Hinterrad
        g.FillRectangle(b, x + 10, y + 66, 30, 20)      ' rechtes Hinterrad
        g.FillRectangle(b, x + 80, y + 10, 30, 15)      ' linkes Vorderrad
        g.FillRectangle(b, x + 80, y + 66, 30, 15)      ' rechtes Vorderrad
        g.DrawLine(p, x + 25, y + 25, x + 25, y + 30)   ' linke Hinterachse
        g.DrawLine(p, x + 25, y + 60, x + 25, y + 65)   ' rechte Hinterachse
        g.DrawLine(p, x + 95, y + 20, x + 95, y + 35)   ' linke Vorderachse
        g.DrawLine(p, x + 95, y + 55, x + 95, y + 65)   ' rechte Vorderachse
        g.DrawLine(p, x, y + 30, x + 70, y + 30)        ' linke Karosserieseite
        g.DrawLine(p, x + 70, y + 30, x + 110, y + 40)
        g.DrawLine(p, x + 110, y + 40, x + 110, y + 50) ' vordere Stoßstange
        g.DrawLine(p, x + 70, y + 60, x, y + 60)        ' rechte Karosserieseite
        g.DrawLine(p, x + 70, y + 60, x + 110, y + 50)
        g.DrawLine(p, x, y + 60, x, y + 30)             ' hintere Stoßstange
        g.FillEllipse(b, x + 45, y + 35, 20, 20)        ' Cockpit
    End Sub
End Class
```

Quellcode Form1

```
Public Class Form1
```

Zunächst deklarieren und erzeugen wir zwei Objektvariablen (*Auto1* und *Auto2*):

```
Private Auto1 As New CAuto()
Private Auto2 As New CAuto()
```

Auch das erforderliche Grafikobjekt und die Parameter der Rennstrecke legen wir hier fest:

```
Private g As Graphics          ' Grafikobjekt, auf dem gezeichnet wird
Private xb As Integer = 1000   ' außerhalb des Sichtbereichs liegender Streckenabschnitt
Private xm As Integer          ' Lage der Startlinie
```

Beim Laden des *Form*ulars werden alle weiteren Startaktivitäten erledigt:

```
Protected Overrides Sub OnLoad(ByVal e As System.EventArgs)
```

Grafikobjekt erzeugen, um auf das Formular zeichnen zu können:

```
    g = Me.CreateGraphics()
```

Die Formularmitte feststellen:

```
    xm = Me.Size.Width / 2
```

Die Eigenschaften jedes einzelnen Auto-Objekts werden im Folgenden auf ihre Anfangswerte eingestellt.

Der rote Ferrari:

```
    Auto1.x = xm - 110         ' an Startlinie ausrichten
    Auto1.y = 10               ' obere Fahrbahn
    Auto1.farbe = Color.Red
```

Der blaue BMW:

```
    Auto2.x = xm - 110         ' an Startlinie ausrichten
    Auto2.y = 110              ' untere Fahrbahn
    Auto2.farbe = Color.Blue

    MyBase.OnLoad(e)           ' hier zwar nicht nötig, kann aber nicht schaden
End Sub
```

Nun programmieren wir die Funktion der Gas- und Bremspedale.

Für den roten Ferrari:

```
Private Sub Button2_Click(ByVal sender As System.Object, ByVal e As System.EventArgs) _
                                                           Handles Button2.Click
    Auto1.Schneller(0.5F)
End Sub
```

```
Private Sub Button1_Click(ByVal sender As System.Object, ByVal e As System.EventArgs) _
                                                           Handles Button1.Click
    Auto1.Bremsen(1.0F)
End Sub
```

Für den blauen BMW:

```
Private Sub Button4_Click(ByVal sender As System.Object, ByVal e As System.EventArgs) _
                                                           Handles Button4.Click
    Auto2.Schneller(0.5F)
End Sub


Private Sub Button3_Click(ByVal sender As System.Object, ByVal e As System.EventArgs) _
                                                           Handles Button3.Click
    Auto2.Bremsen(1.0F)
End Sub
```

Auch um die optische Anzeige der Autos müssen wir uns kümmern (Übergabeparameter für die folgende Methode ist ein beliebiges Objekt vom Typ *CAuto*):

```
Private Sub anzeigen(ByVal auto As CAuto)    ' Anzeigeroutine für ein Auto-Objekt
    auto.Zeichnen(g, Me.BackColor)           ' alte Position übermalen
    auto.x += Convert.ToInt32(auto.va)       ' Verschieben der x-Position
    If auto.x >= Me.Width Then auto.x = -xb  ' Rand erreicht
    auto.Zeichnen(g, auto.farbe)             ' an neuer Position zeichnen
End Sub
```

Für den periodischen Aufruf nach dem Prinzip "Flimmerkiste" ist der *Timer* zuständig:

```
Private Sub Timer1_Tick(ByVal sender As System.Object, ByVal e As System.EventArgs) _
                                                           Handles Timer1.Tick
    anzeigen(Auto1)
    anzeigen(Auto2)
End Sub
End Class
```

Test

Nach Programmstart stehen die zwei bunten Flitzer exakt ausgerichtet nebeneinander an der Mittellinie des Formulars. Stören Sie sich nicht am fehlenden Lenkrad, wagen Sie trotzdem ein kleines Rennen. Sie müssen dazu jedes Auto einzeln beschleunigen. Klicken Sie immer mehrmals hintereinander auf das "Gaspedal"[1]. Ebenso verhält es sich mit dem "Bremspeal", was ähnlich wie bei einer "Stotterbremsung" zu bedienen ist[2]:

---

[1] Nicht die Schaltfläche dauerhaft niederdrücken, denn dann passiert ... nichts.
[2] Denken Sie an Glatteisgefahr!

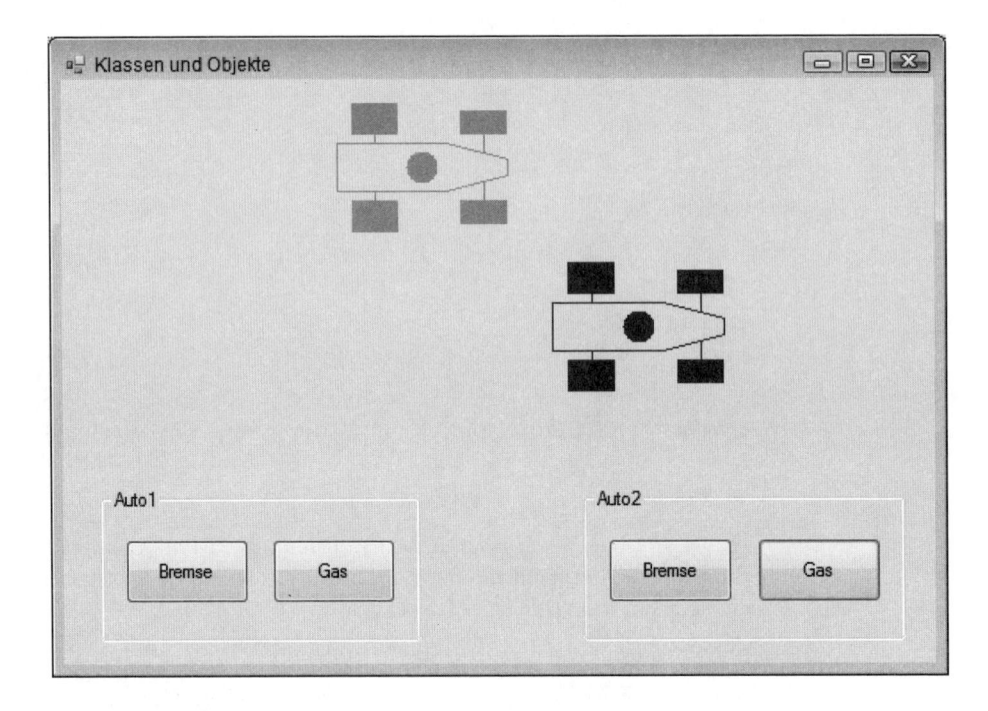

Bemerkungen

- Wenn Sie den Methoden *Schneller* und *Bremsen* unterschiedliche Parameter übergeben, werden die Autos auch unterschiedlich auf Gas bzw. Bremse reagieren.

- Warum wird der Methode *Anzeigen* auch noch die Farbe (*colr*) als Parameter übergeben anstatt direkt auf das Feld *farbe* zuzugreifen? Der Grund hierfür ist rein technisch bedingt: Um das Auto an der alten Position zu löschen, muss es mit der Hintergrundfarbe des aufrufenden Formulars gezeichnet werden.

- Ein leichtes Flackern der Fahrzeuge ist aufgrund der verwendeten ungepufferten Vektorgrafiken normal. Eventuell ist durch Ändern der *Interval*-Eigenschaft des *Timer*s eine bessere Darstellung zu erreichen[1].

R7.2 Einen eigenen Konstruktor implementieren

Eine objektorientierte Sprache, wie Visual Basic, realisiert das Erzeugen von Objekten mit so genannten Konstruktoren. Bei einem Konstruktor handelt es sich um eine spezielle Methode innerhalb der Klassendeklaration, die für das Erzeugen (und Initialisieren) des Objekts verantwortlich zeichnet[2].

---

[1] Rezepte für flackerfreie Animationen finden Sie im Kapitel 4.

[2] Eine Klasse kann auch mehrere (überladene) Konstruktoren haben.

R7.2 Einen eigenen Konstruktor implementieren

"Was für einen Konstruktor haben wir denn beim Vorgängerbeispiel eingesetzt?", werden Sie nun zu Recht fragen. Hier die Antwort: "Es war der von *System.Object* geerbte Standard-Konstruktor!"

Grund unserer Unzufriedenheit ist, dass der Standardkonstruktor alle Eigenschaften auf Nullwerte bzw. Leerstrings initialisiert hat. Anschließend mussten die Werte mühsam über einzelne Befehle zugewiesen werden.

BEISPIEL: Auszug aus dem Quelltext des Vorgängerrezepts

```
...
Auto1.x = xm - 110
Auto1.y = 10
Auto1.farbe = Color.Red
...
```

Lassen Sie es uns diesmal besser machen! Wir wollen unsere *CAuto*-Klasse mit einem "selbst gestrickten" Konstruktor nachrüsten!

Erweiterung der Klassendefinition für CAuto

Wir öffnen die Datei *CAuto.vb* des Vorgängerrezepts und doktern ein wenig an der Klassendeklaration von *CAuto* herum, indem wir die folgende öffentliche Methode (einen Konstruktor) einfügen:

```vb
Public Class CAuto
    ...
    ' Konstruktor:
    Public Sub New(ByVal xpos As Integer, ByVal ypos As Integer, ByVal colr As Color)
        x = xpos
        y = ypos
        farbe = colr
    End Sub
    ...
End Class
```

Dass es sich bei dieser Methode um einen Konstruktor handeln muss, erkennen Sie am Methodennamen *New*.

Vereinfachen des Codes von Form1

Wir öffnen nun das Codefenster von *Form1* und fügen folgende Änderungen ein:

```vb
Public Class Form1
```

Beide Auto-Objekte werden jetzt nicht mehr deklariert **und** erzeugt, sondern nur noch deklariert:

```
Private Auto1 As CAuto
Private Auto2 As CAuto
...
```

Beim Laden des Formulars werden die Auto-Objekte mit dem neuen Konstruktor erzeugt und initialisiert:

```
Protected Overrides Sub OnLoad(ByVal e As System.EventArgs)
    ...
    Auto1 = New CAuto(xm - 110, 10, Color.Red)
    Auto2 = New CAuto(xm - 110, 110, Color.Blue)
    ...
End Sub
...
```

Dieser Quelltextabschnitt ist doch jetzt gegenüber seinem Vorgänger deutlich kürzer und übersichtlicher geworden, oder etwa nicht?

Test

Wenn Sie das Programm starten, werden Sie keinerlei funktionellen Unterschied zum Vorgängerbeispiel feststellen. Der Vorteil liegt lediglich in der Vereinfachung des Quellcodes.

R7.3 Eigenschaften kapseln

Mit den Eigenschaften *x, y, va* und *farbe* unserer *CAuto*-Klasse haben wir im Vorgängerbeispiel bereits erfolgreich gearbeitet, wozu also dann noch Eulen nach Athen tragen?

Die Antwort: Mit dem Deklarieren von Eigenschaften als öffentliche Felder von *CAuto* haben wir das Brett an der dünnsten Stelle gebohrt, denn dies ist nicht der sauberste und oft auch nicht der effektivste Weg – warum?

Die "hohe Kunst" der OOP verbietet das direkte Herumdoktern an Variablen und verlangt, dass diese durch Methoden zu kapseln sind, um sich dadurch einem kontrollierten Lese-/ Schreibzugriff zu unterwerfen. Visual Basic stellt dazu so genannte "Eigenschaftsmethoden" (*Property-Procedures*) zur Verfügung.

Ein Ziel dieses Rezepts ist beispielsweise das Ergänzen der Fahrzeug-Cockpits aus dem Vorgängerrezept um eine Tachometeranzeige. "Nichts einfacher als das!", werden Sie vielleicht denken, denn man kann ja auf die Eigenschaft *va* (aktuelle Geschwindigkeit) auch direkt zugreifen. Doch gerade das macht die Sache so gefährlich – warum?

Jeder Fahrschulanfänger weiß, dass man bei einem realen Auto-Objekt die Eigenschaft "Geschwindigkeit" nicht direkt, sondern nur über die Methoden "Schneller" und "Bremsen" be-

R7.3 Eigenschaften kapseln

einflussen kann. Es gilt also, den Zugriff auf die Eigenschaft *va* als Read-Only zu deklarieren, um damit ein Schreiben zu verhindern. Dies erreichen wir durch "Verstecken" von *va*, indem wir diese Variable nicht mehr als *Public*, sondern als *Private*-deklarieren und den öffentlichen Zugriff durch eine ReadOnly-Eigenschaft *Tacho* kapseln. Auch den direkten Zugriff auf die Felder *x*, *y* und *farbe* werden wir durch entsprechende Eigenschaften unterbinden.

Oberfläche

Beide Cockpits ergänzen wir durch Bezeichnungsfelder für die Tachoanzeige (*Label1* und *Label2*):

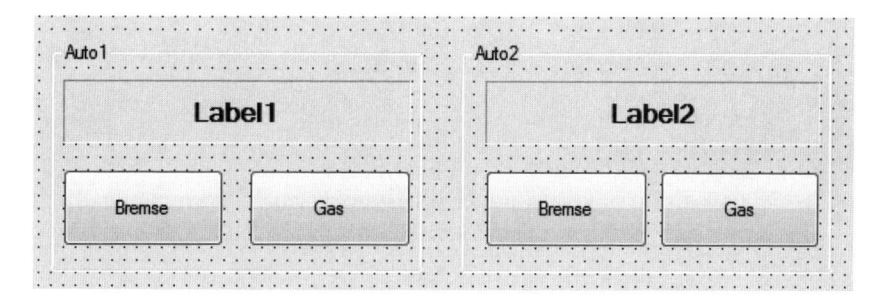

Änderungen in der Klassendeklaration CAuto

```
Public Class CAuto
```

An die Stelle der öffentlichen Felder treten jetzt private Zustandsvariablen, denen wir aus Gründen der besseren Lesbarkeit des Quellcodes einen Unterstrich (_) voranstellen:

```
Private _x As Integer      ' x-Position
Private _y As Integer      ' y-Position
Private _va As Single      ' aktuelle Geschwindigkeit
Private _frb As Color      ' Farbe
```

Ein Konstruktor sorgt für die Initialisierung der privaten Zustandsvariablen:

```
Public Sub New(ByVal xpos As Integer, ByVal ypos As Integer, ByVal colr As Color)
    _x = xpos
    _y = ypos
    _frb = colr
End Sub
```

Die Eigenschaften kapseln mittels *Property*-Methoden den Zugriff auf die privaten Zustandsvariablen:

```
Public Property Xpos() As Integer
    Get
        Return _x
```

```
            End Get
            Set(ByVal value As Integer)
                _x = value
            End Set
        End Property

        Public Property Ypos() As Integer
            Get
                Return _y
            End Get
            Set(ByVal value As Integer)
                _y = value
            End Set
        End Property
```

Die Eigenschaft *Tacho* erlaubt aus eingangs erwähnten Gründen nur den Lesezugriff. Dabei wollen wir zwecks besserer Ablesbarkeit die Anzeige um den Faktor 10 strecken:

```
        Public ReadOnly Property Tacho() As Single
            Get
                Return 10 * _va
            End Get
        End Property
```

Ebenfalls nur für den Lesezugriff wird die Eigenschaft *Farbe* benötigt:

```
        Public ReadOnly Property Farbe() As Color
            Get
                Return _frb
            End Get
        End Property
        ...
End Class
```

Änderungen in Form1

Auch in den folgenden Codeauszügen wird auf die entsprechenden Änderungen durch Fettdruck hingewiesen:

```
Public Class Form1
    ...
    Private Sub anzeigen(ByVal auto As CAuto)         ' Anzeigeroutine für ein Auto-Objekt
        auto.Zeichnen(g, Me.BackColor)                ' alte Position übermalen
```

R7.3 Eigenschaften kapseln

```
            auto.Xpos += Convert.ToInt32(auto.Tacho)     ' Verschieben der x-Position
            If auto.Xpos >= Me.Width Then auto.Xpos = -xb ' Rand erreicht
            auto.Zeichnen(g, auto.farbe)                  ' an neuer Position zeichnen
        End Sub

        Private Sub Timer1_Tick(ByVal sender As System.Object, ByVal e As System.EventArgs) _
                                                                          Handles Timer1.Tick
            anzeigen(Auto1)
            anzeigen(Auto2)
            Label1.Text = (Auto1.Tacho).ToString & " km/h"
            Label2.Text = (Auto2.Tacho).ToString & " km/h"
        End Sub
    End Class
```

Test

Rotes und blaues Auto haben jetzt eine Geschwindigkeitsanzeige. Ansonsten sind bei der Bedienung keinerlei Unterschiede zum Vorgängerrezept festzustellen.

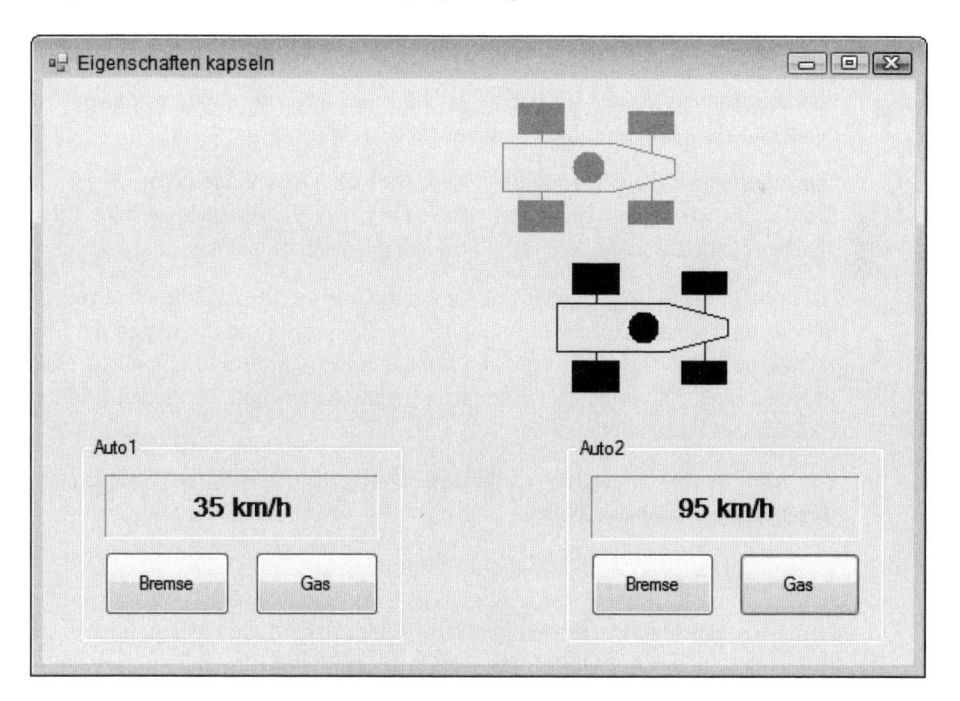

Bemerkungen

Wenn Sie in *Form1* an irgendeiner Stelle eine Anweisung wie z.B.

```
Auto1.Tacho = 85
```

oder

```
Auto2.Farbe = Color.Green
```

verwenden wollen, werden Sie durch Fehlermeldungen darauf hingewiesen, dass es sich bei *Tacho* und *Farbe* um ReadOnly-Eigenschaften handelt.

R7.4 Vererbung und Polymorphie anwenden

Die OOP unter Visual Basic gibt dem Programmierer noch weitaus mehr Trümpfe in die Hand, als wir sie bisher kennen gelernt haben. Nehmen wir spaßeshalber einmal an, dass auf unserer Rennstrecke nicht nur Autos, sondern auch Fahrräder unterwegs sind. Sicher wäre es möglich, eine neue Klasse *CFahrrad* zu definieren und dabei vom Prinzip her genauso vorzugehen, wie wir es bisher mit *CAuto* praktiziert haben.

Sehr schnell werden Sie aber feststellen, dass sowohl Autos als auch Fahrräder gleich lautende Eigenschaften (*Farbe, Tacho*) oder Methoden (*Schneller, Bremsen*) haben. Klar ist, dass trotz gleichen Namens diese Member für jede Klasse unterschiedlich zu implementieren sind. Das nennt man dann Polymorphie (Vielgestaltigkeit).

Ganz deutlich wird die Polymorphie, wenn Sie sich die Methode *Zeichnen* der *CAuto*-Klasse aus den Vorgängerrezepten betrachten. Auch für eine *CFahrrad*-Klasse hätte diese Methode den gleichen Namen, müsste aber völlig anders implementiert werden.

All diese Probleme können wir mit Vererbung elegant, übersichtlich und zeitsparend programmieren, d.h., wir bilden eine abstrakte Klasse *CFahrzeug*[1], in die wir all die Eigenschaften und Methoden hinein packen, die für die Nachkommen *CAuto* und *CFahrrad* gleichermaßen von Interesse sind. Die anderen (speziellen) Eigenschaften und Methoden können später in den Unterklassen hinzugefügt werden.

Für unser Beispiel brauchen wir außer der Formularklasse *Form1* noch drei weitere Klassen: *CFahrzeug*, *CAuto* und *CFahrrad*.

Klassendiagramm

Damit wir gleich zu Beginn ein konkretes Endziel vor Augen haben, gönnen wir uns zunächst einen Blick auf das angestrebte Klassendiagramm:

---

[1] Von abstrakten Klassen werden keine Instanzen gebildet, sie sind nur dazu da, ihre Eigenschaften/Methoden an die Nachkommen weiterzugeben.

R7.4 Vererbung und Polymorphie anwenden

CFahrzeug
MustInherit Class

Felder
- _frb
- _va
- _x
- _y

Eigenschaften
- Farbe
- Tacho
- Xpos

Methoden
- Bremsen
- New
- Schneller
- *Zeichnen*

CAuto
Class
→ CFahrzeug

Methoden
- New
- Schneller
- Zeichnen

CFahrrad
Class
→ CFahrzeug

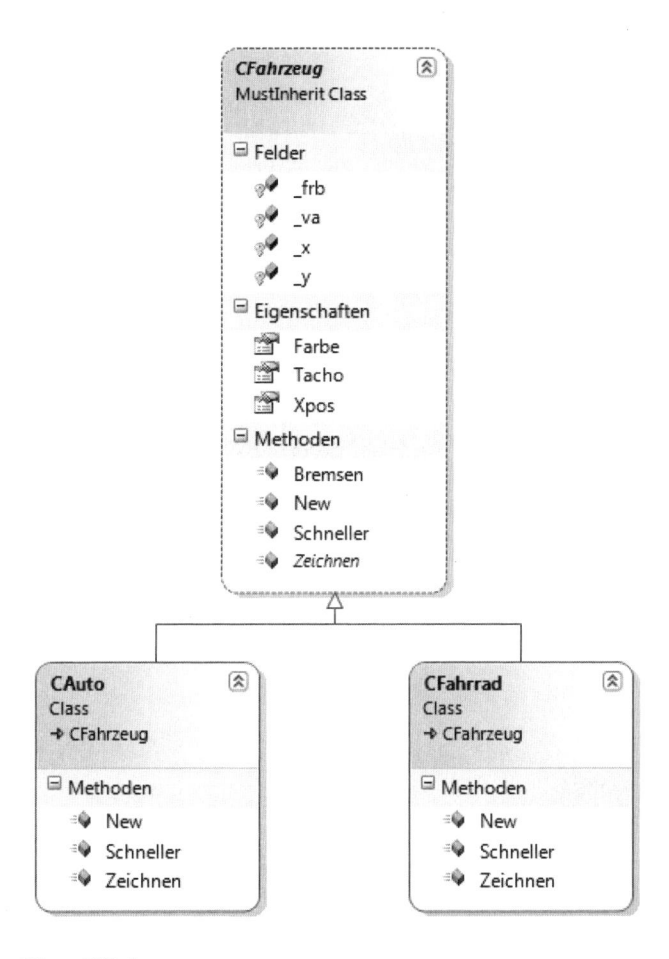

Methoden
- New
- Schneller
- Zeichnen

Oberfläche

Zusätzlich zu den beiden Cockpits für die Autos ist auch eines für das Fahrrad erforderlich.

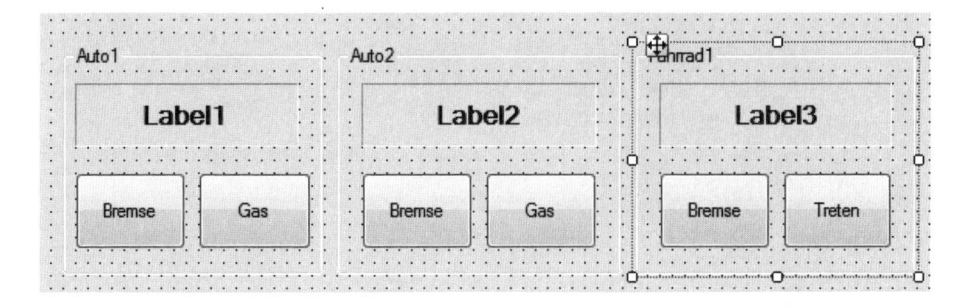

Auto1 — Label1 — Bremse | Gas
Auto2 — Label2 — Bremse | Gas
Fahrrad1 — Label3 — Bremse | Treten

Klassendefinition CFahrzeug

```
Public MustInherit Class CFahrzeug
```

Die folgenden privaten Variablen (Zustandsvariablen) sind geschützt (*protected*), der Zugriff von außerhalb ist also nur den abgeleiteten Klassen möglich:

```
Protected _x As Integer     ' x-Position
Protected _y As Integer     ' y-Position
Protected _va As Single     ' aktuelle Geschwindigkeit
Protected _frb As Color     ' Farbe
```

Diesen Konstruktor müssen alle abgeleiteten Klassen aufrufen:

```
Public Sub New(ByVal x As Integer, ByVal y As Integer)
    _x = x
    _y = y
End Sub
```

Die folgenden Eigenschaften werden von allen Nachkommen geerbt:

```
Public Property Xpos() As Integer
    Get
        Return _x
    End Get
    Set(ByVal value As Integer)
        _x = value
    End Set
End Property


Public ReadOnly Property Farbe() As Color
    Get
        Return _frb
    End Get
End Property


Public ReadOnly Property Tacho() As Single
    Get
        Return _va
    End Get
End Property
```

Die Methode *Bremsen* wir normal vererbt:

```
Public Sub Bremsen(ByVal dv As Single)
    _va -= dv
```

R7.4 Vererbung und Polymorphie anwenden

```
        If _va <= 0 Then _va = 0
End Sub
```

Die mit *Overridable* gekennzeichnete Methode *Schneller* wird später in den abgeleiteten Klassen *CAuto* und *CFahrrad* überschrieben.

```
Public Overridable Sub Schneller(ByVal dv As Single)
    _va += dv
End Sub
```

Das der Methode *Zeichnen* zusätzlich hinzugefügte Schlüsselwort *MustOverride* bedeutet, dass die Methode nicht in der Klasse *CFahrzeug* implementiert wird, sondern komplett in den abgeleiteten Klassen (*CAuto* und *CFahrrad*). Die folgende Methodendefinition besteht deshalb nur noch aus dem Methodenkopf:

```
Public MustOverride Sub Zeichnen(ByVal g As Graphics, ByVal colr As Color)
```

End Class

Klassendefinition CAuto

Die Klasse *CAuto* erbt von *CFahrzeug*. d.h., ihr Code wird quasi durch den von *CFahrzeug* erweitert.

Wie wir später noch sehen werden, erlaubt das Überschreiben der mit *Overridable* gekennzeichneten virtuellen Methoden der Basisklasse polymorphes Verhalten.

```
Public Class CAuto
    Inherits CFahrzeug
```

Ein eigener Konstruktor ist erforderlich, weil auch die Basisklasse (*CFahrzeug*) einen eigenen Konstruktor verwendet.

```
Public Sub New(ByVal x As Integer, ByVal y As Integer, ByVal c As Color)
```

Mit *MyBase.New(x, y)* wird zuerst der Konstruktor der Basisklasse aufgerufen:

```
    MyBase.New(x, y)
```

Anschließend wird ein eigener Wert gesetzt:

```
    _frb = c
End Sub
```

Eine mit *Overrides* gekennzeichnete Methode überschreibt die gleichnamige Methode der Basisklasse *CFahrzeug*. Das Überschreiben der Basisklassenmethode *Schneller* geschieht in zwei Schritten:

```
Public Overrides Sub Schneller(ByVal dv As Single)
```

Zunächst die Basisklassenmethode aufrufen ...

```
MyBase.Schneller(dv)
```

... und anschließend noch eine eigene Anweisung ausführen:

```
    If _va > 200 Then _va = 200
End Sub
```

Die in der Basisklasse (*CFahrzeug*) als abstract definierte Methode *Zeichnen* muss hingegen komplett implementiert werden:

```
Public Overrides Sub Zeichnen(ByVal g As Graphics, ByVal colr As Color)
    Dim b As Brush = New SolidBrush(colr)
    Dim p As New Pen(colr)
    g.FillRectangle(b, _x + 10, _y + 5, 30, 20)       ' linkes Hinterrad
    g.FillRectangle(b, _x + 10, _y + 66, 30, 20)      ' rechtes Hinterrad
    g.FillRectangle(b, _x + 80, _y + 10, 30, 15)      ' linkes Vorderrad
    g.FillRectangle(b, _x + 80, _y + 66, 30, 15)      ' rechtes Vorderrad
    g.DrawLine(p, _x + 25, _y + 25, _x + 25, _y + 30) ' linke Hinterachse
    g.DrawLine(p, _x + 25, _y + 60, _x + 25, _y + 65) ' rechte Hinterachse
    g.DrawLine(p, _x + 95, _y + 20, _x + 95, _y + 35) ' linke Vorderachse
    g.DrawLine(p, _x + 95, _y + 55, _x + 95, _y + 65) ' rechte Vorderachse
    g.DrawLine(p, _x, _y + 30, _x + 70, _y + 30)      ' linke Karosserieseite
    g.DrawLine(p, _x + 70, _y + 30, _x + 110, _y + 40)
    g.DrawLine(p, _x + 110, _y + 40, _x + 110, _y + 50) ' vordere Stoßstange
    g.DrawLine(p, _x + 70, _y + 60, _x, _y + 60)      ' rechte Karosserieseite
    g.DrawLine(p, _x + 70, _y + 60, _x + 110, _y + 50)
    g.DrawLine(p, _x, _y + 60, _x, _y + 30)           ' hintere Stoßstange
    g.FillEllipse(b, _x + 45, _y + 35, 20, 20)        ' Cockpit
End Sub

End Class
```

Klassendefinition CFahrrad

Auf zu *CAuto* völlig analoge Weise wird eine eigene Klasse *CFahrrad* als Nachkomme von *CFahrzeug* definiert:

```
Public Class CFahrrad
    Inherits CFahrzeug
    Public Sub New(ByVal x As Integer, ByVal y As Integer, ByVal c As Color)
        MyBase.New(x, y)
        _frb = c
    End Sub
```

R7.4 Vererbung und Polymorphie anwenden

```
Public Overrides Sub Schneller(ByVal dv As Single)
    MyBase.Schneller(dv)
    If _va > 50 Then _va = 50
End Sub

Public Overrides Sub Zeichnen(ByVal g As Graphics, ByVal colr As Color)
    Dim b As New SolidBrush(colr)
    Dim p As New Pen(colr)
    g.DrawLine(p, _x, _y + 20, _x + 20, _y + 20)         ' Hinterrad
    g.FillRectangle(b, _x + 20, _y + 11, 20, 18)          ' Oberkörper
    g.FillEllipse(b, _x + 36, _y + 16, 8, 8)              ' Kopf mit Helm
    g.DrawLine(p, _x + 40, _y + 11, _x + 50, _y + 11)    ' linker Arm
    g.DrawLine(p, _x + 40, _y + 28, _x + 50, _y + 28)    ' rechter Arm
    g.DrawLine(p, _x + 50, _y + 7, _x + 50, _y + 32)     ' Lenkstange
    g.DrawLine(p, _x + 45, _y + 20, _x + 70, _y + 20)    ' Vorderrad
End Sub

End Class
```

Quellcode Form1

```
Public Class Form1
```

Wie üblich, werden die Objekte zunächst auf Formularebene deklariert, um dann beim Laden des Formulars instanziiert und initialisiert zu werden:

```
Private Auto1 As CAuto
Private Auto2 As CAuto
Private Fahrrad1 As CFahrrad

Private g As Graphics              ' Grafikobjekt, auf dem gezeichnet wird
Private xb As Integer = 1000       ' Streckenabschnitt außerhalb des Sichtbereichs
Private xm As Integer              ' Lage der Startlinie

Protected Overrides Sub OnLoad(ByVal e As System.EventArgs)
    g = CreateGraphics()
    xm = Size.Width / 2
    Auto1 = New CAuto(xm - 110, 10, Color.Red)
    Auto2 = New CAuto(xm - 110, 110, Color.Blue)
    Fahrrad1 = New CFahrrad(xm - 70, 230, Color.Green)
    MyBase.OnLoad(e)
End Sub
```

Die folgenden Methodenaufrufe widerspiegeln die einzelnen Bedienfunktionen der Fahrzeuge und erfolgen mit unterschiedlichen Werten der Übergabeparameter, weil natürlich ein Auto eine andere Beschleunigung und Bremsverzögerung hat als ein Fahrrad.

Das Gaspedal des roten Autos:

```
Private Sub Button2_Click(ByVal sender As System.Object, ByVal e As System.EventArgs) _
                                                              Handles Button2.Click
    Auto1.Schneller(0.5F)
End Sub
```

Das Bremspedal des roten Autos:

```
Private Sub Button1_Click(ByVal sender As System.Object, ByVal e As System.EventArgs) _
                                                              Handles Button1.Click
    Auto1.Bremsen(1.0F)
End Sub
```

Das Gaspedal des blauen Autos:

```
Private Sub Button4_Click(ByVal sender As System.Object, ByVal e As System.EventArgs) _
                                                              Handles Button4.Click
    Auto2.Schneller(0.5F)
End Sub
```

Das Bremspedal des blauen Autos:

```
Private Sub Button3_Click(ByVal sender As System.Object, ByVal e As System.EventArgs) _
                                                              Handles Button3.Click
    Auto2.Bremsen(1.0F)
End Sub
```

Der Radfahrer tritt in die Pedalen:

```
Private Sub Button5_Click(ByVal sender As System.Object, ByVal e As System.EventArgs) _
                                                              Handles Button5.Click
    Fahrrad1.Schneller(0.1F)
End Sub
```

Der Radfahrer bremst:

```
Private Sub Button6_Click(ByVal sender As System.Object, ByVal e As System.EventArgs) _
                                                              Handles Button6.Click
    Fahrrad1.Bremsen(0.2F)
End Sub
```

Die folgende Methode zeigt ein beliebiges Fahrzeug auf dem Bildschirm an, egal ob ihr Übergabeparameter ein Fahrrad oder ein Auto ist (genau das versteht man unter Polymorphie!):

```
Private Sub anzeigen(ByVal fhzg As CFahrzeug)
    fhzg.Zeichnen(g, BackColor)                    ' alte Position übermalen
```

R7.4 Vererbung und Polymorphie anwenden

```
        fhzg.Xpos += Convert.ToInt32(fhzg.Tacho)    ' Verschieben der x-Position
        If fhzg.Xpos >= Width Then fhzg.Xpos = -xb  ' Rand erreicht
        fhzg.Zeichnen(g, fhzg.Farbe)                ' an neuer Position zeichnen
    End Sub
```

Die Anzeigeroutine dürfte Ihnen aus den Vorgängerbeispielen bereits bekannt sein:

```
Private Sub Timer1_Tick_1(ByVal sender As System.Object, ByVal e As System.EventArgs) _
                                                                    Handles Timer1.Tick
    anzeigen(Auto1)
    anzeigen(Auto2)
    anzeigen(Fahrrad1)
    Label1.Text = (Auto1.Tacho * 10).ToString() & " km/h"
    Label2.Text = (Auto2.Tacho * 10).ToString() & " km/h"
    Label3.Text = (Fahrrad1.Tacho * 10).ToString() & " km/h"
End Sub

End Class
```

Test

Endlich ist es geschafft, und das ungleiche Rennen kann beginnen:

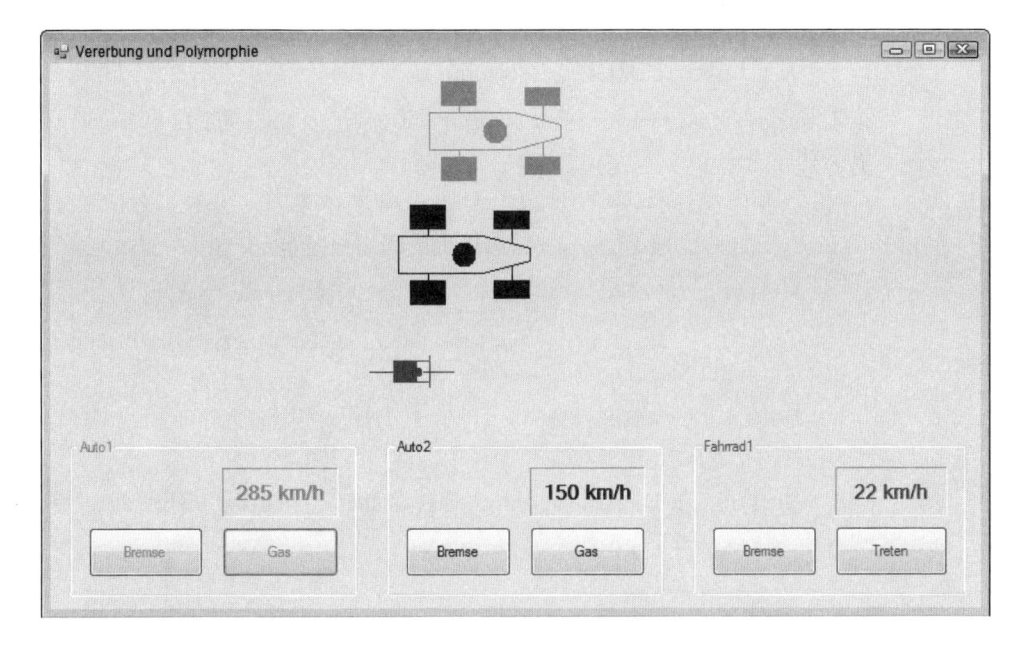

R7.5 Ereignisse programmieren

Da wir uns bis jetzt ausgiebig nur mit Eigenschaften und Methoden von Objekten beschäftigt haben, sollten wir auch die Dritten im Bunde – die Ereignisse – nicht vergessen. Ein Ereignis wird innerhalb einer Klasse definiert und ausgelöst und von einer anderen Klasse mit einer Ereignisbehandlungsmethode (Eventhandler) ausgewertet.

Wir wollen die Programmierung anhand eines Ereignisses *ELichthupe* erklären, welches wir zur Klasse *CAuto* hinzufügen. Ausgangspunkt ist das Beispiel R7.3 ("Eigenschaften kapseln").

Oberfläche

Die Cockpits der beiden Autos in R7.3 ergänzen wir jeweils um eine Schaltfläche mit der Beschriftung "Lichthupe" (siehe Laufzeitabbildung am Schluss).

Ergänzungen zur Klasse CAuto

```
Public Class CAuto
    ...
```

Grundlage einer jeden Ereignisdefinition ist ein Delegate (also ein Methodentyp), der den Typ des zugehörigen Eventhandlers beschreibt:

```
Public Delegate Sub DLichthupe(ByVal sender As Object)
```

Auf Basis dieses Delegaten wird unser Ereignis *ELichthupe* deklariert:

```
Public Event ELichthupe As DLichthupe
```

Übrigens könnte man die beiden obigen Anweisungen auch wie folgt zu einer einzigen zusammenfassen:

```
' Public Event ELichthupe(ByVal sender As Object)
```

Eine private Zustandsvaribale "merkt" sich, ob die Lichthupe ein- oder ausgeschaltet ist:

```
Private LH As Boolean = False          ' Lichthupe ist zunächst aus
```

Die folgende Methode simuliert das Aufblitzen des Lichtkegels beim Betätigen der Lichthupe und löst somit das Ereignis *ELichthupe* aus:

```
Public Sub Lichthupe(ByVal g As Graphics, ByVal c1 As Color, ByVal c2 As Color)
    Dim b As Brush
```

Nur wenn die Lichthupe nicht bereits eingeschaltet ist, wird der Lichtstrahl gezeichnet:

```
If Not LH Then
    b = New SolidBrush(c1)
```

Zur Simulation der Lichthupe zeichnen wir einfachheitshalber nur einen geraden Lichtstrahl anstatt eines realitätsnäheren Lichtkegels:

```
g.FillRectangle(b, _x + 111, _y + 40, 600, 10)
```

Das Ereignis "feuert", d.h., es wird ausgelöst:

```
        RaiseEvent ELichthupe(Me)
    Else
```

Der Lichtstrahl wird durch einfaches Überzeichnen mit der Hintergrundfarbe des Formulars wieder gelöscht:

```
        b = New SolidBrush(c2)
        g.FillRectangle(b, _x + 111, _y + 40, 400, 10)
    End If
    LH = Not LH
End Sub
...
End Class
```

Ergänzungen zur Klasse Form1

```
Public Class Form1
```

Beide Auto-Objekte werden "mit Ereignissen" (*WithEvents*) referenziert:

```
    Private WithEvents Auto1 As CAuto
    Private WithEvents Auto2 As CAuto
    ...
```

Ein gemeinsamer Eventhandler für das Ereignis *ELichthupe* beider Autos ist hinzuzufügen, wobei dessen Signatur exakt dem in der Klasse *CAuto* definierten Delegaten *DLichtHupe* entsprechen muss:

```
    Private Sub Auto_ELichthupe(ByVal sender As Object) _
                                    Handles Auto1.ELichthupe, Auto2.ELichthupe
```

Das als Parameter übergebene *CAuto*-Objekt wird per explizitem Typecasting (Unboxing) aus dem *Object*-Datentyp des *sender*-Parameters "herausgeholt":

```
        Dim auto As CAuto = CType(sender, CAuto)
```

Als Reaktion auf das Ereignis soll jedes Auto etwas abbremsen, wenn es von hinten mit der Lichthupe des anderen Autos angeblitzt wird:

```
        If auto Is Auto1 Then
            If Auto1.Xpos < Auto2.Xpos Then Auto2.Bremsen(0.5F)
        End If
        If auto Is Auto2 Then
            If Auto2.Xpos < Auto1.Xpos Then Auto1.Bremsen(0.5F)
        End If
    End Sub
```

Schließlich muss noch die Betätigung der Lichthupe eingebaut werden. Neben dem *Graphics*-Objekt (darauf wird der Lichtstrahl gezeichnet) werden die Farbe des Lichtstrahls und die Hintergrundfarbe des Formulars (zwecks Löschen des Lichtstrahls) übergeben:

Rotes Auto gibt Lichthupe:

```
Private Sub Button5_Click(ByVal sender As System.Object, ByVal e As System.EventArgs) _
                                                         Handles Button5.Click
    Auto1.Lichthupe(g, Color.Yellow, Me.BackColor)
End Sub
```

Blaues Auto gibt Lichthupe:

```
Private Sub Button6_Click(ByVal sender As System.Object, ByVal e As System.EventArgs) _
                                                         Handles Button6.Click
    Auto2.Lichthupe(g, Color.Yellow, Me.BackColor)
End Sub

End Class
```

Test

Sie können nun die Funktionsfähigkeit des implementierten Ereignismodells bei unterschiedlichen "Überholmanövern" ausprobieren. Das Betätigen der Lichthupe hat nur dann Erfolg, wenn das andere Auto nicht hinter, sondern **vor** Ihnen fährt.

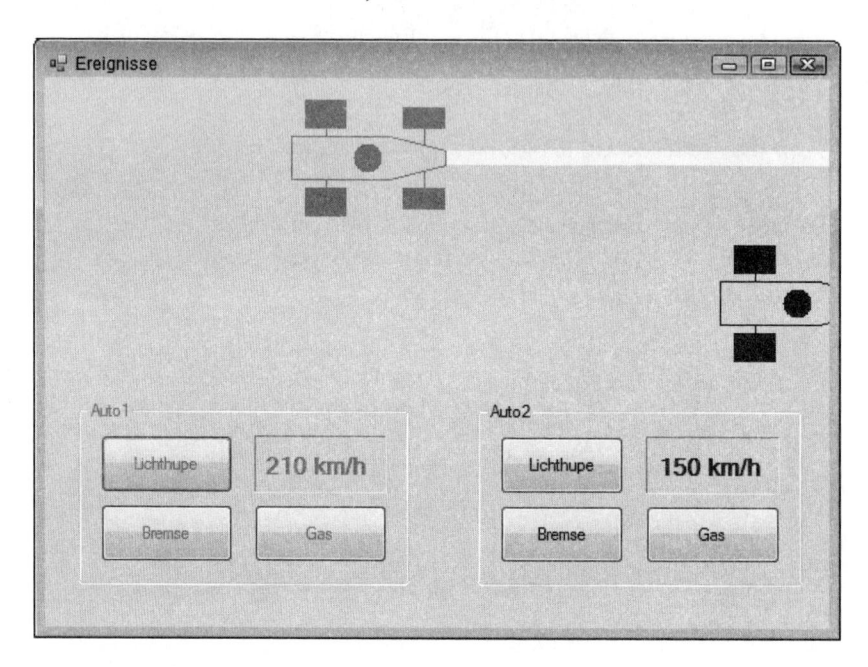

Bemerkungen

- Die in diesem Rezept praktizierte Ereignisprogrammierung weicht etwas von der von Microsoft empfohlenen Konvention ab, dürfte aber dafür umso leichter verständlich sein. In R7.8 wird das gleiche Beispiel nochmals unter strenger Beachtung der Regeln des *Microsoft Event Pattern* wiederholt.
- Im folgenden Rezept R7.6 zeigen wir anhand des Observer-Pattern einen allgemeinen Ansatz zur Modellierung dieses Beispiels.

R7.6 Das Observer-Pattern demonstrieren

Aufgrund ihres Facettenreichtums kann man OOP nicht erlernen, sondern man kann sie sich nur schrittweise durch praktische Experimente erschließen.

Jeder, der ernsthaft Software entwickeln will, sollte sich deshalb früher oder später mit den so genannten "Entwurfsmustern" (Design Pattern) auseinandersetzen. Eines der bedeutendsten Pattern ist das Observer-Pattern, denn es liefert auch die Grundlage für das .NET-Ereignismodell.

> **HINWEIS:** Das Observer-Pattern verlangt ein rigoroses Umdenken und die Abkehr von der Praxis der Vorgängerbeispiele dieses Kapitels, wo die Objekte im Bedienformular instanziiert wurden, um dann in den Eventhandlern der Bedienelemente (*Button*s) die Methoden der Objekte aufzurufen.

Das vorliegende Beispiel ist eine Weiterentwicklung von R7.5 ("Ereignisse programmieren").

Oberfläche

Die Programmoberfläche besteht aus dem Hauptformular *Form1* (*FormBorderStyle=FixedDialog*) und dem randlosen Formular *Form2* (*FormBorderStyle=None*). Nach außen hin wirken beide später wie ein einziges Formular, da *Form2* später zum "unechten MDI-Child-Fenster" von *Form1* gemacht wird.

> **HINWEIS:** Die Aufteilung in zwei Formulare macht die Programmierung transparenter. Während *Form1* sämtliche Verwaltungsfunktionen kapselt und gewissermaßen die "Schaltzentrale" der Anwendung darstellt, ist die Klasse *Form2* zusammen mit den Klassen *Auto1* und *Auto2* unmittelbar am Observer-Pattern beteiligt.

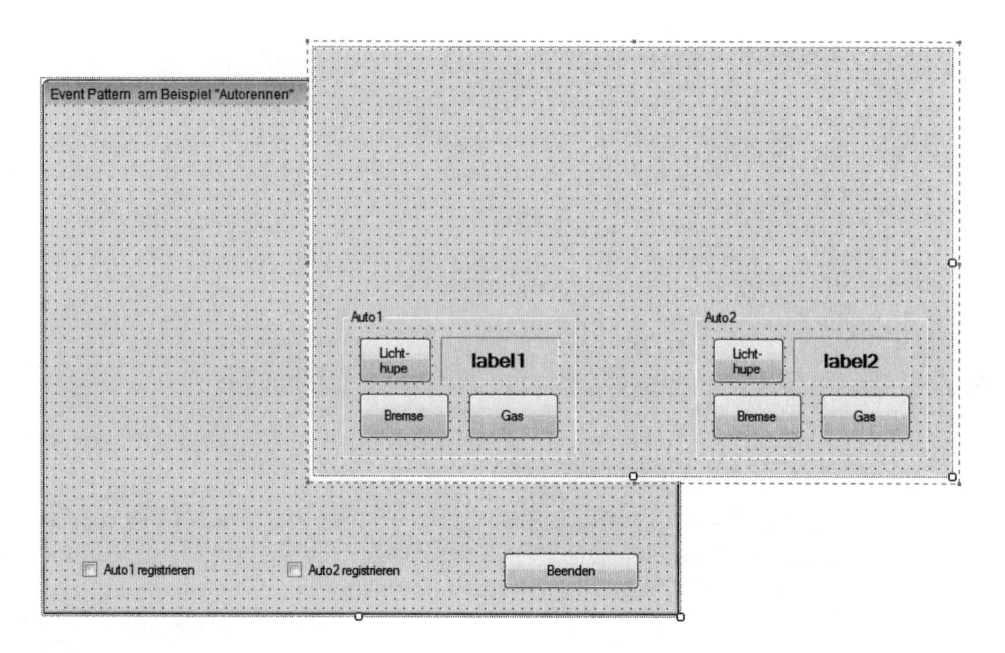

Klassendiagramm

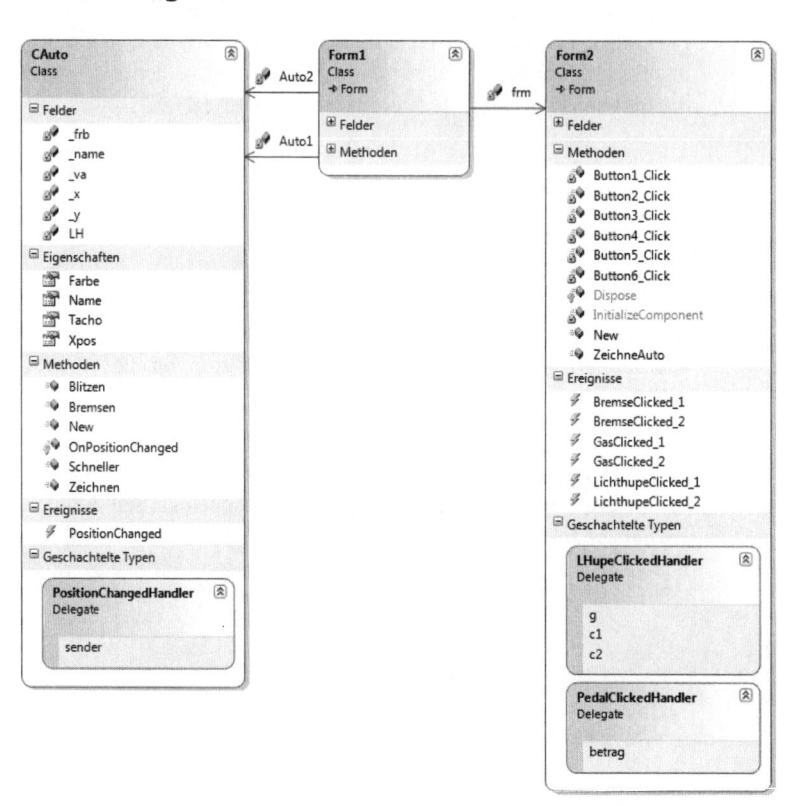

Beide Auto-Objekte "beobachten" das Formular, d.h., sie werten die vom Subjekt *Form2* ausgelösten Ereignisse aus (also z.B. Klick auf die Schaltfläche "Gasgeben" von *Auto1*).

HINWEIS: Charakteristisch für das Observer Pattern ist eine lose Kopplung der beteiligten Objekte, die jederzeit wieder aufgelöst werden kann. Damit gibt es keine zirkularen Referenzen, denn die miteinander interagierenden Objekte instanziieren sich nicht gegenseitig, sondern "belauschen" sich nur und reagieren entsprechend.

Jedes *CAuto*-Objekt sorgt selbst dafür, dass es neu gezeichnet wird! Dazu muss es allerdings von *Form2* "beobachtet" werden, d.h., in diesem Sonderfall sind die Rollen von Subjekt und Observer vertauscht!

Quellcode Startformular (Form1)

Aufgabe des Startformulars *Form1* ist die Instanziierung aller am Observer-Pattern beteiligten Objekte (*Form2*, *Auto1* und *Auto2*), sowie die Registrierung bzw. Deregistrierung aller benötigten Eventhandler bei den entsprechenden Ereignissen.

```
Public Class Form1
    Private frm As Form2
    Private Auto1 As CAuto
    Private Auto2 As CAuto
```

Die erforderlichen Startaktivitäten erledigen wir im Konstruktor von *Form1*:

```
    Public Sub New()

        ' Dieser Aufruf ist für den Windows Form-Designer erforderlich.
        InitializeComponent()
        ' Fügen Sie Initialisierungen nach dem InitializeComponent()-Aufruf hinzu.
```

Eine Instanz des Subjekts erzeugen:

```
        frm = New Form2()
```

Beide Observer erzeugen:

```
        Auto1 = New CAuto("Ferrari", 0, 10, Color.Red)
        Auto2 = New CAuto("BMW", 0, 110, Color.Blue)
```

Darstellen von *Form2* als "falsches" MDI-Fenster:

```
        frm.TopLevel = False
        frm.Parent = Me
```

Unsere "Autorennbahn" erscheint:

```
        frm.Show()
    End Sub
```

Jetzt kommt das Wichtigste, d.h., wir definieren die ereignisgesteuerte Zusammenarbeit der drei beteiligten Objekte (*frm*, *Auto1*, *Auto2*).

Auto1 registrieren/deregistrieren:

```
Private Sub CheckBox1_CheckedChanged(ByVal sender As System.Object, _
                    ByVal e As System.EventArgs) Handles CheckBox1.CheckedChanged
    If CheckBox1.Checked Then
```

Nun erfolgt die Verknüpfung aller von *Auto1* erzeugten und empfangenen Ereignisse mit ihren Handlern.

Das in *Auto1* ausgelöste *PositionChanged*-Ereignis wird in *Form2* verarbeitet:

```
        AddHandler Auto1.PositionChanged, AddressOf frm.ZeichneAuto
```

Nun die Ereignisse, die in *Form2* ausgelöst und in *Auto1* verarbeitet werden:

```
        AddHandler frm.GasClicked_1, AddressOf Auto1.Schneller
        AddHandler frm.BremseClicked_1, AddressOf Auto1.Bremsen
        AddHandler frm.LichthupeClicked_1, AddressOf Auto1.Blitzen

        frm.GroupBox1.Enabled = True
        frm.GroupBox1.Text = Auto1.Name
    Else
```

Die Verknüpfungen der Ereignisse von *Auto1* mit deren Eventhandlern werden wieder gelöst:

```
        RemoveHandler Auto1.PositionChanged, AddressOf frm.ZeichneAuto
        RemoveHandler frm.GasClicked_1, AddressOf Auto1.Schneller
        RemoveHandler frm.BremseClicked_1, AddressOf Auto1.Bremsen
        RemoveHandler frm.LichthupeClicked_1, AddressOf Auto1.Blitzen

        frm.GroupBox1.Enabled = False
        frm.Refresh()
    End If
End Sub
```

Der entsprechende Code für *Auto2* ist analog aufgebaut:

```
Private Sub CheckBox2_CheckedChanged(ByVal sender As System.Object, _
                    ByVal e As System.EventArgs) Handles CheckBox2.CheckedChanged
    If CheckBox2.Checked Then
        AddHandler Auto2.PositionChanged, AddressOf frm.ZeichneAuto
        AddHandler frm.GasClicked_2, AddressOf Auto2.Schneller
        AddHandler frm.BremseClicked_2, AddressOf Auto2.Bremsen
        AddHandler frm.LichthupeClicked_2, AddressOf Auto2.Blitzen
```

R7.6 Das Observer-Pattern demonstrieren

```vbnet
                frm.GroupBox2.Enabled = True
                frm.GroupBox2.Text = Auto2.Name
            Else
                RemoveHandler Auto2.PositionChanged, AddressOf frm.ZeichneAuto
                RemoveHandler frm.GasClicked_2, AddressOf Auto2.Schneller
                RemoveHandler frm.BremseClicked_2, AddressOf Auto2.Bremsen
                RemoveHandler frm.LichthupeClicked_2, AddressOf Auto2.Blitzen

                frm.GroupBox2.Enabled = False
                frm.Refresh()
            End If
        End Sub
```

Programm beenden:

```vbnet
        Private Sub Button1_Click(ByVal sender As System.Object, ByVal e As System.EventArgs) _
                                                                   Handles Button1.Click
            Me.Close()
        End Sub
End Class
```

Quellcode Form2

Dieses Formular übernimmt, ganz im Sinne des Observer-Pattern, die Rolle des Subjekts.

```vbnet
Public Class Form2
    Private g As Graphics            ' Grafikobjekt, auf dem gezeichnet wird
    Private xb As Integer = 1000     ' außerhalb des Sichtbereichs liegender Streckenabschnitt
```

Die Ereignisdefinitionen:

```vbnet
    Public Delegate Sub PedalClickedHandler(ByVal betrag As Single)

    Public Event GasClicked_1 As PedalClickedHandler
    Public Event BremseClicked_1 As PedalClickedHandler
    Public Event GasClicked_2 As PedalClickedHandler
    Public Event BremseClicked_2 As PedalClickedHandler
    Public Delegate Sub LHupeClickedHandler(ByVal g As Graphics, ByVal c1 As Color, _
                                                                 ByVal c2 As Color)
    Public Event LichthupeClicked_1 As LHupeClickedHandler
    Public Event LichthupeClicked_2 As LHupeClickedHandler
```

Merker für die aktuellen X-Koordinaten der beiden Autos:

```vbnet
    Private _x1 As Integer
    Private _x2 As Integer
```

Im *Form2*-Konstruktor wird das *Graphics*-Objekt für die Zeichenoperationen erzeugt:

```
Public Sub New()
    ' Dieser Aufruf ist für den Windows Form-Designer erforderlich.
    InitializeComponent()

    ' Fügen Sie Initialisierungen nach dem InitializeComponent()-Aufruf hinzu.

    g = CreateGraphics()
    Dock = DockStyle.Top

    GroupBox1.Enabled = False
    GroupBox2.Enabled = False
End Sub
```

Gaspedal Ferrari:

```
Private Sub Button2_Click(ByVal sender As System.Object, ByVal e As System.EventArgs) _
                                                        Handles Button2.Click
    RaiseEvent GasClicked_1(0.5F)
End Sub
```

Bremspedal Ferrari:

```
Private Sub Button1_Click(ByVal sender As System.Object, ByVal e As System.EventArgs) _
                                                        Handles Button1.Click
    RaiseEvent BremseClicked_1(1.0F)
End Sub
```

Gaspedal BMW:

```
Private Sub Button4_Click(ByVal sender As System.Object, ByVal e As System.EventArgs) _
                                                        Handles Button4.Click
    RaiseEvent GasClicked_2(0.5F)
End Sub
```

Bremspedal BMW:

```
Private Sub Button3_Click(ByVal sender As System.Object, ByVal e As System.EventArgs) _
                                                        Handles Button3.Click
    RaiseEvent BremseClicked_2(1.0F)
End Sub
```

Der Ferrari-Fahrer betätigt die Lichthupe, was ein oder zwei Ereignisse auslöst:

```
Private Sub Button5_Click(ByVal sender As System.Object, ByVal e As System.EventArgs) _
                                                        Handles Button5.Click
```

1. Lichthupe zeichnerisch darstellen:

```
RaiseEvent LichthupeClicked_1(g, Color.Yellow, BackColor)
```

2. Wenn der Ferrari hinter dem BMW fährt dann den BMW-Fahrer "erschrecken, sodass dieser abbremst:

```
    If _x1 < (_x2 - 70) Then RaiseEvent BremseClicked_2(1.0F)
End Sub
```

Die Lichthupe des BMW wird betätigt:

```
Private Sub Button6_Click(ByVal sender As System.Object, ByVal e As System.EventArgs) _
                                                                    Handles Button6.Click
    RaiseEvent LichthupeClicked_2(g, Color.Yellow, BackColor)
    If _x2 < (_x1 - 70) Then RaiseEvent BremseClicked_1(1.0F)
End Sub
```

Der mit dem *PositionChanged*-Ereignis von *CAuto* verbundene Eventhandler (siehe Code von *Form1*):

```
Public Sub ZeichneAuto(ByVal sender As Object)
    Dim auto As CAuto = CType(sender, CAuto)
```

Alte Position übermalen:

```
    auto.Zeichnen(g, BackColor)
```

Geschwindigkeitsabhängiges Verschieben der x-Position:

```
    auto.Xpos += Convert.ToInt32(auto.Tacho)
```

Neu zeichnen:

```
    If auto.Xpos >= Width Then auto.Xpos = -xb     ' Rand erreicht
    auto.Zeichnen(g, auto.Farbe)                    ' an neuer Position zeichnen
    If auto.Name = "Ferrari" Then
        Label1.Text = (auto.Tacho * 10).ToString & " km/h"
        _x1 = auto.Xpos         ' Position merken
    End If
    If auto.Name = "BMW" Then
        Label2.Text = (auto.Tacho * 10).ToString & "km/h"
        _x2 = auto.Xpos         ' Position merken
    End If
End Sub

End Class
```

Quellcode CAuto

```
Public Class CAuto
```

Ein Ereignis definieren:

```
Public Delegate Sub PositionChangedHandler(ByVal sender As Object)
Public Event PositionChanged As PositionChangedHandler
```

Wie Sie sich vielleicht erinnern können, wurde in *Form1* das *PositionChanged*-Ereignis beider *CAuto*-Objekte mit der Methode *ZeichneAuto* in *Form2* verbunden.

Die privaten Zustandsvariablen bieten keine Besonderheiten:

```
Private _name As String        ' Autotyp o.ä.
Private _x As Integer          ' x-Position
Private _y As Integer          ' y-Position
Private _va As Single          ' aktuelle Geschwindigkeit
Private _frb As Color          ' Farbe

Private LH As Boolean = False  ' Lichthupe ein/aus
```

Der Konstruktor:

```
Public Sub New(ByVal nam As String, ByVal xpos As Integer, ByVal ypos As Integer, _
                                    ByVal colr As Color)
    _name = nam
    _x = xpos
    _y = ypos
    _frb = colr
```

Ein *Timer*-Objekt wird erzeugt:

```
Dim tim As New System.Windows.Forms.Timer
tim.Enabled = True
tim.Interval = 100
```

Das *Tick*-Event des Timers wird mit der *OnPositionChanged*-Methode verbunden:

```
    AddHandler tim.Tick, AddressOf OnPositionChanged
End Sub
```

Die Signatur der *OnPositionChanged*-Methode, die das *PositionChanged*-Ereignis auslöst, muss mit der eines *Timer.Tick*-Eventhandlers übereinstimmen:

```
Protected Sub OnPositionChanged(ByVal sender As Object, ByVal e As EventArgs)
    RaiseEvent PositionChanged(Me)
End Sub
```

Die Eigenschaften:
```vb
Public ReadOnly Property Name() As String
    Get
        Return _name
    End Get
End Property

Public Property Xpos() As Integer
    Get
        Return _x
    End Get
    Set(ByVal value As Integer)
        _x = value
    End Set
End Property

Public ReadOnly Property Farbe() As Color
    Get
        Return _frb
    End Get
End Property

Public ReadOnly Property Tacho() As Single
    Get
        Return _va
    End Get
End Property
```

Auch die öffentlichen Methoden erklären sich selbst:
```vb
Public Sub Schneller(ByVal dv As Single)
    _va += dv
    If _va > 500 Then _va = 500
End Sub

Public Sub Bremsen(ByVal dv As Single)
    _va -= dv
    If _va <= 0 Then _va = 0
End Sub
```

```
Public Sub Zeichnen(ByVal g As Graphics, ByVal colr As Color)
    Dim b As Brush = New SolidBrush(colr)
    Dim p As New Pen(colr)
    g.FillRectangle(b, _x + 10, _y + 5, 30, 20)        ' linkes Hinterrad
    g.FillRectangle(b, _x + 10, _y + 66, 30, 20)       ' rechtes Hinterrad
    g.FillRectangle(b, _x + 80, _y + 10, 30, 15)       ' linkes Vorderrad
    g.FillRectangle(b, _x + 80, _y + 66, 30, 15)       ' rechtes Vorderrad
    g.DrawLine(p, _x + 25, _y + 25, _x + 25, _y + 30)  ' linke Hinterachse
    g.DrawLine(p, _x + 25, _y + 60, _x + 25, _y + 65)  ' rechte Hinterachse
    g.DrawLine(p, _x + 95, _y + 20, _x + 95, _y + 35)  ' linke Vorderachse
    g.DrawLine(p, _x + 95, _y + 55, _x + 95, _y + 65)  ' rechte Vorderachse
    g.DrawLine(p, _x, _y + 30, _x + 70, _y + 30)       ' linke Karosserieseite
    g.DrawLine(p, _x + 70, _y + 30, _x + 110, _y + 40)
    g.DrawLine(p, _x + 110, _y + 40, _x + 110, _y + 50) ' vordere Stoßstange
    g.DrawLine(p, _x + 70, _y + 60, _x, _y + 60)        ' rechte Karosserieseite
    g.DrawLine(p, _x + 70, _y + 60, _x + 110, _y + 50)
    g.DrawLine(p, _x, _y + 60, _x, _y + 30)             ' hintere Stoßstange
    g.FillEllipse(b, _x + 45, _y + 35, 20, 20)          ' Cockpit
End Sub

Public Sub Blitzen(ByVal g As Graphics, ByVal c1 As Color, ByVal c2 As Color)
    Dim b As Brush
    If Not LH Then                ' nur wenn Lichthupe nicht bereits eingeschaltet ist
        b = New SolidBrush(c1)
        g.FillRectangle(b, _x + 111, _y + 40, 600, 10)  ' Lichtblitz zeichnen
    Else
        b = New SolidBrush(c2)
        g.FillRectangle(b, _x + 111, _y + 40, 600, 10)  ' Lichtblitz löschen
    End If
    LH = Not LH
End Sub

End Class
```

Test

Unmittelbar nach Programmstart ist die Rennstrecke noch leer, die Autos erscheinen erst nach ihrer Registrierung, d.h., nachdem Sie das Häkchen in die entsprechende *CheckBox* gesetzt haben. Auf gleiche Weise können Sie jedes Auto auch wieder verschwinden lassen. Ansonsten entspricht das Verhalten des Programms dem seines Vorgängers R7.5 ("Ereignisse programmieren").

R7.6 Das Observer-Pattern demonstrieren

In der Abbildung leitet das oben fahrende Auto gerade ein Überholmanöver ein, indem es ein Lichthupensignal gibt. Als Reaktion verlangsamt das unten fahrende Auto seine Geschwindigkeit.

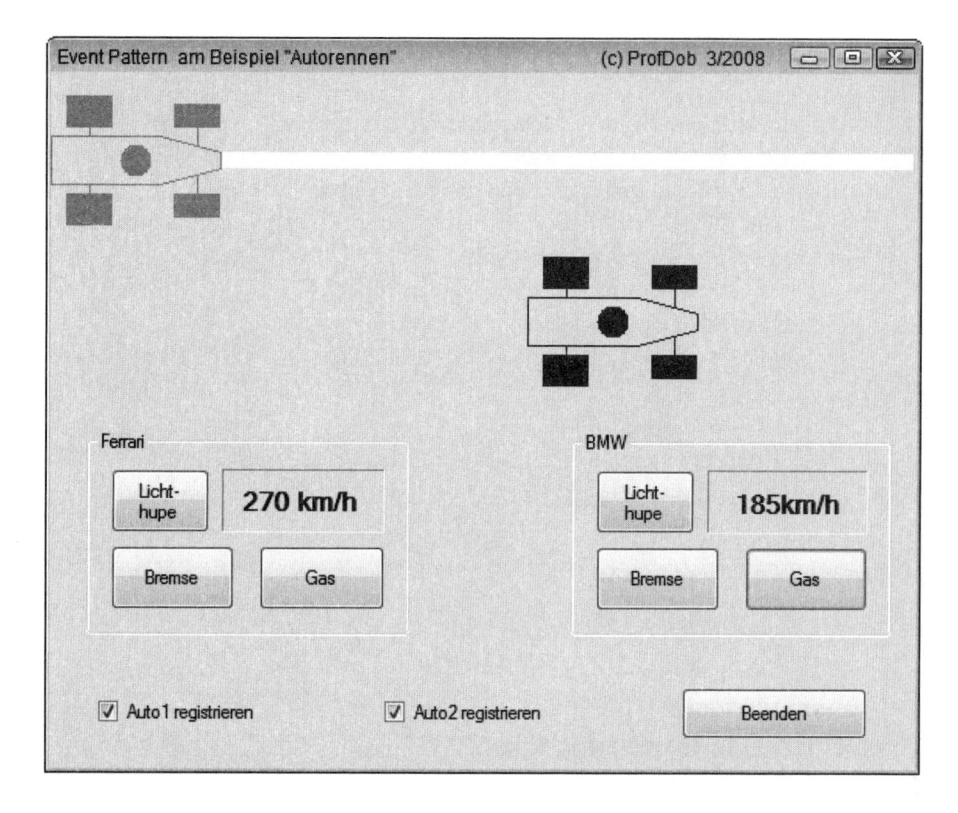

Bemerkungen

- Das unter .NET praktizierte Event-Pattern kann als spezielle Implementierung des Observer-Pattern interpretiert werden. Ziel ist eine maximale Entkopplung der Objekte voneinander, d.h., die am Observer Pattern beteiligten Klassen instanziieren sich nicht gegenseitig, sondern der Nachrichtenaustausch erfolgt ausschließlich ereignisgesteuert.

- Der größte Vorteil der .NET-Ereignisdelegaten liegt darin, sich gleichzeitig auf verschiedene Methoden in jeder Klasse Ihres Projekts beziehen zu können (natürlich müssen die Signaturen übereinstimmen). Das befähigt jede Klasse, als Subjekt oder als Observer zu agieren.

- Ausführlich werden die theoretischen Grundlagen des Observer Pattern in unserem Buch [*Visual Basic 2008 – Grundlagen und Profiwissen*] dargelegt.

R7.7 Multicast-Events verwenden

Unter .NET spielen – basierend auf Multicast-Delegates – die Multicast-Events eine zentrale Rolle, sie erlauben es, eine theoretisch unbegrenzte Anzahl von Eventhandlern an ein einziges Ereignis zu binden. Das .NET-Framework erzeugt zu diesem Zweck eine verlinkte Liste von Delegates und arbeitet diese nacheinander ab, sobald das Ereignis ausgelöst wird.

Um ein Multicast-Event zu demonstrieren, ergänzen wir das *Form2*-Objekt des Vorgängerbeispiels um ein weiteres Ereignis *HaltClicked*, welches durch Klick auf einen "Halt"-*Button* ausgelöst wird und gewissermaßen einen sofortigen "Notstopp" unseres Autorennens veranlassen soll. Beide Auto-Objekte abonnieren dieses Ereignis und bremsen sofort stark ab, wenn das Ereignis von *Form2* ausgelöst wird.

Oberfläche

Lediglich eine Schaltfläche "Halt" wird hinzugefügt.

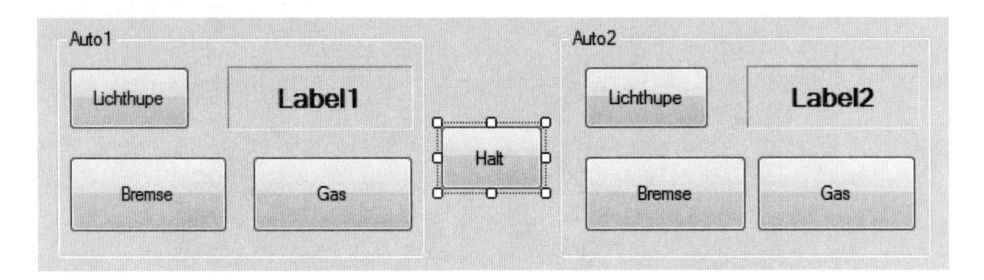

Quellcode-Ergänzung Form2

```
Public Class Form2
```

Wir deklarieren ein weiteres Ereignis vom Typ *PedalClickHandler*:

```
Public Event HaltClicked As PedalClickedHandler
```

Im *Click*-Eventhandler des "Halt"-*Button*s wird das Ereignis ausgelöst:

```
Private Sub Button7_Click(ByVal sender As System.Object, ByVal e As System.EventArgs) _
                                                            Handles Button7.Click
    RaiseEvent HaltClicked(500.0F)
End Sub
...
End Class
```

Quellcode-Ergänzung Fom1

```
Public Class Form2
    ...
```

Wir verbinden das Ereignis mit den gewünschten Handlern (Methodenaufrufen), bzw. lösen bei Bedarf diese Verbindung wieder.

Für das Objekt *Auto1*:

```
Private Sub CheckBox1_CheckedChanged(ByVal sender As System.Object, _
                     ByVal e As System.EventArgs) Handles CheckBox1.CheckedChanged
    If CheckBox1.Checked Then
        ...
        AddHandler frm.HaltClicked, AddressOf Auto1.Bremsen      ' anmelden
    Else
        ...
        RemoveHandler frm.HaltClicked, AddressOf Auto1.Bremsen   ' abmelden
    End If
End Sub
```

Für das Objekt *Auto2*:

```
Private Sub CheckBox2_CheckedChanged(ByVal sender As System.Object, _
                     ByVal e As System.EventArgs) Handles CheckBox2.CheckedChanged
    If CheckBox2.Checked Then
        ...
        AddHandler frm.HaltClicked, AddressOf Auto2.Bremsen      ' anmelden
    Else
        ...
        RemoveHandler frm.HaltClicked, AddressOf Auto2.Bremsen   ' abmelden
    End If
End Sub
...
End Class
```

Test

Sie können das Auto-Rennen wie gewohnt starten. Klicken Sie den "Halt"-Button, so führen beide Autos gleichzeitig eine "Vollbremsung" durch.

Bemerkungen

- Dank Multicast-Events dürfen sich mehrere Observer bei einem bestimmten Ereignis des Subjekts registrieren.
- Wie Sie gesehen haben, sind nur geringfügige Code-Ergänzungen erforderlich, um weitere Ereignisse zu beliebigen Objekten hinzuzufügen und diese in beliebigen anderen Objekten zu behandeln.

R7.8 Das Microsoft Event Pattern implementieren

Der angehende Profi sollte sich beim Implementieren des Observer Pattern an bestimmte, Regeln der Namensgebung für Delegates, Events und Methodenaufrufe halten, wenn diese am Nachrichtenaustausch zwischen verschiedenen Klasseninstanzen beteiligt sind. Das erhöht Transparenz und Wiederverwendbarkeit des Quellcodes. Letztendlich entstand so eine leichte Modifikation des Observer-Pattern, das *Microsoft Event Pattern*. Obwohl seitens des .NET-Frameworks keinerlei Zwang dazu besteht (siehe Vorgängerbeispiele), empfiehlt Microsoft dennoch die strikte Einhaltung dieser Regeln.

Wir wollen im Folgenden das Vorgänger-Rezept R7.7 ("Multicast-Events verwenden") so umcodieren, dass es den Konventionen des Microsoft Event Pattern entspricht.

Oberfläche

Bedienoberfläche und Funktion entsprechen 100%-ig dem Vorgänger-Rezept R7.7.

Hinzufügen einer Klasse PedalClickedEventArgs

Diese von *System.EventArgs* abgeleitete Klasse definiert die Ereignisparameter, die für die Übertragung der von den *PedalClicked*...Ereignissen mitgegebenen Daten zuständig sind. Die Namensgebung setzt sich aus dem Namen des Ereignisses (*PedalClicked*) und dem Anhängsel "*EventArgs*" zusammen:

```
Public Class PedalClickedEventArgs
    Inherits EventArgs

    Private _betrag As Object
```

Bei der Instanziierung werden dem Konstruktor die zu übertragenden Informationen per Boxing übergeben (quasi eingepackt in ein Objekt vom *Object*-Datentyp):

```
Public Sub New(ByVal b As Object)
    _betrag = b
End Sub
```

Die ReadOnly-Eigenschaft *Betrag* ermöglicht später den typisierten Zugriff im für das *PedalClicked*-Ereignis angemeldeten Eventhandler:

```
Public ReadOnly Property Betrag() As Single
    Get
        Return CType(_betrag, Single)
    End Get
End Property

End Class
```

Hinzufügen einer Klasse LHupeClickedEventArgs

Auch für diesen Ereignistyp ist eine neue Klasse anzulegen. Der Ereignisparameter *e* soll ein *Graphics*-Objekt *g* und die Farben *c1* und *c2* für das Zeichnen des Lichtstrahls kapseln.

```
Public Class LHupeClickedEventArgs
    Inherits EventArgs

    Private _g As Object
    Private _c1 As Object
    Private _c2 As Object

    Public Sub New(ByVal g As Object, ByVal c1 As Object, ByVal c2 As Object)
        _g = g
        _c1 = c1
        _c2 = c2
    End Sub

    Public ReadOnly Property Gr() As Graphics
        Get
            Return CType(_g, Graphics)
        End Get
    End Property

    Public ReadOnly Property C1() As Color
        Get
            Return CType(_c1, Color)
        End Get
    End Property

    Public ReadOnly Property C2() As Color
        Get
            Return CType(_c2, Color)
        End Get
    End Property
End Class
```

Namensgebung und Signatur der Ereignisdelegaten

Der Name eines Ereignisdelegaten sollte sich immer aus dem Ereignisnamen und dem Wort "Handler" zusammensetzen, in unserem Fall also *PedalClickedHandler* und *LHupeClickedHandler*.

```
Public Class Form2
    Public Delegate Sub PedalClickedHandler(ByVal sender As Object, _
                                            ByVal e As PedalClickedEventArgs)
    Public Delegate Sub LHupeClickedHandler(ByVal sender As Object, _
                                            ByVal e As LHupeClickedEventArgs)
```

Wie Sie sehen, besteht die Signatur aus zwei Parametern, der erste Parameter heißt immer *sender* und ist die Referenz auf das Objekt, welches das Ereignis auslöst. Der *sender*-Parameter ist stets vom Typ *System.Object*, sodass er potenziell an jede Methode eines jeden Objekts der Anwendung gebunden werden kann.

Der Namen des zweiten Parameters ist einfach nur *e*, er befähigt das Subjekt (in unserem Fall *Form2*), beliebig viele Informationen an die Observer (*Auto1* oder *Auto2*) zu übermitteln. Falls eine solche Information nicht benötigt wird, genügt ein Platzhalter mit einer Instanz der Klasse *System.EventArgs*.

In unserem Beispiel werden folgende Ereignisse mit diesen beiden Delegaten-Typen deklariert:

```
...
Public Event GasClicked_1 As PedalClickedHandler
Public Event BremseClicked_1 As PedalClickedHandler
Public Event GasClicked_2 As PedalClickedHandler
Public Event BremseClicked_2 As PedalClickedHandler
Public Event HaltClicked As PedalClickedHandler

Public Event LHupeClicked_1 As LHupeClickedHandler
Public Event LHupeClicked_2 As LHupeClickedHandler
...
```

Hinzufügen von ereignisauslösenden Methoden

Das Microsoft Event Pattern verlangt, dass das Auslösen eines Ereignisses nicht irgendwo, sondern stets innerhalb einer bestimmten Methode mit dem Präfix *On...* erfolgen soll. Die Sichtbarkeit dieser Methode sollte auf *Protected* gesetzt werden.

Das Ereignis *GasClicked_1* (es soll auftreten, wenn beim ersten Auto auf den *Button* "Gas" geklickt wird), ist demnach durch die Methode *OnGasClicked_1* auszulösen:

```
Protected Sub OnGasClicked_1(ByVal b As Single)
    RaiseEvent GasClicked_1(Me, New PedalClickedEventArgs(b))
End Sub
```

Der Wert des Parameters *b* entspricht dem Betrag der Geschwindigkeitserhöhung, er wird bei der Instanziierung des *PedalClickedEventArgs*-Objekts dem Ereignis "mitgegeben".

Hier die *On*...-Methoden für die übrigen Ereignisse:

```
Protected Sub OnBremseClicked_1(ByVal b As Single)
    RaiseEvent BremseClicked_1(Me, New PedalClickedEventArgs(b))
End Sub


Protected Sub OnGasClicked_2(ByVal b As Single)
    RaiseEvent GasClicked_2(Me, New PedalClickedEventArgs(b))
End Sub


Protected Sub OnBremseClicked_2(ByVal b As Single)
    RaiseEvent BremseClicked_2(Me, New PedalClickedEventArgs(b))
End Sub


Protected Sub OnHaltClicked(ByVal b As Single)
    RaiseEvent HaltClicked(Me, New PedalClickedEventArgs(b))
End Sub


Protected Sub OnLHupeClicked_1()
    RaiseEvent LHupeClicked_1(Me, New LHupeClickedEventArgs(g, Color.Yellow, BackColor))
    If _x1 < (_x2 - 70) Then OnBremseClicked_2(1.0F)
End Sub


Protected Sub OnLHupeClicked_2()
    RaiseEvent LHupeClicked_2(Me, New LHupeClickedEventArgs(g, Color.Yellow, BackColor))
    If _x2 < (_x1 - 70) Then OnBremseClicked_1(1.0F)
End Sub
```

Die folgenden Bedienfunktionen lösen jetzt nicht mehr, wie im Vorgängerbeispiel, die entsprechenden Ereignisse direkt aus, sondern rufen nur noch die entsprechenden *On*...-Methoden auf:

Gaspedal *Auto1*:

```
Private Sub Button2_Click(ByVal sender As System.Object, ByVal e As System.EventArgs) _
                                                            Handles Button2.Click
    OnGasClicked_1(2.0F)
End Sub
```

Bremspedal *Auto1*:

```
Private Sub Button1_Click(ByVal sender As System.Object, ByVal e As System.EventArgs) _
                                                            Handles Button1.Click
    OnBremseClicked_1(1.5F)
End Sub
```

Gaspedal *Auto2*:

```
Private Sub Button4_Click(ByVal sender As System.Object, ByVal e As System.EventArgs) _
                                                                  Handles Button4.Click
    OnGasClicked_2(1.0F)
End Sub
```

Bremspedal *Auto2*:

```
Private Sub Button3_Click(ByVal sender As System.Object, ByVal e As System.EventArgs) _
                                                                  Handles Button3.Click
    OnBremseClicked_2(0.8F)
End Sub
```

Lichthupe *Auto1*:

```
Private Sub Button5_Click(ByVal sender As System.Object, ByVal e As System.EventArgs) _
                                                                  Handles Button5.Click
    OnLHupeClicked_1()
End Sub
```

Lichthupe *Auto2*:

```
Private Sub Button6_Click(ByVal sender As System.Object, ByVal e As System.EventArgs) _
                                                                  Handles Button6.Click
    OnLHupeClicked_2()
End Sub
```

Halt:

```
Private Sub Button7_Click(ByVal sender As System.Object, ByVal e As System.EventArgs) _
                                                                  Handles Button7.Click
    OnHaltClicked(500.0F)
End Sub
    ....
End Class
```

Anpassen der Signatur der Eventhandler

In den Observern (den Objekten der Klasse *CAuto*), wo die besprochenen Ereignisse ausgewertet werden, ist natürlich die Signatur der dafür angemeldeten Eventhandler dem Ereignistyp anzupassen:

```
Public Class CAuto
    ...
    Public Sub Schneller(ByVal sender As Object, ByVal e As PedalClickedEventArgs)
        _va += e.Betrag
```

```
            If _va > 500 Then _va = 500
    End Sub

    Public Sub Bremsen(ByVal sender As Object, ByVal e As PedalClickedEventArgs)
        _va -= e.Betrag
        If _va <= 0 Then _va = 0
    End Sub

    Public Sub Blitzen(ByVal sender As Object, ByVal e As LHupeClickedEventArgs)
        Dim b As Brush
        Dim g As Graphics = e.Gr
        Dim c1 As Color = e.C1
        Dim c2 As Color = e.C2
        If Not LH Then
            b = New SolidBrush(c1)
            g.FillRectangle(b, _x + 111, _y + 40, 600, 10)      ' Lichtblitz zeichnen
        Else
            b = New SolidBrush(c2)
            g.FillRectangle(b, _x + 111, _y + 40, 600, 10)      ' Lichtblitz löschen
        End If
        LH = Not LH
    End Sub
    ...
End Class
```

Test

Das Verhalten des überarbeiteten Programms entspricht 100%-ig dem Vorgänger-Rezept R7.7, was uns wieder einmal in der Auffassung bestätigt, dass nicht der Anwender, sondern der Programmierer den größten Nutzen aus der OOP (in unserem Fall aus dem *Microsoft Event Pattern*) zieht.

Kapitel 8

Dateien/Verzeichnisse

R8.1 Mit den Dateidialogen auf eine Textdatei zugreifen

Für den Zugriff auf Dateien werden sehr häufig die Windows-Dateidialoge angezapft. Das vorliegende Rezept zeigt ihren Einsatz für Öffnen und Speichern einer einfachen Textdatei in Zusammenarbeit mit einer Menükomponente.

Oberfläche

Ziehen Sie von der Toolbox eine *TextBox* (*MultiLine=True*), eine *MenuStrip*-, eine *OpenFileDialog*- und eine *SaveFileDialog*-Komponente auf das Startformular *Form1*.

Das Erstellen des Hauptmenüs ist nach Doppelklick auf die Menükomponente kinderleicht und braucht deshalb hier nicht extra erklärt zu werden:

Quellcode

```
Imports System.IO
Public Class Form1
```

Der Dateipfad wird zweckmäßig auf Klassenebene deklariert:

```
   Private pfad As String
```

Die zahlreichen Anfangseigenschaften der beiden Dateidialoge legen wir beim Laden von *Form1* fest. Die meisten Eigenschaften gelten sowohl für *OpenFileDialog* als auch für *SaveFileDialog*, weshalb wir sie nur einmal zu erklären brauchen:

```
   Private Sub Form1_Load(ByVal sender As System.Object, ByVal e As System.EventArgs) _
                                                                   Handles MyBase.Load
```

Zunächst der Öffnen-Dialog, wir beginnen mit dem Festlegen der Standard-Dateinamenserweiterung:

```
      With OpenFileDialog1
         .DefaultExt = "txt"
```

Die Filterzeichenfolge:

```
         .Filter = "Textdateien (*.txt)|*.txt|Alle Dateien (*.*)|*.*"
```

Warnung, wenn der Namen einer nicht vorhandenen Datei eingegeben wird:

```
         .CheckFileExists = True
```

Das Anfangsverzeichnis:

```
         .InitialDirectory = Application.ExecutablePath
```

Die Beschriftung der Titelleiste des Dialogs:

```
         .Title = "Bitte öffnen Sie eine Textdatei!"
      End With
```

Nun zum Speichern-Dialog:

```
      With SaveFileDialog1
         .DefaultExt = "txt"
```

Der standardmäßig eingetragene Dateiname:

```
         .FileName = "Beispiel.txt"
```

Automatisches Anhängen der *DefaultExt*, falls diese weggelassen wird:

```
         .AddExtension = True
```

Warnung, wenn bereits eine gleichnamige Datei vorhanden ist:

```
         .OverwritePrompt = True
```

Überprüfen, ob Dateiname erlaubte Zeichen enthält:

```
.ValidateNames = True
```

Weitere Einstellungen:

```
.Filter = "Textdateien (*.txt)|*.txt|Alle Dateien (*.*)|*.*"
.InitialDirectory = Application.ExecutablePath
.Title = "Bitte speichern Sie die Textdatei!"
    End With
End Sub
```

Den Rahmencode für die *Click*-Eventhandler der einzelnen Menüeinträge erzeugen wir am einfachsten durch Doppelklick auf den entsprechenden Eintrag:

Der Menüpunkt *Datei|Öffnen*:

```
Private Sub öffnenToolStripMenuItem_Click(ByVal sender As System.Object, _
                ByVal e As System.EventArgs) Handles öffnenToolStripMenuItem.Click
    If OpenFileDialog1.ShowDialog() = System.Windows.Forms.DialogResult.OK Then
        pfad = OpenFileDialog1.FileName
        TextBox1.Text = String.Empty
        Try
            TextBox1.Text = File.ReadAllText(pfad)
        Catch
        End Try
```

Dateipfad in der Titelleiste des Formulars anzeigen:

```
        Me.Text = pfad
    End If
End Sub
```

Der Menüpunkt *Datei|Speichern*:

```
Private Sub speichernToolStripMenuItem_Click(ByVal sender As System.Object, _
                ByVal e As System.EventArgs) Handles speichernToolStripMenuItem.Click
    If SaveFileDialog1.ShowDialog() = System.Windows.Forms.DialogResult.OK Then
        pfad = SaveFileDialog1.FileName
        File.WriteAllText(pfad, TextBox1.Text)
        Me.Text = pfad
    End If
End Sub
```

Der Menüpunkt *Datei|Beenden*:

```
Private Sub beendenToolStripMenuItem_Click(ByVal sender As System.Object, _
                ByVal e As System.EventArgs) Handles beendenToolStripMenuItem.Click
```

```
        Me.Close()
    End Sub
End Class
```

Test

Durch eigene Experimente lässt sich am besten die Wirksamkeit der zahlreichen Eigenschaften der Dateidialoge erkunden:

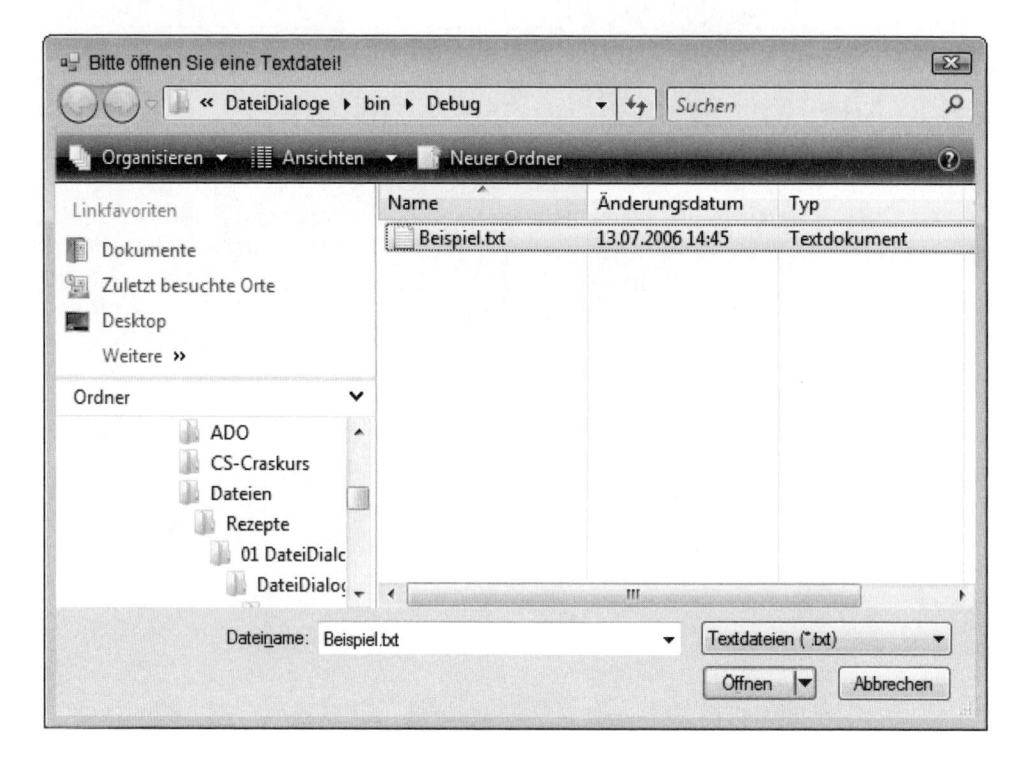

Beim Öffnen und Speichern wird der Dateipfad in der Titelleiste des Formulars angezeigt:

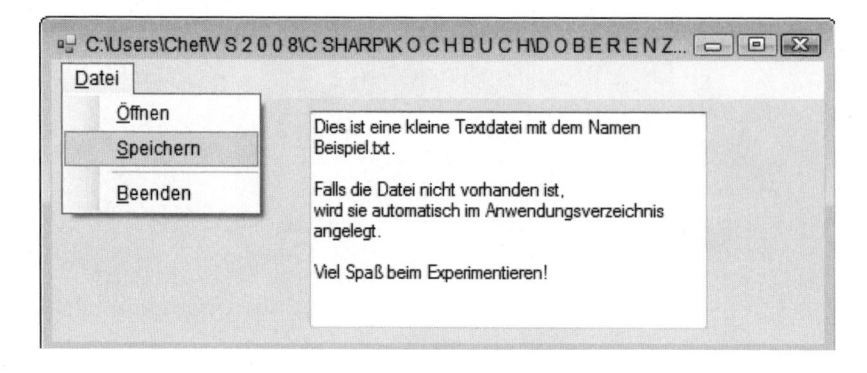

Warnung bei Eingabe eines nicht vorhandenen Dateinamens im Öffnungsdialog:

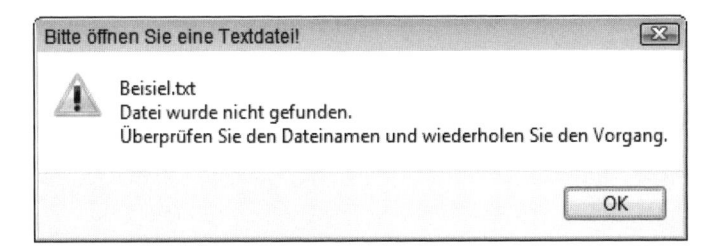

> **Bitte öffnen Sie eine Textdatei!**
>
> ⚠ Beisiel.txt
> Datei wurde nicht gefunden.
> Überprüfen Sie den Dateinamen und wiederholen Sie den Vorgang.
>
> OK

R8.2 Alle Unterverzeichnisse auflisten

Das vorliegende Rezept demonstriert, wie man mit der *GetDirectories*-Methode zu einem gegebenen Verzeichnis alle Unterverzeichnisse ermitteln und in einem *DirectoryInfo*-Array ablegen kann.

Oberfläche

Ein *Form*ular mit einer *ListBox* genügt uns.

Quellcode

```
Imports System.IO

Public Class Form1
```

Die Anzeigeprozedur wird am einfachsten gleich beim Laden von *Form1* aufgerufen:

```
    Private Sub Form1_Load(ByVal sender As System.Object, ByVal e As System.EventArgs) _
                                                                  Handles MyBase.Load
        listAllSubDirectories("c:\", ListBox1)
    End Sub
```

Der Anzeigeprozedur werden als Parameter das übergeordnete Verzeichnis (hier Root-Directory) und eine *ListBox* übergeben:

```
    Public Sub listAllSubDirectories(ByVal pfad As String, ByVal lb As ListBox)
```

DirectoryInfo-Objekt erzeugen:

```
        Dim myDir As New DirectoryInfo(pfad)
```

Array zum Speichern der Unterverzeichnisse anlegen:

```
        Dim mydirs() As DirectoryInfo
```

Unterverzeichnisse ermitteln und im Array ablegen:

```
        myDirs = myDir.GetDirectories()
```

Unterverzeichnisse durchlaufen ...

```
        For i As Integer = 0 To myDirs.Length - 1
```

... und Verzeichnisnamen zur *ListBox* hinzufügen:

```
            lb.Items.Add(myDirs(i).Name)
        Next i
    End Sub
End Class
```

Test

Unmittelbar nach Programmstart werden alle Unterverzeichnisse von *C:* aufgelistet:

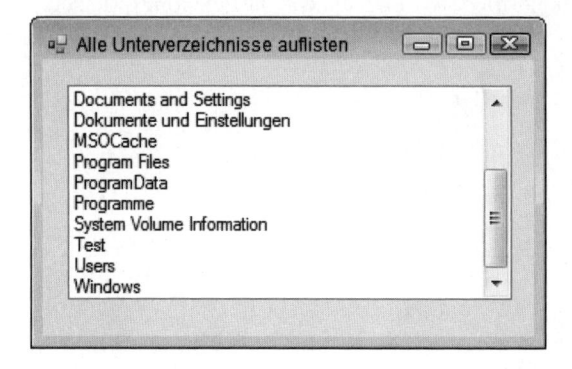

```
Alle Unterverzeichnisse auflisten
Documents and Settings
Dokumente und Einstellungen
MSOCache
Program Files
ProgramData
Programme
System Volume Information
Test
Users
Windows
```

Bemerkungen

- Eine alternative Lösung zeigt R8.4 ("Die GetFileSystemInfos-Methode einsetzen").
- Ein weiteres ausführliches Beispiel finden Sie in R8.6 ("Verzeichnis- und Datei-Informationen gewinnen").

R8.3 Alle Dateien auflisten

Das vorliegende Rezept demonstriert, wie man mit der *GetFiles*-Methode zu einem gegebenen Verzeichnis alle Dateien ermitteln und in einem *FileInfo*-Array ablegen kann.

Oberfläche

Ein *Form*ular und eine *ListBox* genügen.

Quellcode

```
Imports System.IO
Public Class Form1
```

Die Anzeigeprozedur wird gleich zu Beginn (beim Laden von *Form1*) aufgerufen:

```
Private Sub Form1_Load(ByVal sender As System.Object, ByVal e As System.EventArgs) _
                                                                Handles MyBase.Load
    listAllFiles("c:\", ListBox1)
End Sub
```

Als Parameter werden der Anzeigeprozedur das übergeordnete Verzeichnis (hier Root-Directory) und eine *ListBox* übergeben:

```
Public Sub listAllFiles(ByVal pfad As String, ByVal lb As ListBox)
```

Ein *DirectoryInfo*-Objekt anlegen:

```
    Dim myDir As New DirectoryInfo(pfad)
```

Array zum Speichern der Dateien anlegen:

```
    Dim myFiles() As FileInfo
```

Alle im Verzeichnis enthaltenen Dateien ermitteln und das Array füllen:

```
    myFiles = myDir.GetFiles()
```

Das Array durchlaufen und Dateinamen zur *ListBox* hinzufügen:

```
        For i As Integer = 0 To myFiles.Length - 1
            lb.Items.Add(myFiles(i).Name)
        Next i
    End Sub
End Class
```

Test

Alle im Verzeichnis *C:* enthaltenen Dateien werden sofort nach Programmstart aufgelistet:

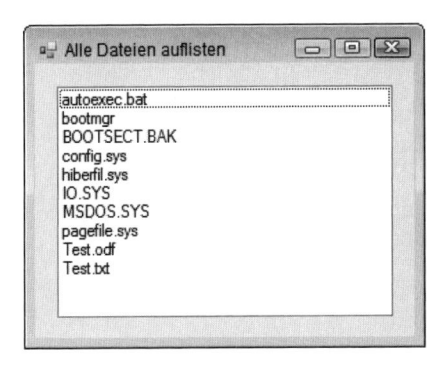

```
autoexec.bat
bootmgr
BOOTSECT.BAK
config.sys
hiberfil.sys
IO.SYS
MSDOS.SYS
pagefile.sys
Test.odf
Test.txt
```

R8.4 Die GetFileSystemInfos-Methode einsetzen

Als Alternative zu den Vorgängerrezepten R8.2 und R8.3 zeigen wir eine weitere Möglichkeit, alle in einem Verzeichnis enthaltenen Unterverzeichnisse und Dateien aufzulisten.

Oberfläche

Ein *Form*ular mit einer *ListBox* sollte uns genügen.

Quellcode

```
Imports System.IO

Public Class Form1
```

Sofort bei Programmstart wird die Anzeigemethode aufgerufen (auch in diesem Testprogramm ist die Root-Directory Gegenstand der Untersuchungen):

```
Private Sub Form1_Load(ByVal sender As System.Object, ByVal e As System.EventArgs) _
                                                           Handles MyBase.Load
    listFileSystemInfos("c:\", ListBox1)
End Sub
```

Der Anzeigemethode werden ein Verzeichnispfad und eine *ListBox*-Referenz übergeben:

```
Public Sub listFileSystemInfos(ByVal pfad As String, ByVal lb As ListBox)
```

Auch hier beginnt alles mit einem *DirectoryInfo*-Objekt:

```
Dim myDir As New DirectoryInfo(pfad)
```

Jetzt werden alle dazugehörigen Einträge ermittelt:

```
Dim fsi() As FileSystemInfo = myDir.GetFileSystemInfos()
```

Zunächst den vollständigen Verzeichnispfad anzeigen:

```
lb.Items.Add(myDir.FullName)
```

... dann alle Unterverzeichnisse und Dateien:

```
    For Each info As FileSystemInfo In fsi
        lb.Items.Add(info.Name)
    Next info
End Sub
End Class
```

Test

Nach dem Programmstart werden alle in *C:* enthaltenen Unterverzeichnisse und Dateien angezeigt.

R8.5 Die Path-Klasse kennen lernen

Eine Alternative zur *File*-Klasse ist die *Path*-Klasse. In diesem Rezept wollen wir einige ihrer zahlreichen (statischen) Methoden demonstrieren.

Oberfläche

Auch hier genügt uns (neben dem Startformular *Form1*) eine *ListBox*.

Quellcode

```vb
Imports System.IO

Public Class Form1
```

Beim Aufruf der Testmethode sind der vollständige Namen einer vorhandenen Datei und eine *ListBox*-Referenz zu übergeben:

```vb
Private Sub Form1_Load(ByVal sender As System.Object, ByVal e As System.EventArgs) _
                                                                Handles MyBase.Load
    getInfos("c:\temp\Test.txt", ListBox1)
End Sub
```

Die Testmethode:

```vb
Public Sub getInfos(ByVal datName As String, ByVal lb As ListBox)
    With lb
        .Items.Add("Verzeichnis : " & Path.GetDirectoryName(datName))
        .Items.Add("Dateiname : " & Path.GetFileName(datName))
```

```
                .Items.Add("Dateiname ohne Extension : " & _
                           Path.GetFileNameWithoutExtension(datName))
                .Items.Add("Dateiextension : " & Path.GetExtension(datName))
                .Items.Add("Rootverzeichnis : " & Path.GetPathRoot(datName))
                .Items.Add("Temporäres Verzeichnis : " & Path.GetTempPath())
                .Items.Add("Neues Tempfile : " & Path.GetTempFileName())
            End With
        End Sub
End Class
```

Test

Voraussetzung für einen erfolgreichen Test ist das Vorhandensein einer Datei *c:\temp\Test.txt*.

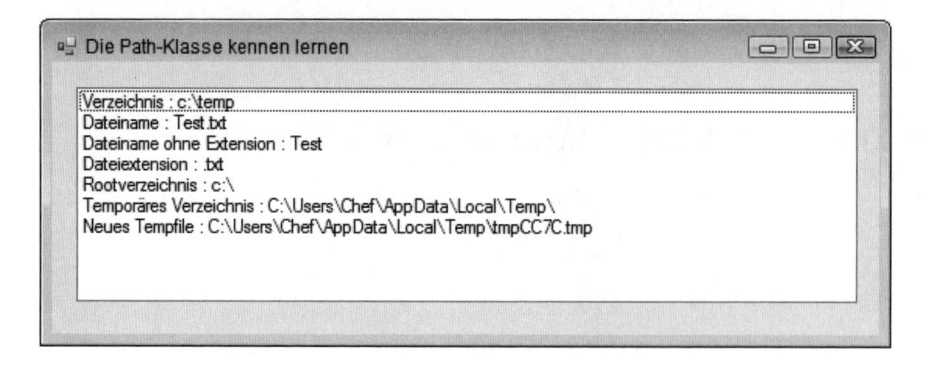

```
Die Path-Klasse kennen lernen
Verzeichnis : c:\temp
Dateiname : Test.txt
Dateiname ohne Extension : Test
Dateiextension : .txt
Rootverzeichnis : c:\
Temporäres Verzeichnis : C:\Users\Chef\AppData\Local\Temp\
Neues Tempfile : C:\Users\Chef\AppData\Local\Temp\tmpCC7C.tmp
```

HINWEIS: Vorsicht ist geboten, denn die meisten Member der *Path*-Klasse wirken nicht mit dem Dateisystem zusammen und überprüfen deshalb nicht, ob die durch eine Pfadzeichenfolge angegebene Datei auch tatsächlich vorhanden ist!

R8.6 Verzeichnis- und Datei-Informationen gewinnen

Dieses Rezept zeigt Ihnen nicht nur den Einsatz der *DirectoryInfo*- und *FileInfo*-Klasse, sondern auch weiteres nützliches Handwerkszeug, wie z.B. die sinnvolle Verknüpfung zweier *ListBox*-Komponenten.

Oberfläche

Auf *Form1* platzieren Sie eine *TextBox*-, zwei *ListBox*- und zwei große *Label*-Komponenten im 3D-Outfit (siehe Laufzeitabbildung).

Quelltext

```vb
Imports System.IO

Public Class Form1
```

Globale Deklarationen auf *Form1*-Ebene:

```vb
Private myRoot As String = "C:\"              ' übergeordnetes Verzeichnis
Private myDirName, myFileName As String       ' aktuelles Unterverzeichnis bzw. Datei
```

Beim Laden werden zunächst alle Unterverzeichnisse von *C:* angezeigt:

```vb
Private Sub Form1_Load(ByVal sender As System.Object, ByVal e As System.EventArgs) _
                                                             Handles MyBase.Load
    TextBox1.Text = myRoot
    showDirectories()
End Sub
```

Die folgende Methode zeigt alle zu *myRoot* untergeordneten Verzeichnisse an:

```vb
Private Sub showDirectories()
    Dim myDirectories() As DirectoryInfo     ' Array zum Speichern der Unterverzeichnisse
```

Erzeugen eines neuen *DirectoryInfo*-Objekts, welches auf das Rootverzeichnis zeigt:

```vb
    Dim myDirectory As New DirectoryInfo(myRoot)
```

Alle Unterverzeichnisse ermitteln und abspeichern (vorher Anzeige löschen):

```vb
    myDirectories = myDirectory.GetDirectories()
    ListBox1.Items.Clear()
```

Alle Verzeichnisse durchlaufen ...

```vb
    For i As Integer = 0 To myDirectories.Length - 1
```

... und Verzeichnisnamen anzeigen:

```vb
        ListBox1.Items.Add(myDirectories(i).Name)
```

Der erste Eintrag in der Verzeichnis-*ListBox* wird selektiert, dadurch wird das *SelectedIndex-Changed*-Event ausgelöst:

```vb
        Try
            ListBox1.SelectedIndex = 0
        Catch
        End Try
    Next i
End Sub
```

Synchronisieren aller Dateien in der rechten *ListBox* mit dem selektierten Verzeichnis und Anzeige der Verzeichnis-Informationen:

```
Private Sub ListBox1_SelectedIndexChanged(ByVal sender As System.Object, _
              ByVal e As System.EventArgs) Handles ListBox1.SelectedIndexChanged
    Dim dirInfo As String = String.Empty
    Dim myFiles() As FileInfo           ' Array für alle Dateiinformationen
    ListBox2.Items.Clear()              ' aktuellen Inhalt löschen
```

Neues *DirectoryInfo*-Objekt aufgrund des selektierten *ListBox*-Eintrags erzeugen:

```
    myDirName = ListBox1.SelectedItem.ToString() & "\"
    Dim myDirectory As New DirectoryInfo(myRoot & myDirName)   ' aktuelles Verzeichnis
```

Verzeichnis-Infos zusammensetzen:

```
    dirInfo &= "Pfad: " & myDirectory.FullName & vbCrLf
    dirInfo &= "Erstellungsdatum: " & myDirectory.CreationTime.ToString & vbCrLf
    dirInfo &= "Attribute: " & myDirectory.Attributes.ToString() & vbCrLf
    Label1.Text = dirInfo
```

Alle im Verzeichnis enthaltenen Dateien dem *FileInfo*-Array zuweisen:

```
    myFiles = myDirectory.GetFiles()
```

File-Array durchlaufen und die Dateien zur *ListBox* hinzufügen:

```
    If myFiles.Length > 0 Then
        For i As Integer = 0 To myFiles.Length - 1
            ListBox2.Items.Add(myFiles(i).Name)
        Next i
```

Der erste Eintrag in der Datei-*ListBox* wird selektiert, dadurch wird deren *SelectedIndex-Changed*-Event ausgelöst:

```
        ListBox2.SelectedIndex = 0
    End If
End Sub
```

Zweck des folgenden Eventhandlers ist es, den Inhalt des Labels "Datei-Informationen" zu aktualisieren:

```
Private Sub ListBox2_SelectedIndexChanged(ByVal sender As System.Object, _
              ByVal e As System.EventArgs) Handles ListBox2.SelectedIndexChanged
    Dim fileInf As String = String.Empty
```

Die Dateinamen zuweisen:

```
    myFileName = ListBox2.SelectedItem.ToString()
```

R8.6 Verzeichnis- und Datei-Informationen gewinnen

Neues *File*-Objekt erzeugen:

```
Dim myFile As New FileInfo(myRoot & myDirName & myFileName)
```

Datei-Infos zusammensetzen und anzeigen:

```
fileInf &= "Verzeichnis: " & myFile.DirectoryName & vbCrLf
fileInf &= "Erstellungsdatum: " & myFile.CreationTime & vbCrLf
fileInf &= "Größe: " & myFile.Length & " Byte" & CrLf
fileInf &= "Letzter Zugriff: " & myFile.LastAccessTime & vbCrLf
fileInf &= "Attribute: " & myFile.Attributes.ToString() & vbCrLf
Label2.Text = fileInf
End Sub
```

Wenn Sie das übergeordnete Verzeichnis in *TextBox1* eingetragen haben, kann die Enter-Taste ausgewertet werden um die Eingabe abzuschließen:

```
Private Sub TextBox1_KeyUp(ByVal sender As System.Object, _
              ByVal e As System.Windows.Forms.KeyEventArgs) Handles TextBox1.KeyUp
    If e.KeyCode = Keys.Enter Then
        myRoot = TextBox1.Text
```

Mit einem kleinen Trick den letzten Slash ergänzen, falls notwendig:

```
        If Not myRoot.EndsWith("\") Then myRoot &= "\"
        showDirectories()
    End If
End Sub
End Class
```

Test

Bei Programmstart erscheinen zunächst in der linken *ListBox* alle Unterverzeichnisse zur Root *C:*. Klicken Sie nun auf ein Unterverzeichnis, um sich in der rechten *ListBox* die darin enthaltenen Dateien anzeigen zu lassen.

HINWEIS: Wenn Sie sich in der Verzeichnishierarchie von oben nach unten weiterbewegen wollen, müssen Sie das Hauptverzeichnis in der *TextBox* per Hand ergänzen und die Eingabe mit der Enter-Taste abschließen.

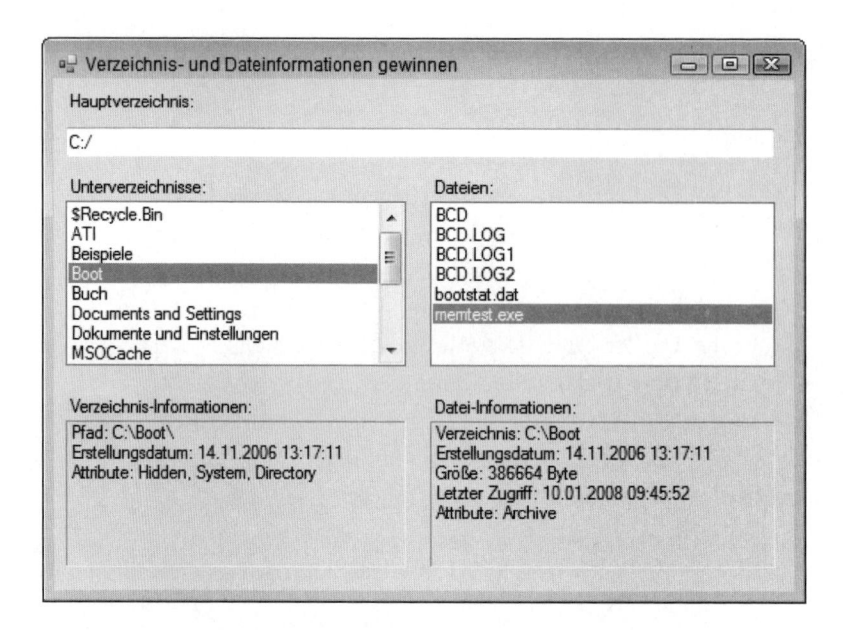

Ziemlich häufig kann es aber auch (insbesondere unter den restriktiven Sicherheitseinstellungen von Windows Vista) zu folgender Fehlermeldung kommen:

R8.7 Änderungen im Dateisystem überwachen

Dieses Rezept zeigt, wie Sie unter Verwendung der Klasse *FileSystemWatcher* das Dateisystem beobachten können.

Wichtige Eigenschaften sind:

- *NotifyFilter*
  Typ der zu überwachenden Änderung (in *NotifyFilters*-Enumeration enthalten, z.B. *Attributes*, *CreationTime*, *DirectoryName*, *FileName*, *LastAccess*, *Size*, ...)

- *Filter*
  Filterzeichenfolge für die zu überwachenden Dateien

- *EnableRaisingEvents*
  Aktivieren der Komponente (*True*/*False*)

Wichtige Ereignisse sind:

- *Changed*
  Datei oder Verzeichnis wurde geändert
- *Created*
  Datei oder Verzeichnis wurde erzeugt
- *Deleted*
  Datei oder Verzeichnis wurde gelöscht
- *Renamed*
  Datei oder Verzeichnis wurde umbenannt

Oberfläche

Ein *Form*ular mit einer *ListBox* und einem *Button* soll genügen.

Quellcode

```vb
Imports System.IO

Public Class Form1
```

Das zu beobachtende Verzeichnis:

```vb
    Private watchPath As String = "c:\Beispiele"
```

Bei Programmstart wird ein Verzeichnis *C:\Beispiele* angelegt (falls es bereits vorhanden ist, passiert nichts!):

```vb
    Private Sub Form1_Load(ByVal sender As System.Object, ByVal e As System.EventArgs) _
                                                       Handles MyBase.Load
        Directory.CreateDirectory(watchPath)
    End Sub
```

Die Überwachung wird gestartet:

```vb
    Private Sub Button1_Click(ByVal sender As System.Object, ByVal e As System.EventArgs) _
                                                       Handles Button1.Click
        Dim watcher As New FileSystemWatcher(watchPath)
```

Festlegen der zu überwachenden Dateitypen:

```vb
        watcher.NotifyFilter = (NotifyFilters.LastAccess Or NotifyFilters.FileName)
        watcher.Filter = "*.txt"                  ' nur *.txt-Dateien werden überwacht
```

Die zu beobachtenden Ereignisse werden festgelegt und entsprechende Eventhandler angemeldet:

```vb
        AddHandler watcher.Changed, AddressOf OnChanged    ' Datei wurde geändert
        AddHandler watcher.Created, AddressOf OnChanged    ' ... neu hinzugefügt
```

```
        AddHandler watcher.Deleted, AddressOf OnChanged     ' ... gelöscht
        AddHandler watcher.Renamed, AddressOf OnRenamed     ' ... umbenannt
```

Das *SynchronizingObject* des *FileSystemWatcher*s muss auf das Formular verweisen, da sonst die Eventhandler in einem Thread des Threadpools ausgeführt werden und nicht im UI-Thread der Anwendung:

```
        watcher.SynchronizingObject = Me
```

Start der Überwachung:

```
        watcher.EnableRaisingEvents = True
    End Sub
```

Die Implementierung der oben angemeldeten Ereignisbehandlungen:

```
    Private Sub OnChanged(ByVal Source As Object, ByVal e As FileSystemEventArgs)
        ListBox1.Items.Add("Datei: " & e.FullPath & " " & e.ChangeType.ToString())
    End Sub

    Private Sub OnRenamed(ByVal Source As Object, ByVal e As RenamedEventArgs)
        ListBox1.Items.Add("Datei: " & e.OldFullPath & " umbenannt in " & e.FullPath)
    End Sub
End Class
```

Test

Mit dem Klick auf den Button starten Sie die Überwachung. Wechseln Sie mit dem Explorer in das zu beobachtende Verzeichnis *C:\Beispiele* und fügen Sie einige Textdateien (**.txt*) hinzu, die Sie z.B. mit dem Editor aus dem Windows-Zubehör erstellen. Benennen Sie Dateien um oder löschen Sie welche, alle vorgenommenen Manipulationen werden in der *ListBox* angezeigt.

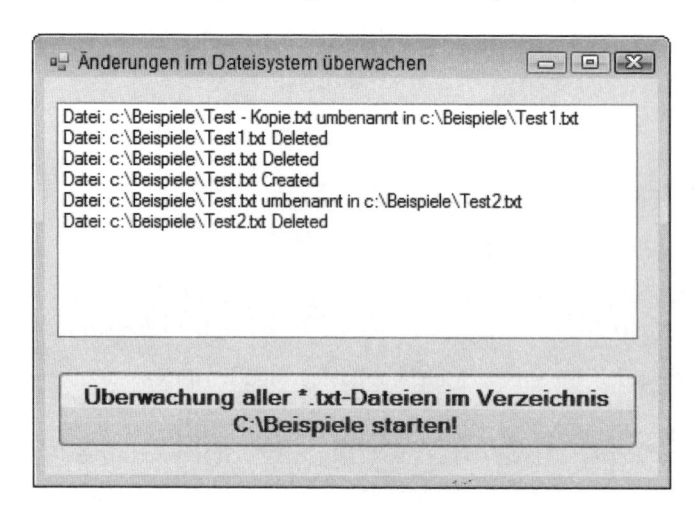

R8.8 Dateien rekursiv suchen

Häufig kommt es vor, dass Sie bestimmte Dateien suchen, aber die Suche nur auf bestimmte Verzeichnisse und deren Unterverzeichnisse beschränken möchten. Das vorliegende Rezept zeigt eine effektive Lösung unter Verwendung der *DirectoryInfo-* und *FileInfo*-Klassen.

Oberfläche

Auf das Startformular *Form1* setzen Sie eine *ListBox* (Ausgabe der Suchergebnisse), eine *TextBox* (Eingabe der Suchmaske) und einen *Button* (Start). Außerdem benötigen Sie einen *FolderBrowser*-Dialog zur Auswahl des Verzeichnisbaums.

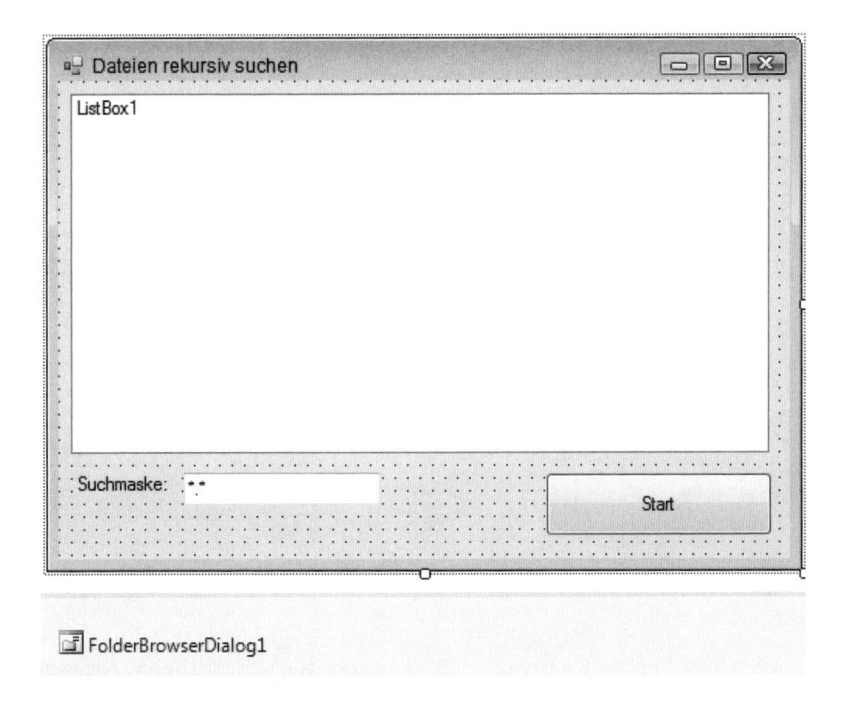

Quellcode

```
Imports System.IO

Public Class Form1
```

Der Funktion *searchFiles* werden als Parameter ein Verzeichnis und eine Suchmaske übergeben. Es erfolgt eine Ausgabe aller Dateien, die sich in diesem Verzeichnis befinden und die dem Suchkriterium entsprechen. Anschließend werden alle Unterverzeichnisse durchlaufen, wobei für jedes Unterverzeichnis ein rekursiver Funktionsaufruf erfolgt:

```vb
    Private Sub searchFiles(ByVal path As String, ByVal mask As String)
        Application.DoEvents()
        Try
            Dim dir As New DirectoryInfo(path)
            For Each file As FileInfo In dir.GetFiles(mask)
                ListBox1.Items.Add(file.FullName)
            Next file
            For Each di As DirectoryInfo In dir.GetDirectories()
                searchFiles(di.FullName, mask)        ' rekursiver Aufruf!
            Next di
        Catch ex As System.Exception
            MessageBox.Show(ex.Message)
        End Try
    End Sub
```

Hinter der "Start"-Schaltfläche liegt der Code zur Auswahl des Wurzelverzeichnisses mit anschließender rekursiver Suche:

```vb
    Private Sub Button1_Click(ByVal sender As System.Object, ByVal e As System.EventArgs) _
                                                             Handles Button1.Click
        If FolderBrowserDialog1.ShowDialog() = System.Windows.Forms.DialogResult.OK Then
            ListBox1.Items.Clear()
            searchFiles(FolderBrowserDialog1.SelectedPath, TextBox1.Text)
            MessageBox.Show("Fertig!")
        End If
    End Sub
End Class
```

Test

Tragen Sie zunächst die Suchmaske ein, das ist der Name der Datei mit oder ohne Platzhalterzeichen ("*" steht für beliebig viele Zeichen und "?" für ein beliebiges einzelnes Zeichen).

Nach dem Klick auf "OK" öffnet sich der Verzeichnisdialog, mit welchem Sie das Wurzelverzeichnis des zu durchsuchenden Verzeichnisbaums auswählen:

Nach dem "OK" vergeht eine mehr oder weniger lange Zeit, bis die *ListBox* mit allen Suchergebnissen gefüllt ist:

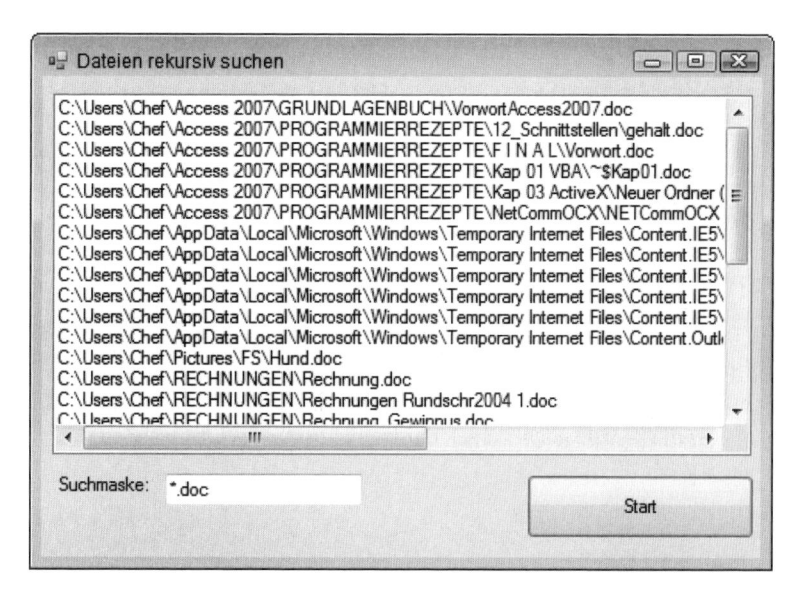

R8.9 Eine sequenzielle Datei lesen und schreiben

Dieses Rezept ist die Fortsetzung von R3.23 ("Einfache Datenbindung praktizieren"). Dort hatten wir es mit strukturierten Datentypen (den Vorläufern der Objekte) zu tun und diese temporär in einem eindimensionalen Array abgespeichert, was denNachteil hatte, dass unsere mühselig eingegebene Personaldatei nach Beenden des Programms futsch war.

Damit die Datensätze das Beenden des Programms überleben, werden wir sie jetzt in einer Datei abspeichern, womit wir quasi eine kleine Datenbank realisieren.

Oberfläche

Die Eingabemaske sollte zur Laufzeit etwa folgenden Anblick bieten:

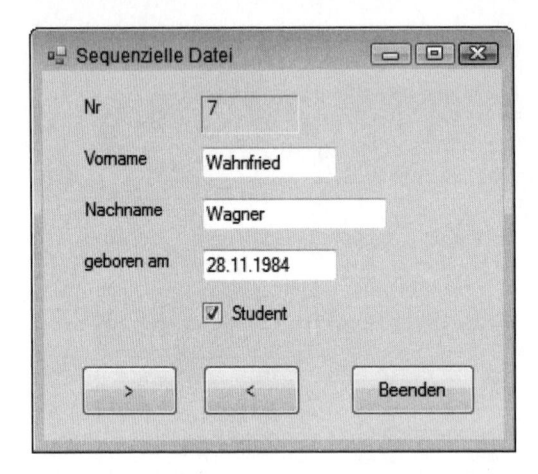

Quellcode

```vb
Imports System.IO
Public Class Form1
```

Wir definieren die Struktur einer Person:

```vb
    Private Structure Person
        Dim vorName, nachName As String
        Dim geburt As DateTime
        Dim student As Boolean
    End Structure
```

Einige globale Variablen:

```vb
    Private pmax As Integer = 10         ' maximale Anzahl Personen
    Private pListe() As Person           ' statisches Array aus Strukturvariablen
    Private pos As Integer = 0           ' Positionszähler
```

R8.9 Eine sequenzielle Datei lesen und schreiben

Beim Laden des Formulars wird das Personalarray angelegt und mit 10 Dummy-Personen gefüllt:

```
Private Sub Form1_Load(ByVal sender As System.Object, ByVal e As System.EventArgs) _
                                                               Handles MyBase.Load
    ReDim pListe(pmax - 1)
```

Datensätze initialisieren:

```
    For i As Integer = 0 To pListe.Length - 1
        pListe(i).vorName = String.Empty
        pListe(i).nachName = String.Empty
        pListe(i).geburt = Convert.ToDateTime("1.1.1900")
        pListe(i).student = False
    Next i
```

Die Personaldatei wird gelesen (bzw. neu angelegt) und angezeigt:

```
    readFile()
    anzeigen()
End Sub
```

HINWEIS: Die Methoden *anzeigen* (Personalarray => Eingabemaske) bzw. *speichern* (Eingabemaske => Personalarray) sowie das Vor- und Rückwärtsblättern der Datensätze entsprechen R3.23 und werden hier nicht nochmals aufgeführt (vollständiger Code siehe Buch-CD).

...

Aus Gründen der Einfachheit wird die Datei *Personen.dat* direkt im Projektverzeichnis abgelegt, damit ersparen wir uns den Dateidialog, und Ärger mit absoluten Pfadangaben gibt es nicht.
Fügen Sie deshalb auf Klassenebene die folgende Variable hinzu:

```
Private pfad As String = "Personen.dat"
```

Die folgende Methode liest die Datei sequenziell und füllt deren Inhalt in das Array (falls die Datei nicht vorhanden ist, wird sie neu angelegt):

```
Private Sub readFile()
    Dim rStream As New FileStream(pfad, FileMode.OpenOrCreate, FileAccess.Read)
    Dim binReader As New BinaryReader(rStream)
    If rStream.Length > 0 Then              ' nicht bei neu erzeugter Datei
        For i As Integer = 0 To pmax - 1
```

Von den zahlreichen Methoden des *BinaryReader* verwenden wir nur *ReadString* und *Read-Boolean*:

```
            pListe(i).vorName = binReader.ReadString()
            pListe(i).nachName = binReader.ReadString()
            pListe(i).geburt = Convert.ToDateTime(binReader.ReadString())
            pListe(i).student = binReader.ReadBoolean()
        Next i
    End If
    binReader.Close()
    rStream.Close()
End Sub
```

Nun auf umgekehrtem Weg den Arrayinhalt nacheinander (sequenziell) in die Datei schreiben:

```
Private Sub writeFile()
    Dim wStream As New FileStream(pfad, FileMode.OpenOrCreate, FileAccess.Write)
    Dim binWriter As New BinaryWriter(wStream)
    For i As Integer = 0 To pmax - 1
```

Von den zahlreichen Überladungen der *Write*-Methode brauchen wir nur die für die Datentypen *String* und *Boolean*:

```
        binWriter.Write(pListe(i).vorName)
        binWriter.Write(pListe(i).nachName)
        binWriter.Write(pListe(i).geburt.ToShortDateString())
        binWriter.Write(pListe(i).student)
    Next i
    binWriter.Flush()           ' Puffer => Disk
    binWriter.Close()
    wStream.Close()
End Sub
```

Beim Schließen des Formulars wird das *FormClosing*-Event ausgelöst. Wir verwenden es, um den Arrayinhalt automatisch zu sichern:

```
Private Sub Form1_FormClosing(ByVal sender As System.Object, _
        ByVal e As System.Windows.Forms.FormClosingEventArgs) Handles MyBase.FormClosing
    speichern()                 ' aktuellen Datensatz im Array sichern
    writeFile()                 ' Arrayinhalt in Datei abspeichern
End Sub
End Class
```

Test

Sie brauchen sich um das Öffnen und Speichern Ihrer Datei nicht zu kümmern. Falls noch keine Datei vorhanden ist, wird eine neue bei Programmstart angelegt. Bei Beenden des Programms wird automatisch gesichert.

> **HINWEIS:** Denken Sie daran, dass ein neuer Eintrag erst nach dem Weiterblättern in das Personalarray übernommen wird.

Bemerkungen

- Sie finden die Datei *Personal.dat* im *\bin\Debug*-Unterverzeichnis des Projektordners.
- Den in diesem Programm verwendeten strukturierten Datentypen (*Structure Person*) kann man ohne Übertreibung als Vorläufer der "richtigen" Objekte bezeichnen. Der fortschrittliche Programmierer wird allerdings lieber mit einer Klasse statt mit einer Struktur arbeiten, siehe R8.10 ("Serialisierte Objekte in einer Datei abspeichern").

R8.10 Serialisierte Objekte in einer Datei abspeichern

Dieses Rezept zeigt, wie man komplette Objekte serialisieren und als Datei abspeichern kann. Ausgangsbasis ist das Vorgänger-Rezept R8.9 ("Eine sequenzielle Datei lesen und schreiben").

Während wir uns dort mittels *BinaryReader/BinaryWriter* noch umständlich um jeden einzelnen Datentyp kümmern mussten, ist dies bei Verwendung serialisierter Objekte nicht mehr erforderlich. Um das zu beweisen, lösen wir das gleiche Problem unter Verwendung serialisierter Objekte!

Oberfläche

Die Bedienoberfläche entspricht 100%ig dem Vorgänger-Rezept R8.9!

Quellcode Klasse CPerson

Über das Menü *Projekt|Klasse hinzufügen...* ergänzen Sie das Projekt um eine Klasse *CPerson*.

> **HINWEIS:** Das der Klasse vorangestellte *<Serializable>*-Attribut ist notwendige Voraussetzung für die spätere Serialisierung!

```
<Serializable()> Public Class CPerson
    Private _vorName, _nachName As String
    Private _geburt As Date
    Private _student As Boolean
```

Ein eigener Konstruktor initialisiert die privaten Felder:

```
Public Sub New(ByVal vor As String, ByVal nach As String, ByVal geb As Date, _
                                                  ByVal st As Boolean)
    _vorName = vor
    _nachName = nach
    _geburt = geb
    _student = st
End Sub
```

Die Eigenschaften sind hier einfach (ohne Zugriffskontrolle) implementiert:

```
Public Property vorName() As String
    Get
        Return _vorName
    End Get
    Set(ByVal Value As String)
        _vorName = Value
    End Set
End Property


Public Property nachName() As String
    Get
        Return _nachName
    End Get
    Set(ByVal Value As String)
        _nachName = Value
    End Set
End Property


Public Property geburt() As Date
    Get
        Return _geburt
    End Get
    Set(ByVal Value As Date)
        _geburt = Value
    End Set
End Property


Public Property student() As Boolean
    Get
        Return _student
```

```
            End Get
            Set(ByVal Value As Boolean)
                _student = Value
            End Set
        End Property
End Class
```

Quellcode Form1

```
Imports System.IO
Imports System.Runtime.Serialization.Formatters.Binary
Public Class Form1
```

Die globalen Variablen/Konstanten:

```
    Private Const pmax As Integer = 10      ' maximale Größe des Arrays
    Private pListe(pmax-1) As CPerson       ' Array zur Aufnahme von Objekten der Klasse CPerson
    Private pos As Integer = 1              ' Positionszähler
```

Beim Start wird das Array zunächst mit Dummy-Objekten aufgefüllt. Anschließend wird die Datei gelesen oder (falls nicht vorhanden) neu generiert:

```
    Private Sub Form1_Load(ByVal sender As System.Object, ByVal e As System.EventArgs) _
                                                                Handles MyBase.Load
```

Alle Datensätze im Array initialisieren:

```
    For i As Integer = 0 To pListe.Length - 1
        pListe(i) = New CPerson("", "", Convert.ToDateTime("1.1.1900"), False)
    Next i
```

Datei lesen bzw. neu erzeugen:

```
        readFile()
        anzeigen()
    End Sub
```

Ein- und Ausgabe weisen keine Besonderheiten auf:

```
    Private Sub anzeigen()              ' AUSGABE (Array => Eingabemaske)
        Label1.Text = pos.ToString
        With pListe(pos - 1)
            TextBox1.Text = .vorName
            TextBox2.Text = .nachName
            TextBox3.Text = CStr(.geburt)
            CheckBox1.Checked = .student
        End With
    End Sub
```

```vbnet
Private Sub speichern()                  ' EINGABE (Eingabemaske => Array)
    With pListe(pos - 1)
        .vorName = TextBox1.Text
        .nachName = TextBox2.Text
        .geburt = CDate(TextBox3.Text)
        .student = CheckBox1.Checked
    End With
End Sub
```

Die beiden Navigationsmethoden:

Vorwärts blättern:

```vbnet
Private Sub Button1_Click(ByVal sender As System.Object, ByVal e As System.EventArgs) _
                                     Handles Button1.Click
    If pos < pmax Then
        Call speichern()
        pos += 1
        Call anzeigen()
    End If
End Sub
```

Rückwärts blättern:

```vbnet
Private Sub Button2_Click(ByVal sender As System.Object, ByVal e As System.EventArgs) _
                                     Handles Button2.Click
    If pos > 1 Then
        Call speichern()
        pos -= 1
        Call anzeigen()
    End If
End Sub
```

Nun kommen wir zum Wesentlichen, den Dateioperationen, die diesmal deutlich einfacher ausfallen als beim Vorgänger-Rezept:

```vbnet
Private pfad As String = "Personal.dat"             ' Datei im Projektverzeichnis!
```

Die Lesemethode:

```vbnet
Private Sub readFile()
    Dim rStream As New FileStream(pfad, FileMode.OpenOrCreate, FileAccess.Read)
    Dim binReader As New BinaryFormatter()
    If (rStream.Length > 0) Then                    ' nicht bei neu erzeugter Datei!
        For i As Integer = 0 To pmax - 1            ' alle Datensätze durchlaufen
```

Jedes Objekt wird aus der Datei gelesen, deserialisiert und im Array abgespeichert:

```
            Dim o As Object = binReader.Deserialize(rStream)
            pListe(i) = CType(o, CPerson)
        Next i
    End If
    rStream.Close()
End Sub
```

Die Schreibmethode macht es umgekehrt:

```
Private Sub writeFile()
    Dim wStream As New FileStream(pfad, FileMode.OpenOrCreate, FileAccess.Write)
    Dim binWriter As New BinaryFormatter()
    For i As Integer = 0 To pmax - 1           ' alle Datensätze durchlaufen
```

Objekt serialisieren und in die Datei schreiben:

```
        binWriter.Serialize(wStream, pListe(i))
    Next i
    wStream.Close()
End Sub
```

Beim Schließen des Formulars wird automatisch der komplette Arrayinhalt in der Datei abgespeichert:

```
Private Sub Form1_FormClosing(ByVal sender As System.Object, _
        ByVal e As System.Windows.Forms.FormClosingEventArgs) Handles MyBase.FormClosing
    speichern()              ' Änderungen am aktuellen Datensatz im Array sichern
    writeFile()              ' kompletten Arrayinhalt in Datei abspeichern
End Sub
...
End Class
```

Test

Es sind rein äußerlich keinerlei Änderungen gegenüber dem Vorgänger-Rezept feststellbar!

Bemerkungen

Obwohl der Code absolut das Gleiche leistet wie sein Vorgänger, wandeln wir diesmal auf den Höhen der OOP, denn

- der *Structure*-Datentyp wurde durch eine "richtige" Klasse abgelöst und
- dank Objektserialisierung hat sich der dateispezifische Code vereinfacht.

R8.11 Den Inhalt einer ListView als Datei abspeichern

Am Beispiel einer einfachen Adressverwaltung wollen wir demonstrieren, wie Einträge in eine *ListView* übernommen werden und wie deren gesamter Inhalt dauerhaft abgespeichert werden kann.

Oberfläche

Auf das Startformular *Form1* setzen wir eine *ListView*, drei *TextBox*en und vier *Button*s. Außerdem benötigen wir noch einen *OpenFileDialog* und einen *SaveFileDialog*.

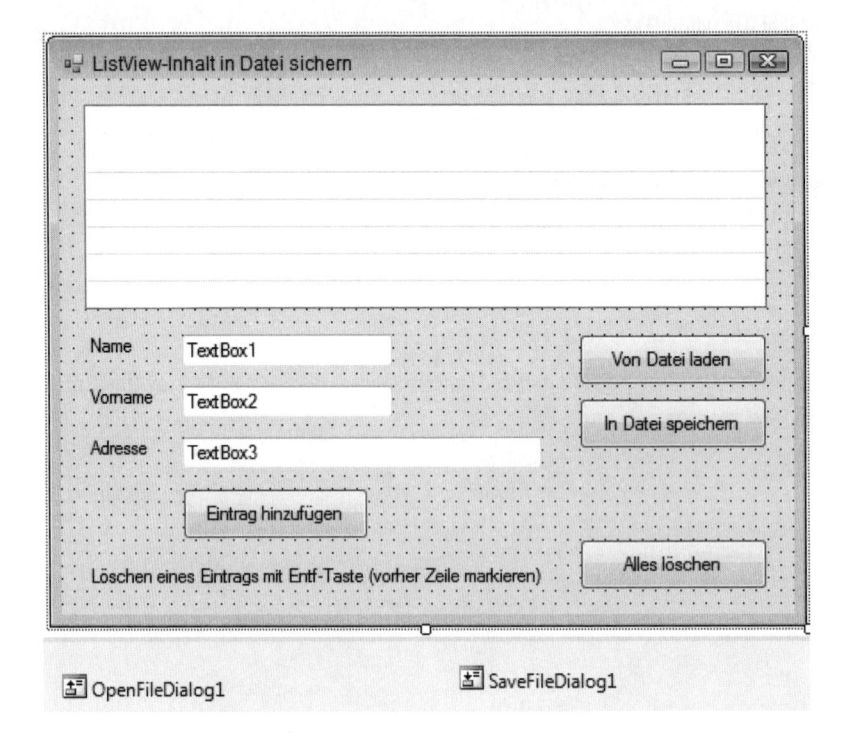

Im Eigenschaftenfenster der *ListView* setzen wir *FullRowSelect* auf *True* und *View* auf *Details*. Außerdem ändern wir die *KeyPreview*-Eigenschaft von *Form1* in *True*.

Quellcode

```
Imports System.IO

Public Class Form1
```

Beim Laden des Formulars wird die *initUI*-Methode aufgerufen:

```
    Private Sub Form1_Load(ByVal sender As System.Object, ByVal e As System.EventArgs) _
                                                                 Handles MyBase.Load
```

R8.11 Den Inhalt einer ListView als Datei abspeichern

```vb
        initUI()
    End Sub
```

Das Initialisieren der Benutzerschnittstelle umfasst im Wesentlichen das Hinzufügen von drei Spalten für max. 15 bzw. 30 Zeichen zur *ListView*:

```vb
Public Sub initUI()
    Dim ftSize As Integer = Convert.ToInt32(ListView1.Font.SizeInPoints)
    ListView1.Columns.Add("Name", 15 * ftSize, HorizontalAlignment.Center)
    ListView1.Columns.Add("Vorname", 15 * ftSize, HorizontalAlignment.Center)
    ListView1.Columns.Add("Adresse", 30 * ftSize, HorizontalAlignment.Left)
    TextBox1.Clear()
    TextBox2.Clear()
    TextBox3.Clear()
End Sub
```

Speichern:

```vb
Private Sub Button2_Click(ByVal sender As System.Object, ByVal e As System.EventArgs) _
                                                                Handles Button2.Click
    Try
        With SaveFileDialog1
            .Title = "Datei speichern"
            .InitialDirectory = Application.StartupPath
            .FileName = "Test.dat"
            .Filter = "Dateien (*.dat)|*.dat|Alle Dateien (*.*)|*.*"
            If .ShowDialog() = System.Windows.Forms.DialogResult.OK Then
                Dim fs As New FileStream(.FileName, FileMode.Create, FileAccess.Write)
                Dim strmWriter As New StreamWriter(fs)
```

Alle Zeilen (*Items*) der *ListView* durchlaufen:

```vb
                For i As Integer = 0 To ListView1.Items.Count - 1
```

Alle Spalten (*SubItems*) der *ListView* durchlaufen:

```vb
                    For j As Integer = 0 To ListView1.Items(i).SubItems.Count - 1
```

Die einzelnen *SubItem*s durch den Backslash (\) trennen und in die Datei schreiben:

```vb
                        Dim sep As String = String.Empty
                        If j > 0 Then sep = "\"          ' einzelne Einträge trennen
                        strmWriter.Write(sep & ListView1.Items(i).SubItems(j).Text)
                    Next j
                    strmWriter.WriteLine()
                Next i
                strmWriter.Flush()
```

```
                    strmWriter.Close()
                End If
            End With
        Catch ex As Exception
            MessageBox.Show(ex.Message)
        End Try
    End Sub
```

Laden:

```
    Private Sub Button3_Click(ByVal sender As System.Object, ByVal e As System.EventArgs) _
                                                            Handles Button3.Click
        Try
            With OpenFileDialog1
                .Title = "Datei öffnen"
                .InitialDirectory = Application.StartupPath
                .FileName = "Test.dat"
                .Filter = "Dateien (*.dat)|*.dat|Alle Dateien (*.*)|*.*"
                .RestoreDirectory = True
                If .ShowDialog() = System.Windows.Forms.DialogResult.OK Then
                    Dim fs As New FileStream(OpenFileDialog1.FileName, FileMode.Open, _
                                                            FileAccess.Read)
                    Dim strmReader As New StreamReader(fs)
```

Die Datei wird zeilenweise eingelesen. Jede Zeile besteht aus drei Einträgen, die durch jeweils ein Backslash-Zeichen (\) getrennt sind:

```
                    Dim line As String = strmReader.ReadLine()    ' erste Zeile lesen
                    Dim start As Integer = 0
                    Do While line <> Nothing
                        Dim ende As Integer = line.IndexOf("\", start)   ' Ende erster Eintrag
                        Dim s1 As String = line.Substring(start, ende)   ' ersten Eintrag lesen
                        start = ende + 1                          ' Anfang des zweiten Eintrags
                        ende = line.IndexOf("\", start)           ' Ende des zweiten Eintrags
                        Dim s2 As String = line.Substring(start, ende - start)   ' zweiten
                                                                  ' Eintrag lesen
                        start = ende + 1                          ' Anfang des letzten Eintrags
                        Dim s3 As String = line.Substring(start)  ' letzten Eintrag lesen
```

Eine neue Zeile zur *ListView* hinzufügen:

```
                        Dim lvi As New ListViewItem(New String() {s1, s2, s3})
                        ListView1.Items.Add(lvi)
                        start = 0                                 ' Zurücksetzen
                        line = strmReader.ReadLine()              ' nächste Zeile lesen
```

R8.11 Den Inhalt einer ListView als Datei abspeichern

```
                    Loop
                strmReader.Close()
            End If
        End With
    Catch ex As Exception
        MessageBox.Show(ex.Message)
    End Try
End Sub
```

Einen Eintrag hinzufügen, der vorher in die *TextBox*en eingegeben wurde:

```
Private Sub Button1_Click(ByVal sender As System.Object, ByVal e As System.EventArgs) _
                                                            Handles Button1.Click
    Dim itms() As String = New String() {TextBox1.Text, TextBox2.Text, TextBox3.Text}
    Dim lvi As New ListViewItem(itms)
    ListView1.Items.Add(lvi)
    TextBox1.Clear()
    TextBox2.Clear()
    TextBox3.Clear()
End Sub
```

Die selektierte(n) Zeile(n) mittels Entf-Taste löschen (*Form1.KeyPreview = True*; *ListView1.FullRowSelect = True*):

```
Private Sub Form1_KeyDown(ByVal sender As System.Object, ByVal e As _
                    System.Windows.Forms.KeyEventArgs) Handles MyBase.KeyDown
    If e.KeyCode = Keys.Delete Then                         ' Entf-Taste
        For i As Integer = 0 To ListView1.SelectedItems.Count - 1
            Dim lvi As ListViewItem = ListView1.SelectedItems(i)
            ListView1.Items.Remove(lvi)
        Next i
    End If
End Sub
```

Gesamten Inhalt der *ListView* löschen:

```
Private Sub Button4_Click(ByVal sender As System.Object, ByVal e As System.EventArgs) _
                                                            Handles Button4.Click
    ListView1.Clear()
```

Weil die *Clear*-Methode auch die Spalten zerstört, ist die komplette *ListView*-Spaltenstruktur erneut aufzubauen:

```
    initUI()                    ' alles neu aufbauen
End Sub
End Class
```

Test

Nach Programmstart nehmen Sie zunächst in den *TextBox*en einige Einträge vor, die Sie jeweils über die Schaltfläche "Eintrag hinzufügen" in die *ListView* befördern.

> **HINWEIS:** Es versteht sich von selbst, dass Sie bei allen Einträgen auf den Backslash (\) verzichten, da dieser intern als Trennzeichen benutzt wird.

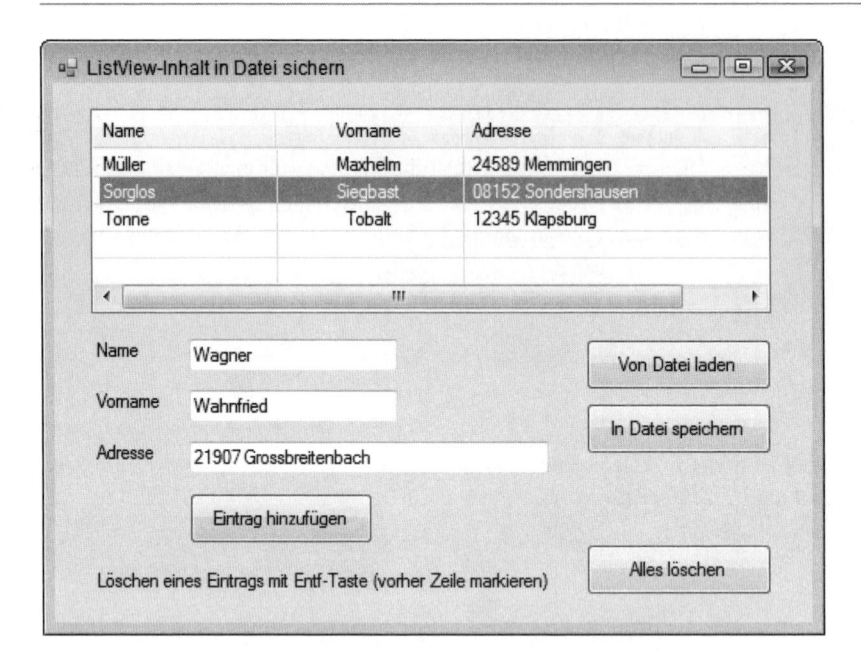

Ergänzung

Wenn Sie die Eigenschaft *CheckBoxes* der *ListView* auf *True* setzen, kann jede Zeile mit einem Häkchen markiert werden.

Ein Löschen der markierten Zeilen wäre dann z.B. möglich mit:

```
For i As Integer = 0 To ListView1.Items.Count - 1
    Dim lvi As = ListView1.Items(i)
```

```
        If lvi.Checked Then ListView1.Items.Remove(lvi)
Next i
```

> **HINWEIS:** Leider unterstützt die *ListView* keine echte Datenbindung, sodass die Realisierung der Datenpersistenz mittels DataSet/Datenbank auf eine einfachere Weise nicht möglich ist. Eine Lösung zeigt R3.30 ("Eine ListView mit dem Inhalt eines Data-Sets füllen").

R8.12 Den Verzeichnisinhalt in einer ListView anzeigen

Dieses Rezept demonstriert, wie gut man die *ListView* für eine tabellarische Anzeige einsetzen kann. Konkret geht es um die Anzeige von Informationen über alle Unterverzeichnisse und Dateien, die sich in einem bestimmten Verzeichnis (hier das Anwendungsverzeichnis) befinden.

Oberfläche

Auf dem Startformular *Form1* finden eine *ListView* (*View = Details*), eine *TextBox* (*ReadOnly = True, MultiLine = True*) und eine *ListBox* ihren Platz (siehe Laufzeitansicht).

Quellcode

```
Imports System.IO
Public Class Form1
```

Der Aufruf der Anzeigeroutine erfolgt beim Laden des Formulars:

```
Private Sub Form1_Load(ByVal sender As System.Object, ByVal e As System.EventArgs) _
                                                          Handles MyBase.Load
    showListView()
End Sub
```

Die Hauptroutine *showListView* formatiert die *ListView*, durchsucht das aktuelle Verzeichnis nach Unterverzeichnissen und Dateien und zeigt diese an:

```
Private Sub showListView()
```

Zunächst wollen wir zur *ListView* zwei Bilddateien hinzufügen. Die Icons *File.gif* und *Folder.gif* befinden sich im */Bilder*-Verzeichnis, welches von Ihnen im Anwendungsverzeichnis angelegt wurde:

```
Dim imageList1 As New ImageList()
Try
    imageList1.Images.Add(Bitmap.FromFile(".\Bilder\File.gif"))
    imageList1.Images.Add(Bitmap.FromFile(".\Bilder\Folder.gif"))
Catch ex As FileNotFoundException
End Try
```

```
ListView1.SmallImageList = imageList1
```

Nun wollen wir vier Spalten hinzufügen, doch zunächst ermitteln wir die Fontgröße:

```
Dim ftSize As Integer = Convert.ToInt32(ListView1.Font.SizeInPoints)
```

Da wir jetzt die Fontgröße kennen, können wir die Breite der einzelnen Spalten einigermaßen genau festlegen:

```
ListView1.Columns.Add("Name", 25 * ftSize, HorizontalAlignment.Left)
ListView1.Columns.Add("Größe", 8 * ftSize, HorizontalAlignment.Right)
ListView1.Columns.Add("Typ", 10 * ftSize, HorizontalAlignment.Left)
ListView1.Columns.Add("Geändert am", 15 * ftSize, HorizontalAlignment.Left)
```

Aktuelles Verzeichnis ermitteln und in der *TextBox* anzeigen:

```
Dim currDir As String = Directory.GetCurrentDirectory()
TextBox1.Text = currDir
```

Referenz auf einen Eintrag (Zeile) der *ListView*:

```
Dim lvi As ListViewItem
```

Alle enthaltenen Unterverzeichnisse ermitteln:

```
Dim dirs() As String = Directory.GetDirectories(currDir)
Dim len As Integer = dirs.Length
For i As Integer = 0 To len - 1
    lvi = New ListViewItem(Path.GetFileName(dirs(i)), 1)
    lvi.SubItems.Add("")
    lvi.SubItems.Add("Verzeichnis")
    lvi.SubItems.Add(Directory.GetLastAccessTime(dirs(i)).ToString())
    ListView1.Items.Add(lvi)
Next i
```

Alle enthaltenen Dateien ermitteln:

```
Dim files() As String = Directory.GetFiles(currDir)
len = files.Length
For i As Integer = 0 To len - 1
    lvi = New ListViewItem(Path.GetFileName(files(i)), 0)
    Dim fi As New FileInfo(files(i))
    lvi.SubItems.Add(Convert.ToString(fi.Length))
    lvi.SubItems.Add("Datei")
    lvi.SubItems.Add(File.GetLastWriteTime(files(i)).ToString())
    ListView1.Items.Add(lvi)
Next i
End Sub
```

Wenn wir mit der Maus eine oder mehrere Zeile(n) der *ListView* markieren, werden die Namen der selektierten Verzeichnisse und Dateien in der *ListBox* angezeigt:

```
Private Sub ListView1_SelectedIndexChanged(ByVal sender As System.Object, _
                    ByVal e As System.EventArgs) Handles ListView1.SelectedIndexChanged
    ListBox1.Items.Clear()
    Dim selectedItems As ListView.SelectedListViewItemCollection = ListView1.SelectedItems
    For i As Integer = 0 To selectedItems.Count - 1
        ListBox1.Items.Add(selectedItems(i).Text)
    Next i
End Sub
End Class
```

Test

Unmittelbar nach Programmstart wird der Inhalt des aktuellen Verzeichnisses angezeigt. Sie können einen oder (bei gedrückt gehaltener STRG-Taste) auch mehrere Einträge selektieren, die dann sofort in der *ListBox* unten rechts erscheinen.

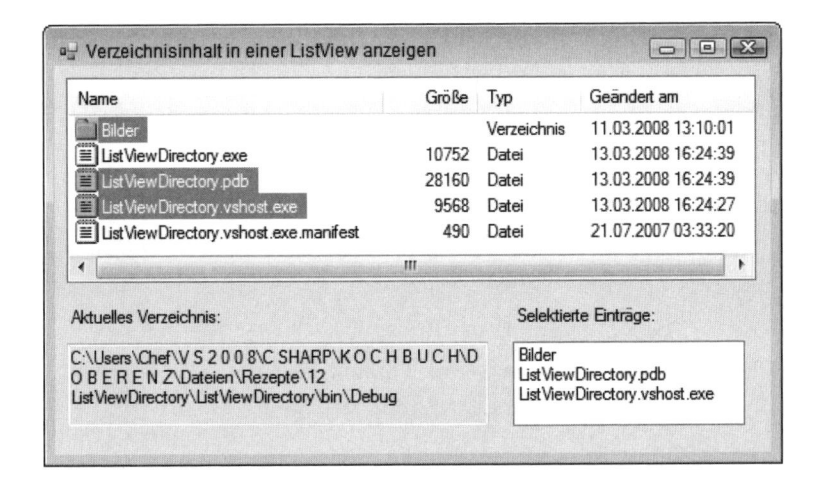

R8.13 Einen Verzeichnisbaum in eine TreeView einlesen

Sie möchten eine ähnliche Funktionalität wie im Windows-Explorer bereitstellen? Nichts ist dazu besser geeignet als das *TreeView*-Control! Das rekursive Durchsuchen des Dateisystems ist allerdings ziemlich zeitaufwändig, sodass es recht lange dauern kann, bis der Verzeichnisbaum vollständig ist.

Das vorliegende Rezept nutzt das Ereignis *BeforeExpand* der *TreeView*, um die benötigten Verzeichnisinformationen zur Laufzeit erst dann zu ermitteln, wenn sie tatsächlich benötigt werden, was allerhand Zeit sparen kann.

Oberfläche

Auf dem Startformular *Form1* platzieren Sie links eine *TreeView* und rechts eine *ListBox* (siehe Laufzeitansicht).

Quellcode

```
Imports System.IO

Public Class Form1
```

Die Startaktivitäten:

```
    Private Sub Form1_Load(ByVal sender As System.Object, ByVal e As System.EventArgs) _
                                                            Handles MyBase.Load
        Dim rootNode As New TreeNode("C:\")      ' Wurzelknoten erzeugen
        treeView1.Nodes.Add(rootNode)
        addChildNodes(rootNode)                  ' untergeordnete Ebene füllen und
        TreeView1.Nodes(0).Expand()              ' ... expandieren
    End Sub
```

Die Hauptarbeit erledigt die Methode *addChildNodes*, welcher als Parameter ein Knoten (*dirNode*) übergeben wird. Im Ergebnis werden alle Knoten der untergeordneten Verzeichnisebene hinzugefügt:

```
    Private Sub addChildNodes(ByVal dirNode As TreeNode)
        Dim dir As New DirectoryInfo(dirNode.FullPath)
        Try
```

Alle Unterverzeichnisse durchlaufen:

```
            For Each dirItem As DirectoryInfo In dir.GetDirectories()
```

Einen Child-Knoten für jedes Unterverzeichnis hinzufügen:

```
                Dim newNode As New TreeNode(dirItem.Name)
                dirNode.Nodes.Add(newNode)
```

Jeder Child-Knoten erhält selbst wiederum einen einzelnen Child-Knoten, der mit einem Platzhalterzeichen (*) gekennzeichnet ist:

```
                newNode.Nodes.Add("*")
            Next dirItem
        Catch err As UnauthorizedAccessException
            MessageBox.Show(err.ToString())
        End Try
    End Sub
```

Ein Knoten wird expandiert (aber die untergeordnete Ebene noch nicht gezeichnet):

```
Private Sub TreeView1_BeforeExpand(ByVal sender As System.Object, _
    ByVal e As System.Windows.Forms.TreeViewCancelEventArgs) Handles TreeView1.BeforeExpand
```

Falls es sich beim ersten Child-Knoten um einen Platzhalterknoten handelt, wird dieser gelöscht und die Verzeichnisebene neu erstellt:

```
    If e.Node.Nodes(0).Text = "*" Then    ' falls es sich um einen Platzhalterknoten handelt
        TreeView1.BeginUpdate()           ' erneutes Zeichnen deaktivieren
        e.Node.Nodes.Clear()              ' Platzhalterknoten löschen
        addChildNodes(e.Node)             ' alle untergeordneten Knoten hinzufügen
        TreeView1.EndUpdate()             ' erneutes Zeichnen aktivieren
    End If
End Sub
```

Die Knoten-Auswahl wurde durch den Anwender geändert:

```
Private Sub TreeView1_AfterSelect(ByVal sender As System.Object, _
        ByVal e As System.Windows.Forms.TreeViewEventArgs) Handles TreeView1.AfterSelect
```

Alle im entsprechenden Verzeichnis enthaltene Dateien werden in der *ListBox* angezeigt:

```
    Dim dir As New DirectoryInfo(e.Node.FullPath)
    ListBox1.Items.Clear()
    ListBox1.Items.AddRange(dir.GetFiles())
End Sub
End Class
```

Test

Bewegen Sie sich durch die *ListView*! Klicken Sie links auf ein bestimmtes Verzeichnis, werden rechts die darin enthaltenen Dateien angezeigt.

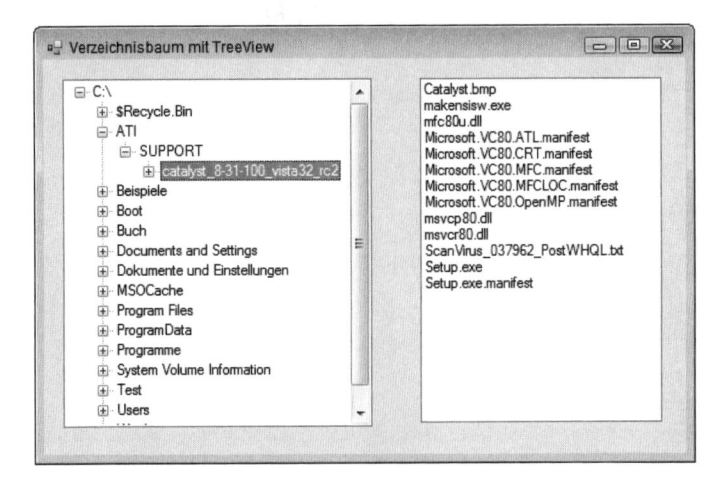

R8.14 Eine Datei verschlüsseln

Dieses Rezept demonstriert das Erzeugen eines *CryptoStreams* zum symmetrischen Verschlüsseln bzw. Entschlüsseln einer Datei nach dem *Data Encryption Standard* (DES)[1].

Oberfläche

Auf das Startformular *Form1* setzen Sie zwei *Button*s und zwei *TextBox*en (siehe Laufzeitansicht).

Quellcode

```vb
Imports System.Text
Imports System.IO
Imports System.Security.Cryptography

Public Class Form1
```

Auf globaler Ebene wird zunächst die Instanz einer DES Implementierung erzeugt. Da wir dem Konstruktor keine Argumente übergeben, wird ein Zufallsschlüssel generiert und die Standardeigenschaften entsprechen den üblichen Verschlüsselungs-Szenarien:

```vb
private des As New DESCryptoServiceProvider()
```

Der Name der Datei, die angelegt und verschlüsselt werden soll:

```vb
Private fileName As String = "EncryptedFile.txt"
```

Eine Hilfsroutine, welche einen String in ein Byte-Array transformiert:

```vb
Public Function ConvertStringToByteArray(ByVal s As String) As Byte()
    Dim ucenc As New UnicodeEncoding()
    Return (ucenc.GetBytes(s))
End Function
```

Die Schaltfläche "Verschlüsseln":

```vb
Private Sub Button1_Click(ByVal sender As System.Object, ByVal e As System.EventArgs) _
                Handles Button1.Click
```

Den zu verschlüsselnden Text in den Byte-Array-Puffer kopieren:

```vb
Dim byteArr() As Byte = ConvertStringToByteArray(TextBox1.Text)
```

Ein DES Encryptor Objekt wird auf einer DES Instanz erzeugt:

```vb
Dim desEncrypt As ICryptoTransform = des.CreateEncryptor()
```

---

[1] Gemeint ist also nicht die einfache Verschlüsselung von Verzeichnissen und Dateien, wie sie z.B. mittels *Encrypt-/Decrypt*-Methoden der *File*-Klasse möglich ist.

R8.14 Eine Datei verschlüsseln

Der *FileStream*, welcher die verschlüsselte Datei schreiben soll, wird erzeugt:

```
Dim fs As New FileStream(fileName, FileMode.Create, FileAccess.Write)
```

Der *CryptoStream*, der den *FileStream* verschlüsseln soll, wird erzeugt, wobei der Konstruktor eine *FileStream*-Instanz und den DES Encryptor erhält. Der Stream wird in den Write-Modus versetzt:

```
Dim cryptoStrm As New CryptoStream(fs, desEncrypt, CryptoStreamMode.Write)
```

Schließlich schreiben wir das mit unserem Text gefüllte Byte-Array in den Stream und schließen diesen. Als Resultat entsteht die verschlüsselte Datei *EncryptedFile.txt*.

```
    cryptoStrm.Write(byteArr, 0, byteArr.Length)
    cryptoStrm.Close()
End Sub
```

Die Schaltfläche "Entschlüsseln":

```
Private Sub Button2_Click(ByVal sender As System.Object, ByVal e As System.EventArgs) _
                         Handles Button2.Click
```

Den Decryptor der vorhandenen DES-Instanz erzeugen:

```
Dim desDecrypt As ICryptoTransform = des.CreateDecryptor()
```

Den Filestream erzeugen, um die verschlüsselte Datei einzulesen:

```
Dim fs As New FileStream(fileName, FileMode.Open, FileAccess.Read)
```

Den Kryptostream erzeugen, um die verschlüsselten Bytes zu entschlüsseln:

```
Try
```

Kryptostream erzeugen, um die verschlüsselten Bytes zu entschlüsseln:

```
Dim cryptoStrm As New CryptoStream(fs, desDecrypt, CryptoStreamMode.Read)
```

Inhalt auslesen und entschlüsseln:

```
Dim strmRead As New StreamReader(cryptoStrm, New UnicodeEncoding())
```

Inhalt anzeigen:

```
        TextBox2.Text = strmRead.ReadToEnd()
        cryptoStrm.Close()
    Catch ex As CryptographicException
        MessageBox.Show(ex.Message, "Falscher Schlüssel")
    Finally
        fs.Close()
    End Try
End Sub
```

Praktisch ziemlich nutzlos, aber trotzdem interessant, ist ein Blick auf den Inhalt der verschlüsselten Datei:

```
Private Sub Button3_Click(ByVal sender As System.Object, ByVal e As System.EventArgs) _
                                                                 Handles Button3.Click
    TextBox3.Text = File.ReadAllText(fileName)
  End Sub
End Class
```

Test

Geben Sie einen beliebigen Text in das obere Textfeld ein und klicken Sie die "Verschlüsseln"-Schaltfläche. Den Inhalt der verschlüsselten Datei *EncryptedFile.txt* können Sie sich nach Klick auf die mittlere Schaltfläche betrachten. Über die "Entschlüsseln"-Schaltfläche erhalten Sie wieder den ursprünglichen Test.

HINWEIS: Es ist praktisch unmöglich, ohne Kenntnis des Schlüssels aus dem verschlüsselten Text wieder das Original zu rekonstruieren.

Da nach einem erneuten Programmstart auch ein neuer Schlüssel angelegt wird, führt der sofortige Klick auf die "Entschlüsseln"-Schaltfläche zu einer Fehlermeldung.

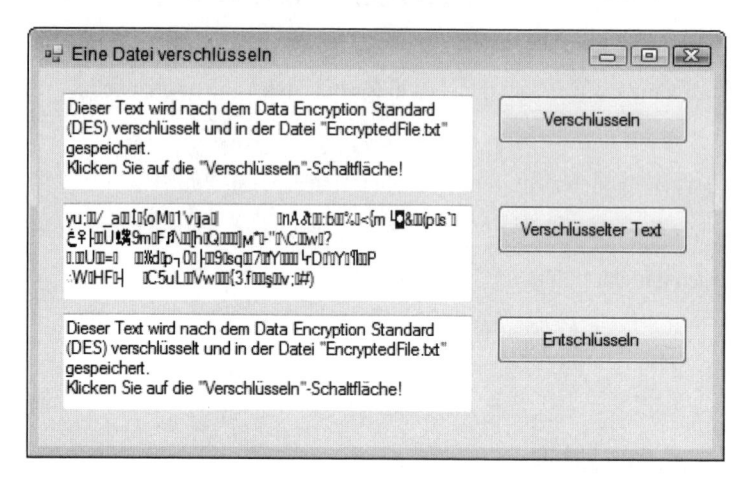

Bemerkung

Falls die verschlüsselte Datei weitergegeben werden soll, benötigt der Empfänger natürlich exakt den Schlüssel, mit dem die Datei verschlüsselt wurde. Dieser entspricht der *Key*-Eigenschaft (ein Byte-Array) des *DESCryptoServiceProvider*-Objekts:

```
File.WriteAllBytes("Key.dat", des.Key)       ' Absender schreibt Schlüsseldatei
des.Key = File.ReadAllBytes("Key.dat")       ' Empfänger liest Schlüsseldatei
```

R8.15 Eine Datei komprimieren

In diesem Rezept wollen wir zeigen, wie unter Verwendung der *GZipStream*-Klasse der Inhalt einer Datei gepackt und entpackt werden kann.

HINWEIS: Die *GZipStream*-Klasse eignet sich nur zum Komprimieren von Dateien kleiner vier GB.

Oberfläche

Auf das Startformular *Form1* setzen wir *Button*s mit den Beschriftungen "Quelldatei lesen", "Komprimieren" und "Dekomprimieren". Damit dürften auch die drei grundlegenden Operationen klar sein, die wir mit unserem Testprogramm durchführen wollen.

Quellcode

```
Imports System.IO
Imports System.IO.Compression

Public Class Form1
```

Die Namen der drei Dateien, die sich alle im Anwendungsverzeichnis befinden:

```
    Private QuellDatei As String = "Test1.txt"
    Private KompDatei As String = "Test.zip"
    Private ZielDatei As String = "Test2.txt"
```

Ein Byte-Puffer:

```
    Private fileBytes() As Byte = Nothing
```

Die Quelldatei in den Puffer einlesen:

```
        Private Sub Button1_Click(ByVal sender As System.Object, ByVal e As System.EventArgs) _
                                                        Handles Button1.Click
        Dim strm1 As New FileStream(QuellDatei, FileMode.Open)
        Dim lg As Integer = Convert.ToInt32(strm1.Length)
        ReDim fileBytes(lg)
        strm1.Read(fileBytes, 0, fileBytes.Length)
        strm1.Close()
    End Sub
```

Die komprimierte Datei erstellen:

```
        Private Sub Button2_Click(ByVal sender As System.Object, ByVal e As System.EventArgs) _
                                                        Handles Button2.Click
            Dim strm2 As New FileStream(KompDatei, FileMode.Create)
```

```
        Dim compStrm As New GZipStream(strm2, CompressionMode.Compress)
        compStrm.Write(fileBytes, 0, fileBytes.Length)
        compStrm.Flush()      ' internen Puffer leeren
        compStrm.Close()
        strm2.Close()
    End Sub
```

Die Datei dekomprimieren:

```
    Private Sub Button3_Click(ByVal sender As System.Object, ByVal e As System.EventArgs) _
                                                                 Handles Button3.Click
        Dim strm3 As New FileStream(KompDatei, FileMode.Open)
        Dim decompStrm As New GZipStream(strm3, CompressionMode.Decompress)
        Dim reader As New StreamReader(CType(decompStrm, Stream))
        File.WriteAllText(ZielDatei, reader.ReadToEnd())
        reader.Close()
        strm3.Close()
    End Sub
End Class
```

Test

Speichern Sie zunächst eine beliebige Textdatei unter dem Namen *Test1.txt* im *\bin\Debug*-Unterverzeichnis des Projektordners ab. Nach dem Programmstart betätigen Sie nacheinander (von oben nach unten) die drei Schaltflächen.

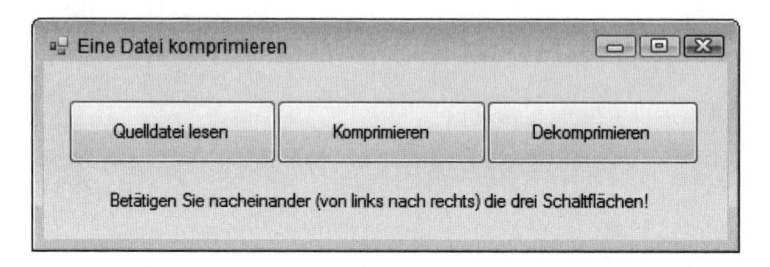

Im Ergebnis finden sich im Anwendungsverzeichnis neben der Quell-Datei *Test1.txt* die beiden neu erzeugten Dateien *Test.zip* und *Test2.txt*. Vergleichen Sie die Inhalte von *Test1.txt* und *Test2.txt*, so müssen diese identisch sein.

HINWEIS: Falls es sich, wie in unserem Beispiel, um sehr kleine Dateien handelt (siehe folgende Abbildung) ist ein Kompressionseffekt allerdings kaum nachweisbar.

Name	Änderungsdatum	Typ	Größe
Compress.exe	13.03.2008 16:39	Anwendung	9 KB
Compress.pdb	13.03.2008 16:39	Program Debug Database	34 KB
Compress.vshost.exe	13.03.2008 16:38	Anwendung	10 KB
Compress.vshost.exe....	21.07.2007 02:33	MANIFEST-Datei	1 KB
Test1.txt	15.03.2006 16:19	Textdokument	1 KB
Test2.txt	13.03.2008 16:39	Textdokument	1 KB
Test.zip	13.03.2008 16:39	ZIP-komprimierter Ordner	1 KB

R8.16 Die vorhandenen Laufwerke feststellen

Die (nicht vererbbare) *Environment*-Klasse stellt Informationen zur aktuellen Umgebung und Plattform zur Verfügung. Das vorliegende Rezept zeigt, wie Sie mit der *GetLogicalDrives*-Methode die Namen aller logischen Laufwerke Ihres PCs ermitteln können.

Oberfläche

Ein *Form*ular, eine *ListBox* und ein *Button* genügen.

Quellcode

```vb
Public Class Form1
    Private Sub Button1_Click(ByVal sender As System.Object, ByVal e As System.EventArgs) _
                                                                    Handles Button1.Click
        For Each s As String In Environment.GetLogicalDrives()
            ListBox1.Items.Add(s)
        Next s
    End Sub
End Class
```

Test

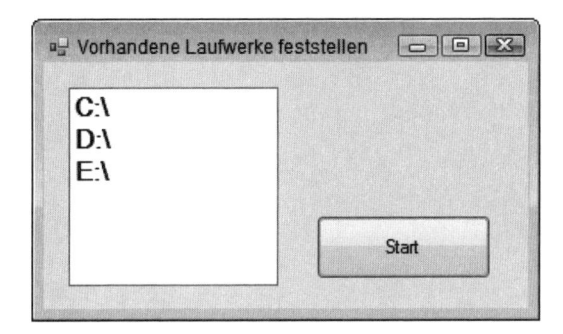

R8.17 Datei-Ladefortschritt mit ProgressBar anzeigen

Dieses Rezept demonstriert das Erzeugen und Laden einer größeren Textdatei, wobei der Ladefortschritt in einer *ProgressBar* angezeigt wird.

Oberfläche

Auf das Startformular setzen Sie eine *TextBox* (*Multiline = True*), eine *ProgressBar* und einen *Button* (Laufzeitansicht):

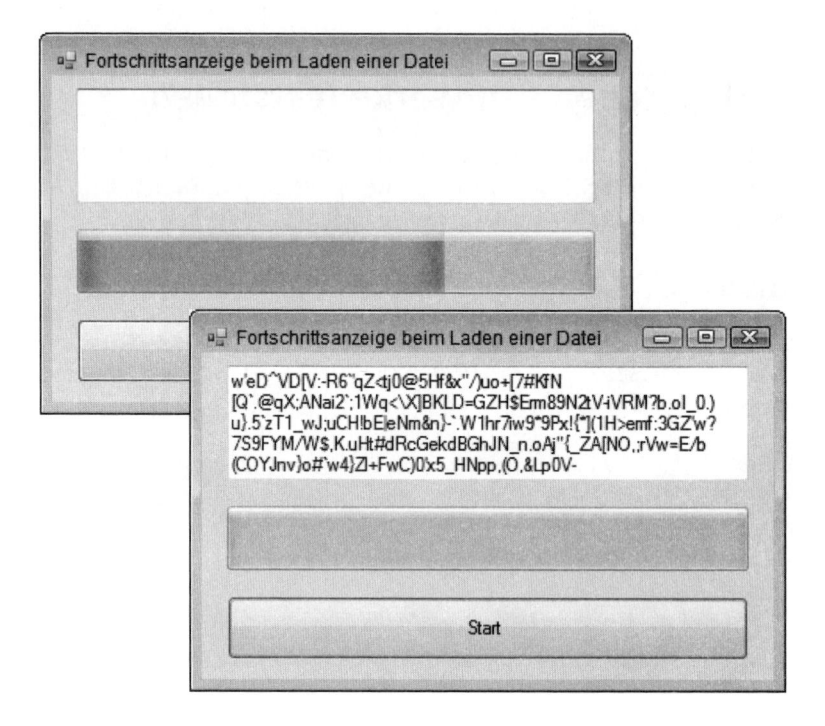

Quellcode

```
Imports System.IO

Public Class Form1
```

Zunächst legen wir den Verzeichnisnamen, den Dateinamen und die Länge der Datei fest:

```
    Private dirName As String = "C:\Temp"
    Private fName As String = "Test.txt"
    Private Const len As Integer = 50000
```

R8.17 Datei-Ladefortschritt mit ProgressBar anzeigen

Beim Laden des Formulars werden Verzeichnis und Datei erzeugt. Über einen Zufallsgenerator wird die Datei mit zufälligen Zeichen (ASCII-Code zwischen 32 und 127) gefüllt.

```vb
Protected Overrides Sub OnLoad(ByVal e As System.EventArgs)
    Directory.CreateDirectory(dirName)
    fName = dirName & "\" & fName           ' vollständiger Dateiname
    Dim fs As FileStream = File.Open(fName, FileMode.Create)
    Dim b As Byte
    Dim rnd As New Random()
    For i As Integer = 0 To len             ' Datei mit zufälligen Zeichen füllen
        b = CType(rnd.Next(32, 127), Byte)
        fs.WriteByte(b)
    Next
    fs.Close()
    MyBase.OnLoad(e)
End Sub
```

Klick auf die "Start"-Schaltfläche:

```vb
Private Sub Button1_Click(ByVal sender As System.Object, ByVal e As System.EventArgs) _
                         Handles Button1.Click
    Cursor = Cursors.WaitCursor             ' Mauscursor ändert sein Aussehen
    TextBox1.Text = String.Empty
    TextBox1.Refresh()
```

Datei öffnen:

```vb
    Dim fs As FileStream = File.Open(fName, FileMode.Open)
```

Dateigröße ermitteln und Maximalwert setzen:

```vb
    ProgressBar1.Maximum = CType(fs.Length, Integer)
    ProgressBar1.Step = 1                   ' Schrittweite
    Dim txt As String = String.Empty
    Dim buf As Integer                      ' Zeichenpuffer
```

Byteweises Einlesen der Datei in einer Schleife:

```vb
    Do
        buf = fs.ReadByte()
        If buf < 0 Then Exit Do             ' raus, wenn Dateiende erreicht
        txt &= ChrW(buf)                    ' Unicode-Zeichen anhängen
        ProgressBar1.PerformStep()          ' Fortschrittsbalken rückt weiter vor
    Loop While True
    TextBox1.Text = txt
    fs.Close()
```

```
        ProgressBar1.Value = 0                    ' Fortschrittsbalken zurücksetzen
        Cursor = Cursors.Default
    End Sub
```

Beim Schließen des Formulars wird das angelegte temporäre Verzeichnis (natürlich inklusive der darin enthaltenen Datei) gelöscht:

```
    Private Sub Form1_FormClosed(ByVal sender As System.Object, _
             ByVal e As System.Windows.Forms.FormClosedEventArgs) Handles MyBase.FormClosed
        Directory.Delete("C:\Temp", True)
    End Sub
End Class
```

Test

Mit der angegebenen Dateilänge dauert der Ladevorgang mit einem durchschnittlichen PC zwischen 5 und 10 Sekunden. Während dieser Zeit ändert der Mauszeiger sein Aussehen. Ist der Ladevorgang abgeschlossen, wird die *TextBox* schlagartig mit dem Dateiinhalt gefüllt und die Fortschrittsanzeige wird zurück gesetzt.

Kapitel 9

XML

R9.1 DataSets in Xml-Strings konvertieren

Dieses Rezept demonstriert Ihnen, wie Sie ein beliebiges *DataSet*-Objekt in einen Xml-String umwandeln, gleichzeitig wird auch die Rücktransformation aufgezeigt.

Ganz nebenbei erfahren Sie auch, wie Sie ein *DataSet* (inklusive Relationen zwischen den Tabellen) zur Laufzeit erstellen und füllen können.

Oberfläche

Ein Windows *Form*, eine *TextBox* (*MultiLine = True*), zwei *Button*s und das "gute alte" *Data-Grid* bilden die Testoberfläche.

> **HINWEIS:** Im Gegensatz zum neuen *DataGridView* kann das *DataGrid* auch mehrere Tabellen und ihre Beziehungen gleichzeitig darstellen.

Quelltext

Grundlage beider Konvertierungen sind Überladungen der *WriteXml*- bzw. *ReadXml*-Methode des *DataSet*s, welche diesmal nicht auf die Festplatte, sondern direkt auf den Arbeitsspeicher zugreifen.

```
Imports System.Text
Imports System.Xml
Imports System.IO
Public Class Form1
```

Die folgende Methode konvertiert das übergebene *DataSet* in einen Xml-String, wobei der Weg über einen *MemoryStream* und ein *Byte*-Array geht:

```
Public Function ConvertDataSetToXML(ByVal ds As DataSet) As String
    Dim stream As MemoryStream = Nothing
    Dim writer As XmlTextWriter = Nothing
```

```
        Try
            stream = New MemoryStream()
```

XmlTextWriter mit dem *MemoryStream* initialiseren:

```
            writer = New XmlTextWriter(stream, Encoding.Unicode)
```

DataSet in den *MemoryStream* schreiben und dabei auch die Strukturinformationen mit übergeben:

```
            ds.WriteXml(writer, XmlWriteMode.WriteSchema)
```

Byte-Array als Puffer erstellen (*MemoryStream* kann grundsätzlich nur in ein Byte-Array einlesen):

```
            Dim count As Integer = stream.Length
            Dim arr(count-1) As Byte
```

Xml-String aus Byte-Array gewinnen und zurückgeben:

```
            stream.Seek(0, SeekOrigin.Begin)
            stream.Read(arr, 0, count)
            Dim utf As New UnicodeEncoding()
            Return utf.GetString(arr).Trim()
        Catch
            Return String.Empty
        Finally
            If writer IsNot Nothing Then writer.Close()
        End Try
    End Function
```

Die zweite Methode arbeitet in umgekehrter Richtung, sie konvertiert einen übergebenen XML-String in ein *DataSet*, was dank *StringReader*-Objekt auf direktem Weg geht:

```
    Public Function ConvertXMLToDataSet(ByVal xml As String) As DataSet
        Dim reader As StringReader = Nothing
        Try
            Dim ds As New DataSet()
            reader = New StringReader(xml)
```

Xml-String in *DataSet* einlesen:

```
            ds.ReadXml(reader)
            Return ds
        Catch
            Return Nothing
        Finally
```

R9.1 DataSets in Xml-Strings konvertieren

```
            If reader IsNot Nothing Then reader.Close()
        End Try
    End Function
```

Die folgende Methode *getTestDS* erzeugt ein untypisiertes *DataSet* mit zwei *DataTable*s und einer *DataRelation* und fügt jeder Tabelle zwei Datensätze hinzu:

```
    Private Shared Function getTestDS() As DataSet
```

Tabelle "Personen":

```
        Dim dt1 As New DataTable("Personen")
```

Primärschlüssel:

```
        Dim col1 As DataColumn = dt1.Columns.Add("Nr", GetType(Integer))
        col1.AllowDBNull = False
        col1.Unique = True
        col1.AutoIncrement = True
        col1.AutoIncrementStep = 1
```

Die restlichen Spalten hinzufügen:

```
        dt1.Columns.Add("Vorname", GetType(String))
        dt1.Columns.Add("Nachname", GetType(String))
        dt1.Columns.Add("Geburtstag", GetType(Date))
```

Zwei Datensätze hinzufügen:

```
        Dim rw11 As DataRow = dt1.NewRow()
        rw11("Vorname") = "Klaus"
        rw11("Nachname") = "Mller"
        rw11("Geburtstag") = Convert.ToDateTime("3.4.1975")

        Dim rw12 As DataRow = dt1.NewRow()
        rw12("Vorname") = "Tobalt"
        rw12("Nachname") = "Tonne"
        rw12("Geburtstag") = Convert.ToDateTime("5.8.1984")
        dt1.Rows.Add(rw11)
        dt1.Rows.Add(rw12)
```

Tabelle "Bestellungen":

```
        Dim dt2 As New DataTable("Bestellungen")
        ' Primärschlüssel:
        Dim col2 As DataColumn = dt2.Columns.Add("Nr", GetType(Integer))
        col2.AllowDBNull = False
        col2.Unique = True
```

```
col2.AutoIncrement = True
col2.AutoIncrementStep = 1
dt2.Columns.Add("Datum", GetType(Date))
dt2.Columns.Add("Betrag", GetType(Decimal))
dt2.Columns.Add("PersNr", GetType(Integer))
' Fremdschlüssel
dt2.Columns.Add("Bemerkung", GetType(String))
```

Zwei Datensätze hinzufügen:

```
Dim rw21 As DataRow = dt2.NewRow()
rw21("Datum") = Convert.ToDateTime("20.2.2006")
rw21("Betrag") = Convert.ToDecimal("256,50")
rw21("PersNr") = 0
rw21("Bemerkung") = "per Nachname"
dt2.Rows.Add(rw21)

Dim rw22 As DataRow = dt2.NewRow()
rw22("Datum") = Convert.ToDateTime("8.3.2006")
rw22("Betrag") = Convert.ToDecimal("12,95")
rw22("PersNr") = 0
rw22("Bemerkung") = ("per Scheck")
dt2.Rows.Add(rw22)
```

DataSet zusammenbauen (mit 1 : n Relation zwischen *Kunden* und *Bestellungen*):

```
Dim ds As New DataSet()
ds.Tables.Add(dt1)
ds.Tables.Add(dt2)
ds.Relations.Add("Person_Bestellungen", ds.Tables("Personen").Columns("Nr"), _
                                ds.Tables("Bestellungen").Columns("PersNr"))
Return ds
End Function
```

DataSet in Xml-String:

```
Private Sub Button1_Click(ByVal sender As System.Object, ByVal e As System.EventArgs) _
                                Handles Button1.Click
    Dim ds As DataSet = getTestDS()
    TextBox1.Text = ConvertDataSetToXML(ds)
    Button2.Enabled = True
End Sub
```

Xml-String in *DataSet*:

```vb
Private Sub Button2_Click(ByVal sender As System.Object, ByVal e As System.EventArgs) _
                         Handles Button2.Click
    Dim ds As DataSet = ConvertXMLToDataSet(TextBox1.Text)
    DataGrid1.DataSource = Nothing
    DataGrid1.DataSource = ds
End Sub

End Class
```

Test

Zunächst lassen wir uns die XML-Darstellung des *DataSet*s rechts in der *TextBox* anzeigen. Anschließend betätigen wir zwecks Rückkonvertierung die Schaltfläche "Konvertiere in DataSet":

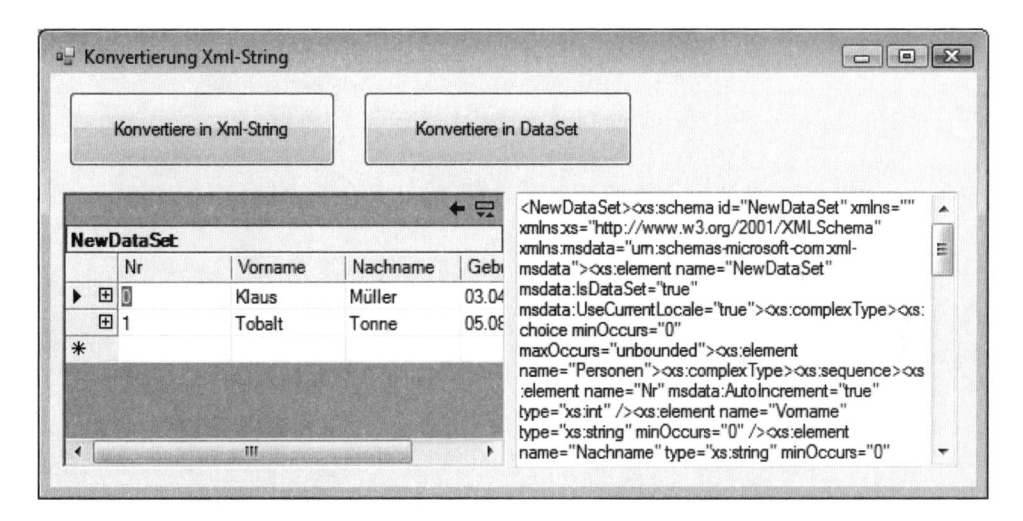

R9.2 DataSets in XML-Dateien speichern

Wie einfach es ist, ein DataSet im *XML*-Format in einer Datei zu speichern, zeigt das folgende Rezept.

Oberfläche

Fügen Sie einem Windows *Form* ein *DataGridView* sowie drei *Buttons* hinzu (siehe Laufzeitansicht).

Quellcode

```vb
Public Class Form1
```

Das *DataSet*:

```vb
    Private ds As New DataSet()
```

Mit dem Laden des Formulars erstellen wir das *DataSet*:

```vb
    Public Sub New()
        InitializeComponent()
        Dim dt As New DataTable("Bestellungen")
        ds.Tables.Add(dt)
```

Tabellenstruktur festlegen:

```vb
        Dim col0 As DataColumn = dt.Columns.Add("Nr", GetType(System.Int32))
        col0.AutoIncrement = True
        col0.AutoIncrementStep = 1
        Dim col1 As DataColumn = dt.Columns.Add("EingangsDatum", GetType(System.DateTime))
        col1.AllowDBNull = False
        col1.DefaultValue = DateTime.Now
        Dim col2 As DataColumn = dt.Columns.Add("KuNr", GetType(System.Int32))
        col2.AllowDBNull = False
        Dim col3 As DataColumn = dt.Columns.Add("GesamtNetto", GetType(System.Decimal))
        col3.DefaultValue = 0
        Dim col4 As DataColumn = dt.Columns.Add("Bemerkung", GetType(System.String))
        col4.DefaultValue = String.Empty
        col4.MaxLength = 50
```

Datenbindung für das *DataGridView* herstellen:

```vb
        DataGridView1.DataSource = ds         ' DataGrid an DataTable anbinden
        DataGridView1.DataMember = ds.Tables(0).TableName
    End Sub
```

Die XML-Datei laden:

```vb
    Private Sub Button1_Click(ByVal sender As System.Object, ByVal e As System.EventArgs) _
                         Handles Button1.Click
        ds.ReadXml("Test.xml")
    End Sub
```

In XML-Datei abspeichern:

```vb
    Private Sub Button2_Click(ByVal sender As System.Object, ByVal e As System.EventArgs) _
                         Handles Button2.Click
```

R9.2 DataSets in XML-Dateien speichern

```
        ds.WriteXml("Test.xml")
    End Sub
```

Die Anzeige löschen:

```
    Private Sub Button3_Click(ByVal sender As System.Object, ByVal e As System.EventArgs) _
                              Handles Button3.Click
        ds.Clear()
    End Sub
End Class
```

Test

Nach dem Programmstart sollten Sie zunächst einige Datensätze in das *DataGridView* eintragen.

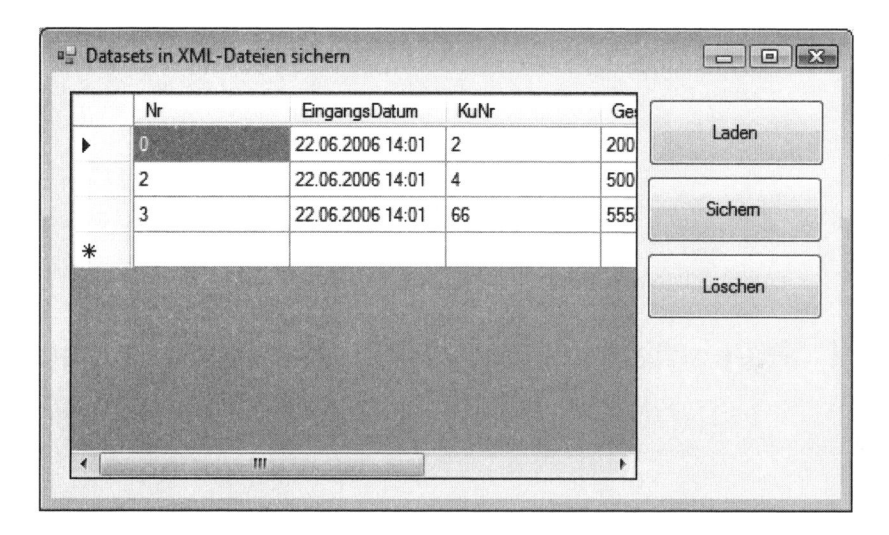

Sie können dann Datensätze editieren, mittels *Entf*-Taste löschen oder Änderungen mit *Esc* oder *Strg+Z* rückgängig machen.

Auf fehlerhafte Benutzereingaben werden Sie mehr oder weniger höflich hingewiesen, z.B.:

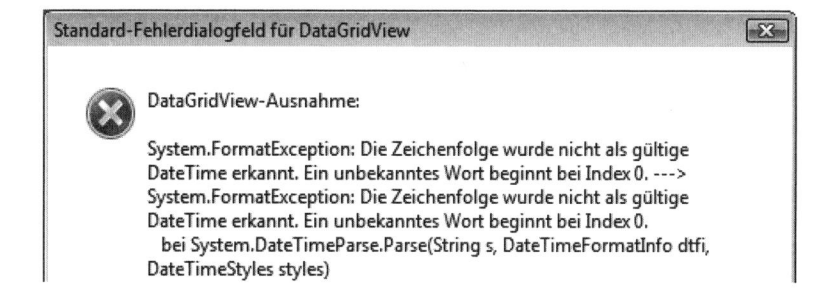

Bemerkung

Die neue Datei *Test.xml* finden Sie im *\bin\Debug*-Unterverzeichnis des Projekts. Durch Doppelklick können Sie den Inhalt im Internet Explorer sichtbar machen:

```xml
<?xml version="1.0" standalone="yes" ?>
- <NewDataSet>
  - <Bestellungen>
      <Nr>0</Nr>
      <EingangsDatum>2006-06-22T14:01:55.703125+02:00</EingangsDatum>
      <KuNr>2</KuNr>
      <GesamtNetto>200</GesamtNetto>
      <Bemerkung>keine</Bemerkung>
    </Bestellungen>
  - <Bestellungen>
      <Nr>2</Nr>
      <EingangsDatum>2006-06-22T14:01:55.703125+02:00</EingangsDatum>
      <KuNr>4</KuNr>
      <GesamtNetto>500</GesamtNetto>
      <Bemerkung>Geizig</Bemerkung>
    </Bestellungen>
```

HINWEIS: Seit .NET 2.0 besteht ebenfalls die Möglichkeit, einzelne *DataTable*-Objekte mittels *WriteXml*-Methode zu serialisieren.

R9.3 In Dokumenten mit dem XPathNavigator navigieren

Welche Möglichkeiten, d.h. Methoden und Eigenschaften, das *XPathNavigator*-Objekt zur Navigation zwischen den einzelnen Knoten anbietet, zeigt die folgende Skizze (Ausgangspunkt ist der hervorgehobene Knoten):

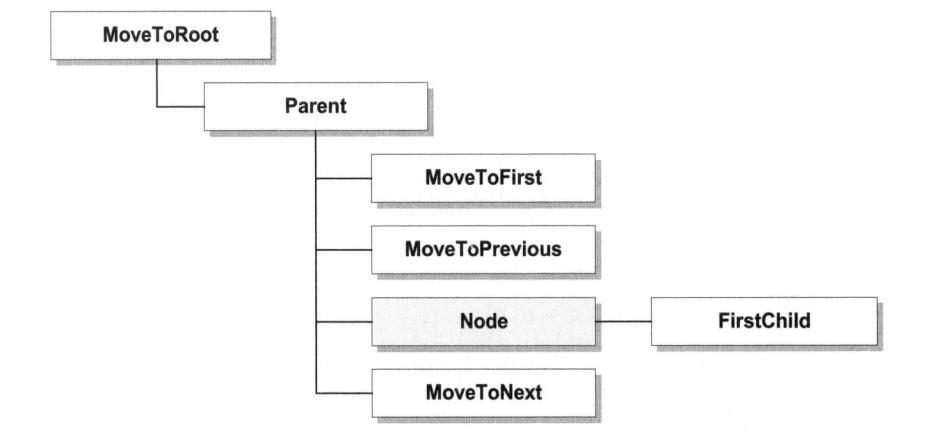

Wie Sie sehen, können Sie von jedem beliebigen Knoten aus auf den gesamten Baum zugreifen. Entweder Sie bewegen sich mit *MoveToPrevious* bzw. *MoveToNext* innerhalb einer Ebene oder Sie wechseln mit *Parent* in die übergeordnete Ebene, um dort ebenfalls mit *MoveToPrevoius* bzw. *MoveToNext* auf die einzelnen Knoten zuzugreifen. Möchten Sie die untergeordneten Elemente eines Knotens verarbeiten, können Sie zunächst mit *FirstChild* auf das erste untergeordnete Element zugreifen, um dann wiederum mit *MoveToPrevious* bzw. *MoveToNext* mit den weiteren Elementen der dann aktiven Ebene fortzufahren.

HINWEIS: Die Root des XML-Baums erreichen Sie in jedem Fall mit *MoveToRoot*. Das per Definition immer eine Root vorhanden sein muss, gibt diese Methode auch kein *True* oder *False* zurück.

Unser Rezept hat die recht einfache Aufgabe, die Datei *Test7.xml* von der Festplatte zu laden. Nachfolgend soll, ausgehend vom Root-Element, die Navigation zwischen den einzelnen Baumknoten demonstriert werden. Dazu stellen entsprechende Tasten die jeweiligen Methoden zur Verfügung. Ist der Knoten gewechselt, wird die Bezeichnung angezeigt.

Zusätzlich finden Sie im Programm auch eine Unterstützung für die Methode *SelectSingleNode*, mit der sich ein einzelnen Knoten suchen lässt.

Oberfläche

Entwerfen Sie eine Oberfläche nach folgendem Vorbild (Laufzeitansicht):

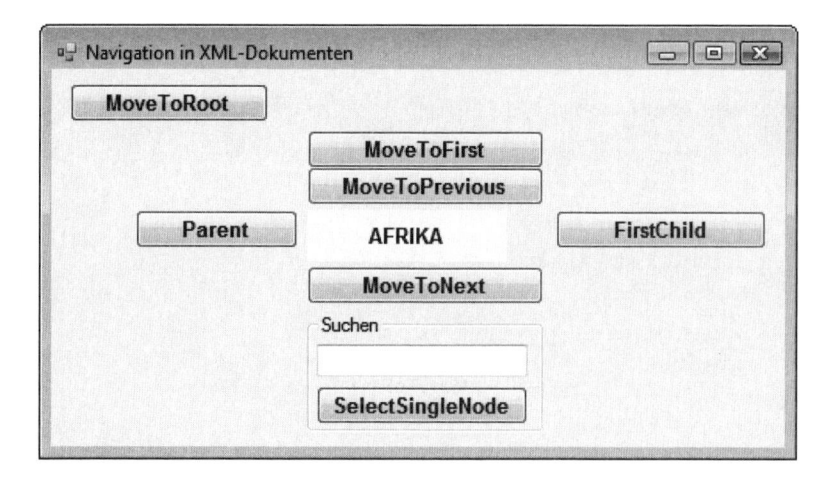

Quelltext

```
Imports System.Xml
Imports System.Xml.XPath

Public Class Form1
```

```
Private xmlDoc As New System.Xml.XmlDocument()
Private nav As XPathNavigator
```

Mit dem Öffnen des Fensters öffnen wir auch die Datei und erzeugen unseren *XPathNavigator*:

```
Private Sub Form1_Load(ByVal sender As System.Object, ByVal e As System.EventArgs) _
                                                        Handles MyBase.Load
    Try
        xmlDoc.Load("test7.xml")
        nav = xmlDoc.CreateNavigator()
        Label1.Text = nav.Name
    Catch
        MessageBox.Show("Datei nicht gefunden!")
    End Try
End Sub
```

Wir wechseln zum Vorgänger

```
Private Sub Button2_Click(ByVal sender As System.Object, ByVal e As System.EventArgs) _
                        Handles Button2.Click
    If nav.MoveToPrevious() Then
        Label1.Text = nav.Name
    Else
        MessageBox.Show("Kein Vorgnger vorhanden!")
    End If
End Sub
```

Wir wechseln zum Nachfolger:

```
Private Sub Button3_Click(ByVal sender As System.Object, ByVal e As System.EventArgs) _
                        Handles Button3.Click
    If nav.MoveToNext() Then
        Label1.Text = nav.Name
    Else
        MessageBox.Show("Kein Nachfolger vorhanden!")
    End If
End Sub
```

Wir wechseln zu den Untereinträgen:

```
Private Sub Button4_Click(ByVal sender As System.Object, ByVal e As System.EventArgs) _
                        Handles Button4.Click
    If nav.MoveToFirstChild() Then
        Label1.Text = nav.Name
    Else
        MessageBox.Show("Keine Untereintrge vorhanden!")
```

Wir wechseln zum Parent:

```vbnet
        End If
    End Sub

Private Sub Button1_Click(ByVal sender As System.Object, ByVal e As System.EventArgs) _
                    Handles Button1.Click
    If nav.MoveToParent() Then
        Label1.Text = nav.Name
    Else
        MessageBox.Show("Kein Parent vorhanden!")
    End If
End Sub
```

Wir wechseln zum ersten Knoten der gleichen Ebene:

```vbnet
Private Sub Button6_Click(ByVal sender As System.Object, ByVal e As System.EventArgs) _
                    Handles Button6.Click
    If nav.MoveToFirst() Then
        Label1.Text = nav.Name
    End If
End Sub
```

Wir wechseln zur Root:

```vbnet
Private Sub Button7_Click(ByVal sender As System.Object, ByVal e As System.EventArgs) _
                    Handles Button7.Click
    nav.MoveToRoot()
    Label1.Text = nav.Name
End Sub
```

Wir suchen in den Baumzweigen:

```vbnet
Private Sub Button5_Click(ByVal sender As System.Object, ByVal e As System.EventArgs) _
                    Handles Button5.Click
    Try
        Dim nav2 As XPathNavigator = nav.SelectSingleNode(TextBox1.Text)
        If nav2 IsNot Nothing Then
            nav = nav2
            Label1.Text = nav.Name
        Else
            MessageBox.Show("Nicht gefunden!")
        End If
```

Hier sollten wir auf eine Fehlerbehandlung nicht verzichten, falls ein fehlerhafter XPath-Ausdruck eingegeben wird:

```
    Catch generatedExceptionName As Exception
        MessageBox.Show("Fehlerhafter Ausdruck!")
    End Try
End Sub

End Class
```

Test

Starten Sie das Programm und versuchen Sie, durch den XML-Baum zu navigieren. Der Inhalt der XML-Datei soll Ihnen dabei als Hilfestellung dienen (siehe folgende Abbildung).

HINWEIS: Beachten Sie, dass sich auch über "WELT" noch ein Objekt befindet!

```
- <WELT>
    <AFRIKA />
    <ANTARKTIS />
    <ASIEN />
    <AUSTRALIEN />
  - <EUROPA>
      <Fläche>10500000</Fläche>
      <Einwohner>718500000</Einwohner>
    - <Frankreich>
        <Fläche>343965</Fläche>
        <Einwohner>57800000</Einwohner>
      </Frankreich>
    - <Deutschland>
        <Fläche>356854</Fläche>
        <Einwohner>80767600</Einwohner>
      </Deutschland>
      <Italien />
      <Österreich />
      <Schweden />
      <Norwegen />
      <Polen />
    </EUROPA>
    <NORDAMERIKA />
    <SÜDAMERIKA />
  </WELT>
```

Bemerkung

Haben Sie bisher mit dem DOM (*Document Object Model*) gearbeitet, wird Ihnen sicher nicht verborgen geblieben sein, dass der Quellcode wesentlich lesbarer geworden ist. Auch sinnlose Abfragen auf vorhandene Knoten sind nicht mehr nötig.

R9.4 In Dokumenten mit XElement/XDocument navigieren

Mit LINQ to XML halten drei neue Objekte Einzug, die Sie für die Navigation in XML-Daten verwenden können:

- *XNode*
- *XElement* (erbt von *XNode*),
- *XDocument* (erbt von *XNode*)

Im Gegensatz zum vorhergehenden Rezept wird bei der Verwendung dieser Objekte kein aktueller "Zeiger" durch den XML-Baum navigiert, stattdessen holen Sie sich über Methodenaufrufe jeweils die benachbarten bzw. über- und untergeordneten Elemente. Den Rückgabewert können Sie im Erfolgsfall als "Zeiger" nutzen und dem aktuellen Element zuweisen.

Ein Beispielprogramm dürfte für mehr Klarheit sorgen.

Oberfläche

Wir halten uns weitestgehend an die Oberfläche des vorhergehenden Rezepts, ergänzen diese aber um eine *ListBox* zur Anzeige der untergeordneten Elemente.

Quelltext

Die Unterstützung für LINQ to XML:

```vb
Imports System.Xml.Linq

Public Class Form1
```

Unser "virtueller Zeiger" im XML-Dokument:

```vb
    Dim Welt As XElement
    Dim Aktuell As XElement
```

Mit dem Start des Formulars laden wir unser schon bekanntes Beispiel-XML-Dokument:

```vb
    Private Sub Form1_Load(ByVal sender As System.Object, ByVal e As System.EventArgs) _
                                                            Handles MyBase.Load
        Welt = XElement.Load("Test7.xml")
```

Anzeige des aktuellen Elements (Welt):

```vb
        Label1.Text = Aktuell.Name.ToString()
```

Die Untereinträge (1. Ebene) bestimmen:

```vb
        ListBox1.Items.Clear()
        For Each x As XElement In Aktuell.Elements()
            ListBox1.Items.Add(x.Name.ToString())
```

Den Parent bestimmen:

```
    Next
End Sub
```

Den Parent bestimmen:

```
Private Sub Button1_Click(ByVal sender As System.Object, ByVal e As System.EventArgs) _
                                                        Handles Button1.Click
    Dim xe As XElement = Aktuell.Parent
    If (xe IsNot Nothing) Then
        Aktuell = xe
        Label1.Text = Aktuell.Name.ToString()
    Else
        MessageBox.Show("Kein Parent vorhanden!")
    End If
End Sub
```

> **HINWEIS:** Die etwas umständliche Zuweiserei ist der Fehlerbehandlung geschuldet (kein gültiges Element).

Den ersten Unterknoten bestimmen:

```
Private Sub Button4_Click(ByVal sender As System.Object, ByVal e As System.EventArgs) _
                                                        Handles Button4.Click
    Dim xe As XElement = Aktuell.FirstNode
    If (xe IsNot Nothing) Then
        Aktuell = xe
        Label1.Text = Aktuell.Name.ToString()
    Else
        MessageBox.Show("Kein Unterelement vorhanden!")
    End If
    ListBox1.Items.Clear()
    For Each x As XElement In Aktuell.Elements()
        ListBox1.Items.Add(x.Name.ToString())
    Next
End Sub
```

Den ersten Knoten der aktuellen Ebene ermitteln:

```
Private Sub Button6_Click(ByVal sender As System.Object, ByVal e As System.EventArgs) _
                                                        Handles Button6.Click
    Try
        Dim xe As XElement = Aktuell.Parent.FirstNode
        Aktuell = xe
```

```
            Label1.Text = Aktuell.Name.ToString()
            ListBox1.Items.Clear()
            For Each x As XElement In Aktuell.Elements()
                ListBox1.Items.Add(x.Name.ToString())
            Next
        Catch
        End Try
    End Sub
```

Den folgenden Knoten der gleichen Ebene bestimmen:

```
    Private Sub Button3_Click(ByVal sender As System.Object, ByVal e As System.EventArgs) _
                                                      Handles Button3.Click
        Dim xe As XElement = Aktuell.NextNode
        If xe IsNot Nothing Then
            Aktuell = xe
            Label1.Text = Aktuell.Name.ToString()
        Else
            MessageBox.Show("Kein Nachfolger vorhanden!")
        End If
        ListBox1.Items.Clear()
        For Each x As XElement In Aktuell.Elements()
            ListBox1.Items.Add(x.Name.ToString())
        Next
    End Sub
```

Den vorhergehenden Knoten der gleichen Ebene ermitteln:

```
    Private Sub Button2_Click(ByVal sender As System.Object, ByVal e As System.EventArgs) _
                                                      Handles Button2.Click
        Dim xe As XElement = Aktuell.PreviousNode
        If xe IsNot Nothing Then
            Aktuell = xe
            Label1.Text = Aktuell.Name.ToString()
        Else
            MessageBox.Show("Kein Vorgänger vorhanden!")
        End If
        ListBox1.Items.Clear()
        For Each x As XElement In Aktuell.Elements()
            ListBox1.Items.Add(x.Name.ToString())
        Next
    End Sub
```

Den letzten Knoten der untergeordneten Ebene bestimmen:

```vbnet
    Private Sub Button8_Click(ByVal sender As System.Object, ByVal e As System.EventArgs) _
                                                               Handles Button8.Click
        Dim xe As XElement = Aktuell.LastNode
        If xe IsNot Nothing Then
            Aktuell = xe
            Label1.Text = Aktuell.Name.ToString()
        Else
            MessageBox.Show("Kein Unterelement vorhanden!")
        End If
    End Sub
```

Ein untergeordnetes Element über den Namen (Eingabe per *TextBox*) ermitteln:

```vbnet
    Private Sub Button5_Click(ByVal sender As System.Object, ByVal e As System.EventArgs) _
                                                               Handles Button5.Click
        Dim xe As XElement = Aktuell.Element(TextBox1.Text)
        If (xe IsNot Nothing) Then
            Aktuell = xe
            Label1.Text = Aktuell.Name.ToString()
        Else
            MessageBox.Show("Element nicht gefunden!")
        End If
    End Sub
End Class
```

Test

Nach dem Start können Sie innerhalb des XML-Dokuments "navigieren", die Liste mit den untergeordneten Knoten dürfte dabei recht hilfreich sein:

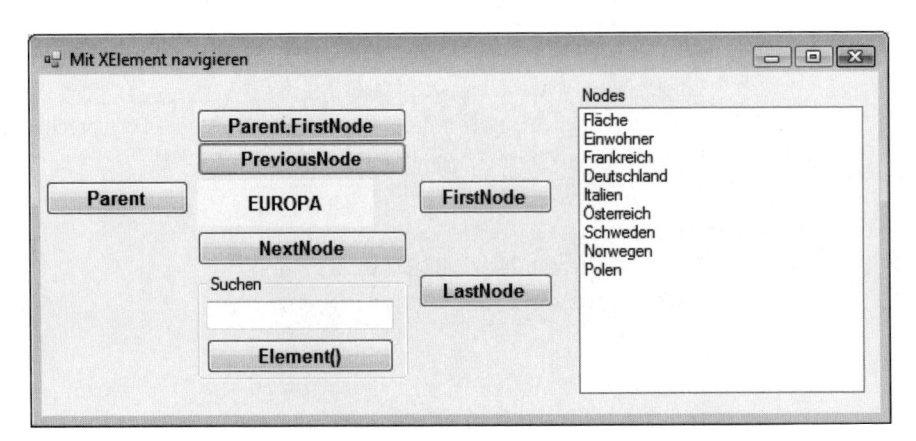

Bemerkung

Neben der oben bereits vorgestellten Möglichkeit, eine Liste der untergeordneten Elemente mit *Elements* abzurufen, bieten sich auch noch die folgenden Methoden an:

Methode	Beschreibung
Ancestors()	Rekursive *XElement*-Liste aller übergeordneten Elemente des aktuellen Knotens.
CompareDocumentOrder()	Der relative Abstand zweier Knoten (XNode).
Descendants()	Rekursive *XElement*-Liste aller untergeordneten Elemente des aktuellen Knotens.
IsAfter()	Liefert *True*, wenn sich der aktuelle Knoten hinter dem Vergleichsknoten befindet.
IsBefore()	Liefert *True*, wenn der aktuelle Knoten sich vor dem Vergleichsknoten befindet.
Nodes()	Liefert eine Liste der untergeordneten Knoten.

Alternative: Navigieren durch späte Bindung

Über sogenannte Xml-Achsen-Eigenschaften (neudeutsch *Xml axis properties*) die durch späte Bindung der XML-Bezeichner an korrespondierende XML-Attribute bzw. Elemente zur Laufzeit erfolgen, können Sie in VB alternativ zur oben gezeigten Variante auf die untergeordneten-Elemente sowie die Attribute zugreifen.

Folgende Möglichkeiten bestehen:

- Zugriff auf ein untergeordnetes Elemente per .*<Name des Elements>*

- Zugriff auf ein Attribut per .*@Name des Attributs*

- Zugriff auf ein untergeordnetes Element (beliebige Tiefe) mit vorgegebenem Namen mit ...*<Name des Elements>*

- Zugriff auf die Werte des ersten Knotens per *Value*-Eigenschaft

- Verwendung der Auflistung, um per Index auf ein Element zuzugreifen.

> **HINWEIS:** All diese netten Features werden vom Compiler intern in entsprechende Methoden-Aufrufe konvertiert, der Visual Basic-Editor liefert also hier "nur" etwas fürs Auge und die Bequemlichkeit (Eye candy).

BEISPIEL: Verwendung von Xml-Achsen-Eigenschaften

```
...
    MessageBox.Show(Welt.<EUROPA>.<Deutschland>.<Einwohner>.Value)
...
```

BEISPIEL: Zugriff auf untergeordnete Elemente

```
...
        MessageBox.Show(Welt...<Deutschland>.<Einwohner>.Value)
...
```

HINWEIS: Binden Sie zusätzlich auch das XML-Schema der betreffenden XML-Datei in Ihr VB-Projekt ein, können Sie zur Entwurfszeit die Vorzüge der Intellisense nutzen, wie es die folgende Abbildung zeigt:

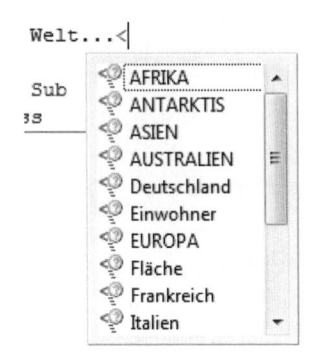

```
Welt...<|
Sub      AFRIKA
ss       ANTARKTIS
         ASIEN
         AUSTRALIEN
         Deutschland
         Einwohner
         EUROPA
         Fläche
         Frankreich
         Italien
```

R9.5 In Dokumenten mit dem XPathNavigator suchen

Nachdem wir uns im vorhergehenden Rezept bereits mit dem *XPathNavigator* beschäftigt haben, wollen uns diesmal auf das Suchen beschränken.

Einen *XPathNavigator* erzeugen Sie mit der Methode *CreateNavigator* aus einem *XPathDocument* oder einem *XmlDocument*-Objekt.

HINWEIS: Verwenden Sie ein *XPathDocument* zum Erzeugen, ist die Datenbasis schreibgeschützt.

Neben den bereits bekannte Navigationsmethoden (*MoveToNext*, *MoveToPrevious*, *MoveToParent* ...) dürfte vor allem die *Select*-Methode von Interesse sein. Dieser übergeben Sie einen XPath-Ausdruck, der Rückgabewert ist ein *XPathNodeIterator*, mit dem Sie die ausgewählten Knoten durchlaufen können.

Oberfläche

Ein Windows *Form*, zwei *Button*s, eine *ListBox* und eine *TextBox* entsprechend folgender Abbildung (Laufzeitansicht).

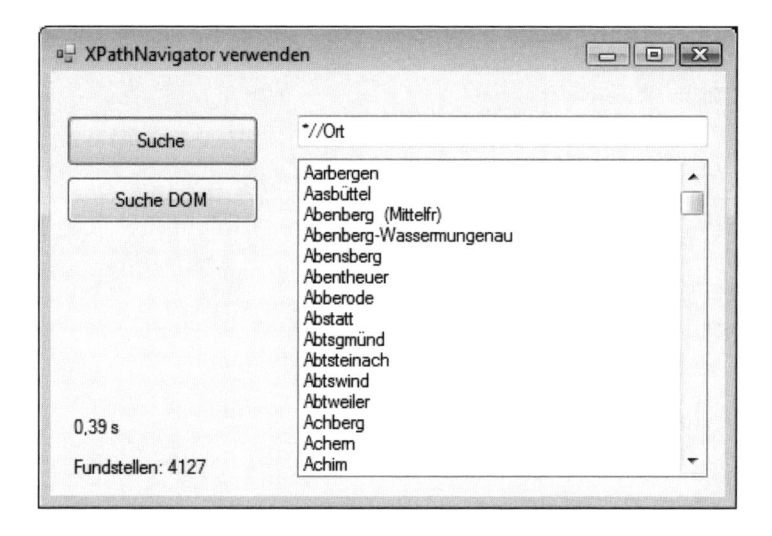

R9.5 In Dokumenten mit dem XPathNavigator suchen

Quelltext

```
Imports System.Xml
Imports System.Xml.XPath

Public Class Form1
```

Dokument laden:

```
    Private xdoc As New System.Xml.XPath.XPathDocument("telefon.xml")
    Private xnav As XPathNavigator
```

Der *XPathNavigator* wird über ein *XPathDocument* erzeugt:

```
    Private Sub Form1_Load(ByVal sender As System.Object, ByVal e As System.EventArgs) _
                                                                    Handles MyBase.Load
        xnav = xdoc.CreateNavigator()
    End Sub
```

Suchen mit *XPathNavigator*:

```
    Private Sub Button1_Click(ByVal sender As System.Object, ByVal e As System.EventArgs) _
                                                                    Handles Button1.Click
        ListBox1.Items.Clear()
        Dim von As Double = System.Environment.TickCount
        Try
            Dim xit As XPathNodeIterator = xnav.Select(TextBox1.Text)
            Label1.Text = "Fundstellen: " & xit.Count.ToString()
```

Übertragen in die *ListBox*:

```
        While xit.MoveNext()
            ListBox1.Items.Add(xit.Current.Value.ToString())
        End While
        Dim bis As Double = System.Environment.TickCount
        Label2.Text = ((bis - von) / 1000).ToString() & " s"
```

Falls fehlerhafter Ausdruck:

```
    Catch ex As Exception
        MessageBox.Show(ex.Message)
    End Try
End Sub
```

Suchen mit DOM:

```
Private Sub Button2_Click(ByVal sender As System.Object, ByVal e As System.EventArgs) _
                                            Handles Button2.Click
    Dim xmldoc As New XmlDocument()
    xmldoc.Load("Telefon.xml")
    ListBox1.Items.Clear()
    Dim von As Double = System.Environment.TickCount
    Try
        Dim list As XmlNodeList = xmldoc.SelectNodes(TextBox1.Text)
        For i As Integer = 0 To list.Count - 1
            ListBox1.Items.Add(list(i).InnerText)
        Next
        Label1.Text = "Fundstellen: " & list.Count.ToString()
        Dim bis As Double = System.Environment.TickCount
        Label2.Text = ((bis - von) / 1000).ToString() & " s"
```

Fehlerbehandlung:

```
    Catch ex As Exception
        MessageBox.Show(ex.Message)
    End Try
End Sub

End Class
```

Test

Die Struktur der zu ladenden XML-Datei:

```xml
<?xml version="1.0" encoding="UTF-8" ?>
<dataroot xmlns:od="urn:schemas-microsoft-com:officedata" generated="2006-03-08T10:59:06">
  <Telefon>
    <Ort>Aarbergen</Ort>
    <Vorwahl>06120</Vorwahl>
  </Telefon>
  <Telefon>
    <Ort>Aasbüttel</Ort>
    <Vorwahl>04892</Vorwahl>
  </Telefon>
  <Telefon>
    <Ort>Abenberg (Mittelfr)</Ort>
    <Vorwahl>09178</Vorwahl>
  </Telefon>
  <Telefon>
    <Ort>Abenberg-Wassermungenau</Ort>
    <Vorwahl>09873</Vorwahl>
  </Telefon>
  <Telefon>
    <Ort>Abensberg</Ort>
    <Vorwahl>09443</Vorwahl>
  </Telefon>
```

HINWEIS: Möchten Sie die Telefonnummern auslesen, können Sie folgenden XPath-Ausdruck verwenden: "*//Vorwahl".

R9.6 Hierarchische XML-Daten in einer TreeView darstellen

Mit diesem Rezept möchten wir Ihnen zeigen, wie Sie XML-Daten strukturiert in einer *TreeView*-Komponente anzeigen können. Zwei Varianten stellen wir Ihnen vor:

- Verwendung eines *XmlReaders*
- Verwendung eines *XmlDocument*-Objekts

Oberfläche

Fügen Sie in ein Windows *Form* zwei *Button*s, sowie eine genügend aufgezoomte *TreeView*-Komponente ein.

Quelltext

```
Imports System.Xml

Public Class Form1
```

Mit Klick auf die Schaltfläche wird zunächst eine Instanz des *XMLDocument*-Objekts erzeugt und die Datei *daten.xml* geladen:

```
Private Sub Button1_Click(ByVal sender As System.Object, ByVal e As System.EventArgs) _
                                                             Handles Button1.Click
    Dim xmlDoc As New XmlDocument()
    Try
        xmlDoc.Load("daten.xml")
    Catch
        MessageBox.Show("Datei nicht gefunden!")
        Return
    End Try
```

Gleichzeitig löschen wir die bisherigen Inhalte der *TreeView*-Komponente:

```
TreeView1.Nodes.Clear()
```

Die Prozedur *ShowNode* rufen wir mit den Argumenten Vorgängerknoten im Baum (*Nothing*, d.h. keiner) und Wurzelknoten der XML-Daten (*xmlDOC*) auf:

```
    ShowNode(Nothing, xmlDoc)
    TreeView1.Nodes(0).ExpandAll()
End Sub
```

Die Prozedur zur Anzeige in der *TreeView*:

```
Private Sub ShowNode(ByVal parent As TreeNode, ByVal node As XmlNode)
    Dim Caption As String = String.Empty
    Dim tn As TreeNode
```

Wird kein gültiges DOM-Objekt übergeben, beenden wir die Routine:

```
    If node Is Nothing Then Return
```

Die Beschriftung des Baumknotens festlegen:

```
    If node.NodeType = XmlNodeType.Document Then Caption = "XML-Datei"
    If node.NodeType = XmlNodeType.Element Then Caption = node.Name
    If (node.NodeType = XmlNodeType.CDATA) OrElse (node.NodeType = XmlNodeType.Text) _
            Then Caption = node.Value
    If Caption = "" Then Return
```

Je nach Knotentyp müssen wir andere Eigenschaften zur Bestimmung der Beschriftung auslesen.

Erzeugen eines neuen Baumknotens mit der gewählten Beschriftung:

```
    If parent Is Nothing Then
        tn = TreeView1.Nodes.Add(Caption)
    Else
        tn = parent.Nodes.Add(Caption)
    End If
```

Sollten Unterelemente vorhanden sein, rufen wir für jedes dieser Elemente die aktuelle Prozedur rekursiv auf:

```
    If node.ChildNodes IsNot Nothing Then
        For i As Integer = 0 To node.ChildNodes.Count - 1
            ShowNode(tn, node.ChildNodes.Item(i))
        Next
    End If
End Sub
```

Wer lieber mit dem *XmlReader* arbeiten möchte, der muss sich zwar von der rekursiven Programmierung verabschieden, der grundsätzliche Ablauf beim Füllen der *TreeView* bleibt jedoch gleich:

Starten der Routine:

```
    Private Sub Button2_Click(ByVal sender As System.Object, ByVal e As System.EventArgs) _
                                                                Handles Button2.Click
        TreeView1.Nodes.Clear()
        ShowNode2(Nothing)
        TreeView1.Nodes(0).ExpandAll()
    End Sub
```

Die eigentliche Routine zum Einlesen:

```
    Private Sub ShowNode2(ByVal parent As TreeNode)
        Dim tn As TreeNode = parent
        Dim myset As New XmlReaderSettings()
        myset.IgnoreWhitespace = True
```

Da unsere XML-Datei eine DTD besitzt, müssen wir deren Verabeitung vorher zustimmen:

```
        myset.ProhibitDtd = False
```

Den *XmlReader* initalisieren:

```
        Dim xr As XmlReader = XmlReader.Create("daten.xml", myset)
```

Alle XML-Elemente durchlaufen:

```
        While xr.Read()
```

Handelt es sich um ein *EndElement* müssen wir im Baum eine Ebene nach »oben« wechseln:

```
            If xr.NodeType = XmlNodeType.EndElement Then
                tn = tn.Parent
            Else
```

Elemente haben einen *Name*:

```
            If xr.NodeType = XmlNodeType.Element Then
                If tn Is Nothing Then
                    tn = TreeView1.Nodes.Add(xr.Name)
                Else
                    tn = tn.Nodes.Add(xr.Name)
                End If
            End If
```

Texte besitzen einen *Value*:

```
            If xr.NodeType = XmlNodeType.Text Then tn.Text = tn.Text & ": " & xr.Value
        End If
    End While
End Sub

End Class
```

Test

Starten Sie das Programm und klicken Sie auf die Schaltfläche, um die Daten aus der Datei zu lesen.

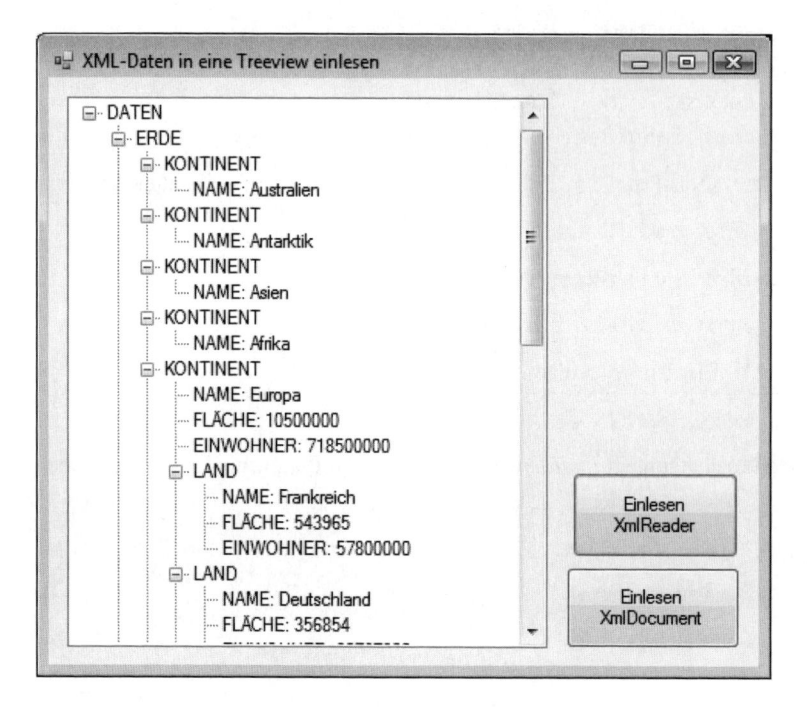

R9.7 XML-Daten mit dem XmlReader lesen

Für den Lesezugriff auf XML-Dokumente bietet sich die Verwendung eines *XmlReader*s an. Dieser unterliegt jedoch gewissen Einschränkungen die es zu beachten gilt, bevor man sich für die Verwendung entscheidet:

- nur Lesezugriff,
- nur Vorwärtsbewegung möglich,
- kein Caching.

Wer damit leben kann, der wird mit einer schnellen und wenig speicherbelastenden Alternative belohnt.

Im Beispielprogramm werden wir eine XML-Datei mit Telefondaten in eine *ListBox* einlesen. In einem Fall sollen nur die Elemente der dritten Ebene (der Name des Ortes und die Vorwahl) angezeigt werden, im anderen Fall nur die Ortsnamen.

Oberfläche

Ein Windows *Form*, zwei *Button*s und zwei *ListBox*en (Laufzeitansicht).

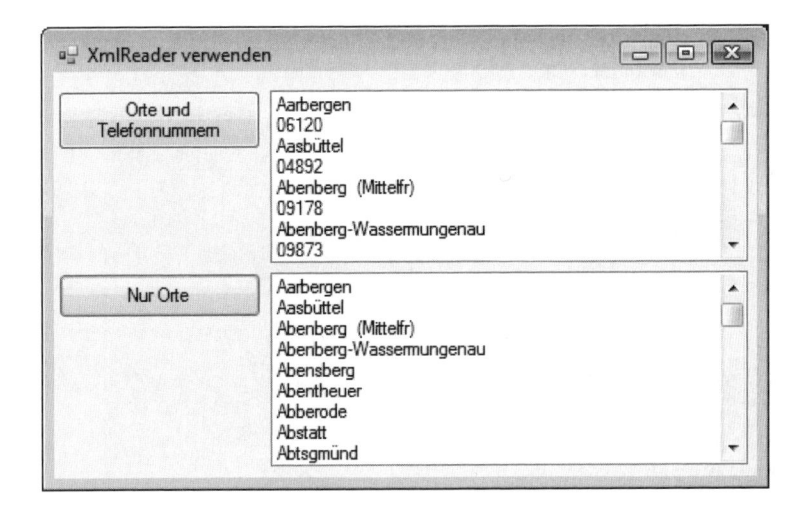

Quelltext

```
Imports System.Diagnostics
Imports System.Xml
Imports System.Xml.XPath

Public Class Form1
```

Zunächst die Variante, bei der Ort und Telefonnummer ausgelesen werden:

```vb
Private Sub Button1_Click(ByVal sender As System.Object, ByVal e As System.EventArgs) _
                                                          Handles Button1.Click
    ListBox1.Items.Clear()
```

Einstellungen für den *XmlReader* definieren:

```vb
    Dim myset As New XmlReaderSettings()
```

Leerzeichen ignorieren (fast immer angebracht):

```vb
    myset.IgnoreWhitespace = True
```

XmlReader erzeugen (die Daten werden **nicht** in den Speicher geladen):

```vb
    Dim xr As XmlReader = XmlReader.Create("Telefon.xml", myset)
```

Daten durchlaufen (nur Ebene 3 anzeigen):

```vb
    While xr.Read()
        If xr.Depth = 3 Then ListBox1.Items.Add(xr.Value)
    End While
End Sub
```

In diesem Fall wollen wir nur die Ortsnamen einlesen, deshalb gehen wir beim Durchlaufen der Elemente etwas anders vor:

```vb
Private Sub Button2_Click(ByVal sender As System.Object, ByVal e As System.EventArgs) _
                                                          Handles Button2.Click
    ListBox2.Items.Clear()
    Dim myset As New XmlReaderSettings()
    myset.ConformanceLevel = ConformanceLevel.Fragment
    myset.IgnoreWhitespace = True
    Dim xr As XmlReader = XmlReader.Create("Telefon.xml", myset)
```

Gehe zum nächsten Element "Ort":

```vb
    Do While xr.ReadToFollowing("Ort")
```

Weiterlesen bis zum Text-Inhalt:

```vb
        xr.Read()
```

Wert Anzeigen:

```vb
        ListBox2.Items.Add(xr.Value)
    Loop
End Sub

End Class
```

Bemerkung

Was und wie wird eigentlich beim *Read* gelesen? Die Antwort ist schnell gefunden, wenn Sie das obige Beispiel etwas abändern:

```
Do While xr.Read()
    Debug.Print(xr.NodeType & " " & xr.Name & " " & xr.Value)
Loop
```

Verzichten Sie auf das Filtern und lassen Sie sich zusätzlich *NodeType* und *Name* anzeigen, erhalten Sie folgende Ausgaben (zur besseren Übersicht haben wir diese etwas eingerückt):

```
XmlDeclaration xml version="1.0" encoding="UTF-8"
Element dataroot
    Element Telefon
        Element Ort
            Text   Aarbergen
        EndElement Ort
        Element Vorwahl
            Text  06120
        EndElement Vorwahl
    EndElement Telefon
    Element Telefon
        Element Ort
            Text   Aasbüttel
        EndElement Ort
        Element Vorwahl
            Text  04892
        EndElement Vorwahl
    EndElement Telefon
...
```

Wie Sie sehen, wird hier die XML-Struktur auf recht einfache und übersichtliche Weise abgebildet. Die Eigenschaft *Depth* ist nur als Hilfe vorhanden, damit Sie vor lauter Elementen nicht den Überblick verlieren.

> **HINWEIS:** Ab .NET 2.0 wurden auch diverse Methoden (z.B. *ReadContentAsFloat, ReadContentAsDataTime*) zum direkten Einlesen von Datentypen integriert. Damit bleibt Ihnen das nervtötende nachträgliche Konvertieren erspart.

R9.8 XML-Daten mit LINQ to XML einlesen/filtern

Wem das vorhergehende Beispiel zu kompliziert bzw. zu umständlich war, der sollte sich mit den neuen *LINQ to XML*-Klassen beschäftigen. Diese bieten einen wesentlich einfacheren Zugriff auf die gewünschten Informationen als die bisherigen Technologien.

Unser Beispielprogramm soll die Telefondaten aus dem vorhergehenden Rezept R9.7 mit Hilfe des *XElement*-Objekts verarbeiten. Folgende Lösungen werden wir implementieren:

- alle Elemente anzeigen,
- nur die Orte anzeigen,
- die ersten 100 Orte auswählen,
- alle Orte mit "B" auswählen.

Sie werden sehen, dass Sie mit *LINQ to XML* diese Aufgaben auf recht intuitive Weise lösen können, da die gleichen Methoden wie bei normalen Auflistungen verwendet werden.

Oberfläche

Ein Formular, vier *Button*s und eine *ListBox* (siehe Laufzeitansicht):

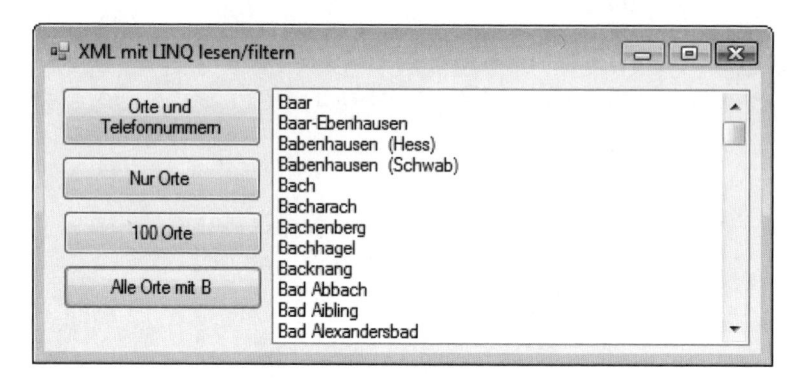

Quelltext

Die Unterstützung für *LINQ to XML* implementieren:

```
Imports System.Xml.Linq

Public Class Form1
```

Anzeige aller Werte unterhalb des Root-Elements (<Telefon>-Elemente):

```
    Private Sub Button1_Click(ByVal sender As System.Object, ByVal e As System.EventArgs) _
                                                            Handles Button1.Click
        Dim xe As XElement = XElement.Load("Telefon.xml")
```

```
            ListBox1.Items.Clear()
            For Each x As XElement In xe.Elements()
                ListBox1.Items.Add(x.Value)
            Next
        End Sub
```

Wir wählen nur noch die <Ort>-Elemente aus und zeigen deren *Value* an:

```
        Private Sub Button2_Click(ByVal sender As System.Object, ByVal e As System.EventArgs) _
                                                                   Handles Button2.Click
            Dim xe As XElement = XElement.Load("Telefon.xml")
            ListBox1.Items.Clear()
            For Each x As XElement In xe.Elements()
                ListBox1.Items.Add(x.Element("Ort").Value)
            Next
        End Sub
```

Wir wählen die ersten 100 <Ort>-Elemente und zeigen deren Werte an:

```
        Private Sub Button3_Click(ByVal sender As System.Object, ByVal e As System.EventArgs) _
                                                                   Handles Button3.Click
            Dim xe As XElement = XElement.Load("Telefon.xml")
            ListBox1.Items.Clear()
            For Each x As XElement In xe.Elements().Take(100)
                ListBox1.Items.Add(x.Element("Ort").Value)
            Next
        End Sub
```

Wir wählen die <Ort>-Elemente mit dem Anfangsbuchstaben "B" aus:

```
        Private Sub Button4_Click(ByVal sender As System.Object, ByVal e As System.EventArgs) _
                                                                   Handles Button4.Click
            Dim xe As XElement = XElement.Load("Telefon.xml")
            ListBox1.Items.Clear()
            For Each x As XElement In xe.Elements().Where(Function(telefon) _
                                     telefon.Element("Ort").Value.StartsWith("B"))
                ListBox1.Items.Add(x.Element("Ort").Value)
            Next
        End Sub
End Sub
```

Test

Probieren Sie die verschiedenen Varianten aus. Versuchen Sie sich auch an den Erweiterungsmethoden *Reverse, Skip, SkipWhile, TakeWhile* etc.

R9.9 XML-Daten mit dem XmlWriter erzeugen

Für das Erzeugen neuer XML-Dateien bietet sich die Verwendung eines *XmlWriter*s an. Hierbei handelt es sich um eine recht schnelle und übersichtliche Alternative, die dem Programmierer allerdings eine gewisse Disziplin abverlangt, sind Sie doch selbst dafür verantwortlich, dass es sich um ein wohlgeformtes XML-Dokument handelt. D.h., Sie arbeiten auf der Ebene von XML-Elementen, die Sie in der richtigen Reihenfolge und Notation in das neue Dokument einfügen müssen.

Unser Beispielprogramm soll den Inhalt einer *ListBox* im XML-Format exportieren. Statt die Daten in einzelnen Elementen zu verpacken, verwenden wir Attribute, um eine kompaktere XML-Datei zu erhalten.

Oberfläche

Lediglich ein Windows *Form*, eine *ListBox* und ein *Button* (Laufzeitansicht).

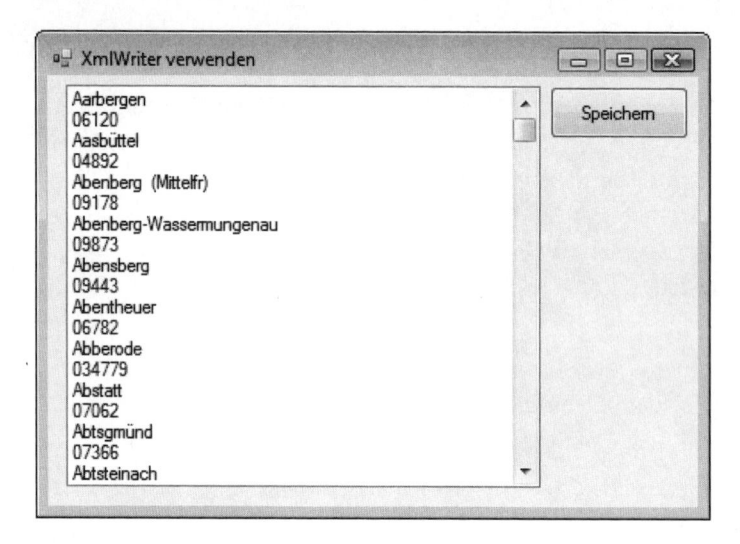

HINWEIS: Die *ListBox* füllen wir erst zur Laufzeit mittels *XMLReader*.

Quelltext

```
Imports System.Diagnostics
Imports System.Xml
Imports System.Xml.XPath

Public Class Form1
    Private Sub Button2_Click(ByVal sender As System.Object, ByVal e As System.EventArgs) _
                                                                Handles Button2.Click
```

R9.9 XML-Daten mit dem XmlWriter erzeugen

Objekt erzeugen:

```
    Dim xws As New XmlWriterSettings()
    xws.Indent = True
    xws.IndentChars = "  "
    Dim xw As XmlWriter = XmlWriter.Create("Export.xml", xws)
```

Prolog erzeugen:

```
    xw.WriteStartDocument()
```

Root-Element schreiben:

```
    xw.WriteStartElement("Telefonnummern")
```

Einzel-Elemente auflisten:

```
    For i As Integer = 0 To ListBox1.Items.Count - 1 Step 2
        xw.WriteStartElement("Ort")
```

Werte als Attribute speichern:

```
        xw.WriteAttributeString("Name", ListBox1.Items(i).ToString())
        xw.WriteAttributeString("Nummer", ListBox1.Items(i+1).ToString())
```

... und nie die schließenden Elemente vergessen!

```
        xw.WriteEndElement()          ' für Ort
    Next
    xw.WriteEndElement()
    xw.WriteEndDocument()
    xw.Close()
    System.Diagnostics.Process.Start(Application.StartupPath & "\Export.xml")
End Sub
```

Füllen der *ListBox*:

```
Private Sub Form1_Load(ByVal sender As System.Object, ByVal e As System.EventArgs) _
                                                    Handles MyBase.Load
    Dim myset As New XmlReaderSettings()
    myset.ConformanceLevel = ConformanceLevel.Fragment
    myset.IgnoreWhitespace = True
    Dim xr As XmlReader = XmlReader.Create("Telefon.xml", myset)
    While xr.Read()
        If xr.Depth = 3 Then ListBox1.Items.Add(xr.Value)
    End While
End Sub

End Class
```

HINWEIS: Vergessen Sie nicht die *Close*-Methode, andernfalls kann es zu Problemen mit der exportierten Datei kommen (Lesefehler).

Test

Nach dem Programmstart klicken Sie bitte auf den Button um die Daten zu sichern. Die neu erzeugte XML-Datei findet sich im Anwendungsverzeichnis:

```xml
<?xml version="1.0" encoding="utf-8" ?>
<Telefonnummern>
    <Ort Name="Aarbergen" Nummer="06120" />
    <Ort Name="Aasbüttel" Nummer="04892" />
    <Ort Name="Abenberg (Mittelfr)" Nummer="09178" />
    <Ort Name="Abenberg-Wassermungenau" Nummer="09873" />
    <Ort Name="Abensberg" Nummer="09443" />
    <Ort Name="Abentheuer" Nummer="06782" />
    <Ort Name="Abberode" Nummer="034779" />
    <Ort Name="Abstatt" Nummer="07062" />
    <Ort Name="Abtsgmünd" Nummer="07366" />
    <Ort Name="Abtsteinach" Nummer="06207" />
```

R9.10 XML-Dokumente mit LINQ to XML erzeugen

Mit diesem Rezept wollen wir Ihnen eine *LINQ to XML*-Alternative zum Vorgängerrezept bieten, die sich durch wesentlich übersichtlicheren Code auszeichnet.

Oberfläche

Sie brauchen lediglich ein Windows *Form*, eine *ListBox* und einen *Button* (Laufzeitansicht).

Quelltext

Unterstützung für *LINQ to XML*:

```vbnet
Imports System.Xml.Linq

Public Class Form1
```

Zunächst die *ListBox* füllen:

```vbnet
Private Sub Form1_Load(ByVal sender As System.Object, ByVal e As System.EventArgs) _
                                                        Handles MyBase.Load
    Dim xe As XElement = XElement.Load("Telefon.xml")
    ListBox1.Items.Clear()
    For Each x As XElement In xe.Elements()
        ListBox1.Items.Add(x.Element("Ort").Value)
```

R9.10 XML-Dokumente mit LINQ to XML erzeugen

```vb
            ListBox1.Items.Add(x.Element("Vorwahl").Value)
    Next
End Sub
```

Hier unsere Routine zum Sichern des *ListBox*-Inhalts:

```vb
Private Sub Button1_Click(ByVal sender As System.Object, ByVal e As System.EventArgs) _
                                                        Handles Button1.Click
```

Ein *XDocument* erzeugen (gleich mit Prolog, Kommentar und Root):

```vb
Dim xd As New XDocument( _
                    New XDeclaration("1.0", "utf-8", "yes"), _
                    New XComment("Telefondatenbank"), _
                    New XElement("Vorwahlen"))
```

Wir holen uns die Root des Elements:

```vb
Dim xe As XElement = xd.Element("Vorwahlen")
```

Speichern der einzelnen *ListBox*-Zeilen als Attribute:

```vb
For i As Integer = 0 To ListBox1.Items.Count - 1 Step 2
    xe.Add(New XElement("Vorwahl", _
            New XAttribute("Ort", ListBox1.Items(i).ToString()), _
            New XAttribute("Telefon", ListBox1.Items(i + 1).ToString())))
Next
```

Sichern der Daten:

```vb
        xd.Save("Export.xml")
    End Sub
End Sub
```

Das Ganze sieht schon recht stark nach XML aus und gibt die Datenstruktur bereits wieder. Als VB-Programmierer können Sie es sich an dieser Stelle noch etwas einfacher machen, wenn Sie die XML-Fragmente gleich direkt in den Quellcode einfügen und nicht erst Konstruktor-Aufrufe schachteln:

```vb
Dim xd As XDocument = <?xml version="1.0" encoding="utf-8" standalone="yes"?>
                     <!--Telefondatenbank-->
                     <Vorwahlen>
                     </Vorwahlen>
Dim xe As XElement = xd.Element("Vorwahlen")
....
```

Test

Nach dem Start des Beispiels können Sie die erzeugte Datei *Export.xml* im Browser betrachten:

```xml
<?xml version="1.0" encoding="utf-8" standalone="yes" ?>
<!-- Telefondatenbank -->
- <Vorwahlen>
    <Vorwahl Ort="Aarbergen" Telefon="06120" />
    <Vorwahl Ort="Aasbüttel" Telefon="04892" />
    <Vorwahl Ort="Abenberg (Mittelfr)" Telefon="09178" />
    <Vorwahl Ort="Abenberg-Wassermungenau" Telefon="09873" />
    <Vorwahl Ort="Abensberg" Telefon="09443" />
```

R9.11 Verzeichnisstruktur als XML-Dokument sichern

Geht es darum, Verzeichnisstrukturen in einer Datei abzubilden, bietet sich zwangsläufig das ebenfalls hierarchische XML-Format an. Ein kleines Beispielprogramm listet alle enthaltenen Dateien und Unterverzeichnisse in einem XML-Dokument auf und speichert dieses ab.

Oberfläche

Ein Windows *Form* und ein *Button*.

Quelltext

```vb
Imports System.IO
Imports System.Xml
Public Class Form1
```

Zunächst die zentrale Methode *Directoy2XML*, die ein komplettes *XmlDocument*-Objekt zurück gibt (Übergabewert ist das zu durchsuchende Verzeichnis):

```vb
Private Function Directory2XML(ByVal path As String) As XmlDocument
```

Ein neues Objekt erstellen:

```vb
Dim xd As New XmlDocument()
```

Deklaration und Kommentar einfügen:

```vb
xd.PrependChild(xd.CreateXmlDeclaration("1.0", "", "yes"))
xd.AppendChild(xd.CreateComment("Pfad: " & path))
```

Das Root-Element erzeugen:

```vb
xd.AppendChild(xd.CreateComment("Pfad: " & path))
xd.AppendChild(xd.CreateElement("PATH"))
Dim root As XmlElement = xd.DocumentElement
root.SetAttribute("Pfad", path)
```

R9.11 Verzeichnisstruktur als XML-Dokument sichern

Die Methode *ScanDir* aufrufen, diese arbeitet sich rekursiv durch alle Unterverzeichnisse:

```
ScanDir(path, root, xd)
```

Das komplette *XmlDocument*-Objekt zurückgeben:

```
Return xd
End Function
```

Unser "Schnüffler":

```
Private Sub ScanDir(ByVal path As String, ByRef parent As XmlElement, _
                                          ByRef doc As XmlDocument)
    Dim xe As XmlElement
    Dim dir As New DirectoryInfo(path)
```

Für alle Verzeichniseinträge:

```
For Each entry As FileSystemInfo In dir.GetFileSystemInfos()
```

Directory- oder *File*-Element erzeugen:

```
        If (entry.Attributes And FileAttributes.Directory) <> 0 Then
            xe = doc.CreateElement("directory")
        Else
            xe = doc.CreateElement("file")
        End If
```

Attribute einfügen:

```
        xe.SetAttribute("name", entry.Name)
        xe.SetAttribute("attr", entry.Attributes.ToString())
```

Element in den Baum einfügen:

```
        parent.AppendChild(xe)
```

Handelt es sich um ein Verzeichnis, rufen wir die Methode rekursiv auf:

```
        If xe.Name = "directory" Then
            ScanDir(path & "\" & entry.Name, xe, doc)
        End If
    Next
End Sub
```

Die Verwendung:

```
Private Sub Button1_Click(ByVal sender As System.Object, ByVal e As System.EventArgs) _
                    Handles Button1.Click
```

XML-Dokument erzeugen:

```
    Dim xd As XmlDocument = Directory2XML(Application.StartupPath)
```

XML-Dokument abspeichern:

```
xd.Save(Application.StartupPath & "\directory.xml")
```

Anzeige im Browser:

```
System.Diagnostics.Process.Start(Application.StartupPath & "\directory.xml")
End Sub

End Class
```

Test

Starten Sie das Programm und klicken Sie auf den Button. Je nach Verzeichnisgröße kann es ein paar Sekunden dauern, bis der Browser erscheint:

```xml
<?xml version="1.0" standalone="yes" ?>
<!-- Pfad: C:\Buecher\VS2005\CSharp 2005 Kochbuch\CD\Rezepte\XML\Dir2Xxml\bin\Debug -->
<PATH Pfad="C:\Buecher\VS2005\CSharp 2005 Kochbuch\CD\Rezepte\XML\Dir2Xxml\bin\Debug">
  <directory name="Test" attr="Directory, Compressed, NotContentIndexed">
    <directory name="Test_unter_Test" attr="Directory, Compressed, NotContentIndexed">
      <file name="BOOKOPEN.BMP" attr="Archive, Compressed, NotContentIndexed" />
      <file name="BOOKSHUT.BMP" attr="Archive, Compressed, NotContentIndexed" />
      <file name="BRUSH.BMP" attr="Archive, Compressed, NotContentIndexed" />
      <file name="BULBOFF.BMP" attr="Archive, Compressed, NotContentIndexed" />
    </directory>
    <file name="ABORT.BMP" attr="Archive, Compressed, NotContentIndexed" />
    <file name="ALARM.BMP" attr="Archive, Compressed, NotContentIndexed" />
    <file name="ALARMRNG.BMP" attr="Archive, Compressed, NotContentIndexed" />
    <file name="ANIMATN.BMP" attr="Archive, Compressed, NotContentIndexed" />
    <file name="ARROW1D.BMP" attr="Archive, Compressed, NotContentIndexed" />
    <file name="ARROW1DL.BMP" attr="Archive, Compressed, NotContentIndexed" />
  </directory>
  <file name="Dir2Xml.exe" attr="Archive, Compressed, NotContentIndexed" />
  <file name="Dir2Xml.pdb" attr="Archive, Compressed, NotContentIndexed" />
  <file name="Dir2Xml.vshost.exe" attr="Archive, Compressed, NotContentIndexed" />
  <file name="Dir2Xxml.exe" attr="Archive, Compressed, NotContentIndexed" />
  <file name="Dir2Xxml.pdb" attr="Archive, Compressed, NotContentIndexed" />
  <file name="directory.xml" attr="Archive, Compressed, NotContentIndexed" />
</PATH>
```

Hier können Sie auch sehr schön die Verzeichnisstruktur bewundern.

R9.12 Binäre Daten in einem XML-Dokument speichern

Dass Texte in XML-Dateien gespeichert und problemlos wieder gelesen werden können, dürfte Ihnen bekannt sein. Was aber, wenn Sie auch binäre Daten wie Grafiken, Sound etc., in den Dokumenten sichern und natürlich auch wieder lesen wollen?

Das folgende Rezept soll darauf eine Antwort geben.

Oberfläche

Nur ein Windows *Form* und zwei *Button*s.

Quelltext

```
Imports System.Xml
Imports System.IO
Public Class Form1
```

Zunächst erzeugen wir eine neue XML-Datei und speichern darin die Grafik "alarm.bmp":

```
    Private Sub Button1_Click(ByVal sender As System.Object, ByVal e As System.EventArgs) _
                                                Handles Button1.Click
```

Wir verwenden einen *XmlWriter*:

```
        Dim xw As XmlWriter = XmlWriter.Create(Application.StartupPath & "\binr.xml")
```

Den üblichen Dokumentenkopf erzeugen:

```
        xw.WriteStartDocument()
```

Die Root:

```
        xw.WriteStartElement("Daten")
```

Wir erzeugen ein Element für unsere Grafik:

```
        xw.WriteStartElement("BMP")
```

Auf die folgende Methode kommen wir anschließend zu sprechen:

```
        LoadFile(xw, "alarm.bmp")
```

Alle Elemente schließen und speichern:

```
        xw.WriteEndElement()
        xw.WriteEndElement()
        xw.WriteEndDocument()
        xw.Close()
```

Anzeige der Datei im Browser:

```
        System.Diagnostics.Process.Start(Application.StartupPath & "\binär.xml")
    End Sub
```

Die eigentliche Routine für das Laden der Binärdaten in das XML-Dokument:

```
    Private Sub LoadFile(ByRef xw As XmlWriter, ByVal filename As String)
```

Datei öffnen

```
        Dim fs As New FileStream(filename, FileMode.Open, FileAccess.Read)
        Dim puffer As Byte() = New Byte(CType(fs.Length - 1, Integer)) {}
```

und in den Puffer lesen:

```
    fs.Read(puffer, 0, CType(fs.Length, Integer))
    fs.Close()
```

Daten in das XML-Dokument schreiben:

```
    xw.WriteAttributeString("filename", filename)
    xw.WriteBase64(puffer, 0, puffer.Length)
End Sub
```

Wer schreibt, muss auch lesen, und so stellen wir Ihnen jetzt das Pendant zur vorhergehenden Routine vor:

```
Private Sub Button2_Click(ByVal sender As System.Object, ByVal e As System.EventArgs) _
                                                    Handles Button2.Click
```

Öffnen der XML-Datei:

```
    Dim xr As XmlReader = XmlReader.Create(Application.StartupPath & "\binr.xml")
```

Das gewünschte Element suchen

```
    xr.ReadToFollowing("BMP")
```

und auslesen:

```
    SaveFile(xr, Application.StartupPath & "\out.bmp")
    xr.Close()
```

Anzeige der ausgelesenen Grafik:

```
    System.Diagnostics.Process.Start(Application.StartupPath & "\out.bmp")
End Sub
```

Das Auslesen im Detail:

```
Private Sub SaveFile(ByRef xr As XmlReader, ByVal filename As String)
    Dim puffer(1023) As Byte
    Dim i As Integer = 0
```

Neue Datei erzeugen:

```
    Dim fs As New FileStream(filename, FileMode.OpenOrCreate, _
                                    FileAccess.Write, FileShare.Write)
```

Mittels *BinaryWriter* die Daten in die Datei schaufeln:

```
    Dim bw As New BinaryWriter(fs)
    i = xr.ReadElementContentAsBase64(puffer, 0, puffer.Length)
    While (i) > 0
        bw.Write(puffer, 0, i)
```

```
            i = xr.ReadElementContentAsBase64(puffer, 0, puffer.Length)
        End While
        fs.Close()
    End Sub

End Class
```

Test

Die erzeugten XML-Daten im Browserfenster:

```
<?xml version="1.0" encoding="utf-8" ?>
- <Daten>
    <BMP
      filename="alarm.bmp">Qk14AQAAAAAAHYAAAAoAAAAIAAAABAAAAABAAQAAAAAAAAAAASCwAAEgs.
  </Daten>
```

R9.13 Objektstrukturen im XML-Format sichern

Geht es darum, vorhandene Objektstrukturen (Listen etc.) zu sichern (Persistenz) bietet sich das XML-Format geradezu an. Visual Basic unterstützt Sie bei dieser Aufgabe mit dem *Xml-Serializer*.

Einige Einschränkungen sind allerdings zu beachten:

- Die den Objekten zugrunde liegende Klasse muss einen Standard-Konstruktor aufweisen (ohne Parameter).
- Nur öffentliche Eigenschaften und Felder lassen sich exportieren.
- Die Eigenschaften müssen einen Schreib-/Lesezugriff ermöglichen.
- Soll eine Collection von Objekten exportiert werden, muss die Klasse von *System.Collections*.CollectionBase abgeleitet werden. Alternativ können Sie auch ein streng typisiertes Array verwenden.

Oberfläche

Lediglich ein Windows *Form* und zwei *Button*s.

Quelltext (Variante MUP[1])

Zunächst machen wir es uns einfach und programmieren einfach drauflos.

---

[1] **M**ethode des **U**nbekümmerten **P**robierens

Definieren des Objekts (Eigenschaften *Bezeichnung*, *Anzahl*, *Preis*):

```
Public Class Artikel
    Private _Bezeichnung As String
    Public Property Bezeichnung() As String
        Get
            Return _Bezeichnung
        End Get
        Set(ByVal value As String)
            _Bezeichnung = value
        End Set
    End Property

    Private _Anzahl As Integer
    Public Property Anzahl() As Integer
        Get
            Return _Anzahl
        End Get
        Set(ByVal value As Integer)
            _Anzahl = value
        End Set
    End Property

    Public Preis As Single
End Class
```

Die Verwendung der Klasse:

```
...
Public Class Form1
    Private Sub Button1_Click(ByVal sender As System.Object, ByVal e As System.EventArgs) _
                                                    Handles Button1.Click
```

Ein Array erzeugen:

```
        Dim Artikelliste(3) As Artikel
        For i As Integer = 0 To 3
            Artikelliste(i) = New Artikel()
        Next
```

Einige Artikel einfügen:

```
        Artikelliste(0).Anzahl = 10
        Artikelliste(0).Bezeichnung = "Mlleimer"
        Artikelliste(0).Preis = 123.45
```

```
            Artikelliste(1).Anzahl = 245
            Artikelliste(1).Bezeichnung = "Osterhasen"
            Artikelliste(1).Preis = 0.99
            Artikelliste(2).Anzahl = 44
            Artikelliste(2).Bezeichnung = "Schuhe"
            Artikelliste(2).Preis = 68.33
            Artikelliste(3).Anzahl = 2
            Artikelliste(3).Bezeichnung = "Hosen"
            Artikelliste(3).Preis = 13.45
```
Serialisieren und speichern im XML-Format:
```
            Dim seria As New XmlSerializer(GetType(Artikel()))
            Dim fs As New FileStream(Application.StartupPath & "\MeineArtikel.xml", FileMode.Create)

            seria.Serialize(fs, Artikelliste)
            fs.Close()
```
Anzeige im Internet Explorer:
```
            System.Diagnostics.Process.Start(Application.StartupPath & "\MeineArtikel.xml")
    End Sub
End Class
```

Test (Variante 1)

Die erzeugte Datei *MeineArtikel.xml* können Sie sich im Internet Explorer ansehen:

```xml
<?xml version="1.0" ?>
<ArrayOfArtikel xmlns:xsi="http://www.w3.org/2001/XMLSchema-instance"
    xmlns:xsd="http://www.w3.org/2001/XMLSchema">
    <Artikel>
        <Preis>123.45</Preis>
        <Bezeichnung>Mülleimer</Bezeichnung>
        <Anzahl>10</Anzahl>
    </Artikel>
    <Artikel>
        <Preis>0.99</Preis>
        <Bezeichnung>Osterhasen</Bezeichnung>
        <Anzahl>245</Anzahl>
    </Artikel>
    <Artikel>
        <Preis>68.33</Preis>
        <Bezeichnung>Schuhe</Bezeichnung>
        <Anzahl>44</Anzahl>
    </Artikel>
    <Artikel>
        <Preis>13.45</Preis>
        <Bezeichnung>Hosen</Bezeichnung>
        <Anzahl>2</Anzahl>
    </Artikel>
</ArrayOfArtikel>
```

Bemerkung

Das sieht schon ganz gut aus, allerdings haben wir bisher noch keinen Einfluss auf die Gestaltung der XML-Daten genommen. So werden die Eigenschaften pauschal als Elemente gespeichert, die Root wird automatisch benannt und auch die Elementnamen entsprechen zunächst den jeweiligen Eigenschaftsnamen.

Wem die obige Ausgabe nicht genügt, dem bietet sich die Möglichkeit, mit Hilfe von Attributen in der Objektdefinition das spätere XML-Format zu beeinflussen.

Attribut	Beschreibung
XmlRoot	... wird der Klasse zugeordnet, es bestimmt den Namen des Root-Elements.
XmlElement	... weist der Eigenschaft/dem Member einen alternativen Elementnamen zu.
XmlAttribute	... bestimmt, dass Eigenschaften als XML-Attribute statt als Elemente gespeichert werden.
XmlEnum	... bestimmt einen alternativen Bezeichner für Aufzählungen.
XmlIgnore	... die markierte Eigenschaft wird nicht in die XML-Daten aufgenommen.

HINWEIS: Die Attribute werden vom Namespace *System.Xml.Serialization* bereitgestellt, Sie müssen diesen also auch bei der Klassendefinition einbinden.

Quelltext (Variante 2)

Eine paar Änderungen an unserer Klassendefinition zeigen die Auswirkung obiger Attribute:

```
Imports System.Xml.Serialization

Public Class ArtikelNeu

    Private _bezeichnung As String
```

Eine neue Bezeichnung festlegen und als Attribut speichern:

```
    <XmlAttribute("Name")> _
    Public Property Bezeichnung() As String
        Get
            Return _bezeichnung
        End Get
        Set(ByVal value As String)
            _bezeichnung = value
        End Set
    End Property
```

Eine neue Bezeichnung festlegen und als Attribut speichern:

```
Private _anzahl As Integer


<XmlAttribute("Menge")> _
Public Property Anzahl() As Integer
    Get
        Return _anzahl
    End Get
    Set(ByVal value As Integer)
        _anzahl = value
    End Set
End Property
```

Nicht in die XML-Daten mit aufnehmen:

```
<XmlIgnore()> _
Public Preis As Single


End Class
```

Eine übergeordnete Klasse definieren, so haben wir auch Einfluss auf den Namen der Root:

```
<XmlRoot("Warenbestand")> _
Public Class ArtikelListe
    <XmlElement("Artikel")> _
    Public art As ArtikelNeu()
End Class
```

Die Verwendung der Klasse *Artikelliste*:

```
...
    Dim MeineArtikel = New ArtikelListe()
```

Hier handelt es sich um ein untergeordnetes Objekt:

```
    MeineArtikel.art = New ArtikelNeu(4) {}
    For i As Integer = 0 To 3
        MeineArtikel.art(i) = New ArtikelNeu()
    Next
    With MeineArtikel
        .art(0).Anzahl = 10
        .art(0).Bezeichnung = "Mülleimer"
        .art(0).Preis = 123.45
        .art(1).Anzahl = 245
        .art(1).Bezeichnung = "Osterhasen"
```

```
            .art(1).Preis = 0.99
            .art(2).Anzahl = 44
            .art(2).Bezeichnung = "Schuhe"
            .art(2).Preis = 68.33
            .art(3).Anzahl = 2
            .art(3).Bezeichnung = "Hosen"
            .art(3).Preis = 13.45
        End With
        Dim seria As New XmlSerializer(GetType(ArtikelListe))
        Dim fs As New FileStream(Application.StartupPath & "\MeineArtikelNeu.xml", _
                                                              FileMode.Create)

        seria.Serialize(fs, MeineArtikel)
        fs.Close()
Anzeige:
        System.Diagnostics.Process.Start(Application.StartupPath & "\MeineArtikelNeu.xml")
    End Sub
```

Test

Speichern Sie ein Objekt vom Typ *ArtikelListe* ab, erhalten Sie die folgende XML-Ausgabe:

```xml
<?xml version="1.0" ?>
<Warenbestand xmlns:xsi="http://www.w3.org/2001/XMLSchema-instance"
    xmlns:xsd="http://www.w3.org/2001/XMLSchema">
    <Artikel Name="Mülleimer" Menge="10" />
    <Artikel Name="Osterhasen" Menge="245" />
    <Artikel Name="Schuhe" Menge="44" />
    <Artikel Name="Hosen" Menge="2" />
</Warenbestand>
```

Bemerkung

Nun ist das Speichern ja nur die eine Seite der Medaille, wie bekommen wir die Daten wieder in den Speicher, bzw. wie wird die Artikelliste neu erzeugt? Folgendes Beispiel zeigt das Zurücklesen der Daten aus den bereits erzeugten XML-Dateien.

BEISPIEL: Deserialisieren der XML-Daten

```
...
        Dim MeineArtikel As New ArtikelListe()
        Dim seria As New XmlSerializer(GetType(ArtikelListe))
```

```
                    Dim fs As New FileStream(Application.StartupPath & "\MeineArtikelNeu.xml", _
                                                                            FileMode.Open)
                    MeineArtikel = CType(seria.Deserialize(fs), ArtikelListe)
                    fs.Close()
```

Ein Blick in das Überwachungsfenster des Debuggers sollte uns von der Funktionstüchtigkeit überzeugen:

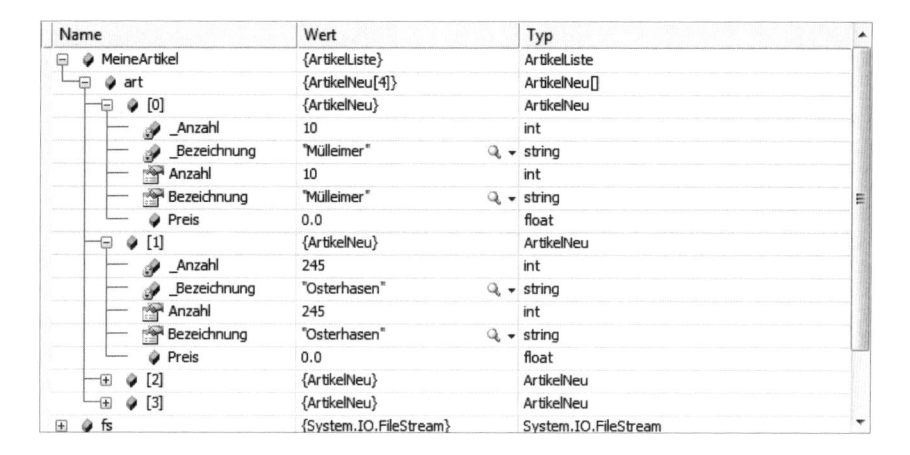

Name	Wert	Typ
MeineArtikel	{ArtikelListe}	ArtikelListe
art	{ArtikelNeu[4]}	ArtikelNeu[]
[0]	{ArtikelNeu}	ArtikelNeu
_Anzahl	10	int
_Bezeichnung	"Mülleimer"	string
Anzahl	10	int
Bezeichnung	"Mülleimer"	string
Preis	0.0	float
[1]	{ArtikelNeu}	ArtikelNeu
_Anzahl	245	int
_Bezeichnung	"Osterhasen"	string
Anzahl	245	int
Bezeichnung	"Osterhasen"	string
Preis	0.0	float
[2]	{ArtikelNeu}	ArtikelNeu
[3]	{ArtikelNeu}	ArtikelNeu
fs	{System.IO.FileStream}	System.IO.FileStream

R9.14 XML-Dokumente mit XSLT transformieren

Mit Hilfe eines XSLT-Prozessors (*Extensible Style Language Transformation*) und eines entsprechenden XSL-Dokuments können Sie ein XML-Dokument in ein anderes Format transformieren. Dies kann neben einer gefilterten/geänderten XML-Datei auch eine HTML- oder PFD-Datei sein.

Unser Beispielprogramm konvertiert die Datei *Telefon.xml* in das HTML-Format.

Oberfläche

Lediglich ein Windows *Form* und ein *Button*.

Quelltext

```
Imports System.Xml
Imports System.Xml.Xsl

Public Class Form1

    Private Sub Button1_Click(ByVal sender As System.Object, ByVal e As System.EventArgs) _
                                                                    Handles Button1.Click
```

```
        Dim xslt As New XslCompiledTransform()
        xslt.Load("Telefon.xsl")
        xslt.Transform("Telefon.xml", "Telefon.html")
        System.Diagnostics.Process.Start(Application.StartupPath & "\Telefon.html")
    End Sub

End Class
```

HINWEIS: Das obige Listing ist recht überschaubar, da die Hauptarbeit von der Transformationsdatei übernommen wird.

Quelltext (Transformationsdatei Telefon.xsl)

```
<?xml version="1.0"?>
<xsl:stylesheet version="1.0"
   xmlns:xsl="http://www.w3.org/1999/XSL/Transform">
  <xsl:template match="/">
```

Die wichtigsten HTML-Tags erzeugen:

```
  <HTML>
    <TITLE>Telefonvorwahlen</TITLE>
    <H1>Telefonvorwahlverzeichnis</H1>
```

Tabellenkopf erzeugen:

```
    <Table border="1" padding="0" cellspacing="1">
    <THEAD>
      <TH>Ort</TH>
      <TH>Vorwahl</TH>
    </THEAD>
```

Daten selektieren und in einer Schleife ausgeben:

```
    <xsl:for-each select="dataroot/Telefon">
      <tr>
        <td><xsl:value-of select="Ort"/> </td>
        <td><xsl:value-of select="Vorwahl"/></td>
      </tr>
    </xsl:for-each>
    </Table>
  </HTML>
  </xsl:template>
</xsl:stylesheet>
```

Test

Die erzeugte HTML-Datei im Web-Browser:

![Screenshot Telefonvorwahlverzeichnis im Firefox mit Tabelle: Aarbergen 06120, Aasbüttel 04892, Abenberg (Mittelfr) 09178, Abenberg-Wassermungenau 09873, Abensberg 09443, Abentheuer 06782, Abberode 034779]

HINWEIS: In der Transformationsdatei können Sie Ihre HTML-Programmierkenntnisse hemmungslos beim Formatieren der Daten einsetzen.

R9.15 XML-Dokumente mit LINQ transformieren

Nicht jeder hat Lust, sich neben Visual Basic, SQL und XML auch noch mit der Beschreibungssprache XSLT zu beschäftigen. Viel besser wäre es, wenn wir mit den Bordmitteln von VB arbeiten könnten. *LINQ to XML* versetzt Sie genau in diese Lage. Mit den gewohnten Basic-Sprachkonstrukten und LINQ-Anweisungen können Sie relativ problemlos komplexe XML-Dateien transformieren.

Unser Beispielprogramm wird, wie sein Vorgänger, eine XML-Datei mit Telefonnummern in eine darstellbare HTML-Datei umwandeln.

Oberfläche

Lediglich ein Windows *Form* und ein *Button*.

Quelltext

Statt mit kryptischen XSL-Dateien haben wir es jetzt mit VB-Code zu tun:

Zur LINQ to XML-Unterstützung:

```
Imports System.Xml.Linq

Public Class Form1
```

Mit dem Klick geht es los:

```
Private Sub Button1_Click(ByVal sender As System.Object, ByVal e As System.EventArgs) _
                                                         Handles Button1.Click
```

Ausgangsdatei laden:

```
Dim xd As XElement = XElement.Load("Telefon.xml")
```

Neues XML-Dokument (HTML-Format) erstellen:

```
Dim html As New XDocument( _
```

Den Prolog und die wichtigsten HTML-Elemente erzeugen:

```
New XDeclaration("1.0", "utf-8", "yes"), _
New XElement("html", _
New XElement("body", _
```

Eine Tabelle erstellen:

```
New XElement("table", _
```

Für alle <Telefon>-Elemente in der Ausgangsdatei:

```
From telefon In xd.Elements() _
```

Transformieren mit *Select*:

```
Select New XElement("tr", _
    New XElement("td", telefon.Element("Ort").Value), _
    New XElement("td", _
        telefon.Element("Vorwahl").Value))))))
```

Sichern:

```
    html.Save("artikel.html")
End Sub

End Class
```

HINWEIS: Die vielen Klammern sind sicherlich gewöhnungsbedürftig, der Editor zeigt jedoch die zusammengehörenden Klammerpaare an, was die Arbeit etwas erleichtert.

Wer lieber mit den XML-Literalen arbeiten möchte, kann dies natürlich auch tun:

```
Dim html As XDocument = <?xml version="1.0" encoding="utf-8" standalone="yes"?>
    <html>
      <body>
        <table>
          <%= From telefon In xd.Elements() _
          Select New XElement("tr", _
                  New XElement("td", telefon.Element("Ort").Value), _
                  New XElement("td", telefon.Element("Vorwahl").Value)) %>
        </table>
      </body>
    </html>
html.Save("artikel.html")
```

Test

Nach dem Start können Sie die erzeugte HTML-Datei im Browser betrachten:

Aarbergen	06120
Aasbüttel	04892
Abenberg (Mittelfr)	09178
Abenberg-Wassermungenau	09873
Abensberg	09443
Abentheuer	06782

R9.16 XML-Daten mit XmlDataDocument bearbeiten

Mit dem DOM (*Document Object Model*) bzw. den entsprechenden XML-Objekten lassen sich zwar hierarchische XML-Dateien gut verarbeiten, der Zusammenhang zur relationalen Welt der Datenbanken fehlt jedoch. Gerade das .NET Framework, bzw. das enthaltene ADO.NET, macht von XML reichlich Gebrauch. Was liegt also näher, beide Welten miteinander zu verschmelzen?

Dies Aufgabe übernimmt das *XmlDataDocument*-Objekt, das sowohl relationale als auch XML-Daten laden, verarbeiten und speichern kann. Abgeleitet von der Klasse *XmlDocument*, verfügt es über alle nötigen Eigenschaften um mit dem DOM zu arbeiten. Gleichzeitig findet sich jedoch auch eine neue Eigenschaft *DataSet*. Genau diese stellt für uns die Verbindung zu den relationalen Daten her.

Unser Beispielprogramm wird zunächst für eine bereits vorhandene XML-Datei ein Schema erzeugen und dieses zusammen mit der XML-Datei in ein *XmlDataDocument*-Objekt laden.

Über ein *DataGrid*-Control können Sie nun die Daten wie gewohnt bearbeiten und zum Schluss speichern.

Oberfläche

Ein Windows *Form*, ein *DataGrid* sowie drei *Button*s (siehe Laufzeitansicht).

> **HINWEIS:** Wir verwenden in diesem Fall das "gute alte" *DataGrid*, da dieses zur Laufzeit eine Auswahl der enthaltenen *DataTables* anbietet.

Quelltext

```
Imports System.Xml

Public Class Form1
```

Unser *XmlDataDocument* für die weitere Arbeit:

```
    Private xmlddoc As New System.Xml.XmlDataDocument()
```

Schema erzeugen:

```
    Private Sub Button1_Click(ByVal sender As System.Object, ByVal e As System.EventArgs) _
                                                          Handles Button1.Click
        Dim ds As New DataSet()
        ds.ReadXml("Telefon.xml")
        ds.WriteXmlSchema("Telefon.xsd")
    End Sub
```

Schema und XML-Datei laden und an das *DataGrid* binden:

```
    Private Sub Button2_Click(ByVal sender As System.Object, ByVal e As System.EventArgs) _
                                                          Handles Button2.Click
        xmlddoc.DataSet.ReadXmlSchema("Telefon.xsd")
        xmlddoc.Load("Telefon.xml")
        DataGrid1.DataSource = xmlddoc.DataSet
    End Sub
```

Daten sichern:

```
    Private Sub Button3_Click(ByVal sender As System.Object, ByVal e As System.EventArgs) _
                                                          Handles Button3.Click
        xmlddoc.Save("Telefon.xml")
    End Sub

End Class
```

Warum erzeugen wir ein passendes Schema?

Die Antwort ist schnell gegeben wenn Sie versuchen, über das *XMLDataDocument*-Objekt ein XML-File zu laden, ohne entsprechende Schema-Informationen bereitzustellen. Der Versuch wird zwar erfolgreich sein, im *DataSet* werden Sie jedoch keine Tabelle vorfinden.

Das Schema für unsere XML-Datei:

... bzw. als Quelltext:

```xml
<?xml version="1.0" standalone="yes"?>
<xs:schema id="NewDataSet" xmlns="" xmlns:xs="http://www.w3.org/2001/XMLSchema"
  xmlns:msdata="urn:schemas-microsoft-com:xml-msdata">
  <xs:element name="dataroot">
    <xs:complexType>
      <xs:sequence>
        <xs:element name="Telefon" minOccurs="0" maxOccurs="unbounded">
          <xs:complexType>
            <xs:sequence>
              <xs:element name="Ort" type="xs:string" minOccurs="0" />
              <xs:element name="Vorwahl" type="xs:string" minOccurs="0" />
            </xs:sequence>
          </xs:complexType>
        </xs:element>
      </xs:sequence>
      <xs:attribute name="generated" type="xs:string" />
    </xs:complexType>
  </xs:element>
  <xs:element name="NewDataSet" msdata:IsDataSet="true" msdata:UseCurrentLocale="true">
    <xs:complexType>
      <xs:choice minOccurs="0" maxOccurs="unbounded">
        <xs:element ref="dataroot" />
      </xs:choice>
    </xs:complexType>
  </xs:element>
</xs:schema>
```

Test

Nach dem Start klicken Sie zunächst auf den Button "Schema erzeugen", bevor Sie die Daten laden.

Öffnen Sie ruhig einmal eine Tabelle im *DataGrid* und verändern Sie die Daten. Im Anschluss speichern Sie die Änderungen ab und laden die Daten erneut. Ihre Änderungen sollten jetzt in der Tabelle angezeigt werden.

Natürlich können Sie auch alle *DataSet/DataTable*-Methoden zum Manipulieren der Daten einsetzen, statt sich mit den entsprechenden XML-Daten herumzuplagen.

R9.17 XML-Daten in SQL Server-Tabellen speichern

Seit der Version 2005 unterstützt der Microsoft SQL Server auch direkt einen XML-Datentyp bei der Definition von Tabellen.

Ein kleines Beispiel zeigt, wie Sie eine derartige Tabelle erzeugen, und wie Sie auf einfache Weise Daten hinzufügen können.

Oberfläche

Wir verwenden das *SQL Server Management Studio 2005* um die Tabelle zu erzeugen und den ersten INSERT-Befehl zu realisieren.

HINWEIS: Für dieses Beispiel benötigen Sie entweder die Vollversion von *SQL Server 2005* oder die *SQL Server 2005 Express-Edition* mit installiertem *SQL Server Management Studio!*

R9.17 XML-Daten in SQL Server-Tabellen speichern

Starten Sie das *SQL Server Management Studio* und verbinden Sie sich mit einer vorhandenen Datenbank. Klicken Sie auf die Schaltfläche "Neue Abfrage", um das folgende SQL Statement einzugeben:

```
CREATE TABLE XMLDokumente(
    id int IDENTITY(1,1) NOT NULL,
    Beschreibung nchar(50) COLLATE Latin1_General_CI_AS NOT NULL,
    Daten xml NULL
) ON [PRIMARY]
```

Nach Klick auf den Button "Ausführen" wird nur eine kurze Bestätigung im Ausgabefenster angezeigt:

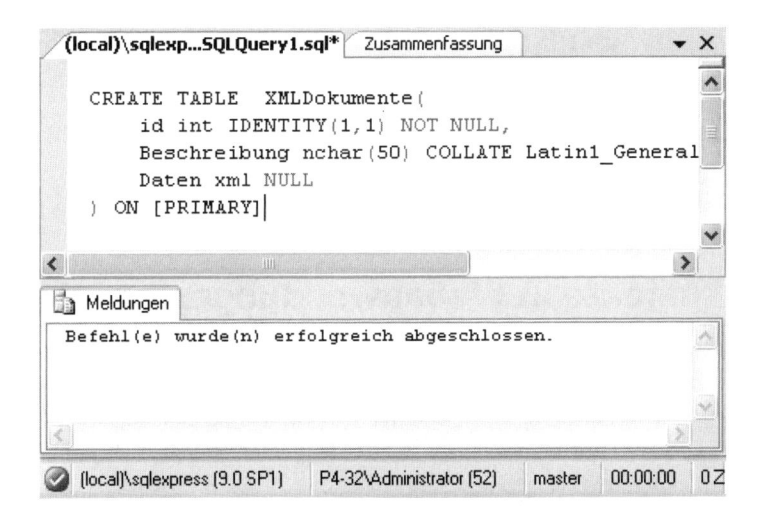

Wie kommen nun Daten in diese Tabelle bzw. Spalte?

BEISPIEL: Einfügen von einfachen XML-Daten in die neu erzeugte Tabelle

```
INSERT INTO
    XmlDokumente (Beschreibung, Daten)
VALUES
    ('Erster Eintrag', '<Daten><Person>Müller</Person><Person>Mayer</Person></Daten>')
```

Im obigen Beispiel verwenden wir ein wohlgeformtes XML-Dokument für die Übergabe, Sie können jedoch auch die Root des Dokuments weglassen (XML-Fragment). Allerdings gibt es Ärger, wenn Sie sich nicht an die XML-Regeln halten und zum Beispiel Elemente vergessen oder sich Elemente überschneiden. Hier prüft der interne XML-Parser was zulässig ist und was nicht.

Ein nachfolgendes

```
SELECT * FROM XMLDokumente
```

... ergibt folgende Ausgabe:

	id	Beschreibung	Daten
1	1	Erster Eintrag	`<Daten><Person>Müller</Person><Person>Mayer</Person></...`

bzw. nach Klick auf obigen Hyperlink:

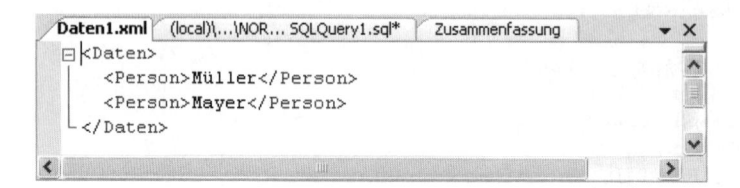

```
<Daten>
    <Person>Müller</Person>
    <Person>Mayer</Person>
</Daten>
```

R9.18 XML-Dokumente in Webanwendungen anzeigen

Gerade im Bereich der Webprogrammierung ist es häufig erforderlich, XML-Daten in einer ansprechenden Form aufzubereiten und anzuzeigen. Unterstützung erhalten Sie in diesem Zusammenhang vom XML-Control, das als Platzhalter für ein neu zu erstellendes HTML-Dokument dient. Dieses wird zur Laufzeit aus einem XML-File (den eigentlichen Daten) und einem XSL-File (Transformationsanweisungen in XSLT) generiert.

Erstellen des Web-Projekts

Erzeugen Sie über den Menüpunkt *Datei/Neu/Website* ein neues Webprojekt. Belassen Sie es zunächst beim Speicherort *Dateisystem*.

Öffnen Sie nachfolgend die Datei *Default.aspx* in der Entwurfsansicht und erstellen Sie eine Oberfläche entsprechend folgender Abbildung:

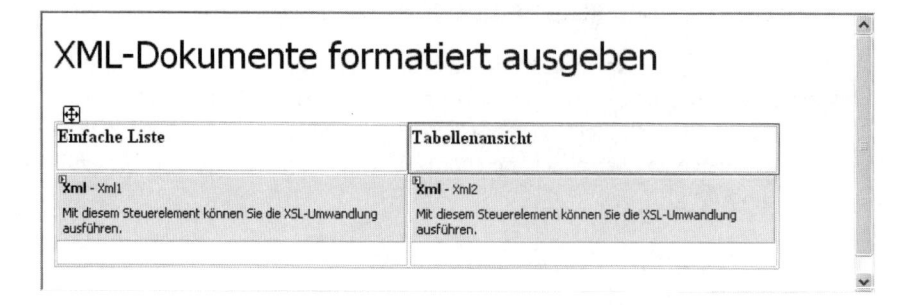

Setzen Sie die beiden *XML*-Controls in eine HTML-Table, so lassen sich die Ausgaben der Controls zur Laufzeit sinnvoll platzieren. Die Eigenschaften *DocumentSource* und *TransformSource* legen Sie erst fest, wenn Sie die entsprechenden Dateien erzeugt haben.

XML-Daten erzeugen

Zunächst benötigen Sie natürlich auch ein XML-Ausgangsdokument, das die Daten liefert. Dieses erzeugen Sie über den Menüpunkt *Website/Neues Element hinzufügen/XML-Datei*.

```
<?xml version="1.0" encoding="ISO-8859-1"?>
<Adressbuch>
  <Adresse>
    <Name>Erich Mielke</Name>
    <Telefon>01900-123546</Telefon>
  </Adresse>
  <Adresse>
    <Name>Anton Berger</Name>
    <Telefon>01900-312313</Telefon>
  </Adresse>
  <Adresse>
    <Name>Paul Schmidt</Name>
    <Telefon>0800-64734343</Telefon>
  </Adresse>
  <Adresse>
    <Name>Gerhard Rosengarten</Name>
    <Telefon>03232-23432434</Telefon>
  </Adresse>
</Adressbuch>
```

HINWEIS: Für unser Rezept verwenden wir zwei verschiedene Transformationsdateien, die Sie ebenfalls über den Menüpunkt *Website/Neues Element hinzufügen* erzeugen können.

Transformationsdatei (EinfacheListe.xsl)

```
<?xml version="1.0" encoding="ISO-8859-1"?><xsl:stylesheet version="1.0"
xmlns:xsl="http://www.w3.org/1999/XSL/Transform"><xsl:template match="/">
  <html>
  <body>
```

Eine Tabelle definieren:

```
    <table border="0">
```

Für jeden Datensatz eine Zeile:

```
<xsl:for-each select="Adressbuch/Adresse">
<tr>
```

Zwei Spalten erzeugen:

```
    <td><xsl:value-of select="Name"/></td>
    <td><xsl:value-of select="Telefon"/></td>
  </tr>
```

Und nächste Zeile:

```
    </xsl:for-each>
    </table>
  </body>
  </html>
</xsl:template></xsl:stylesheet>
```

Transformationsdatei (Tabellenansicht.xsl):

Ähnlicher Ablauf wie bei der vorhergehenden Transformationsdatei, wir fügen in diesem Fall jedoch einige HTML-Formatierungen hinzu:

```
<?xml version="1.0" encoding="ISO-8859-1"?><xsl:stylesheet version="1.0"
xmlns:xsl="http://www.w3.org/1999/XSL/Transform"><xsl:template match="/">
  <html>
  <body>
    <h1>Telefonbuch</h1>
    <table border="1">
    <tr bgcolor="#EEEEEE">
      <th align="left">Name</th>
      <th align="left">Telefonnummer</th>
    </tr>
    <xsl:for-each select="Adressbuch/Adresse">
    <tr>
      <td><xsl:value-of select="Name"/></td>
      <td><xsl:value-of select="Telefon"/></td>
    </tr>
    </xsl:for-each>
    </table>
  </body>
  </html>
</xsl:template></xsl:stylesheet>
```

Speichern Sie obige Dokumente im Webverzeichnis. Setzen Sie die *DocumentSource*-Eigenschaft beider XML-Controls auf den Wert "~/daten.xml". *TransformSource* weisen Sie jeweils die Namen der Transformationsdateien zu.

Test

Zur Laufzeit dürfte sich Ihnen der folgende Anblick bieten:

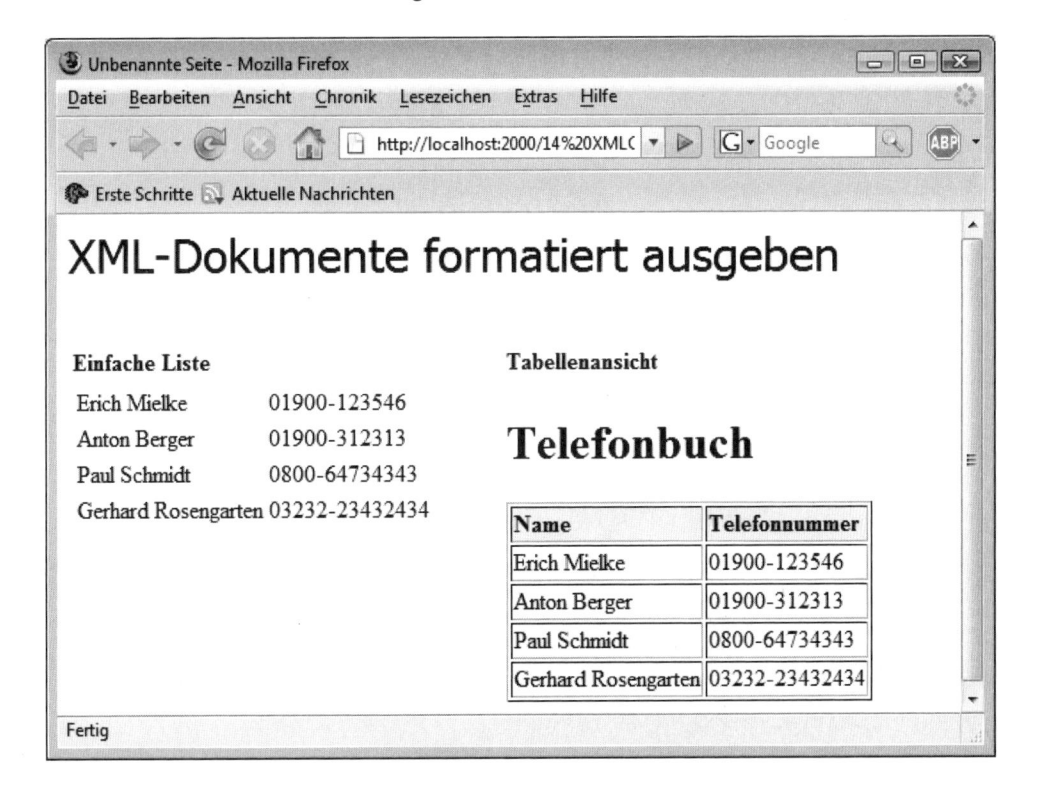

XML-Dokumente formatiert ausgeben

Einfache Liste

Erich Mielke	01900-123546
Anton Berger	01900-312313
Paul Schmidt	0800-64734343
Gerhard Rosengarten	03232-23432434

Tabellenansicht

Telefonbuch

Name	Telefonnummer
Erich Mielke	01900-123546
Anton Berger	01900-312313
Paul Schmidt	0800-64734343
Gerhard Rosengarten	03232-23432434

Wie Sie sehen, kann durch einfachen Austausch der Transformationsdateien ein gänzlich unterschiedliches Ergebnis erreicht werden (natürlich könnten Sie auch andere Filterbedingungen setzen und zum Beispiel nur die Namen ausgeben etc.).

Kapitel 10

ADO.NET

R10.1 Auf eine Access-Datenbank zugreifen

In diesem Einsteiger-Rezept wollen wir den Zugriff auf die bekannte Beispieldatenbank *Nordwind.mdb* demonstrieren und dabei die wichtigsten ADO.NET-Objekte kennen lernen.

Ziel ist die Anzeige der Firma aller Kunden aus London in einer *ListBox*.

Oberfläche

Öffnen Sie ein neues Projekt vom Typ *Windows Forms-Anwendung* und platzieren Sie auf das Startformular zwei *Button*s und eine *ListBox*.

Quellcode

Zu Beginn wird der Namensraum für die Klassenbibliothek des OLE DB-Providers eingestellt:

```
Imports System.Data.OleDb
```

```
Public Class Form1
```

Auf Klassenebene wird zunächst ein *DataSet*-Objekt referenziert:

```
Private ds As DataSet = Nothing
```

Der Event-Handler für die Schaltfläche "Mit Datenbank verbinden" (die Datenbank befindet sich hier im Anwendungsverzeichnis):

```
Private Sub Button1_Click(ByVal sender As System.Object, ByVal e As System.EventArgs) _
                                                                 Handles Button1.Click
```

Die Verbindungszeichenfolge:

```
Dim conStr As String = "Provider=Microsoft.Jet.OLEDB.4.0; Data Source=Nordwind.mdb"
```

Das *Connection*-Objekt erzeugen:

```
Dim conn As New OleDbConnection(conStr)
```

Ein leeres *DataSet*-Objekt erzeugen:

```
ds = New DataSet()
```

Die SQL-Abfrage definieren:

```
Dim selStr As String = "SELECT * FROM Kunden WHERE Ort = 'London'"
```

Ein *DataAdapter*-Objekt erzeugen:

```
Dim da As New OleDbDataAdapter(selStr, conn)
```

Nun wird versucht, die Datenbankverbindung zu öffnen und das *DataSet* durch den *DataAdapter* zu füllen (den Namen der Tabelle im *DataSet*, hier "Londoner Kunden", bestimmen Sie!):

```
    Try
        conn.Open()
        da.Fill(ds, "LondonerKunden")
        conn.Close()
        MessageBox.Show("Verbindung mit Nordwind.mdb erfolgreich!")
    Catch ex As Exception
        MessageBox.Show(ex.Message)
    End Try
End Sub
```

Im zweiten Event-Handler ("Daten anzeigen") geht es nur noch darum, die *ListBox* aus dem (von der Datenquelle abgekoppelten) *DataSet* zu füllen.

```
Private Sub Button2_Click(ByVal sender As System.Object, ByVal e As System.EventArgs) _
                                                         Handles Button2.Click
```

Das *DataTable*-Objekt aus der *Tables*-Collection des *DataSet* selektieren:

```
Dim dt As DataTable = ds.Tables("LondonerKunden")
ListBox1.Items.Clear()
```

Alle Datensätze durchlaufen und zur *ListBox* hinzufügen:

```
    For Each rw As DataRow In dt.Rows
        ListBox1.Items.Add(rw("Firma"))
    Next rw
    End Sub
End Class
```

Test

Nach dem Kompilieren klicken Sie auf die Schaltfläche "Mit Datenbank verbinden". Erscheint die Erfolgsmeldung, so wird nicht nur die Verbindung hergestellt, sondern auch das *DataSet* angelegt und gefüllt. Ist das erledigt, wird die Verbindung sofort wieder getrennt!

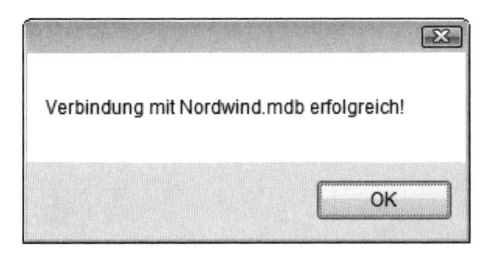

Wenn Sie nun auf "Daten anzeigen" klicken, arbeiten Sie nur noch mit dem abgekoppelten *DataSet*, denn die Verbindung zur Datenquelle existiert schon längst nicht mehr. Im Ergebnis werden die Firmennamen aller in London ansässigen Kunden aufgelistet:

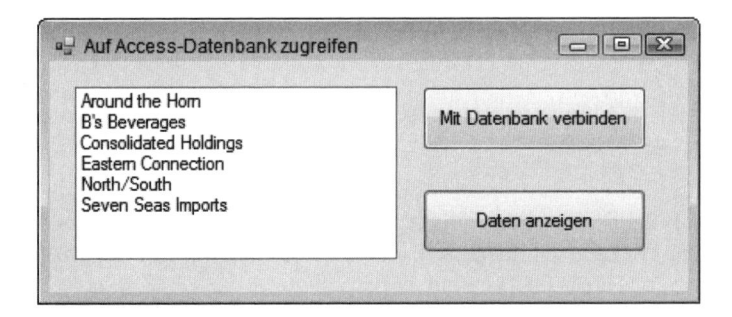

Bemerkungen

- Einer der häufigsten Fehler beim Abtippen des Codes ist, dass Sie bei der Verbindungszeichenfolge das Leerzeichen innerhalb " ... Data Source ..." vergessen.

- Damit es keine Schwierigkeiten beim Auffinden der Datenbank gibt, haben wir diese in das Anwendungsverzeichnis (\bin\Debug-Unterverzeichnis des Projekts) kopiert.

- Sicherlich werden Sie fragen, warum wir die zwei Schaltflächen "Mit Datenbank verbinden" und "Daten anzeigen" nicht zu einer einzigen zusammengefasst haben, denn das würde die Anwendung doch etwas vereinfachen. Wir aber wollten ganz im Sinne eines Lerneffekts die beiden wesentlichen Etappen des Datenzugriffs in ADO.NET bewusst gegenüber stellen:
  1. Die Verbindungsaufnahme mit der Datenquelle erfolgt nur noch zum Zweck der Datenübertragung in das *DataSet*.
  2. Die Arbeit mit den Daten (hier lediglich die Anzeige) wird in dem von der Datenquelle abgekoppelten *DataSet* durchgeführt.

R10.2 Auf den SQL Server zugreifen

HINWEIS: Voraussetzung für dieses Rezept ist der Microsoft SQL Server 2005 bzw. die im .NET Framework SDK enthaltene abgerüstete *SQL Server Express Edition* (SQL-EXPRESS).

SQLEXPRESS erhält den Namen *\\Servername\SQLEXPRESS* und kann über den *SQL Server Configuration Manager* (erreichbar über *Windows-Startmenü|Programme|Microsoft SQL Server 2005|Configuration Tools*) gestartet/gestoppt werden:

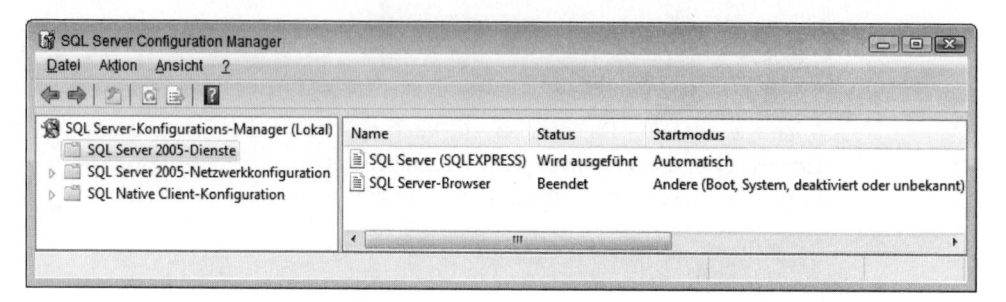

Die für uns wichtigste Beispieldatenbank ist *Northwind* (englische Originalversion der Access-Datenbank *Nordwind.mdb*).

HINWEIS: Falls die Datenbank nicht bereits im SQL Server vorhanden ist, sollte dies für uns kein Problem sein, denn wir verwenden die Datenbankdatei *Northwind.mdf*, die sich auf der Buch-CD befindet!

Ziel ist die Anzeige der Firmen ("CompanyName") aller Kunden ("Customers") aus London in einer *ListBox*.

Oberfläche

Die Oberfläche (*ListBox* und zwei *Button*s) entspricht 100%-ig dem Vorgängerrezept R10.1.

Quellcode

Zunächst müssen Sie die Datei *Northwind.mdf* in das Anwendungsverzeichnis (*\bin\Debug*-Unterverzeichnis des Projektordners) kopieren.

Im Folgenden werden Sie feststellen, dass bis auf den Austausch der Klassen des OleDb-Providers durch die Klassen des SqlClient-Providers und die Verwendung der deutschen Tabellen- und Spaltenbezeichner keine nennenswerten Unterschiede zum Vorgängerrezept R10.1 "Auf eine Access-Datenbank zugreifen" zu verzeichnen sind. Wir sparen uns deshalb weitere Erläuterungen und Kommentare.

R10.2 Auf den SQL Server zugreifen

```vb
Imports System.Data.SqlClient

Public Class Form1
    Private ds As DataSet = Nothing
```

Mit SQL-Server verbinden (*Nordwind.mdf* befindet sich im Anwendungsverzeichnis!):

```vb
    Private Sub Button1_Click(ByVal sender As System.Object, ByVal e As System.EventArgs) _
                                                              Handles Button1.Click
        Dim conStr As String = "Data Source=.\SQLEXPRESS;AttachDbFilename=" & _
                "|DataDirectory|\Northwind.mdf;Integrated Security=True;User Instance=True"
        Dim conn As New SqlConnection(conStr)
        ds = New DataSet()
        Dim selStr As String = "SELECT * FROM Customers WHERE City = 'London'"
        Dim da As New SqlDataAdapter(selStr, conn)
        Try
            conn.Open()
            da.Fill(ds, "LondonerKunden")
            conn.Close()
            MessageBox.Show("Verbindung mit Sql Server erfolgreich!")
        Catch ex As Exception
            MessageBox.Show(ex.Message)
        End Try
    End Sub
```

Daten anzeigen:

```vb
    Private Sub Button2_Click(ByVal sender As System.Object, ByVal e As System.EventArgs) _
                                                              Handles Button2.Click
        Dim dt As DataTable = ds.Tables("LondonerKunden")
        ListBox1.Items.Clear()
        For Each rw As DataRow In dt.Rows
            ListBox1.Items.Add(rw("CompanyName"))
        Next rw
    End Sub
End Class
```

Test

Bevor Sie mit dem Test beginnen, sollte der SQL Server startklar sein (siehe oben), falls dies nicht schon automatisch beim Starten von Windows erfolgte.

Nach Klick auf die Schaltfläche "Mit Datenbank verbinden" kann es durchaus ein Weilchen dauern, bis die Erfolgsbestätigung erscheint.

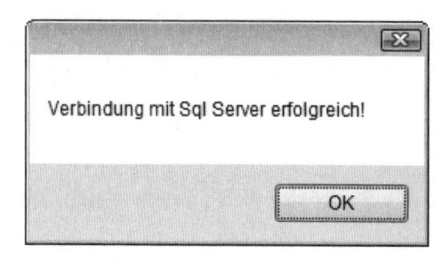

Wenn die Timeout-Zeit (standardmäßig 30 Sekunden) verstrichen ist, ohne dass eine Verbindung zustande gekommen ist, erscheint eine Fehlermeldung.

Da die standardmäßigen Inhalte von *Nordwind* und der *Northwind*-Datenbank übereinstimmen, dürften die angezeigten Daten in der Regel identisch zu R10.1 sein.

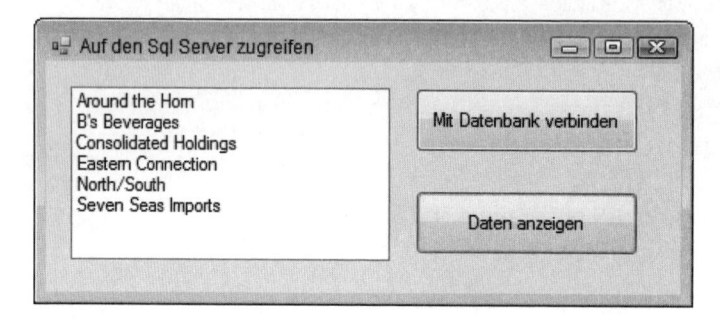

Bemerkungen

- Die Verwendung einer separaten Datenbankdatei (*.mdf*) hat u.a. den Vorteil, dass Sie diese Datei später einfach zusammen mit der Anwendung weitergeben können, ohne dass die Datenbank extra auf dem SQL Server des Endnutzers installiert werden müsste.

- Falls sich die Datenbank bereits im SQL Server befindet, können Sie natürlich auf eine separate Datenbankdatei verzichten. Änderungen sind dann lediglich im Connectionstring vorzunehmen, z.B.:

```
"Data Source=.\SQLEXPRESS; Initial Catalog=Northwind;Integrated Security=True;"
```

- Als Alternative zum *SqlClient*-Datenprovider könnten Sie auch über einen *OleDb*-Datenprovider auf den SQL Server zugreifen, wobei allerdings gewisse Performance-Einbußen einzuplanen sind.

R10.3 ConnectionString in Konfigurationsdatei ablegen

Wenn Sie die Verbindungszeichenfolge nicht starr in den Quelltext eintragen, sondern in der Konfigurationsdatei (*App.config* bzw. *<Anwendungsname>.exe.config*) hinterlegen, kann der spätere Programmnutzer die *config*-Datei mit einem Text- oder XML-Editor bearbeiten, um die Verbindungszeichenfolge seinen Bedürfnissen anzupassen (das Programm braucht also nicht erneut kompiliert zu werden). Auch weitere Einstellungen, wie z.B. SQL-Abfragen, können auf diese Weise flexibel gehalten werden.

Das vorliegende Rezept demonstriert dies anhand der Access-Datenbank *Nordwind*.

Oberfläche

Öffnen Sie ein neues Projekt (Name hier *WindowsApplication1*). Auf dem Startformular finden ein *DataGridView* und ein *Button* ihren Platz.

Anwendungseinstellungen eintragen

Wir gehen für den Normalfall davon aus, dass sich die Access-Datenbank *Nordwind.mdb* im Anwendungsverzeichnis befindet. Außerdem soll standardmäßig die "Kunden"-Tabelle angezeigt werden.

Wählen Sie das Menü *Projekt/WindowsApplication1-Eigenschaften...* und öffnen Sie die Registerseite "Einstellungen".

Tragen Sie in die Liste die Einstellungen *NordwindConn* und *NordwindSQL* ein:

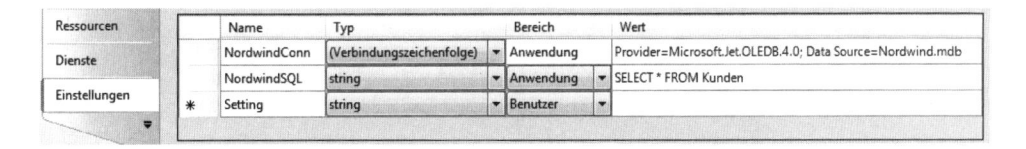

Name	Typ	Bereich	Wert
NordwindConn	(Verbindungszeichenfolge)	Anwendung	Provider=Microsoft.Jet.OLEDB.4.0; Data Source=Nordwind.mdb
NordwindSQL	string	Anwendung	SELECT * FROM Kunden
Setting	string	Benutzer	

HINWEIS: Für alle zwei Einträge wird als Bereich *Anwendung* eingestellt.

Der Blick in die XML-Datei *app.config* zeigt uns, dass die Verbindungszeichenfolge als *<Anwendungsname>.My.MySettings.**NordwindConn*** in der *connectionStrings*-Sektion gelandet ist:

```xml
<?xml version="1.0" encoding="utf-8" ?>
<configuration>   ...
   <connectionStrings>
      <add name="WindowsApplication1.My.MySettings.NordwindConn"
           connectionString="Provider=Microsoft.Jet.OLEDB.4.0; Data Source=Nordwind.mdb" />
   </connectionStrings>
```

Der SQL-String findet sich hingegen in der *applicationSettings*-Sektion:

```xml
...
<applicationSettings>
   <WindowsApplication1.My.MySettings>
      <setting name="NordwindSQL" serializeAs="String">
         <value>SELECT * FROM Kunden</value>
```

```
            </setting>
        </WindowsApplication1.My.MySettings>
    </applicationSettings>
</configuration>
```

Quellcode

```
Imports System.Data.OleDb

Public Class Form1
```

Zwei globale Variablen (für Verbindungszeichenfolge und SQL-Abfrage) sollen die in den Anwendungseinstellungen gespeicherten Werte entgegennehmen:

```
    Private connStr As String
    Private sqlStr As String
```

Hinter der Schaltfläche "Mit Access-DB verbinden" liegt der Code zum Auslesen der entsprechenden Anwendungseinstellungen:

```
    Private Sub Button1_Click(ByVal sender As System.Object, ByVal e As System.EventArgs) _
                                                                    Handles Button1.Click
        connStr = My.MySettings.Default.NordwindConn
        sqlStr = My.MySettings.Default.NordwindSQL
        connect()
    End Sub
```

Die Verbindung zur Datenbank und die Anzeige im Datengitter:

```
    Private Sub connect()
        Dim conn As New OleDbConnection(connStr)
        Dim da As New OleDbDataAdapter(sqlStr, conn)
        Dim dt As New DataTable()
        Try
            conn.Open()
            da.Fill(dt)
            DataGridView1.DataSource = dt
        Catch ex As Exception
            DataGridView1.DataSource = Nothing
            MessageBox.Show(ex.Message, "Fehler")
        Finally
            conn.Close()
        End Try
    End Sub
End Class
```

Test

Nach dem Programmstart können Sie die Verbindung zur Datenbank herstellen.

Bemerkungen

- Um die Vorzüge der Verwendung der *.config*-Datei richtig zu würdigen, können Sie beispielsweise die Datenbank *Nordwind.mdb* aus dem Anwendungsverzeichnis in einen anderen Ordner verschieben. Anschließend öffnen Sie mit dem im Windows-Zubehör enthaltenen Notepad die im *\bin\Debug*-Unterverzeichnis enthaltene **.exe.config*-Datei und korrigieren den Pfad für *Nordwind.mdb*.

- Außerdem können Sie bei dieser Gelegenheit z.B. auch die SQL-Abfrage ändern in "SELECT * FROM Personal". Ohne dass Sie das Programm erneut kompilieren müssten, sind die Änderungen sofort wirksam!

R10.4 Den DataReader kennen lernen

Wenn Daten lediglich angezeigt, nicht aber bearbeitet werden müssen, lässt sich dies mit einem *DataReader* wesentlich einfacher und schneller realisieren als mit einem *DataSet*.

In diesem Rezept sollen alle Angaben zu den Londoner Kunden mittels *OleDbDataReader* in einer *ListBox* angezeigt werden (Datenbank *Nordwind.mdb* befindet sich im Anwendungsverzeichnis).

Oberfläche

Das Startformular *Form1*, eine *ListBox* und ein *Button* genügen.

Quellcode

```vb
Imports System.Data.OleDb

Public Class Form1
    Private Sub Button1_Click(ByVal sender As System.Object, ByVal e As System.EventArgs) _
                                                            Handles Button1.Click

        Const CONNSTR As String = "Provider=Microsoft.Jet.OLEDB.4.0; Data Source=Nordwind.mdb;"
        Const SQL As String = "SELECT * FROM Kunden WHERE Ort = 'London'"

        Dim conn As New OleDbConnection(CONNSTR)
        Dim cmd As New OleDbCommand(SQL, conn)
        Dim dr As OleDbDataReader          ' DataReader-Objekt wird deklariert

        conn.Open()                        ' Verbindung zur Datenbank wird geöffnet
        dr = cmd.ExecuteReader()           ' DataReader-Objekt wird aus Command-Objekt erzeugt
```

Die folgende *Do-While*-Schleife ist typisch für den *DataReader*, sie läuft so lange, bis *False* zurückgegeben wird:

```vb
        Do While dr.Read()
            Dim str As String = String.Empty      ' für Zusammenbau einer Zeile
            str &= dr("KundenCode").ToString & " - "
            str &= dr("Firma").ToString & " - "
            str &= dr("Kontaktperson").ToString & " - "
            str &= dr("Strasse").ToString & " - "
            str &= dr("PLZ").ToString & " - "
            str &= dr("Ort").ToString
            ListBox1.Items.Add(str)               ' komplette Zeile zur ListBox hinzufügen
        Loop
        dr.Close()
        conn.Close()
    End Sub
End Class
```

Test

Nach Klick auf die "Start"-Schaltfläche werden alle Kunden aus London aufgelistet.

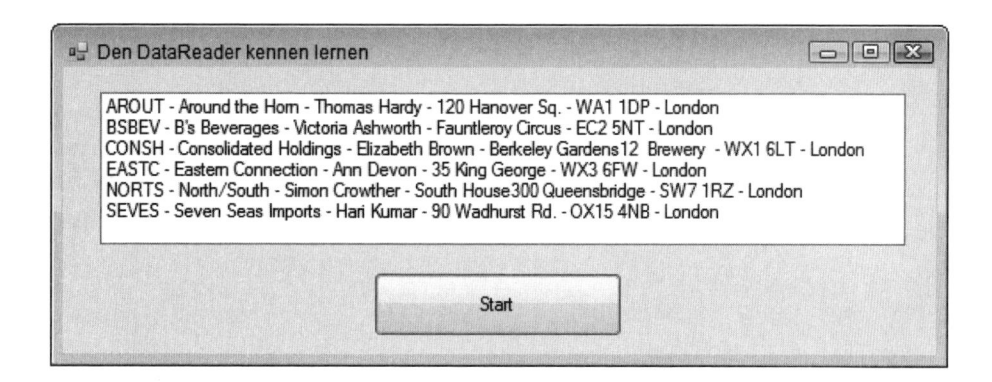

R10.5 Minimaler DB-Client für Lese- und Schreibzugriff

Alle Vorgängerrezepte ermöglichten lediglich einen Lesezugriff auf die Datenbank. Jetzt soll gezeigt werden, wie dank *CommandBuilder* und *DataGridView* mit minimalem Aufwand auch ein Schreibzugriff (Datenbank-Update) möglich ist. Dabei sollen sowohl der Zugriff auf eine Access-Datenbank als auch auf den SQL Server betrachtet werden.

Oberfläche

Erstellen Sie ein neues Windows Form-Projekt, dessen Startformular lediglich mit einem *DataGridView* und einem "Update"-*Button* bestückt ist.

Quellcode (Access-DB)

```vb
Imports System.Data.OleDb

Public Class Form1
    Private da As OleDbDataAdapter
    Private ds As DataSet
```

Bereits beim Laden des Formulars werden die Daten gelesen und angezeigt:

```vb
Private Sub Form1_Load(ByVal sender As System.Object, ByVal e As System.EventArgs) _
                                                            Handles MyBase.Load
    Dim conn As New OleDbConnection( _
                        "Provider=Microsoft.Jet.OLEDB.4.0; Data Source=Nordwind.mdb;")
    Dim cmd As New OleDbCommand("SELECT * FROM Kunden ORDER BY KundenCode", conn)
    da = New OleDbDataAdapter(cmd)
    Dim cb As New OleDbCommandBuilder(da)
    ds = New DataSet()
    da.Fill(ds, "Kunden")
    DataGridView1.DataSource = ds
```

```
            DataGridView1.DataMember = "Kunden"
    End Sub
```

Daten aktualisieren:

```
    Private Sub Button1_Click(ByVal sender As System.Object, ByVal e As System.EventArgs) _
                                                                    Handles Button1.Click

        da.Update(ds, "Kunden")
    End Sub
End Class
```

HINWEIS: Kopieren Sie die Datenbank *Nordwind.mdb* in das Anwendungsverzeichnis (*\bin\ Debug*-Unterverzeichnis des Projektordners).

Quellcode (Sql-Server)

Bis auf den Ersatz des *OleDb-* durch den *SqlClient-* Provider und den geänderten Connectionstring ist die Programmierung identisch.

```
Imports System.Data.SqlClient

Public Class Form1
    Dim da As SqlDataAdapter
    Dim ds As DataSet

    Private Sub Form1_Load(ByVal sender As System.Object, ByVal e As System.EventArgs) _
                                                                    Handles MyBase.Load
        Dim conn As New SqlConnection( _
           "Data Sourcecode=.\SQLEXPRESS; Initial Catalog=Northwind; Integrated Security=sspi;")
        Dim cmd As New SqlCommand("SELECT * FROM Customers", conn)
        da = New SqlDataAdapter(cmd)
        Dim cb As New SqlCommandBuilder(da)
        ds = New DataSet()
        da.Fill(ds, "Customers")
        DataGridView1.DataSource = ds
        DataGridView1.DataMember = "Customers"
    End Sub


    Private Sub Button1_Click(ByVal sender As System.Object, ByVal e As System.EventArgs) _
                                                                    Handles Button1.Click

        da.Update(ds, "Customers")
    End Sub
End Class
```

> **HINWEIS:** Damit diese Programmversion läuft, müssen *Northwind*-Datenbank installiert und SQL Server gestartet sein. Falls die *Northwind*-Datenbank nicht auf Ihrem SQL-Server installiert ist, können Sie optional auch die Datei *Northwind.mdf* (siehe Buch-CD) in das Anwendungsverzeichnis kopieren und die Verbindungszeichenfolge entsprechend anpassen (siehe R10.2).

Test

Nach dem Start einer beliebigen beider Programmversionen können Sie direkt im Datengitter Datensätze hinzufügen, löschen (mit Entf-Taste) oder ändern und diese mittels "Update"-Button in die Datenbank befördern.

> **HINWEIS:** Von der Übernahme der Änderungen in die Datenbank können Sie sich erst nach einem erneuten Programmstart überzeugen!

> **HINWEIS:** Um die Originalinhalte der *Nordwind*- bzw. *Northwind*-Datenbank nicht zu zerstören, sollten Sie nur solche Datensätze manipulieren, die Sie vorher selbst hinzugefügt haben.

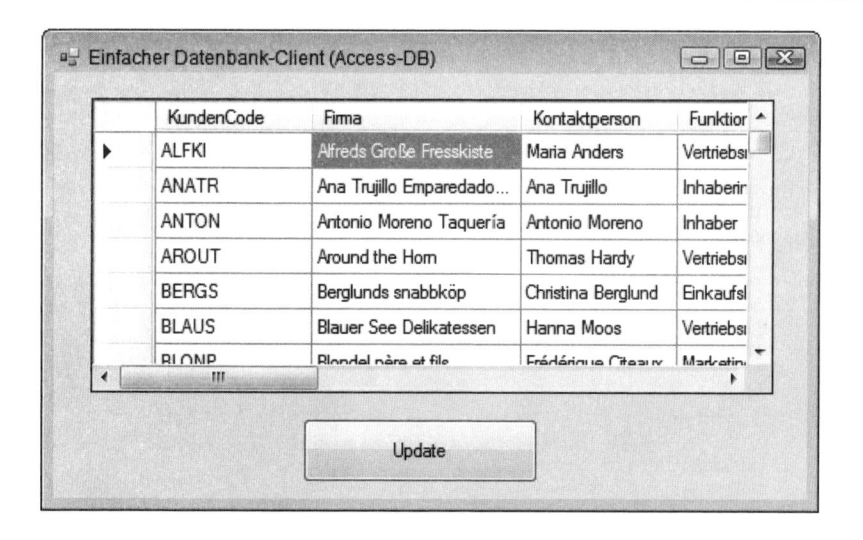

R10.6 Schemainformationen verwenden

Das vorliegende Rezept demonstriert den Einsatz des Schema-APIs anhand folgender Problemstellung:

Beim Strukturentwurf für Datenbanken wird für Textfelder meist die maximale Länge vorgegeben. Lädt man aber ein *DataSet* mit der *Fill*-Methode eines *DataAdapter*s, so gehen in der Regel diese Informationen verloren, d.h., dem XML-Schema des *DataSet*s sind zwar die einzelnen

Datentypen zu entnehmen, nicht aber die konkrete Länge der String-Felder. Verbindet man nun das *DataSet* mit einer Eingabemaske, so "weiß" diese nichts von der max. zulässigen Länge und man kann beliebig viele Zeichen eingeben. Erst beim Versuch, das *DataSet* in die Datenbank zurückzuschreiben, erfolgt eine Fehlermeldung, die auf die Längenüberschreitung hinweist.

Viel nutzerfreundlicher wäre es, wenn die *MaxLength*-Eigenschaft der *TextBox*en automatisch mit der Datenbank abgeglichen würde, sodass bei der Eingabe die maximal zulässige Zeichenanzahl nicht überschritten werden kann.

Oberfläche

Auf dem Startformular *Form1* entwerfen Sie eine einfache Eingabemaske für ein paar beliebige Textfelder aus *Nordwind.mdb*. Die *Label*s auf der rechten Seite sollen (lediglich zu Informationszwecken) die in zulässige Maximallänge anzeigen.

Von der "Data"-Seite der Toolbox ziehen Sie eine *BindingSource* und einen *BindingNavigator* in das Komponentenfach. Im Eigenschaftenfenster verbinden Sie die *DataSource*-Property von *BindingNavigator1* mit *BindingSource1*.

Quellcode

```
Imports System.Data.OleDb

Public Class Form1
    Private conn As New OleDbConnection( _
                      "Provider=Microsoft.Jet.OLEDB.4.0; Data Source=Nordwind.mdb;")
```

Beim Laden des Formulars erfolgt der Aufruf der beiden Hauptroutinen *showKundenTable* und *setMaxLength*:

R10.6 Schemainformationen verwenden

```
Private Sub Form1_Load(ByVal sender As System.Object, ByVal e As System.EventArgs) _
                                                            Handles MyBase.Load
    Try
        conn.Open()
        showKundenTable()
        setMaxLength()
    Catch ex As Exception
        MessageBox.Show(ex.Message.ToString())
    Finally
        conn.Close()
    End Try
End Sub
```

Die Methode *showKundenTable* dient lediglich zum Anzeigen der Kundentabelle:

```
Private Sub showKundenTable()
    Dim da As New OleDbDataAdapter( _
                "SELECT PersonalNr, Nachname, Vorname, Funktion FROM Personal", conn)
    Dim dt As New DataTable()
    da.Fill(dt)
```

Die *Text*-Eigenschaft der Steuerelemente anbinden:

```
    BindingSource1.DataSource = dt
    Label1.DataBindings.Add("Text", BindingSource1, "PersonalNr")
    TextBox1.DataBindings.Add("Text", BindingSource1, "Nachname")
    TextBox2.DataBindings.Add("Text", BindingSource1, "Vorname")
    TextBox3.DataBindings.Add("Text", BindingSource1, "Funktion")
End Sub
```

Wesentlich interessanter für uns ist die Methode *setMaxLength*, welche direkt auf die Schemainformationen der Datenbank zugreift (Herauslesen der max. Textlängen aus der Personaltabelle):

```
Private Sub setMaxLength()
```

Ein String-Array kapselt die Filterbedingungen:

```
    Dim filter() As String = {Nothing, Nothing, "Personal", Nothing}
```

Abfrage des Schemas, Ergebnis wird in DataTable geladen:

```
    Dim dt As DataTable = conn.GetSchema("Columns", filter)
```

Alle Zeilen der Schematabelle werden durchlaufen, in jeder Zeile sind die Infos zu einer bestimmten Spalte enthalten:

```
    Dim fLen As Integer
    For i As Integer = 0 To dt.Rows.Count - 1
```

Die maximal zulässige Anzahl von Zeichen ermitteln:

```
    Try
        fLen = Convert.ToInt32(dt.Rows(i)("CHARACTER_MAXIMUM_LENGTH"))
    Catch
    End Try
```

Der Name der Spalte wird ermittelt:

```
    Dim fName As String = dt.Rows(i)("COLUMN_NAME").ToString()
```

Jede *TextBox* wird nun auf ihre maximale Länge getrimmt:

```
        Select Case fName
            Case "Nachname" : TextBox1.MaxLength = fLen
                Label7.Text = fLen.ToString()
            Case "Vorname" : TextBox2.MaxLength = fLen
                Label8.Text = fLen.ToString()
            Case "Funktion" : TextBox3.MaxLength = fLen
                Label9.Text = fLen.ToString()
        End Select
    Next
    End Sub
End Class
```

Test

Sofort nach Programmstart werden Sie über die maximal zulässige Zeichenanzahl je Anzeigefeld informiert und können durch die Tabelle blättern. Wenn Sie versuchen, mehr Zeichen einzugeben als es die maximale Länge erlaubt, bleibt die Einfügemarke stehen.

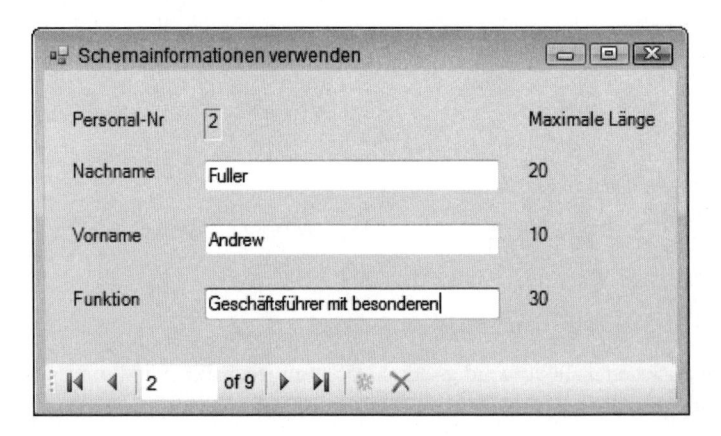

Bemerkungen

- Die gezeigte Lösung hat den Vorteil, dass sich nachträglich vorgenommene Änderungen der Datenbankstruktur (Textfeldlänge) sofort auf die Benutzerschnittstelle auswirken, ohne dass der Quellcode geändert werden müsste.

- Ein Abspeichern der vorgenommenen Änderungen in der Datenbank ist in diesem Demo-Programm nicht vorgesehen, siehe dazu z.B. R10.17 ("Die Datenbank mit CommandBuilder aktualisieren").

R10.7 Query Notifications verwenden

Dieses Rezept zeigt, wie unter Verwendung der Klasse *SqlDependency* Ihr Client sofort benachrichtigt wird, wenn in der "Customers"-Tabelle der *Northwind*-Beispieldatenbank des SQL Servers Daten geändert wurden.

Prinzip

Zunächst muss unser Client beim SQL Server sein Interesse an der Beobachtung einer bestimmten Datenmenge anmelden. Treten Veränderungen in dieser Datenmenge auf (Ändern, Hinzufügen und Löschen von Datensätzen), löst das *SqlDependency*-Objekt das *OnChange*-Ereignis aus, sodass der Client "weiß", dass er die Daten erneut abrufen sollte um wieder auf dem neuesten Stand zu sein.

> **HINWEIS:** Query Notifications machen das zyklische Abfragen (Polling) der Datenbank überflüssig und führen damit zu einer geringeren Netzwerkbelastung, da es nur im Fall von Datenänderungen zu Benachrichtigungen kommt.

Oberfläche

Auf dem Startformular *Form1* platzieren Sie ein *DataGridView*, eine *ListBox*, einen *Button* und ein *ToolStripStatusLabel* (siehe Laufzeitansicht).

Quellcode

```
Imports System.Data.SqlClient
Imports System.Security.Permissions
Imports System.ComponentModel

Public Class Form1
```

Bei Instanziierung der *SqlDependency*-Klasse ist ein *SqlCommand*-Objekt zu übergeben, dessen SELECT-Befehl die zu überwachende Datenmenge repräsentiert. Dem Tabellennamen ist ein "dbo." voranzustellen.

```
Private Const SQLSTR As String = "SELECT CustomerID, CompanyName, ContactName, " & _
                                 "ContactTitle FROM dbo.Customers ORDER BY CompanyName"

Private csb As SqlConnectionStringBuilder = Nothing
Private conn As SqlConnection = Nothing
Private cmd As SqlCommand = Nothing
Private ds As DataSet = Nothing

Private count As Integer = 0
Private Const msg As String = "{0} Änderungen sind aufgetreten."
```

Um die Klasse *SqlDependency* nutzen zu können, muss unsere Anwendung über eine *SqlClientPermission* verfügen:

```
Private Function canRequestNotifications() As Boolean
    Try
        Dim perm As New SqlClientPermission(PermissionState.Unrestricted)
        perm.Demand()
        Return True
    Catch
        Return False
    End Try
End Function
```

Beim Laden des Formulars sind einige Startaktivitäten zu erledigen:

```
Private Sub Form1_Load(ByVal sender As Object, ByVal e As System.EventArgs) _
                                                            Handles Me.Load
```

Clientberechtigung prüfen:

```
    Button1.Enabled = canRequestNotifications()
```

ConnectionString zusammenbauen:

```
    csb = New SqlConnectionStringBuilder()
    csb.DataSource = ".\SQLEXPRESS"
    csb.IntegratedSecurity = True
    csb.InitialCatalog = "Northwind"
End Sub
```

Die folgende Methode sorgt für die Anmeldung der Notifications beim Server, sowie für Laden und Anzeigen der Daten:

```
Private Sub getData()
    ds.Clear()
```

Sicherstellen, dass das *Command*-Objekt nicht bereits mit einer Notification verknüpft ist:

```
cmd.Notification = Nothing
```

Ein *SqlDependency*-Objekt erzeugen und mit *Command*-Objekt verbinden:

```
Dim dep As New SqlDependency(cmd)
```

Eventhandler anmelden:

```
AddHandler dep.OnChange, AddressOf Me.dep_OnChange
```

Daten laden und anzeigen:

```
Dim da As SqlDataAdapter = New SqlDataAdapter(cmd)
da.Fill(ds, "Customers")
DataGridView1.DataSource = ds
DataGridView1.DataMember = "Customers"
End Sub
```

Die Schaltfläche "Mit SQL Server verbinden":

```
Private Sub Button1_Click(ByVal sender As System.Object, ByVal e As System.EventArgs) _
                                                            Handles Button1.Click
count = 0
ToolStripStatusLabel1.Text = String.Format(msg, count)
```

Eine existierende Dependency-Connection anhalten und neu starten:

```
SqlDependency.Stop(csb.ConnectionString)
SqlDependency.Start(csb.ConnectionString)
If IsNothing(conn) Then conn = New SqlConnection(csb.ConnectionString)
If IsNothing(cmd) Then cmd = New SqlCommand(SQLSTR, conn)
If IsNothing(ds) Then ds = New DataSet()
getData()
End Sub
```

Der Knackpunkt unserer Anwendung ist der *OnChange*-Eventhandler:

```
Private Sub dep_OnChange(ByVal sender As Object, ByVal e As SqlNotificationEventArgs)
```

Da das *OnChange*-Event nicht im Thread der Benutzerschnittstelle (UI-Thread), sondern in einem anderen Thread (Benachrichtigungsthread aus dem Threadpool) auftritt, ist ein Aktualisieren der Benutzerschnittstelle zunächst nicht möglich.

Der folgende Code führt die notwendigen Aktionen aus, um vom Threadpool-Thread zum UI Thread umzuschalten und die Ereignisbehandlung erneut zu registrieren:

```
Dim isi As ISynchronizeInvoke = CType(Me, ISynchronizeInvoke)
```

Wenn *InvokeRequired True* liefert, wird der Code im Benachrichtigungsthread ausgeführt:

```
If isi.InvokeRequired Then
```

Delegate für Thread-Schalter erzeugen:

```
Dim tmpDeleg As New OnChangeEventHandler(AddressOf Me.dep_OnChange
Dim args() As Object = {sender, e}
```

Daten-Marshalling vom Arbeitsthread zum UI-Thread:

```
isi.BeginInvoke(tmpDeleg, args)
Return
End If
```

Unser Notification-Handler wird nicht mehr benötigt:

```
Dim dep As SqlDependency = CType(sender, SqlDependency)
RemoveHandler dep.OnChange, AddressOf Me.dep_OnChange
```

Der Code wird nun im UI-Thread ausgeführt:

```
count += 1
ToolStripStatusLabel1.Text = String.Format(msg, count)
```

Zusatzinfos anzeigen:

```
ListBox1.Items.Clear()
ListBox1.Items.Add("Type: " & e.Type.ToString())
ListBox1.Items.Add("Source: " & e.Source.ToString())
ListBox1.Items.Add("Info: " & e.Info.ToString())
```

Geänderte Daten laden und anzeigen:

```
getData()
End Sub
```

Die Schlussaktivitäten:

```
Private Sub Form1_FormClosed(ByVal sender As Object, _
            ByVal e As System.Windows.Forms.FormClosedEventArgs) Handles Me.FormClosed
    SqlDependency.Stop(csb.ConnectionString)
    If Not IsNothing(conn) Then
        conn.Close()
    End If
End Sub

End Class
```

Test

Starten Sie die Anwendung und stellen Sie die Verbindung zum SQL Server her. Haben Sie die *Northwind*-Beispieldatenbank vorschriftsmäßig installiert, ist der SQL Server gestartet und stimmt der Connectionstring, so dürfte es keine Probleme bei der Anzeige der "Customers"-Tabelle geben.

> **HINWEIS:** Um Veränderungen der Daten beobachten zu können, müssen Sie über eine zweite Client-Anwendung verfügen (siehe Bemerkungen). Manipulieren Sie damit Datensätze der "Customers"-Tabelle (ändern, hinzufügen, löschen).

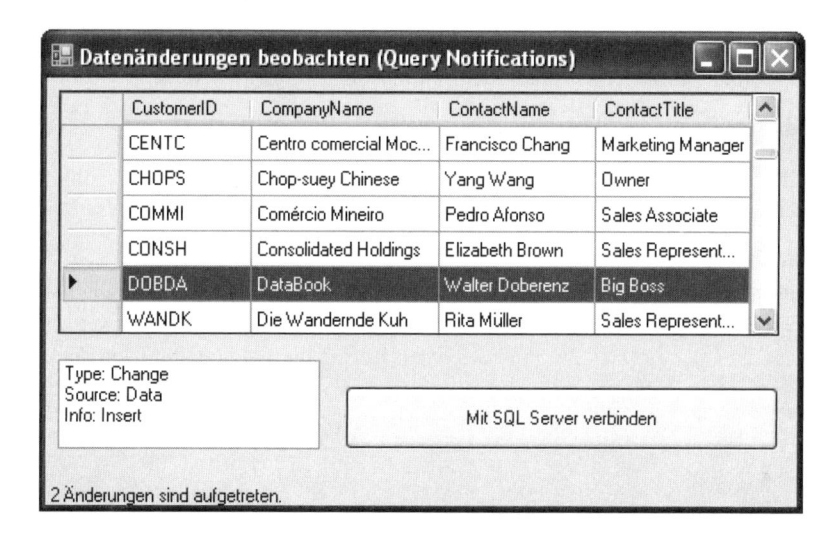

Sie werden feststellen, dass die an der Datenbank vorgenommenen Änderungen sofort angezeigt werden. Außerdem erhalten Sie weitere Informationen, die in der *ListBox* und im *Label* erscheinen.

Bemerkungen

- Die Möglichkeit, Benachrichtigungen über Datenänderungen (Query Notifications) sofort an den Client zu übertragen, wurde erst ab ADO.NET 2.0 eingeführt.

- Ein einfaches Programm zur Datenmanipulation der "Customers"-Tabelle der *Northwind*-Datenbank wird beispielsweise in R10.5 ("Minimaler DB-Client für Lese- und Schreibzugriff") beschrieben.

R10.8 Mit einer Datenquelle arbeiten

Im Zusammenhang mit dem Konzept der "Datenquellen" ist auch der *TableAdapter* zu bestaunen. Um Sinn und Zweck dieser assistentengestützten Technologie zu erkunden, wollen wir auf Basis einer Datenquelle ein Formular entwickeln, welches Informationen aus der "Customers"-Tabelle der *Northwind*-Datenbank des SQL Servers anzeigt.

Assistent zum Konfigurieren von Datenquellen

- Nachdem Sie ein neues Projekt vom Typ "Windows-Anwendung" erzeugt haben, bringen Sie über das Menü *Daten/Datenquellen anzeigen* das Datenquellen-Fenster zur Anzeige.

- Oben links im Datenquellen-Fenster klicken Sie die Schaltfläche "Neue Datenquelle hinzufügen". Es startet der *Assistent zum Konfigurieren von Datenquellen*.

- Klicken Sie auf das "Datenbank"-Symbol und dann auf "Weiter".

- Im folgenden Dialog wählen Sie die Schaltfläche "Neue Verbindung ..." und es erscheint der Dialog *Verbindung hinzufügen*. Klicken Sie dort auf die Schaltfläche "Ändern".

- Im Dialog *Datenquelle wechseln* klicken Sie auf den Eintrag *Microsoft SQL Server-Datenbankdatei*. Genauso gut hätten Sie aber auch *Microsoft SQL Server* wählen können. Wir aber gehen diesmal davon aus, dass die Datenbank nicht auf dem SQL Server installiert ist, sondern als separate Datei *Northwind.mdf* zur Verfügung steht (siehe Buch-CD).

- Suchen Sie im Dialog "Verbindung hinzufügen" nach der Datenbankdatei *Northwind.mdf*:

R10.8 Mit einer Datenquelle arbeiten

- Nach erfolgreichem Verbindungstest steht die Datenverbindung als *Northwind.mdf* zur Auswahl bereit.
- Anschließend werden Sie befragt, ob Sie diese Datei in das Projekt kopieren wollen. Bestätigen Sie mit "Ja", denn Sie sparen sich damit eine Menge Ärger beim Pflegen der Anwendung bzw. bei deren späterer Weitergabe.
- Im nun folgenden Dialog können Sie guten Gewissens das Häkchen setzen, damit die Verbindungszeichenfolge als *NorthwindConnectionString* in der Anwendungskonfigurationsdatei gespeichert wird (siehe R10.3). Wenn Sie wollen, können Sie später per Code wie folgt darauf zugreifen:

```vb
Dim connStr As String = My.MySettings.Default.NorthwindConnectionString
```

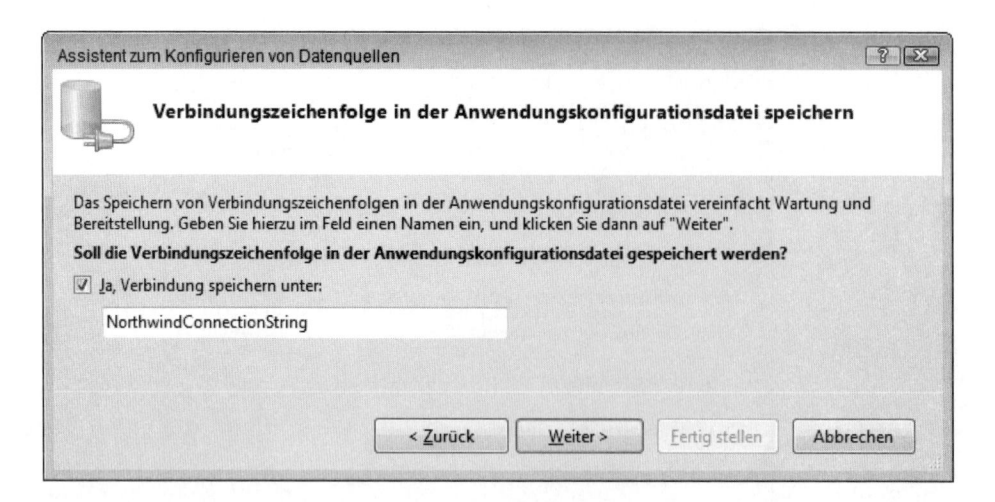

- Schließlich offeriert Ihnen der Assistent, nachdem er die Datenbankinformationen abgerufen hat, das Dialogfenster *Datenbankobjekte auswählen*. Hier können Sie die Tabellen, Ansichten, Gespeicherten Prozeduren oder Funktionen auswählen, die Sie für Ihre konkrete Anwendung brauchen.

- Die neue Datenquelle *NorthwindDataSet* steht Ihnen jetzt im *Datenquellen*-Fenster zur freien Verfügung:

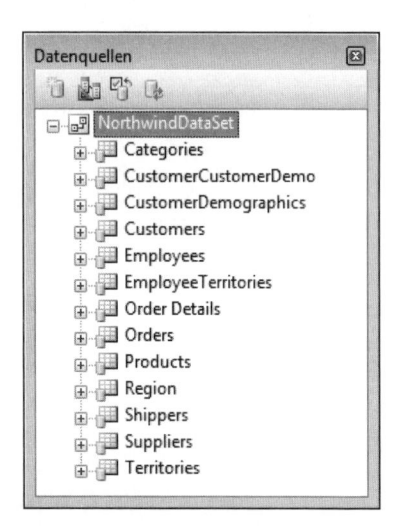

Verwenden der Datenquelle

Nachdem Sie nun per Drag & Drop die "Customers"-Tabelle vom Datenquellen-Fenster auf *Form1* gezogen haben geschehen wundersame Dinge: Wie von Geisterhand erscheint eine komplette Eingabemaske auf dem Formular. Im vollen Komponentenfach tummeln sich folgende Objekte:

R10.8 Mit einer Datenquelle arbeiten

- *NorthwindDataSet*
  eine Instanz des typisierten DataSets

- *CustomersTableAdapter*
  ein typisierter *DataAdapter* für die "Customers"-Tabelle

- *CustomersBindingSource*
  die Datenanbindung des Formulars

- *CustomersBindingNavigator*
  navigiert *CustomersBindingSource*

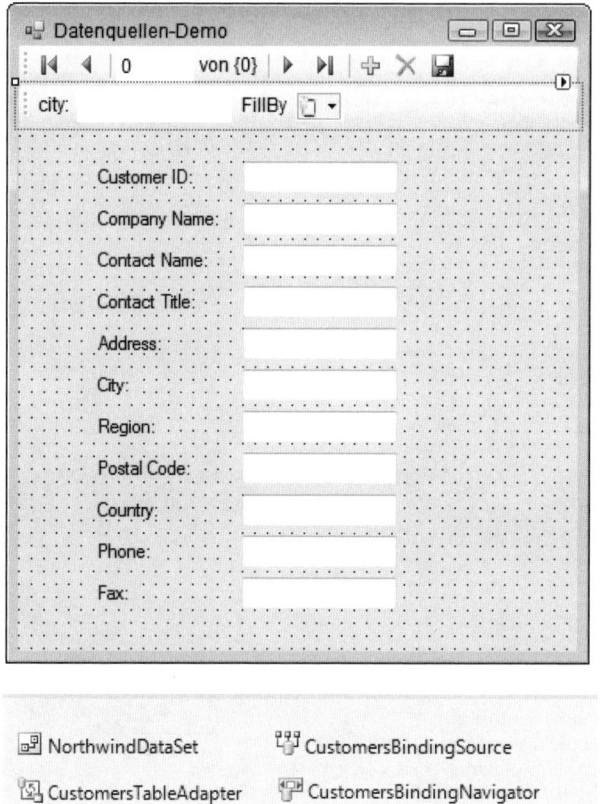

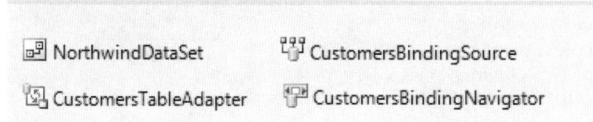

HINWEIS: Die Komponenten *NorthwindDataSet* und *CustomersTableAdapter* lassen sich im komfortablen DataSet-Designer weiter bearbeiten (Aufruf über Kontextmenü).

Test

Ohne dass Sie eine einzige Zeile Code geschrieben haben, liegt bereits eine voll funktionsfähige Anwendung vor, in der Sie nicht nur durch die Datensätze blättern können. Auch Editieren, Hinzufügen und (sofern die referenzielle Integrität nicht verletzt wird) Löschen sind möglich.

Abfragemethoden hinzufügen

Das Kontextmenü des *CustomersTableAdapter* bietet einen Eintrag *Abfrage hinzufügen...* Im nachfolgenden Dialog vergeben Sie z.B. den Abfragenamen *FillByCity* und als Abfragetext den in der Abbildung gezeigten parametrierten SQL-Befehl:

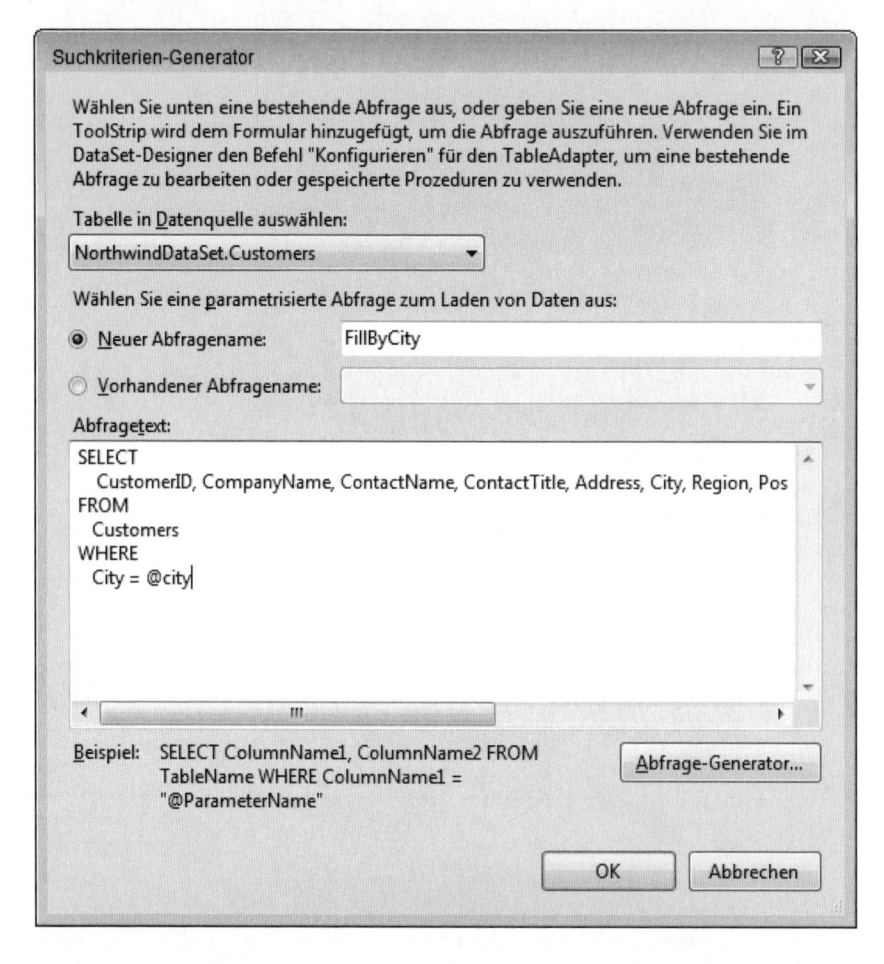

Nach dem OK wird abermals gezaubert: Unterhalb der Navigatorleiste erscheint ein automatisch generierter *ToolStrip* mit einer *TextBox* und einem *Button* "FillByCity". Nach Eingabe der gewünschten Stadt und Klick auf den Button "FillByCity" sehen Sie, dass in der Maske nur noch die Kunden angezeigt werden, die aus London kommen:

R10.8 Mit einer Datenquelle arbeiten

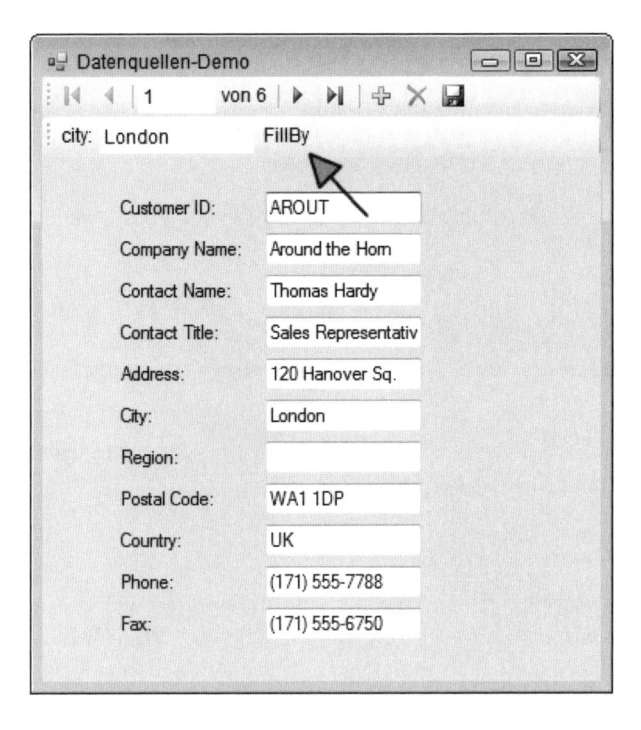

Die alternative Ansicht:

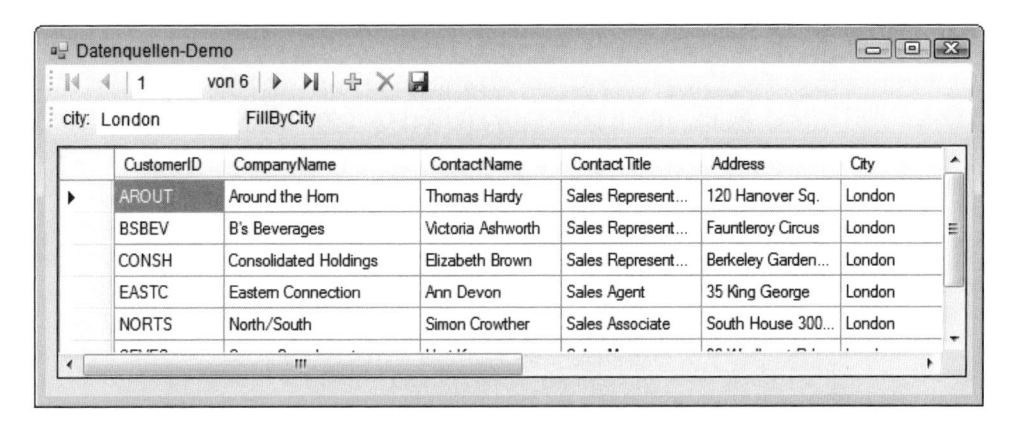

Bemerkungen

- Die beeindruckenden "Zaubereien" der Assistenten sollen Sie nicht darüber hinwegtäuschen, dass im Hintergrund eine Unmenge Code produziert wurde, wie der Blick in das vollgestopfte Komponentenfach vermuten lässt.

- Der Einsteiger sollte sich nicht immer blindlings den Datenquellen-, DataForm- und Abfrage-Assistenten anvertrauen, zumal man vergleichbare Ergebnisse auch mit geringerem Aufwand bei transparenterem Code erzielen kann.

R10.9 Eine Aktionsabfrage ausführen

Sie wollen an die *Nordwind.mdb*-Datenbank z.B. folgendes SQL-Statement absetzen:

```
UPDATE Kunden SET Firma = 'Pariser Firma' WHERE Ort = 'Paris'
```

Unser Rezept zeigt, wie Sie dazu die *ExecuteNonQuery*-Methode des *Command*-Objekts verwenden können.

Oberfläche

Sie brauchen ein *DataGridView*, zwei *TextBox*en, zwei *Buttons* und einige *Labels* (siehe Laufzeitansicht).

Beide *TextBox*en sollen dazu dienen, dass Sie die Einträge für den Firmennamen und den Ort eines Kunden zur Laufzeit verändern können.

Quellcode

Für das Ausführen des Beispiels wären eigentlich ein *Connection*- und ein *Command*-Objekt völlig ausreichend. Da wir uns aber auch von der Wirkung des UPDATE-Befehls überzeugen wollen, müssen wir einigen zusätzlichen Aufwand für die Anzeige betreiben: Das *DataGridView* benötigt ein *DataSet* als Datenquelle, welches wiederum von einem *DataAdapter* gefüllt wird.

```
Imports System.Data.OleDb

Public Class Form1
    Dim conn As New OleDbConnection( _
                    "Provider=Microsoft.Jet.OLEDB.4.0; Data Source=Nordwind.mdb;")
    Dim ds As New DataSet()
    Dim cmd As New OleDbCommand()
```

Aktionsabfrage starten:

```
    Private Sub Button1_Click(ByVal sender As System.Object, ByVal e As System.EventArgs) _
                                                                Handles Button1.Click
        Dim da As New OleDbDataAdapter( _
                    "SELECT Firma, Kontaktperson, Ort FROM Kunden ORDER BY Firma", conn)
        ds.Clear()
        cmd.Connection = conn
```

Das Zusammenbasteln des UPDATE-Strings verlangt etwas Fingerspitzengefühl, darf man doch auch die Apostrophe ('), die die Feldbezeichner einschließen, nicht vergessen:

```
        cmd.CommandText = _
            "UPDATE Kunden SET Firma = '" & TextBox1.Text & "' WHERE Ort = '" & TextBox2.Text & "'"
```

Sicherheitshalber haben wir diesmal den kritischen Programmteil in eine Fehlerbehandlungsroutine eingebaut:

```
Try
    conn.Open()
```

Die folgende Anweisung führt den UPDATE-Befehl aus und zeigt gleichzeitig die Anzahl der in der Datenbank geänderten Datensätze an:

```
    Label1.Text = cmd.ExecuteNonQuery().ToString()
Catch ex As Exception
    MessageBox.Show(ex.Message)
End Try
da.Fill(ds, "Kunden")
conn.Close()
```

Das *DataGridView* an das *DataSet* anklemmen:

```
    DataGridView1.DataSource = ds
    DataGridView1.DataMember = "Kunden"
    End Sub
End Class
```

Test

Stimmt die Verbindungszeichenfolge des *Connection*-Objekts, dürfte es keine Probleme beim Ausprobieren unterschiedlicher Updates geben.

Bemerkungen

- Bei SQL-Aktionsabfragen werden keine Datensätze gelesen bzw. zurückgeliefert, sondern es geht lediglich um direkte Änderungen in der Datenquelle per SQL-Befehl (UPDATE, INSERT, DELETE). Ein *DataSet* ist dabei nicht beteiligt!
- Durch Ändern der Verbindungszeichenfolge und Anpassen der Spaltenbezeichner ist dieses Beispiel natürlich auch auf die "Customers"-Tabelle der *Northwind*-Datenbank des SQL Servers übertragbar.

R10.10 Daten direkt hinzufügen oder löschen

Dieses Rezept ergänzt R10.9 ("Eine Aktionsabfrage ausführen"), nur geht es diesmal nicht um das Aktualisieren, sondern um das unmittelbar in der Datenbank ausgeführte Hinzufügen und Löschen von Datensätzen mittels *ExecuteNonQuery*. Ein *DataSet* ist dabei nicht beteiligt.

Oberfläche

Neben einem *DataGridView* werden noch einige *TextBox*en und *Button*s gebraucht. Ein breites *Label* soll den SQL-String zu Kontrollzwecken anzeigen (siehe Laufzeitabbildung).

Quellcode

```
Imports System.Data.OleDb

Public Class Form1
```

Das globale *Connection*-Objekt verweist auf die sich im Anwendungsverzeichnis befindliche Datenbank *Nordwind.mdb*:

```
    Private conn As New OleDbConnection( _
                        "Provider=Microsoft.Jet.OLEDB.4.0;Data Source=Nordwind.mdb;")
```

Die folgende Methode *execNQuery* erledigt auf Basis der übergebenen SQL-Anweisung die Hauptarbeit:

```
    Private Sub execNQuery(ByVal cmdText As String)
        Dim cmd As New OleDbCommand(cmdText, conn)
        Label1.Text = cmdText
```

Das Kapseln des kritischen Programmteils in einem *Try-Catch*-Fehlerblock hilft bei der späteren Fehlersuche:

```
        Try
            conn.Open()
```

Der SQL-Befehl wird gegen die Datenbank gefahren:

```
            cmd.ExecuteNonQuery()
```

R10.10 Daten direkt hinzufügen oder löschen

```
            Catch ex As Exception
                MessageBox.Show(ex.Message)
            End Try
            conn.Close()
        End Sub
```

Ausführen von INSERT:

```
        Private Sub Button1_Click(ByVal sender As System.Object, ByVal e As System.EventArgs) _
                                                                        Handles Button1.Click

            Dim sql As String = "INSERT INTO Kunden(KundenCode, " & _
                    "Firma, Kontaktperson, Ort) VALUES ('" & _
                    TextBox1.Text & " ', '" & TextBox2.Text & "', '" & _
                    TextBox3.Text & " ', '" & TextBox4.Text & "')"
            execNQuery(sql)
        End Sub
```

Wie Sie sehen, entartet das "Zusammenbasteln" des SQL-Strings aus den Inhalten der Textboxen zu einer Sisyphus-Arbeit, besonders penibles Augenmerk ist auf die Hochkommas (') zu richten, in welche bekanntlich jeder "String im String" einzuschließen ist.

Nicht ganz so schlimm wird es beim Zusammenstückeln der DELETE-Anweisung:

```
        Private Sub Button2_Click(ByVal sender As System.Object, ByVal e As System.EventArgs) _
                                                                        Handles Button2.Click


            Dim sql As String = "DELETE FROM Kunden WHERE KundenCode = '" & TextBox1.Text & "'"
            execNQuery(Sql)
        End Sub
```

Das abschließende Betrachten des Ergebnisses im *DataGridView* dient lediglich Kontrollzwecken:

```
        Private Sub Button3_Click(ByVal sender As System.Object, ByVal e As System.EventArgs) _
                                                                        Handles Button3.Click

            Dim sql As String = "SELECT KundenCode, Firma, " & _
                            "Kontaktperson, Ort FROM Kunden ORDER BY KundenCode"
            Dim da As New OleDbDataAdapter(sql, conn)
            Dim ds As New DataSet()
            da.Fill(ds, "Kunden")
            DataGridView1.DataSource = ds
            DataGridView1.DataMember = "Kunden"
        End Sub
End Class
```

Test

Beginnen Sie mit dem Einfügen eines Datensatzes. Die Kontrollausgabe des SQL-Strings leistet nicht nur bei der Fehlersuche gute Dienste, sondern trägt auch ganz wesentlich zum Verständnis bei.

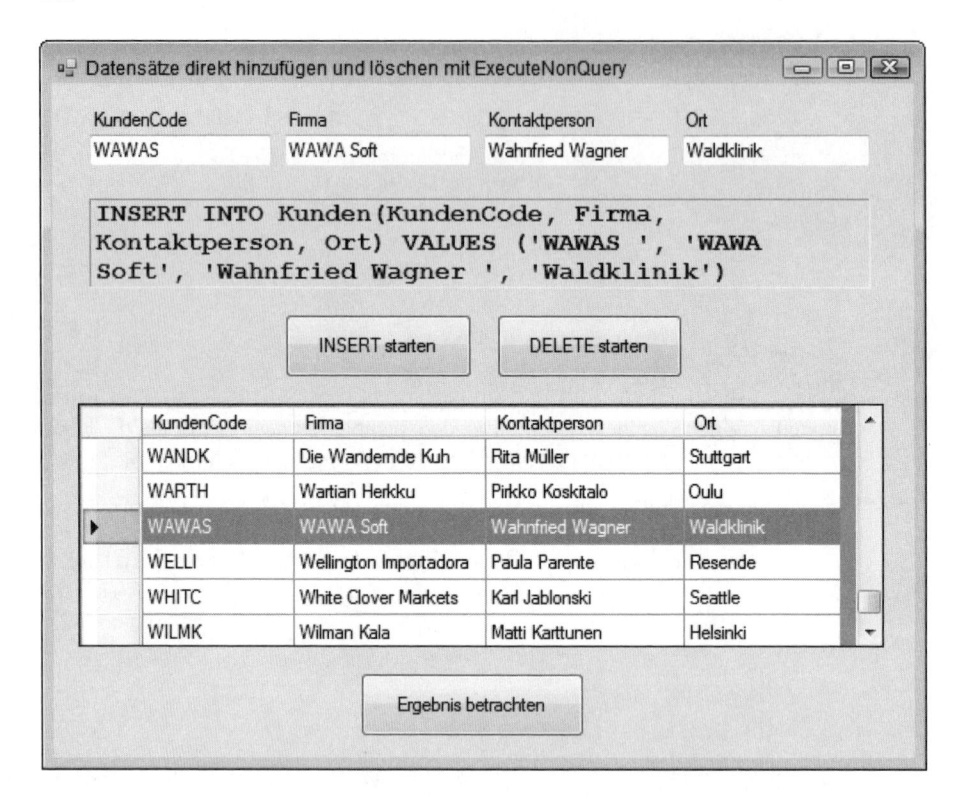

```
INSERT INTO Kunden(KundenCode, Firma,
Kontaktperson, Ort) VALUES ('WAWAS ', 'WAWA
Soft', 'Wahnfried Wagner ', 'Waldklinik')
```

Zum Löschen mit DELETE eignen sich in unserem Fall nur neu hinzugefügte Datensätze. Es genügt, wenn nur der *KundenCode* in das erste Textfeld eingetragen wird.

```
DELETE FROM Kunden WHERE KundenCode = 'WAWAS'
```

Jeder Versuch, einen "hauseigenen" *Nordwind*-Kunden zu liquidieren, wird mit einer Fehlermeldung quittiert, da in der Regel noch Datensätze in anderen Tabellen vorhanden sind, die auf diesen Kunden verweisen.

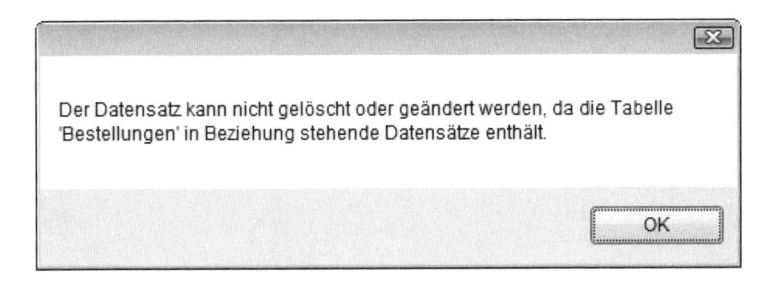

> Der Datensatz kann nicht gelöscht oder geändert werden, da die Tabelle 'Bestellungen' in Beziehung stehende Datensätze enthält.

Auch wenn Sie versuchen, zweimal hintereinander auf INSERT zu klicken, werden Sie durch eine wortreiche Fehlermeldung zurück gepfiffen, da sonst die Eindeutigkeit des Primärschlüssels (*KundenCode*) verletzt wäre.

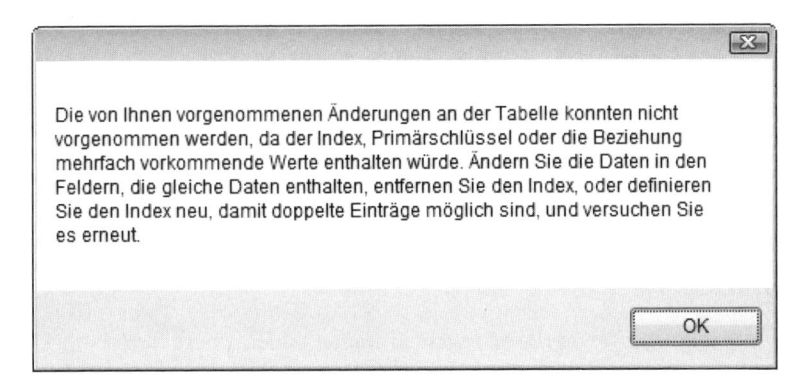

> Die von Ihnen vorgenommenen Änderungen an der Tabelle konnten nicht vorgenommen werden, da der Index, Primärschlüssel oder die Beziehung mehrfach vorkommende Werte enthalten würde. Ändern Sie die Daten in den Feldern, die gleiche Daten enthalten, entfernen Sie den Index, oder definieren Sie den Index neu, damit doppelte Einträge möglich sind, und versuchen Sie es erneut.

R10.11 Gespeicherte Prozeduren aufrufen

Gespeicherte Prozeduren *(Stored Procedures)* werden auf dem Server verwaltet und sind eine besonders effektive Methode, um häufig benötigte Abfragen schnell auszuführen. Über den Menübefehl *Ansicht/Server-Explorer* können Sie sich einen Überblick über die im SQL Server vorhandenen Beispieldatenbanken und die zugehörigen *Gespeicherten Prozeduren* verschaffen.

Unser Beispiel greift auf die in der *Northwind*-Datenbank enthaltene Gespeicherte Prozedur *Sales by Year* zu. Wie Sie dem Server-Explorer entnehmen können, müssen der Prozedur die Parameter *@Beginning_Date* und *@Ending_Date* übergeben werden.

Falls der SQL Server und die *Northwind*-Datenbank nicht im Server-Explorer zu sehen sind, richten Sie zunächst über das Kontextmenü *Verbindung hinzufügen...* des Knotens *Datenverbindungen* eine neue Verbindung ein.

> **HINWEIS:** Da wir in unserem Beispiel die Verbindung komplett per Code programmieren werden, ist das Einrichten einer Verbindung im Server-Explorer eigentlich überflüssig. Es dient in unserem Fall lediglich dem Erkunden der verfügbaren Stored Procedures und der zu übergebenden Parameter.

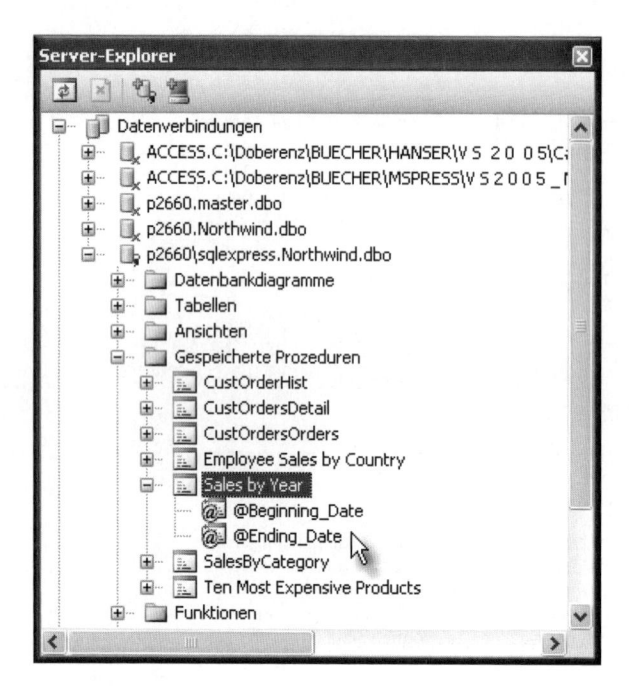

Oberfläche

Ein *DataGridView*, zwei *TextBox*en und ein *Button* bilden unsere Testoberfläche (siehe Laufzeitabbildung). Die *TextBox*en dienen zur Eingabe der unteren und oberen Datumsgrenze, die *Button*s dem Start der Abfrage und dem Formatieren der Währungsspalte des *DataGridView*.

Quellcode

```
Imports System.Data.SqlClient

Public Class Form1

    Private Sub Button1_Click(ByVal sender As System.Object, ByVal e As System.EventArgs) _
                                                                 Handles Button1.Click
        Dim connStr As String = _
                "Data Source=.\SQLEXPRESS; Initial Catalog=Northwind; Integrated Security=True"
        Dim conn As New SqlConnection(connStr)
        Dim cmd As New SqlCommand("Sales by Year", conn)
        cmd.CommandType = CommandType.StoredProcedure
```

Es folgt nun die Definition der beiden Parameter und das Hinzufügen zur *Parameters*-Auflistung des *Command*-Objekts:

```
        Dim parm1 As New SqlParameter("@Beginning_Date", SqlDbType.DateTime)
        parm1.Direction = ParameterDirection.Input         ' Definition als Input-Parameter
```

```vb
        parm1.Value = Convert.ToDateTime(TextBox1.Text)
        cmd.Parameters.Add(parm1)

        Dim parm2 As New SqlParameter("@Ending_Date", SqlDbType.DateTime)
        parm2.Direction = ParameterDirection.Input
        parm2.Value = Convert.ToDateTime(TextBox2.Text)
        cmd.Parameters.Add(parm2)
```

Das nun fertige *Command*-Objekt wird dem Konstruktor des *DataAdapter*s übergeben. Nach dem Öffnen der *Connection* wird die Stored Procedure ausgeführt. Die zurückgegebenen Datensätze werden in einer im *DataSet* neu angelegten Tabelle mit dem von uns frei bestimmten Namen "SalesByDate" gespeichert:

```vb
        Dim da As New SqlDataAdapter(cmd)
        Dim ds As New DataSet()
        conn.Open()
        da.Fill(ds, "SalesByDate")
        conn.Close()
```

Nach dem Schließen des *Connection*-Objekts erfolgt die Anzeige des Tabelleninhalts im *DataGridView*:

```vb
        DataGridView1.DataSource = ds
        DataGridView1.DataMember = "SalesByDate"
        Button2.Enabled = True
    End Sub
```

Zumindest die *Subtotal*-Spalte sollte eine ordentliche Euro-Formatierung erhalten, was allerdings einigen Aufwand erfordert:

```vb
    Private Sub Button2_Click(ByVal sender As System.Object, ByVal e As System.EventArgs) _
                                                                      Handles Button2.Click
        DataGridView1.Columns.Remove("Subtotal")
        Dim tbc As New DataGridViewTextBoxColumn()
        tbc.DataPropertyName = "Subtotal"
        tbc.HeaderText = "Subtotal"
        tbc.Width = 80
        tbc.DefaultCellStyle.Format = "c"
        tbc.DefaultCellStyle.Alignment = DataGridViewContentAlignment.MiddleRight
        tbc.DisplayIndex = 2
        DataGridView1.Columns.Add(tbc)
    End Sub
End Class
```

Test

Ist die Verbindungszeichenfolge zum SQL Server korrekt, so dürfte sich Ihnen nach kurzer Wartezeit der folgende Anblick bieten.

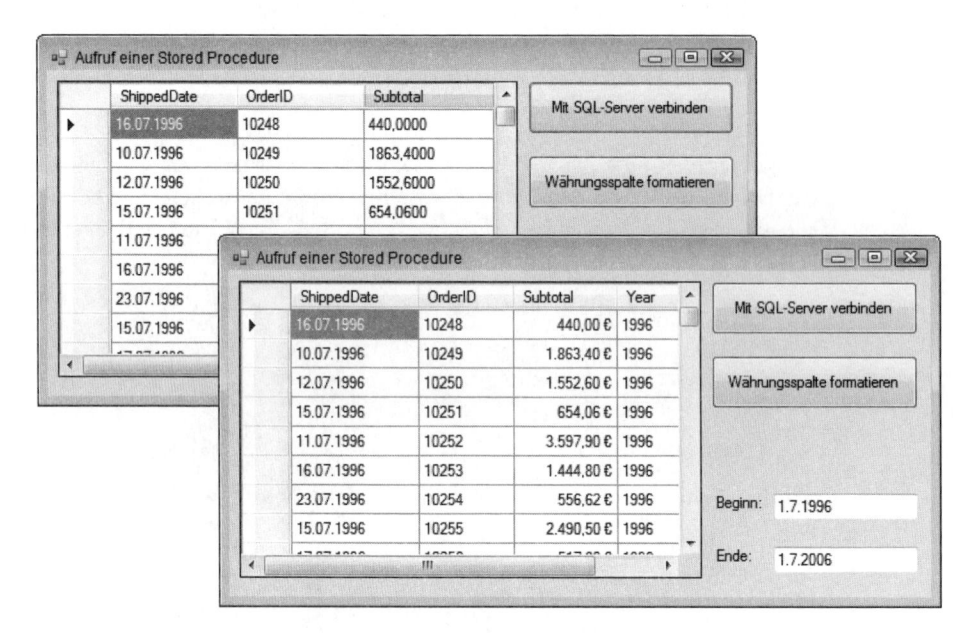

R10.12 Eine Access-Auswahlabfrage aufrufen

Die unter Microsoft Access gespeicherten Auswahlabfragen kann man quasi als Pendant zu den Stored Procedures des Microsoft SQL Servers betrachten. Öffnen Sie das Datenbankfenster von *Nordwind.mdb* und Sie sehen das zahlreiche Angebot an vorbereiteten Abfragen, die Sie natürlich auch selbst um weitere ergänzen können:

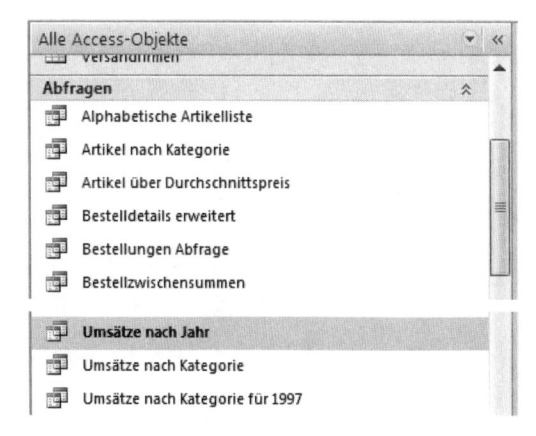

R10.12 Eine Access-Auswahlabfrage aufrufen

Hinter jeder Auswahlabfrage verbirgt sich in der Regel eine parametrisierte SQL-SELECT-Anweisung, die Sie sich im Access-Datenbankprogramm nach Öffnen der Entwurfsansicht über den Kontextmenübefehl *SQL-Ansicht* anschauen können. Dabei finden Sie auch die zu übergebenden Parameter und deren Datentypen leicht heraus.

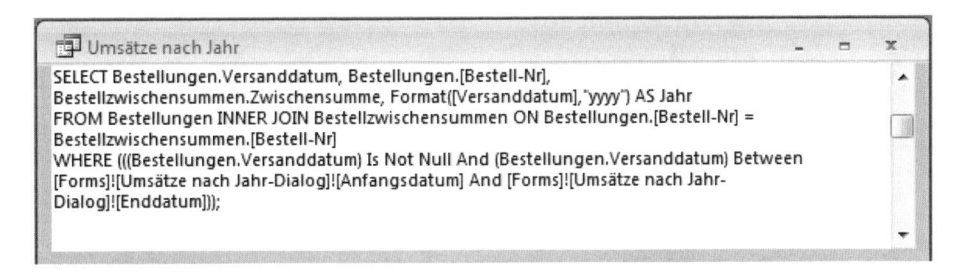

```
Umsätze nach Jahr
SELECT Bestellungen.Versanddatum, Bestellungen.[Bestell-Nr],
Bestellzwischensummen.Zwischensumme, Format([Versanddatum],"yyyy") AS Jahr
FROM Bestellungen INNER JOIN Bestellzwischensummen ON Bestellungen.[Bestell-Nr] =
Bestellzwischensummen.[Bestell-Nr]
WHERE (((Bestellungen.Versanddatum) Is Not Null And (Bestellungen.Versanddatum) Between
[Forms]![Umsätze nach Jahr-Dialog]![Anfangsdatum] And [Forms]![Umsätze nach Jahr-
Dialog]![Enddatum]));
```

Oberfläche

Ein *DataGridView*, zwei *TextBox*en und ein *Button* sollen für unseren Test genügen (siehe Laufzeitansicht).

Quellcode

```
Imports System.Data.OleDb

Public Class Form1

    Private Sub Button1_Click(ByVal sender As System.Object, ByVal e As System.EventArgs) _
                                                          Handles Button1.Click
        Dim connStr As String = "Provider=Microsoft.Jet.OLEDB.4.0; Data Source=Nordwind.mdb;"
        Dim conn As New OleDbConnection(connStr)
        Dim cmd As New OleDbCommand("[Umsätze nach Jahr]", conn)      ' in [ ] einschließen!!!
        cmd.CommandType = CommandType.StoredProcedure
```

Die Definition der beiden Parameter und das Hinzufügen zur *Parameters*-Auflistung des *Command*-Objekts:

```
        Dim parm1 As New OleDbParameter("@Anfangsdatum", OleDbType.DBDate)    ' !
        parm1.Direction = ParameterDirection.Input
        parm1.Value = Convert.ToDateTime(TextBox1.Text)
        cmd.Parameters.Add(parm1)
        Dim parm2 As New OleDbParameter("@EndDatum", OleDbType.DBDate)
        parm2.Direction = ParameterDirection.Input
        parm2.Value = Convert.ToDateTime(TextBox2.Text)
        cmd.Parameters.Add(parm2)
```

Das *Command*-Objekt wird dem Konstruktor des *DataAdapter*s übergeben. Nach dem Öffnen der *Connection* wird die Abfrage ausgeführt. Die zurück gegebenen Datensätze werden in einer im *DataSet* neu angelegten Tabelle mit einem von uns frei bestimmten Namen "Jahresumsätze" gespeichert:

```
Dim da As New OleDbDataAdapter(cmd)
Dim ds As New DataSet()
Try
    conn.Open()
    da.Fill(ds, "Jahresumsätze")
    conn.Close()
Catch ex As Exception
    MessageBox.Show(ex.ToString())
End Try
```

Die Anzeige:

```
DataGridView1.DataSource = ds
DataGridView1.DataMember = "Jahresumsätze"
```

Wenigstens die Währungsspalte sollte eine ordentliche Formatierung erhalten (bei den übrigen Spalten belassen wir es bei den Standardeinstellungen):

```
        DataGridView1.Columns.Remove("Zwischensumme")
        Dim tbc As New DataGridViewTextBoxColumn()
        tbc.DataPropertyName = "Zwischensumme"
        tbc.HeaderText = "Zwischensumme"
        tbc.Width = 80
        tbc.DefaultCellStyle.Format = "c"
        tbc.DefaultCellStyle.Alignment = DataGridViewContentAlignment.MiddleRight
        tbc.DefaultCellStyle.Font = New Font(DataGridView1.Font, FontStyle.Bold)
        tbc.DisplayIndex = 2
        DataGridView1.Columns.Add(tbc)
    End Sub
End Class
```

Test

Nach Eingabe sinnvoller Datumswerte dürfte sich Ihnen z.B. der folgende Anblick bieten:

R10.13 Parametrierte Abfragen unter MS Access ausführen

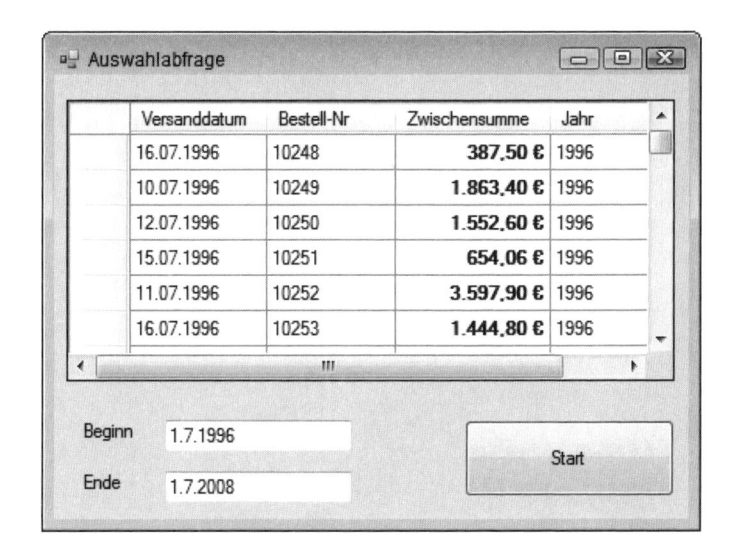

Versanddatum	Bestell-Nr	Zwischensumme	Jahr
16.07.1996	10248	387,50 €	1996
10.07.1996	10249	1.863,40 €	1996
12.07.1996	10250	1.552,60 €	1996
15.07.1996	10251	654,06 €	1996
11.07.1996	10252	3.597,90 €	1996
16.07.1996	10253	1.444,80 €	1996

Beginn: 1.7.1996
Ende: 1.7.2008
Start

Bemerkungen

- Vergessen Sie nicht, den Namen der Auswahlabfrage "[Umsätze nach Jahr]" wegen der Leerzeichen in eckige Klammern einzuschließen!
- Ein entsprechendes Rezept für den Microsoft SQL Server finden Sie unter R10.11 ("Gespeicherte Prozeduren aufrufen").

R10.13 Parametrierte Abfragen unter MS Access ausführen

Parametrierte Abfragen sind – im Unterschied zu den in Access integrierten Abfragen (siehe R10.12) – normale SQL-Anweisungen, die Sie selbst definieren und mit Parametern ausstatten. Wir wollen dies anhand der Tabelle *Bestellungen* unserer *Nordwind.mdb*-Datenbank demonstrieren, indem wir uns die in einem bestimmten Zeitabschnitt registrierten Bestellungen anzeigen lassen.

Oberfläche

Für unser Testformular verwenden wir ein *DataGridView*, zwei *TextBox*en und einen *Button*.

Quellcode

```
Imports System.Data.OleDb

Public Class Form1
    Private Sub Button1_Click(ByVal sender As System.Object, ByVal e As System.EventArgs) _
                                                                  Handles Button1.Click
        Dim connStr As String = "Provider=Microsoft.Jet.OLEDB.4.0; Data Source=Nordwind.mdb;"
```

```
            Dim conn As New OleDbConnection(connStr)
            Dim da As New OleDbDataAdapter("SELECT * FROM Bestellungen " & _
                    "WHERE Bestelldatum BETWEEN ? AND ?", conn)
            da.SelectCommand.Parameters.Add("?", OleDbType.DBDate).Value = _
                                                Convert.ToDateTime(TextBox1.Text)
            da.SelectCommand.Parameters.Add("?", OleDbType.DBDate).Value = _
                                                Convert.ToDateTime(TextBox2.Text)
            Dim ds As New DataSet()
            Try
                conn.Open()
                da.Fill(ds, "AbfrageBestellungen")
                conn.Close()
            Catch ex As Exception
                MessageBox.Show(ex.ToString())
            End Try
            DataGridView1.DataSource = ds
            DataGridView1.DataMember = "AbfrageBestellungen"
        End Sub
End Class
```

Test

Nach Eingabe sinnvoller Datumswerte dürfte sich Ihnen ein Anblick entsprechend folgender Abbildung bieten:

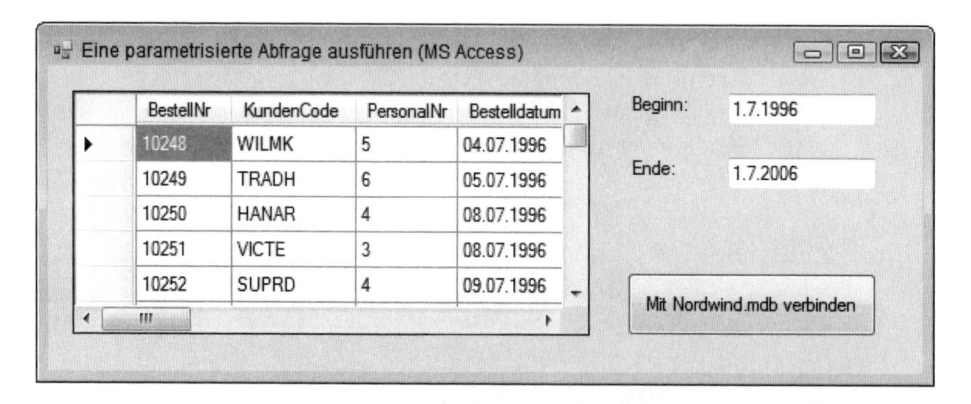

R10.14 Parametrierte Abfragen für SQL Server ausführen

Dieses Rezept ist das Pendant zu R10.13 ("Parametrierte Abfragen unter MS Access ausführen"), wobei jetzt allerdings auf die *Northwind*-Datenbank des SQL Servers zugegriffen wird.

Oberfläche

Auch für dieses Testformular brauchen wir nur ein *DataGridView*, zwei *TextBox*en und einen *Button*.

Quellcode

```vb
Imports System.Data.SqlClient
Public Class Form1
    Private Sub Button1_Click(ByVal sender As System.Object, ByVal e As System.EventArgs) _
                                                                    Handles Button1.Click
```

Auch für dieses Beispiel wurde die *Northwind*-Datenbank nicht extra auf dem SQL Server installiert, sondern sie befindet sich in einer separaten Datei *Northwind.mdf*, die wir vorher in das Anwendungsverzeichnis kopiert haben (vergleiche R10.2).

```vb
        Dim connStr As String = _
            "Data Source=.\SQLEXPRESS;AttachDbFilename=|DataDirectory|Northwind.mdf;" & _
                                    "Integrated Security=True;User Instance=True"
```

Falls sich aber die Datenbank bereits auf dem SQL Server befindet, können Sie stattdessen die folgende Verbindungszeichenfolge verwenden:

```vb
        ' = "Data Source=.\SQLEXPRESS; Initial Catalog=Northwind; Integrated Security=True"
```

Die Verbindung herstellen:

```vb
        Dim conn As New SqlConnection(connStr)
        Dim da As New SqlDataAdapter( _
          "SELECT * FROM Orders WHERE OrderDate BETWEEN @Beginning_Date AND @Ending_Date", conn)
        da.SelectCommand.Parameters.Add("@Beginning_Date", SqlDbType.DateTime).Value = _
                                Convert.ToDateTime(TextBox1.Text)
        da.SelectCommand.Parameters.Add("@Ending_Date", SqlDbType.DateTime).Value = _
                                Convert.ToDateTime(TextBox2.Text)
        Dim ds As New DataSet()
        Try
            conn.Open()
            da.Fill(ds, "AbfrageBestellungen")
            conn.Close()
        Catch ex As Exception
            MessageBox.Show(ex.ToString())
        End Try
        DataGridView1.DataSource = ds
        DataGridView1.DataMember = "AbfrageBestellungen"
    End Sub
End Class
```

Test

Das Ergebnis ist vergleichbar mit dem von R10.13.

R10.15 Datumswerte in SQL-Anweisungen einbauen

Anstatt Parameter zu verwenden, kann man Datumswerte auch direkt in die SQL-Anweisung einbauen, was weniger Aufwand erfordert. Allerdings ist dabei auf die richtige Ländereinstellung (en-US) und die richtige Formatierung des Datums zu achten, welches bei Access in Rauten (#) und beim SQL Server in Hochkommata (') einzuschließen ist.

Oberfläche

Diesmal greifen wir mit einer gemeinsamen Oberfläche sowohl auf die Access-Datenbank *Nordwind* als auch auf die SQL Server-Datenbank *Northwind* zu. Gebraucht werden neben dem Startformular ein *DataGridView* für die Ergebnisanzeige, zwei *TextBox*en für die Eingabe von Anfangs- und Enddatum, ein *Label* zur Kontrollanzeige des SQL-Strings und zwei *Button*s für die Verbindungsaufnahme mit der jeweiligen Datenbank.

Quellcode

```
Imports System.Data.OleDb
Imports System.Data.SqlClient
Imports System.Globalization
Public Class Form1
```

Die folgende Funktion überführt einen übergebenen *DateTime*-Wert in einen der angloamerikanischen Kultur entsprechenden Datumsstring mit einer für das Datenbanksystem Access geeigneten Formatierung:

```
    Public Function getSQLDate1(ByVal d As DateTime) As String
        Return "#" & d.ToString("d", New CultureInfo("en-US")) & "#"
    End Function
```

R10.15 Datumswerte in SQL-Anweisungen einbauen

Verbindungsaufnahme mit *Nordwind* und Anzeige aller Bestellungen, die im vorgegebenen Datumsrahmen liegen:

```
Private Sub Button1_Click(ByVal sender As System.Object, ByVal e As System.EventArgs) _
                                                            Handles Button1.Click
    Dim d1 As DateTime = Convert.ToDateTime(TextBox1.Text)
    Dim d2 As DateTime = Convert.ToDateTime(TextBox2.Text)
    Dim sqlStr As String = "SELECT * FROM Bestellungen WHERE Bestelldatum BETWEEN " & _
                    getSQLDate1(d1) & " AND " & getSQLDate1(d2)

    Label1.Text = sqlStr
    Dim connStr As String = "Provider=Microsoft.Jet.OLEDB.4.0; Data Source=Nordwind.mdb;"
    Dim conn As New OleDbConnection(connStr)
    Dim da As New OleDbDataAdapter(sqlStr, conn)
    Dim dt As New DataTable()
    conn.Open()
    da.Fill(dt)
    conn.Close()
    DataGridView1.DataSource = dt
End Sub
```

Völlig analog erfolgt der Zugriff auf die *Northwind*-Datenbank des SQL Servers, wobei besonders auf die abweichende Datumsformatierung zu achten ist:

```
Public Function getSQLDate2(ByVal d As DateTime) As String
    Return "'" & d.ToString() & "'"
End Function

Private Sub Button2_Click(ByVal sender As System.Object, ByVal e As System.EventArgs) _
                                                            Handles Button2.Click
    Dim d1 As DateTime = Convert.ToDateTime(TextBox1.Text)
    Dim d2 As DateTime = Convert.ToDateTime(TextBox2.Text)

    Dim sqlStr As String = "SELECT * FROM Orders WHERE OrderDate BETWEEN " & _
                    getSQLDate2(d1) & " AND " & getSQLDate2(d2)
    Label1.Text = sqlStr
    Dim connStr As String = _
        "Data Source=.\SQLEXPRESS;AttachDbFilename=" & _
        "|DataDirectory|\Northwind.mdf;Integrated Security=True;User Instance=True"
    Dim conn As New SqlConnection(connStr)
    Dim da As New SqlDataAdapter(sqlStr, conn)
    Dim dt As New DataTable()
    conn.Open()
```

```
        da.Fill(dt)
        conn.Close()
        DataGridView1.DataSource = dt
    End Sub
End Class
```

Test

Da sich sowohl *Nordwind.mdb* als auch *Northwind.mdf* im Anwendungsverzeichnis befinden, dürfte es keine Probleme beim wechselseitigen Anzeigen der Inhalte beider Datenbanken geben.

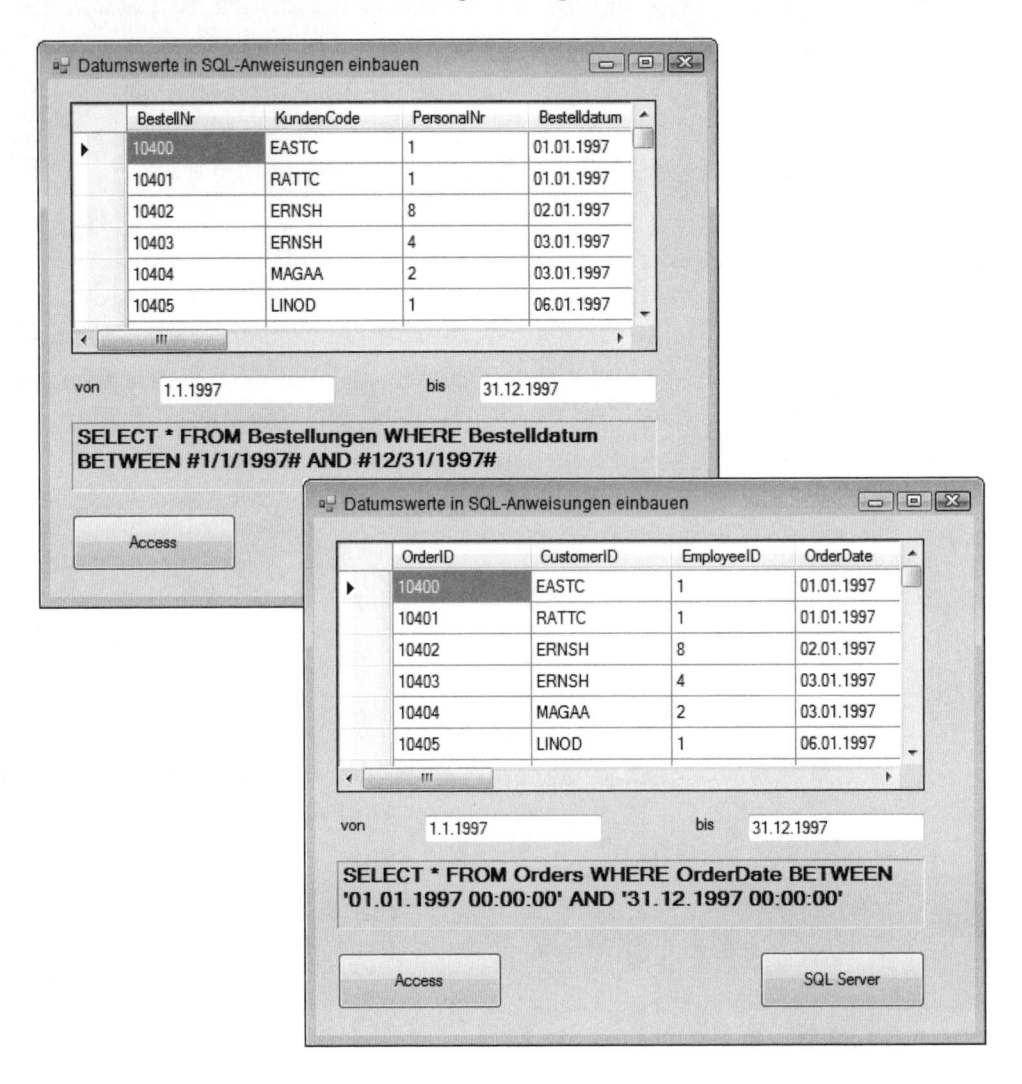

R10.16 Die Datenbank manuell aktualisieren

Aktualisieren (UPDATE), Hinzufügen (INSERT) und Löschen (DELETE) von Datensätzen zählen zu den kritischen Datenbankoperationen, die weitaus mehr Aufmerksamkeit erfordern, als eine einfache SELECT-Abfrage.

In diesem Rezept wollen wir die manuelle Programmierung dieser Operationen demonstrieren. "Manuell" bedeutet hier, dass wir uns selbst um das Erstellen der parametrisierten *UpdateCommand*-, *InsertCommand*- und *DeleteCommand*-Objekte kümmern müssen und dies nicht einem *CommandBuilder* überlassen können.

Ganz im Einklang mit der ADO.NET-Philosophie müssen wir in drei Etappen vorgehen:

- Das *DataSet* mit der Datenbank verbinden, um bestimmte Datensätze von dort abzuholen (hierzu wird das *SelectCommand*-Objekt des *DataAdapter*s eingesetzt).
- Bei abgekoppelter Datenbank die Änderungen direkt im *DataSet* vornehmen (hierzu ist eine SQL-Anweisung leider untauglich, da das *DataSet* kein SQL kennt).
- Das *DataSet* irgendwann mal wieder mit der Datenbank verbinden, um deren Inhalte zu aktualisieren (hierzu werden *UpdateCommand*-, *InsertCommand*- und *DeleteCommand*-Objekt des *DataAdapter*s gebraucht).

Grundlage unseres Beispielprogramms ist die "Artikel"-Tabelle aus *Nordwind.mdb*.

Oberfläche

Neben zwei *Button*s zum Anzeigen und Aktualisieren brauchen wir noch eine *DataGridView*-Komponente (siehe Laufzeitabbildung).

Quellcode

```
Imports System.Data.OleDb
Public Class Form1
```

Die wichtigsten Objekte sollten global verfügbar sein:

```
Private conn As New OleDbConnection( _
                    "Provider=Microsoft.Jet.OLEDB.4.0;Data Source=Nordwind.mdb;")
Private da As OleDbDataAdapter
Private ds As DataSet
```

Die Methode *getArtikel* liefert ein gefülltes *DataSet* zurück:

```
Public Function getArtikel() As DataSet
```

SelectCommand-Objekt für *DataAdapter* erstellen (geschieht automatisch beim Instanziieren):

```
Dim selStr As String = "SELECT ArtikelNr, Artikelname, Einzelpreis, Mindestbestand " & _
                    "FROM Artikel ORDER BY Artikelname"
da = New OleDbDataAdapter(selStr, conn)
```

Die folgende Anweisung sorgt dafür, dass neu hinzugefügte Datensätze sofort einen Primärschlüssel erhalten:

```
da.MissingSchemaAction = MissingSchemaAction.AddWithKey
ds = New DataSet()
conn.Open()
da.Fill(ds, "Artikel")
conn.Close()
Return ds
End Function
```

Der Methode *setArtikel* wird ein gefülltes *DataSet* per Referenz übergeben. Auf Basis von parametrisierten SQL-Befehlen werden für den *DataAdapter* die *UpdateCommand*-, *InsertCommand*- und *DeleteCommand*-Objekte erstellt, die für das Zurückschreiben der im *DataSet* vorgenommenen Änderungen in die Datenbank verantwortlich zeichnen.

```
Public Sub setArtikel(ByRef ds As DataSet)
```

UpdateCommand-Objekt:

```
Dim updStr As String = "UPDATE Artikel SET Artikelname = @p1, Einzelpreis = @p2, " & _
                       "Mindestbestand = @p3 WHERE ArtikelNr = @p4"
Dim updCmd As New OleDbCommand(updStr, conn)
```

Jede Parameterdefinition mittels *Add*-Methode benötigt Parametername, Datentyp, Spaltenbreite, Spaltenname (Reihenfolge beachten!):

```
updCmd.Parameters.Add("@p1", OleDbType.VarChar, 40, "Artikelname")
updCmd.Parameters.Add("@p2", OleDbType.Currency, 8, "Einzelpreis")
updCmd.Parameters.Add("@p3", OleDbType.SmallInt, 4, "Mindestbestand")
Dim p4 As OleDbParameter = updCmd.Parameters.Add("@p4", OleDbType.BigInt)
```

Für die Schlüsselspalte ist der ursprüngliche Schlüsselwert maßgebend:

```
p4.SourceColumn = "ArtikelNr"
p4.SourceVersion = DataRowVersion.Original
da.UpdateCommand = updCmd
```

InsertCommand-Objekt:

Dem INSERT-Befehl werden drei Parameter übergeben:

```
Dim insSQL As String = "INSERT INTO Artikel " & _
                       "(Artikelname, Einzelpreis, Mindestbestand) VALUES (@p1, @p2, @p3)"
Dim insCmd As New OleDbCommand(insSQL, conn)
insCmd.Parameters.Add("@p1", OleDbType.VarChar, 40, "Artikelname")
insCmd.Parameters.Add("@p2", OleDbType.Currency, 8, "Einzelpreis")
insCmd.Parameters.Add("@p3", OleDbType.SmallInt, 4, "Mindestbestand")
da.InsertCommand = insCmd
```

R10.16 Die Datenbank manuell aktualisieren

DeleteCommand-Objekt:

Die zugrunde liegende DELETE-Anweisung benötigt nur einen einzigen Parameter (den Primärschlüssel). Beim Erzeugen des Parameters ist auch noch die *SourceVersion*-Eigenschaft zuzuweisen. Der Wert *Original* bedeutet, dass der Datensatz mit seinem Original-Schlüsselwert (also der *ArtikelNr*, die er bei seinem Eintreffen in der *DataTable* hatte) in der Datenbank gesucht und gelöscht wird:

```
Dim delStr As String = "DELETE FROM Artikel WHERE ArtikelNr = @p5"
Dim delCmd As New OleDbCommand(delStr, conn)
Dim p5 As OleDbParameter = _
            delCmd.Parameters.Add("@p5", OleDbType.BigInt, 4, "ArtikelNr")
```

Datensatz muss unverändert in der Datenquelle vorhanden sein:

```
    p5.SourceVersion = DataRowVersion.Original

    da.DeleteCommand = delCmd
    conn.Open()
    da.Update(ds, "Artikel")
    conn.Close()
End Sub
```

Anzeigen:

```
Private Sub Button1_Click(ByVal sender As System.Object, ByVal e As System.EventArgs) _
                                                              Handles Button1.Click
    DataGridView1.DataSource = Nothing
    ds = getArtikel()
    DataGridView1.DataSource = ds
    DataGridView1.DataMember = "Artikel"
    formatDataGridView(DataGridView1)
    Button2.Enabled = True
    Label1.Visible = True
End Sub
```

Aktualisieren:

```
Private Sub Button2_Click(ByVal sender As System.Object, ByVal e As System.EventArgs) _
                                                              Handles Button2.Click
```

Nur die Änderungen zurück in die Datenbank schreiben:

```
    Dim ds1 As DataSet = ds.GetChanges()
    If ds1 IsNot Nothing Then
    Try
        setArtikel(ds1)
```

Die per Referenz zurück gegebenen Datensätze werden mit dem Original-*DataSet* zusammengeführt:

```
            ds.Merge(ds1)
            ds.AcceptChanges()
            MessageBox.Show("Datenbank wurde aktualisiert!", "Erfolg")
         Catch ex As Exception
```

Tritt ein Fehler auf, so werden die Änderungen im *DataSet* rückgängig gemacht:

```
            ds.RejectChanges()
            MessageBox.Show(ex.Message, "Fehler")
         End Try
      End If
   End Sub
End Class
```

Test

Klicken Sie auf die "Anzeigen"-Schaltfläche, um das *DataSet* anzuzeigen. Nehmen Sie dann einige Änderungen direkt im *DataGridView* vor, fügen Sie Datensätze hinzu (dazu an das Ende des *DataGridView* scrollen) oder löschen Sie Datensätze (mit *Entf*-Taste, vorher komplette Zeile markieren). Klicken Sie auf "Aktualisieren" um die Änderungen in die Datenbank zu übertragen.

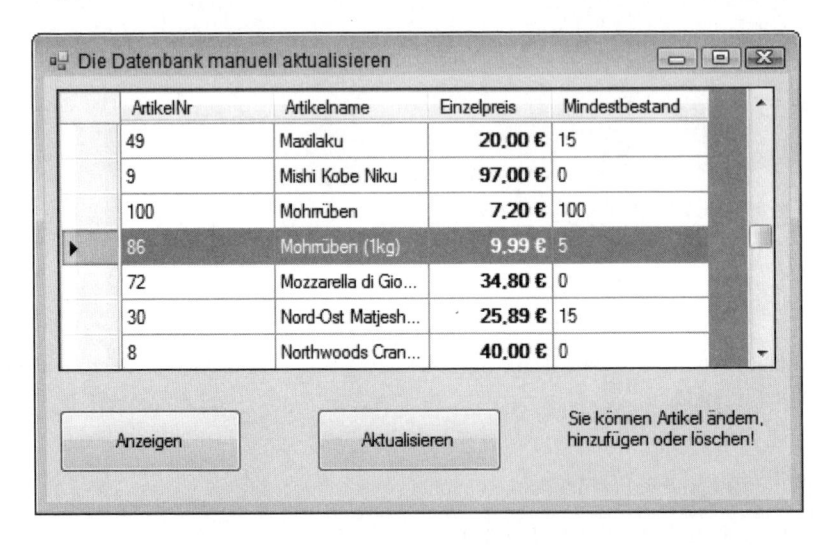

ArtikelNr	Artikelname	Einzelpreis	Mindestbestand
49	Maxilaku	20,00 €	15
9	Mishi Kobe Niku	97,00 €	0
100	Mohrrüben	7,20 €	100
86	Mohrrüben (1kg)	9,99 €	5
72	Mozzarella di Gio...	34,80 €	0
30	Nord-Ost Matjesh...	25,89 €	15
8	Northwoods Cran...	40,00 €	0

Sie können Artikel ändern, hinzufügen oder löschen!

HINWEIS: Lassen Sie erneut die Artikel anzeigen um sich davon zu überzeugen, dass alle Änderungen tatsächlich in der Datenbank gelandet sind.

Bemerkungen

- Der Code zur Formatierung der *Einzelpreis*-Spalte des *DataGridView* wurde hier nicht mit abgedruckt (siehe R10.35 bzw. Buch-CD).

- Es ist auch möglich, mehrere Datensätze hintereinander zu ändern, hinzuzufügen bzw. zu löschen bevor der Abgleich mit der Datenbank erfolgt.

- In der Regel werden Sie nur die von Ihnen selbst hinzugefügten Datensätze löschen können, da die Original-Datensätze in Relationen zu anderen Tabellen eingebunden sind.

- Für jede zu einem *DataSet* neu hinzugefügte Zeile gilt die Eigenschaft *RowState = Added*. Beim Aufruf der *Update*-Methode des *DataAdapter* werden all diese Zeilen gesucht und entsprechend dem im *InsertCommand*-Objekt gekapselten INSERT-Befehl zur Datenbank hinzugefügt. Analoges gilt für die Eigenschaften *RowState = Modified* und UPDATE bzw. *RowState = Deleted* und DELETE.

R10.17 Die Datenbank mit CommandBuilder aktualisieren

Durch den Einsatz eines *CommandBuilder*-Objekts lässt sich viel Programmierarbeit einsparen, es entfällt der Quellcode zum Erstellen der *UpdateCommand*-, *InsertCommand*- und *DeleteCommand*-Objekte für den *DataAdapter*.

Der *CommandBuilder* generiert im Hintergrund aus dem vorhandenen *SelectCommand*-Objekt automatisch die restlichen Objekte. Wir brauchen uns also – im Unterschied zu R10.16 ("Die Datenbank manuell aktualisieren") – um den aufwändigen Zusammenbau der UPDATE-, INSERT- und DELETE-SQL-Anweisungen und die lästigen Parameterdefinitionen nicht mehr zu kümmern.

Oberfläche

Die Oberfläche besteht – ebenso wie die von R10.16 – aus einem *DataGridView* und zwei *Button*s.

Quellcode

Auch der Code entspricht R10.16 mit Ausnahme der *setArtikel*-Methode, die eine dramatische Kürzung erfährt:

```
Public Sub setArtikel(ByRef ds As DataSet)
    Dim cb As New OleDbCommandBuilder(da)
    conn.Open()
    da.Update(ds, "Artikel")
    conn.Close()
End Sub
```

Test

Der Test führt erwartungsgemäß zu gleichen Ergebnissen wie beim Vorgängerrezept.

Bemerkungen

- Zwar kann man sich durch Einsatz eines *CommandBuilder*-Objekts viel Programmierarbeit ersparen, andererseits steht der Anfänger bei der Fehlersuche oft hilflos da, weil er das grundlegende Handwerkszeug nicht beherrscht.

- Für SELECT-Abfragen über mehrere Tabellen kann der *CommandBuilder* keine *Command*-Objekte erstellen.

R10.18 Mit Stapel-Abfragen arbeiten

Bekanntlich werden mit einer Stapel- bzw. Batch-Abfrage mehrere SQL-Befehle hintereinander ausgeführt, sodass Sie sich mehrere Datensatzgruppen quasi "in einem Schwung" von der Datenbank abholen können. In diesem Rezept wollen wir uns auf diese Weise Datensätze der Tabellen "Customers" und "Orders" der *Northwind*-Datenbank des SQL Servers anzeigen lassen.

Oberfläche

Ein *DataGridView* und zwei *Button*s genügen für einen Test (siehe Laufzeitabbildung).

Quellcode

```vb
Imports System.Data.SqlClient

Public Class Form1
```

Alle entscheidenden Dinge geschehen bereits beim Laden des Formulars:

```vb
    Private Sub Form1_Load(ByVal sender As System.Object, ByVal e As System.EventArgs) _
                                                                  Handles MyBase.Load

        Dim conn As New SqlConnection()
```

Die Datenbankdatei *Northwind.mdf* befindet sich im Anwendungsverzeichnis, womit Sie sich die Installation der Datenbank ersparen:

```vb
        conn.ConnectionString = "Data Source=.\SQLEXPRESS;AttachDbFilename=" & _
                    "|DataDirectory|\Northwind.mdf;Integrated Security=True;User Instance=True"
```

Die Batch-Abfrage kapselt zwei SELECT-Anweisungen in einem einzigen String:

```vb
        Dim sqlBatch As String = "SELECT CustomerID, CompanyName, ContactName, ContactTitle" & _
                         " FROM Customers WHERE CustomerID = 'ALFKI'; " & _
```

R10.18 Mit Stapel-Abfragen arbeiten

```
                             "SELECT OrderID, OrderDate, RequiredDate, ShippedDate, " & _
                             "Freight FROM Orders WHERE CustomerID = 'ALFKI'"
    Dim cmd As New SqlCommand(sqlBatch, conn)
    cmd.UpdatedRowSource = UpdateRowSource.None
    Dim da As New SqlDataAdapter(cmd)
```

Wenn Sie die folgenden beiden Anweisungen weglassen, generiert der *DataAdapter* zwei Tabellen mit den Namen *Table* und *Table1*, was wenig aussagekräftig wäre:

```
    da.TableMappings.Add("Table", "Customers")
    da.TableMappings.Add("Table1", "Orders")
```

Der Rest ist Routine:

```
    Dim ds As New DataSet()
    Try
        da.Fill(ds)
    Catch ex As Exception
        MessageBox.Show(ex.Message)
    End Try
    DataGridView1.DataSource = ds
End Sub
```

Das Ergebnis der ersten Abfrage anzeigen:

```
Private Sub Button1_Click(ByVal sender As System.Object, ByVal e As System.EventArgs) _
                                                             Handles Button1.Click
    DataGridView1.DataMember = "Customers"
End Sub
```

Das Ergebnis der zweiten Abfrage anzeigen:

```
Private Sub Button2_Click(ByVal sender As System.Object, ByVal e As System.EventArgs) _
                                                             Handles Button2.Click
    DataGridView1.DataMember = "Orders"
End Sub
End Class
```

Test

Starten Sie erst den SQL Server und dann das Programm. Zunächst sehen Sie nur das leere Datengitter. Anschließend können Sie sich die Ergebnisse beider Abfragen anzeigen lassen:

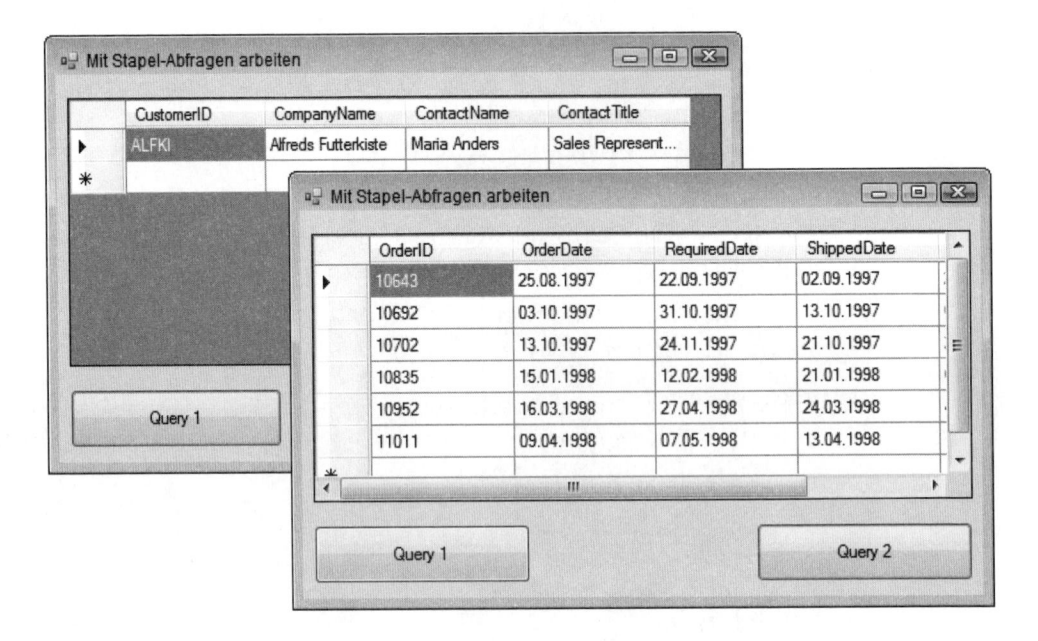

Bemerkungen

- Wenn Sie die *UpdatedRowSource*-Eigenschaft des *Command*-Objekts auf ihrem Standardwert (*Both*) belassen, hat dies eine kleine Zeiteinbuße zur Folge, da das *Command*-Objekt eine Überprüfung auf eventuelle Rückgabewerte vornimmt wie sie z.B. dann möglich sind, wenn in der Stapel-Abfrage auf einen UPDATE-Befehl ein SELECT-Befehl folgt.

- Leider unterstützt Microsoft Access keine Batch-Abfragen, sodass ein äquivalenter Code für den Zugriff auf *Nordwind.mdb* nicht funktionieren würde.

R10.19 RowUpdating-/RowUpdated-Ereignisse verwenden

Das *DataAdapter*-Objekt verfügt unter anderem über die Ereignisse *RowUpdating* und *RowUpdated*. Dieses Rezept soll den Einsatz beider Ereignisse demonstrieren. Wir verwenden dazu den ersten Datensatz der "Artikel"-Tabelle von *Nordwind.mdb* und greifen dabei auf das Integer-Feld *Lagerbestand* zu, welches wir erhöhen bzw. verringern wollen.

Oberfläche

Auf das Formular setzen Sie ein großes *Label* und zwei *Button*s. Eventuell sollten Sie dem *Label* eine größere Schrift gönnen.

Quellcode

```vb
Imports System.Data.OleDb

Public Class Form1
    Private CrLf As String = Environment.NewLine
    Private s As String = String.Empty
    Private dt As DataTable
    Private da As OleDbDataAdapter
```

Beim Start wird der erste Datensatz aus der "Artikel"-Tabelle geladen:

```vb
    Private Sub Form1_Load(ByVal sender As System.Object, ByVal e As System.EventArgs) _
                                                                    Handles MyBase.Load
        Dim conn As New OleDbConnection( _
                "Provider=Microsoft.Jet.OLEDB.4.0; Data Source=Nordwind.mdb;")
        da = New OleDbDataAdapter( _
                "SELECT TOP 1 ArtikelNr, Artikelname, Lagerbestand FROM Artikel", conn)
```

Die beiden Ereignisbehandlungen hinzufügen (die Implementierung der beiden Eventhandler erfolgt weiter unten):

```vb
        AddHandler da.RowUpdating, AddressOf onRowUpdating
        AddHandler da.RowUpdated, AddressOf onRowUpdated
        dt = New DataTable("Artikel")
        da.Fill(dt)
```

Sie haben jetzt die Wahl, mit einem *OleDbCommandBuilder* automatisch das *UpdateCommand*-Objekt zu erstellen ...

```vb
        Dim cb As New OleDbCommandBuilder(da)
```

... oder aber eine "handgestrickte" Version zu verwenden, wobei Sie gleichzeitig etwas für die eigene Weiterbildung in Sachen *Parameter*-Objekte tun:

```vb
        Dim cmd As New OleDbCommand("UPDATE Artikel SET Lagerbestand = ? WHERE ArtikelNr = ?", _
                                                                                         conn)
        cmd.Parameters.Add("@p1", OleDbType.Integer, 4, "Lagerbestand")
        cmd.Parameters.Add("@p2", OleDbType.Integer, 4, "ArtikelNr")
        da.UpdateCommand = cmd
    End Sub
```

Der Eventhandler für *RowUpdating*:

```vb
    Private Sub onRowUpdating(ByVal sender As Object, ByVal e As OleDbRowUpdatingEventArgs)
        s &= "Ereignis: " & e.StatementType.ToString & CrLf
        s &= "ArtikelNr: " & CType(e.Row("ArtikelNr"), String) & CrLf
```

```
        s &= "Lagerbestand davor:  " & CType(e.Row("Lagerbestand", DataRowVersion.Original), _
                                                                        String) & CrLf
        s &= "Lagerbestand danach: " & CType(e.Row("Lagerbestand"), String) & CrLf & CrLf
```

Der Eventhandler für *RowUpdated*:

```
    Private Sub onRowUpdated(ByVal sender As Object, ByVal e As OleDbRowUpdatedEventArgs)
        s &= "Ereignis: " & e.StatementType.ToString & CrLf
        s &= "ArtikelNr: " & CType(e.Row("ArtikelNr"), String) & CrLf
        If e.Status = UpdateStatus.ErrorsOccurred Then
            s &= "Fehler!" & CrLf
        Else
            s &= "Update erfolgreich!" & CrLf & CrLf
        End If
        Label1.Text = s
        s = String.Empty
    End Sub
```

Lagerbestand erhöhen:

```
    Private Sub Button1_Click(ByVal sender As System.Object, ByVal e As System.EventArgs) _
                                                                Handles Button1.Click
        Try
            dt.Rows(0)("Lagerbestand") = CType(dt.Rows(0)("Lagerbestand"), Integer) + 1
            da.Update(dt)
        Catch ex As Exception
            MessageBox.Show(ex.Message)
        End Try
    End Sub
```

Lagerbestand verringern:

```
    Private Sub Button2_Click(ByVal sender As System.Object, ByVal e As System.EventArgs) _
                                                                Handles Button2.Click
        Try
            dt.Rows(0)("Lagerbestand") = CType(dt.Rows(0)("Lagerbestand"), Integer) - 1
            da.Update(dt)
        Catch ex As Exception
            MessageBox.Show(ex.Message)
        End Try
    End Sub
End Class
```

Test

Wenn Sie den Lagerbestand erhöhen oder reduzieren werden die Änderungen angezeigt und sofort in die Datenbank geschrieben.

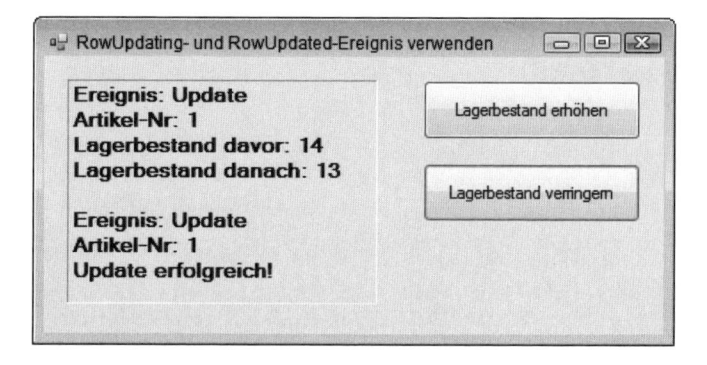

```
RowUpdating- und RowUpdated-Ereignis verwenden

Ereignis: Update
Artikel-Nr: 1
Lagerbestand davor: 14           [Lagerbestand erhöhen]
Lagerbestand danach: 13
                                 [Lagerbestand verringern]
Ereignis: Update
Artikel-Nr: 1
Update erfolgreich!
```

Bemerkungen

- Man erkennt, dass das *RowUpdating*-Event immer **vor** dem *RowUpdated*-Event ausgelöst wird.

- Das Beispiel dient eher der Erkenntnisgewinnung als dem praktischen Gebrauch, denn man wird nicht nach jeder kleinen Änderung sofort die *Update*-Methode des *DataAdapter*s aufrufen.

R10.20 MARS kennen lernen

Die MARS (*Multiple Active Resultsets*)-Technologie wurde unter ADO.NET 2.0 neu eingeführt und hat insbesondere im Zusammenhang mit dem SQL Server 2005 Bedeutung.

Unser Rezept zeigt zwei Lösungen, wie eine einzelne Bestellung aus der "Orders"-Tabelle der *Northwind*-Datenbank gelesen und benutzt wird, um den *UnitsOnOrder*-Bestand des Artikels ("Products"-Tabelle) entsprechend der verkauften Anzahl (*Quantity*) zu erhöhen.

- Die typische Lösung (ohne MARS) erfordert zwei aufeinanderfolgende Verbindungen zur Datenbank, eine zum Lesen der Anzahl des verkauften Artikels und eine zum Aktualisieren der bestellten Einheiten. Außerdem müssen die gelesenen Daten zwischengespeichert werden.

- Die Lösung mit MARS braucht nur eine einzige Verbindung und kommt ohne Datencache aus.

HINWEIS: Um den Originalinhalt der *Northwind*-Datenbank des SQL Servers nicht zu zerstören, verwenden wir für unsere Experimente die Datenbankdatei *Northwind.mdf* (siehe Buch-CD), die vorher in das Anwendungsverzeichnis zu kopieren ist.

Oberfläche

Auf *Form1* setzen Sie drei *Button*s zum Starten der Varianten "Ohne MARS" und "Mit MARS" sowie zum Löschen der Anzeige. Ein *DataGridView* dient zur Kontrollanzeige (siehe Laufzeitansicht).

Quellcode (ohne MARS)

```
Imports System.Data.SqlClient
Public Class Form1
```

Es beginnt mit einigen globalen Konstanten, die für beide Varianten (ohne/mit MARS) Gültigkeit haben. Die Datenbankdatei *Northwind.mdf* befindet sich im Anwendungsverzeichnis:

```
Private Const CONNSTR As String = _
            "Data Source=.\SQLEXPRESS;AttachDbFilename=|DataDirectory|" & _
            "Northwind.mdf;Integrated Security=True;User Instance=True"
```

Die *OrderID* einer gültigen Bestellung (standardmäßig zwischen 10248 ... 1069):

```
Private Const OID As String = "10250"
```

Dieser SQL-Befehl selektiert alle Bestelldetails für die festgelegte *OrderID*:

```
Private Const SQL1 As String = "SELECT * FROM [Order Details] WHERE OrderID = " & OID
```

Dieser SQL-Befehl aktualisiert die "Product"-Tabelle, wobei als Parameter die Anzahl (*Quantity*) und die *ProductID* übergeben werden:

```
Private Const SQL2 As String = "UPDATE Products SET UnitsOnOrder=UnitsOnOrder + @anz " & _
            "WHERE (ProductID=@pid)"
```

Der erste *DataReader* liest *ProductID* und *Quantity* aus der "Order Details"-Tabelle in den Datencache. Als Zwischenspeicher wird jeweils eine *ArrayList* verwendet:

```
Private Sub Button1_Click(ByVal sender As System.Object, ByVal e As System.EventArgs) _
                          Handles Button1.Click
    Dim aIDs As New ArrayList()
    Dim aQts As New ArrayList()
    Dim conn1 As New SqlConnection(CONNSTR)
    conn1.Open()
    Dim cmd1 As New SqlCommand(SQL1, conn1)
    Using reader As SqlDataReader = cmd1.ExecuteReader()
        While reader.Read()
            aIDs.Add(reader("ProductID"))
            aQts.Add(reader("Quantity"))
        End While
    End Using
    conn1.Close()
```

Der zweite *DataReader* aktualisiert die "Products"-Tabelle mit den Werten des Datencache:

```
Dim conn2 As New SqlConnection(CONNSTR)
conn2.Open()
Dim cmd2 As New SqlCommand(SQL2, conn2)
cmd2.Parameters.Add("@anz", SqlDbType.SmallInt)
cmd2.Parameters.Add("@pid", SqlDbType.Int)
For i As Integer = 0 To aIDs.Count - 1
    cmd2.Parameters("@anz").Value = aQts(i)
    cmd2.Parameters("@pid").Value = aIDs(i)
    cmd2.ExecuteNonQuery()
Next i
conn2.Close()
showResults()
conn1.Close()
End Sub
```

Quellcode (mit MARS)

```
Private Sub Button2_Click(ByVal sender As System.Object, ByVal e As System.EventArgs) _
                                                     Handles Button2.Click
```

Durch das Anhängen eines Eintrags wird der Connectionstring "MARS-fähig" gemacht:

```
Dim conn As New SqlConnection(CONNSTR & ";MultipleActiveResultSets=True")
conn.Open()
Dim cmd1 As New SqlCommand(SQL1, conn)
Dim cmd2 As New SqlCommand(SQL2, conn)
cmd2.Parameters.Add("@anz", SqlDbType.SmallInt)
cmd2.Parameters.Add("@pid", SqlDbType.Int)
```

Ein einziger *DataReader* genügt, um die "Order Details"-Tabelle auszulesen und gleichzeitig die "Products"-Tabelle zu aktualisieren, ein Datencache wird nicht benötigt:

```
Using reader As SqlDataReader = cmd1.ExecuteReader()
    While reader.Read()
        cmd2.Parameters("@anz").Value = reader("Quantity")
        cmd2.Parameters("@pid").Value = reader("ProductID")
        cmd2.ExecuteNonQuery()
    End While
End Using
conn.Close()
showResults()
End Sub
```

Quellcode (für Kontrollanzeige)

Der folgende Code hat mit MARS eigentlich nichts zu tun, denn wir wollen uns lediglich vergewissern, ob die "Products"-Tabelle tatsächlich aktualisiert worden ist. Die folgende Methode zeigt die Spalten *Quantity* (Tabelle "Order Details") und die Spalten *ProductName* und *UnitsOnOrder* (Tabelle "Products") im *DataGridView* an:

```
Private Sub showResults()
    Const SQL As String = "SELECT ProductName, Quantity, UnitsOnOrder " & _
                          "FROM Products, [Order Details] " & _
                          "WHERE ([Order Details].OrderID = " & OID & ") " & _
                          "AND (Products.ProductID = [Order Details].ProductID)"
    Dim da As New SqlDataAdapter(SQL, New SqlConnection(CONNSTR))
    Dim dt As New DataTable()
    da.Fill(dt)
    DataGridView1.DataSource = dt
End Sub
```

Die Anzeige löschen:

```
Private Sub Button3_Click(ByVal sender As System.Object, ByVal e As System.EventArgs) _
                Handles Button3.Click
    DataGridView1.DataSource = Nothing
End Sub
End Class
```

Test

Natürlich sollte der SQL Server gestartet sein. Auf welche der beiden Schaltflächen Sie nach dem Programmstart klicken ist egal – das Ergebnis ist dasselbe. Sie werden feststellen, dass sich bei jedem Klick die Werte der *UnitsOnOrder*-Spalte um den Betrag des Wertes der *Quantity*-Spalte erhöhen.

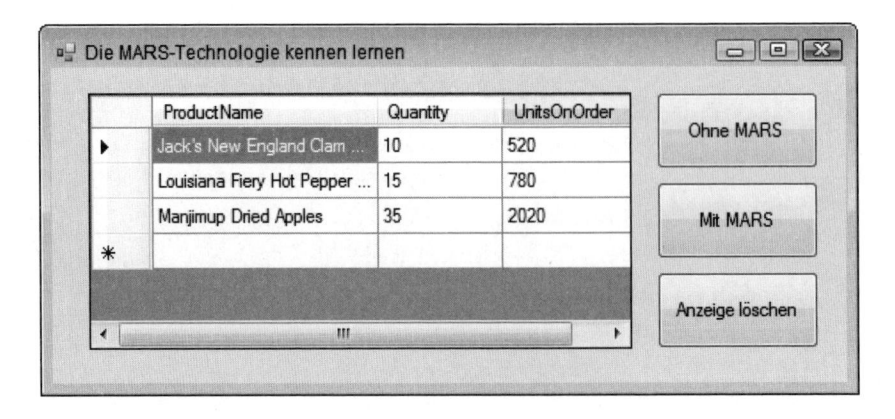

Bemerkungen

- Das Beispiel hat gezeigt, dass ohne MARS die Ergebnisse der ersten Abfrage in einem Zwischenspeicher abgelegt werden müssen, um sie dann in der zweiten Abfrage verwenden zu können. Das kann bei einer hoch frequentierten Website einen erheblichen Mehraufwand an Arbeitsspeicher bedeuten.
- Das Problem ließe sich auch mit zwei gleichzeitig geöffneten Verbindungen lösen, aber auch das bedeutet eine Verschwendung von Ressourcen.
- MARS bietet die beste Lösung des Problems, denn Sie benötigen nur eine geöffnete Verbindung und brauchen auch keinen Arbeitsspeicher für das Puffern von Abfrageergebnissen zu vergeuden. Außerdem ist der MARS-Code deutlich kürzer und übersichtlicher, was der Wartbarkeit des Programms zugute kommt.
- Wer nicht mit der Datenbankdatei *Northwind.mdf* (befindet sich auf der Buch-CD) arbeiten möchte, kann auch (falls installiert) auf die im SQL Server enthaltene *Northwind*-Datenbank mit einem der üblichen Connectionstrings zugreifen (siehe R10.2).

R10.21 Auf Zeilen und Spalten der DataTable zugreifen

Zu den wichtigsten Eigenschaften der *DataTable*-Klasse zählen die *Columns*- und *Rows*-Auflistungen, weil sie den Zugriff auf sämtliche Spalten und Zeilen der Tabelle ermöglichen. Das vorliegende Rezept soll das Prinzip verdeutlichen, indem es uns den Inhalt der "Artikel"-Tabelle der *Nordwind*-Datenbank anzeigt.

Oberfläche

Wir brauchen für das Startformular *Form1* lediglich eine *ListBox* und einen *Button* (siehe Laufzeitansicht).

Quellcode

```
Imports System.Data.OleDb

Public Class Form1
```

Alles beginnt mit dem Festlegen der Verbindungszeichenfolge (*ConnectionString*) zur Access-Datenbank, die wir aus Bequemlichkeitsgründen gleich mit in das Anwendungsverzeichnis kopiert haben, um nicht den kompletten Datenbankpfad eintragen zu müssen:

```
Private Sub Button1_Click(ByVal sender As System.Object, ByVal e As System.EventArgs) _
                                                        Handles Button1.Click
    Dim conn As New OleDbConnection( _
              "Provider=Microsoft.Jet.OLEDB.4.0; Data Source=Nordwind.mdb")
```

```
Dim cmdStr As String = _
    "SELECT ArtikelNr,Artikelname,Liefereinheit,Einzelpreis,Mindestbestand FROM Artikel"
Dim cmd As New OleDbCommand(cmdStr, conn)
```

Nun geht es um das Füllen des *DataSets* mit Hilfe des *DataAdapter*s:

```
Dim da As New OleDbDataAdapter(cmd)
Dim ds As New DataSet()


conn.Open()
da.Fill(ds, "ArtikelListe")
conn.Close()
```

Die Datenbankverbindung ist ab jetzt wieder getrennt und der Benutzer arbeitet mit dem abgekoppelten *DataSet* quasi wie mit einer Minidatenbank:

```
Dim dt As DataTable = ds.Tables("ArtikelListe")
```

Nachdem je eine Zeilen- und Spaltenvariable definiert ist, sorgen zwei ineinander verschachtelte *For-Each*-Schleifen für den Durchlauf der *Rows*- und *Columns*-Auflistungen der *DataTable*:

```
        For Each cRow As DataRow In dt.Rows
            For Each cCol As DataColumn In dt.Columns
                ListBox1.Items.Add(cCol.ColumnName & " = " & cRow(cCol).ToString())
            Next cCol
            ListBox1.Items.Add("-----------------------------------------------------")
        Next cRow
    End Sub

End Class
```

HINWEIS: Vielleicht wundert es Sie, dass im obigen Code sowohl das *DataTable*- als auch das *DataRow*-Objekt lediglich deklariert, nicht aber mit dem *New*-Konstruktor instanziiert wurden. Der Grund: Beide Objekte sind bereits im *DataSet* vorhanden und brauchen deshalb nicht nochmals erzeugt zu werden! Benötigt werden lediglich Zeiger auf die Objektvariablen.

Test

Nach dem Klick auf den Button erscheint der Inhalt der "Artikel"-Tabelle in der *ListBox*.

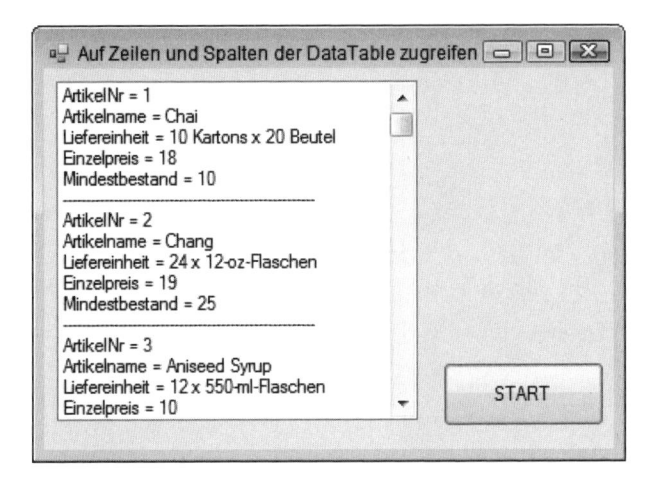

```
ArtikelNr = 1
Artikelname = Chai
Liefereinheit = 10 Kartons x 20 Beutel
Einzelpreis = 18
Mindestbestand = 10
------------------------------------
ArtikelNr = 2
Artikelname = Chang
Liefereinheit = 24 x 12-oz-Flaschen
Einzelpreis = 19
Mindestbestand = 25
------------------------------------
ArtikelNr = 3
Artikelname = Aniseed Syrup
Liefereinheit = 12 x 550-ml-Flaschen
Einzelpreis = 10
```

Bemerkungen

- Am Quellcode können Sie den typischen Ablauf einer ADO.NET-Datenbankapplikation studieren: Verbindung öffnen, Daten übertragen, Verbindung schließen.

- Beim Durchlaufen der Datensätze werden Sie die vom *Recordset*-Objekt des alten ADO her bekannten Methoden wie *MoveFirst*, *MoveNext* etc. vergeblich suchen. Dafür besteht unter ADO.NET keinerlei Notwendigkeit mehr, da alle Datensätze im *DataSet* quasi wie in einem Array gespeichert sind und ein sofortiger (indizierter) Zugriff möglich ist, ohne dass man sich erst mühsam "hinbewegen" muss.

> **HINWEIS:** Der äquivalente Code für die *Northwind*-Datenbank des SQL Servers befindet sich auf der Buch-CD!

R10.22 Eine ListBox an einen DataView binden

Steuerelemente wie *ListBox* oder *ComboBox* können über ihre *DataSource*-Eigenschaft direkt an eine *DataTable* (und andere Objekte) gebunden werden. Hier agiert unbemerkt (im Hintergrund) ein *DataView*-Objekt als Vermittler. Dieses Objekt legt die Informationen der *DataTable* offen und ermöglicht z.B. auch das Filtern, Sortieren oder Suchen.

Das vorliegende Rezept zeigt die explizite Verwendung eines *DataView*-Objekts für die Anzeige von Informationen einer *DataTable* in einer *ListBox*, es demonstriert außerdem, wie man einzelne Einträge auswählen und Detailinformationen anzeigen kann.

Oberfläche

Auf dem Startformular *Form1* platzieren Sie eine *ListBox* sowie mehrere *Label*s für die Anzeige von Detailinfos (siehe Laufzeitabbildung).

Quellcode

```vbnet
Imports System.Data.OleDb

Public Class Form1
    Private dv As DataView
```

Beim Laden von *Form1* wird die *ListBox* gesäubert und mit den Namen der Artikel aus *Nordwind.mdb* gefüllt, deren Einzelpreis unter 25 Euro liegt:

```vbnet
    Private Sub Form1_Load(ByVal sender As System.Object, ByVal e As System.EventArgs) _
                                                                   Handles MyBase.Load
        ListBox1.Items.Clear()
        fillListBox()
    End Sub
```

Die folgende Routine füllt die *ListBox*:

```vbnet
    Private Sub fillListBox()
        Dim conn As New OleDbConnection("Provider=Microsoft.Jet.OLEDB.4.0; " & _
                                        "Data Source=Nordwind.mdb;")
        Dim cmd As New OleDbCommand("SELECT * FROM Artikel ORDER BY Artikelname", conn)
        Dim da As New OleDbDataAdapter(cmd)
        Dim dt As New DataTable()
        da.Fill(dt)

        dv = New DataView(dt)                    ' DataView erzeugen
        dv.RowFilter = "Einzelpreis < 25"        ' Filterkriterium festlegen
        ListBox1.DataSource = dv                 ' ListBox anbinden
        ListBox1.ValueMember = "ArtikelNr"       ' Schlüsselspalte
        ListBox1.DisplayMember = "Artikelname"   ' Anzeigespalte
    End Sub
```

Der geeignete Platz, um eine bestimmte Zeile der *ListBox* auszuwählen und in den *Label*s anzuzeigen, findet sich im *SelectedIndexChanged*-Ereignis:

```vbnet
    Private Sub ListBox1_SelectedIndexChanged(ByVal sender As System.Object, ByVal e As _
                                System.EventArgs) Handles ListBox1.SelectedIndexChanged
        Label1.Text = dv(ListBox1.SelectedIndex).Row(0).ToString()
        Label2.Text = dv(ListBox1.SelectedIndex).Row("Artikelname").ToString()
        Label3.Text = dv(ListBox1.SelectedIndex).Row("Liefereinheit").ToString()
        Dim ep As Decimal = Convert.ToDecimal(dv(ListBox1.SelectedIndex).Row("Einzelpreis"))
        Label4.Text = ep.ToString("C")
    End Sub
End Class
```

Test

Nach Programmstart werden alle Artikelnamen mit einem Einzelpreis unter 25 Euro alphabetisch aufgelistet. Durch Mausklick auf einen bestimmten Eintrag erfolgt in den vier Labels die detaillierte Anzeige.

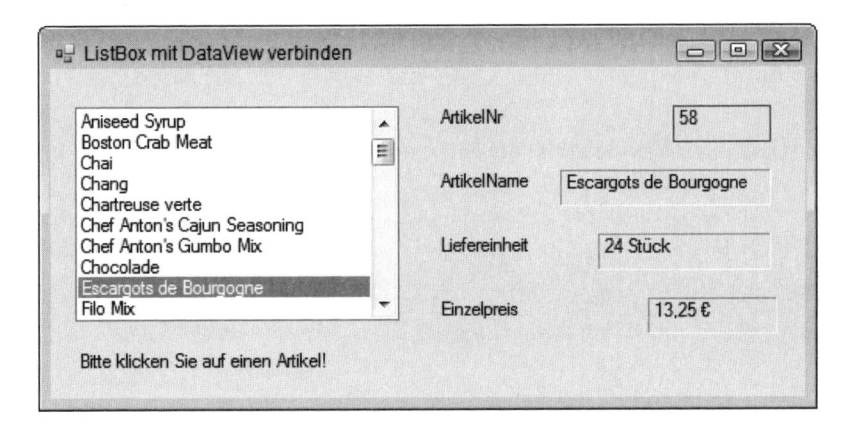

R10.23 Das DataGridView mit ComboBoxen ausrüsten

Noch besser als eine ausgefeilte Eingabevalidierung ist es, wenn man die Eingabe falscher Werte gar nicht erst zulässt, sondern den Nutzer aus einer Liste auswählen lässt. Das *DataGridView* ermöglicht – im Unterschied zu seinem Vorgänger *DataGrid* – auch *ComboBox*-Spalten und bietet deshalb ideale Voraussetzungen für eine Listenauswahl. Im vorliegenden Rezept soll die *MWSt* in eine *DataGridView* eingegeben werden, wobei der Nutzer zwischen den Werten 0%, 7% und 19% wählen kann.

Grundlage ist diesmal eine einfache "selbstgestrickte" Access-Datenbank *Test.mdb*, welche sich im Anwendungsverzeichnis befindet und aus einer einzigen Tabelle "Produkte" mit den Spalten *Nr*, *ProduktName*, *Netto*, *MWSt* und *Bemerkungen* besteht.

Oberfläche

Auf das Startformular setzen Sie ein *DataGridView* und zwei *Button*s.

Quellcode

```
Imports System.Data.OleDb

Public Class Form1

    Private da As OleDbDataAdapter
    Private ds As DataSet
```

Die folgende Methode erzeugt in "Handarbeit" eine Hilfs-*DataTable* für die "MWSt"-Spalte, welche aus den Spalten *Nr* und *Betrag* besteht, und füllt sie mit drei Datensätzen:

Nr	Betrag
0	"keine"
7	"7%"
19	"19"

```
Private Function createMWStTbl() As DataTable
    Dim dt As New DataTable("MWSt")
    dt.Columns.Add("Nr", GetType(System.Byte))
    dt.Columns.Add("Betrag", GetType(System.String))
    Dim ma() As String = {"keine", "7%", "19%"}
    For i As Integer = 1 To 3          ' 3 Zeilen hinzufügen
        dt.Rows.Add(dt.NewRow())        '   neue leere Zeile
        dt.Rows(i - 1)(1) = ma(i - 1)   '   "Betrag" eintragen
    Next i
    dt.Rows(0)(0) = 0       ' "Nr" eintragen (0, 7, 19)
    dt.Rows(1)(0) = 7
    dt.Rows(2)(0) = 19
    Return dt
End Function
```

Datengitter formatieren:

```
Private Sub formatDataGridView()
```

Die Währungsformatierung der *Netto*-Spalte bietet keine Besonderheiten:

```
    DataGridView1.Columns.Remove("Netto")
    Dim tbc0 As New DataGridViewTextBoxColumn()
    tbc0.DataPropertyName = "Netto"
    tbc0.HeaderText = "Netto"
    tbc0.Width = 80
    tbc0.DefaultCellStyle.Format = "c"
    tbc0.DefaultCellStyle.Alignment = DataGridViewContentAlignment.MiddleRight
    tbc0.DefaultCellStyle.Font = New Font(DataGridView1.Font, FontStyle.Bold)
    tbc0.DisplayIndex = 2
    DataGridView1.Columns.Add(tbc0)
```

Richtig interessant wird es erst jetzt: Zum Formatieren der *MWSt* wird eine *ComboBox*-Spalte verwendet, die über eine Master-Detail-Beziehung eine Verknüpfung mit unserer selbst erstellten *MWSt*-Tabelle realisiert:

R10.23 Das DataGridView mit ComboBoxen ausrüsten

```vb
        DataGridView1.Columns.Remove("MWSt")
        Dim cbc0 As New DataGridViewComboBoxColumn()
        cbc0.Name = "MWSt"
        cbc0.DataSource = createMWStTbl()      ' Detailtabelle (MWSt) !!!
        cbc0.DataPropertyName = "MWSt"         ' Fremdschlüssel
        cbc0.ValueMember = "Nr"                ' Primärschlüssel
        cbc0.DisplayMember = "Betrag"          ' Detailanzeige
        cbc0.HeaderText = "MWSt"
        cbc0.DisplayIndex = 3
        cbc0.Width = 60
        DataGridView1.Columns.Add(cbc0)
    End Sub
```

Der Rest ist Routine. Die Daten aus der Datenbank holen:

```vb
    Private Sub connect()
        Dim conn As New OleDbConnection( _
                            "Provider=Microsoft.Jet.OLEDB.4.0; Data Source=Test.mdb;")
        Dim cmd As New OleDbCommand("SELECT * FROM Produkte", conn)
        da = New OleDbDataAdapter(cmd)
        Dim cb As New OleDbCommandBuilder(da)          ' für Update-Commands
        ds = New DataSet()
        da.Fill(ds, "Produkte")
        DataGridView1.Columns.Clear()
        DataGridView1.DataSource = ds
        DataGridView1.DataMember = "Produkte"
    End Sub
```

Die Schaltfläche "Anzeigen":

```vb
    Private Sub Button1_Click(ByVal sender As System.Object, ByVal e As System.EventArgs) _
                                                                  Handles Button1.Click
        connect()
        formatDataGridView()
    End Sub
```

Die Schaltfläche "Speichern":

```vb
    Private Sub Button2_Click(ByVal sender As System.Object, ByVal e As System.EventArgs) _
                                                                  Handles Button2.Click
        da.Update(ds, "Produkte")
    End Sub
End Class
```

Test

Nach Programmstart klicken Sie die "Anzeigen"-Schaltfläche, anschließend können Sie im Datengitter Datensätze editieren, hinzufügen oder löschen. Eine fehlerhafte Eingabe der MWSt ist ausgeschlossen. Die vorgenommenen Änderungen werden mittels "Speichern"-Schaltfläche in die Datenbank geschrieben.

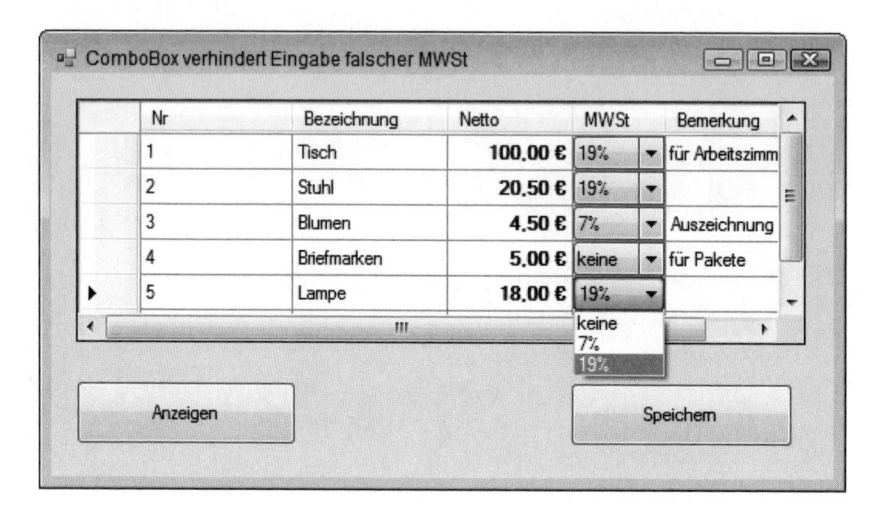

R10.24 Auf eine einzelne Zeile im DataGridView zugreifen

Es kommt häufig vor, dass man die im *DataGridView* angezeigten Datensätze nicht nur betrachten möchte, sondern dass auch gezielt auf bestimmte Werte zugegriffen bzw. nach diesen gesucht werden soll. Das vorliegende Rezept demonstriert dazu verschiedene Varianten. Grundlage ist die Tabelle "Produkte" der Datenbank *Test.mdb* (siehe R10.23).

Oberfläche

Neben dem *DataGridView* werden noch diverse andere Controls (*Label*, *Button*, *CheckBox*, *RadioButton*, *GroupBox*) für die Testoberfläche benötigt (siehe Laufzeitansicht).

Quellcode

```
Imports System.Data.OleDb

Public Class Form1
```

Auf die Wiedergabe des Codes für das Laden der Daten aus der Datenbank und das Formatieren der Spalten des Datengitters verzichten wir hier (siehe Buch-CD).

R10.24 Auf eine einzelne Zeile im DataGridView zugreifen

Die folgende Methode demonstriert den Zugriff unter Verwendung von *DataView*- und den daraus abgeleiteten *DataRowView*-Objekten, wobei die *CurrentRow.Index*-Eigenschaft des *DataGridView* auf die aktuelle Zeile im Datengitter verweist.

Inhalt aller Zellen der aktuellen Zeile anzeigen:

```vb
Private Sub displayCurrentRow()
    Dim dv As New DataView(ds.Tables("Produkte"))
    Dim drv As DataRowView = dv(DataGridView1.CurrentRow.Index)
    Label1.Text = drv("Nr").ToString()
    Label2.Text = drv("Bezeichnung").ToString()
    Dim nett As Decimal = Convert.ToDecimal(drv("Netto"))
    Label3.Text = nett.ToString("c")
    Dim mwst As Integer = Convert.ToInt32(drv("MWSt"))
    Label4.Text = mwst.ToString() & "%"
    Label5.Text = drv("Bemerkung").ToString()
End Sub
```

Der Aufruf:

```vb
Private Sub Button1_Click(ByVal sender As System.Object, ByVal e As System.EventArgs) _
                                                            Handles Button1.Click
    displayCurrentRow()
End Sub
```

Um den Inhalt der aktuellen Zeile nicht erst nach Klick auf *Button1*, sondern sofort nach dem Ändern der Auswahl anzuzeigen, muss das *SelectionChanged*-Ereignis des *DataGridView* ausgewertet werden:

```vb
Private Sub DataGridView1_SelectionChanged(ByVal sender As System.Object, ByVal e As _
                       System.EventArgs) Handles DataGridView1.SelectionChanged
    If CheckBox1.Checked Then displayCurrentRow()
End Sub
```

Eine weitere Aufgabenstellung ist die Suche nach bestimmten Zeilen. Um z.B., wie hier gezeigt, nach allen Produkten mit einer bestimmten MWSt zu suchen, muss die *Rows*-Auflistung des *DataGridView* zeilenweise durchlaufen werden:

```vb
Private Sub Button2_Click(ByVal sender As System.Object, ByVal e As System.EventArgs) _
                                                            Handles Button2.Click
    Dim mwst As Integer = 0
    If RadioButton2.Checked Then mwst = 7
    If RadioButton3.Checked Then mwst = 19

    For Each rw As DataGridViewRow In DataGridView1.Rows
        rw.Selected = False
        Dim x As Integer = Convert.ToInt32(rw.Cells("MWSt").Value)
```

```
            If x = mwst Then rw.Selected = True
        Next rw
    End Sub

End Class
```

Test

Markieren Sie eine bestimmte Zeile im Datengitter (durch Klick auf die linke breite Randspalte) und betätigen Sie die Schaltfläche "Inhalt der aktuellen Zeile anzeigen", so erscheinen in den Labels die einzelnen Zelleninhalte. Ist die *CheckBox* aktiviert, so ist dieses Ergebnis sofort, also ohne Betätigung der Schaltfläche, zu sehen.

Wählen Sie eine bestimmte Mehrwertsteuer aus, so werden nach Klick auf die Schaltfläche "Zeilen markieren" im Datengitter all jene Produkte markiert, die dem eingestellten Mehrwertsteuersatz entsprechen:

R10.25 DataTable erzeugen und in Binärdatei speichern

Der Inhalt eines *DataSet*s bzw. einer *DataTable* muss nicht immer aus einer Datenbank stammen, denn oft genügt auch eine normale Binärdatei.

Mangels Datenbank kann man sich dann allerdings seine *DataTable* nicht mehr so einfach per *Fill*-Methode vom *DataAdapter* erzeugen lassen, sondern muss sie schrittweise selbst per Code zusammenbauen.

Vorbild dieses Rezepts ist eine Tabelle "Belege" mit folgender Struktur, die für den Lernenden den Vorteil bietet, dass mehrere unterschiedliche Datentypen enthalten sind.

Feld	Datentyp
Nr	*Integer*
EingangsDatum	*DatumZeit*
KuNr	*Integer*
GesamtNetto	*Währung*
Bemerkung	*String*

Oberfläche

Außer dem Startformular (*Form1*) werden ein *DataGridView* und drei *Buttons* benötigt (siehe Laufzeitansicht am Schluss).

Quellcode

```
Imports System.IO
Public Class Form1
    Private dt As DataTable
```

Da die Tabellenstruktur nicht aus einer Datenbank übernommen werden kann, müssen wir uns um das Erzeugen der *DataTable* selbst kümmern:

```
    Private Function getDataTable() As DataTable
        Dim dt As New DataTable("Belege")
```

```vb
    Dim col0 As DataColumn = dt.Columns.Add("Nr", GetType(System.Int32))
    col0.AutoIncrement = True
    col0.AutoIncrementStep = 1
    Dim col1 As DataColumn = dt.Columns.Add("EingangsDatum", GetType(System.DateTime))
    col1.AllowDBNull = False
    col1.DefaultValue = DateTime.Now
    Dim col2 As DataColumn = dt.Columns.Add("KuNr", GetType(System.Int32))
    col2.AllowDBNull = False
    Dim col3 As DataColumn = dt.Columns.Add("GesamtNetto", GetType(System.Decimal))
    col3.DefaultValue = 0
    Dim col4 As DataColumn = dt.Columns.Add("Bemerkung", GetType(System.String))
    col4.DefaultValue = String.Empty
    col4.MaxLength = 50
    Return dt
End Function
```

Der Aufruf obiger Methode und das Verbinden mit dem *DataGridView* erfolgen beim Laden des Formulars:

```vb
Protected Overrides Sub OnLoad(ByVal e As System.EventArgs)
    dt = getDataTable()
    DataGridView1.DataSource = dt           ' Datengitter an DataTable anbinden
    formatDataGridView(DataGridView1)       ' ... und formatieren
    MyBase.OnLoad(e)
End Sub
```

Es erleichtert das Verständnis, wenn wir nicht mit dem Lesen, sondern mit dem Abspeichern der *DataTable* beginnen:

```vb
Private Sub Button2_Click(ByVal sender As System.Object, ByVal e As System.EventArgs) _
                                                                Handles Button2.Click
    Dim wStream As New FileStream("Belege.dat", FileMode.OpenOrCreate, FileAccess.Write)
    Dim bWriter As New BinaryWriter(wStream)
```

Wichtig für das spätere Auslesen der Datei ist, dass wir als ersten Wert die Zeilenanzahl der *DataTable* abspeichern:

```vb
    bWriter.Write(dt.Rows.Count)            ' am Dateianfang steht die Anzahl der Datensätze!
```

Jede Zeile der *DataTable* wird nun einzeln abgespeichert, die Typkonvertierung ist wegen des *Object*-Datentyps der *DataRow*-Elemente erforderlich:

```vb
    For Each rw As DataRow In dt.Rows
        bWriter.Write(CType(rw("Nr"), Integer))
        bWriter.Write(CType(rw("EingangsDatum"), String))
        bWriter.Write(CType(rw("KuNr"), Integer))
```

R10.25 DataTable erzeugen und in Binärdatei speichern

```
            bWriter.Write(CType(rw("GesamtNetto"), Decimal))
            bWriter.Write(CType(rw("Bemerkung"), String))
        Next
        bWriter.Flush()           ' Puffer => Datei
        bWriter.Close()
        wStream.Close()
    End Sub
```

Von der Datei laden:

```
    Private Sub Button1_Click(ByVal sender As System.Object, ByVal e As System.EventArgs) _
                                                            Handles Button1.Click
        Dim rStream As New FileStream("Belege.dat", FileMode.OpenOrCreate, FileAccess.Read)
        Dim bReader As New BinaryReader(rStream)
```

Zuerst muss die Anzahl der in der Datei abgespeicherten Datensätze eingelesen werden:

```
        Dim max As Integer = bReader.ReadInt32
        If (rStream.Length > 0) Then
```

Nun den Dateiinhalt zeilenweise einlesen und in die *DataRow* schreiben:

```
            For i As Integer = 1 To max
```

Eine neue *DataRow* mit exakt derselben Struktur wie die der *DataTable* erzeugen:

```
                Dim rw As DataRow = dt.NewRow
```

Die Spalten der Zeile mit Werten füllen:

```
                rw("Nr") = bReader.ReadInt32
                rw("EingangsDatum") = Convert.ToDateTime(bReader.ReadString)
                rw("KuNr") = bReader.ReadInt32
                rw("GesamtNetto") = bReader.ReadDecimal
                rw("Bemerkung") = bReader.ReadString
```

Schließlich die komplett beschriebene *DataRow* zur *DataTable* hinzufügen:

```
                dt.Rows.Add(rw)
            Next i
        End If
        bReader.Close()
        rStream.Close()
    End Sub
```

Die Anzeige löschen wir, indem wir die komplette *DataTable* löschen:

```
    Private Sub Button3_Click(ByVal sender As System.Object, ByVal e As System.EventArgs) _
                                                            Handles Button3.Click
```

```
        dt.Clear()
    End Sub
```

Das Formatieren des *DataGridView* beschränken wir auf die Spalten *EingangsDatum* und *GesamtNetto*:

```
    Private Sub formatDataGridView(ByVal dgv As DataGridView)
```

Datum formatieren:

```
        dgv.Columns.Remove("EingangsDatum")
        Dim tbc1 As New DataGridViewTextBoxColumn()
        tbc1.DataPropertyName = "EingangsDatum"
        tbc1.HeaderText = "EingangsDatum"
        tbc1.Width = 90
        tbc1.DefaultCellStyle.Format = "d"
        tbc1.DefaultCellStyle.Alignment = DataGridViewContentAlignment.MiddleCenter
        tbc1.DisplayIndex = 1
        dgv.Columns.Add(tbc1)
```

Währung formatieren:

```
        dgv.Columns.Remove("GesamtNetto")
        Dim tbc2 As New DataGridViewTextBoxColumn()
        tbc2.DataPropertyName = "GesamtNetto"
        tbc2.HeaderText = "GesamtNetto"
        tbc2.Width = 80
        tbc2.DefaultCellStyle.Format = "c"
        tbc2.DefaultCellStyle.Alignment = DataGridViewContentAlignment.MiddleRight
        tbc2.DefaultCellStyle.Font = New Font(DataGridView1.Font, FontStyle.Bold)
        tbc2.DisplayIndex = 3
        dgv.Columns.Add(tbc2)
    End Sub
End Class
```

Test

Tragen Sie gleich zu Beginn einige Datensätze ein. Der Wert in der *Nr*-Spalte wird (dank *AutoIncrement=True*) automatisch ergänzt. Sie können Datensätze editieren oder mit der *Entf*-Taste löschen. Durch die *Esc*-Taste oder *Strg+Z* lassen sich Änderungen rückgängig machen.

Speichern Sie ab, löschen Sie die Anzeige und laden Sie dann erneut!

> **HINWEIS:** Die erzeugte Datei *Belege.dat* finden Sie im *\bin\Debug*-Unterverzeichnis des Projekts.

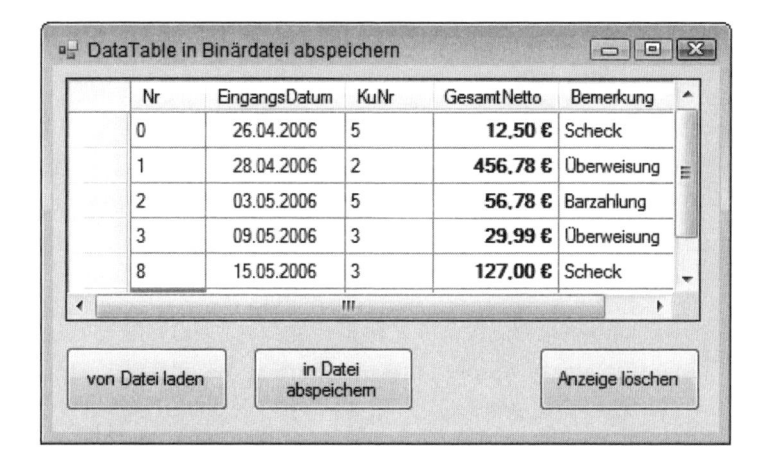

R10.26 Eine DataTable in einer XML-Datei abspeichern

Bemerkungen

- Wie man nicht nur eine einfache *DataTable*, sondern ein komplettes *DataSet* mit zwei über eine Relation verknüpften Tabellen "per Hand" erzeugt, ist Teil des Rezepts R9.1 ("DataSets in XML-Strings konvertieren").
- Wie R10.26 ("Eine DataTable in einer XML-Datei abspeichern") zeigt, kann man eine *DataTable* auch mit deutlich weniger Code auf der Festplatte ablegen.

R10.26 Eine DataTable in einer XML-Datei abspeichern

Genauso wie ein *DataSet* verfügt auch eine *DataTable* über die Methoden *ReadXml* und *WriteXml*, mit denen es direkt von einer XML-Datei gelesen bzw. in diese geschrieben werden kann. Im vorhergehenden Rezept R10.25 ("DataTable erzeugen und in Binärdatei speichern") musste relativ aufwändig mit *FileStream*, *BinaryReader*, *BinaryWriter* etc. gearbeitet werden um die Datenpersistenz zu gewährleisten. Wenn Sie aber die *DataTable* statt in einer Binärdatei in einer XML-Datei abspeichern wollen, können Sie sich einige Codezeilen ersparen.

Oberfläche

Diese entspricht 100%-ig dem Vorgängerbeispiel.

Quellcode

Der Code hinter den Schaltflächen "von Datei laden" und "in Datei abspeichern" vereinfacht sich drastisch (der übrige Code bleibt unverändert):

Von Datei laden:

```
Private Sub Button1_Click(ByVal sender As System.Object, ByVal e As System.EventArgs) _
                                                                 Handles Button1.Click
```

```
        dt.ReadXml("Belege.xml")
    End Sub
```

In Datei abspeichern:

```
Private Sub Button2_Click(ByVal sender As System.Object, ByVal e As System.EventArgs) _
                                                                Handles Button2.Click
    dt.WriteXml("Belege.xml", XmlWriteMode.WriteSchema)   ' Inhalt plus Schemainformationen
End Sub
```

Test

Im Vergleich zum Vorgängerrezept R10.25 ist kein unterschiedliches Verhalten festzustellen, allerdings befindet sich jetzt im Anwendungsverzeichnis keine Binär- sondern eine XML-Datei (*Belege.xml*).

```xml
<?xml version="1.0" standalone="yes" ?>
- <NewDataSet>
  - <xs:schema id="NewDataSet" xmlns="" xmlns:xs="http://www.w3.org/2001/XMLSchema"
      xmlns:msdata="urn:schemas-microsoft-com:xml-msdata">
    - <xs:element name="NewDataSet" msdata:IsDataSet="true" msdata:MainDataTable="Belege"
        msdata:UseCurrentLocale="true">
      - <xs:complexType>
        - <xs:choice minOccurs="0" maxOccurs="unbounded">
          - <xs:element name="Belege">
            - <xs:complexType>
              - <xs:sequence>
                  <xs:element name="Nr" msdata:AutoIncrement="true" type="xs:int" minOccurs="0" />
                  <xs:element name="EingangsDatum" type="xs:dateTime" default="2006-04-
                      28T11:47:33.08825+02:00" />
                  <xs:element name="KuNr" type="xs:int" />
                  <xs:element name="GesamtNetto" type="xs:decimal" default="0" minOccurs="0" />
                - <xs:element name="Bemerkung" default="" minOccurs="0">
                  - <xs:simpleType>
                    - <xs:restriction base="xs:string">
                        <xs:maxLength value="50" />
                      </xs:restriction>
                    </xs:simpleType>
                  </xs:element>
                </xs:sequence>
              </xs:complexType>
            </xs:element>
          </xs:choice>
        </xs:complexType>
      </xs:element>
    </xs:schema>
  - <Belege>
      <Nr>0</Nr>
      <EingangsDatum>2006-05-01T00:00:00+02:00</EingangsDatum>
      <KuNr>3</KuNr>
      <GesamtNetto>12.50</GesamtNetto>
      <Bemerkung>Scheck</Bemerkung>
    </Belege>
  - <Belege>
      <Nr>1</Nr>
      <EingangsDatum>2006-05-03T00:00:00+02:00</EingangsDatum>
```

R10.27 Die RemotingFormat-Property des DataSets nutzen

Neben der *RemotingFormat*-Eigenschaft des *DataSet*s kommen in diesem Rezept auch weitere ADO.NET-Features zum Einsatz, wie die (seit der Version 2.0) verbesserten Anwendungseinstellungen und der *ConnectionStringBuilder*.

> **HINWEIS:** Voraussetzung ist eine SQL-Server-Installation und das Vorhandensein der *Northwind*-Datenbank auf dem SQL-Server!

Oberfläche

Öffnen Sie eine neue Windows Forms-Anwendung *(Name WindowsApplication1)* und gestalten Sie eine Oberfläche mit zwei in einer *GroupBox* eingelagerten *RadioButton*s zur Auswahl der *RemotingFormat*-Eigenschaft und einem normalen *Button* zum Starten der Anwendung.

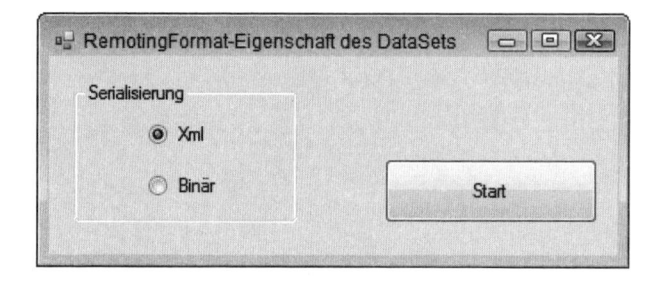

Um auch später Namen und Standort des SQL Servers (hier *.\SQLEXPRESS*) bequem ändern zu können, wird dieser nicht in den Quellcode, sondern in die Anwendungseinstellungen geschrieben. Öffnen Sie dazu über das Menü *Projekt|WindowsApplication1-Eigenschaften...* das Dialogfenster "Einstellungen". Tragen Sie Namen, Typ, Bereich und Wert in die Tabelle ein (*Name = Servername, Typ = String, Bereich = Anwendung, Wert = .\SQLEXPRESS*).

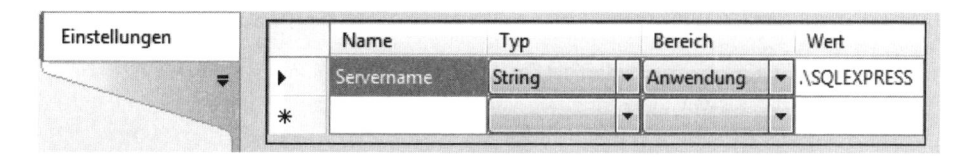

Quellcode

```
Imports System.Data.SqlClient
Imports System.Runtime.Serialization.Formatters.Binary
Imports System.IO

Public Class Form1
```

Die Verbindungszeichenfolge zum SQL Server wird über einen *ConnectionStringBuilder* gewonnen. Der Name des SQL Servers kann den Anwendungseinstellungen (siehe oben) entnommen werden:

```
Private Function getConnectionString() As String
    Dim csb As New SqlConnectionStringBuilder()
    csb.DataSource = My.Settings.Default.Servername
    csb.IntegratedSecurity = True
    csb.InitialCatalog = "Northwind"
    Return csb.ConnectionString
End Function
```

Die "Start"-Schaltfläche:

```
Private Sub Button1_Click(ByVal sender As System.Object, ByVal e As System.EventArgs) _
                                                                Handles Button1.Click
```

Der Standort der erzeugten Dateien soll – gemeinsam mit den übrigen Projektdateien – zwei Verzeichnisebenen oberhalb des Anwendungsverzeichnisses liegen:

```
Dim pfadXml As String = "..\..\Xml.txt"
Dim pfadBinary As String = "..\..\Binary.txt"
```

Die folgenden Anweisungen laden alle Kunden aus der "Customers"-Tabelle in ein *DataSet*:

```
Dim ds As New DataSet()
Dim da As New SqlDataAdapter("SELECT * FROM Customers", getConnectionString())
da.Fill(ds)
```

Zum Serialisieren des *DataSet*s werden ein *BinaryFormatter* und ein *FileStream*-Objekt benötigt:

```
Dim bf As New BinaryFormatter()
Dim fs As FileStream
```

Die Entscheidung zwischen Xml- und Binär-Serialisierung wird durch Festlegen der *RemotingFormat*-Eigenschaft des *DataSet*s getroffen. Mit der *Delete*-Methode der (statischen) *File*-Klasse wird eine eventuell vorhandene gleichnamige Datei gelöscht (falls die Datei nicht vorhanden ist wird kein Fehler ausgelöst!):

```
If RadioButton1.Checked Then
    File.Delete(pfadXml)
    fs = New FileStream(pfadXml, FileMode.CreateNew)
    ds.RemotingFormat = SerializationFormat.Xml
Else
    File.Delete(pfadBinary)
    fs = New FileStream(pfadBinary, FileMode.CreateNew)
    ds.RemotingFormat = SerializationFormat.Binary
End If
```

R10.27 Die RemotingFormat-Property des DataSets nutzen

Jetzt wird serialisiert und die Ausgabe in die entsprechende Datei vorgenommen:

```
bf.Serialize(fs, ds)
```

Die letzte Anweisung darf nicht vergessen werden, ansonsten führt ein erneutes Betätigen der "Start"-Schaltfläche zu einem Fehler:

```
        fs.Close()
        If RadioButton1.Checked Then
            MessageBox.Show("Datei " & pfadXml & " wurde erfolgreich erzeugt!")
        Else
            MessageBox.Show("Datei " & pfadBinary & " wurde erfolgreich erzeugt!")
        End If
    End Sub
End Class
```

Test

Nach Betätigen der "Start"-Schaltfläche finden sich im Projektverzeichnis (nicht im Anwendungsverzeichnis!) die Dateien *Xml.txt* bzw. *Binary.txt*. Öffnen Sie beide Dateien mit einem Texteditor und vergleichen Sie die Inhalte.

```
ÿÿÿÿ         ª   NSystem.Data, Version=2.0.0.0, Culture=neutral, PublicKeyToke
<xs:schema id="NewDataSet" xmlns="" xmlns:xs="http://www.w3.org/2001/XMLSchema" xml
  <xs:element name="NewDataSet" msdata:IsDataSet="true" msdata:UseCurrentLocale="tr
    <xs:complexType>
      <xs:choice minOccurs="0" maxOccurs="unbounded">
        <xs:element name="Table">
          <xs:complexType>
            <xs:sequence>
              <xs:element name="CustomerID" type="xs:string" msdata:targetNamespace
              <xs:element name="CompanyName" type="xs:string" msdata:targetNamespac
              <xs:element name="ContactName" type="xs:string" msdata:targetNamespac
              <xs:element name="ContactTitle" type="xs:string" msdata:targetNamespa
              <xs:element name="Address" type="xs:string" msdata:targetNamespace=""
              <xs:element name="City" type="xs:string" msdata:targetNamespace="" mi
              <xs:element name="Region" type="xs:string" msdata:targetNamespace=""
              <xs:element name="PostalCode" type="xs:string" msdata:targetNamespace
              <xs:element name="Country" type="xs:string" msdata:targetNamespace=""
              <xs:element name="Phone" type="xs:string" msdata:targetNamespace="" m
              <xs:element name="Fax" type="xs:string" msdata:targetNamespace="" min
            </xs:sequence>
          </xs:complexType>
        </xs:element>
      </xs:choice>
    </xs:complexType>
  </xs:element>
</xs:schema>    ...<diffgr:diffgram xmlns:msdata="urn:schemas-microsoft-com:xml-msc
onio Moreno TaquerÃa</CompanyName><ContactName>Antonio Moreno</ContactName><Contac
ble><Table diffgr:id="Table6" msdata:rowOrder="5"><CustomerID>BLAUS</CustomerID><Cc
y><PostalCode>28023</PostalCode><Country>Spain</Country><Phone>(91) 555 22 82</Phon
```

Das Binärformat gibt sich weitaus weniger "mitteilungsfreudig":

```
Binary.txt - Editor
Datei Bearbeiten Format Ansicht ?

      ÿÿÿÿ         ♣   NSystem.Data, Version=2.0.0.0, Culture=neutral, PublicKeyToke
ᴸ♪System.VersionSystem.Data.SerializationFormat₁  #System.Data.SchemaSerializationN
m.Data.DataTableÖ    ♪DataTable.RemotingVersion♪DataTable.RemotingFormat♪♪DataTable.Ta
olumnName DataTable.DataColumn_1.NamespaceDataTable.DataColumn_1.Prefix$DataTable.D
mn_2.MaxLengthDataTable.DataColumn_2.DataType"DataTable.DataColumn_2.XmlDataType!Da
.DataColumn_4.AllowDBNull$DataTable.DataColumn_4.AutoIncrement(DataTable.DataColumn
aTable.DataColumn_5.DateTimeMode+DataTable.DataColumn_5.AutoIncrementCurrent)DataTa
olumn_7.AutoIncrementSeedDataTable.DataColumn_7.Caption#DataTable.DataColumn_7.Defa
DataTable.DataColumn_9.ColumnName DataTable.DataColumn_9.NamespaceDataTable.DataCol
lumn_10.ReadOnly!DataTable.DataColumn_10.MaxLength DataTable.DataColumn_10.DataType
rializationHolder ◘System.UnitySerializationHolder♦System.Data.DataSetDateTime₁
ata.SerializationFormat    •value__  ▬₁     ─♪   ♪Table──   ♦♪      •♪  2     ─
J        ♪    ÿÿÿÿ     ○       •       ÿÿÿÿÿÿÿÿᴸ           ─R   ♪Phone     •     ¬ÿÿÿôÿ=

ections.BitArrayᴸ    •m_array◘m_length◘_version•  ☐☐☐        ┴     ┤       ♪      T
E─Y    ♪LACOR─Z    ♪LAMAI─[    ♪LAUGB─\    ♪LAZYK─]   ♪LEHMS─^    ♪LETSS─_   ♪LILAS─`   ♪LINC
d Holdings─Ÿ   ♪Drachenblut Delikatessen─Ý    ♫Du monde entier─¡   ♪Eastern Connection
rld Delicatessen─Ë    ♪♪Ottilies Käseladen─É    ♪Paris spécialités─Ê   ─Pericles Comi
que Citeaux─ó    ♪Martín Sommer─ô   ┼Laurence Lebihan─ò   ◀Elizabeth Lincoln─ö   ◀Vic
and─&   ¶Guillermo Fernández─'   ♪Georg Pipps─(   ┼Isabel de Castro─)   ┼Bernardo B
tative─X    ♪♪Order Administrator─Y   ♪Owner─Z   ♪Sales Agent─[    Sales Manager─\   ♪M
ve─^    Assistant Sales Representative─%    ♫Sales Associate─§   ┘Assistant Sales Ager
ing George─¶   ♪Kirchgasse 6─·    Rua Orã³s, 92─¹   ♪C/ Moralzarzal, 86─¹   ┤184, cha
Dr. Jorge Cash 321─Ý    ♪Geislweg 14─þ   ┼Estrada da saúde n. 58─ß   ┤Rua da Panific
lo─┐   ─London─♪₁   ─Aachen─☼₁   ─Nantes─♣₁   ─London─♠₁    ᴶGraz─┐₁      Sao Paulo─‼₁   ─Madri
```

R10.28 Master-Detail-Beziehungen im DataGrid anzeigen

In diesem Rezept zeigen wir, wie man ohne viel Mehraufwand eine Darstellung von zwei verknüpften Tabellen (*Kunden* und *Bestellungen* aus der *Nordwind*-Datenbank) erreichen kann.

Allerdings ist das *DataGridView* für diese Aufgabe kaum geeignet, denn es kann nicht mehrere Tabellen gleichzeitig verwalten. Dies ist aber noch lange kein Grund zur Resignation, denn es gibt ja noch den Vorgänger, das gute alte *DataGrid*!

Oberfläche

Ein *DataGrid* und ein *Button* genügen für einen kleinen Test. Da das *DataGrid* standardmäßig nicht mehr in der Toolbox verfügbar ist, müssen wir das Kontextmenü *Elemente auswählen...* der Toolbox klicken und uns anschließend im Register ".NET Framework-Komponenten" auf die Suche begeben.

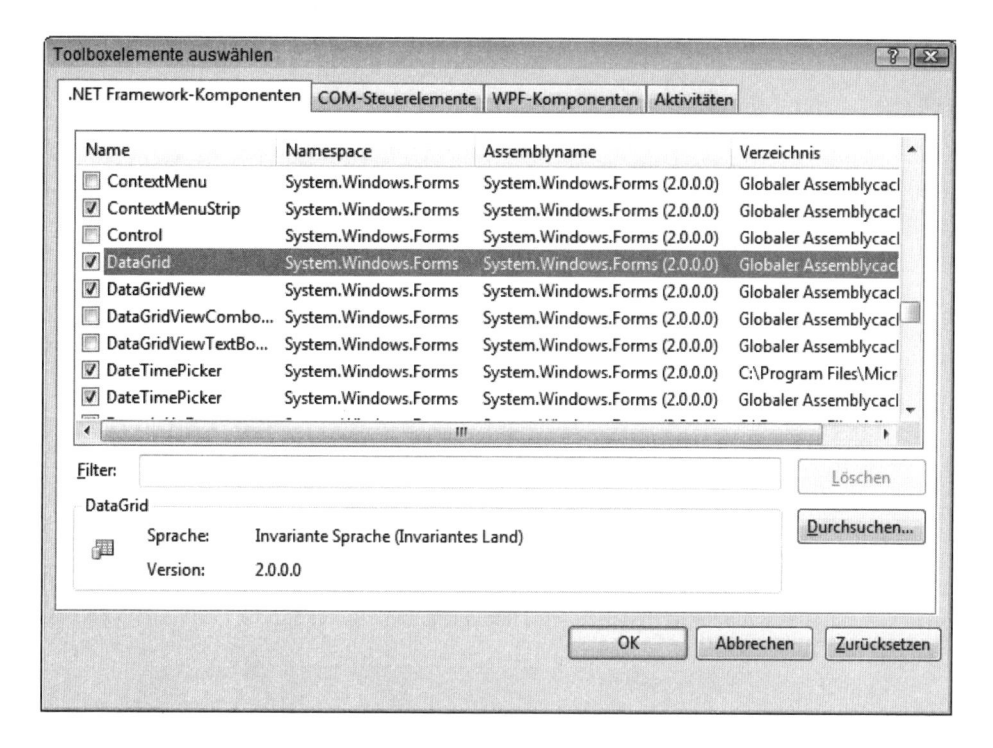

R10.28 Master-Detail-Beziehungen im DataGrid anzeigen

Quellcode

```
Imports System.Data.OleDb

Public Class Form1
```

Einrichten der Verbindung zur Datenbank:

```
    Private Sub Button1_Click(ByVal sender As System.Object, ByVal e As System.EventArgs) _
                                                                Handles Button1.Click
        Dim connStr As String = "Provider=Microsoft.Jet.OLEDB.4.0; Data Source=Nordwind.mdb;"
        Dim conn As New OleDbConnection(connStr)
```

Die Tabelle "Kunden" wird in das *DataSet* geladen:

```
        Dim selStr As String = "SELECT KundenCode, Firma, Kontaktperson, Telefon FROM Kunden"
        Dim da As New OleDbDataAdapter(selStr, conn)
        Dim ds As New DataSet()
        conn.Open()
        da.Fill(ds, "Kunden")
```

Die Tabelle *Bestellungen* wird geladen:

```
        selStr = "SELECT Bestellungen.BestellNr, Bestellungen.KundenCode," & _
                 " Bestellungen.Bestelldatum, Bestellungen.Versanddatum" & _
```

```
            " FROM Kunden, Bestellungen WHERE (Kunden.KundenCode = Bestellungen.KundenCode)"
        da = New OleDbDataAdapter(selStr, conn)
        da.Fill(ds, "Bestellungen")
        conn.Close()
```

Die *DataRelation* wird zum *DataSet* hinzugefügt:

```
        ds.Relations.Add("KundenBestellungen", ds.Tables("Kunden").Columns("KundenCode"), _
            ds.Tables("Bestellungen").Columns("KundenCode"))
```

Anbinden an das *DataGrid*:

```
        DataGrid1.SetDataBinding(ds, "Kunden")
    End Sub
End Class
```

Test

Das *DataGrid* zeigt zunächst eine scheinbar normale Darstellung der Kunden. Nach dem Klick auf das Kreuzchen in der ersten Tabellenspalte können Sie die Darstellung expandieren.

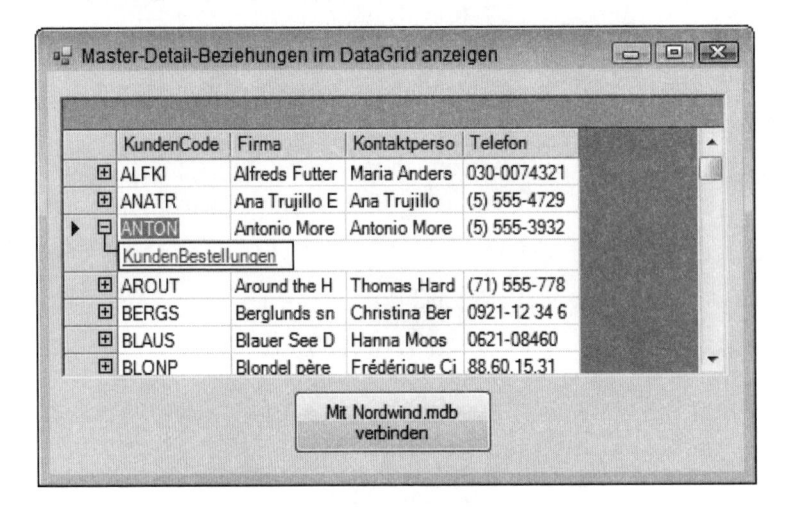

Nachdem Sie auf den Link *KundenBestellungen* geklickt haben, erscheinen im *DataGrid* die gewünschten Detaildatensätze.

HINWEIS: Um zur Master-Tabelle zurückzukehren, klicken Sie auf den kleinen Pfeil rechts oben in der Titelleiste der Detailansicht.

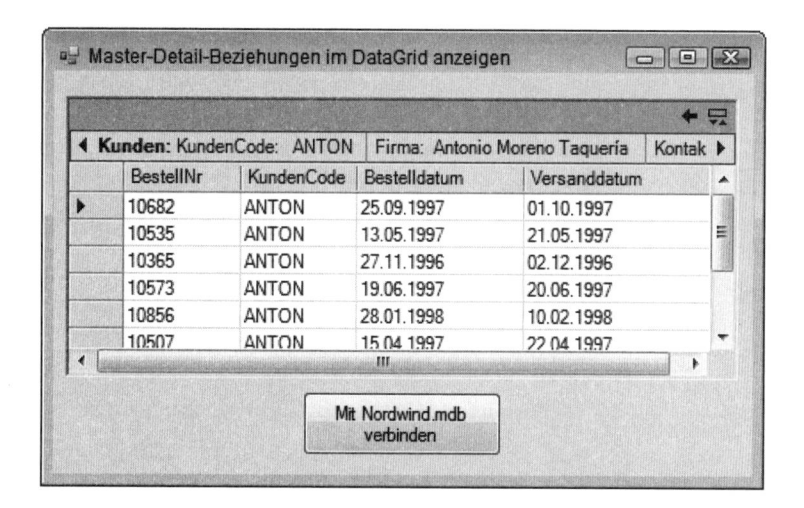

Master-Detail-Beziehungen im DataGrid anzeigen

Kunden:	KundenCode:	ANTON	Firma:	Antonio Moreno Taqueria	Kontak
	BestellNr	KundenCode	Bestelldatum	Versanddatum	
▶	10682	ANTON	25.09.1997	01.10.1997	
	10535	ANTON	13.05.1997	21.05.1997	
	10365	ANTON	27.11.1996	02.12.1996	
	10573	ANTON	19.06.1997	20.06.1997	
	10856	ANTON	28.01.1998	10.02.1998	
	10507	ANTON	15.04.1997	22.04.1997	

Mit Nordwind.mdb verbinden

R10.29 Im DataView sortieren und filtern

Ein *DataView*-Objekt visualisiert die Daten eines *DataTable*-Objekts und ermöglicht gleichzeitig ein bequemes Sortieren und Filtern. Das vorliegende Rezept demonstriert dies anhand der "Artikel"-Tabelle aus *Nordwind.mdb*.

Oberfläche

Wir brauchen ein *DataGridView*, einen *Button* und zwei *TextBox*en. Letztere dienen der Eingabe der *Sort*- und der *RowFilter*-Eigenschaft des *DataView*-Objekts. Die Syntax dieser Eigenschaften ist SQL-orientiert. Um beim Experimentieren nicht jedes Mal komplett die *Sort*- und *RowFilter*-Eigenschaften neu eintippen zu müssen, sollten Sie gleich zur Entwurfszeit beiden *TextBox*en gültige Anfangswerte zuweisen, z.B.

- *Sort*:   Artikelname
- *RowFilter*:   Artikelname LIKE 'G%' AND Einzelpreis > 20

Quellcode

```
Imports System.Data.OleDb

Public Class Form1
```

Das *DataView*-Objekt wird global referenziert:

```
    Private dv As DataView
```

Beim Laden des Formulars erfolgt das Instanziieren und Initialisieren der Objekte:

```
    Private Sub Form1_Load(ByVal sender As System.Object, ByVal e As System.EventArgs) _
                                                                Handles MyBase.Load
```

```vb
        Dim conn As New OleDbConnection( _
                "Provider=Microsoft.Jet.OLEDB.4.0; Data Source=Nordwind.mdb;")
        Dim cmd As New OleDbCommand( _
                "SELECT ArtikelNr,Artikelname,Liefereinheit,Einzelpreis FROM Artikel", conn)
        Dim da As New OleDbDataAdapter(cmd)
        Dim dt As New DataTable()
        da.Fill(dt)                        ' DataTable füllen
        dv = dt.DefaultView                ' Erzeugen des DataView in Standardansicht
        DataGridView1.DataSource = dv      ' DataGrid an DataView anbinden
    End Sub
```

Zum Filtern und Sortieren werden die Inhalte aus den *TextBox*en zugewiesen:

```vb
    Private Sub Button1_Click(ByVal sender As System.Object, ByVal e As System.EventArgs) _
                                                                   Handles Button1.Click
        dv.Sort = TextBox1.Text
        dv.RowFilter = TextBox2.Text
    End Sub
End Class
```

Test

Nach Programmstart zeigt das Datengitter zunächst alle Artikel in Standardansicht an. Nach dem Anklicken der "Start"-Schaltfläche werden dann aberz.B. nur noch alle mit "G" beginnenden Artikel mit einem Einzelpreis von z.B. oberhalb *20 Euro* in alphabetischer Reihenfolge angezeigt.

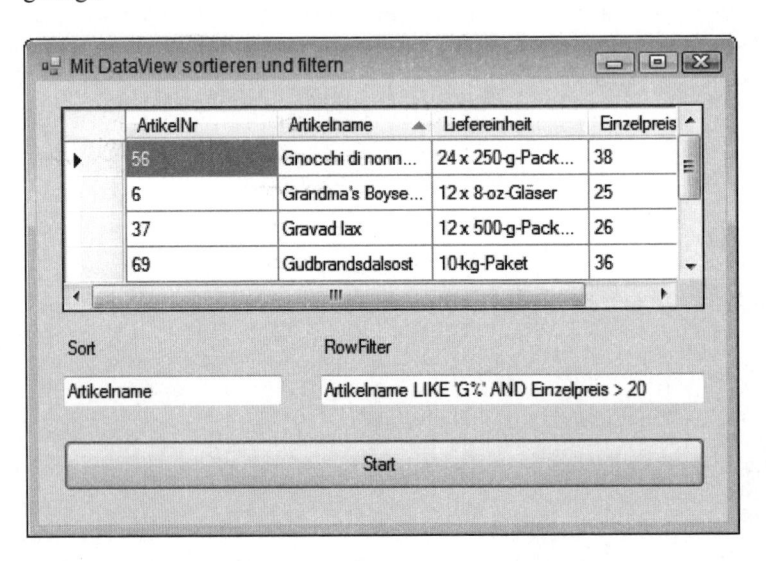

Weiteren Experimenten steht nun nichts mehr im Wege (bescheidene SQL-Kenntnisse vorausgesetzt). Ein leeres *RowFilter* zeigt z.B. wieder alle Artikel an, für *Sort = Artikelname DESC* werden alle Artikel in umgekehrter alphabetischer Reihenfolge ausgegeben.

Bemerkungen

- Die SQL-Syntax der *RowFilter*-Eigenschaft entspricht der *Expression*-Eigenschaft des *DataColumn*-Objekts.
- Als Alternative zum "%"-Platzhalterzeichen können Sie auch das Zeichen "*" verwenden.

R10.30 Im DataView nach Datensätzen suchen

Zwar verfügt die *DataView* auch über die Methoden *Find* bzw. *FindRows*, wer aber mit weniger Aufwand und mehr Komfort nach Datensätzen suchen will, der sollte sich besser an die in R10.29 ("In einem DataView sortieren und filtern") vorgestellte *RowFilter*-Eigenschaft erinnern. Unter Verwendung der SQL-Syntax (LIKE) und des Platzhalterzeichens "%" kann man erreichen, dass nicht der komplette Suchbegriff eingegeben werden muss, sondern dass die ersten Buchstaben ausreichen, um ähnliche Datensätze herauszufiltern.

Oberfläche

Für das Startformular benötigen Sie lediglich ein *DataGridView*, eine *ComboBox* und eine *TextBox* (siehe Laufzeitansicht).

Quellcode

```vb
Imports System.Data.OleDb
Public Class Form1
    Private dv As DataView

    Private Sub Form1_Load(ByVal sender As System.Object, ByVal e As System.EventArgs) _
                                                                Handles MyBase.Load
        Dim conn As New OleDbConnection( _
                    "Provider=Microsoft.Jet.OLEDB.4.0; Data Source=Nordwind.mdb;")
        Dim cmd As New OleDbCommand("SELECT * FROM Kunden", conn)
        Dim da As New OleDbDataAdapter(cmd)
        Dim dt As New DataTable("Kundenliste")
        conn.Open()
        da.Fill(dt)
        conn.Close()
        dv = New DataView(dt)          ' oder dv = dt.DefaultView
```

Die Übertragung der Spaltenbezeichner in die *ComboBox*:

```
    For Each c As DataColumn In dt.Columns
        ComboBox1.Items.Add(c.ColumnName)
    Next c
```

Standardanzeige einstellen:

```
        ComboBox1.SelectedIndex = 2        ' Spalte "Kontaktperson" anzeigen
        TextBox1.Text = "Ja"               ' Default-Suchbegriff
        DataGridView1.DataSource = dv
    End Sub
```

Die Suche startet nach Betätigen der Enter-Taste:

```
    Private Sub TextBox1_KeyUp(ByVal sender As System.Object, ByVal e As _
                        System.Windows.Forms.KeyEventArgs) Handles TextBox1.KeyUp
        If e.KeyCode = Keys.Enter Then
            dv.Sort = ComboBox1.Text
            dv.RowFilter = dv.Sort & " LIKE '" & TextBox1.Text & "%'"
        End If
    End Sub
End Class
```

Test

Stellen Sie in der *ComboBox* zuerst die Spalte ein, in der Sie suchen möchten. Geben Sie dann in die *TextBox* ein oder mehrere Zeichen für die Anfangsbuchstaben des zu suchenden Begriffs ein und beenden Sie die Eingabe mit der Enter-Taste.

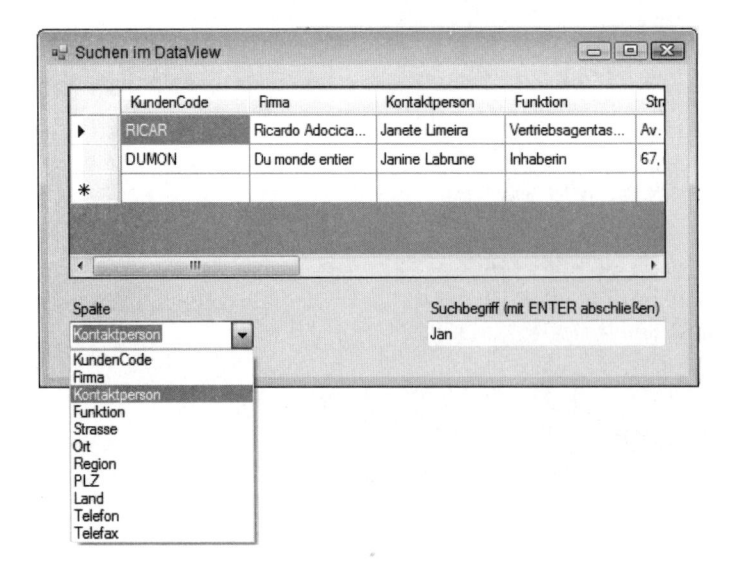

> **HINWEIS:** Wenn Sie einen leeren Suchbegriff eingeben, wird wieder die komplette Tabelle angezeigt.

R10.31 Zwischen DataTable und DataReader umwandeln

ADO.NET bietet auch die Möglichkeit, auf direktem Weg den Inhalt einer *DataTable* bzw. eines *DataSet*s in einen *DataReader* zu laden und umgekehrt. Unser Testprogramm demonstriert dies am Beispiel der "Customers"-Tabelle der *Northwind*-Datenbank des SQL Servers.

Oberfläche

Auf dem Startformular *Form1* platzieren wir eine *ListBox*, ein *DataGridView* und zwei *Button*s (siehe Laufzeitabbildung).

Quellcode

```
Imports System.Data.SqlClient

Public Class Form1
```

Zunächst definieren wir die Verbindungszeichenfolge zum SQL-Server und die SQL-Abfrage:

```
    Private Const CONNSTR As String = _
         "Data Source=.\SQLEXPRESS; Initial Catalog=Northwind; Integrated Security=sspi;"

    Private Const SQL As String = _
         "SELECT * FROM Customers ORDER BY CompanyName"
```

Eine Hilfsmethode, die den Inhalt eines übergebenen *DataReader*-Objekts in der *ListBox* anzeigt:

```
    Private Sub showReader(ByVal dr As IDataReader)
        Dim str As String
        Dim spc As String = "   "
        ListBox1.Items.Clear()
        Do While dr.Read()
            str = dr("CustomerID").ToString & spc
            str &= dr("CompanyName").ToString & spc
            str &= dr("ContactName").ToString & spc
            str &= dr("ContactTitle").ToString & spc
            str &= dr("Address").ToString & spc
            str &= dr("City").ToString & spc
            ListBox1.Items.Add(str)
        Loop
```

```
        dr.Close()
    End Sub
```

Die Umwandlung *DataTable => DataReader*:

```
Private Sub Button1_Click(ByVal sender As System.Object, ByVal e As System.EventArgs) _
                                                         Handles Button1.Click

    Dim conn As New SqlConnection(CONNSTR)
    Try
        conn.Open()
        Dim cmd As New SqlCommand(SQL, conn)
        Dim da As New SqlDataAdapter(cmd)
        Dim dt As New DataTable()
        da.Fill(dt)
```

Die Klasse *DataTableReader* implementiert die *IDataReader*-Schnittstelle:

```
        Dim dtr As New DataTableReader(dt)
        showReader(dtr)
```

Wir leisten uns diesmal eine ausführliche Fehlerauswertung:

```
    Catch ex As SqlException
        MessageBox.Show(ex.Message)
    Catch ex As InvalidOperationException
        MessageBox.Show(ex.Message)
    Catch ex As Exception
        MessageBox.Show(ex.Message)
    Finally
        conn.Close()
    End Try
End Sub
```

Die Umwandlung *DataReader => DataTable*:

```
Private Sub Button2_Click(ByVal sender As System.Object, ByVal e As System.EventArgs) _
                                                         Handles Button2.Click

    Dim conn As New SqlConnection(CONNSTR)
    Try
        conn.Open()
        Dim cmd As New SqlCommand(SQL, conn)
        Dim dr As SqlDataReader = cmd.ExecuteReader(CommandBehavior.CloseConnection)
        Dim dt As New DataTable()
```

Die *Load*-Methode ermöglicht die Übernahme eines *DataReader*:

```
dt.Load(dr, LoadOption.OverwriteChanges)
DataGridView1.DataSource = dt
```

Die nachfolgende Fehlerbehandlung entspricht der obigen und wird deshalb nicht nochmals abgedruckt (siehe Buch-CD).

```
        ...
    End Try
End Sub

End Class
```

Test

Überzeugen Sie sich davon, dass die Umwandlungen in beiden Richtungen funktionieren.

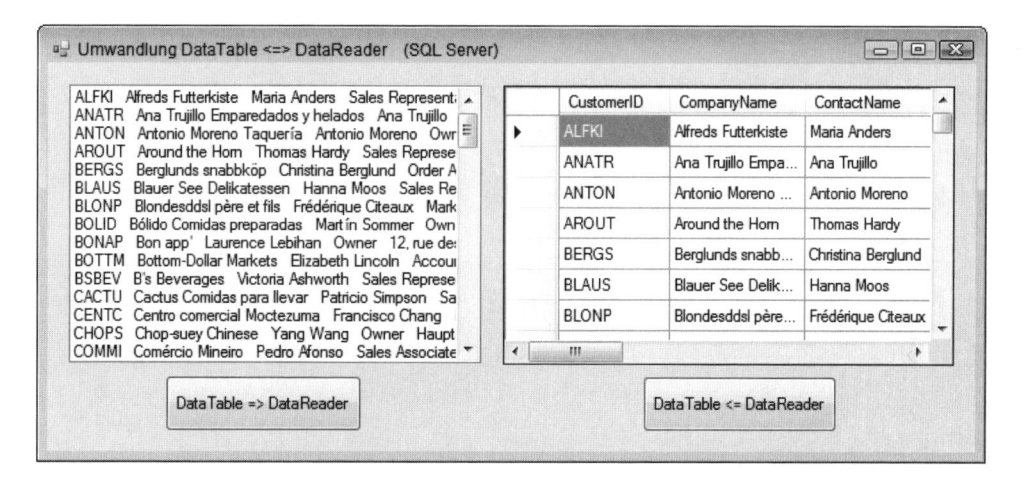

R10.32 Steuerelemente manuell an ein DataSet binden

Wer ressourcensparend programmieren will, verzichtet bewusst auf ein typisiertes DataSet und bindet stattdessen die Controls zur Laufzeit manuell an ein *DataSet* bzw. eine *DataTable*. Im vorliegenden Rezept geht es um die Datenbindung einfacher Steuerelemente (*Label*, *TextBox*). Dabei erfahren Sie auch, wie man formatierte Ausgaben (Datum, Währung) erzwingen kann.

Datenbasis ist die "Personal"-Tabelle der *Northwind*-Datenbank, zu welcher wir noch zusätzlich die Spalte *Monatsgehalt* hinzugefügt haben, um mehrere Datentypen für die formatierte Datenbindung demonstrieren zu können.

Benutzerschnittstelle

Gestalten Sie ein Eingabeformular entsprechend der folgenden Abbildung.

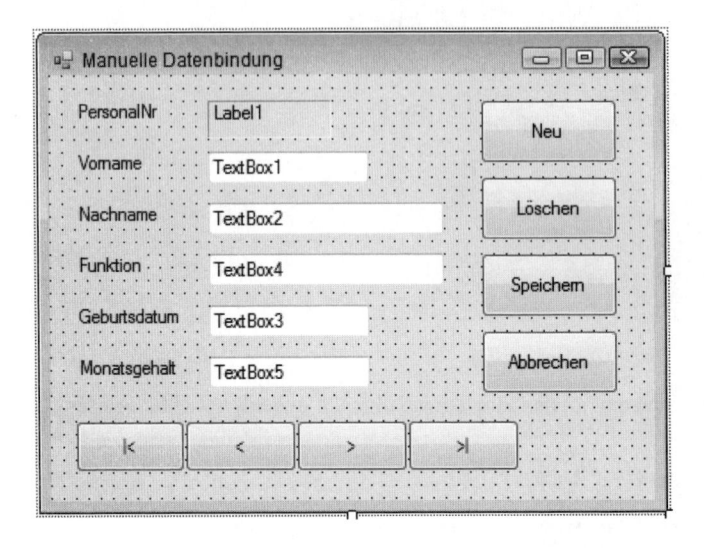

Ganz bewusst wird auf einen *BindingNavigator* verzichtet. Stattdessen haben wir die Navigatorleiste durch einzelne *Button*s nachgebildet.

Quellcode

```
Imports System.Data.OleDb

Public Class Form1
```

Auf Formularebene deklarieren wir die global erforderlichen Variablen bzw. Objektreferenzen:

```
    Private da As OleDbDataAdapter
    Private dt As DataTable
```

Die *BindingSource* verbindet die Anzeige-Controls mit der *DataTable*:

```
    Private bs As New BindingSource()
```

Beim Laden des Formulars werden die erforderlichen Objekte instanziiert und eine *DataTable* mit den *Personal*-Datensätzen aus *Nordwind.mdb* gefüllt. Anschließend richten wir die erforderlichen Datenbindungen der Steuerelemente ein:

```
    Private Sub Form1_Load(ByVal sender As System.Object, ByVal e As System.EventArgs) _
                                                          Handles MyBase.Load
        Dim connStr As String = "Provider=Microsoft.Jet.OLEDB.4.0; Data Source=Nordwind.mdb;"
        Dim conn As New OleDbConnection(connStr)
```

```
            Dim selStr As String = "SELECT PersonalNr, Vorname, Nachname, Funktion, " & _
                                   "Geburtsdatum, Monatsgehalt FROM Personal"
            da = New OleDbDataAdapter(selStr, conn)
```

Wir wollen es uns einfach machen und benutzen einen *OleDbCommandBuilder*, der auf Basis des SELECT-Strings automatisch die für den *DataAdapter* benötigten *Command*-Objekte erzeugt:

```
            Dim cb As New OleDbCommandBuilder(da)
```

Ausführen der SQL-Abfrage (Anlegen und Füllen der Tabelle "Personal"):

```
            dt = New DataTable("Personal")
            conn.Open()
            da.Fill(dt)
            conn.Close()
```

Zuweisen der *BindingSource*:

```
            bs.DataSource = dt
```

Das Anbinden der Eingabemaske an die *DataTable* ist bei unformatierter Bindung pro Control mit einer Zeile Code erledigt:

```
            Label1.DataBindings.Add("Text", bs, "PersonalNr")
            TextBox1.DataBindings.Add("Text", bs, "Vorname")
            TextBox2.DataBindings.Add("Text", bs, "Nachname")
            TextBox4.DataBindings.Add("Text", bs, "Funktion")
```

Mit den beiden *TextBox*en für *Geburtsdatum* und *Monatsgehalt* könnten wir zwar ebenso verfahren, hätten dann aber wenig Freude mit der Anzeige (lästige Sekunden, kein Euro-Symbol …). Da aber hier eine bestimmte Datums- bzw. Währungsformatierung erwünscht ist, sind separate *Binding*-Objekte unumgänglich. Deren *Format*-Event feuert immer dann, wenn das Steuerelement neue Daten anzeigen muss, das *Parse*-Event dann, wenn der Steuerelement die Daten in die Datenquelle zurück schreiben muss. Beginnen wir mit dem Anbinden der *TextBox* zur Anzeige des Geburtsdatums:

```
            Dim b1 As New Binding("Text", bs, "Geburtsdatum")
```

Aufruf der Formatierungsroutinen (s.u.):

```
            AddHandler b1.Format, AddressOf DateToDateString
            AddHandler b1.Parse, AddressOf DateStringToDate
            TextBox3.DataBindings.Add(b1)
```

Analog die Währungsformatierung beim Monatsgehalt:

```
            Dim b2 As New Binding("Text", bs, "Monatsgehalt")
            AddHandler b2.Format, AddressOf DecToCurrString
            AddHandler b2.Parse, AddressOf CurrStringToDec
```

```
        TextBox5.DataBindings.Add(b2)
    End Sub
```

Offen ist noch die Implementierung der vier Eventhandler, die das "Wie" der Formatierungen bestimmen. Beginnen wir mit dem Geburtsdatum.

Lesezugriff (von der Datenquelle zur Anzeige):

```
    Private Sub DateToDateString(ByVal sender As Object, ByVal e As ConvertEventArgs)
        Try
            e.Value = Convert.ToDateTime(e.Value).ToString("d.M.yyyy")
        Catch
        End Try
    End Sub
```

Schreibzugriff (von der Anzeige in die Datenquelle):

```
    Private Sub DateStringToDate(ByVal sender As Object, ByVal e As ConvertEventArgs)
        e.Value = Convert.ToDateTime(e.Value)
    End Sub
```

Nun zur Formatierung des Gehalts als Währung.

Lesezugriff (von der Datenquelle zur Anzeige):

```
    Private Sub DecToCurrString(ByVal sender As Object, ByVal e As ConvertEventArgs)
        ' if e.DesiredType <> GetType(System.String) Then Return
        Try
            e.Value = CType(e.Value, Decimal).ToString("c")
        Catch
        End Try
    End Sub
```

Schreibzugriff (von der Anzeige in die Datenquelle):

```
    Private Sub CurrStringToDec(ByVal sender As Object, ByVal e As ConvertEventArgs)
        e.Value = Convert.ToDecimal(e.Value)
    End Sub
```

Die Methoden zum Durchblättern der Datensätze sind selbst erklärend und erinnern an das "gute alte" Recordset-Objekt aus den Zeiten vor ADO.NET:

Erster, Vorheriger, Nächster, Letzter:

```
    Private Sub Button1_Click(ByVal sender As System.Object, ByVal e As System.EventArgs) _
                                                                    Handles Button1.Click
        bs.MoveFirst()
    End Sub
```

R10.32 Steuerelemente manuell an ein DataSet binden

```
Private Sub Button2_Click(ByVal sender As System.Object, ByVal e As System.EventArgs) _
                                                    Handles Button2.Click
    bs.MovePrevious()
End Sub


Private Sub Button3_Click(ByVal sender As System.Object, ByVal e As System.EventArgs) _
                                                    Handles Button3.Click
    bs.MoveNext()
End Sub


Private Sub Button4_Click(ByVal sender As System.Object, ByVal e As System.EventArgs) _
                                                    Handles Button4.Click
    bs.MoveLast()
End Sub
```

Beim Hinzufügen eines neue Datensatzes verlassen wir uns auf das vom *OleDbCommand-Builder* im Hintergrund erzeugte *InsertCommand*-Objekt für den *OleDbDataAdapter*:

```
Private Sub Button5_Click(ByVal sender As System.Object, ByVal e As System.EventArgs) _
                                                    Handles Button5.Click
    bs.AddNew()
End Sub
```

Analoges gilt für das Löschen eines Datensatzes:

```
Private Sub Button6_Click(ByVal sender As System.Object, ByVal e As System.EventArgs) _
                                                    Handles Button6.Click
    bs.RemoveCurrent()
End Sub
```

Das Abspeichern:

```
Private Sub Button7_Click(ByVal sender As System.Object, ByVal e As System.EventArgs) _
                                                    Handles Button7.Click
    bs.EndEdit()
    da.Update(dt)
End Sub
```

Das Abbrechen:

```
Private Sub Button8_Click(ByVal sender As System.Object, ByVal e As System.EventArgs) _
                                                    Handles Button8.Click
    bs.CancelEdit()
End Sub
End Class
```

Test

Erproben Sie alle Möglichkeiten, die Ihnen die Eingabemaske bietet! Vergessen Sie nach vorgenommenen Änderungen nicht, die "Speichern"-Schaltfläche zu betätigen, anderenfalls werden die Änderungen zwar in die *DataTable*, nicht aber in die Datenbank übertragen!

Da die *PersonalNr* als Primärschlüssel von der Datenbank-Engine vergeben wird, erscheint sie hier nicht sofort nach dem Hinzufügen eines neuen Datensatzes, sondern erst beim nochmaligen Öffnen der Anwendung.

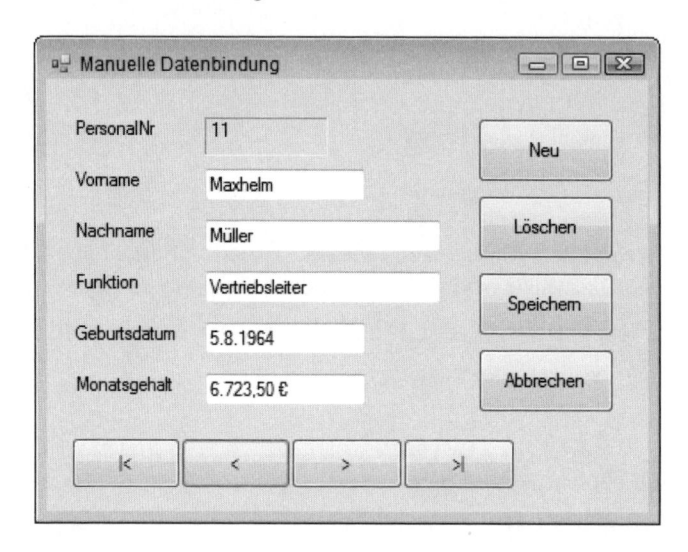

HINWEIS: Sie können in der Regel nur solche Datensätze löschen, die Sie selbst hinzugefügt haben, da die meisten anderen Datensätze in Beziehungen zu anderen Tabellen in *Nordwind* eingebunden sind.

Bemerkungen

- Da bei einer Datenbindung die Daten normalerweise in beiden Richtungen fließen – von der Datenquelle zum Steuerelement zwecks Anzeige und umgekehrt vom Steuerelement in die Datenquelle zwecks Eingabe – müssen zur Formatierung der Anzeige sowohl Eventhandler für das *Format*- als auch für das *Parse*-Ereignis des entsprechenden *Binding*-Objekts hinzugefügt werden.

- In den *Format*- bzw. *Parse*-Eventhandlern kann nicht nur formatiert bzw. entformatiert werden, es lassen sich hier natürlich auch beliebige Umrechnungen durchführen.

- Sie sollten die Implementierungen der Eventhandler für das *Format*- und *Parse*-Event der *Binding*-Objekte in *Try*-*Catch*-Blöcke einfassen, um Fehlermeldungen durch falsche Dateneingabe oder *Null*-Werte der Datenbank vorzubeugen.

- Durch Einsatz eines *BindingNavigator*s kann man den Quellcode um die Hälfte kürzen, da (mit Ausnahme des Speicherns und Abbrechens) von diesem Steuerelement alle Navigationsaufgaben übernommen werden.

R10.33 Datensätze im Detail-Formular editieren

Dieses Rezept demonstriert anhand der *Kunden*-Tabelle von *Nordwind*, wie man eine *DataTable* zwar mit einem *DataGridView* anzeigt, zum Bearbeiten, Hinzufügen und Löschen von Datensätzen aber ein zweites Formular benutzt. Der Datenfluss zwischen den Formularen wird mit einem *DataRowView*-Objekt realisiert.

Oberfläche

Das Hauptformular *Form1* ist mit einem *DataGridView* und vier *Button*s ausgestattet (siehe folgende Abbildung).

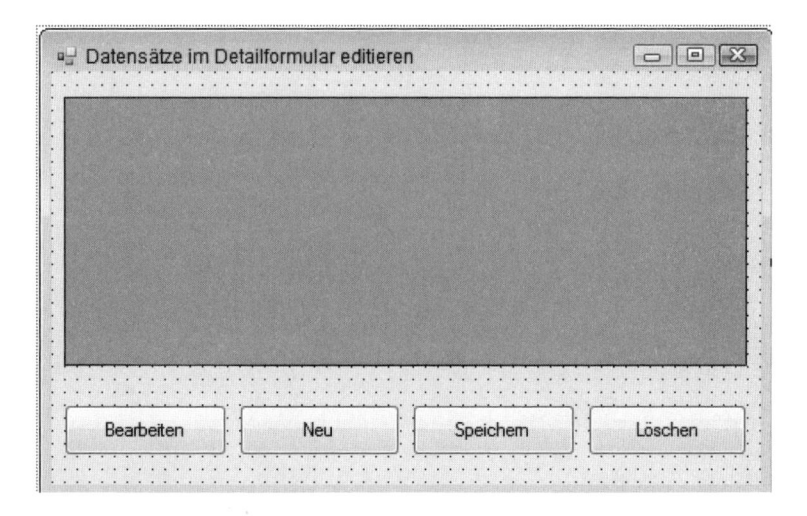

HINWEIS: Setzen Sie die *ReadOnly*-Eigenschaft des *DataGridView* auf *True* um den Anwender zu zwingen, nicht direkt an den Inhalten des Datengitters herumzudoktern.

Das Detailformular *Form2* stellt eine Eingabemaske zum Editieren des ausgewählten Datensatzes bereit:

Quellcode Form1

```
Imports System.Data.OleDb

Public Class Form1

    Private conn As OleDbConnection
    Private da As OleDbDataAdapter
    Private dt As DataTable

    Private dv As DataView
    Private drv As DataRowView
```

Beim Laden des Formulars wird das *DataGridView* mit Kundendatensätzen gefüllt:

```
    Private Sub Form1_Load(ByVal sender As System.Object, ByVal e As System.EventArgs) _
                                                             Handles MyBase.Load
        conn = New OleDbConnection( _
                        "Provider=Microsoft.Jet.OLEDB.4.0; Data Source = Nordwind.mdb;")
        da = New OleDbDataAdapter("SELECT KundenCode, Firma, Kontaktperson, Funktion, Ort " & _
                        "FROM Kunden ORDER BY KundenCode", conn)
```

Ein *CommandBuilder* generiert im Hintergrund das *Update*-, *Insert*- und *DeleteCommand*-Objekt für den *DataAdapter* (*SelectCommand* wird beim Instanziieren des *DataAdapter*s automatisch mit erzeugt):

```
        Dim cb As New OleDbCommandBuilder(da)
```

Einlesen und Anzeigen der Daten:

```
        dt = New DataTable("Kunden")
        conn.Open()
        da.Fill(dt)
        conn.Close()
        Dim bs As New BindingSource()
        dv = New DataView(dt)
        bs.DataSource = dv
        DataGridView1.DataSource = bs
    End Sub
```

Über die "Bearbeiten"-Schaltfläche wird das *DataRowView*-Objekt der aktuellen Zeile des *DataGridView* an das Detailformular *Form2* zum Editieren weitergereicht:

```
    Private Sub Button1_Click(ByVal sender As System.Object, ByVal e As System.EventArgs) _
                                                              Handles Button1.Click
        drv = dv(DataGridView1.CurrentRow.Index)
        Dim f2 As New Form2()
        f2.editKunde(drv)
        f2.Dispose()
    End Sub
```

Ähnlich funktioniert der Code hinter der "Neu"-Schaltfläche:

```
    Private Sub Button2_Click(ByVal sender As System.Object, ByVal e As System.EventArgs) _
                                                              Handles Button2.Click
        drv = dv.AddNew()
        Dim f2 As New Form2()
        f2.editKunde(drv)
        f2.Dispose()
    End Sub
```

Die "Speichern"-Schaltfläche, über welche die geänderten Datensätze der *DataTable* in die *Nordwind*-Datenbank zurück geschrieben werden:

```
    Private Sub Button3_Click(ByVal sender As System.Object, ByVal e As System.EventArgs) _
                                                              Handles Button3.Click
        Dim dt1 As DataTable = dt.GetChanges()
        If dt1 IsNot Nothing Then
            Try
                conn.Open()
                Dim m As Integer = da.Update(dt1)
                Dim s As String = "Anzahl der Änderungen: " & m.ToString()
```

```
                MessageBox.Show(s, "Speichern war erfolgreich!", MessageBoxButtons.OK, _
                                    MessageBoxIcon.Information)
                dt.AcceptChanges()
            Catch ex As Exception
                MessageBox.Show(ex.Message, "Speichern fehlgeschlagen!", MessageBoxButtons.OK, _
                                    MessageBoxIcon.Information)
                dt.RejectChanges()
            End Try
            conn.Close()
        End If
    End Sub
```

Das Löschen des aktuellen Datensatzes wird im Hauptformular erledigt, deshalb braucht die "Löschen"-Schaltfläche das Detailformular nicht aufzurufen.

```
    Private Sub Button4_Click(ByVal sender As System.Object, ByVal e As System.EventArgs) _
                    Handles Button4.Click
        If dv.Count > 0 Then
            Dim msg As String = "Wollen Sie den Kunden " & _
                dv(DataGridView1.CurrentRow.Index)("KundenCode").ToString() & " wirklich löschen?"
            Dim cpt As String = "Kunde löschen"
```

Eine zwischengeschaltete *MessageBox* erschwert das versehentliche Löschen eines Kunden.

```
            If MessageBox.Show(msg, cpt, MessageBoxButtons.YesNo, MessageBoxIcon.Question) = _
                            System.Windows.Forms.DialogResult.Yes Then
                dv(DataGridView1.CurrentRow.Index).Delete()
            End If
        Else
            MessageBox.Show("Kein Kunde zum Löschen!", "", MessageBoxButtons.OK, _
                            MessageBoxIcon.Error)
        End If
    End Sub
End Class
```

Quellcode Form2

Dem Detailformular wird als Parameter ein *DataRowView*-Objekt übergeben:

```
Public Class Form2
```

Die Editiermethode erhält als Parameter die aktuelle Zeile:

```
    Public Sub editKunde(ByVal drv As DataRowView)
```

Die folgende Abfrage entscheidet, ob es sich um einen gerade neu hinzugefügten Datensatz oder aber um einen bereits vorhandenen handelt:

```
            If drv.Row.RowState = DataRowState.Detached Then
```
Bei neuem Datensatz irgendwelche Standardwerte in die Maske schreiben:
```
                TextBox1.Text = "CRAZS"
                TextBox2.Text = "CrazySoft"
                TextBox3.Text = "Maxhelm"
                TextBox4.Text = "Inhaber"
                TextBox5.Text = "Altenburg"
            Else
```
Falls Datensatz geändert wird, erfolgt die die Anzeige der im übergebenen *DataRowView*-Objekt enthaltenen Werte:
```
                TextBox1.Text = drv("KundenCode").ToString()
                TextBox2.Text = drv("Firma").ToString()
                TextBox3.Text = drv("Kontaktperson").ToString()
                TextBox4.Text = drv("Funktion").ToString()
                TextBox5.Text = drv("Ort").ToString()
            End If
```
Das Formular soll modal aufgerufen werden:
```
            If Me.ShowDialog() = System.Windows.Forms.DialogResult.OK Then          ' "OK"
                drv.BeginEdit()
                drv("KundenCode") = TextBox1.Text
                drv("Firma") = TextBox2.Text
                drv("Kontaktperson") = TextBox3.Text
                drv("Funktion") = TextBox4.Text
                drv("Ort") = TextBox5.Text
                drv.EndEdit()
            Else                                                                    ' "Abbrechen"
                drv.CancelEdit()
            End If
        End Sub
```
Die "OK"-Schaltfläche:
```
        Private Sub Button1_Click(ByVal sender As System.Object, ByVal e As System.EventArgs) _
                                                                        Handles Button1.Click
            DialogResult = System.Windows.Forms.DialogResult.OK
        End Sub
```
Die "Abbrechen"-Schaltfläche:
```
        Private Sub Button2_Click(ByVal sender As System.Object, ByVal e As System.EventArgs) _
                                                                        Handles Button2.Click
            DialogResult = System.Windows.Forms.DialogResult.Cancel
        End Sub
End Class
```

Test

Nach Starten der Anwendung öffnet sich das Hauptformular. Selektieren Sie im Datengitter einen bestimmten Kunden und klicken Sie die "Bearbeiten"-Schaltfläche:

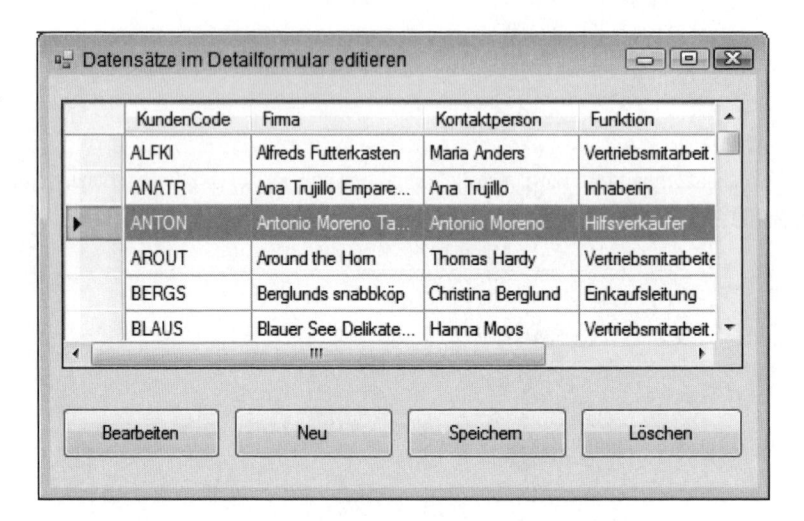

Im Detailformular haben Sie die Möglichkeit, den ausgewählten Datensatz bequem zu editieren:

HINWEIS: Um am Hauptformular *Form1* weiterarbeiten zu können, muss das modale *Form2* erst über eine seiner beiden Schaltflächen geschlossen werden.

Der Moment der Wahrheit schlägt normalerweise erst bei der Übernahme der Änderungen in die Datenbank, d.h. beim Klick auf die "Speichern"-Schaltfläche:

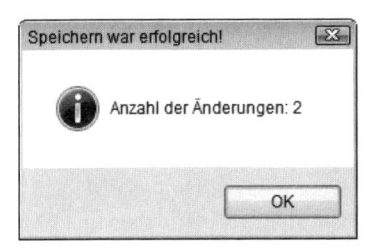

[Dialog: Speichern war erfolgreich! — Anzahl der Änderungen: 2]

Falls Sie einen Datensatz hinzufügen wollen, dessen *KundenCode* bereits einmal in der Tabelle vorkommt, so wird er zwar zunächst in das Datengitter übernommen, das Speichern schlägt aber fehl. Stattdessen erfolgt eine wortreiche Belehrung:

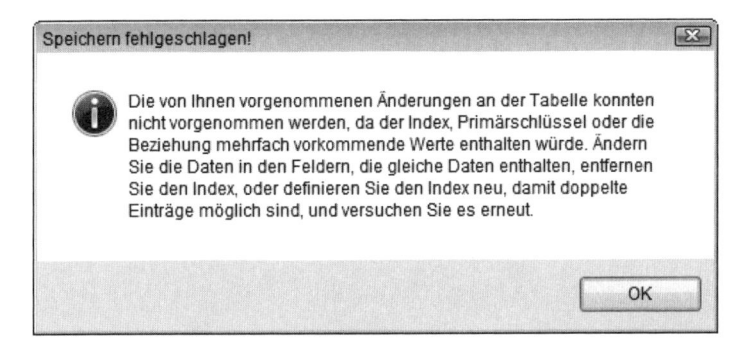

[Dialog: Speichern fehlgeschlagen! — Die von Ihnen vorgenommenen Änderungen an der Tabelle konnten nicht vorgenommen werden, da der Index, Primärschlüssel oder die Beziehung mehrfach vorkommende Werte enthalten würde. Ändern Sie die Daten in den Feldern, die gleiche Daten enthalten, entfernen Sie den Index, oder definieren Sie den Index neu, damit doppelte Einträge möglich sind, und versuchen Sie es erneut.]

Das Löschen von Kunden mit offenen Bestellungen wird ebenfalls verhindert wenn man versucht, diese Änderung zu speichern:

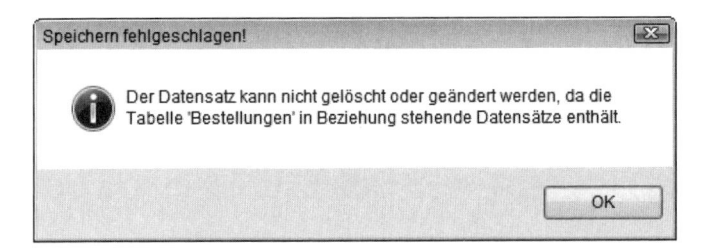

[Dialog: Speichern fehlgeschlagen! — Der Datensatz kann nicht gelöscht oder geändert werden, da die Tabelle 'Bestellungen' in Beziehung stehende Datensätze enthält.]

R10.34 Tabellen mittels ComboBox verknüpfen

Eine *ComboBox* eignet sich gut zum Implementieren von Master-Detail-Beziehungen, sodass in vielen Fällen auf das Hinzufügen von *DataRelation*-Objekten verzichtet werden kann.

Ziel dieses Rezepts ist das Verknüpfen der Tabellen "Bestellungen" (Mastertabelle) mit der Tabelle "Personal" (Detailtabelle) der Datenbank *Nordwind.mdb* in solider "Handarbeit", weil wir ganz bewusst auf die Dienste des Datenquellen-Fensters sowie auf Drag & Drop-Datenbindung verzichten wollen.

Oberfläche

Die Abbildung zeigt einen Gestaltungsvorschlag, wobei die Bedienelemente für die Tabellen "Bestellungen" und "Personal" in zwei *GroupBox*-Containern angeordnet sind. Zwei *BindingSource*-Komponenten, die Sie von der Toolbox abziehen, stellen die Verbindung zu beiden Tabellen her. Die Mastertabelle *Bestellungen* ist mit einem *BindingNavigator* ausgestattet, zu dem zwei Schaltflächen (zum Abspeichern und zum Abbrechen) hinzugefügt wurden.

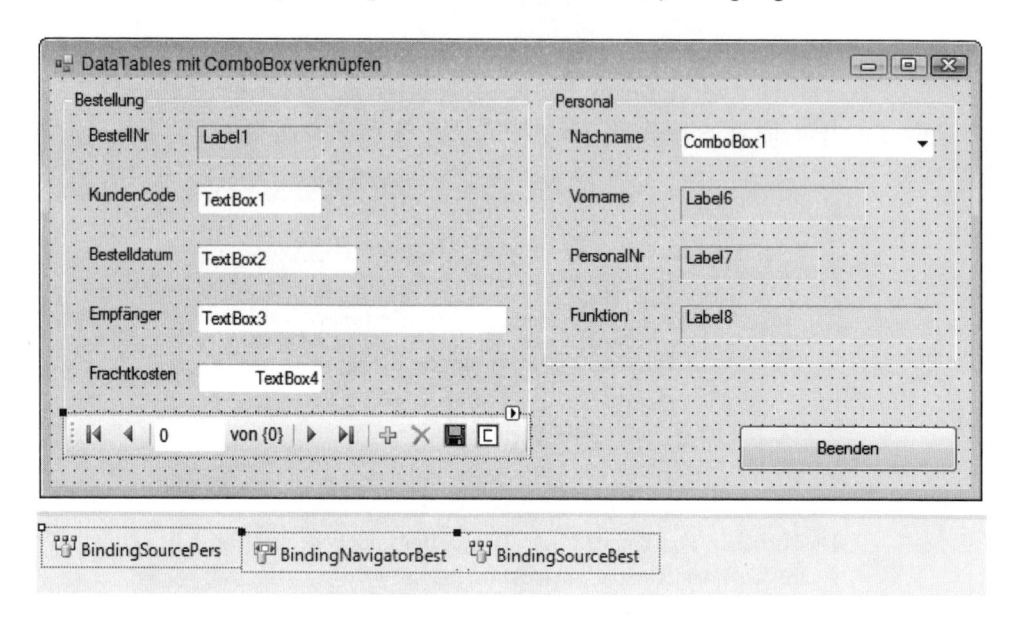

Setzen Sie die *BindingSource*-Eigenschaft des *BindingNavigator*-Controls auf *BindingSourceBest*.

Quellcode

```
Imports System.Data.OleDb

Public Class Form1

    Private connStr As String = "Provider=Microsoft.Jet.OLEDB.4.0; Data Source=Nordwind.mdb;"
    Private selStrBest As String = "SELECT BestellNr, KundenCode, PersonalNr, Empfaenger, " & _
                    "Bestelldatum, Frachtkosten  FROM Bestellungen ORDER BY Bestelldatum"
    Private selStrPers As String = _
            "SELECT PersonalNr, Nachname, Vorname, Funktion FROM Personal ORDER BY Nachname"
    Private conn As OleDbConnection
    Private daBest, daPers As OleDbDataAdapter
    Private ds As DataSet
```

R10.34 Tabellen mittels ComboBox verknüpfen

Das Verknüpfen der Tabellen erfolgt beim Laden des Formulars:

```
Private Sub Form1_Load(ByVal sender As System.Object, ByVal e As System.EventArgs) _
                                                             Handles MyBase.Load
    conn = New OleDbConnection(connStr)
    daBest = New OleDbDataAdapter(selStrBest, conn)
```

Ein *CommandBuilder* nimmt uns das mühselige Programmieren von *UpdateCommand*, *InsertCommand* und *DeleteCommand* für die Mastertabelle ab:

```
    Dim cb As New OleDbCommandBuilder(daBest)
```

Für die Detailtabelle genügt die *SelectCommand*-Eigenschaft, da hier nur angezeigt wird und andere Befehle nicht auszuführen sind (mit dem Konstruktor wird *SelectCommand* automatisch erstellt):

```
    daPers = New OleDbDataAdapter(selStrPers, conn)
    ds = New DataSet()
    conn.Open()
```

Ausführen der SELECT-Abfragen (Anlegen und Füllen der Tabellen):

```
    daBest.Fill(ds, "Bestellungen")
    daPers.Fill(ds, "Personal")
    conn.Close()
```

Anbinden der Hauptmaske an die Mastertabelle:

```
    BindingSourceBest.DataSource = ds.Tables("Bestellungen")
    Label1.DataBindings.Add("Text", BindingSourceBest, "BestellNr")
    TextBox1.DataBindings.Add("Text", BindingSourceBest, "KundenCode")
    TextBox2.DataBindings.Add("Text", BindingSourceBest, "Bestelldatum")
    TextBox3.DataBindings.Add("Text", BindingSourceBest, "Empfaenger")
```

Anbinden der Detaildaten an die *ComboBox*:

```
    BindingSourcePers.DataSource = ds.Tables("Personal")
    ComboBox1.DataSource = BindingSourcePers
    ComboBox1.DisplayMember = "Nachname"
    ComboBox1.ValueMember = "PersonalNr"
```

Verbinden der *ComboBox* mit der Mastertabelle:

```
    ComboBox1.DataBindings.Add("SelectedValue", BindingSourceBest, "PersonalNr")
```

Weitere Detaildaten anzeigen:

```
    Label6.DataBindings.Add("Text", BindingSourcePers, "Vorname")
    Label7.DataBindings.Add("Text", BindingSourcePers, "PersonalNr")
    Label8.DataBindings.Add("Text", BindingSourcePers, "Funktion")
End Sub
```

Der entscheidende Moment schlägt dann, wenn das Update gegen die Datenbank zu fahren ist:

```vb
Private Sub ToolStripButton1_Click(ByVal sender As System.Object, ByVal e As _
                              System.EventArgs) Handles ToolStripButton1.Click
    BindingSourceBest.EndEdit()
    Try
```

Geänderte Masterdaten werden vom *DataSet* in die Datenbank übertragen:

```vb
        daBest.Update(ds, "Bestellungen")
    Catch ex As Exception
        MessageBox.Show(ex.Message)
    End Try
End Sub
```

Abbrechen der aktuellen Operation:

```vb
Private Sub toolStripButton2_Click(ByVal sender As System.Object, ByVal e As _
                              System.EventArgs) Handles toolStripButton2.Click
    BindingSourceBest.CancelEdit()
End Sub
End Class
```

Test

Obwohl auf eine ausgiebige Fehlerbehandlung verzichtet wurde, arbeitet die Anwendung relativ stabil. Sie können Datensätze editieren, neu hinzufügen oder löschen.

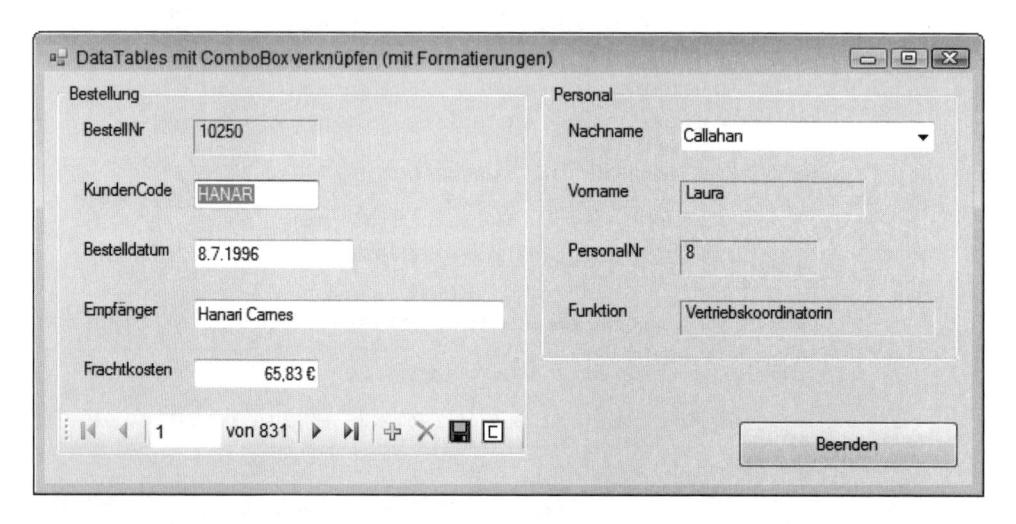

Die übrigen Felder der Detailtabelle werden nach jeder neuen Auswahl sofort aktualisiert. Die Auswahl des Personals ist dank *ComboBox* sehr einfach:

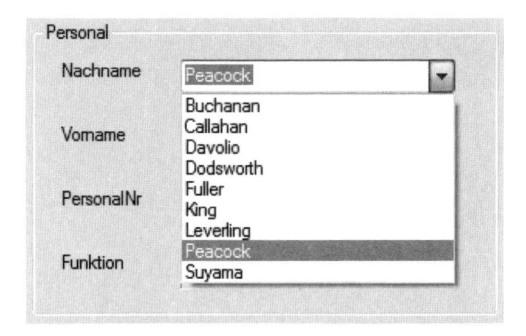

Bemerkungen

- Der Quellcode zum Formatieren von Datum und Währung bei Bestelldatum bzw. Frachtkosten wurde hier nicht mit abgedruckt (siehe Buch-CD).

- Weitere Informationen zum Formatieren von Datums- und Währungsanzeigen siehe R10.32 ("Steuerelemente manuell an ein DataSet binden").

R10.35 Spalten und Zeilen im DataGridView formatieren

Verbinden Sie ein *DataGridView* durch Zuweisen seiner *DataSource*- bzw. *DataMember*-Eigenschaft mit einer Datenquelle, so werden standardmäßig alle Spalten der Datenquelle angezeigt. Wollen Sie bestimmte Spalten unterdrücken, deren Reihenfolge, Überschrift, Breite etc. verändern oder deren formatierte Anzeige erzwingen, so lässt sich das kaum auf die Schnelle erledigen.

Sie müssen zunächst die alte Spalte entfernen und dann eine neue Spalte, die Sie mit den gewünschten Format-Eigenschaften ausstatten, an das Datenfeld anbinden. Schließlich muss die fertige Spalte zum *DataGridView* hinzugefügt werden.

Ausgangspunkt für diese Demo ist R10.12 ("Eine Access-Auswahlabfrage aufrufen"), wo die in *Nordwind.mdb* enthaltene Abfrage *Umsätze nach Jahr* benutzt wird.

Oberfläche

Gestalten Sie eine Benutzerschnittstelle mit einem *DataGridView*, zwei *TextBox*en und zwei *Button*s (siehe Laufzeitansichten).

Quellcode

Der hinter *Button1* liegende Code hat lediglich die Aufgabe das *DataGridView* mit Datensätzen zu füllen und wird deshalb nicht noch einmal aufgelistet (siehe R10.12 bzw. Buch-CD).

Der folgenden Methode wird ein *DataGridView* übergeben, welches eine Spalte *Zwischensumme* besitzt. Diese Spalte wird komplett neu erzeugt.

```
Private Sub formatColumn(ByVal dgv As DataGridView)
    If dgv.Columns("Zwischensumme") IsNot Nothing Then
```

Die standardmäßig vorhandene Spalte entfernen:

```
        dgv.Columns.Remove("Zwischensumme")
```

Eine neue Spalte erzeugen und an die gewünschte Eigenschaft binden:

```
        Dim tbc As New DataGridViewTextBoxColumn()
        tbc.DataPropertyName = "Zwischensumme"
```

Die Spaltenüberschrift und -breite

```
        tbc.HeaderText = "Zwischensumme"
        tbc.Width = 80
```

Das Währungsformat (entsprechend den Systemeinstellungen):

```
        tbc.DefaultCellStyle.Format = "c"
```

Rechtsbündige Textausrichtung:

```
        tbc.DefaultCellStyle.Alignment = DataGridViewContentAlignment.MiddleRight
```

Fettschrift:

```
        tbc.DefaultCellStyle.Font = New Font(DataGridView1.Font, FontStyle.Bold)
```

Die Spalte soll an dritter Position erscheinen:

```
        tbc.DisplayIndex = 2
```

Die fertige Spalte wird zum *DataGridView* hinzugefügt:

```
        dgv.Columns.Add(tbc)
    End If
End Sub
```

Der Aufruf:

```
Private Sub Button2_Click(ByVal sender As System.Object, ByVal e As System.EventArgs) _
                                                        Handles Button2.Click
    formatColumn(DataGridView1)
```

Weniger kompliziert als bei Spalten ist das Formatieren von Zeilen, da hierfür zahlreiche Eigenschaften direkt zur Verfügung stehen, z.B. für alternierende Zeilenfarbe:

```
    DataGridView1.RowsDefaultCellStyle.BackColor = Color.Bisque
    DataGridView1.AlternatingRowsDefaultCellStyle.BackColor = Color.Beige
End Sub
```

Test

Nach dem Verbinden mit *Nordwind.mdb* erscheint zunächst die unformatierte Darstellung der Daten:

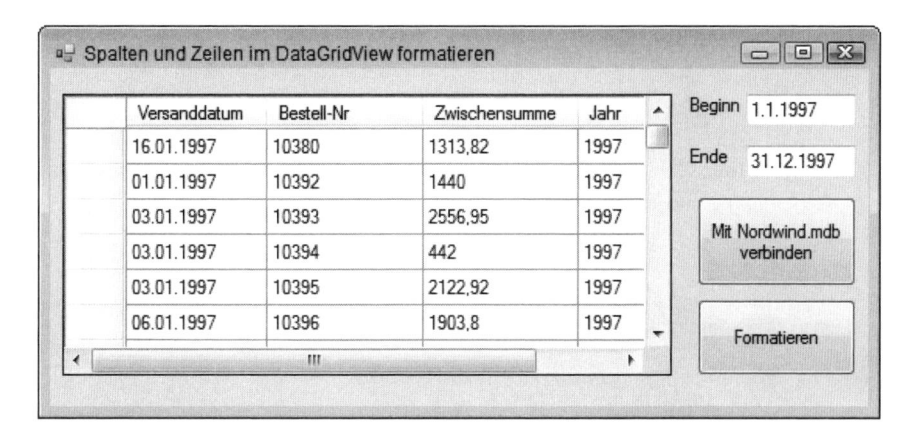

Der dann folgende Anblick entschädigt für den Programmieraufwand:

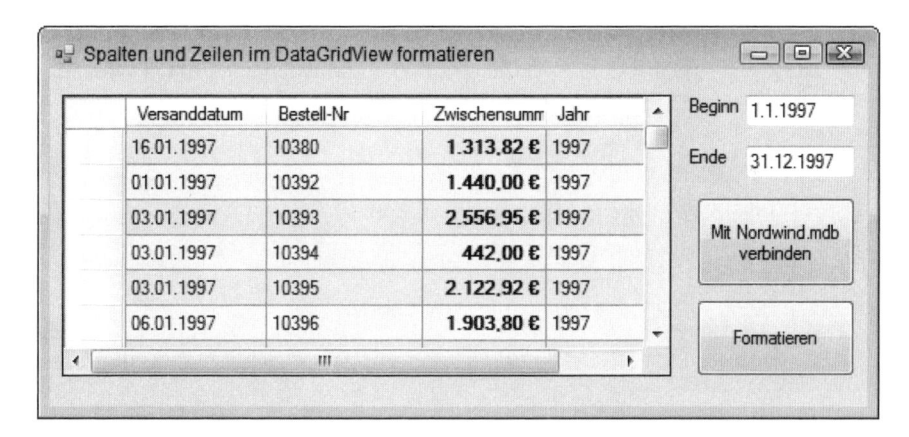

Bemerkungen

- Wir haben in diesem Beispiel aus Gründen der Übersichtlichkeit bewusst nur eine einzige Spalte (Typ *DataGridViewTextBoxColumn*) formatiert. Falls erforderlich, werden die anderen Spalten nach dem gleichen Muster formatiert, wobei auf die unterschiedlichen Spaltentypen und deren Eigenschaften zu achten ist (z.B. *DataGridViewCheckBoxColumn*, *DataGridViewComboBoxColumn*, ...).

- Mehr zur Formatierung des *DataGridView* siehe z.B. R10.23 ("Das DataGridView mit ComboBoxen ausrüsten").

R10.36 DataReader in einer ListView anzeigen

Das vorliegende Rezept benutzt einen *DataReader*, um eine *ListView*-Komponente mit den Datensätzen der "Kunden"-Tabelle der *Nordwind*-Datenbank zu füllen. Nebenbei erfahren Sie auch etwas über den Einsatz eines *Parameter*-Objekts, mit dessen Hilfe weitere Informationen in einem *Label* angezeigt werden.

Oberfläche

Das mit einer *ListView*-Komponente bestückte Startformular *Form1*, ein attraktiv herausgeputztes *Label* und ein *Button* (siehe Laufzeitabbildung).

Quellcode

```
Imports System.Data.OleDb
Public Class Form1
```

Die Verbindungszeichenfolge zur Datenbank, die sich auch hier direkt im Anwendungsverzeichnis befindet:

```
    Private Const CONNSTR As String = _
                    "Provider=Microsoft.Jet.OLEDB.4.0; Data Source=Nordwind.mdb;"
```

Nach einem Klick auf die Schaltfläche soll die Verbindung hergestellt werden:

```
    Private Sub Button1_Click(ByVal sender As System.Object, ByVal e As System.EventArgs) _
                                                                    Handles Button1.Click
        Const SQLSTR As String = "SELECT KundenCode, Firma, Funktion FROM Kunden"
        Dim conn As New OleDbConnection(CONNSTR)
```

Nun kann ein *Command*-Objekt erzeugt werden:

```
        Dim cmd As New OleDbCommand(SQLSTR, conn)
```

Last but not least wird der Verweis auf einen *DataReader* benötigt (das Instanziieren erfolgt später, nach Öffnen der Verbindung!):

```
        Dim dr As OleDbDataReader = Nothing
```

Die folgenden Anweisungen dienen lediglich zur Vorbereitung der *ListView*-Anzeige und sind für das Verständnis des *DataReader*s von untergeordneter Bedeutung:

```
        With ListView1
            .Items.Clear()
            .View = View.Details
            .AllowColumnReorder = True
            .FullRowSelect = True
            .Columns.Add("KundenCode", 80, HorizontalAlignment.Center)
            .Columns.Add("Firma", 200, HorizontalAlignment.Left)
        End With
```

Nach dem Öffnen der Verbindung wird das *DataReader*-Objekt durch Übergabe an die *ExecuteReader*-Methode des *Command*-Objekts instanziiert und der "Schnelldurchlauf" durch die Datensätze und deren Anzeige im *ListView* kann beginnen:

```
Try
    conn.Open()
    dr = cmd.ExecuteReader(CommandBehavior.CloseConnection)
```

Der Parameter *CommandBehavior.CloseConnection* bewirkt, dass beim Ausführen des Befehls das zugeordnete *Connection*-Objekt geschlossen wird, wenn das zugeordnete *DataReader*-Objekt geschlossen wird. Nacheinander werden nun die *ListViewItem*-Objekte gefüllt und zur *Items*-Auflistung der *ListView*-Komponente hinzugefügt:

```
    Do While dr.Read()
        Dim lvItem As New ListViewItem(dr.Item("KundenCode").ToString)
        lvItem.SubItems.Add(dr.Item("Firma").ToString)
        lvItem.SubItems.Add(dr.Item("Funktion").ToString)
```

Items zum *ListView* hinzufügen:

```
        ListView1.Items.Add(lvItem)
    Loop
Catch ex As Exception
    MsgBox(ex.Message)
Finally
    dr.Close()
End Try
End Sub
```

Bis jetzt haben wir bereits ein voll funktionsfähiges Programm, dem wir aber noch ein zusätzliches Feature sponsern wollen: Beim Anklicken eines bestimmten Eintrags soll die komplette Kunden-Adresse im *Label* angezeigt werden. Diese Aufgabe erfüllt die folgende Methode *loadAddressInfo*, der lediglich ein *KundenCode* übergeben wird. Weiterhin ermittelt diese Methode auf Basis einer parametrisierten SQL-Abfrage völlig selbstständig die benötigten Informationen:

```
Private Sub loadAddressInfo(ByVal kuCode As String)
    Dim SQL As String = "SELECT Kontaktperson, Strasse, PLZ, Ort FROM Kunden" & _
                        " WHERE KundenCode = ?"
    Dim conn As New OleDbConnection(CONNSTR)
    Dim cmd As New OleDbCommand(SQL, conn)
    Dim prm As New OleDbParameter("@p", OleDbType.Char)
    Dim dr As OleDbDataReader = Nothing
    prm.Direction = Data.ParameterDirection.Input
    prm.Value = kuCode
    cmd.Parameters.Add(prm)
```

```
    Try
        conn.Open()
        dr = cmd.ExecuteReader(CommandBehavior.CloseConnection)
        If (dr.Read()) Then
            Label1.Text = dr.Item("Kontaktperson").ToString & ControlChars.CrLf & _
            dr.Item("Strasse").ToString & " " & _
            dr.Item("PLZ").ToString & " " & _
            dr.Item("Ort").ToString
        End If
    Finally
        dr.Close()
        conn.Close()
    End Try
End Sub
```

Nun zum Aufruf der *loadAdressInfo*-Methode, wobei auch deutlich werden dürfte, wie man auf ein bestimmtes Element einer *ListView* zugreift. In unserem Fall steckt der gesuchte *KundenCode* als *Text*-Eigenschaft im ersten Element der *SubItems*-Auflistung des *ListView-Item*-Objekts:

```
Private Sub ListView1_Click(ByVal sender As System.Object, ByVal e As System.EventArgs) _
                                                            Handles ListView1.Click
    Dim lv As ListViewItem = ListView1.SelectedItems(0)
    loadAddressInfo(lv.SubItems(0).Text)
End Sub
End Class
```

Test

Nach Herstellen der Verbindung zu *Nordwind.mdb* werden alle Kunden aufgelistet. Kicken Sie auf einer bestimmte Zeile der *ListView*, so erscheinen die Adressdaten.

Bemerkungen

- Die *Read*-Methode eilt zum nächsten Datensatz weiter, bis *False* zurück gegeben wird. Ein Vorteil dieser Syntax ist, dass das Weiterbewegen quasi automatisch erfolgt und ein Überprüfen der Abbruchbedingung nicht mehr notwendig ist.

- Leider unterstützt die *ListView* nicht, wie viele andere Windows Forms Steuerelemente, eine Datenbindung an ein *DataSet*, denn normalerweise wollen wir Datensätze nicht nur anzeigen, sondern auch ändern, neu hinzufügen bzw. löschen. Eine *DataReader*-Lösung im Zusammenhang mit der *ExecuteNonQuery*-Methode des *Command*-Objekts zeigt R10.20 ("MARS kennen lernen").

R10.37 Bilder aus der Datenbank anzeigen

In der "Personal"-Tabelle der *Nordwind*-Datenbank gibt es auch eine Spalte *Foto* (*Text*-Datentyp), in der die Dateinamen der entsprechenden Bitmaps abgelegt sind (*EmpID1.bmp*, *EmpID2.bmp* ...). Das vorliegende Rezept soll demonstrieren, wie Sie diese Bilder in einer *PictureBox* anzeigen können.

Oberfläche

Wie der Entwurfszeit-Abbildung zu entnehmen ist, brauchen wir neben einigen *TextBox*en, *Label*s und *Button*s auch eine *PictureBox* mit *SizeMode = AutoSize,* sowie eine *BindingSource* und einen *BindingNavigator,* dessen *BindingSource*-Eigenschaft wir mit *BindingSource1* verkoppeln. Da weder Datensätze hinzugefügt noch gelöscht werden sollen, ändern wir die *Visible*-Eigenschaft von *BindingNavigatorAddNewItem* und *BindingNavigatorDeleteItem* auf *False*.

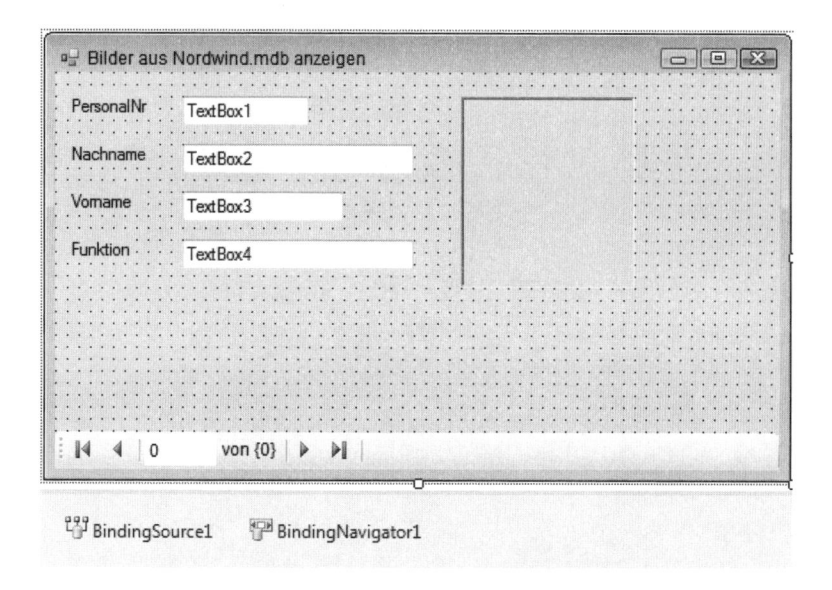

Vorbereitungen

Wir kopieren die Datenbank *Nordwind.mdb* und die Bilddateien *EmpID1.jpg* ... *EmpID9.jpg* (auf Buch-CD enthalten) in das *\bin\Debug*-Unterverzeichnis des Projekts.

HINWEIS: Falls die *Foto*-Spalte auf **.bmp*-Dateien verweist, ändern Sie die Dateiextensions auf **.jpg*!

Quellcode

```
Imports System.Data.OleDb
Imports System.IO

Public Class Form1
```

Beim Laden des Formulars werden die Datenbankabfrage durchgeführt, die *DataTable* gefüllt und die *TextBox*-Steuerelemente an die entsprechenden Spalten angebunden:

```
    Private Sub Form1_Load(ByVal sender As System.Object, ByVal e As System.EventArgs) _
                                                                  Handles MyBase.Load
        Dim connStr As String = "Provider=Microsoft.Jet.OLEDB.4.0; Data Source=Nordwind.mdb"
        Dim conn As New OleDbConnection(connStr)
        Dim cmdSel As New OleDbCommand( _
                "SELECT PersonalNr, Nachname, Vorname, Funktion, Foto FROM Personal", conn)

        Dim da As New OleDbDataAdapter(cmdSel)
        Dim dt As New DataTable("Personal")
        conn.Open()
        da.Fill(dt)
        conn.Close()
        BindingSource1.DataSource = dt
        TextBox1.DataBindings.Add("Text", BindingSource1, "PersonalNr")
        TextBox2.DataBindings.Add("Text", BindingSource1, "Nachname")
        TextBox3.DataBindings.Add("Text", BindingSource1, "Vorname")
        TextBox4.DataBindings.Add("Text", BindingSource1, "Funktion")
        showFoto()
```

Anmelden eines Eventhandlers für das Weiterblättern:

```
        AddHandler BindingSource1.PositionChanged, AddressOf bs_PositionChanged
    End Sub
```

Die Implementierung des Eventhandlers:

```
    Private Sub bs_PositionChanged(ByVal sender As Object, ByVal e As System.EventArgs)
        showFoto()
    End Sub
```

Die folgende Methode bindet die *PictureBox* in "Handarbeit" an den Inhalt der entsprechenden Bilddatei:

```
Private Sub showFoto()
    If PictureBox1.Image IsNot Nothing Then PictureBox1.Image.Dispose()
    Dim drv As DataRowView = CType(BindingSource1.Current, DataRowView)    ' aktuelle Zeile
    Dim pfad As String = drv.Item("Foto").ToString        ' Pfad zur Bilddatei!
    Dim fs As New FileStream(pfad, FileMode.Open)
    Dim bmp As New Bitmap(fs)
    PictureBox1.Image = bmp
    fs.Close()                                             ' wichtig!
End Sub

End Class
```

Test

Der Anblick der reizenden *Margaret Peacock* und ihrer nicht minder attraktiven Kolleginnen und Kollegen dürfte Sie reichlich für die Mühen der Programmierung entschädigen:

R10.38 Ein ungebundenes DataSet erzeugen

Das *DataSet* ist das Kernobjekt von ADO.NET, ihm ist es völlig Wurst, woher seine Daten kommen. Im Zusammenhang mit dem Zugriff auf Datenbanken wird es in der Regel sehr bequem mittels *Fill*-Methode eines *DataAdapter*s strukturiert und gefüllt. Im vorliegenden Rezept wollen wir es aber völlig ungebunden, d.h. ohne Bezug auf irgendeine Datenbank, verwenden. Wir müssen uns also "in Handarbeit" um das Erzeugen der Struktur und das Hinzufügen von Datensätzen kümmern.

Datenstruktur

Vorbild ist die im Folgenden abgebildete Struktur:

Personen	
Nr	Int32
Vorname	String
Nachname	String
Geburtstag	DateTime

Bestellungen	
Nr	Int32
Datum	DateTime
Betrag	Decimal
PersNr	Int32
Bemerkung	String

Die beiden Tabellen "Personen" und "Bestellungen" sind über eine 1:n-Relation miteinander verknüpft (eine Person hat keine, eine oder mehrere Bestellungen). Der Fremdschlüssel *PersNr* aus der Tabelle "Bestellungen" zeigt auf den Primärschlüssel *Nr* der Tabelle "Personen".

Oberfläche

Da sich das *DataGridView* nur für die Darstellung einer einzigen Tabelle eignen würde, haben wir das altbekannte *DataGrid* aus der Mottenkiste gekramt (falls es nicht auf der "Daten"-Seite der Toolbox zu finden ist muss es über das Kontextmenü *Elemente auswählen ...* hinzugefügt werden). Zusätzlich wird nur noch ein *Button* benötigt.

Quellcode

```
Public Class Form1
```

Die folgende Funktion liefert ein *DataSet* mit der gewünschten relationalen Struktur und fügt zu jeder der beiden Tabellen jeweils zwei Datensätze hinzu:

```
    Private Function getTestDS() As DataSet
```

Tabelle "Personen":

```
        Dim dt1 As New DataTable("Personen")
```

Primärschlüssel:

```
        Dim col1 As DataColumn = dt1.Columns.Add("Nr", GetType(System.Int32))
        col1.AllowDBNull = False
        col1.Unique = True
        col1.AutoIncrement = True
        col1.AutoIncrementStep = 1
```

Die restlichen Spalten hinzufügen:

```
        dt1.Columns.Add("Vorname", GetType(System.String))
        dt1.Columns.Add("Nachname", GetType(System.String))
        dt1.Columns.Add("Geburtstag", GetType(System.DateTime))
```

R10.38 Ein ungebundenes DataSet erzeugen

Zwei Datensätze hinzufügen:

```
Dim rw11 As DataRow = dt1.NewRow()
rw11("Vorname") = "Maxhelm"
rw11("Nachname") = "Müller"
rw11("Geburtstag") = Convert.ToDateTime("4.12.1971")
Dim rw12 As DataRow = dt1.NewRow()
rw12("Vorname") = "Tobalt"
rw12("Nachname") = "Thieme"
rw12("Geburtstag") = Convert.ToDateTime("6.3.1984")
dt1.Rows.Add(rw11)
dt1.Rows.Add(rw12)
```

Tabelle "Bestellungen":

```
Dim dt2 As New DataTable("Bestellungen")
Dim col2 As DataColumn = dt2.Columns.Add("Nr", GetType(System.Int32))
col2.AllowDBNull = False
col2.Unique = True
col2.AutoIncrement = True
col2.AutoIncrementStep = 1
dt2.Columns.Add("Datum", GetType(System.DateTime))
dt2.Columns.Add("Betrag", GetType(System.Decimal))
dt2.Columns.Add("PersNr", GetType(System.Int32))          ' Fremdschlüssel
dt2.Columns.Add("Bemerkung", GetType(System.String))
```

Zwei Datensätze hinzufügen:

```
Dim rw21 As DataRow = dt2.NewRow()
rw21("Datum") = Convert.ToDateTime("5.3.2006")
rw21("Betrag") = Convert.ToDecimal("156,30")
rw21("PersNr") = 0
rw21("Bemerkung") = "per Bankeinzug"
dt2.Rows.Add(rw21)
Dim rw22 As DataRow = dt2.NewRow()
rw22("Datum") = Convert.ToDateTime("8.3.2006")
rw22("Betrag") = Convert.ToDecimal("12,95")
rw22("PersNr") = 0
rw22("Bemerkung") = "Barzahlung"
dt2.Rows.Add(rw22)
```

DataSet zusammenbauen (mit 1 : n Relation zwischen "Personen" und "Bestellungen"):

```
Dim ds As New DataSet()
ds.Tables.Add(dt1)
```

```
        ds.Tables.Add(dt2)
        ds.Relations.Add("Person_Bestellungen", ds.Tables("Personen").Columns("Nr"), _
                                   ds.Tables("Bestellungen").Columns("PersNr"))
        Return ds
    End Function
```

Über die "Start"-Schaltfläche wird das *DataSet* zur Anzeige gebracht:

```
    Private Sub Button1_Click(ByVal sender As System.Object, ByVal e As System.EventArgs) _
                                                                     Handles Button1.Click
        Dim ds As DataSet = getTestDS()
        DataGrid1.DataSource = ds
        DataGrid1.DataMember = "Personen"
    End Sub
End Class
```

Test

Nach Klick auf die "Start"-Schaltfläche wird zunächst der Inhalt der "Personen"-Tabelle angezeigt. Nach Klick auf das "+"-Symbol (auf der breiten linken Randspalte) erscheint ein Link auf die Relation *Person_Bestellungen*.

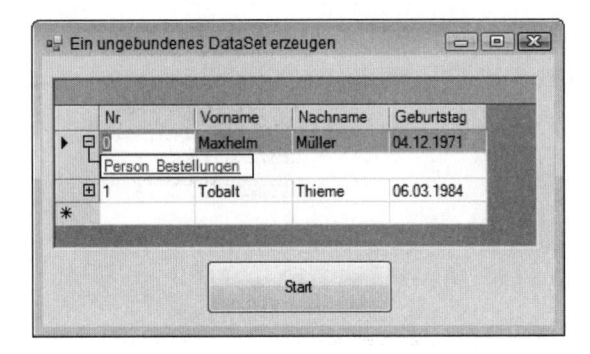

Der Klick auf diesen Link bringt die der Person zugeordneten Bestellungen ans Tageslicht:

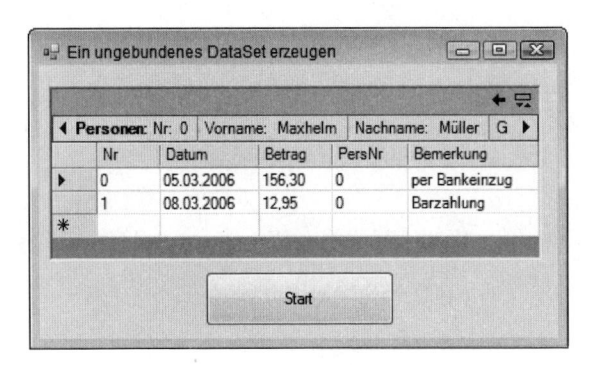

> **HINWEIS:** Die Rückkehr zur "Personen"-Tabelle ist durch Klick auf den kleinen Pfeil in der oberen rechten Ecke des *DataGrid*s möglich.

R10.39 Ein typisiertes DataSet im Designer erzeugen

Visual Studio verfügt über einen eigenen Designer, mit welchem Sie typisierte DataSets erstellen können. Ein typisiertes DataSet ermöglicht es Ihnen, mit übersichtlichem objektorientierten Code zu arbeiten, der bereits zur Entwurfszeit volle Intellisense-Unterstützung bietet und damit u.a. auch Fehler vermeidet, wie sie bei Verwendung "normaler" *DataSet*s auftreten können. Eng mit typisierten DataSets verknüpft ist das Konzept der "Datenquellen".

> **HINWEIS:** Auch zum Berichtsentwurf mit den *Microsoft Reporting Services* werden typisierte DataSets eingesetzt (siehe Kapitel 11).

Vorbild für unser typisiertes DataSet ist dieselbe Datenstruktur, wie sie bereits in R10.38 verwendet wurde (zwei verknüpfte Tabellen "Personen" und "Bestellungen").

DataSet-Designer

Über das Menü *Projekt|Neues Element hinzufügen...* fügen Sie ein "leeres" typisiertes DataSet hinzu.

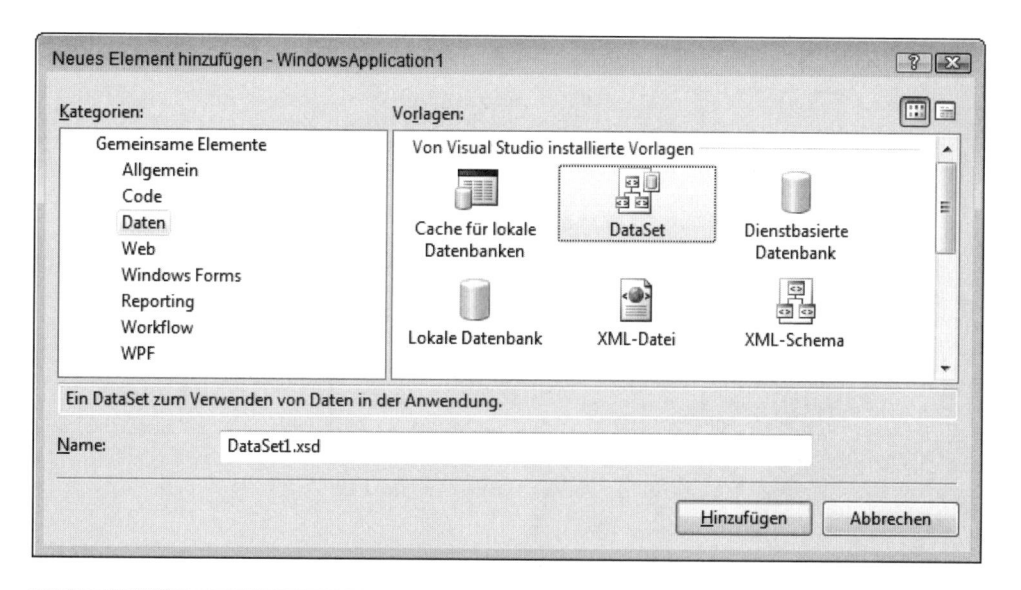

> **HINWEIS:** Ein über das Projektmenü hinzugefügtes *DataSet* ist immer typisiert und automatisch eine Datenquelle!

Mit Hilfe des Menüs *Daten|Datenquellen anzeigen* bringen Sie das "Datenquellen"- Fenster zur Ansicht und entdecken das neu erzeugte typisierte *DataSet1*. Wählen Sie das Kontextmenü *DataSet mit Designer bearbeiten*.

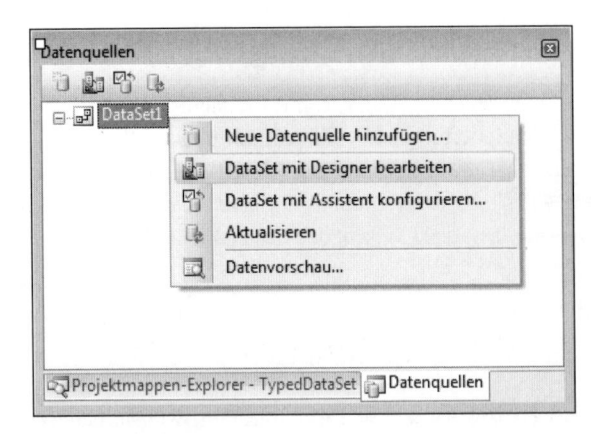

Klicken Sie mit der rechten Maustaste auf die leere Oberfläche des Designers und erzeugen Sie über das Kontextmenü *Hinzufügen|DataTable* die Tabellen "Personen" und "Bestellungen".

Über das Kontextmenü *Eigenschaften* weisen Sie jeder Spalte den Datentyp zu (vorher die volle Spalte markieren!). Außerdem erhalten beide *Nr*-Spalten einen Primärschlüssel.

Nachdem auch die Tabelle "Bestellungen" fertig ist, wählen Sie im Kontextmenü den Eintrag *Hinzufügen|Relation...* und verbinden im Dialogfenster "Beziehung" beide Tabellen entsprechend der Abbildung:

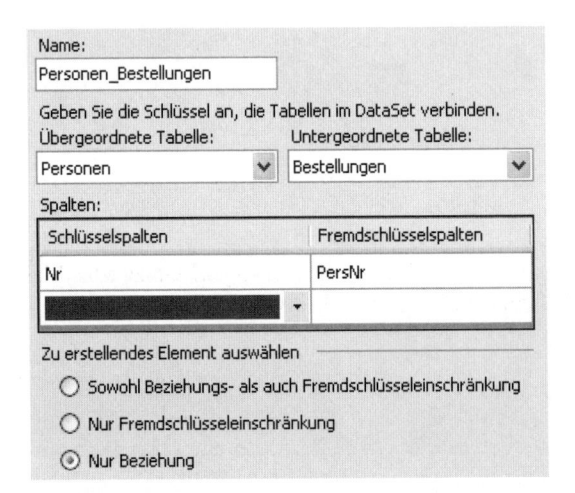

R10.39 Ein typisiertes DataSet im Designer erzeugen

Das Ergebnis im DataSet-Designer:

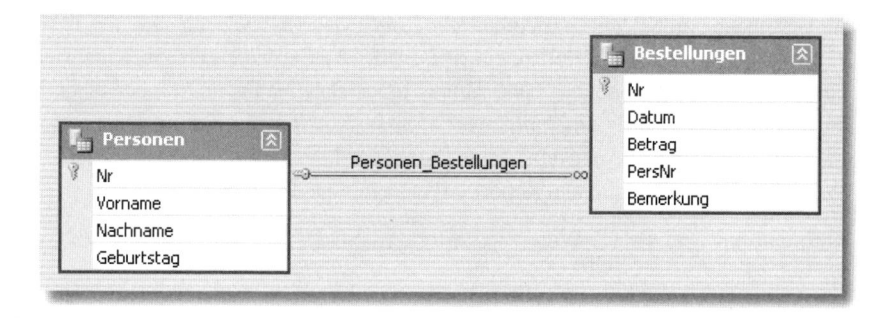

Test

Das Datenquellen-Fenster bietet nun folgenden Anblick:

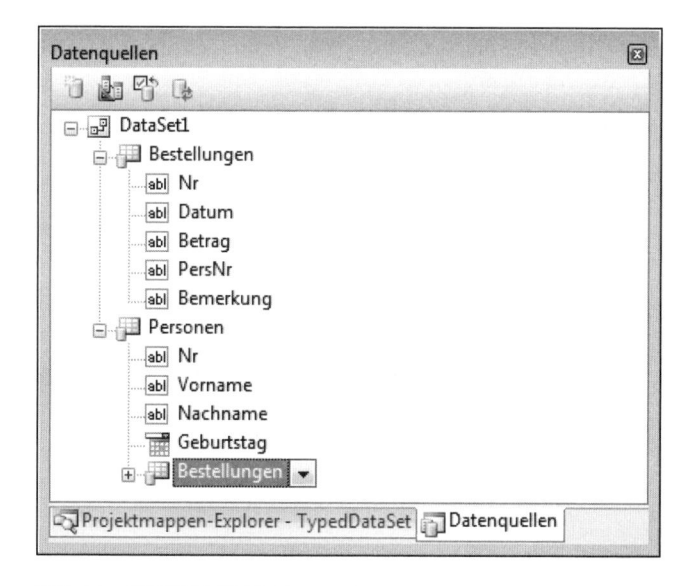

> **HINWEIS:** Achten Sie darauf, dass die Tabelle "Bestellungen" ein zweites Mal erscheint und zwar als 1:n-Relation am Ende der Tabelle "Personen"!

Ein überzeugender Test ist zum gegenwärtigen Zeitpunkt kaum sinnvoll, da uns zwar eine Klasse *DataSet1* als Datenquelle zur Verfügung steht, ein daraus mit *New* erzeugtes Objekt aber zunächst leer ist und noch mühselig mit Daten gefüllt werden müsste. Eine effektive Lösung zeigt das nachfolgende Rezept R10.40.

R10.40 Ein typisiertes DataSet befüllen

In Verbindung mit dem *Assistenten zum Konfigurieren von Datenquellen* bzw. einem *DataTableAdapter* ist es kein Problem, ein typisiertes DataSet mit Daten zu füllen, siehe R10.8 ("Mit einer Datenquelle arbeiten"). Als Ergebnis einer Datenbankabfrage oder eines Webmethodenaufrufs liegt aber häufig ein "normales" *DataSet* vor, für die weitere Informationsverarbeitung möchte man aber gern ein typisiertes DataSet nehmen, welches z.B. als Datenquelle für ein Windows-Frontend oder einen ReportService agieren soll.

Während der umgekehrte Weg (typisiertes DataSet *ds1* => untypisiertes DataSet *ds*) ziemlich einfach ist:

```
Dim ds As DataSet = CType(ds1, DataSet)
```

... funktioniert der folgende Code leider nicht:

```
Dim ds1 As DataSet1 = CType(ds, DataSet1)
```

Der "Dünnbrettbohrer" könnte allerdings wie folgt sein Ziel erreichen:

```
ds.WriteXml("Temp.dat", XmlWriteMode.WriteSchema)
Dim ds1 As New DataSet1()
ds1.ReadXml("Temp.dat")
```

Neben der relativen Langsamkeit hat dieses Verfahren den gravierenden Nachteil, dass als Zwischenspeicher eine temporäre Datei auf der Festplatte herhalten muss. Dies könnte z.B. beim Ausführen des Codes auf einem Internetserver mangels Schreibrechten zur Funktionsunfähigkeit führen.

Vorliegendes Rezept zeigt eine Lösung, wie man die Informationen aus einem gefüllten untypisierten DataSet *ds* in ein leeres typisiertes DataSet *ds1* schaffen kann, ohne dabei mühselig durch alle Zeilen und Spalten der *DataTable*s iterieren zu müssen.

Oberfläche

Auf dem Startformular *Form1* findet ein *DataGrid* seinen Platz. Gegenüber seinem strahlenden Nachfolger, dem *DataGridView*, hat dieses zum Schattendasein verdammte Control den Vorteil, dass man bequem mehrere Tabellen und deren Verknüpfungen betrachten kann. Weiterhin wird ein *Button* benötigt.

Quellcode

```
Imports System.IO

Public Class Form1
```

Die folgende Methode konvertiert ein übergebenes untypisiertes *DataSet* in ein DataSet vom Typ *DataSet1*. Beide DataSets müssen eine identische Struktur haben. Im Zentrum stehen

R10.40 Ein typisiertes DataSet befüllen

dabei die bekannten Methoden *WriteXml* und *ReadXml*, allerdings arbeiten diese nicht mit einer Datei sondern mit einem *MemoryStream*.

```
Public Function ConvertUntypedToTypedDS(ByVal ds As DataSet) As DataSet1
    Dim stream As MemoryStream = Nothing
    Try
        stream = New MemoryStream()
```

DataSet inkl. Strukturinfo in den *MemoryStream* schreiben:

```
        ds.WriteXml(stream, XmlWriteMode.WriteSchema)
```

Position im *MemoryStream* auf Anfang zurück setzen:

```
        stream.Seek(0, SeekOrigin.Begin)
```

Typisiertes *DataSet* instanziieren und Inhalt des *MemoryStream*s zurück in das typisierte DataSet lesen:

```
        Dim ds1 As New DataSet1()
        ds1.ReadXml(stream, XmlReadMode.InferSchema)
        Return ds1
    Catch
        Return Nothing
    Finally
        If stream IsNot Nothing Then stream.Close()
    End Try
End Function
```

Um die Methode *ConvertUntypedToTypedDS* zu testen, brauchen wir sowohl ein gefülltes untypisiertes als auch ein leeres typisiertes *DataSet1* gleicher Struktur. Beide DataSets sollten allerdings nicht nur den Trivialfall einer einzigen Tabelle abdecken, sondern zumindest aus zwei über eine Relation verknüpften Tabellen bestehen.

Zum Erzeugen des "normalen" DataSets verwenden wir die Methode *getTestDS* aus R10.38 ("Ein ungebundenes DataSet erzeugen"). Diese Methode liefert ein DataSet mit den Tabellen *Personen* und *Bestellungen*, die über eine 1:n-Relation miteinander verknüpft sind. Der Fremdschlüssel *PersNr* aus der Tabelle *Bestellungen* zeigt auf den Primärschlüssel *Nr* der Tabelle *Personen*.

Das entsprechende typisierte *DataSet1* steht als Ergebnis von R10.39 ("Ein typisiertes DataSet im Designer erzeugen") zur Verfügung.

Der Aufruf erfolgt durch Klick auf die "Start"-Schaltfläche:

```
Private Sub Button1_Click(ByVal sender As System.Object, ByVal e As System.EventArgs) _
                                            Handles Button1.Click
```

Gefülltes untypisierte *DataSet* holen:

```
Dim ds As DataSet = getTestDS()
```

Nun kann unser typisiertes DataSet befüllt werden:

```
Dim ds1 As DataSet1 = ConvertUntypedToTypedDS(ds)
```

Datengitter mit typisiertem DataSet verbinden:

```
        DataGrid1.DataSource = ds1
    End Sub
End Class
```

Test

Das Ergebnis beweist, dass der Inhalt des untypisierten DataSets inklusive Relationen komplett in seinem typisierten Pendant angekommen ist.

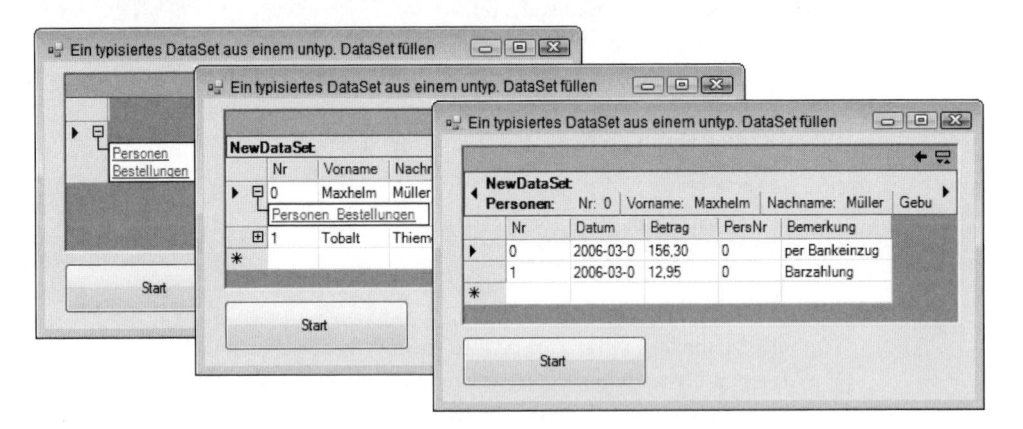

R10.41 Eine LINQ to SQL-Abfrage realisieren

Mit LINQ to SQL steht Ihnen eine weitere Technologie für den schnellen und einfachen Zugriff auf die Daten des Microsoft SQL Servers zur Verfügung. Das vorliegende Rezept zeigt an einem Beispiel die Vorgehensweise.

Basierend auf den 1:n-Beziehungen zwischen den Tabellen *Order, Order_Detail* und *Product* in der *Northwind*-Datenbank wollen wir für eine Bestellung die zugehörigen Artikel anzeigen.

Datenmodell per LINQ to SQL-Designer erzeugen

Fügen Sie Ihrem Projekt eine neue "LINQ to SQL Klasse" hinzu, um den LINQ to SQL-Designer zu öffnen (*Projekt|Neues Element hinzufügen...*). Damit haben Sie bereits die zentrale *DataContext*-Klasse erstellt.

R10.41 Eine LINQ to SQL-Abfrage realisieren

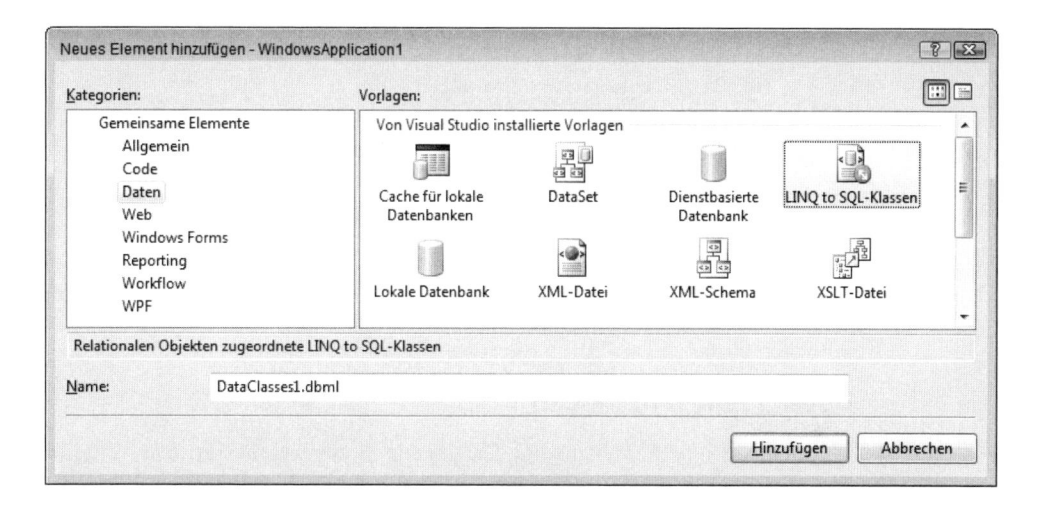

Den Namen dieser Klasse können Sie jetzt gegebenenfalls über das Eigenschaftenfenster anpassen (wir wählen *NWDataContext*).

In die noch leere Arbeitsfläche (diese ähnelt dem Klassendesigner) fügen Sie die benötigten SQL-Server-Tabellen ein. Nutzen Sie dazu den Server-Explorer (siehe linke Seite):

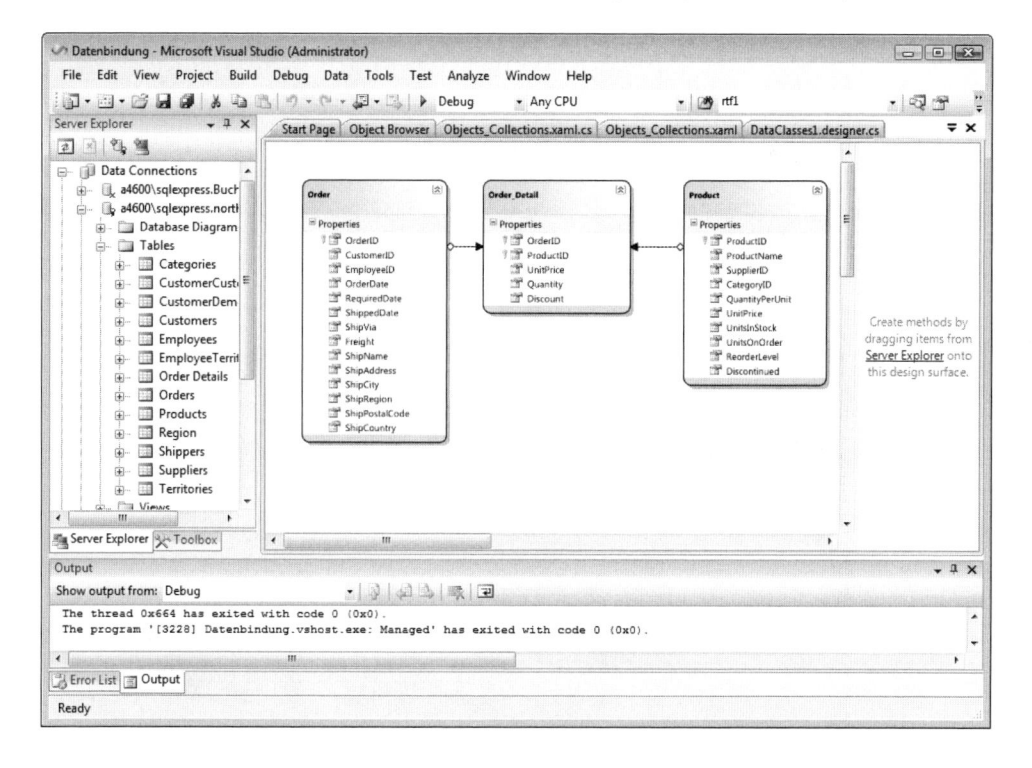

HINWEIS: Für unser Beispiel fügen Sie die Tabellen *Order, Order_Detail* und *Product* ein.

Der Designer erstellt nachfolgend automatisch die erforderlichen VB-Mapperklassen für die einzelnen Tabellen sowie deren Associations.

HINWEIS: Sie können neben reinen Tabellen auch Views bzw. Gespeicherte Prozeduren in den Designer einfügen. Views werden wie Tabellen behandelt, Gespeicherte Prozeduren werden als Methoden der *DataContext*-Klasse mit typisierten Rückgabewerten gemappt.

Datenquelle hinzufügen

Möchten Sie Ihre Formulare mit Datenbindung ausstatten, von den Vorteilen eines Datenbanknavigators profitieren und schon zur Entwurfszeit die Darstellung von Tabellen etc. anpassen, kommen Sie nicht um die Definition einer Datenquelle herum[1].

Öffnen Sie das Fenster "Datenquellen" (Menü *Daten/Datenquellen anzeigen*) und klicken Sie den Link *Neue Datenquelle hinzufügen...*

Im "Assistent zum Konfigurieren von Datenquellen" wählen Sie zunächst den Datenquellentyp *Objekt* aus, nachfolgend spezifizieren Sie die Klasse *Orders*.

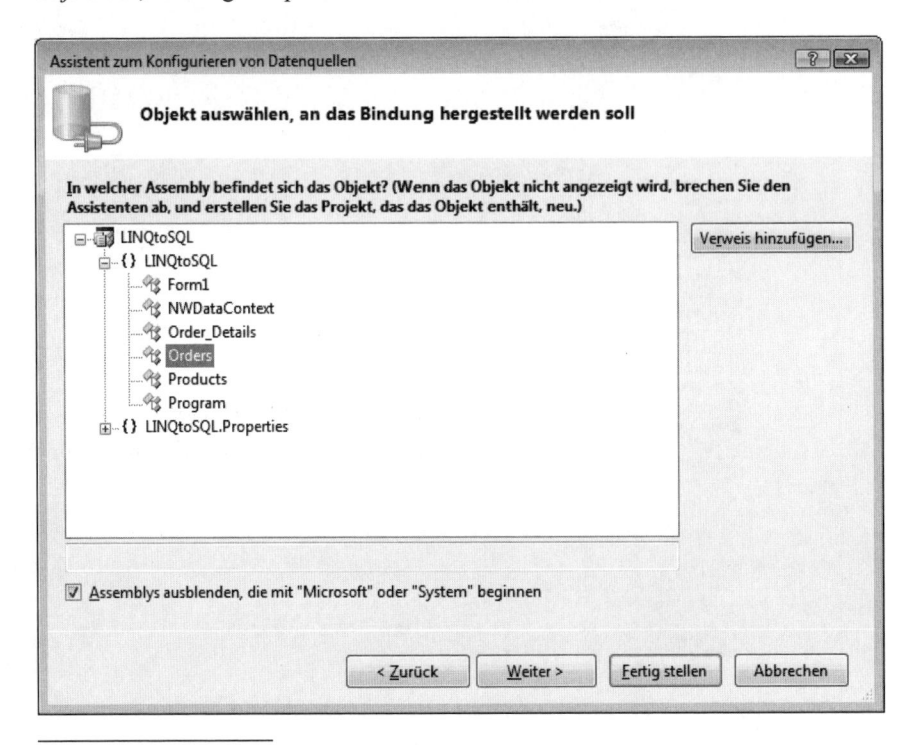

---

[1] Es sei denn, Sie wollen Unmengen von Quellcode schreiben.

Nach dem Klick auf "Fertigstellen" erscheint die Objekt-Datenquelle *Orders* im Datenquellenfenster. Um die Klassen *Order_Details* und *Products* brauchen wir uns nicht zu kümmern, diese wird dank Assoziation bereits unterhalb der Klasse *Orders* in der Liste der Datenquellen aufgeführt:

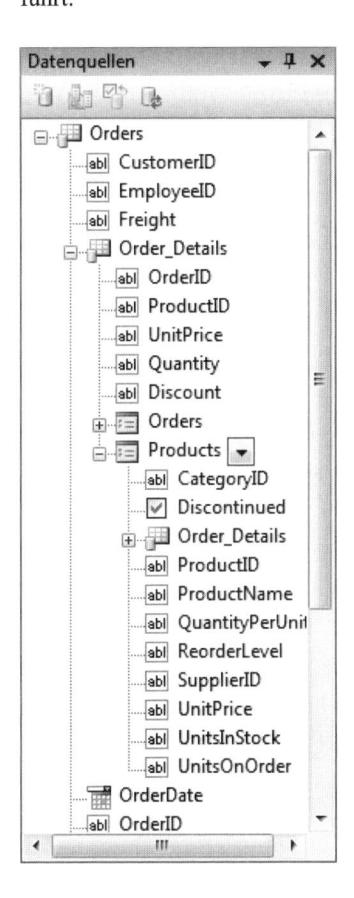

```
Datenquellen
├─ Orders
│   ├─ CustomerID
│   ├─ EmployeeID
│   ├─ Freight
│   ├─ Order_Details
│   │   ├─ OrderID
│   │   ├─ ProductID
│   │   ├─ UnitPrice
│   │   ├─ Quantity
│   │   ├─ Discount
│   │   ├─ Orders
│   │   └─ Products
│   │       ├─ CategoryID
│   │       ├─ Discontinued
│   │       ├─ Order_Details
│   │       ├─ ProductID
│   │       ├─ ProductName
│   │       ├─ QuantityPerUnit
│   │       ├─ ReorderLevel
│   │       ├─ SupplierID
│   │       ├─ UnitPrice
│   │       ├─ UnitsInStock
│   │       └─ UnitsOnOrder
│   ├─ OrderDate
│   └─ OrderID
```

Oberfläche

Ziehen Sie die Datenquelle *Orders* per Drag & Drop auf das Startformular *Form1*, so wird von einem im Hintergrund agierenden Assistenten automatisch eine Benutzerschnittstelle generiert, die standardmäßig aus *DataGridView*, *BindingSource* und *BindingNavigator* besteht.

Zu diesem Zeitpunkt werden bereits alle Spalten im *DataGridView* angezeigt, Sie können bei Bedarf diese an Ihre Vorgaben anpassen (Kontextmenü *Spalten bearbeiten*).

HINWEIS: Wenn Sie das Programm jetzt starten, bleibt das Datengitter leer, da der *BindingSource* noch keine **Instanz** der *Orders*-Liste zugewiesen wurde.

Ergänzen Sie also den Formularcode wie folgt:

```
Public Class Form1
```

Instanz des *DataContext* erzeugen:

```
    Private dbnw As New NWDataContext()
    Private Sub Form1_Load(ByVal sender As System.Object, ByVal e As System.EventArgs) _
                  Handles MyBase.Load
        OrdersBindingSource.DataSource = dbnw.Orders
```

Alternativ können Sie auch mit LINQ to SQL erst die Daten filtern/sortieren etc.:

```
        'Dim Orders = From o In dbnw.Orders ... Select o
        'OrdersBindingSource.DataSource = Orders
    End Sub
End Class
```

Auch die Anzeige von Detaildaten, in unserem Fall die den Bestellungen zugeordneten Details, stellt uns vor keine allzu große Hürde. Ziehen Sie einfach aus dem Datenquellenfenster die Klasse *Order_Details* in das Formular, um ein entsprechende *DataGridView* inklusive *BindingSource* zu erzeugen.

Und welchen Code müssen wir schreiben? Keinen, da durch die Assoziation zwischen beiden Klassen bereits alle Informationen vorliegen, um die erforderlichen Daten per SQL abzurufen.

Test

Starten Sie die Anwendung und wechseln Sie im linken *DataGridView* zwischen den einzelnen Bestellungen, um sich rechts die zugehörigen Details anzeigen zu lassen:

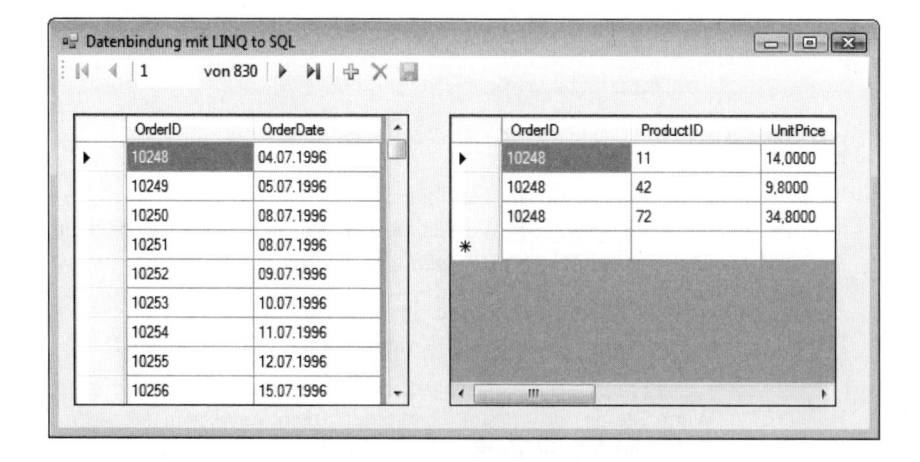

HINWEIS: Ausführlicher gehen wir auf das Thema "LINQ to SQL" in unserem Buch [*Datenbankprogrammierung mit Visual Basic 2008*] ein.

Kapitel 11

Reporting Services

R11.1 Einen einfachen Bericht entwerfen

In diesem Rezept wollen wir mit minimalem Aufwand einen Bericht auf Basis der relativ neuen XML-basierten *Microsoft Reporting Services* erstellen. Dabei ist in drei Schritten vorzugehen:

- Erzeugen einer Datenquelle
- Entwurf des Reports (*.rdlc*-Datei)
- Verbinden des Reports mit einem *ReportViewer*

Ziel unseres Beispiels ist die Ausgabe der "Kunden"-Tabelle aus der Datenbank *Nordwind.mdb*.

Datenquelle erzeugen

- Nachdem Sie ein neues Projekt vom Typ *Windows Forms-Anwendung*.geöffnet haben ziehen Sie per Drag & Drop die Datenbank *Nordwind.mdb* vom Windows-Explorer in den Projektmappen-Explorer (die Datenbank erscheint dort als kleine gelbe Tonne).

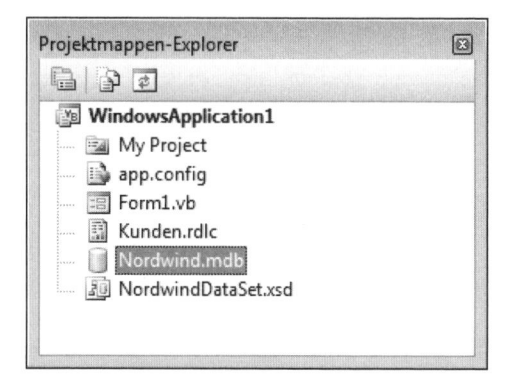

- Der *Assistent zum Konfigurieren von Datenquellen* erscheint und fordert Sie zur Auswahl der Datenbankobjekte auf. Markieren Sie die Tabelle "Kunden", belassen Sie es bei *DataSet-Name = NordwindDataSet* und klicken Sie auf die "Fertigstellen"-Schaltfläche.

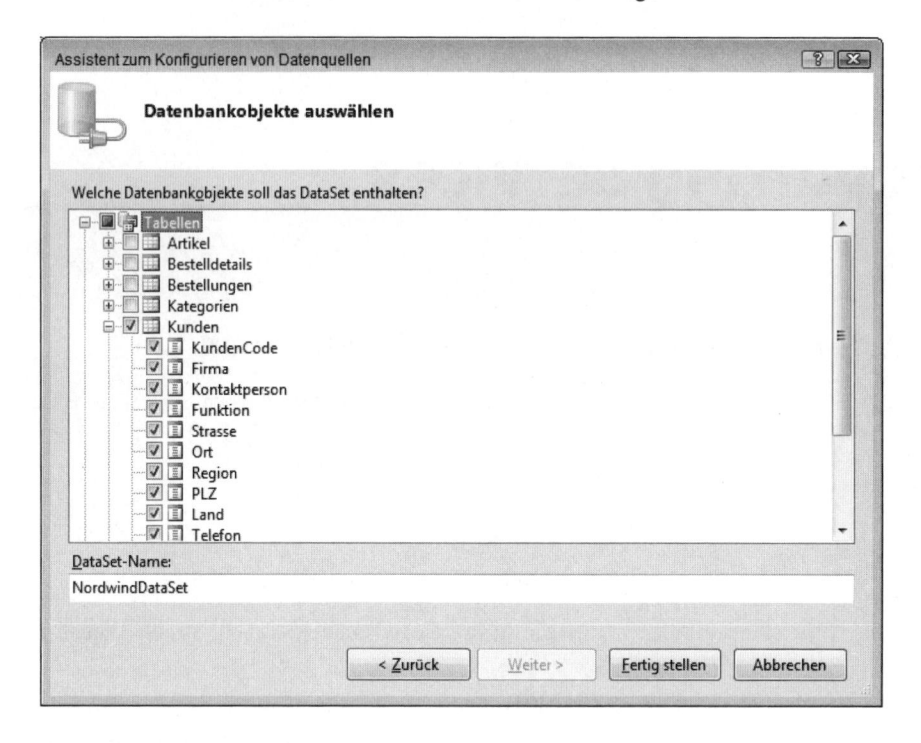

Report entwerfen

- Über das Menü *Projekt/Neues Element hinzufügen...* wählen Sie die Vorlage *Bericht*, wobei Sie den Standardnamen *Report1.rdlc* für die Reportdatei in *Kunden.rdlc* ändern sollten.

- Es erscheint der Report Designer, auf dessen Oberfläche Sie ein Element vom Typ *Tabelle* von der Toolbox absetzen. Falls die Toolbox nicht zu sehen ist, wählen Sie das Menü *Ansicht/Toolbox*.

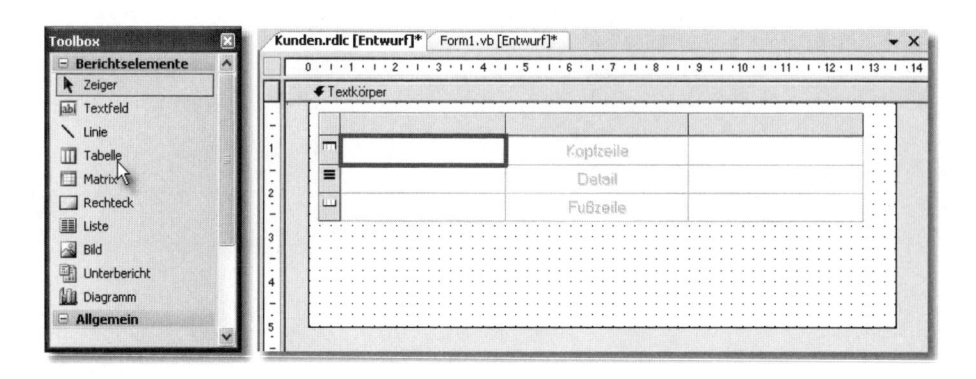

- Über das Menü *Daten/Datenquellen anzeigen* bringen Sie das "Datenquellen"-Fenster zur Ansicht, in welchem jetzt das typisierte *NorwindDataSet* zu sehen sein müsste. Per Drag & Drop ziehen Sie nun die gewünschten *Kunden*-Felder auf die "Detail"-Zeile (die mittlere Zeile) der Report-Tabelle, wobei die Kopfzeile automatisch ergänzt wird.

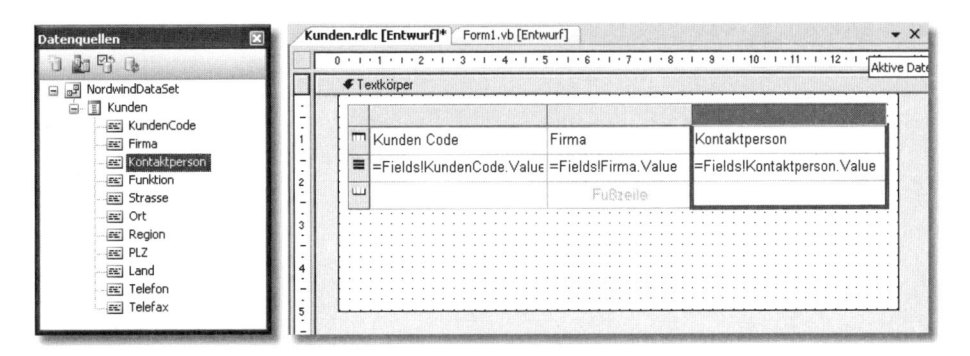

- Da eine Tabelle standardmäßig mit nur drei Spalten erzeugt wird, müssen Sie per Kontextmenü weitere Spalten hinzufügen:

- Formatieren Sie die Zellen der Report-Tabelle, z.B. die Schriftart, nach eigenem Ermessen über das Eigenschaftenfenster (F4) bzw. einen Eigenschaftendialog (Kontextmenü *Eigenschaften*). Die Spaltenbreite stellen Sie mit der Maus ein.

Report mit ReportViewer verbinden

- Auf das Startformular *Form1* platzieren Sie eine *ReportViewer*-Komponente aus der *Daten*-Sektion der Toolbox und setzen die *Dock*-Eigenschaft auf *Fill*.

- Im Aufgaben-Menü der *ReportViewer*-Komponente wählen Sie jetzt die Reportdatei *Kunden.rdlc* aus. In der Folge werden die Instanzen *NordwindDataSet*, *KundenBindingSource* und *KundenTableAdapter* erzeugt und im Komponentenfach sichtbar.

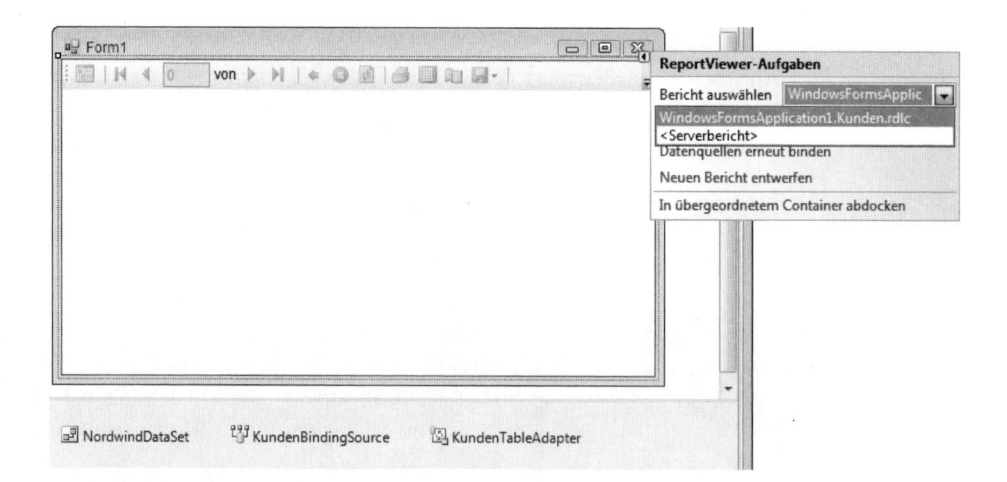

- Der *ReportViewer* ist nun bereit für die Anzeige der *Kunden*-Tabelle. Starten Sie das Programm (F5). Während der mehr oder weniger langen Wartezeit erscheint eine animierte Meldung:

- Das Ergebnis:

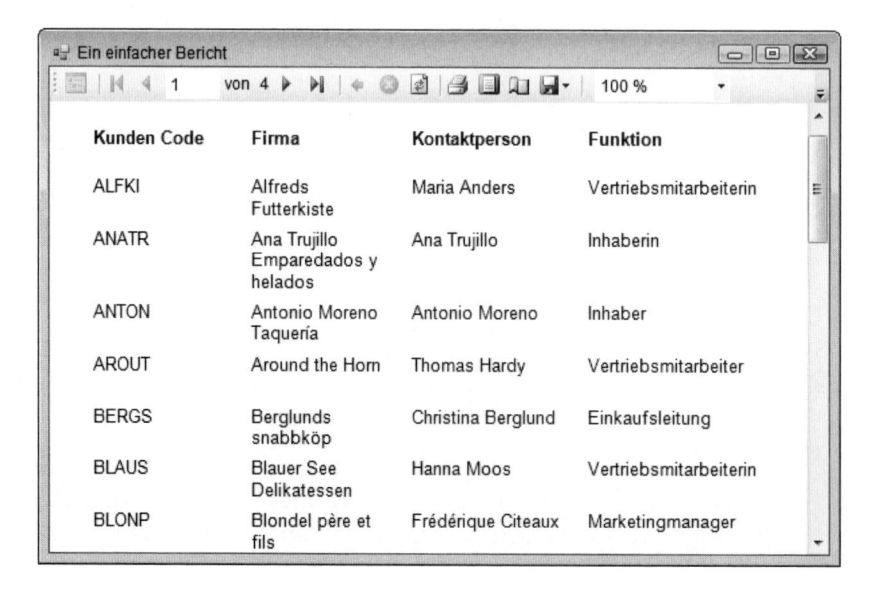

- Über die Navigatorleiste haben Sie jetzt die Möglichkeit durch den Report zu blättern, den Report auszudrucken, die Seite einzurichten (z.B. Querformat), das Seitenlayout anzuzeigen, den Report im Excel oder PDF-Format zu exportieren, die Größe der Anzeige zu ändern oder nach Text zu suchen.

R11.2 Einen Bericht ohne Assistentenhilfe erstellen

Im Vorgängerrezept R11.1 ("Einen einfachen Bericht entwerfen") hatten wir die Datenbindung des *ReportViewer*s einem Assistenten überlassen und auch das typisierte DataSet *Nordwind-DataSet* wurde mit Assistentenhilfe generiert. Im vorliegenden Rezept wird das gleiche Problem in "Handarbeit" gelöst. Sie werden feststellen, dass der zusätzliche Aufwand gar nicht so groß ist und die Zusammenhänge zwischen den beteiligten Komponenten dafür umso klarer hervortreten.

NordwindDataSet im Xsd-Designer erzeugen

Starten Sie eine neue Windows Forms-Anwendung. Diesmal verzichten wir auf die Dienste des *Assistenten zum Konfigurieren von Datenquellen* und beschreiten einen anderen Weg, bei dem wir die Daten aus einer Xml-Datei laden werden. Über das Menü *Projekt/Neues Element hinzufügen...* fügen wir ein (typisiertes) *DataSet* hinzu und geben ihm den Namen *NordwindDataSet.xsd*.

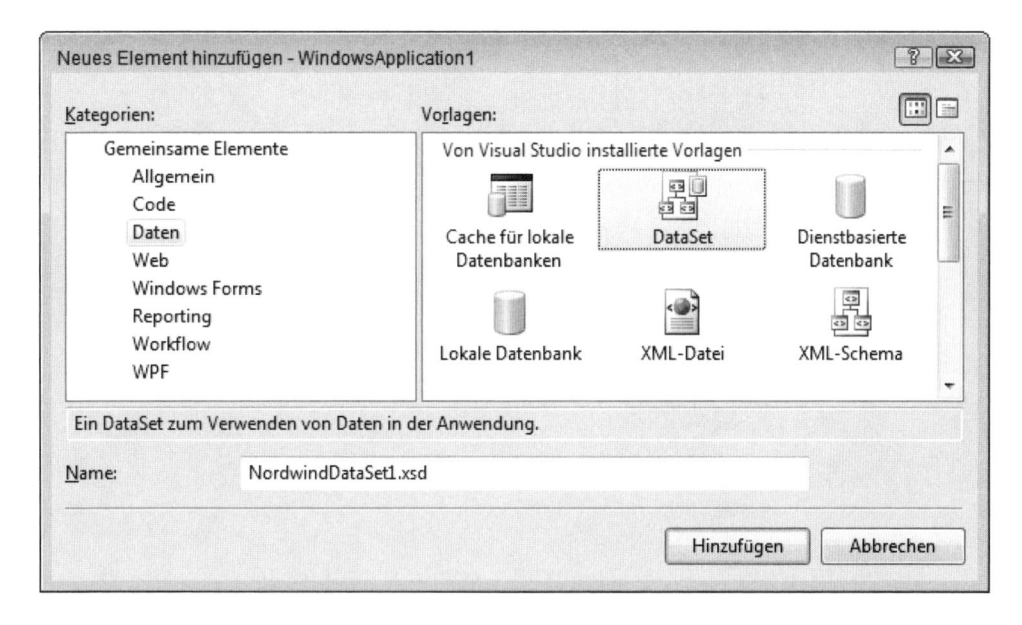

Es öffnet sich der Xsd-Designer. Klicken Sie auf die leere Fläche und fügen Sie per Kontextmenü eine neue *DataTable* hinzu:

Es dürfte für Sie kein Problem sein, die Tabelle in "Kunden" umzubenennen und über das *Hinzufügen*-Kontextmenü mit Spalten (*KundenCode*, *Firma*, *Kontaktperson*, *Funktion*, *Strasse*, *Ort* ...) und einem Primärschlüssel entsprechend der folgenden Abbildung auszustatten. Da der Datentyp aller Spalten standardmäßig *System.String* ist, brauchen wir in unserem Fall die Datentypen nicht zu ändern.

Ein Klick auf das Menü *Daten/Datenquellen anzeigen* beweist, dass unser typisiertes DataSet jetzt als Datenquelle zur Verfügung steht:

Bericht entwerfen

Über das Menü Projekt/*Neues Element hinzufügen...* fügen Sie einen Bericht mit dem Namen *Kunden.rdlc* hinzu. Der Drag & Drop-Entwurf unterscheidet sich nicht vom Vorgängerrezept R11.1. Um aber keine Langeweile aufkommen zu lassen, wollen wir diesmal statt einer *Tabelle* eine *Liste* nehmen. Die *Liste* füllen wir mit *Textfeld*ern entsprechend der Spaltenbreite aus und ziehen die entsprechenden Felder der "Kunden"-Tabelle hinein. Für die Spaltenüberschriften nehmen wir ebenfalls *Textfeld*er, die wir diesmal aber per Hand mit der Spaltenüberschrift ausfüllen müssen. Zur optischen Trennung zwischen Liste und Listenkopf dient ein *Linie*-Element.

KundenCode	Firma	Kontaktperson	Funktion	Strasse	Ort
=Fields!Kunder	=Fields!Firma.Value	=Fields!Kontaktpers	=Fields!Funktion.Value	=Fields!Strasse.Valu	=Fields!Ort.Value

ReportViewer anbinden

Setzen Sie einen *ReportViewer* auf das Startformular *Form1*. Um ihn mit dem Report und mit der Datenquelle zu verbinden, verwenden wir diesmal allerdings nicht das Aufgaben-Menü des *ReportViewer*s, sondern erledigen das per Code:

```
Imports Microsoft.Reporting.WinForms

Public Class Form1
    Private Sub Form1_Load(ByVal sender As System.Object, ByVal e As System.EventArgs) _
                                                                   Handles MyBase.Load
```

Eine Instanz des typisierten DataSets erzeugen:

```
Dim nwDS As New NordwindDataSet()
```

Anstatt aus der Datenbank *Nordwind.mdb* wollen wir das DataSet diesmal ressourcenschonend aus der Datei *Kunden.xml* laden, die sich im Anwendungsverzeichnis befindet (siehe Buch-CD):

```
nwDS.ReadXml("Kunden.xml")
```

Eine *BindingSource*-Komponente für die *Kunden*-Tabelle erzeugen:

```
Dim kundenBindingSource As New BindingSource()
kundenBindingSource.DataSource = nwDS
kundenBindingSource.DataMember = "Kunden"
```

Eine Report-Datenquelle erzeugen, der im Konstruktor übergebene Namen entspricht dabei der Bezeichnung im Dialog "Berichtsdatenquellen" (Menü *Bericht/Datenquellen...*) des Report-Designers:

```
Dim rds1 As New ReportDataSource("NordwindDataSet_Kunden")
```

Der Report-Datenquelle die *BindingSource* zuweisen und zum Report hinzufügen:

```
rds1.Value = kundenBindingSource
ReportViewer1.LocalReport.DataSources.Add(rds1)
```

Den *ReportViewer* mit seiner Report-Ressource verbinden:

```
        ReportViewer1.LocalReport.ReportEmbeddedResource = "WindowsApplication1.Kunden.rdlc"
        Me.ReportViewer1.RefreshReport()
    End Sub
End Class
```

Test

Das Ergebnis ist die folgende Berichtsvorschau, die im Wesentlichen dem Vorgängerrezept R11.1 entspricht:

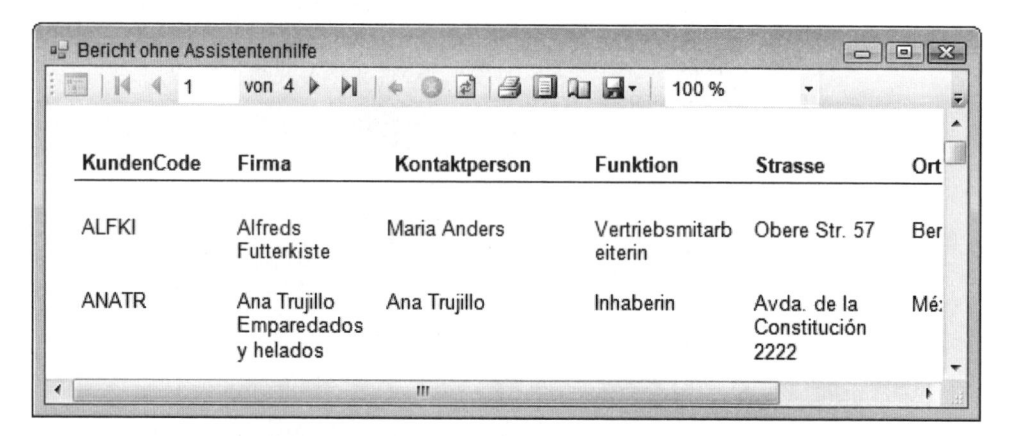

R11.3 Im Bericht sortieren

Dieses Rezept zeigt zwei Varianten, die zu einer sortierten Anzeige im Bericht führen. Neben der einfachen Lösung, bei der die Sortierfolge bereits zur Entwurfszeit einmalig fest eingestellt wird, zeigen wir, dass man unter Verwendung eines Parameters die Sortierfolge auch erst zur Laufzeit festlegen kann.

Vorbereitungen

Für den Reportentwurf muss eine Datenquelle *NordwindDataSet* mit der Tabelle "Bestellungen" zur Verfügung stehen. Das Befüllen dieser Tabelle mit Daten erfolgt nicht aus *Nordwind.mdb*, sondern aus einer Datei *Bestellungen.xml*, die sich im Anwendungsverzeichnis befindet (siehe R11.2 bzw. Buch-CD).

Oberfläche

Auf dem Startformular *Form1* finden ein *ReportViewer* und eine *ComboBox* ihren Platz. Füllen Sie die *Items*-Auflistung der *ComboBox* mit einigen Feldbezeichnern (*BestellNr, KundenCode, Frachtkosten*), die später unsere Sortierparameter sein sollen. Fügen Sie einen Bericht *Bestellungen.rdlc* hinzu, den Sie auf herkömmliche Weise mit einer *Tabelle* ausstatten.

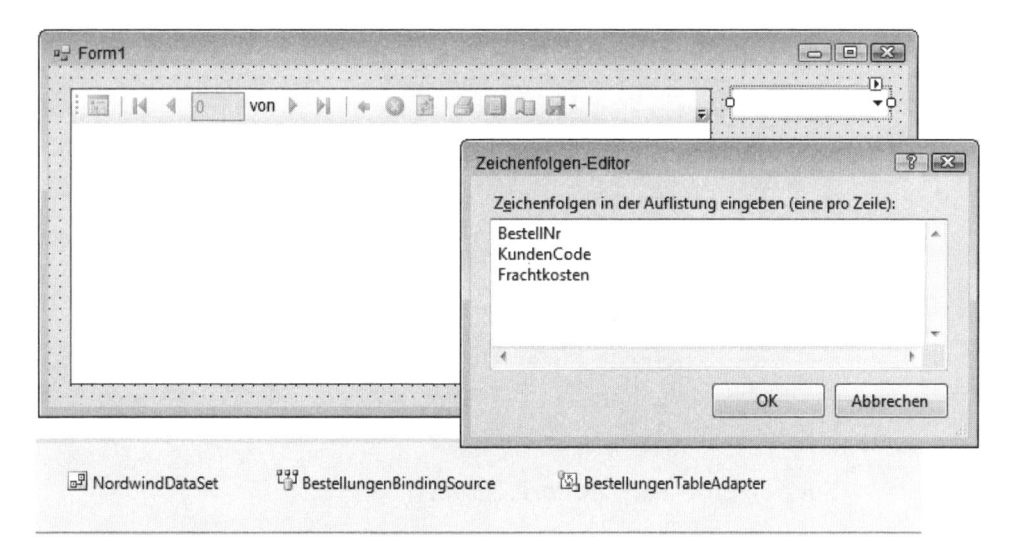

Feste Sortierfolge

Das Einstellen einer festen Sortierfolge ist überhaupt kein Problem. Die Report-Steuerelemente *Tabelle* und *Liste* verfügen über ein Kontextmenü *Eigenschaften*, mit welchem der mehrseitige Dialog "Tabelleneigenschaften" bzw. "Listeneigenschaften" aufgerufen wird. Auf der Seite "Sortierung" haben Sie die Möglichkeit, die Spalte(n) und die Richtungen festzulegen, nach denen sortiert werden soll.

Sortierfolge zur Laufzeit ändern

Wollen Sie erst zur Laufzeit die Sortierfolge bestimmen, so kommen Sie nicht um die Definition eines Parameters herum. Öffnen Sie dazu den monströsen "Berichtsparameter"-Dialog (Menü *Bericht/Berichtsparameter...*).

HINWEIS: Das *Bericht*-Menü steht nur bei geöffnetem Report-Designer zur Verfügung. Falls es dennoch fehlt, klicken Sie einfach auf die Oberfläche des Report-Designers.

Tragen Sie rechts oben die Eigenschaften Name = *prmSortField* und Datentyp = *String* ein und klicken Sie anschließend links unten die "Hinzufügen"-Schaltfläche.

R11.3 Im Bericht sortieren

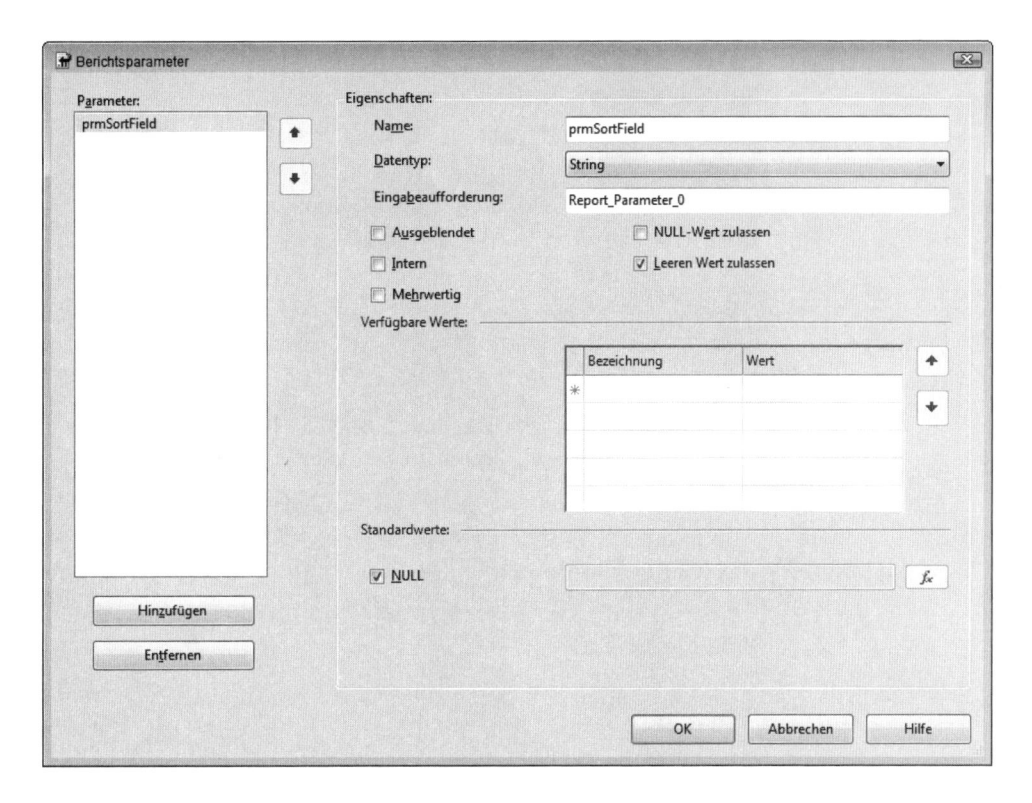

Öffnen Sie nun den Dialog "Tabelleneigenschaften" über das *Eigenschaften*-Kontextmenü der Tabelle und wählen Sie die Seite "Sortierung". In die Spalte "Ausdruck" tragen Sie diesmal jedoch keinen der per Klappbox angebotenen Werte ein (siehe oben), sondern öffnen den Ausdruckseditor. Tippen Sie den folgenden Ausdruck ein, der unter Verwendung der *Switch*-Funktion eine vom Wert des Parameters *prmSortField* gesteuerteAuswahl zwischen drei Sortiermöglichkeiten vornimmt:

```
=Switch(Parameters!prmSortField.Value = "BestellNr", Fields!BestellNr.Value,
        Parameters!prmSortField.Value = "KundenCode", Fields!KundenCode.Value,
        Parameters!prmSortField.Value = "Frachtkosten", Fields!Frachtkosten.Value)
```

Quellcode Form1

```
Imports Microsoft.Reporting.WinForms
Public Class Form1
```

Beim Laden des Formulars werden die üblichen Routineaktivitäten durchgeführt:

```
Private Sub Form1_Load(ByVal sender As System.Object, ByVal e As System.EventArgs) _
                                                              Handles MyBase.Load
```

```
        Dim nwDS As New NordwindDataSet()
        nwDS.ReadXml("Bestellungen.xml")
        Dim rds1 As New ReportDataSource("NordwindDataSet_Bestellungen")
        rds1.Value = nwDS.Bestellungen
        ReportViewer1.LocalReport.DataSources.Add(rds1)
        ReportViewer1.LocalReport.ReportEmbeddedResource = _
                                    "WindowsApplication1.Bestellungen.rdlc"

        ComboBox1.SelectedIndex = 0
        Me.ReportViewer1.RefreshReport()
    End Sub
```

Zum Kern des Rezepts kommen wir erst jetzt, denn der Parameter wird in der *ComboBox* ausgewiesen und zugewiesen, anschließend wird die Report-Anzeige aktualisiert:

```
    Private Sub ComboBox1_SelectedValueChanged(ByVal sender As System.Object, ByVal e As _
                           System.EventArgs) Handles ComboBox1.SelectedValueChanged
        Dim prms() As ReportParameter = {New ReportParameter("prmSortField", ComboBox1.Text)}
        ReportViewer1.LocalReport.SetParameters(prms)
        Me.ReportViewer1.RefreshReport()
    End Sub
End Class
```

Test

Nach dem Erscheinen des Reports können Sie rechts in der *ComboBox* das Feld auswählen, welches die Sortierfolge bestimmen soll.

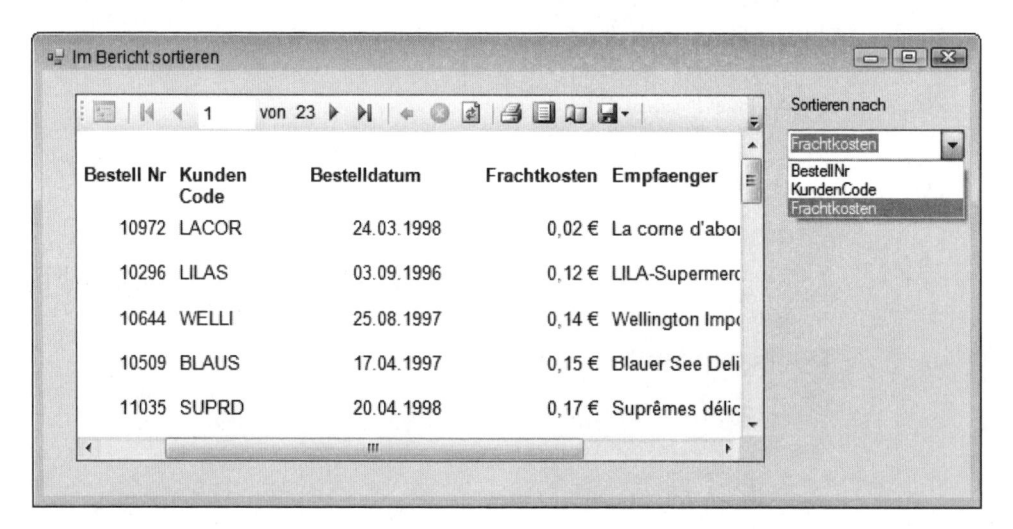

R11.4 Im Bericht filtern

Ein Bericht soll die von einem bestimmten *Kunden* aufgegebenen *Bestellungen* anzeigen, wobei vorher der *KundenCode* vom Anwender abzufragen ist. Außerdem soll es möglich sein, nur die Bestellungen aufzurufen, deren *Frachtkosten* einen bestimmten Betrag überschreiten.

Ähnlich wie beim Sortieren (siehe R11.3) haben wir hier zwei Möglichkeiten: unveränderliches Filter oder flexibles Filter unter Verwendunung eines Parameters. Letztere Variante soll Gegenstand dieses Rezepts sein.

Oberfläche

Auf dem Startformular *Form1* finden ein *ReportViewer*, eine *ComboBox* und eine *TextBox* ihren Platz. Füllen Sie die *Items*-Auflistung der *ComboBox* mit einigen *KundenCode*s.

Fügen Sie einen Bericht *Bestellungen.rdlc* hinzu, den Sie mit einem *Textfeld* und einer *Tabelle* ausstatten.

Datenquelle

HINWEIS: Für den Reportentwurf muss eine Datenquelle *NordwindDataSet* mit der Tabelle "Bestellungen" zur Verfügung stehen. Das Befüllen dieser Tabelle mit Daten erfolgt aus einer Datei *Bestellungen.xml*, die sich im Anwendungsverzeichnis befindet (siehe R11.2 bzw. Buch-CD).

Parameterdefinition

Zur Definition von Parametern dient der monströse "Berichtsparameter"-Dialog, den Sie über das Menü *Bericht/Berichtsparameter...* öffnen.

HINWEIS: Das *Bericht*-Menü steht nur bei geöffnetem Report-Designer zur Verfügung. Falls es dennoch fehlt, klicken Sie einfach auf die Oberfläche des Report-Designers.

Wir benötigen zwei Parameter.

- Klicken Sie links unten die "Hinzufügen"-Schaltfläche und tragen Sie rechts oben die Eigenschaften *Name => prmKuCode* und *Datentyp => String* ein.
- Gleiches wiederholen Sie für den Parameter *prmMinFK* (ebenfalls *String*-Datentyp).

Parameter prmKuCode

Der Paramter *prmKuCode* wird an zwei Stellen im Bericht benötigt: zum Anpassen der Überschrift und zum Filtern des Tabelleninhalts.

Um den Parameter in die Überschrift des Berichts (oberes *Textfeld*) einzubauen, tragen Sie den folgenden Ausdruck ein:

```
="Bestellungen von " & Parameters!prmKuCode.Value
```

Markieren Sie dann die *Tabelle* und wählen Sie das Kontextmenü *Eigenschaften*. Auf der "Filter"-Seite des Dialogs "Tabelleneigenschaften" ist der folgende Ausdruck einzustellen:

```
Ausdruck:   =Fields!KundenCode.Value
Operator:   =
Wert:       =Parameters!prmKuCode.Value
```

Parameter prmMinFK

Fügen Sie zur "Filter"-Seite des Dialogs "Tabelleneigenschaften" den folgenden Ausdruck hinzu:

```
Ausdruck:   =Val(Fields!Frachtkosten.Value)
Operator:   >=
Wert:       =Val(Parameters!prmMinFK.Value)
```

Parameter an Bericht übergeben

```vb
Imports Microsoft.Reporting.WinForms
Public Class Form1
```

Beim Laden des Formulars wird die Datenquelle auf übliche Weise instanziiert und gefüllt (siehe Buch-CD):

```vb
Private Sub Form1_Load(ByVal sender As System.Object, ByVal e As System.EventArgs) _
                                                           Handles MyBase.Load
    Dim nwDS As New NordwindDataSet()
    nwDS.ReadXml("Bestellungen.xml")
    Dim rds1 As New ReportDataSource("NordwindDataSet_Bestellungen")
    rds1.Value = nwDS.Bestellungen
    ReportViewer1.LocalReport.DataSources.Add(rds1)
    ReportViewer1.LocalReport.ReportEmbeddedResource = _
                                        "WindowsApplication1.Bestellungen.rdlc"
    ComboBox1.SelectedIndex = 0
    Me.ReportViewer1.RefreshReport()
End Sub
```

Die folgende Methode übernimmt die Übergabe der beiden Parameter an den Report:

```vb
Private Sub setParameters()
    Dim prms() As ReportParameter = {New ReportParameter("prmKuCode", ComboBox1.Text), _
                                     New ReportParameter("prmMinFK", TextBox1.Text)}
    ReportViewer1.LocalReport.SetParameters(prms)
    Me.ReportViewer1.RefreshReport()
End Sub
```

Der Aufruf der Methode *setParameters* erfolgt nach Auswahl eines Kunden in der *ComboBox* oder nach Eingabe eines neuen unteren Grenzwerts für die Frachtkosten in die *TextBox*:

```vb
Private Sub ComboBox1_SelectedValueChanged(ByVal sender As System.Object, ByVal e As _
                       System.EventArgs) Handles ComboBox1.SelectedValueChanged
    setParameters()
End Sub

Private Sub TextBox1_KeyUp(ByVal sender As System.Object, _
                ByVal e As   System.Windows.Forms.KeyEventArgs) Handles TextBox1.KeyUp
    If (e.KeyCode = Keys.Enter) AndAlso (TextBox1.Text <> String.Empty) Then
        setParameters()
    End If
End Sub
End Class
```

Test

Ob Sie einen anderen Kunden auswählen oder einen neuen Minimalbetrag eingeben ist völlig Wurst: der Report wird sofort aktualisiert.

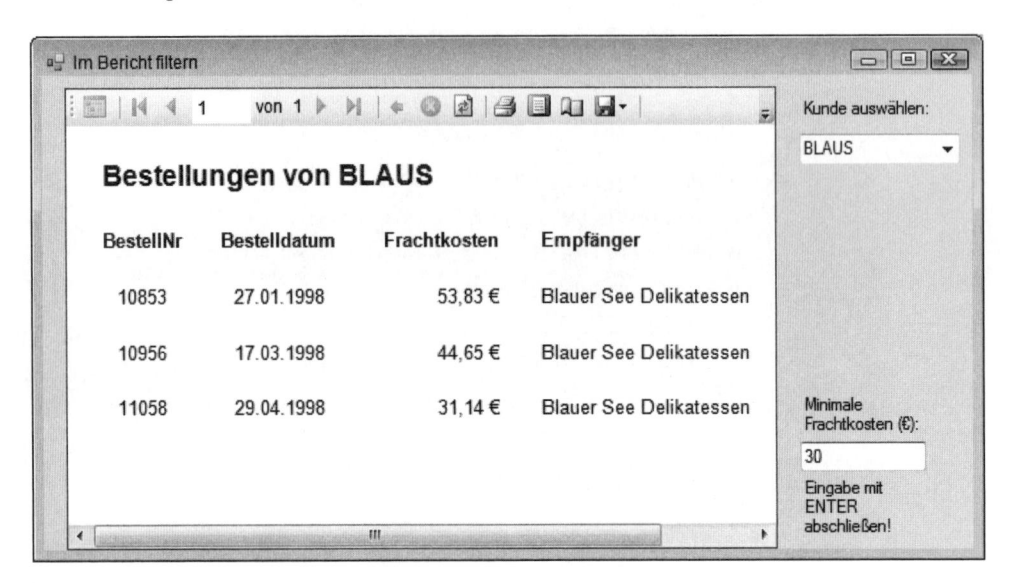

R11.5 Im Bericht gruppieren

Ein Gruppieren der Datensätze steigert Übersichtlichkeit und Aussagekraft eines Berichts. Das vorliegende Rezept demonstriert dies anhand der Tabelle "Bestellungen" aus *Nordwind.mdb*.

Oberfläche

Auf das Startformular *Form1* setzen Sie eine *ReportViewer*-Komponente. Fügen Sie einen Bericht *Bestellungen.rdlc* hinzu, den Sie mit einer *Tabelle* ausstatten, um ihn danach auf gewohnte Weise zu gestalten.

Datenquelle

Für den Reportentwurf muss eine Datenquelle *NordwindDataSet* mit der Tabelle "Bestellungen" zur Verfügung stehen. Das Befüllen dieser Tabelle mit Daten erfolgt aus einer Datei *Bestellungen.xml*, die sich im Anwendungsverzeichnis befindet (siehe R11.2 bzw. Buch-CD).

Gruppe hinzufügen

Markieren Sie die *Tabelle* im Report und klicken Sie mit der rechten Maustaste auf deren dünnen grauen Rand, sodass Sie das *Eigenschaften*-Kontextmenü aufrufen können. Im Dialog "Tabelleneigenschaften" öffnen Sie die Seite "Gruppen" und fügen eine neue Gruppierung hinzu.

R11.5 Im Bericht gruppieren

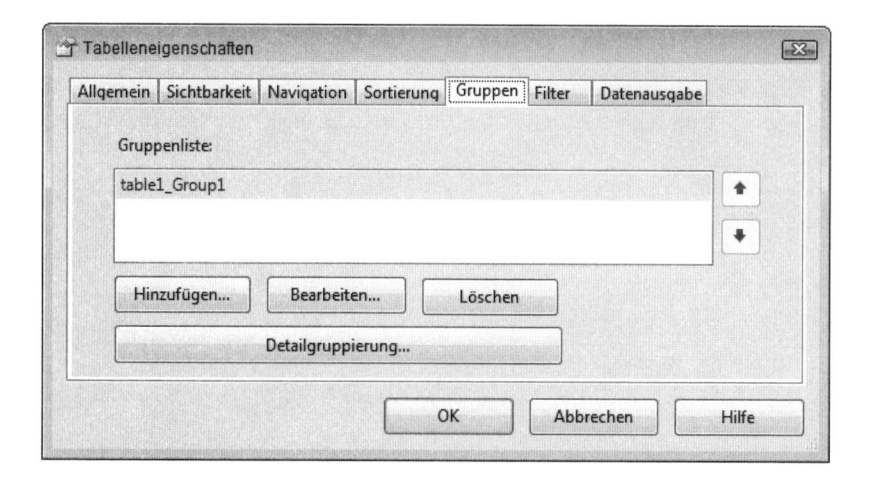

Anschließend klicken Sie die "Bearbeiten"-Schaltfläche um die Gruppierungs- und Sortierungseigenschaften einzustellen. Über die Klappbox wählen Sie den gewünschte Ausdruck (*=Fields!Verkäufer.Value*), nach welchem gruppiert werden soll.

Setzen Sie die Häkchen bei "Gruppenkopf einschließen" und "Gruppenfuß einschließen".

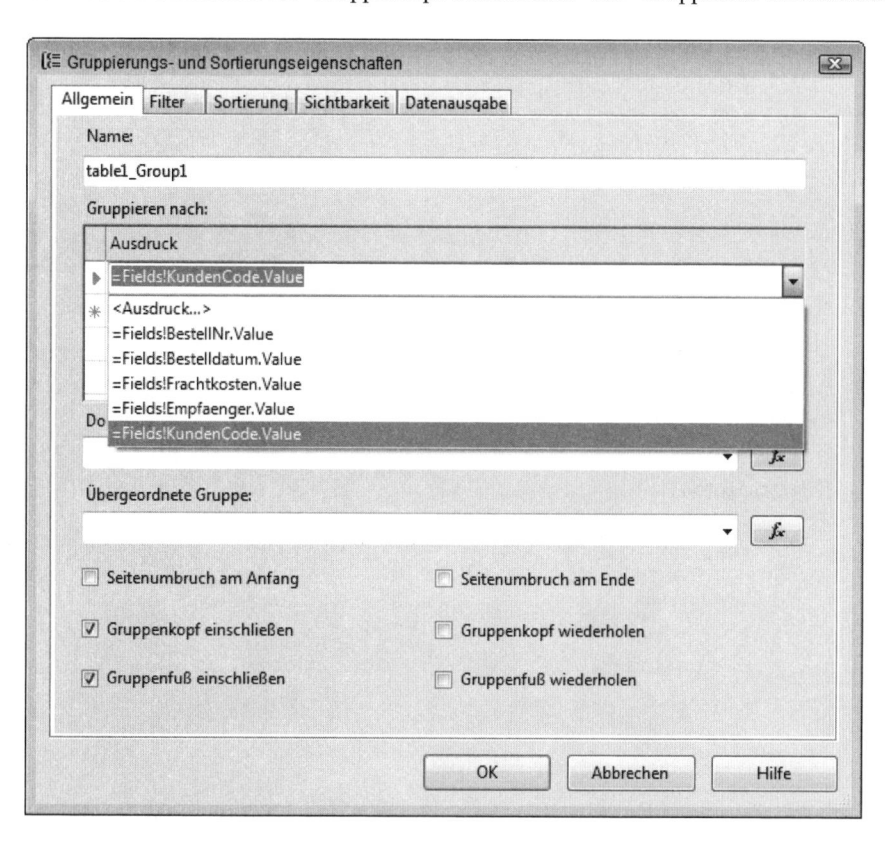

Natürlich könnte der Bericht z.B. auch nach dem Bestelldatum gruppiert werden.

Nachdem Sie den Dialog mit "OK" wieder geschlossen haben, tragen Sie die Ausdrücke für die Gruppen- und die Gesamtsumme der *Frachtkosten* in die *Tabelle* ein: *=Sum(Fields!Frachtkosten.Value)*.

> **HINWEIS:** Um Einzelzellen zu vereinigen, markieren Sie diese (bei gedrückter *Strg*-Taste) und wählen dann im Kontextmenü den Eintrag *Zellen zusammenführen*.

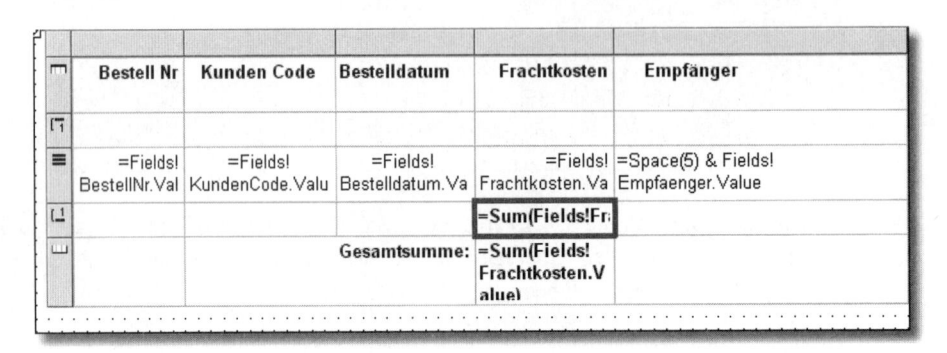

	Bestell Nr	Kunden Code	Bestelldatum	Frachtkosten	Empfänger
	=Fields! BestellNr.Val	=Fields! KundenCode.Valu	=Fields! Bestelldatum.Va	=Fields! Frachtkosten.Va	=Space(5) & Fields! Empfaenger.Value
				=Sum(Fields!Fr.	
			Gesamtsumme:	=Sum(Fields! Frachtkosten.V alue)	

Damit sich innerhalb der Gruppe der Name des Kunden nicht ständig wiederholt, setzen Sie im Eigenschaftenfenster des entsprechenden *Textfeld*es auf der Registerkarte "Allgemein" unten die Eigenschaft *Duplikate ausblenden* auf den Namen der Gruppe:

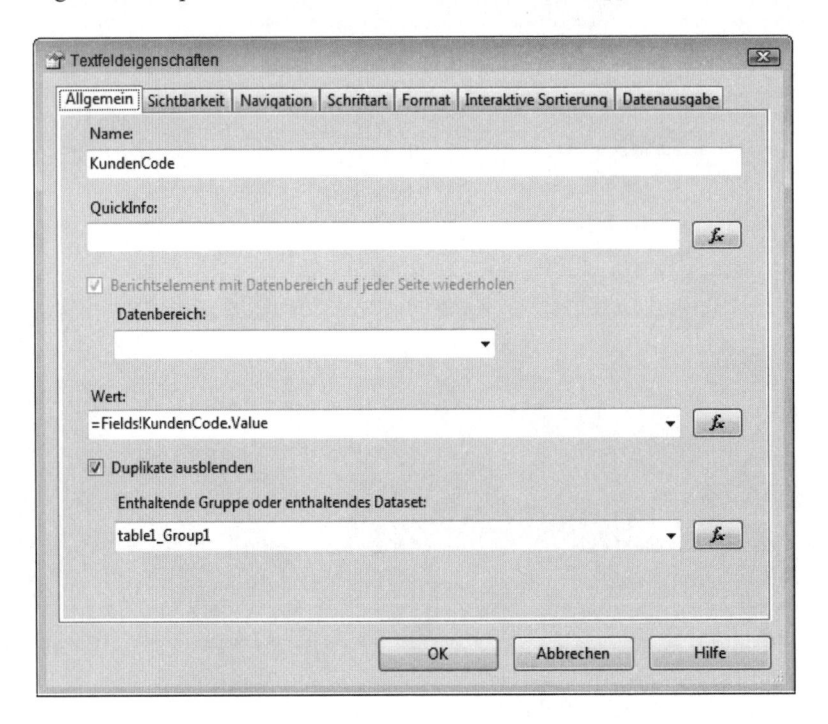

Quellcode

```
Imports Microsoft.Reporting.WinForms

Public Class Form1
```

Beim Laden des Formulars wird zunächst die Datenquelle instanziiert und gefüllt, anschließend erfolgt der Aufruf des Reports:

```
Private Sub Form1_Load(ByVal sender As System.Object, ByVal e As System.EventArgs) _
                                                                 Handles MyBase.Load
    Dim nwDS As New NordwindDataSet()
    nwDS.ReadXml("Bestellungen.xml")
    Dim rds1 As New ReportDataSource("NordwindDataSet_Bestellungen")
    rds1.Value = nwDS.Bestellungen
    ReportViewer1.LocalReport.DataSources.Add(rds1)
    ReportViewer1.LocalReport.ReportEmbeddedResource = _
                                        "WindowsApplication1.Bestellungen.rdlc"
    Me.ReportViewer1.RefreshReport()
End Sub
```

Test

Der Report listet nacheinander die Bestellungen für jeden Kunden auf. Den Abschluss einer Gruppe bildet die Gruppensumme der Frachtkosten.

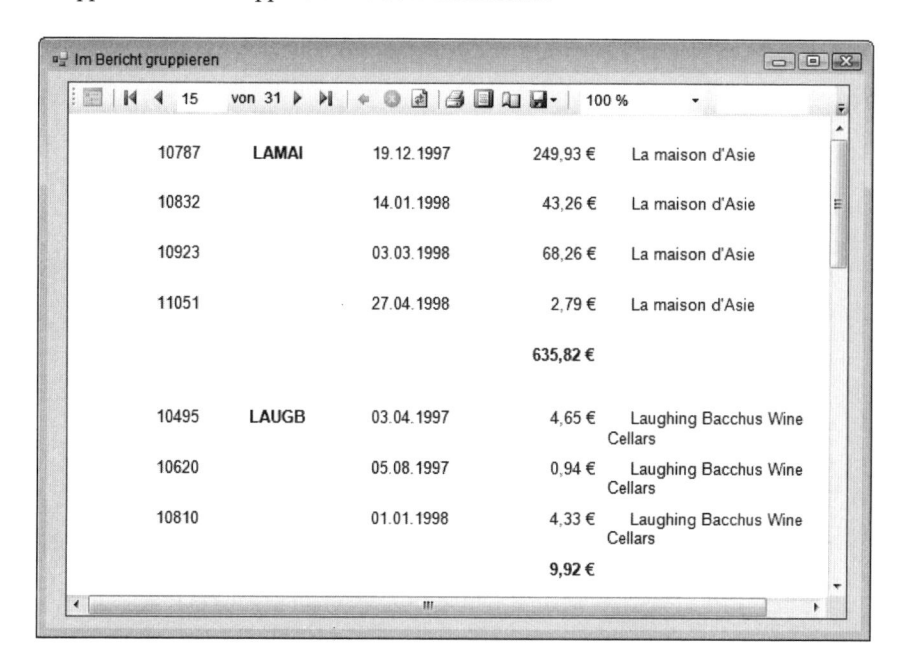

10787	**LAMAI**	19.12.1997	249,93 €	La maison d'Asie
10832		14.01.1998	43,26 €	La maison d'Asie
10923		03.03.1998	68,26 €	La maison d'Asie
11051		27.04.1998	2,79 €	La maison d'Asie
			635,82 €	
10495	**LAUGB**	03.04.1997	4,65 €	Laughing Bacchus Wine Cellars
10620		05.08.1997	0,94 €	Laughing Bacchus Wine Cellars
10810		01.01.1998	4,33 €	Laughing Bacchus Wine Cellars
			9,92 €	

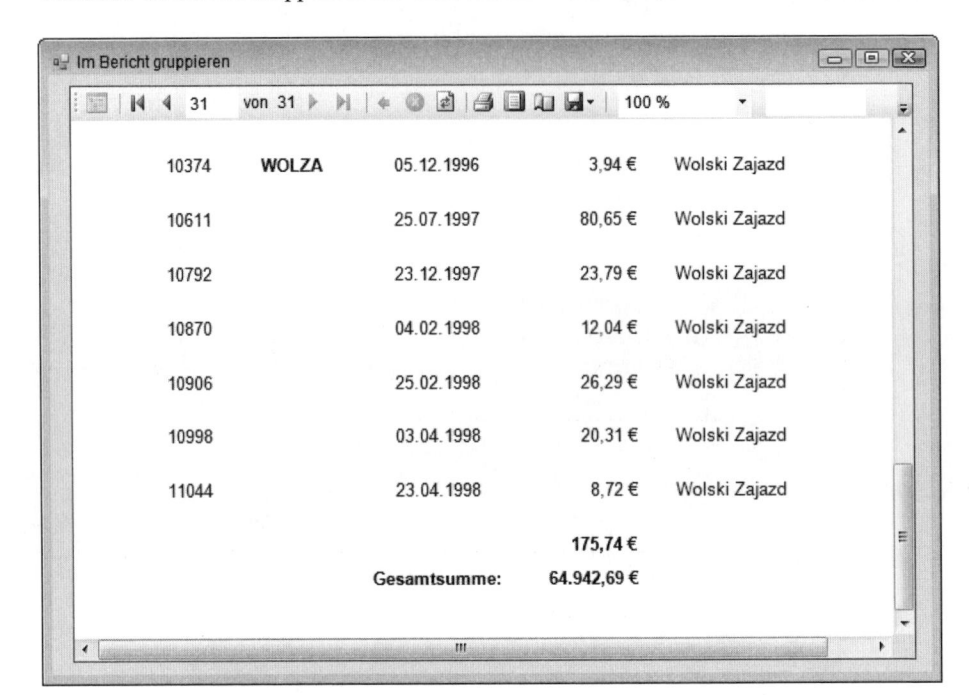

Unterhalb der letzten Gruppensumme erscheint die Gesamtsumme der Frachtkosten:

10374	**WOLZA**	05.12.1996	3,94 €	Wolski Zajazd
10611		25.07.1997	80,65 €	Wolski Zajazd
10792		23.12.1997	23,79 €	Wolski Zajazd
10870		04.02.1998	12,04 €	Wolski Zajazd
10906		25.02.1998	26,29 €	Wolski Zajazd
10998		03.04.1998	20,31 €	Wolski Zajazd
11044		23.04.1998	8,72 €	Wolski Zajazd
			175,74 €	
		Gesamtsumme:	64.942,69 €	

R11.6 Weitere Tipps & Tricks

Unterstreichungslinie in Tabelle

Ein *Linie*-Element ist innerhalb einer *Tabelle* nicht zulässig, setzen Sie stattdessen die *BorderStyle*-Eigenschaft *Top* oder *Bottom* der *Textfeld*er einer Zeile auf *Solid*.

10308	**ANATR**	18.09.1996	1,61 €	Ana Trujillo Emparedados y helados
10625		08.08.1997	43,90 €	Ana Trujillo Emparedados y helados
10759		28.11.1997	11,99 €	Ana Trujillo Emparedados y helados
10926		04.03.1998	39,92 €	Ana Trujillo Emparedados y helados
			97,42 €	

Währungsformatierung

Setzen Sie im Eigenschaftenfenster des *Textfeld*es die *Format*-Eigenschaft auf *c*:

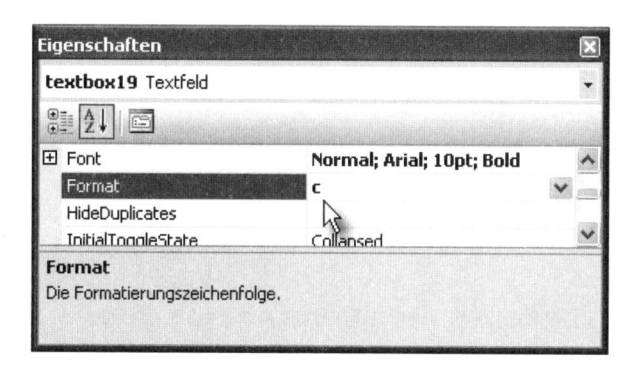

Wechselnde Zeilenfarbe

Markieren Sie die komplette Detailzeile durch Klick auf den linken breiten grauen Rand der *Tabelle* und öffnen Sie das Eigenschaftenfenster (F4). Tragen Sie für die Eigenschaft *BackgroundColor* den folgenden Ausdruck ein, damit die Zeilenfarbe zwischen Weiß und Hellgelb wechselt:

```
=iif(RowNumber(Nothing) mod 2, "White", "#ffffc0")
```

10643	**ALFKI**	25.08.1997	29,46 €	Alfred's Futterkiste
10692		03.10.1997	61,02 €	Alfred's Futterkiste
10702		13.10.1997	23,94 €	Alfred's Futterkiste
10835		15.01.1998	69,53 €	Alfred's Futterkiste
10952		16.03.1998	40,42 €	Alfred's Futterkiste
11011		09.04.1998	1,21 €	Bottom-Dollar Markets
			225,58 €	

Anzeige von True und False in Booleschen Feldern vermeiden

```
=IIF(Fields!Abgang.Value, "x", "")
```

... erzeugt anstatt *True* ein Kreuzchen, ansonsten leer.

```
=IIF(Fields!Abgang.Value, "ja", "nein")
```

... erzeugt *ja/nein* anstatt *True/False*.

Anzeige von Nullwerten unterdrücken

```
=IIF(Fields!Netto.Value = "0,00 Euro", "", Fields!Netto.Value)
```

... unterdrückt die Anzeige von 0 €-Werten.

Die lästigen Sekunden beseitigen

```
=Format(Fields!Datum.Value, "dd/MM/yy HH:mm")
```

... liefert z.B. *28.11.04 10:45*.

Abstand zwischen zwei Tabellenspalten vergrößern

Haben Sie z.B. ein *Textfeld* für die Spalte *Bemerkung* mit *TextAlign = Left*, gibt es kaum Abstand zur Vorgängerspalte. Tragen Sie aber in dieses *Textfeld* den folgenden Ausdruck ein:

```
=Space(10) + Fields!Bemerkung.Value
```

... beginnt der Text jetzt 10 Leerzeichen weiter rechts, was der Übersichtlichkeit zugute kommt.

Nachkommastellen festlegen

```
=Format(Fields!Liter.Value, "#0.00")
```

... zeigt 2 Nachkommastellen und mindestens eine Vornull an, z.B. *0,20*.

Berechnen und formatieren

```
=Format(Fields!Brutto.Value / (1 + Fields!MWSt.Value / 100), "#,##0.00 Euro")
```

...berechnet Netto aus Brutto und MWSt (0, 7, 19).

Unterdrücken von Kopf- und Fußzeilen auf der ersten Seite

Standardmäßig werden der Seitenkopf und der Seitenfuß auch auf der ersten und letzten Seite eines Berichts angezeigt. Sie können den Seitenkopf und -fuß auf der ersten und der letzten Seite unterdrücken, indem Sie die *PrintOnFirstPage*- oder die *PrintOnLastPage*-Eigenschaft für die Kopf- oder Fußzeile ändern.

Seitenzahlen in den Report einfügen

Wählen Sie das Menü *Bericht|Seitenkopf* oder *Bericht|Seitenfuß* und setzen Sie ein *Textfeld* als Platzhalter für die Seitenzahl in den Seitenkopf oder -fuß und tragen Sie folgenden Ausdruck ein:

```
=Globals!PageNumber
```

oder

```
="Seite " & Globals!PageNumber & " von " & Globals!TotalPages
```

Hilfestellung beim Eintragen der richtigen Bezeichner kann Ihnen der Ausdruckseditor geben:

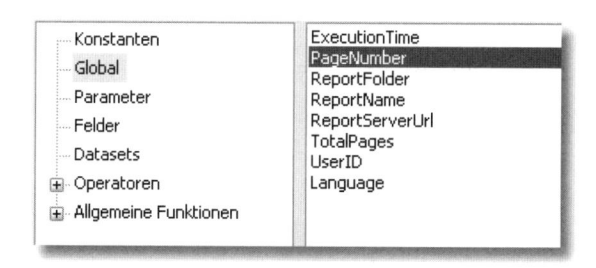

Datumsformatierung

Setzen Sie im Eigenschaftenfenster des *Textfeld*es die *Format*-Eigenschaft auf *d*.

Anzeigen variabler Daten in einem Seitenkopf oder -fuß

Ein Seitenkopf oder -fuß wird meistens zur Anzeige von Seitenzahlen oder anderen Infos zum Inhalt einer Seite verwendet. Wollen Sie variable Daten anzeigen, die sich mit jeder Seite ändern, müssen Sie dafür einen Ausdruck schreiben, in welchem Sie Verweise auf Berichtselemente dieser Seite (z. B. auf ein *Textfeld*) verwenden. Ein direkter Verweis auf Felder der Datenquelle (DataSet) ist nicht möglich!

Sie können von einem *Textfeld* in einem Seitenkopf oder -fuß nicht direkt auf ein Datenfeld verweisen, folgender Ausdruck wäre z.B. nicht möglich:

```
=Fields!KundenCode.Value
```

Erlaubt wäre aber z.B. der Ausdruck:

```
=First(ReportItems!Txt_KundenCode.Value)
```

... wenn im Detailbereich ein *Textfeld* mit dem Namen *Txt_KundenCode* existiert.

> **HINWEIS:** Umfangreichere Beispiele und mehr Infos zu den MS Reporting Services (z.B. das Auswerten von Report-Ereignissen und das Erstellen von Unterberichten und Rechnungsformularen) finden Sie in unserem Buch [Datenbankprogrammierung mit Visual Basic 2008].

Kapitel 12

ASP.NET/Webdienste

R12.1 Eine einfache Webanwendung erstellen

Das Prinzip der objekt- und ereignisorientierten Programmierung gilt in Visual Studio uneingeschränkt auch für Web-Anwendungen, wie unser erstes Rezept – ein kleiner BMI-Kalkulator[1] – zeigen soll[2].

Oberfläche

Ein neues ASP.NET-Projekt erstellen Sie über den Menübefehl *Datei|Neu|WebSite*:

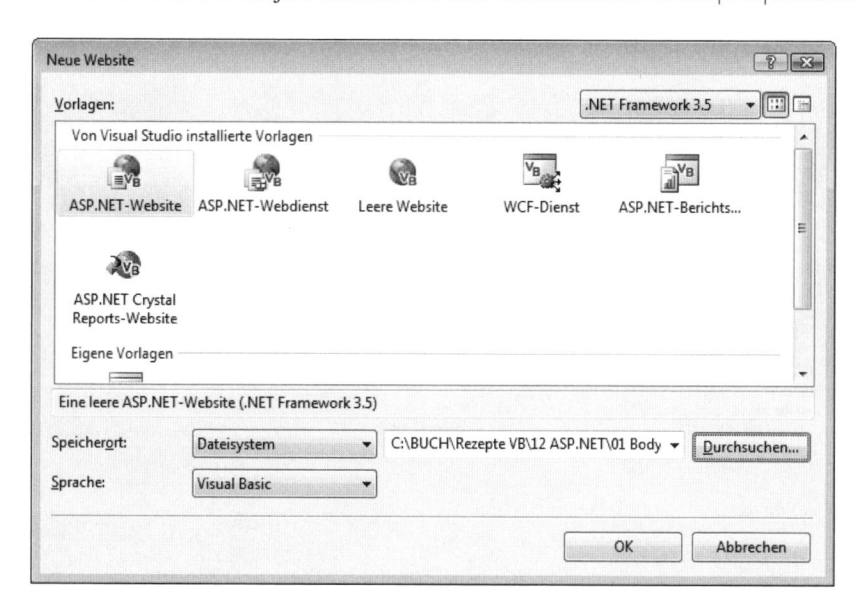

---

[1] *Body Mass Index*: Verhältnis des Körpergewichts zur Körpergröße (zum Quadrat).

[2] Dieses Programm ist ein Beitrag der Autoren gegen Verfettung und Übergewicht am Arbeitsplatz, gerade Programmierer gehören hier zur Hochrisikogruppe!

Geben Sie einen neuen Verzeichnisnamen an, z.B. *BodyMassIndex*. Mit der Option *Speicherort* können Sie entscheiden, ob Ihr Projektmappen-Explorer

- als Unterverzeichnis im Dateisystem,
- per HTTP auf einem IIS
- oder per FTP-Zugriff

erzeugt wird. Wir belassen es in der Entwurfsphase beim *Dateisystem*, das Projekt kann später problemlos auf einen IIS exportiert werden.

HINWEIS: Haben Sie die Option *Dateisystem* gewählt, können Sie das Projekt nur aus Visual Studio heraus testen. Dazu wird ein eigener Webserver verwendet, ein entsprechendes Icon ist im Taskbar zu sehen.

Nach kurzer Wartezeit erscheint die Web-Entwicklungsumgebung von Visual Studio, welche sich kaum von der IDE für Windows-Anwendungen abhebt.

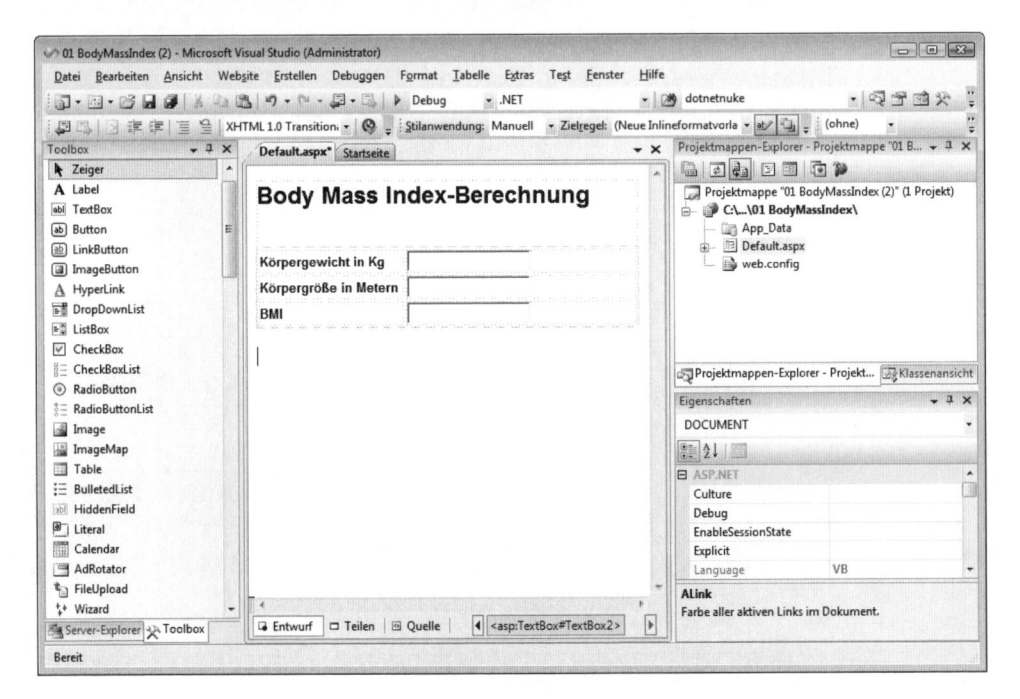

R12.1 Eine einfache Webanwendung erstellen

Erstellen Sie nun die oben abgebildete Web-Bedienoberfläche. Verwenden Sie nur die Steuerelemente aus der Kategorie "Standard" der Tool-Palette.

> **HINWEIS:** Im Gegensatz zur Vorgängerversion wird als Standardformat das Flow-Layout statt des Grid-Layouts verwendet. Dies bedeutet, dass Sie Steuerelemente nicht mehr absolut positionieren können, sondern diese mit Hilfe von Tabellen und prozentualen Angaben an die Seitenbreite/Bildschirmauflösung des Endanwenders anpassen müssen.

Die HTML-Tabelle können Sie über den Menüpunkt *Layout Tabelle einfügen* erzeugen:

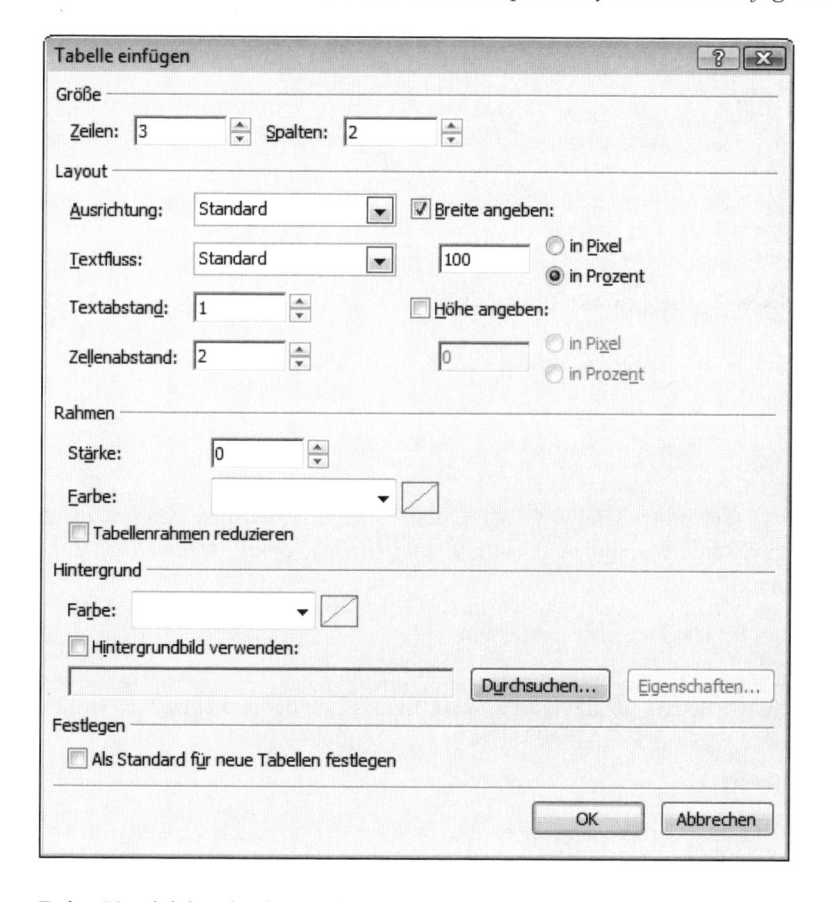

Beim Vergleich mit einer Windows Forms-Oberfläche fallen z.B. das Fehlen der Formular-Titelleiste und eines "Beenden"-Buttons auf. Da eine Web-Anwendung aber nicht in Windows-Formularen, sondern im Internet-Explorer angezeigt wird, gibt es für beides keine Notwendigkeit mehr. Quasi als Ersatz für die fehlende Titelleiste haben wir oben einen reinen HTML-Text positioniert.

HINWEIS: Leider sind die standardmäßig zugewiesenen *Text*-Eigenschaften der Steuerelemente nicht im Designer-Fenster sichtbar, sodass die anfängliche Orientierung (welches Objekt hat welchen Namen?) etwas darunter leidet.

Zuweisen der Objekteigenschaften

Beginnen wir ganz oben mit dem Titeltext. Als kosmetische Korrektur haben wir über der Toolbar die Schriftgröße geändert (wie in einer Textverarbeitung).

Nachfolgend können Sie die Beschriftung (*Text*) und die Schriftattribute der drei *Label* verändern.

Eigenschaften	
Label1 System.Web.UI.WebControls.Label	
⊟ Font	Arial, Small
Bold	False
Italic	False
Name	ab Arial
Names	Arial
Overline	False
Size	Small
Strikeout	False
Underline	False
Size	
Schriftgrad	

Es ist typisch für Web-Anwendungen, dass es keine festen Pixel-Größen für die Schriftgröße mehr gibt, sondern lediglich allgemeine Angaben wie *Small*, *Medium* und *Large* (siehe obige Abbildung).

Und zum Schluss bitte nicht vergessen:

HINWEIS: Setzen Sie die *AutoPostBack*-Eigenschaft der drei *TextBox*en auf *True*!

Quelltext

Gehen Sie über den Projektmappen-Explorer zur Code-Ansicht *Default.aspx.vb* (bitte nicht mit der HTML-Ansicht verwechseln!). Abgesehen von einigen wenigen Unterschieden ist die Programmierung identisch mit der von Windows-Anwendungen.

Beim Laden der Seite werden den Variablen Anfangswerte zugewiesen[1] und die Textboxen damit initialisiert:

---

[1] Auf das Initialisieren der globalen Variablen bereits beim Deklarieren müssen wir leider verzichten, da sich dies sonst bei jedem Neuaufbau der Seite wiederholen würde. Es erfolgt also nur die einfache Deklaration.

R12.1 Eine einfache Webanwendung erstellen

```
Partial Class _Default
    Inherits System.Web.UI.Page

    Dim gewicht As Single
    Dim groeße As Single
    Dim bmi As Single

    Protected Sub Page_Load(ByVal sender As Object, ByVal e As System.EventArgs) Handles Me.Load
        If Not IsPostBack Then
            gewicht = 1
            groeße = 1
            bmi = 1
            TextBox1.Text = gewicht.ToString()
            TextBox2.Text = groeße.ToString()
            TextBox3.Text = bmi.ToString()
        End If
    End Sub
...
```

HINWEIS: Die obige Abfrage der *IsPostBack*-Eigenschaft des Web Formulars bewirkt, dass nur beim ersten Aufruf der Seiteninhalt aktualisiert wird und nicht bei jedem Neuaufbau der Seite.

Nun müssen wir die Event-Handler für die drei Textboxen erstellen. Da die für Web Forms zuständigen Steuerelemente auf deutlich weniger Ereignisse als ihre Windows Forms-Pendants reagieren, gibt es u.a. auch kein *KeyUp*-Event[1]. Stattdessen werten wir das *TextChanged*-Ereignis aus.

Der Rahmencode wird auf die bekannte Weise erstellt: In der Ereignisliste des Eigenschaften-Fensters auf das *TextChanged*-Event doppelklicken.

Die Gewichts- bzw. die Längen-Änderung (beide Textboxen nutzen das gleiche Ereignis):

```
Protected Sub TextBox1_TextChanged(ByVal sender As Object, ByVal e As System.EventArgs) _
                                    Handles TextBox1.TextChanged
    gewicht = Convert.ToSingle(TextBox1.Text)
    groeße = Convert.ToSingle(TextBox2.Text)
    bmi = gewicht / (groeße * groeße)
    TextBox3.Text = bmi.ToString("0.00")
End Sub
```

---

[1] Das ist ja eigentlich auch logisch, denn der Netzwerk-Traffic wäre gewaltig.

Die BMI-Änderung (wir geben einen BMI-Wert vor und suchen das Gewicht):

```
Protected Sub TextBox3_TextChanged(ByVal sender As Object, ByVal e As System.EventArgs) _
                                                          Handles TextBox3.TextChanged
    bmi = Convert.ToSingle(TextBox3.Text)
    groeße = Convert.ToSingle(TextBox2.Text)
    gewicht = bmi * (groeße * groeße)
    TextBox1.Text = gewicht.ToString("0.00")
End Sub
```

Test

Nachdem Sie mit F5 gestartet haben, werden Sie zunächst mit der folgenden Dialogbox konfrontiert:

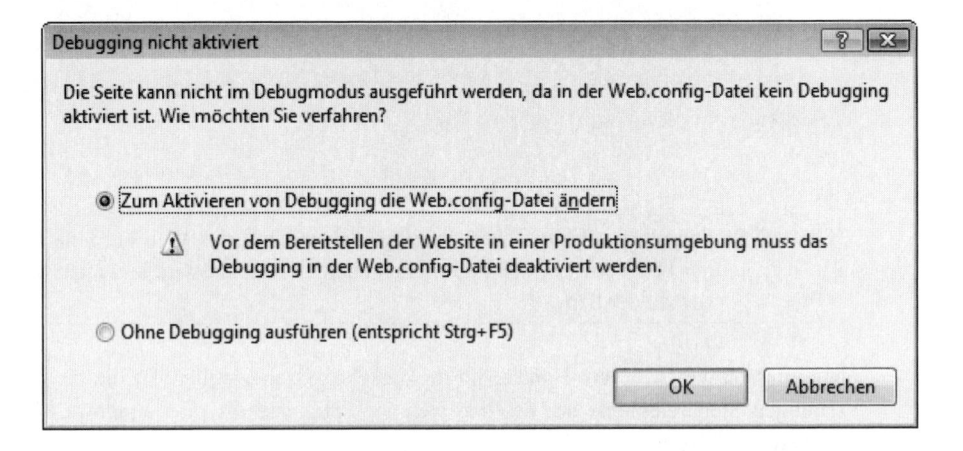

Bestätigen Sie einfach mit OK, um eine neue *Web.Config* zu erzeugen und im Debug-Modus fortzufahren.

Nach einiger Zeit erscheint der Browser und die Seite mit der Adresse

```
http://localhost:50492/01%20BodyMassIndex/Default.aspx
```

wird anzeigt. Sie werden feststellen, dass die Textboxen nicht sofort aktualisiert werden, sondern erst nachdem die Textbox den Fokus verliert, d.h., wenn Sie mit der Maus in eine andere Textbox klicken bzw. die Tab-Taste betätigen (siehe Abbildung rechts).

Wie der folgenden Berechnung zu entnehmen ist, beträgt der BMI des jüngeren Autors dieses Buchs 23,67, ein Zeichen dafür, dass Programmieren mit Visual Basic, entgegen anders lautenden Gerüchten, nicht dick macht ...[1]

---

[1] Der andere Autor dieses Buchs kann das nur bestätigen, er bringt es (obwohl deutlich älter) zufälligerweise exakt auf die gleichen Werte.

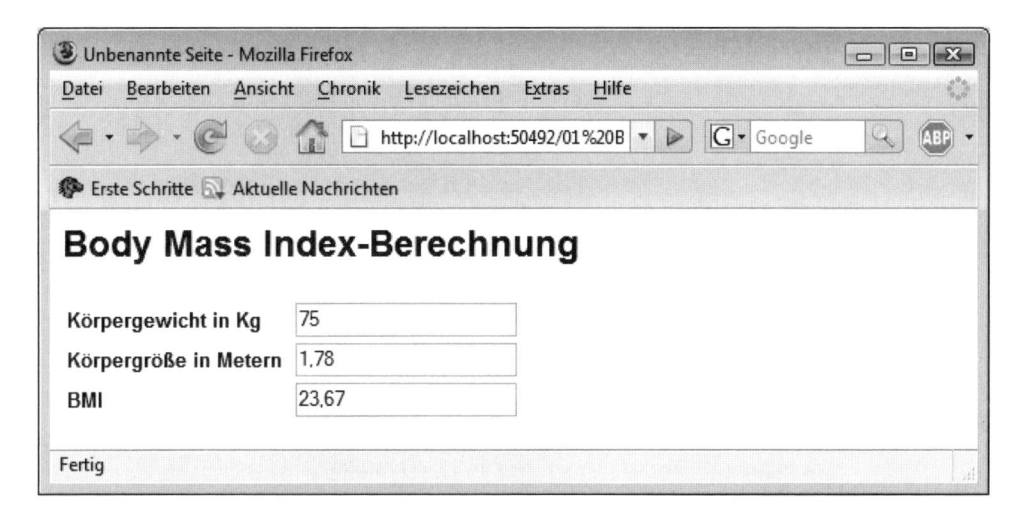

Bemerkung

Da der optimale BMI auch vom Alter abhängt, hier eine Tabelle mit den empfohlenen Werten, die Sie anonym mit dem selbst berechneten BMI vergleichen können.

Alter	BMI
19-24 Jahre	19-24
25-34 Jahre	20-25
35-44 Jahre	21-26
45-54 Jahre	22-27
55-64 Jahre	23-28
>64 Jahre	24-29

R12.2 Tabellen mit der Table-Komponente erstellen

In diesem Rezept kann der Einsteiger die wichtigsten Etappen des objekt- und ereignisorientierten ASP.NET-Projektentwurfs auf etwas höherem Niveau trainieren und sich gleichzeitig mit der *Table*-Komponente vertraut machen. Dieser können Sie sowohl zur Entwurfs- als auch zur Laufzeit Zeilen und Spalten hinzufügen, die Sie nachfolgend mit Inhalten füllen. Die möglichen Formatierungen orientieren sich eng am endgültigen Resultat dieses Server-Controls: eine einfache HTML-Tabelle (Zellabstände, Rahmen, horizontale/vertikale Ausrichtung, Schriftarten etc.).

Oberfläche

Ein neues ASP.NET-Projekt erstellen Sie über den Menübefehl *Datei|Neu|Website...| ASP.NET-Webanwendung*. Geben Sie einen Verzeichnisnamen an und verwenden Sie zunächst als Speicherort das Dateisystem.

Fügen Sie zunächst eine Tabelle ein, um die Komponenten auf der Seite positionieren zu können:

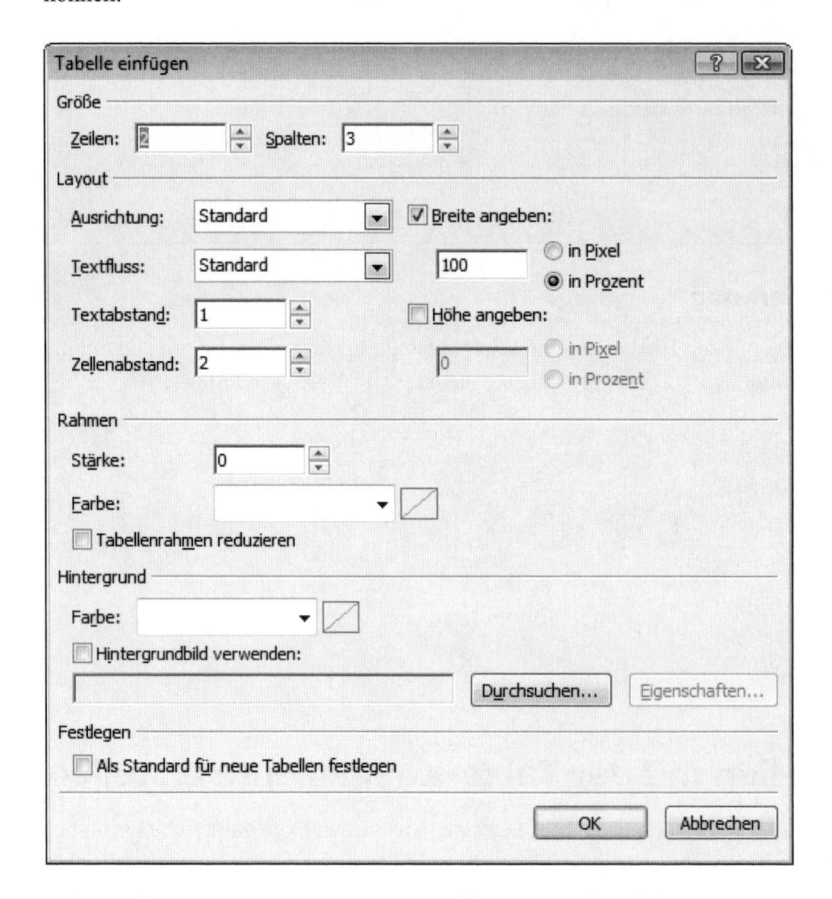

Platzieren Sie entsprechend folgender Abbildung eine *TextBox*, eine *ListBox*, zwei *Labels*, drei *Buttons* und eine *Table*-Komponente in der Tabelle.

Im Designer bestimmen Sie lediglich die Breite der Tabelle, alle anderen Formatierungen, die Zeilen- und Spaltenzahl und natürlich auch den Inhalt, legen wir erst zur Laufzeit fest.

HINWEIS: Verwenden Sie nur die Komponenten von der *Standard*-Seite!

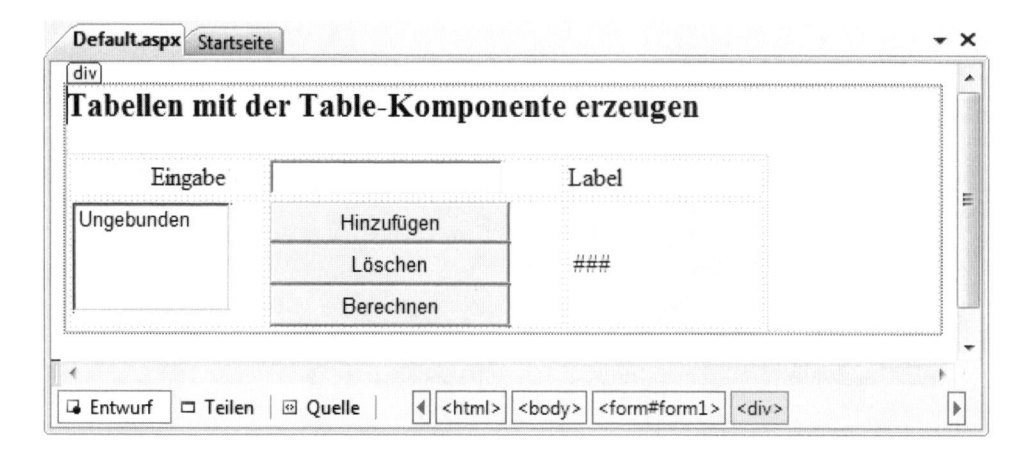

R12.2 Tabellen mit der Table-Komponente erstellen

[Screenshot: Default.aspx Designeransicht mit Überschrift "Tabellen mit der Table-Komponente erzeugen", Eingabe-TextBox, ListBox "Ungebunden", Label, Buttons "Hinzufügen", "Löschen", "Berechnen" und Platzhalter "###"]

Zwischentest

Damit ist auch schon der Oberflächenentwurf abgeschlossen, wir können einen ersten Test wagen. Starten Sie einfach mit der F5-Taste und warten Sie ab.

Nach einigen Sekunden dürften Sie sich im Internet Explorer wiederfinden. Klicken Sie ruhig einmal auf die Schaltfläche "Berechnen". Auf den ersten Blick passiert zwar nichts, wer jedoch aufmerksam die Statusleiste im Auge behält wird feststellen, dass die Seite erneut vom Server abgerufen wird. Genau dieses Verhalten werden wir im weiteren Verlauf für die Ereignisprogrammierung brauchen.

Ereignisprogrammierung

Im nächsten Schritt wollen wir etwas Leben in unsere Anwendung bringen. Grundlage unseres Beispiels soll die Berechnung von Minimum, Maximum, Durchschnitt und Summe der Werte in der *ListBox* sein.

Sicher werden Sie jetzt einwenden, dass in der *ListBox* keinerlei Werte enthalten sind, doch genau darum wollen wir uns jetzt kümmern.

Klicken Sie, wie von den Windows Forms gewohnt, doppelt auf die Schaltfläche "Hinzufügen" und ergänzen Sie folgenden Ereigniscode:

```
Protected Sub Button1_Click(ByVal sender As Object, ByVal e As EventArgs) _
                                                    Handles Button1.Click
    ListBox1.Items.Add(TextBox1.Text)
End Sub
```

Starten Sie das Programm erneut und tragen Sie einige Zahl-Werte in die *TextBox* ein. Nach dem Klick auf die Schaltfläche "Hinzufügen" sollten die Werte in die *ListBox* übernommen werden:

Tabellen mit der Table-Komponente erzeugen

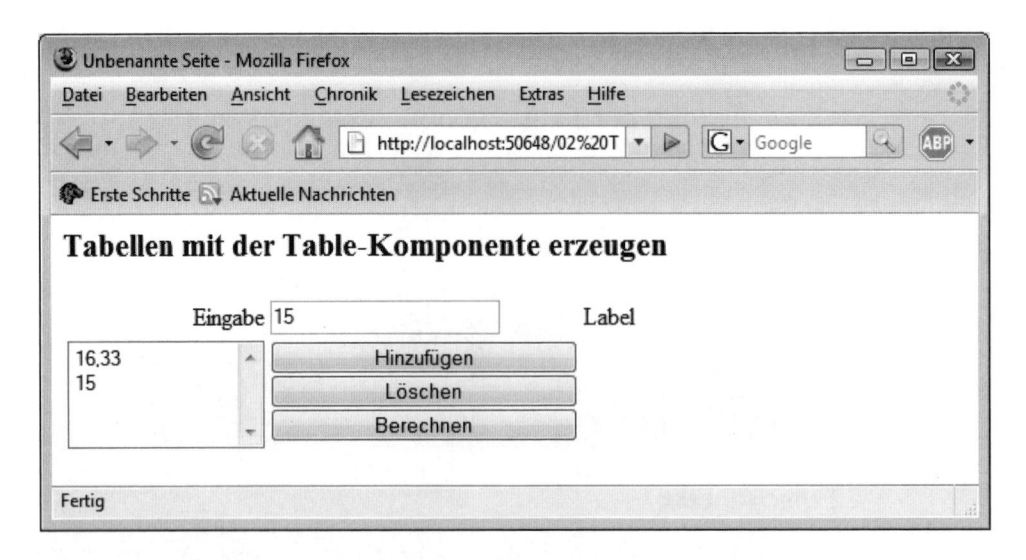

Zum Korrigieren von Fehleingaben nutzen wir die Schaltfläche "Löschen":

```
Protected Sub Button2_Click(ByVal sender As Object, ByVal e As EventArgs) _
                                                      Handles Button2.Click
    ListBox1.Items.RemoveAt(ListBox1.SelectedIndex)
End Sub
```

HINWEIS: Auf eine Fehlerbehandlung verzichten wir zunächst!

Anschließend beginnt unsere eigentliche Arbeit, wir programmieren die Funktionen für die diversen mathematischen Berechnungen.

Berechnung des Minimums:

```
Private Function Minimum(ByVal l As ListItemCollection) As String
    Dim wert As Single = Convert.ToSingle(l(0).Value)
    For i As Integer = 1 To l.Count - 1
        If Convert.ToSingle(l(i).Value) < wert Then
            wert = Convert.ToSingle(l(i).Value)
        End If
    Next
    Return (wert.ToString())
End Function
```

Berechnung des Maximums:

```
Private Function Maximum(ByVal l As ListItemCollection) As String
    Dim wert As Single = Convert.ToSingle(l(0).Value)
```

R12.2 Tabellen mit der Table-Komponente erstellen

```vb
            For i As Integer = 1 To l.Count - 1
                If Convert.ToSingle(l(i).Value) > wert Then
                    wert = Convert.ToSingle(l(i).Value)
                End If
            Next
            Return (wert.ToString())
        End Function
```

Berechnung des Durchschnitts:

```vb
        Private Function Durchschnitt(ByVal l As ListItemCollection) As String
            Dim wert As Single = 0
            For i As Integer = 0 To l.Count - 1
                wert += Convert.ToSingle(l(i).Value)
            Next
            Return ((wert / l.Count).ToString())
        End Function
```

Berechnung der Summe:

```vb
        Private Function Summe(ByVal l As ListItemCollection) As String
            Dim wert As Single = 0
            For i As Integer = 0 To l.Count - 1
                wert += Convert.ToSingle(l(i).Value)
            Next
            Return (wert.ToString())
        End Function
```

Eine Methode für den späteren Aufruf der Funktionen bzw. die Anzeige der Werte:

```vb
        Private Sub tabellenausgabe()
            Dim r As TableRow
            Dim c As TableCell
            Dim wert As Single
            Dim myerr As Boolean = False
            If ListBox1.Items.Count > 1 Then
```

Wir erzeugen die Kopfzeile der Tabelle:

```vb
                r = New TableRow()           ' neue Zeile erzeugen
                c = New TableCell()          ' neue Spalte bzw. Zelle erzeugen
                c.Text = "Funktion"          ' Inhalt eintragen
                r.Cells.Add(c)               ' Zelle in die Zeile einfgen
                c = New TableCell()
                c.Text = "Wert"
                r.Cells.Add(c)
```

```
            r.BackColor = Color.LightGray
            Table1.Rows.Add(r)
```

Wir berechnen die Werte und erzeugen die Tabellenzeilen:

```
            r = New TableRow()
            c = New TableCell()
            c.Text = "Maximum"
            r.Cells.Add(c)
            c = New TableCell()
            c.Text = Maximum(ListBox1.Items)
            r.Cells.Add(c)
            Table1.Rows.Add(r)
            r = New TableRow()
            c = New TableCell()
            c.Text = "Minimum"
            r.Cells.Add(c)
            c = New TableCell()
            c.Text = Minimum(ListBox1.Items)
            r.Cells.Add(c)
            Table1.Rows.Add(r)
            r = New TableRow()
            c = New TableCell()
            c.Text = "Durchschnitt"
            r.Cells.Add(c)
            c = New TableCell()
            c.Text = Durchschnitt(ListBox1.Items)
            r.Cells.Add(c)
            Table1.Rows.Add(r)
            r = New TableRow()
            c = New TableCell()
            c.Text = "Summe"
            r.Cells.Add(c)
            c = New TableCell()
            c.Text = Summe(ListBox1.Items)
            r.Cells.Add(c)
            Table1.Rows.Add(r)
        End If
    End Sub
```

R12.2 Tabellen mit der Table-Komponente erstellen

> **HINWEIS:** Sie müssen den Namespace *System.Drawing* hinzufügen, wir benötigen ihn für die Farbkonstanten.

Die Ereignisprozedur der Schaltfläche (auf eine Fehlerbehandlung verzichten wir an dieser Stelle):

```
Protected Sub Button3_Click(ByVal sender As Object, ByVal e As EventArgs) _
                                                       Handles Button3.Click
    tabellenausgabe()
End Sub
...
End Class
```

Test

Einem kompletten Funktionstest steht nun nichts mehr im Wege:

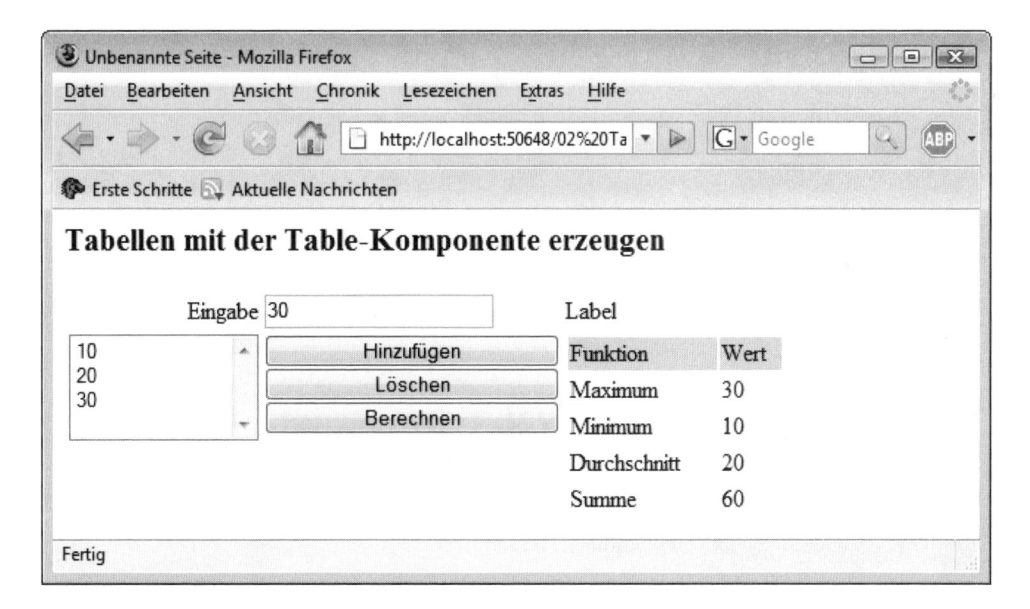

Ergänzungen

Bisher sind wir bei unserem Beispiel von vorbildlichen Nutzern ausgegangen, die sofort wissen, dass nur Zahlenwerte einzugeben sind und die auch realistische Werte vorgeben. Doch was passiert, wenn nicht?

Geben Sie ruhig einmal statt einer Zahl ein paar Buchstaben ein. Das Resultat dürfte auch bei Ihnen eine ausführliche Fehlermeldung sein.

Wir beschränken uns an dieser Stelle zunächst auf eine einfache Fehlerbehandlung mit *Try-Catch*. Dazu führen wir einige zusätzliche Variablen ein, die es uns ermöglichen, die Listeneinträge auf Konvertierbarkeit zu prüfen:

```
Private Sub tabellenausgabe()
    Dim r As TableRow
    Dim c As TableCell
    Dim wert As Single
    Dim myerr As Boolean = False
    For i As Integer = 0 To ListBox1.Items.Count - 1
        Try
            Convert.ToSingle(ListBox1.Items(i).Value)
        Catch
            myerr = True
        End Try
    Next
    If Not myerr Then
...
    Else
        Label1.Text = "Fehler in den Eingabewerten !"
    End If
End Sub
```

HINWEIS: Gibt der Nutzer falsche bzw. unzulässige Werte ein, so erscheint statt des Ergebnisses eine Fehlermeldung.

R12.3 Daten zwischen Web Forms austauschen

Haben Sie bisher mit Windows Formularen gearbeitet und steigen jetzt auf Web Forms um, werden Sie schnell auf ein "Problem" stoßen: Wie können Daten von einem Web Form an das andere Web Form übergeben werden?

Das vorliegende Rezept, bei dem in einem Formular Daten eingegeben werden und in einem zweiten diese Werte für Berechnungen genutzt werden, zeigt die Vorgehensweise.

HINWEIS: Wir erweitern einfach das Rezept R12.2 ("Tabellen mit der Table-Komponente erstellen") und lagern die Anzeige der Berechnung in ein eigenes Formular aus.

Oberfläche

Öffnen Sie das o.g. Rezept und fügen Sie ein weiteres Web Form ein.

R12.3 Daten zwischen Web Forms austauschen

Default2.aspx enthält neben einer kurzen Überschrift lediglich eine *Table*-Komponente, die wir zur Laufzeit füllen werden.

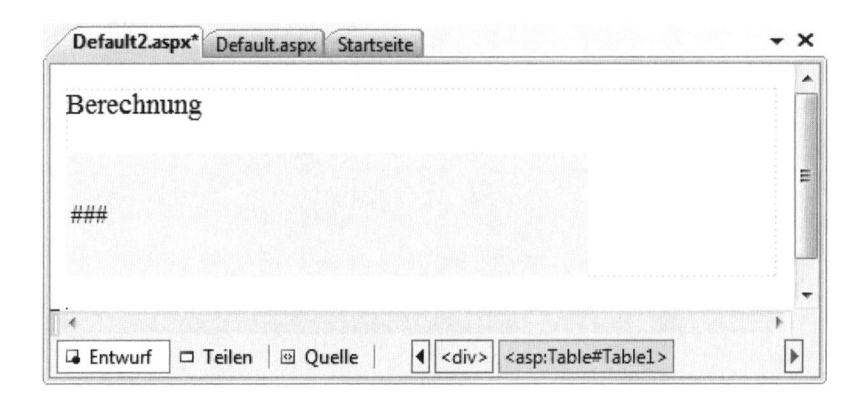

Quelltext (Default.aspx)

Ändern Sie die Ereignisbehandlung für den "Berechne"-Button wie folgt:

```
Protected Sub Button3_Click(ByVal sender As Object, ByVal e As System.EventArgs)
    Session("Werte") = ListBox1.Items
    Response.Redirect("Default2.aspx")
End Sub
```

Was passiert hier? Über das *Session*-Objekt erzeugen wir quasi eine globale Variable, in der wir die komplette Liste der Eingabewerte aus dem Eingabeformular speichern. Das Detailformular kann diese Werte später auslesen und für die Berechnung verwenden.

Mit *Response.Redirect("Default2.aspx")* wird zum Schluss die zweite Seite aufgerufen.

> **HINWEIS:** In den *Session*-Variablen können Sie neben einfachen Werten auch komplette Objekte (z.B. ein *DataSet*) speichern. Damit ist es Ihnen möglich, die eigentlich zustandslose Web-Programmierung zu umgehen. Beachten Sie jedoch, dass in diesem Fall auf dem Server natürlich ein erhöhter Ressourcenbedarf entsteht.

Quelltext (Default2.aspx)

Wie auch bei den Windows Forms können Sie mit dem Laden der Seite eine Ereignisroutine ausführen. Wohlgemerkt passiert dies **bevor** die Seite vom Server an den Client übertragen wird. Am Client kommt immer eine fertige HTML-Seite an.

Die Umsetzung:

```
Imports System.Drawing

Partial Public Class Default2
    Inherits System.Web.UI.Page
```

Wir übernehmen die Berechnungsfunktionen aus *Default.aspx*:

```
    Private Function Minimum(ByVal l As ListItemCollection) As String
    ...
    End Function

    Private Function Maximum(ByVal l As ListItemCollection) As String
    ...
    End Function

    Private Function Durchschnitt(ByVal l As ListItemCollection) As String
    ...
    End Function

    Private Function Summe(ByVal l As ListItemCollection) As String
    ...
    End Function
```

Mit dem Laden des Formulars:

```
    Protected Sub Page_Load(ByVal sender As Object, ByVal e As EventArgs)
        Dim r As TableRow
        Dim c As TableCell
```

Hier lesen wir unsere "globale Variable" wieder aus:

```
        Dim werte As ListItemCollection = DirectCast(Session("Werte"), ListItemCollection)
```

HINWEIS: Sie müssen die Werte aus der Session immer typisieren!

Die Tabellendarstellung:

```
        If (werte IsNot Nothing) AndAlso (werte.Count > 1) Then
            r = New TableRow()              ' neue Zeile erzeugen
            c = New TableCell()             ' neue Spalte bzw. Zelle erzeugen
            c.Text = "Funktion"             ' Inhalt eintragen
            r.Cells.Add(c)
        ...
```

```
            r.Cells.Add(c)
            Table1.Rows.Add(r)
        Else
            Server.Transfer("Default.aspx")
        End If
    End Sub
End Class
```

> **HINWEIS:** Im Unterschied zum Rezept R12.2 haben wir noch eine kleine "Fehlerbehandlung" eingebaut, die wirksam wird, wenn keine Werte übergeben wurden. Mit der *Transfer*-Methode des *Server*-Objekts wird der Nutzer auf die ursprüngliche Eingabeseite umgeleitet.

Test

Starten Sie die Webanwendung, geben Sie sinnvolle Werte ein und klicken Sie auf die Schaltfläche "Hinzufügen". Nach dem Klick auf "Berechnen" sollte folgendes Formular zu sehen sein:

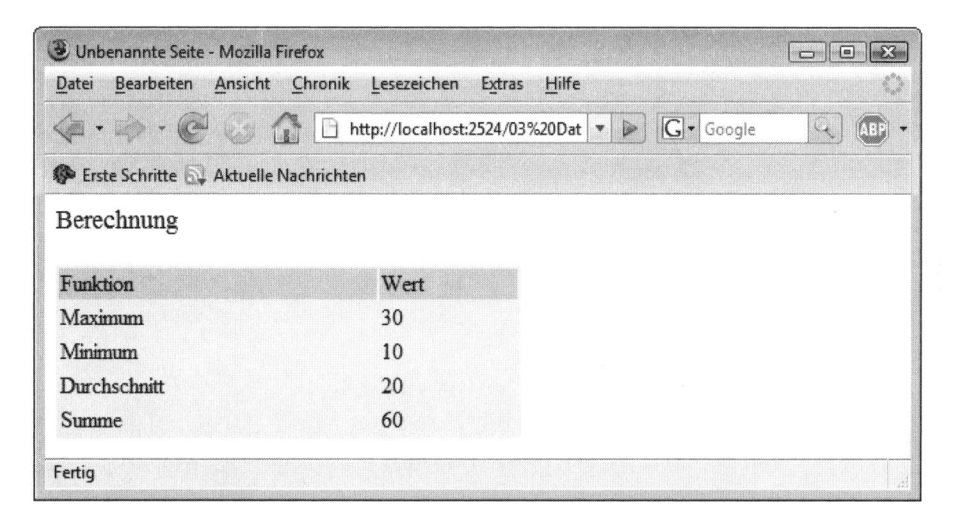

Funktion	Wert
Maximum	30
Minimum	10
Durchschnitt	20
Summe	60

R12.4 Informationen über den Browser ermitteln

Möchten Sie mehr über die Fähigkeiten des jeweiligen Clients erfahren bzw. wissen, welche Einschränkungen zu erwarten sind, können Sie mit der *Browser*-Eigenschaft an die gewünschten Informationen gelangen.

Oberfläche

Nur ein Web Form, die Ausgaben generieren wir erst zur Laufzeit.

Quelltext

Mit *Response* senden wir die gewünschten Informationen direkt zum Client:

```
Public Partial Class _Default
Inherits System.Web.UI.Page

    Protected Sub Page_Load(ByVal sender As Object, ByVal e As EventArgs)
        Response.Write("ActiveX-Controls : " + Request.Browser.ActiveXControls.ToString() + _
                    "<br>")
        Response.Write("AOL-Browser : " + Request.Browser.AOL.ToString() + "<br>")
        Response.Write("Hintergrundmusik : " + Request.Browser.BackgroundSounds.ToString() + _
                    "<br>")
        Response.Write("Browsertyp : " + Request.Browser.Browser + "<br>")
        Response.Write(".NET-Version : " + Request.Browser.ClrVersion.ToString() + "<br>")
        Response.Write("ActiveX-Controls : " + Request.Browser.ActiveXControls.ToString() + _
                    "<br>")
        Response.Write("Cookie-Unterstützung : " + Request.Browser.Cookies.ToString() + "<br>")
        Response.Write("Frame-Unterstützung : " + Request.Browser.Frames.ToString() + "<br>")
        Response.Write("Java-Unterstützung : " + Request.Browser.JavaApplets.ToString() +"<br>")
        Response.Write("Java-Script : " + Request.Browser.JavaScript.ToString() + "<br>")
        Response.Write("VB-Script : " + Request.Browser.VBScript.ToString() + "<br>")
        Response.Write("Suchmaschine : " + Request.Browser.Crawler.ToString() + "<br>")
        Response.Write("Mobiles Gerät : " + Request.Browser.IsMobileDevice.ToString() + "<br>")
        Response.Write("System : " + Request.Browser.Platform + "<br>")
        Response.Write("Farbdarstellung : " + Request.Browser.IsColor.ToString() + "<br>")
        Response.Write("Farbtiefe : " + Request.Browser.ScreenBitDepth.ToString() + "<br>")

        Response.Write("Bildschirmauflösung : " + _
                    Request.Browser.ScreenPixelsWidth.ToString() + "x" + _
                    Request.Browser.ScreenPixelsHeight.ToString() + "<br>")

        Response.Write("Cascading Stylesheets : " + Request.Browser.SupportsCss.ToString() + _
                    "<br>")
    End Sub

End Class
```

Test

```
ActiveX-Controls : True
AOL-Browser : False
Hintergrundmusik : True
Browsertyp : IE
.NET-Version : 3.5.21022
ActiveX-Controls : True
Cookie-Unterstützung : True
Frame-Unterstützung : True
Java-Unterstützung : True
Java-Script : True
VB-Script : True
Suchmaschine : False
Mobiles Gerät : False
System : WinNT
Farbdarstellung : True
Farbtiefe : 8
Bildschirmauflösung : 640x480
Cascading Stylesheets : True
```

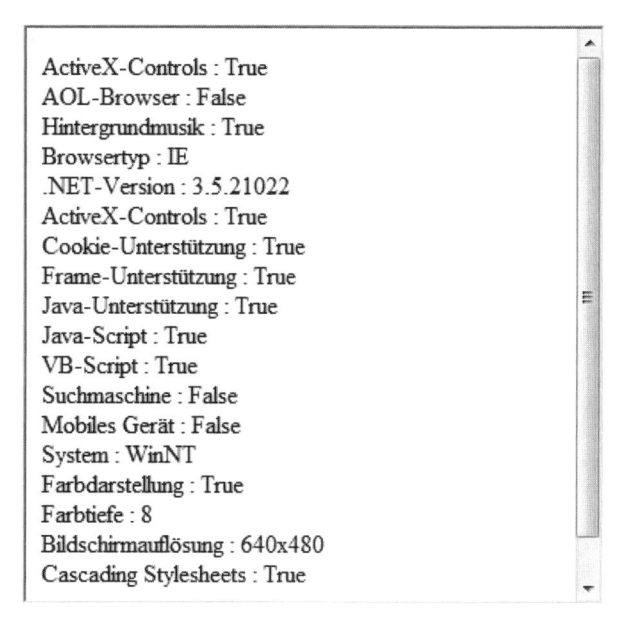

> **HINWEIS:** Die ermittelte Bildschirmauflösung und Farbtiefe sind nur als grobe Anhaltspunkte zu betrachten, genauer geht es mit der im folgenden Rezept gezeigten Version.

R12.5 Die Bildschirmauflösung des Clients ermitteln

Leider ist die Aussagekraft der beiden Eigenschaften *Request.Browser.ScreenPixelsWidth* und *Request.Browser.ScreenPixelsHeight* nicht sehr hoch, handelt es sich doch eher um Schätzwerte. Besser und vor allem genauer geht es mit etwas Java-Script-Code.

Oberfläche

Nur ein Web Form mit einem *Button*.

> **HINWEIS:** Den *Button* benötigen wir nur, damit die IDE für uns einen Form-Tag im HTML-Code erzeugt.

Erweitern Sie nachfolgend den Quellcode des Formulars (HTML) um die fett hervorgehobenen Anweisungen:

```
<%@ Page Language="VB"    CodeFile="Default.aspx.vb" Inherits="_Default" %>
<!DOCTYPE html PUBLIC "-//W3C//DTD XHTML 1.0 Transitional//EN" "http://www.w3.org/TR/xhtml1/DTD/xhtml1-transitional.dtd">
```

```
<html xmlns="http://www.w3.org/1999/xhtml" >
<head runat="server">
    <title>Unbenannte Seite</title>
</head>

<script language="JavaScript">
function GetInfos()
{
    if (window.location.href.indexOf('?') < 0)
    {
      document.form1.action = "default.aspx?W=" + screen.width + "&H=" + screen.height + "&D="
                              + screen.colorDepth;
      document.form1.submit();
    }
}
</script>

<body onload="GetInfos()">
    <form id="form1" runat="server" action="Default.aspx">
    <div>
        <asp:Button ID="Button1" runat="server" Text="Button" /></div>
    </form>
</body>
</html>
```

Mit dem Laden des Formulars (*onload*) rufen wir auf dem Client die obige Java-Script-Funktion auf. Handelt es sich um den ersten Aufruf, senden wir die Bildschirmauflösung per QueryString an den Server zurück.

Quelltext

Die Auswertung auf dem Server:

```
Public Partial Class _Default
Inherits System.Web.UI.Page
    Protected Sub Page_Load(ByVal sender As Object, ByVal e As EventArgs)
        Response.Write("Breite: " + Request.QueryString("W") + "<br>")
        Response.Write("Hhe: " + Request.QueryString("H") + "<br>")
        Response.Write("Farbtiefe: " + Request.QueryString("D"))
    End Sub
End Class
```

Test

Nach dem normalen Aufruf der Seite werden Sie sicher bemerken, dass die Seite erneut aufgerufen wird (das veranlasst der Skriptcode auf dem Client). Danach ändert sich die Adresszeile, und wir können den QueryString auswerten:

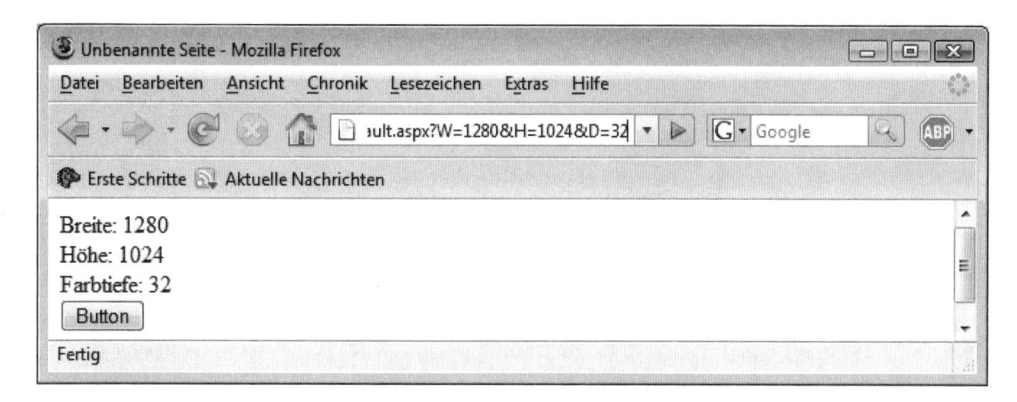

R12.6 Das Browser-Fenster maximieren

Für die korrekte Darstellung eines Formulars ist es manchmal sinnvoll, das Browser-Fenster zu maximieren. Mit ASP.NET-Hilfsmitteln kommen Sie hier nicht weiter, da hilft nur Skript-Code auf dem Client.

Oberfläche

Nur ein Web Form.

Quelltext

Erweitern Sie den HTML-Quelltext des Formulars um die fett hervorgehobenen Anweisungen:

```
...
<html xmlns="http://www.w3.org/1999/xhtml" >
<head runat="server">
    <title>Unbenannte Seite</title>
</head>

<script language="JavaScript">
function SetWindow()
{
   window.moveTo(0,0);
   window.resizeTo(screen.width,screen.height);
}
```

```
</script>

<body onload="SetWindow()">
   <form id="form1" runat="server">
...
</body></html>
```

Test

Nach dem Start wird das Browser-Fenster automatisch an die Bildschirmauflösung angepasst.

HINWEIS: Voraussetzung ist, dass der Browser die Ausführung von JavaScript-Code erlaubt.

R12.7 Cookies in ASP.NET-Anwendungen verwenden

Möchten Sie die Nutzer Ihrer Webseiten mit Cookies peinigen, können Sie mit der Eigenschaft *Cookies* problemlos neue "Kekse" produzieren und diese später auch auswerten.

Für alle, die bisher noch nicht mit Cookies gearbeitet haben: Hierbei handelt es sich um eine Möglichkeit, temporär Informationen auf dem Client zu speichern. Dies kann nur für die aktuelle Session oder auch für mehrere Monate der Fall sein. Beispielsweise können Sie Anmeldeinformationen auf dem Client hinterlegen, sodass nicht bei jedem Login die Nutzerdaten abgefragt werden müssen.

Oberfläche

Nur ein Web Form mit einem *Button*.

Quelltext

Mit dem Laden des Formulars testen wir zunächst, ob es sich um ein *PostBack* handelt:

```
Public Partial Class _Default
Inherits System.Web.UI.Page
   Protected Sub Page_Load(ByVal sender As Object, ByVal e As EventArgs)
      If Not Page.IsPostBack Then
```

Ist der Cookie schon vorhanden:

```
         If Request.Cookies("FirstTime") IsNot Nothing Then
```

Cookie auslesen:

```
            Response.Write("Letzter Aufruf am " + Request.Cookies("FirstTime").Value)
         Else
```

Falls kein Cookie vorhanden ist, erzeugen wir einen neuen:

```
Dim Cookie As HttpCookie = New HttpCookie("FirstTime")
```

In der *Value*-Eigenschaft speichern wir den aktuellen Zeitstempel ab, der Cookie selbst ist für die nächsten sieben Tage gültig.

```
            Cookie.Value = DateTime.Now.ToString()
            Cookie.Expires = DateTime.Now.AddDays(7)
            Response.Cookies.Add(Cookie)
            Response.Write("Ein erstes Willkommen")
        End If
    End If
End Sub
```

Einen Cookie können Sie nicht direkt löschen, dazu setzen Sie das "Verfallsdatum" einfach in die Vergangenheit und übertragen den Cookie erneut zum Client:

```
Protected Sub Button1_Click(ByVal sender As Object, ByVal e As EventArgs)
    If Request.Cookies("FirstTime") IsNot Nothing Then
        Request.Cookies("FirstTime").Expires = DateTime.Now.AddDays(-1)
        Response.Cookies.Add(Request.Cookies("FirstTime"))
    End If
End Sub

End Class
```

Test

Beim ersten Aufruf:

> Ein erstes Willkommen
> [Cookie löschen]

Formular erneut laden:

> Letzter Aufruf am 12.03.2008 12:17:45
> [Cookie löschen]

HINWEIS: Voraussetzung für die Funktion des Beispiels ist die Möglichkeit, Cookies zu speichern. Verhindert der Browser dies, haben Sie schlechte Karten.

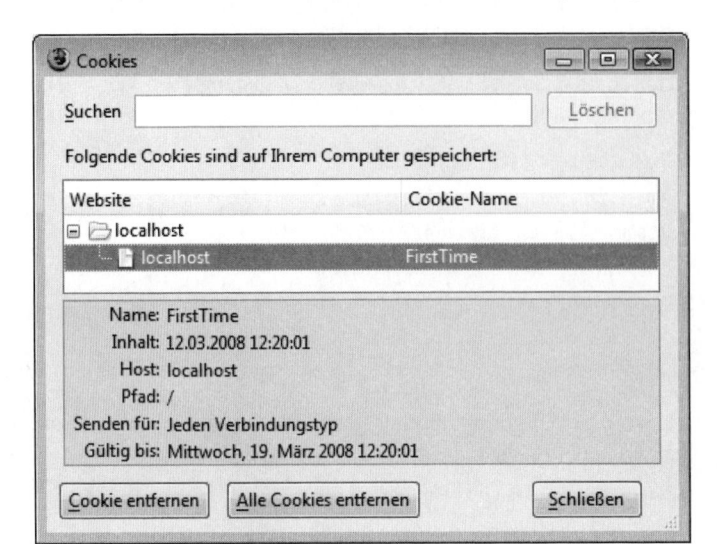

Den Inhalt des Cookies können Sie sich mit Hilfe des jeweiligen Browsers anzeigen lassen:

R12.8 HTML-Ausgaben an den Client senden

In vielen Rezepten dieses Kapitels wird rege von der *Write*-Methode Gebrauch gemacht. Neben einfachen Textausgaben können Sie damit auch gezielt HTML-Tags etc. an den Client senden, so als ob Sie den HTML-Seitentext mit einem Editor bearbeiten würden.

Ein eigenes Rezept zeigt die Verwendung im Detail.

Oberfläche

Nur die Standard-Webseite, alle Ausgaben erzeugen wir zur Laufzeit.

Quelltext

Verschiedene Ausgaben an den Client senden:

```
Protected Sub Page_Load(ByVal sender As Object, ByVal e As EventArgs)
```

Formatierungen realisieren:

```
Response.Write("<H1>Überschrift 1</H1>")
Response.Write("<H2>Überschrift 2</H2>")
Response.Write("<H3>Überschrift 3</H3><br>")
Response.Write("Normaler Text, Normaler Text, Normaler Text, Normaler Text<br><br>")
```

Einen Link in die Seite einfügen:

```
Response.Write("<A HREF=""http://www.heise.de"">Ein Link zu Heise.de</A><br>")
```

Eine Grafik einfügen:

```
Response.Write("<img src=""BlaueBerge.jpg"">")
```

Puffer leeren, d.h., alle ausstehenden Daten werden an den Client gesendet:

```
Response.Flush()
Response.Write("<br>")
```

Pufferung deaktivieren (jetzt wird jede *Write*-Anweisung einzeln übertragen und vom Client dargestellt):

```
Response.BufferOutput = False
```

HINWEIS: Das Verhalten bei deaktivierter Pufferung hängt vom verwendeten Browser ab. So kann es vorkommen, dass bei Tabellen erst das Ende-Tag erwartet wird, bevor die Tabelle gerendert wird.

```
Response.Write("<b>")
```

Ein paar Zeilen Text als Beispiel generieren:

```
For i As Integer = 0 To 999
    Response.Write(System.DateTime.Now.ToString())
    For x As Integer = 0 To 179
        Response.Write(".")
    Next
```

Zeilenende:

```
    Response.Write("<br>")
Next
End Sub
```

Test

Die formatierte Textdarstellung:

Überschrift 1

Überschrift 2

Überschrift 3

Normaler Text, Normaler Text, Normaler Text, Normaler Text

Ein Link zu Heise.de

Die ungepufferte Textausgabe:

```
12.03.2008 12:22:13..........................................................................................................
12.03.2008 12:22:13..........................................................................................................
12.03.2008 12:22:13..........................................................................................................
12.03.2008 12:22:13..........................................................................................................
12.03.2008 12:22:13..........................................................................................................
12.03.2008 12:22:14..........................................................................................................
12.03.2008 12:22:14..........................................................................................................
12.03.2008 12:22:14..........................................................................................................
12.03.2008 12:22:14..........................................................................................................
12.03.2008 12:22:14..........................................................................................................
12.03.2008 12:22:14..........................................................................................................
12.03.2008 12:22:14..........................................................................................................
12.03.2008 12:22:14
```

HINWEIS: Achten Sie auf die Zeitangaben am Zeilenanfang. Bei gepufferten Ausgaben ändert sich die Uhrzeit wesentlich langsamer.

R12.9 Bilder/Dateien an den Client senden

Im Gegensatz zur *Write*-Methode können Sie mit *WriteFile* eine komplette Datei an den Client senden. Dazu müssen Sie lediglich den Dateinamen übergeben. Vorher sollten Sie mit *Content-Type* noch den Datentyp festlegen.

Oberfläche

Nur ein Web Form, zusätzlich fügen Sie dem Projekt eine beliebige Grafik hinzu.

Quelltext

Eine Grafik an den Client senden (diese wird automatisch angezeigt).

```vb
Public Partial Class _Default
Inherits System.Web.UI.Page

    Protected Sub Page_Load(ByVal sender As Object, ByVal e As EventArgs)
        Response.ContentType = "image/jpeg"
        Response.WriteFile("BlaueBerge.jpg")
    End Sub

End Class
```

Test

Nach dem Start wird zwar *Default.aspx* in der Adresszeile angezeigt, im Browser selbst ist jedoch nur die Grafik dargestellt (ohne HTML-Quellcode).

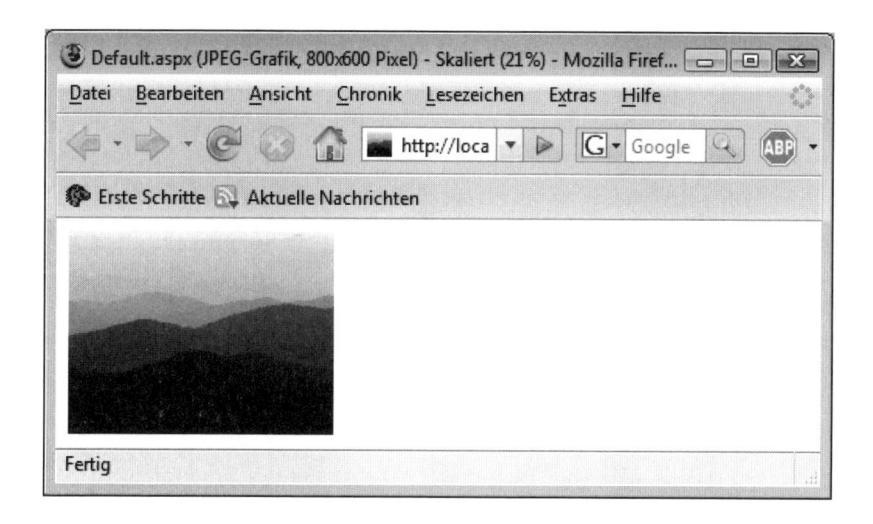

R12.10 Die IP-Adresse des Clients abfragen

Möchten Sie Clientzugriffe auf Ihre Website protokollieren, brauchen Sie dazu die IP-Adresse des Clients.

Oberfläche

Nur ein Web Form.

Quelltext

Client-Adresse und -Sprache abfragen:

```vb
Public Partial Class _Default
Inherits System.Web.UI.Page

    Protected Sub Page_Load(ByVal sender As Object, ByVal e As EventArgs)
        Response.Write("Adresse : " + Request.UserHostAddress + "<br>")
        For i As Integer = 0 To Request.UserLanguages.Length - 1
            Response.Write("Sprachen : " + Request.UserLanguages(i) + "<br>")
        Next
    End Sub
End Class
```

Test

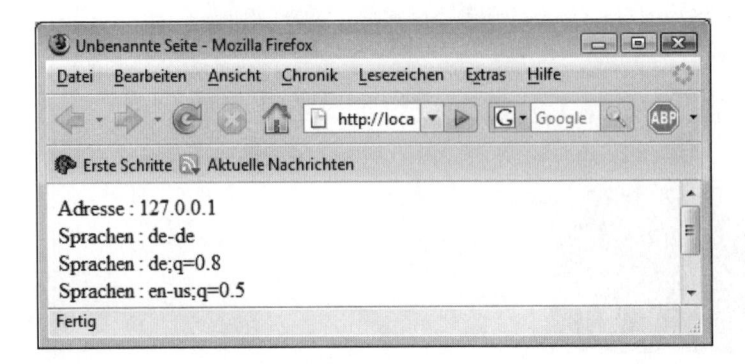

```
Adresse : 127.0.0.1
Sprachen : de-de
Sprachen : de;q=0.8
Sprachen : en-us;q=0.5
```

R12.11 Die Anzahl der Seitenaufrufe eines Users ermitteln

Mit Hilfe einer Session-Variablen können wir im *PageLoad*-Ereignis die Anzahl der Seitenaufrufe durch den aktuellen Nutzer ermitteln.

Oberfläche

Platzieren Sie lediglich eine Schaltfläche auf dem Web Form.

Quelltext

```vb
Public Partial Class _Default
    Inherits System.Web.UI.Page
```

Fügen Sie dem Formular folgende Ereignisprozedur hinzu:

```vb
    Protected Sub Page_Load(ByVal sender As Object, ByVal e As EventArgs)
```

Die Seite wird zum wiederholten Mal aufgerufen:

```vb
        If Page.IsPostBack Then
            Session("Count") = DirectCast(Session("Count"), Integer) + 1
            Response.Write("Hallo, ich werde zum " + Session("Count").ToString() + _
                ". Mal aufgerufen!")
```

Die Seite wird zum ersten Mal aufgerufen:

```vb
        Else     ' Die Seite wird zum ersten Mal aufgerufen:
            Session("Count") = 1
            Response.Write("Hallo, ich werde zum ersten Mal aufgerufen!")
        End If
    End Sub
End Class
```

Test

Klicken Sie mehrfach auf die Schaltfläche, um ein Postback und damit einen erneuten Seitenaufruf auszulösen:

> Hallo, ich werde zum ersten Mal aufgerufen!
> [Button]

...

> Hallo, ich werde zum 3. Mal aufgerufen!
> [Button]

R12.12 Auf den Fehlercode 404 reagieren

Von unzähligen Webseiten ist Ihnen sicher auch die "beliebte" Fehlermeldung mit dem Code 404 (Seite nicht gefunden) in Erinnerung. Die Ursache ist meist der "Zahn der Zeit", Seiten werden umbenannt, verschoben oder einfach mal gelöscht, was beim Aufruf dieser Seite dann zu genannter Fehlermeldung durch den IIS führt:

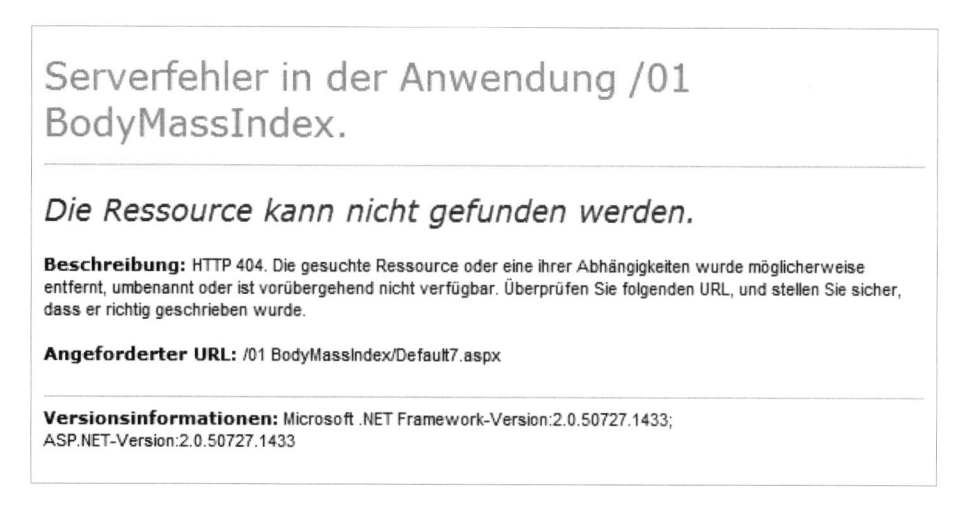

> **Serverfehler in der Anwendung /01 BodyMassIndex.**
>
> *Die Ressource kann nicht gefunden werden.*
>
> **Beschreibung:** HTTP 404. Die gesuchte Ressource oder eine ihrer Abhängigkeiten wurde möglicherweise entfernt, umbenannt oder ist vorübergehend nicht verfügbar. Überprüfen Sie folgenden URL, und stellen Sie sicher, dass er richtig geschrieben wurde.
>
> **Angeforderter URL:** /01 BodyMassIndex/Default7.aspx
>
> **Versionsinformationen:** Microsoft .NET Framework-Version:2.0.50727.1433; ASP.NET-Version:2.0.50727.1433

Abhilfe schaffen Sie entweder mit einer zentralen Fehlerbehandlung oder einer kleinen Erweiterung der Datei *Web.config*.

Variante 1: Alternative Fehlerseite einblenden

Mit Hilfe der *Web.config* können Sie für den Fall der Fälle eine alternative Seite definieren, die immer dann angezeigt wird, wenn

- ein Fehler auftritt (eine Grundvoraussetzung),
- keine *ErrorPage* definiert ist,
- *customErrorsmode = "On"* ist.

Sie können die Einstellung entweder in der *Web.config* selbst vornehmen

```
<customErrors defaultRedirect="~/Fehler.aspx" mode="On" />
```

oder Sie verwenden die ASP.NET-Konfiguration:

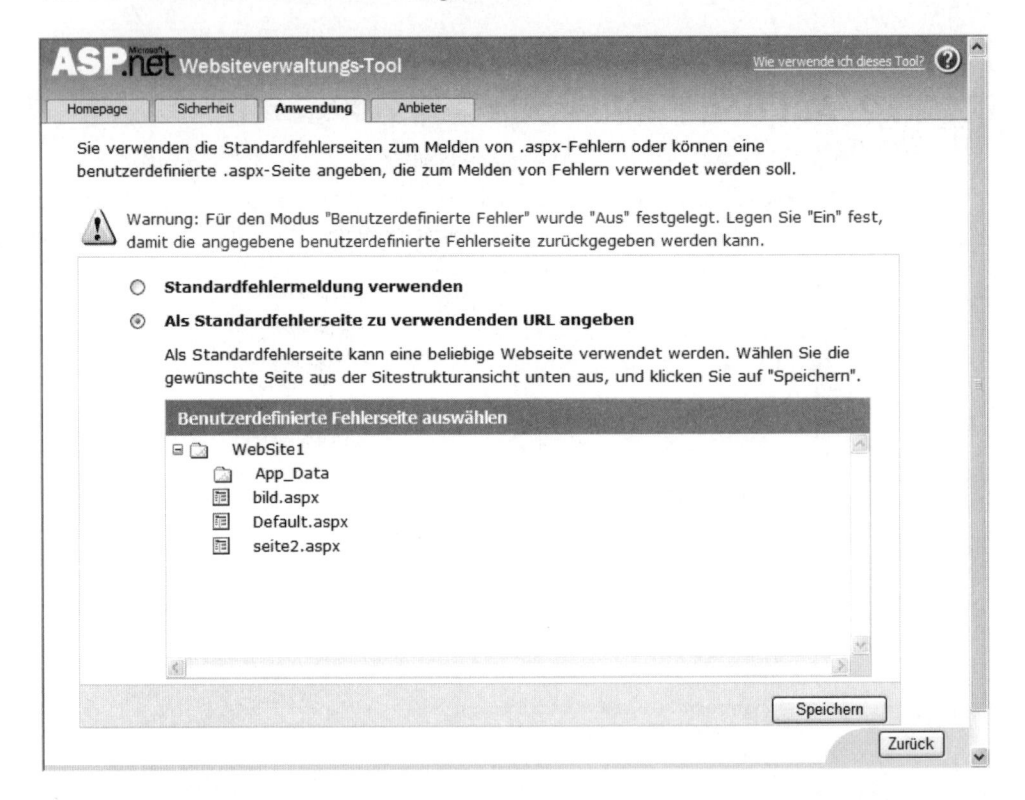

Tritt ein Fehler zur Laufzeit auf, wechselt ASP.NET automatisch zur festgelegten Seite. Als *QueryString* wird zusätzlich "die Quelle allen Übels" übergeben:

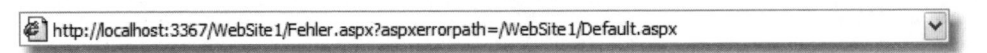

```
http://localhost:3367/WebSite1/Fehler.aspx?aspxerrorpath=/WebSite1/Default.aspx
```

```
<customErrors mode="On">
    <error statusCode="404" redirect="error.htm" />
</customErrors>
```

Variante 2: Zentrale Fehlerbehandlung

Fügen Sie Ihrem Web-Projekt zunächst eine *Global.asax*-Datei hinzu, in der bereits die zentralen Ereignisroutinen vordefiniert sind. Erweitern Sie den Ereignishandler *Application_Error* um folgende Anweisungen:

```
<%@ Application Language="VB" %>

<script runat="server">
...
    Sub Application_Error(ByVal sender As Object, ByVal e As EventArgs)
        Response.Write("Tja, da sind wir sprachlos, hier fehlt wohl eine Seite ...")
        Server.ClearError()
    End Sub
...
</script>
```

> **HINWEIS:** Mit *Server.ClearError* wird der Fehler endgültig gelöscht, andernfalls wird zwar obige Routine abgearbeitet, der Fehler tritt jedoch nach wie vor auf.

Starten Sie jetzt die Anwendung und geben Sie eine fehlerhafte Adresse ein. Im Browser sollte in diesem Fall unsere Meldung erscheinen.

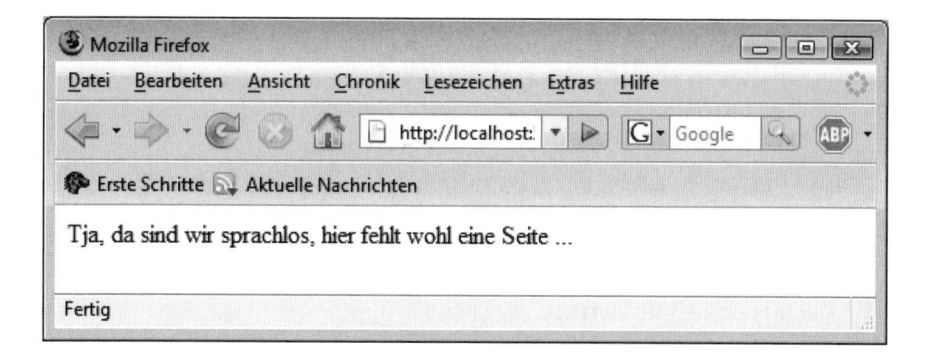

> **HINWEIS:** Der Vorteil dieser Variante, dürfte in der gezielten Fehlerbehandlung liegen, zusätzlich können Sie auch den Fehlercode abspeichern, um die Anwendung wieder "fehlerfrei" zu bekommen.

R12.13 Die Validierung temporär deaktivieren

Leider hat die konsequente Validierung auch ihre Schattenseiten. Stellen Sie sich den Fall vor, bei dem die Eingabe in ein Formular vom Nutzer abgebrochen werden soll. In Windows-Anwendungen fällt Ihnen jetzt sicher spontan der obligate *Abbruch*- oder *Cancel*-Button ein. Doch in Webanwendungen stehen Sie vor einem Problem: Jeder Klick auf einen Button hat auch eine Verbindung zum Server zur Folge, und dies wiederum führt unvermeidlich zu einer Fehlerprüfung, die zu diesem Zeitpunkt überflüssig wäre.

Aus diesem Grund verfügen alle Controls, die eine automatische Verbindung zum Server auslösen, über die Eigenschaft *CausesValidation* (Default=*True*), mit der die Fehlerprüfung gezielt ein- bzw. ausgeschaltet werden kann. Setzen Sie also für den *Abbruch*-Button den Wert auf *False*.

R12.14 Den Eingabefokus bei Validierung setzen

In umfangreichen Formularen ist es sicher nicht sehr komfortabel, wenn zwar eine Fehlermeldung angezeigt wird, der Eingabe-Cursor sich jedoch noch in einer gänzlich anderen Textbox befindet.

Mit der Eigenschaft *SetFocusOnError* für das betreffende Validator-Control können Sie erreichen, dass nach einer fehlerhaften Eingabe der Fokus auf das geprüfte Steuerelement gesetzt wird.

R12.15 Eine clientseitige Validierung realisieren

Im Gegensatz zur recht einfach realisierbaren serverseitigen Validierung, bei der Sie mit Ihrer gewohnten Programmiersprache arbeiten können, ist bei einer clientseitigen Validierung ein Mindestmaß an JavaScript-Kenntnissen erforderlich.

Ein einfaches Beispiel (wir testen, ob ein Wert kleiner als 10 ist) zeigt die Vorgehensweise.

Oberfläche

Fügen Sie in ein Web Form zwei *TextBox*en, einen *Button* und ein *CustomValidator*-Control ein:

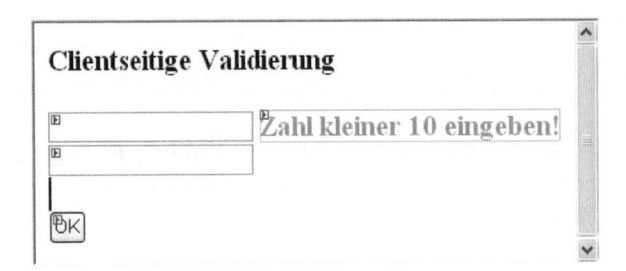

Quelltext

> **HINWEIS:** Ihre Client-Validierungsfunktion hat einige Grundanforderungen zu erfüllen. So hat die Funktion zwei Parameter (*source* und *args*) zur Verfügung zu stellen. Zusätzlich muss ein bool'scher Rückgabewert realisiert werden.

Die Konfiguration des *CustomValidator*-Controls im **HTML-Quellcode**:

```
...
  <asp:CustomValidator ID="CustomValidator1" runat="server"
                   ClientValidationFunction="AllesOk"
                   ErrorMessage="Zahl kleiner 10 eingeben!"
                   ControlToValidate="TextBox1"></asp:CustomValidator>
```

Die JavaScript-Funktion am Ende der ASPX-Seite:

```
...
</body>
<script language=javascript>
<!--
    function AllesOk(source, args)
    {
       args.IsValid = (parseInt(args.Value) < 10);
    }
// -->
</script>
</html>
```

> **HINWEIS:** Ganz nebenbei könnten Sie natürlich per Client-Script auch Dialogboxen einblenden.

Test

Geben Sie einen fehlerhaften Wert ein, um die Funktionalität zu überprüfen.

R12.16 Die Zellen in einem GridView formatieren

Zwar bieten die Eigenschaften des *GridView*-Controls schon reichlich Möglichkeiten zur optischen Konfiguration, aber gerade dynamische Effekte und unterschiedliche Spaltenformate lassen noch genügend Wünsche offen. Hier hilft Ihnen die Verwendung des *RowDataBound*-Ereignisses weiter, in dem Sie nach Herzenslust Änderungen an den Formatierungen der Zellen vornehmen können.

Oberfläche

Erzeugen Sie ein Web Form und fügen Sie ein datengebundenes *GridView* ein. Verzichten Sie auf die angebotenen Formatierungsmöglichkeiten.

Quelltext

Alle Formatierungen werden wir per *RowDataBound*-Ereignis in den Zellen vornehmen:

```
...
Imports System.Drawing

Partial Public Class Beispiel_GridView
    Inherits System.Web.UI.Page
```

Für die Unterscheidung zwischen geraden und ungeraden Zeilen eine Zählvariable:

```
    Private zeile As Integer = 0
...
    Protected Sub GridView1_RowDataBound(ByVal sender As Object, _
                            ByVal e As GridViewRowEventArgs)
```

Nur wenn es sich um eine Datenzeile handelt (Sie können auch Kopf- und Fußbereich bearbeiten):

```
        If e.Row.RowType = DataControlRowType.DataRow Then
```

Für jede zweite Zeile legen wir eine andere Farbe fest:

```
            If (zeile Mod 2) = 0 Then
                e.Row.BackColor = Color.Azure
            End If
```

Ist in Spalte 7 (nullbasiert!) die Artikelanzahl unter 20 gesunken, wird die Zelle farblich markiert, der Text auf fett gesetzt und eine zusätzliche Schaltfläche eingeblendet, die ein Detailformular anzeigen kann:

```
            If Convert.ToInt32(e.Row.Cells(6).Text) < 20 Then
                e.Row.Cells(6).ForeColor = Color.Red
                e.Row.Cells(6).Font.Bold = True
                e.Row.Cells(6).BackColor = Color.Yellow
```

Beschriftungstext in einem *Label* speichern:

```
                Dim l As Label = New Label()
                l.Text = e.Row.Cells(6).Text + " "
```

Den *Button* erzeugen, konfigurieren und in die Zelle einfügen:

```
                Dim b As Button = New Button()
                b.Text = " + "
```

```
            b.PostBackUrl = "~/bestellen.aspx?id=" + e.Row.Cells(0).Text
            e.Row.Cells(6).Controls.Add(l)
            e.Row.Cells(6).Controls.Add(b)
        End If
```

Zeilenzähler inkrementieren:

```
        zeile += 1
    End If
End Sub


End Class
```

Test

Nach dem Start sollte das *GridView* wie folgt aussehen:

ArtikelNr	Artikelname	LieferantenNr	KategorieNr	Liefereinheit	Einzelpreis	Lagerbestand	BestellteEinheit
1	Chai	1	1	10 Kartons x 20 Beutel	18,0000	18 [+]	0
2	Chang	1	1	24 x 12-oz-Flaschen	19,0000	17 [+]	40
3	Aniseed Syrup	1	2	12 x 550-ml-Flaschen	112,0000	13 [+]	70
4	Chef Anton's Cajun Seasoning				220,0000	53	

Formatierungen per RowDataBound

R12.17 Ein GridView mit Bildlaufleisten realisieren

Sicher fehlt auch in Ihren Webanwendungen der nötige Platz, um alle Daten darzustellen. Abgesehen von Unwägbarkeiten, wie der Größe des Browserfensters etc., wird durch ein Grid mit beliebiger Länge meist das Layout der Seite endgültig verhunzt.

In der Windows-Welt steht uns für diesen Zweck ein Scrollbar zur Verfügung, das *GridView*-Control bietet diesen Komfort bisher aber nicht. Doch mit Hilfe des *Panel*-Controls haben Sie auch dieses Problem in wenigen Minuten gemeistert. Kopieren Sie einfach das *GridView* in ein *Panel* und legen Sie dessen Höhe und Breite fest. Jetzt nur noch die Eigenschaft *ScrollBars* auf *Vertical* gesetzt und schon haben Sie ein *GridView* mit Scrollbar (siehe folgende Abbildung).

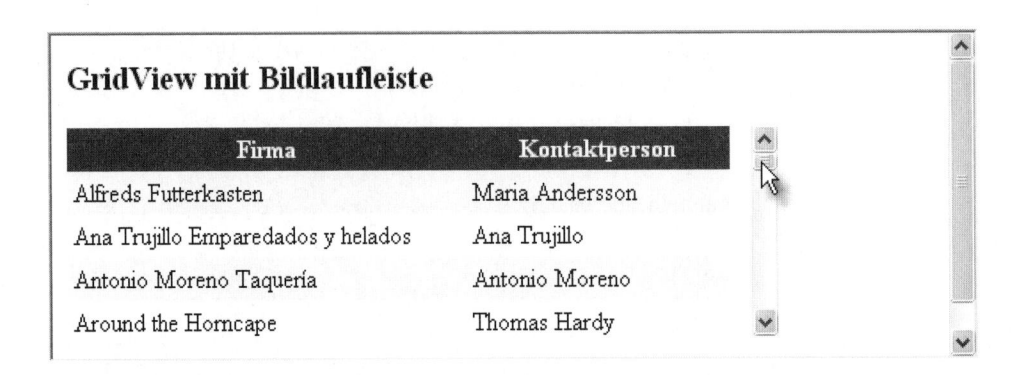

HINWEIS: Der Tabellenkopf wird leider mit verschoben, ein Nebeneffekt der sich nicht vermeiden lässt.

R12.18 Einen Mouseover-Effekte im GridView realisieren

Gerade bei recht großen Tabellen ist es häufig wünschenswert, dem Anwender die Übersicht durch eine farbliche Hervorhebung der aktuellen Zeile zu erleichtern. Dies kann zum Beispiel durch die *MouseOver*- und *MouseIn*-Ereignisse der einzelnen Tabellenzeilen erfolgen. Allerdings werden Sie jetzt vergeblich nach derartigen Ereignissen in Visual Studio Ausschau halten, hierbei handelt es sich um reine Client-Ereignisse, die auch vom Browser und nicht vom Server verarbeitet werden müssen.

Unser Beispielprogramm zeigt, wie Sie die nötigen JavaScript-Anweisungen den einzelnen Tabellenzeilen hinzufügen.

Oberfläche

Erzeugen Sie ein datengebundenes *GridView*-Control, indem Sie einfach eine beliebige Datenbank-Tabelle in die Entwurfsansicht des Web-Forms ziehen.

Quelltext

Erweitern Sie das Programm um folgende Ereignisbehandlung:

```
Public Partial Class Beispiel_GridView
Inherits System.Web.UI.Page

    Protected Sub GridView1_RowDataBound(ByVal sender As Object, _
                                ByVal e As GridViewRowEventArgs)
        If e.Row.RowType = DataControlRowType.DataRow Then
            e.Row.Attributes.Add("OnMouseOut", "this.style.backgroundColor='#F8F8F8'")
```

```
            e.Row.Attributes.Add("OnMouseOver", "this.style.backgroundColor='#7fff00'")
        End If
    End Sub
End Class
```

Das Ereignis *RowDataBound* wird beim Rendern des *GridView*-Controls für jede einzelne Zeile aufgerufen. Hier haben Sie die Möglichkeit, Formatierungen etc. für die einzelnen Tabellenzeilen vorzunehmen. In unserem Fall fügen wir Code für die Client-Ereignisse *OnMouseOver* und *OnMouseOut* hinzu.

> **HINWEIS:** Wie Sie weitere Formatierungen im *GridView* realisieren können, zeigt Rezept R12.16.

Test

Nach dem Start des Web Forms werden Sie sicher gleich den grünen Balken bemerken, der beim Bewegen der Maus über die Tabelle angezeigt wird:

R12.19 Keine Daten im GridView vorhanden

Nicht jede Abfrage liefert auch die gewünschten Ergebnisse und nichts sieht trostloser aus als eine umfangreiche Tabelle oder Detailansicht ohne Daten. Besser ist es, wenn alternativ eine entsprechende Meldung angezeigt wird.

Oberfläche

Über die Eigenschaften *EmptyDataText* bzw. *EmptyDataRowStyle* können Sie für mehr Klarheit und bessere Optik sorgen:

Eigenschaften	
GridView1 System.Web.UI.WebControls.GridView	
⊟ EmptyDataRowStyle	
BackColor	■ Red
BorderColor	☐
BorderStyle	NotSet
BorderWidth	
CssClass	
⊞ Font	
ForeColor	☐ Yellow
Height	
HorizontalAlign	NotSet
VerticalAlign	NotSet
Width	
Wrap	True
EmptyDataText	Keine Daten vorhanden!!!!
Enabled	True

Zur Laufzeit wird jetzt statt des *GridView* die eingetragene Meldung angezeigt.

R12.20 Daten einfach ins MS Excel-Format exportieren

Wie Sie Informationen aus einer Datenbank mittels *GridView* auf den Bildschirm bringen, brauchen wir Ihnen sicher nicht ausführlich zu erklären. Dass es aber mit wenigen Anweisungen möglich ist, die dargestellten Informationen auch gleich im MS Excel-Format zu speichern, dürfte für viele Anwendungsfälle recht interessant sein.

Oberfläche

Erzeugen Sie zunächst ein datengebundenes *GridView*, indem Sie einfach eine beliebige Datenbank-Tabelle in die Entwurfsansicht des Web Forms ziehen.

Machen Sie auch Gebrauch von den komfortablen Möglichkeiten der Formatierung des *GridView*-Controls, alle wesentlichen Optionen werden später auch in der Excel-Tabelle zu sehen sein. Setzen Sie noch die *Visible*-Eigenschaft des *GridView* auf *False* und fügen Sie einem *Button* in das Web Form ein. Über diesen werden wir den Export auslösen.

Quelltext

Die Routine für den Export:

```
Public Partial Class ExcelExport
Inherits System.Web.UI.Page
    Protected Sub Button1_Click(ByVal sender As Object, ByVal e As EventArgs)
        Response.Clear()
```

Statt der standardmäßigen HTML-Ausgabe kommen jetzt die Exel-Daten:

```
Response.AddHeader("content-disposition", "attachment;filename=Kunden.xls")
Response.Charset = ""
Response.ContentType = "application/vnd.ms-excel"
```

Einen *StringWriter* und einen *HtmlTextWriter* instanziieren:

```
Dim sw As System.IO.StringWriter = New System.IO.StringWriter()
Dim htmw As System.Web.UI.HtmlTextWriter = New System.Web.UI.HtmlTextWriter(sw)
```

Und schon können wir Exceldaten schreiben:

```
sw.GetStringBuilder().Append("<H2>Artikelliste vom " + _
                             System.DateTime.Now.ToString() + "</H2>")
sw.GetStringBuilder().Append("<br><br>")
```

Hier wird mancher sicher stutzig werden, handelt es sich doch um HTML-Fragmente und nicht um XLS-Daten. Doch Excel ist so tolerant und kann auch damit etwas Sinnvolles anfangen, wie der spätere Test zeigen wird.

Jetzt blenden wir noch das *GridView* kurzzeitig ein (sonst erhalten wir keine HTML-Ausgabe beim Rendern),

```
GridView1.Visible = True
```

rendern die *GridView*-Ausgaben in den *HtmlTextWriter* und blenden das *GridView* gleich wieder aus:

```
GridView1.RenderControl(htmw)
GridView1.Visible = False
```

Wir übergeben die Daten an das *Response*-Objekt und schließen die Ausgabe ab:

```
Response.Write(sw.ToString())
Response.End()
End Sub

End Class
```

So, das war schon der ganze Export. Doch sollten Sie jetzt schon einen ersten Test wagen, wird dieser fehlschlagen, wie es die folgende Abbildung zeigt.

```
GridView1.RenderControl(htmw)
GridView1.Visible = False
Response.Write(sw.ToString())
Response.End()
   End Sub

End Class
```

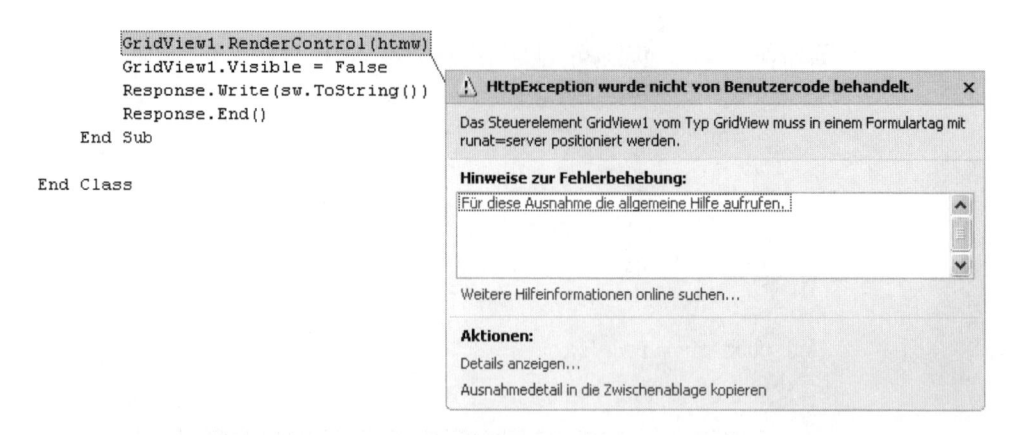

Mit einem Trick können wir die interne Fehlerprüfung des *GridView*-Controls aushebeln:

```
Public Overrides Sub VerifyRenderingInServerForm(ByVal control As Control)
End Sub
```

Wir überschreiben einfach die Prüfmethode und verzichten auf eine Prüfung.

Test

Nach diesen Vorarbeiten können wir einen ersten Export starten. Zunächst erscheint eine kurze Sicherheitsmeldung des Internet Explorers (oder des jeweiligen Webbrowsers):

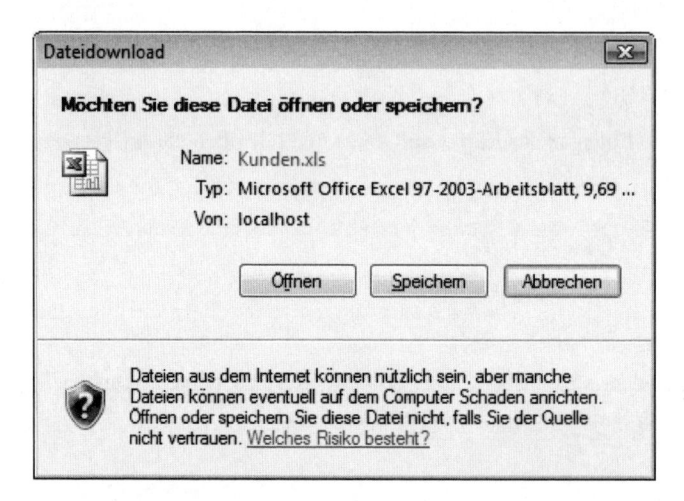

Nach dem Bestätigen dürfte sich Microsoft Excel öffnen (wir gehen mal davon aus, dass es auch installiert ist) und folgenden Anblick bieten:

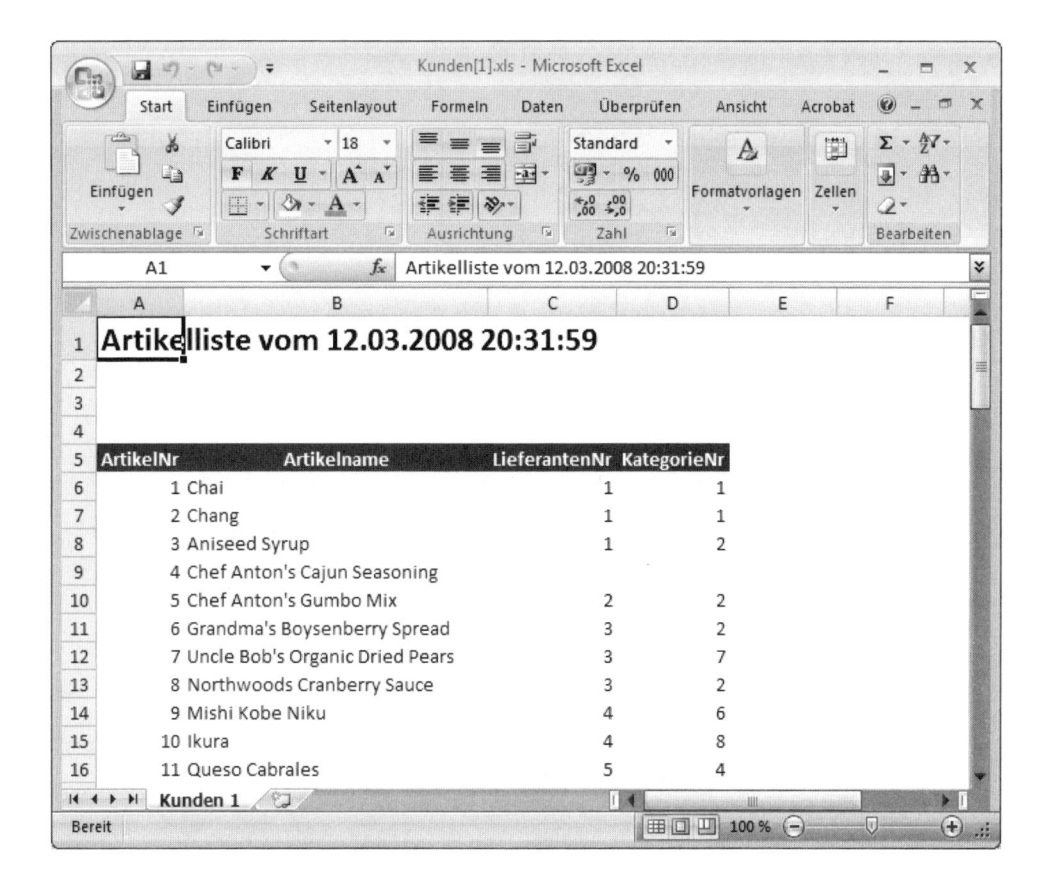

[Screenshot: Excel-Fenster mit Artikelliste vom 12.03.2008 20:31:59]

R12.21 Berechnungen in GridView-Zeilen realisieren

Sicher hat der eine oder andere schon vor dem Problem gestanden, innerhalb einer Tabellen-Zeile zusätzliche Berechnungen (Summe, Umsatzsteuer etc.) auszuführen.

Die Lösung für diese Aufgabenstellung sollten Sie allerdings nicht im *GridView* bzw. dessen Ereignissen suchen. Besser Sie lösen das Problem gleich mit Hilfe einer geeigneten Datenbankabfrage (SQL-Aggregat-Funktionen).

Unser Beispielprogramm soll zwei Aufgaben lösen: Berechnung des aktuellen Warenwertes aus Artikelanzahl und Einzelpreis, sowie Berechnung des Verkaufspreises basierend auf dem Eingabewert einer Textbox.

Oberfläche

Erzeugen Sie zunächst ein datengebundenes *GridView*, indem Sie die Tabelle *Artikel* aus dem Server-Explorer in die Entwurfsansicht des Web Forms ziehen. Fügen Sie noch eine *TextBox* für die Eingabe des prozentualen Aufschlags hinzu. Editieren Sie nachfolgend die Eigenschaft *SelectQuery* von *SqlDataSource1*:

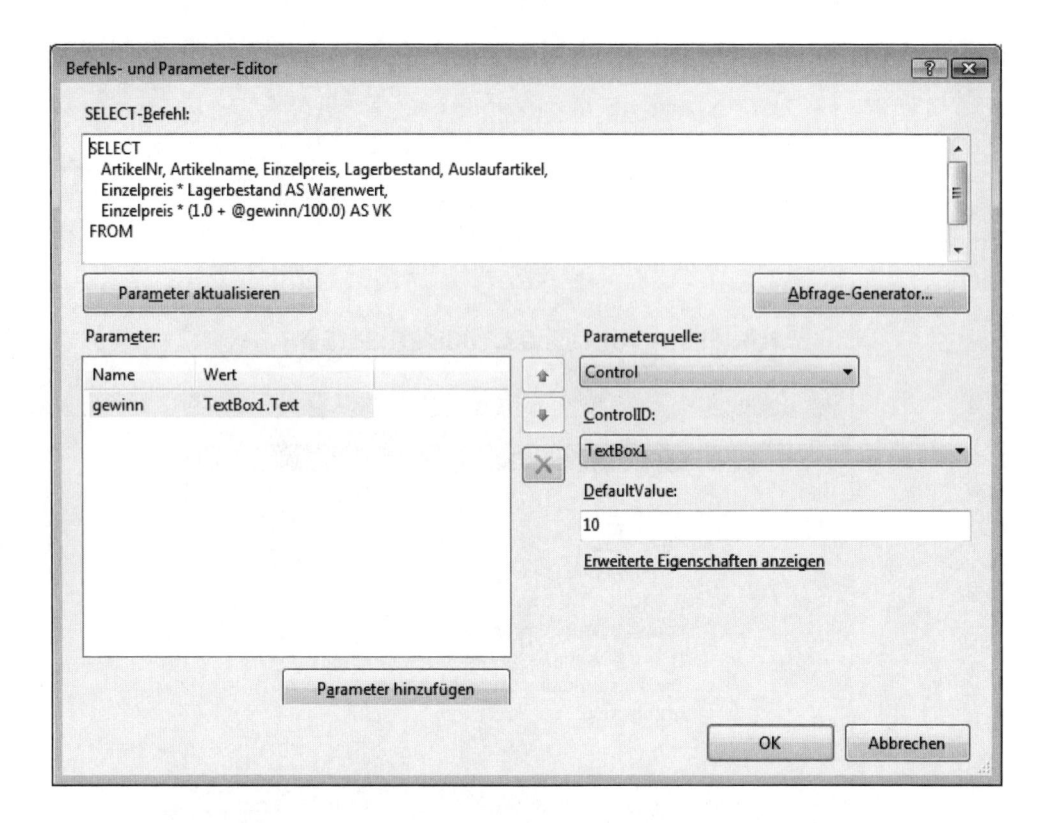

> **Befehls- und Parameter-Editor**
>
> SELECT-Befehl:
> ```
> SELECT
>     ArtikelNr, Artikelname, Einzelpreis, Lagerbestand, Auslaufartikel,
>     Einzelpreis * Lagerbestand AS Warenwert,
>     Einzelpreis * (1.0 + @gewinn/100.0) AS VK
> FROM
> ```
>
> Parameter:
>
> | Name | Wert |
> |---|---|
> | gewinn | TextBox1.Text |
>
> Parameterquelle: Control
> ControlID: TextBox1
> DefaultValue: 10

Wie Sie sehen, lässt sich auch der Wert des Controls recht einfach in die Abfrage einbauen.

> **HINWEIS:** Bevor Sie verzweifeln, sollten Sie obige "Formeln" genauer betrachten. Damit bei der Prozent-Umrechnung auch Gleitkommanwerte erzeugt werden, müssen Sie auch Gleitkomma-Konstanten bei der Berechnung einsetzen (100.0). Andernfalls ist das Ergebnis falsch.

Quelltext

Keiner ☺!

Test

Nach dem Start sollten die beiden Spalten im *GridView* korrekt berechnet werden (siehe folgende Abbildung).

Berechnungen im GridView realisieren

Gewinn in %: 10

ArtikelNr	Artikelname	Einzelpreis	Lagerbestand	Auslaufartikel	Warenwert	VK
1	Chai	18,0000	18	☐	324,0000	19,8000000000
2	Chang	19,0000	17	☐	323,0000	20,9000000000
3	Aniseed Syrup	112,0000	13	☐	1456,0000	123,2000000000
4	Chef Anton's Cajun Seasoning	220,0000	53	☐	11660,0000	242,0000000000
5	Chef Anton's Gumbo Mix	21,3500	0	☑	0,0000	23,4850000000

1 2 3 4 5 6 7 8 9 10 ...

Bemerkungen

- Sollte es zu Problemen kommen, müssen Sie die Schema-Informationen zunächst aktualisieren (Kontextmenü der Datenquelle)
- Mehr zu Formatierungen im Währungsformat finden Sie im Rezept R12.27.

R12.22 Spaltensummen im GridView berechnen

Für die schnelle Übersicht oder für kleinere Rechnungen ist es meist sinnvoll, in der untersten Zeile des *GridView* eine Spaltensumme anzuzeigen. SQL-Befehle zur Berechnung helfen Ihnen an dieser Stelle nicht weiter, kann doch die Ansicht des *GridView* durch Paging geändert werden. Damit muss sich jedoch die Spaltensumme auf die gerade angezeigten Zeilen beziehen.

Oberfläche

Erzeugen Sie zunächst ein datengebundenes GridView, indem Sie einfach eine beliebige Datenbank-Tabelle (sinnvollerweise mit Zahlenwerten) in die Entwurfsansicht des Web Forms ziehen. Blenden Sie den Fußbereich der GridView über die Eigenschaft ShowFooter ein.

HINWEIS: Alternativ können Sie auch das Programm aus dem Rezept R12.21 erweitern.

Quelltext

Mit dem Ereignis *RowDataBound* können wir jede einzeln angezeigte Zeile vor dem endgültigen Rendern der Seite auswerten:

```
Imports System.Drawing
```

```
Partial Public Class Beispiel_GridView
    Inherits System.Web.UI.Page
```

Eine Variable für die Summe:

```
Private summe As Decimal = 0


Protected Sub GridView1_RowDataBound(ByVal sender As Object, _
                                     ByVal e As GridViewRowEventArgs)
```

Handelt es sich um eine Datenzeile, wird der Wert des Feldes (z.B. *Einzelpreis*) bestimmt und zur Summe hinzugefügt:

```
    If e.Row.RowType = DataControlRowType.DataRow Then
        ...
        summe += Convert.ToDecimal(DataBinder.Eval(e.Row.DataItem, "Warenwert"))
    End If
```

Wir sind im Fußbereich angelangt:

```
    If e.Row.RowType = DataControlRowType.Footer Then
```

Beschriftung erzeugen:

```
        e.Row.Cells(4).Text = "Summe:"
        e.Row.Cells(5).HorizontalAlign = HorizontalAlign.Right
        e.Row.Cells(5).Font.Bold = True
```

Summe ausgeben:

```
        e.Row.Cells(5).Text = summe.ToString("c")
    End If
End Sub

End Class
```

Test

Nach dem Start wird automatisch für die Spalte *Warenwert* eine Summe berechnet (siehe folgende Abbildung).

HINWEIS: Achtung, es handelt sich immer nur um die Summe der gerade dargestellten Zeilen (Paging). Möchten Sie eine Komplettsumme berechnen, sind Sie mit einer eigenen Abfrage besser bedient.

Berechnungen im GridView realisieren

Gewinn in %: 10

ArtikelNr	Artikelname	Einzelpreis	Lagerbestand	Auslaufartikel	Warenwert	VK
1	Chai	18,0000	18	☐	324,00 €	19,80 €
2	Chang	19,0000	17	☐	323,00 €	20,90 €
3	Aniseed Syrup	112,0000	13	☐	1.456,00 €	123,20 €
4	Chef Anton's Cajun Seasoning	220,0000	53	☐	11.660,00 €	242,00 €
5	Chef Anton's Gumbo Mix	21,3500	0	☑	0,00 €	23,49 €
				Summe:	**13.763,00 €**	

1 2 3 4 5 6 7 8 9 10 ...

R12.23 Währungswerte im GridView korrekt anzeigen

Sicher ist Ihnen bei den Rezepten R12.21 und R12.22 aufgefallen, dass die Darstellung von Währungswerten noch etwas zu wünschen übrig lässt. Die Änderung der *DataFormatString*-Eigenschaft für die jeweilige Tabellenspalte führt allerdings nicht zum Ziel, es wird immer nur ein normaler Gleitkommawert angezeigt:

Bevor Sie jetzt an sich selbst zweifeln, setzen Sie einfach die Eigenschaft *HtmlEncode* für die betreffenden Spalten auf *False*:

Auslaufartikel	Warenwert	VK
☐	324,00 €	19,80 €
☐	323,00 €	20,90 €
☐	1.456,00 €	123,20 €

Kleine Ursache, große Wirkung, aber jetzt dürfte es wie gewünscht funktionieren.

R12.24 Eine Validierung im GridView realisieren

Dass es möglich ist, Daten direkt im *GridView* zu editieren, ist Ihnen sicher bekannt, doch wie lassen sich die Eingaben sinnvoll validieren?

Kein Problem, auch hier helfen Ihnen die Validator-Controls weiter, auch wenn Sie dazu zunächst etwas Arbeit investieren müssen.

Oberfläche

- Erzeugen Sie eine datengebundene *GridView*, indem Sie einfach eine beliebige Datenbank-Tabelle in die Entwurfsansicht des Web Formulars ziehen.
- Aktivieren Sie die Bearbeitungsfunktion über das Aufgabenmenü.
- Wandeln Sie nachfolgend alle Tabellen-Spalten, die Sie mit den Validator-Controls prüfen wollen, in Templates um:

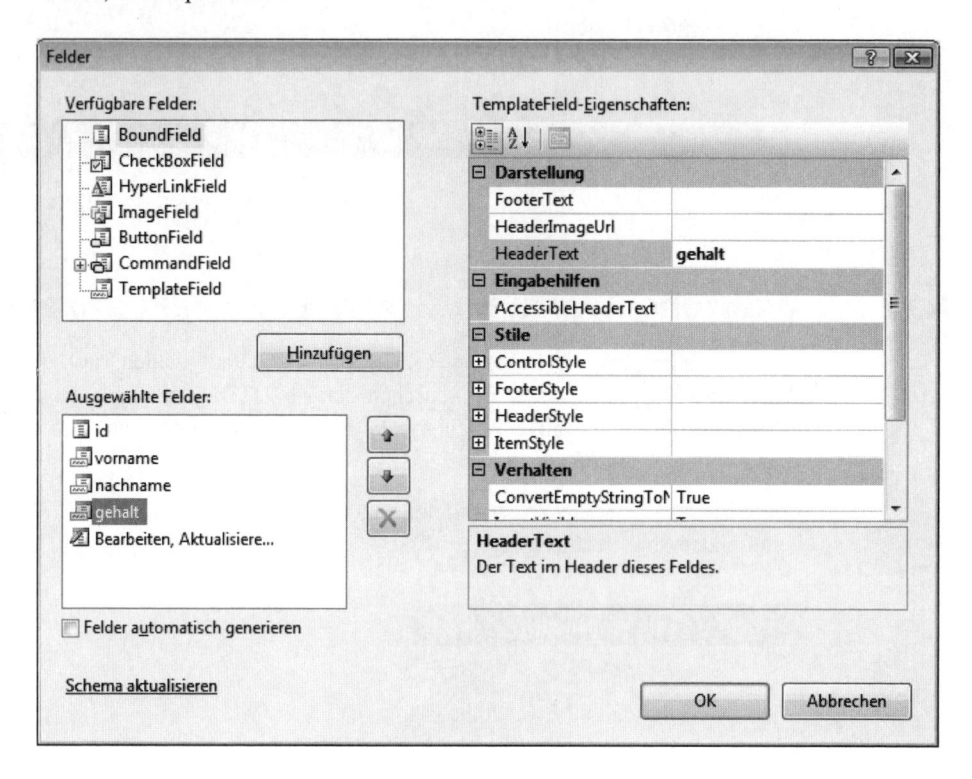

- Öffnen Sie im Template-Editor die jeweiligen EditItemTemplates und fügen Sie wie gewohnt die nötigen Validator-Controls ein. Verbinden Sie diese mit den bereits enthaltenen *TextBox*en.
- Legen Sie die *Text*-Eigenschaft der Validator-Controls mit "*" fest, den eigentlichen Meldungstext zeigen wir in einem *ValidationSummary*-Control unter dem *GridView* an.

R12.24 Eine Validierung im GridView realisieren

[Screenshot: GridView3 - Column[3] - gehalt mit ItemTemplate (Label1), AlternatingItemTemplate, EditItemTemplate, HeaderTemplate, FooterTemplate; SqlDataSource - SqlDataSource2; Fehlermeldung 1, Fehlermeldung 2]

Test

Ein Eingabetest bringt die gewünschten Meldungen auf den Bildschirm:

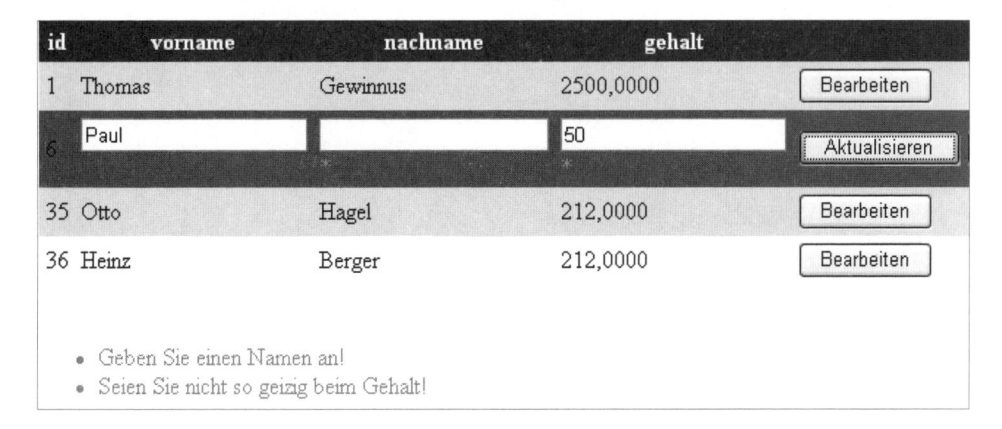

id	vorname	nachname	gehalt	
1	Thomas	Gewinnus	2500,0000	Bearbeiten
6	Paul		50	Aktualisieren
35	Otto	Hagel	212,0000	Bearbeiten
36	Heinz	Berger	212,0000	Bearbeiten

- Geben Sie einen Namen an!
- Seien Sie nicht so geizig beim Gehalt!

Bemerkungen

- Ein Aktualisieren ist unter obigen Umständen nicht möglich, der Abbruch kann jedoch jederzeit erfolgen.
- Arbeiten Sie mit mehreren *GridView*s, sollten Sie die Validator-Controls verschiedenen *ValidationGroup*s zuordnen, andernfalls erhalten Sie Fehlermeldungen an Stellen, wo sie nicht hingehören.

R12.25 Mit einem Popup-Fenster Detaildaten anzeigen

Da sicher viele unter den Lesern von der Windows- zur Web-Programmierung gewechselt sind, dürfte schnell der Wunsch nach Popup-Dialogboxen aufkommen. Beispielsweise könnten so Detaildaten oder Eingabemasken eingeblendet werden.

Von ASP.NET dürfen Sie in dieser Beziehung keine Hilfe erwarten, denn in unserem Fall ist clientseitige Programmierung mit JavaScript gefragt.

Oberfläche Hauptformular

Entwerfen Sie ein Web Formular mit einem *GridView* und einer Datenquelle entsprechend folgender Abbildung. Angezeigt werden lediglich der Artikelname sowie eine Schaltfläche.

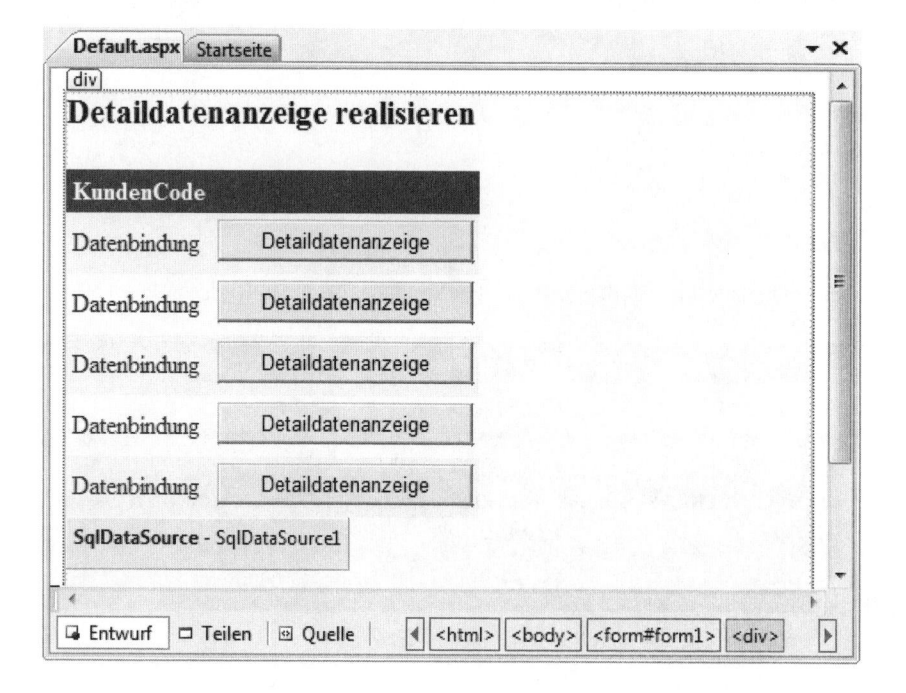

R12.25 Mit einem Popup-Fenster Detaildaten anzeigen

Die zweite Spalte mit der Schaltfläche erzeugen Sie zunächst als *Buttonfield* (Aufgabenmenü). Wandeln Sie nachfolgend die Spalte in ein Template um.

Im Template-Editor können Sie jetzt die Schaltfläche an Ihre Bedürfnisse anpassen, wichtig ist der Name des *Button*s, diesen brauchen wir später noch.

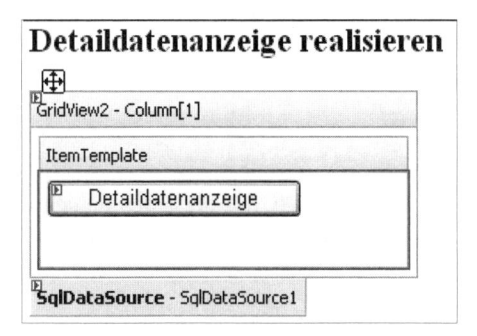

Oberfläche Detailformular

Erzeugen Sie ein neues Web Formular und speichern Sie es unter dem Namen *Details.aspx* ab. Der Grundaufbau:

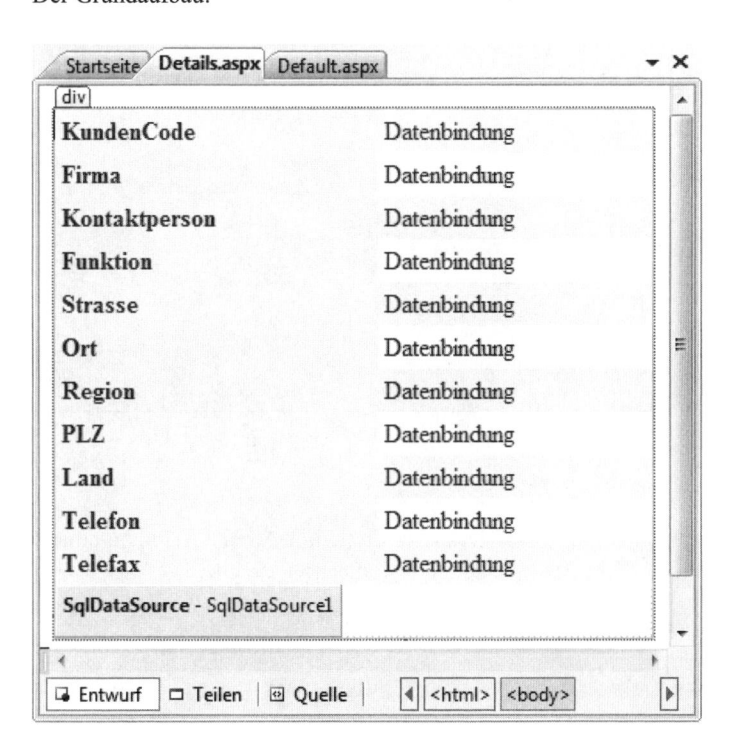

Dass es sich um ein *DetailView*-Control handelt, haben Sie sicher schon erkannt. Die Breite des Controls legen Sie mit 100% fest, die Spaltenbreiten lassen sich über *ControlStyle* (z.B. 60%) anpassen.

Zusätzlich müssen wir noch die Datenauswahl realisieren. Dazu verwenden wir einen SELECT-Parameter (*Kundencode*), den wir vom Hauptformular per *QueryString* an das Detailformular weiterreichen.

Die Zuordnung Parameter/QueryString:

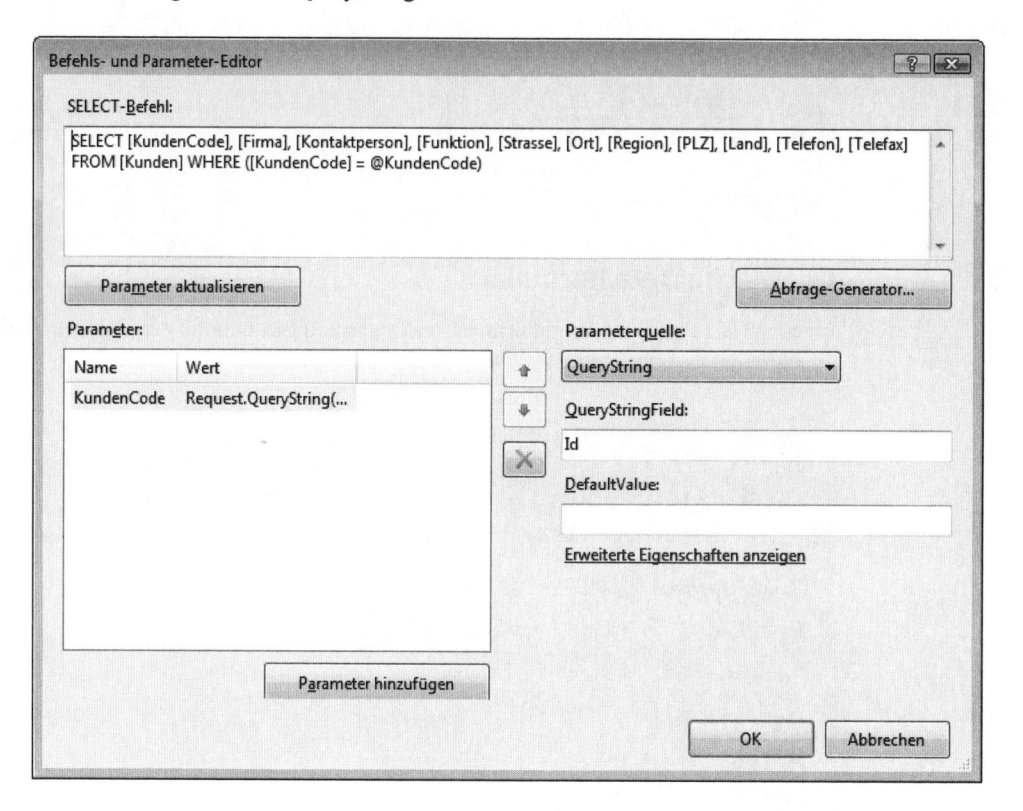

Quellcode

Wie schon erwähnt, kommen wir an dieser Stelle mit ASP.NET-Programmierung nicht weit, um die notwendigen ClientSkripte können wir uns aber kümmern:

```
Protected Sub GridView2_RowDataBound(ByVal sender As Object, _
                                    ByVal e As GridViewRowEventArgs)
    If e.Row.RowType = DataControlRowType.DataRow Then
```

Vor der Rückgabe der HTML-Seite an den Client fügen wir für die *OnClientClick*-Eigenschaft noch etwas Skriptcode ein, der ein modales Browserfenster anzeigt:

```
        Dim b As Button = DirectCast(e.Row.Cells(1).FindControl("Button1"), Button)
        b.OnClientClick = "javascript:window.showModalDialog('details.aspx?id=" + _
```

Hier generieren wir noch den QueryString:

```
            DataBinder.Eval(e.Row.DataItem, "KundenCode") + _
```

Höhe und Breite des Dialogs festlegen:

```
            "','','dialogwidth:350 px;dialogheight:330 px')"
    End If
End Sub
```

Test

Jetzt naht der Moment der Wahrheit, nach Klick auf eine der Schaltflächen sollte der gewünschte Datensatz angezeigt werden:

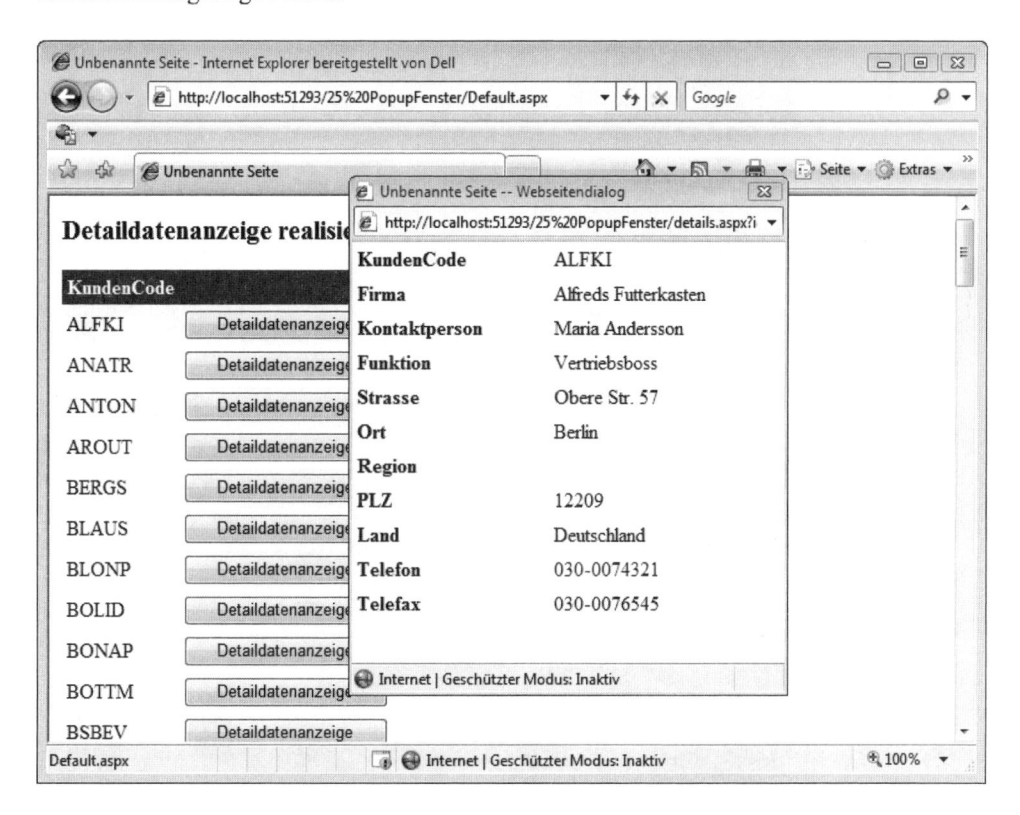

R12.26 Eine Sicherheitsabfrage realisieren

So schön die Funktionalität des *GridView* beim Bearbeiten von Datensätzen auch ist, beim endgültigen Löschen von Datensätzen möchte man doch sicher gehen, dass es sich nicht um einen versehentlichen Klick gehandelt hat. Was liegt also näher, als eine entsprechende Dialogbox anzuzeigen? Doch ach, wir arbeiten ja mit Web-Anwendungen und da ist eine Dialogbox auf den ersten Blick nicht ganz so einfach zu realisieren.

Wer jedoch einige grundlegenden JavaScript-Kenntnisse besitzt, wird sich vermutlich an die *confirm*-Funktion erinnern, die eine einfache Dialogbox auf den Bildschirm zaubert.

Oberfläche

- Erstellen Sie eine datengebundene *GridView*, indem Sie eine Tabelle aus dem Server-Explorer per Drag & Drop in das Web Form ziehen.

- Aktivieren Sie über das Aufgabenmenü der *GridView* die Löschfunktion und wandeln Sie nachfolgend die neu erstellte Spalte in ein Template um (Aufgabenmenü: *Spalten bearbeiten*).

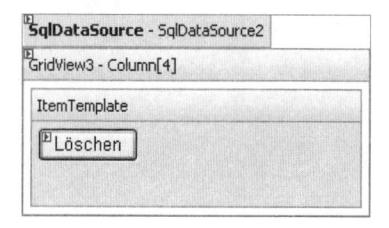

- Markieren Sie in der Template-Ansicht den *Button* und weisen Sie der Eigenschaft *OnClientClick* den folgenden Wert zu:

```
return confirm('Datensatz löschen?');
```

Test

Nach dem Klick auf den Button erscheint nun eine entsprechende Dialogbox, wird auf *Abbrechen* geklickt, löst auch das entsprechende Ereignis auf dem Server nicht aus:

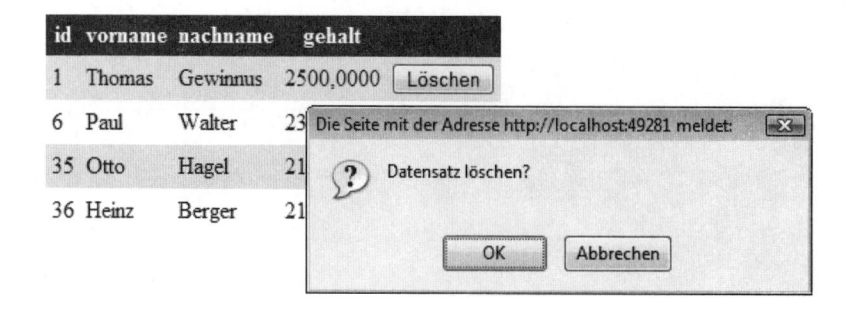

R12.27 E-Mail-Versand in ASP.NET realisieren

In Ihren ASP.NET-Projekten können Sie mit wenigen Zeilen Quellcode zum Beispiel eine Bestellbestätigung, einen E-Mail-Adresstest oder Ähnliches realisieren.

Übersicht

Über die Klasse *SmtpClient* aus dem Namespace *System.Net* erfolgt der eigentliche Versand. Entweder Sie übergeben alle Parameter einzeln oder Sie definieren vorher ein *MailMessage*-Objekt, das Sie an die Methode übergeben.

SYNTAX: `Send (from As String, recipients As String, subject As String, body As String )`

oder

SYNTAX: `Send (message As MailMessage)`

Mail-Server bestimmen

Wie auch bei jedem Brief sind bei einer E-Mail vor allem Empfänger und Absender interessant, aber wo ist das "Postamt", d.h. in unserem Fall der Mail-Server? Meist handelt es sich um einen weiteren PC im Netzwerk, von dem wir zumindest die Adresse und die Einwahldaten kennen sollten.

Die Konfiguration Ihres Mailzugangs nehmen Sie am besten in der *Web.config* mit Hilfe des ASP.NET-Konfigurationsprogramms (*Anwendung|SMTP-Einstellungen*) vor:

Die Einträge in der *Web.config*:

```
<system.net>
 <mailSettings>
  <smtp from="">
   <network host="server" password="geheim" userName="Thomas" />
  </smtp>
 </mailSettings>
</system.net>
</configuration>
```

Alternativ können Sie die Angaben auch mit den Eigenschaften des *SmtpClient*-Objekts setzen:

```
Dim mail As New System.Net.Mail.SmtpClient
...
mail.Credentials = New NetworkCredential("Thomas", "thomas")
mail.Host = "server"
...
```

Einfache Text-E-Mails versenden

Probieren wir es zunächst mit einem simplen Beispiel ohne *MailMessage*-Objekt.

Fügen Sie einen *Button* in das Web Form ein und verwenden Sie dessen *Click*-Ereignis zum Absenden der E-Mail.

```
Imports System.Net
Partial Public Class _Default
    Inherits System.Web.UI.Page

    Protected Sub Button1_Click(ByVal sender As Object, ByVal e As EventArgs)
```

Umsteiger von ASP.NET 1.x aufgepasst: das *SmtpClient*-Objekt muss jetzt erst instanziiert werden!

```
        Dim mail As System.Net.Mail.SmtpClient = New System.Net.Mail.SmtpClient()
        mail.Host = "localhost"
        mail.Send("test@web.de", "th.gewinnus@web.de", "Neue Nachricht", TextBox1.Text)
    End Sub
End Class
```

Wer es gern übersichtlicher und vor allem objektorientierter mag, der erzeugt zunächst ein *MailMessage*-Objekt, dem die einzelnen Eigenschaften zugewiesen werden können.

```
...
        Dim mail As New System.Net.Mail.SmtpClient()
```

Die Adressen können Sie schon beim Erzeugen des *MailMessage*-Objekts angeben:

```
Dim msg As New System.Net.Mail.MailMessage("test@web.de>",
                                           "th.gewinnus@web.de")
msg.Subject = "E-Mail-Test in ASP.NET"
msg.Body = TextBox1.Text
mail.Host = "localhost"
mail.Send(msg)
End Sub
```

Bemerkung

Neben dem reinen Textversand können Sie mit ASP.NET auch Dateien unterschiedlicher Art verschicken. Die Vorgehensweise ist die gleiche, lediglich der *Attachments*-Collection müssen Sie mit der Methode *Add* ein neu erzeugtes *MailAttachment*-Objekt übergeben. Im Konstruktor wird der jeweilige Dateiname angegeben.

BEISPIEL: Versand der Datei *buch.doc*

```
Imports System.Net
...
    Protected Sub Page_Load(ByVal sender As Object, ByVal e As System.EventArgs) _
                                                                    Handles Me.Load
        Dim mail As Net.Mail.SmtpClient = New System.Net.Mail.SmtpClient()
        Dim msg As Net.Mail.MailMessage = New System.Net.Mail.MailMessage( _
                                    "Thomas Gewinnus<th.gewinnus@web.de>", _
                                    "doberenz@doko-buch.de")
        msg.Subject = "E-Mail-Test in ASP.NET"
        msg.Body = "Hallo, anbei die fertigen Buchtexte <g>"
        msg.Attachments.Add(New System.Net.Mail.Attachment("c:\buch.doc"))
        mail.Host = "localhost"
        mail.Send(msg)
    End Sub
```

R12.28 Verzeichnisbäume mit der TreeView anzeigen

Seit ASP.NET 2.0 gibt es das *TreeView*-Control, und was liegt näher, als es zum Beispiel für die Anzeige von Verzeichnissen bzw. Verzeichnisstrukturen zu nutzen?

Um Ihnen zu zeigen, wie einfach sich Windows Forms-Anwendungen auch nach ASP.NET portieren lassen, wollen wir die Anwendung aus Rezept R8.13 als Web-Anwendung realisieren.

Oberfläche

In ein Web Form fügen Sie eine *TreeView*- und eine *BulletedList*-Komponente ein. Mit letzterer werden wir die Anzeige der Einzeldateien sowie die Darstellung als Hyperlink realisieren (siehe Laufzeitansicht).

Die *TreeView* selbst muss noch konfiguriert werden: setzen Sie *ExpandDepth* auf 0, *ImageSet* auf *XPFileExplorer* und *ShowLines* auf *True*.

HINWEIS: Fügen Sie Ihrem Projekt ein Unterverzeichnis *Downloads* hinzu und kopieren Sie einige Dateien und Verzeichnisse hinein.

BEISPIEL: Eingefügte Verzeichnisse

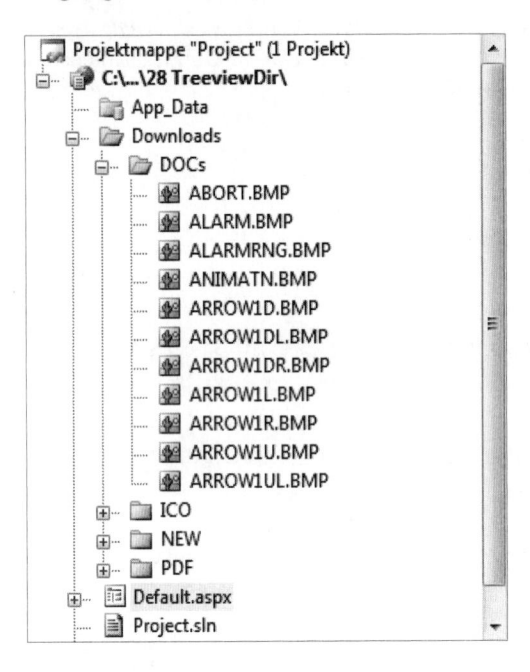

```
Projektmappe "Project" (1 Projekt)
  C:\...\28 TreeviewDir\
    App_Data
    Downloads
      DOCs
        ABORT.BMP
        ALARM.BMP
        ALARMRNG.BMP
        ANIMATN.BMP
        ARROW1D.BMP
        ARROW1DL.BMP
        ARROW1DR.BMP
        ARROW1L.BMP
        ARROW1R.BMP
        ARROW1U.BMP
        ARROW1UL.BMP
      ICO
      NEW
      PDF
    Default.aspx
    Project.sln
```

Quelltext

Die Änderungen gegenüber der Windows Forms-Variante haben wir im Folgenden fett hervorgehoben, einige Änderungen sind nur deshalb notwendig, weil Webanwendungen im Allgemeinen nicht auf die Root des Systems zugreifen.

```
Imports System.IO

Partial Public Class _Default
    Inherits System.Web.UI.Page
```

```
Protected Sub Page_Load(ByVal sender As Object, ByVal e As EventArgs)
    If Not IsPostBack Then
```

In dieser Variablen speichern wir die virtuelle Root unseres Webs:

```
        Dim myRoot As String = Server.MapPath(".//Downloads") & "\"
        Dim rootNode As TreeNode = New TreeNode("Downloads")
```

Da wir eine vom realen Dateisystem unterschiedliche Verzeichnisstruktur darstellen, müssen wir in den *Value*-Werten den physikalischen Pfad speichern:

```
        rootNode.Value = myRoot
        TreeView1.Nodes.Add(rootNode)
        addChildNodes(rootNode)
    End If
End Sub
```

Fügt die Knoten der untergeordneten Verzeichnisebene hinzu:

```
Private Sub addChildNodes(ByVal dirNode As TreeNode)
    Dim dir As New DirectoryInfo(dirNode.ValuePath)
    Try
        For Each dirItem As DirectoryInfo In dir.GetDirectories()
            Dim newNode As New TreeNode(dirItem.Name)
            newNode.Value = dirItem.Name
            dirNode.ChildNodes.Add(newNode)
            Try
                If dirItem.GetDirectories().Length > 0 Then
                    newNode.ChildNodes.Add(New TreeNode("*"))
                End If
            Catch generatedExceptionName As Exception
            End Try
        Next
    Catch err As UnauthorizedAccessException
    End Try
End Sub


Protected Sub TreeView1_TreeNodeExpanded(ByVal sender As Object, _
                                        ByVal e As TreeNodeEventArgs)
    If e.Node.ChildNodes(0).Text = "*" Then
        e.Node.ChildNodes.Clear()        ' Platzhalterknoten löschen
        addChildNodes(e.Node)            ' alle untergeordneten Knoten hinzufügen
    End If
End Sub
```

```
Protected Sub TreeView1_SelectedNodeChanged(ByVal sender As Object, ByVal e As EventArgs)
    Dim dir As New DirectoryInfo(TreeView1.SelectedNode.ValuePath)
    BulletedList1.Items.Clear()
```

Hier ist etwas mehr Aufwand für das Erzeugen des Hyperlinks (*Value*-Parameter) nötig, da wir eine virtuelle Root für unser Web verwenden:

```
    For Each fi As FileInfo In dir.GetFiles()
        BulletedList1.Items.Add(New ListItem(fi.Name, ".\Downloads\" + _
                        TreeView1.SelectedNode.Text + "\" + fi.Name))
    Next
End Sub
End Class
```

HINWEIS: Wer sich die marginalen Unterschiede zur Windows Forms-Variante betrachtet wird feststellen, dass sich auch etwas kompliziertere Projekte mit wenig Aufwand portieren lassen.

Test

Nach dem Start können Sie bereits den Verzeichnisbaum erweitern und die Dateiliste anzeigen:

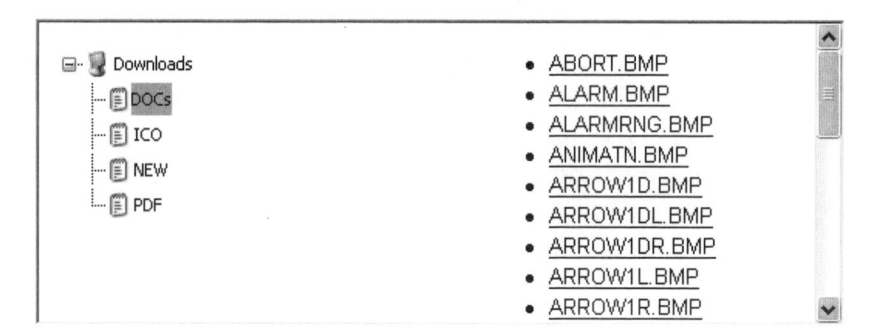

R12.29 Datenaustausch zwischen ClientScript und Server

Nicht jeder Programmierer ist mit den Möglichkeiten der serverseitigen Programmierung vollauf zufrieden. Teilweise lassen sich viele Dinge schon auf dem Client mittels Skripting (z.B. Eingabeprüfung mit JScript) realisieren. Doch wie sollen auf einfache Weise Informationen zwischen Client-Programmierung und Server-Programmierung ausgetauscht werden?

Genau hier setzt das *HiddenField*-Steuerelement an, wie wir es an einem einfachen Beispiel demonstrieren wollen.

Oberfläche

Fügen Sie in ein Web Form ein *HiddenField*-Control, einen *Button* und ein *Label* ein.

Quelltext

Über den *Button* lösen wir ein Client-Ereignis aus, in welchem der Wert des *HiddenField*-Controls (*Value*) geändert wird. Dazu passen wir in der HTML-Quellcodeansicht zunächst die Eigenschaften des *Button*s an:

```
...
<asp:HiddenField ID="HiddenField1" runat="server"
        OnValueChanged="HiddenField1_ValueChanged" Value="222" />

<asp:Button ID="Button1" runat="server" OnClientClick="myFunction();"
        Text="HiddenField ändern" UseSubmitBehavior="False" /></td>
...
```

Zusätzlich fügen wir noch die folgende Funktion ein:

```
...
<script type="text/javascript">
 <!--
 function myFunction()
 {
   form1.HiddenField1.value = "abcdefghij";
 }
 -->
</script>
</body>
</html>
```

HINWEIS: Es handelt sich um eine auf dem Client ausgeführte Funktion, deshalb JavaScript!

Auf dem Server können Sie den *Value*-Wert des Controls bequem über das Ereignis *ValueChanged* auswerten (oder zu jedem anderen Zeitpunkt):

```
Protected Sub HiddenField1_ValueChanged(ByVal sender As Object, ByVal e As EventArgs)
    Label1.Text = "Wert wurde durch Client geändert!!"
End Sub
```

Test

Vor dem Klick:

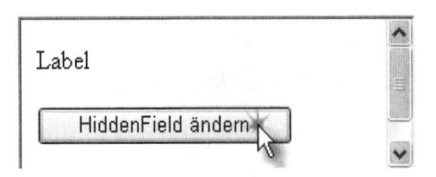

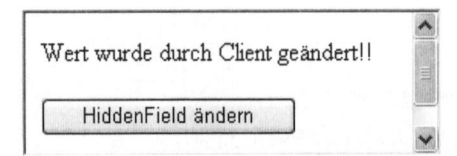

R12.30 Dateien auf den Server hochladen

Nicht in jedem Fall muss man gleich mit Kanonen auf Spatzen schießen. Geht es um den Upload, braucht nicht gleich ein FTP-Client eingesetzt zu werden, wenn Sie nur eine Datei hochladen wollen.

Genau für diesen Einsatzzweck ist das *FileUpload*-Steuerelement gedacht. Hauptfunktion ist zunächst die Auswahl einer Datei per Dateidialog und die Anzeige des betreffenden Dateinamens.

Oberfläche

Fügen Sie ein *FileUpload*-Control, einen *Button* (dieser löst später den eigentlichen Upload aus) sowie ein *Label* in ein Web Form ein.

Quelltext

Die Grundfunktion zur Dateiauswahl bringt das *FileUpload*-Control bereits mit, nur den eigentlichen Upload müssen Sie über einen weiteren *Button* auslösen:

```
Protected Sub Button1_Click(ByVal sender As Object, ByVal e As EventArgs)
    If FileUpload1.HasFile Then
        FileUpload1.SaveAs(Server.MapPath("Dateien\") + FileUpload1.FileName)
        Label1.Text = FileUpload1.PostedFile.FileName + " erfolgreich gespeichert!"
    End If
End Sub
```

HINWEIS: Der Zielpfad (in diesem Fall *Dateien*) muss für den ASP.NET-User Schreibrechte aufweisen, auch die maximale Dateigröße ist beschränkt.

Test

Wählen Sie eine Datei aus und starten Sie den Upload mit dem "Start"-Button:

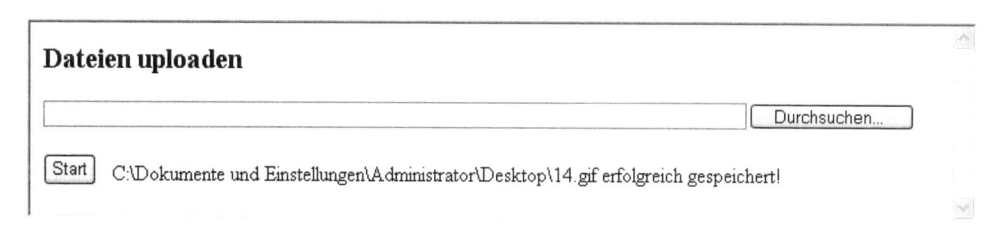

Dateien uploaden

[Durchsuchen...]

[Start] C:\Dokumente und Einstellungen\Administrator\Desktop\14.gif erfolgreich gespeichert!

R12.31 Ein ASP.NET-Menü dynamisch erzeugen

Dass Sie Menüs seit ASP.NET 2.0 recht komfortabel per Assistent erstellen können ist sicher bekannt. Doch nicht in jedem Fall stehen schon zur Entwurfszeit alle Einträge fest.

Im folgendem Rezept zeigen wir Ihnen, wie Sie Menüpunkte zur Laufzeit erstellen und mit Ereignis-Methoden verknüpfen können.

Oberfläche

Fügen Sie einem Web Form einen *Button*, ein *Menu*-Control sowie ein *Label* hinzu.

Quelltext

Neue Menüeinträge erzeugen Sie zur Laufzeit über die *Add*-Methode des *Items*- bzw. des *ChildItems*-Objekts:

```
Public Partial Class _Default
Inherits System.Web.UI.Page

    Protected Sub Button1_Click(ByVal sender As Object, ByVal e As EventArgs)
        Menu1.Items.Add(New MenuItem("Root-Item 1", "", "", "~//page1.aspx"))
        Menu1.Items.Add(New MenuItem("Root-Item 2", "", "", "~//page1.aspx"))
        Menu1.Items.Add(New MenuItem("Root-Item 3", "", "", "~//page1.aspx"))
        Menu1.Items(0).ChildItems.Add(New MenuItem("Ebene 1: Erster Eintrag", "", "", _
                                        "~//page2.aspx"))
        Menu1.Items(0).ChildItems(0).ChildItems.Add(New MenuItem("Ebene 2: Erster Eintrag", _
                                        "", "", "~//page2.aspx"))
        Menu1.Items(0).ChildItems(0).ChildItems.Add(New MenuItem("Ebene 2: Zweiter Eintrag", _
                                        "", "", "~//page2.aspx"))
        Menu1.Items(0).ChildItems(0).ChildItems.Add(New MenuItem("Ebene 2: Dritter Eintrag", _
                                        "", "", "~//page2.aspx"))
        Menu1.Items(0).ChildItems.Add(New MenuItem("Ebene 1: Zweiter Eintrag", "", "", _
```

```
                                       "~//page2.aspx"))
    Menu1.Items(0).ChildItems.Add(New MenuItem("Ebene 1: Dritter Eintrag", "", "", _
                                       "~//page2.aspx"))
End Sub
```

> **HINWEIS:** Von den angebotenen sechs Überladungen der *Add*-Methode haben wir uns für die Möglichkeit entschieden, direkt einen Navigations-Url anzugeben.

Haben Sie keinen Navigations-Url angegeben, können Sie im *MenuItemClick*-Ereignis die Nutzerauswahl über den Parameter *e.Item* auswerten:

```
Protected Sub Menu1_MenuItemClick(ByVal sender As Object, ByVal e As MenuEventArgs)
    Label1.Text = e.Item.Value
End Sub
```

Alternativ können Sie sich auch den kompletten Pfad bis zum aktuellen Menüeintrag ausgeben lassen:

```
Label1.Text = e.Item.ValuePath
```

> **HINWEIS:** Natürlich können Sie auch einige Menüeinträge direkt per Assistent in Visual Studio erstellen und diese später zur Laufzeit ergänzen. Nutzen Sie dazu entweder das Kontextmenü oder die Eigenschaft *Items*.

Test

Nach dem Klick auf die Schaltfläche sollte das Menü erzeugt werden:

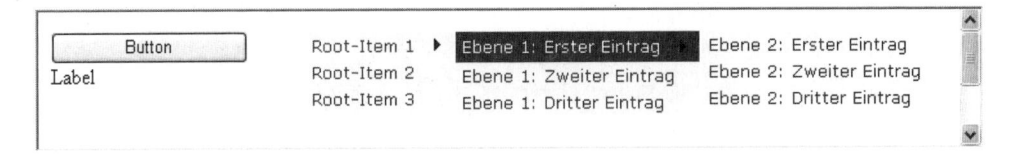

Der Anblick bei vertikaler Ausrichtung (*Orientation*-Eigenschaft):

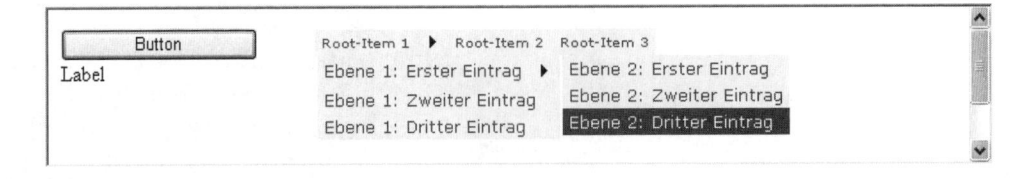

R12.32 Die Browser-Kopfzeile zur Laufzeit ändern

Sicher ist Ihnen in vielen Rezepten des vorliegenden Kapitels schon die trostlose Titelzeile des Browsers aufgefallen:

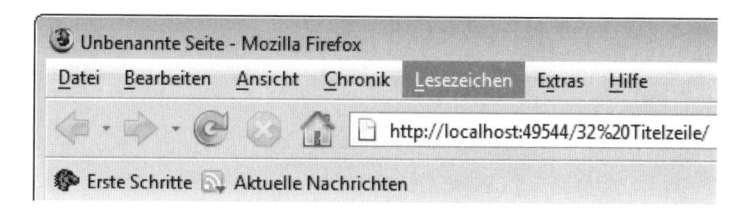

Über die *Titel*-Eigenschaft des *Page*-Objekts haben Sie die Möglichkeit, die Kopfzeile Ihren Wünschen anzupassen.

BEISPIEL: Anzeige der Systemzeit:

```
Protected Sub Button1_Click(ByVal sender As Object, ByVal e As EventArgs)
    Page.Title = "Es ist jetzt " + System.DateTime.Now.ToString()
End Sub
```

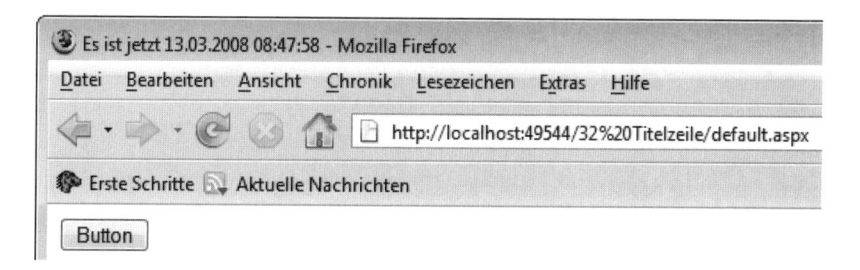

R12.33 Einen Zeilenumbruch im Label-Control realisieren

Wem die Funktionalität des *Label*-Controls auf den ersten Blick nicht reicht, der kann sich im Fundus der HTML-Programmierung bedienen. Fast alle HTML-Formatierungen lassen sich so zur optischen Gestaltung des *Label*s einsetzen.

BEISPIEL: Zeilenumbrüche

```
Label1.Text = "Erste Zeile" + "<br>" + "Zweite Zeile" + "<br>" + "Dritte Zeile"
```

Erste Zeile
Zweite Zeile
Dritte Zeile

BEISPIEL: Schriftarten

```
Label1.Text = "Erste Zeile" + "<br><H1>" + "Zweite Zeile" + "</H1><br><H2>" + _
              "Dritte Zeile</H2>"
```

```
Erste Zeile

Zweite Zeile

Dritte Zeile
```

BEISPIEL: Zeichenformatierungen

```
Label1.Text = "Erste Zeile" + "<br><strong>" + "Zweite Zeile" + "</strong><br><u>" + _
              "Dritte Zeile</u></H2>"
```

```
Erste Zeile
Zweite Zeile
Dritte Zeile
```

R12.34 HTML-Zeichenfolgen im Browser anzeigen

Enthält Ihr String HTML-Formatierungen (z.B. diverse Tags), werden diese vom Browser interpretiert und angezeigt. Nicht immer ist dies erwünscht. Umgekehrt sollten Sie Sonderzeichen nicht im Klartext, sondern mit der entsprechenden HTML-Kodierung übertragen. Für beide Aufgabenstellungen bietet sich mit dem *HttpUtility*-Objekt ein geeignetes Hilfsmittel:

SYNTAX: HttpUtility.**HtmlEncode** (String)

bzw.

SYNTAX: HttpUtility.**HtmlDecode** (String)

Oberfläche

Nur ein Web Form.

Quelltext

```
Public Partial Class _Default
Inherits System.Web.UI.Page
    Protected Sub Page_Load(ByVal sender As Object, ByVal e As EventArgs)
```

Ein String mit HTML-Formatierungen und Sonderzeichen:

```
Dim s As String = "<b>Änderungen</b> sind mit Drag & Drop möglich!"
```

Standarddarstellung im Browser:

```
Response.Write("Normal: " + s + "<br>")
```

HTML-Formatierungen werden kodiert, d.h., der Browser interpretiert diese nicht mehr als Steuerzeichen:

```
Response.Write("Encode: " + HttpUtility.HtmlEncode(s) + "<br>")
```

HTML-Konvertierung wird wieder rückgängig gemacht:

```
Response.Write("Decode: " + HttpUtility.HtmlDecode(HttpUtility.HtmlEncode(s)) + "<br>")
End Sub

End Class
```

Test

Die Ausgabe im Browser:

```
Normal: Änderungen sind mit Drag & Drop möglich!
Encode: <b>Änderungen</b> sind mit Drag & Drop möglich!
Decode: Änderungen sind mit Drag & Drop möglich!
```

Wenn Sie sich den Quellcode der HTML-Seite näher ansehen, werden Sie die entsprechenden HTML-Steuercodes (fett hervorgehoben) finden:

```
Normal: <b>Änderungen</b> sind mit Drag & Drop möglich!<br>
Encode: &lt;b&gt;&#196;nderungen&lt;/b&gt; sind mit Drag &amp; Drop m&#246;glich!<br>
Decode: <b>Änderungen</b> sind mit Drag & Drop möglich!<br>
```

R12.35 Die Browser-Scrollposition wiederherstellen

Sicher ist Ihnen bei umfangreicheren Webseiten auch schon aufgefallen, dass zum Beispiel nach einem Klick auf Buttons nicht die ursprüngliche Scrollposition im Browser wiederhergestellt wird. Dieses Verhalten ist sicher nicht sehr benutzerfreundlich, zumal Sie die entsprechende Funktionalität mit wenig Aufwand bereitstellen können.

Quelltext

Öffnen Sie die Datei *Web.Config* und fügen Sie die fett hervorgehobene Zeile ein:

```
<configuration xmlns="http://schemas.microsoft.com/.NetConfiguration/v2.0">
<connectionStrings/>
<system.web>
    <pages smartNavigation="true"></pages>
    <!--
...
```

Das war es schon!

Test

Erstellen Sie ein lange Webseite und fügen Sie am unteren Rand einen *Button* ein. Mit dem oben zugewiesenen Attribut sollte nach einem *Button*-Klick die Scrollposition automatisch beibehalten werden.

R12.36 Dateien eines Unterverzeichnisses auflisten

Möchten Sie Ihre Webseiten nicht dauernd anpassen, ist es zum Beispiel für eine Download-Seite recht hilfreich, wenn die Seite dynamisch generiert wird. Das heißt, Sie kopieren alle betreffenden Dateien in ein spezielles Verzeichnis und beim Aufruf der ASPX-Seite wird die Liste der Dateien ermittelt und in der Seite inklusive Hyperlink dargestellt.

Oberfläche

Erzeugen Sie ein neues Web-Projekt und fügen Sie ein *BulletedList*-Control ein. Dieses bietet uns neben der grafischen Darstellung den Vorteil, dass über die Eigenschaft *Value* bereits Hyperlink-Ziele definiert werden können.

Setzen Sie *BulletStyle* auf *CustomImage*, können Sie eine frei wählbare Grafik vor dem Hyperlink anzeigen. Zusätzlich ist die Eigenschaft *DisplayMode* mit *Hyperlink* festzulegen.

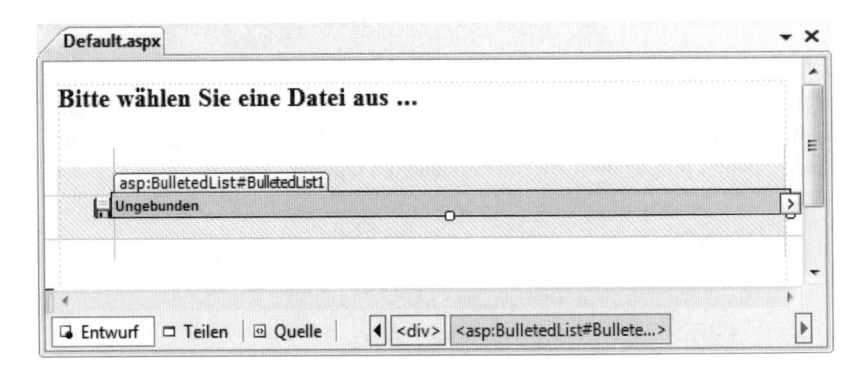

R12.36 Dateien eines Unterverzeichnisses auflisten

Erzeugen Sie per Projektmappen-Explorer ein zusätzliches Unterverzeichnis (z.B. *Downloads*) für Ihr Projekt und kopieren Sie für den Test einige Dateien hinein:

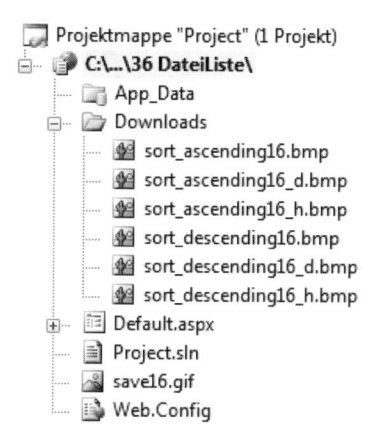

```
Projektmappe "Project" (1 Projekt)
  C:\...\36 DateiListe\
    App_Data
    Downloads
      sort_ascending16.bmp
      sort_ascending16_d.bmp
      sort_ascending16_h.bmp
      sort_descending16.bmp
      sort_descending16_d.bmp
      sort_descending16_h.bmp
    Default.aspx
    Project.sln
    save16.gif
    Web.Config
```

Quelltext

```vb
Imports System.IO

Partial Public Class _Default
    Inherits System.Web.UI.Page
```

Auslesen der Dateiliste und Erzeugen von Einträgen in der *BulletedList*:

```vb
    Protected Sub Page_Load(ByVal sender As Object, ByVal e As EventArgs)
        Dim dirInfo As DirectoryInfo = New DirectoryInfo(Server.MapPath("downloads"))
        For Each fi As FileInfo In dirInfo.GetFiles("*.*")
```

Parameter 1 ist der dargestellte Bezeichner, Parameter 2 wird später als Hyperlink interpretiert:

```vb
            BulletedList1.Items.Add(New ListItem(fi.Name, "./downloads/" + fi.Name))
        Next
    End Sub

End Class
```

Test

Nach dem Start sollte bereits die Liste der Dateien angezeigt werden, ein Klick sollte zum Download oder zur Ansicht der jeweiligen Datei führen (siehe folgende Abbildung).

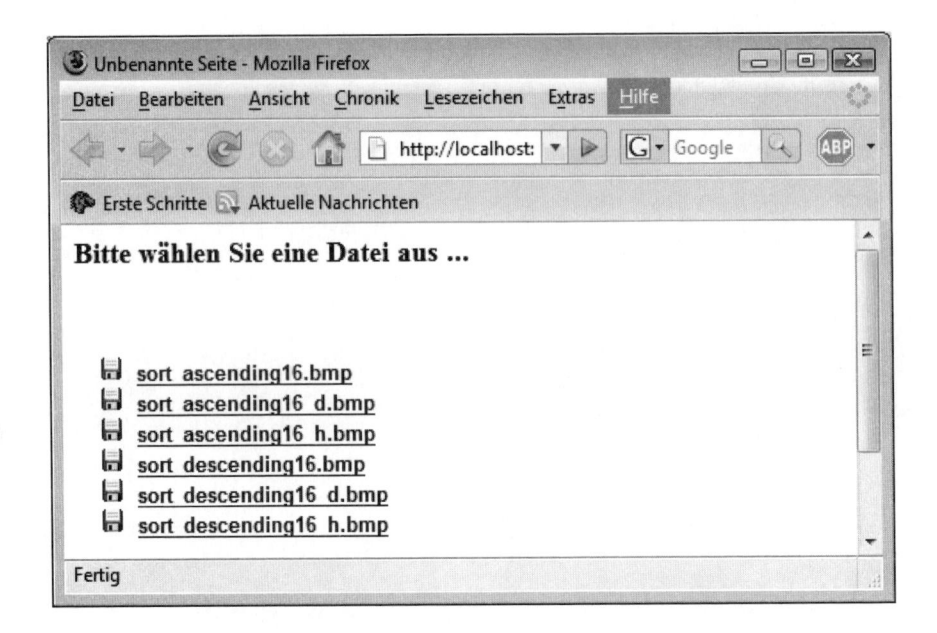

[Screenshot: Browser-Fenster mit Dateiliste: sort_ascending16.bmp, sort_ascending16_d.bmp, sort_ascending16_h.bmp, sort_descending16.bmp, sort_descending16_d.bmp, sort_descending16_h.bmp]

R12.37 MouseOver-Effekte für Controls realisieren

Ein entsprechendes Ereignis für *MouseOver* oder *MouseOut* werden Sie vergeblich suchen. Der Grund ist schnell gefunden, ein nötiger Roundtrip zum Server wäre für die entsprechenden Ereignisse viel zu langsam. Mit Hilfe von JavaScript ist das jedoch kein Problem, wie das folgende kleine Beispiel zeigt.

Oberfläche

Fügen Sie ein *Panel* und ein *Image*-Control in ein Web Form ein. Zusätzlich speichern Sie noch zwei unterschiedliche Grafiken im Projektverzeichnis (diese blenden wir zur Laufzeit in das *Image* ein).

Quelltext

```
Public Partial Class _Default
Inherits System.Web.UI.Page
```

Zuweisen der entsprechenden Attribute, achten Sie auf die Syntax, es handelt sich um JavaScript:

```
    Protected Sub Page_Load(ByVal sender As Object, ByVal e As EventArgs)
```

Farbänderung:

```
        Panel1.Attributes.Add("onmouseout", "this.style.backgroundColor='#F8F8F8'")
        Panel1.Attributes.Add("onmouseover", "this.style.backgroundColor='#7fff00'")
```

Ändern der Grafik:

```
        Image1.Attributes.Add("onmouseout", "this.src='maus003.png'")
        Image1.Attributes.Add("onmouseover", "this.src='maus006.png'")
    End Sub

End Class
```

Test

Bewegen Sie die Maus über das *Panel*, wird die Hintergrundfarbe geändert:

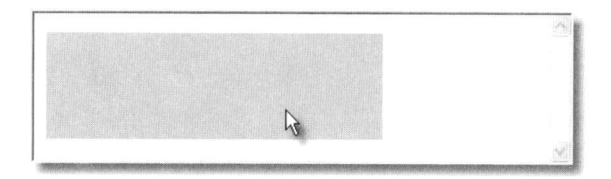

Bewegen Sie die Maus über das Image ändert sich die angezeigte Grafik:

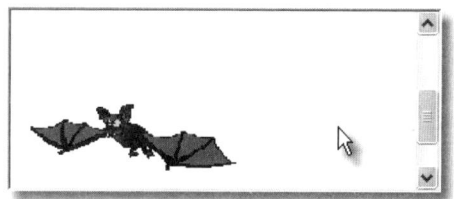

R12.38 Server Controls zur Laufzeit erzeugen

Nicht in jedem Fall steht schon zur Entwurfszeit der Anwendung das endgültige Aussehen fest. Wie auch bei den Windows Forms ist es häufig wünschenswert, erst zur Laufzeit Controls zur Anwendung hinzuzufügen und dynamisch mit Ereignisprozeduren zu verknüpfen.

Unser Beispielprogramm erstellt zur Laufzeit 10 *Button*s und verknüpft diese mit einer gemeinsamen Ereignisprozedur.

Oberfläche

Fügen Sie dem Web Form ein *PlaceHolder*-Control und eine *ListBox* hinzu.

Warum das *PlaceHolder*-Control? Wie es der Name schon andeutet, fungiert das Control als Platzhalter für andere Controls bzw. HTML-Ausgaben, in unserem Fall für die zu erstellenden *Button*s. Sehr praktisch ist das Control, wenn Sie es beispielsweise in Tabellen einfügen. So brauchen Sie sich nicht um die spätere Positionierung der neu erstellten Controls kümmern.

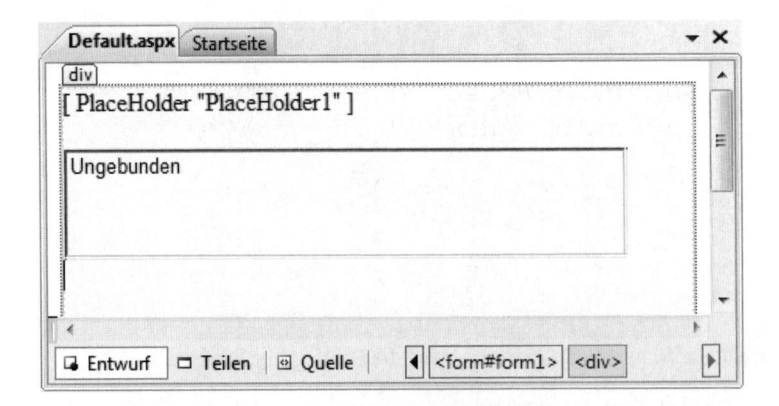

```
Default.aspx  Startseite
div
[ PlaceHolder "PlaceHolder1" ]

Ungebunden



  Entwurf   □ Teilen   □ Quelle      <form#form1>  <div>
```

Quelltext

```
Public Partial Class _Default
    Inherits System.Web.UI.Page
```

Mit dem Laden des Formulars erstellen wir neue Instanzen der *Button*-Klasse:

```
    Protected Sub Page_Load(ByVal sender As Object, ByVal e As EventArgs)
        For i As Integer = 1 To 10
            Dim btn As New Button()
```

Beschriftung und Größe bestimmen:

```
            btn.Text = "Button Nr " & i.ToString()
            btn.Width = 100
```

Einfügen an der Position des Platzhalters:

```
            PlaceHolder1.Controls.Add(btn)
```

Ereignisprozedur zuweisen:

```
            AddHandler btn.Click, AddressOf Button1_Click
        Next
    End Sub
```

Die Ereignisprozedur:

```
    Protected Sub Button1_Click(ByVal sender As Object, ByVal e As EventArgs)
        ListBox1.Items.Add((TryCast(sender, Button)).Text & " wurde angeklickt!")
    End Sub

End Class
```

Test

Klicken Sie auf die Schaltflächen:

| Button Nr 1 | Button Nr 2 | Button Nr 3 | Button Nr 4 | Button Nr 5 |
| Button Nr 6 | Button Nr 7 | Button Nr 8 | Button Nr 9 | Button Nr 10 |

```
Button Nr 7 wurde angeklickt!
Button Nr 8 wurde angeklickt!
```

Bemerkung

Eine weitere geeignete Alternative mit der Möglichkeit, Controls einfach zu positionieren, bietet sich mit dem *Table*-Control an.

BEISPIEL: Einfügen einer Schaltfläche in die erste Zeile, zweite Spalte

```
Protected Sub Page_Load(ByVal sender As Object, ByVal e As EventArgs)
...
    Dim btn1 As New Button()
    btn1.Text = "Test"
    btn1.Width = 75
    Table1.Rows(0).Cells(1).Controls.Add(btn1)
End Sub
```

Das Ergebnis:

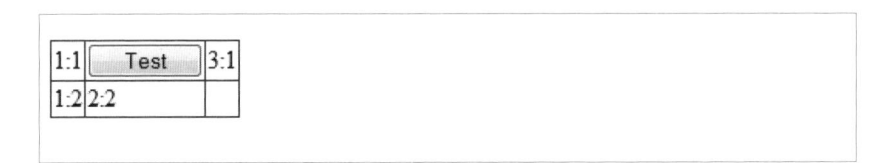

1:1	Test	3:1
1:2	2:2	

HINWEIS: Die betreffende Zelle bzw. die erforderlichen Zeilen und Spalten müssen Sie vorher natürlich erst erstellen!

R12.39 Doppelklicks auf Schaltflächen verhindern

Leidgeprüfte Programmierer werden ein Liedchen davon singen können. Es gibt immer ungeduldige Anwender, und wenn es denen nicht schnell genug geht, muss eben mehrfach auf die Schaltfläche geklickt werden. Dass dies den eigenen Programmen bzw. deren Logik nicht unbedingt förderlich ist, dürfte auf der Hand liegen.

Wie Sie mit wenig Aufwand dieses Problem in den Griff bekommen, zeigt das folgende Rezept.

Oberfläche

Lediglich ein Web Form mit einem **HTML**-Button und zum Vergleich ein Standard-Button. Wechseln Sie nach dem Einfügen des HTML-Buttons in die Quelltext-Ansicht (nicht Quellcode) und ergänzen Sie folgende Attribute für den Button:

```
<input id="Button3" type="button" value="Button (Ohne Doppelklick)"
 onclick="this.disabled=true;" onserverclick="Button2_Click" runat="server" /></div>
```

Im Einzelnen: Mit der Anweisung "*this.disabled=true;*" sperren wir schon beim Client den Button, zusätzlich weisen wir noch ein Server-Ereignis zu (die eigentliche Verarbeitung).

Quelltext

Für die Demonstration verwenden wir eine etwas länger laufende (sinnlose) mathematische Berechnung:

```
Public Partial Class _Default
Inherits System.Web.UI.Page

    Protected Sub Page_Load(ByVal sender As Object, ByVal e As EventArgs)
        If Not Me.IsPostBack Then
            Session("Klicks") = 0
        End If
    End Sub

    Public Sub Ausgabe()
        Session("Klicks") = DirectCast(Session("Klicks"), Integer) + 1
        Response.Write("Vor Routine" + System.DateTime.Now.ToString() + "<br>")
        Dim r As Double
        For i As Integer = 0 To 99999999
            r = Math.Sqrt(Math.Sin(r + 0.5) + Math.Cos(r - 0.5))
        Next
        Response.Write("Nach Nach" + System.DateTime.Now.ToString() + "<br>")
        Response.Write("Klicks: " + Session("Klicks") + "<br>")
    End Sub
```

Der gesperrte Button:

```
    Protected Sub Button2_Click(ByVal sender As Object, ByVal e As EventArgs)
        Ausgabe()
    End Sub
```

Der Standard-Button:

```
Protected Sub Button1_Click(ByVal sender As Object, ByVal e As EventArgs)
    Ausgabe()
End Sub
End Class
```

Test

Nach dem Start klicken Sie bitte auf beide Schaltflächen. Der HTML-Button wird für die Dauer der Verarbeitung auf dem Server gesperrt, der Standard-Button ermöglicht weitere Klicks:

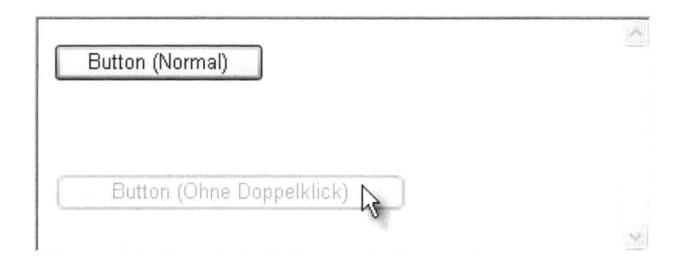

R12.40 Das Browserfenster per Client-Skript schließen

Wer seiner ASP.NET-Anwendung auch das Look & Feel einer normalen Desktop-Anwendung verpassen will, der kann mit einem kleinen Client-Skript auch das aktuelle Browserfenster schließen.

Oberfläche

Fügen Sie dem Web Form einen *Button* hinzu und legen Sie dessen *OnClientClick*-Eigenschaft mit

```
window.close();
```

fest.

Test

Klicken Sie auf den *Button*, sollte der Browser eine Sicherheitsabfrage anzeigen.

Ein Test im Firefox-Browser bringt allerdings nicht das gewünschte Ergebnis. Hier können Sie mit folgender *OnClientClick*-Eigenschaft punkten:

```
javascript:window.open('','_parent','');window.close();
```

HINWEIS: In diesem Fall wird nicht einmal obige Sicherheitsabfrage angezeigt.

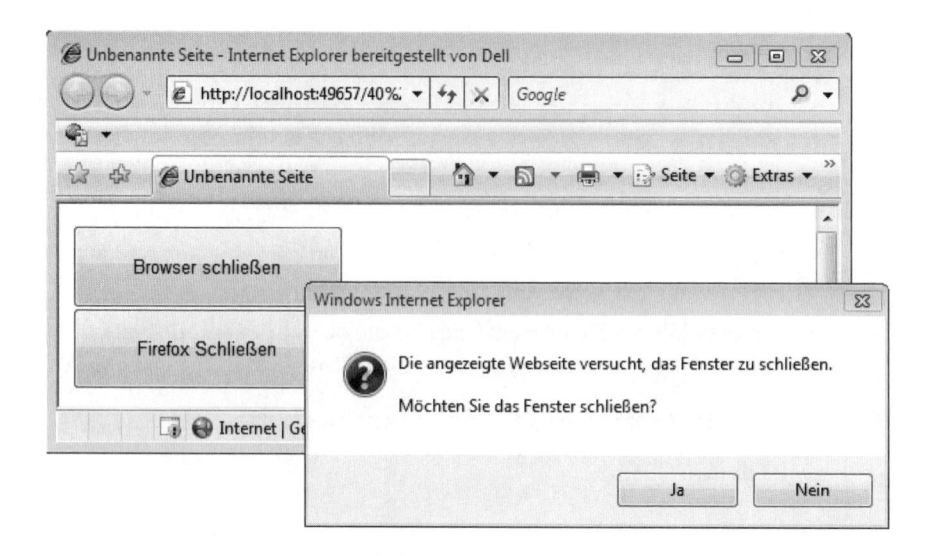

R12.41 Ein ASP.NET User Control programmieren

.NET ist Komponenten-Programmierung pur, und so wollen wir es nicht versäumen, auch unter ASP.NET die Grundzüge der Komponenten-Programmierung an einem kleinen Beispiel darzustellen. Ein recht einfacher Rechner soll Ihnen den Einstieg in die Programmierung von User Controls demonstrieren.

Oberfläche (User Control)

Erzeugen Sie zunächst ein neues Web-Projekt und fügen Sie ein leeres Web-Control hinzu (Menüpunkt *Website|Neues Element hinzufügen|Web-Benutzersteuerelement*).

Fügen Sie in das neu erstellte User Control zwei *TextBox*-Controls, eine *DropDownList* und ein *Label* ein:

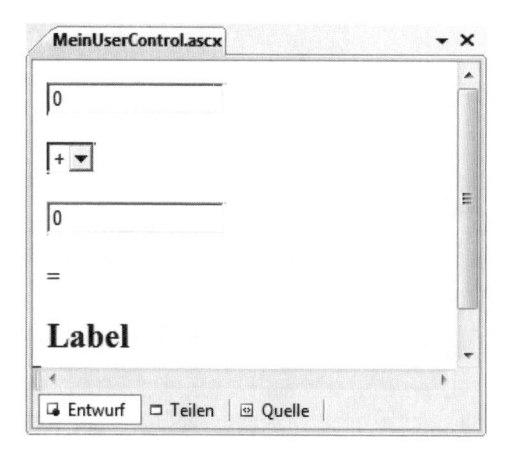

R12.41 Ein ASP.NET User Control programmieren

Der *DropDownList* können Sie bereits jetzt über die Eigenschaft *Items* die Werte +, -, *, / zuweisen.

Quellcode (User Control)

Die Berechnung (Methode *calc*) nehmen wir im User Control vor, der Aufruf dieser Routine bleibt jedoch dem übergeordneten Programm vorbehalten:

```vb
Public Partial Class MeinUserControl
Inherits System.Web.UI.UserControl
```

Die extern verfügbare Methode:

```vb
Public Function Calc() As Single
  Dim a As Single = Convert.ToSingle(TextBox1.Text)
  Dim b As Single = Convert.ToSingle(TextBox2.Text)
  Dim c As Single = 0
  Select DropDownList1.SelectedValue
    Case "+"
      c = a + b
      Exit Select
    Case "-"
      c = a - b
      Exit Select
    Case "*"
      c = a * b
      Exit Select
    Case "/"
      c = a / b
      Exit Select
  End Select
  Label1.Text = c.ToString()
  Return c
End Function
```

Beim Start initialisieren wir das Control:

```vb
  Protected Sub Page_Load(ByVal sender As Object, ByVal e As EventArgs)
    Label1.Text = ""
  End Sub

End Class
```

Oberfläche (Default.aspx)

Um ein User Control zu verwenden genügt es, wenn Sie dieses per Drag & Drop in das Web Form einfügen:

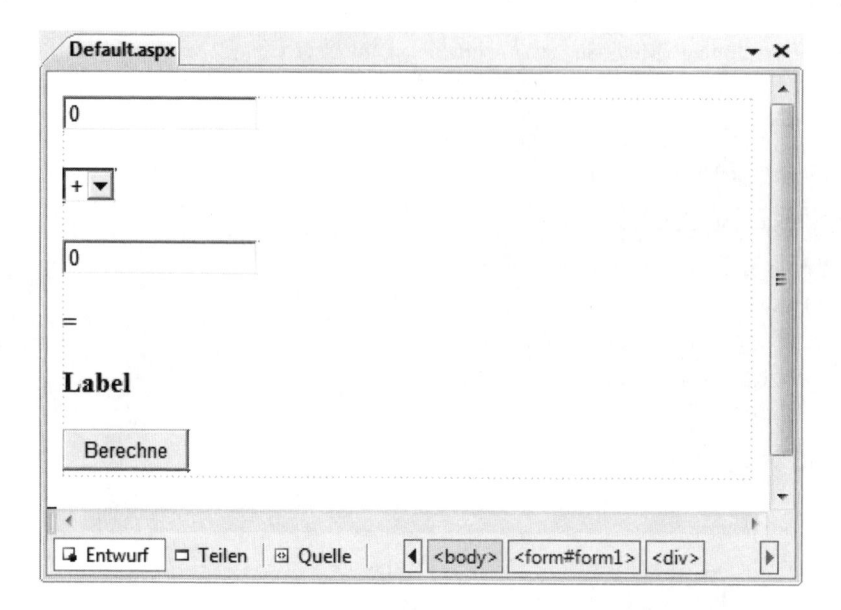

Wie Sie sehen, sind sofort alle enthaltenen Controls sichtbar, das Control ist bereits voll verwendbar!

Zum Aufruf der Methode *calc* nutzen wir den obigen *Button*:

```
Protected Sub Button1_Click1(ByVal sender As Object, ByVal e As System.EventArgs)
    Label1.Text = MeinUserControl1.Calc().ToString()
End Sub
```

Test

Starten Sie die Anwendung, fügen Sie sinnvolle Werte in die *TextBox*en ein und klicken Sie zum Abschluss auf den *Button*. Die Berechnung wird gestartet und das Ergebnis in *Label1* angezeigt.

Bemerkung

Bisher gibt sich unser User Control noch recht "verschlossen", deshalb wollen wir zwei neue Eigenschaften hinzufügen, mit denen von "außen" auf die *TextBox*en zugegriffen werden kann. Erweitern Sie dazu die Klassendefinition des Controls um folgende Anweisungen:

```
...
Public Partial Class MeinUserControl
Inherits System.Web.UI.UserControl
```

R12.41 Ein ASP.NET User Control programmieren

```vb
Private _a As Single = 0
Private _b As Single = 0

Public Property ParameterB() As Single
  Get
    Return _b
  End Get
  Set
    _b = value
    TextBox2.Text = _b.ToString()
  End Set
End Property

Public Property ParameterA() As Single
  Get
    Return _a
  End Get
  Set
    _a = value
    TextBox1.Text = _a.ToString()
  End Set
End Property
```

Nach dem Aktualisieren des User Controls sollten im Eigenschaften-Fenster auch die beiden neuen Eigenschaften auftauchen:

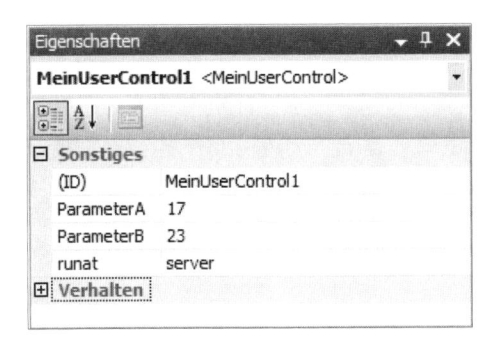

Eigenschaften	
MeinUserControl1 <MeinUserControl>	
Sonstiges	
(ID)	MeinUserControl1
ParameterA	17
ParameterB	23
runat	server
Verhalten	

R12.42 Grafikausgaben per User Control realisieren

Sicher hat der eine oder andere schon eine Möglichkeit vermisst, in Web Forms Grafiken zur Laufzeit zu erstellen.

Notlösungen, wie Sie in diversen Web-Foren angeboten werden (Bitmaps erzeugen, auf der Platte speichern und dann an den Client senden) sind weder befriedigend noch können Sie damit auf Dauer glücklich werden (wann sollen die Grafiken gelöscht werden, Zugriffsprobleme etc.).

Aus diesem Grund möchten wir Ihnen im Folgenden ein User Control vorstellen, das eine beliebigen Bitmap im GIF-Format (Sie können auch PNG verwenden) an den Client senden kann. Das Control soll sich um das Handling und das Speichern der Grafik kümmern, die Bitmap selbst wird zur Laufzeit durch den Nutzer erzeugt. Temporäre Dateien auf der Festplatte werden wir nicht benötigen.

Quellcode (User Control)

Erzeugen Sie zunächst ein neues Benutzersteuerelement mit dem Namen *Canvas.ascx*.

```vb
...
Imports System.ComponentModel
Imports System.Drawing
Imports System.Drawing.Drawing2D
Imports System.Drawing.Imaging

Partial Class Canvas
    Inherits System.Web.UI.UserControl
    Private myBMP As Bitmap
```

Unsere Schnittstelle nach außen (Eigenschaft *Bitmap*):

```vb
    Public Property Bitmap() As Bitmap
        Get
            Return DirectCast(Session(String.Concat(Me.UniqueID, "_Bitmap")), Bitmap)
        End Get
        Set(ByVal value As Bitmap)
            Session(String.Concat(Me.UniqueID, "_Bitmap")) = value
        End Set
    End Property
```

HINWEIS: Wem die obigen Aufrufe "böhmisch" vorkommen: wir speichern die übergebene Bitmap in einer *Session*-Variablen und rufen Sie auch von dort wieder ab.

Wer jetzt vielleicht vermutet hat, dass wir *Form_Load* für die Grafikausgabe nutzen, liegt falsch. Sie könnten hier zwar eine Grafikausgabe realisieren, von Ihrer umgebenden HTML-Seite würde jedoch nichts übrig bleiben. Die Gründe: Das Ereignis tritt zu zeitig auf (noch vor dem Rendern der HTML-Seite) und es wird ausschließlich eine Grafik (*Response.End*) zurückgegeben.

Deshalb überschreiben wir die *Render*-Methode des Controls:

```
Protected Overrides Sub Render(ByVal output As HtmlTextWriter)
```

Wir ermitteln den URL der umgebenden Seite

```
Dim myurl As String = Request.Url.ToString()
```

und basteln uns daraus einen Querystring:

```
myurl = String.Concat(myurl, "?", Me.UniqueID, "=1")
```

HINWEIS: Die Eigenschaft *Me.UniqueID* gibt den eindeutigen Bezeichner des Controls zurück

Die einzige Ausgabe unseres Controls bliebt zunächst die folgende Zeile:

```
output.Write("<img id={0} src={1}>", Me.UniqueID, myurl)
End Sub
```

Das Control erzeugt lediglich einen *img*-Tag, was zunächst nicht sonderlich interessant ist, wesentlich wichtiger ist die Quelle der Grafik: Es handelt sich um die aufrufende Seite mit einem zusätzlichen Querystring, den wir im Weiteren auswerten wollen.

Dazu nutzen wir die *OnInit*-Methode des neuen Controls, die wir überschreiben müssen:

```
Protected Overrides Sub OnInit(ByVal e As EventArgs)
```

Stimmt der Querystring mit der aktuellen Controlinstanz überein?

```
If Request.Params(UniqueID) IsNot Nothing Then
```

Wir prüfen zunächst, ob es schon eine Grafik gibt. Um unschöne Effekte zu vermeiden, liefern wir im Zweifelsfall eine Mini-Grafik (1x1 Pixel) zurück:

```
If Session(String.Concat(Me.UniqueID, "_Bitmap")) IsNot Nothing Then
    myBMP = DirectCast(Session(String.Concat(Me.UniqueID, "_Bitmap")), Bitmap)
Else
    myBMP = New Bitmap(1, 1)
End If
Response.Clear()
```

Konvertieren in GIF und Zurückschreiben an den Client:

```
Response.ContentType = "image/Gif"
myBMP.Save(Response.OutputStream, ImageFormat.Gif)
```

```
            Response.End()
        End If
    End Sub
End Class
```

> **HINWEIS:** Sie könnten statt der Bitmap auch die GIF-Grafik auf dem Server speichern (*Session*), diese ist kleiner als die Bitmap. Sie müssen dann aber auf eine sonst mögliche Nachbearbeitung der Grafik verzichten.

Quelltext (Default.aspx)

Ziehen Sie einfach unser neues *Canvas*-Control aus dem Projektmappen-Explorer in die Arbeitsfläche. Mit dem Klick auf einen Button werden wir die Bitmap wie in einem normalen Windows-Programm erzeugen:

```
Imports System.Drawing
Imports System.Drawing.Drawing2D
Imports System.Drawing.Imaging

Partial Public Class _Default
    Inherits System.Web.UI.Page

    Protected Sub Button1_Click1(ByVal sender As Object, ByVal e As System.EventArgs)
```

Zunächst erzeugen wir eine *Bitmap* in der gewünschten Größe:

```
Dim img As New Bitmap(400, 400)
```

Ein *Graphics*-Objekt für die *Bitmap*:

```
Dim g As Graphics = Graphics.FromImage(img)
```

Den Hintergrund zunächst füllen (sonst schwarz):

```
g.FillRectangle(New SolidBrush(Color.White), New Rectangle(0, 0, 400, 400))
```

Als Beispiel geben wir etwas Text aus:

```
Dim s As String = "Gedrehter Text ..."
Dim f As Font
g.TranslateTransform(img.Width / 2, img.Height / 2)
For i As Integer = 1 To 24
    f = New Font("Arial", i)
    g.DrawString(s, f, Brushes.Black, i + 10, 0, StringFormat.GenericTypographic)
    g.RotateTransform(18)
Next
```

```
            Canvas1.Bitmap = img
        End Sub
End Class
```

Test

Starten Sie das Programm und klicken Sie auf den *Button*.

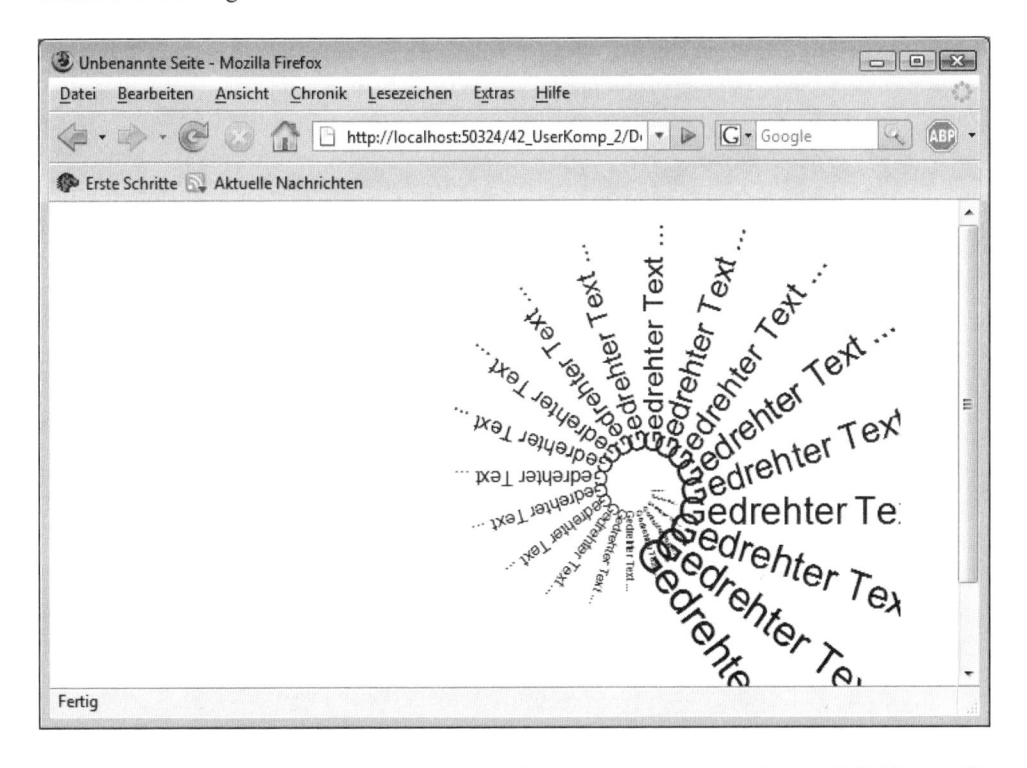

Mit etwas Phantasie fallen Ihnen sicher noch eine Menge von Anwendungsmöglichkeiten für das neue User Control ein.

R12.43 Die Upload-Begrenzung ändern

Per Default-Einstellung sind Uploads (z.B. mittels *FileUpload*-Komponente) aus Sicherheitsgründen auf eine Größe von vier Megabyte beschränkt. Wollen Sie diese Beschränkung aufgeben, müssen Sie die *Web.Config* ändern.

BEISPIEL: Upload-Beschränkung auf 16 MByte erhöhen

```
<configuration>
  <appSettings/>
```

```
<connectionStrings/>
<system.web>
   <httpRuntime maxRequestLength="16384"/>
...
```

R12.44 Eine Webseite per JavaScript drucken

Möchten Sie auf Ihrer ASP.NET-Seite auch die Möglichkeit anbieten, diese zu drucken? Kein Problem, mit einer Zeile JavaScript-Code ist das Problem gelöst.

Oberfläche

Fügen Sie dem Web Form einen *Button* hinzu und legen Sie dessen *OnClientClick*-Eigenschaft wie folgt fest:

```
javascript:window.print();
```

Test

Nach dem Klick auf den *Button* blendet der Browser automatisch den Druckdialog ein, Sie brauchen nur noch den gewünschten Druck auszuwählen:

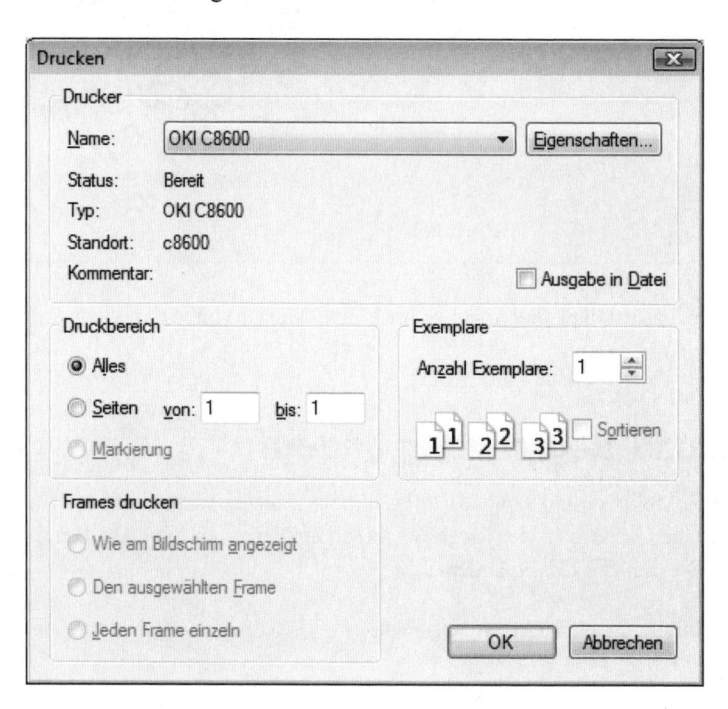

R12.45 Ein Projekt auf den IIS exportieren

Nachdem Ihre Anwendung nun schon ganz gut funktioniert, wollen wir den letzten Schritt wagen, die Veröffentlichung auf einem "richtigen" Web-Server.

HINWEIS: Zur Erinnerung: Bisher haben wir nur mit dem Test-Server von Visual Studio gearbeitet, der schon von einem zweiten PC aus nicht mehr erreichbar ist.

Für den Export unserer Web-Anwendung bietet Visual Studio ein eigenes Tool, das Sie über den *Menüpunkt Website|WebSite kopieren* erreichen:

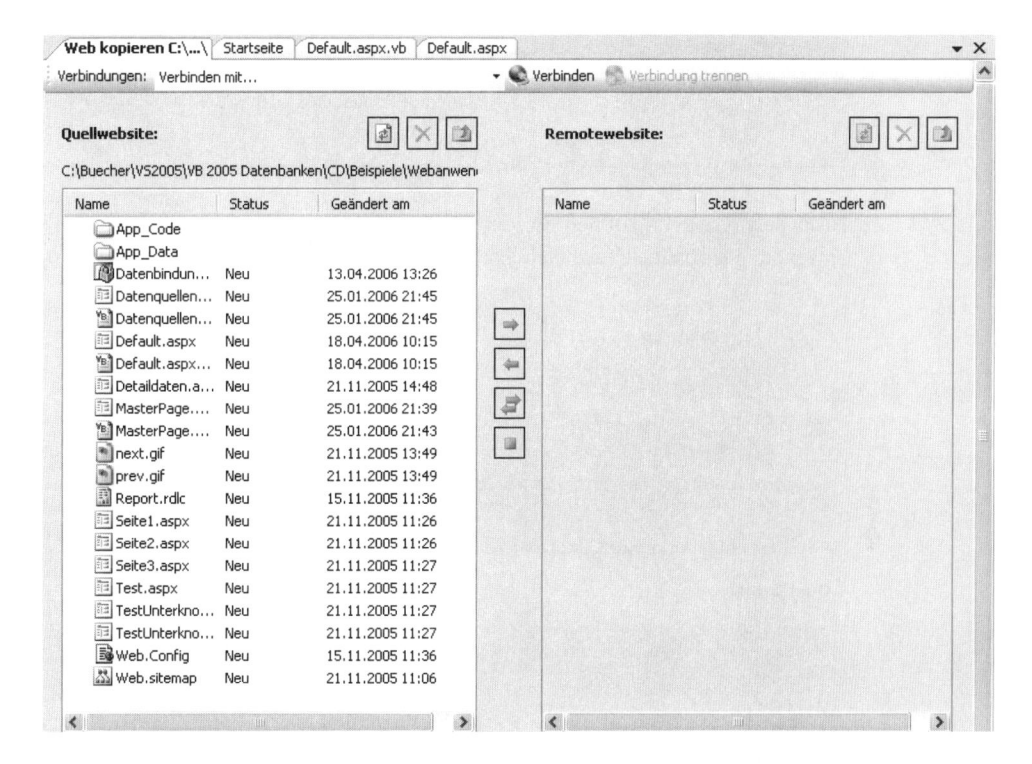

Wählen Sie im Toolbar den Button *Verbinden* und wählen Sie die Zugangsart zu Ihrem Webserver. Wir belassen es beim Export unseres Webs bei lokal laufendem IIS und erzeugen dort eine neue Webanwendung:

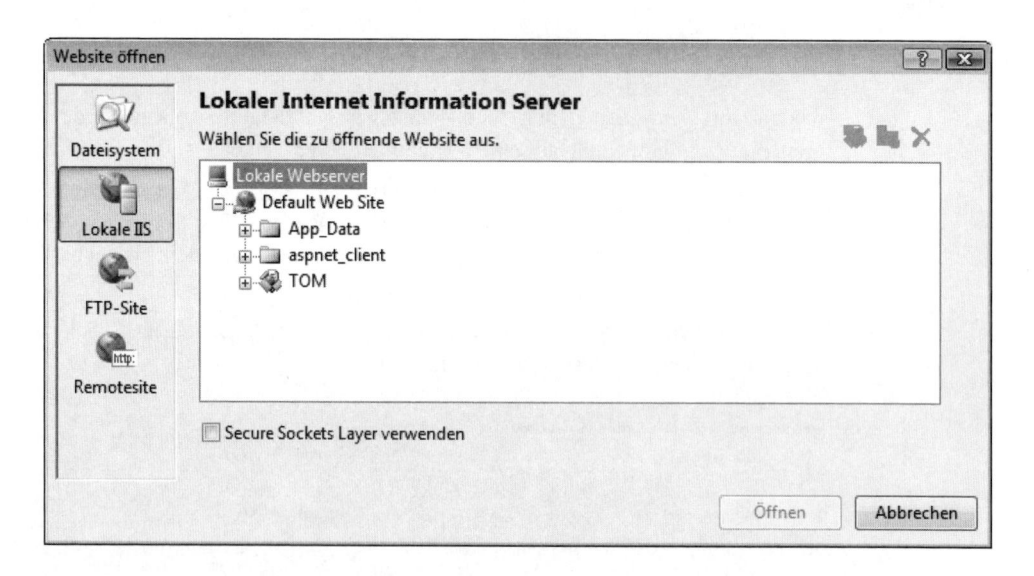

Screenshot: Website öffnen – Lokaler Internet Information Server

Wählen Sie die zu öffnende Website aus.
- Lokale Webserver
  - Default Web Site
    - App_Data
    - aspnet_client
    - TOM

☐ Secure Sockets Layer verwenden

Nach dem Kopieren können Sie den Internet Explorer aufrufen und den Zugriff auf die Webanwendung testen. Doch welch hübsche Meldung erscheint da auf dem Bildschirm?

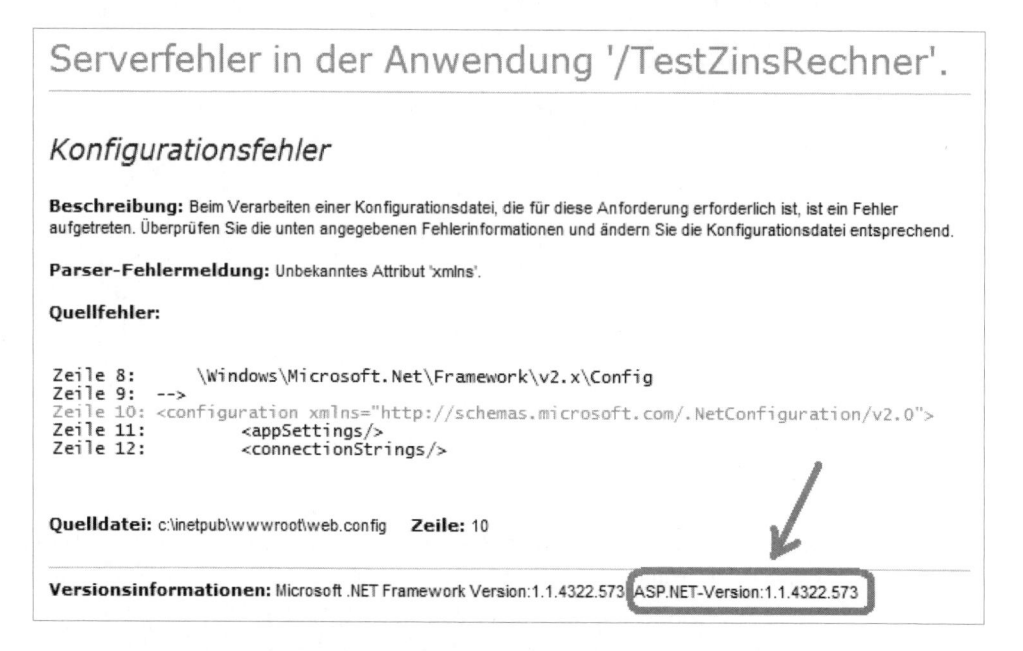

Serverfehler in der Anwendung '/TestZinsRechner'.

Konfigurationsfehler

Beschreibung: Beim Verarbeiten einer Konfigurationsdatei, die für diese Anforderung erforderlich ist, ist ein Fehler aufgetreten. Überprüfen Sie die unten angegebenen Fehlerinformationen und ändern Sie die Konfigurationsdatei entsprechend.

Parser-Fehlermeldung: Unbekanntes Attribut 'xmlns'.

Quellfehler:

```
Zeile 8:      \Windows\Microsoft.Net\Framework\v2.x\Config
Zeile 9:      -->
Zeile 10:     <configuration xmlns="http://schemas.microsoft.com/.NetConfiguration/v2.0">
Zeile 11:         <appSettings/>
Zeile 12:         <connectionStrings/>
```

Quelldatei: c:\inetpub\wwwroot\web.config   **Zeile:** 10

Versionsinformationen: Microsoft .NET Framework Version:1.1.4322.573 ASP.NET-Version:1.1.4322.573

Bevor Sie jetzt bei den Autoren oder gar bei sich selbst den Fehler suchen, vergessen Sie es und rufen den IIS-Manager (über die Systemsteuerung) auf. Hier müssen wir eine kleine Änderung bei den Eigenschaften unserer neuen Webanwendung vornehmen:

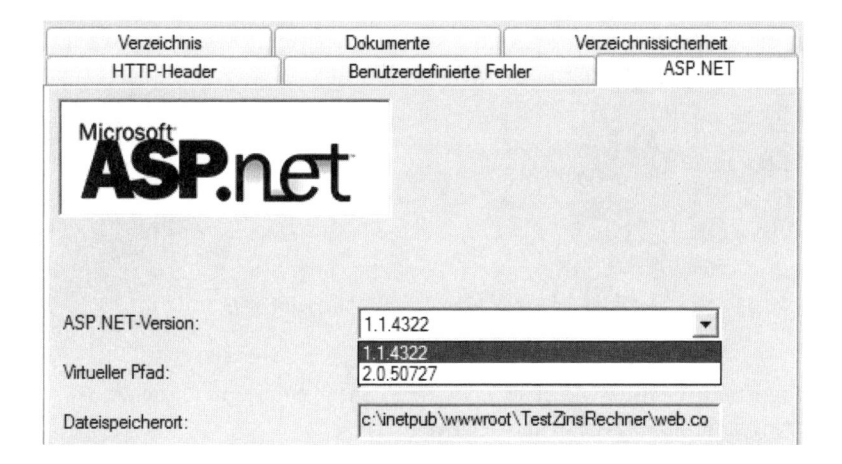

Ändern Sie die falsch eingestellte ASP.NET-Version und schon klappt es auch mit dem Aufruf der Anwendung.

R12.46 Ärger mit den Cookies vermeiden

Sollten Sie, was gar nicht so abwegig ist, mit folgender Fehlermeldung konfrontiert werden,

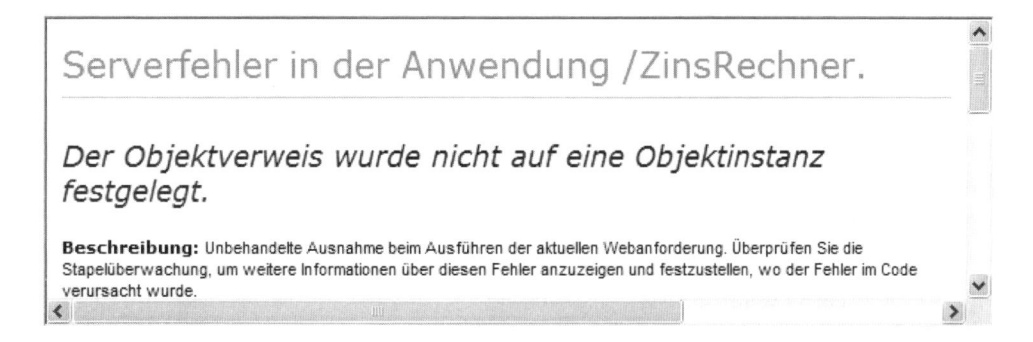

haben Sie entweder einen Tippfehler in Ihrem Beispiel oder Ihr Browser/Firewall blockt Cookies ab.

Die Ursache: Eine Session erfordert einen eindeutigen Bezeichner auf dem Client, der im Standardfall per Cookie realisiert wird. Ist das Erzeugen von Cookies auf dem Client nicht möglich (Ursache siehe oben), können im zweiten Formular nicht mehr die Daten aus dem *Session*-Objekt ausgelesen werden, für den Server fehlt einfach der Zusammenhang.

Für diesen Fall haben sich die MS-Programmierer einen Trick einfallen lassen. Statt lokaler Cookies wird ein virtuelles Verzeichnis (die Session-ID) in den URL eingefügt, dessen Name bei relativ miteinander verlinkten Seiten durch den Browser automatisch immer wieder eingefügt wird.

Bevor dieser Mechanismus greift, müssen wir jedoch in der *Web.config* eine Änderung vornehmen. Fügen Sie bitte folgenden Abschnitt ein:

```
<configuration>
  <appSettings/>
...
  <system.web>
  <compilation debug="true"/>
  <sessionState mode="InProc" cookieless="true" timeout="20"/>
...
```

Wichtig ist der Wert des Attributs *cookieless*. Speichern Sie die Datei *Web.config* ab, um die Änderungen für den Server zu übernehmen.

Bei einem erneuten Start Ihrer Anwendung sollte die Adresszeile für *Default.aspx* wie folgt aussehen:

Beachten Sie die in Klammern gespeicherte Session-ID. Beim Aufruf von *Details.aspx* ist der Browser dafür verantwortlich, die Adresse entsprechend zu erweitern. Dies erfolgt automatisch, da wir nur eine relative Pfadangabe für *Details.aspx* angegeben hatten:

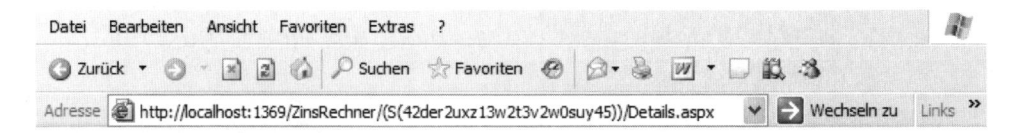

Damit wäre auch das kleine Problem mit den Cookies bzw. der Session-ID gelöst.

R12.47 Einen XML-Webdienst programmieren

Zu den herausragenden Features der .NET-Technologie gehören zweifelsfrei die Webdienste (Web Services).

Wir wollen in diesem Rezept die Windows Forms-Applikation aus R5.13 in eine verteilte Webanwendung umwandeln. Dazu entwerfen wir zunächst einen Webservice, der geeignete Methoden zum Analysieren der Festplatte bereitstellt (*GetDirectories*, *GetFiles*) sowie einige erste rudimentäre Bearbeitungsfunktionen vorhält (*DeleteFile*, *UploadFile*, *DownloadFile*).

HINWEIS: Zum Testen benötigen Sie den Webdienst-Client aus dem Rezept R12.48!

Projekt vorbereiten

Nach dem Start von Visual Studio 2008 wählen Sie die Option *Datei/Neu/WebSite* und anschließend die Projektvorlage *ASP.NET Webdienst*. Belassen Sie es auch bei diesem Beispiel bei der Default-Einstellung "*Location=Dateisystem*" und warten Sie, bis das Projekt eingerichtet ist.

Löschen Sie im Anschluss die bereits automatisch erzeugten *Service.asmx* und *Service.vb* und erstellen Sie einen neuen Webdienst mit dem Namen *FileCommander.asmx*:

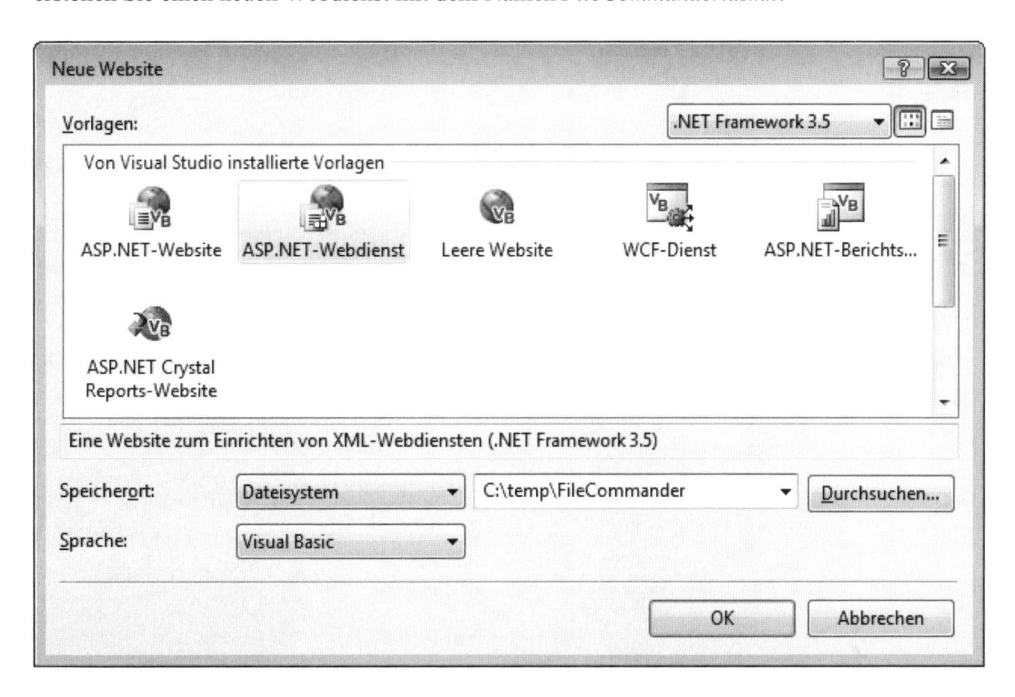

Quellcode

Wir wechseln in *FileCommander.vb* und führen am vorhandenen Code-Skelett die folgenden Änderungen durch:

```
Imports System.Web
Imports System.Web.Services
Imports System.Web.Services.Protocols

Imports System.IO

<WebService([Namespace] := "http://tempuri.org/")> _
<WebServiceBinding(ConformsTo := WsiProfiles.BasicProfile1_1)> _
Public Class FileCommander
    Inherits System.Web.Services.WebService
```

Eine neue Web-Methode, mit der alle Verzeichnisnamen eines Pfades übertragen werden (String-Array):

```
<WebMethod()> _
Public Function GetDirectories(ByVal path As String) As String()
    Dim dirs() = (New DirectoryInfo(path)).GetDirectories()
    Dim ret() = New String(dirs.Length - 1) {}
    For i As Integer = 0 To dirs.Length - 1
        ret(i) = dirs(i).Name
    Next
    Return ret
End Function
```

HINWEIS: Um eine Funktion als Webmethode zu spezifizieren, muss das Attribut *<WebMethod>* vorangestellt werden!

Auslesen aller Dateinamen:

```
<WebMethod()> _
Public Function GetFiles(ByVal path As String) As String()
    Dim files() = (New DirectoryInfo(path)).GetFiles()
    Dim ret() = New String(files.Length - 1) {}
    For i As Integer = 0 To files.Length - 1
        ret(i) = files(i).Name
    Next
    Return ret
End Function
```

Per Web-Methode eine Datei auf dem Server löschen:

```
<WebMethod()> _
Public Function DeleteFile(ByVal name As String) As Boolean
    Try
        File.Delete(name)
        Return True
    Catch generatedExceptionName As Exception
        Return False
    End Try
End Function
```

HINWEIS: Die Fehlerbehandlung ist unbedingt erforderlich, der Webdienst wird im Normalfall mit den Rechten des Nutzers *ASP.NET*[1] ausgeführt.

Eine neue Datei auf dem Server erstellen, wir übergeben den Dateinamen und ein Byte-Array mit den Dateidaten:

```
<WebMethod()> _
 Public Function UploadFile(ByVal saveas As String, ByVal data As Byte()) As Boolean
    Try
```

Dank *File*-Klasse ist das Erstellen der Datei ein Kinderspiel:

```
        File.WriteAllBytes(saveas, data)
        Return True
     Catch generatedExceptionName As Exception
        Return False
     End Try
 End Function
```

HINWEIS: Byte-Arrays sind in all jenen Fällen zu bevorzugen, in denen kein geeigneter Datentyp (*DataSet*, *String* etc.) zur Verfügung steht bzw. die Klasse nicht serialisierbar ist (kein Standardkonstruktor).

Noch den Download implementieren:

```
<WebMethod()> _
 Public Function DownloadFile(ByVal name As String) As Byte()
    Try
```

Auch hier ist uns die *File*-Klasse behilflich:

```
        Return File.ReadAllBytes(name)
     Catch generatedExceptionName As Exception
        Return Nothing
     End Try
 End Function
End Class
```

HINWEIS: Wie Sie sehen, sind die Änderungen im Quellcode gegenüber einer normalen Windows-Anwendung minimal, obige Methoden könnten auch in einer ganz normalen lokalen Klasse zur Anwendung kommen.

---

[1] bzw. NT-AUTORITÄT\NETZWERKDIENST in Windows Vista und Windows Server 2003

Test

Um den Webdienst zu testen drücken Sie die F5-Taste. Als Antwort stellt Visual Studio eigene Testseiten zur Verfügung, die im Internet Explorer erscheinen.

Auf der ersten Testseite finden Sie eine Zusammenstellung aller vom Webdienst exportierten Methoden:

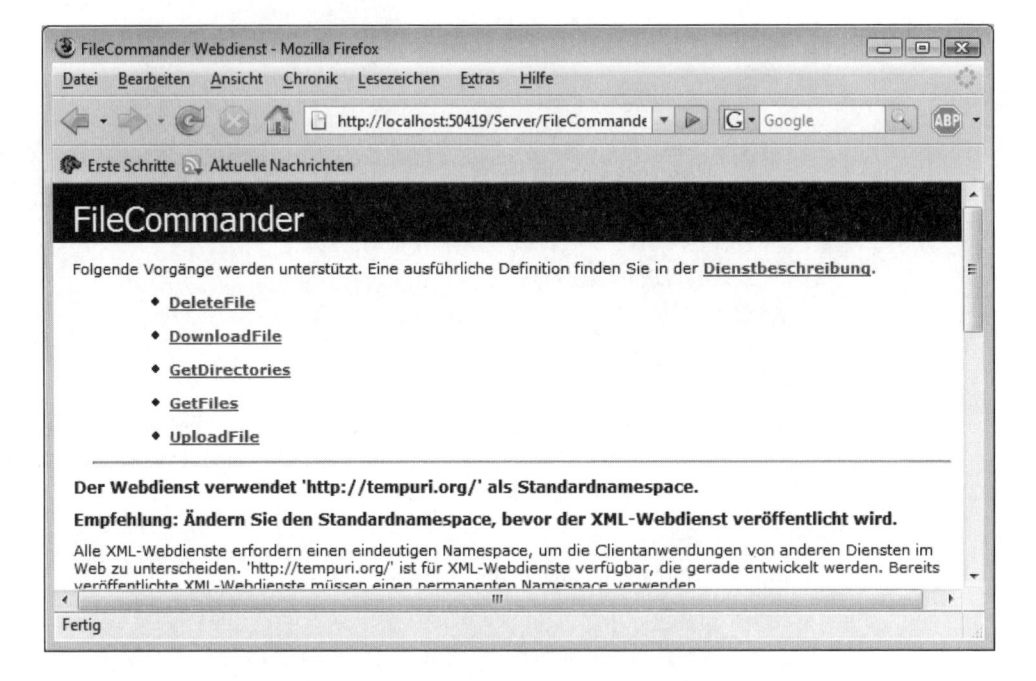

Klicken Sie auf *GetDirectories*, so erscheint eine weitere Testseite:

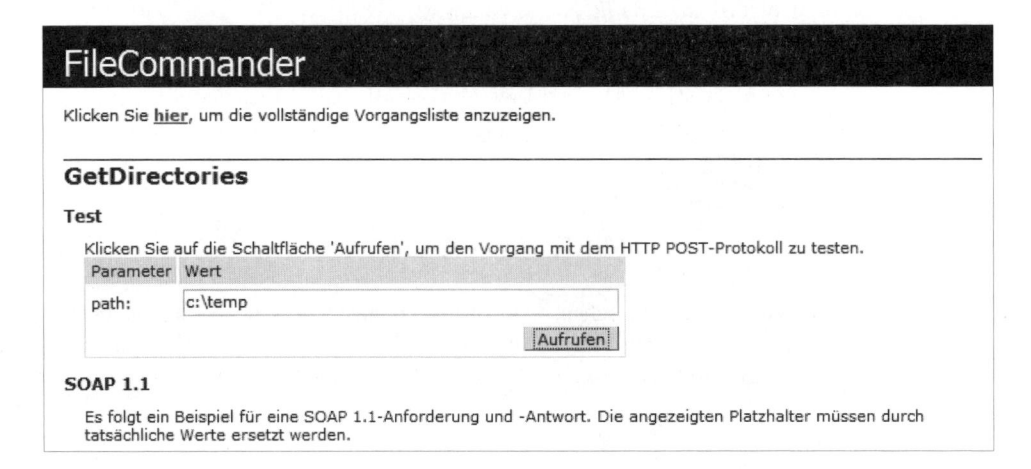

Geben Sie für den Parameter *path* einen sinnvollen Pfad an und klicken Sie dann auf die Schaltfläche *Aufrufen*. Das gelieferte Ergebnis mag Sie vielleicht enttäuschen, denn Sie sehen lediglich die XML-Darstellung der Daten im Internet Explorer:

```
<?xml version="1.0" encoding="utf-8" ?>
- <ArrayOfString xmlns:xsi="http://www.w3.org/2001/XMLSchema-instance"
    xmlns:xsd="http://www.w3.org/2001/XMLSchema" xmlns="http://tempuri.org/">
    <string>1031</string>
    <string>1033</string>
    <string>1036</string>
    <string>1040</string>
    <string>AccessWeb</string>
    <string>ACCWIZ</string>
    <string>ADDINS</string>
    <string>Bibliography</string>
    <string>BITMAPS</string>
    <string>BORDERS</string>
    <string>CONVERT</string>
    <string>Document Parts</string>
    <string>FORMS</string>
    <string>INFFORMS</string>
    <string>InfoPath SDK</string>
    <string>InfoPathOM</string>
```

HINWEIS: Die vom Webdienst gelieferten Daten können von jedem XML-fähigen Client interpretiert und verarbeitet werden (siehe nachfolgendes Rezept)!

Bemerkungen

- Webdienste sind Klassen, deren Methoden Sie über das Internet aufrufen können, so als wären diese Klassen auf Ihrem Rechner installiert.

- Ein Webdienst hat keine eigene Oberfläche.

- Dank SOAP sind Webdienste in der Lage, nicht nur einfache Datentypen zu übermitteln, sondern auch komplette Objekte und Arrays.

- Im Unterschied zu einer ASP.NET-Anwendung werden keine HTML-Seiten zurückgegeben, sondern in einem XML-Dokument verpackte Daten und Objekte. Damit kann jede XML-fähige Anwendung – unabhängig von Betriebssystem oder Programmiersprache – den Web-Service benutzen.

R12.48 Einen Webdienst-Client erstellen

In diesem Rezept wollen wir auf den in R12.47 "Einen XML-Webdienst programmieren" erstellten Web-Service mit einem Windows-Client zugreifen, der neben der Darstellung der Server-Verzeichnis-/-Dateistruktur auch einige rudimentäre Bearbeitungsfunktionen bereitstellt (Upload, Download).

HINWEIS: Mehr zu den allgemeinen Grundlagen (*TreeView*, Dateifunktionen) finden Sie im Rezept R5.13, das die gleiche Aufgabenstellung ohne Webservice realisiert[1].

Oberfläche

Erstellen Sie zunächst ein neues Windows Forms-Projekt und fügen Sie in *Form1* neben einer *TreeView* eine *ListBox* sowie drei *Button*s ein (siehe Laufzeitansicht). Zusätzlich nutzen wir noch einen *OpenFileDialog* und einen *SaveFileDialog* zur Auswahl von Dateinamen.

Im folgenden Schritt müssen wir zunächst den Zugriff auf den Webservice realisieren. Dazu binden wir einen Webverweis ein (im Projektmappen-Explorer klicken Sie mit der rechten Maustaste auf *Verweise* und wählen im Kontextmenü den Eintrag *Webverweis hinzufügen*).

Es erscheint das Dialogfeld *Webverweis hinzufügen*. Geben Sie ganz oben als Adresse die URL Ihres WebService ein: *http://localhost:2350/Server/FileCommander.asmx* und vergessen Sie das abschließende Bestätigen mit der Eingabetaste nicht.

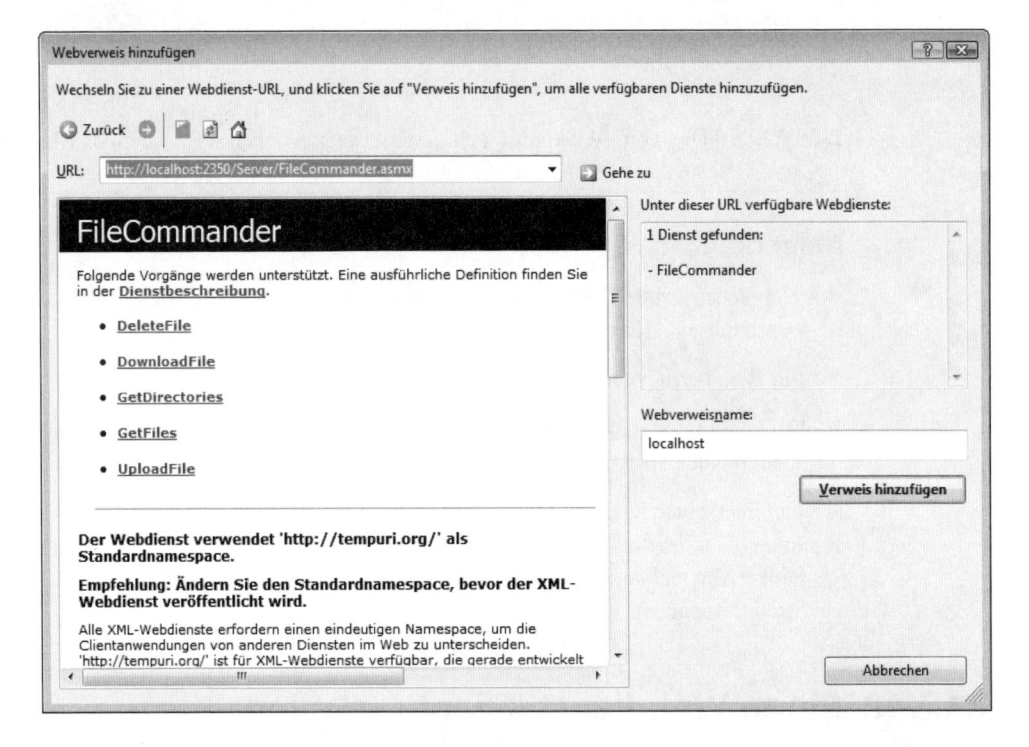

Wenn Sie im Vorgängerrezept alles richtig gemacht haben (die Instanz des Webservice muss noch laufen), so erscheint nach einer kleinen Weile im linken Fenster des Dialogfeldes die gleiche Testseite, wie Sie sie bereits aus dem Vorgängerrezept kennen.

---

[1] ... und damit auch nur lokale Daten bearbeiten kann.

R12.48 Einen Webdienst-Client erstellen

Klicken Sie auf die Schaltfläche "Verweis hinzufügen" am rechten Rand. Im Projektmappen-Explorer sehen Sie nachfolgend den hinzugefügten Webverweis unter *localhost*:

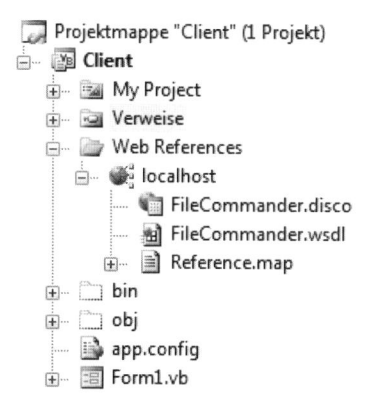

```
Projektmappe "Client" (1 Projekt)
  Client
    My Project
    Verweise
    Web References
      localhost
        FileCommander.disco
        FileCommander.wsdl
        Reference.map
    bin
    obj
    app.config
    Form1.vb
```

Quelltext

```vb
Imports System.IO

Public Class Form1
```

Eine Instanz unseres Webservice:

```vb
    Private fc As localhost.FileCommander

    Private Sub Form1_Load(ByVal sender As System.Object, ByVal e As System.EventArgs) _
                                                         Handles MyBase.Load
```

Instanz erstellen:

```vb
        fc = New Client.localhost.FileCommander()
```

HINWEIS: Ab hier kann die *FileCommander*-Klasse wie eine normale lokale Klasse genutzt werden.

Die bereits bekannten Funktionen zum Füllen der *TreeView*, jetzt allerdings mit dem Aufruf von Webmethoden:

```vb
        Dim rootNode = New TreeNode("C:\")        ' Wurzelknoten erzeugen
        TreeView1.Nodes.Add(rootNode)
        addChildNodes(rootNode)                   ' untergeordnete Ebene füllen und
        TreeView1.Nodes(0).Expand()               ' ... expandieren
    End Sub
```

Fügt die Knoten der untergeordneten Verzeichnisebene hinzu:

```vb
Private Sub addChildNodes(ByVal dirNode As TreeNode)
    For Each s As String In fc.GetDirectories(dirNode.FullPath)
        Dim newNode = New TreeNode(s)
        dirNode.Nodes.Add(newNode)            ' Child-Knoten erhält Platzhalterzeichen
        newNode.Nodes.Add("*")
    Next
End Sub
```

Ein Knoten wurde expandiert:

```vb
Private Sub TreeView1_BeforeExpand(ByVal sender As Object, _
                ByVal e As TreeViewCancelEventArgs) Handles TreeView1.BeforeExpand
    If e.Node.Nodes(0).Text = "*" Then    ' falls es sich um einen Platzhalterknoten handelt
        TreeView1.BeginUpdate()           ' erneutes Zeichnen deaktivieren
        e.Node.Nodes.Clear()              ' Platzhalterknoten löschen
        addChildNodes(e.Node)             ' alle untergeordneten Knoten hinzufügen
        TreeView1.EndUpdate()             ' erneutes Zeichnen aktivieren
    End If
End Sub
```

Die Knoten-Auswahl wurde geändert:

```vb
Private Sub TreeView1_AfterSelect(ByVal sender As Object, ByVal e As TreeViewEventArgs) _
                Handles TreeView1.AfterSelect
    ListBox1.Items.Clear()
    ListBox1.Items.AddRange(fc.GetFiles(e.Node.FullPath))
End Sub
```

Der Upload erfordert schon etwas mehr Arbeit:

```vb
Private Sub Button2_Click(ByVal sender As Object, ByVal e As EventArgs) _
                Handles Button2.Click
```

Auswahl der Datei:

```vb
    If OpenFileDialog1.ShowDialog() = Windows.Forms.DialogResult.OK Then
        Dim fi = New FileInfo(OpenFileDialog1.FileName)
```

Datei in Byte-Array laden:

```vb
        Dim data() As Byte = File.ReadAllBytes(OpenFileDialog1.FileName)
```

Byte-Array an den Webservice übertragen:

```vb
        If fc.UploadFile(TreeView1.SelectedNode.FullPath & "\" & fi.Name, data) Then
```

Hat alles geklappt, aktualisieren wir die *ListBox*:

```
        ListBox1.Items.AddRange(fc.GetFiles(TreeView1.SelectedNode.FullPath))
      End If
    End If
End Sub
```

Der Datei-Download:

```
Private Sub Button3_Click(ByVal sender As Object, ByVal e As EventArgs) _
                                                Handles Button3.Click
    If SaveFileDialog1.ShowDialog() = Windows.Forms.DialogResult.OK Then
```

Auch hier arbeiten wir wieder mit einem Byte-Array als "Transport-Medium":

```
        Dim data As Byte() = fc.DownloadFile(treeView1.SelectedNode.FullPath & _
                        "\" & DirectCast(ListBox1.SelectedItem, String))
```

Im Erfolgsfall werden die Daten gespeichert:

```
        If data IsNot Nothing Then
            File.WriteAllBytes(SaveFileDialog1.FileName, data)
        End If
    End If
End Sub
End Class
```

Test

Beim Ausprobieren merken Sie – abgesehen von einer kleinen Verzögerung – nicht, dass Sie mit einem Webdienst arbeiten:

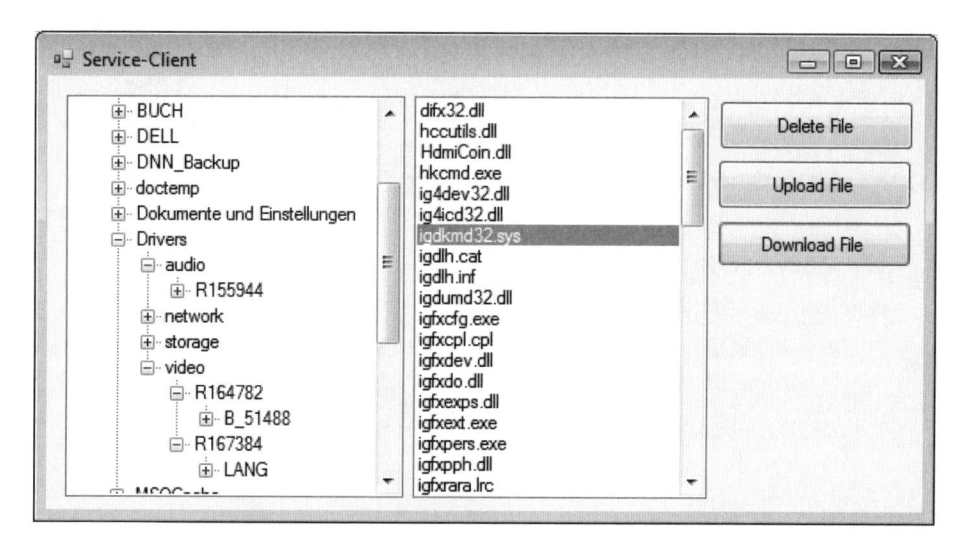

Bemerkungen

- Zwischen einem Webdienst-Client und einer normalen Windows-Anwendung gibt es rein äußerlich keinerlei Unterschiede.
- Damit der Client die vom Webdienst bereitgestellten Methoden verwenden kann, muss ein Webverweis eingerichtet werden.
- Im Unterschied zu einer ASP.NET-Anwendung empfängt der Webdienst-Client kein reines HTML, stattdessen wird die Kommunikation mit dem Server über SOAP abgewickelt.

R12.49 Datenbankzugriffe mit Webdiensten realisieren

Eine der zentralen Anwendungen für Webdienste ist sicherlich der Zugriff auf relationale Datenbanken. In .NET bedeutet dies nicht anderes, als den Austausch eines *DataSet*s zwischen Client und Webservice.

Ein etwas umfangreicheres Beispiel soll die Vorgehensweise bzw. das Handling näher erläutern. Dazu werden wir zunächst einen Webservice entwerfen, der uns das Lesen und Schreiben von Daten in eine Access-Datenbank ermöglicht.

Webdienst entwerfen

Aus der Tabelle *Bestellungen* der Datenbank *Firma.mdb* sollen für einen bestimmten Kunden und einen bestimmten Zeitraum (bezogen auf das Eingangsdatum) alle Bestellungen ausgegeben werden. Dazu implementieren wir zwei Methoden, mit denen wir auf das *DataSet* lesend bzw. schreibend zugreifen können:

Zum Lesen der Datensätze:

SYNTAX:
```
Function getBestellungen(ByVal kNr As Integer, ByVal von As DateTime,
                        ByVal bis As DateTime) As DataSet
```

Für das Zurückschreiben von Änderungen in die Datenbank:

SYNTAX:
```
Sub setBestellungen(ByRef bestDS As DataSet)
```

Oberfläche

Erstellen Sie zunächst einen neuen Webdienst über *Datei/Neu/WebSite* und anschließend die Projektvorlage *ASP.NET Web Service*. Belassen Sie es bei der Default-Einstellung "Location=Dateisystem" und warten Sie, bis das Projekt eingerichtet ist.

Die Datenbank *Firma.mdb* (siehe Buch-CD) fügen Sie per Drag & Drop in den Projektmappen-Explorer ein (Verzeichnis *App_Data*).

R12.49 Datenbankzugriffe mit Webdiensten realisieren

In der *Web.config* nehmen Sie die folgende Erweiterung vor:

```xml
<?xml version="1.0"?>
<configuration xmlns="http://schemas.microsoft.com/.NetConfiguration/v2.0">
 <connectionStrings>
    <add name="DatenConnectionString" connectionString="Provider=Microsoft.Jet.OLEDB.4.0;Data Source=|DataDirectory|\Firma.mdb;Persist Security Info=True" providerName="System.Data.OleDb" />
 </connectionStrings>
 ...
```

HINWEIS: Sollte die *Web.config* noch nicht vorhanden sein, starten Sie einfach einen ersten Testlauf (F5) und Sie werden gefragt, ob eine *Web.config* angelegt werden soll.

Bevor Sie richtig loslegen, sollten Sie dem Webdienst einen aussagekräftigen Namen geben. Relevant ist dabei zum einen die ASMX-Datei und zum anderen der Name der eigentlichen Klasse.

Klicken Sie im Projekt-Manager auf die Datei *Service.asmx* und ändern Sie den Dateinamen in *BestellService.asmx*. Die enthaltene Klasse *WebService* benennen Sie per Refactoring in *Bestellungen* um.

HINWEIS: Ändern Sie auch das Attribut *Class* in der ersten Zeile und beachten Sie die Groß-/Kleinschreibung!

```vb
<%@ WebService Language="VB" Class="BestellService" %>

Imports System.Web
Imports System.Web.Services
Imports System.Web.Services.Protocols

Imports System.Data
Imports System.Data.OleDb
Imports System.Web.Configuration

<WebService(Namespace := "http://tempuri.org/")> _
<WebServiceBinding(ConformsTo:=WsiProfiles.BasicProfile1_1)> _
Public Class BestellService
    Inherits System.Web.Services.WebService
```

Quellcode

Führen Sie am vorhandenen Code-Skelett die folgenden Änderungen durch.

```vb
<%@ WebService Language="VB" Class="BestellService" %>
Imports System.Web
Imports System.Web.Services
Imports System.Web.Services.Protocols
Imports System.Data
```

Wir importieren den *OleDb*-Datenprovider. Damit können wir sowohl auf Access-Datenbanken als auch – mit gewissen Performance-Abstrichen – auf den SQL Server zugreifen:

```
Imports System.Data.OleDb
Imports System.Web.Configuration


<WebService(Namespace:="http://tempuri.org/")> _
<WebServiceBinding(ConformsTo:=WsiProfiles.BasicProfile1_1)> _
<Global.Microsoft.VisualBasic.CompilerServices.DesignerGenerated()> _
Public Class Bestellungen
    Inherits System.Web.Services.WebService
```

Da Webdienste naturgemäß über keine eigene Oberfläche verfügen, kann der Benutzer die Datenbank nicht über einen Dialog auswählen. Wir werden deshalb den Datenbankpfad zur Laufzeit aus der *Web.config* auslesen und fügen dazu eine globale Variable ein:

```
Private connStr As String = _
        WebConfigurationManager.ConnectionStrings("DatenConnectionString").ToString()
```

Wir beginnen mit dem Implementieren der Webmethode *getBestellungen*. Um diese als Methode eines Webdienstes zu definieren, muss das Attribut *<WebMethod>* vorangestellt werden:

```
<WebMethod()> _
Public Function getBestellungen(ByVal kNr As Integer, ByVal von As DateTime, _
                        ByVal bis As DateTime) As DataSet
```

Die Verbindung zur Datenbank herstellen:

```
    Dim conn As New OleDbConnection(connStr)
```

Command-Objekt erzeugen:

```
    Dim cmd As New OleDbCommand("SELECT * FROM Bestellungen " & _
                        "WHERE KuNr = ? AND EingangsDatum BETWEEN ? AND ?", conn)
```

Parameter definieren:

```
    cmd.Parameters.Add("@kN", OleDbType.Integer)
    cmd.Parameters.Add("@zeit1", OleDbType.Date)
    cmd.Parameters.Add("@zeit2", OleDbType.Date)
```

Allen Parametern Werte zuweisen:

```
    cmd.Parameters("@kN").Value = kNr
    cmd.Parameters("@zeit1").Value = von
    cmd.Parameters("@zeit2").Value = bis
```

DataAdapter erzeugen:

```
Dim da As New OleDbDataAdapter(cmd)
da.MissingSchemaAction = MissingSchemaAction.AddWithKey
```

DataSet füllen:

```
Dim bestDS As New DataSet("BestellDS")
conn.Open()
da.Fill(bestDS, "Bestellungen")
conn.Close()
Return bestDS
End Function
```

Die Webmethode *setBestellungen* fällt etwas kürzer aus. Für eine Überraschung sorgt eventuell die *ByRef*-Übergabe des *DataSet*-Parameters an die Methode. Dadurch werden alle Änderungen am *DataSet* auch im *DataSet* der aufrufenden Funktion sichtbar:

```
<WebMethod()> _
Public Sub setBestellungen(ByRef bestDS As DataSet)
    Dim conn As New OleDbConnection(connStr)
    Dim da As New OleDbDataAdapter("SELECT * FROM Bestellungen", conn)
```

Die folgende Zuweisung sorgt dafür, dass bei einem Update-Fehler nicht abgebrochen wird, der fehlerhafte Datensatz wird stattdessen im Client markiert:

```
da.ContinueUpdateOnError = True
```

Das Erstellen eines *UpdateCommand*-Objekts für den *DataAdapter* übernimmt ein *CommandBuilder*:

```
Dim cb As New OleDbCommandBuilder(da)
```

Das Zurückschreiben der Änderungen am *DataSet* in die Datenbank:

```
    conn.Open()
    da.Update(bestDS.Tables("Bestellungen"))
    conn.Close()
End Sub

End Class
```

Test

Nach dem Erstellen des Webdienstes (F5-Taste oder Menü *Debuggen/Debuggen starten*) zeigt Ihnen der Internet Explorer ein automatisch generiertes Testformular, welches Links sowohl zur Dienstbeschreibung des Webdienstes liefert, als auch zu den separaten Testseiten für jede Methode des Webdienstes.

Bestellungen

Folgende Vorgänge werden unterstützt. Eine ausführliche Definition finden Sie in der **Dienstbeschreibung**.

- **getBestellungen**
- **setBestellung**
- **setBestellungen**

Der Webdienst verwendet 'http://tempuri.org/' als Standardnamespace.

Empfehlung: Ändern Sie den Standardnamespace, bevor der XML-Webdienst veröffentlicht wird.

Alle XML-Webdienste erfordern einen eindeutigen Namespace, um die Clientanwendungen von anderen Diensten im Web zu unterscheiden. 'http://tempuri.org/' ist für XML-Webdienste verfügbar, die gerade entwickelt werden. Bereits veröffentlichte XML-Webdienste müssen einen permanenten Namespace verwenden.

Die im WSDL-Format abgefasste Dienstbeschreibung informiert über die vom Webdienst angebotenen Methoden und deren Parameter. Sie wird vom Webdienst an den Client abgeschickt, wenn dieser danach fragt. Dazu braucht an die URL des Webdienstes lediglich die Zeichenfolge *?wsdl* angehängt zu werden:

```xml
<?xml version="1.0" encoding="utf-8" ?>
- <wsdl:definitions xmlns:soap="http://schemas.xmlsoap.org/wsdl/soap/"
    xmlns:tm="http://microsoft.com/wsdl/mime/textMatching/"
    xmlns:soapenc="http://schemas.xmlsoap.org/soap/encoding/"
    xmlns:mime="http://schemas.xmlsoap.org/wsdl/mime/" xmlns:tns="http://tempuri.org/"
    xmlns:s="http://www.w3.org/2001/XMLSchema"
    xmlns:soap12="http://schemas.xmlsoap.org/wsdl/soap12/"
    xmlns:http="http://schemas.xmlsoap.org/wsdl/http/"
    targetNamespace="http://tempuri.org/" xmlns:wsdl="http://schemas.xmlsoap.org/wsdl/">
- <wsdl:types>
  - <s:schema elementFormDefault="qualified" targetNamespace="http://tempuri.org/">
    - <s:element name="getBestellungen">
      - <s:complexType>
        - <s:sequence>
            <s:element minOccurs="1" maxOccurs="1" name="kNr" type="s:int" />
            <s:element minOccurs="1" maxOccurs="1" name="von" type="s:dateTime" />
            <s:element minOccurs="1" maxOccurs="1" name="bis" type="s:dateTime" />
          </s:sequence>
        </s:complexType>
      </s:element>
    - <s:element name="getBestellungenResponse">
      - <s:complexType>
        - <s:sequence>
          - <s:element minOccurs="0" maxOccurs="1" name="getBestellungenResult">
            - <s:complexType>
              - <s:sequence>
                  <s:element ref="s:schema" />
```

Klicken Sie auf den Hyperlink für den Test der Methode *getBestellungen*, so öffnet sich ein Eingabeformular, über welches Sie die erforderlichen Parameter eingeben und die Methode aufrufen können:

R12.49 Datenbankzugriffe mit Webdiensten realisieren

Bestellungen

Klicken Sie hier, um die vollständige Vorgangsliste anzuzeigen.

getBestellungen

Test

Klicken Sie auf die Schaltfläche 'Aufrufen', um den Vorgang mit dem HTTP POST-Protokoll zu testen.

Parameter	Wert
kNr:	
von:	
bis:	

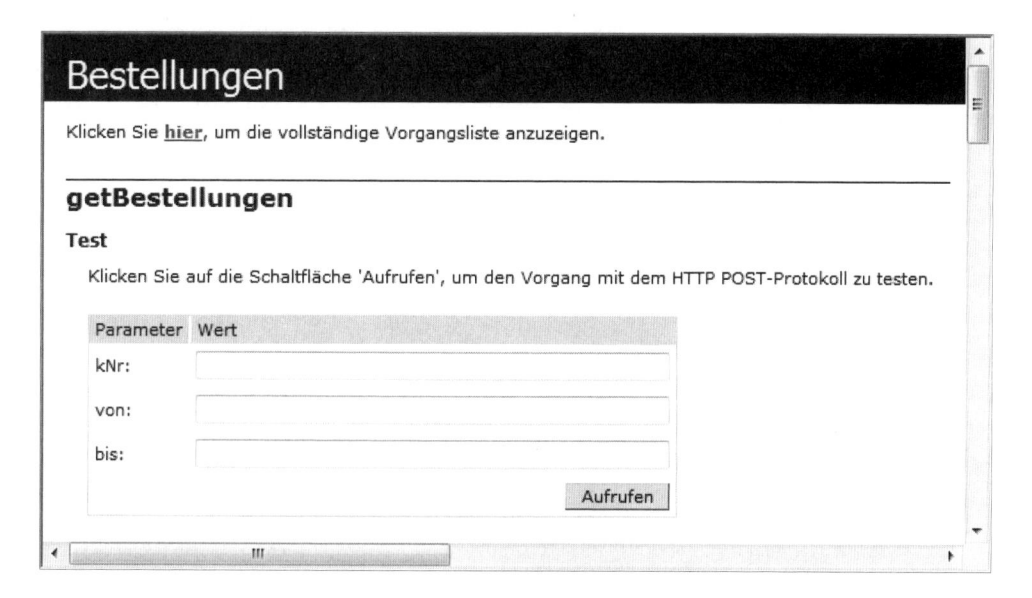

[Aufrufen]

Als Antwort erhalten Sie keine fertige Tabelle, sondern strukturierte XML-Daten, die ebenfalls im Internet Explorer angezeigt werden:

```xml
<?xml version="1.0" encoding="utf-8" ?>
- <DataSet xmlns="http://tempuri.org">
  - <xs:schema id="BestellDS" xmlns="" xmlns:xs="http://www.w3.org/2001/XMLSchema"
      xmlns:msdata="urn:schemas-ms-com:xmlmsdata">
    - <xs:element name="BestellDS" msdata:IsDataSet="true" msdata:Locale="de-DE">
      - <xs:complexType>
        - <xs:choice maxOccurs="unbounded">
          - <xs:element name="Bestellungen">
            - <xs:complexType>
              - <xs:sequence>
                  <xs:element name="Nr" msdata:AutoIncrement="true" type="xs:int" />
                  <xs:element name="EingangsDatum" type="xs:dateTime" minOccurs="0" />
                  <xs:element name="KuNr" type="xs:int" minOccurs="0" />
                  <xs:element name="GesamtNetto" type="xs:decimal" minOccurs="0" />
                  <xs:element name="bezahlt" type="xs:boolean" minOccurs="0" />
                  <xs:element name="BezahlDatum" type="xs:dateTime" minOccurs="0" />
                  <xs:element name="verschickt" type="xs:boolean" minOccurs="0" />
                  <xs:element name="VersandDatum" type="xs:dateTime" minOccurs="0" />
                - <xs:element name="Bemerkung" minOccurs="0">
                  - <xs:simpleType>
                    - <xs:restriction base="xs:string">
                        <xs:maxLength value="50" />
```

```xml
            </xs:restriction>
          </xs:simpleType>
        </xs:element>
       </xs:sequence>
      </xs:complexType>
     </xs:element>
    </xs:choice>
   </xs:complexType>
-  <xs:unique name="Constraint1" msdata:PrimaryKey="true">
     <xs:selector xpath=".//Bestellungen" />
     <xs:field xpath="Nr" />
   </xs:unique>
  </xs:element>
 </xs:schema>
- <diffgr:diffgram xmlns:msdata="urn:schemas-microsoft-com:xml-msdata"
    xmlns:diffgr="urn:schemas-ms-com:xml-diffgram- v1">
- <BestellDS xmlns="">
  - <Bestellungen diffgr:id="Bestellungen1" msdata:rowOrder="0">
      <Nr>1</Nr>
      <EingangsDatum>2003-01-09T00:00:00.0000000+01:00</EingangsDatum>
      <KuNr>1</KuNr>
      <GesamtNetto>60</GesamtNetto>
      <bezahlt>true</bezahlt>
      <BezahlDatum>2003-01-15T00:00:00.0000000+01:00</BezahlDatum>
      <verschickt>true</verschickt>
      <VersandDatum>2003-01-15T00:00:00.0000000+01:00</VersandDatum>
    </Bestellungen>
  - <Bestellungen diffgr:id="Bestellungen2" msdata:rowOrder="1">
      <Nr>2</Nr>
      <EingangsDatum>2003-01-12T00:00:00.0000000+01:00</EingangsDatum>
      <KuNr>1</KuNr>
      <GesamtNetto>73.5</GesamtNetto>
      <bezahlt>false</bezahlt>
      <verschickt>false</verschickt>
    </Bestellungen>
  - <Bestellungen diffgr:id="Bestellungen3" msdata:rowOrder="2">
      <Nr>3</Nr>
      <EingangsDatum>2003-01-20T00:00:00.0000000+01:00</EingangsDatum>
      <KuNr>1</KuNr>
      <GesamtNetto>5100</GesamtNetto>
```

```
            <bezahlt>true</bezahlt>
            <BezahlDatum>2003-01-23T00:00:00.0000000+01:00</BezahlDatum>
            <verschickt>false</verschickt>
        </Bestellungen>
    </BestellDS>
  </diffgr:diffgram>
</DataSet>
```

Wenn Sie genauer hinschauen, so stellen Sie fest, dass die im XML-Listing abgelegten Informationen aus zwei Teilen bestehen:

- die Strukturinformationen, d.h. das vollständige Schema des *DataSet*s,
- die in einem so genannten *DiffGramm* abgelegten Daten.

Jeder XML-fähige Client sollte nun in der Lage sein, diese Informationen zu verarbeiten.

Bemerkung

- Die Testseite der Methode *setBestellungen* enthält nur die Syntaxbeschreibung, aber kein Testformular – warum? Das Testformular kann nur solche Parameter entgegennehmen, die man aus einem String extrahieren kann. Da unserer Methode aber ein komplettes *DataSet* übergeben werden muss (es enthält alle geänderten Datensätze), kann sie mit dem Testformular nicht getestet werden, und wir müssen uns gedulden, bis die Clientanwendung fertig gestellt ist.

- Im Quellcode haben wir auf die Verwendung von *Try-Catch*-Blöcke zunächst verzichtet. Sie sollten diese Technik in Ihrem eigenen Code erst dann verwenden, wenn Sie alle Laufzeitfehler ausgemerzt haben (ansonsten erhalten Sie keine oder nur weniger aussagekräftige Fehlermeldungen).

Service-Client (Windows Forms)

Nach dem Entwurf des Webdienstes wenden wir uns jetzt seiner Gegenstelle zu, dem Client. Zunächst entwerfen wir einen Windows Forms-Client, im Anschluss realisieren wir die gleiche Aufgabenstellung mit einem Web Form-Client.

Oberfläche

Öffnen Sie ein neues Projekt vom Typ *Windows Forms- Anwendung* und stellen Sie die abgebildete Oberfläche zusammen. Neben der *TextBox* brauchen Sie noch zwei *DateTimePicker*, ein *DataGridView* und drei *Buttons*.

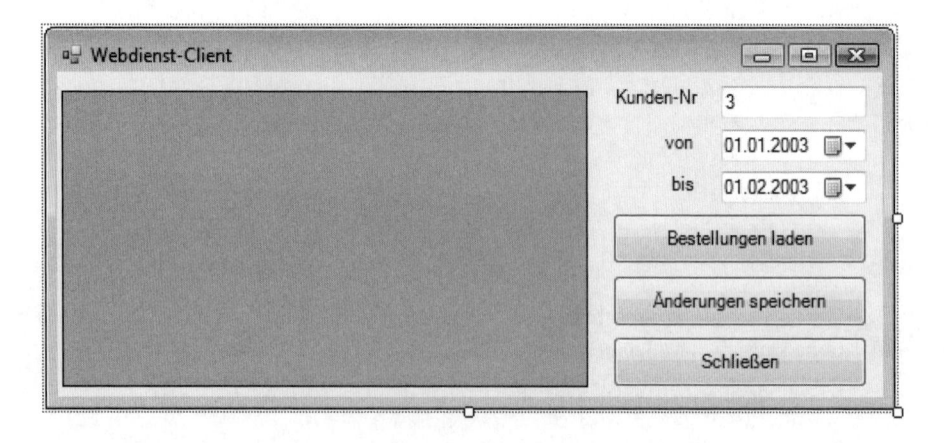

HINWEIS: Es erleichtert den späteren Test, wenn Sie im Eigenschaftenfenster der *Text*-Eigenschaft von *TextBox1* und der *Value*-Eigenschaft von *DateTimePicker1* bzw. *DateTimePicker2* bereits jetzt gültige Werte zuweisen.

Nächster Schritt ist das Herstellen der Verbindung zum Webdienst:

Klicken Sie dazu im Projektmappen-Explorer mit der rechten Maustaste auf das Projekt und wählen Sie im Kontextmenü den Eintrag *Webverweis hinzufügen*. Im Dialogfeld *Webreferenz hinzufügen* geben Sie oben die URL des Webdienstes ein:

```
http://localhost:1199/Service/BestellService.asmx
```

Es erscheint die Testseite des Webdienstes. Klicken Sie abschließend auf die Schaltfläche *Verweis hinzufügen*.

Ein Blick in den Projektmappen-Explorer zeigt, dass der Webdienst unter dem Knoten *localhost* eingebunden wurde:

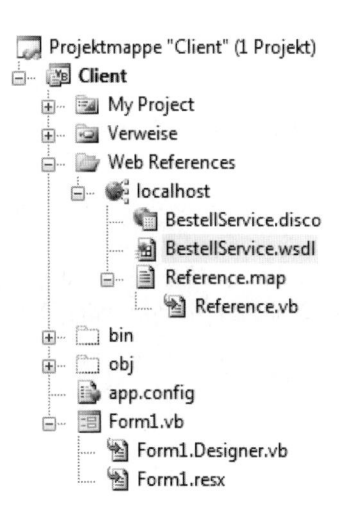

Quelltext

Nachdem Ihnen Visual Studio bereits eine ganze Menge Programmierarbeit abgenommen hat, sind Sie jetzt wieder an der Reihe. Öffnen Sie das Codefenster für *Form1*:

```
Public Class Form1
```

Die Proxyklasse des Webdienstes wird auf Basis der in *localhost.Reference.vb* automatisch generierten Proxyklasse *Bestellungen* erzeugt:

```
    Private ws As New localhost.BestellService()
```

Zum Puffern der übergebenen Daten brauchen wir ein *DataSet*:

```
    Private ds1 As New DataSet()
```

Die gewünschten Bestellungen laden:

```
    Private Sub Button1_Click(ByVal sender As System.Object, ByVal e As System.EventArgs) _
                                                            Handles Button1.Click
        Try
            Dim knr As Integer = Convert.ToInt32(TextBox1.Text)
```

Beim Aufruf der ersten Webdienst-Methode werden die Daten vom Webdienst geladen:

```
            ds1 = ws.getBestellungen(knr, DateTimePicker1.Value, DateTimePicker2.Value)
            DataGridView1.DataSource = ds1.Tables("Bestellungen")
```

Eventuelle Fehler auswerten:

```
        Catch ex As Exception
            MessageBox.Show(ex.Message.ToString())
        End Try
    End Sub
```

Änderungen speichern:

```
    Private Sub Button2_Click(ByVal sender As System.Object, ByVal e As System.EventArgs) _
                                    Handles Button2.Click
        Dim ds2 As DataSet                  ' lokales DataSet zum Puffern der Änderungen
        Try
```

Nur die Änderungen werden in den Puffer kopiert, was eine deutliche Reduktion der zu übertragenden Datenmenge bedeutet:

```
            ds2 = ds1.GetChanges()          ' nur wenn etwas geändert wurde ...
            If ds2 IsNot Nothing Then
```

Durch Aufruf der zweiten Webdienst-Methode werden die Änderungen in die Datenbank geschrieben:

```
                ws.setBestellungen(ds2)
```

Die in *ds2* per Referenz zurückgegebenen Daten überschreiben das Original nur dann, wenn sie den gleichen Primärschlüssel haben:

```
            ds1.Merge(ds2)
            MessageBox.Show("Daten erfolgreich gespeichert!")
        End If
    Catch ex As Exception
        MessageBox.Show(ex.Message.ToString())
    End Try
End Sub
```

Der folgende Code hat nichts mit der eigentlichen Programmierung des Webclients zu tun, sondern dient lediglich der Formatierung der Anzeige im *DataGridView*. Wir könnten ihn auch weglassen, müssten dann aber z.B. auf das Euro-Symbol verzichten oder würden uns über die überflüssige Sekundenanzeige bei der Ausgabe des Bestelldatums ärgern. Außerdem könnten wir keine Spalten gezielt ausblenden.

Alle Aktivitäten zum Formatieren der Anzeige im *DataGridView* erledigen wir bereits beim Laden des Formulars. Wir beschränken uns dabei auf drei Spalten (*EingangsDatum*, *GesamtNetto* und *Bemerkungen*):

```
Private Sub Form1_Load(ByVal sender As System.Object, ByVal e As System.EventArgs) _
                                                            Handles MyBase.Load
    With DataGridView1
        .AutoGenerateColumns = False
        .AllowUserToAddRows = False
        .Columns.Add(Me.DataGridViewTextBoxColumn1)
        .Columns.Add(Me.DataGridViewTextBoxColumn2)
        .Columns.Add(Me.DataGridViewTextBoxColumn3)
    End With

    With DataGridViewTextBoxColumn1
        .DataPropertyName = "Eingangsdatum"
        .HeaderText = "Datum"
        .Name = "Datum"
        .DefaultCellStyle.Alignment = DataGridViewContentAlignment.MiddleRight
        .Width = 80
    End With

    With DataGridViewTextBoxColumn2
        .DataPropertyName = "Gesamtnetto"
        .HeaderText = "Nettobetrag"
        .Name = "Nettobetrag"
```

```
            .DefaultCellStyle.Format = "c"
            .DefaultCellStyle.Alignment = DataGridViewContentAlignment.MiddleRight
            .Width = 80
        End With

        With DataGridViewTextBoxColumn3
            .DataPropertyName = "Bemerkung"
            .HeaderText = "Bemerkungen"
            .Name = "Bemerkungen"
            .Width = 170
        End With
    End Sub
End Class
```

Test

Nach der Eingabe einer gültigen *KundenNr* und der Auswahl eines sinnvollen Anfangs- und Ende-Datums sehen Sie nach kurzer Wartezeit die vom Webdienst gelieferten Datensätze. Sie können nun hemmungslos an den Datensätzen herumdoktern und versuchen, die Änderungen in der Datenbank zu speichern.

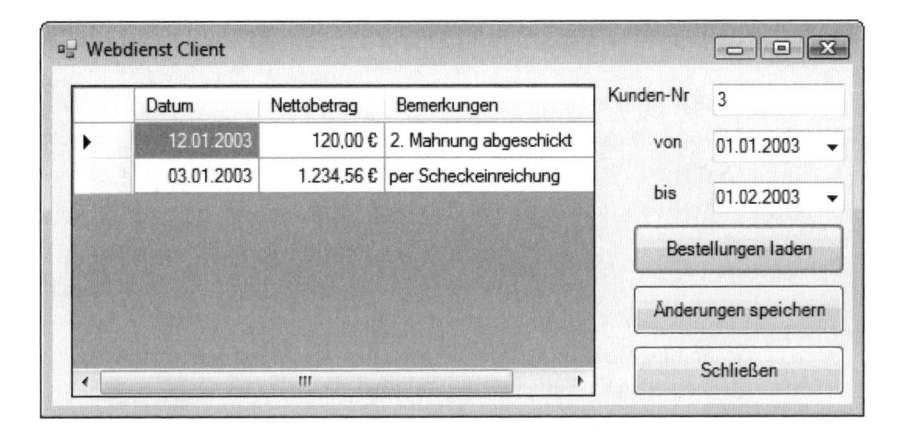

Bemerkungen

- Falls Sie mehr als drei Spalten anzeigen wollen, müssen weitere *DataGridViewTextBoxColumn*-Objekte erzeugt und zur *dataGridView1.Columns*-Collection hinzugefügt werden.
- Erweitern Sie den Webdienst um weitere Methoden, z.B. *getKunden*, um im Client die Namen aller Kunden in einer *ListBox* anzuzeigen und auswählen zu können!
- Reduzieren Sie die zu übertragende Datenmenge, indem Sie in das SELECT-Statement der SQL-Abfrage nur die gewünschten Spalten einfügen.

Service-Client (Web Forms)

Dass sich ein Client für den Webservice problemlos als Windows Forms-Applikation realisieren lässt, haben Sie im vorhergehenden Abschnitt gesehen. Zum Vergleich werden wir die gleiche Aufgabenstellung mit einem Web-Client, d.h. einer Web Form-Applikation, umsetzen.

Der Vorteil für den Anwender: er muss nicht erst das .NET-Framework installieren, ein halbwegs moderner Browser genügt für die Anzeige der Webapplikation.

Änderung am Webservice

Eine wesentlicher Unterschied zwischen Web- und Windows Forms-Anwendungen erfordert allerdings eine kleine Änderung unseres Webdienstes. Da wir das *DataSet* nicht sinnvoll in der Webanwendung zwischenspeichern können (auf eine Session-Variable verzichten wir an dieser Stelle besser) werden wir lediglich **eine** Zeile des jeweiligen DataSets aktualisieren. Dazu fügen wir die neue Webservice-Methode *setBestellung* in den Webservice ein:

```vb
...
    <WebMethod()> _
    Public Sub setBestellung(ByVal KuNr As Int32, ByVal Bemerkung As String)
        Dim conn As New OleDbConnection(connStr)
```

Mit Hilfe der Kundennummer kann jetzt der Bemerkungstext geändert werden:

```vb
        Dim cmd As New OleDbCommand("UPDATE Bestellungen " & _
                                    "SET Bemerkung = ? WHERE KuNr = ?", conn)
        cmd.Parameters.AddWithValue("Bemerkung", Bemerkung)
        cmd.Parameters.AddWithValue("KuNr", KuNr)
        conn.Open()
        cmd.ExecuteNonQuery()
        conn.Close()
    End Sub
```

HINWEIS: Starten Sie den Webservice nach den Änderungen bitte erneut (F5), da sonst noch die veraltetet Variante ausgeführt wird!

Oberfläche

Erstellen Sie nun eine neue Web-Anwendung (*Datei|Neu|Website*) und legen Sie als Speicherort "Dateisystem" fest.

Auch hier fügen Sie zunächst einen Webverweis auf unseren Webdienst *BestellService* über den Projektmappen-Explorer hinzu.

Öffnen Sie nachfolgend *Default.aspx* und entwerfen Sie eine Oberfläche nach dem Vorbild der folgenden Abbildung.

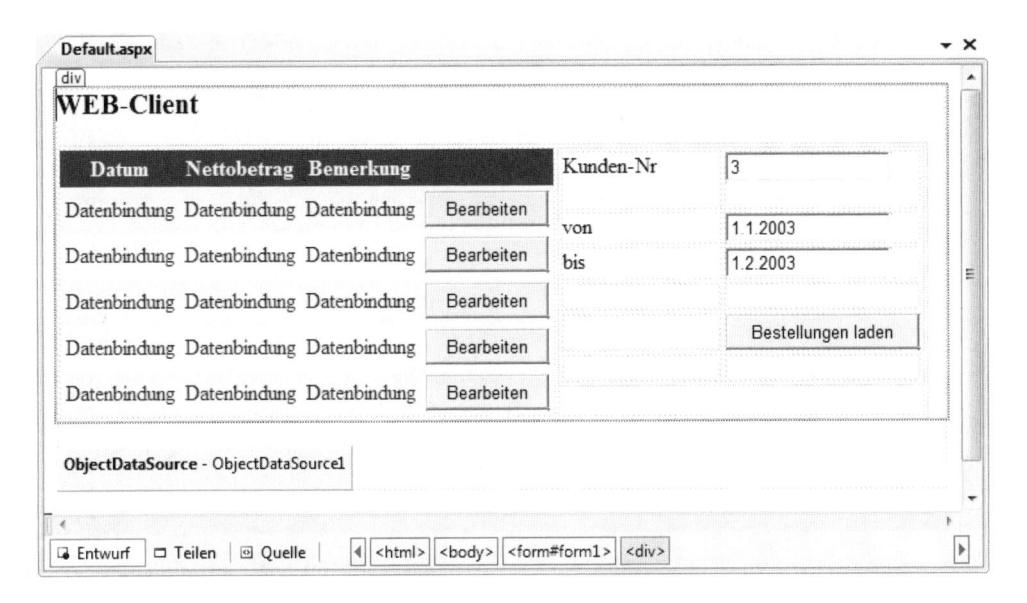

R12.49 Datenbankzugriffe mit Webdiensten realisieren

[Screenshot: Default.aspx Entwurfsansicht mit WEB-Client, Tabelle mit Spalten Datum/Nettobetrag/Bemerkung und Bearbeiten-Buttons, Eingabefeldern Kunden-Nr (3), von (1.1.2003), bis (1.2.2003), Button „Bestellungen laden", ObjectDataSource1]

Nach dem Einfügen der Controls wenden wir uns zunächst der *ObjectDataSource* zu. Öffnen Sie über das Aufgabenmenü zunächst den Konfigurationsassistenten und wählen Sie als Geschäftsobjekt unseren Webdienst aus.

Nachfolgend können Sie die SELECT-Methode bestimmen:

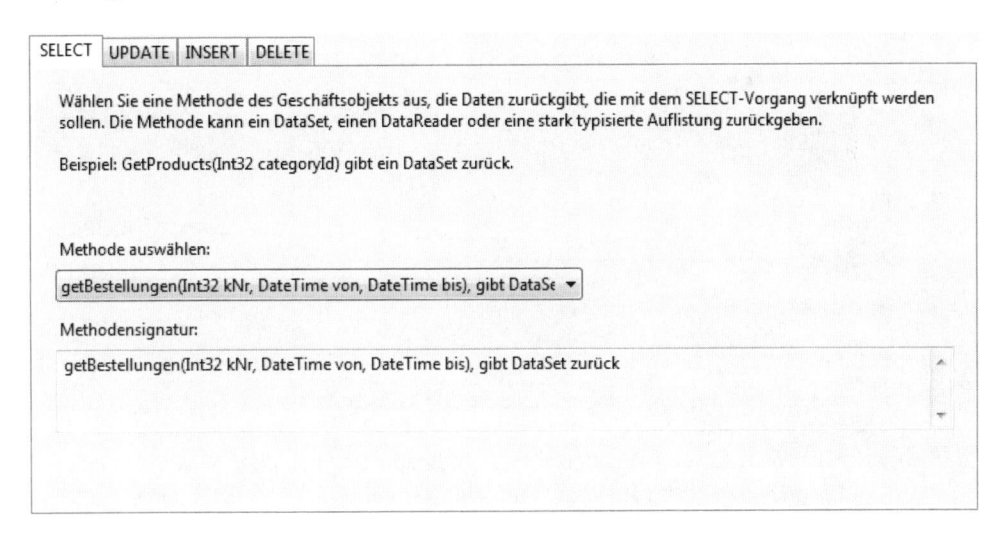

[Screenshot: Registerkarten SELECT | UPDATE | INSERT | DELETE. Text: „Wählen Sie eine Methode des Geschäftsobjekts aus, die Daten zurückgibt, die mit dem SELECT-Vorgang verknüpft werden sollen. Die Methode kann ein DataSet, einen DataReader oder eine stark typisierte Auflistung zurückgeben. Beispiel: GetProducts(Int32 categoryId) gibt ein DataSet zurück." Methode auswählen: getBestellungen(Int32 kNr, DateTime von, DateTime bis), gibt DataSet zurück. Methodensignatur: getBestellungen(Int32 kNr, DateTime von, DateTime bis), gibt DataSet zurück]

Als Update-Methode können Sie die neu erstellte Webdienst-Methode *setBestellung* auswählen. Im letzten Assistenten-Schritt legen Sie noch fest, aus welchen Steuerelementen die Parameter für die Select-Methode ausgelesen werden:

[Screenshot: Assistent-Dialog zur Parameterauswahl mit Parametern kNr (TextBox1.Text), von (TextBox2.Text), bis (TextBox3.Text); Parameterquelle: Control, ControlID: TextBox1; Methodensignatur: getBestellungen(Int32 kNr, DateTime von, DateTime bis), gibt DataSet zurück]

Nach dem Schließen des Assistenten müssen wir uns noch um die Update-Methode bzw. die Update-Parameter kümmern. Dazu editieren wir die Eigenschaft *UpdateParameters*:

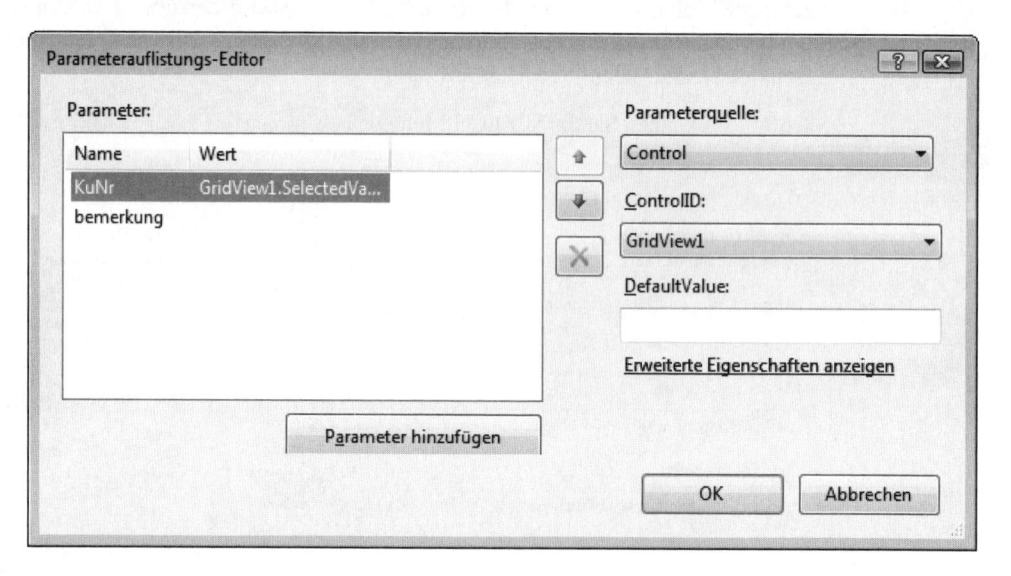

[Screenshot: Parameterauflistungs-Editor mit Parametern KuNr (GridView1.SelectedVa...) und bemerkung; Parameterquelle: Control, ControlID: GridView1]

Der Wert für den Parameter *KuNr* bestimmt sich aus dem *SelectedValue* des *GridView*. Die Bemerkung selbst wird vom *GridView* automatisch als Parameter übergeben.

Zur korrekten Übergabe des *SelectedValue* ist es jedoch nötig, die Eigenschaft *DataKeyNames* (*GridView*) auf "KuNr" zu setzen.

Leider müssen wir uns bei Verwendung der *ObjectDataSource* selbst um das Erstellen der gewünschten *GridView*-Spalten kümmern. Rufen Sie dazu den Feld-Editor über das Aufgabenmenü auf und fügen Sie drei *BoundFields* (für die Felder *Datum*, *Nettobetrag* und *Bemerkung*) sowie ein *CommandField* (Bearbeiten, Abbruch ...) hinzu (siehe folgende Abbildung).

> **HINWEIS:** Nur die Spalte *Bemerkung* wird mit *ReadOnly=False* deklariert, alle anderen Spalten sollen schreibgeschützt bleiben.

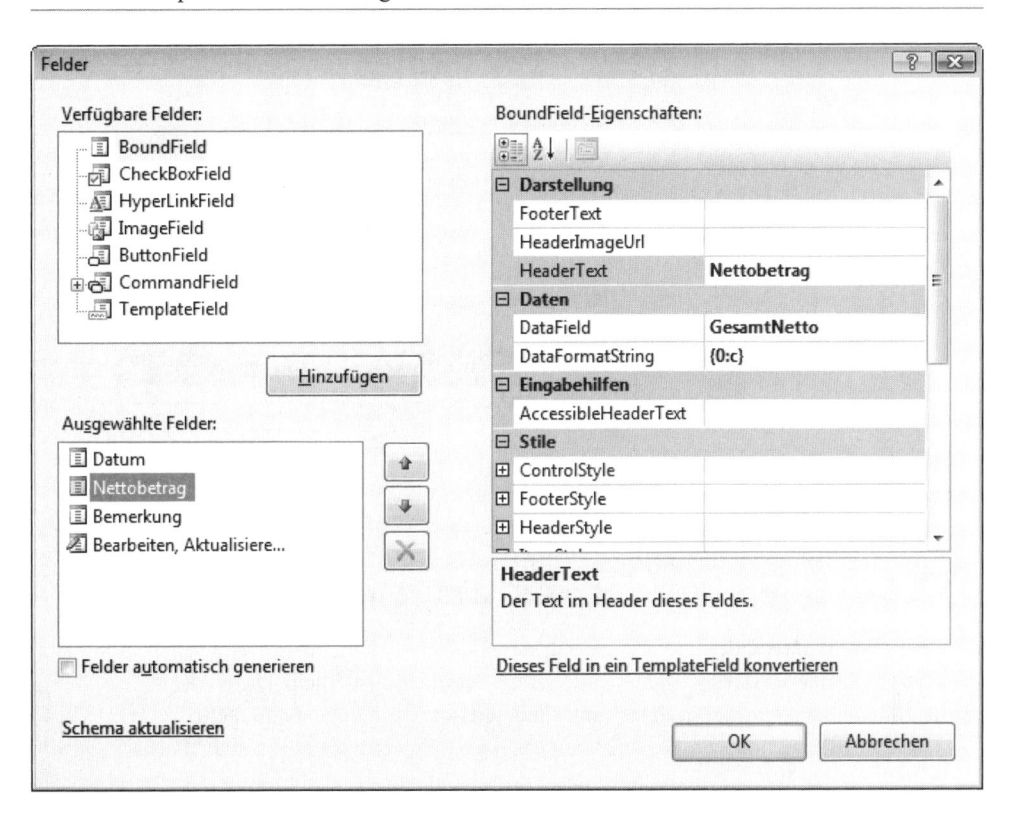

Quelltext

Nach dem Entwurf der Oberfläche kommt auf Sie nun der "umfangreiche" Quellcode[1] zu:

```
Partial Public Class _Default
    Inherits System.Web.UI.Page
```

Nach dem Ändern der Eingabewerte (Parameter) können Sie so einen Refresh für das *GridView* auslösen:

```
Protected Sub Button1_Click(ByVal sender As Object, ByVal e As EventArgs)
    ObjectDataSource1.Select()
End Sub
```

---

[1] Damit Sie die einzige Quellcodezeile auch finden, haben wir diese fett hervorgehoben.

Test

Nach dem Start wird bereits die erste Auswahl (basierend auf den Defaultwerten in den Textboxen) angezeigt:

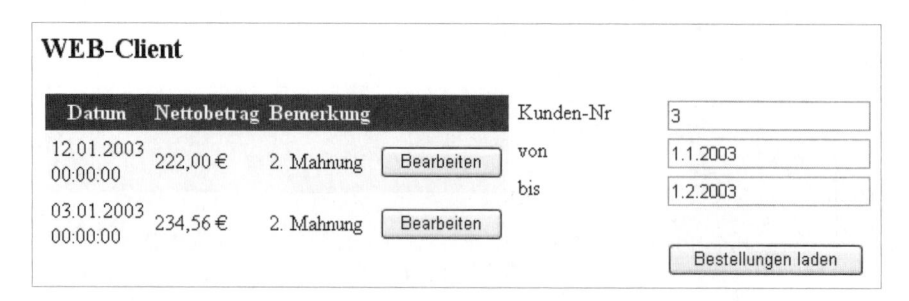

WEB-Client

Datum	Nettobetrag	Bemerkung			
12.01.2003 00:00:00	222,00 €	2. Mahnung	Bearbeiten	Kunden-Nr	3
03.01.2003 00:00:00	234,56 €	2. Mahnung	Bearbeiten	von	1.1.2003
				bis	1.2.2003
					Bestellungen laden

Auch das Editieren/Aktualisieren ist problemlos möglich:

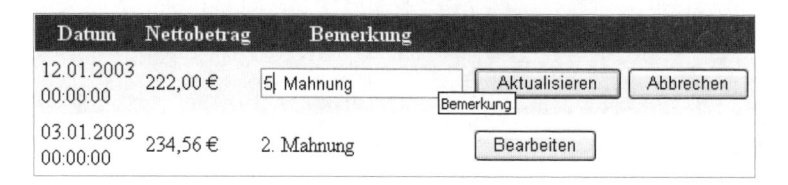

Datum	Nettobetrag	Bemerkung		
12.01.2003 00:00:00	222,00 €	5. Mahnung (Bemerkung)	Aktualisieren	Abbrechen
03.01.2003 00:00:00	234,56 €	2. Mahnung	Bearbeiten	

R12.50 Einen Webverweis aktualisieren

Während der Entwicklungsphase von Webdienst-Clients macht sich oft ein mehrfaches Hin und Her zwischen Client- und Server-Projekt erforderlich. Damit der Client die Änderungen am Server auch "mitbekommt", müssen Sie den Webverweis aktualisieren. Klicken Sie dazu im Projektmappen-Explorer des Webdienstclients mit der rechten Maustaste auf den entsprechenden Webverweis und wählen Sie im Kontextmenü den Eintrag *Webverweis aktualisieren*.

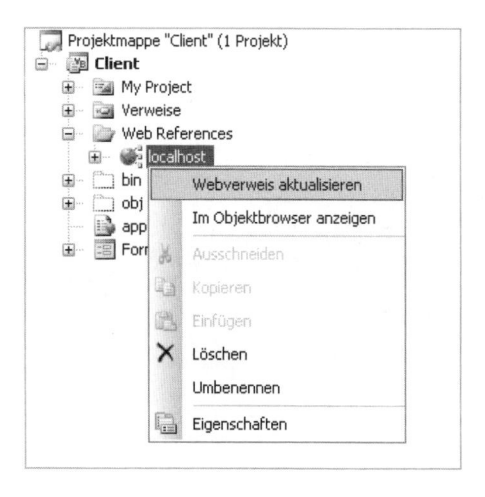

R12.51 Authentifikation für Webdienste nutzen

Stehen Sie vor der Aufgabe, den Zugriff auf den Webservice auf einen bestimmten Personenkreis zu beschränken, können Sie wie bei einer normalen Webanwendung die Dienste des IIS in Anspruch nehmen. Es genügt, wenn Sie den Zugriff auf das entsprechende Webverzeichnis mit Hilfe des IIS beschränken:

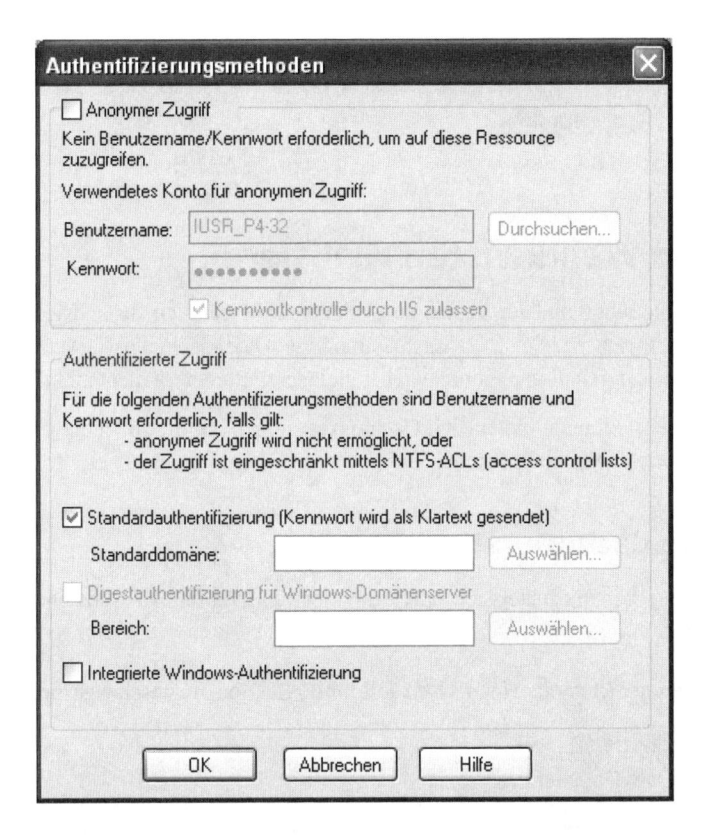

An Ihrer Anwendung müssen Sie keine Änderungen vornehmen. Rufen Sie jetzt einen so geschützten Webservice auf, erscheint für Ihre Client-Anwendung die folgende Meldung:

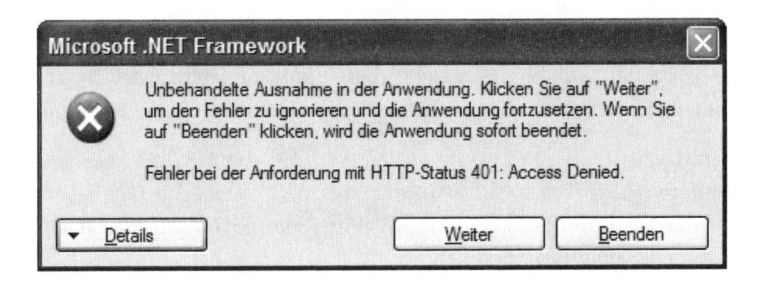

Ihrem Webservice fehlen jetzt die nötigen Anmeldeinformationen, diese können Sie wie folgt übergeben:

```
Private Sub Form1_Load(ByVal sender As System.Object, ByVal e As System.EventArgs) _
                                                            Handles MyBase.Load
    Dim ws As New localhost.Service()
```

Die Credentials festlegen:

```
    ws.Credentials = New System.Net.NetworkCredential("WebUser", "geheim")
    Text = ws.HelloWorld()           ' Methodenaufruf
End Sub
```

R12.52 Caching in Webdiensten realisieren

Sicher sind auch Sie schon mal der Versuchung erlegen, im eigentlich zustandslosen Webservice Daten zwischenzuspeichern. Sei es, dass Sie unnötige Datenbankzugriffe vermeiden wollen, oder Sie wollen umfangreiche Berechnungen bei gleichen Parametern nicht mehrfach ausführen.

Für beide Aufgabenstellungen bieten sich Caching-Lösungen an, die Sie ohne großen Aufwand auch in Ihre Projekte übernehmen können.

WebMethodAttribute.CacheDuration

Die wohl simpelste Lösung bietet sich durch die Verwendung eines zusätzlichen Attributs für die Webmethode an.

BEISPIEL: Der Rückgabewert der Methode *HelloWorld* soll für 60 Sekunden zwischengespeichert werden.

```
<WebMethod(CacheDuration:=60)> _
Public Function HelloWorld() As String
```

Damit wir vom Caching auch etwas mitbekommen, fügen wir zusätzlich die Uhrzeit an den Rückgabestring an:

```
    Return "Hallo Welt, es ist " & DateTime.Now.ToString()
End Function
```

Ein Test mit Hilfe der Webdienst-Testseite führt **nicht** zum gewünschten Ergebnis, es wird immer die aktuelle Uhrzeit ausgegeben. Ein Blick in die Hilfe bringt die Erklärung:

Die HTTP-Methode der Testseite wurde in ASP.NET 2.0 von GET zu POST geändert. POSTs werden normalerweise jedoch nicht zwischengespeichert. Wenn Sie für die Testseite in einer ASP.NET 2.0-Webdienstanwendung die Verwendung von GET festlegen, funktioniert die Zwischenspeicherung ordnungsgemäß.

Test

Erzeugen wir also einen kleinen Test-Client, der keine andere Aufgabe hat, als im Sekunden-Intervall das obige Funktionsergebnis in einer *ListBox* auszugeben:

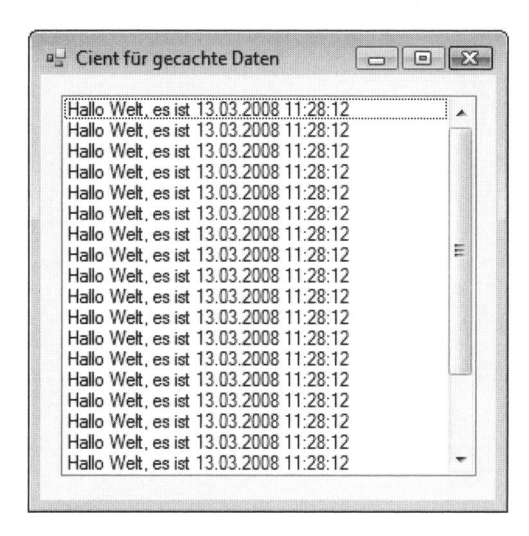

[Screenshot: Client für gecachte Daten – Liste mit mehrfachen Einträgen "Hallo Welt, es ist 13.03.2008 11:28:12"]

HINWEIS: Nach dem Aufruf warten Sie einige Sekunden und schauen sich dann die Werte in der *ListBox* an.

Bemerkung

Natürlich hat diese Form des Cachings auch ihre Grenzen:

- Werden geänderte Parameter übergeben, muss auch die Methode erneut ausgeführt werden.
- Das Caching beschränkt sich auf diesen Methodenaufruf, Sie können Daten nicht zwischen verschiedenen Webmethoden austauschen.
- Sie haben außer der zeitlichen Beschränkung keinen Einfluss auf das Caching.

Deshalb sollten Sie für komplexere Aufgaben besser die im Folgenden vorgestellte Lösung verwenden:

Verwendung des Cache-API

Ähnlich wie bei den *Session*- bzw. *Application*-Variablen von Webanwendungen können Sie mit Hilfe des *Cache*-Objekts beliebige Daten in Ihrem Webservice zwischenspeichern. Dies kann ein *DataSet*, aber auch nur eine einfache *String*-Variable sein.

HINWEIS: Beachten Sie, dass natürlich umfangreiche Datenmengen im Arbeitsspeicher des Servers gehalten werden. Dieser sollte also auch entsprechend ausgerüstet sein.

Zugriff auf das Objekt erhalten Sie per *HttpContext.Current.Cache*, mit *Insert* können Sie neue Einträge hinzufügen.

BEISPIEL: Der erste Zugriff auf den Webservice soll als Uhrzeit abrufbar sein.

```
<WebMethod()> _
Public Function LastAccess() As String
    Dim uhrzeit As String = HttpContext.Current.Cache("STARTZEIT")
```

Ist das Objekt noch nicht vorhanden:

```
    If uhrzeit = Nothing Then
```

Neuen Eintrag erzeugen:

```
        HttpContext.Current.Cache.Insert("STARTZEIT", DateTime.Now.ToString(), Nothing, _
                            DateTime.Now.AddSeconds(120), TimeSpan.Zero)
        uhrzeit = HttpContext.Current.Cache("STARTZEIT")
    End If
    Return "Hallo Welt, es ist " & uhrzeit
End Function
```

Übergeben Sie an die Methode den Bezeichner, das zu speichernde Objekt, ein Abhängigkeitsobjekt, die Endzeit oder die Zeitdauer:

- Mit Hilfe des Abhängigkeitsobjekts können Sie auf Änderungen an diesem Objekt (z.B. ein *DataSet*) reagieren, der Cache-Eintrag verfällt.

- Geben Sie eine Zeitspanne an, müssen Sie die Endzeit mit *DateTime.MaxValue* festlegen.

R12.53 Den Microsoft IIS nachträglich installieren

Nach der Installation von Visual Studio 2008 möchten Sie Ihre ASP.NET-Projekte sicher auch mal auf Ihrem lokalen IIS laufen lassen. Doch irgendwas funktioniert nicht richtig, Visual Studio verweigert die Zusammenarbeit und irgendwann kommt die Erkenntnis, dass der IIS (*Internet Information Server*) noch gar nicht installiert ist.

HINWEIS: Unter Windows Vista wird der IIS per Default **nicht** installiert!

Nachinstallieren

Wählen Sie in der Systemsteuerung auf der linken Seite *Windows Funktionen ein- oder ausschalten* und aktivieren Sie die WWW-Dienste sowie die unten gezeigten Verwaltungsdienste:

R12.53 Den Microsoft IIS nachträglich installieren

HINWEIS: Achten Sie auch auf die Aktivierung der Option "Kompatibilität mit IIS-Metabasis und IIS 6 -Konfiguration".

ASP.NET registrieren

Nach erfolgter Installation müssen Sie noch ASP.NET 2.x registrieren. Wechseln Sie dazu in die Windows-Kommandozeile (*Start|Alle Programme|Zubehör|Eingabeaufforderung*) und geben Sie folgende Anweisung ein:

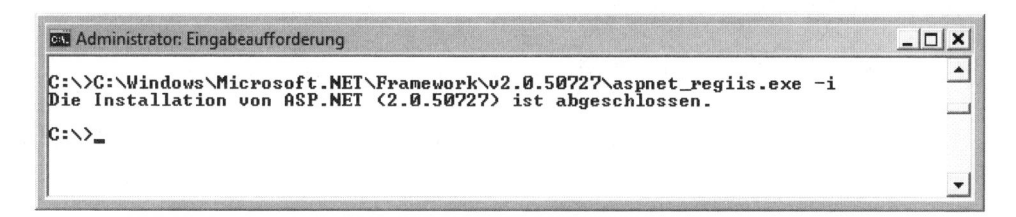

HINWEIS: Eventuell müssen Sie den Pfad zur Anwendung *aspnet_regiis.exe* noch anpassen.

Abschließend können Sie in Visual Studio auch auf dem lokalen IIS neue Projekte anlegen bzw. vorhandene Webprojekte auf den IIS exportieren:

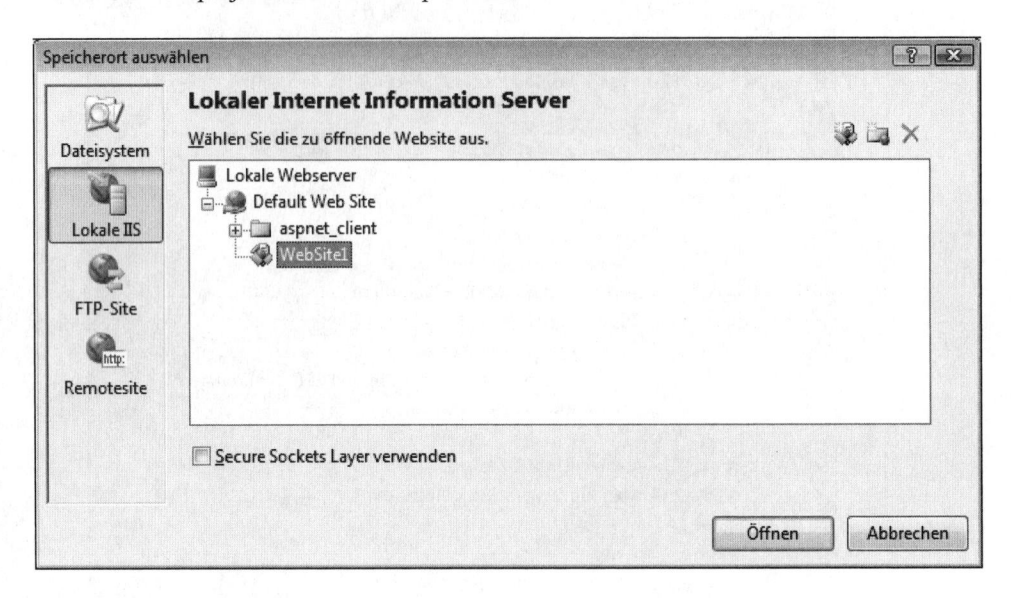

R12.54 Die neuen AJAX-Controls verwenden

Sicherlich haben auch Sie schon die mit Visual Studio 2008 eingeführten AJAX-Controls in der Toolbox entdeckt:

Doch wofür lassen sich diese Controls einsetzen und welche Vorteile haben Sie bzw. Ihre Anwendung davon?

Diese Fragen soll das folgende Rezept beantworten, in welchem wir zwei umfangreichere Tabellen aus einer Datenbank auslesen und darstellen wollen. Tabelle 2 soll die Möglichkeit bieten, die Spalten einzeln zu sortieren, was in den bisherigen Implementierungen immer dazu geführt hat, dass die gesamte Seite neu aufgebaut werden musste.

Hier hilft uns AJAX weiter. Mit dem *ScriptManager* wird die Grundlage für die Verwendung der anderen AJAX-Controls gelegt.

HINWEIS: Beachten Sie, dass dieses Control **vor** allen anderen AJAX-Controls in die ASPX-Datei eingefügt wird.

Das *UpdatePanel* ermöglicht in Zusammenarbeit mit dem *ScriptManager* das partielle Rendering von Webseiten, d.h., Sie können Seitenbereiche erstellen, die sich unabhängig vom Rest der Seite aktualisieren lassen (in unserem Fall die zweite Tabelle).

Last but not least sollte der Nutzer bei länger dauernden Aktionen auch darüber informiert werden, dass noch etwas läuft und die Anwendung nicht etwa "hängt". Dafür bietet sich das *UpdateProgress*-Control an, das auf dem Client immer dann eingeblendet wird, wenn ein *UpdatePanel* aktualisiert wird. Die Verzögerung für die Anzeige dieses Bereichs können Sie mit der *DisplayAfter*-Eigenschaft festlegen, um das Ausblenden brauchen Sie sich nicht zu kümmern, das erfolgt automatisch.

In das *UpdateProgress*-Control selbst können Sie Hinweistexte oder auch Grafiken (animierte Gifs) einfügen, die dann während der Aktualisierung zu sehen sind.

Oberfläche

Entwerfen Sie eine Anwendung nach folgendem Vorbild:

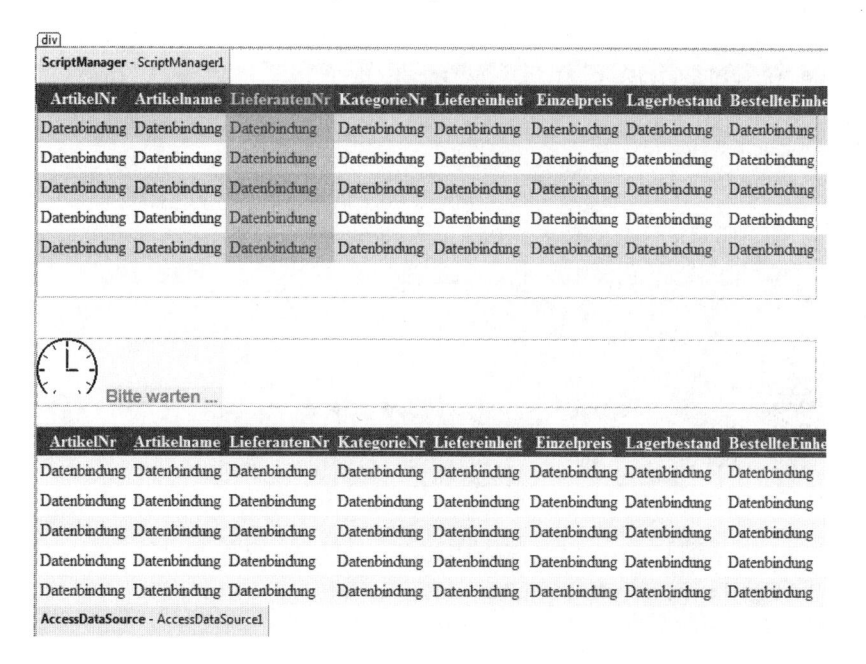

- In das Formular fügen Sie zunächst einen *ScriptManager* ein.
- Nachfolgend kopieren Sie ein *Panel*-Control in die Seite und fügen in dieses das erste *GridView*-Control ein. Legen Sie die *ScrollBars*-Eigenschaft des *Panel*s mit *Vertical* fest, so können wir alle Datensätze in ersten Grid anzeigen, verbrauchen aber nicht zu viel Platz, da sich die Anzeigehöhe auf die Höhe des *Panel*s beschränkt.
- Weiterhin benötigen wir ein *UpdateProgress*-Control, in das Sie eine animierte Gif-Grafik und einen Hinweistext (siehe Abbildung) einfügen. Dieser Bereich wird nur während der Aktualisierungsphase angezeigt, andernfalls ist er unsichtbar.
- Kommen wir jetzt zum Hauptgegenstand unseres Beispiel, dem *UpdatePanel*. Das ist der Bereich, auf den sich die Aktualisierung beschränken soll. Fügen Sie in das *UpdatePanel* ein *GridView* ein und legen Sie dessen *AllowSorting*-Eigenschaft auf *True* fest.
- Last but not least fügen Sie noch eine *AccessDataSource* in die Seite ein und konfigurieren diese auf die Tabelle "Artikel". Binden Sie abschließend die beiden *GridView*-Controls an die *DataSource*.

Test

Nach dem Start sehen Sie zunächst die beiden Tabellen. Klicken Sie in der unteren Tabelle auf eine der Spaltenüberschriften, wird das *UpdateProgress*-Control mit den enthaltenen Controls angezeigt, bis die Daten für die untere Tabelle komplett heruntergeladen wurden (neue Sortierfolge):

ArtikelNr	Artikelname	LieferantenNr	KategorieNr	Liefereinheit	Einzelpreis	Lagerbestand	BestellteEinheiten	M
1	Chai	1	1	10 Kartons x 20 Beutel	18	180	0	10
2	Chang	1	1	24 x 12-oz-Flaschen	19	17	40	25
3	Aniseed Syrup	1	2	12 x 550-ml-Flaschen	112	13	70	25

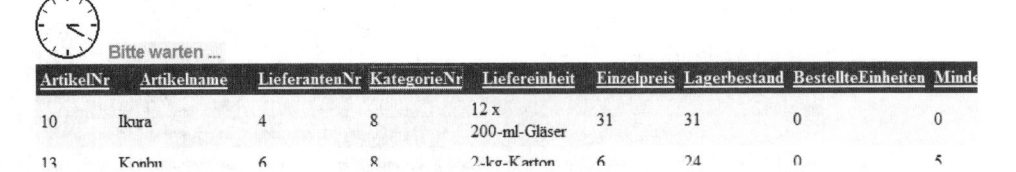

Bitte warten ...

ArtikelNr	Artikelname	LieferantenNr	KategorieNr	Liefereinheit	Einzelpreis	Lagerbestand	BestellteEinheiten	Minde
10	Ikura	4	8	12 x 200-ml-Gläser	31	31	0	0
13	Konbu	6	8	2-kg-Karton	6	24	0	5

Beobachten Sie in diesem Zusammenhang auch die obere Tabelle, die nicht neu aufgebaut wird, unnötiger Traffic zwischen Browser und Server wird somit vermieden.

HINWEIS: Voraussetzung ist in jedem Fall die Java-Unterstützung auf dem Client!

R12.55 Tipps & Tricks

Ärger mit Leerzeichen in URLs vermeiden

Erstellen Sie in Ihrer Webanwendung Hyperlinks per Code und enthalten die betreffenden Verweise Sonderzeichen (z.B. Leerzeichen), kann der Link unter Umständen nicht aufgerufen werden. In diesem Fall sollten Sie alle Leerzeichen durch den Code "%20" ersetzen.

BEISPIEL: Ersetzen von Leerzeichen

```vb
Protected Sub Page_Load(ByVal sender As Object, ByVal e As System.EventArgs) _
                                                                Handles Me.Load
    Dim url As String = "Mein neues Verzeichnis/bild1.bmp"
    url = url.Replace(" ", "%20")
    Response.Write("<img id=1 src=" + url + ">")
End Sub
```

Testen, ob Nutzer angemeldet ist

Möchten Sie in Ihrer ASP.NET-Anwendung kontrollieren, ob ein Nutzer auch angemeldet ist, können Sie dies mit *User.Identity.IsAuthenticated* realisieren

BEISPIEL: Test auf Anmeldung

```vb
Protected Sub Page_Load(ByVal sender As Object, ByVal e As System.EventArgs) Handles Me.Load
    If User.Identity.IsAuthenticated Then
        Response.Write("Nutzer angemeldet!")
    End If
End Sub
```

Den Namen des aktuellen Nutzers ermitteln

Den Namen des aktuellen Benutzers und dessen Anmeldungsart können Sie über das *User.Identity*-Objekt ermitteln.

BEISPIEL: Abfrage von Nutzernamen und Anmeldungsart

```vb
Protected Sub Page_Load(ByVal sender As Object, ByVal e As System.EventArgs) Handles Me.Load
    If User.Identity.IsAuthenticated Then
        Response.Write("Angemeldeter Nutzer: " + User.Identity.Name.ToString() + "<br/>")
        Response.Write("Anmeldungsart: " + User.Identity.AuthenticationType)
    End If
End Sub
```

Nach erfolgreicher Anmeldung per Windows Forms-Authentifizierung erhalten Sie beispielsweise folgende Ausgaben:

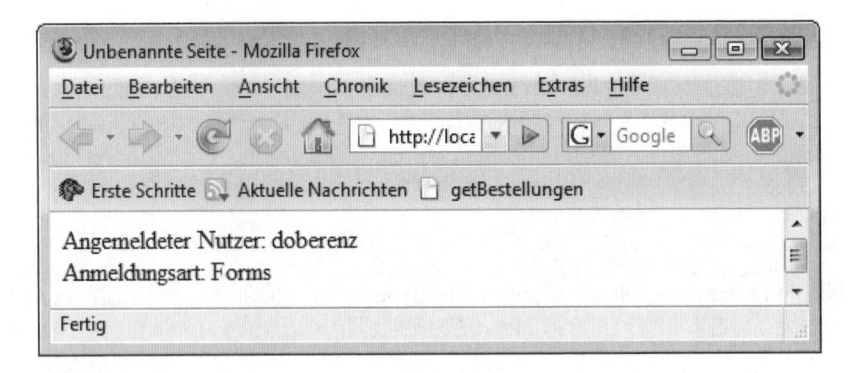

```
Angemeldeter Nutzer: doberenz
Anmeldungsart: Forms
```

Eine zufällige Datei zur Anzeige auswählen

Wer etwas Abwechslung in die Optik seiner Programme bringen möchte, kann z.B. Hintergründe mit zufällig ausgewählten Grafiken füllen. Doch wie wird eine solche Funktionalität realisiert?

Erstellen Sie in Ihrem Webprojekt zunächst ein Unterverzeichnis "Bilder", in das Sie die gewünschten Grafiken kopieren (der Name ist egal):

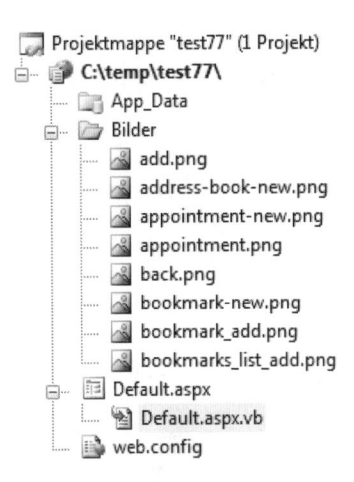

```
Projektmappe "test77" (1 Projekt)
  C:\temp\test77\
    App_Data
    Bilder
      add.png
      address-book-new.png
      appointment-new.png
      appointment.png
      back.png
      bookmark-new.png
      bookmark_add.png
      bookmarks_list_add.png
    Default.aspx
      Default.aspx.vb
    web.config
```

Mit dem Laden des Formulars können Sie jetzt die Liste der verfügbaren Dateien ermitteln und per Zufallsgenerator eine davon auswählen):

```vb
Protected Sub Page_Load(ByVal sender As Object, ByVal e As System.EventArgs) _
                                                                    Handles Me.Load
    Dim Rnd As Random = New Random()
```

Dateinamen bestimmen:

```
Dim dirInfo As DirectoryInfo = New System.IO.DirectoryInfo(Server.MapPath("Bilder"))
Dim fi As FileInfo() = dirInfo.GetFiles("*")
```

Dateiauswahl per Zufallszahlengenerator:

```
Image1.ImageUrl = "Bilder/" & fi(Rnd.Next(fi.GetUpperBound(0) + 1)).Name
End Sub
```

Einen Datei speichern unter...-Dialog anzeigen lassen

Nicht in jedem Fall sollen bestimmte Dateitypen (PDF, Grafik etc.) gleich direkt im Browser angezeigt werden. Viel besser ist hier die Anzeige eines *Datei speichern unter...* -Dialogs bzw. die Option zur Auswahl desselben.

BEISPIEL: Nach Klick auf eine Schaltfläche soll die Datei *Hilfe.pdf* heruntergeladen werden (nicht im Bowser angezeigt)

```
Protected Sub Button1_Click(ByVal sender As Object, ByVal e As System.EventArgs) _
                                                                Handles Button1.Click
    Response.Clear()
    Response.AppendHeader("content-disposition", "attachment; filename=Hilfe.pdf")
    Response.ContentType = "application/pdf"
    Response.WriteFile(Server.MapPath("Hilfe.pdf"))
    Response.Flush()
    Response.End()
End Sub
```

Klickt der Anwender auf die Schaltfläche, so erscheint der folgende Dialog (Browser Firefox):

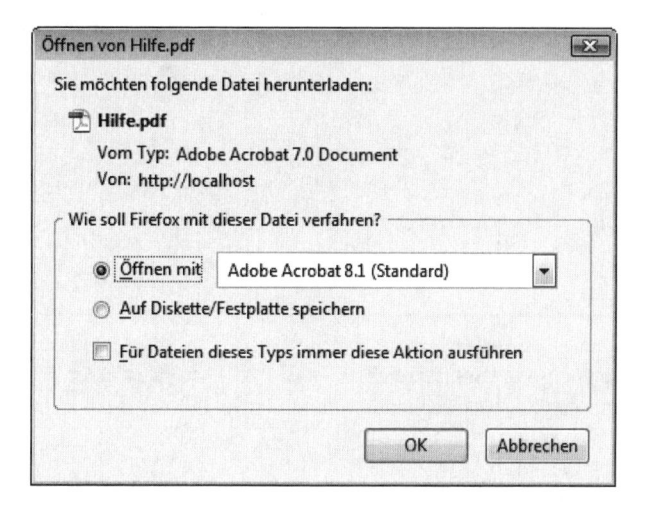

Anwendungseinstellungen in der Web.config sichern

Möchten Sie globale Einstellungen für Ihre Webapplikation speichern, bieten sich dafür die so genannten Anwendungseinstellungen an, die Sie in der Datei *Web.config* ablegen können.

BEISPIEL: Fügen Sie der *Web.config* die folgenden Einträge hinzu, können Sie diese später in allen Formularen per Code oder Datenbindung auswerten.

```
<configuration>
...
  <appSettings>
    <add key="EMail" value="test@homeserver.de"/>
    <add key="Copyright" value="(c) 2008 by Doberenz &amp; Gewinnus"/>
  </appSettings>
  <connectionStrings/>
...
```

Kopieren Sie in Ihr Web Form zum Beispiel ein *Label*-Control und wählen Sie im Eigenschaften-Fenster die Rubrik *Daten (Expressions)*. Im daraufhin angezeigten Assistenten können Sie der *Text*-Eigenschaft die Verknüpfung mit der Anwendungseinstellung zuordnen:

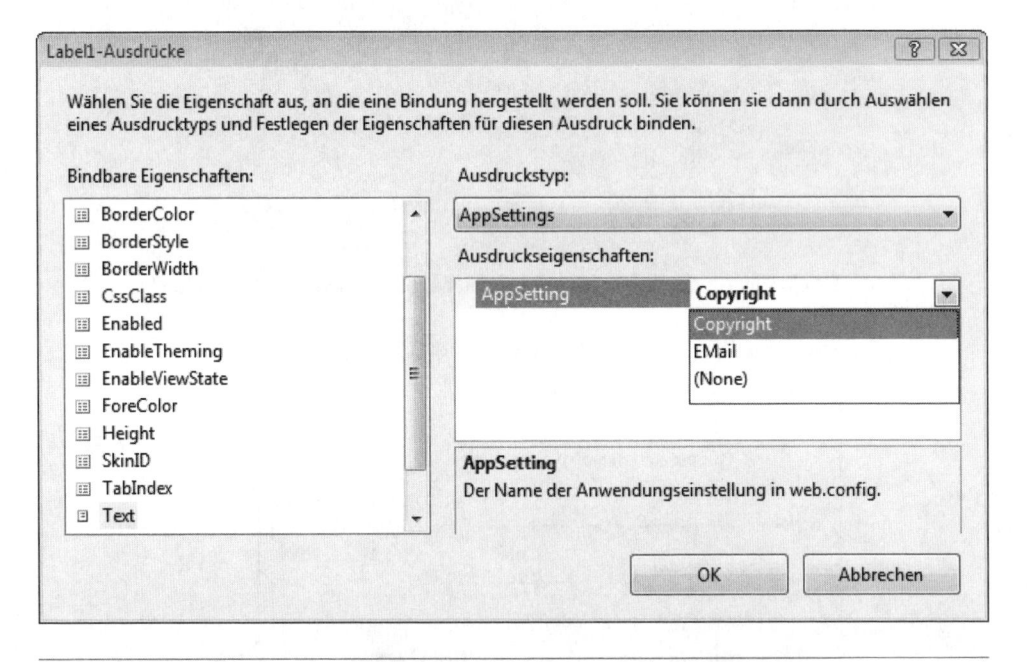

HINWEIS: Hüten Sie sich vor Sonderzeichen (z.B. "&") im Key oder Value. Derartige Zeichen müssen Sie entsprechend kodieren (z.B. "&" → "&").

Kapitel 13

Windows Presentation Foundation

R13.1 WPF-Anwendung im Fullscreen-Mode starten

Möchten Sie Ihre WPF-Anwendung im Vollbildmodus, d.h. ohne Kopfzeile und in maximaler Größe, laufen lassen, können Sie dies über die *Window*-Eigenschaften *WindowStyle* und *WindowState* realisieren.

Oberfläche (XAML-Code)

Eine einfache Test-Oberfläche für unser Beispiel:

```xml
<Window x:Class="Window1"
    xmlns="http://schemas.microsoft.com/winfx/2006/xaml/presentation"
    xmlns:x="http://schemas.microsoft.com/winfx/2006/xaml"
    Title="Window1" Height="300" Width="300"
    WindowStyle="None"
    WindowState="Maximized">

    <StackPanel>
        <Label Name="Label1" >Fullscreen-Anwendung</Label>
        <Button Name="Button1" Click="Button1_Click">Ende
        </Button>
    </StackPanel>
</Window>
```

Test

Nach dem Start sollte das Fenster bereits in voller Größe zu sehen sein. Schließen können Sie das Fenster mit ALT+F4 oder über ein entsprechendes *Button_Click*-Ereignis (*Close*).

R13.2 Fenster auf einem bestimmten Screen anzeigen

Schon lange ist die Zeit vorbei, in der ein 14" Monitor für die Arbeit mit Windows ausreichend war. Heute genügen selbst 22" Monitore kaum noch, um die Informationsflut zu überblicken, und so sind Multimonitor-Lösungen an der Tagesordnung. Da stellt sich allerdings auch die Frage, wie Sie derartige Multiscreen-Umgebungen mit Ihrer WPF-Anwendung unterstützen können.

WPF selbst bietet hier noch keinen Support, aber im .NET-Framework werden Sie dennoch fündig: die *System.Windows.Forms.Screen.AllScreens*-Collections liefert alle erforderlichen Informationen.

HINWEIS: Sie müssen vor der Verwendung die beiden Namensräume *System.Windows.Forms* und *System.Drawing* in Ihr WPF-Projekt einbinden.

Unser Beispielprogramm soll für alle Screens eine eigene Schaltfläche anzeigen, nach dem Klick auf diese wird das Fenster auf den jeweiligen Screen verschoben.

Oberfläche (XAML)

Wir erzeugen die Schaltflächen zur Laufzeit, es genügt ein *StackPanel* als Grundlage:

```
<Window x:Class="Window1"
    xmlns="http://schemas.microsoft.com/winfx/2006/xaml/presentation"
    xmlns:x="http://schemas.microsoft.com/winfx/2006/xaml"
    Title="MultiScreen" Height="300" Width="300" Loaded="Window_Loaded">
  <StackPanel Name="Stack1">
  </StackPanel>
</Window>
```

Quelltext

Mit dem Laden des Window fragen wir zunächst die Liste der Screens ab und erzeugen die entsprechenden Schaltflächen:

```
Class Window1
    Private Sub Window_Loaded(ByVal sender As System.Object, _
                              ByVal e As System.Windows.RoutedEventArgs)
        For Each screen As System.Windows.Forms.Screen In System.Windows.Forms.Screen.AllScreens
            Dim btn As New Button()
```

Wenn es der Primär-Screen ist, wird die Schaltflächenbeschriftung erweitert:

```
            If System.Windows.Forms.Screen.PrimaryScreen.Equals(screen) Then
                btn.Content = screen.DeviceName + " (PrimaryScreen)"
```

```
            Else
                btn.Content = screen.DeviceName
            End If
```

Im *Tag* des *Button*s speichern wir gleich einen Verweis auf das jeweilige *Screen*-Objekt, so können wir dessen Eigenschaften später schneller abfragen:

```
            btn.Tag = screen
```

Ereignisprozedur zuweisen:

```
            AddHandler btn.Click, AddressOf btn_Click
```

Den neuen *Button* dem *StackPanel* hinzufügen:

```
            Stack1.Children.Add(btn)
        Next
    End Sub
```

Unsere Ereignismethode:

```
    Private Sub btn_Click(ByVal sender As System.Object, _
                ByVal e As System.Windows.RoutedEventArgs)
```

Zunächst müssen wir durch Typisierung unser *Screen*-Objekt "extrahieren", bevor wir die Eigenschaften abfragen können:

```
        Dim screen As System.Windows.Forms.Screen = _
            CType((CType(sender, Button).Tag), System.Windows.Forms.Screen)
        Dim bounds As System.Drawing.Rectangle = screen.Bounds
```

Wir positionieren das aktuelle Fenster mittig auf dem gewählten Screen:

```
        Me.Left = bounds.X + (bounds.Width - Me.Width) / 2
        Me.Top = bounds.Y + (bounds.Height - Me.Height) / 2
    End Sub
End Class
```

Test

Nach dem Start sollte für jeden gefundenen Screen eine Schaltfläche angezeigt werden. Nach dem Klick auf eine der Schaltflächen "wandert" das Fenster zum gewählten Screen:

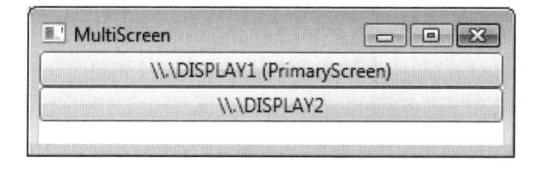

R13.3 Das Hauptfenster festlegen und ändern

Fast jede Windows Forms- und jede WPF-Anwendung verfügt über ein Startformular, das damit auch gleichzeitig zum Hauptfenster der Anwendung gekürt wird.

Die dazu erforderlichen Einstellungen nehmen Sie in WPF-Anwendungen in der Datei *Application.xaml* vor, dem Attribut *StartupUri* weisen Sie einfach den Namen des gewünschten Formulars zu:

```
<Application x:Class="Application"
    xmlns="http://schemas.microsoft.com/winfx/2006/xaml/presentation"
    xmlns:x="http://schemas.microsoft.com/winfx/2006/xaml"
    StartupUri="Window1.xaml">
    <Application.Resources>

    </Application.Resources>
</Application>
```

Alternativ können Sie diesen Wert auch noch zur Laufzeit festlegen, nutzen Sie dazu beispielsweise das *Startup-Ereignis* des *Application*-Objekts (*Application.xaml.vb*):

```
Class Application
    ' Ereignisse auf Anwendungsebene wie Startup, Exit und DispatcherUnhandledException
    ' können in dieser Datei verarbeitet werden.

    Private Sub Application_Startup(ByVal sender As Object, _
                    ByVal e As System.Windows.StartupEventArgs) Handles Me.Startup
        If e.Args.Count() = 0 Then
            Me.StartupUri = New Uri("Window2.xaml", UriKind.Relative)
        Else
            Me.StartupUri = New Uri("Window1.xaml", UriKind.Relative)
        End If
    End Sub
End Class
```

Doch was ist, wenn Sie zur Laufzeit ein anderes Startformular festlegen wollen? Kein Problem, über die Eigenschaft *Application.Current.MainWindow* können Sie auch nachträglich ein anderes Hauptfenster zuweisen.

BEISPIEL: Aus *Window1* heraus wird *Window2* erzeugt und zum Hauptfenster gemacht.

```
Class Window1
    Private Sub Button1_Click(ByVal sender As System.Object, _
                    ByVal e As System.Windows.RoutedEventArgs) Handles Button1.Click
```

Den Namen des aktuellen Hauptfensters anzeigen (*Window1*):

```
MessageBox.Show(Application.Current.MainWindow.Title)
```

Neues Window erzeugen und anzeigen:

```
Dim w2 As New Window2()
w2.Show()
```

MainWindow ändern:

```
Application.Current.MainWindow = w2
MessageBox.Show(Application.Current.MainWindow.Title)
    End Sub
End Class
```

HINWEIS: Im Folgenden können Sie *Window1* schließen, die Anwendung läuft jetzt solange weiter, wie *Window2* geöffnet ist.

R13.4 Einen Splash-Screen erzeugen und anzeigen

Leider ist der Start vieler Anwendungen mit Wartezeiten für den Anwender verbunden, was schon mal Frust erzeugen kann. Auch WPF-Anwendungen sind davon nicht ausgenommen, und so ist es häufig sinnvoll, einen so genannten Splash-Screen anzuzeigen, der Aktivität suggerieren soll, während zum Beispiel Datenbanken geöffnet oder Internet-Daten abgefragt werden.

Die scheinbar schnelle Lösung, im Konstruktor das Hauptfensters ein weiteres Fenster zu erstellen und anzuzeigen, funktioniert zwar auf den ersten Blick, hat aber den Nachteil, dass der Splash-Screen gänzlich "tot" ist, da er im gleichen Thread wie das Hauptfenster läuft (keine Aktualisierung von Fortschrittsanzeigen etc.).

BEISPIEL: Einfache Umsetzung

```
Class Window1

    Public Sub New()
        InitializeComponent()
        Dim ss As New SplashScreen()
        ss.Show()
        ' Hier kommt viel Code
        System.Threading.Thread.Sleep(5000)
        ' ...
        ss.Close()
    End Sub
End Class
```

Was liegt also näher, als einen eigenen Thread zu erzeugen und den Splash-Screen in diesem zu öffnen?

Oberfläche

Erzeugen Sie zwei Windows (*Window1.xaml* und *SplashScreen.xaml*), in den *SplashScreen* fügen Sie bitte einen *Label* und einen *ProgressBar* ein.

BEISPIEL: SplashScreen (XAML)

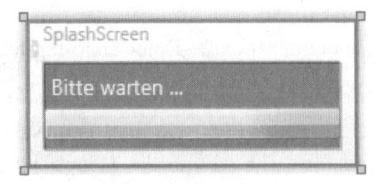

```xaml
<Window x:Class="SplashScreen"
    xmlns="http://schemas.microsoft.com/winfx/2006/xaml/presentation"
    xmlns:x="http://schemas.microsoft.com/winfx/2006/xaml"
    Title="SplashScreen" Height="92" Width="216"
  WindowStartupLocation="CenterScreen" Background="Red" WindowStyle="None" Topmost="True">
    <StackPanel>
        <Label Foreground="Yellow" FontSize="14">Bitte warten ...</Label>
        <ProgressBar Height="20" Name="progressBar1" VerticalAlignment="Bottom"
                     IsIndeterminate="True" />
    </StackPanel>
</Window>
```

Quelltext (Window1.xaml.vb)

Im *Window1* müssen wir uns nun noch um die Anzeige des Splash-Screens kümmern:

```vb
Imports System.Threading

Class Window1
```

Unser zusätzlicher Thread:

```vb
    Dim t1 As Thread

    Public Sub New()
        InitializeComponent()
```

Mit der Initialisierung von *Window1* erzeugen wir auch den zusätzlichen Thread und setzen dessen Apartment-Modell auf *STAThread*:

```
t1 = New Thread(AddressOf Splash)
t1.SetApartmentState(ApartmentState.STA)
```

Hier kommt der "Startschuss":

```
t1.Start()
```

Ab hier können wir trödeln, der Splash-Screen wird bereits angezeigt:

```
' Hier kommt viel Code
System.Threading.Thread.Sleep(5000)
' ...
End Sub
```

Diese Methode läuft im Extra-Thread und kümmert sich lediglich um das Erzeugen und Anzeigen des Splash-Screens:

```
Public Sub Splash()
    Dim ss As New SplashScreen()
    ss.Show()
    System.Windows.Threading.Dispatcher.Run()
End Sub
```

Ist die Initialisierung von *Window1* abgeschlossen, können wir auch den Splash-Screen wieder ausblenden. Dazu "schießen" wir einfach den zugehörigen Thread ab:

```
Private Sub Window1_Loaded(ByVal sender As Object, _
                   ByVal e As System.Windows.RoutedEventArgs) Handles Me.Loaded
    t1.Abort()
End Sub
```

Test

Dank der "Kunstpause" per *Thread.Sleep* haben Sie genügend Zeit, sich von der Funktionstüchtigkeit unseres Beispiels zu überzeugen.

R13.5 Eine WPF-Browseranwendung erstellen

In unserem Buch *Visual Basic 2008 – Grundlagen und Profiwissen* konnten wir nur kurz auf das Thema "WPF-Browseranwendungen" eingehen. An einem praktischen Beispiel möchten wir Ihnen im Folgenden einige Techniken rund um diesen Anwendungstyp demonstrieren:

- Optische Anpassungen
- Navigation zwischen einzelnen Seiten (Pages)

- Ein-/Ausblenden der Navigationsschaltflächen
- Verwendung von Cookies
- Abfrage von QueryStrings
- Übergabe von Daten per Konstruktor

Größe und Titel des Browserfensters festlegen

Da für die Anzeige unserer WPF-Browseranwendung der jeweils aktuelle Internet Browser genutzt wird[1], ist es sicher auch von Interesse, diesen zumindest teilweise optisch anzupassen. Drei Optionen stehen Ihnen in diesem Zusammenhang zur Verfügung:

- die Kopfzeilenbeschriftung (*WindowTitle*),
- die Fensterbreite (*WindowWidth*)
- und die Fensterhöhe (*WindowHeight*)

Alle drei Eigenschaften sind dem jeweiligen *Page*-Objekt zugeordnet und können zum Beispiel per XAML gesetzt werden.

BEISPIEL: Titel sowie Höhe und Breite des Browsers beeinflussen (XAML)

```
<Page x:Class="Page1"
    xmlns="http://schemas.microsoft.com/winfx/2006/xaml/presentation"
    xmlns:x="http://schemas.microsoft.com/winfx/2006/xaml"
    WindowTitle="Meine erste Seite" WindowWidth="500" WindowHeight="200">
```

HINWEIS: Beachten Sie, dass es sich um die äußeren Abmessungen des Browsers handelt, zusätzliche Toolbars schränken den verfügbaren Platz weiter ein.

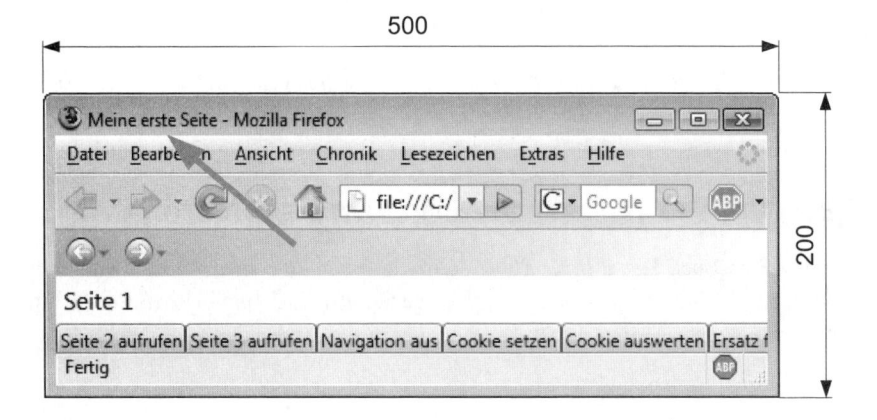

---

[1] Dies ist eigentlich nicht korrekt, die Anwendung läuft im Presentation Host und dieser wiederum im Browser.

Größe der Browseranwendung anpassen

Nachdem wir uns zunächst um den äußeren Rahmen gekümmert haben (Browser), wollen wir uns nun der eigentlichen WPF-Anwendung zuwenden. Deren Breite und Höhe können Sie entweder über die beiden Eigenschaften *Width* und *Height* des *Page*-Objekts festlegen, oder Sie überlassen dies besser dem Browser und verzichten auf die explizite Angabe der Werte. In diesem Fall wird beim direkten Aufruf der WPF-Browseranwendung (*.xbpa*) der gesamte verfügbare Platz im Browser genutzt, was die Verwendung eines sinnvollen Layouts nahelegt.

> **HINWEIS:** Die aktuelle Breite und Höhe der *Page* können Sie zur Laufzeit nur über die Eigenschaften *ActualWidth* und *ActualHeight* abfragen!

BEISPIEL: Anzeige der aktuellen Breite und Höhe der Seite zur Laufzeit

```
Private Sub Button1_Click(ByVal sender As System.Object, _
                ByVal e As System.Windows.RoutedEventArgs) Handles Button1.Click
    MessageBox.Show(Me.ActualWidth.ToString() & " x " & Me.ActualHeight.ToString())
End Sub
```

IFRAME

Alternativ können Sie die WPF-Browseranwendung auch mittels IFRAME-Element in eine komplexe HTML-Seite einbetten, in diesem Fall bestimmt der IFRAME die sichtbare Größe.

> **HINWEIS:** Bei Verwendung von IFRAME-Elementen sollten Sie auf die Anzeige der Navigationsschaltflächen lieber verzichten, denn diese erhöhen nicht gerade die Übersichtlichkeit der Seite (siehe dazu folgender Abschnitt).

BEISPIEL: Verwendung eines IFRAME

```
<HTML>
 <HEAD>
  <TITLE>Buchtest 1</TITLE>
  <META HTTP-EQUIV="Content-Type" CONTENT="text/html; charset=utf-8" />
 </HEAD>
 <BODY>
 ...
    <IFRAME height="130" width="430" src="Browser_Application.xbap" />
 </BODY>
</HTML>
```

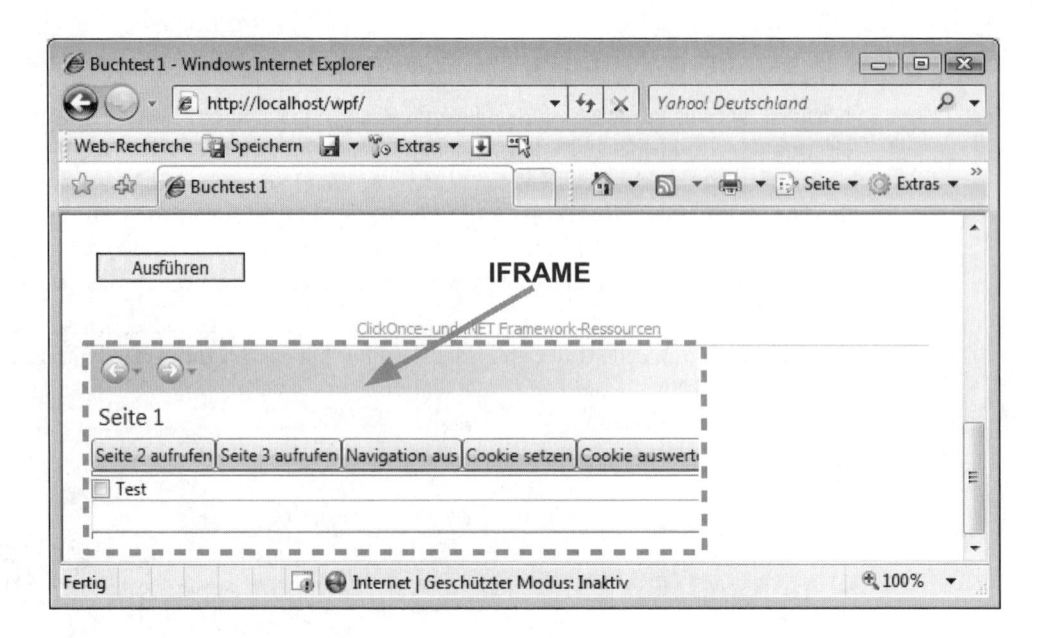

Ein-/Ausblenden der Navigationsschaltflächen

Nicht in jedem Fall sollen die Navigationsschaltflächen des Presentation Hosts im Browser sichtbar sein (z.B. bei Verwendung in einem IFRAME). Möchten Sie auf deren Anzeige verzichten, können Sie dies über die *ShowsNavigationUI*-Eigenschaft des *Page*-Objektes problemlos realisieren.

BEISPIEL: Ausschalten der Navigationsschaltflächen

```
<Page x:Class="Page1"
    xmlns="http://schemas.microsoft.com/winfx/2006/xaml/presentation"
    xmlns:x="http://schemas.microsoft.com/winfx/2006/xaml"
    WindowTitle="Meine erste Seite" ShowsNavigationUI="false">
```

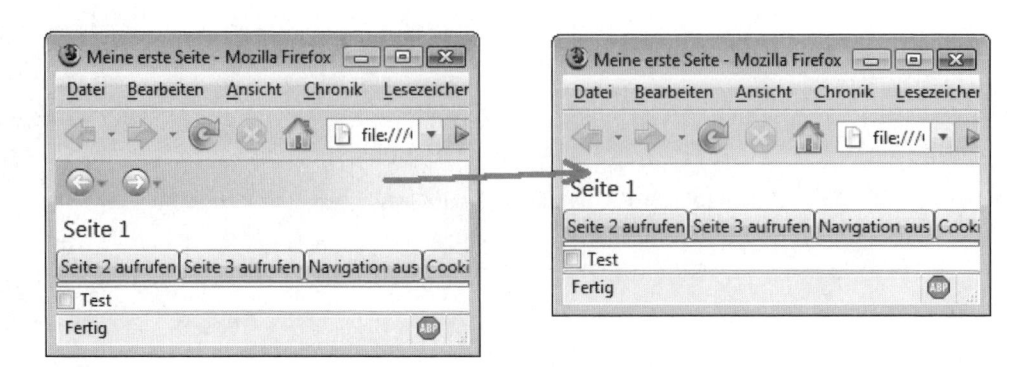

Alternativ können Sie die Navigationsschaltflächen auch erst zur Laufzeit ein-/ausblenden.

BEISPIEL: Ein- und Ausblenden der Navigationsschaltflächen zur Laufzeit

```vb
Private Sub Button_Click_1(ByVal sender As System.Object, _
                           ByVal e As System.Windows.RoutedEventArgs)
    If (Me.ShowsNavigationUI) Then
        Btn2.Content = "Navigation ein"
    Else
        Btn2.Content = "Navigation aus"
    End If
    Me.ShowsNavigationUI = Not Me.ShowsNavigationUI
End Sub
```

Navigation zwischen einzelnen Seiten (Pages)

Wie bei einer normalen Windows Forms-Anwendung, wird auch Ihre Browser-Anwendung meist nicht nur aus einer Seite bestehen. Da stellt sich die Frage, wie Sie zwischen den einzelnen Seiten umschalten können, da eine gleichzeitige Anzeige mehrerer Seiten ja technisch nicht möglich ist und frei schwebende Fenster ausgeschlossen sind.

Zwei-Varianten bieten sich an:

- Verwendung von Hyperlinks
- Verwendung der *NavigationService*-Klasse per Code

Hyperlinks

Die Nutzung von Hyperlinks ist die wohl trivialste Variante, verwenden Sie ein Hyperlink-Element und setzen Sie dessen *NavigateUri*-Attribut auf die gewünschte Seite.

HINWEIS: Beachten Sie, dass nicht zur *.xbap, sondern zur *.xaml-Datei gesprungen wird!

BEISPIEL: Verwenden eines Hyperlinks

```xml
<Page x:Class="Page1"
    xmlns="http://schemas.microsoft.com/winfx/2006/xaml/presentation"
    xmlns:x="http://schemas.microsoft.com/winfx/2006/xaml" >
  <StackPanel>
  ...
    <TextBlock>
       <Hyperlink NavigateUri="Page3.xaml">
```

```
          Sprung zur Seite3
       </Hyperlink>
    </TextBlock>
 </StackPanel>
</Page>
```

Um Missverständnissen vorzubeugen: Bei Nutzung eines Hyperlinks wird intern automatisch die *NavigationService*-Klasse verwendet, die gleichzeitige Verwendung von Hyperlinks mit dem im Folgenden vorgestellten Verfahren ist also problemlos möglich.

Verwendung der NavigationService-Klasse

Möchten Sie die Navigation per Code realisieren, kommen Sie nicht um die *NavigationService*-Klasse herum. Diese stellt Ihnen ein komplettes Set an Methoden und Ereignissen zur Verfügung, um zwischen den Seiten hin- und her zu navigieren (inklusive Historie).

> **HINWEIS:** Für einen umfassenden Überblick zum recht komplexen Thema "Navigation" müssen wir Sie auf die MS-Hilfe verweisen.

Siehe dazu:

LINK: http://msdn2.microsoft.com/de-de/library/ms750478.aspx

BEISPIEL: Navigation zur einer bestimmten Seite

```
Private Sub Button_Click(ByVal sender As System.Object, _
                ByVal e As System.Windows.RoutedEventArgs)
    NavigationService.Navigate(New Uri("Page2.xaml", UriKind.Relative))
End Sub
```

BEISPIEL: Rücksprung auf die vorhergehende Seite

```
Private Sub Button_Click(ByVal sender As System.Object, _
                ByVal e As System.Windows.RoutedEventArgs)
    NavigationService.GoBack()
End Sub
```

BEISPIEL: Sprung auf eine selbst instanziierte Seite (Aufruf eines parametrierten Konstruktors)

```
Private Sub Button_Click_7(ByVal sender As System.Object, _
                ByVal e As System.Windows.RoutedEventArgs)
    Dim p3 As New Page3(Me)
    Me.NavigationService.Navigate(p3)
End Sub
```

Verwendung von Cookies

Oh je, die guten alten Cookies sind wieder aktuell! Doch gerade in Web-Anwendungen, die aus verschiedenen Anwendungstypen bestehen (ASP, ASPX, WPF), kommt es auf eine gemeinsame Form des Datenaustauschs an.

WPF-Browseranwendungen bieten an dieser Stelle ebenfalls eine Unterstützung für das Lesen und Schreiben von Cookies über die *Application*-Klasse.

BEISPIEL: Schreiben von Cookies

```
...
    Try
```

Zwei Cookies mit Ablaufdatum (beachten Sie die korrekte Datumsübergabe):

```
        Application.SetCookie(BrowserInteropHelper.Source, _
            "Cookie1=Hier kommen die Infos!; Expires=Sat,31-Dec-2008 00:00:00 GMT")
        Application.SetCookie(BrowserInteropHelper.Source, _
            "Cookie2=Noch mehr Text; Expires=Sat,31-Dec-2008 00:00:00 GMT")
```

Ein Session-Cookie:

```
        Application.SetCookie(BrowserInteropHelper.Source, _
            "SessionCookie=Nur für diese Sitzung")
    Catch ex As Win32Exception
        MessageBox.Show(ex.Message)
    End Try
...
```

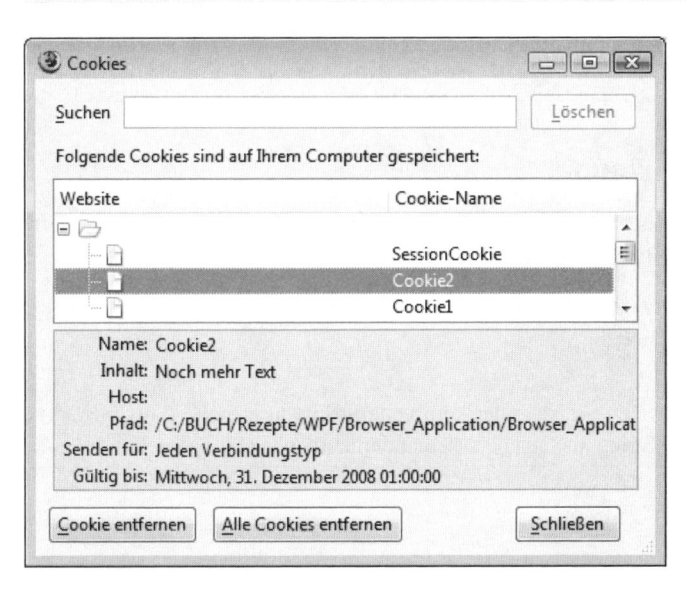

BEISPIEL: Lesen von Cookies

```
...
    Try
```

GetCookie liefert alle Cookies in einem String, Sie müssen dieses also selbst "auseinander nehmen" (*Split*-Methode):

```
        Dim s As String = Application.GetCookie(BrowserInteropHelper.Source)
        Dim a As String() = s.Split(";")
        MessageBox.Show(Application.GetCookie(BrowserInteropHelper.Source))
```

Anzeige in einer *ListBox:*

```
        For Each str As String In a
            lb1.Items.Add(str)
        Next
    Catch ex As Win32Exception
        MessageBox.Show(ex.Message)
    End Try
...
```

Der von *GetCookie* zurückgegebene Wert:

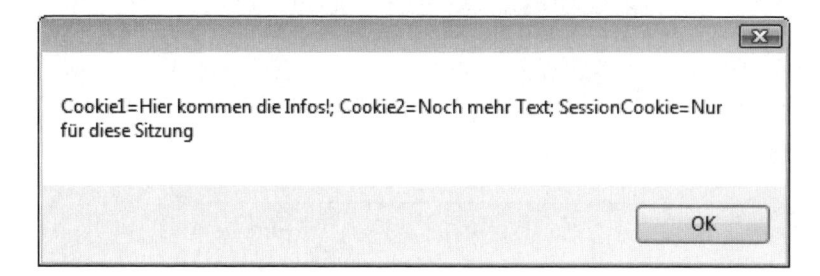

> Cookie1=Hier kommen die Infos!; Cookie2=Noch mehr Text; SessionCookie=Nur für diese Sitzung

Abfrage von QueryStrings

Neben den Cookies bieten sich in einigen Fällen auch die so genannten QueryStrings für die Datenübergabe oder Parametrierung in Web-Anwendungen an.

Über das *BrowserInteropHelper.Source*-Objekt können Sie mit der Eigenschaft *Query* den übergebenen String ermitteln.

HINWEIS: Beachten Sie, dass der komplette String inklusive "*?*" übergeben wird, Sie müssen den String also noch "auseinandernehmen" (z.B. *Split).*

R13.5 Eine WPF-Browseranwendung erstellen

BEISPIEL: Anzeige des QueryStrings

```
Private Sub Button_Click_6(ByVal sender As System.Object, _
                    ByVal e As System.Windows.RoutedEventArgs)
    MessageBox.Show(BrowserInteropHelper.Source.Query)
End Sub
```

Rufen Sie die Webanwendung mit folgendem URL auf,

`http://localhost/wpf/Browser_Application.xbap?Wert1=10&Wert2=20`

wird dieser String angezeigt:

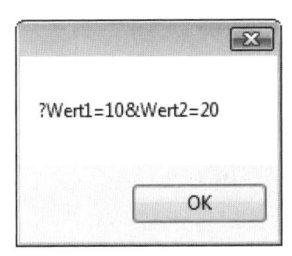

HINWEIS: Sie müssen in den Projekt-Optionen (*Veröffentlichen|Optionen*) die Übergabe von Parametern an die Anwendung erst freischalten:

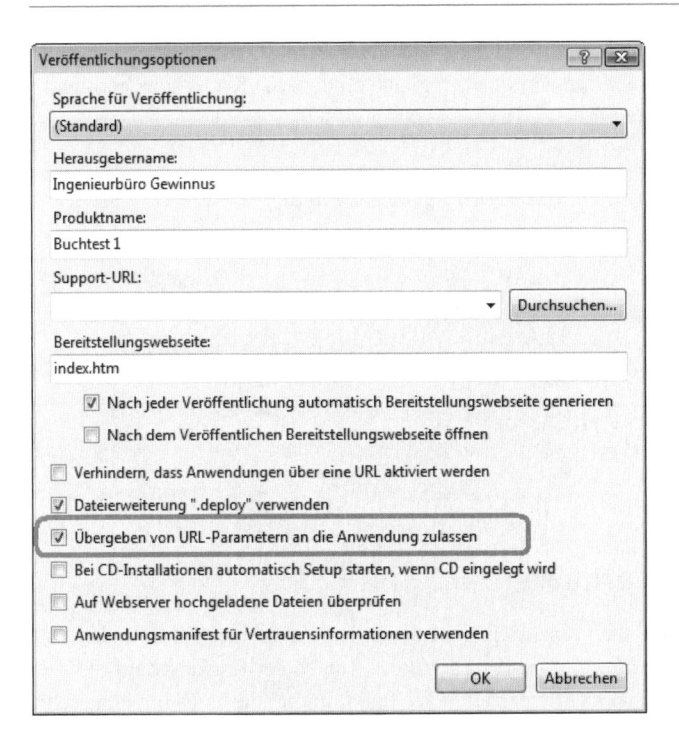

Übergabe von Page-Instanzen per Konstruktor

Möchten Sie beim Navigieren zwischen einzelnen Seiten auf Inhalte von Controls zugreifen, ist es recht hilfreich, eine Instanz der betreffenden Page an die neue Seite zu übergeben. Dies lässt sich am einfachsten mit einem zusätzlichen Konstruktor realisieren, an den die Instanz übergeben wird.

BEISPIEL: Aufruf von *Page3* mit erweitertem Konstruktor

Die Definition von *Page3*:

```
Partial Public Class Page3

    Public Sub New()
        InitializeComponent()
    End Sub

    Public Sub New(ByVal page As Page1)
        InitializeComponent()
        MessageBox.Show("Aufgerufen von: " + page.Title)
        tb1.Text = page.tb1.Text
    End Sub
End Class
```

HINWEIS: Alternativ können Sie auch gleich eine lokale Kopie speichern und darauf jederzeit zugreifen.

Der eigentliche Aufruf mit Instanz-Übergabe aus *Page1*:

```
Class Page1
...
    Private Sub Button_Click_7(ByVal sender As System.Object, _
                               ByVal e As System.Windows.RoutedEventArgs)
        Dim p3 As New Page3(Me)
        Me.NavigationService.Navigate(p3)
    End Sub
...
```

Eine Instanz der Seite erhalten

Navigieren Sie zwischen einzelnen Seiten, werden für einige Controls die aktuellen Zustände gespeichert (z.B. *TextBox, CheckBox, ListBox ...*), nach der Rückkehr auf die Seite wird der vorhergehende Zustand wieder hergestellt. Dies funktioniert allerdings nur eingeschränkt.

So wird beispielsweise die aktuelle Markierung in einer *ListBox* gesichert, die zur Laufzeit erstellten Inhalte der *ListBox* jedoch nicht, was dazu führt, dass die *ListBox* nach der Rückkehr auf die Seite wieder leer ist.

Diesem Missstand können Sie abhelfen, indem Sie die *KeepAlive*-Eigenschaft der Seite auf *True* setzen. In diesem Fall bleibt die komplette Instanz der *Page* beim Navigieren zwischen den Seiten erhalten, nach einem *NavigationService.GoBack()* finden Sie wieder den alten Zustand vor.

BEISPIEL: Setzen der *KeepAlive*-Eigenschaft

```xml
<Page x:Class="Page1"
    xmlns="http://schemas.microsoft.com/winfx/2006/xaml/presentation"
    xmlns:x="http://schemas.microsoft.com/winfx/2006/xaml"
    WindowTitle="Meine erste Seite" KeepAlive="True">
```

Einen Ersatz für Window realisieren

In WPF-Browser-Anwendungen ist aus Sicherheitsgründen eine Verwendung der *Window*-Klasse ausgeschlossen, Sie können also keine frei schwebenden Fenster erzeugen (einzige Ausnahme ist die *MessageBox*).

Als Ersatz bietet es sich an, von den Möglichen des *PopUp*-Controls Gebrauch zu machen.

BEISPIEL: Verwendung von *PopUp*

Zunächst die Definition des eigentlichen PopUps:

```xml
<Page x:Class="Page1"
    xmlns="http://schemas.microsoft.com/winfx/2006/xaml/presentation"
    xmlns:x="http://schemas.microsoft.com/winfx/2006/xaml"
    WindowTitle="Meine erste Seite" ShowsNavigationUI="false">
<StackPanel>
...
    <Popup Name="pop2" Placement="MousePoint" VerticalOffset="25" HorizontalOffset="25"
                Width="200" >
      <StackPanel Margin="2">
        <TextBlock Height="50" Margin="1" TextWrapping="Wrap" Background="LightBlue" >
          Bla Bla Bla ...
        </TextBlock>
        <Button Click="Button_Click_5">Close</Button>
      </StackPanel>
    </Popup>
```

Die Anzeige können Sie beispielsweise über einen *Button* auslösen:

```
Private Sub Button_Click_4(ByVal sender As System.Object, _
                    ByVal e As System.Windows.RoutedEventArgs)
    pop2.IsOpen = Not pop2.IsOpen
End Sub
```

Das *PopUp* schließen:

```
Private Sub Button_Click_5(ByVal sender As System.Object, _
                    ByVal e As System.Windows.RoutedEventArgs)
    pop2.IsOpen = False
End Sub
```

Unser recht einfaches Beispiel (Sie können natürlich auch wesentlich komplexere PopUps realisieren):

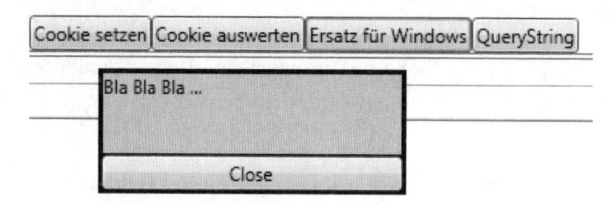

R13.6 WPF-Oberflächen zur Laufzeit erzeugen

Sicher nicht der Normalfall, aber in einigen Fällen (dynamisch angepasste Oberflächen) kommt man nicht um die Verwendung von VB-Code bei der Definition der Oberfläche herum.

Ein kleines Beispielprogramm demonstriert Ihnen die Vorgehensweise beim Erstellen der Oberfläche und der Verknüpfung mit den entsprechenden Ereignisroutinen.

Oberfläche (XAML)

Nur ein nacktes *Window,* für den Rest sorgen wir per Code (siehe Laufzeitansicht).

> **HINWEIS:** Fügen Sie dem Projekt noch eine kleine Grafik per Drag & Drop hinzu (Projektmappen-Explorer), diese werden wir später für einen *Button* verwenden.

Quelltext

Wir nutzen den Formular-Konstruktor für die Initialisierung unserer Oberfläche:

```
Class Window1
```

R13.6 WPF-Oberflächen zur Laufzeit erzeugen

```
Public Sub New()
    InitializeComponent()
```

Zunächst ein zentrales *StackPanel* einfügen:

```
Dim sp As New StackPanel()
```

Den Randabstand festlegen:

```
sp.Margin = New Thickness(10, 5, 20, 5)
```

Eine Hintergrundfarbe festlegen:

```
sp.Background = Brushes.Bisque
```

Den Content des Window zuweisen:

```
Me.Content = sp
```

Eine *ListBox* einfügen und konfigurieren:

```
Dim lb As New ListBox()
lb.Name = "lb1"
lb.Items.Add("Zeile 1")
lb.Items.Add("Zeile 2")
lb.Items.Add("Zeile 3")
lb.Items.Add("Zeile 4")
lb.Foreground = Brushes.Blue
lb.Margin = New Thickness(4)
```

Einen Ereignishandler zuweisen:

```
AddHandler lb.SelectionChanged, AddressOf lb_SelectionChanged
```

Den zentralen *StackPanel* als untergeordnetes Element zuweisen:

```
sp.Children.Add(lb)
```

Einen *Button* mit Grafik einfügen:

```
Dim btn As New Button()
btn.HorizontalAlignment = HorizontalAlignment.Center
btn.Height = 120
```

Der *Button* enthält wiederum ein *StackPanel* mit Text und Grafik:

```
Dim sp2 As New StackPanel()
```

Die Grafik für den *Button*:

```
Dim img As New Image()
```

Die Grafik aus den Ressourcen laden:

```
img.Source = New BitmapImage(New Uri("pack://application:,,/flash.png"))
img.Stretch = Stretch.None
sp2.Children.Add(img)
```

Den Text für den *Button* zuweisen:

```
Dim la As New Label()
la.HorizontalContentAlignment = HorizontalAlignment.Center
la.Content = "Hallo"
sp2.Children.Add(la)
```

Einen Ereignishandler zuweisen:

```
btn.Content = sp2
AddHandler btn.Click, AddressOf btn_Click
```

Den Button in das *StackPanel* einfügen:

```
sp.Children.Add(btn)
```

Hier erzeugen wir gleich mehrere Schaltflächen auf einmal:

```
Dim sp3 As New StackPanel()
sp3.Orientation = Orientation.Horizontal
For i As Integer = 0 To 8
    Dim btnx As New Button()
    btnx.Name = "button" & i.ToString()
    btnx.Content = "Button " & i.ToString()
    AddHandler btnx.Click, AddressOf btnx_Click
    sp3.Children.Add(btnx)
Next
sp.Children.Add(sp3)
End Sub
```

Es folgen die Ereignishandler für die oben angemeldeten Ereignisse, beachten Sie die Typisierung, um an die Objekteigenschaften heranzukommen:

```
Sub btnx_Click(ByVal sender As Object, ByVal e As RoutedEventArgs)
    MessageBox.Show("Klick auf " & CType(sender, Button).Content)
End Sub

Sub btn_Click(ByVal sender As Object, ByVal e As RoutedEventArgs)
    MessageBox.Show("Hallo User")
End Sub
```

Auch hier ist die Typisierung wichtig, um die aktuelle Zeile in der *ListBox* zu bestimmen:

```
Sub lb_SelectionChanged(ByVal sender As Object, ByVal e As SelectionChangedEventArgs)
    MessageBox.Show("Ausgewählte Zeile :" & _
                    CType(sender, ListBox).SelectedIndex.ToString())
End Sub

End Class
```

Test

Die Ansicht der Oberfläche zur Laufzeit:

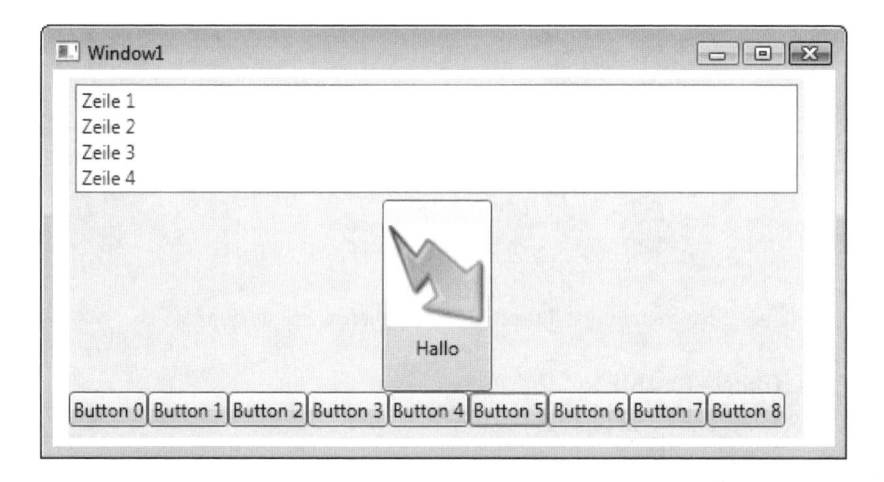

R13.7 Grafiken in WPF skaliert anzeigen

Dass Sie mit dem *Image*-Element Grafiken anzeigen können, dürfte Ihnen sicher bekannt sein. Doch was ist, wenn die Grafik nicht in den vorhandenen Platz des Fensters passt, oder Sie Rücksicht auf die Proportionen der Grafik nehmen müssen?

Hier hilft Ihnen die *ViewBox* weiter, mit der Sie ein enthaltenes Image (oder auch jedes andere Element) so skalieren können, dass die Grafik z.B. proportional verkleinert im vorhandenen Platz der *ViewBox* angezeigt wird. Die folgende Tabelle zeigt die Auswirkung der dafür verantwortlichen *Stretch*-Eigenschaft auf das Aussehen der enthaltenen Grafik:

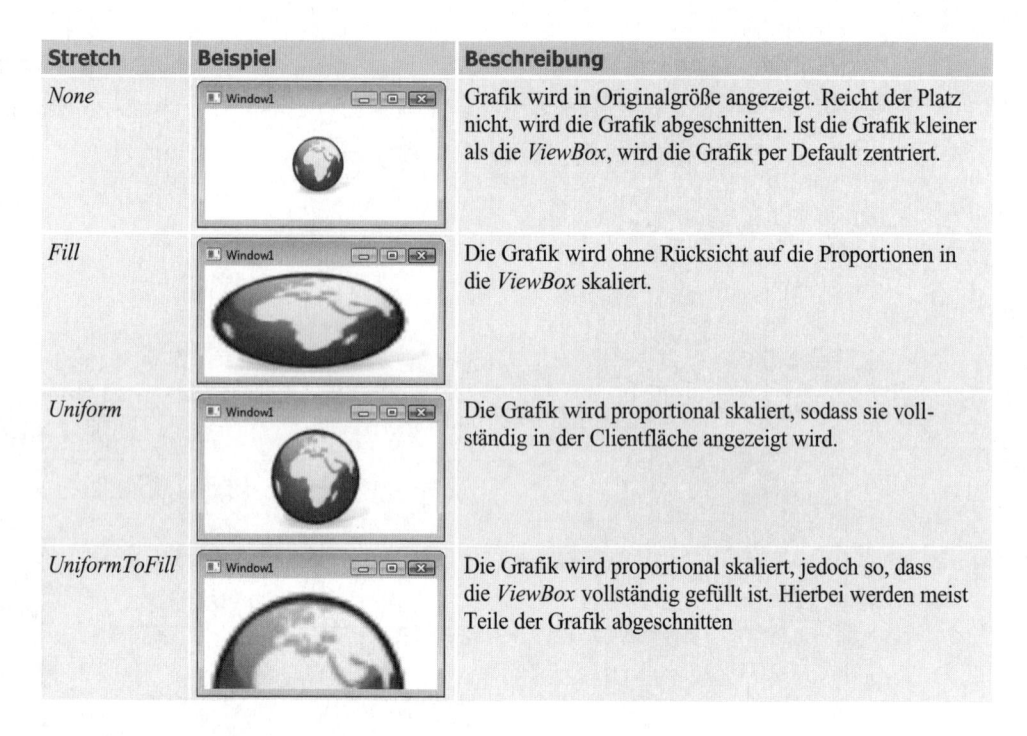

Stretch	Beispiel	Beschreibung
None		Grafik wird in Originalgröße angezeigt. Reicht der Platz nicht, wird die Grafik abgeschnitten. Ist die Grafik kleiner als die *ViewBox*, wird die Grafik per Default zentriert.
Fill		Die Grafik wird ohne Rücksicht auf die Proportionen in die *ViewBox* skaliert.
Uniform		Die Grafik wird proportional skaliert, sodass sie vollständig in der Clientfläche angezeigt wird.
UniformToFill		Die Grafik wird proportional skaliert, jedoch so, dass die *ViewBox* vollständig gefüllt ist. Hierbei werden meist Teile der Grafik abgeschnitten

Ein kleines Testprogramm soll Ihnen die Vorgehensweise demonstrieren.

Oberfläche (XAML)

```xml
<Window x:Class="Window1"
    xmlns="http://schemas.microsoft.com/winfx/2006/xaml/presentation"
    xmlns:x="http://schemas.microsoft.com/winfx/2006/xaml"
    Title="Skalieren" Height="300" Width="300">
<DockPanel>
```

Ein kleiner "Toolbar" für die Auswahl des *Stretch*-Mode:

```xml
<StackPanel DockPanel.Dock="Top" Orientation="Horizontal">
    <Label>Stretch:</Label>
    <ComboBox Name="combo1" SelectionChanged="ComboBox_SelectionChanged">
        <ComboBoxItem>None</ComboBoxItem>
        <ComboBoxItem>Fill</ComboBoxItem>
        <ComboBoxItem>Uniform</ComboBoxItem>
        <ComboBoxItem>UniformToFill</ComboBoxItem>
    </ComboBox>
</StackPanel>
```

Hier die *ViewBox*:

```
<Viewbox Stretch="Fill" Name="view1">
```

Die Grafik wird aus den Ressourcen geladen (Namen ggf. anpassen):

```
    <Image Name="Image1" Source="/Turtle.jpg"/>
  </Viewbox>
</DockPanel>
</Window>
```

HINWEIS: Fügen Sie die Grafik (z.B. *Turtle.jpg*) per Drag&Drop in das Projekt ein, um sie als Ressource einzubetten und im Programm verwenden zu können.

Quelltext

Die Auswertung des *ComboBox_SelectionChanged*-Ereignisses:

```
Private Sub ComboBox_SelectionChanged(ByVal sender As System.Object, _
            ByVal e As System.Windows.Controls.SelectionChangedEventArgs)
    Select combo1.SelectedIndex
        Case 0 : view1.Stretch = Stretch.None
        Case 1 : view1.Stretch = Stretch.Fill
        Case 2 : view1.Stretch = Stretch.Uniform
        Case 3 : view1.Stretch = Stretch.UniformToFill
    End Select
End Sub
```

Bemerkungen

- Nach dem Start wird die Grafik zunächst in Originalgröße angezeigt, wählen Sie über die *ComboBox* einen neuen Wert für die *Stretch*-Eigenschaft und beobachten Sie die Auswirkungen.

- Beachten Sie auch das folgende Rezept R13.8 zur Darstellung von Grafiken in einem *ScrollViewer*!

R13.8 Grafiken aus Dateien zur Laufzeit laden

Nicht in jedem Fall werden Sie alle Grafiken als Ressource in die WPF-Anwendung integrieren können. So auch, wenn Sie einen Grafik-Viewer realisieren wollen, bei dem der Nutzer beliebige Grafik-Dateien mit einem OpenFile-Dialog öffnen soll. Ein Beispiel demonstriert die Vorgehensweise.

Oberfläche (XAML)

```xml
<Window x:Class="Window1"
    xmlns="http://schemas.microsoft.com/winfx/2006/xaml/presentation"
    xmlns:x="http://schemas.microsoft.com/winfx/2006/xaml"
    Title="Window1" Height="300" Width="300">
<DockPanel>
```

Ein "Toolbar":

```xml
<StackPanel DockPanel.Dock="Top" Orientation="Horizontal">
    <Button Click="Button_Click">Laden</Button>
</StackPanel>
```

Das *Image* packen wir in einen *ScrollViewer*, so lassen sich auch große Grafiken bequem betrachten:

```xml
<ScrollViewer HorizontalScrollBarVisibility="Auto" Name="sv1">
    <Image Stretch="None" Name="img1"></Image>
</ScrollViewer>
</DockPanel>
</Window>
```

HINWEIS: Die Datei-Dialoge binden wir per Code ein.

Quelltext

Leider verfügt WPF noch nicht über eigene Dialoge, also müssen wir mit den "guten alten" Dateidialogen vorlieb nehmen:

```vb
Imports Microsoft.Win32

Class Window1

    Private Sub Button_Click(ByVal sender As System.Object, _
                    ByVal e As System.Windows.RoutedEventArgs)
        Dim dlg As New OpenFileDialog()
        If (dlg.ShowDialog() = True) Then
            img1.Source = New BitmapImage(New Uri(dlg.FileName))
        End If
    End Sub

End Class
```

Test

Nach Start der Anwendung können Sie über die "Laden"-Schaltfläche den Dateidialog aufrufen und damit ein Bild auswählen:

R13.9 Grafiken aus Ressourcen zur Laufzeit zuweisen

Im Gegensatz zu den Windows Forms ist das Laden von Grafiken per Code in WPF etwas mühevoller geworden, vor allem deshalb, weil wir auf den objektorientierten Ansatz mit "My.Resources ..." verzichten müssen. Stattdessen legen wir in WPF die *UriSource*-Eigenschaft des *Image*-Controls fest.

Was sich auf den ersten Blick trivial anhört, dürfte für böses Erwachen sorgen, wenn Sie versuchen, dieser Eigenschaft einen String mit dem Namen der Ressource zuzuweisen.

Ein kleines Beispielprogramm zeigt, wie es richtig gemacht wird.

Oberfläche

```
<Window x:Class="Window1"
    xmlns="http://schemas.microsoft.com/winfx/2006/xaml/presentation"
    xmlns:x="http://schemas.microsoft.com/winfx/2006/xaml"
    Title="Ressourcen zur Laufzeit laden" Height="300" Width="300" Loaded="Window_Loaded">
    <StackPanel>
```

Variante 1: Ressource zur Entwurfszeit festlegen:

```xml
<Image Source="images\kuser.png" Stretch="None"/>
```

Variante 2/3/4: Die Ressourcen legen wir erst zur Laufzeit fest:

```xml
        <Image Name="Image2" Stretch="None"/>
        <Image Name="Image3" Stretch="None"/>
        <Image Name="Image4" Stretch="None"/>
    </StackPanel>
</Window>
```

Fügen Sie in Ihr Projekt noch ein Unterverzeichnis *Images* ein und kopieren Sie per Drag & Drop einige Grafikdateien hinein:

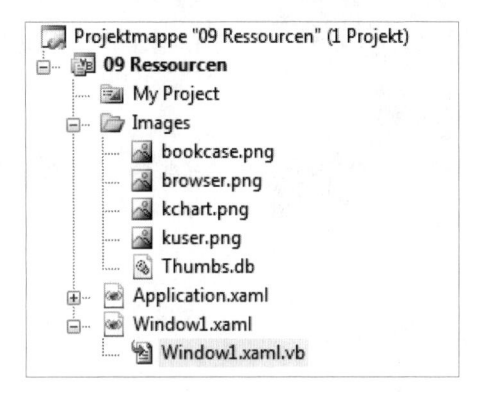

- Projektmappe "09 Ressourcen" (1 Projekt)
  - **09 Ressourcen**
    - My Project
    - Images
      - bookcase.png
      - browser.png
      - kchart.png
      - kuser.png
      - Thumbs.db
    - Application.xaml
    - Window1.xaml
      - Window1.xaml.vb

Quelltext

Mit dem Laden des Formulars können Sie auch die Ressourcen zuweisen:

```vb
...
Class Window1

    Private Sub Window_Loaded(ByVal sender As System.Object, _
                              ByVal e As System.Windows.RoutedEventArgs)
```

Variante 1: Der ausführliche Weg über ein *BitmapImage* und eine *Uri*-Objekt. In diesem Fall muss das eigentliche Laden der Datei (egal ob extern oder intern) mit den Methoden *BeginInit* und *EndInit* eingeleitet bzw. beendet werden:

```vb
        Dim bi As New BitmapImage()
        bi.BeginInit()
        bi.UriSource = New Uri("pack://application:,,,/images/bookcase.png")
        bi.EndInit()
        Image2.Source = bi
```

R13.9 Grafiken aus Ressourcen zur Laufzeit zuweisen

Variante 2: Wir verwenden einen anderen Konstruktor für das Erstellen der *BitmapImage*-Instanz, in diesem Fall können wir auf die Verwendung von *BeginInit* und *EndInit* verzichten:

```
Image3.Source = New BitmapImage(New Uri("images/browser.png", UriKind.Relative))
```

Variante 3: Wir erzeugen ein *BitmapFrame*-Objekt:

```
Image4.Source = BitmapFrame.Create( _
                New Uri("pack://application:,,,/images/kuser.png"))
    End Sub
End Class
```

HINWEIS: In den Microsoft-Dokumentationen finden Sie beim *BitmapImage* noch die Eigenschaften *DecodePixelWidth* und *DecodePixelHeight*. Damit können Sie schon beim Laden des Bildes eine Skalierung durchführen (z.B. entsprechend der Anzeigefläche). Im Speicher wird jetzt nur ein Bild dieser Größe gehalten, eine dauernde Skalierung ist nicht mehr notwendig (weniger Speicher/Rechenzeit).

BEISPIEL: Verwendung *DecodePixelWidth* und *DecodePixelHeight*

```
Dim bi2 As New BitmapImage()
bi2.BeginInit()
bi2.DecodePixelHeight = 15
bi2.DecodePixelWidth = 15
bi2.UriSource = New Uri("pack://application:,,,/images/bookcase.png")
bi2.EndInit()
Image5.Source = bi2
```

Test

Nach dem Start sollten alle Grafiken angezeigt werden. Beachten Sie auch die unterste Grafik, diese wurde mit *DecodePixel...* verkleinert:

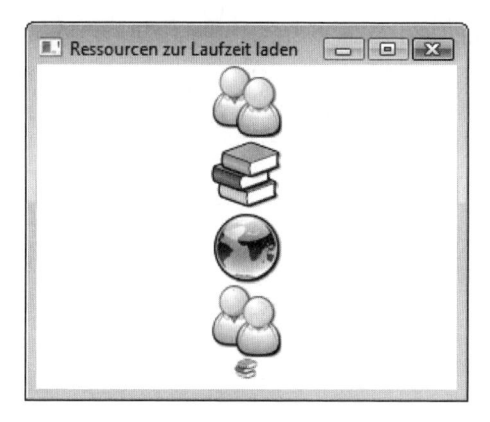

R13.10 Sonderzeichen im Content darstellen

Möchten Sie für Beschriftung oder Inhalt Ihrer Controls auch Sonderzeichen einsetzen, werden Sie recht schnell von der Syntax-Prüfung "zurück gepfiffen":

```
<StackPanel>
    <Label>Hallo User, hier kommen Sonderzeichen:  & </Label>
```

Probleme werden Sie immer dann bekommen, wenn es sich bei dem Zeichen um eines der XML-Sonderzeichen handelt. Die Zeichen &, ', <, > und " werden wie folgt kodiert:

Zeichen	Code
&	&amp;
'	&apos;
<	&lt;
>	&gt;
"	&quot;
Leerzeichen	

BEISPIEL: Verwendung von & im Content eines *Label*s

```
<Label>Hallo User, hier kommen Sonderzeichen: Doberenz &amp; Gewinnus</Label>
```

Sonderfall Leerzeichen

Auf einen Sonderfall müssen wir unbedingt noch eingehen, da es sich hier um eine Besonderheit des XAML-Compilers handelt. Die Rede ist von der Ausgabe mehrfacher Leerzeichen und von Zeilenumbrüchen, die per Default nicht berücksichtigt werden.

BEISPIEL: Die folgenden Anweisungen erzeugen unterschiedliche Ausgaben, obwohl eigentlich derselbe Content zugewiesen wurde:

```
<Label>Hallo User, hier kommen Leerzeichen:      %     Text</Label>
<Label Content="Hallo User, hier kommen Leerzeichen:     %     Text" />
```

Die Ausgabe:

```
Hallo User, hier kommen Leerzeichen: % Text
Hallo User, hier kommen Leerzeichen:     %     Text
```

Mit dem Attribut *xml:space* können Sie das Verhalten des Compilers beeinflussen, sodass auch mehrfache Leerzeichen und Zeilenumbrüche richtig interpretiert werden.

> **HINWEIS:** Doch Achtung: In diesem Fall werden auch die Formatierungen im XAML-Quelltext (Einrückungen!) berücksichtigt.

BEISPIEL: Berücksichtigung von Leerzeichen und Zeilenumbrüchen

```xml
        <Label xml:space="preserve">Hallo User,

hier    steht    jede Menge
Text mit Leerzeichen!
</Label>
```

```
Hallo User,

hier    steht    jede Menge
Text mit Leerzeichen!
```

Alternativ steht Ihnen auch die Variante mit der Kodierung als Sonderzeichen zur Verfügung:

```xml
<Label>Hallo User, hier kommen Leerzeichen:       Text</Label>
```

Die Ausgabe:

```
Hallo User, hier kommen Leerzeichen:      Text
```

R13.11 Eigene Schriftarten in die Anwendung einbetten

WPF-Anwendungen sollen optisch was "hermachen" und so steht sicher auch die Frage, wie man eigene Schriftarten in der Anwendung nutzen kann.

Im Gegensatz zu den Windows Forms-Anwendungen ist es in WPF-Anwendungen recht trivial, eigene Schriftarten einzubetten und einzelnen Controls Styles zuzuweisen:

- Kopieren Sie die gewünschte Schriftart per Drag & Drop in Ihr WPF-Projekt.
- Weisen Sie einfach der *FontFamily*-Eigenschaft den Namen der Schriftart zu.

Doch Achtung, hier lauert ein hinterhältiger Fehler:

> **HINWEIS:** Wie schon oben beschrieben, müssen Sie den **Namen** der Schriftart zuweisen, dies ist nicht der Dateiname!

Oberfläche

Fügen Sie in Ihr WPF-Projekt einen Unterordner *myFonts* hinzu (das sorgt für etwas mehr Übersicht im Projekt) und kopieren Sie in diesen die gewünschte Font-Datei:

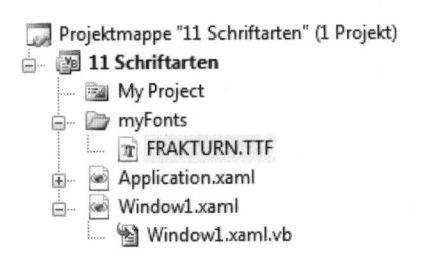

```
Projektmappe "11 Schriftarten" (1 Projekt)
    11 Schriftarten
        My Project
        myFonts
            FRAKTURN.TTF
        Application.xaml
        Window1.xaml
            Window1.xaml.vb
```

HINWEIS: Den Schriftartnamen ermitteln Sie durch einfachen Doppelklick auf die Datei, im daraufhin angezeigten Font-Betrachter steht auch der Name des Fonts:

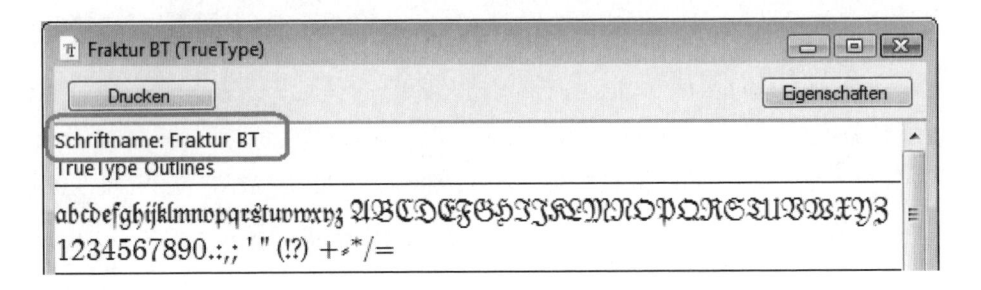

Für die eigentliche Oberfläche des Testprogramms beschränken wir uns auf einen einfachen *TextBlock*:

```xml
<Window x:Class="Window1"
    xmlns="http://schemas.microsoft.com/winfx/2006/xaml/presentation"
    xmlns:x="http://schemas.microsoft.com/winfx/2006/xaml"
    Title="Schriftarten einbetten" Height="117" Width="521">
  <StackPanel>
    <TextBlock FontFamily="myFonts/#Fraktur BT" FontSize="40">
        Saure Gurken mit Zwiebeln
    </TextBlock>
  </StackPanel>
</Window>
```

In der Entwurfsansicht werden Sie den finalen Font nicht zu Gesicht bekommen:

Test

Die Laufzeitansicht dürfte schon eher Ihren Erwartungen entsprechen:

R13.12 WPF-Controls trotz Layout frei positionieren

Manchmal steht man vor dem Problem, Controls innerhalb der Oberfläche gänzlich frei zu positionieren, obwohl alle anderen Controls in ein festes Layout (z.B. *UniformGrid*, *Stackpanel* etc.) eingebunden sind.

Hier hilft nur ein kleiner Trick weiter: Verwenden Sie ein *Canvas*-Element, dessen Höhe und Breite Sie bei null belassen. Dieses ist also selbst unsichtbar, ermöglicht aber allen enthaltenen Controls eine freie Positionierung über den Rand hinaus.

Oberfläche (XAML)

```
<Window x:Class="Window1"
    xmlns="http://schemas.microsoft.com/winfx/2006/xaml/presentation"
    xmlns:x="http://schemas.microsoft.com/winfx/2006/xaml"
    Title="Window1" Height="300" Width="300">
<Grid>
```

Zunächst die fest positionierten Elemente:

```
<UniformGrid>
    <Button>Test 1</Button>
    <Button>Test 2</Button>
    <Button>Test 3</Button>
    <Button>Test 4</Button>
    <Button>Test 5</Button>
    <Button>Test 6</Button>
    <Button>Test 7</Button>
    <Button>Test 8</Button>
    <Button>Test 9</Button>
</UniformGrid>
```

Und hier kommt unser *Canvas*, dessen enthaltene Elemente Sie frei positionieren können:

```
<Canvas>
```

Positionsangaben beziehen sich auf die linke obere Ecke des *Canvas*:

```
    <Button Canvas.Top="50" Canvas.Left="140" Width="100" Height="100" Background="Blue"
            Foreground="Yellow">Frei Positioniert</Button>
  </Canvas>
 </Grid>
</Window>
```

Test

Die beiden folgenden Abbildungen zeigen das erzeugte Fenster bei unterschiedlichen Skalierungen:

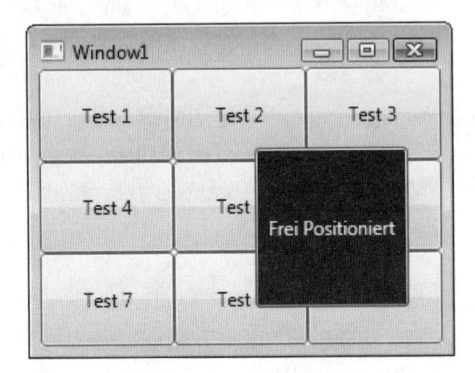

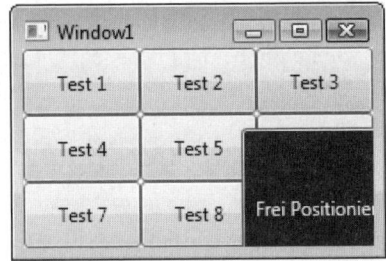

Es ist deutlich zu sehen, dass nur die im *UniformGrid* enthaltenen Elemente von der Größenänderung betroffen sind, der im *Canvas* enthaltene *Button* steht nach wie vor an derselben Position über den anderen Elementen.

R13.13 Textformatierungen im Content realisieren

Vorbei die Zeit, wo Beschriftungen in Formularen immer nur in der Standardschrift angezeigt werden konnten. Mit wenigen Steuerzeichen können Sie jetzt die wichtigsten Schriftformatierungen realisieren (Fett, Unterstrichen, Kursiv).

BEISPIEL: Spezielle Textformatierungen im *TextBlock*

```
...
    <TextBlock FontSize="24" TextWrapping="Wrap">
        Hallo <Bold>User</Bold>, hier steht <Underline>jede Menge</Underline>
        <Italic>Text</Italic>! ABCDEFGHIJKLMNOPQRSTUVW
    </TextBlock>
...
```

Der formatierte Text:

> **Textformatierungen**
>
> Hallo **User**, hier steht <u>jede Menge</u> *Text*!
> ABCDEFGHIJKLMNOPQRSTUVW

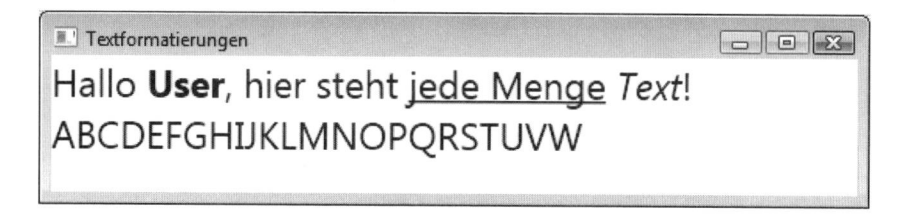

Besonderheit von Leerzeichen/Zeilenumbrüchen

Auf die Besonderheit bei der Ausgabe von Leerzeichen sind wir bereits im Rezept R13.10 auf Seite 858 eingegangen. Unter anderem ließ sich durch die Verwendung von *xml:space="preserve"* die Sichtbarkeit von Leerzeichen und Zeilenumbrüchen steuern.

Geht es nur um einen einzelnen Zeilenumbruch, können Sie auch ein *<LineBreak/>*-Element verwenden.

BEISPIEL: Verwendung *<LineBreak/>*-Element

```
<TextBlock FontSize="24" TextWrapping="Wrap">
  Hallo<Bold>User</Bold>, hier steht <Underline>jede Menge</Underline>
  <Italic>Text</Italic>! ABCDEFGHIJKLMNOPQRSTUVW<LineBreak/>ABCDEFG
</TextBlock>
```

Textausrichtung

Neben dem Textformat ist meist auch eine spezielle Ausrichtung der Texte gewünscht. Der *TextBlock* verwendet dafür, wie wohl nicht anders zu erwarten, das Attribut *TextAlignment*.

Die möglichen Werte: *Left, Right, Center* (mittig zentriert), *Justify* (Blocksatz).

R13.14 Irreguläre Window-Formen erzeugen

Eines der Hauptziele von WPF-Anwendungen ist das Ablösen der in die Jahre gekommenen, tristen Windows Forms-Oberflächen. Im Gegensatz zu diesen ist es beispielsweise kein großes Problem, ein rundes Fenster zu erstellen, das mit der Maus frei über den Windows-Desktop bewegt werden kann.

Ein Beispiel zeigt, wie einfach die Realisierung ist.

Oberfläche

Definition des Fensters:

```
<Window x:Class="Window1"
    xmlns="http://schemas.microsoft.com/winfx/2006/xaml/presentation"
    xmlns:x="http://schemas.microsoft.com/winfx/2006/xaml"
    Title="Window1" Height="100" Width="100"
```

Das ist wichtig, damit verschwinden die letzten Windows Forms-Überreste aus unserer WPF-Anwendung[1]:

```
AllowsTransparency="True" WindowStyle="None" Background="{x:Null}">
<Viewbox Stretch="Uniform">
```

Das neue "Fenster" bzw. der neue Inhalt:

```
    <Ellipse Fill="AliceBlue" Stroke="Red" StrokeThickness="4" Width="100" Height="100"
        MouseLeftButtonDown="Ellipse_MouseLeftButtonDown"/>
</Viewbox>
</Window>
```

Die Entwurfsansicht:

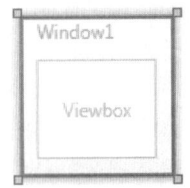

Quelltext

Die "umfangreiche" Ereignisbehandlung (Fenster verschieben):

```
Class Window1

    Private Sub Ellipse_MouseLeftButtonDown(ByVal sender As System.Object, _
                ByVal e As System.Windows.Input.MouseButtonEventArgs)
        DragMove()
    End Sub

End Class
```

Wer die gleiche Funktionalität bereits einmal mit einer GDI-Anwendung realisiert hat, wird die Vorteile von WPF zu schätzen wissen.

---

[1] Zur Erinnerung: Das eigentliche Fenster (Rahmen, Kopfzeile etc.) wird nach wie vor per GDI generiert.

Test

Die Laufzeitansicht:

> **HINWEIS:** Bewegen Sie ruhig einmal die Maus aus dem Kreis heraus und beobachten Sie das Verhalten der darunterliegenden Elemente. Diese erhalten sofort nach dem Verlassen des Kreises die Mausereignisse.

R13.15 Einfache Zeichnungen zur Laufzeit ausgeben

Dieses Rezept soll Ihnen einige Möglichkeiten der Grafikausgabe an einem recht einfachen Beispiel demonstrieren. Aufgabe ist die Darstellung einer Sinuskurve im Bereich 0 ... π, die Grafik soll abhängig von der Größe des Fensters skaliert werden.

Oberfläche

```xml
<Window x:Class="Window1"
    xmlns="http://schemas.microsoft.com/winfx/2006/xaml/presentation"
    xmlns:x="http://schemas.microsoft.com/winfx/2006/xaml"
    Title="Window1" Height="300" Width="300">
<StackPanel>
```

Zunächst ein "Miniatur-Toolbar":

```xml
<StackPanel Orientation="Horizontal">
  <Button Click="Button_Click">Test</Button>
</StackPanel>
<UniformGrid >
```

Wir geben die Grafik einmal in einem reinen *Canvas* aus:

```xml
<Canvas Width="100" Height="100"  Name="canvas1" Background="AntiqueWhite"/>
```

Im Folgenden wird der *Canvas* in eine *ViewBox* eingefügt:

```xml
<Viewbox Stretch="Fill" Name="view1">
```

```
        <Canvas Width="100" Height="100" Name="canvas2" Background="Cornsilk">
        </Canvas>
      </Viewbox>
    </UniformGrid>
  </StackPanel>
</Window>
```

Quelltext

```
Class Window1
```

Mit dem Klick auf den *Button* beginnen die Schwierigkeiten, altes mathematisches Schulwissen ist gefragt:

```
Private Sub Button_Click(ByVal sender As System.Object, _
                 ByVal e As System.Windows.RoutedEventArgs)
```

Zunächst zeichnen wir die X-Achse:

```
Dim l1 As New Line()
l1.X1 = 0
l1.Y1 = 50
l1.X2 = 100
l1.Y2 = 50
l1.Stroke = Brushes.Black
canvas1.Children.Add(l1)
```

Wie Sie sehen, handelt es sich, im Gegensatz zur Grafikausgabe mit GDI+, um eigene Zeichenobjekte, die entsprechend zu parametrieren sind und abschließen der *Children*-Collection von *canvas1* hinzugefügt werden.

Die Kurve selbst werden wir nicht aus einzelnen Linien erstellen, wir verwenden stattdessen ein *Polyline*-Objekt, dem wir entsprechende Koordinatenpaare zuweisen müssen (*Points*):

```
Dim l = New Polyline()
l.Stroke = Brushes.Black
l.Points.Add(New Point(0, 50))
For i As Integer = 0 To 99
    l.Points.Add(New Point(i, 50 - 50 * Math.Sin(i * 2 * Math.PI / 100)))
Next
canvas1.Children.Add(l)
```

Für alle, die mit der kryptischen Berechnung in oberer Schleife nicht klarkommen: Wir zeichnen die Kurve mit 100 Stützwerten (der *Canvas* hat eine Breite von 100), mit 50-50*... verschieben wir die Sinuskurve im WPF-Koordinatensystem um 50 Einheiten nach unten, legen eine Amplitude von 50 fest und kippen das Koordinatensystem in vertikaler Richtung.

R13.15 Einfache Zeichnungen zur Laufzeit ausgeben

Variante 2 läuft zunächst nach gleichem Muster ab (x-Achse zeichnen):

```
l1 = New Line()
l1.X1 = 0
l1.Y1 = 50
l1.X2 = 100: l1.Y2 = 50
l1.Stroke = Brushes.Black
canvas2.Children.Add(l1)
```

Jetzt verschieben wir aber die Kurve nicht mit einzelnen Berechnungen, sondern nutzen die Möglichkeit der Koordinatentransformation (Verschiebung um 50 Einheiten nach unten):

```
l = New Polyline()
l.RenderTransform = New TranslateTransform(0, 50)
l.Stroke = Brushes.Black
l.Points.Add(New Point(0, 0))
For i As Integer = 0 To 99
    l.Points.Add(New Point(i, -50 * Math.Sin(i * 2 * Math.PI / 100)))
Next
canvas2.Children.Add(l)
    End Sub
End Class
```

Test

Nach dem Start klicken Sie auf die "Test"-Schaltfläche. Durch Skalieren des Formulars können Sie die Unterschiede zwischen beiden Varianten erkennen:

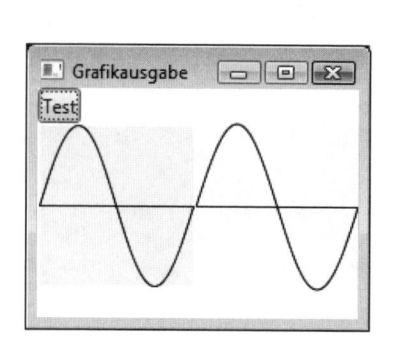

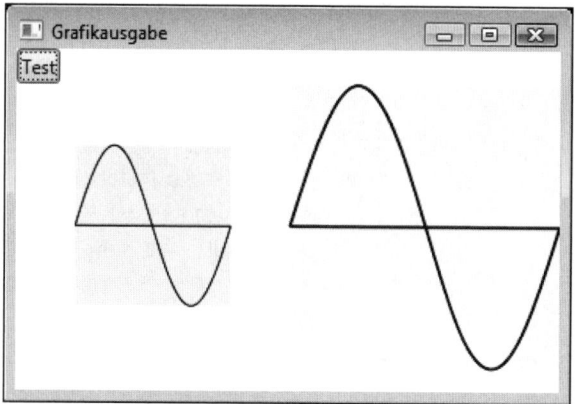

> **HINWEIS:** Beachten Sie, dass im zweiten Fall (*ViewBox*) auch die Linienstärke mit skaliert wird!

R13.16 Programmparameter auswerten

Viele Programme bieten die Möglichkeit, über die Kommandozeile Parameter an die Anwendung zu übergeben, sei es ein Dateiname oder auch Optionen für die Anzeige oder das spätere Verhalten.

In WPF-Anwendungen können Sie in der *OnStartUp*-Methode bzw. im *Startup*-Ereignis den Parameter *StartupEventArgs* auswerten. Die Eigenschaft *Args* enthält eine Liste der übergebenen Parameter.

Oberfläche

```xml
<Window x:Class="Window1"
    xmlns="http://schemas.microsoft.com/winfx/2006/xaml/presentation"
    xmlns:x="http://schemas.microsoft.com/winfx/2006/xaml"
    Title="Programmparemeter auswerten" Height="179" Width="486">
    <StackPanel>
        <Label>Die übergebenen Parameter:</Label>
```

Eine *ListBox* für die spätere Anzeige:

```xml
        <ListBox Name="ListBox1"></ListBox>
    </StackPanel>
</Window>
```

Quelltext (Application.xaml.vb)

```vb
Class Application
```

Im folgenden Array sichern wir uns die Liste der Parameter für die spätere Auswertung:

```vb
    Public Parameter As String()
```

Überschreiben der Methode *OnStartUp*, um die Kommandozeilenparameter auszuwerten und anzuzeigen:

```vb
    Protected Overrides Sub OnStartup(ByVal e As System.Windows.StartupEventArgs)
        MyBase.OnStartup(e)
        If e.Args.Count() = 0 Then
            MessageBox.Show("Das Programm muss mit Parametern gestartet werden!")
            Me.Shutdown()
        End If
        For Each arg As String In e.Args
            MessageBox.Show(arg)
        Next
```

R13.16 Programmparameter auswerten

Sichern der Parameter:

```
        Parameter = e.Args
    End Sub
```

Alternativ könnten Sie auch das Ereignis *Startup* nutzen:

```
    Private Sub Application_Startup(ByVal sender As Object, _
                    ByVal e As System.Windows.StartupEventArgs) Handles Me.Startup
...
    End Sub
End Class
```

Quelltext (Window1.xaml.vb)

Jetzt können wir die Parameter auch im Formular auswerten:

```
Class Window1

    Public Sub New()
        InitializeComponent()
```

Das von *Application.Current* zurückgegebene Objekt muss noch typisiert werden:

```
        For Each arg As String In CType(Application.Current, Application).Parameter
            ListBox1.Items.Add(arg)
        Next
    End Sub
End Class
```

Test

Vor dem Start legen Sie über die Projektoptionen einige Parameter fest:

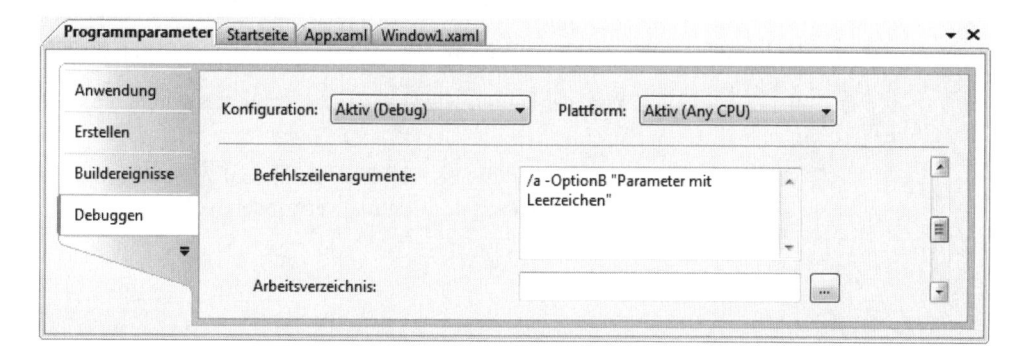

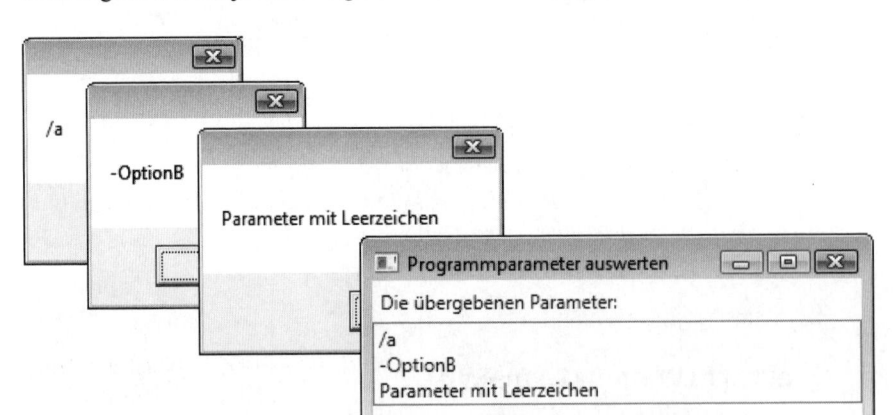

Das Programm sollte jetzt die folgenden Parameter anzeigen:

R13.17 Ein Video anzeigen und steuern

Für die Anzeige von Videos bzw. die Wiedergabe von Audiodateien bietet sich in WPF das *MediaElement* an. Für die Steuerung verwenden Sie die Methoden *Play, Pause* und *Stop*, zuweisen können Sie das Video über die *Source*-Eigenschaft. Doch Achtung:

> **HINWEIS:** Sie können keine als Ressourcen eingebetteten Videos wiedergeben. Kopieren Sie die Videos stattdessen in das Ausgabeverzeichnis (*Build Action=Content, CopyToOutputDirectory=PreserveNewest*).

Erst **nach** dem Öffnen der Videodatei stehen Ihnen einige wichtige Eigenschaften zur Verfügung:

- *NaturalDuration (*Laufzeit des Videos)
- *NaturalVideoHeight, NaturalVideoWidth* (die Originalabmessungen des Videos)
- *ActualWidth, ActualHeight* (die im Window realisierten Abmessungen des Controls)
- Wer es gern ruhig mag, der kann *IsMuted* auf *True* setzen, das schont die Ohren.

> **HINWEIS:** Die *LoadedBehavior*-Eigenschaft müssen Sie auf *Manual* setzen, wenn Sie obige Methoden zur Steuerung des Controls verwenden wollen.

Oberfläche

Wir erstellen zunächst einen kleinen Toolbar für die Schaltflächen:

```xml
...
<StackPanel>
  <StackPanel Orientation="Horizontal">
    <Button Click="Button_Click">Start</Button>
    <Button Click="Button_Click_1">Pause</Button>
    <Button Click="Button_Click_2">Stop</Button>
```

Der Lautstärkeregler:

```xml
<Slider Name="VSlider" VerticalAlignment="Center" ValueChanged="VSlider_ValueChanged"
        Minimum="0" Maximum="1" Value="0.5" Width="70"/>
```

Die Geschwindigkeit:

```xml
<Slider Name="SSlider" VerticalAlignment="Center" ValueChanged="SSlider_ValueChanged"
        Value="1" Maximum="5" Minimum="0.1" Width="70" />
</StackPanel>
```

Das eigentliche *MediaElement*:

```xml
<MediaElement LoadedBehavior="Manual" UnloadedBehavior="Stop" Width="400" Name="Media1"
   Stretch="Uniform" Source="butterfly.wmv" MediaOpened="Media1_MediaOpened"
   MediaEnded="Media1_MediaEnded">
</MediaElement>
</StackPanel>
```

Quelltext

Die Verwendung des Controls beschränkt sich im Wesentlichen auf den Aufruf einiger weniger Methoden, die selbsterklärend sein dürften:

```vb
Private Sub Button_Click(ByVal sender As System.Object, _
                ByVal e As System.Windows.RoutedEventArgs)
    Media1.Play()
End Sub


Private Sub Button_Click_1(ByVal sender As System.Object, _
                ByVal e As System.Windows.RoutedEventArgs)
    Media1.Pause()
End Sub
```

```vbnet
    Private Sub Button_Click_2(ByVal sender As System.Object, _
                        ByVal e As System.Windows.RoutedEventArgs)
        Media1.Stop()
    End Sub
```

Lautstärke regeln:

```vbnet
    Private Sub VSlider_ValueChanged(ByVal sender As System.Object, _
            ByVal e As System.Windows.RoutedPropertyChangedEventArgs(Of System.Double))
        If Media1 IsNot Nothing Then Media1.Volume = VSlider.Value
    End Sub
```

Geschwindigkeit regeln:

```vbnet
    Private Sub SSlider_ValueChanged(ByVal sender As System.Object, _
            ByVal e As System.Windows.RoutedPropertyChangedEventArgs(Of System.Double))
        If Media1 IsNot Nothing Then Media1.SpeedRatio = SSlider.Value
    End Sub
```

Nach dem Öffnen des Videos bzw. am Ende können Sie die folgenden Ereignisse nutzen:

```vbnet
    Private Sub Media1_MediaOpened(ByVal sender As System.Object, _
                        ByVal e As System.Windows.RoutedEventArgs)
    End Sub

    Private Sub Media1_MediaEnded(ByVal sender As System.Object, _
                        ByVal e As System.Windows.RoutedEventArgs)
    End Sub
```

Test

Die Laufzeitansicht:

R13.18 Schatteneffekt für Controls realisieren

Wem die eigenen Programmoberflächen trotz aller WPF-Möglichkeiten immer noch zu trist sind, der kann auch diverse Bitmap-Effekte auf ganz normale Controls anwenden, um zum Beispiel einen Schatten zu erzeugen.

Das Beispiel zeigt, wie es geht.

Oberfläche

```xml
<Window x:Class="Window1"
    xmlns="http://schemas.microsoft.com/winfx/2006/xaml/presentation"
    xmlns:x="http://schemas.microsoft.com/winfx/2006/xaml"
    Title="Window1" Height="300" Width="300">
```

Zunächst definieren wir eine Typ-Ressource für die Schaltflächen, so brauchen wir nicht bei jedem einzelnen Control die Eigenschaften festzulegen:

```xml
<Window.Resources>
    <Style TargetType="{x:Type Button}">
        <Setter Property="Margin" Value="12" />
        <Setter Property="Background" Value="Yellow" />
        <Setter Property="FontWeight" Value="UltraBold" />
        <Setter Property="Foreground" Value="Red" />
        <Setter Property="FontSize" Value="18" />
    </Style>
</Window.Resources>
```

In einem *UniformGrid* zeigen wir eine Matrix von Schaltflächen an, für das gesamt Grid bzw. dessen Inhalt definieren wir einen Schatten-Effekt:

```xml
<UniformGrid >
    <UniformGrid.BitmapEffect>
        <DropShadowBitmapEffect Softness="5" ShadowDepth="7" Opacity="50" />
    </UniformGrid.BitmapEffect>
    <Button>1</Button>
    <Button>2</Button>
    <Button>3</Button>
    ...
    <Button>9</Button>
</UniformGrid>
</Window>
```

Test

Bereits zur Entwurfszeit können Sie sich vom Erfolg überzeugen.

Bemerkung

Alternativ können Sie auch weitere Bitmap-Effekte realisieren.

BEISPIEL: *OuterGlowBitmapEffect*

```
...
   <OuterGlowBitmapEffect GlowColor="Red" GlowSize="8" Noise="5" />
...
```

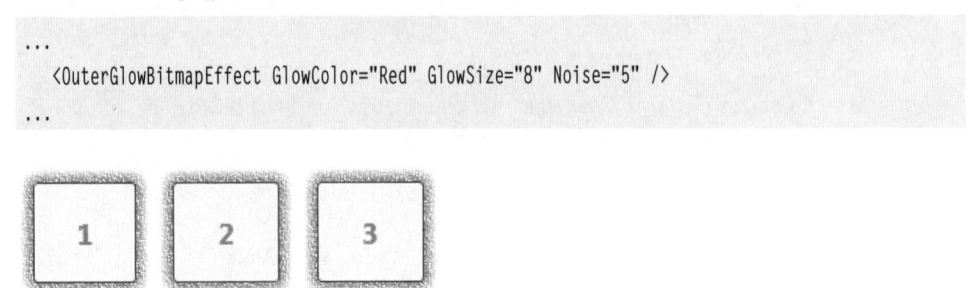

BEISPIEL: *BevelBitmapEffect*

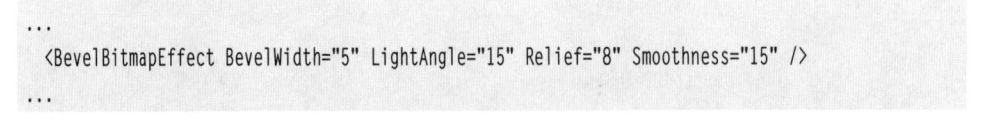

```
...
   <BevelBitmapEffect BevelWidth="5" LightAngle="15" Relief="8" Smoothness="15" />
...
```

BEISPIEL: *BlurBitmapEffect*

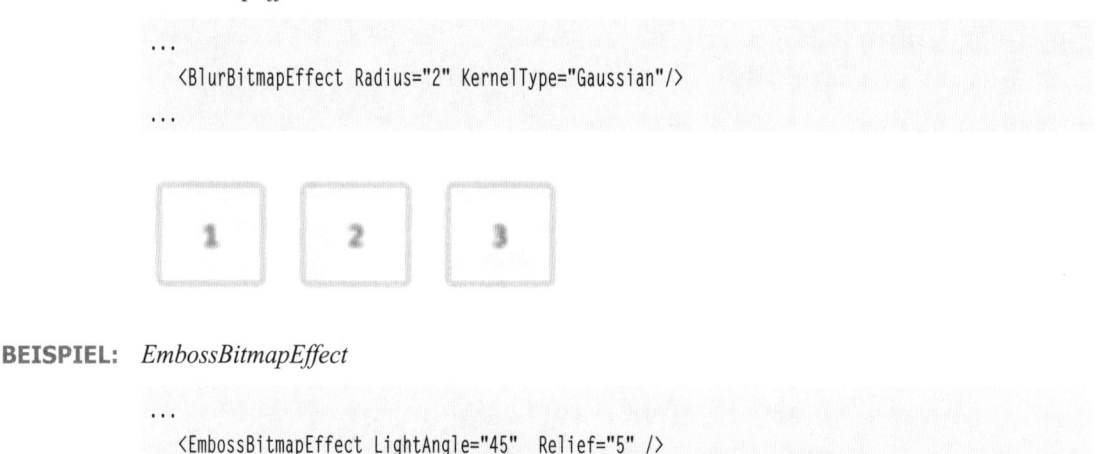

```
...
    <BlurBitmapEffect Radius="2" KernelType="Gaussian"/>
...
```

BEISPIEL: *EmbossBitmapEffect*

```
...
    <EmbossBitmapEffect LightAngle="45" Relief="5" />
...
```

R13.19 Eine TextBox beim Fokuserhalt optisch markieren

Sicher kennen auch Sie das eine oder andere Programm, das exzessiv Gebrauch von diversen optischen Spielereien macht. Wird beispielsweise mit dem Mauskursor auf ein Control gezeigt, ändert sich dessen Rahmen oder die Hintergrundfarbe. Gleiches gilt für Eingabefelder, die den Fokus erhalten etc. In all diesen Fällen ändern sich Eigenschaften (*IsMouseOver*, *IsFocused*), auf die Sie bei der konventionellen Programmierung mit Ereignismethoden reagieren können. Mit Eigenschaften-Triggern können Sie Ihren VB-Quellcode von derartigem Balast befreien und direkt per XAML-Code Änderungen am Control vornehmen.

Oberfläche

Die *TextBox* soll auf Änderungen von *IsMouseOver* und *IsFocused* mit Farbänderungen reagieren.

```
<Window x:Class="Trigger_Bsp"
    xmlns="http://schemas.microsoft.com/winfx/2006/xaml/presentation"
    xmlns:x="http://schemas.microsoft.com/winfx/2006/xaml"
    Title="Trigger_Bsp" Height="300" Width="300">
```

Einen Style für die *TextBox* erzeugen:

```
<Window.Resources>
  <Style x:Key="myStyle" TargetType="{x:Type TextBox}">
```

Der Außenabstand soll immer 2 betragen:

```
    <Setter Property="Margin" Value="2" />
```

Hier werden die Trigger definiert:

```
    <Style.Triggers>
```

Unter der Bedingung ...

```
      <Trigger Property="IsMouseOver" Value="True">
```

... wird die folgende Eigenschaft gesetzt:

```
        <Setter Property="Background" Value="Yellow" />
      </Trigger>
```

Unter der Bedingung ...

```
      <Trigger Property="IsFocused" Value="True">
```

... werden die folgenden Eigenschaften gesetzt:

```
        <Setter Property="Background" Value="Blue" />
        <Setter Property="Foreground" Value="White" />
      </Trigger>
    </Style.Triggers>
  </Style>
</Window.Resources>
<Grid>
  <StackPanel>
```

Hier verwenden wir den Style:

```
    <TextBox Style="{StaticResource myStyle}" >Hallo</TextBox>
    <TextBox Style="{StaticResource myStyle}" >Hallo</TextBox>
  </StackPanel>
</Grid>
</Window>
```

HINWEIS: Änderungen, die durch einen Trigger vorgenommen wurden, werden automatisch wieder rückgängig gemacht, wenn die Bedingung nicht mehr eingehalten wird (automatisches Wiederherstellen des Defaultwertes).

Test

Die folgende Abbildung zeigt die Laufzeitansicht, die erste *TextBox* erfüllt die Bedingung *IsMouseOver=True*, die zweite *TextBox* hat den Eingabefokus, und die dritte *TextBox* ist im Defaultzustand:

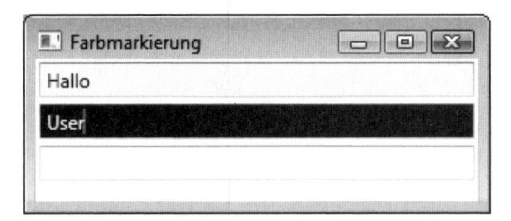

R13.20 Den TextBox-Inhalt beim Fokuserhalt markieren

Möchten Sie den Inhalt der *TextBox* markieren, wenn diese den Fokus erhält, können Sie dies in WPF mit einer Mischung aus XAML- und VB-Programmierung recht einfach realisieren, ohne gleich eine *TextBox* ableiten zu müssen.

Oberfläche

Wir nutzen die Möglichkeit, per Typ-Style auf Controlereignisse zu reagieren:

```xml
<Window x:Class="Window1"
    xmlns="http://schemas.microsoft.com/winfx/2006/xaml/presentation"
    xmlns:x="http://schemas.microsoft.com/winfx/2006/xaml"
    Title="Fokuserhalt" Height="300" Width="300">
    <Window.Resources>
        <Style TargetType="{x:Type TextBox}">
            <EventSetter Event="GotFocus" Handler="TextBox_GotFocus"/>
            <EventSetter Event="GotMouseCapture" Handler="TextBox_GotFocus"/>
        </Style>
    </Window.Resources>
    <StackPanel>
        <TextBox>Hallo</TextBox>
        <TextBox>User,</TextBox>
        <TextBox>wie</TextBox>
        <TextBox>geht</TextBox>
        <TextBox>es</TextBox>
        <TextBox>Dir?</TextBox>
    </StackPanel>
</Window>
```

Quelltext

Im eigentlichen Programm können wir uns auf den Aufruf der Methode *SelectAll* beschränken:

```
Class Window1
...
    Private Sub TextBox_GotFocus(ByVal sender As Object, ByVal e As RoutedEventArgs)
        CType(sender, TextBox).SelectAll()
    End Sub
...
End Class
```

Test

Wechseln Sie mit Maus/Tastatur zwischen den einzelnen Textfeldern, um die neue Funktionalität auszuprobieren:

# Kapitel 14

System

R14.1 Nutzer und Gruppen des Systems ermitteln

Dieses Rezept zeigt Ihnen, wie Sie mit Hilfe der WMIs alle Nutzer und Gruppen des aktuellen Computers ermitteln können.

Oberfläche

Wir brauchen ein Windows *Form* und eine *TreeView*-Komponente (siehe Laufzeitansicht).

> **HINWEIS:** Binden Sie über den Projektmappen-Explorer einen Verweis auf die Assembly *System.Management* ein.

Quelltext

Einbinden der Namespaces:

```
Imports System.Management
Imports System.Net

Public Class Form1
```

Mit dem Laden des Formulars erzeugen wir zunächst die beiden Haupt-Knoten in der *TreeView*:

```
    Private Sub Form1_Load(ByVal sender As System.Object, ByVal e As System.EventArgs) _
                                                              Handles MyBase.Load
        Dim nUser As TreeNode = TreeView1.Nodes.Add("Nutzer")
        Dim nGroups As TreeNode = TreeView1.Nodes.Add("Gruppen")
```

Eine Abfrage für die WMIs zusammenbasteln:

```
Dim Query As New ManagementObjectSearcher("SELECT * FROM" & _
            " Win32_UserAccount WHERE Domain='" & Dns.GetHostName() & "'")
```

Ausgabe der Nutzer:

```
For Each mo As ManagementObject In Query.Get()
    nUser.Nodes.Add(mo("Name").ToString() & "  (" & mo("FullName").ToString() & ")")
Next
```

Jetzt noch die Gruppen abfragen:

```
Query = New ManagementObjectSearcher("SELECT * FROM Win32_Group WHERE " & _
                                    "Domain='" & Dns.GetHostName() & "'")
For Each mo As ManagementObject In Query.Get()
    nGroups.Nodes.Add(mo("Name").ToString() & "  (" & _
                      mo("Description").ToString() & ")")
Next
End Sub

End Class
```

Test

Nach dem Programmstart werden bereits alle Nutzer und Gruppen im Baum angezeigt:

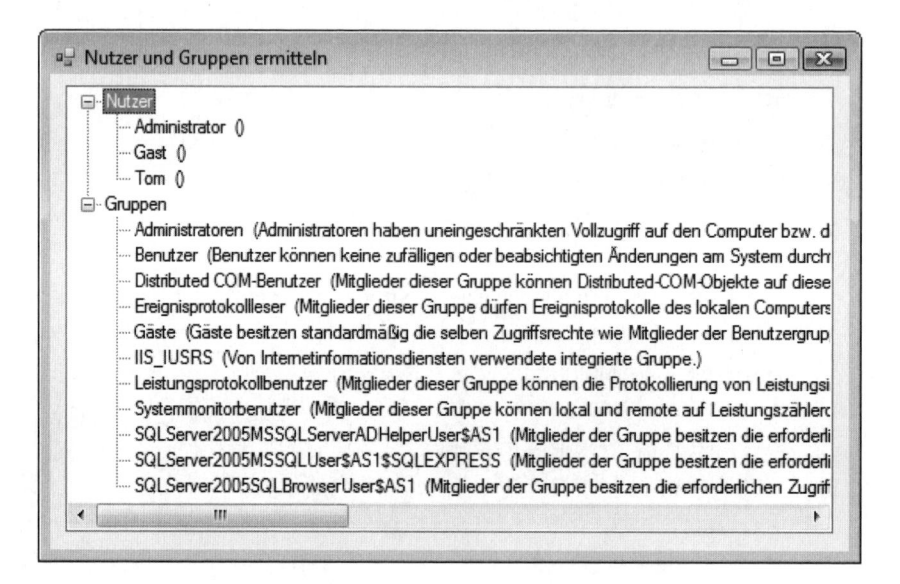

R14.2 Testen, ob Nutzer in einer Gruppe enthalten ist

Möchten Sie kontrollieren, ob der Nutzer angemeldet ist und zu bestimmten Gruppen gehört, können Sie ein *WindowsIdentity*-Objekt einsetzen.

Oberfläche

Erforderlich sind ein Windows *Form* und eine *ListBox* (siehe Laufzeitansicht).

Quelltext

```
Imports System.Security.Principal

Public Class Form1
```

Mit dem Laden des Formulars rufen wir zunächst die aktuelle Windows Identität ab:

```
    Private Sub Form1_Load(ByVal sender As System.Object, ByVal e As System.EventArgs) _
                                                                    Handles MyBase.Load
        Dim wi As WindowsIdentity = WindowsIdentity.GetCurrent()
```

Auswerten der Anmeldung:

```
        ListBox1.Items.Add("Username: " & wi.Name)
        ListBox1.Items.Add("IsAuthenticated: " & wi.IsAuthenticated.ToString)
        ListBox1.Items.Add("AuthenticationType: " & wi.AuthenticationType.ToString)
```

Test auf einige vorgegebene Gruppen:

```
        ListBox1.Items.Add("IsAnonymous: " & wi.IsAnonymous.ToString)
        ListBox1.Items.Add("IsGuest: " & wi.IsGuest.ToString)
        ListBox1.Items.Add("IsSystem: " & wi.IsSystem.ToString)
```

Und so können Sie auf eine spezifische Gruppe testen:

```
        ListBox1.Items.Add("IsAdmin: " & (New WindowsPrincipal(WindowsIdentity.GetCurrent() _
                            ).IsInRole(WindowsBuiltInRole.Administrator)).ToString)
    End Sub
End Class
```

HINWEIS: Siehe dazu auch das folgende Rezept R14.3.

Test

Nach dem Start finden Sie die Informationen in der *ListBox*:

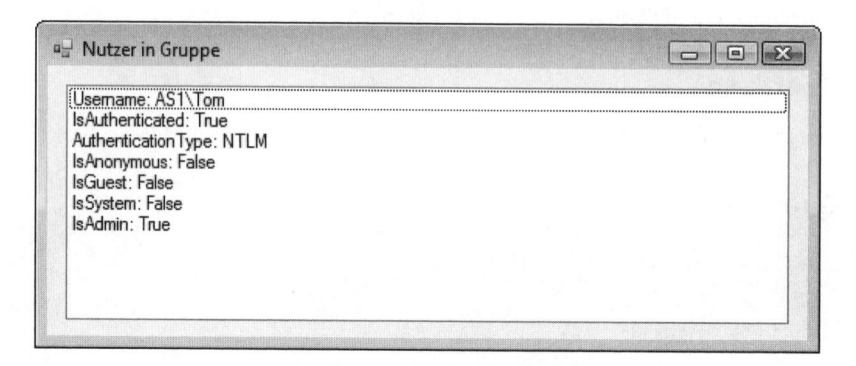

```
Nutzer in Gruppe
Username: AS1\Tom
IsAuthenticated: True
AuthenticationType: NTLM
IsAnonymous: False
IsGuest: False
IsSystem: False
IsAdmin: True
```

R14.3 Testen, ob der Nutzer ein Administrator ist

Für den Zugriff auf einige Systemfunktionen bzw. Änderungen an den Systemeinstellungen sind häufig Administratorenrechte erforderlich. Wie Sie prüfen, ob die aktuelle Anwendung mit Admin-Rechten arbeitet, zeigt das vorliegende Rezept.

Oberfläche

Nur ein Windows *Form* und ein *Label*.

Quelltext

Binden Sie zunächst den folgenden Namespace ein:

```
Imports System.Security.Principal

Public Class Form1
```

Die kleine Hilfsfunktion:

```
    Public Function IsAdmin() As Boolean
        Return (New WindowsPrincipal(WindowsIdentity.GetCurrent() _
                            ).IsInRole(WindowsBuiltInRole.Administrator))
    End Function
```

Die Verwendung:

```
    Private Sub Form1_Load(ByVal sender As System.Object, ByVal e As System.EventArgs) _
                                                            Handles MyBase.Load
        If IsAdmin() Then
            Label1.Text = WindowsIdentity.GetCurrent().Name & " = Administrator"
```

```
        Else
            Label1.Text = WindowsIdentity.GetCurrent().Name & " kein Admin"
        End If
    End Sub

End Class
```

Test

Nach dem Start werden Ihnen der aktuelle Nutzer und das Funktionsergebnis angezeigt:

AS1\Tom= Administrator

R14.4 Die IP-Adressen des Computers bestimmen

Soll Ihr Programm über rudimentäre Netzwerkfähigkeiten (Remoting etc.) verfügen, ist meist auch die aktuelle IP-Adresse des Systems von Interesse. Ein kleines Beispiel zeigt, wie es geht.

Oberfläche

Wir brauchen ein Windows *Form* mit einer *ListBox*.

Quelltext

```
Imports System.Net

Public Class Form1
```

Mit dem Laden des Formulars füllen wir auch die *ListBox* mit allen gefundenen IP-Adressen:

```
    Private Sub Form1_Load(ByVal sender As System.Object, ByVal e As System.EventArgs) _
                                                                 Handles MyBase.Load
        ListBox1.Items.Add("Host: " & Dns.GetHostName())
        For Each ip As IPAddress In Dns.GetHostEntry(Dns.GetHostName()).AddressList
            ListBox1.Items.Add(ip)
        Next
    End Sub
End Class
```

Test

Sie haben es sicher schon geahnt, ein Computer kann mehr als eine IP-Adresse haben und so ist es auch im folgenden Beispiel:

```
IP-Adresse(n) bestimmen
Host: p4-32
192.0.1.22
192.168.44.21
192.168.18.1
192.168.119.1
```

Neben dem "normalen" Netzwerkzugang finden sich noch eine DVB-Sat-Karte und eine weitere Netzwerkkarte im Computer.

HINWEIS: Den aktuellen PC können Sie auch über die IP-Adresse 127.0.0.1 erreichen!

R14.5 Die IP-Adresse über den Hostnamen bestimmen

Während der Nutzer meist mit Hostnamen (z.B. *Server*) statt IP-Adressen arbeitet, sind viele Programmfunktionen nur mit den entsprechenden IP-Adressen realisierbar. In diesem Fall benötigen Sie eine Funktion, die den Hostnamen in eine IP-Adresse umwandelt.

Oberfläche

Lediglich ein Windows *Form* und eine *ListBox* werden benötigt.

Quelltext

Mit dem Laden des Formulars bestimmen wir die IP-Adresse(n) für den Hostname des aktuellen Computers.

```vb
Imports System.Net

Public Class Form1
    Private Sub Form1_Load(ByVal sender As System.Object, ByVal e As System.EventArgs) _
                                                                   Handles MyBase.Load
        For Each ip As IPAddress In Dns.GetHostEntry(Dns.GetHostName()).AddressList
            ListBox1.Items.Add(ip.ToString())
        Next
    End Sub
End Class
```

> **HINWEIS:** Sie können natürlich auch den Namen eines anderen Netzwerk-Clients angeben.

Test

Die Programmausgabe:

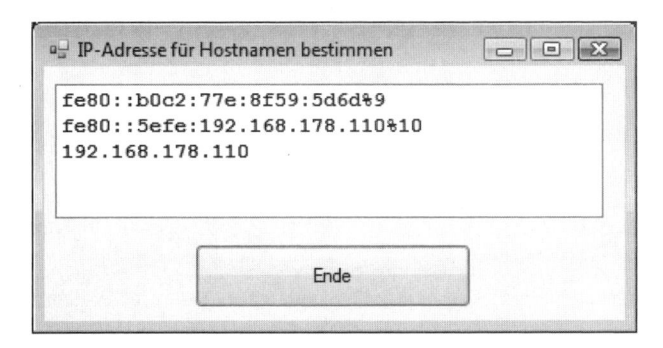

```
fe80::b0c2:77e:8f59:5d6d%9
fe80::5efe:192.168.178.110%10
192.168.178.110
```

R14.6 Diverse Systeminformationen ermitteln

Wer sich eingehend mit der Umgebung des Programms (Betriebssystem, Hardware etc.) beschäftigen will, findet die gesuchten Informationen im Wesentlichen über die folgenden Klassen:

- *SystemInformation*
- *System.Environment*
- *Application*
- *Windows Management Instrumentations* kurz WMI.

Wir wollen im Folgenden die wichtigsten Informationen auslesen, einen Anspruch auf Vollständigkeit erheben wir lieber nicht.

Oberfläche

Ein Windows *Form*, eine *ListBox* und ein *MenuStrip* (siehe Laufzeitansicht).

Binden Sie zusätzlich den Verweise auf *System.Management* in Ihr Projekt ein.

Quelltext

> **HINWEIS:** Um die Übersicht in diesem Rezept zu erhöhen und ein schnelles Nachschlagen zu erleichtern, wurden zusätzliche Zwischenüberschriften eingefügt.

Einbinden der benötigten Namespaces:

```
Imports System.Collections
Imports System.Management
Imports Microsoft.VisualBasic.Devices
Public Class Form1
```

Betriebssystem (Name, Version, Bootmode)

Über die *Environment*-Klasse stehen die gewünschten Informationen zur Verfügung:

```vb
Private Sub dToolStripMenuItem_Click(ByVal sender As System.Object, _
            ByVal e As System.EventArgs) Handles dToolStripMenuItem.Click
    ListBox1.Items.Add("OSVersion: " & Environment.OSVersion.ToString())
    ListBox1.Items.Add("OSVersion.Platform: " & Environment.OSVersion.Platform)
    ListBox1.Items.Add("OSVersion.ServicePack: " & Environment.OSVersion.ServicePack)
    ListBox1.Items.Add("OSVersion.Version: " & Environment.OSVersion.VersionString)
    ListBox1.Items.Add("OSFullName: " & (New ComputerInfo()).OSFullName)
    ListBox1.Items.Add("CurrentCulture: " & Application.CurrentCulture.ToString())
    ListBox1.Items.Add("Bootmode: " & SystemInformation.BootMode.ToString())
End Sub
```

BEISPIEL: Ausgabe der obigen Anweisungen unter Windows Vista

```
OSVersion: Microsoft Windows NT 6.0.6000.0
OSVersion.Platform: Win32NT
OSVersion.ServicePack:
OSVersion.Version: Microsoft Windows NT 6.0.6000.0
OSFullName: Microsoft® Windows Vista™ Home Premium
CurrentCulture: de-DE
Bootmode: Normal
```

Wie Sie sehen, bietet nur die *OSFullName*-Eigenschaft den allgemein bekannten Betriebssystemnamen.

Meist genügt jedoch die Abfrage von *Platform*, wenn Sie zwischen *Windows Me* (ja, das gibt es teilweise noch) und einer der NT-Versionen (dies schließt *Vista* mit ein) unterscheiden wollen.

BEISPIEL: Auslesen der Registry in Abhängigkeit vom Betriebssystem

```vb
Select Case Environment.OSVersion.Platform
    Case PlatformID.Win32Windows
        Dim rk As RegistryKey = Registry.LocalMachine.OpenSubKey( _
                        "Software\Microsoft\Windows\CurrentVersion", False)
```

```
...
        Case PlatformID.Win32NT
            Dim rk As RegistryKey = Registry.LocalMachine.OpenSubKey( _
                            "Software\Microsoft\Windows NT\CurrentVersion", False)
...
    End Select
```

Schriftarten/-Informationen

Allgemeine Informationen über die Darstellung der Schriftarten (*Systemsteuerung|Anzeige|Darstellung*):

```
Private Sub dToolStripMenuItem1_Click(ByVal sender As System.Object, _
        ByVal e As System.EventArgs) Handles dToolStripMenuItem1.Click
    ListBox1.Items.Add("IsFontSmoothingEnabled: " & _
                    SystemInformation.IsFontSmoothingEnabled.ToString)
    ListBox1.Items.Add("FontSmoothingType: " & _
                    SystemInformation.FontSmoothingType.ToString & _
                    " (1=Default, 2=ClearType)")
    ListBox1.Items.Add("FontSmoothingContrast: " & _
                    SystemInformation.FontSmoothingContrast.ToString)
```

Die Liste der möglichen Schriftarten abrufen:

```
    For Each ff As FontFamily In FontFamily.Families
        ListBox1.Items.Add(ff.Name)
    Next
End Sub
```

BEISPIEL: Ausgabe der obigen Anweisungen

```
IsFontSmoothingEnabled: True
FontSmoothingType: 2   (1=Default, 2=ClearType)
FontSmoothingContrast: 1200
Academy Engraved LET
Aharoni
Amienne
Andalus
Angsana New
AngsanaUPC
Arabic Typesetting
Arial
Arial Black
Arial Narrow
Arnprior
```

Die möglichen Werte für *FontSmoothingType*:

Wert	Bedeutung
1	Standardschriftglättung.
2	ClearType-Schriftglättung.

Bildschirme

Dass mehr als ein Bildschirm möglich ist, hat sich sicher schon herumgesprochen. Das .NET-Framework bietet geeignete Möglichkeiten, die User-Konfiguration zu bestimmen, auch wenn es nicht ganz einfach ist, den Zusammenhang richtig zu interpretieren:

```
Private Sub dToolStripMenuItem2_Click(ByVal sender As System.Object, _
                ByVal e As System.EventArgs) Handles dToolStripMenuItem2.Click

    ListBox1.Items.Add("MonitorCount: " & SystemInformation.MonitorCount.ToString)
    ListBox1.Items.Add("MonitorsSameDisplayFormat: " & _
                SystemInformation.MonitorsSameDisplayFormat.ToString)
    ListBox1.Items.Add("PrimaryMonitorMaximizedWindowSize: " & _
                SystemInformation.PrimaryMonitorMaximizedWindowSize.ToString)
    ListBox1.Items.Add("PrimaryMonitorSize: " & _
                SystemInformation.PrimaryMonitorSize.ToString)
    ListBox1.Items.Add("ScreenOrientation: " & _
                SystemInformation.ScreenOrientation.ToString)
    ListBox1.Items.Add("VirtualScreen: " & SystemInformation.VirtualScreen.ToString)
    ListBox1.Items.Add("WorkingArea: " & SystemInformation.WorkingArea.ToString)
End Sub
```

BEISPIEL: Ausgabe der obigen Anweisungen

```
MonitorCount: 2
MonitorsSameDisplayFormat: True
PrimaryMonitorMaximizedWindowSize: {Width=1296, Height=1010}
PrimaryMonitorSize: {Width=1280, Height=1024}
ScreenOrientation: Angle0
VirtualScreen: {X=0,Y=0,Width=2960,Height=1050}
WorkingArea: {X=0,Y=0,Width=1280,Height=994}
```

Die oben ermittelten Informationen entsprechen folgender System-Konfiguration:

Screen2: 1280 x 1024 Pixel, *Screen2* 1680 x 1050 Pixel

HINWEIS: Weitere Informationen über die Bildschirme können Sie über die *Screen*-Klasse abrufen (siehe R14.7).

Netzwerk (User-Name, PC-Name ...)

Auch die wichtigsten Netzwerkinformationen lassen sich über die .NET-Klassen abrufen:

```
Private Sub dToolStripMenuItem3_Click(ByVal sender As System.Object, _
                  ByVal e As System.EventArgs) Handles dToolStripMenuItem3.Click
    ListBox1.Items.Add("ComputerName: " & SystemInformation.ComputerName.ToString)
    ListBox1.Items.Add("MachineName: " & Environment.MachineName)
    ListBox1.Items.Add("Network: " & SystemInformation.Network.ToString)
    ListBox1.Items.Add("TerminalServerSession: " & _
                  SystemInformation.TerminalServerSession.ToString)
    ListBox1.Items.Add("UserName: " & SystemInformation.UserName)
    ListBox1.Items.Add("UserDomainName: " & SystemInformation.UserDomainName)
    ListBox1.Items.Add("UserInteractive: " & SystemInformation.UserInteractive.ToString)
End Sub
```

BEISPIEL: Ausgabe der obigen Anweisungen

```
ComputerName: AS1
MachineName: AS1
Network: True
TerminalServerSession: False
UserName: Tom
UserDomainName: AS1
UserInteractive: True
```

HINWEIS: Weitere Informationen über Nutzer und Gruppen, siehe R14.1!

Environment Variablen auslesen

Nicht alle, aber viele Informationen über Betriebssystem etc. können Sie über die Environment-Variablen auslesen:

```
Private Sub dToolStripMenuItem5_Click(ByVal sender As System.Object, _
                ByVal e As System.EventArgs) Handles dToolStripMenuItem5.Click
    For Each de As DictionaryEntry In Environment.GetEnvironmentVariables()
        ListBox1.Items.Add(de.Key & " = " & de.Value)
    Next
End Sub
```

BEISPIEL: Ausgabe

```
Path = C:\Program Files\CodeGear\RAD Studio\5.0\bin;C:\Users\Public\Documen
TEMP = C:\Users\Tom\AppData\Local\Temp
BDSCOMMONDIR = C:\Users\Public\Documents\RAD Studio\5.0
PATHEXT = .COM;.EXE;.BAT;.CMD;.VBS;.VBE;.JS;.JSE;.WSF;.WSH;.MSC
USERDOMAIN = AS1
PROCESSOR_ARCHITECTURE = x86
SystemDrive = C:
RoxioCentral = C:\Program Files\Common Files\Roxio Shared\9.0\Roxio Central
APPDATA = C:\Users\Tom\AppData\Roaming
windir = C:\Windows
LOCALAPPDATA = C:\Users\Tom\AppData\Local
SESSIONNAME = Console
TMP = C:\Users\Tom\AppData\Local\Temp
USERPROFILE = C:\Users\Tom
ProgramFiles = C:\Program Files
FP_NO_HOST_CHECK = NO
HOMEPATH = \Users\Tom
COMPUTERNAME = AS1
USERNAME = Tom
```

Energiestatus

Nicht jeder Computer ist ständig "an der Leine", und so wird auch die Information über den Batteriestatus nicht ganz uninteressant sein:

```
Private Sub dToolStripMenuItem4_Click(ByVal sender As System.Object, _
                    ByVal e As System.EventArgs) Handles dToolStripMenuItem4.Click
    ListBox1.Items.Add("PowerStatus.BatteryChargeStatus: " & _
                    SystemInformation.PowerStatus.BatteryChargeStatus.ToString())
    ListBox1.Items.Add("PowerStatus.BatteryFullLifetime: " & _
                    SystemInformation.PowerStatus.BatteryFullLifetime.ToString())
    ListBox1.Items.Add("PowerStatus.BatteryLifePercent: " & _
                    SystemInformation.PowerStatus.BatteryLifePercent.ToString())
    ListBox1.Items.Add("PowerStatus.BatteryLifeRemaining: " & _
                    SystemInformation.PowerStatus.BatteryLifeRemaining.ToString())
    ListBox1.Items.Add("PowerStatus.PowerLineStatus: " & _
                    SystemInformation.PowerStatus.PowerLineStatus.ToString())
End Sub
```

BEISPIEL: PC mit Netzversorgung

```
PowerStatus.BatteryChargeStatus: NoSystemBattery
PowerStatus.BatteryFullLifetime: -1
PowerStatus.BatteryLifePercent: 1
PowerStatus.BatteryLifeRemaining: -1
PowerStatus.PowerLineStatus: Online
```

Hardware-Informationen

Möchten Sie einen Blick unter die "Motorhaube" Ihres PCs werfen, ohne gleich den Schraubenzieher zu bemühen, geht auch dies:

```
Private Sub dToolStripMenuItem6_Click(ByVal sender As System.Object, _
                    ByVal e As System.EventArgs) Handles dToolStripMenuItem6.Click
```

Abfrage der Prozessoranzahl:

```
ListBox1.Items.Add("ProcessorCount: " & Environment.ProcessorCount.ToString())
```

Mit Hilfe der WMIs erfahren wir noch etwas mehr über die Prozessoren:

```
Dim Query As New SelectQuery("Win32_Processor")
Dim mos As New ManagementObjectSearcher(Query)
For Each mo As ManagementObject In mos.Get()
    ListBox1.Items.Add("Manufacturer: " & mo("Manufacturer").ToString())
    ListBox1.Items.Add("Name: " & mo("Name").ToString())
```

```
            ListBox1.Items.Add("SocketDesignation: " & mo("SocketDesignation").ToString())
            ListBox1.Items.Add("ExtClock: " & mo("ExtClock").ToString())
            ListBox1.Items.Add("Description: " & mo("Description").ToString())
            ListBox1.Items.Add("AddressWidth: " & mo("AddressWidth").ToString())
            ListBox1.Items.Add("CurrentClockSpeed: " & mo("CurrentClockSpeed").ToString() & _
                        "MHz")
        Next
        mos.Dispose()
```

Speicherinfos sammeln:

```
        Dim ci As New ComputerInfo()
        ListBox1.Items.Add("AvailableVirtualMemory: " & ci.AvailableVirtualMemory.ToString())
        ListBox1.Items.Add("AvailablePhysicalMemory: " & ci.AvailablePhysicalMemory)
        ListBox1.Items.Add("TotalVirtualMemory: " & ci.TotalVirtualMemory)
        ListBox1.Items.Add("TotalPhysicalMemory: " & ci.TotalPhysicalMemory)
    End Sub
```

BEISPIEL: Die Ausgabe

```
ProcessorCount: 2
Manufacturer: GenuineIntel
Name: Intel(R) Core(TM)2 Duo CPU      E8500  @ 3.16GHz
SocketDesignation: Socket 775
ExtClock: 333
Description: x64 Family 6 Model 23 Stepping 6
AddressWidth: 32
CurrentClockSpeed: 1998MHz
AvailableVirtualMemory: 1989758976
AvailablePhysicalMemory: 2336964608
TotalVirtualMemory: 2147352576
TotalPhysicalMemory: 3218669568
```

HINWEIS: Es kann etwas dauern, bitte nicht unruhig werden.

Anwendung (Pfad, Name, Assemblies)

Möchten Sie mehr über die aktuelle Anwendung erfahren, finden Sie die Informationen in verschiedenen Klassen:

```
    Private Sub anwendungToolStripMenuItem_Click(ByVal sender As System.Object, _
                ByVal e As System.EventArgs) Handles anwendungToolStripMenuItem.Click
        ListBox1.Items.Add("CommandLine: " & Environment.CommandLine.ToString())
        ListBox1.Items.Add("CurrentDirectory: " & Environment.CurrentDirectory)
```

R14.6 Diverse Systeminformationen ermitteln

```vb
        ListBox1.Items.Add("UserInteractive: " & Environment.UserInteractive.ToString())
        ListBox1.Items.Add("WorkingSet: " & Environment.WorkingSet)
        ListBox1.Items.Add("ProductName: " & Application.ProductName)
        ListBox1.Items.Add("ProductVersion: " & Application.ProductVersion)
        ListBox1.Items.Add("CompanyName: " & Application.CompanyName)
        ListBox1.Items.Add("ExecutablePath: " & Application.ExecutablePath)
        Dim info As New _
            ApplicationServices.AssemblyInfo(System.Reflection.Assembly.GetExecutingAssembly())
        ListBox1.Items.Add("Copyright: " & info.Copyright)
        ListBox1.Items.Add("Description: " & info.Description)
        ListBox1.Items.Add("LoadedAssemblies: ")
        For Each asm As System.Reflection.Assembly In info.LoadedAssemblies
            ListBox1.Items.Add("     Assembly: " & asm.FullName)
        Next
        ListBox1.Items.Add("Title: " & info.Title)
        ListBox1.Items.Add("Trademark: " & info.Trademark)
    End Sub
```

BEISPIEL: Eine mögliche Ausgabe

```
CommandLine: "C:\BUCH\Rezepte VB\14 System\06 Infos\bin\Debug\WindowsApplication1.vshost.exe"
CurrentDirectory: C:\BUCH\Rezepte VB\14 System\06 Infos\bin\Debug
UserInteractive: True
WorkingSet: 26730496
ProductName: WindowsApplication1
ProductVersion: 1.0.0.0
CompanyName: Ingenieurbüro Gewinnus
ExecutablePath: C:\BUCH\Rezepte VB\14 System\06 Infos\bin\Debug\WindowsApplication1.EXE
Copyright: Copyright © Ingenieurbüro Gewinnus 2006
Description:
LoadedAssemblies:
     Assembly: mscorlib, Version=2.0.0.0, Culture=neutral, PublicKeyToken=b77a5c561934e089
     Assembly: Microsoft.VisualStudio.HostingProcess.Utilities, Version=9.0.0.0, Culture=neutral, P
     Assembly: System.Windows.Forms, Version=2.0.0.0, Culture=neutral, PublicKeyToken=b77a5c561934e
     Assembly: System, Version=2.0.0.0, Culture=neutral, PublicKeyToken=b77a5c561934e089
     Assembly: System.Drawing, Version=2.0.0.0, Culture=neutral, PublicKeyToken=b03f5f7f11d50a3a
     Assembly: Microsoft.VisualStudio.HostingProcess.Utilities.Sync, Version=9.0.0.0, Culture=neutr
     Assembly: Microsoft.VisualStudio.Debugger.Runtime, Version=9.0.0.0, Culture=neutral, PublicKey
     Assembly: vshost, Version=9.0.0.0, Culture=neutral, PublicKeyToken=b03f5f7f11d50a3a
     Assembly: mscorlib.resources, Version=2.0.0.0, Culture=de, PublicKeyToken=b77a5c561934e089
     Assembly: System.Data, Version=2.0.0.0, Culture=neutral, PublicKeyToken=b77a5c561934e089
     Assembly: System.Deployment, Version=2.0.0.0, Culture=neutral, PublicKeyToken=b03f5f7f11d50a3a
     Assembly: System.Management, Version=2.0.0.0, Culture=neutral, PublicKeyToken=b03f5f7f11d50a3a
     Assembly: System.Xml, Version=2.0.0.0, Culture=neutral, PublicKeyToken=b77a5c561934e089
```

HINWEIS: Weitere Detailinformationen über die aktuelle Assembly lassen sich mittels Reflection abrufen (Typen, Klassen etc.).

Soundkarte(n)

Wer für Stimmung am Computer sorgen möchte, wird sicher auch etwas mehr über die Soundkarten erfahren wollen:

```
Private Sub soundkartenToolStripMenuItem_Click(ByVal sender As System.Object, _
            ByVal e As System.EventArgs) Handles soundkartenToolStripMenuItem.Click

    Dim Query As New SelectQuery("Win32_SoundDevice")
    Dim mos As New ManagementObjectSearcher(Query)

    For Each mo As ManagementObject In mos.Get()
        ListBox1.Items.Add("Name: " & mo("Name").ToString())
        ListBox1.Items.Add("Manufacturer: " & mo("Manufacturer").ToString())
    Next
End Sub
```

BEISPIEL: Ausgabe

```
Name: High Definition Audio-Gerät
Manufacturer: Microsoft
Name: Realtek High Definition Audio
Manufacturer: Realtek
```

CLR-Version

Last, but not least sollten wir auch einen Blick auf die CLR bzw. deren Versionsnummer werfen, dies schon in Anbetracht möglicher Service Packs, Bugs etc.:

```
Private Sub dToolStripMenuItem7_Click(ByVal sender As System.Object, _
            ByVal e As System.EventArgs) Handles dToolStripMenuItem7.Click

    ListBox1.Items.Add("CLR-Version: " & Environment.Version.ToString())
End Sub
```

BEISPIEL: Mögliche Ausgabe

```
CLR-Version: 2.0.50727.1433
```

Test

Starten Sie die Anwendung und wählen Sie über das Menü die gewünschte Information aus:

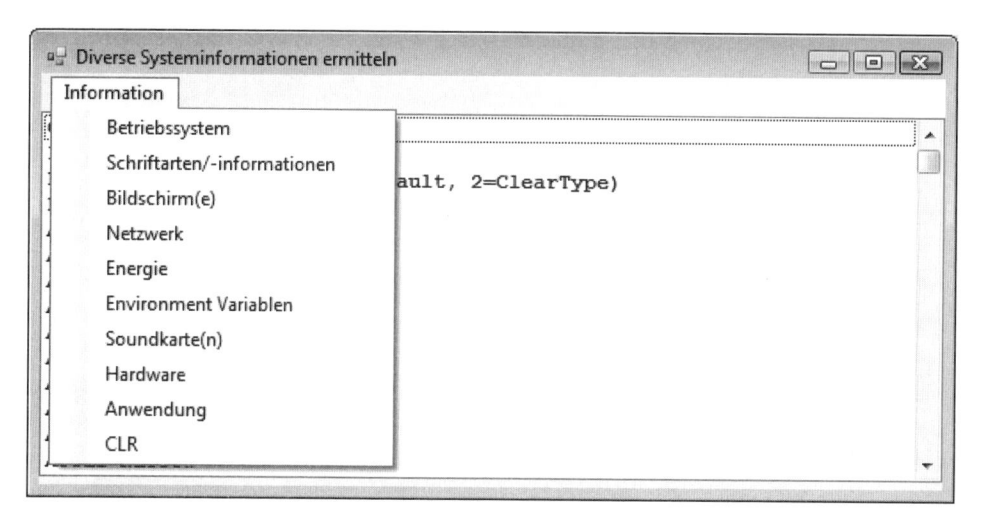

R14.7 Alles über den Bildschirm erfahren

Vielfach benötigen Sie in Ihren Programmen Informationen über die aktuelle Bildschirmauflösung etc. Mit den *Screen*-Objekten bietet .NET einen einfachen Weg zu diesen Daten.

> **HINWEIS:** Doch Achtung: Es können mehrere Bildschirme installiert sein, deshalb werden die *Screen*-Objekte auch in einer Collection verwaltet.

Oberfläche

Benötigt werden lediglich eine Windows *Form* und eine *ListBox*.

Quelltext

```
Public Class Form1

    Private Sub Form1_Load(ByVal sender As System.Object, ByVal e As System.EventArgs) _
                          Handles MyBase.Load
```
Für alle vorhandenen Screens:
```
        For Each scr As Screen In Screen.AllScreens
            ListBox1.Items.Add("Devicename: " & scr.DeviceName)
            ListBox1.Items.Add("Primary: " & scr.Primary.ToString())
            ListBox1.Items.Add("Bounds: " & scr.Bounds.ToString())
```

```
            ListBox1.Items.Add("Type: " & scr.GetType().ToString())
            ListBox1.Items.Add("WorkingArea: " & scr.WorkingArea.ToString())
            ListBox1.Items.Add("BitsPerPixel: " & scr.BitsPerPixel.ToString())
            ListBox1.Items.Add("-------------------------------------------")
        Next
    End Sub
End Class
```

Test

Nach dem Programmstart können Sie die Informationen über die verfügbaren Screens abrufen:

```
Devicename: \\.\DISPLAY1
Primary: False
Bounds: {X=1280,Y=0,Width=1680,Height=1050}
Type: System.Windows.Forms.Screen
WorkingArea: {X=1280,Y=0,Width=1680,Height=1050}
BitsPerPixel: 32
-------------------------------------------
Devicename: \\.\DISPLAY2
Primary: True
Bounds: {X=0,Y=0,Width=1280,Height=1024}
Type: System.Windows.Forms.Screen
WorkingArea: {X=0,Y=0,Width=1280,Height=994}
BitsPerPixel: 32
-------------------------------------------
```

R14.8 Die Registrierdatenbank verwenden

Auch wenn .NET mittlerweile andere Alternativen zur Registrierdatenbank zu bieten hat, dürfte diese noch lange im Gebrauch bleiben. Sei es, dass Sie bestehende Einträge auslesen müssen oder dass Sie einfach beim Umstellen vorhandener Programme nicht alles Know-how über Bord werfen wollen.

.NET bietet Ihnen mit den Klassen *Registry* und *RegistryKey* eine objektorientierte Schnittstelle, sodass Sie auf die Verwendung von API-Funktionen verzichten können.

> **HINWEIS:** Vergessen Sie nicht, den Namespace *Microsoft.Win32* in Ihr Programm aufzunehmen, wenn Sie die beiden Klassen nutzen wollen.

Registry-Unterstützung in Visual Basic

Für alle Hauptzweige des Registry-Baums bietet die *Registry*-Klasse eigene Eigenschaften, die ein *RegistryKey*-Objekt zurückgeben:

R14.8 Die Registrierdatenbank verwenden

Eigenschaft	Für den Zugriff auf ...
ClassesRoot	HKEY_CLASSES_ROOT
CurrentConfig	HKEY_CURRENT_CONFIG
CurrentUser	HKEY_CURRENT_USER
DynData	HKEY_DYN_DATA
LocalMachine	HKEY_LOCAL_MACHINE
PerformanceData	HKEY_PERFORMANCE_DATA
Users	HKEY_USERS

BEISPIEL: Zugriff auf den Baumzweig HKEY_CURRENT_USER realisieren

```
Imports Microsoft.Win32
...
    Dim reg As RegistryKey = Registry.CurrentUser
```

Mit diesem Objekt können Sie dann etwas mehr anfangen, wie die folgenden Tabellen zeigen:

Eigenschaft	Beschreibung
Name	... der Name des jeweiligen Schlüssels.
SubKeyCount	... die Anzahl der direkt untergeordneten Schlüssel.
ValueCount	... die Anzahl der Werte in diesem Schlüssel.

Methode	Beschreibung
Close	... Schließen des Keys.
CreateSubKey	... erzeugt einen neuen untergeordneten Schlüssel falls nötig, andernfalls wird der Schlüssel geöffnet.
DeleteSubKey	... löscht einen untergeordneten Schlüssel.
DeleteSubKeyTree	... löscht einen untergeordneten Schlüssel mit allen weiteren Schlüsseln.
DeleteValue	... löscht einen Wert.
GetSubKeyNames	... eine Stringliste aller Untereinträge (Schlüssel).
GetValue	... gibt einen Wert zurück.
GetValueNames	... eine Stringliste aller enthaltenen Werte.
OpenSubKey	... öffnet einen Untereintrag.
SetValue	... setzt einen Wert.

Nach all diesen Informationen möchten Sie nun auch Taten sehen, wenden wir uns also einem kleinen Beispielprogramm zu.

Oberfläche

Sie brauchen lediglich ein Windows *Form* und drei *Button*s:

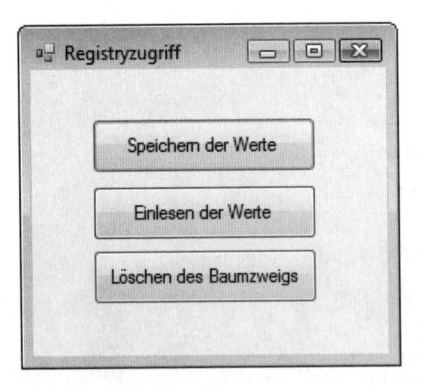

Quelltext

```
Imports Microsoft.Win32

Public Class Form1
```

Das Speichern der Werte:

```
    Private Sub Button1_Click(ByVal sender As System.Object, ByVal e As System.EventArgs) _
                                        Handles Button1.Click

        Dim reg, key As RegistryKey
```

Öffnen des Schlüssels *Software*:

```
        reg = Registry.CurrentUser.OpenSubKey("Software", True)
```

Erzeugen des neuen Untereintrags:

```
        key = reg.CreateSubKey("Doberenz_Gewinnus")
```

Speichern von Werten:

```
        key.SetValue("Lizenz", "0815")
        key.SetValue("Key", "4711")
        key.SetValue("Preis", 257)
        key.SetValue("Bezahlt", True)
    End Sub
```

Einlesen der Werte:

```
    Private Sub Button2_Click(ByVal sender As System.Object, ByVal e As System.EventArgs) _
                                        Handles Button2.Click

        Dim reg As RegistryKey
        Dim wert As Object
```

R14.8 Die Registrierdatenbank verwenden

Öffnen des Baumzweigs (Sie können auch gleich mehrere Keys angeben):

```
reg = Registry.CurrentUser.OpenSubKey("Software\Doberenz_Gewinnus", False)
```

Auslesen zweier vorhandener Werte:

```
wert = reg.GetValue("Bezahlt")
MessageBox.Show(wert.ToString)
wert = reg.GetValue("Preis")
MessageBox.Show(wert.ToString)
```

Auslesen eines nicht vorhandenen Wertes (in diesem Fall wird der angegebene Defaultwert zurückgegeben):

```
wert = reg.GetValue("Verkauft", False)
MessageBox.Show(wert.ToString)
End Sub
```

Das Löschen eines Werts:

```
Private Sub Button3_Click(ByVal sender As System.Object, ByVal e As System.EventArgs) _
                                                        Handles Button3.Click
    Dim reg As RegistryKey
    reg = Registry.CurrentUser.OpenSubKey("Software\Doberenz_Gewinnus", True)
    reg.DeleteValue("Lizenz")
    reg.Close()
```

Das Löschen eines Baumzweigs:

```
    Registry.CurrentUser.OpenSubKey("Software", True).DeleteSubKeyTree("Doberenz_Gewinnus")
End Sub
End Class
```

Test

Starten Sie das Programm und testen Sie zunächst die beiden ersten Funktionen. Überprüfen Sie anschließend, ob die Werte auch korrekt in die Registry eingetragen wurden:

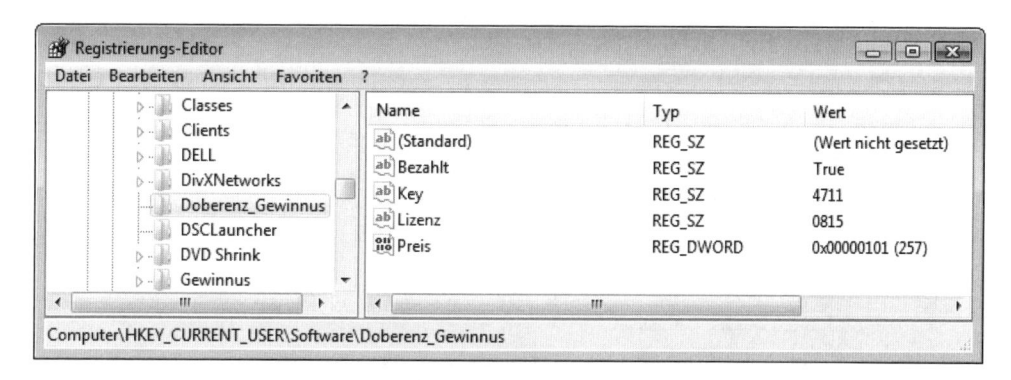

R14.9 Eine verknüpfte Anwendung öffnen

Möchten Sie die mit einem bestimmten Dokumenttyp verknüpfte Anwendung (zum Beispiel *.DOC → MS Word) aufrufen, brauchen Sie sich nicht lange mit der Registry oder endlosen Objektstrukturen herumzuplagen. Es genügt der einfache Aufruf der jeweiligen Datei mit der *Start*-Methode der *Process*-Klasse.

BEISPIEL: MS Word starten[1]

```
Private Sub Button1_Click(ByVal sender As System.Object, ByVal e As System.EventArgs) _
                Handles Button1.Click
    System.Diagnostics.Process.Start(Application.StartupPath & "\Test.doc")
End Sub
```

Mehr über die *Start*-Methode bzw. das zugehörige *Process*-Objekt finden Sie in den Rezepten R10.37 "Ein externes Programm starten" und R10.38 "Eine externe Anwendung starten und überwachen".

R14.10 Eine Dateiverknüpfung erzeugen

Unterstützt Ihr Programm einen bestimmten Dateityp (.DB, .XLS etc.) ist es sinnvoll, wenn Sie dem Anwender ein entsprechendes Kontextmenü zur Verfügung stellen:

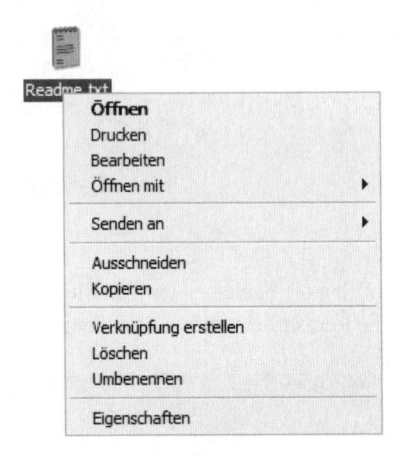

Unterstützen können Sie

- *Open* (Öffnen)
- *Print* (Drucken)
- *Print To*

---

[1] oder *OpenOffice Writer*, wenn eine entsprechende Verknüpfung besteht ...

R14.10 Eine Dateiverknüpfung erzeugen

indem Sie die Registry um entsprechende Einträge erweitern. Die Variante "Print To" haben Sie sicherlich noch in keinem Kontextmenü gefunden, handelt es sich doch um die Aktion die ausgeführt wird, wenn ein Dokument mittels Drag & Drop auf ein Druckersymbol gezogen wird.

Folgende Einträge müssen Sie in der Registry vornehmen (Beispiel Metafiles):

```
01: HKEY_CLASSES_ROOT\.wmf = metafile
02: HKEY_CLASSES_ROOT\metafile = Windows Metafile
03: HKEY_CLASSES_ROOT\metafile\DefaultIcon = c:\Test\Test.exe,0
04: HKEY_CLASSES_ROOT\metafile\shell\open\command = Test.exe %1
05: HKEY_CLASSES_ROOT\metafile\shell\print\command = Test.exe /p %1
06: HKEY_CLASSES_ROOT\metafile\shell\printto\command = Test.exe /p %1
```

Zeile 1 definiert den Zusammenhang zwischen Extension und Registry-Einträgen. Zeile 2 stellt eine kurze Beschreibung des Eintrags dar. Die Angabe *DefaultIcon* ist optional, es handelt sich um den Index des Icons, das dem Dokument zugeordnet wird. Der Eintrag "...\shell\open\command" beschreibt die Aufrufkonventionen für die Anzeige des Dokuments. Analog dazu werden mit "...\print\command" bzw. "...\printto\command" die Aufrufparameter für den Druck des Dokuments festgelegt.

HINWEIS: Bei allen Einträgen sind die Werte im Feld "Default" gespeichert, es gibt keine weiteren Feldeinträge.

BEISPIEL: Umsetzung des obigen Beispiels als Visual Basic-Programm

```vb
Imports Microsoft.Win32

Public Class Form1

    Private Sub Button1_Click(ByVal sender As System.Object, ByVal e As System.EventArgs) _
                              Handles Button1.Click
        Dim regist As RegistryKey
        Dim key As RegistryKey
        regist = Registry.ClassesRoot.OpenSubKey("", True)
        key = regist.CreateSubKey(".wmf")
        key.SetValue("", "metafile")
        key = regist.CreateSubKey("metafile")
        key.SetValue("", "Windows Metafile")
        key = regist.CreateSubKey("metafile\DefaultIcon")
        key.SetValue("", Application.ExecutablePath & ",0")
        key = regist.CreateSubKey("metafile\shell\open\command")
        key.SetValue("", Application.ExecutablePath & " %1")
        key = regist.CreateSubKey("metafile\shell\print\command")
```

```
        key.SetValue("", Application.ExecutablePath & " /p %1")
        key = regist.CreateSubKey("metafile\shell\printto\command")
        key.SetValue("", Application.ExecutablePath & " /p %1")
    End Sub
End Class
```

Das Resultat in der Registry:

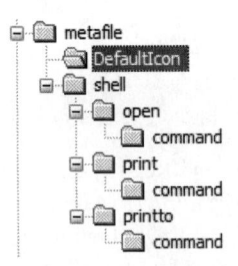

```
metafile
├── DefaultIcon
└── shell
    ├── open
    │   └── command
    ├── print
    │   └── command
    └── printto
        └── command
```

> **HINWEIS:** Wenn Sie die Funktionen ausprobieren und die Ergebnisse mit dem Registrierungseditor kontrollieren wollen, müssen Sie die Anzeige nach jeder der oben genannten Funktionen aktualisieren (F5).

R14.11 Den Computer herunterfahren oder neu starten

Geht es um die Installation von Anwendungen, Treibern etc. oder müssen Sie programmgesteuert die Bildschirmauflösung ändern, wird meist ein erneuter Systemstart fällig. Auch nach langen Berechnungen kann es sinnvoll sein, dass Ihre Anwendung den PC herunterfährt.

Zwei Lösungsmöglichkeiten bieten sich an:

- Die API-Funktion *ExitWindowsEx* oder
- die Windows-Applikation *Shutdown.exe*.

Wir stellen Ihnen im vorliegenden Rezept beide Varianten vor.

Oberfläche

Diese besteht, neben dem Startformular *Form1*, für beide Varianten aus einer *ComboBox* und einem *Button*. Der *ComboBox* fügen Sie drei Einträge (*Items*) hinzu:

- Abmelden
- Herunterfahren
- Neustarten

Variante 1 (ExitWindowsEx)

Das Windows-API stellt uns die Funktion *ExitWindowsEx* bereit, im Prinzip genügt die Übergabe des ersten Parameters:

SYNTAX: `ExitWindowsEx(flg As Integer, dwReserved As Integer) As Boolean`

Die möglichen Werte für *flg*:

Konstante	Beschreibung
EWX_FORCE	Dieser Wert wird mit den restlichen Konstanten kombiniert, um die entsprechende Aktion ohne "Nachfragen" (Dialoge) auszuführen.
EWX_LOGOFF	Ausloggen des Users.
EWX_POWEROFF	Ausschalten des Systems (nur wenn die Hardware dies unterstützt).
EWX_REBOOT	Herunterfahren des Systems und Neustart.
EWX_SHUTDOWN	Herunterfahren des Systems.

Während die Uralt-Version Windows 95/98 ohne große Vorbereitungen die Funktion ausführen kann, müssen Sie unter XP/Vista erst die nötigen Sicherheitsattribute (*SeShutdownPrivilege*) setzen, was unseren Code erwartungsgemäß etwas aufblähen wird.

Quelltext (statische Hilfs-Klasse)

```
Imports System
Imports System.Collections.Generic
Imports System.Text
Imports System.Runtime.InteropServices
Imports System.Diagnostics

Class CTools

    <StructLayout(LayoutKind.Sequential, Pack:=1)> _
    Friend Structure TokenPrivileges
        Public Count As Integer
        Public Luid As Long
        Public Attr As Integer
    End Structure

    Private Declare Auto Function OpenProcessToken Lib "advapi32.dll" (ByVal h As IntPtr, _
                        ByVal acc As Integer, ByRef phtok As IntPtr) As Boolean
```

```vbnet
Private Declare Auto Function AdjustTokenPrivileges Lib "advapi32.dll" (ByVal htok _
            As IntPtr, ByVal disall As Boolean, ByRef newst As TokenPrivileges, _
            ByVal len As Integer, ByVal prev As IntPtr, ByVal relen As IntPtr) As Boolean

<DllImport("advapi32.dll", SetLastError:=True)> _
Private Shared Function LookupPrivilegeValue(ByVal host As String, ByVal name As String, _
            ByRef pluid As Long) As Boolean
End Function

Private Declare Auto Function ExitWindowsEx Lib "user32.dll" (ByVal flg As Integer, _
            ByVal dwReserved As Integer) As Boolean


Const SE_SHUTDOWN_NAME As String = "SeShutdownPrivilege"
Const SE_PRIVILEGE_ENABLED As Integer = 2
Const TOKEN_ADJUST_PRIVILEGES As Integer = 32
Const TOKEN_QUERY As Integer = 8


Public Const EWX_LOGOFF As Integer = 0
Public Const EWX_SHUTDOWN As Integer = 1
Public Const EWX_REBOOT As Integer = 2
Public Const EWX_FORCE As Integer = 4
Public Const EWX_POWEROFF As Integer = 8

Public Shared Sub ExitWindows(ByVal value As Integer)
    Dim hproc As IntPtr = Process.GetCurrentProcess().Handle
    Dim hlp As IntPtr = IntPtr.Zero
    OpenProcessToken(hproc, TOKEN_ADJUST_PRIVILEGES Or TOKEN_QUERY, hlp)
    Dim tp As TokenPrivileges
    tp.Count = 1
    tp.Luid = 0
    tp.Attr = SE_PRIVILEGE_ENABLED
    LookupPrivilegeValue(Nothing, SE_SHUTDOWN_NAME, tp.Luid)
    AdjustTokenPrivileges(hlp, False, tp, 0, IntPtr.Zero, IntPtr.Zero)
    ExitWindowsEx(value, 0)
End Sub

End Class
```

Quelltext (Verwendung der Funktion)

Je nach Auswahl in der *ComboBox* (Abmelden, Herunterfahren, Neustarten) wird eine andere Konstante an unsere Hilfsfunktion übergeben:

```
Private Sub Button2_Click(ByVal sender As System.Object, ByVal e As System.EventArgs) _
                Handles Button2.Click
    Select Case ComboBox1.SelectedIndex
        Case 0
            CTools.ExitWindows(CTools.EWX_LOGOFF)
            Exit Select
        Case 1
            CTools.ExitWindows(CTools.EWX_SHUTDOWN)
            Exit Select
        Case 2
            CTools.ExitWindows(CTools.EWX_REBOOT)
            Exit Select
    End Select
End Sub
```

Test

Nach dem Klick auf den Button sollte der Computer herunterfahren.

HINWEIS: Sichern Sie vor dem Testen Ihre offenen Anwendungen und Dokumente!

Variante 2 (Shutdown.exe)

Nachdem die erste Variante recht umfangreich ausgefallen ist, wollen wir uns diesmal etwas kürzer fassen. Dreh- und Angelpunkt ist der Aufruf der Windows-Anwendung *Shutdown.exe*.

SYNTAX: `shutdown.exe [-l | -s | -r | -a] [-f] [-m \\Computer] [-t xx]`
`            [-c "Kommentar"] [-d up:xx:yy]`

Die folgende Tabelle zeigt die möglichen Parameter und deren Bedeutung:

Parameter	Bedeutung
-i	Zeigt eine grafische Benutzeroberfläche an (muss die erste Option sein).
-l	Abmelden (kann nicht mit der Option *-m* verwendet werden).
-s	Fährt den Computer herunter.
-r	Fährt den Computer herunter und startet ihn neu.
-a	Bricht das Herunterfahren des Systems ab.
-m \\Computer	Remotecomputer zum Herunterfahren/Neustarten/Abbrechen.

Parameter	Bedeutung
-t xx	Zeitlimit für das Herunterfahren, in *xx* Sekunden
-c "Kommentar"	Kommentar für das Herunterfahren (maximal 127 Zeichen).
-f	Erzwingt das Schließen ausgeführter Anwendungen ohne Warnung.
-d [u][p]:xx:yy	Grund (Code) für das Herunterfahren: *u* = Benutzercode *p* = Code für geplantes Herunterfahren *xx* = Hauptgrund (positive ganze Zahl kleiner als 256) *yy* = Weiterer Grund (positive ganze Zahl kleiner als 65536)

Quelltext

Hier genügt der Aufruf von *Process.Start*, um *Shutdown.exe* mit den gewünschten Parametern zu starten:

```
Private Sub Button1_Click(ByVal sender As System.Object, ByVal e As System.EventArgs) _
                                                              Handles Button1.Click
    Select Case ComboBox1.SelectedIndex
        Case 0
            System.Diagnostics.Process.Start("shutdown", "-l")
            Exit Select
        Case 1
            System.Diagnostics.Process.Start("shutdown", "-s -t 00")
            Exit Select
        Case 2
            System.Diagnostics.Process.Start("shutdown", "-r -t 00")
            Exit Select
    End Select
End Sub
```

Test

Nach dem Klick auf den Button sollte der Computer herunterfahren.

HINWEIS: Sichern Sie vor dem Testen Ihre offenen Anwendungen und Dokumente!

R14.12 Den "Herunterfahren"-Dialog anzeigen

Möchten Sie nicht sofort den PC herunterfahren, sondern den entsprechenden Windows-Dialog anzeigen, können Sie dies mit einer undokumentierten API-Funktion bewerkstelligen.

Oberfläche

Ein Windows *Form* mit einem *Button*.

Quelltext

```
Imports System.Runtime.InteropServices
Public Class Form1
```

Einbinden der API-Funktion über einen Alias:

```
<DllImport("shell32", EntryPoint:="#60")> _
Private Shared Function ShowShutDownDialog(ByVal param As Integer) As Integer
End Function
```

Dialog anzeigen:

```
Private Sub Button1_Click(ByVal sender As System.Object, ByVal e As System.EventArgs) _
                Handles Button1.Click
    ShowShutDownDialog(0)
End Sub
End Class
```

Test

Nach dem Klick auf den Button erscheint das gewünschte Fenster

HINWEIS: Unter Windows Vista wird der Dialog nicht mehr angezeigt!

R14.13 Das System-Shutdown-Ereignis auswerten

Statt vieler Wiederholungen verweisen wir an dieser Stelle auf die Rezepte R14.16 "Windows-Botschaften verarbeiten" und R14.15 "Systemereignisse auswerten".

R14.14 Windows in den Standby-Modus versetzen

Möchten Sie mit Ihrer Visual Basic-Anwendung das System in den Standby- bzw. Ruhezustand versetzen, bietet Ihnen das .NET-Framework (ab 2.0) mit *Application.SetSuspendState* auch dafür eine geeignete Methode:

SYNTAX:
```
SetSuspendState(state As PowerState,force As Boolean, _
                disableWakeEvent As Boolean) As Boolean
```

Übergeben können Sie einen der folgenden Werte:

- *PowerState.Hibernate* (Ruhezustand, Arbeitsspeicher wird gesichert)
- *PowerState.Suspend* (Standby, Daten werden im Arbeitsspeicher gehalten)

Mit *force* können Sie den gewünschten Ruhezustand erzwingen, anderenfalls müssen die anderen Applikationen ihr "Ok" geben.

Oberfläche

Nur ein Windows *Form* mit einem *Button*.

Quelltext

```
Public Class Form1
    Private Sub Button1_Click(ByVal sender As System.Object, ByVal e As System.EventArgs) _
                    Handles Button1.Click
        Application.SetSuspendState(PowerState.Suspend, True, False)
    End Sub
End Class
```

Test

Nach dem Klick auf den Button sollten Sie "schwarz" sehen:

R14.15 Systemereignisse auswerten

Neben den anwendungsorientierten Ereignissen sind für den Programmierer oft auch Systemereignisse von Interesse. Dazu zählen unter anderem:

- *DisplaySettingsChanged*
- *DisplaySettingsChanging*
- *InstalledFontsChanged*
- *LowMemory*
- *PaletteChanged*
- *PowerModeChanged*
- *SessionEnded*
- *SessionEnding*
- *SessionSwitch*
- *TimeChanged*

Alle diese Ereignisse können Sie komfortabel mit der *SystemEvents*-Klasse auswerten.

> **HINWEIS:** Sollte die gewünschte Botschaft nicht von der *SystemEvents*-Klasse unterstützt werden, bliebt Ihnen noch der Weg über die direkte Verarbeitung der Windows-Botschaften, wie es im Rezept R14.16 beschrieben ist.

Unser Beispielprogramm wird sich darauf beschränken, auf den Standby-Modus zu reagieren. Hierbei handelt es sich um ein Problem, das häufig von Programmieren vernachlässigt wird, reagieren doch Timer etc. nach einem Suspend häufig nicht wie gewünscht. Ein anderes Problem sind geöffnete Dateien/Datenbanken, die bei einem Stromausfall recht schnell nicht mehr lesbar sind.

Oberfläche

Lediglich ein Windows *Form* und eine *ListBox* werden gebraucht.

Quelltext

```
Imports Microsoft.Win32

Public Class Form1

    Public Sub New()
        InitializeComponent()
```

Wir weisen einen neuen Ereignishandler zu:

```
AddHandler SystemEvents.PowerModeChanged, AddressOf SystemEvents_PowerModeChanged
```

Hiermit reagieren wir auf das Ausloggen bzw. das Herunterfahren des Systems:

```
    AddHandler SystemEvents.SessionEnding, AddressOf SystemEvents_SessionEnding
End Sub
```

Shutdown:

```
Private Sub SystemEvents_SessionEnding(ByVal sender As Object, _
                            ByVal e As SessionEndingEventArgs)

    ListBox1.Items.Add("SessionEnding (" & System.DateTime.Now.ToString() & ") : " & _
                                                        e.Reason.ToString)
End Sub
```

Suspend/Power:

```
Private Sub SystemEvents_PowerModeChanged(ByVal sender As Object, _
                            ByVal e As PowerModeChangedEventArgs)

    ListBox1.Items.Add("PowerModeChanged (" & System.DateTime.Now.ToString & _
                                                ") : " & e.Mode.ToString)
End Sub

End Class
```

Test

Starten Sie das Programm und wechseln Sie (wenn möglich) in den Standby-Modus. Nach dem "Aufwachen" sollten zwei Ereignisse in der *ListBox* angezeigt werden:

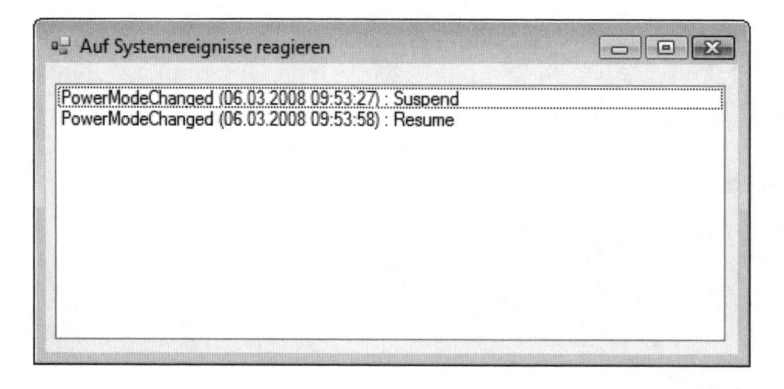

```
Auf Systemereignisse reagieren
PowerModeChanged (06.03.2008 09:53:27) : Suspend
PowerModeChanged (06.03.2008 09:53:58) : Resume
```

R14.16 Windows Botschaften verarbeiten

Reichen Ihnen die von Visual Basic bzw. .NET zur Verfügung gestellten Ereignisse nicht[1] (siehe dazu auch R14.15), müssen Sie sich selbst um die Verarbeitung von Windows-Messages kümmern.

Ansatzpunkt für einen Message-Handler, der alle Fensterbotschaften erhält, ist die Methode *WndProc*. Diese Methode existiert bereits und muss aus diesem Grund überschrieben werden.

```
Protected Overrides Sub WndProc(ByRef m As Message)
...
    MyBase.WndProc(m)
End Sub
```

Die eigentliche Umsetzung ist relativ einfach, mit einer *Select*- oder *If*-Anweisung können Sie, in Abhängigkeit von den übergebenen Botschaften, weitere Methoden ausführen. Die ursprüngliche Methode sollten Sie jedoch in jedem Fall weiterhin aufrufen (*MyBase.WndProc*), andernfalls könnte es schnell zu Problemen kommen.

> **HINWEIS:** Sie können auch neue Messages erzeugen und diese an die Basis-Methode übergeben. So lassen sich Filter erzeugen oder Werte ändern.

Ein kleines Beispielprogramm demonstriert Ihnen die Möglichkeiten von *WndProc*, das Programm verhindert das Herunterfahren des Systems[2].

Oberfläche

Ein Windows *Form* genügt!

Quelltext

```
Public Class Form1
```

Wir müssen die Botschaft definieren (siehe Win32-API-Hilfe):

```
Const WM_QUERYENDSESSION As Integer = 17
Private Shutdown As Boolean = False
```

Auswerten der Botschaft:

```
Protected Overrides Sub WndProc(ByRef m As Message)
```

---

[1] Es gibt genügend Beispiele (Clipboard, userdefinierte Botschaften ...)

[2] Ja, das geht auch mit der *SystemEvents*-Klasse!

Es handelt sich um die betreffende Botschaft:

```
    If m.Msg = WM_QUERYENDSESSION Then
        '...
        Shutdown = True
    End If
    MyBase.WndProc(m)
End Sub
```

Das Formular wird von Windows zum Schließen aufgefordert, bei einem Shutdown verhindern wir dieses:

```
Private Sub Form1_FormClosing(ByVal sender As System.Object, _
                    ByVal e As System.Windows.Forms.FormClosingEventArgs) _
                                             Handles MyBase.FormClosing
    e.Cancel = Shutdown
    Shutdown = False
End Sub

End Class
```

HINWEIS: Bevor jetzt lautstarke Proteste etc. einsetzen: Sie können auch einfach den folgenden Code verwenden, um das Herunterfahren zu verhindern.

BEISPIEL: Verhindern eines System-Shutdown ohne Botschaftsauswertung

```
Private Sub Form1_FormClosing(ByVal sender As System.Object, _
                    ByVal e As System.Windows.Forms.FormClosingEventArgs) _
                                             Handles MyBase.FormClosing
    e.Cancel = (e.CloseReason = CloseReason.WindowsShutDown)
End Sub
```

Test

Starten Sie die Anwendung ohne Visual Studio und versuchen Sie das System herunterzufahren.

R14.17 Alle geöffneten Windows Fenster ermitteln

Das vorliegende Rezept ermöglicht Ihnen den Einblick in einige Windows-Interna. Gleichzeitig werden Sie mit den Möglichkeiten von Callback-Prozeduren vertraut gemacht.

Ziel unseres Programms ist die Darstellung aller Fenster, die sich auf dem Windows-Desktop befinden. Sie werden feststellen, dass es einige Fenster mehr sind, als Sie auf den ersten Blick vermutet haben.

Zwei Varianten bieten sich an:

- Verwenden der *Process*-Klasse und Ermittlung aller Hauptfenster
- Verwenden der API-Funktion *EnumWindows*

HINWEIS: Mit der zweiten Variante finden Sie alle Windows-Fenster.

Oberfläche

Ein Windows *Form* mit zwei *ListBox*en genügt.

Quelltext (Verwendung Process-Klasse)

```
Imports System.Diagnostics
...
    Private Sub Form1_Load(ByVal sender As System.Object, ByVal e As System.EventArgs) _
                                                                Handles MyBase.Load
```

Für alle laufenden Prozesse:

```
    For Each p As Process In Process.GetProcesses()
```

Ist ein Hauptfenster vorhanden:

```
        If p.MainWindowHandle <> IntPtr.Zero Then
```

Auswerten der Fenstereigenschaften:

```
            ListBox1.Items.Add(p.ProcessName & " : '" & p.MainWindowTitle & _
                                            "' " & p.MainWindowHandle.ToString)
        End If
    Next
```

HINWEIS: Mit dem Aufruf der Methode *CloseMainWindow* können Sie die entsprechende Anwendung zum Beenden auffordern.

Quelltext (Verwendung EnumWindows)

Hier müssen wir uns schon etwas mehr mühen, haben jedoch den Vorteil, dass uns alle Fenster angezeigt werden. Die eigentliche Prozedur für die Anzeige der einzelnen Fenster ist eine Callback-Funktion, die von Windows für jedes offene Fenster einmal aufgerufen wird. Der Vorteil dieser Funktion: Sie können immer davon ausgehen, dass das Fenster zu diesem Zeitpunkt noch existiert.

Die Übergabewerte an die Funktion sind das Handle des Fensters sowie ein eindeutiger Integer-Wert, mit dem Sie zum Beispiel aus Ihrem Programm heraus Daten an die Routine übergeben können.

```
Imports System.Runtime.InteropServices
...
Public Class Form1
```

Deklaration eines Delegates, den wir für den Callback-Aufruf brauchen:

```
Public Delegate Function EnumWindowsCallback(ByVal hwnd As Integer, _
                                    ByVal lParam As Integer) As Boolean
```

Einbinden der API-Funktion:

```
<DllImport("user32")> _
Public Shared Function EnumWindows(ByVal lpEnumFunc As EnumWindowsCallback, _
                                    ByVal lParam As Integer) As Integer
End Function
```

Eine zweite API-Funktion, mit deren Hilfe wir den Titeltext des Fensters ermitteln:

```
<DllImport("user32")> _
Public Shared Function GetWindowText(ByVal hwnd As Integer, _
            ByVal lpString As StringBuilder, ByVal bufferSize As UInt16) As Integer
End Function
```

Ein Hilfsarray, das wir in der Callback-Routine mit den Fenster-Handles füllen:

```
Private windowHandles As New ArrayList()
```

Die eigentliche Callback-Routine:

```
Private Function MyCallback(ByVal hWnd As Integer, ByVal lParam As Integer) As Boolean
    windowHandles.Add(hWnd)
    Return True
End Function
```

Mit dem Laden des Formulars starten wir zunächst die Callbackroutine über *EnumWindows*

```
Private Sub Form1_Load(ByVal sender As System.Object, ByVal e As System.EventArgs) _
                                                    Handles MyBase.Load
    EnumWindows(New EnumWindowsCallback(MyCallback), 0)
```

bevor wir die *ArrayList* auswerten:

```
    EnumWindows(AddressOf MyCallback, 0)
    For Each i As Integer In windowHandles
        Dim name As New StringBuilder(255)
        GetWindowText(i, name, 255)
        ListBox2.Items.Add(i.ToString() & " : " & name.ToString())
    Next
End Sub
End Class
```

Test

Nach dem Start werden Ihnen die Informationen in den beiden ListBoxen angezeigt:

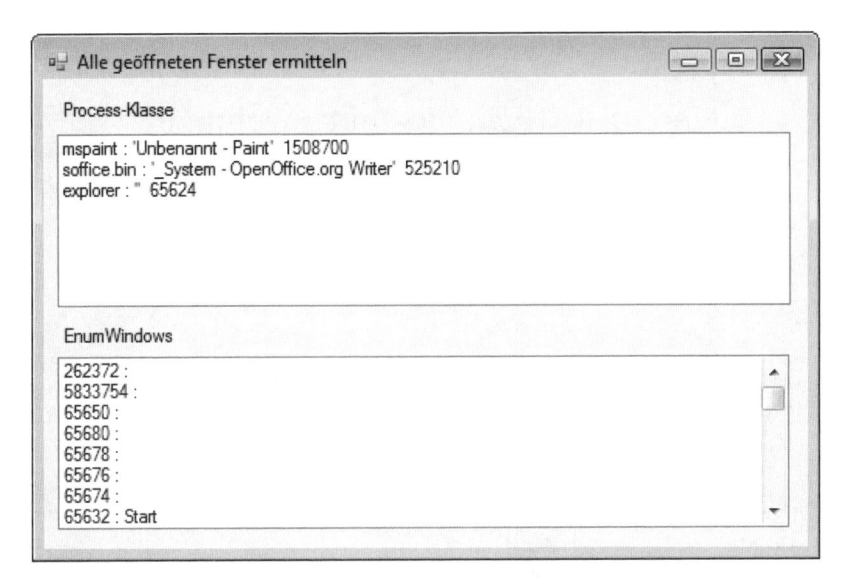

R14.18 Die Taskbar Notification Area (TNA) verwenden

Sicher ist Ihnen auch schon aufgefallen, dass am rechten Ende der Taskbar neben der Uhrzeit manchmal auch Anwendungen bzw. deren Icons zu finden sind. Dieser Bereich wird als "Taskbar Notification Area", kurz TNA, bezeichnet:

Was anderen Applikationen möglich ist, sollte auch für ein Visual Basic-Programm keine unüberwindliche Hürde sein. Im Folgenden möchten wir Ihnen ein Programm vorstellen, das nach einer kurzen Copyright-Meldung vom Desktop "verschwunden" ist, lediglich der TNA ist um ein weiteres Icon bereichert worden.

Klicken Sie mit der linken Maustaste auf dieses Symbol, wird eine Dialogbox angezeigt, mit der rechten Maustaste erreichen Sie ein Popup-Menü, über das sich die Anwendung schließen lässt.

Oberfläche

Unsere Anwendung besteht aus zwei Windows Formularen. Während *Form1* für die Anzeige der Copyright-Meldung und das Registrieren der Anwendung im TNA verantwortlich zeichnet, ist *Form2* die eigentliche Dialogbox, die zur Laufzeit angezeigt wird.

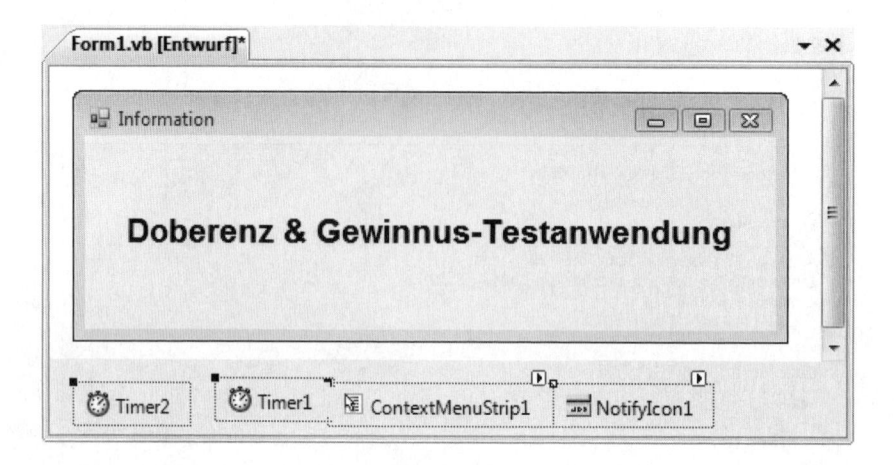

Fügen Sie bitte in *Form1* die oben gezeigten Komponenten ein und konfigurieren Sie *Notify-Icon1* wie folgt:

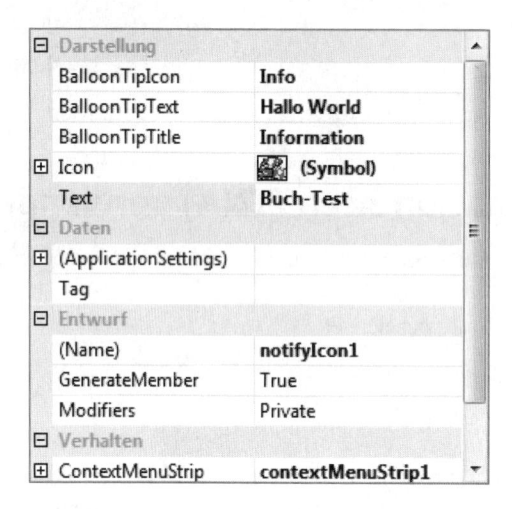

Neben der Anzeige des Icons selbst ist die Komponente für die Tooltips, die Ereignisbehandlung, das Kontextmenü etc. zuständig. Ein echtes Allroundtalent, wenn man die Programmierung mit den entsprechenden Win32-Programmen vergleicht.

Dem *ContextMenueStrip1* fügen Sie bitte zwei Einträge (*Information* und *Ende*) hinzu. *Timer1* ist dafür verantwortlich, *Form1* nach 3 Sekunden zu schließen, *Timer2* zeigt nach 10 Sekunden eine Statusmeldung im TNA (BallonTip) an.

Quelltext (Form1)

```
Public Class Form1
```

Schließen der Anwendung über das Kontextmenü:

```
Private Sub toolStripMenuItem1_Click(ByVal sender As Object, ByVal e As EventArgs) _
                                     Handles toolStripMenuItem1.Click
    Close()
End Sub
```

Anzeige von *Form2* als Dialog:

```
Private Sub toolStripMenuItem2_Click(ByVal sender As Object, ByVal e As EventArgs) _
                                     Handles toolStripMenuItem2.Click
    Using f2 As New Form2()
        f2.ShowDialog()
    End Using
End Sub
```

Ausblenden von *Form1* nach 3 Sekunden und starten von *Timer2*:

```
Private Sub Timer1_Tick(ByVal sender As Object, ByVal e As EventArgs) Handles Timer1.Tick
    Timer1.Stop()
    Timer2.Start()
    Me.Hide()
End Sub
```

Anzeige der Statusmeldung:

```
Private Sub Timer2_Tick(ByVal sender As Object, ByVal e As EventArgs) Handles Timer2.Tick
    Timer2.Stop()
    NotifyIcon1.ShowBalloonTip(1000)
End Sub
```

Wir reagieren auf die linke Maustaste:

```
Private Sub NotifyIcon1_MouseDown(ByVal sender As Object, ByVal e As MouseEventArgs)
    If e.Button = Windows.Forms.MouseButtons.Left Then
        Using f2 As New Form2()
            f2.ShowDialog()
        End Using
    End If
End Sub

End Class
```

Test

Das Kontextmenü bei Anwahl über die rechte Maustaste:

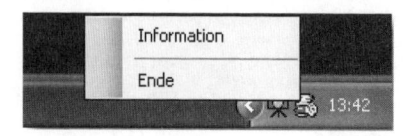

Nach 10 Sekunden erscheint automatisch eine kleine Meldung:

R14.19 Neue Programmgruppen erzeugen

Möchten Sie sich an einem eigenen Installationsprogramm versuchen oder einen eigenen Datei-Explorer schreiben? Wenn ja, kommen Sie nicht um das Erzeugen von Programmgruppen, d.h. von Verzeichnissen, herum.

Eigentlich kein Problem, könnte man denken, mit der *CreateSubdirectory*-Methode ist ein Verzeichnis schnell erstellt. Der Knackpunkt: Wo soll das Verzeichnis erzeugt werden?

Hier hilft Ihnen die *Environment.SpecialFolder*-Enumeration weiter, wie es das folgende Beispielprogramm zeigt.

Oberfläche

Nur ein Windows *Form* und ein *Button*.

Quelltext

```
Imports System.IO

Public Class Form1
    Private Sub Button1_Click(ByVal sender As System.Object, ByVal e As System.EventArgs) _
                                                                  Handles Button1.Click
```

Ermitteln des Verzeichnisnamens:

```
        Dim programme As String = _
                    Environment.GetFolderPath(System.Environment.SpecialFolder.Programs)
        Dim di As New DirectoryInfo(programme)
```

Ein Unterverzeichnis erzeugen:

```
        di.CreateSubdirectory("Hallo Kochbuch-Leser")
    End Sub
End Class
```

HINWEIS: Mit der *SpecialFolder*-Enumeration können Sie auch weitere wichtige Verzeichnisnamen abrufen.

Test

Starten Sie das Programm und probieren Sie einfach mal aus, welche Resultate die unterschiedlichen Konstanten auf den Standort Ihres neuen Folders haben.

R14.20 Verknüpfungen auf dem Desktop erzeugen

Leider stellt auch das .NET-Framework in der Version 2 noch keine sinnvolle Funktion bereit, mit der Sie eine Verknüpfung erzeugen könnten. Die einfachste Variante bietet sich nach wie vor mit der Einbindung des *Windows Scripting Hosts* und der dort bereitgestellten Methode *CreateShortCut*.

Oberfläche

Ein Windows *Form* und ein *Button*.

Quelltext

Bevor es losgehen kann, müssen wir noch die COM-Library "Windows Scripting Host Object Model" einbinden:

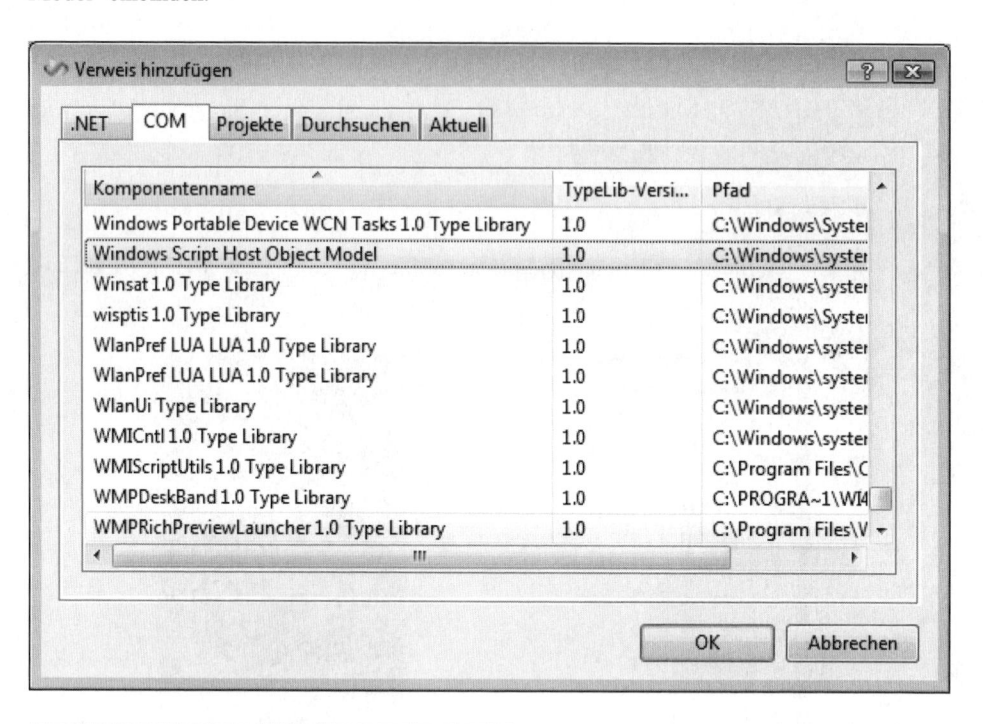

Der eigentliche Quellcode fällt jetzt recht kurz aus:

```
Imports IWshRuntimeLibrary

Public Class Form1
```

Für die bessere Wiederverwendbarkeit kapseln wir die Funktionalität in einer Methode:

```
    Private Sub CreateShortcut(ByVal Wo As String, ByVal Datei As String, _
                               ByVal Beschreibung As String)
```

Shell-Objekt erzeugen:

```
        Dim Shell As New WshShellClass()
```

Einen Shortcut erzeugen (dieser ist noch nicht gespeichert):

```
        Dim SC As IWshShortcut
        SC = DirectCast(Shell.CreateShortcut(Wo & ".lnk"), IWshRuntimeLibrary.IWshShortcut)
```

Wir parametrieren der Shortcut:

```
        SC.TargetPath = Datei
```

```
        SC.Description = Beschreibung
        SC.IconLocation = "%SystemRoot%\system32\SHELL32.dll,5"
```

Erst jetzt wird der Shortcut auch gespeichert:

```
        SC.Save()
    End Sub
```

Die Verwendung der Funktion (wir wollen einen Link auf dem Desktop erzeugen):

```
    Private Sub Button1_Click(ByVal sender As System.Object, ByVal e As System.EventArgs) _
                                                                Handles Button1.Click
        Dim Desktop As String = _
                    Environment.GetFolderPath(Environment.SpecialFolder.DesktopDirectory)
        CreateShortcut(Desktop & "\Test", Application.ExecutablePath, "Ein erster Test")
    End Sub
End Class
```

Test

Nach dem Klick auf den Button sollten Sie einen zusätzlichen Link auf dem Desktop vorfinden:

R14.21 Den Bildschirmschoner aktivieren/deaktivieren

Führt Ihr Programm z.B. endlose Berechnungen aus, denen Sie folgen müssen, kann das Auftauchen des Bildschirmschoners als störend empfunden werden. In diesem Fall können Sie auf recht einfache Art und Weise den "ungebetenen Gast" deaktivieren. Ein kleines Beispielprogramm zeigt, wie es geht.

Oberfläche

Ein Windows *Form* und zwei *Button*s.

Quelltext

Zunächst der Namespace für die erforderliche API-Funktion:

```
Imports System.Runtime.InteropServices

Public Class Form1
```

```
    Private Const SPIF_SENDWININICHANGE As Integer = 2
    Private Const SPI_SETSCREENSAVEACTIVE As Integer = 17
    <DllImport("user32", CharSet:=CharSet.Auto)> _
    Private Shared Function SystemParametersInfo(ByVal uAction As Integer, _
                        ByVal uParam As Integer, ByVal lpvParam As Integer, _
                        ByVal fuWinIni As Integer) As Boolean
    End Function
```

Screensaver deaktivieren:

```
    Private Sub Button1_Click(ByVal sender As System.Object, ByVal e As System.EventArgs) _
                                                          Handles Button1.Click
        SystemParametersInfo(SPI_SETSCREENSAVEACTIVE, 0, 0, 0)
    End Sub
```

Screensaver aktivieren:

```
    Private Sub Button2_Click(ByVal sender As System.Object, ByVal e As System.EventArgs) _
                                                          Handles Button2.Click
        SystemParametersInfo(SPI_SETSCREENSAVEACTIVE, 1, 0, 0)
    End Sub
End Class
```

HINWEIS: Sollen die Screensaver-Einstellungen dauerhaft sein, d.h. auch nach einem Neustart übernommen werden, dann müssen Sie den letzten Parameter mit SPIF_SENDWININICHANGE angeben.

R14.22 Drag & Drop mit dem Explorer realisieren

Geht es um die Auswahl von Dateien/Verzeichnissen, bietet sich neben den sicher bekannten Dateidialogen auch die Möglichkeit an, Dateien per Drag & Drop aus dem Explorer in ein Anwendungsfenster zu ziehen.

Was vor der Einführung von .NET noch mit einigen Klimmzügen verbunden war, ist jetzt mit wenigen Zeilen Code und ohne API-Funktionen problemlos realisierbar.

Oberfläche

Ein Windows *Form* und eine *ListBox*.

Quelltext

```
Public Class Form1
    Public Sub New()
```

Drag & Drop-Unterstützung aktivieren:

```
    Me.AllowDrop = True
    InitializeComponent()
End Sub
```

Wir reagieren auf den DragEnter-Vorgang (Maus wird in das Fenster geführt):

```
Private Sub Form1_DragEnter(ByVal sender As System.Object, _
        ByVal e As System.Windows.Forms.DragEventArgs) Handles MyBase.DragEnter

    If e.Data.GetDataPresent(DataFormats.FileDrop) Then
        e.Effect = DragDropEffects.Copy
    Else
        e.Effect = DragDropEffects.None
    End If
End Sub
```

Beim Loslassen müssen wir die Liste der Dateien abrufen (als Array):

```
Private Sub Form1_DragDrop(ByVal sender As System.Object, _
        ByVal e As System.Windows.Forms.DragEventArgs) Handles MyBase.DragDrop
    Try
        Dim ar As Array = DirectCast(e.Data.GetData(DataFormats.FileDrop), Array)
```

Anzeige (hier könnten Sie beliebige Dateiverarbeitungen vornehmen):

```
        For Each s As String In ar
            ListBox1.Items.Add(s)
        Next
    Catch ex As Exception
    End Try
End Sub

End Class
```

Test

Starten Sie das Programm und verschieben Sie einige Dateien per Drag & Drop in das Anwendungsfenster:

R14.23 System-Icons verwenden

Möchten Sie System-Icons oder -Bitmaps verwenden, müssen Sie diese nicht unbedingt als Ressourcen in die Anwendung aufnehmen. Sie können sie auch mit Hilfe von *DrawIcon* direkt aus dem System abrufen. Das spart Speicherplatz.

Oberfläche

Ein Windows *Form* und ein *Button*.

Quelltext

```
Public Class Form1

    Private Sub Button1_Click(ByVal sender As System.Object, ByVal e As System.EventArgs) _
                                                                  Handles Button1.Click
        Dim g As Graphics = Me.CreateGraphics()
```

Über *SystemIcons* stehen Ihnen die folgenden Varianten zur Verfügung:

```
        g.DrawIcon(SystemIcons.Application, 0, 10)
        g.DrawIcon(SystemIcons.Asterisk, 32, 10)
        g.DrawIcon(SystemIcons.Error, 64, 10)
        g.DrawIcon(SystemIcons.Exclamation, 96, 10)
        g.DrawIcon(SystemIcons.Hand, 128, 10)
        g.DrawIcon(SystemIcons.Information, 160, 10)
        g.DrawIcon(SystemIcons.Question, 192, 10)
        g.DrawIcon(SystemIcons.Warning, 224, 10)
        g.DrawIcon(SystemIcons.WinLogo, 256, 10)
    End Sub
End Class
```

Test

Klicken Sie nach dem Start auf die Schaltfläche, um die Icons anzuzeigen:

R14.24 Die Desktop-Icons ein-/ausblenden

Wen nerven sie nicht, die zahllosen Desktop-Icons, die einem das Arbeiten mit Visual Studio nicht gerade erleichtern? Aber Abhilfe ist in Sicht: Mit folgendem Programm blenden Sie die kleinen Quälgeister kurzzeitig aus und bei Gelegenheit auch wieder ein.

Der technische Hintergrund des Programms ist eigentlich recht simpel. Wie jedes Control ist auch der Desktop selbst "nur" ein Fenster, das Sie nach Belieben ein- und ausblenden können. Einziges Problem: Woher bekommen wir das Handle des Desktops?

Die API-Funktion *FindWindow* hilft uns weiter, übergeben Sie dieser Funktion einfach den Namen des gesuchten Fensters (in unserem Fall "Progman").

Oberfläche

Auf dem Startformular platzieren Sie zwei *Button*s, die das Ein- und Ausschalten übernehmen.

Quelltext

```vb
Imports System.Runtime.InteropServices
Imports System.Diagnostics

Public Class Form1
```

Die notwendigen API-Funktionen:

```vb
    <DllImport("user32.dll")> _
    Public Shared Function ShowWindow(ByVal hWnd As Integer, ByVal wFlags As Integer) As Integer
    End Function


    <DllImport("user32.dll")> _
    Public Shared Function FindWindow(ByVal lpClassName As String, _
                                      ByVal lpWindowName As String) As Integer
    End Function
```

Zwei API-Konstanten:

```vb
    Private Const SW_HIDE As Integer = 0
    Private Const SW_SHOW As Integer = 1
```

Ausblenden:

```vb
    Private Sub Button1_Click(ByVal sender As System.Object, ByVal e As System.EventArgs) _
                                               Handles Button1.Click
        ShowWindow(FindWindow("Progman", "Program Manager"), SW_HIDE)
    End Sub
```

Einblenden:

```vb
    Private Sub Button2_Click(ByVal sender As System.Object, ByVal e As System.EventArgs) _
                                               Handles Button2.Click
        ShowWindow(FindWindow("Progman", "Program Manager"), SW_SHOW)
    End Sub

End Class
```

Test

Nach Start des Programms und Klick auf den ersten Button werden Sie entgeistert vor einem absolut leeren Desktop sitzen. Vielleicht auch die richtige Überraschung für den Kollegen?

R14.25 Die Taskbar ausblenden

Mitunter stört die Taskbar bei der Ausführung einiger Programme. Das vorliegende Rezept zeigt, wie man sie aus einem Programm heraus aus- und wieder einschalten kann.

Oberfläche

Auf dem Startformular platzieren Sie zwei *Button*s, die das Ein- und Ausschalten übernehmen.

Quellcode

```
Imports System.Runtime.InteropServices

Public Class Form1
```

Auch hier geht nichts ohne die richtige API-Funktion:

```
<DllImport("user32.dll")> _
Public Shared Function ShowWindow(ByVal hWnd As Integer, ByVal wFlags As Integer) As Integer
End Function

<DllImport("user32.dll")> _
Public Shared Function FindWindow(ByVal lpClassName As String, _
                                  ByVal lpWindowName As String) As Integer
End Function
```

Ausblenden:

```
Private Sub Button1_Click(ByVal sender As System.Object, ByVal e As System.EventArgs) _
                         Handles Button1.Click
    ShowWindow(FindWindow("Shell_TrayWnd", ""), 0)
End Sub
```

Einblenden:

```
Private Sub Button2_Click(ByVal sender As System.Object, ByVal e As System.EventArgs) _
                         Handles Button2.Click
    ShowWindow(FindWindow("Shell_TrayWnd", ""), 1)
End Sub
End Class
```

Test

Klicken Sie auf die beiden Schaltflächen und überzeugen Sie sich von der Funktionstüchtigkeit des Beispiels.

R14.26 Den Papierkorb leeren

Natürlich ist hier vom Windows-Papierkorb die Rede[1].

Oberfläche

Ein Windows *Form* und ein *Button*.

Quelltext

Die undankbare Aufgabe wird von der API-Funktion *SHEmptyRecycleBin* übernommen:

```
Imports System.Runtime.InteropServices

Public Class Form1
```

Die Funktion zeigt per Default einen Bestätigungsdialog an, den Sie über die folgenden Konstanten unterdrücken können:

```
    Enum RecycleFlags As UInt16
        SHERB_NOCONFIRMATION = 1
        SHERB_NOPROGRESSUI = 2
        SHERB_NOSOUND = 4
    End Enum
```

Die Einbindung der API-Funktion:

```
    <DllImport("shell32.dll", CharSet:=CharSet.Unicode)> _
    Public Shared Function SHEmptyRecycleBin(ByVal hwnd As IntPtr, ByVal path As String, _
                            ByVal flags As UInt16) As IntPtr
    End Function
```

Aufruf der Funktion:

```
    Private Sub Button1_Click(ByVal sender As System.Object, ByVal e As System.EventArgs) _
                    Handles Button1.Click
        SHEmptyRecycleBin(Me.Handle, Nothing, 0)
    End Sub
End Class
```

---

[1] Wie Sie Ihren Papierkorb zu Hause leeren, dürfte Ihnen hoffentlich bekannt sein.

Test

Nach Klick auf den Button dürfte der folgende Dialog auch bei Ihnen auftauchen:

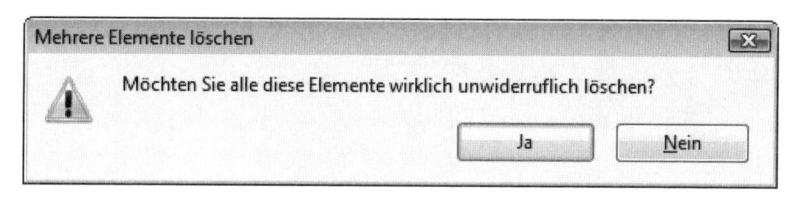

R14.27 Den Windows Suchassistenten verwenden

Möchten Sie statt einer eigenen Lösung auf die schon vorhandenen Microsoft-Tools zum Suchen von Dateien zurückgreifen, können Sie dies problemlos realisieren.

Oberfläche

Nur ein Windows *Form* mit einem *Button*.

Quelltext

```
Imports System.Diagnostics
...
Public Class Form1

    Private Sub Button1_Click(ByVal sender As System.Object, ByVal e As System.EventArgs) _
                    Handles Button1.Click
```

Ein neues *ProcessStartInfo*-Objekt erzeugen, dabei geben Sie bereits den gewünschten Startpfad an:

```
        Dim psi As New ProcessStartInfo("c:\")
```

Zusätzlich müssen wir noch das Verb festlegen, in diesem Fall "find":

```
        psi.Verb = "find"
```

Der Rest ist Routine, wir starten einen neuen Prozess, in diesem Fall die Shell:

```
        Process.Start(psi)
    End Sub

End Class
```

Test

Nach Klick auf den Button öffnet sich der Such-Assistent:

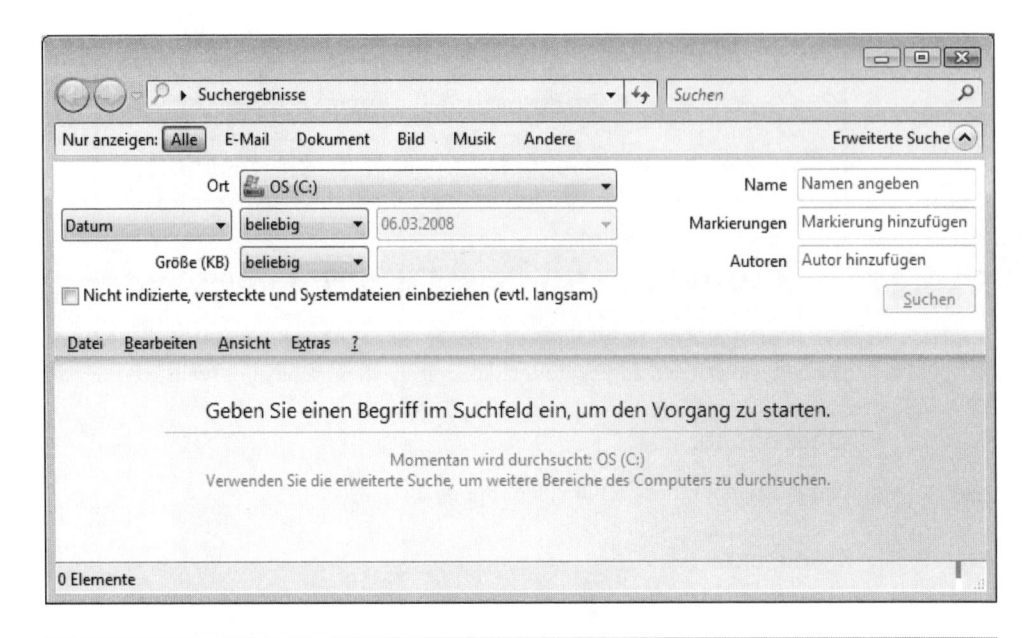

HINWEIS: Ein direktes Feedback, welche Dateien gesucht bzw. gefunden wurden, haben Sie in diesem Fall natürlich nicht. Da müssen Sie schon eine eigene Lösung realisieren, siehe dazu R8.8 "Dateien rekursiv suchen".

R14.28 Systemtöne und WAV-Dateien wiedergeben

Im Multimedia-Zeitalter darf auch die Sound-Unterstützung Ihrer Programme nicht fehlen. Für kurze Musikeinlagen und Hinweistöne empfiehlt sich das WAVE-Format[1], das ab der .NET-Version 2 endlich auch direkt unterstützt wird.

Drei Quellen für Sounddaten bieten sich an:

- eingebettete Sound-Ressourcen,
- externe Sounddateien
- und Systemtöne.

Unser Beispielprogramm demonstriert Ihnen die Verwendung der drei o.g. "Lärmquellen".

---

[1] Ein Microsoft-Standard-Dateiformat zum Speichern von Audiodaten. WAVE-Dateien haben die Extension .WAV.

Oberfläche

Ein einfaches Windows *Form* mit einigen *Button*s:

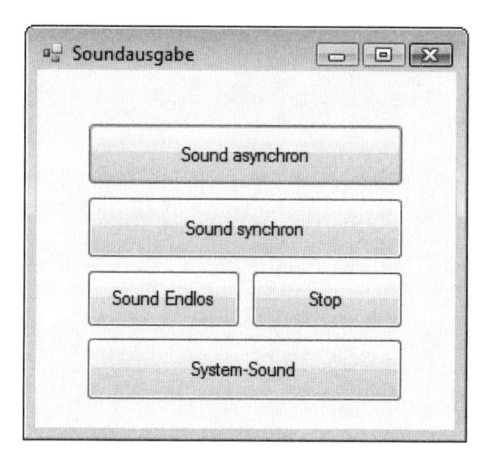

Quelltext

```
Imports System.Media

Public Class Form1
    ...
```

Eine Instanz des SoundPlayers erzeugen:

```
Private sp1 As New SoundPlayer()
```

Einfaches Abspielen einer externen Datei:

```
Private Sub Form1_Load(ByVal sender As System.Object, ByVal e As System.EventArgs) _
                                                                Handles MyBase.Load
    Dim sp As New SoundPlayer("notify.wav")
    sp.Play()
End Sub
```

Abspielen einer eingebetteten Ressource:

```
Private Sub Button1_Click(ByVal sender As System.Object, ByVal e As System.EventArgs) _
                                                                Handles Button1.Click
    Dim sp As New SoundPlayer(My.Resources.tada)
    sp.Play()
End Sub
```

Synchrones Abspielen einer eingebetteten Sounddatei:

```
Private Sub Button2_Click(ByVal sender As System.Object, ByVal e As System.EventArgs) _
                                                             Handles Button2.Click
    Dim sp As New SoundPlayer(My.Resources.tada)
    sp.PlaySync()
    ' oder (New SoundPlayer(My.Resources.tada)).PlaySync()
End Sub
```

Endlos abspielen, die wohl beste Methode, um jemanden in den Wahnsinn zu treiben! Kombiniert mit dem asynchronen Abspielen der Dateien können Sie das Programm beenden und einen Rechner zurücklassen, der ununterbrochen Lärm verbreitet. Die Soundorgie kann erst durch eine Anweisung gestoppt werden:

```
Private Sub Button3_Click(ByVal sender As System.Object, ByVal e As System.EventArgs) _
                                                             Handles Button3.Click
    sp1.Stream = My.Resources.tada
    sp1.PlayLooping()
End Sub
```

Ende des Lärms:

```
Private Sub Button4_Click(ByVal sender As System.Object, ByVal e As System.EventArgs) _
                                                             Handles Button4.Click
    sp1.Stop()
End Sub
```

Einen Systemsound wiedergeben:

```
Private Sub Button5_Click(ByVal sender As System.Object, ByVal e As System.EventArgs) _
                                                             Handles Button5.Click
    SystemSounds.Beep.Play()
End Sub
End Class
```

Test

Ein unmittelbares Klangerlebnis kann Ihnen dieses Buch leider nicht vermitteln, es sei denn, Sie wählen eine der WAV-Dateien (die Sie auf der Buch-CD finden) aus und spielen diese ab.

R14.29 Das Windows-Systemprotokoll nutzen

Die Windows Ereignisanzeige bietet die Möglichkeit, dem Nutzer an einer zentralen Stelle Informationen aus Ihren Anwendungen bereitzustellen, ohne dass Ihre Anwendung über eine eigene Oberfläche verfügen muss (Webdienste, Webanwendungen, Windows-Dienste etc.) oder dass der Programmfluss unterbrochen wird. Der Nutzer hat jederzeit die Möglichkeit, diese "Nachrichten" über die Ereignisanzeige anzuschauen.

Das .NET-Framework unterstützt Sie beim Zugriff auf das Ereignisprotokoll mit der *EventLog*-Klasse, mit der Sie zum einen neue Einträge/Rubriken erzeugen und zum anderen auch vorhanden Einträge anzeigen lassen können.

Oberfläche

Ein Windows *Form*, drei *Button*s und eine *ListBox* (Laufzeitansicht):

Quelltext

```vb
Imports System.Diagnostics

Public Class Form1
```

Der Name unserer neuen Kategorie:

```vb
    Private EreignisKategorie As String = "Kochbuch-Test"
```

Der Name unserer Anwendung, wie er im Ereignisprotokoll angezeigt wird:

```vb
    Private Quelle As String = "Testanwendung aus dem Kochbuch"
```

Einen neuen Eintrag erzeugen:

```vb
    Private Sub Button1_Click(ByVal sender As System.Object, ByVal e As System.EventArgs) _
                    Handles Button1.Click
```

Existiert die Kategorie bereits?

```vb
        If Not EventLog.SourceExists(EreignisKategorie) Then
```

Wenn nicht, erzeugen wir diese:

```
        EventLog.CreateEventSource(Quelle, EreignisKategorie)
    End If
```

Zugriff auf das Ereignisprotokoll:

```
    Dim myEventLog As New EventLog()
    myEventLog.Source = Quelle
```

Ausgabe der Meldung:

```
    myEventLog.WriteEntry("Hier knnte Ihr Text stehen ...", EventLogEntryType.Information)
End Sub
```

Die neue Kategorie mit allen Untereinträgen löschen:

```
Private Sub Button2_Click(ByVal sender As System.Object, ByVal e As System.EventArgs) _
              Handles Button2.Click
    If EventLog.SourceExists(EreignisKategorie) Then
        EventLog.Delete(EreignisKategorie)
    End If
End Sub
```

Alle Meldungen aus unserer Kategorie anzeigen:

```
Private Sub Button3_Click(ByVal sender As System.Object, ByVal e As System.EventArgs) _
              Handles Button3.Click
    ListBox1.Items.Clear()
    Dim myEventLog As New EventLog()
    myEventLog.Source = Quelle
    For Each entry As EventLogEntry In myEventLog.Entries
        ListBox1.Items.Add(entry.TimeWritten.ToString & " : " & entry.Message)
    Next
End Sub

End Class
```

Test

Nach dem Start klicken Sie ruhig mehrfach auf den Button zum Erzeugen neuer Einträge. Vom Erfolg können Sie sich entweder in der Ereignisanzeige oder auch mit der Beispielanwendung selbst (unterster Button) überzeugen (siehe folgende Abbildung).

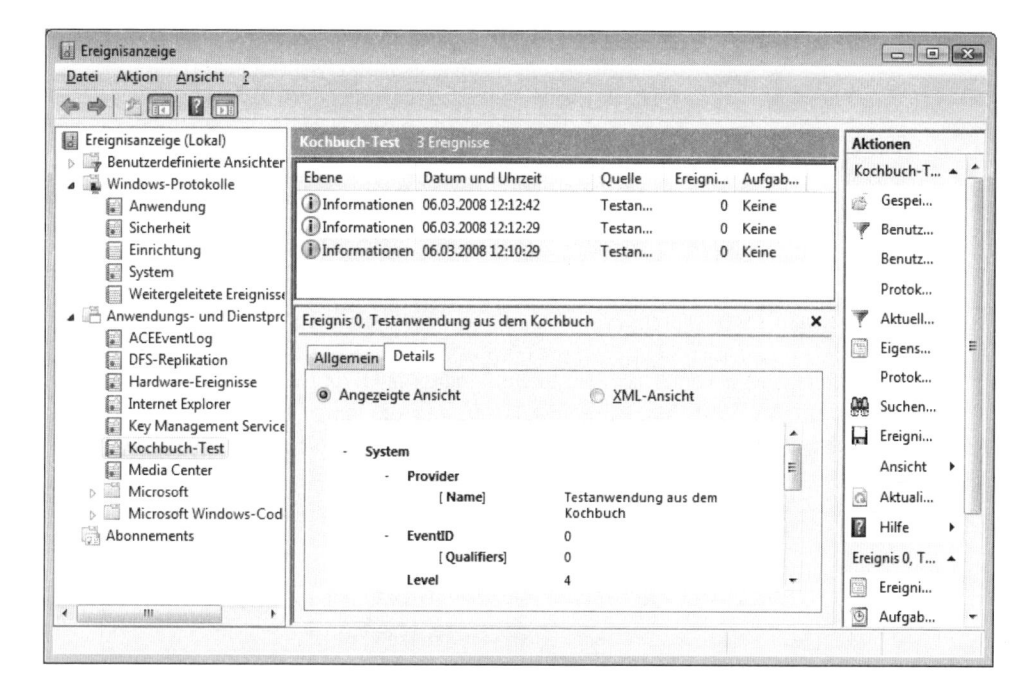

Bemerkungen

- Bei einigen Überladungen des Konstruktors müssen Sie den Namen des Systems angeben. Verwenden Sie ".", wenn es sich um den aktuellen PC handelt.

- Mit

  ```
  DataGridView1.DataSource = New BindingSource(myEventLog, "Entries")
  ```

  können Sie sich die Einträge auch in einem *DataGridView* anzeigen lassen.

R14.30 Das Windows-Systemprotokoll überwachen

Nachdem wir uns im Vorgänger-Rezept mit dem Hinzufügen neuer Einträge zum Systemprotokoll beschäftigt haben, wollen wir Ihnen jetzt eine Möglichkeit vorstellen, wie Sie mit Ihrer Anwendung auf Änderungen des Protokolls (auch durch andere Anwendungen) reagieren können.

Oberfläche

Fügen Sie einem Windows *Form* eine *ListBox* und ein *EventLog*-Control hinzu. Da wir das Beispiel zusammen mit dem Vorgängerrezept testen wollen, legen Sie bitte die Eigenschaft *Source* mit "Kochbuch-Test" fest. Zusätzlich muss *EnableRaisingEvents* auf *True* festgelegt werden.

Quelltext

Erzeugen Sie einen neuen Eventhandler für das *EntryWritten*-Ereignis:

```
Private Sub eventLog1_EntryWritten(ByVal sender As System.Object, _
    ByVal e As System.Diagnostics.EntryWrittenEventArgs) Handles eventLog1.EntryWritten
    ListBox1.Items.Add(e.Entry.Source & " : " & e.Entry.Message)
End Sub
```

Test

Starten Sie neben diesem Beispielprogramm noch die Anwendung aus dem Rezept R14.29 und fügen Sie neue Einträge zum Systemprotokoll hinzu. Die jeweils erzeugten Einträge sollten spätestens nach einigen Sekunden in der *ListBox* auftauchen:

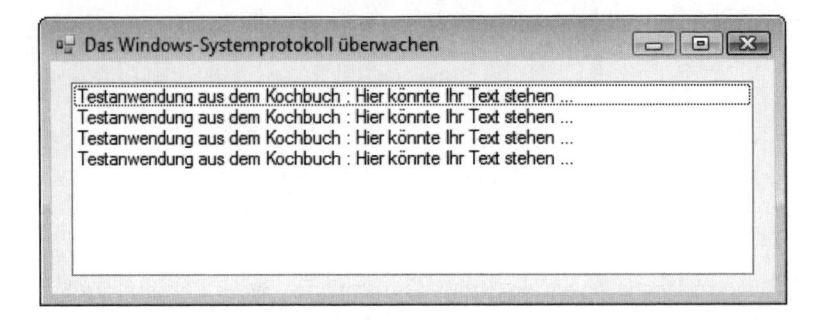

R14.31 Die Zwischenablage überwachen und anzeigen

Wer hatte nicht schon einmal das Problem, mehrere Grafiken oder Textabschnitte über die Zwischenablage in eine andere Anwendung zu kopieren? Möchten Sie zum Beispiel eine Grafik aus einer Anwendung ausschneiden und verarbeiten, müssen Sie mehr Tasten drücken, als Ihnen lieb ist.

Das Beispielprogramm soll diesem Missstand abhelfen. Ändert sich der Zwischenablageinhalt, zeigt das Programm die Daten an. Diese könnten Sie zum Beispiel automatisch speichern oder konvertieren. Voraussetzung ist allerdings, dass es sich um Texte (TXT) oder einfache Grafiken (Bitmaps etc.) handelt.

Außerdem erfahren Sie, wie Sie mit Visual Basic Windows-Botschaften abfangen und auswerten können.

Oberfläche

Lediglich ein Windows *Form*, eine *TextBox* sowie eine *PictureBox*.

R14.31 Die Zwischenablage überwachen und anzeigen

Quelltext

Das Hauptproblem dieser Anwendung besteht darin, eine Änderung des Zwischenablageinhalts zu registrieren. Eine Polling-Schleife und der dauernde Vergleich mit dem letzten Durchlauf dürften sich aus Performance-Gründen verbieten. Ein Blick in die Windows-API verrät, dass die Änderung des Zwischenablageinhalts mit einer Windows-Botschaft "angezeigt" wird. Zwei Probleme bleiben allerdings bestehen:

- Wie erhalte ich diese Botschaft?
- Wie werte ich sie aus?

Die Lösung des ersten Problems besteht darin, sich in die Kette von Zwischenablagebetrachtern "einzuklinken", da nur diese die Botschaft *WM_DrawClipboard* erhalten. Problem Nummer zwei lösen wir durch das Überschreiben der Fenster-Botschaftsbehandlung (*WndProc*).

```
Imports System.Runtime.InteropServices

Public Class Form1
```

Die beiden API-Konstanten:

```
    Const WM_CHANGECBCHAIN As Integer = 781
    Const WM_DRAWCLIPBOARD As Integer = 776


    <DllImport("user32.dll", CharSet:=CharSet.Auto)> _
    Public Shared Function SendMessage(ByVal hwnd As IntPtr, ByVal wMsg As Integer, _
                ByVal wParam As IntPtr, ByVal lParam As IntPtr) As Integer
    End Function

    <DllImport("User32.dll", CharSet:=CharSet.Auto)> _
    Public Shared Function SetClipboardViewer(ByVal hWnd As IntPtr) As IntPtr
    End Function

    <DllImport("User32.dll", CharSet:=CharSet.Auto)> _
    Public Shared Function ChangeClipboardChain(ByVal hWndRemove As IntPtr, _
                ByVal hWndNewNext As IntPtr) As Boolean
    End Function

    Private NextViewer As IntPtr
```

Nach dem Programmstart ordnen wir das Programm in die Kette der Zwischenablagebetrachter ein und merken uns das Handle des nächsten Viewers:

```
    Private Sub Form1_Load(ByVal sender As System.Object, ByVal e As System.EventArgs) _
            Handles MyBase.Load
```

```
        NextViewer = SetClipboardViewer(Me.Handle)
    End Sub
```

Dieses Handle benötigen wir beim Beenden des Programms, unser Programm muss aus der Kette entfernt werden:

```
Private Sub Form1_FormClosing(ByVal sender As System.Object, _
        ByVal e As System.Windows.Forms.FormClosingEventArgs) Handles MyBase.FormClosing
    ChangeClipboardChain(Me.Handle, NextViewer)
End Sub
```

In diesem Zusammenhang tritt ein weiteres Problem auf, mit dem wir uns herumschlagen müssen: Wir haben zwar das Handle des nächsten Viewers in der Clipboard-Viewer-Kette gespeichert, was passiert aber, wenn sich dieses Fenster zwischenzeitlich von selbst aus der Kette ausklinkt?

In diesem Fall ist für uns die Message WM_CHANGECBCHAIN von Interesse, Übergabeparameter sind die Handle des entfernten und des folgenden Fensters in der Kette.

Botschaftsbehandlung überschreiben:

```
Protected Overrides Sub WndProc(ByRef m As Message)
    Select Case m.Msg
```

Die eigentliche Botschaftsbehandlung an dieser Stelle. Nach Änderung des Zwischenablageinhalts müssen wir prüfen, ob ein unterstütztes Format vorhanden ist. Wenn ja, übernehmen wir dieses in die Komponenten:

```
        Case WM_DRAWCLIPBOARD
            If Clipboard.ContainsText() Then
                TextBox1.Text = Clipboard.GetText()
            End If
            If Clipboard.ContainsImage() Then
                PictureBox1.Image = Clipboard.GetImage()
            End If
```

Sie sollten nicht vergessen, die Botschaft an eventuelle weitere Betrachterfenster weiterzugeben:

```
            SendMessage(NextViewer, m.Msg, m.WParam, m.LParam)
```

Nach dem Test, ob die Message für unsere Anwendung überhaupt interessant ist, wird gegebenenfalls das Handle des neuen Viewers gespeichert. Sollten sich weitere Fenster in der Betrachterkette befinden, reichen wir die Message weiter:

```
        Case WM_CHANGECBCHAIN
            If m.WParam = NextViewer Then
                NextViewer = m.LParam
```

```
                Else
                    SendMessage(NextViewer, m.Msg, m.WParam, m.LParam)
                End If
            Case Else
                MyBase.WndProc(m)
        End Select
    End Sub
    ...
End Class
```

Test

Starten Sie die Anwendung und kopieren Sie aus einer anderen Anwendung etwas in die Zwischenablage oder drücken Sie einfach Alt+Druck.

Das Programm in Aktion:

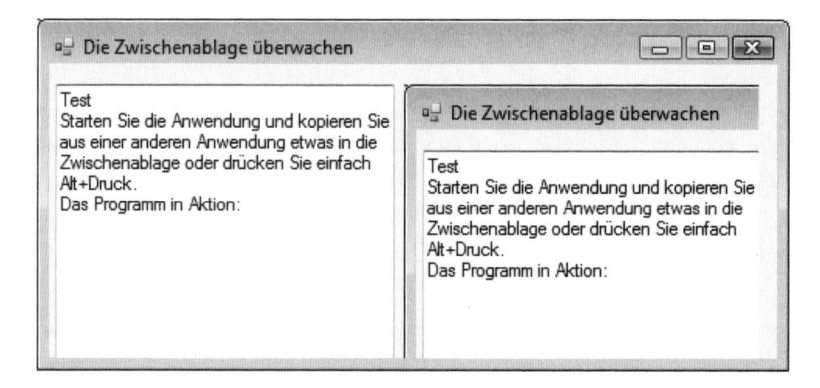

R14.32 Das Datei-Eigenschaftenfenster anzeigen

Sicher kennen Sie auch den Datei-Eigenschaftendialog aus der Windows-Umgebung. Bevor Sie mühsam versuchen, diesen "nachzubauen", rufen Sie diesen doch direkt aus Ihrem Programm per API auf.

Oberfläche

Fügen Sie in ein Windows *Form* lediglich eine *OpenFileDialog*-Komponente zur Dateiauswahl und einen *Button* ein.

Quelltext

```
Imports System.Runtime.InteropServices
Public Class Form1
```

Einbinden der erforderlichen Konstanten:

```
Private Const SW_SHOW As Integer = 5
Private Const SEE_MASK_INVOKEIDLIST As Integer = 12
```

Die folgende Klasse brauchen wir als Parameter für *ShellExecuteEx*:

```
<StructLayout(LayoutKind.Sequential)> _
Public Class SHELLEXECUTEINFO
    Public cbSize As Integer
    Public fMask As Integer
    Public hwnd As Integer
    <MarshalAs(UnmanagedType.LPWStr)> _
    Public lpVerb As String
    <MarshalAs(UnmanagedType.LPWStr)> _
    Public lpFile As String
    <MarshalAs(UnmanagedType.LPWStr)> _
    Public lpParameters As String
    <MarshalAs(UnmanagedType.LPWStr)> _
    Public lpDirectory As String
    Public nShow As Integer
    Public hInstApp As Integer
    Public lpIDList As Integer
    Public lpClass As String
    Public hkeyClass As Integer
    Public dwHotKey As Integer
    Public hIcon As Integer
    Public hProcess As Integer
End Class
```

Einbinden der API-Funktion:

```
<DllImport("Shell32.dll", CharSet:=CharSet.Auto)> _
Public Shared Function ShellExecuteEx(ByVal shinfo As SHELLEXECUTEINFO) As Integer
End Function
```

Die eigentliche Verwendung der API-Funktion:

```
Private Sub Button1_Click(ByVal sender As System.Object, ByVal e As System.EventArgs) _
                    Handles Button1.Click
```

Dateidialog anzeigen:

```
If OpenFileDialog1.ShowDialog() = Windows.Forms.DialogResult.OK Then
```

SHELLEXECUTEINFO initialisieren:

```
        Dim shInfo As New SHELLEXECUTEINFO()
        shInfo.cbSize = Marshal.SizeOf(GetType(SHELLEXECUTEINFO))
        shInfo.lpFile = OpenFileDialog1.FileName
        shInfo.nShow = SW_SHOW
        shInfo.fMask = SEE_MASK_INVOKEIDLIST
```

Wir wollen den Eigenschaftendialog sehen

```
        shInfo.lpVerb = "properties"
```

und ausführen:

```
        ShellExecuteEx(shInfo)
    End If
End Sub

End Class
```

Test

Nach Auswahl einer Datei dürfte der gewünschte Dialog auf dem Bildschirm erscheinen:

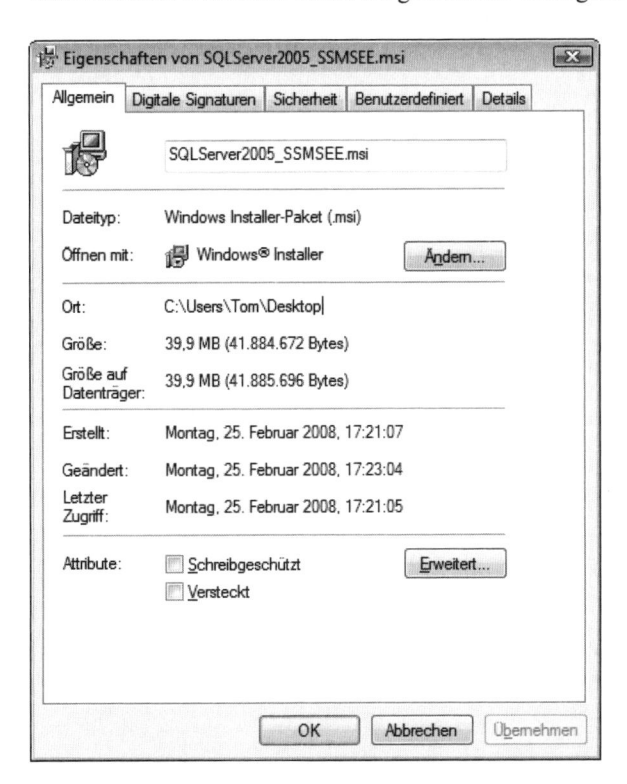

R14.33 Prüfen, ob Visual Styles aktiviert sind

Der Code reduziert sich auf die Abfrage der Eigenschaft *Application.RenderWithVisualStyles*.

Zwei weitere Eigenschaften geben Ihnen detailliert Auskunft darüber, ob Visual Styles vom Betriebssystem unterstützt werden und ob der User diese auch aktiviert hat:

SYNTAX: `VisualStyles.VisualStyleInformation.IsSupportedByOS`

bzw.

SYNTAX: `VisualStyles.VisualStyleInformation.IsEnabledByUser`

R14.34 Schriftarten dynamisch einbinden und verwenden

Möchten Sie mit Ihrer Anwendung eine spezielle Schriftart vertreiben bzw. diese verwenden oder wollen Sie einen Betrachter für Schriftarten programmieren, bietet sich in .NET eine *PrivateFontCollection* an, die eine Schriftart nur für Ihre Anwendung temporär bereitstellt. Optional lässt sich diese Schriftart auch beim System anmelden, um die Schriftart auch anderen Anwendungen zur Verfügung zu stellen.

Das folgende kleine Beispielprogramm installiert für die Laufzeit des Programms eine neue Schriftart auf Ihrem System, verwendet diese zur Anzeige in einem Textfeld und deinstalliert die Schriftart beim Programmende wieder.

Oberfläche

Lediglich ein Windows *Form* und eine *TextBox*. Die zu installierende Schriftart kopieren wir in das Anwendungsverzeichnis.

Quelltext

```
Imports System.Runtime.InteropServices
Imports System.Drawing.Text

Public Class Form1
```

Die folgenden Deklarationen sind nur nötig, wenn Sie die Schriftart auch anderen Anwendungen temporär bereitstellen wollen:

```
    Private Const HWND_BROADCAST As Integer = 65535
    Private Const WM_FONTCHANGE As Integer = 29
```

Mit der API-Funktion *AddFontResource* fügen wir der System-Fonttabelle eine neue Schriftart hinzu (die Datei befindet sich im Projektverzeichnis und muss nicht unbedingt in das *System-/Font*-Verzeichnis kopiert werden):

R14.34 Schriftarten dynamisch einbinden und verwenden

```vb
<DllImport("gdi32")> _
Private Shared Function AddFontResource(ByVal lpszFilename As String) As Integer
End Function

<DllImport("gdi32")> _
Private Shared Function RemoveFontResource(ByVal lpszFilename As String) As Integer
End Function

<DllImport("user32.dll")> _
Private Shared Function SendMessage(ByVal hWnd As Integer, ByVal Msg As UInt16, _
             ByVal wParam As Integer, ByVal lParam As Integer) As Integer
End Function
```

Für die Einbindung der Schriftarten in die .NET-Anwendung:

```vb
Private myFonts As New System.Drawing.Text.PrivateFontCollection()
```

Im Konstruktor "installieren" wir die neue Schrift:

```vb
Public Sub New()
```

Die beiden folgenden Zeilen sorgen dafür, dass die Schriftart auch anderen Windowsanwendungen zur Verfügung steht:

```vb
    AddFontResource(Application.StartupPath & "\FRAKTURN.TTF")
```

Mit der folgenden Botschaft werden alle Anwendungen davon in Kenntnis gesetzt, dass sich etwas bei den Fonts getan hat:

```vb
    SendMessage(HWND_BROADCAST, WM_FONTCHANGE, 0, 0)
```

Mit der Methode *AddFontFile* wird die Schriftart für unsere .NET-Anwendung geladen:

```vb
    myFonts.AddFontFile(Application.StartupPath & "\FRAKTURN.TTF")
    InitializeComponent()
End Sub


Private Sub Form1_Load(ByVal sender As System.Object, ByVal e As System.EventArgs) _
                                    Handles MyBase.Load
```

Hier weisen wir die neue Schriftart der *TextBox* zu:

```vb
    Dim f As New Font(myFonts.Families(0), 20, FontStyle.Bold)
    TextBox1.Font = f
End Sub
```

Beim Schließen des Formulars "entsorgen" wir die Schriftart wieder:

```
Private Sub Form1_FormClosing(ByVal sender As System.Object, _
                              ByVal e As System.Windows.Forms.FormClosingEventArgs) _
                              Handles MyBase.FormClosing
    RemoveFontResource(Application.StartupPath & "\FRAKTURN.TTF")
    SendMessage(HWND_BROADCAST, WM_FONTCHANGE, 0, 0)
End Sub

End Class
```

Test

Starten Sie das Programm und geben Sie etwas in die *TextBox* ein:

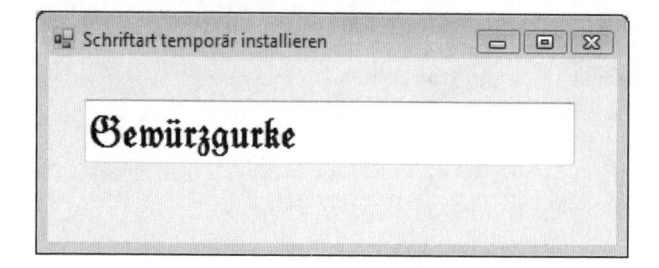

R14.35 Eine Soundkarte erkennen

Für Multimedia-Programme, die auf eine Soundkarte angewiesen sind, ist es sicher nützlich zu testen, ob auch eine Soundkarte installiert ist.

Oberfläche

Wir brauchen lediglich ein Windows *Form* mit einem *Label*.

Quelltext

```
Imports System.Runtime.InteropServices

Public Class Form1
```

API-Funktion einbinden:

```
    <DllImport("winmm.dll")> _
    Private Shared Function waveOutGetNumDevs() As Long
    End Function
```

Die folgende Funktion gibt *True* zurück, wenn im System mindestens eine Soundkarte installiert ist:

```
Private Function Soundkarte() As Boolean
    Return (waveOutGetNumDevs() > 0)
End Function
```

Die Verwendung der Funktion:

```
Private Sub Form1_Load(ByVal sender As System.Object, ByVal e As System.EventArgs) _
                                                                Handles MyBase.Load
    If Soundkarte() Then
        Label1.Text = "Soundkarte vorhanden"
    Else
        Label1.Text = "Keine Soundkarte"
    End If
End Sub
End Class
```

Test

Nach dem Start wird das Funktionsergebnis bereits angezeigt:

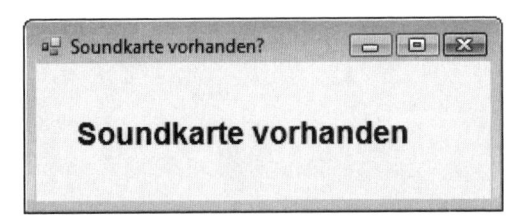

R14.36 Prozess- und Thread-Informationen gewinnen

Das vorliegende etwas umfangreichere Beispiel demonstriert Ihnen nicht nur die Verwendung der *Process*- und *ProcessThread*-Objekte in Visual Basic, sondern kann auch für den täglichen Gebrauch des Entwicklers durchaus von Nutzen sein.

Oberfläche

Wir brauchen für das Startformular *Form1* zwei *ListView*-Komponenten (*View = Details*), zwei *Label*s und einen *Button* (siehe Laufzeitansicht unter Test).

Quellcode

```
Public Class Form1
```

Unsere Haupt-Referenz auf die *Process*-Klasse (*System.Diagnostics*-Namespace):

```
    Private ProcObj As New Process()
```

Einige Ergänzungen beim Laden des Formulars:

```
    Private Sub Form1_Load(ByVal sender As System.Object, ByVal e As System.EventArgs) _
                                                          Handles MyBase.Load
        With ListView1.Columns
            .Add("Base Name", 110, HorizontalAlignment.Left)
            .Add("Modules", 70, HorizontalAlignment.Right)
            .Add("Full Path", 150, HorizontalAlignment.Left)
            .Add("PID", 40, HorizontalAlignment.Right)
            .Add("CPU Time", 70, HorizontalAlignment.Right)
            .Add("Mem Usage", 80, HorizontalAlignment.Right)
        End With
        With ListView2.Columns
            .Add("Thread ID", 85, HorizontalAlignment.Right)
            .Add("State", 100, HorizontalAlignment.Right)
            .Add("WaitReason", 258, HorizontalAlignment.Left)
            .Add("CPU Time", 70, HorizontalAlignment.Right)
        End With
```

Der Aufruf unserer "Haupt-Methode" *enumProcs*, die wir im Anschluss implementieren werden:

```
        Me.enumProcs()
    End Sub
```

Die *enumProc*-Methode ermittelt alle laufenden Prozesse:

```
    Public Sub enumProcs()
        Dim lvItem As ListViewItem
        Dim ts As System.TimeSpan
```

Laufende Prozesse besorgen und in einem Array ablegen:

```
        Dim allProcs As Process() = Process.GetProcesses()
```

Alle Prozesse und ihre Beschreibung in *ListView1* ausgeben:

```
        For i As Integer = 0 To allProcs.Length - 1
            lvItem = Me.ListView1.Items.Add(allProcs(i).ProcessName)
```

Alle Prozesse, in denen mindestens ein Modul läuft, von den Idle-Prozessen trennen:

```
Try
    lvItem.SubItems.Add(allProcs(i).Modules.Count.ToString())
    lvItem.SubItems.Add(allProcs(i).MainModule.FileName)
Catch
    lvItem.SubItems.Add("0")
    lvItem.SubItems.Add("0")
Finally
    lvItem.SubItems.Add(allProcs(i).Id.ToString())
```

Ein *TimeSpan*-Objekt besorgen:

```
Try
    ts = allProcs(i).TotalProcessorTime
```

Die Zeit formatieren:

```
        lvItem.SubItems.Add(String.Format("{0:00}", ts.TotalHours) & _
                    ":" & String.Format("{0:00}", ts.Minutes) & _
                    ":" & String.Format("{0:00}", ts.Seconds))
    Catch
        lvItem.SubItems.Add("Err")
    End Try
    lvItem.SubItems.Add((allProcs(i).WorkingSet64 / 1000).ToString & "K")
    Label1.Text = "Prozesse: " & allProcs.Length.ToString()
    End Try
  Next
End Sub
```

Diese Methode ermittelt alle Threads zu einem laufenden Prozess:

```
Public Sub EnumThreads(ByVal ProcID As Integer)
    Dim ts As System.TimeSpan
    Dim lvItem As ListViewItem
```

Den *ListView*-Inhalt löschen:

```
    ListView2.Items.Clear()
```

Den Prozess referenzieren (mittels seiner ID):

```
    Dim aProc As Process = Process.GetProcessById(ProcID)
    Try
```

Anzeige der Anzahl von Threads:

```
        Label2.Text = "Threads: " & aProc.Threads.Count.ToString()
    Catch ex As Exception
```

```
            MessageBox.Show(ex.Message)
        End Try
```

Alle Threads des Prozesses durchlaufen:

```
        For Each aThread As ProcessThread In aProc.Threads
            lvItem = ListView2.Items.Add(aThread.Id.ToString())
            Select Case aThread.ThreadState
                Case ThreadState.Initialized
                    lvItem.SubItems.Add("Initialized")
                Case ThreadState.Ready
                    lvItem.SubItems.Add("Ready")
                Case ThreadState.Running
                    lvItem.SubItems.Add("Running")
                Case ThreadState.Standby
                    lvItem.SubItems.Add("Standby")
                Case ThreadState.Terminated
                    lvItem.SubItems.Add("Terminated")
                Case ThreadState.Transition
                    lvItem.SubItems.Add("In Transition")
                Case ThreadState.Unknown
                    lvItem.SubItems.Add("Unknown")
                Case ThreadState.Wait
                    lvItem.SubItems.Add("Waiting")
            End Select
```

Falls der Thread im Wartezustand ist, soll eine Info ausgegeben werden:

```
            If aThread.ThreadState = ThreadState.Wait Then
                lvItem.SubItems.Add(ListReason(aThread.WaitReason))
            Else
                lvItem.SubItems.Add("N/A")
            End If
```

Ein *TimeSpan*-Objekt abholen und die Zeit formatieren:

```
            ts = aThread.TotalProcessorTime
            lvItem.SubItems.Add(String.Format("{0:00}", ts.TotalHours) & ":" & _
                                String.Format("{0:00}", ts.Minutes) & ":" & _
                                String.Format("{0:00}", ts.Seconds))
        Next
    End Sub
```

Die folgende Methode dechiffriert lediglich die *ThreadWaitReason*-Enumeration:

```vb
Private Function ListReason(ByVal waitingReason As System.Diagnostics.ThreadWaitReason) _
                                                                                As String
    Dim s As String = String.Empty
    Select Case waitingReason
        Case ThreadWaitReason.EventPairHigh
            s = "Waiting For Event Pair High"
        Case ThreadWaitReason.EventPairLow
            s = "Waiting For Event Pair Low"
        Case ThreadWaitReason.ExecutionDelay
            s = "Execution Delay"
        Case ThreadWaitReason.Executive
            s = "Waiting For Scheduler"
        Case ThreadWaitReason.FreePage
            s = "Waiting For Free Virtual Mem. Page"
        Case ThreadWaitReason.LpcReceive
            s = "Waiting For A Local Proc. Call To Arrive"
        Case ThreadWaitReason.LpcReply
            s = "Waiting For A Reply To A Local Proc. Call"
        Case ThreadWaitReason.PageIn
            s = "Waiting For Virtual Mem. Page To Arrive In Memory"
        Case ThreadWaitReason.PageOut
            s = "Waiting For Virtual Mem. Page To Write To Disk"
        Case ThreadWaitReason.Suspended
            s = "Execution Suspended"
        Case ThreadWaitReason.SystemAllocation
            s = "Waiting For A System Allocation"
        Case ThreadWaitReason.Unknown
            s = "Waiting For Unknown Reason"
        Case ThreadWaitReason.UserRequest
            s = "Waiting For A User Request"
        Case ThreadWaitReason.VirtualMemory
            s = "Waiting For Virtual Memory"
    End Select
    Return s
End Function
```

Ein neuer Prozess wird angeklickt:

```
Private Sub ListView1_SelectedIndexChanged(ByVal sender As System.Object, _
                        ByVal e As System.EventArgs) _
                        Handles ListView1.SelectedIndexChanged
    Try
        EnumThreads(Convert.ToInt32(ListView1.SelectedItems(0).SubItems(3).Text))
    Catch
    End Try
End Sub

End Class
```

Test

Nach dem Programmstart werden automatisch alle laufenden Prozesse oben aufgelistet. Klicken Sie auf einen Prozess, so werden die zugehörigen Threads angezeigt:

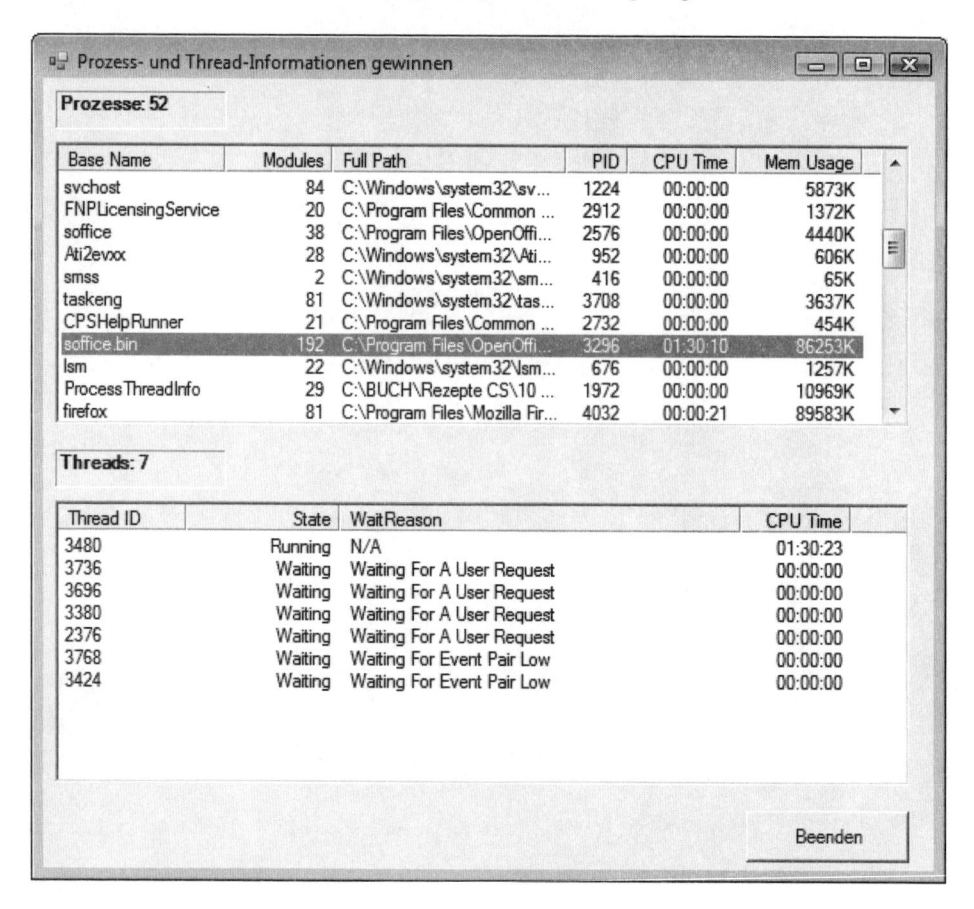

Base Name	Modules	Full Path	PID	CPU Time	Mem Usage
svchost	84	C:\Windows\system32\sv...	1224	00:00:00	5873K
FNPLicensingService	20	C:\Program Files\Common ...	2912	00:00:00	1372K
soffice	38	C:\Program Files\OpenOffi...	2576	00:00:00	4440K
Ati2evxx	28	C:\Windows\system32\Ati...	952	00:00:00	606K
smss	2	C:\Windows\system32\sm...	416	00:00:00	65K
taskeng	81	C:\Windows\system32\tas...	3708	00:00:00	3637K
CPSHelpRunner	21	C:\Program Files\Common ...	2732	00:00:00	454K
soffice.bin	192	C:\Program Files\OpenOffi...	3296	01:30:10	86253K
lsm	22	C:\Windows\system32\lsm...	676	00:00:00	1257K
ProcessThreadInfo	29	C:\BUCH\Rezepte CS\10 ...	1972	00:00:00	10969K
firefox	81	C:\Program Files\Mozilla Fir...	4032	00:00:21	89583K

Threads: 7

Thread ID	State	WaitReason	CPU Time
3480	Running	N/A	01:30:23
3736	Waiting	Waiting For A User Request	00:00:00
3696	Waiting	Waiting For A User Request	00:00:00
3380	Waiting	Waiting For A User Request	00:00:00
2376	Waiting	Waiting For A User Request	00:00:00
3768	Waiting	Waiting For Event Pair Low	00:00:00
3424	Waiting	Waiting For Event Pair Low	00:00:00

In der Abbildung erkennen Sie, dass momentan 52 Prozesse auf dem PC laufen und OpenOffice, mit dem der Autor gerade arbeitet, hier 192 Module beansprucht und in 7 verschiedenen Threads läuft.

R14.37 Ein externes Programm starten

Möchten Sie aus Ihrer .NET-Anwendung heraus andere Prozesse, d.h. Programme, starten, bieten sich Ihnen unter Visual Basic zahlreiche Möglichkeiten und Optionen an. Das vorliegende Beispiel soll Ihnen einen schnellen Einstieg vermitteln.

Oberfläche

Erstellen Sie eine Oberfläche entsprechend folgender Abbildung:

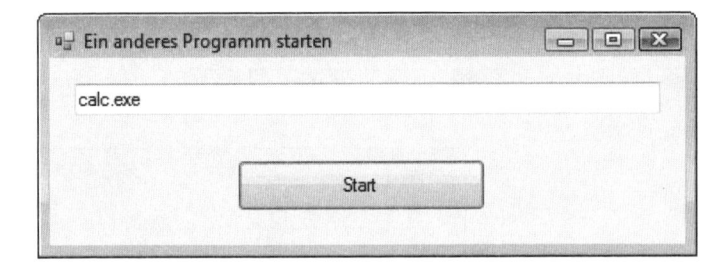

In die *TextBox* können zur Laufzeit Name und Pfad für eine Anwendung eingegeben werden.

Quelltext

```
Public Class Form1

    Private Sub Button1_Click(ByVal sender As System.Object, ByVal e As System.EventArgs) _
                                                            Handles Button1.Click
```

Erzeugen eines *Process*-Objekts:

```
        Dim proc As New Process()
```

Parametrieren (welche Anwendung soll gestartet werden) und Aufruf:

```
        proc.StartInfo.FileName = TextBox1.Text
        proc.Start()
```

HINWEIS: Diese Methode wartet nicht auf das Prozess-Ende, die Programmausführung wird direkt fortgesetzt.

Mit der folgenden Methode erreichen wir, dass die Anwendung solange wartet, bis der Prozess beendet ist:

```
        proc.WaitForExit()
        MessageBox.Show("Fertig")
    End Sub
End Class
```

HINWEIS: Möchten Sie die Anwendung bzw. den Prozess asynchron starten, lassen Sie einfach die Methode *WaitForExit* weg.

Test

Geben Sie in die *TextBox* einen Anwendungsnamen (z.B. *Calc.exe*, *MSPaint.exe*, ...) ein und klicken Sie auf die "Start"-Schaltfläche:

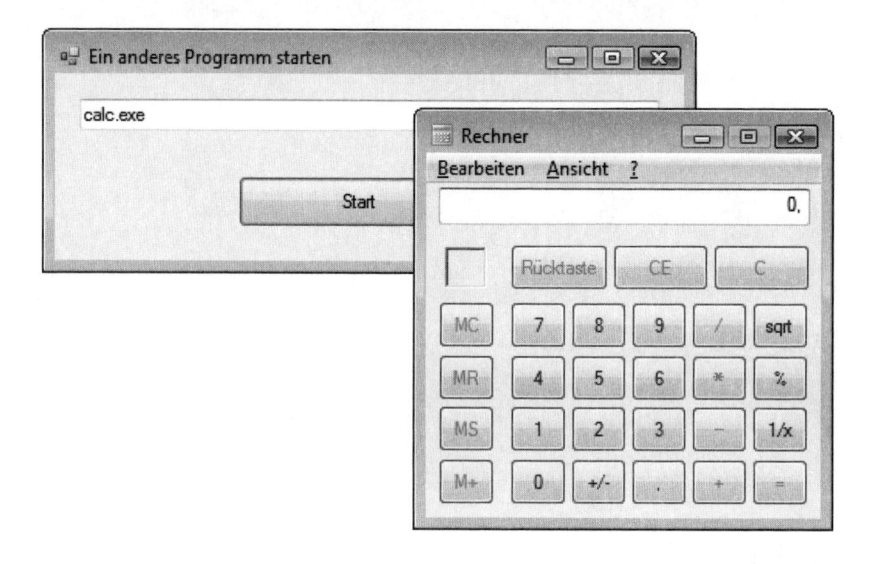

HINWEIS: Die Messagebox mit der Meldung "Fertig" sollte erst angezeigt werden, wenn die aufgerufene Anwendung beendet ist.

Ergänzungen

Eine besonders einfache Variante bietet sich mit dem direkten Aufruf der Methode *Start* an:

```
System.Diagnostics.Process.Start("calc.exe")
```

Beachten Sie jedoch, dass Sie in diesem Fall nicht mit *WaitForExit* auf das Programmende warten können, für viele Anwendungszwecke reicht diese Verfahrensweise jedoch aus.

Über die *StartInfo*-Eigenschaft können Sie unter anderem folgende Optionen für den zu startenden Prozess vorgeben:

Eigenschaft	Beschreibung
Arguments	... die Kommandozeilenparameter für den neuen Prozess (beispielsweise eine zu öffnende Datei)
CreateNoWindow	... Start in einem neuen Fenster (*True/False*)
FileName	... die eigentliche Anwendung
WindowStyle	... der Startmodus für das Anwendungsfenster (maximiert, minimiert, versteckt etc.)
WorkingDirectory	... das Arbeitsverzeichnis der Anwendung

BEISPIEL: Verwendung von Argumenten beim Aufruf der *Start*-Methode

```
System.Diagnostics.Process.Start("notepad.exe","c:\test.txt")
```

BEISPIEL: Eine Webseite im Explorer öffnen

```
System.Diagnostics.Process.Start("http://www.microsoft.com")
```

BEISPIEL: Eine E-Mail erzeugen

```
System.Diagnostics.Process.Start("mailto:max_musterman@nirgendwo.de")
```

R14.38 Eine externe Anwendung starten und überwachen

Im Rezept R14.37 haben wir Ihnen bereits die grundsätzliche Methodik zum Starten von externen Anwendungen vorgestellt, Visual Basic bietet jedoch auch die Möglichkeit, das Ende des Prozesses mit einem Ereignis zu überwachen. Der Vorteil: Sie können mit Ihrer Anwendung normal weiterarbeiten (beim synchronen Ausführen wird nicht einmal das Fenster aktualisiert) und dennoch auf das Prozessende reagieren.

Oberfläche

Eine *TextBox*, zwei *Button*s, ein *Label* und ein *Timer* (*Interval* = *500*) genügen uns diesmal.

Quelltext

Unser *Process*-Objekt deklarieren wir jetzt als globale Variable:

```
Public Class Form1

    Private proc As New System.Diagnostics.Process()
```

Mit dem Klick auf den "Start"-Button starten wir den *Timer*, ermöglichen das Auslösen des *Exited*-Events und starten den Prozess:

```
Private Sub Button1_Click(ByVal sender As System.Object, ByVal e As System.EventArgs) _
                                                         Handles Button1.Click
    Timer1.Enabled = True
    proc.EnableRaisingEvents = True
    AddHandler proc.Exited, AddressOf proc_Exited
    proc.StartInfo.FileName = TextBox1.Text
    proc.Start()
End Sub
```

Über den zweiten Button eröffnet sich Ihnen die Möglichkeit, die Anwendung ziemlich "brutal" zu beenden:

```
Private Sub Button2_Click(ByVal sender As System.Object, ByVal e As System.EventArgs) _
                                                         Handles Button2.Click
    Try
        proc.Kill()
    Catch ex As Exception
        MessageBox.Show(ex.Message)
    End Try
End Sub
```

HINWEIS: Dies sollte aber nicht der Normalfall für das Beenden von Anwendungen sein!

Im *Timer_Tick*-Ereignis aktualisieren wir alle 500 ms den Statustext im *Label1* (die Laufzeit der aufgerufenen Anwendung):

```
Private Sub Timer1_Tick(ByVal sender As System.Object, ByVal e As System.EventArgs) _
                                                       Handles Timer1.Tick
    Label1.Text = "Laufzeit : " & DateTime.Now.Subtract(proc.StartTime).ToString()
End Sub
```

Unsere Ereignis-Prozedur, die uns auf das Prozess-Ende aufmerksam macht, muss per *Invoke* aufgerufen werden:

```
Private Sub proc_Exited(ByVal sender As Object, ByVal e As System.EventArgs)
    Me.Invoke(New AnzeigeDelegate(AddressOf Anzeige))
End Sub

Private Delegate Sub AnzeigeDelegate()

Private Sub Anzeige()
```

Wir berechnen ein letztes Mal die Laufzeit der Anwendung und stoppen den *Timer*:

```
        Timer1.Enabled = False
        Label1.Text = "Laufzeit : " & proc.ExitTime.Subtract(proc.StartTime).ToString
    End Sub
End Class
```

Test

Unmittelbar nach dem Start sollte bereits die Prozess-Laufzeit angezeigt werden:

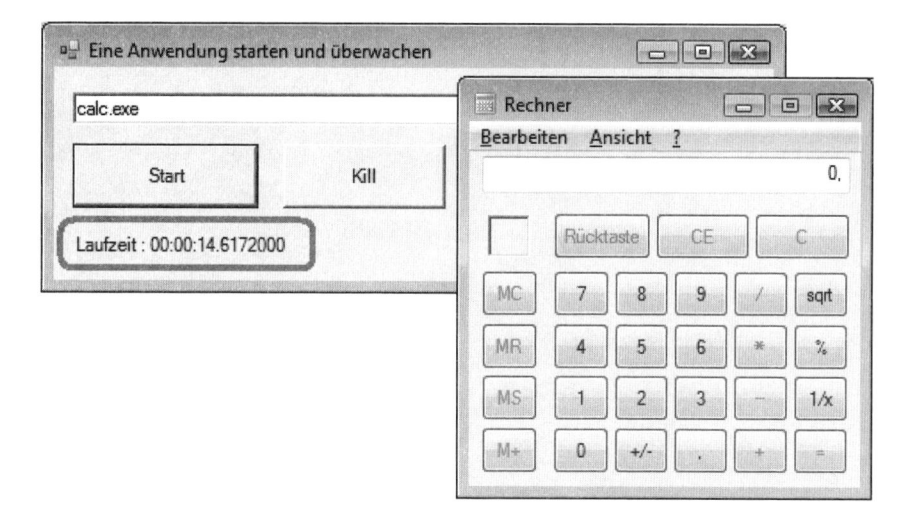

Kapitel 15

Sonstiges

R15.1 Eine einfache E-Mail versenden

Mit Hilfe der Anweisung "mailto:" ist es problemlos möglich, eine E-Mail mit Adressangabe, Betreffzeile und E-Mail-Text zu generieren, lediglich auf Dateianhänge müssen Sie verzichten. Aufgerufen wird die Anweisung mit Hilfe der *Start*-Methode eines *Process*-Objekts, siehe dazu R14.37 ("Ein externes Programm starten").

> **HINWEIS:** Das in R14.37 vorgestellte Programm können Sie für die folgenden Beispiele verwenden, Sie müssen jedoch die Zeile "*proc.WaitForExit()*" auskommentieren.

Folgende Varianten bieten sich an:

BEISPIEL: Eine einfache E-Mail ohne Betreffzeile oder Body-Text.

```
mailto:xyz@abc.com
```

BEISPIEL: Eine E-Mail mit einer Betreffzeile ("Preisanfrage").

```
mailto:xyz@abc.com?subject=Preisanfrage
```

BEISPIEL: Eine E-Mail mit Adresse, Betreffzeile und zusätzlicher Kopie an die Adresse "hans@glueck.com".

```
mailto:xyz@abc.com?subject=Preisanfrage&CC=hans@glueck.com
```

BEISPIEL: Eine E-Mail mit Adresse, Betreffzeile sowie einem E-Mail-Text.

```
mailto:abc@xyz.de?subject=Anfrage Preisliste&Body=Bitte senden Sie mir %0A die aktuellen Preislisten zu!
```

Wie Sie sehen, ist die Verwendung recht einfach. Es sind lediglich einige Grundregeln zu beachten:

- Die Betreffzeile (*subject*) ist mit einem Fragezeichen "?" von der Adressangabe zu trennen.
- Alle weiteren Optionen sind mit einem "&" voneinander zu trennen.
- Zeilenumbrüche in der Textangabe können Sie mit der Kombination "%0A" realisieren.
- Leerzeichen in der Adressangabe können Sie mit "%20" einfügen.

Test

Tragen Sie obige Anweisungen in das Programm aus R14.37 ein und klicken Sie auf den "Start"-Button:

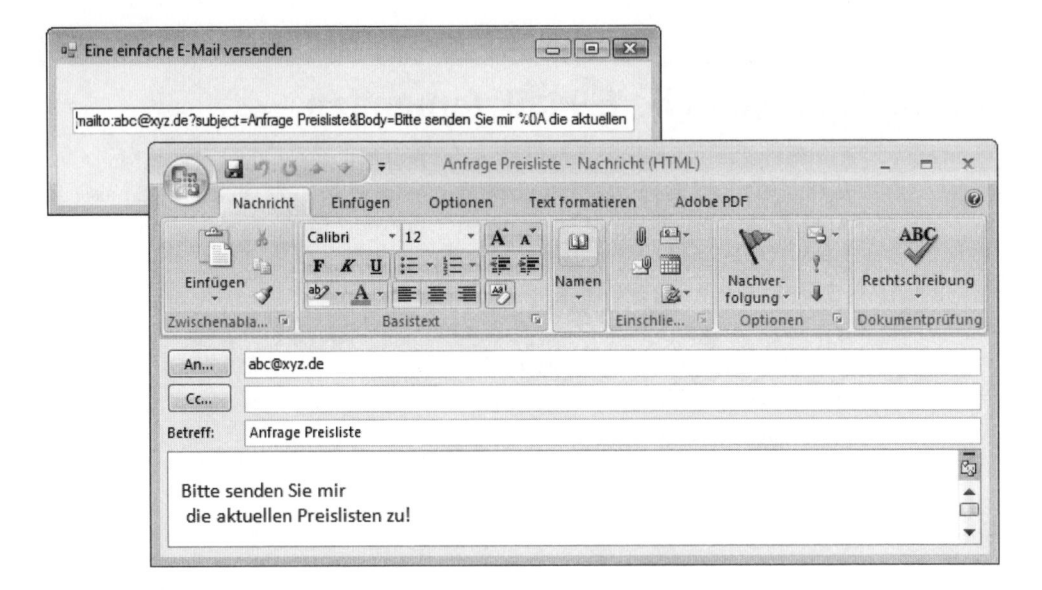

R15.2 EMails mit dem integrierten Mail-Client versenden

Der Ablauf für das Senden einer E-Mail in Windows Forms-Anwendungen entspricht der Vorgehensweise bei ASP.NET-Anwendungen, wie es in Rezept R12.27 ("EMail-Versand in ASP.-NET realisieren") ausführlich erläutert wurde.

An dieser Stelle wollen wir deshalb die theoretischen Grundlagen nicht erneut auswalzen, sondern mit einem kleinen Beispielprogramm die Umsetzung für Windows Forms-Anwendungen demonstrieren.

Oberfläche

Ein Windows *Form*, drei *TextBox*en (Empfänger, Betreff, Nachricht) einige *Label*s für die Beschriftung sowie ein *Button* genügen:

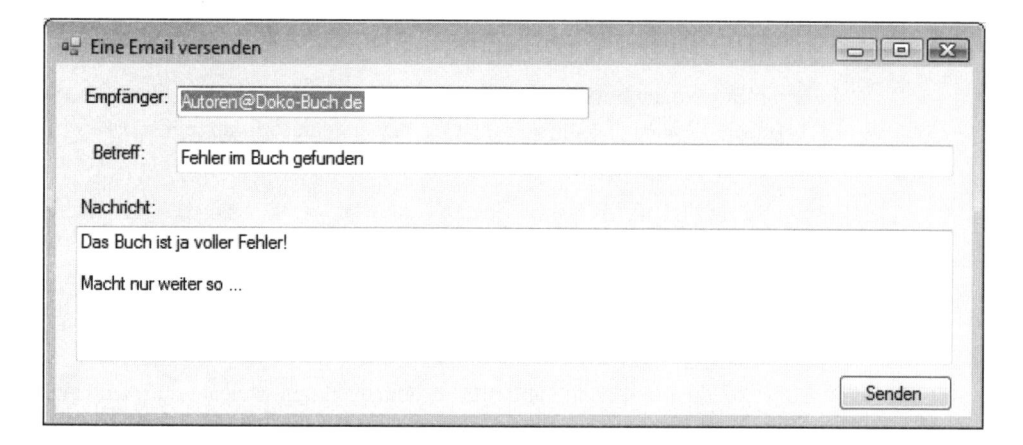

R15.2 EMails mit dem integrierten Mail-Client versenden

Quelltext

```vb
Imports System.Net

Public Class Form1

    Private Sub Button1_Click(ByVal sender As System.Object, ByVal e As System.EventArgs) _
                              Handles Button1.Click
```

Instanz eines E-Mail-Clients erzeugen:

```vb
        Dim mail As New System.Net.Mail.SmtpClient()
```

Die eigentliche Message:

```vb
        Dim msg As New System.Net.Mail.MailMessage("leser@deutschland.de", TextBox1.Text)
        msg.Subject = TextBox2.Text
        msg.Body = TextBox3.Text
        mail.Credentials = New NetworkCredential("Hans", "Wurst")
        mail.Host = "server"
```

E-Mail versenden:

```vb
        mail.Send(msg)
    End Sub

End Class
```

Test

Nach dem Klick sollte die Mail schon unterwegs sein ...

R15.3 Logische Fehler mittels Debugger aufspüren

Viele schlaue Programmierideen scheitern bei der praktischen Umsetzung an Schusseligkeiten des Erfinders. Was ist, wenn sich Ihr Code zwar fehlerfrei kompilieren lässt, die angezeigten Ergebnisse aber trotzdem falsch sind? Wie kommt man dem Fehler auf die Schliche?

Zum Glück besitzt Visual Studio einen leistungsfähigen Debugger, seinen Wert lernt man aber erst dann zu schätzen, wenn von ihm wirklich der entscheidende Hinweis auf einen sonst schwer auffindbaren logischen Programmfehler kommt.

Um den Umgang mit dem Debugger zu demonstrieren, verwenden wir ein (zunächst fehlerhaftes) Programm, welches die Entfernung zwischen zwei Orten (Luftlinie) ermitteln soll. Die folgende Abbildung verdeutlicht das Berechnungsprinzip, welches auf dem bekannten *Lehrsatz des Pythagoras* beruht.

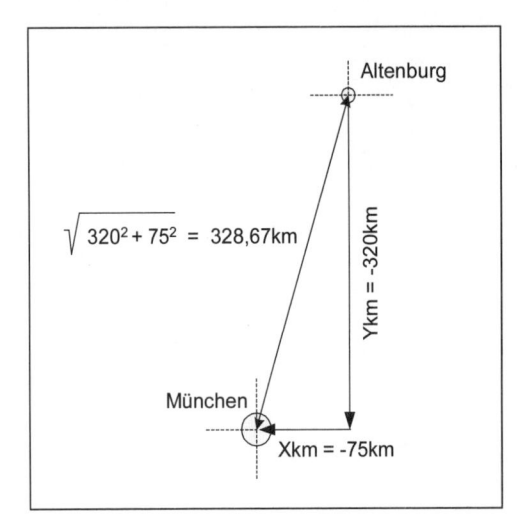

$$\sqrt{320^2 + 75^2} = 328{,}67\,\text{km}$$

Altenburg
Ykm = -320km
München
Xkm = -75km

Die Ortsnamen und deren Koordinaten relativ zu einer bestimmten Stadt (im Beispiel ist der Bezugspunkt die Skatstadt Altenburg) sollen in einem Array abgespeichert werden, welches Strukturvariablen des Typs *TOrt* enthält. Hier die Datensatzstruktur:

Feldname	Datentyp	Bemerkung
Name	*String*	Bezeichnung der Ortschaft
Xkm	*Single*	West-Ost-Abweichung in km
Ykm	*Single*	Süd-Nord-Abweichung in km

Oberfläche

Als Vorbild kann die in der Abbildung gezeigte Benutzerschnittstelle dienen.

R15.3 Logische Fehler mittels Debugger aufspüren

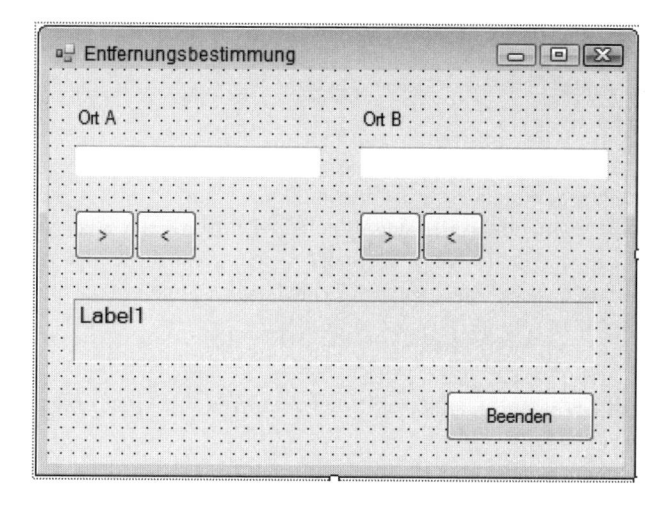

Quellcode

```
Public Class Form1
```

Die Datensatzstruktur:

```
Structure TOrt
    Public Name As String
    Public Xkm As Single
    Public Ykm As Single
End Structure
```

Die Deklaration des Arrays:

```
Private ortsListe As TOrt()
```

Die Positionen in der Ortsliste:

```
Private posA As Integer = 0          ' Position Ort A
Private posB As Integer = 0          ' Position Ort B
Private posMax As Integer = 0        ' maximale Position (Länge der Liste - 1)
```

Im Konstruktorcode wird das Array erzeugt und mit einigen Orten initialisiert:

```
Public Sub New()
    InitializeComponent()
    ortsListe = New TOrt() { _
        New TOrt With {.Name = "Altenburg", .Xkm = 0, .Ykm = 0}, _
        New TOrt With {.Name = "Berlin", .Xkm = 75, .Ykm = 175}, _
        New TOrt With {.Name = "Dresden", .Xkm = 90, .Ykm = 5}, _
        New TOrt With {.Name = "Frankfurt a.M.", .Xkm = -270, .Ykm = -100}, _
```

```
            New TOrt With {.Name = "Hannover", .Xkm = -185, .Ykm = 160}, _
            New TOrt With {.Name = "München", .Xkm = -75, .Ykm = -320} _
        }
```

HINWEIS: Wer das Programm sinnvoll für eigene Zwecke nutzen will, sollte ein Papplineal mit km-Einteilung anfertigen und es auf der Landkarte per Stecknadel drehbar um seinen Bezugsort befestigen. Auf diese Weise können die Ost-West- bzw. Süd-Nord-Differenzen zu verschiedenen Städten schnell und mit ausreichender Genauigkeit abgelesen werden.

Da der erste Ort in der Liste den Index 0 hat, ist der maximale Index um Eins geringer als die Anzahl der abgespeicherten Orte:

```
        posMax = ortsListe.Length - 1
```

Zu Beginn soll der erste Ort in beiden *TextBox*en angezeigt werden:

```
        anzeigenA()
        anzeigenB()
    End Sub
```

Die folgende Methode soll die Berechnung ausführen und das Ergebnis ausgeben:

```
    Sub berechnen()
        Dim dx As Single = ortsListe(posB).Xkm - ortsListe(posA).Xkm
        Dim dy As Single = ortsListe(posB).Ykm - ortsListe(posA).Ykm
        Dim dist As Single = dx * dx + dy * dy
        Label1.Text = "Die Entfernung zwischen " & ortsListe(posA).Name & " und " & _
                    ortsListe(posB).Name & " beträgt " & dist.ToString("#0") & " km!"
    End Sub
```

Die Anzeige der ausgewählten Orte in den beiden *TextBox*en:

```
    Sub anzeigenA()
        TextBox1.Text = ortsListe(posA).Name
        berechnen()
    End Sub

    Sub anzeigenB()
        TextBox2.Text = ortsListe(posB).Name
        berechnen()
    End Sub
```

Mit den vier "handgestrickten" Navigationsschaltflächen blättern wir durch die Datensätze.

R15.3 Logische Fehler mittels Debugger aufspüren

Vorwärts (Ort A):

```
Private Sub Button1_Click(ByVal sender As System.Object, ByVal e As System.EventArgs) _
                Handles Button1.Click
    posA += 1
    If (posA > posMax) Then posA = posMax
    anzeigenA()
End Sub
```

Rückwärts (Ort A):

```
Private Sub Button2_Click(ByVal sender As System.Object, ByVal e As System.EventArgs) _
                Handles Button2.Click
    posA -= 1
    If (posA < 0) Then posA = 0
    anzeigenA()
End Sub
```

Vorwärts (Ort B):

```
Private Sub Button3_Click(ByVal sender As System.Object, ByVal e As System.EventArgs) _
                Handles Button3.Click
    posB += 1
    If (posB > posMax) Then posB = posMax
    anzeigenB()
End Sub
```

Rückwärts (Ort B):

```
Private Sub Button4_Click(ByVal sender As System.Object, ByVal e As System.EventArgs) _
                Handles Button4.Click
    posB -= 1
    If (posB < 0) Then posB = 0
    anzeigenB()
End Sub
    ...
End Sub
```

Test

Alles scheint wunderbar zu funktionieren, aber ein Blick auf die berechneten Ergebnisse (108025 km Entfernung zwischen Altenburg und München???) dämpft die euphorische Stimmung. Ein Hilferuf an den Debugger!

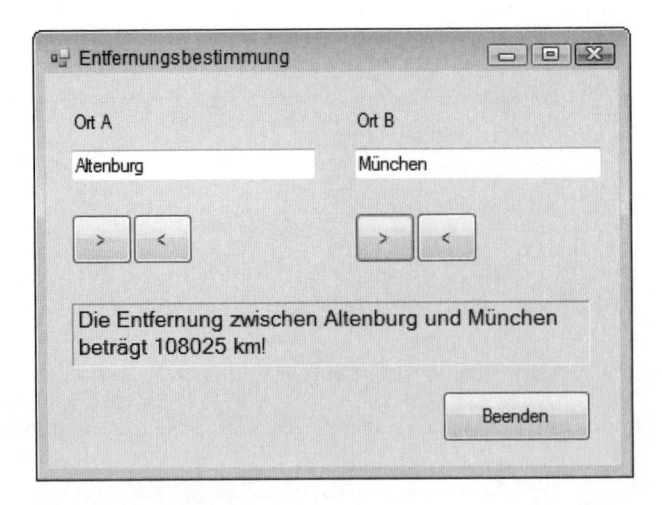

Schrittweises Abarbeiten

Zunächst sollten wir die Aktivitäten beim Erstellen der Ortsliste untersuchen. Wir setzen zunächst einen Haltepunkt in den Konstruktorcode, indem wir einfach mit der Maus links auf den breiten grauen Rand klicken (siehe Abbildung).

```
Public Sub New()
    InitializeComponent()
    ortsListe = New TOrt() { _
        New TOrt With {.Name = "Altenburg", .Xkm = 0, .Ykm = 0}, _
        New TOrt With {.Name = "Berlin", .Xkm = 75, .Ykm = 175}, _
        New TOrt With {.Name = "Dresden", .Xkm = 90, .Ykm = 5}, _
        New TOrt With {.Name = "Frankfurt a.M.", .Xkm = -270, .Ykm = -100}, _
        New TOrt With {.Name = "Hannover", .Xkm = -185, .Ykm = 160}, _
        New TOrt With {.Name = "München", .Xkm = -75, .Ykm = -320} _
    }
    posMax = ortsListe.Length - 1
    anzeigenA()
    anzeigenB()
    MessageBox.Show("Das Programm liefert falsche Ergebnisse! Finden Sie den Fehle
End Sub
```

Nun starten wir das Programm wie gewohnt (F5). Die Ausführung stoppt am Haltepunkt. Mittels F11-Taste bewegen wir uns schrittweise weiter, der gelbe Pfeil zeigt den Programmfortschritt). Bei dieser Gelegenheit können wir uns über die aktuellen Werte der Variablen per QuickInfo informieren (einfach mit der Maus darauf zeigen).

In der Methode *berechnen* angelangt, untersuchen wir den Wert der kritischen Variablen *dist*, denn hier vermuten wir den Übeltäter. Leider macht uns das Ergebnis (0.0) auch nicht klüger.

R15.3 Logische Fehler mittels Debugger aufspüren

```
Sub berechnen()
    Dim dx As Single = ortsListe(posB).Xkm - ortsListe(posA).Xkm
    Dim dy As Single = ortsListe(posB).Ykm - ortsListe(posA).Ykm
    Dim dist As Single = dx * dx + dy * dy
    Label1     dist 0.0  Die Entfernung zwischen " + ortsListe(posA).Name + " und " + _
                         ortsListe(posB).Name + " beträgt " + dist.ToString("#0") + " km!"
End Sub
```

Durch Klick auf die Schaltfläche ■ (Umschalt+F5) beenden wir vorerst den Debug-Modus und machen uns nach einer kleinen Denkpause bereit für einen zweiten Anlauf.

Bedingung für Haltepunkt hinzufügen

Um die Ursache für die astronomischen Entfernungen nun endlich zu ergründen, soll der Programmablauf erst dann unterbrochen werden, wenn der Wert der Variablen *dist* die Größe von *10000* überschreitet. Vorerst löschen wir den bereits vorhandenen fetten braunen Haltepunkt (*Debuggen/Alle Haltepunkte löschen* oder einfach nur draufklicken).

Setzen Sie nun erneut einen Haltepunkt vor die zu überwachende Zeile und wählen Sie im Kontextmenü den Eintrag *Bedingung...*

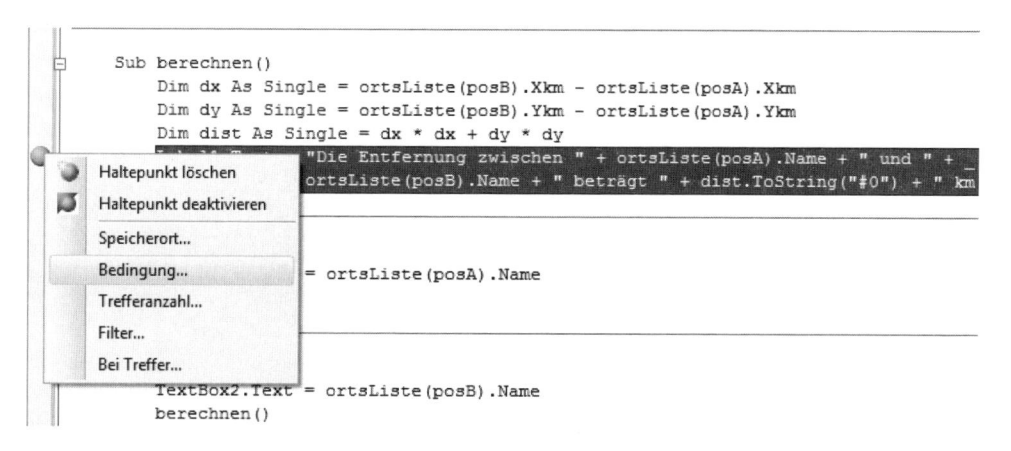

```
Sub berechnen()
    Dim dx As Single = ortsListe(posB).Xkm - ortsListe(posA).Xkm
    Dim dy As Single = ortsListe(posB).Ykm - ortsListe(posA).Ykm
    Dim dist As Single = dx * dx + dy * dy
```

- Haltepunkt löschen
- Haltepunkt deaktivieren
- Speicherort...
- **Bedingung...**
- Trefferanzahl...
- Filter...
- Bei Treffer...

```
        = ortsListe(posA).Name

        TextBox2.Text = ortsListe(posB).Name
        berechnen()
```

Tragen Sie in das Dialogfeld die Unterbrechungsbedingung ein:

Bedingung für Haltepunkt

Wenn die Position des Haltepunkts erreicht wird, wird der Ausdruck ausgewertet. Der Haltepunkt wird nur dann erreicht, wenn der Ausdruck "True" ist oder geändert wurde.

☑ Bedingung:

`dist > 10000`

◉ Ist "True"
◯ Hat sich geändert

[OK] [Abbrechen]

Öffnen Sie erneut das Formular und blättern Sie durch die Datensätze. Die Programmausführung wird unterbrochen, sobald die Bedingung *dist > 10000* erfüllt ist:

```
Sub berechnen()
    Dim dx As Single = ortsListe(posB).Xkm - ortsListe(posA).Xkm
    Dim dy As Single = ortsListe(posB).Ykm - ortsListe(posA).Ykm
    Dim dist As Single = dx * dx + dy * dy
    Label1  dist 36250.0  Entfernung zwischen " + ortsListe(posA).Name + " und " + _
                        ortsListe(posB).Name + " beträgt " + dist.ToString("#0") + " km!"
End Sub
```

Da ein Überprüfen der Koordinatendifferenzen *dx* und *dy* normale Werte ergibt, kann also die Fehlerursache nur in einer falschen Formel zur Berechnung von *dist* liegen.

Endlich die rettende Erkenntnis: Bei der Umsetzung des Lehrsatzes des Pythagoras haben wir dummerweise vergessen, die Wurzel zu ziehen!

Schnell korrigieren wir die fehlerhafte Anweisung in der Methode *berechnen*:

```
Dim dist As Single = Math.Sqrt(dx * dx + dy * dy)
```

... und der alte Pythagoras braucht sich nicht mehr im Grabe umzudrehen.

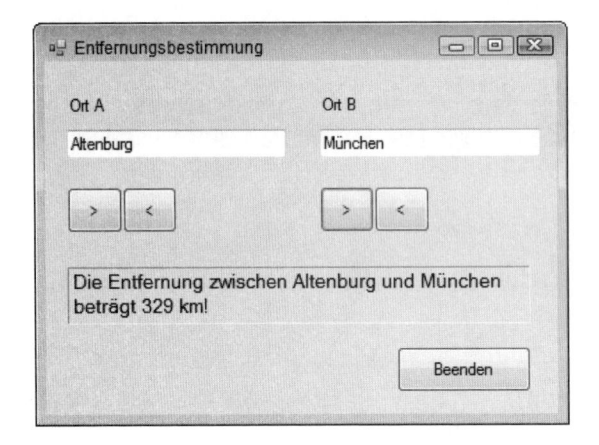

Bemerkungen

- Auch beim Debugging dürfen Sie die notwendigen Nutzereingaben nicht vergessen. Haben Sie z.B. einen Haltepunkt innerhalb des Eventhandlers *Button1_Click()* gesetzt, so müssen Sie zur Programmlaufzeit auf die Schaltfläche *Button1* klicken, um zu diesem Haltepunkt zu gelangen.

- Sie sollten nun den Code eines beliebigen anderen Moduls mit den beschriebenen Methoden testen, um so die notwendige Sicherheit beim Umgang mit dem Debugger zu erreichen.

- Mehr über den integrierten Debugger erfahren Sie in unserem Buch [*Visual Basic 2008 – Grundlagen und Profiwissen*].

R15.4 Eigene Fehlerklassen definieren

In einigen Anwendungsfällen möchte man eigene Fehlerklassen erzeugen, sei es, dass spezielle Parameter übergeben werden oder dass das Verhalten geändert werden soll. Auch die Auswertung der Fehler kann wesentlich differenzierter erfolgen. Last, but not least sind eigene Fehlerklassen im Zusammenhang mit der Komponentenentwicklung von Interesse.

Dieses Rezept soll Ihnen anhand eines vielleicht etwas abwegigen, dafür aber leicht verständlichen Beispiels die Vorgehensweise vermitteln:

Es soll eine neue Fehlerklasse entwickelt werden, die in der Lage ist, eine E-Mail über den aktuellen E-Mail-Client zu versenden bzw. dort zunächst anzuzeigen.

Oberfläche

Ein Windows *Form* und ein *Button*.

Quellcode (Fehlerklasse)

Fügen Sie dem Projekt eine neue Klasse hinzu (*Projekt|Klasse hinzufügen*).

Die Fehlerklasse (wir leiten von der *Exception*-Klasse ab):

```
Public Class CError
    Inherits Exception
```

Eine zusätzliche Methode zum Versenden der E-Mail:

```
Public Sub SendMailMessage()
    System.Diagnostics.Process.Start("mailto:support@nirgendwo.de?subject" & _
                        "=Fehler&Body=" & Me.Message)
End Sub
```

Der Konstruktor:

```
Sub New(ByVal message As String)
    MyBase.New(message)
End Sub

End Class
```

> **HINWEIS:** Selbstverständlich könnten Sie hier auch weitere Parameter definieren, zum Beispiel eine Zieladresse etc.

Quellcode (Form1)

Die Verwendung (gezieltes Auslösen der neuen Exception):

```vbnet
Public Class Form1

    Private Sub test(ByVal a As Integer, ByVal b As Integer)
        If (a > 80000) OrElse (b > 100000) Then
            Throw New CError("Wertebereich nicht eingehalten")
        End If
    End Sub
```

Die Verwendung (Fehlerbehandlung):

```vbnet
    Private Sub Button1_Click(ByVal sender As System.Object, ByVal e As System.EventArgs) _
                              Handles Button1.Click
        Try
            test(100000, 10)
        Catch mye As CError
            mye.SendMailMessage()
        End Try
    End Sub
End Class
```

Test

Nach Aufruf der Methode *SendMailMessage* öffnet sich der aktuelle E-Mail-Client, die Meldungstexte und die Adresse sind bereits eingetragen:

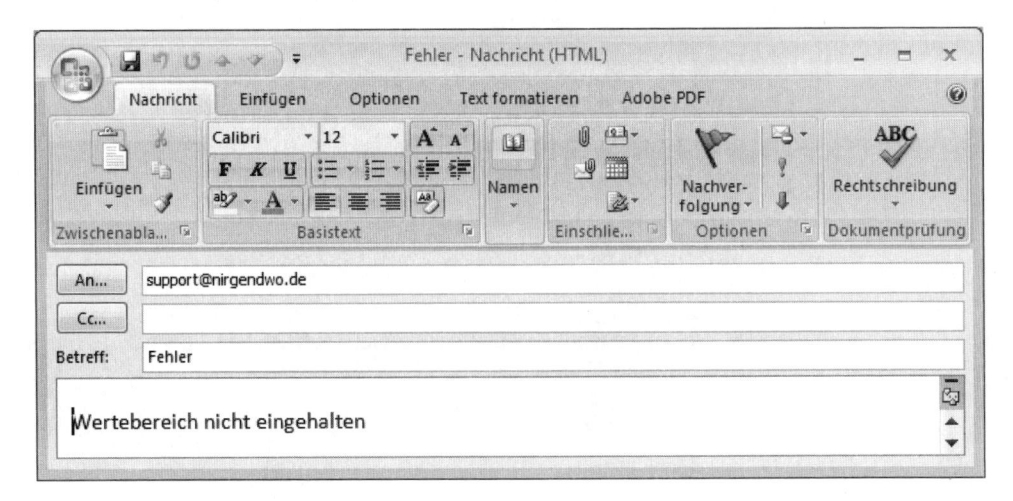

R15.5 Die MessageBox-Klasse verwenden

Neben vielen anderen Einsatzgebieten ist vor allem bei der Fehlersuche und Fehleranzeige die Verwendung von Messageboxen interessant. Hier ist es ohne großen Programmieraufwand möglich, Zwischenergebnisse oder Warnungen anzuzeigen oder auch Werte einzugeben. Aus diesem Grund können diese Dialogfenster-Funktionen auch sehr gut für Testzwecke bzw. anstatt des Debuggers zur Fehlersuche eingesetzt werden. Diese typischen Windows-Dialoge sind modal, d.h., das Programm kann erst nach dem Schließen des Meldungsfensters fortgesetzt werden.

SYNTAX: `Show(Text As String, Caption As String, Buttons As MessageBoxButtons, _`
`Icon As MessageBoxIcon) As DialogResult`

Text enthält die in der Dialogbox angezeigte Meldung, *Caption* den Kopfzeilentext. Über *Buttons* bestimmen Sie Art und Anzahl der angezeigten Schaltflächen:

Wert	Beschreibung
AbortRetryIgnore	Abbrechen Wiederholen Ignorieren
OK	OK
OKCancel	OK Abbrechen
RetryCancel	Wiederholen Abbrechen
YesNo	Ja Nein
YesNoCancel	Ja Nein Abbrechen

Icon ist für die Optik verantwortlich:

Wert	Beschreibung
Asterisk, Warning	⚠
Error, Exclamation, Hand, Stop	✖
Information	ⓘ
None	
Question	❓

Wer möchte, kann zusätzlich auch noch die Default-Taste festlegen, dafür stehen Ihnen die drei Konstanten *Button1*, *Button2*, *Button3* zur Verfügung.

Ein kleines Testprogramm soll einige der Möglichkeiten demonstrieren.

Oberfläche

Ein Windows *Form* und zwei *Button*s.

Quellcode

```
Public Class Form1
```

Verschiedene Varianten:

```
    Private Sub Button1_Click(ByVal sender As System.Object, ByVal e As System.EventArgs) _
                Handles Button1.Click
        MessageBox.Show("Meldungstext", "Exclamation", MessageBoxButtons.YesNo, _
                    MessageBoxIcon.Exclamation, MessageBoxDefaultButton.Button1)
        MessageBox.Show("Meldungstext", "Asterisk", MessageBoxButtons.YesNo, _
                    MessageBoxIcon.Asterisk, MessageBoxDefaultButton.Button1)
        MessageBox.Show("Meldungstext", "Error", MessageBoxButtons.YesNo, _
                    MessageBoxIcon.Error, MessageBoxDefaultButton.Button1)
        MessageBox.Show("Meldungstext", "Hand", MessageBoxButtons.YesNo, _
                    MessageBoxIcon.Hand, MessageBoxDefaultButton.Button1)
        MessageBox.Show("Meldungstext", "Information", MessageBoxButtons.YesNo, _
                    MessageBoxIcon.Information, MessageBoxDefaultButton.Button1)
        MessageBox.Show("Meldungstext", "None", MessageBoxButtons.YesNo, _
                    MessageBoxIcon.None, MessageBoxDefaultButton.Button1)
        MessageBox.Show("Meldungstext", "Question", MessageBoxButtons.YesNo, _
                    MessageBoxIcon.Question, MessageBoxDefaultButton.Button1)
        MessageBox.Show("Meldungstext", "Stop", MessageBoxButtons.YesNo, _
                    MessageBoxIcon.Stop, MessageBoxDefaultButton.Button1)
        MessageBox.Show("Meldungstext", "Warning", MessageBoxButtons.YesNo, _
                    MessageBoxIcon.Warning, MessageBoxDefaultButton.Button1)
    End Sub
```

Ein nicht ganz ernst zu nehmendes Beispiel:

```
    Private Sub Button2_Click(ByVal sender As System.Object, ByVal e As System.EventArgs) _
                Handles Button2.Click
        Select Case MessageBox.Show("Achtung! Ihre Festplatte wird formatiert!", _
             "Kleiner Hinweis", MessageBoxButtons.AbortRetryIgnore, MessageBoxIcon.Question)
            Case Windows.Forms.DialogResult.Abort    ' Abbruch
            Case Windows.Forms.DialogResult.Retry    ' Wiederholen
            Case Windows.Forms.DialogResult.Ignore   ' Ignorieren
        End Select
    End Sub
End Class
```

Test

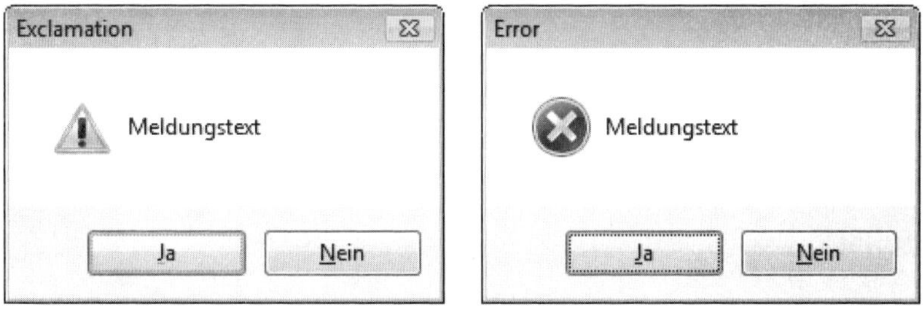
Exclamation
Meldungstext
Ja
Nein
Error
Meldungstext
Ja
Nein

...

Verstehen Sie Spaß?

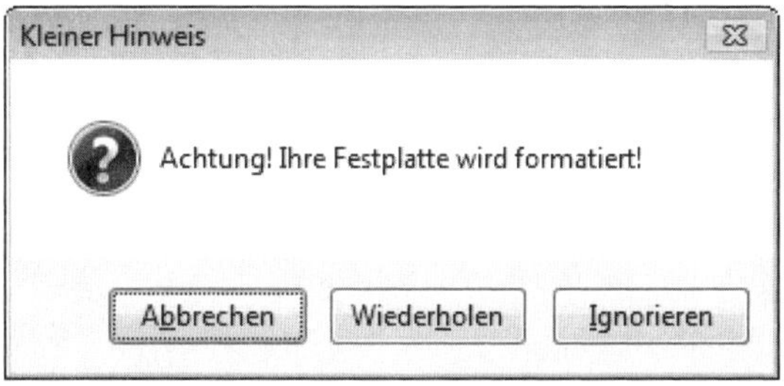
Kleiner Hinweis
Achtung! Ihre Festplatte wird formatiert!
Abbrechen
Wiederholen
Ignorieren

R15.6 Nur eine Anwendungsinstanz zulassen

Seien Sie froh, dass Sie sich für Visual Basic anstatt für C# entschieden haben. Statt vieler Codezeilen für die Lösung dieses Problems genügt es, wenn Sie in den Projektoptionen die entsprechende Einstellung aktivieren:

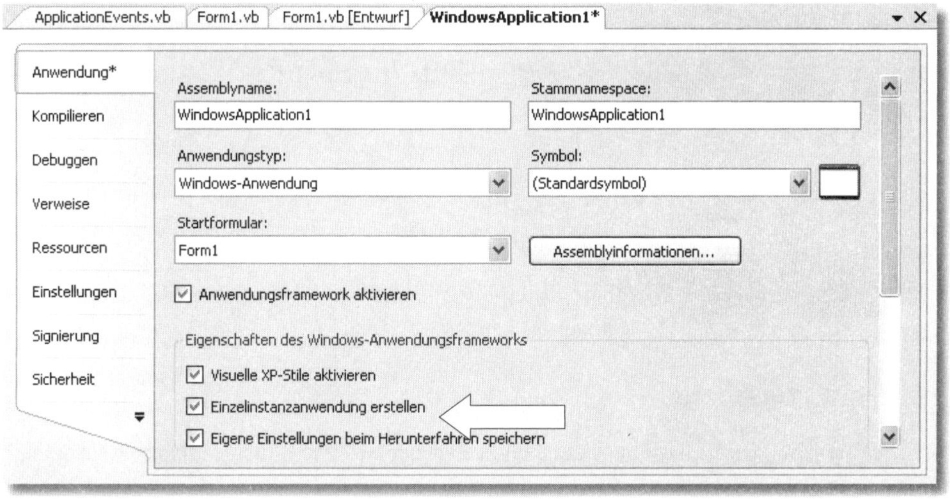
ApplicationEvents.vb
Form1.vb
Form1.vb [Entwurf]
WindowsApplication1*
Anwendung*
Kompilieren
Debuggen
Verweise
Ressourcen
Einstellungen
Signierung
Sicherheit
Assemblyname:
WindowsApplication1
Stammnamespace:
WindowsApplication1
Anwendungstyp:
Windows-Anwendung
Symbol:
(Standardsymbol)
Startformular:
Form1
Assemblyinformationen...
Anwendungsframework aktivieren
Eigenschaften des Windows-Anwendungsframeworks
Visuelle XP-Stile aktivieren
Einzelinstanzanwendung erstellen
Eigene Einstellungen beim Herunterfahren speichern

Visual Basic bringt, im Gegensatz zu C#, bereits ein zusätzliches "Anwendungsframework" mit, das neben obiger Aufgabenstellung noch weitere Aufgaben übernehmen kann (Styles, Ereignisse etc.).

Oberfläche

Nur ein Windows *Form* und ein *Label*.

Quelltext

Möchten Sie den Anwender darauf aufmerksam machen, dass bereits eine laufende Instanz des Programms vorhanden ist, können Sie ein vom Anwendungsframework bereitgestelltes Ereignis dafür nutzen:

```vb
Namespace My

    ' Für MyApplication sind folgende Ereignisse verfügbar:
    ' Startup: Wird beim Starten der Anwendung noch vor dem Erstellen des Startformulars ausgelöst.
    ' Shutdown: Wird nach dem Schließen aller Anwendungsformulare ausgelöst. Dieses Ereignis wird
    ' nicht ausgelöst, wenn die Anwendung nicht normal beendet wird.
    ' UnhandledException: Wird ausgelöst, wenn in der Anwendung eine unbehandelte Ausnahme auftritt.
    ' StartupNextInstance: Wird beim Starten einer Einzelinstanzanwendung ausgelöst, wenn diese
    ' bereits aktiv ist.
    ' NetworkAvailabilityChanged: Wird beim Herstellen oder Trennen der Netzwerkverbindung
    ' ausgelöst.
    Partial Friend Class MyApplication

        Private Sub MyApplication_StartupNextInstance(ByVal sender As Object, _
            ByVal e As Microsoft.VisualBasic.ApplicationServices.StartupNextInstanceEventArgs) _
                                                Handles Me.StartupNextInstance
            MessageBox.Show("Es läuft bereits eine Instanz!", "Hinweis")
        End Sub
    End Class

End Namespace
```

HINWEIS: Die obige Datei *ApplicationEvents.vb* erreichen Sie über *Projekt|Eigenschaften| Anwendungsereignisse*.

Test

Starten Sie die Anwendung und versuchen Sie eine weitere Instanz aufzurufen:

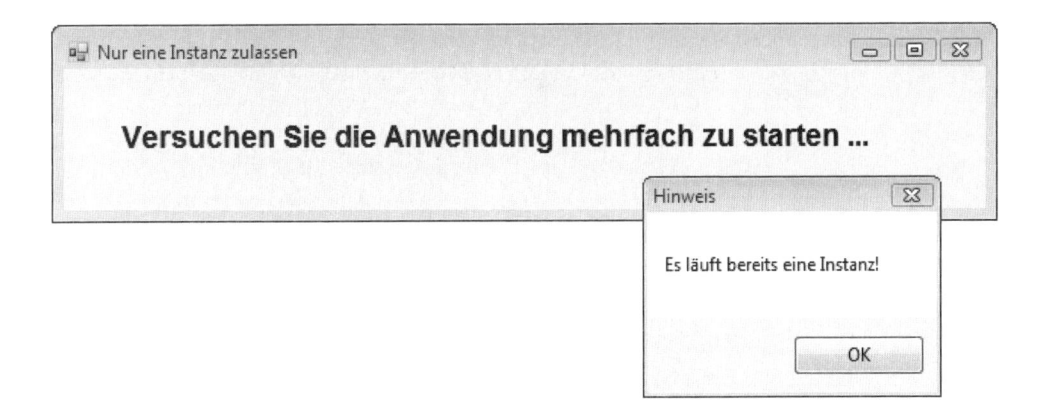

R15.7 Die Anwendungsparameter auswerten

Viele Programme unterstützen nach wie vor die Kommandozeile bzw. die Möglichkeit, Parameter über diese an das Programm zu übergeben. Das kann beispielsweise für Editoren/Bearbeitungsprogramme der Name und der Pfad zu einer Datei sein, für Packer können so auch die Kompressionsparameter übergeben werden. Der Vorteil für den Anwender: das Programm lässt sich z.B. mit bestimmten Dokumenten verknüpfen bzw. Sie können die Anwendung aus einem Skript heraus aufrufen, ohne dass eine Interaktion mit der Programmoberfläche erforderlich ist.

Leider hat diese Form des Aufrufs für den Programmierer auch seine Nachteile. So ist es unbedingt nötig, ausführliche Fehlerbehandlungen in die Anwendung einzubauen, da der Anwender recht willkürliche Parameter an das Programm übergeben kann.

Ein weiteres Problem sind lange Dateinamen mit enthaltenen Leerzeichen, die dazu führen, dass Parameter falsch interpretiert werden[1].

Oberfläche

Nur ein Windows *Form* und eine *ListBox*.

Quelltext

Zwei Möglichkeiten bieten sich für die Auswertung an:

- Sie verwenden das Anwendungsframework und nutzen das Ereignis *MyApplication_Startup*. Über den Parameter *e.CommandLine* können Sie die übergebenen Kommandozeilenparameter bestimmen.

- Sie werten einfach den Rückgabewert von *Environment.GetCommandLineArgs* aus.

---

[1] Dateinamen sollten Sie immer in Anführungszeichen setzen!

BEISPIEL: *MyApplication_Startup (ApplicationEvents.vb)*

```
Namespace My
    Partial Friend Class MyApplication
        Private Sub MyApplication_Startup(ByVal sender As Object, ByVal e As _
                    Microsoft.VisualBasic.ApplicationServices.StartupEventArgs) _
                                                            Handles Me.Startup
            For i As Integer = 0 To e.CommandLine.Count - 1
                MessageBox.Show(e.CommandLine(i))
            Next
        End Sub
    End Class
End Namespace
```

BEISPIEL: Auswerten von *Environment.GetCommandLineArgs*

```
Public Class Form1
    Private Sub Form1_Load(ByVal sender As System.Object, ByVal e As System.EventArgs) _
                                                            Handles MyBase.Load
        Dim args() As String = Environment.GetCommandLineArgs()
        For Each s As String In args
            ListBox1.Items.Add(s)
        Next
    End Sub
End Class
```

Test

Bevor Sie das Programm starten, sollten Sie über den Menüpunkt *Projekt|Eigenschaften* einige "Befehlszeilenargumente" vorgeben:

```
Die Anwendungsparameter auswerten
C:\BUCH\Rezepte VB\15 Sonstiges\07 ParameterAuswerten\bin\Debug\Windows
/a
/b
/
c
ein String mit Leerzeichen
-g
```

R15.8 Die Zwischenablage verwenden

Im Gegensatz zur doch recht kärglichen Ausstattung unter .NET 1.x hat sich das *Clipboard*-Objekt inzwischen kräftig gemausert. Zu jedem der Datentypen *Data*, *Text*, *Audio*, *Image*, *FileDropList* gibt es eine *Contains*-, eine *Get*- und eine *Set*-Methode, z.B. *ContainsText*, *GetText* und *SetText*.

Eine *Contains*-Methode (*True*/*False*) überprüft, ob in der Zwischenablage eine Information im gewünschten Format vorliegt. Die *Get*- und *Set*-Methoden übernehmen das Kopieren bzw. Einfügen.

Ein kleines Beispiel zeigt wie es funktioniert.

Oberfläche

In ein Windows *Form* fügen Sie bitte eine *PictureBox*, eine *TextBox* (*MultiLine=True*) sowie vier *Button*s ein (siehe Laufzeitansicht).

Quelltext

```vb
Public Class Form1
```

Text in die Zwischenablage kopieren:

```vb
    Private Sub Button2_Click(ByVal sender As System.Object, ByVal e As System.EventArgs) _
                        Handles Button2.Click
        If TextBox1.SelectedText <> String.Empty Then
            Clipboard.SetText((TextBox1.SelectedText))
        Else
            MessageBox.Show("Kein Text selektiert!")
        End If
    End Sub
```

Text aus der Zwischenablage einfügen:

```vb
Private Sub Button4_Click(ByVal sender As System.Object, ByVal e As System.EventArgs) _
                Handles Button4.Click
    If Clipboard.ContainsText() Then
        TextBox1.Text = Clipboard.GetText()
    Else
        MessageBox.Show("Keine geeigneten Daten im Clipboard!")
    End If
End Sub
```

Grafik in die Zwischenablage kopieren:

```vb
Private Sub Button1_Click(ByVal sender As System.Object, ByVal e As System.EventArgs) _
                Handles Button1.Click
    If PictureBox1.Image IsNot Nothing Then
        Clipboard.SetImage(PictureBox1.Image)
    Else
        MessageBox.Show("Keine Grafik enthalten!")
    End If
End Sub
```

Grafik aus der Zwischenablage einfügen:

```vb
Private Sub Button3_Click(ByVal sender As System.Object, ByVal e As System.EventArgs) _
                Handles Button3.Click
    If Clipboard.ContainsImage() Then
        Dim pic As System.Drawing.Image = Clipboard.GetImage()
        PictureBox1.Image = pic
    Else
        MessageBox.Show("Keine Bitmap im Clipboard!")
    End If
End Sub
```

End Class

Test

Kopieren Sie mit einem Zeichenprogramm (z.B. Paint) eine Grafik in die Zwischenablage und versuchen Sie, diese in das Programm einzufügen.

HINWEIS: Testen Sie auch was passiert, wenn keine Grafik/kein Text vorhanden ist.

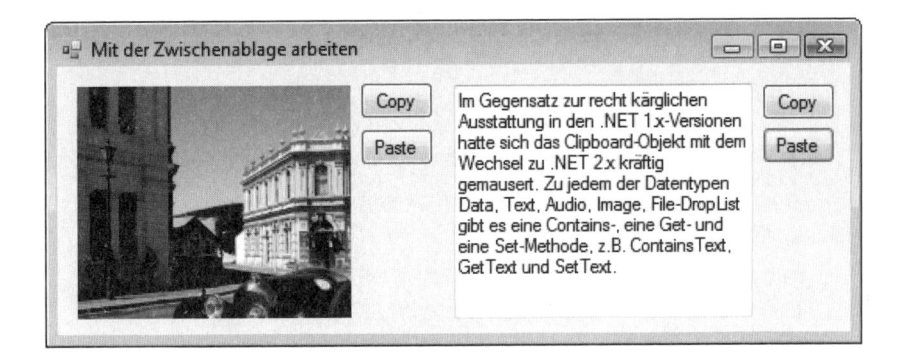

R15.9 Tastaturbefehle senden

Geht es darum, Anwendungen zu steuern, die nicht automatisierbar oder anders steuerbar sind, bietet es sich an, mit dem *SendKeys*-Objekt Tastatureingaben durch den Bediener zu simulieren. Zwei Methoden stehen zur Auswahl:

- Send
- SendWait

Während *Send* sich damit begnügt, die Tastatureingaben einfach an die derzeit aktive Anwendung zu senden, wartet *SendWait* auch darauf, dass die Daten verarbeitet werden. Insbesondere bei etwas langsameren Operationen kann es sonst schnell zu einem Fehlverhalten kommen.

Das Argument der beiden Methoden ist eine Zeichenkette. Jede Taste wird dabei durch mindestens ein Zeichen repräsentiert.

> **HINWEIS:** Das Pluszeichen (+), Caret-Zeichen (^) und Prozentzeichen (%) sind für die UMSCHALT-, STRG- und ALT-Taste vorgesehen. Sondertasten sind in geschweifte Klammern einzuschließen (siehe Bemerkungen).

Oberfläche

Ein Windows *Form*, eine *TextBox* und fünf *Button*s genügen.

Quelltext

Die folgende Anweisung sendet die Tastenfolge Alt+F4 an das aktive Fenster und bewirkt damit ein Schließen der Applikation.

```
Public Class Form1

    Private Sub Button1_Click(ByVal sender As System.Object, ByVal e As System.EventArgs) _
                Handles Button1.Click
```

```
        SendKeys.Send("%{F4}")
    End Sub
```

Häufig soll sich die "Tastatureingabe" nicht auf das aktuelle Formular, sondern auf das aktive Steuerelement beziehen. Dann muss dieses Steuerelement vorher den Fokus erhalten.

Die folgende Sequenz füllt das Textfeld *TextBox1* mit den Ziffern 12345678 und setzt danach die Ausführung fort.

```
    Private Sub Button2_Click(ByVal sender As System.Object, ByVal e As System.EventArgs) _
                    Handles Button2.Click
        TextBox1.Focus()
        SendKeys.SendWait("12345678")
    End Sub
```

SendKeys macht es auch möglich, quasi "wie von Geisterhand" andere Windows-Programme (z.B. den integrierten Taschenrechner) aufzurufen.

Aufruf des Windows-Taschenrechners

```
    Private Sub Button3_Click(ByVal sender As System.Object, ByVal e As System.EventArgs) _
                    Handles Button3.Click
        Dim proc As New Process()
        proc.StartInfo.FileName = "calc.exe"
        proc.Start()
        proc.WaitForInputIdle()          ' Erweiterung
        SendKeys.SendWait("10{ADD}25=")
    End Sub
```

HINWEIS: Lassen Sie beim späteren Test ruhig einmal die Anweisung *WaitForInputIdle* weg. Sie werden merken, dass zwar die Anwendung gestartet wird, die entsprechenden Zeichenfolgen verschwinden allerdings in Datennirvana.

So weit, so gut, aber teilweise passiert es, dass die neu gestartete Anwendung nicht die aktive Anwendung ist. Damit gehen auch die Tastatureingaben in die falsche Richtung. Abhilfe schafft folgende Erweiterung:

```
Imports System.Runtime.InteropServices

Public Class Form1

    <DllImport("USER32.DLL")> _
    Public Shared Function SetForegroundWindow(ByVal hWnd As IntPtr) As Boolean
    End Function
```

R15.9 Tastaturbefehle senden

```vb
Private Sub Button4_Click(ByVal sender As System.Object, ByVal e As System.EventArgs) _
                   Handles Button4.Click
    Dim proc As New Process()
    proc.StartInfo.FileName = "calc.exe"
    proc.Start()
    proc.WaitForInputIdle()          ' Erweiterung
    SetForegroundWindow(proc.MainWindowHandle)
    SendKeys.SendWait("10{ADD}25=")
End Sub

End Class
```

Läuft die Anwendung bereits, auf die Sie zugreifen wollen, müssen Sie wie folgt vorgehen:

```vb
Imports System.Runtime.InteropServices

Public Class Form1

    <DllImport("USER32.DLL")> _
    Public Shared Function FindWindow(ByVal lpClassName As String, _
                        ByVal lpWindowName As String) As IntPtr
    End Function

    <DllImport("USER32.DLL")> _
    Public Shared Function SetForegroundWindow(ByVal hWnd As IntPtr) As Boolean
    End Function

    Private Sub Button5_Click(ByVal sender As System.Object, ByVal e As System.EventArgs) _
                       Handles Button5.Click

        Dim ip As IntPtr = FindWindow("SciCalc", Nothing)
        SetForegroundWindow(ip)
        SendKeys.SendWait("{ADD}75=")
    End Sub

End Class
```

Im vorliegenden Fall greifen wir auf eine laufende Instanz des Windows-Taschenrechners zu.

Test

Nach dem Start können Sie die verschiedenen Varianten ausprobieren:

Bemerkung

Die folgende Tabelle zeigt eine Übersicht der zulässigen Codes:

Taste	Code
RÜCKTASTE	{BACKSPACE}, {BS} oder {BKSP}
UNTBR	{BREAK}
FESTSTELLTASTE	{CAPSLOCK}
ENTF	{DELETE} oder {DEL}
NACH-UNTEN	{DOWN}
ENDE	{END}
EINGABE	{ENTER} oder ~
ESC	{ESC}
HILFE	{HELP}
POS1	{HOME}
EINFG	{INSERT} oder {INS}
NACH-LINKS	{LEFT}
NUM	{NUMLOCK}
BILD-AB	{PGDN}
BILD-AUF	{PGUP}
DRUCK	nicht unterstützt

Taste	Code
NACH-RECHTS	{RIGHT}
ROLLEN	{SCROLLLOCK}
TAB	{TAB}
NACH-OBEN	{UP}
F1 ... F16	{F1} ... {F16}
+ (Nummernblock)	{ADD}
- (Nummernblock)	{SUBTRACT}
* (Nummernblock)	{MULTIPLY}
/ (Nummernblock)	{DIVIDE}

HINWEIS: Leider kann *SendKeys* den Code der Druck-Taste (PrtScr) nicht senden, deshalb sind z.B. auch keine per Programm auslösbaren Screenshots möglich.

R15.10 Mittels Reflection Typinformationen sammeln

Möchten Sie zur Laufzeit Informationen über die aktuelle Assembly oder auch andere Assemblies gewinnen, bietet sich die Reflection-Technologie an.

HINWEIS: Reflection funktioniert selbst dann, wenn die Typen in externen Assemblierungen gespeichert sind und Sie den zugrunde liegenden Quellcode nicht kennen.

Die dazu erforderlichen Klassen finden Sie im *System.Reflection*-Namensraum.

GetType-Methode

Eine zentrale Rolle bei der Reflection spielt die *GetType*-Methode. Das zurückgegebene Objekt der Klasse *Type* besitzt eine große Anzahl an Eigenschaften und Methoden, über welche Sie Informationen zum Typ ermitteln können.

Oberfläche

Ein *Form*ular mit einer *ListBox* und ein *Button* zum Beenden genügen.

Quellcode

```
Imports System.Reflection

Public Class Form1
    ...
```

```vb
Private Sub Form1_Load(ByVal sender As System.Object, ByVal e As System.EventArgs) _
        Handles MyBase.Load

    Dim kunde As New CKunde()
    Dim tp As Type = kunde.GetType()
    ListBox1.Items.Clear()
    ListBox1.Items.Add("     Typ = " + tp.Name.ToString())
    ListBox1.Items.Add("")
```

Falls es sich um eine Klasse handelt:

```vb
    If tp.IsClass Then
```

Alle Eigenschaften auflisten:

```vb
        ListBox1.Items.Add("-------- Eigenschaften ------")
        For Each p As PropertyInfo In tp.GetProperties()
            ListBox1.Items.Add(p.Name.ToString())
        Next
        ListBox1.Items.Add("")
```

Alle Methoden auflisten:

```vb
        ListBox1.Items.Add("-------- Methoden --------")
        For Each m As MethodInfo In tp.GetMethods()
            If m.IsPublic AndAlso Not m.IsSpecialName Then
                ListBox1.Items.Add(m.Name.ToString())
            End If
        Next
        ListBox1.Items.Add("")
```

Alle Felder auflisten:

```vb
        ListBox1.Items.Add("-------- Felder --------")
        For Each f As FieldInfo In tp.GetFields()
            ListBox1.Items.Add(f.Name.ToString())
        Next
    End If

End Sub
End Class
```

HINWEIS: Fügen Sie dem Quellcode noch die Klasse *CKunde* hinzu (siehe Buch-CD).

Test

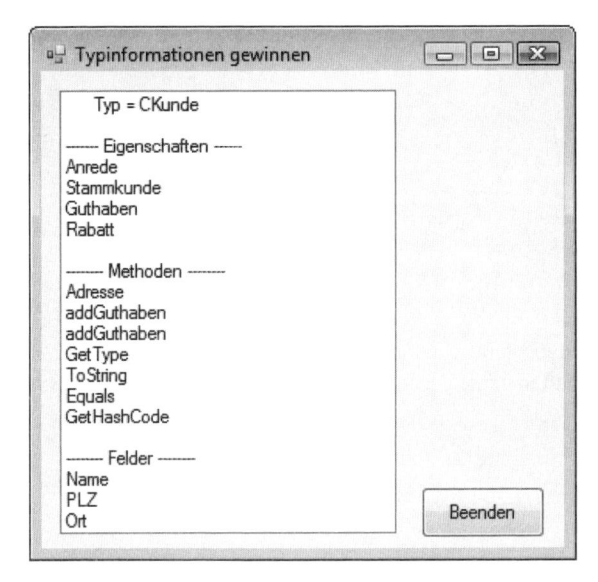

```
Typinformationen gewinnen

Typ = CKunde

------ Eigenschaften ------
Anrede
Stammkunde
Guthaben
Rabatt

------ Methoden ------
Adresse
addGuthaben
addGuthaben
GetType
ToString
Equals
GetHashCode

------ Felder ------
Name
PLZ
Ort
                                    [ Beenden ]
```

Bemerkungen

- Das zweimalige Vorkommen von *addGuthaben* erklärt sich aus den beiden Überladungen dieser Methode.

- Felder werden in unserem Beispiel nur angezeigt, wenn sie *Public* sind, in der Klasse *CKunde* ist aber alles sauber verborgen.

- Wenn Sie selbst Typen bzw. Klassen entwickeln, können Sie diese durch Zuordnen von Attributen beschreiben. Der Anwender kann die Attribute später über Reflection auslesen bzw. auswerten.

R15.11 Ressourcen per Reflection auslesen

Für den Zugriff auf Ressourcen, wie Grafiken, Videos, Sound etc., bietet sich unter anderem die *GetManifestResourceStream*-Methode an, viele ältere Beispiele im Internet verwenden diese Möglichkeit.

Doch seit Einführung der Version 2.0 des .NET-Frameworks hat sich hier eine kleine Änderung eingeschlichen, wie eine Kontrolle mit dem .NET-Reflector zeigt:

BEISPIEL: Alte Version (eingelagerte Ressourcen werden direkt unter *Resources* gespeichert, z.B. *Sonnenuntergang.jpg*):

```
⊞ 🔵 Spaltfunktion
⊞ 🔵 CodeDOM
⊟ 🗀 WindowsApplication1
   ⊞ 📦 WindowsApplication1.exe
   ⊟ 🗀 Resources
         📄 WindowsApplication1.Form1.resources
         📄 WindowsApplication1.Resources.resources
         🖼 WindowsApplication1.Sonnenuntergang.jpg
```

BEISPIEL: Neu (das Verhalten für eingelagerte Ressourcen hat sich zwar nicht geändert, Ressourcen, die über die Projekt-Eigenschaften hinzugefügt wurden, sind aber jetzt im Stream *...Resources.resources* gespeichert):

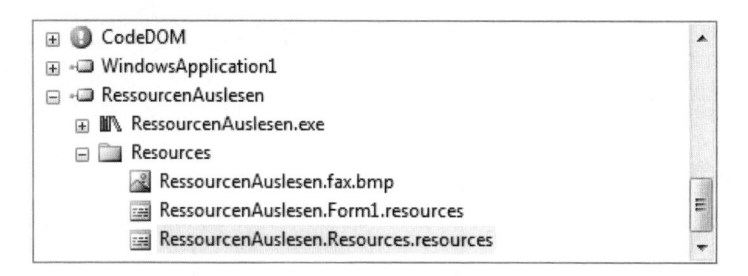

```
⊞ 🔵 CodeDOM
⊞ 🗀 WindowsApplication1
⊟ 🗀 RessourcenAuslesen
   ⊞ 📦 RessourcenAuslesen.exe
   ⊟ 🗀 Resources
         🖼 RessourcenAuslesen.fax.bmp
         📄 RessourcenAuslesen.Form1.resources
         📄 RessourcenAuslesen.Resources.resources
```

Wir müssen uns deshalb auch beim Auslesen der Ressourcen etwas mehr bemühen als bisher.

Oberfläche

Ein Windows Form, drei *Button*s sowie zwei *ListBoxen* genügen.

HINWEIS: Fügen Sie dem Projekt noch ein paar Ressourcen (Grafiken) hinzu.

Quelltext

```
Imports System.Reflection
Imports System.IO
Imports System.Resources
Imports System.Collections

Public Class Form1

    Private myass As Assembly
```

Assembly laden:

```vb
Private Sub Button3_Click(ByVal sender As System.Object, ByVal e As System.EventArgs) _
                   Handles Button3.Click
    myAss = Assembly.GetExecutingAssembly()         ' alternativ auch externe Assembly
    For Each s As String In myAss.GetManifestResourceNames()
```

Hier bestimmen wir zunächst die einzelnen Ressource-Streams:

```vb
        ListBox1.Items.Add(s)
        If s.ToLower().EndsWith(".resources") Then
```

Wenn in diesem Stream weitere Ressourcen enthalten sind:

```vb
        If s.ToLower().EndsWith(".resources") Then
            Dim stream As Stream = myAss.GetManifestResourceStream(s)
            Dim Reader As New ResourceReader(stream)
            Dim id As IDictionaryEnumerator = Reader.GetEnumerator()
            While id.MoveNext()
```

ID.key bezeichnet die gleiche Ressource, die Sie auch mit *Properties.Resources.xyz* auslesen können:

```vb
                ListBox2.Items.Add(id.Key & "-" & id.Value.ToString())
```

Über *id.Value* können wir direkt auf die einzelnen Bitmaps zugreifen:

```vb
                If TypeOf id.Value Is Bitmap Then
```

Typisierung muss sein:

```vb
                    Dim bmp As Bitmap = TryCast(id.Value, Bitmap).Clone()
                    bmp.Save(id.Key & ".bmp")
                End If
            End While
            Reader.Close()
        End If
    Next
End Sub
```

End Class

Test

Die Anzeige in *ListBox1* und *ListBox2* zeigt die folgende Abbildung.

> **HINWEIS:** Nach dem Ausführen obigen Beispiels (siehe CD), werden alle Bitmaps aus der Assembly extrahiert und als Datei gespeichert.

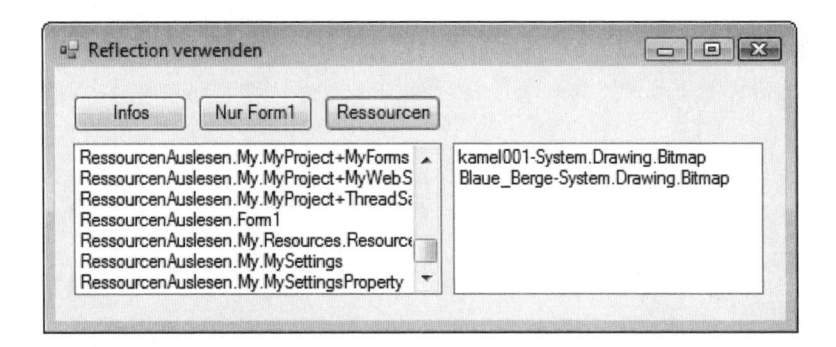

Bemerkung

BEISPIEL: Auslesen der eingebetteten Ressource *fax.bmp* und speichern in einer externen Datei bei Doppelklick auf den entsprechenden Eintrag in *ListBox1*:

```
...
    Private Sub ListBox1_MouseDoubleClick(ByVal sender As System.Object, _
        ByVal e As System.Windows.Forms.MouseEventArgs) Handles ListBox1.MouseDoubleClick
        Dim bmp As New Bitmap( _
            Assembly.GetExecutingAssembly().GetManifestResourceStream(ListBox1.SelectedItem))
        bmp.Save(DirectCast(ListBox1.SelectedItem, String))
    End Sub
...
```

HINWEIS: Achten Sie beim Zugriff auf die Ressourcen peinlichst auf die korrekte Schreibweise (Groß-/Kleinschreibung!).

R15.12 Client/Server-Anwendung mit zwei Projekten

Visual Studio unterstützt die komponentenbasierte Entwicklung u.a. dadurch, dass innerhalb einer Projektmappe auch Anwendungen bearbeitet werden können, die aus mehreren Komponenten (Projekten) bestehen.

Das vorliegende Rezept demonstriert dies anhand einer aus zwei Komponenten (Client und Server) bestehenden einfachen Anwendung:

- *ResServer* kapselt eine Bitmap-Ressource
- *ResClient* zeigt diese Bitmap an

Dabei kommt auch der in die Projekteigenschaften integrierte Ressourceneditor von Visual Studio zum Einsatz.

ResServer

Starten Sie Visual Studio, erzeugen Sie ein neues Projekt vom Typ *Klassenbibliothek* und geben Sie ihm den Namen *ResServer*. Fügen Sie dem Projekt eine Bitmap (hier *BeimChef.bmp*) hinzu (Menü *Projekt|ResServer-Eigenschaften...*Registerseite *Ressourcen*).

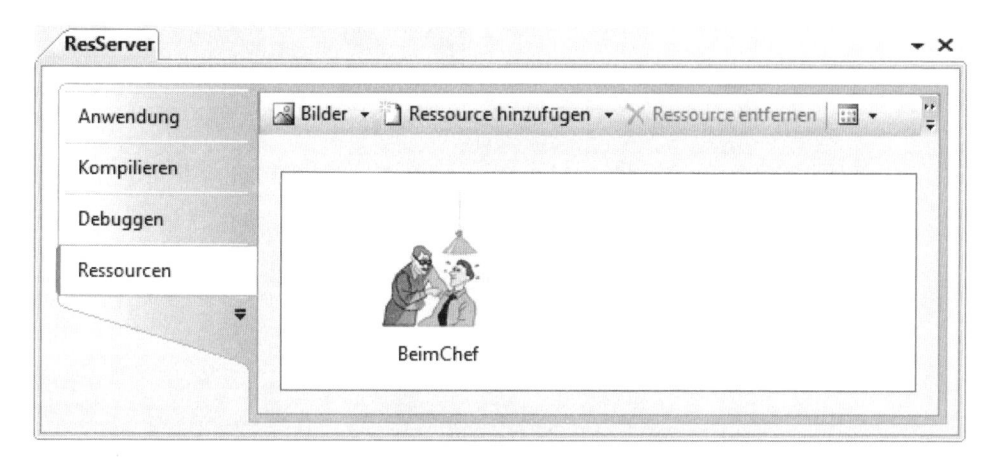

HINWEIS: Es genügt, wenn Sie die Grafik einfach über die Zwischenablage (Kontextmenü *Einfügen* der rechten Maustaste) im "Bilder"-Bereich ablegen. Die Schaltfläche "Ressource hinzufügen" brauchen Sie dazu nicht.

Im Quellcode belassen Sie es bei der standardmäßigen Namensgebung *Class1* und fügen lediglich eine Eigenschaft *bild1* hinzu, die den Lesezugriff auf die Ressource kapseln soll:

```
Public Class Class1
    Public ReadOnly Property bild1() As System.Drawing.Image      ' ReadOnly-Eigenschaft
        Get
Das My.Resources Objekt liefert jede Ressource als schreibgeschützte Eigenschaft:
            Return My.Resources.BeimChef
        End Get
    End Property
End Class
```

HINWEIS: Wollen Sie das Projekt wie gewohnt über F5 kompilieren, werden Sie eine Fehlermeldung erhalten, da eine DLL (und eine solche entsteht aus dem Projekttyp *Klassenbibliothek*) keine startbare Anwendung ergibt. Ein Kompilieren ist aber über das *Erstellen*-Menü möglich (*Erstellen|ResServer erstellen*). Im Ergebnis werden Sie im *ResServer\bin\Debug*-Unterverzeichnis die Assembly *ResServer.dll* entdecken.

ResClient

Über das Menü *Datei|Hinzufügen|Neues Projekt...* fügen Sie eine neue *Windows Forms-Anwendung* mit dem Namen *ResClient* hinzu. Auf dem Startformular (*Form1*) platzieren Sie eine *PictureBox* und einen *Button*.

Im Projektmappen-Explorer richten Sie einen Verweis auf *ResServer* ein (Kontextmenü *Verweis hinzufügen...*):

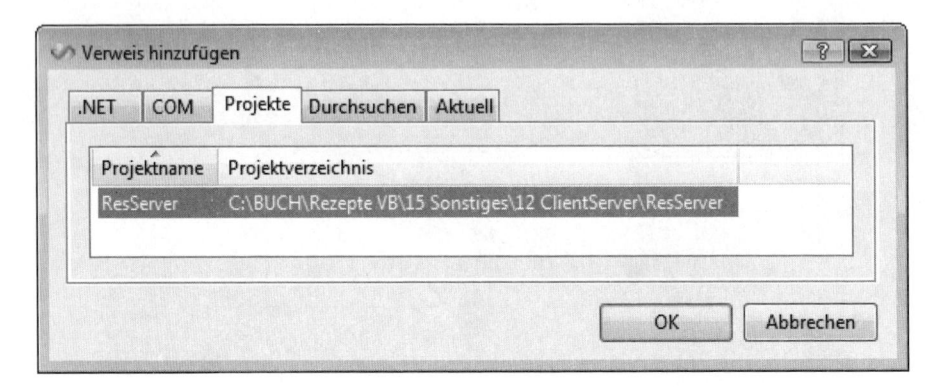

Quellcode (ResClient)

```
Public Class Form1

    Private Sub Button1_Click(ByVal sender As System.Object, ByVal e As System.EventArgs) _
                                                  Handles Button1.Click
        Dim obj As New ResServer.Class1()
        If PictureBox1.Image IsNot Nothing Then
                PictureBox1.Image.Dispose()
        End If
        PictureBox1.Image = obj.bild1
    End Sub
End Class
```

Test

Bevor beide Projekte zusammen kompiliert werden (F5), muss die Clientanwendung zum Startprojekt ernannt werden (*Als Startprojekt festlegen* im Kontextmenü des Projektmappen-Explorers).

R15.12 Client/Server-Anwendung mit zwei Projekten

Bemerkungen

- Beide Projekte können natürlich auch gemeinsam debuggt werden, was eine komfortable Fehlersuche ermöglicht. Überzeugen Sie sich davon, indem Sie Breakpoints setzen oder sich schrittweise mit F11 durch die Komponenten der Anwendung bewegen.

- Die Projektmappendatei *ResServer.sln* verwaltet in unserem Beispiel auch das (erst später hinzugefügte) Clientprojekt *ResClient* und sollte deshalb umbenannt werden, z.B. in *DLL_Entwicklung.sln*. Gleiches sollten Sie auch für den Ordner *\ResServer* tun.

- Vielleicht sind Sie erstaunt, wenn Sie nach dem Kompilieren die Assembly *ResServer.dll* nicht nur im *\bin\Debug*-Unterverzeichnis von *ResServer*, sondern auch im gleichnamigen Verzeichnis von *ResClient* vorfinden. Das hat seine Ursache darin, dass in *ResClient* die *Lokale Kopie*- Eigenschaft des *ResServer*-Verweises standardmäßig auf *True* gesetzt ist (Sie öffnen das entsprechende Eigenschaftenfenster *Verweiseigenschaften* über das *Eigenschaften*-Kontextmenü des *ResServer*-Verweises, siehe Abbildung).

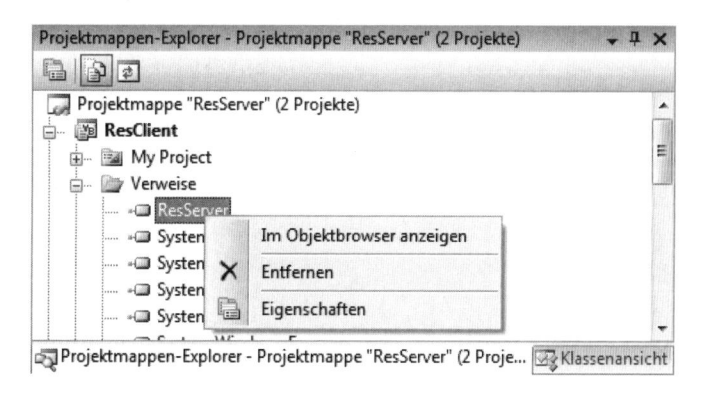

Das Eigenschaftenfenster des *ResServer*-Verweises in der Clientanwendung:

Eigenschaften	
ResServer Verweiseigenschaften	
Sonstiges	
(Name)	ResServer
Beschreibung	
Dateityp	Assembly
Identität	ResServer
Kultur	
Laufzeitversion	v2.0.50727
Lokale Kopie	True
Pfad	C:\BUCH\Rezepte VB\15 Sonstiges\12 Cl
Resolved	True

Lokale Kopie
Gibt an, ob der Verweis in das Ausgabeverzeichnis kopiert wird.

HINWEIS: Die mit einer lokalen Kopie der DLL verbundenen Vorteile (alle Assemblies sind in einem einzigen Verzeichnis) zahlen sich vor allem bei einer Weitergabe der Anwendung aus.

R15.13 Eine Windows Form-Anwendung lokalisieren

Visual Studio bietet weit reichende Möglichkeiten zur bequemen Lokalisierung von Anwendungen, mit seinem komfortablen Ressourcen-Editor lassen sich unter anderem Stringressourcen für lokalisierte Texte in Dialogfenstern oder in Fehlermeldungen anlegen. Zur Laufzeit werden dann mit Hilfe der *ResourceManager*-Klasse die Ressourcen ausgewählt, die zur aktuellen Sprache bzw. Kultur passen.

Das vorliegende Beispiel soll diese Möglichkeit anhand eines einfachen lokalisierten Programms zur Altersberechnung demonstrieren.

Oberfläche Form1

Öffnen Sie eine neue Windows Anwendung, setzen Sie die *Localizable*-Eigenschaft von *Form1* auf *True* und gestalten Sie für *Language = (Default)* und *Deutsch* sowie für *Language = Englisch (USA)* die abgebildeten Bedienoberflächen:

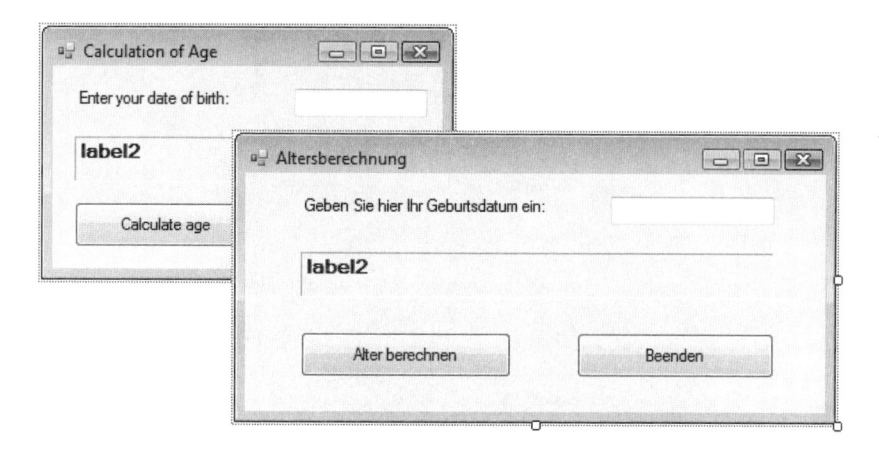

R15.13 Eine Windows Form-Anwendung lokalisieren

[Screenshot: Formulare "Calculation of Age" (englisch) und "Altersberechnung" (deutsch) mit Eingabefeld für das Geburtsdatum, label2 und Buttons "Calculate age" bzw. "Alter berechnen" und "Beenden".]

Wählen Sie das Menü *Projekt|Neues Element hinzufügen...* und anschließend *Ressourcendatei*. Geben Sie der Datei den Namen *WinFormStrings.resx* und tragen Sie im sich öffnenden Ressourcen-Editor die folgenden zwei *Name-Wert*-Pärchen ein:

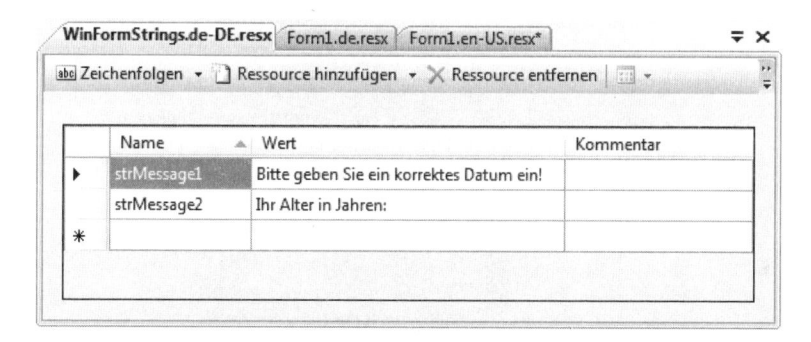

Name	Wert	Kommentar
strMessage1	Bitte geben Sie ein korrektes Datum ein!	
strMessage2	Ihr Alter in Jahren:	

Nachdem die Standard-Ressource fertig ist, wählen Sie wieder das Menü *Projekt|Neues Element hinzufügen...* und erstellen die völlig identisch aufgebaute deutsche Ressourcendatei unter dem Namen *WinFormStrings.de-DE.resx*.

Schließlich fügen Sie eine dritte Ressourcendatei *WinFormStrings.en-US.resx* hinzu, deren *Wert*-Spalte der englischen Übersetzung entspricht:

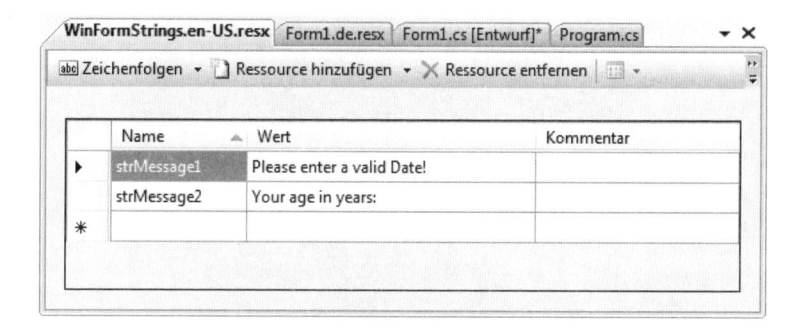

Name	Wert	Kommentar
strMessage1	Please enter a valid Date!	
strMessage2	Your age in years:	

Quellcode Form1

```
Imports System.Resources
Imports System.Globalization
Imports System.Threading

Public Class Form1
```

Die folgende Funktion ermittelt das Alter (in Jahren) am aktuellen Datum:

```
    Private Function berechneAlter(ByVal gebTag As DateTime, ByVal heute As DateTime) _
                                                                             As Integer
        Dim alter As Integer = heute.Year - gebTag.Year    ' grobe Ermittlung des Alters
        Dim gth As DateTime = gebTag.AddYears(alter)       ' Geburtstag im aktuellen Jahr
        If gth > heute Then alter -= 1         ' falls noch kein Geburtstag dann korrigieren
        Return alter
    End Function
```

Die Änderung der *CurrentUICulture* muss immer **vor** dem Aufruf von *InitializeComponent()* erfolgen:

```
    Public Sub New()
        Thread.CurrentThread.CurrentUICulture = New CultureInfo("en-US")
        InitializeComponent()
    End Sub
```

Als "Schaltzentrale" für die Auswahl der richtigen Ressourcen dient eine *ResourceManager*-Instanz:

```
    Private rm As New System.Resources.ResourceManager( _
        "Lokalisierung.WinFormStrings", System.Reflection.Assembly.GetExecutingAssembly())
```

Der *Button* zur Berechnung des Alters:

```
    Private Sub Button1_Click(ByVal sender As System.Object, ByVal e As System.EventArgs) _
                                                                   Handles Button1.Click
        Try
            Dim dat1 As DateTime = Convert.ToDateTime(TextBox1.Text)
            Dim dat2 As DateTime = DateTime.Now
```

Der Zugriff auf die Text-Ressourcen läuft über die *GetString*-Methode des *ResourceManager*:

```
            Label2.Text = rm.GetString("String2") + berechneAlter(dat1, dat2).ToString()
        Catch
            MessageBox.Show(rm.GetString("String1"))
        End Try
    End Sub
End Class
```

Oberfläche Form2

Mit *Form2* realisieren wir die Auswahl des jeweiligen Landeseinstellung, fügen Sie eine *ComboBox* mit zwei Einträgen (Deutschland, USA) sowie einen *Button* hinzu

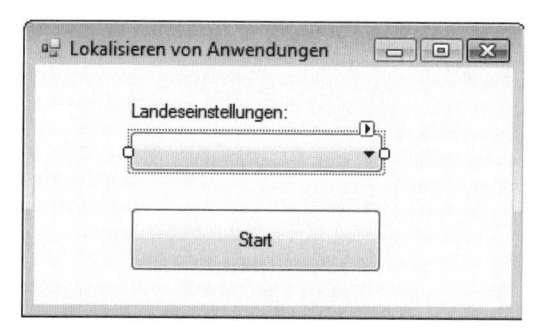

Quelltext Form2

```
Public Class Form2
```

Je nach Auswahl in der *ComboBox* setzen wir die Spracheinstellungen für *Form1* ein und übergeben diese im Konstruktor:

```
Private Sub Button1_Click(ByVal sender As System.Object, ByVal e As System.EventArgs) _
                Handles Button1.Click
    Dim ci As String
```

Hier könnten Sie weitere Unterscheidungen realisieren:

```
    Select ComboBox1.SelectedIndex
        Case 1 : ci = "en-US"
        Case Else : ci = "de-DE"
    End Select
    Dim frm As New Form1(ci)
    frm.Show()
End Sub
```

Die Default-Einstellung für unser Projekt festlegen:

```
Public Sub New()
    InitializeComponent()
    ComboBox1.SelectedIndex = 0
End Sub

End Class
```

Test

In Abhängigkeit von der eingestellten *CurrentUICulture* erscheint die deutsche oder die englische Bedienoberfläche und der Antworttext wird der entsprechenden Ressourcendatei entnommen:

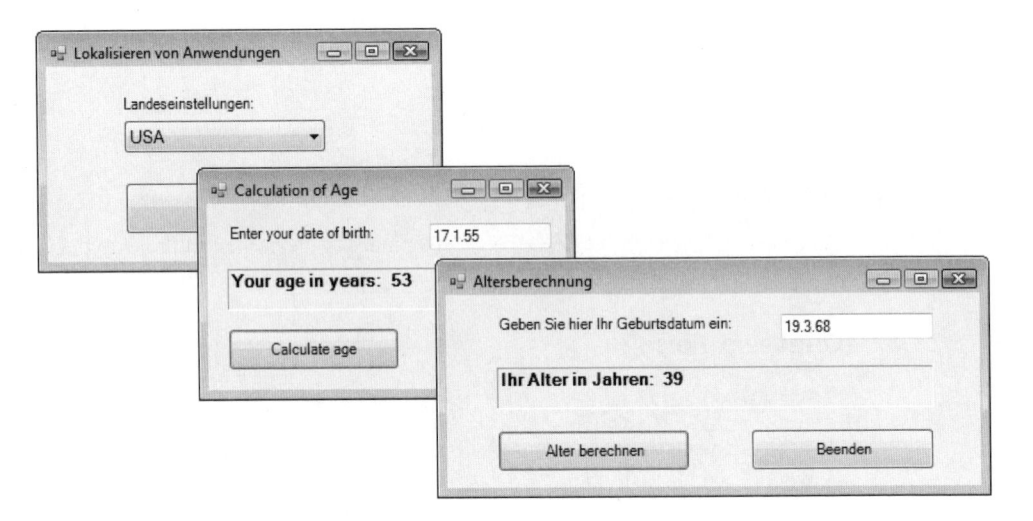

Geben Sie ein ungültiges Datum ein, so erscheint die Fehlermeldung in der richtigen Sprache:

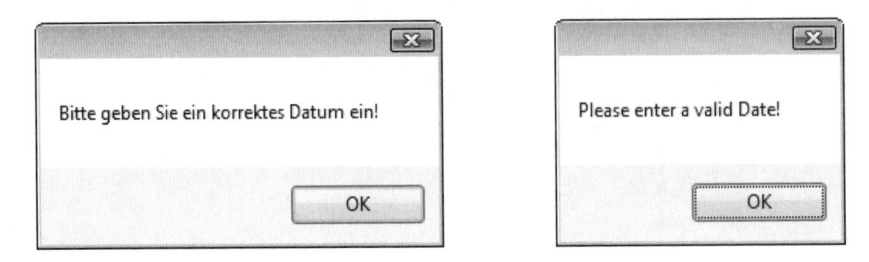

HINWEIS: Der Ressourcen-Editor von Visual Studio ermöglicht nicht nur das Hinzufügen von String-Ressourcen, sondern auch von Bild-, Text- und Audiodateien.

R15.14 Eine Assembly dynamisch einbinden

Nicht immer steht schon zur Entwurfszeit fest, welche Klasse/Funktion für eine bestimmte Aufgabe eingesetzt werden soll. Aus der guten alten Win32-Welt kennen Sie bestimmt noch das dynamische Laden von DLLs mittels *LoadLibrary*. Mit der Funktion *GetProcAddress* konnten Sie den Zeiger auf eine Funktion ermitteln und dann diese Funktion dynamisch aufrufen.

Das .NET-Framework stellt Ihnen die gleiche, jedoch dank Reflection wesentlich leistungsfähigere Funktionalität zur Verfügung. Von Interesse sind in diesem Zusammenhang

- die *Assembly*-Klasse (zum Laden der gewünschten Assembly),
- die *Activator*-Klasse (zum Erzeugen der eigentlichen Instanz) und last but not least
- die *Invoke*-Methode (zum Aufrufen der gewünschten Methode).

Ein kleines Beispielprogramm zeigt die Vorgehensweise:

Eine Windows Forms-Anwendung soll zum Berechnen der Summe bzw. der Differenz eine von zwei Assemblies (*Addieren.dll*, *Subtrahieren.dll*) dynamisch laden, eine Instanz der jeweils enthaltenen Klasse erzeugen und das Ergebnis mittels Methodenaufruf berechnen.

Klassenbibiotheken erstellen

Zunächst erstellen wir die beiden o.g. Assemblies (wählen Sie den Projekttyp *Klassenbibiothek*). Fügen Sie jeweils eine Klasse hinzu:

```
Public Class Compute
    Public Function Calc(ByVal a As Integer, ByVal b As Integer) As Integer
        Return a + b
    End Function
End Class
```

HINWEIS: Die Assembly *Subtrahieren* ist ähnlich einfach aufgebaut, Sie finden die Daten auf der Buch-CD.

Kompilieren Sie die beiden Assemblies und kopieren Sie später die DLLs in das Projektverzeichnis der eigentlichen Anwendung.

Oberfläche

Für unser aufrufendes Windows Forms-Programm entwerfen Sie bitte die folgende einfache Oberfläche:

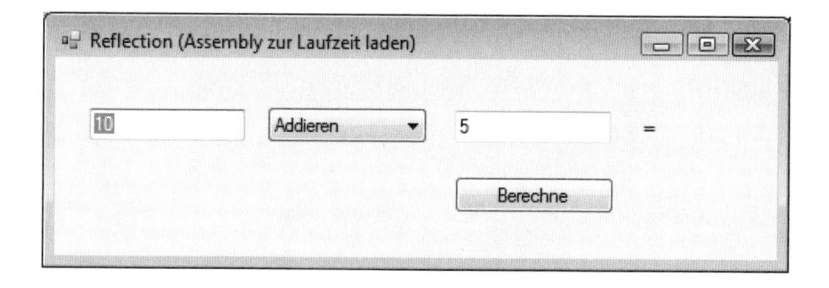

Mit der *ComboBox* wählen wir zur Laufzeit die Assembly aus, mit dem *Button* starten wir die Berechnung.

Quellcode

```
Imports System.Reflection
Imports System.IO

Public Class Form1
```

Mit dem Laden des Formulars informieren wir uns zunächst, welche Assemblies zur Verfügung stehen und tragen deren Namen in die *ComboBox* ein. So können später jederzeit weitere Bibliotheken hinzugefügt werden.

```
    Private Sub Form1_Load(ByVal sender As System.Object, ByVal e As System.EventArgs) _
                   Handles MyBase.Load
        Dim myDir As New DirectoryInfo(Application.StartupPath)
        Dim myFiles() As FileInfo = myDir.GetFiles("*.dll")
        For Each f As FileInfo In myFiles
            ComboBox1.Items.Add(f.Name.Substring(0, f.Name.Length - 4))
        Next
        ComboBox1.SelectedIndex = 0
    End Sub
```

Mit dem Klick auf den *Button* wird es ernst:

```
    Private Sub Button1_Click(ByVal sender As System.Object, ByVal e As System.EventArgs) _
                   Handles Button1.Click
```

Laden des Typs aus der gewünschten Assembly:

```
        Dim typ As Type = Assembly.LoadFrom(ComboBox1.Text & _
                          ".dll").GetType(ComboBox1.Text & ".Compute")
```

Instanz erstellen:

```
        Dim obj As Object = Activator.CreateInstance(typ)
```

Methode abrufen (hier sehen Sie die Vorteile von Reflection):

```
        Dim meth As MethodInfo = typ.GetMethod("Calc")
```

Die Eingabewerte in *Integer*-Werte umwandeln:

```
        Dim p1 As Integer = Convert.ToInt32(TextBox1.Text)
        Dim p2 As Integer = Convert.ToInt32(TextBox2.Text)
```

Die Methode *Calc* aufrufen und den Rückgabewert auswerten:

```
        Dim p3 As Integer = DirectCast(meth.Invoke(obj, New Object() {p1, p2}), Integer)
        Label1.Text = "= " & p3.ToString()
    End Sub
End Class
```

Übergabewerte beim Methodenaufruf sind das betreffende Objekt und (in einem Objektarray) die Parameter/Übergabewerte.

Anzahl, Anordnung und Datentyp im Objektarray müssen mit Anzahl, Anordnung und Typ der Parameter der aufzurufenden Methode übereinstimmen!

Test

Starten Sie das Programm, wählen Sie eine mathematische Funktion und klicken Sie auf den *Button*. Im *Label1* sollte jetzt das richtige Ergebnis erscheinen.

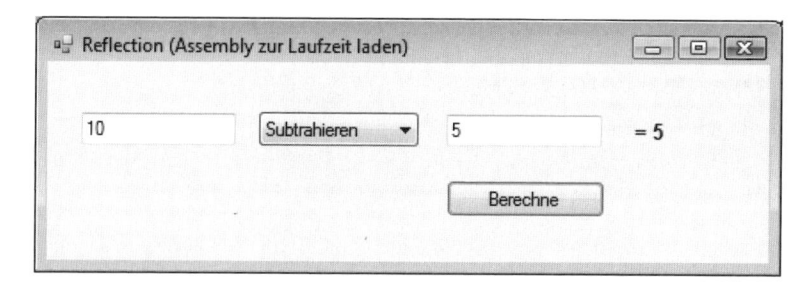

Bemerkung

Wie Sie sehen, ist es fast problemlos möglich, zur Laufzeit Objekte aus externen Assemblies zu erzeugen und deren Methoden auszuführen. Obiger Quellcode könnte zum Beispiel dahingehend geändert werden, dass auch die enthaltenen Namespaces identische Namen bekommen. In diesem Fall genügt schon die Änderung des Assembly-Namens beim Laden, um eine gänzlich andere Funktionalität bereitzustellen. So könnten Sie spezielle Im-/Exportfilter, Add-Ins etc. programmieren.

R15.15 Den .NET-Reflector verwenden

Nachdem Sie sich in den Rezepten R15.10 ... R15.14 bereits mehrfach mit den Grundlagen von Reflections vertraut gemacht haben, wollen wir es nicht versäumen, Ihnen den *.Net-Reflector* vorzustellen, den Sie unter der Adresse

LINK: http://www.aisto.com/roeder/dotnet/

herunterladen können. Dieses Programm macht exzessiven Gebrauch von den Möglichkeiten der .NET-Reflections, kaum ein Detail, das ihm verborgen bleibt.

Rufen Sie das Programm auf, und laden Sie eine Assembly, oder begnügen Sie sich mit den automatisch geladenen Assemblies. In einer Baumansicht werden Ihnen alle enthaltenen Klassen mit ihren Membern und Attributen vorgestellt:

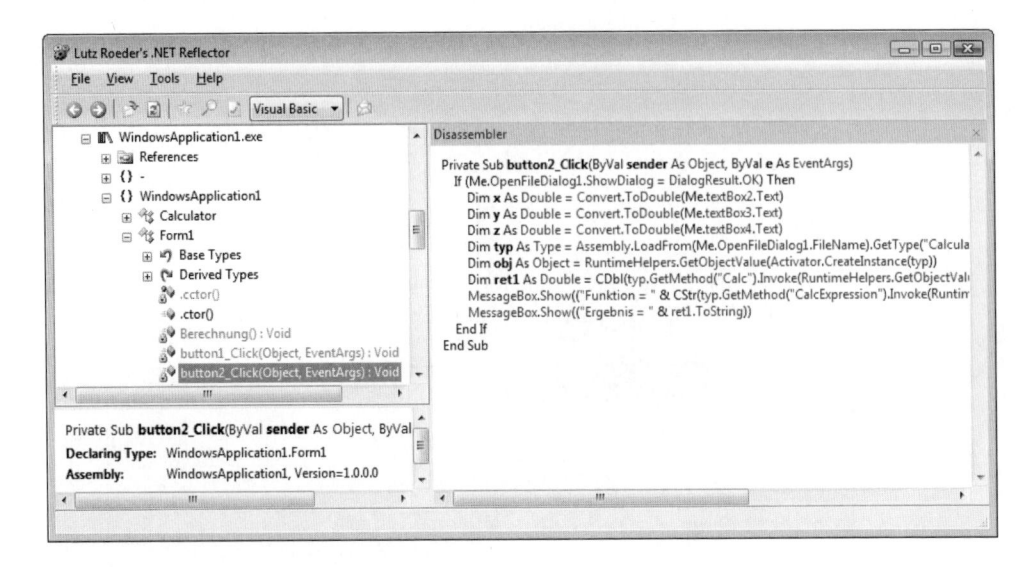

```
Lutz Roeder's .NET Reflector
File  View  Tools  Help

WindowsApplication1.exe
  References
  { } -
  { } WindowsApplication1
    Calculator
    Form1
      Base Types
      Derived Types
      .cctor()
      .ctor()
      Berechnung() : Void
      button1_Click(Object, EventArgs) : Void
      button2_Click(Object, EventArgs) : Void

Disassembler

Private Sub button2_Click(ByVal sender As Object, ByVal e As EventArgs)
    If (Me.OpenFileDialog1.ShowDialog = DialogResult.OK) Then
        Dim x As Double = Convert.ToDouble(Me.textBox2.Text)
        Dim y As Double = Convert.ToDouble(Me.textBox3.Text)
        Dim z As Double = Convert.ToDouble(Me.textBox4.Text)
        Dim typ As Type = Assembly.LoadFrom(Me.OpenFileDialog1.FileName).GetType("Calcula
        Dim obj As Object = RuntimeHelpers.GetObjectValue(Activator.CreateInstance(typ))
        Dim ret1 As Double = CDbl(typ.GetMethod("Calc").Invoke(RuntimeHelpers.GetObjectVal
        MessageBox.Show(("Funktion = " & CStr(typ.GetMethod("CalcExpression").Invoke(Runtim
        MessageBox.Show(("Ergebnis = " & ret1.ToString))
    End If
End Sub

Private Sub button2_Click(ByVal sender As Object, ByVal
Declaring Type: WindowsApplication1.Form1
Assembly:       WindowsApplication1, Version=1.0.0.0
```

Wie Sie sehen, ist es auch kein Problem, die Inhalte von Methoden in Hochsprachen-Syntax (C#, Visual Basic, Delphi.NET) aufzulisten.

BEISPIEL: obiger Code in C#

```csharp
private void button2_Click(object sender, EventArgs e)
{
    if (this.OpenFileDialog1.ShowDialog() == DialogResult.OK)
    {
        double x = Convert.ToDouble(this.textBox2.Text);
        double y = Convert.ToDouble(this.textBox3.Text);
        double z = Convert.ToDouble(this.textBox4.Text);
        Type typ = Assembly.LoadFrom(this.OpenFileDialog1.FileName).GetType("Calculate");
        object obj = RuntimeHelpers.GetObjectValue(Activator.CreateInstance(typ));
        double ret1 = (double) typ.GetMethod("Calc").Invoke(RuntimeHelpers.GetObjectValue(obj), new object[] { x, y, z });
        MessageBox.Show("Funktion = " + ((string) typ.GetMethod("CalcExpression").Invoke(RuntimeHelpers.GetObjectValue(obj), new obje
        MessageBox.Show("Ergebnis = " + ret1.ToString());
    }
}
```

oder in Delphi:

```delphi
procedure Form1.button2_Click(sender: TObject; e: EventArgs);
begin
    if (self.openFileDialog1.ShowDialog = DialogResult.OK) then
    begin
        x := Convert.ToDouble(self.textBox2.Text);
        y := Convert.ToDouble(self.textBox3.Text);
        z := Convert.ToDouble(self.textBox4.Text);
        typ := Assembly.LoadFrom(self.openFileDialog1.FileName).GetType('Calculate');
        obj := Activator.CreateInstance(typ);
        ret1 := (typ.GetMethod('Calc').Invoke(obj, New(array[3] of TObject, ( ( x, y, z ) ))) as Double);
        MessageBox.Show(string.Concat('Funktion = ', (typ.GetMethod('CalcExpression').Invoke(obj, New(array[0] of TObject)) as string).To
        MessageBox.Show(string.Concat('Ergebnis = ', ret1.ToString))
    end
end;
```

Für die Freaks bietet sich natürlich auch die Ansicht im IL (*Intermediate Language*)-Code an:

```
.method private hidebysig instance void button2_Click(object sender, class [mscorlib]System.EventArgs e) cil managed
{
    .maxstack 5
    .locals init (
        [0] float64 x,
        [1] float64 y,
        [2] float64 z,
        [3] class [mscorlib]System.Type typ,
        [4] object obj,
        [5] class [mscorlib]System.Reflection.MethodInfo meth1,
        [6] float64 ret1,
        [7] class [mscorlib]System.Reflection.MethodInfo meth2,
        [8] string ret2,
        [9] bool CS$4$0000,
        [10] object[] CS$0$0001)
    L_0000: nop
    L_0001: ldarg.0
    L_0002: ldfld class [System.Windows.Forms]System.Windows.Forms.OpenFileDialog CodeDOM.Form1::openFileDialog1
    L_0007: callvirt instance valuetype [System.Windows.Forms]System.Windows.Forms.DialogResult [System.Windows.Forms]System.Wir
    L_000c: ldc.i4.1
    L_000d: ceq
    L_000f: ldc.i4.0
    L_0010: ceq
```

HINWEIS: Die angezeigte Syntax ist in vielen Fällen nicht direkt kompilierbar, trotzdem vielfach recht aufschlussreich, wie einige Beispiele in diesem Buch zeigen[1].

R15.16 Eine GUID erzeugen

Für verteilte Datenbankanwendungen braucht man häufig als eindeutige ID eine GUID. Doch wo bekommen wir diese her?

Unter .NET kein Problem, mit dem Namespace *System* kommt auch die Klasse *Guid*, die wiederum die Methode *NewGuid* zur Verfügung stellt.

BEISPIEL: Anzeige einer GUID

```
Public Class Form1

    Private Sub Form1_Load(ByVal sender As System.Object, ByVal e As System.EventArgs) _
                Handles MyBase.Load
        Label1.Text = System.Guid.NewGuid().ToString()
    End Sub
End Class
```

---

[1] Sicher ist nicht jeder Programmierer davon begeistert, dass das Ergebnis seiner Arbeit auf so einfache Art von anderen genutzt werden kann. Entsprechende Tools (z.B. *Dotfuscator*) sollen hier einen gewissen Schutz bieten.

```
┌─────────────────────────────────────────┐
│ 🔲 GUID                      ─  □  ✕    │
├─────────────────────────────────────────┤
│                                         │
│     64636c76-ff97-4a73-9167-acdcf5ba0d8e│
│                                         │
└─────────────────────────────────────────┘

## R15.17 Bytes in MByte umrechnen

Wollen Sie die Speicherplatzgröße in MByte und nicht in Byte anzeigen, müssen Sie das wie folgt umrechnen:

```
KB = Byte / 1024
MB = KB / 1024
GB = MB / 1024
```

Also gilt

```
MB = Byte / 1048576
```

BEISPIEL: Anzeige des vom aktuellen Prozess belegten Speicherplatzes:

```
Public Class Form1

    Private Sub Form1_Load(ByVal sender As System.Object, ByVal e As System.EventArgs) _
                Handles MyBase.Load
        Label1.Text = "Der vom Prozeß belegte Speicherplatz: " & _
                (Environment.WorkingSet / 1048576).ToString("#.00 MB")
    End Sub
End Class
```

┌───┐
│ 🔲 Bytes in MByte umrechnen   ─ □ ✕   │
├───┤
│   │
│   **Der vom Prozeß belegte Speicherplatz: 10,00 MB** │
│   │
└───┘

Beachten Sie aber folgende Ausnahme von der Regel:

HINWEIS: Bei Festplatten werden die GB vom Hersteller in 1000000000-Bytes angegeben!
```

R15.18 Einen String verschlüsseln

Die mit .NET 2.0 eingeführte Klasse *SecureString* legt eine Zeichenkette in verschlüsselter Form im Hauptspeicher ab und ermöglicht somit einen Schutz für sensible Daten (Passwörter). Damit wird in .NET eine Sicherheitslücke eliminiert, die dadurch entsteht, dass der Entwickler keinen Einfluss darauf hat, wann erzeugte Zeichenketten von der Garbage Collection entsorgt werden und durch ein Speicherabbild Hacker somit sensible Informationen erhalten könnten.

Ein einmal gesetzter Wert kann über die Methoden *AppendChar*, *RemoveAt* und *SetAt* solange verändert werden, bis die Zeichenkette mittels *MakeReadOnly* als nicht mehr veränderbar gekennzeichnet wird. Mittels *Clear*-Methode lässt sich der Wert wieder aus dem Hauptspeicher entfernen.

> **HINWEIS:** Die *SecureString*-Klasse verfügt über keinerlei Methoden, um den internen Wert anzuzeigen was mit der Notwendigkeit begründet wird, den Inhalt gegen jegliche Einsichtnahme und Manipulation zu schützen.

Ein Entschlüsseln des Inhalts ist nicht trivial, sondern nur über Win32-Zeiger möglich, wofür Sie z.B. die *SecureStringToBSTR*-Methode der *Marshal*-Klasse verwenden können.

Oberfläche

Das Startformular, zwei *TextBox*en und zwei *Button*s genügen für eine kleine Demo.

Quellcode

```
Public Class Form1

    Private Sub Form1_Load(ByVal sender As System.Object, ByVal e As System.EventArgs) _
                    Handles MyBase.Load
        TextBox1.Text = "mein Passwort"
    End Sub


    Private sichererStr As New System.Security.SecureString()
```
Verschlüsseln:
```
    Private Sub Button1_Click(ByVal sender As System.Object, ByVal e As System.EventArgs) _
                    Handles Button1.Click
        TextBox2.Text = String.Empty
        sichererStr.Clear()
        Dim klarerStr As String = TextBox1.Text
```

Der Klarstring wird zeichenweise durchlaufen und verschlüsselt:

```
    For i As Integer = 0 To klarerStr.Length - 1
        sichererStr.AppendChar(klarerStr(i))
    Next
```

Wenn Sie die folgende Anweisung auskommentieren, wäre auch ein Löschen des verschlüsselten Strings mittels *Clear* nicht möglich:

```
    'sichererStr.MakeReadOnly()
    TextBox1.Text = String.Empty
End Sub
```

Entschlüsseln:

```
Private Sub Button2_Click(ByVal sender As System.Object, ByVal e As System.EventArgs) _
                    Handles Button2.Click
    Dim ptr As IntPtr = _
            System.Runtime.InteropServices.Marshal.SecureStringToBSTR(sichererStr)
    Dim klarerStr As String = System.Runtime.InteropServices.Marshal.PtrToStringUni(ptr)
    TextBox2.Text = klarerStr
End Sub
End Class
```

Test

Nach Programmstart können Sie beliebige Strings ver- und entschlüsseln.

Leider besteht, wie eingangs bereits begründet, keine Möglichkeit, den verschlüsselten String anzuzeigen.

Bemerkungen

- Hauptaufgabe der Klasse *SecureString* ist die Übergabe der verschlüsselten Kennwortzeichenkette an eine Klasse, die ein Passwort erwartet (z.B. *System.Diagnostics.ProcessStartInfo*).

- *SecureString* verwendet für die interne Schlüsselverwaltung das *Data Protection API* (DAPI).

R15.19 Die Verwendung von DoEvents verstehen

Läuft ein rechenzeitintensives Programm, werden andere (gleichzeitig geöffnete) Anwendungen blockiert. Abhilfe schafft die *Application.DoEvents*-Methode. Wie Sie diese vernünftig einsetzen, zeigt Ihnen dieses Rezept.

Oberfläche

Auf einer *Form* platzieren Sie einige *Label,* ein *Timer*-Control, eine *ProgressBar* sowie vier *Button*s (siehe Laufzeitansicht).

Stellen Sie die *Maximum*-Eigenschaft der *ProgressBar* auf 10000000 und die *Interval*-Eigenschaft des *Timer*s auf 500 (*Enabled = True*).

Mit dem Klick auf jeden der drei Schaltflächen wird 10.000.000 Mal der Sinus eines Wertes berechnet und die dafür benötigte Rechenzeit angezeigt. Den prozentualen Fortschritt innerhalb der Rechenschleife zeigt die *ProgressBar*.

Quelltext

```
Public Class Form1
    ...
```

Die "Uhr" (*Label1*) soll den Einfluss von *DoEvents* auf das Verhalten anderer Prozesse/Anwendungen verdeutlichen:

```
Private Sub Timer1_Tick(ByVal sender As System.Object, ByVal e As System.EventArgs) _
                 Handles Timer1.Tick
    Label1.Text = System.DateTime.Now.ToLongTimeString()
End Sub
```

Die erste Variante ermittelt die Sinus-Werte, ohne auf die eigene oder andere Anwendungen Rücksicht zu nehmen (die Uhr "steht"). Mit diesem "egoistischen" Verhalten wird die schnellste Ausführungszeit erkauft:

```
Private Sub Button1_Click(ByVal sender As System.Object, ByVal e As System.EventArgs) _
                 Handles Button1.Click
    Dim a As Double = 3.111, von As Double, bis As Double
```

```
    progressBar1.Value = 0
    von = System.Environment.TickCount
    For x As Integer = 1 To 9999999
        a = Math.Sin(x) + a
        If x Mod 500 = 0 Then
            ProgressBar1.Value = x
        End If
    Next
    bis = System.Environment.TickCount
    Label2.Text = ((bis - von) / 1000).ToString() + " s"
End Sub
```

Bei der zweiten Variante wird bei **jedem** Schleifendurchlauf die Rechenzeit für andere Anwendungen freigegeben. Die Uhr läuft jetzt zwar weiter, aber die Programmlaufzeit steigt drastisch an!

```
Private Sub Button2_Click(ByVal sender As System.Object, ByVal e As System.EventArgs) _
                Handles Button2.Click
    Dim a As Double = 3.111, von As Double, bis As Double
    ProgressBar1.Value = 0
    von = System.Environment.TickCount
    For x As Integer = 1 To 9999999
        a = Math.Sin(x) + a
        Application.DoEvents()
        If x Mod 500 = 0 Then
            ProgressBar1.Value = x
        End If
    Next
    bis = System.Environment.TickCount
    Label3.Text = ((bis - von) / 1000).ToString() & " s"
End Sub
```

Dass man durch geschickte Zuteilung von Ressourcen an andere Anwendungen durchaus eine akzeptable Programmlaufzeit erreichen kann, beweist die letzte Variante. Die Ressourcen werden mit jedem 500ten Durchlauf freigegeben. Die Uhr kann genügend "Luft schnappen", um ihre Aufgabe auszuführen:

```
Private Sub Button3_Click(ByVal sender As System.Object, ByVal e As System.EventArgs) _
                Handles Button3.Click
    Dim a As Double = 3.111, von As Double, bis As Double
    ProgressBar1.Value = 0
    von = System.Environment.TickCount
    For x As Integer = 1 To 9999999
```

```
            a = Math.Sin(x) + a
            If x Mod 500 = 0 Then
                ProgressBar1.Value = x
                Application.DoEvents()
            End If
        Next
        bis = System.Environment.TickCount
        Label4.Text = ((bis - von) / 1000).ToString() & " s"
    End Sub
```

Ähnlich wie mit der Zeitanzeige verhält es sich mit dem Schließen der Anwendung, was nur dann möglich ist, wenn Rechenzeit freigegeben ist:

```
    Private Sub Button4_Click(ByVal sender As System.Object, ByVal e As System.EventArgs) _
                Handles Button4.Click
        Close()
    End Sub

End Class
```

Test

Probieren Sie die drei Alternativen aus und beobachten Sie dabei die Uhr!

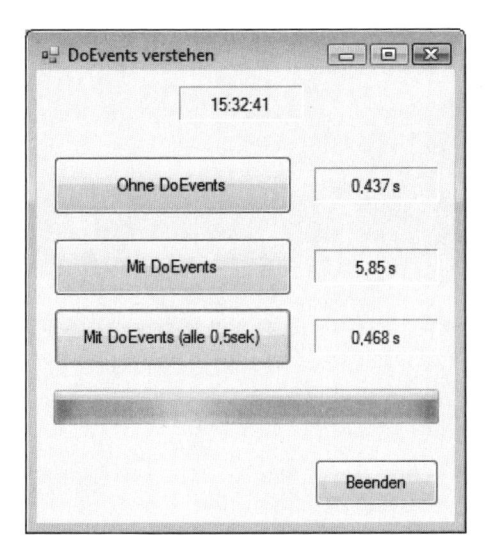

HINWEIS: Beim Gegenüberstellen der drei Varianten werden Sie merken, dass der Verzicht auf *DoEvents* (Variante 1) noch mit einem weiteren Nachteil behaftet ist: So ist es unmöglich, das Programm während des Schleifendurchlaufs zu beenden.

R15.20 Eine Pause realisieren

Einen *Delay*-Befehl werden Sie unter Visual Basic vergeblich suchen, und das ist auch gut so, schließlich ist Windows ein Multitasking-System.

Wir zeigen in diesem Rezept zwei Varianten, mit denen Sie sich helfen können:

- Sie verwenden eine Hilfsprozedur *delay(zeit)* mit einer *DoEvents*-Schleife. Die *DoEvents*-Anweisung ermöglicht anderen Anwendungen (auch einem *Timer* oder weiterem Thread Ihrer Anwendung), ihre "Tätigkeit" fortzusetzen. Sollten Sie diese Anweisung weglassen, "steht" der Rechner für die angegebene Zeit.

- Alternativ können Sie auch die *Thread.Sleep*-Methode verwenden. Ihre Anwendung ist für einige Sekunden in den Tiefschlaf versetzt und benötigt überhaupt keine Rechenzeit mehr. Allerdings lässt sich die Anwendung nicht mehr bedienen, der gesamte Prozess, und dazu gehören auch alle Funktionen der Oberfläche, "schläft".

Oberfläche

Zwei *Button*s und eine *ListBox* für die Statusanzeige genügen.

Quelltext

```
Public Class Form1
    ...
```

Variante 1:

```
    Private Sub delay(ByVal zeit As Integer)
        Dim zeit1 As Integer = System.Environment.TickCount
        While (System.Environment.TickCount - zeit1) < zeit
            Application.DoEvents()
        End While
    End Sub

    Private Sub Button1_Click(ByVal sender As System.Object, ByVal e As System.EventArgs) _
                    Handles Button1.Click
        ListBox1.Items.Add("Start")
        delay(5000)
        ListBox1.Items.Add("Stop")
    End Sub
```

Variante 2:

```
    Private Sub Button2_Click(ByVal sender As System.Object, ByVal e As System.EventArgs) _
                    Handles Button2.Click
        ListBox1.Items.Add("Start")
```

```
        Application.DoEvents()
        System.Threading.Thread.Sleep(5000)
        ListBox1.Items.Add("Stop")
    End Sub

End Class
```

HINWEIS: Das *Application.DoEvents* ist nötig, da sonst die Startmeldung nicht angezeigt wird.

Test

Beide Varianten liefern hier eine Zeitverzögerung von etwa 5 Sekunden:

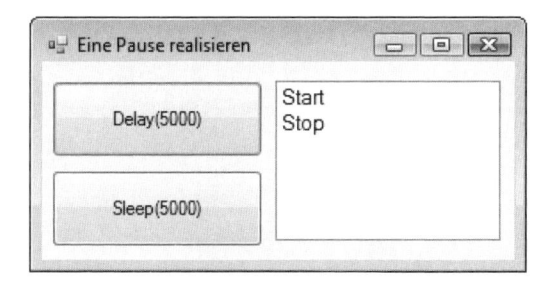

HINWEIS: Die *delay*-Prozedur nach Variante 1 ist vorzuziehen, da sie Ihrer Anwendung Gelegenheit gibt, notwendige Funktionen auszuführen. Lediglich der aktuelle Programmablauf (Ereignisprozedur etc.) ist unterbrochen, andere Ereignisse, z.B. *Timer* oder *MouseClick*, können weiterhin ausgelöst werden.

R15.21 Hilfedateien programmieren

Zu einer professionellen Visual Basic-Applikation gehört, genauso wie zu jedem anderen Windows-Programm, eine Hilfedatei. In diesem Rezept lernen Sie, wie man eine solche Hilfedatei unter Verwendung des Microsoft *HTML Help Workshops* erstellt.

Im nachfolgenden Rezept R15.22 "Hilfedateien in Visual Visual Basic-Anwendungen einbinden" erfahren Sie dann den Rest.

Der HTML Help Workshop

Dieses komplexe Autorentool unterstützt Sie bei der Anfertigung von HTML-Hilfedateien:

- Erstellen eines Projekt-Files (*.hhp*)
- Formatieren von Hilfeseiten (*.htm, .html*)

- Erstellen von Inhaltsdateien (.hhc)
- Index-Files (Navigieren zwischen den Topics)
- Einbinden von Bild- und Multimediadateien
- Hilfefenster und Styles definieren
- Hilfedateien kompilieren (.chm)
- Testen und Debuggen von Hilfedateien

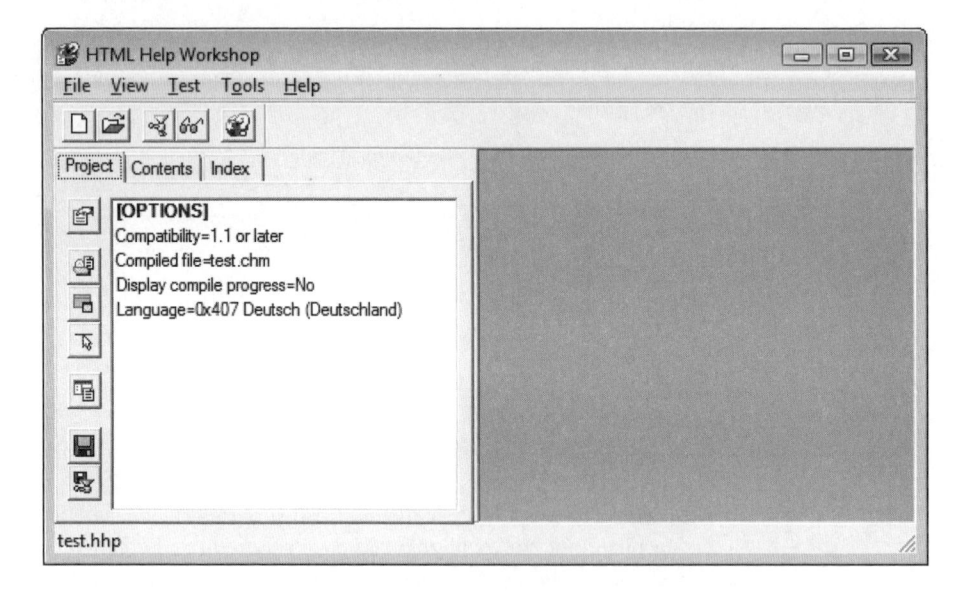

Den HTML Help Workshop können Sie unter folgender Adresse herunterladen:

LINK: http://go.microsoft.com/fwlink/?linkid=14188

Die folgenden Ausführungen sollen Ihnen den Einstieg erleichtern.

HINWEIS: Auf das Erstellen von HTML-Seiten werden wir nicht weiter eingehen, dafür stehen zum Beispiel MS *Frontpage* oder auch eine ganze Reihe von Free- bzw. Shareware-Tools zur Verfügung.

Bedienung am Beispiel

"Der Schuster trägt selbst die schlechtesten Schuhe" und so ist auch die Hilfe zur HTML-Help teilweise ziemlich verwirrend. Hier der Versuch, einen besseren Einstieg zu vermitteln:

- Schreiben Sie mit einem HTML-Editor (z.B. Word oder *Microsoft FrontPage Express*) die einzelnen Hilfeseiten. Fügen Sie Hotspots bzw. Hyperlinks ein, sodass jede Seite erreichbar ist.

R15.21 Hilfedateien programmieren

- Öffnen Sie den Microsoft HTML Workshop (*hhw.exe*).
- Wählen Sie im Dialogfeld *Project* den Befehl *File/New*.
- Unaufgefordert drängt Ihnen nun ein Wizard seine Dienste auf. An dem Dialogfeld mit der Option *Convert WinHelp Project* gehen Sie achtlos vorbei, das Häkchen setzen Sie nur in dem Fall, wenn Sie ein bereits existierendes älteres Hilfeprojekt (*.hpj*) in das neue HTML-Format konvertieren wollen. Dies dürfte besonders für den Umsteiger hilfreich sein, beantworten sich doch durch Vergleich des ursprünglichen mit dem konvertierten Projekt-File viele Fragen von selbst.
- Über die Schaltfläche "Browse" spezifizieren Sie Ihr *.hhp*-Projekt-File. Zweckmäßigerweise legen Sie es im gleichen Verzeichnis an, in welchem sich auch die *.htm*-Dateien befinden (z.B. als *Garten.hhp*).
- Wählen Sie die Option *Htm-Files*, da Sie die HTML-Dateien ja bereits erstellt haben.
- Im nächsten Fenster fügen Sie über "Add" die *.htm*-Dateien hinzu.

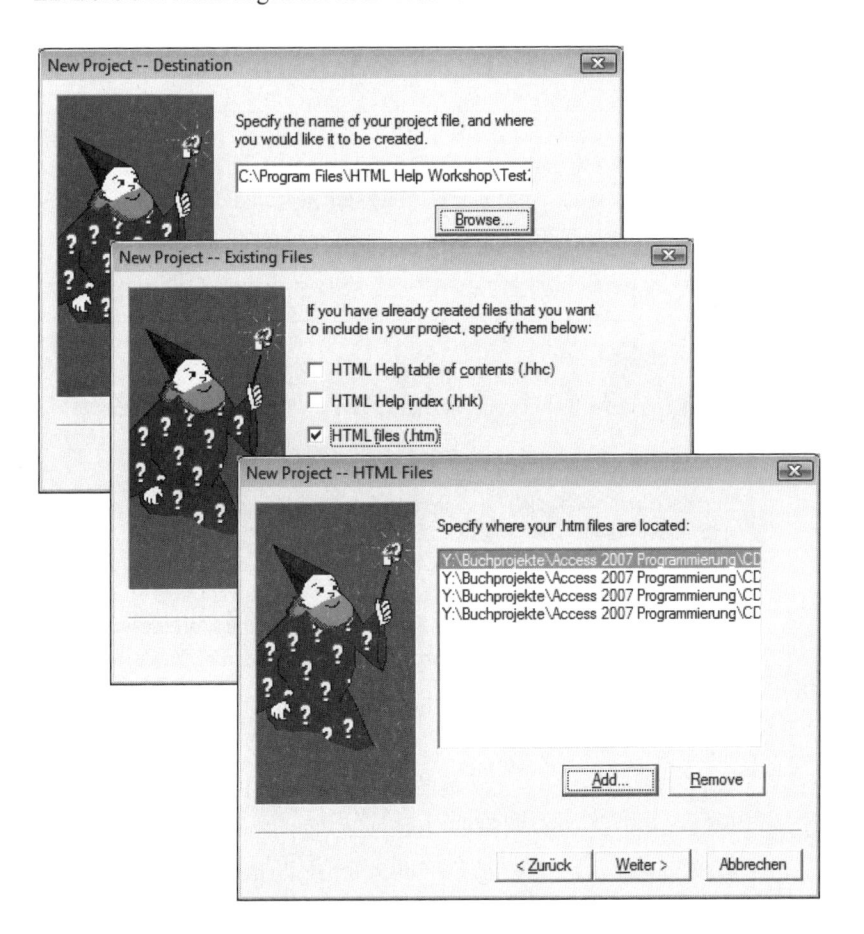

- Klicken Sie nacheinander auf die vorletzte ("Save project, contents and index files") und auf die letzte Schaltfläche ("Save all project files and compile") der linken (senkrechten) Symbolleiste des HTML Help Workshops. Im Logfenster (rechts) können Sie sich vom Erfolg überzeugen:

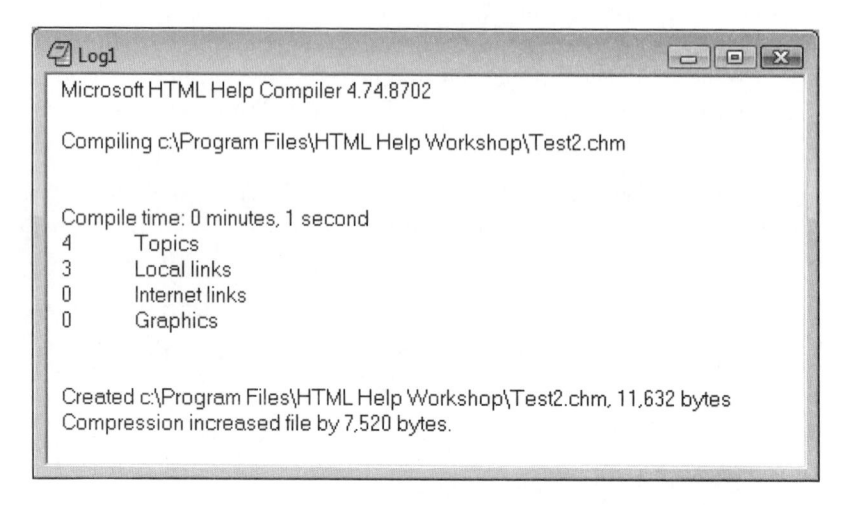

```
Log1
Microsoft HTML Help Compiler 4.74.8702

Compiling c:\Program Files\HTML Help Workshop\Test2.chm


Compile time: 0 minutes, 1 second
4       Topics
3       Local links
0       Internet links
0       Graphics


Created c:\Program Files\HTML Help Workshop\Test2.chm, 11,632 bytes
Compression increased file by 7,520 bytes.
```

- Wählen Sie "View compiled file" (vorletzte Schaltfläche in der oberen Symbolleiste), so können Sie in einem einzelnen Hilfefenster bereits die erste Hilfeseite sehen und sich über die von Ihnen angelegten Links zu den anderen Seiten bewegen.

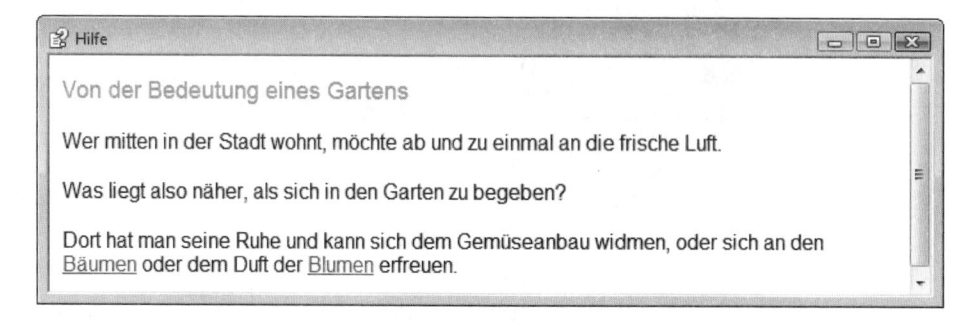

```
Hilfe
Von der Bedeutung eines Gartens

Wer mitten in der Stadt wohnt, möchte ab und zu einmal an die frische Luft.

Was liegt also näher, als sich in den Garten zu begeben?

Dort hat man seine Ruhe und kann sich dem Gemüseanbau widmen, oder sich an den
Bäumen oder dem Duft der Blumen erfreuen.
```

- Um das Inhaltsverzeichnis zu erstellen, öffnen Sie die Contents-Seite, bestätigen die Option "Create a new contents file" und speichern es als *Test.hhc* im Projektverzeichnis.
- Klicken Sie auf die Schaltfläche "Insert a heading" (links, zweite von oben).
- Wählen Sie als *Entry Title*: "Mein Garten". Klicken Sie auf die "Edit"-Schaltfläche im Dialogfeld *Path or URL* und stellen Sie oben das Projekt-File *test.hhp* und unten über die "Browse"-Schaltfläche die Seite *allgemein.htm* ein.
- Klicken Sie auf die Schaltfläche "Insert a page" (links, dritte von oben). Das Meldungsfeld "Do you want to insert at the beginning?" quittieren Sie mit "Nein".

- Weisen Sie auf die gleiche Art die *html*-Dateien der ersten untergeordneten Seite zu.
- Die gleiche Prozedur wiederholen Sie für alle weiteren untergeordneten Seiten. Beginnen Sie dabei immer im Hauptfenster mit der Schaltfläche "Insert a page". Benutzen Sie hier keine "Add"-Schaltfläche, sonst kommt es zu einem Compiler-Fehler!
- Nach Verlassen des HTML-Workshops öffnen Sie die Hilfe, indem Sie auf die kompilierte Hilfedatei *test.chm* doppelklicken.

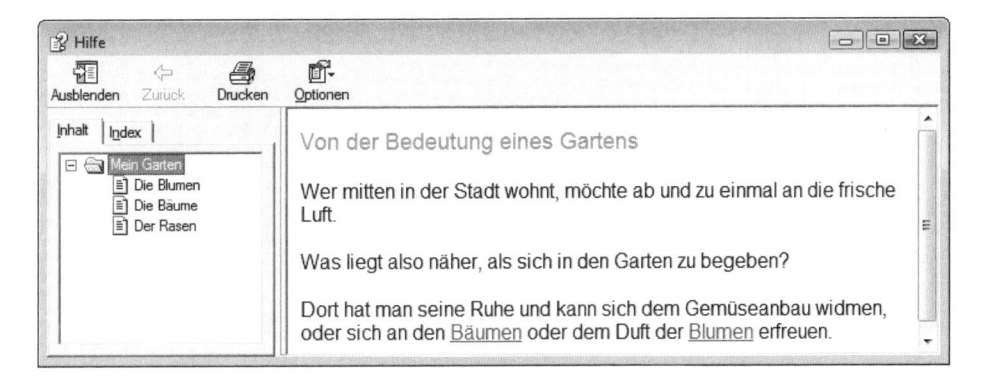

- Das Hinzufügen einer Indexdatei (*Index.hkk*) funktioniert ähnlich wie bei einer Inhaltsdatei. Diesmal öffnen Sie die Indexseite über die Schaltfläche "Insert a keyword".
- Die einzelnen Keywords ordnen Sie auf analoge Weise ("Edit"-Schaltfläche) den jeweiligen *htm*-Seiten zu.

R15.22 Hilfedateien in die VB-Anwendung einbinden

Altgediente Windows-Programmierer werden zunächst einmal recht frustriert nach der bisher üblichen *HelpContextId*-Eigenschaft Ausschau halten und nichts finden. Die bisher übliche Vorgehensweise wird unter Visual Studio nicht mehr unterstützt. Stattdessen finden Sie zwei neue Controls und ein *Help*-Objekt vor, die alle bisherigen Aufgaben übernehmen.

Am Beispiel der Hilfedatei aus dem vorhergehenden Rezept R15.21 "Hilfedateien programmieren" möchten wir Ihnen die Vorgehensweise aufzeigen.

Oberfläche

Entwerfen Sie zunächst eine Oberfläche entsprechend folgender Abbildung. Neben den sichtbaren Komponenten fügen Sie noch eine *HelpProvider*- und eine *MainMenu*-Komponente in das *Form* ein.

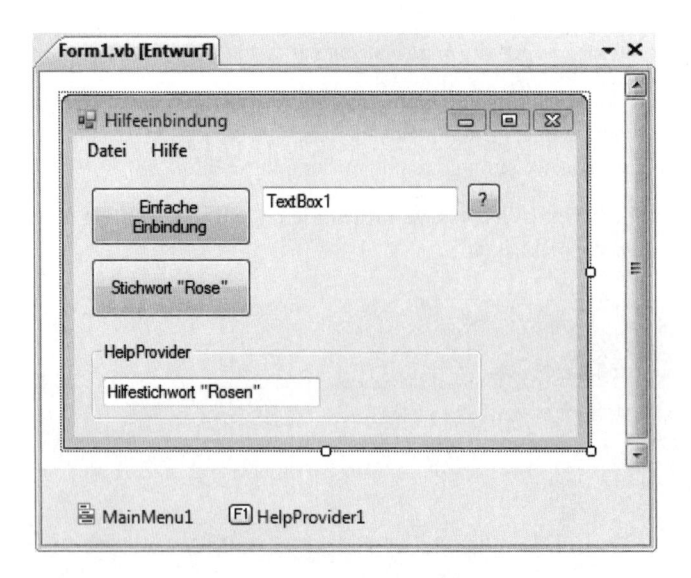

Erzeugen Sie anschließend ein Hilfemenü mit folgenden Einträgen:

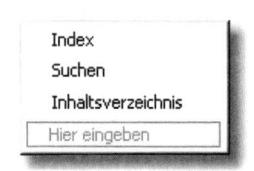

- Index
- Suchen
- Inhaltsverzeichnis

Quelltext (Hilfemenü)

> **HINWEIS:** Kopieren Sie die Hilfedatei aus dem Vorgängerrezept in das \bin\Debug Verzeichnis der Anwendung.

Mit Hilfe des *Help*-Objekts (Sie können keine Instanzen bilden) ist es möglich, aus der Applikation heraus eine HTML-Hilfedatei oder eine einzelne HTML-Seite aufzurufen. Als Hauptverwendungsbereich dürfte sich der obige Menüpunkt *Hilfe* anbieten, der in keiner professionellen Anwendung fehlen sollte.

Die Routinen, die sich hinter den Menüpunkten *Inhalt*, *Index* und *Suchen* befinden, können Sie mit der *ShowHelp*-Methode realisieren:

Anzeige der Tabulatorseiten *Inhaltsverzeichnis*, *Index*, *Suchen*:

```
Public Class Form1
```

Anzeige des Index mit vorgegebenem Stichwort:

```
    Private Sub Button2_Click(ByVal sender As System.Object, ByVal e As System.EventArgs) _
                Handles Button2.Click
```

```
            Help.ShowHelp(Me, "garten.chm", HelpNavigator.KeywordIndex, "Rosen")
        End Sub

        Private Sub MenuItem3_Click(ByVal sender As System.Object, ByVal e As System.EventArgs) _
                            Handles MenuItem3.Click
            Help.ShowHelp(Me, "garten.chm", HelpNavigator.Index)
        End Sub

        Private Sub MenuItem4_Click(ByVal sender As System.Object, ByVal e As System.EventArgs) _
                            Handles MenuItem4.Click
            Help.ShowHelp(Me, "garten.chm", HelpNavigator.Find)
        End Sub

        Private Sub MenuItem5_Click(ByVal sender As System.Object, ByVal e As System.EventArgs) _
                            Handles MenuItem5.Click
            Help.ShowHelp(Me, "garten.chm", HelpNavigator.TableOfContents)
        End Sub

End Class
```

Das Ergebnis nach dem Aufruf:

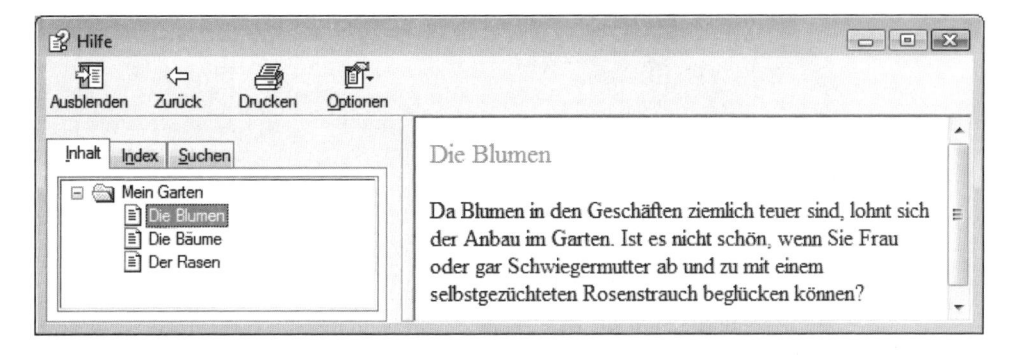

Quelltext (PopUp-Hilfe)

Mit der *ShowPopup*-Methode realisieren Sie relativ problemlos eine einfache Hilfestellung für beliebige Controls, ohne erst eine Hilfedatei programmieren zu müssen.

BEISPIEL: Anzeige einer PopUp-Hilfe:

```
Help.ShowPopup(Me, "Geben Sie hier Ihr Wunschgehalt ein!", New Point(100, 20))
```

Doch ach, wo landet unser PopUp-Fenster?

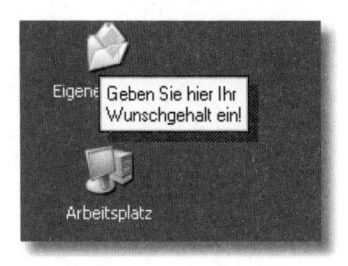

Weit weg vom eigentlichen Geschehen wird die Hilfe angezeigt. Nachbessern ist also angesagt. Dank der neuen Methode *PointToScreen* ist die lästige Koordinatenrechnerei schnell realisiert.

BEISPIEL: Umrechnen der Anzeigeposition auf Bildschirmkoordinaten:

```
Private Sub Button3_Click(ByVal sender As System.Object, ByVal e As System.EventArgs) _
              Handles Button3.Click
    Help.ShowPopup(Me, "Geben Sie hier Ihr Wunschgehalt ein!", _
              TextBox1.PointToScreen(New Point(100, 20)))
End Sub
```

Und jetzt läuft es auch so wie gewünscht:

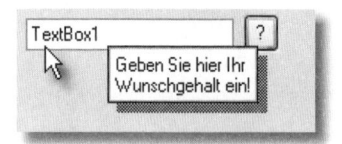

Quelltext (HelpProvider)

Sicher haben Sie sich auch schon gefragt, wie Sie einzelnen Controls ein bestimmtes Hilfe-Thema zuordnen können. Auch intensivstes Studium der Eigenschaftenliste bringt keine relevanten Erkenntnisse – von Hilfeunterstützung keine Spur. Abhilfe schafft ein recht unscheinbares Control, das zur Laufzeit nicht sichtbar ist:

Mit dem *HelpProvider*-Control aktivieren bzw. realisieren Sie die Hilfeunterstützung für ein Formular. Ziehen Sie einfach die entsprechende Komponente aus der Toolbox in ein Windows Form. Bis jetzt nichts Spektakuläres, doch werfen Sie einmal einen Blick auf die Eigenschaften eines beliebigen Eingabe-Controls (z.B. *TextBox*). Unter dem Stichwort *Sonstiges* tauchen plötzlich einige neue Eigenschaften auf, deren Bedeutung unschwer zu erkennen ist:

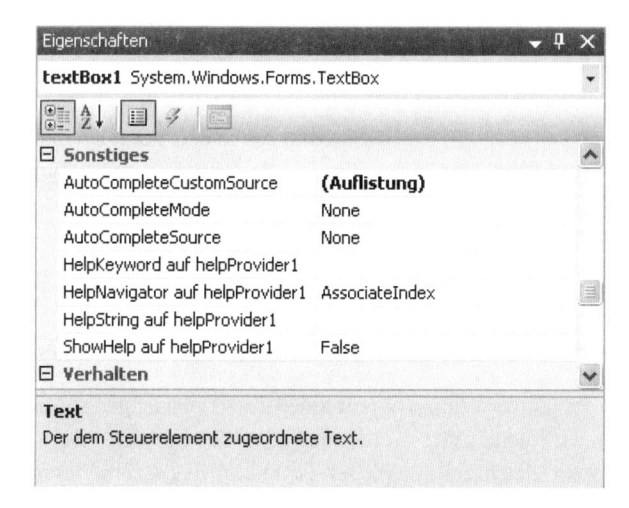

R15.22 Hilfedateien in die VB-Anwendung einbinden

[Screenshot: Eigenschaften-Fenster für textBox1 mit Einstellungen: HelpKeyword auf helpProvider1 (leer), HelpNavigator auf helpProvider1 = AssociateIndex, HelpString auf helpProvider1 (leer), ShowHelp auf helpProvider1 = False]

Doch bevor es so weit ist Verknüpfungen herzustellen, sollten Sie die Hilfedatei mit dem *HelpProvider* über dessen *HelpNameSpace*-Eigenschaft (URL) verbinden.

Um die einfache Hilfeunterstützung für das Formular zu aktivieren genügt es, wenn Sie die Formulareigenschaft *Show Help auf HelpProvider* aktivieren (*True*).

Etwas aufwändiger wird es, wenn Sie den einzelnen Eingabe-Controls einen Hilfetopic zuordnen wollen.

Wählen Sie das entsprechende Control (*TextBox2*) und weisen Sie die in der folgenden Abbildung angegebenen Eigenschaften zu:

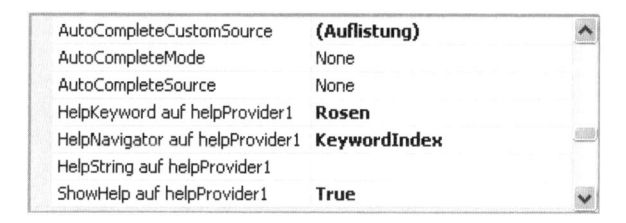

[Screenshot: Eigenschaften mit HelpKeyword auf helpProvider1 = Rosen, HelpNavigator auf helpProvider1 = KeywordIndex, HelpString auf helpProvider1 (leer), ShowHelp auf helpProvider1 = True]

Alternativ können Sie die einzelnen HTML-Seiten auch über den Namen der HTML-Datei auswählen:

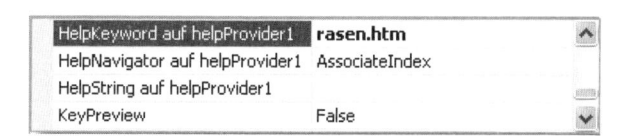

[Screenshot: HelpKeyword auf helpProvider1 = rasen.htm, HelpNavigator auf helpProvider1 = AssociateIndex, HelpString auf helpProvider1 (leer), KeyPreview = False]

R15.23 Eine alternative Hilfe-IDE verwenden

Ist Ihnen die bisher beschriebene Hilfeprogrammierung zu kompliziert und zu aufwändig? Wenn ja, dann haben wir nach all den ausfernden Beschreibungen in den Vorgängerrezepten eine gute Nachricht für Sie. Entweder Sie investieren einige hundert Euro in ein kommerzielles Help-Entwicklungssystem (wie zum Beispiel *HelpStudio* oder *RoboHELP*), oder Sie stecken Ihre Ansprüche etwas zurück und begnügen sich mit dem kostenlosen *HelpMaker*.

Hier die Downloadadresse:

LINK: http://www.vizacc.com/gen_download.php

Neben der komfortablen Projektverwaltung nimmt Ihnen das Tool auch jede Menge Arbeit beim Schreiben der einzelnen Hilfeseiten (Keywords etc.) ab. Wie Sie der folgenden Abbildung entnehmen können, ist auch gleich ein kompletter Texteditor in das Programm integriert, Sie brauchen also keine weiteren Tools.

Folgende Ausgabemöglichkeiten bieten sich an:

- HTML-Help,
- WinHelp,
- Browser-Help (eine Website)
- und last but not least eine gedruckte Dokumentation.

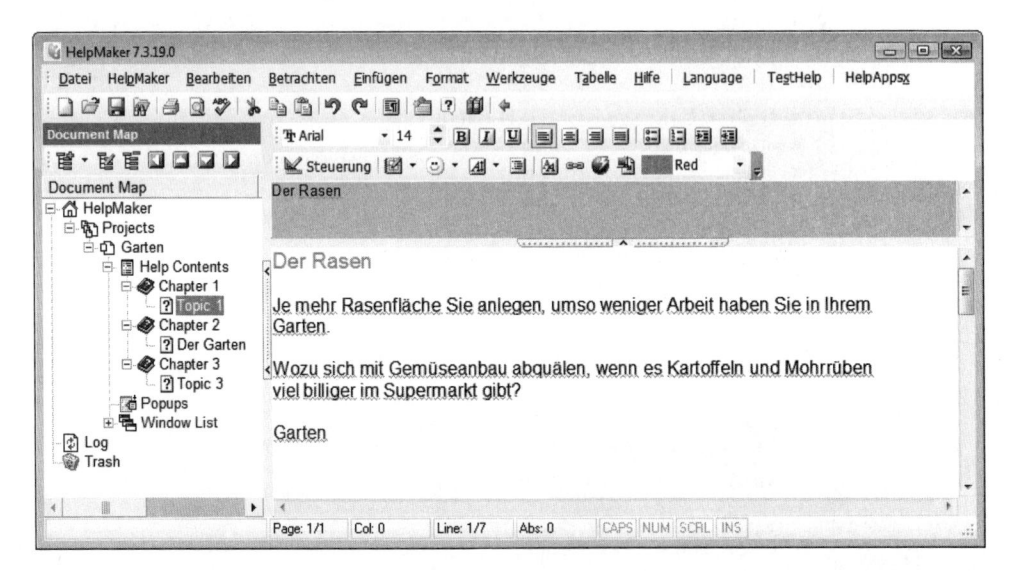

Das Tool selbst verwendet intern ebenfalls den Microsoft-Hilfe-Compiler, Sie brauchen sich jedoch weder um dessen Einbindung, noch um dessen Konfiguration zu kümmern, alle Optionen können Sie über die Eigenschaftendialoge bequem einstellen.

R15.24 Installationsdateien erzeugen

Haben Sie es endlich geschafft? Ist Ihre Anwendung bereit für den Endkunden? Wenn ja, dann sollten Sie sich eingehend mit den in Visual Studio enthaltenen Setup-Projekten beschäftigen. Mit Hilfe dieser Projekte können Sie ein "professionelles" Setup-Programm erstellen. Doch Vorsicht! Möchten Sie neben Ihrer Framework-Anwendung auch noch das Framework selbst in das Setup aufnehmen, bleibt es nicht bei einer Diskette, planen Sie ruhig eine CD ein.

Der Hinweis, .NET-Anwendungen lassen sich mit XCOPY installieren, dürfte schnell als Märchen enttarnt werden, wenn Sie auch die folgende Aufgabenliste damit realisieren wollen:

- Unterscheidung der Betriebssysteme
- Installation des Frameworks + Service Packs
- Prüfen auf aktuellere Versionen
- Auswahl eines Installationsverzeichnisses
- Erzeugen von Einträgen im Startmenü (Shortcuts)
- Eintragen von Lizenzinformationen in die Registry
- Registrieren von Dateitypen (Verknüpfungen)
- Eventuelles Kopieren und Registrieren von noch benötigten COM-Komponenten
- Deinstallationsroutine
- ...

Das Setup-Projekt

Wer die Ausgaben für einen richtigen Setup-Generator scheut, muss mit dem vorlieb nehmen, was in Visual Studio enthalten ist. Öffnen Sie zunächst das Visual Basic-Projekt für das ein Setup erstellt werden soll. Starten Sie danach den Menüpunkt *Datei|Neu|Projekt* und wählen Sie *Setup-Projekt* (zur Projektmappe hinzufügen), wenn Sie eine Windows-Anwendung vertreiben möchten. Für ASP.NET-Projekte wählen Sie stattdessen *Websetup-Projekt*.

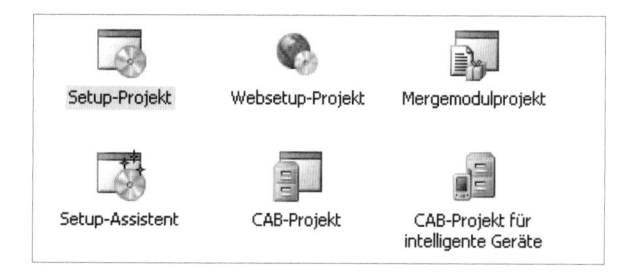

HINWEIS: Sie sollten gleich zu Beginn dem Projekt einen sinnvollen Namen geben, um auch später noch damit etwas anfangen zu können.

Nachfolgend finden Sie im Projektmappen-Explorer ein neues Projekt vor:

```
Projektmappe "TestBild" (2 Projekte)
    TestBild
        Properties
        Verweise
        Form1.cs
        Program.cs
    Bananensoftware
        Gefundene Abhängigkeiten
```

Markieren Sie dieses, sollten die in der folgenden Abbildung gezeigten Eigenschaften verfügbar sein. Die Bedeutung der einzelnen Eigenschaften dürfte sich vielfach bereits aus deren Namen ergeben.

HINWEIS: Die Eigenschaft *ProductName* wird vom Setup-Programm für den zukünftigen Ordnernamen und die Anzeige unter *Systemsteuerung|Software* genutzt.

Sonstiges	
AddRemoveProgramsIcon	(Keine)
Author	Ingenieurbüro Gewinnus
Description	
DetectNewerInstalledVersion	True
InstallAllUsers	False
Keywords	
Localization	German
Manufacturer	Ingenieurbüro Gewinnus
ManufacturerUrl	
PostBuildEvent	
PreBuildEvent	
ProductCode	{24FD7046-5DF4-470F-AE44-00C2D9867FA3}
ProductName	Bananensoftware
RemovePreviousVersions	False
RunPostBuildEvent	Bei erfolgreichem Erstellen
SearchPath	
Subject	
SupportPhone	
SupportUrl	
TargetPlatform	x86
Title	Bananensoftware
UpgradeCode	{0AC5434C-61BC-48B7-934A-7DB8D65B1325}
Version	1.0.0

Viel wichtiger ist die Frage, wie Sie Dateien hinzufügen und Registry-Einträge ändern können. Ein Blick auf die Kopfleiste des Projektmappen-Explorers zeigt einige neue Icons, die für die weitere Arbeit von Bedeutung sind:

Die Funktionen von links nach rechts:

- Eigenschaften
- Dateisystem-Editor
- Registrierungs-Editor
- Dateityp-Editor
- Benutzeroberflächen-Editor
- Editor für benutzerdefinierte Aktionen
- Editor für Startbedingungen

Dateisystem-Editor

Mit diesem Editor können Sie alle dateirelevanten Operationen des Setup-Programms festlegen. Möchten Sie beispielsweise ein bestehendes VB-Projekt hinzufügen, markieren Sie im Dateisystem-Editor den Eintrag *Anwendungsordner* und fügen Sie per Kontextmenü eine Projektausgabe hinzu:

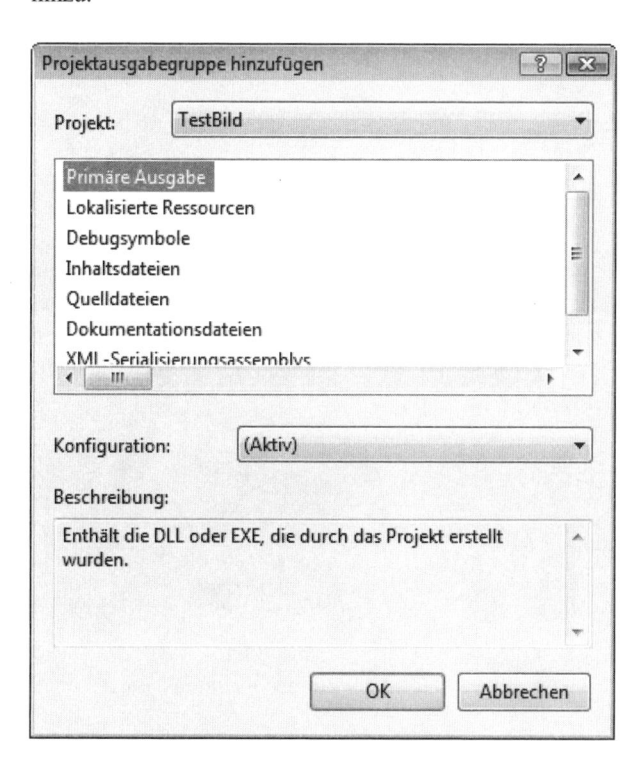

Wählen Sie den Eintrag *Primäre Ausgabe* und bestätigen Sie mit OK. Danach findet sich folgender Eintrag im Dateisystem-Editor:

Klicken Sie auf diesen Eintrag und wählen Sie im Kontextmenü den Punkt *Verknüpfung erstellen*. Die neue Verknüpfung ziehen Sie einfach per Drag&Drop in den Folder *Programmmenü des Benutzers*. Auf diese Weise ist bereits der Eintrag im Startmenü erzeugt. Die gleiche Vorgehensweise nutzen Sie für das Erzeugen eines Desktop-Links, nur dass Sie die Verknüpfung in diesem Fall in den Folder *Desktop des Benutzers* ziehen.

HINWEIS: Geben Sie den neu erstellten Verknüpfungen sinnvolle Namen, denn wie sie hier benannt werden, erscheinen sie auch im Startmenü oder auf dem Desktop.

Erster Test

Eigentlich spricht jetzt nichts mehr gegen einen ersten Test. Wählen Sie den Menüpunkt *Erstellen|Setup erstellen*. Nach einigem Festplattenrattern verkündet das Protokoll den Erfolg (oder auch Misserfolg). Ein Blick in das Verzeichnis *Release* zeigt die gewünschten Dateien:

Klicken Sie auf *Bananensoftware.msi*, um das Setup direkt zu starten (der MSI dürfte auf Ihrem PC bereits vorhanden sein). Nach einigen bekannten Dialogboxen (Begrüßung, Verzeichnis, Fertig) ist das Programm auf Ihrem PC ordnungsgemäß installiert und in das Startmenü eingetragen. Testen Sie die Funktionsweise der Verknüpfungen und räumen Sie dann Ihren PC über die Systemsteuerung (Software) wieder auf:

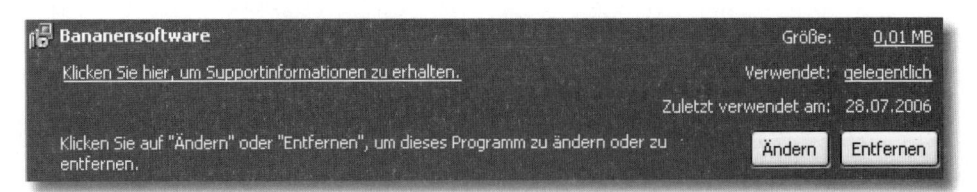

Damit steht bereits das erste Grundgerüst, und wir können weitere Features hinzufügen.

Registrierungs-Editor

Auch das Erzeugen von Registry-Einträgen ist mit den Setup-Projekten kein Problem. Öffnen Sie den Registrierungs-Editor (nicht den in Windows, sondern den in Visual Studio). Es erwartet

Sie ein reduziertes Abbild der Registrierdatenbank mit den für eine Installation wichtigen Baumzweigen:

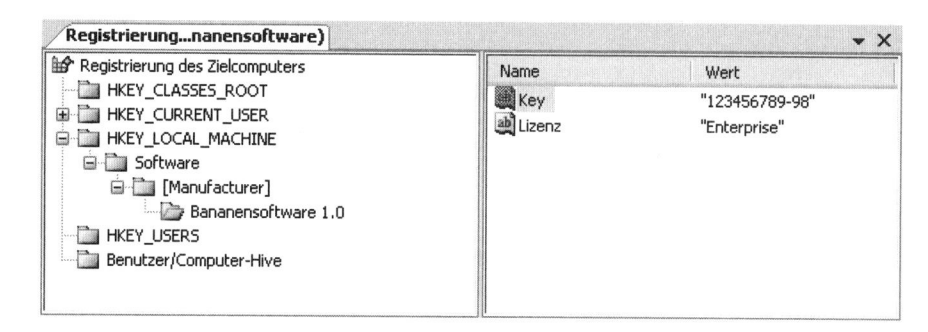

```
Registrierung...nanensoftware)
  Registrierung des Zielcomputers        Name      Wert
    HKEY_CLASSES_ROOT                    Key       "123456789-98"
    HKEY_CURRENT_USER                    Lizenz    "Enterprise"
    HKEY_LOCAL_MACHINE
      Software
        [Manufacturer]
          Bananensoftware 1.0
    HKEY_USERS
    Benutzer/Computer-Hive
```

Legen Sie Einträge die alle Nutzer betreffen (Installationspfade etc.) im Baumzweig HKEY_LOCAL_MACHINE ab, nutzerspezifische Daten (letzte geöffnete Datei etc.) im Baumzweig HKEY_CURRENT_USER. Für das Format der Registry-Einträge hat sich die folgende Notation eingebürgert:

```
...\<Software>\<Herstellername>\<Anwendungsname>\<Version>
```

Im obigen Beispiel haben wir auch gleich noch zwei Values (*Key* und *Lizenz*) erzeugt.

HINWEIS: Ob die Einträge beim Installieren überschrieben oder bei einer Deinstallation gelöscht werden, entscheiden Sie über die Eigenschaften der jeweiligen Knoten bzw. Values.

Nach dem erneuten Generieren des Setup-Programms und der Installation finden sich die vordefinierten Registry-Einträge auch an den gewünschten Stellen wieder:

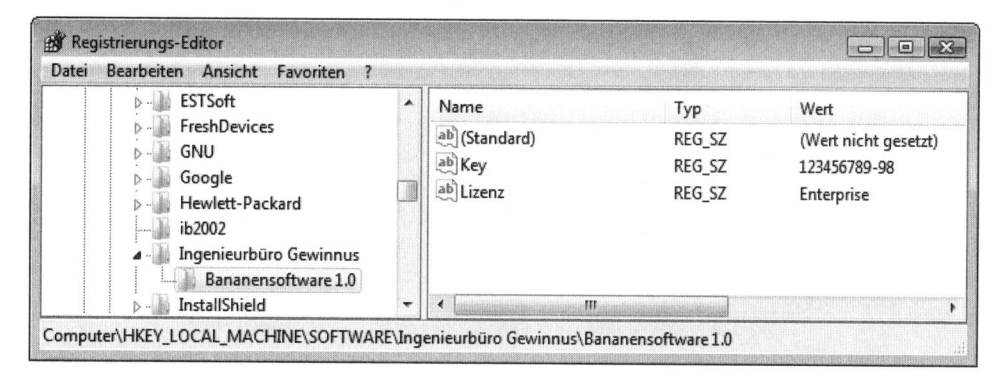

```
Registrierungs-Editor
Datei  Bearbeiten  Ansicht  Favoriten  ?
   ESTSoft              Name          Typ       Wert
   FreshDevices         (Standard)    REG_SZ    (Wert nicht gesetzt)
   GNU                  Key           REG_SZ    123456789-98
   Google               Lizenz        REG_SZ    Enterprise
   Hewlett-Packard
   ib2002
   Ingenieurbüro Gewinnus
      Bananensoftware 1.0
   InstallShield
Computer\HKEY_LOCAL_MACHINE\SOFTWARE\Ingenieurbüro Gewinnus\Bananensoftware 1.0
```

Dateityp-Editor

Haben Sie eigene Dateitypen für Ihre Anwendung definiert (z.B. *.dat*, *.ooo*) und möchten Sie, dass diese Dateitypen mit Ihrer Anwendung verknüpft werden (Doppelklick öffnet die Datei), dann sollten Sie den Dateityp-Editor verwenden. Öffnen Sie diesen und erstellen Sie einen neuen Dateityp (Kontextmenü). Nun können Sie die verschiedenen Aktionen auflisten, die Ihre Anwendung unterstützt (auch Verben genannt):

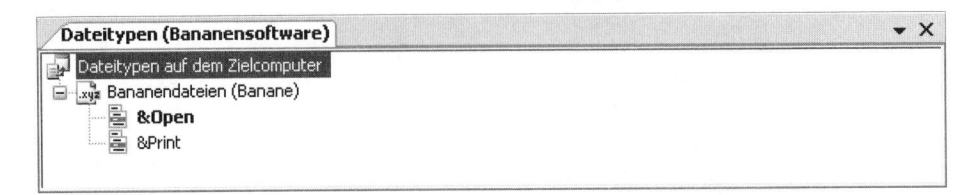

```
Dateitypen (Bananensoftware)
  Dateitypen auf dem Zielcomputer
    .xyz Bananendateien (Banane)
           &Open
           &Print
```

Für unser Beispiel unterstützen wir das Öffnen (*Open*) und das Drucken (*Print*), wobei wir bei *Print* mit Hilfe eines Kommandozeilenschalters (/P) den *Print*-Befehl vom normalen *Open*-Befehl unterscheiden.

BEISPIEL: Eigenschaften der *Print*-Aktion

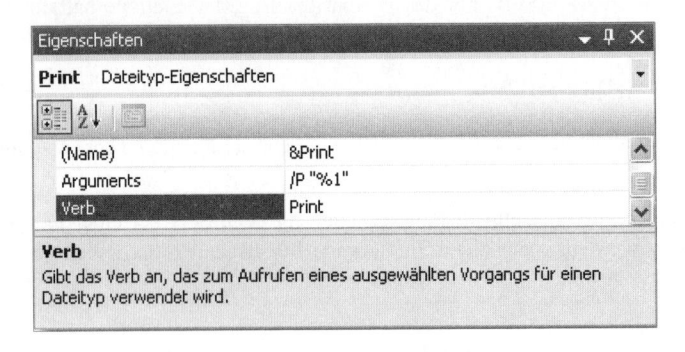

```
Eigenschaften
Print   Dateityp-Eigenschaften
(Name)      &Print
Arguments   /P "%1"
Verb        Print

Verb
Gibt das Verb an, das zum Aufrufen eines ausgewählten Vorgangs für einen
Dateityp verwendet wird.
```

HINWEIS: Beachten Sie, dass der Platzhalter für den Dateinamen in Anführungszeichen zu setzen ist, andernfalls kommt es bei Dateien mit Leerzeichen im Namen bzw. im Pfad zu Problemen, da das Leerzeichen auch als Parameter-Trenner fungiert.

Beim Test genügt es, wenn Sie eine beliebige Datei in *.Banane* umbenennen. Klicken Sie auf die Datei, muss sich die verknüpfte Anwendung öffnen.

Unter *Ordner-Optionen|Dateitypen* können Sie die erzeugten Verknüpfungen überprüfen:

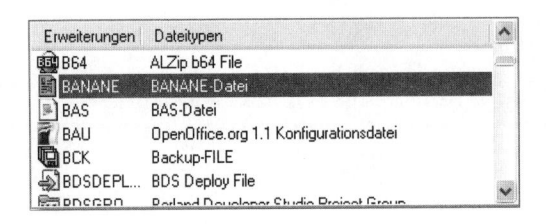

```
Erweiterungen   Dateitypen
B64             ALZip b64 File
BANANE          BANANE-Datei
BAS             BAS-Datei
BAU             OpenOffice.org 1.1 Konfigurationsdatei
BCK             Backup-FILE
BDSDEPL...      BDS Deploy File
```

Benutzeroberflächen-Editor

Mit diesem Editor konfigurieren Sie das optische Erscheinungsbild Ihres Setup-Programms. Hier legen Sie fest, was in den Dialogen angezeigt werden soll.

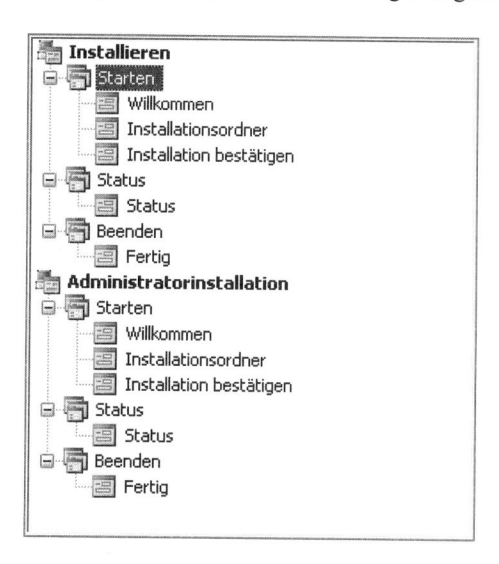

Neben den bereits angezeigten Dialogen können Sie weitere hinzufügen. Wählen Sie dazu den Knoten *Starten* aus und rufen Sie über das Kontextmenü den folgenden Assistenten auf:

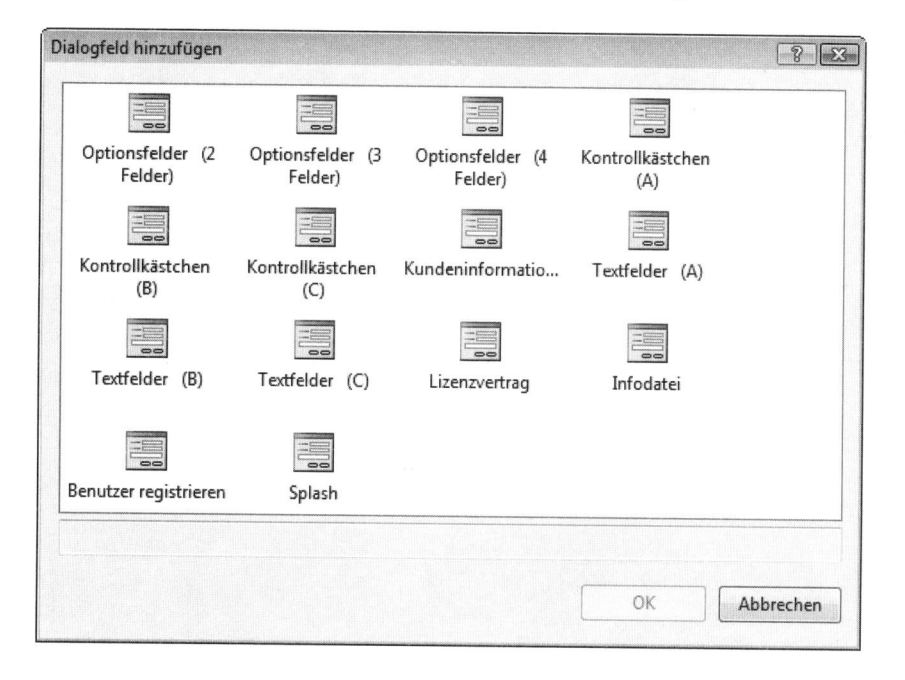

Mehr als die obigen kleinen Icons bekommen Sie von den Dialogen nicht zu sehen[1]. Erst beim Test im Setup-Programm erfahren Sie, dass zum Beispiel das Formular *Textfelder (C)* wie folgt aussieht:

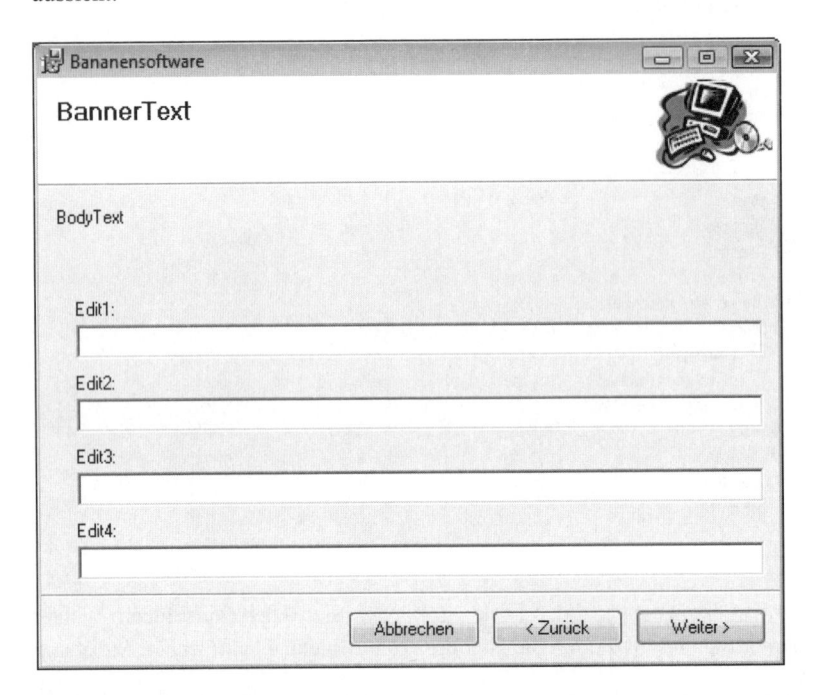

Die Beschriftungen können Sie natürlich über die Eigenschaften an Ihre Bedürfnisse anpassen. Die Anzeigereihenfolge der Dialoge ändern Sie durch einfaches Verschieben im Baum.

Editor für Startbedingungen

So gern Sie auch Ihr Programm auf fremden PCs sehen[2], nicht in jedem Fall entspricht die Konfiguration des Endanwenders Ihren Festlegungen. So kann es sein, dass Sie Ihre Anwendung gezielt für Windows 2000/XP/Vista entwickelt haben und Funktionen nutzen, die in Windows ME garnicht enthalten sind. In diesem Fall sollte schon das Setup jeden Versuch verhindern, die Anwendung zu installieren.

Diese Aufgabenstellung übernimmt der *Editor für Startbedingungen*. Hier legen Sie fest, welche Anwendungen installiert sein müssen, welche Registry-Zweige vorhanden sein müssen etc.

---

[1] Warum die Microsoft-Programmierer, die ja sonst nicht mit optischen Spielereien geizen, an dieser Stelle gespart haben, bleibt wirklich ein Rätsel.

[2] ... vorausgesetzt, es wurde bezahlt ...

BEISPIEL: Voraussetzung für die Installation Ihrer Anwendung soll MDAC ab Version 2.8 sein.

Wählen Sie den *Editor für Startbedingungen* und fügen Sie dem Knoten *Zielcomputer durchsuchen* einen Eintrag *Registrierungssuche* (Kontextmenü) hinzu. Automatisch wird auch eine Bedingung erzeugt, die jedoch noch keinerlei Funktionalität aufweist.

```
Startbedingun...anensoftware)                          ▼ ×
 Anforderungen für den Zielcomputer
 ├─ Zielcomputer durchsuchen
 │    └─ Nach RegistryEntry1 suchen
 └─ Startbedingungen
      ├─ .NET Framework
      └─ Bedingung1
```

HINWEIS: Mit dem Durchsuchen des Zielcomputers nach Dateien, Registry-Einträgen oder Komponenten wird lediglich ein aktueller Status bestimmt, den Sie später mit den Bedingungen auswerten können.

Die Eigenschaften für die Registry-Suche legen wir wie folgt fest:

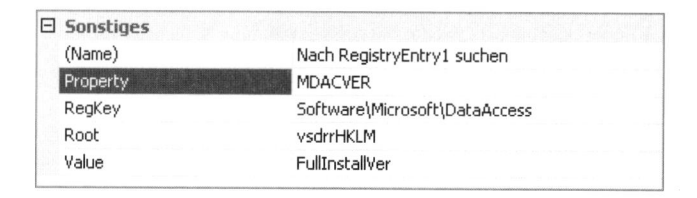

Sonstiges	
(Name)	Nach RegistryEntry1 suchen
Property	MDACVER
RegKey	Software\Microsoft\DataAccess
Root	vsdrrHKLM
Value	FullInstallVer

Der zu durchsuchende Registry-Zweig wird mit *RegKey* festgelegt, der Ausgangsknoten mit *Root* (HKEY_LOCAL_MACHINE), der zu suchende Wert mit *Value*. Das Ergebnis der Suche wird in einer "Variablen" *Property* gespeichert und kann über diesen Namen als Bedingung auch abgerufen werden.

Die Bedingungseigenschaften legen Sie auf die gleiche Weise fest, wählen Sie die Bedingung im Baum aus und übernehmen Sie die folgenden Eigenschaften (wir nehmen 2.9, um einen Fehler auszulösen):

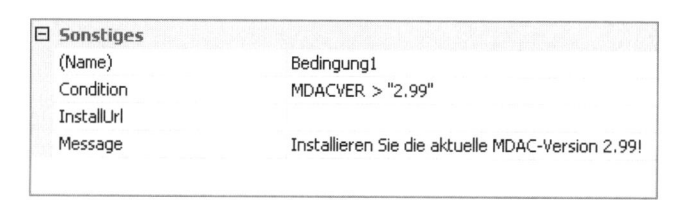

Sonstiges	
(Name)	Bedingung1
Condition	MDACVER > "2.99"
InstallUrl	
Message	Installieren Sie die aktuelle MDAC-Version 2.99!

Die *Message*-Eigenschaft enthält den im Fehlerfall anzuzeigenden Text. *Condition* stellt eine Bedingung für den weiteren Ablauf des Installationsprogramms dar.

Test

Nach dem Aufruf des Menüpunkts *Erstellen|Setup erstellen* finden Sie die schon beschriebenen zwei Dateien im *Release*-Verzeichnis vor.

Nach dem Aufruf von *Setup.exe* und einer eventuellen Installation des Frameworks finden Sie sich dann in Ihrem selbst erstellten Installationsprogramm (**.msi*) wieder:

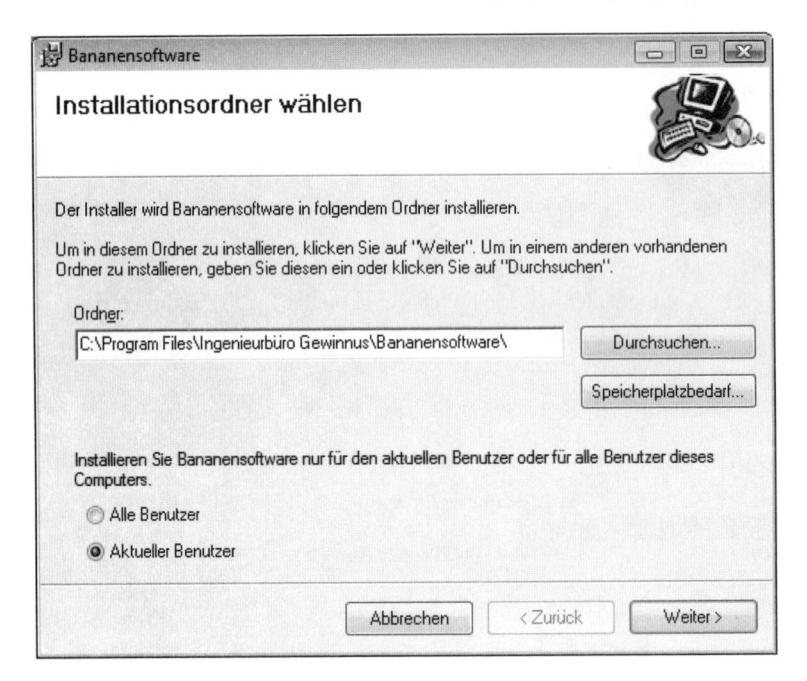

R15.25 Eine farbige Konsolenanwendung realisieren

"Totgesagte leben länger!" und so überrascht (seit .NET 2.0) die *Console*-Klasse mit einer Vielzahl farbiger Features. Das vorliegende Rezept soll dazu einen ersten Eindruck vermitteln.

Öffnen Sie ein neues Projekt vom Typ "Konsolenanwendung".

Quellcode

```
Module Module1
```

Die folgende Methode zeichnet einen "Truck" in der Farbe *cc* am linken Rand der Zeile *y*:

```
    Private Sub drawTruck(ByVal cc As ConsoleColor, ByVal y As Integer)
```

Karosserie zeichnen:

```
        Console.BackgroundColor = cc
        Console.CursorTop = y
```

R15.25 Eine farbige Konsolenanwendung realisieren

```vb
        Console.CursorLeft = 5
        Console.Write(" ")
        Console.CursorLeft = 6
        Console.Write(" ")
        Console.CursorTop = y + 1
        For i As Integer = 1 To 8
            Console.CursorLeft = i
            Console.Write(" ")
        Next
```

Räder zeichnen:

```vb
        Console.BackgroundColor = ConsoleColor.Black
        Console.ForegroundColor = cc
        Console.CursorTop = y + 2
        Console.CursorLeft = 2
        Console.Write("O")
        Console.CursorLeft = 7
        Console.Write("O")
```

Der Einsprung in das Programm:

```vb
    Sub Main()
        Const xm As Integer = 80        ' Fensterbreite
        Const ym As Integer = 40        '       "      höhe
        Const ypos As Integer = 5       ' Zeile, in welcher der Truck fährt
        Dim msg As String = "Drücken Sie eine beliebige Taste, um {0}"
        Console.Title = "Konsolen-Truck"
        Console.SetWindowSize(xm, ym)
        Console.WriteLine("Willkommen zur Truck-Demo!")
        Console.Write("Welche Farbe soll der Truck haben? (rot=1, blau=2, grün=3) ")
        Dim farbe As String = Console.ReadLine()
        Console.CursorVisible = False
        Select Case farbe
            Case "1" : drawTruck(ConsoleColor.Red, ypos)
            Case "2" : drawTruck(ConsoleColor.Blue, ypos)
            Case "3" : drawTruck(ConsoleColor.Green, ypos)
            Case Else : drawTruck(ConsoleColor.White, ypos)
        End Select
        Console.SetCursorPosition(0, ypos + 4)
        Console.ResetColor()
        Console.WriteLine(msg, "den Truck zu starten!")
```

```vbnet
            Console.ReadKey()
            Console.Beep()
```
Unser Truck "fährt" jetzt von links nach rechts:
```vbnet
        For i As Integer = 0 To xm - 10
            Console.MoveBufferArea(i, ypos, 9, 3, i + 1, ypos)
            System.Threading.Thread.Sleep(50)
        Next
        Console.Clear()
        Console.Beep()
        Console.SetCursorPosition(0, 0)
        Console.ResetColor()
        Console.WriteLine(msg, "die Truck-Demo zu beenden!")
        Console.ReadKey()
    End Sub

End Module
```

Test

Schade, dass die folgende Abbildung nicht farbig ist:

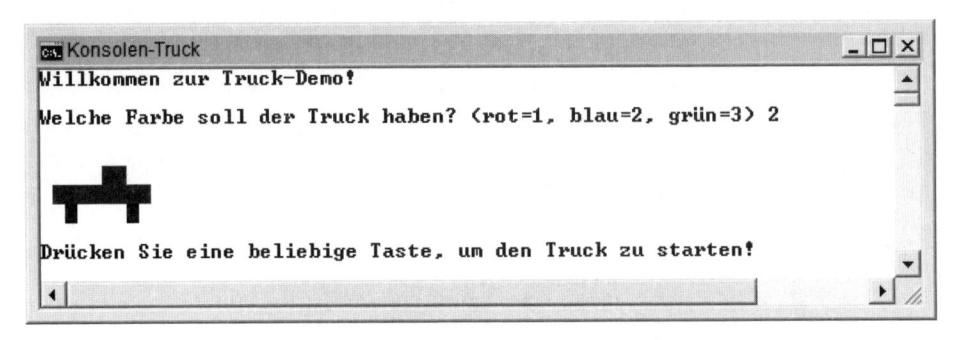

```
Konsolen-Truck                                        _ □ ×
Willkommen zur Truck-Demo!
Welche Farbe soll der Truck haben? (rot=1, blau=2, grün=3) 2


    ┳
   ━━━


Drücken Sie eine beliebige Taste, um den Truck zu starten!
```

Kapitel 16

Komplexbeispiele

In diesem Kapitel stellen wir Ihnen einige praxistaugliche Anwendungen vor, die Ihnen auch Quelle für eigene Inspirationen sein sollen:

- Kleine Textverarbeitung (MDI-Fenster, Menüleisten, *RichTextBox*-Contrrol, Drucken)
- Buchungssystem mit Random Access Datei (Dateizugriff, Streams, statische Klassen)
- FTP-Client (Up- und Download mit *FtpWebReques/ FtpWebResponse*)
- Lösungsprogramm für lineare Gleichungssysteme nach dem Gauss-Algorithmus (Komponentenentwicklung, dynamische Arrays, Indexer)
- Rechner für komplexe Zahlen (OOP, Operatorenüberladung)
- Formel-Rechner mit dem CodeDOM (Codeprovider, Assemblies, Reflection)
- Messwerterfassung über die serielle Schnittstelle (*SerialPort*-Control, Thread-Problematik)

Die beschriebenen Anwendungen dienen nicht dem Selbstzweck, sondern sind "Trojanische Pferde", in denen anspruchsvollere .NET-Programmiertechniken unterhaltsam vermittelt werden sollen.

R16.1 Kleines Textverarbeitungsprogramm

Diese Anwendung kann zwar kein ausgewachsenes Textverarbeitungsprogramm ersetzen, zeigt aber an einem durchgängigen Beispiel den Umgang mit MDI-Fenstern, zusammengesetzten Menüs, der *RichTextBox* sowie Datei- und Fontdialogen. Im zweiten Teil wird eine Druckausgabe hinzugefügt.

MDI-Rahmenfenster

Unsere Applikation besteht aus zwei Formularen, dem MDI-Rahmenfenster und einem Kindfenster. Zunächst haben wir es nur mit dem Startformular *Form1* zu tun, denn das Kindfenster wird erst zur Laufzeit hinzugefügt und kann sich beliebig oft vermehren.

Die *IsMDIContainer*-Eigenschaft von *Form1* setzen wir auf *True*. Sie werden feststellen, dass sich die Hintergrundfarbe des Formulars ein wenig verdunkelt. Ändern Sie jetzt noch die *Name*-Eigenschaft in *MDIForm*.

Ziehen Sie aus der Toolbox eine *MenuStrip*-Komponente auf das Formular und erstellen Sie im Menü-Editor die in der folgenden Abbildung bzw. Tabelle gezeigten Einträge:

&Datei	&Fenster	&Hilfe
& Neu	& Nebeneinander	&Info
&Schließen	&Hintereinander	
-		
& Beenden		

HINWEIS: Der Shortcut entsteht durch Voranstellen eines "&"-Zeichens.

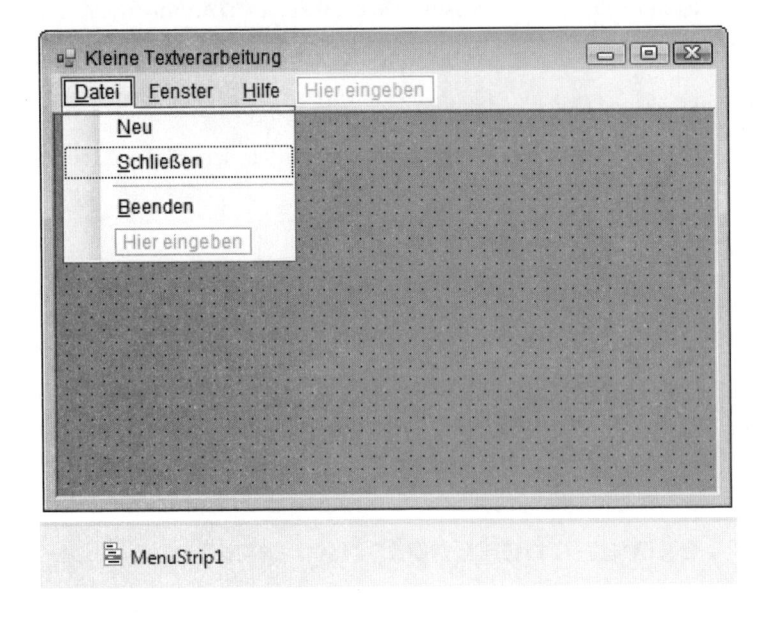

MDI-Kindfenster

Obwohl wir in unserer Applikation mit mehreren Dokumenten bzw. MDI-Kindfenstern gleichzeitig arbeiten wollen, genügt es, wenn wir einen einzigen "Prototyp" entwerfen. Fügen Sie über *Projekt|Windows Form hinzufügen...* ein weiteres Formular (*Form2*) hinzu, dessen Namen Sie in *MDIChild* ändern. Dort findet eine *RichTextBox*-Komponente ihren Platz, die nach Setzen ihrer *Dock*-Eigenschaft auf *Fill* das Fenster vollkommen ausfüllt.

HINWEIS: Die *RichTextBox* ähnelt der *TextBox*, ist aber weitaus leistungsfähiger, da sie fast die Funktionalität eines kleinen Textverarbeitungsprogramms kapselt.

Schließlich fügen Sie noch eine *MenuStrip*-, eine *ContextMenuStrip*-, eine *OpenFileDialog*-, eine *SaveFileDialog*- und eine *FontDialog*- Komponente hinzu:

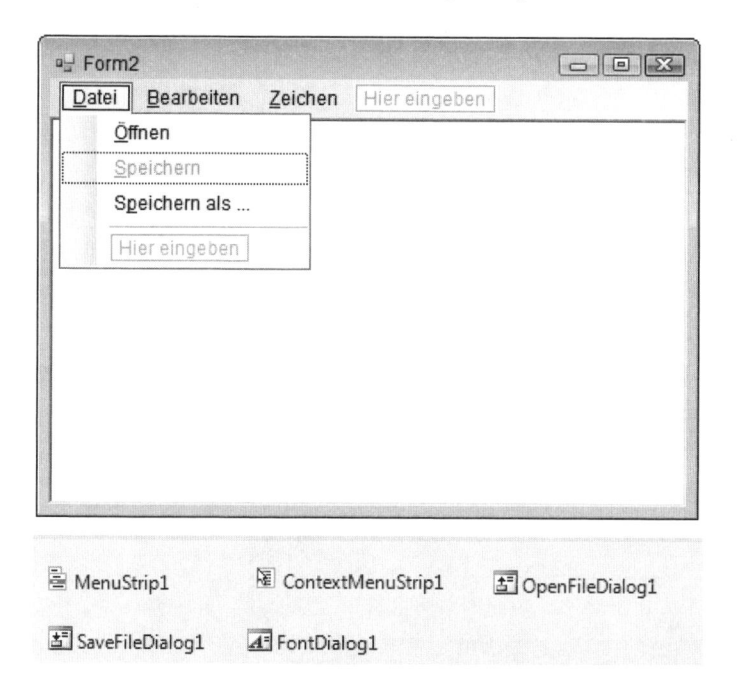

Der Menüentwurf für diese *MainMenu*-Komponente gestaltet sich etwas aufwändiger als der für das MDI-Rahmenfenster:

&Datei	&Bearbeiten	&Zeichen
&Öffnen	&Ausschneiden	&Links
&Speichern	&Kopieren	&Rechts
S&peichern als ...	&Einfügen	Z&entriert
-	&Löschen	-
	-	&Font ...
	A&lles auswählen	

HINWEIS: Die *Enabled*-Eigenschaft des Eintrags *Speichern* sollten Sie zunächst auf *False* setzen, damit der Anwender gezwungen wird, der Datei zuerst einen Namen zuzuweisen (*Speichern als...*).

Menüs zusammenführen

Wenn Sie möchten, dass sowohl Haupt- als auch Kindfenster ihre Menüs nicht vermischen, sondern getrennt anzeigen, so setzen Sie einfach die *AllowMerge*-Eigenschaft der *MenuStrip*-Komponente des *MDIChild*-Formulars auf *False*.

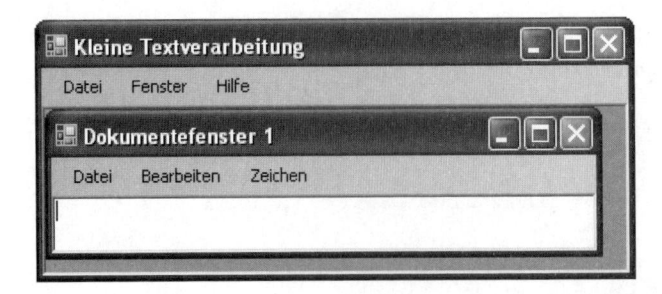

Standardmäßig hat aber die *AllowMerge*-Eigenschaft einer *MenuStrip*-Komponente den Wert *True* und da außerdem die *MergeType*-Eigenschaft aller Menüelemente die Standardeinstellung *Append* hat, wird zur Laufzeit die Menüleiste des Kindfensters an die des Hauptfensters angehängt:

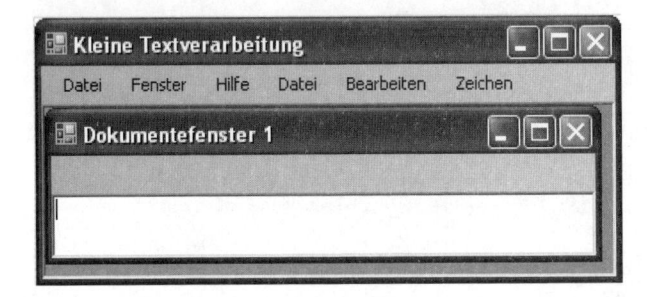

Die obige Anordnung kann uns aber keineswegs befriedigen, denn das *Datei*-Menü ist doppelt vorhanden und auch die Reihenfolge entspricht nicht dem Windows-Standard (*Fenster*- und *Hilfe*-Menü erscheinen nicht am Ende der Leiste).

Wünschenswert wäre aber eine Menügestaltung gemäß folgender Abbildung:

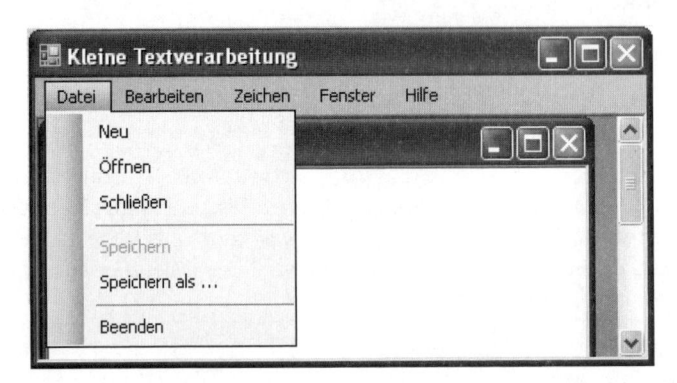

Wie Sie sehen, haben sich die Datei-Menüs von Haupt- und Kindfenster sinnvoll miteinander vermischt und auch die Anordnung der übrigen Menüelemente entspricht jetzt dem Windows-Standard. Um aber obiges Ergebnis zu erreichen, müssen Sie die *MergeAction*- und *Merge-*

Index-Eigenschaften der *MenuStrip*-Komponente des *MDIChild*-Formulars gemäß der folgenden Tabelle zuweisen:

Menüeintrag im Kindfenster	MergeAction	MergeIndex
Datei	*MatchOnly*	-1
Öffnen	*Insert*	1
Speichern	*Insert*	4
Speichern als ...	*Insert*	5
-	*Insert*	6
Bearbeiten	*Insert*	1
Zeichen	*Insert*	2

Das Setzen der *MergeAction*-Eigenschaft auf den Wert *MatchOnly* erzwingt ein Vermischen mit dem gleichnamigen Dateimenü des Hauptformulars, allerdings müssen dazu beide *Text*-Eigenschaften "*&Datei*" exakt übereinstimmen!

Die *MergeIndex*-Eigenschaft im Zusammenhang mit *MergeAction* = *Insert* bestimmt die Position, an welcher die Untereinträge des Kindmenüs in das Dateimenü des Hauptfensters eingefügt werden (das erste Element hat den Index 0). Zur Laufzeit erscheinen im gemeinsamen *Datei*-Menü die Menüeinträge dann in der Reihenfolge, wie es die folgende Tabelle zeigt:

Gemischtes Datei-Menü	MergeIndex	Position
Neu	-1	0
Öffnen	1	1
Schließen	-1	2
-	-1	3
Speichern	4	4
Speichern als ...	5	5
-	6	6
Beenden	-1	7

HINWEIS: Die Eigenschaften *MergeType* und *MergeIndex* der Hauptmenüelemente können beim Vermischen auf ihren Standardwerten (*Append* = Anhängen und -1 = ungesetzt) verbleiben

Da in unserem Beispiel die Kindfenster keine eigenen Menüs mehr haben, kann man auch auf die leere Menüleiste verzichten, indem man einfach die *Visible*-Eigenschaft der *MenuStrip*-Komponente auf *False* setzt.

Weitere Behandlungsmöglichkeiten für gleichnamige Haupt- und Kindfenstermenüelemente ergeben sich durch die *MergeType*-Eigenschaften *Replace* und *Remove*:

- *Replace* für ein Kindfenstermenüelement bedeutet, dass dieses im Hauptfenster erscheint und dort ein gleichnamiges Menüelement komplett ersetzt.

- *Remove* für ein Kindfenstermenüelement bedeutet, dass das gleichnamige Menüelement des Hauptfensters gelöscht wird.

Durch eigene Experimente mit dem Datei-Menü können Sie selbst Licht in diese scheinbar ziemlich verwirrenden Zusammenhänge bringen.

PopUp-Menü hinzufügen

Zwecks Definition des Kontextmenüs (Popup-Menü) doppelklicken Sie auf die *ContextMenuStrip*-Komponente und erstellen im Menüeditor die folgenden Einträge:

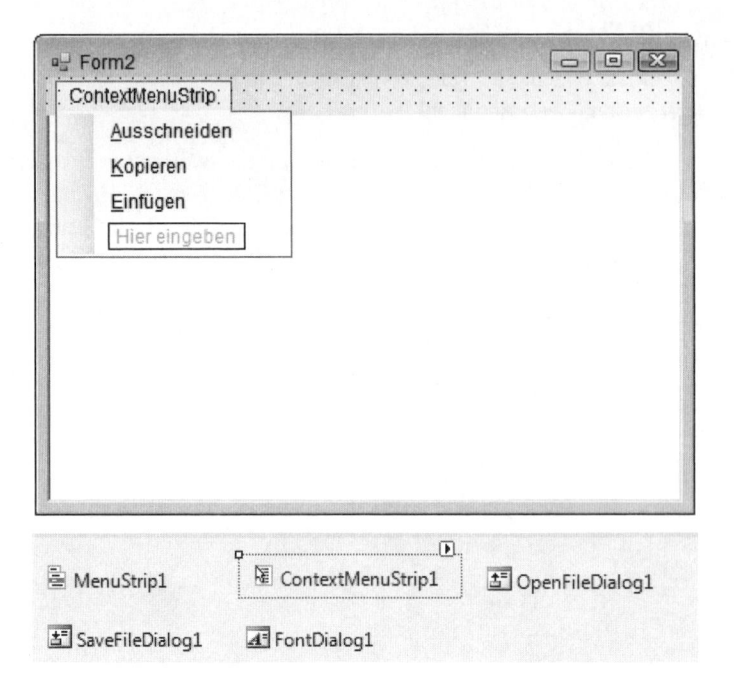

HINWEIS: Der Menüeditor des Popup-Menüs erscheint zur Entwurfszeit hilfsweise so wie für eine *MenuStrip*-Komponente mit dem Namen *ContextMenStrip* (siehe obige Abbildung).

Verbinden Sie nun die *ContextMenuStrip*-Eigenschaft von *RichTextBox1* mit *ContextMenuStrip1*.

Quellcode für MDI-Hauptfenster

```
Public Class MDIForm

    Private childCount As Integer = 0       ' Zähler für Kindfenster
```

Durch Aufruf der *newChild()*-Methode (siehe unten) im Konstruktor sorgen wir dafür, dass gleich zu Programmstart ein leeres Kindfenster zur Verfügung steht:

```
Public Sub New()

    ' Dieser Aufruf ist für den Windows Form-Designer erforderlich.
    InitializeComponent()
    ' Fügen Sie Initialisierungen nach dem InitializeComponent()-Aufruf hinzu.

    newChild()                              ' neues Kindfenster anzeigen
End Sub
```

Datei-Menü

Die *newChild()*-Methode erzeugt eine Instanz des *MDIChild*-Formulars und setzt die *MDI-Parent*-Eigenschaft auf das Hauptformular. Die beiden letzten Anweisungen sorgen dafür, dass die Titelleiste des Kindfensters eine ordentliche Beschriftung mit der laufenden Nummer erhält:

```
Private Sub newChild()
    Dim cf As New MDIChild()
    cf.MdiParent = Me
    cf.Show()                   ' Kindfenster anzeigen
    childCount += 1             ' lfd. Nummer erhöhen
    cf.Text = "Dokumentefenster " & childCount.ToString
End Sub
```

> **HINWEIS:** Auf die *MDIParent*-Eigenschaft können Sie nur zur Laufzeit – also nicht über das Eigenschaftenfenster – zugreifen!

Falls Sie auf das Zuweisen von *MDIParent* verzichten, wird das Kindfenster als normales Formular außerhalb des Hauptfensters angezeigt.

Der weitere Code ist im Handumdrehen erstellt und beschränkt sich auf die Definition von drei Eventhandlern.

> **HINWEIS:** Um den Rahmencode der Eventhandler automatisch erzeugen zu lassen, klicken Sie im Entwurfsmodus auf den entsprechenden Menüeintrag!

Datei|Neu:

```
Private Sub NeuToolStripMenuItem_Click(ByVal sender As System.Object, _
            ByVal e As System.EventArgs) Handles NeuToolStripMenuItem.Click
    newChild()
End Sub
```

Datei|Schließen:

Mittels *ActiveChild*-Eigenschaft ist es generell möglich, vom Hauptformular aus auf das gerade aktive Kindfenster zuzugreifen.

```
Private Sub SchließenToolStripMenuItem_Click(ByVal sender As System.Object, _
            ByVal e As System.EventArgs) Handles SchließenToolStripMenuItem.Click
    Dim af As Form = Me.ActiveMdiChild
    If af IsNot Nothing Then af.Close()
End Sub
```

Datei|Beenden:

```
Private Sub BeendenToolStripMenuItem_Click(ByVal sender As System.Object, _
            ByVal e As System.EventArgs) Handles BeendenToolStripMenuItem.Click
    Me.Close()
End Sub
```

Fenster-Menü

Zwecks ordentlicher Ausrichtung der Kindfenster wird die *LayoutMdi*-Methode des Hauptfensters aufgerufen:

Fenster|Nebeneinander:

```
Private Sub NebeneiToolStripMenuItem_Click(ByVal sender As System.Object, _
            ByVal e As System.EventArgs) Handles NebeneiToolStripMenuItem.Click
    Me.LayoutMdi(MdiLayout.TileHorizontal)
End Sub
```

Fenster|Hintereinander:

```
Private Sub HintereinanderToolStripMenuItem_Click(ByVal sender As System.Object, _
            ByVal e As System.EventArgs) Handles HintereinanderToolStripMenuItem.Click
    Me.LayoutMdi(MdiLayout.Cascade)
End Sub
```

Hilfe|Info:

```
Private Sub InfoToolStripMenuItem_Click(ByVal sender As System.Object, _
            ByVal e As System.EventArgs) Handles InfoToolStripMenuItem.Click
    Dim inf As New InfoForm()
```

R16.1 Kleines Textverarbeitungsprogramm

```
        inf.ShowDialog()
    End Sub
End Class
```

Hilfe-Menü

Wie in fast jedem "richtigen" Programm üblich, zeigt auch hier das *Hilfe*-Menü zumindest einen *Info*-Dialog an. Erzeugen Sie also über *Projekt|Windows Form hinzufügen* ... ein weiteres Formular (*InfoForm*) und stellen Sie folgende Eigenschaften ein: *FormBorderStyle = FixedDialog*; *ControlBox = False*; *Text = Info*.

Ein Bildchen für die *PictureBox* wird zweckmäßigerweise vorher als Ressource in die Assembly eingebettet. Kopieren Sie dazu die Bilddatei (*Bild1.bmp*) in das Projektverzeichnis, fügen Sie die Datei zum Projekt hinzu (*Projekt|Vorhandenes Element hinzufügen* ...) und setzen Sie die *Buildvorgang*-Eigenschaft auf "Eingebettete Ressource".

```
Public Class InfoForm
```

Der Zugriff auf die eingebettete Bildressource kann im Konstruktor erfolgen:

```
    Public Sub New()

        ' Dieser Aufruf ist für den Windows Form-Designer erforderlich.
        InitializeComponent()
        ' Fügen Sie Initialisierungen nach dem InitializeComponent()-Aufruf hinzu.

        PictureBox1.Image = New Bitmap(Me.GetType(), "BeimChef.bmp")    ' Ressource laden
    End Sub
    ...
```

Die "OK"-Schaltfläche:

```
    Private Sub Button1_Click(ByVal sender As System.Object, ByVal e As System.EventArgs) _
                                                                        Handles Button1.Click
```

```
        Me.Close()
    End Sub
End Class
```

Quellcode für MDI-Kindfenster

```
Public Class MDIChild

    Private pfad As String                      ' aktueller Dateipfad
```

Datei-Menü

Zum Öffnen und Speichern einer Datei kommen die *LoadFile*- und die *SaveFile*-Methoden der *RichTextBox* in Zusammenarbeit mit den *OpenFileDialog*- und *SaveFileDialog*-Komponenten zum Einsatz:

Datei|Öffnen:

```
    Private Sub ÖffnenToolStripMenuItem_Click(ByVal sender As System.Object, _
                    ByVal e As System.EventArgs) Handles ÖffnenToolStripMenuItem.Click
        OpenFileDialog1.Filter = "RTF Dateien|*.rtf"
        OpenFileDialog1.DefaultExt = "*.rtf"
```

Die folgende Anweisung sorgt dafür, dass der initiale Pfad des Dateidialogs zwei Verzeichnisebenen oberhalb des Anwendungspfads liegt. Sie können diese Anweisung variieren oder auch ganz weglassen:

```
        OpenFileDialog1.InitialDirectory = "..\..\"
```

Der Dialog wird modal geöffnet:

```
        Dim bClick As DialogResult = OpenFileDialog1.ShowDialog()
        If bClick = Windows.Forms.DialogResult.OK Then
            pfad = OpenFileDialog1.FileName
            RichTextBox1.LoadFile(pfad, RichTextBoxStreamType.RichText)
            SpeichernToolStripMenuItem.Enabled = True    ' Speichern freischalten
            Me.Text = pfad                               ' Dateiname in Titelleiste anzeigen
        End If
    End Sub
```

Datei| Speichern:

```
    Private Sub SpeichernToolStripMenuItem_Click(ByVal sender As System.Object, _
                    ByVal e As System.EventArgs) Handles SpeichernToolStripMenuItem.Click
        RichTextBox1.SaveFile(pfad)
    End Sub
```

Datei\Speichern als...:

```
Private Sub SpeichernAlsToolStripMenuItem_Click(ByVal sender As System.Object, _
            ByVal e As System.EventArgs) Handles SpeichernAlsToolStripMenuItem.Click
    SaveFileDialog1.Filter = "RTF Dateien|*.rtf"
    SaveFileDialog1.DefaultExt = "*.rtf"
    Dim bClick As DialogResult = SaveFileDialog1.ShowDialog()
    If bClick = Windows.Forms.DialogResult.OK Then
        pfad = SaveFileDialog1.FileName
        RichTextBox1.SaveFile(pfad)
        SpeichernToolStripMenuItem.Enabled = True       ' Speichern freischalten
    End If
End Sub
```

Bearbeiten-Menü

Der Zugriff auf dieZwischenablage ist – dank *Cut*-, *Copy*-, *Paste*-Methoden der *RichTextBox* – ein Kinderspiel.

Bearbeiten\Ausschneiden:

```
Private Sub AusschneidenToolStripMenuItem_Click(ByVal sender As System.Object, _
            ByVal e As System.EventArgs) Handles AusschneidenToolStripMenuItem.Click
    RichTextBox1.Cut()
End Sub
```

Bearbeiten\Kopieren:

```
Private Sub KopierenToolStripMenuItem_Click(ByVal sender As System.Object, _
            ByVal e As System.EventArgs) Handles KopierenToolStripMenuItem.Click
    RichTextBox1.Copy()
End Sub
```

Bearbeiten\Einfügen:

```
Private Sub EinfügenToolStripMenuItem_Click(ByVal sender As System.Object, _
            ByVal e As System.EventArgs) Handles EinfügenToolStripMenuItem.Click
    RichTextBox1.Paste()
End Sub
```

Bearbeiten\Löschen:

```
Private Sub LöschenToolStripMenuItem_Click(ByVal sender As System.Object, _
            ByVal e As System.EventArgs) Handles LöschenToolStripMenuItem.Click
    RichTextBox1.Clear()
End Sub
```

Bearbeiten\Alles auswählen:

```
Private Sub AllesAuswählenToolStripMenuItem_Click(ByVal sender As System.Object, _
            ByVal e As System.EventArgs) Handles AllesAuswählenToolStripMenuItem.Click
    RichTextBox1.SelectAll()
End Sub
```

Zeichen-Menü

Für die Ausrichtung des Textes steht die *SelectionAlignment*-Eigenschaft zur Verfügung:

Zeichen\Links:

```
Private Sub LinksToolStripMenuItem_Click(ByVal sender As System.Object, _
            ByVal e As System.EventArgs) Handles LinksToolStripMenuItem.Click
    RichTextBox1.SelectionAlignment = HorizontalAlignment.Left
End Sub
```

Zeichen\Rechts:

```
Private Sub RechtsToolStripMenuItem_Click(ByVal sender As System.Object, _
            ByVal e As System.EventArgs) Handles RechtsToolStripMenuItem.Click
    RichTextBox1.SelectionAlignment = HorizontalAlignment.Right
End Sub
```

Zeichen\Zentriert:

```
Private Sub ZentriertToolStripMenuItem_Click(ByVal sender As System.Object, _
            ByVal e As System.EventArgs) Handles ZentriertToolStripMenuItem.Click
    RichTextBox1.SelectionAlignment = HorizontalAlignment.Center
End Sub
```

Zeichen\Font: Auch die Schriftarteinstellungen sind, dank der Komplexität des *FontDialog*s, kein unüberwindliches Hindernis:

```
Private Sub FontToolStripMenuItem_Click(ByVal sender As System.Object, _
            ByVal e As System.EventArgs) Handles FontToolStripMenuItem.Click
    If FontDialog1.ShowDialog() = Windows.Forms.DialogResult.OK Then _
        RichTextBox1.SelectionFont = FontDialog1.Font
End Sub
```

PopUp-Menü programmieren

Einige Funktionen des *Bearbeiten*-Menüs sollten auch über das PopUp-Menü ausführbar sein:

Bearbeiten\Ausschneiden:

```
Private Sub AusschneidenToolStripMenuItem1_Click(ByVal sender As System.Object, _
            ByVal e As System.EventArgs) Handles AusschneidenToolStripMenuItem1.Click
```

```
        RichTextBox1.Cut()
    End Sub
```

Bearbeiten|Kopieren:

```
    Private Sub KopierenToolStripMenuItem1_Click(ByVal sender As System.Object, _
                ByVal e As System.EventArgs) Handles KopierenToolStripMenuItem1.Click
        RichTextBox1.Copy()
    End Sub
```

Bearbeiten|Einfügen:

```
    Private Sub EinfügenToolStripMenuItem1_Click(ByVal sender As System.Object, _
                ByVal e As System.EventArgs) Handles EinfügenToolStripMenuItem1.Click
        RichTextBox1.Paste()
    End Sub
End Class
```

Programmtest

Es hieße wohl Eulen nach Athen zu tragen, wollten wir Sie hier über den Umgang mit einer Windows-typischen MDI-Applikation belehren. Probieren Sie einfach alle Möglichkeiten aus und scheuen Sie sich nicht, auch am Quelltext etwas herumzudoktern:

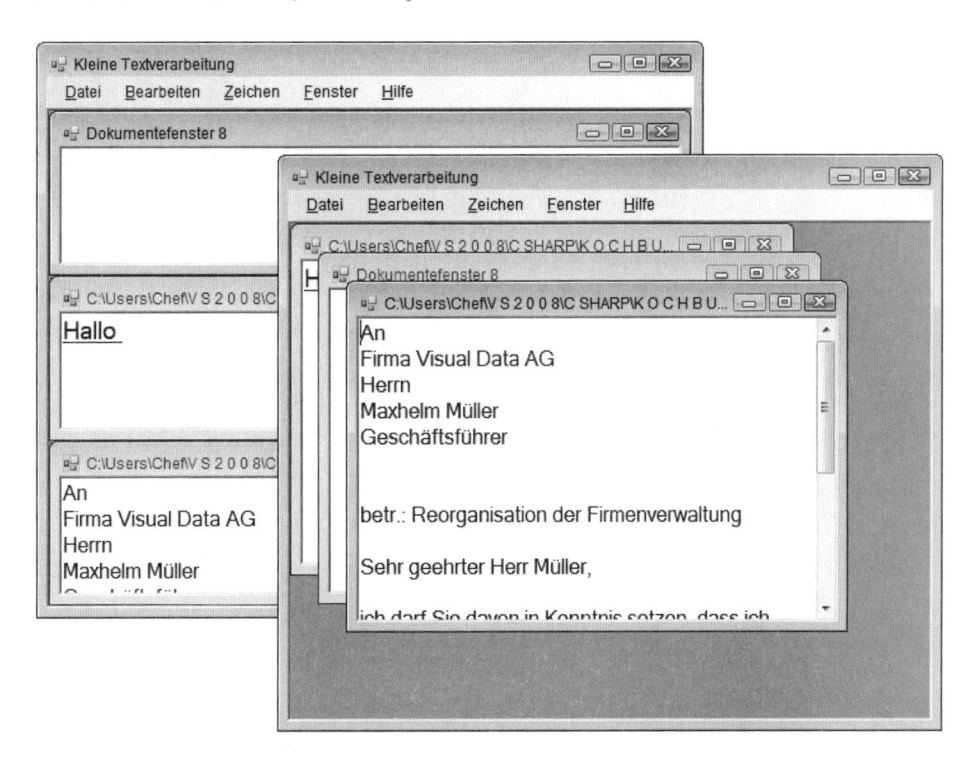

Dokumente drucken

Leider verfügt die *RichTextBox* über keinerlei Methoden, die ein direktes Ausdrucken des Inhalts ermöglichen. Nach wie vor ist also Handarbeit angesagt.

Ergänzungen der Oberfläche der Kindfenster

Fügen Sie zum *Datei*-Menü der *MDIChild*-Form die Einträge *Druckvorschau*, *Drucken* sowie einen *Separator* hinzu und setzen Sie deren *MergeAction*-Eigenschaft auf *Insert* und den *MergeIndex* auf die Werte 7, 8 bzw. 9.

Weiterhin werden eine *PrintDocument*-, eine *PrintDialog*- und eine *PrintPreviewDialog*-Komponente benötigt. Verbinden Sie *PrintDialog1* und *PrintPreviewDialog1* über ihre *Document*-Eigenschaft mit *PrintDocument1*.

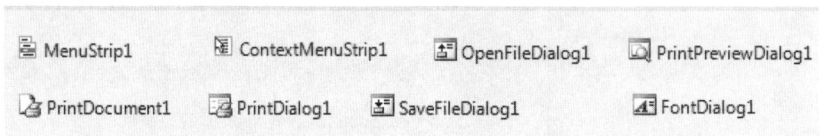

HINWEIS: Setzen Sie die *AllowSomePages*-Eigenschaft von *PrintDialog1* auf *True*, damit Sie bei mehrseitigen Dokumenten nicht alles ausdrucken müssen, sondern einen bestimmten Bereich angeben können (*Seite von ... bis ...*).

Ergänzungen zum Quellcode der ChildForm

Eine globale Variable speichert die aktuelle Seitennummer:

```
Private pNr As Integer
...
```

Datei|Druckvorschau:

```
Private Sub DruckvorschauToolStripMenuItem_Click(ByVal sender As System.Object, _
            ByVal e As System.EventArgs) Handles DruckvorschauToolStripMenuItem.Click
    PrintPreviewDialog1.ShowDialog()
End Sub
```

Datei|Drucken:

```
Private Sub DruckenToolStripMenuItem_Click(ByVal sender As System.Object, _
            ByVal e As System.EventArgs) Handles DruckenToolStripMenuItem.Click
    If PrintDialog1.ShowDialog() = Windows.Forms.DialogResult.OK Then
        Try
            PrintDocument1.Print()
        Catch
            MessageBox.Show("Fehler beim Drucken", "Fehler")
        End Try
    End If
End Sub
```

Zu Beginn des Druckvorgangs wird das *BeginPrint*-Event der *PrintDocument*-Komponente ausgewertet. Hier fällt die Entscheidung, ob alle Seiten gedruckt werden sollen oder nur ein bestimmter Seitenbereich:

```
Private Sub PrintDocument1_BeginPrint(ByVal sender As System.Object, _
        ByVal e As System.Drawing.Printing.PrintEventArgs) Handles PrintDocument1.BeginPrint
    If PrintDocument1.PrinterSettings.PrintRange = _
                        System.Drawing.Printing.PrintRange.SomePages Then
        pNr = PrintDocument1.PrinterSettings.FromPage
    Else
        pNr = 1
    End If
End Sub
```

Der eigentliche Druck findet grundsätzlich im *PrintPage*-Eventhandler statt:

```
Private Sub PrintDocument1_PrintPage(ByVal sender As System.Object, _
    ByVal e As System.Drawing.Printing.PrintPageEventArgs) Handles PrintDocument1.PrintPage
    Dim g As Graphics = e.Graphics
    Dim printRec As Rectangle = e.MarginBounds
    Dim fnt As Font = RichTextBox1.Font
```

Zeilenzahl pro Seite ermitteln:

```
    Dim sf As SizeF = g.MeasureString("W", fnt)
    Dim lMax As Integer = Convert.ToInt32(printRec.Height / sf.Height)
```

Aufruf der nutzerdefinierten *printPage()*-Methode (siehe unterhalb), um alle Seiten zu drucken:

```
      e.HasMorePages = printPage(g, printRec, RichTextBox1.Lines, fnt, lMax, pNr)
      If e.HasMorePages Then
         pNr += 1
```

Die Seiten im Bereich (entsprechend der Einstellungen im *PrinterDialog*) werden gedruckt:

```
      If e.PageSettings.PrinterSettings.PrintRange = _
                           System.Drawing.Printing.PrintRange.SomePages Then
         If pNr > e.PageSettings.PrinterSettings.ToPage Then e.HasMorePages = False
      End If
   End If
End Sub
```

Die folgende "selbstgebastelte" *printPage()*-Methode druckt eine einzelne Seite. Übergabeparameter sind ein *Graphics*-Objekt (*g*), der Druckbereich als *Rectangle*-Struktur (*printRec*), ein String-Array mit dem zu druckenden Text (*txtLines*), der Zeichenfont (*fnt*), die maximal zulässige Zeilenzahl pro Seite (*lMax*) und die aktuelle Seitennummer (*pNr*).

```
Private Function printPage(ByVal g As Graphics, ByVal printRec As Rectangle, _
         ByVal txtLines() As String, ByVal fnt As Font, ByVal lMax As Integer, _
                           ByVal pNr As Integer) As Boolean
```

Druckposition auf linke obere Ecke setzen:

```
      Dim x As Single = printRec.X
      Dim y As Single = printRec.Y
```

Zeilenhöhe ermitteln:

```
      Dim lineH As Single = g.MeasureString("X", fnt).Height
```

Seitennummer drucken:

```
      g.DrawString("Seite " & pNr.ToString, fnt, Brushes.Black, x + printRec.Width - 100, y)
      y += 2 * lineH
```

Das Layoutformat festlegen (die *NoWrap*-Option deaktiviert den Textumbruch während des Formatierens):

```
      Dim sf As New StringFormat(StringFormatFlags.NoWrap)
```

Alle Zeilen durchlaufen:

```
      For i As Integer = lMax * (pNr - 1) To (lMax * pNr) - 1
         Dim rectF As New RectangleF(x, y, printRec.Width, lineH)
         If i < txtLines.Length Then
```

Zeile drucken:

```
            g.DrawString(RichTextBox1.Lines(i), fnt, Brushes.Black, rectF, sf)
            y += lineH
        End If
    Next
```

Der Rückgabewert der Funktion ist *False*, sobald die letzte Zeile der Seite gedruckt ist:

```
    If i >= txtLines.Length - 1 Then
        Return False
    Else
        Return True
    End If
End Function

End Class
```

Test

Laden Sie ein Dokument und überzeugen Sie sich zunächst in der Druckvorschau, ob alles wie geplant funktioniert:

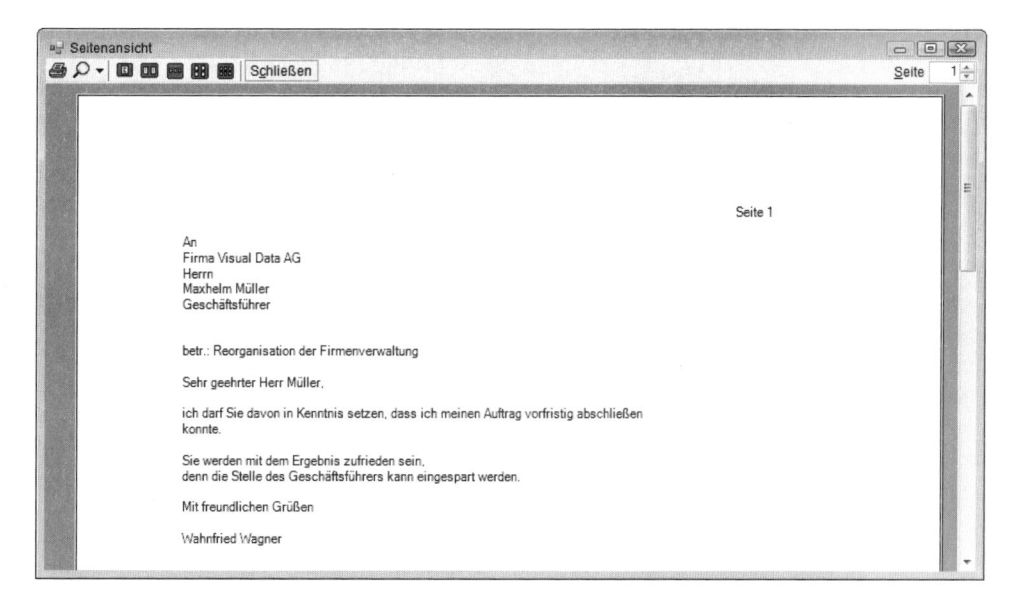

Pfeifen Sie auf den Papierverbrauch, testen Sie den Druck mehrseitiger Dokumente und geben Sie auch mal einen Seitenbereich ein:

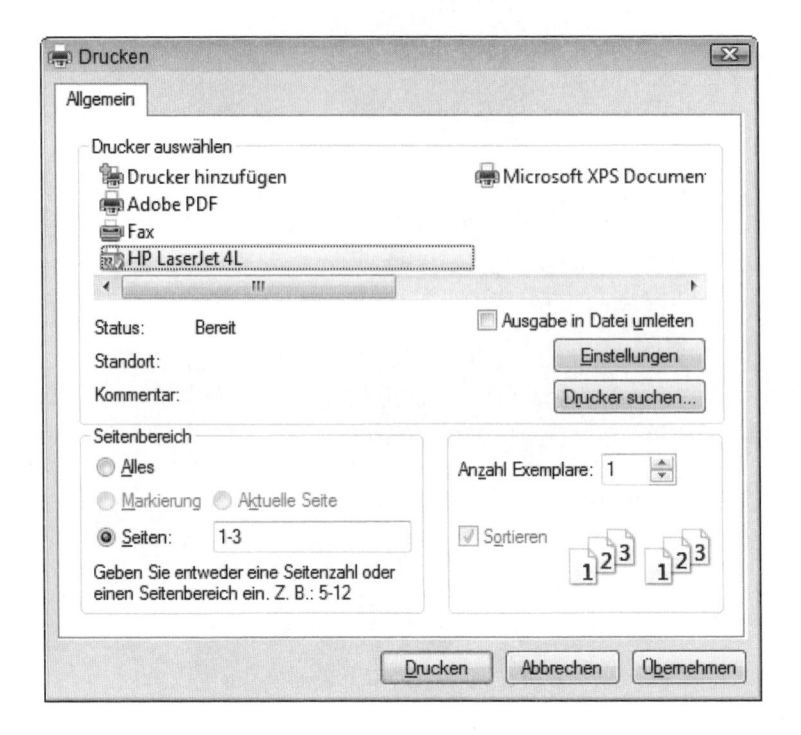

HINWEIS: Falls sich im Seitenbereich nur die Option "Alles" aktivieren lässt, haben Sie vergessen, die *AllowSomePages*-Eigenschaft der *PrintDialog*-Komponente auf *True* zu setzen!

Bemerkungen zur RichTextBox

Die *RichTextBox* kann nicht nur **.rtf*-Dateien, sondern auch ganz normale **.txt*-Textdateien verarbeiten.

BEISPIEL: Eine Textdatei wird geladen

```
RichTextBox1.LoadFile(pfad, RichTextBoxStreamType.PlainText)
```

Über die zahlreichen weiteren Features der *RichTextBox* (wie z.B. Suchfunktionen, farbiger Text, ...) informieren Sie sich am besten in der Online-Hilfe.

Da die speziellen Formatierungsmöglichkeiten der *RichTextBox* in unserem Beispiel nicht genutzt wurden, könnten Sie diese Komponente ohne Programmänderung auch durch eine einfache *TextBox* (*MultiLine* = *True*) ersetzen.

R16.2 Buchungssystem mit Random Access Datei

Für den schnellen Direktzugriff sind sequenzielle Dateien ungeeignet, da eine solche Datei in der Regel satzweise von vorn nach hinten durchlaufen werden muss, um zu einem bestimmten Datensatz zu gelangen. Random Access Dateien fressen zwar bedeutend mehr Speicherplatz als sequenzielle Dateien (ein Problem, das heute allerdings kaum noch Bedeutung hat), sie gestatten aber einen bedeutend schnelleren Zugriff, was insbesondere bei Anwendungen mit riesigen Datensatzbeständen (z.B. Buchungssysteme für Banken oder Fluggesellschaften) von größter Wichtigkeit ist.

Das .NET-Framework unterstützt von Haus aus nur den sequenziellen Dateizugriff, sodass wir die Fähigkeit des Direktzugriffs (Random Access) in unsere Applikationen selbst einbauen müssen. Dazu existieren vielfältige Techniken, die einfachste davon ist das Speichern der Daten in exakt gleichlangen Datensätzen (Records). Dadurch wird es auf Basis von Recordlänge und Recordnummer möglich, die exakte Position des Datensatzes vorweg zu berechnen, um den Dateizeiger sofort auf diese Position setzen zu können.

Klassenübersicht

Die Anwendung besteht aus insgesamt vier Klassen:

- *CRandomKunde*
  repräsentiert einen einzelnen Datensatz

- *CNewRandomFile*
  dient dem Erzeugen einer neuen leeren Random Access Datei der gewünschten Größe

- *CRandomAccess*
  enthält die Zugriffsmethoden auf die Random Access Datei

- *Form1*
  Benutzerschnittstelle, die auf *CRandomAccess* zugreift

Entwurf der Bedienoberfläche

Öffnen Sie eine neue Windows Forms-Anwendung und gestalten Sie das Startformular *Form1* entsprechend der folgenden Abbildung.

HINWEIS: Zur Programmierung der Bedienoberfläche kommen wir erst später.

[Formular-Screenshot: Buchungssystem mit Random Access Datei — mit Feldern Kunden-Code, Vorname, Nachname, Kontostand (€) und Schaltflächen Neu, Löschen, Speichern, |<, <, >, >|, Beenden]

Entwicklung des Geschäftsmodells

Zum Geschäftsmodell, welches die "Intelligenz" der Anwendung kapselt, gehören die Klassen *CRandomKunde*, *CNewRandomFile* und *CRandomAccess*.

CRandomKunde

Die Klasse *CRandomKunde* schafft die Grundvoraussetzung für den Direktzugriff auf Datensätze, indem sie exakt gleichlange Kunden-Records erzeugt. Wählen Sie *Projekt|Klasse hinzufügen...* und fügen Sie eine neue Klasse *CRandomKunde* hinzu. Diese Klasse repräsentiert einen einzelnen Kunden-Datensatz und hat die vier Eigenschaften *Code*, *Vorname*, *Nachname* und *Saldo*. Weiterhin verfügt die Klasse über zwei Konstruktoren, um die privaten Felder wahlweise auf Standardwerte oder auf durch Parameter spezifizierte Werte zu setzen.

```
Public Class CRandomKunde
```

Zunächst einige Konstanten, aus denen sich die exakte Länge der einzelnen Recordfelder ergibt:

```
    Private Const L_CHARARR As Integer = 15    ' Char-Array: je 15 Zeichen (für Vor-/NachName)
    Private Const B_CHAR As Integer = 2        ' Unicode = 2 Byte      (für ein Zeichen)
    Private Const B_INT32 As Integer = 4       ' Integer = 4 Byte      (für Kunden-Code)
    Private Const B_DOUBLE As Integer = 8      ' Double = 8 Byte       (für Saldo)
```

Die Gesamtlänge des Records beträgt demnach 72 Byte und ist öffentlich:

```
    Public Const SIZE As Integer = B_INT32 + 2 * (B_CHAR * L_CHARARR) + B_DOUBLE
```

Die vier Record-Felder, wie sie später als Datensatz konstanter Länge in die Random-Datei geschrieben werden:

```
Private _code As Integer = 0
Private _vorName(L_CHARARR - 1) As Char
Private _nachName(L_CHARARR - 1) As Char
Private _saldo As Double = 0
```

Der erste (parameterlose) Konstruktor scheint auf den ersten Blick überflüssig zu sein, doch der VB-Compiler erstellt einen solchen Konstruktor nur dann automatisch, wenn kein parameterbehafteter Konstruktor vorhanden ist:

```
Public Sub New()
End Sub
```

Zusätzlich ein überladener Konstruktor, welcher die Eigenschaften auf spezifische Werte setzt:

```
Public Sub New(ByVal codeVal As Integer, ByVal vorNVal As String, _
               ByVal nachNVal As String, ByVal saldoVal As Double)
    _code = codeVal
    Vorname = vorNVal.ToCharArray
    Nachname = nachNVal.ToCharArray
    _saldo = saldoVal
End Sub
```

Die Eigenschaft *Code*:

```
Public Property code() As Integer
    Get
        Return _code
    End Get
    Set(ByVal value As Integer)
        _code = value
    End Set
End Property
```

Auch die Eigenschaft *Saldo* ist trivial:

```
Public Property Saldo() As Double
    Get
        Return _saldo
    End Get
    Set(ByVal value As Double)
        _saldo = value
    End Set
End Property
```

Die Eigenschaften *VorName* und *NachName* sind erheblich komplizierter zu implementieren, wobei besonders der Schreibzugriff einigen Aufwand erfordert, da die Länge auf exakt 15 Zeichen getrimmt bzw. aufgefüllt werden muss:

```
Public Property Vorname() As String
    Get
        Return _vorName         ' String kann Char-Array direkt zugewiesen werden!
    End Get
```

Die *Set*-Methode erhält als Argument einen beliebig langen String. Durch Auffüllen von Leerzeichen bzw. Abschneiden von Zeichen wird dieser String passend auf die Länge des *Char*-Arrays getrimmt. Die Gesamtlänge eines Records beträgt somit immer 4 + 30 + 30 + 8 = 72 Byte:

```
    Set(ByVal Value As String)
        For i As Integer = 0 To Value.Length - 1
            If i > L_CHARARR - 1 Then Exit For      ' abschneiden, falls Vorname zu lang
            _vorName(i) = Value.Chars(i)
        Next
    End Set
End Property
```

Auf identische Weise wird die Eigenschaft *Nachname* implementiert, weshalb wir uns den ausführlichen Quellcode an dieser Stelle sparen wollen:

```
Public Property Nachname() As String
    ...
End Property

End Class
```

Bemerkungen

- Wenn Sie das *<Serializable>*-Attribut vor der Klassendefinition vermissen, hat das seinen guten Grund, denn wir können diese Klasse nicht serialisieren, weil das .NET-Framework keine Möglichkeit zur Verfügung stellt, die exakte Größe eines Record-Objekts zur Laufzeit zu ermitteln. Wenn wir die Klasse trotzdem serialisieren würden, ließe sich keine konstante Länge der Records garantieren, was aber wiederum die Grundvoraussetzung für den Random-Zugriff ist.

- Anstatt die Klasse zu serialisieren, haben wir für eine konstante Länge der Recordfelder gesorgt, um diese dann später als normalen Byte-Stream in die Datei zu schreiben. Die Gewährleistung einer konstanten Länge ist für die Felder *code* und *saldo* kein Problem, da die Länge eines *Integer* bzw. *Double* bekannt ist (4 bzw. 8 Byte).

Klasse CNewRandomFile

Wählen Sie *Projekt|Klasse hinzufügen...* und fügen Sie eine neue Klasse mit dem Namen *CNewRandomFile* hinzu. Diese Klasse beschäftigt sich ausschließlich mit dem Erzeugen der (leeren) Random Access Datei.

```
Imports System.IO

Public Class CNewRandomFile
```

Die Klasse exportiert eine einzige (statische) Methode *createRandomFile()*, der als Paramter die gewünschte Anzahl von Datensätzen (*recCount*) und der Name der zu erzeugenden Datei (*fileName*) übergeben wird:

```
Public Shared Sub createRandomFile(ByVal recCount As Integer, ByVal fileName As String)
    Dim blRecord As New CRandomKunde()          ' leerer Datensatz
    Dim fileOut As FileStream = Nothing         ' Stream für Schreiben serialisierter Daten
    Dim binOut As BinaryWriter = Nothing        ' schreibt Stream byteweise in Datei
    Try
```

FileStream-Objekt zum Schreiben der Records erzeugen:

```
        fileOut = New FileStream(fileName, FileMode.Create, FileAccess.Write)
```

Dateilänge setzen (*SIZE* ist öffentliche Konstante der Klasse *CRandomKunde*!):

```
        fileOut.SetLength(CRandomKunde.SIZE * recCount)
```

Objekt zum Schreiben der Bytes erzeugen:

```
        binOut = New BinaryWriter(fileOut)
```

Leere Records nacheinander in Datei schreiben:

```
        For i As Integer = 0 To recCount - 1
            fileOut.Position = i * CRandomKunde.SIZE      ' nächste Position
```

Die *Write*-Methode des *BinaryWriter* hat Überladungen für jeden einfachen Datentyp:

```
            binOut.Write(blRecord.code)
            binOut.Write(blRecord.Vorname)
            binOut.Write(blRecord.Nachname)
            binOut.Write(blRecord.Saldo)
        Next i
        MessageBox.Show("Datei " & fileName & " wurde erzeugt!", "Erfolg", _
                        MessageBoxButtons.OK, MessageBoxIcon.Information)
```

Auf eine Fehlerbehandlung sollte man an dieser Stelle nicht verzichten:

```
    Catch ex As IOException
        MessageBox.Show(ex.Message)
```

```
        End Try
        If fileOut IsNot Nothing Then fileOut.Close()    ' FileStream schließen
        If binOut IsNot Nothing Then binOut.Close()      ' BinaryWriter schließen
    End Sub

End Class
```

Bemerkungen

- Auf Basis des festgelegten Dateinamens wird ein *FileStream*-Objekt erzeugt, welches entweder die Datei neu erzeugt oder eine bestehende Datei überschreibt.

- Um Bytes in eine Datei zu schreiben, verwenden wir die Klasse-*BinaryWriter*, deren Konstruktor als Argument eine Instanz der Klasse *System.IO.Stream* entgegennimmt.

- Die Felder der Records sind vorerst mit "Dummies" der Klasse *CRandomKunde* gefüllt, d.h. mit den (leeren) Standardwerten der privaten Felder *Code*, *VorName*, *NachName* und *Saldo*.

CRandomAccess

Wählen Sie *Projekt|Klasse hinzufügen...* und fügen Sie eine neue Klasse mit dem Namen *CRandomAccess* hinzu. Auch diese Klasse hat nur statische Mitglieder und kapselt sämtliche Dateioperationen.

```
Imports System.IO

Public Class CRandomAccess

    Private Shared fileName As String              ' Dateiname
    Private Shared recordCount As Integer          ' max. Anzahl der Records
    Private Shared lfdNr As Integer = 1            ' Datensatzzeiger
```

Da eine diese Klasse über keinen öffentlichen Konstruktor verfügt, werden die erforderlichen Initialisierungen an eine Methode *initFile()* übertragen:

```
    Public Shared Sub initFile(ByVal fName As String, ByVal rCount As Integer)
        fileName = fName
        recordCount = rCount
```

Die Random Access Datei erzeugen, falls noch nicht vorhanden:

```
        If Not File.Exists(fileName) Then CNewRandomFile.createRandomFile(recordCount, _
                                                                          fileName)
    End Sub
```

Zunächst zwei Hilfsmethoden, welche letztendlich dazu dienen, ein Kundenobjekt in der Eingabemaske anzuzeigen bzw. umgekehrt, den Inhalt der Eingabemaske in ein Kundenobjekt zu

R16.2 Buchungssystem mit Random Access Datei

schreiben (der Zustand der Eingabemaske wird in einem Stringarray übergeben, siehe Quellcode *Form1*):

Kundenobjekt aus übergebenem Stringarray generieren:

```
Private Shared Function getKuObject(ByVal values As String()) As CRandomKunde
    Dim code As Integer = Convert.ToInt32(values(0))
    Dim saldo As Double = Convert.ToDouble(values(3))
    Return New CRandomKunde(code, values(1), values(2), saldo)
End Function
```

Kundenobjekt in Stringarray verwandeln:

```
Private Shared Function getStrArray(ByVal kunde As CRandomKunde) As String()
    Dim values(3) As String
    values(0) = kunde.code.ToString
    values(1) = kunde.Vorname
    values(2) = kunde.Nachname
    Dim saldo As Double = kunde.Saldo
    values(3) = saldo.ToString("#,##0.00")
    If values(0) = String.Empty Then values = Nothing
    Return values
End Function
```

Die Methode *saveCurrentRecord()* schreibt den aktuellen Record an der aktuellen Position in die Datei (*values* = Stringarray mit Inhalt der Eingabemaske):

```
Public Shared Sub saveCurrentRecord(ByVal values As String())
    Dim fileOut As New FileStream(fileName, FileMode.Open, FileAccess.Write)
    Dim binOut As New BinaryWriter(fileOut)
    If Not (values(0) = String.Empty) Then
        Try
```

Der Code wird aus dem Feld *values[0]* herausgezogen:

```
            lfdNr = Int32.Parse(values(0))
            If (lfdNr > 0) And (lfdNr <= recordCount) Then
```

Dateizeiger positionieren:

```
                fileOut.Position = (lfdNr - 1) * CRandomKunde.SIZE
```

Kundenobjekt erzeugen und in Datei schreiben:

```
                Dim kunde As CRandomKunde = getKuObject(values)
                binOut.Write(kunde.code)
                binOut.Write(kunde.Vorname)
                binOut.Write(kunde.Nachname)
```

```
            binOut.Write(kunde.Saldo)
        Else
            MessageBox.Show("Code muss zwischen 1 und " + recordCount.ToString() + _
                            " liegen!")
        End If
    Catch ex As FormatException
        MessageBox.Show(ex.Message)
    End Try
End If
lfdNr -= 1
```

Die beiden folgenden Anweisungen sind unbedingt erforderlich, da die Streams geschlossen werden müssen (ansonsten wäre z.B. ein nachfolgender Lesezugriff nicht möglich):

```
    If binOut IsNot Nothing Then binOut.Close()
    If fileOut IsNot Nothing Then fileOut.Close()
End Sub
```

Die Methode *readRecordDirect()* liest einen Record aus der Datei, wobei als Parameter der Kundencode übergeben wird. Da der Dateizeiger sofort an die richtige Stelle positioniert wird, kommen hier die Geschwindigkeitsvorteile von Random Access Dateien voll zur Geltung:

```
Public Shared Function readRecordDirect(ByVal code As String) As String()
    Dim fileInp As New FileStream(fileName, FileMode.Open, FileAccess.Read)
    Dim binInp As New BinaryReader(fileInp)
    Dim kunde As New CRandomKunde()
```

Stringarray mit Nullwerten initialisieren:

```
    Dim values As String() = getStrArray(kunde)
    If Not (code = String.Empty) Then
        Try
            lfdNr = Int32.Parse(code)
            If (lfdNr > 0) AndAlso (lfdNr <= recordCount) Then
```

Datensatzzeiger direkt positionieren:

```
                fileInp.Position = (lfdNr - 1) * CRandomKunde.SIZE
                kunde.code = binInp.ReadInt32()
                kunde.Vorname = binInp.ReadString()
                kunde.Nachname = binInp.ReadString()
                kunde.Saldo = binInp.ReadDouble()
                values = getStrArray(kunde)
            End If
        Catch
            MessageBox.Show("Fehler!")
```

```
            End Try
        End If
        If binInp IsNot Nothing Then binInp.Close()
        If fileInp IsNot Nothing Then fileInp.Close()
        Return values
    End Function
```

Analog funktioniert die Methode *clearCurrentRecord()* zum Löschen eines Records mit einem bestimmten Kundencode. Tatsächlich wird der Record nicht gelöscht, sondern nur mit Standardwerten überschrieben (Code = 0):

```
    Public Shared Sub clearCurrentRecord(ByVal code As String)
        Dim fileOut As New FileStream(fileName, FileMode.Open, FileAccess.Write)
        Dim binOut As New BinaryWriter(fileOut)
        If Not (code = String.Empty) Then
            Try
                lfdNr = Int32.Parse(code)
                If (lfdNr > 0) AndAlso (lfdNr <= recordCount) Then
                    fileOut.Position = (lfdNr - 1) * CRandomKunde.SIZE
```

Neuen Record mit Standardwerten erzeugen und in die Datei schreiben:

```
                    Dim kunde As New CRandomKunde()
                    binOut.Write(kunde.code)
                    binOut.Write(kunde.Vorname)
                    binOut.Write(kunde.Nachname)
                    binOut.Write(kunde.Saldo)
                Else
                    MessageBox.Show("Code muss zwischen 1 und " & recordCount.ToString() & _
                                    " liegen!")
                End If
            Catch ex As FormatException
                MessageBox.Show(ex.Message)
            End Try
        End If
        If binOut IsNot Nothing Then binOut.Close()
        If fileOut IsNot Nothing Then fileOut.Close()
    End Sub
```

Die folgenden Lesemethoden dienen lediglich der bequemeren Bedienung (Durchblättern der Datensätze) und machen keinen Gebrauch von den eigentlichen Geschwindigkeitsvorteilen die der Direktzugriff auf Random Access Dateien bietet. Innerhalb einer Schleife wird sich vom aktuellen Datensatz zum jeweils nächstliegenden "besetzten" Record "durchgehangelt".

Lesen des nächsten Records in Vorwärtsrichtung:

```vb
Public Shared Function readNextRecord() As String()
    Dim fileInp As New FileStream(fileName, FileMode.Open, FileAccess.Read)
    Dim binInp As New BinaryReader(fileInp)
    Dim kunde As New CRandomKunde()
    Dim values As String() = getStrArray(kunde)
    Try
```

Suche bis zum nächsten besetzten Record:

```vb
        Do While ((kunde.code = 0) AndAlso (lfdNr < recordCount))
            lfdNr += 1
            fileInp.Position = lfdNr * CRandomKunde.SIZE
```

Recordfelder einlesen:

```vb
            kunde.code = binInp.ReadInt32()
            kunde.Vorname = binInp.ReadString()
            kunde.Nachname = binInp.ReadString()
            kunde.Saldo = binInp.ReadDouble()
        Loop
```

Temporäres Stringarray als Zwischenspeicher füllen:

```vb
        values = getStrArray(kunde)
    Catch ex As IOException
        MessageBox.Show(ex.Message, "Keine Datensätze vorhanden!", _
                        MessageBoxButtons.OK, MessageBoxIcon.Information)
    End Try
    If binInp IsNot Nothing Then binInp.Close()
    If fileInp IsNot Nothing Then fileInp.Close()
    Return values
End Function
```

Das Lesen des vorhergehenden besetzten Records (Rückwärtsrichtung) funktioniert analog:

```vb
Public Shared Function readPreviousRecord() As String()
    ...
End Function
```

Ersten besetzten Record lesen:

```vb
Public Shared Function readFirstRecord() As String()
    lfdNr = -1
    Return readNextRecord()
End Function
```

Letzten besetzten Record lesen:
```vb
Public Shared Function readLastRecord() As String()
    lfdNr = recordCount
    Return readPreviousRecord()
End Function
```

```vb
End Class
```

Programmieren der Bedienoberfläche

Wie man es von einem objekt- und schichtenorientierten Entwurf erwartet, beschränkt sich die "dumme" Benutzerschnittstelle auf die Bedienfunktionen zur Eingabe und Anzeige der Datensätze und benutzt dazu die von der Klasse *CRandomAccess* bereitgestellte "Intelligenz".

```vb
Public Class Form1
```

Die folgenden beiden Konstanten könnten später durchaus auch als Variablen deklariert werden, deren Änderung über zusätzliche Dialoge erfolgt:

```vb
Private Const RECORDCOUNT As Integer = 1000     ' Anzahl Datensätze
Private Const FILENAME As String = "Kunden.dat" ' Dateiname
```

Der Konstruktor übernimmt auch die Initialisierung der Anwendungsdaten:

```vb
Public Sub New()
    InitializeComponent()
```

Statische Dateiklasse initialisieren:

```vb
    CRandomAccess.initFile(FILENAME, RECORDCOUNT)
```

Ersten Record einlesen:

```vb
    Me.setUI(CRandomAccess.readFirstRecord())
End Sub
```

Die folgenden zwei Hilfsmethoden dienen dem bequemen Handling der Eingabemaske.

Inhalt aller Textboxen löschen:

```vb
Private Sub clearUI()
    For Each ct As Control In Me.Controls
        Dim tb As TextBox = TryCast(ct, TextBox)
        If tb IsNot Nothing Then tb.Text = String.Empty
```

Eine alternative Variante wäre:

```vb
        'If TypeOf ct Is TextBox Then ct.Text = String.Empty
```

```
        Next
    End Sub
```

Übernahme der Eingabewerte in ein Stringarray:

```
    Private Function getUI() As String()
        Dim values(3) As String
        values(0) = TextBox1.Text
        values(1) = TextBox2.Text
        values(2) = TextBox3.Text
        values(3) = TextBox4.Text
        Return values
    End Function
```

Anzeige des Inhalts eines Stringarrays (muss mindestens vier Felder haben):

```
    Private Sub setUI(ByVal values As String())
        If values.Length <> 4 Then
            Throw (New ArgumentException("Fehler beim Füllen der TextBoxen!"))
        Else
            TextBox1.Text = values(0)
            TextBox2.Text = values(1)
            TextBox3.Text = values(2)
            TextBox4.Text = values(3)
        End If
    End Sub
```

Nun zu den eigentlichen Bedienfunktionen.

Der Sofortaufruf eines Kunden bei Eingabe seines Codes und Abschluss mittels Enter-Taste:

```
    Private Sub TextBox1_KeyUp(ByVal sender As System.Object, _
                ByVal e As System.Windows.Forms.KeyEventArgs) Handles TextBox1.KeyUp
        If (e.KeyCode = Keys.Enter) AndAlso Not (TextBox1.Text = String.Empty) Then
            Me.setUI(CRandomAccess.readRecordDirect(TextBox1.Text))
        End If
    End Sub
```

Neuer Kunde:

```
    Private Sub Button1_Click(ByVal sender As System.Object, ByVal e As System.EventArgs) _
                                                    Handles Button1.Click

        Me.clearUI()
    End Sub
```

Kunde speichern:

```
Private Sub Button3_Click(ByVal sender As System.Object, ByVal e As System.EventArgs) _
                                                        Handles Button3.Click
    CRandomAccess.saveCurrentRecord(Me.getUI())
End Sub
```

Kunde löschen:

```
Private Sub Button2_Click(ByVal sender As System.Object, ByVal e As System.EventArgs) _
                                                        Handles Button2.Click
    CRandomAccess.clearCurrentRecord(Me.TextBox1.Text)
    Me.clearUI()
End Sub
```

Die folgenden Navigationen beziehen sich natürlich nur auf die mit Kunden besetzten Records (leere Records werden übersprungen!).

Zum nächsten Kunden (>):

```
Private Sub Button6_Click(ByVal sender As System.Object, ByVal e As System.EventArgs) _
                                                        Handles Button6.Click
    Me.setUI(CRandomAccess.readNextRecord())
End Sub
```

Zum vorhergehenden Kunden (<):

```
Private Sub Button5_Click(ByVal sender As System.Object, ByVal e As System.EventArgs) _
                                                        Handles Button5.Click
    Me.setUI(CRandomAccess.readPreviousRecord())
End Sub
```

Zum ersten Kunden (|<):

```
Private Sub Button4_Click(ByVal sender As System.Object, ByVal e As System.EventArgs) _
                                                        Handles Button4.Click
    Me.setUI(CRandomAccess.readFirstRecord())
End Sub
```

Zum letzten Kunden (>|):

```
Private Sub Button7_Click(ByVal sender As System.Object, ByVal e As System.EventArgs) _
                                                        Handles Button7.Click
    Me.setUI(CRandomAccess.readLastRecord())
End Sub
...
End Class
```

Programmtest

Unmittelbar nach dem erstmaligen Programmstart sollte die folgende Meldung erscheinen:

[Dialogfenster "Erfolg": Datei Kunden.dat wurde erzeugt! OK]

Nach dieser Erfolgsmeldung finden Sie die ca. 71 kByte große Datei (1000 * 72 Byte) im Anwendungsverzeichnis vor, sie steht nun bereit, um als Datenbasis für unser Buchungssystem zu dienen. Bei späteren Programmstarts wird obige Meldung nicht mehr erscheinen, es sei denn, Sie löschen die Datei *Kunden.dat* "per Hand" im Windows-Explorer.

Nun können Sie mit der Eingabe von Datensätzen beginnen. Die Reihenfolge der Eingabe kann beliebig sein. Bedingung ist lediglich, dass sich der Kunden-Code im zulässigen Bereich (1 ... 1000) bewegt.

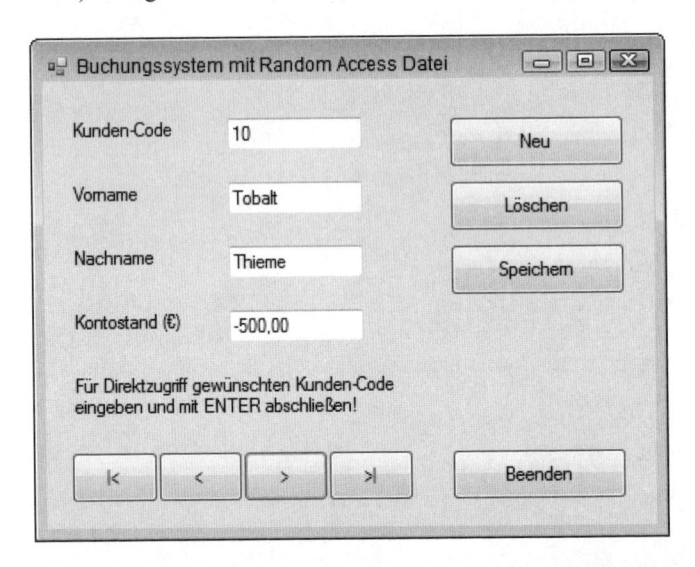

[Formular "Buchungssystem mit Random Access Datei": Kunden-Code 10, Vorname Tobalt, Nachname Thieme, Kontostand (€) -500,00. Hinweis: Für Direktzugriff gewünschten Kunden-Code eingeben und mit ENTER abschließen! Schaltflächen: Neu, Löschen, Speichern, |<, <, >, >|, Beenden]

Beim Weiterblättern werden immer nur die besetzten Records angezeigt. Wenn Sie beim letzten Kunden angekommen sind, informiert Sie ein Meldungsfenster:

> Keine Datensätze mehr vorhanden!
> OK

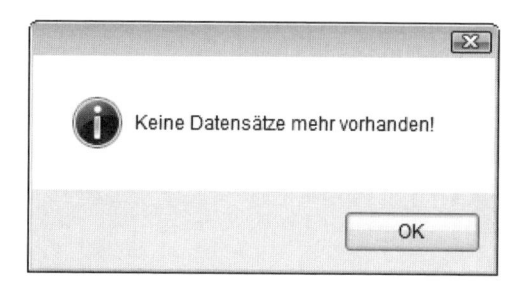

Bemerkungen

- Nach dem Vorbild der Methode *readRecordDirect* dürfte es wohl kein Problem sein, das Programm mit speziellen Suchfunktionen auszustatten.

- Auch eine Million Datensätze lassen sich mit dem Programm problemlos verwalten, der dafür benötigte Festplattenspeicherplatz liegt bei ca. 80 MByte und es gibt – zumindest beim Direktzugriff – keinerlei Geschwindigkeitsprobleme!

- Während der Entwicklungsphase kann es – meistens beim Lesezugriff – zu Fehlern kommen, die ihre Ursache in einer falschen Positionierung des Dateizeigers haben. Überzeugen Sie sich in einem solchen Fall davon, dass die Strings für die Eigenschaften *VorName* und *NachName* in der *CRandomKunde*-Klasse tatsächlich auf die exakte Länge von 15 Zeichen beschnitten bzw. aufgefüllt werden.

- Ein nicht zu unterschätzender Vorteil von Random Access Dateien gegenüber sequenziellen Dateien ist, dass neue Datensätze eingefügt werden können, ohne andere Daten dabei zu zerstören. Auch Update- oder Löschoperationen sind einfacher realisierbar, da die komplette Datei nicht jedes Mal umgeordnet bzw. neu geschrieben werden muss.

R16.3 Ein einfacher FTP-Client

Das Klassenpärchen *FtpWebRequest* und *FtpWebResponse* ermöglichen einen einfachen FTP-Zugriff. Wir entwickeln damit einen kleinen FTP-Client, welcher die Grundfunktionalitäten

- Auflisten eines FTP-Verzeichnisses,
- Herunterladen einer Datei per FTP,
- Heraufladen einer Datei per FTP und
- Löschen einer Datei im FTP-Verzeichnis

demonstrieren soll.

Seinen praktischem Nutzen könnte dieses Programm beispielsweise beim Administrieren Ihrer Homepage unter Beweis stellen!

Bedienoberfläche

Öffnen Sie eine neue Windows Forms-Anwendung und gestalten Sie das Startformular *Form1* entsprechend der folgenden Abbildung:

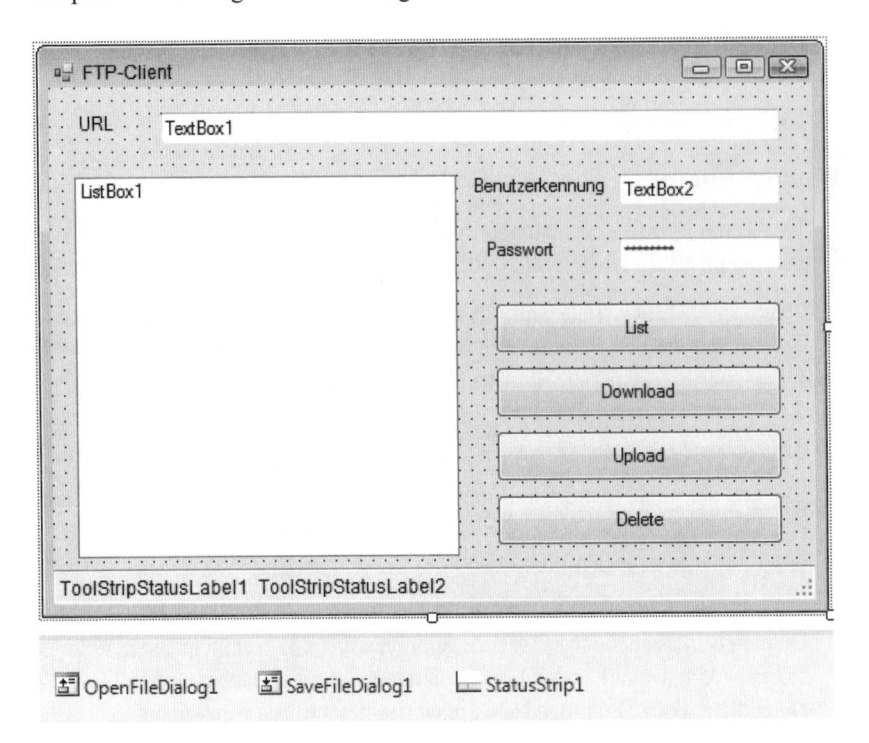

Neben drei *TextBox*en, einer *ListBox*, einem *OpenFileDialog*, einem *SaveFileDialog* und vier *Button*s brauchen wir noch ein *StatusStrip*-Steuerelement, zu welchem wir zwei *ToolStripStatusLabel* hinzufügen.

> **HINWEIS:** Vergessen Sie nicht, die *PasswordChar*-Eigenschaft von *TextBox3* zu setzen, damit eine verdeckte Eingabe des Passworts möglich wird.

Auflisten des FTP-Verzeichnisses

```
Imports System.Net
Imports System.IO

Public Class Form1
```

Der Methode *listFTP()* werden als Parameter die URL des FTP-Verzeichnisses sowie die Credentials (Benutzername und Passwort) übergeben:

R16.3 Ein einfacher FTP-Client

```
Private Sub listFTP(ByVal URL As String, ByVal bk As String, ByVal pw As String)
    Dim requ As FtpWebRequest = Nothing
    Dim resp As FtpWebResponse = Nothing
    Dim reader As StreamReader = Nothing
    Try
        requ = CType(WebRequest.Create(URL), FtpWebRequest)
        requ.Credentials = New NetworkCredential(bk, pw)
```

Auszuführende Aktion festlegen:

```
        requ.Method = WebRequestMethods.Ftp.ListDirectory
        resp = CType(requ.GetResponse(), FtpWebResponse)
        reader = New StreamReader(resp.GetResponseStream())
        Do While (reader.Peek() > -1)
            ListBox1.Items.Add(reader.ReadLine())
        Loop
        ToolStripStatusLabel1.Text = "Auflistung komplett!"
    Catch ex As UriFormatException
        ToolStripStatusLabel1.Text = ex.Message
    Catch ex As WebException
        ToolStripStatusLabel2.Text = ex.Message
    Finally
        If reader IsNot Nothing Then reader.Close()
    End Try
End Sub
```

Wie Sie sehen, kann ein *FtpWebRequest*-Objekt mittels der statischen *Create()*-Methode direkt aus der Basisklasse *WebRequest* erzeugt werden. Die auszuführende Aktion (in unserem Fall *ListDirectory*) wird mit der *Method*-Eigenschaft des *FtpWebRequest*-Objekts festgelegt.

Herunterladen einer Datei per FTP

Der Methode *downloadFTP()* werden als Parameter die URL der herunterzuladenden FTP-Datei sowie Benutzername und Passwort übergeben:

```
Private Sub downloadFTP(ByVal URL As String, ByVal bk As String, ByVal pw As String)
    Dim requ As FtpWebRequest = Nothing
    Dim resp As FtpWebResponse = Nothing
    Dim respStrm As Stream = Nothing
    Dim fileStrm As FileStream = Nothing
    Try
        requ = CType(WebRequest.Create(URL), FtpWebRequest)
        requ.Credentials = New NetworkCredential(bk, pw)
```

Auszuführende Aktion festlegen:

```
requ.Method = WebRequestMethods.Ftp.DownloadFile
resp = CType(requ.GetResponse(), FtpWebResponse)
respStrm = resp.GetResponseStream()
```

Dateinamen extrahieren:

```
SaveFileDialog1.FileName = Path.GetFileName(requ.RequestUri.LocalPath)
If (SaveFileDialog1.ShowDialog() = Windows.Forms.DialogResult.OK) Then
```

Öffnen der Zieldatei:

```
fileStrm = File.Create(SaveFileDialog1.FileName)
Dim buff(1024) As Byte
Dim bytesRead As Integer = 0
```

Einlesen und in Datei kopieren:

```
Do While (True)
    bytesRead = respStrm.Read(buff, 0, buff.Length)
    If (bytesRead = 0) Then Exit Do
    fileStrm.Write(buff, 0, bytesRead)
Loop
ToolStripStatusLabel1.Text = "Download komplett!"
End If
```

Fehlermöglichkeiten gibt es viele:

```
Catch ex As UriFormatException
    ToolStripStatusLabel1.Text = ex.Message
Catch ex As WebException
    ToolStripStatusLabel2.Text = ex.Message
Catch ex As IOException
    ToolStripStatusLabel2.Text = ex.Message
```

Wichtig ist das Schließen der Streams:

```
Finally
    If respStrm IsNot Nothing Then respStrm.Close()
    If fileStrm IsNot Nothing Then fileStrm.Close()
End Try
End Sub
```

Das Wesentliche nochmals kurz erklärt:

Beim Herunterladen der Datei erhält das *FtpWebRequest*-Objekt ein *FtpWebResponse*-Objekt, welches über seine *GetResponseStream()*-Methode den Dateiinhalt als Stream bereitstellt.

Heraufladen einer Datei per FTP

Die Methode *uploadFTP* benötigt als Parameter den Namen der hochzuladenden Datei, die URL, unter welcher diese Datei auf dem FTP-Server erreichbar sein soll, sowie Benutzernamen und Passwort:

```
Private Sub uploadFTP(ByVal fileName As String, ByVal URL As String, _
                        ByVal bk As String, ByVal pw As String)
    Dim requ As FtpWebRequest = Nothing
    Dim resp As FtpWebResponse = Nothing
    Dim requStrm As Stream = Nothing
    Dim fileStrm As FileStream = Nothing
    Try
```

Request erstellen:

```
        requ = CType(WebRequest.Create(URL), FtpWebRequest)
        requ.Credentials = New NetworkCredential(bk, pw)
```

Auszuführende Aktion festlegen

```
        requ.Method = WebRequestMethods.Ftp.UploadFile
        requ.Timeout = System.Threading.Timeout.Infinite
        requ.Proxy = Nothing           ' kein Http-Proxy-Support beim Upload
        requStrm = requ.GetRequestStream()
```

Inhalt aus Datei kopieren:

```
        Dim buff(2048) As Byte
        Dim bytesRead As Integer = 0
        fileStrm = File.OpenRead(fileName)
```

Quelldatei einlesen:

```
        Do While (True)
            bytesRead = fileStrm.Read(buff, 0, buff.Length)
            If (bytesRead = 0) Then Exit Do
            requStrm.Write(buff, 0, bytesRead)
        Loop
```

Antworten holen:

```
        requStrm.Close()
        resp = CType(requ.GetResponse(), FtpWebResponse)
        ToolStripStatusLabel1.Text = "Upload komplett!"
    Catch ex As UriFormatException
        ToolStripStatusLabel1.Text = ex.Message
    Catch ex As IOException
```

```
            ToolStripStatusLabel2.Text = ex.Message
        Catch ex As WebException
            ToolStripStatusLabel2.Text = ex.Message
```

Alles schließen:

```
        Finally
            If resp IsNot Nothing Then resp.Close()
            If fileStrm IsNot Nothing Then fileStrm.Close()
            If requStrm IsNot Nothing Then requStrm.Close()
        End Try
    End Sub
```

Wie Sie sehen, liefert beim Heraufladen das *FtpWebRequest*-Objekt über seine *GetRequestStream()*-Methode einen Stream, der vom Entwickler zu definieren ist.

Löschen einer Datei im FTP-Verzeichnis

Die Methode *deleteFTP* braucht als Parameter die URL der zu löschenden Datei sowie – wie immer – die Credentials des Benutzers:

```
    Private Sub deleteFTP(ByVal URL As String, ByVal bk As String, ByVal pw As String)
        Dim requ As FtpWebRequest = Nothing
        Dim resp As FtpWebResponse = Nothing
        Try
            requ = CType(WebRequest.Create(URL), FtpWebRequest)
            requ.Credentials = New NetworkCredential(bk, pw)
```

Die auszuführende Aktion festlegen:

```
            requ.Method = WebRequestMethods.Ftp.DeleteFile
            resp = CType(requ.GetResponse(), FtpWebResponse)
            ToolStripStatusLabel1.Text = "Datei wurde gelöscht!"
```

Der übliche Abgesang:

```
        Catch ex As UriFormatException
            ToolStripStatusLabel1.Text = ex.Message
        Catch ex As WebException
            ToolStripStatusLabel2.Text = ex.Message
        Finally
            If resp IsNot Nothing Then resp.Close()
        End Try
    End Sub
```

R16.3 Ein einfacher FTP-Client

Im Unterschied zum Auflisten, Hoch- und Herunterladen findet beim Löschen kein Datentransfer statt, d.h., diese Aktion läuft ausschließlich auf dem FTP-Server.

Bedienfunktionen

Der Aufruf der Methoden bedarf wohl keiner besonderen Erläuterungen.

Auflisten:

```
Private Sub Button1_Click(ByVal sender As System.Object, ByVal e As System.EventArgs) _
                                                        Handles Button1.Click
    ListBox1.Items.Clear()
    listFTP(TextBox1.Text, TextBox2.Text, TextBox3.Text)
End Sub
```

Auswahl in *ListBox* geändert:

```
Private Sub ListBox1_SelectedIndexChanged(ByVal sender As System.Object, _
            ByVal e As System.EventArgs) Handles ListBox1.SelectedIndexChanged
    TextBox1.Text &= ListBox1.SelectedItems(0).ToString()
End Sub
```

Download:

```
Private Sub Button2_Click(ByVal sender As System.Object, ByVal e As System.EventArgs) _
                                                        Handles Button2.Click
    downloadFTP(TextBox1.Text, TextBox2.Text, TextBox3.Text)
End Sub
```

Upload:

```
Private Sub Button3_Click(ByVal sender As System.Object, ByVal e As System.EventArgs) _
                                                        Handles Button3.Click
    If (OpenFileDialog1.ShowDialog() = Windows.Forms.DialogResult.OK) Then
        uploadFTP(OpenFileDialog1.FileName, _
            TextBox1.Text & Path.GetFileName(OpenFileDialog1.FileName), _
                                          TextBox2.Text, TextBox3.Text)
    End If
End Sub
```

Delete:

```
Private Sub Button4_Click(ByVal sender As System.Object, ByVal e As System.EventArgs) _
                                                        Handles Button4.Click
    If (MessageBox.Show("Wollen Sie die Datei wirklich löschen?", "Achtung", _
                    MessageBoxButtons.YesNo, MessageBoxIcon.Warning) = _
                                   Windows.Forms.DialogResult.Yes) Then
```

```
            deleteFTP(TextBox1.Text, TextBox2.Text, TextBox3.Text)
        End If
    End Sub
    ...
End Class
```

Programmtest

Das Programm sollten Sie am besten nicht lokal, sondern mit Ihrer eigenen Homepage testen, die Sie sicherlich irgendwo bei einem der Internetprovider betreiben. Geben Sie dazu die URL für den FTP-Zugriff (z.B. *ftp://www.doko-buch.de/*) sowie Ihre Credentials (Benutzername, Passwort) ein und klicken Sie die "List"-Schaltfläche. Nach einer gewissen Verzögerung erscheinen in der Listbox alle Dateien und Verzeichnisse. Klicken Sie auf ein Verzeichnis, so ändert sich die URL und nach nochmaligem Klick auf die "List"-Schaltfläche erscheint der Verzeichnisinhalt.

Wählen Sie eine Datei aus und klicken Sie die "Download"-Schaltfläche. Die URL wird automatisch vervollständigt und ein Dateidialog "Speichern unter" fordert Sie zur Eingabe des Zielverzeichnisses auf. Die Statusleiste informiert Sie über den erfolgreichen Abschluss der Aktion bzw. über aufgetretene Fehler.

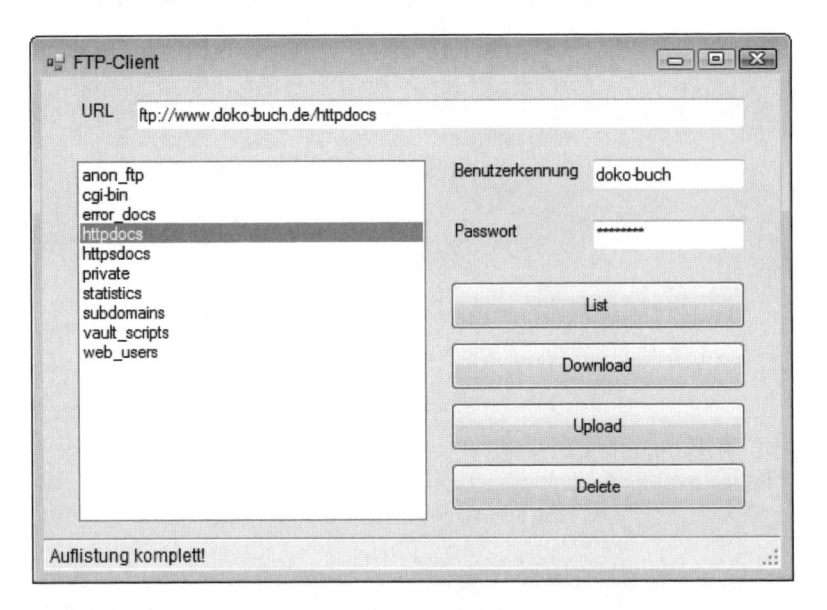

Analog gehen Sie beim Hochladen bzw. Löschen einer Datei vor.

HINWEIS: Achten Sie bei jeder Aktion auf die korrekte URL und korrigieren Sie diese gegebenenfalls!

Wenn Sie z.B. die Datei *Bild8.jpg* gelöscht haben und Sie sich anschließend über die "List"-Schaltfläche vom Erfolg der Aktion überzeugen wollen, müssen Sie natürlich vorher die URL korrigieren (*ftp://www.doko-buch.de/* anstatt *ftp://www.doko-buch.de/Bild8.jpg*).

Bemerkungen

- Der hier beschriebene FTP Client stellt lediglich minimale Funktionalitäten (*ListDirectory*, *DownloadFile*, *UploadFile*, *DeleteFile*) bereit. Hauptanliegen ist die Demonstration der wichtigsten FTP-Klassen. Nicht gezeigt, aber vom Prinzip her genauso zu implementieren, sind die Funktionalitäten *AppendFile*, *MakeDirectory*, *ListDirectoryDetails*, *RemoveDirectory* und *Rename*.

- Für einen komfortableren FTP Client wird der Ersatz der *ListBox* durch ein komplexeres Steuerelement (z.B. *ListView*) nebst Einbau von Drag & Drop-Funktionalität empfohlen.

R16.4 Lösen von linearen Gleichungssystemen

Das Lösen von *Linearen Gleichungssystemen* gehört mit zur mathematischen Grundlagenausbildung und ist darüber hinaus ein wichtiges Teilgebiet der Numerischen Mathematik. Allerdings dient dieses Thema hier nur als Mittel zum Zweck, denn Hauptanliegen dieses Beitrags ist die Entwicklung eines benutzerdefinierten Steuerelements, welches ein Array (ein- oder zweidimensional) aus *TextBox*-Controls kapselt und von der *UserControl*-Klasse abgeleitet wird.

HINWEIS: Das Erben von der Basisklasse *UserControl* ist immer dann besonders vorteilhaft, wenn die Funktionalitäten mehrerer Windows Forms-Steuerelemente in einer einzigen wiederverwendbaren Einheit kombiniert werden sollen[1].

Ein wenig Theorie

Auch heute gibt es noch keine einfachere und bessere Methode zum Lösen linearer Gleichungssysteme als den "guten alten" Gauss-Algorithmus.

Wie Sie am folgende Programmablaufplan (PAP) erkennen, lässt sich das Verfahren in zwei Hauptzyklen unterteilen:

- Elimination
- Rücksubstitution

Aufgrund seiner drei ineinander verschachtelten Schleifen verbraucht der Eliminationszyklus die meiste Rechenzeit. Schritt für Schritt wird eine Unbekannte nach der anderen eliminiert, bis schließlich das Gleichungssystem auf eine Restmatrix der Ordnung 1 "zusammengeschrumpft" ist und der Wert für $x1$ ermittelt werden kann.

---

[1] Wenn Sie nicht von der *UserControl*- sondern von der *Control*-Klasse erben, müssten Sie die gesamte Funktionalität von Grund auf neu erstellen!

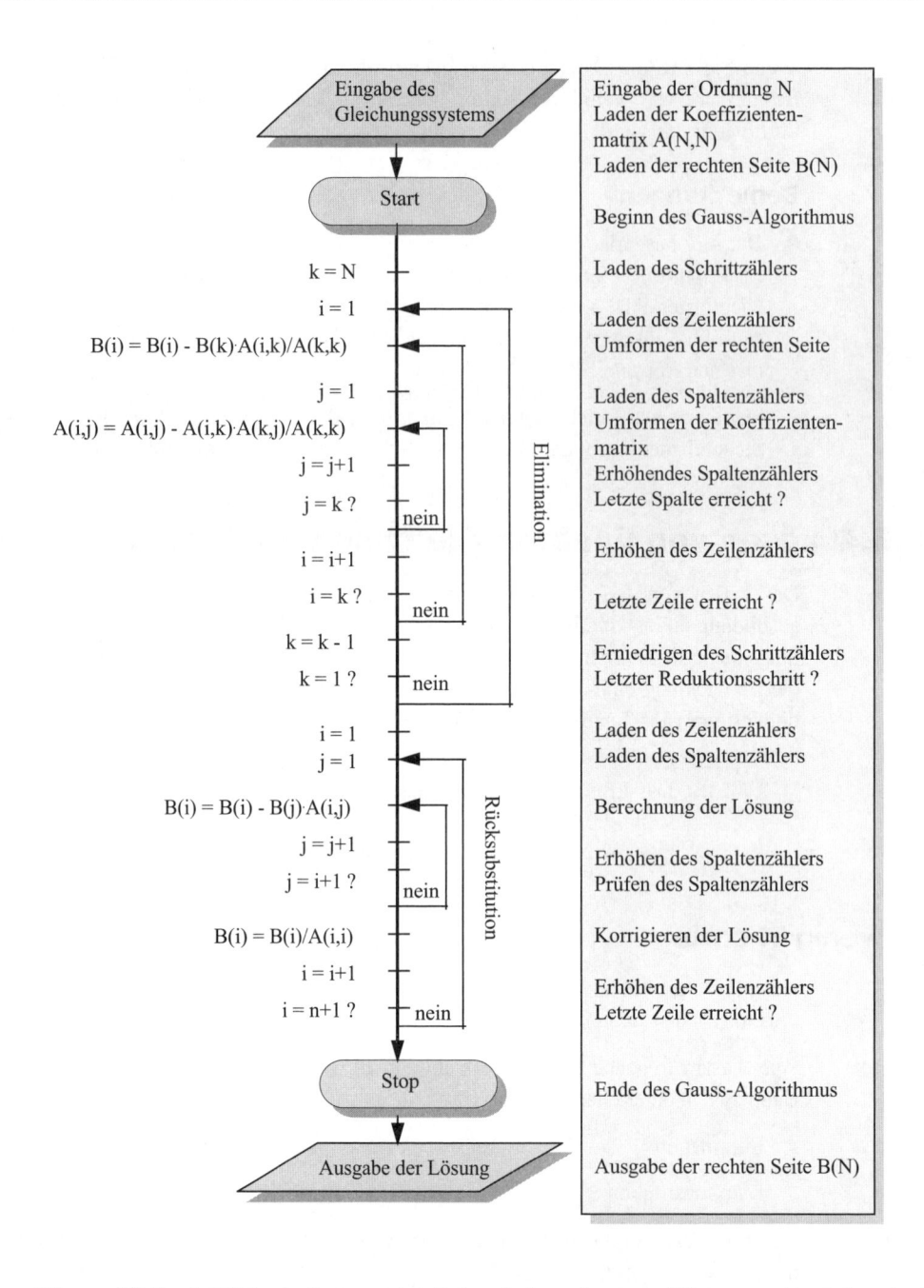

Flussdiagramm	Beschreibung
Eingabe des Gleichungssystems	Eingabe der Ordnung N Laden der Koeffizientenmatrix A(N,N) Laden der rechten Seite B(N)
Start	Beginn des Gauss-Algorithmus
k = N	Laden des Schrittzählers
i = 1	Laden des Zeilenzählers
B(i) = B(i) - B(k)·A(i,k)/A(k,k)	Umformen der rechten Seite
j = 1	Laden des Spaltenzählers
A(i,j) = A(i,j) - A(i,k)·A(k,j)/A(k,k)	Umformen der Koeffizientenmatrix
j = j+1	Erhöhen des Spaltenzählers
j = k ? nein	Letzte Spalte erreicht ?
i = i+1	Erhöhen des Zeilenzählers
i = k ? nein	Letzte Zeile erreicht ?
k = k - 1	Erniedrigen des Schrittzählers
k = 1 ? nein	Letzter Reduktionsschritt ?
i = 1	Laden des Zeilenzählers
j = 1	Laden des Spaltenzählers
B(i) = B(i) - B(j)·A(i,j)	Berechnung der Lösung
j = j+1	Erhöhen des Spaltenzählers
j = i+1 ? nein	Prüfen des Spaltenzählers
B(i) = B(i)/A(i,i)	Korrigieren der Lösung
i = i+1	Erhöhen des Zeilenzählers
i = n+1 ? nein	Letzte Zeile erreicht ?
Stop	Ende des Gauss-Algorithmus
Ausgabe der Lösung	Ausgabe der rechten Seite B(N)

(Elimination: Schritte k=N ... k=1 ?; Rücksubstitution: Schritte i=1 ... i=n+1 ?)

Die anschließende Rücksubstitution nutzt die bereits berechneten x-Werte, um sie schrittweise in das nächst höhere Zwischengleichungssystem einzusetzen, aus welchem sich dann ein weiteres x ermitteln lässt. Dabei wird die rechte Seite des GLS mit den gefundenen x-Werten überschrieben, sodass für die Lösung kein extra Speicherplatz erforderlich ist.

R16.4 Lösen von linearen Gleichungssystemen

> **HINWEIS:** Kritisch ist die Division durch das Hauptdiagonalelement des Gleichungssystems. $A(k,k)$ darf nicht null sein, da sonst der Algorithmus (und mit ihm das Programm) unweigerlich "abstürzt". Um ein solches Debakel zu vermeiden, sollten Sie zu Beginn die Eingabereihenfolge der Gleichungen so umordnen, dass alle Hauptdiagonalelemente einen Wert ungleich null besitzen.

Komponente CTBMatrix

Öffnen Sie ein neues Projekt als normale Windows Forms-Anwendung und wählen Sie den Menüpunkt *Projekt|Benutzersteuerelement hinzufügen...* Vergeben Sie einen aussagekräftigeren Namen als das standardmäßige *UserControl1*, z.B. *CTBMatrix*.

```
Public Class CTBMatrix
```

Die Anzahl der Zeilen und Spalten der Matrix als Zustandsvariablen:

```
Private zmax, smax As Integer
```

Fügen Sie einen Konstruktor hinzu und übergeben Sie ihm die folgenden Parameter:

x0, y0 = linke obere Ecke der Matrix,

b, h = Breite und Höhe einer einzelnen *TextBox*,

zmax, smax = Anzahl der Zeilen und Spalten der Matrix.

```
Public Sub New(ByVal x0 As Integer, ByVal y0 As Integer, ByVal b As Integer, _
               ByVal h As Integer, ByVal zm As Integer, ByVal sm As Integer)

    Dim count As Integer = 0              ' Zähler zum Durchnummerieren
    zmax = zm
    smax = sm
    For z As Integer = 0 To zmax - 1
        For s As Integer = 0 To smax - 1
            Dim tb As New TextBox()
            tb.Bounds = New Rectangle(New Point(x0 + s * b, y0 + z * h), New Size(b, h))
            tb.Font = New Font("Arial", 8)
            tb.TextAlign = HorizontalAlignment.Center
            count += 1
            tb.Name = "TextBox" & count.ToString()
            tb.Text = tb.Name
            Me.Controls.Add(tb)
        Next s
    Next z
```

Dem *Size*-Objekt wird hier die rechte untere Ecke der Komponente übergeben:

```
    Me.Size = New System.Drawing.Size(x0 + smax * b, y0 + zmax * h)
    Me.Name = "CTBMatrix"
End Sub
```

Der zweidimensionale Zugriff (wie es sich gehört über einen als Standardeigenschaft "getarnten" Indexer, z = Zeile, s = Spalte):

```
Default Public Property Index(ByVal z As Integer, ByVal s As Integer) As Double
    Get
        Dim n As Integer = (z - 1) * smax + s
        Dim tb As TextBox = CType(Me.Controls(n - 1), TextBox)
        Return Convert.ToDouble(tb.Text)
    End Get
    Set(ByVal value As Double)
        Dim n As Integer = (z - 1) * smax + s
        Dim tb As TextBox = CType(Me.Controls(n - 1), TextBox)
        tb.Text = value.ToString()
    End Set
End Property
```

Eine Überladung des Indexers für den eindimensionalen Zugriff:

```
Default Public Property Index(ByVal z As Integer) As Double
    Get
        Dim tb As TextBox = CType(Me.Controls(z - 1), TextBox)
        Return Convert.ToDouble(tb.Text)
    End Get
    Set(ByVal value As Double)
        Dim tb As TextBox = CType(Me.Controls(z - 1), TextBox)
        tb.Text = value.ToString()
    End Set
End Property

End Class
```

Bedienoberfläche

Auf der Eingabemaske (*Form1*) lassen wir oben genügend Platz für die beiden Instanzen unseres neuen Steuerelements, die erst zur Laufzeit hinzugefügt werden:

R16.4 Lösen von linearen Gleichungssystemen

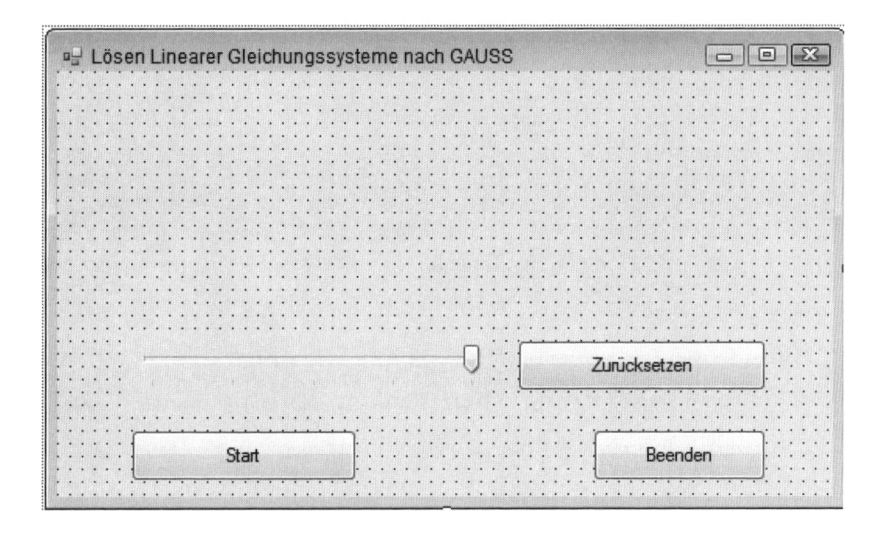

[Screenshot: Formularentwurf "Lösen Linearer Gleichungssysteme nach GAUSS" mit TrackBar, Buttons "Zurücksetzen", "Start", "Beenden"]

Die *TrackBar* (*Minimum*=1, *Maximum*=5, *Value* = 5, *SmallChange*/*LargeChange* = 1) dient zum Einstellen der Ordnung *N* des Gleichungssystems.

Programmierung allgemein

```
Public Class Form1
```

Die aktuelle Ordnung des Gleichungssystems wird mit ihrem maximal zulässigen Wert initialisiert:

```
    Private N As Integer = 5
```

Wir brauchen eine zweidimensionale Matrix *A(N,N)* für die linke und eine eindimensionale Matrix *B(N)* für die rechte Seite:

```
    Private A As CTBMatrix
    Private B As CTBMatrix
```

Um Ärger mit dem unkontrollierten frühzeitigen Auslösen des *ValueChanged*-Ereignisses der *TrackBar* zu vermeiden, verwenden wir eine Hilfsvariable:

```
    Private flag As Boolean = False
```

Die Startaktivitäten werden innerhalb der überschriebenen *OnLoad*-Methode ausgeführt (diese von Microsoft favorisierte Lösung ist sauberer als die Verwendung eines *Load*-Eventhandlers!). Die Intellisense unterstützt Sie auch bei der Überschreibung von Basisklassenmethoden recht komfortabel (Erstellung des Methodenrumpfs nach Eintippen von *Overrides Sub*):

```
    Protected Overrides Sub OnLoad(ByVal e As System.EventArgs)
```

Es werden zwei Instanzen unseres Steuerelements erzeugt und zur *Controls*-Auflistung von *Form1* hinzugefügt:

```
    A = New CTBMatrix(50, 30, 60, 20, N, N)
    Me.Controls.Add(A)
    B = New CTBMatrix(390, 30, 60, 20, N, 1)
    Me.Controls.Add(B)
```

Da wir nach Fertigstellung zunächst nur an einem kurzen Funktionstest interessiert sind, wollen wir beiden Komponenten gleich zu Beginn die Werte eines gültigen Gleichungssystems zuweisen, um uns die langwierige Eingabe einer Koeffizientenmatrix zu ersparen:

```
    initA()
    initB()
```

Die Freigabe für die *TrackBar*:

```
    flag = True
```

Zum Schluss erfolgt der obligatorische Aufruf der Basisklassenmethode, innerhalb welcher das *Load*-Event ausgelöst wird:

```
    MyBase.OnLoad(e)
End Sub
```

Das Initialisieren beider Matrizen mit festen Anfangswerten liefert ein lösbares Test-Gleichungssystem:

```
Private Sub initA()
    Dim h As Integer() = {3, 2, 2, -2, 0, 1, -1, -1, 0, 1, 2, _
                          0, 2, 1, -1, -1, 1, 1, 1, 1, 0, 2, 0, 1, 2}
    Dim z As Integer = 0
    For i As Integer = 1 To N
        For j As Integer = 1 To N
            A(i, j) = h(z)
            z += 1
        Next j
    Next i
End Sub

Private Sub initB()
    Dim h As Integer() = {-8, -2, 4, 2, 2}
    For i As Integer = 1 To N
        B(i) = h(i - 1)
    Next i
End Sub
```

GAUSS-Algorithmus

Nun endlich kommt der gute alte Carl Friedrich Gauß zu Wort, und wir schreiten zur Implementierung seines Algorithmus, wobei wir uns an dem zu Beginn gezeigten Programmablaufplan orientieren:

```
Private Sub gauss()
```

Der Eliminationszyklus:

```
    For k As Integer = N To 2 Step -1
        For i As Integer = 1 To k - 1
            B(i) = B(i) - B(k) * A(i, k) / A(k, k)
            For j As Integer = 1 To k - 1
                A(i, j) = A(i, j) - A(i, k) * A(k, j) / A(k, k)
            Next j
        Next i
    Next k
```

Die Rücksubstitution:

```
    For i As Integer = 1 To N
        For j As Integer = 1 To i - 1
            B(i) = B(i) - B(j) * A(i, j)
        Next j
        B(i) = B(i) / A(i, i)
    Next i
End Sub
```

Bedienelemente

Hinter der "Start"-Schaltfläche liegt der simple Aufruf des Gauss-Algorithmus:

```
Private Sub Button1_Click(ByVal sender As System.Object, ByVal e As System.EventArgs) _
                                                    Handles Button1.Click
    gauss()
End Sub
```

Die "Zurücksetzen"-Schaltfläche stellt die Anfangsbedingungen wieder her:

```
Private Sub Button2_Click(ByVal sender As System.Object, ByVal e As System.EventArgs) _
                                                    Handles Button2.Click
    initA()
    initB()
End Sub
```

Die Ordnung des Gleichungssystems (Anzahl der Unbekannten) wird mit der *TrackBar* eingestellt:

```
    Private Sub TrackBar1_ValueChanged(ByVal sender As System.Object, _
                    ByVal e As System.EventArgs) Handles TrackBar1.ValueChanged
        If flag Then
            N = TrackBar1.Value
            Me.Controls.Remove(A)

            A = New CTBMatrix(50, 30, 60, 20, N, N)
            Me.Controls.Add(A)

            Me.Controls.Remove(B)
            B = New CTBMatrix(390, 30, 60, 20, N, 1)
            Me.Controls.Add(B)

            initA()
            initB()
        End If
    End Sub
    ...
End Class
```

Programmtest

Gleich zu Beginn erwartet Sie ein fertig vorbereitetes Gleichungssystem in Matrizenform, für dessen Lösung per Hand Sie Stunden brauchen würden:

In ausführlicher Schreibweise lautet obiges Gleichungssystem wie folgt:

$$3x_1 + 2x_2 + 2x_3 - 2x_4 = -8$$
$$x_1 - x_2 - x_3 + x_5 = -2$$
$$2x_1 + 2x_3 + x_4 - x_5 = 4$$
$$-x_1 + x_2 + x_3 + x_4 + x_5 = 2$$
$$2x_2 + x_4 + 2x_5 = 2$$

Nach Klick auf den "Start"-Button erscheint rechts (im Spaltenvektor B) die Lösung:

$x_1 = 0$

$x_2 = 1$

$x_3 = -1$

$x_4 = 4$

$x_5 = -2$

Die linke Seite (Koeffizientenmatrix A) wurde während des Eliminationszyklus mit den (für die Lösung uninteressanten) Werten des Zwischengleichungssystems überschrieben:

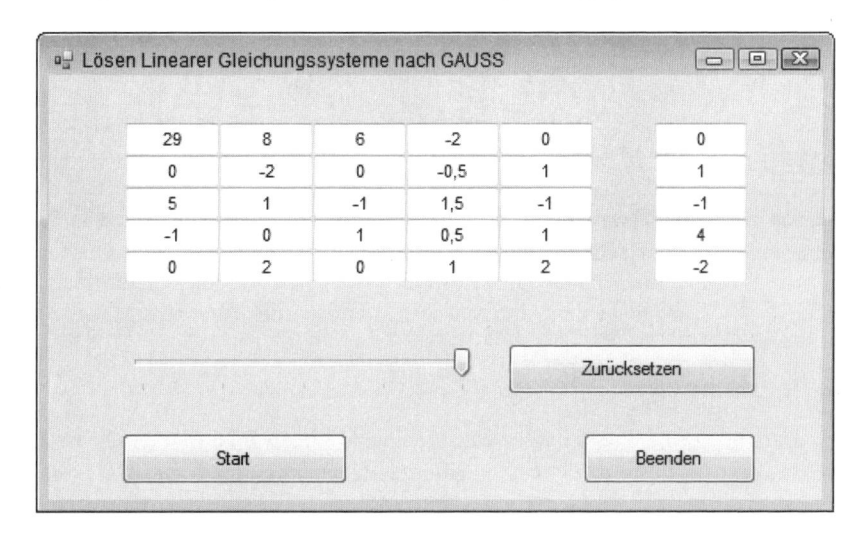

29	8	6	-2	0	0
0	-2	0	-0,5	1	1
5	1	-1	1,5	-1	-1
-1	0	1	0,5	1	4
0	2	0	1	2	-2

Durch Klick auf "Rücksetzen" erscheint das Gleichungssystem wieder mit den anfänglichen Werten.

Ein weiteres Beispiel

Hier noch ein kleineres Gleichungssystem (Ordnung $N = 2$), welches Sie zwecks Kontrolle leicht per Hand nachrechnen können:

$3x_1 + 2x_2 = -8$

$2x_1 - 2x_2 = -2$

nebst Lösung: $x_1 = -2$ und $x_2 = -1$.

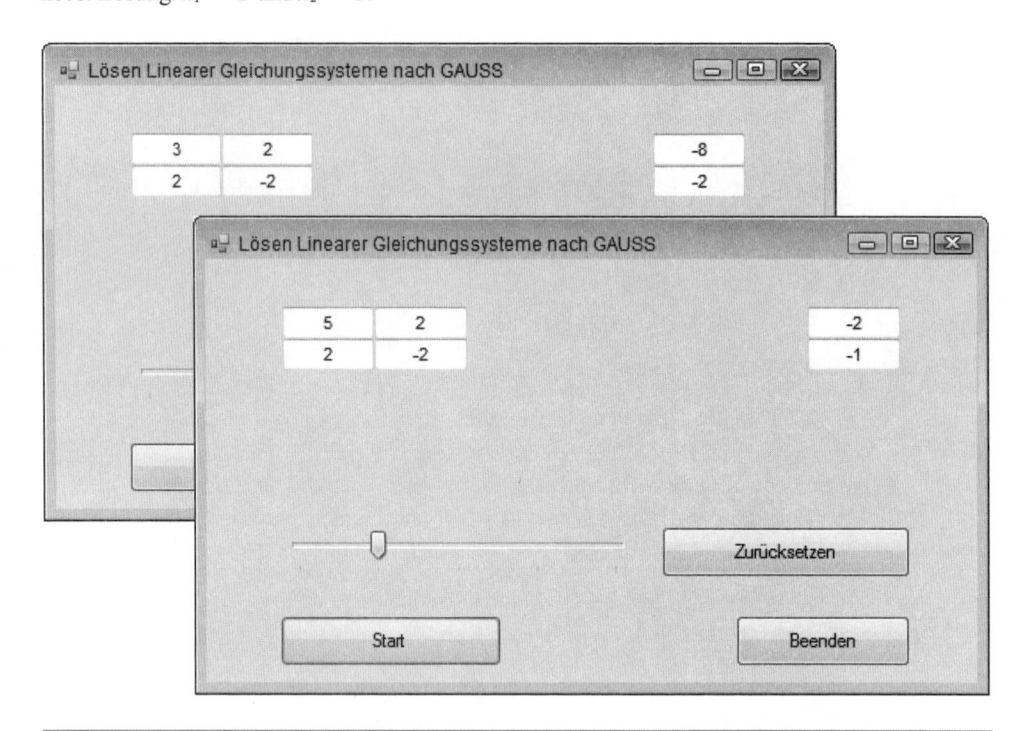

HINWEIS: Aus Übersichtlichkeitsgründen wurde auf eine Fehlerbehandlung verzichtet, wie sie z.B. erforderlich wäre, wenn ein Element der Hauptdiagonale null ist. Falls Sie mehrmals hintereinander auf den "Start"-Button klicken, dürfte es deshalb irgendwann mal einen Absturz wegen arithmetischen Überlaufs geben!

Bemerkungen

- Das vorliegende Programm ist eine absolute Minimalvariante. Wünschenswert wäre z.B. die Anzeige des Lösungsvektors X in einer zusätzlichen Instanz von *CTBMatrix*.

- Als weitere Verbesserung wird eine automatische Pivotsuche empfohlen, welche das jeweils betragsgrößte Element der Hauptdiagonale sucht und die zugehörige Gleichung als nächste eliminiert. Auf diese Weise ließe sich auch das leidige Problem der Division durch null umgehen.

R16.5 Rechner für komplexe Zahlen

Auch mit dieser Anwendung wollen wir nicht nur die Lösung eines mathematischen Problems zeigen, sondern (was viel wichtiger ist) grundlegendes Handwerkszeug des .NET-Programmierers demonstrieren:

- Sinnvolle Auslagerung von Quellcode in Klassen, um das Verständnis der OOP zu vertiefen,
- Prinzip der Operatorenüberladung in Visual Basic,
- Strukturierung des Codes der Benutzerschnittstelle nach dem EVA-Prinzip (Eingabe – Verarbeitung – Ausgabe).

Doch ehe wir mit der Praxis beginnen, scheint ein kurzer Abstieg in die Untiefen der Mathematik unumgänglich.

Was sind komplexe Zahlen?

Eine besondere Bedeutung haben komplexe Zahlen beispielsweise in der Schwingungslehre und in der Wechselstromtechnik, einem bedeutenden Teilgebiet der Elektrotechnik.

Zur Darstellung einer komplexen Zahl $\underline{Z}$ bieten sich zwei Möglichkeiten an:

- Kartesische Koordinaten (Real-/Imaginärteil)
- Polarkoordinaten (Betrags-/Winkeldarstellung)

Die folgende Tabelle zeigt eine Zusammenstellung der Umrechnungsformeln:

Kartesische Koordinaten	Polarkoordinaten
$\underline{Z} = \text{Re}\{\underline{Z}\} + j\text{Im}\{\underline{Z}\}$	$\underline{Z} = |\underline{Z}|\, e^{j\varphi_Z}$
Realteil: $\text{Re}\{\underline{Z}\} = |\underline{Z}| \cos \varphi_z$	Betrag: $|\underline{Z}| = \sqrt{(\text{Re}\{Z\})^2 + (\text{Im}\{Z\})^2}$
Imaginärteil: $\text{Im}\{\underline{Z}\} = |\underline{Z}| \sin \varphi_z$	Phasenwinkel: $\varphi_Z = \arctan \dfrac{\text{Im}\{Z\}}{\text{Re}\{Z\}}$

Am besten lassen sich diese Zusammenhänge am Einheitskreis erläutern, wobei $\underline{Z}$ als Punkt in der komplexen Ebene erscheint:

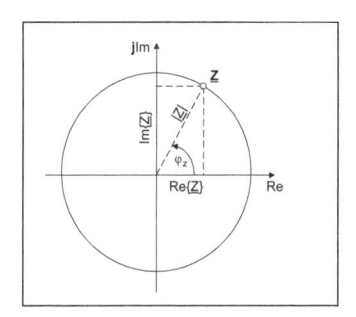

Die kartesische Form eignet sich besonders gut für die Ausführung von Addition und Subtraktion:

Mit

$Z_1 = a_1 + jb_1$ und $Z_2 = a_2 + jb_2$

ergibt sich

$Z_1 + Z_2 = a_1 + a_2 + j(b_1 + b_2)$ bzw. $Z_1 - Z_2 = a_1 - a_2 + j(b_1 - b_2)$

Andererseits bevorzugt man für Multiplikation und Division die Zeigerform:

Mit

$Z_1 = c_1 \cdot e^{j\varphi 1}$ und $Z_2 = c_2 \cdot e^{j\varphi 2}$

erhalten wir

$Z_1 \cdot Z_2 = c_1 \cdot c_2 \cdot e^{j(\varphi 1 + \varphi 2)}$ bzw. $Z_1/Z_2 = c_1/c_2 \cdot e^{j(\varphi 1 - \varphi 2)}$

Für die Angabe des Phasenwinkels hat man die Wahl zwischen Radiant (Bogenmaß) und Grad. Für die gegenseitige Umrechnung gilt die Beziehung

$$\varphi(Rad) = \frac{\pi}{180} \varphi(Grad)$$

HINWEIS: Die Maßeinheit "Grad" wird aufgrund ihrer Anschaulichkeit vom Praktiker für die Ein- und Ausgabe bevorzugt, während "Radiant" für interne Berechnungen günstiger ist.

Programmierung der Klasse CComplexN

Öffnen Sie ein neues Projekt vom Typ Windows Forms-Anwendung. Das Startformular *Form1* lassen Sie zunächst unbeachtet liegen, denn der routinierte .NET-Programmierer kapselt seinen Code in Klassen anstatt ihn einfach zum Formularcode hinzuzufügen.

Die zweckmäßige Aufteilung einer praktischen Problemstellung in verschiedene Klassen und die Definition der Abhängigkeiten ist sicherlich der schwierigste Part der OOP und erfordert einige Übung und Routine, bis das dazu erforderliche abstrakte Denken schließlich zur Selbstverständlichkeit wird[1].

Die hier vorgeschlagene Lösung benutzt die Klasse *CComplexN*, welche eine komplexe Zahl repräsentiert. Diese Klasse speichert in den Zustandsvariablen *Re* und *Im* (die in unserem Fall gleichzeitig Eigenschaften sind) den Wert der komplexen Zahl in Kartesischen Koordinaten. Die beiden anderen Eigenschaften (*Len* und *Ang*) repräsentieren dieselbe Zahl in Polar-Koordinaten.

---

[1] Die UML (Unified Modelling Language) stellt dazu spezielle Werkzeuge bereit.

Allerdings werden *Len* und *Ang* nicht direkt in den Objekten gespeichert, sondern in so genannten *Eigenschaftenmethoden* (*property procedures*) jeweils aus *Re* und *Im* berechnet.

Über das Menü *Projekt|Klasse hinzufügen...* erstellen Sie den Rahmencode der Klasse.

```
Public Class CComplexN
```

Die beiden öffentlichen Zustandsvariablen *Re* und *Im* bilden das "Gedächtnis" der Klasse und können quasi wie Eigenschaften benutzt werden[1]:

```
Public Re, Im As Double             ' Real- und Imaginärteil
```

Ein Konstruktor (den Rahmencode können Sie sich von der IDE erzeugen lassen) setzt die Zustandsvariablen auf ihre Anfangswerte:

```
Public Sub New(ByVal r As Double, ByVal i As Double)
    Re = r : Im = i
End Sub
```

Die "intelligente" Eigenschaftsmethode *Ang* berechnet den Phasenwinkel aus den Zustandsvariablen *Re* und *Im*:

```
Public Property Ang() As Double
    Get
        Dim g As Double = 0
        If Re <> 0 Then
            g = 180 / Math.PI * Math.Atan(Im / Re)
            If Re < 0 Then g += 180
        Else
            If Im <> 0 Then
                If Im > 0 Then g = 90
            Else
                g = -90
            End If
        End If
        Return g
    End Get
    Set(ByVal value As Double)
        Dim b, l As Double
        b = value * Math.PI / 180
        l = Math.Sqrt(Re * Re + Im * Im)
        Re = l * Math.Cos(b)       ' neuer Realteil
        Im = l * Math.Sin(b)       ' neuer Imaginärteil
```

---

[1] Die Verwendung öffentlicher Zustandsvariabler als Eigenschaften ist zwar nicht der sauberste, in unserem Fall aber der effektivste Weg.

```
        End Set
    End Property
```

Die Eigenschaft *Len* ermittelt den Betrag (die Länge des Zeigers) aus *Re* und *Im*:

```
    Public Property Len() As Double
        Get
            Return Math.Sqrt(Re * Re + Im * Im)
        End Get
        Set(ByVal value As Double)
            Dim b As Double = Math.Atan(Im / Re)
            Re = value * Math.Cos(b)
            Im = value * Math.Sin(b)
        End Set
    End Property
```

Besonders interessant sind die folgenden drei (statischen) Methoden, welche die Operatorenüberladungen für Addition, Multiplikation und Division neu definieren.

Der "+"-Operator erhält eine neue Bedeutung, er addiert jetzt zwei komplexe Zahlen:

```
    Public Shared Operator +(ByVal a As CComplexN, ByVal b As CComplexN) As CComplexN
        Dim z As New CComplexN(0, 0)
        z.Re = a.Re + b.Re
        z.Im = a.Im + b.Im
        Return z
    End Operator
```

Der "*"-Operator multipliziert zwei komplexe Zahlen:

```
    Public Shared Operator *(ByVal a As CComplexN, ByVal b As CComplexN) As CComplexN
        Dim z As New CComplexN(0, 0)
        z.Re = a.Re * b.Re - a.Im * b.Im
        z.Im = a.Re * b.Im + a.Im * b.Re
        Return z
    End Operator
```

Der "/"-Operator dividiert zwei komplexe Zahlen:

```
    Public Shared Operator /(ByVal a As CComplexN, ByVal b As CComplexN) As CComplexN
        Dim z As New CComplexN(0, 0)
        z.Re = (a.Re * b.Re + a.Im * b.Im) / (b.Re * b.Re + b.Im * b.Im)
        z.Im = (a.Im * b.Re - a.Re * b.Im) / (b.Re * b.Re + b.Im * b.Im)
        Return z
    End Operator
End Class
```

> **HINWEIS:** Vielleicht sticht Ihnen bereits jetzt ein gravierender Unterschied zur klassischen "Geradeausprogrammierung" ins Auge: Spezielle Methoden zur Umrechnung zwischen Kartesischen- und Polarkoordinaten sind Fehlanzeige, da ein Objekt vom Typ *CComplexN* beide Darstellungen bereits als Eigenschaften kapselt!

Bedienoberfläche für Testprogramm

Um uns von der Funktionsfähigkeit der entwickelten Klassen zu überzeugen, brauchen wir ein kleines Testprogramm, das die Ein- und Ausgabe von komplexen Zahlen und die Auswahl der Rechenoperation sowie der Koordinatendarstellung ermöglicht.

Wir verwenden dazu das bereits vorhandene Startformular *Form1*, das wir entsprechend der folgenden Abbildung gestalten.

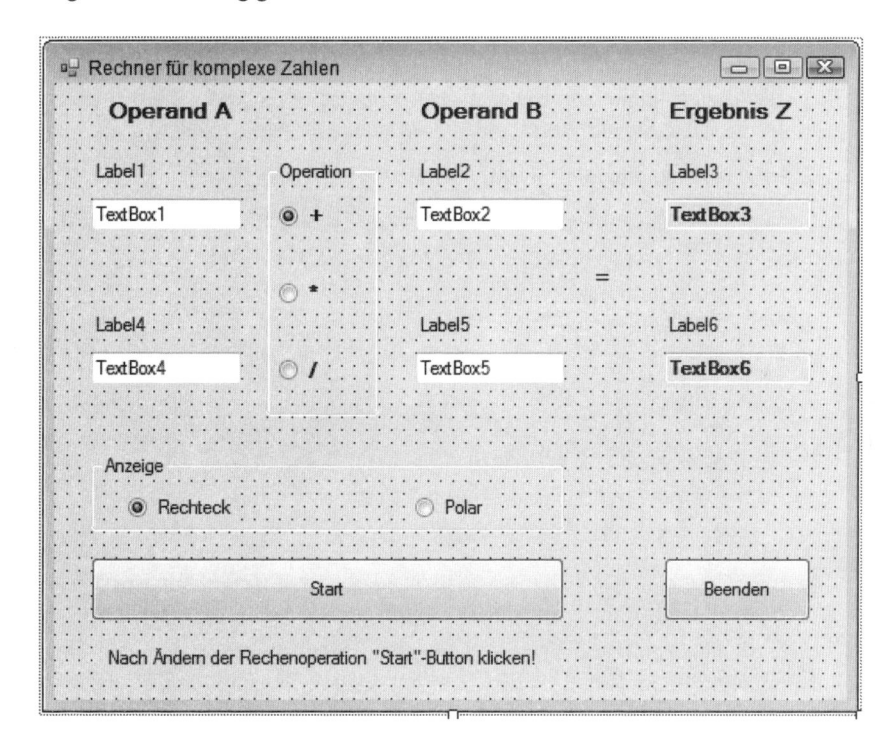

> **HINWEIS:** Es kann nicht schaden, wenn Sie *ReadOnly* für *TextBox3* und *TextBox6* auf *True* und *TabStop* auf *False* setzen, da Sie diese beiden rechten Felder nur zur Ergebnisanzeige brauchen.

Quellcode für Testprogramm

Das an legendäre DOS-Zeiten erinnernde EVA-Prinzip (Eingabe, Verarbeitung, Anzeige) hat auch unter .NET nichts von seiner grundlegenden Bedeutung eingebüßt.

Der clientseitige Quellcode entspricht vom prinzipiellen Ablauf her der klassischen Geradeausprogrammierung, ist allerdings deutlich übersichtlicher und problemnäher, denn wir arbeiten mit drei Objektvariablen, die bereits komplexe Zahlen sind und nicht mit einer Vielzahl skalarer Variablen!

```
Public Class Form1
```

Die benötigten Objektvariablen:

```
    Private A As New CComplexN(1, 1)         ' Operand A
    Private B As New CComplexN(1, 1)         ' Operand B
    Private Z As New CComplexN(0, 0)         ' Ergebnis Z
```

Unter Berücksichtigung der eingestellten Anzeigeart (Rechteck- oder Polarkoordinaten) liest die folgende Methode die Werte aus der Eingabemaske in die Objekte:

```
    Private Sub Eingabe()
        If RadioButton4.Checked Then    ' Rechteck-Koordinaten
            A.Re = Convert.ToDouble(TextBox1.Text)
            B.Re = Convert.ToDouble(TextBox2.Text)
            A.Im = Convert.ToDouble(TextBox4.Text)
            B.Im = Convert.ToDouble(TextBox5.Text)
        Else                            ' Polar-Koordinaten
            A.Len = Convert.ToDouble(TextBox1.Text)
            B.Len = Convert.ToDouble(TextBox2.Text)
            A.Ang = Convert.ToDouble(TextBox4.Text)
            B.Ang = Convert.ToDouble(TextBox5.Text)
        End If
    End Sub
```

Die Verarbeitungsroutine führt die gewünschte Rechenoperation mit den bekannten Symbolen für Addition, Multiplikation und Division aus. Dazu werden die in der Klasse *CComplexN* definierten Operatorenüberladungen benutzt:

```
    Private Sub Verarbeitung()
        If RadioButton1.Checked Then Z = A + B        ' Addition
        If RadioButton2.Checked Then Z = A * B        ' Multiplikation
        If RadioButton3.Checked Then Z = A / B        ' Division
    End Sub
```

Als Pendant zur *Eingabe*-Methode sorgt die Methode *Ausgabe* für die Anzeige von *A*, *B* und *Z*, wozu auch die Anpassung der Beschriftung der Eingabefelder gehört:

R16.5 Rechner für komplexe Zahlen

```
Private Sub Anzeige()
    If RadioButton4.Checked Then          ' Anzeige in Rechteck-Koordinaten
        Label1.Text = "Realteil A"
        Label2.Text = "Realteil B"
        Label3.Text = "Realteil Z"
        Label4.Text = "Imaginärteil A"
        Label5.Text = "Imaginärteil B"
        Label6.Text = "Imaginärteil Z"
        TextBox1.Text = A.Re.ToString()   ' Anzeige Realteil A
        TextBox4.Text = A.Im.ToString()   ' Anzeige Imaginärteil A
        TextBox2.Text = B.Re.ToString()   ' Anzeige Realteil B
        TextBox5.Text = B.Im.ToString()   ' Anzeige Imaginärteil B
        TextBox3.Text = Z.Re.ToString()   ' Anzeige Realteil Z
        TextBox6.Text = Z.Im.ToString()   ' Anzeige Imaginärteil Z
    Else                                  ' Anzeige in Polarkoordinaten
        Label1.Text = "Betrag A"
        Label2.Text = "Betrag B"
        Label3.Text = "Betrag Z"
        Label4.Text = "Winkel A"
        Label5.Text = "Winkel B"
        Label6.Text = "Winkel Z"
        TextBox1.Text = A.Len.ToString()  ' Anzeige Betrag A
        TextBox4.Text = A.Ang.ToString()  ' Anzeige Winkel A
        TextBox2.Text = B.Len.ToString()  ' Anzeige Betrag B
        TextBox5.Text = B.Ang.ToString()  ' Anzeige Winkel B
        TextBox3.Text = Z.Len.ToString()  ' Anzeige Betrag Z
        TextBox6.Text = Z.Ang.ToString()  ' Anzeige Winkel Z
    End If
End Sub
```

Die "Start"-Schaltfläche:

```
Private Sub Button1_Click(ByVal sender As System.Object, ByVal e As System.EventArgs) _
                                                    Handles Button1.Click
    Eingabe()
    Verarbeitung()
    Anzeige()
End Sub
```

Nach Umschaltung zwischen Rechteck- und Polarkoordinaten muss die Anzeige aktualisiert werden:

```
Private Sub RadioButton4_CheckedChanged(ByVal sender As System.Object, _
              ByVal e As System.EventArgs) Handles RadioButton4.CheckedChanged
    Anzeige()
End Sub
```

Programmtest

Wenn zum Beispiel die Aufgabe

(2.5 + 3j) / (-2 + j)

gelöst werden soll, so stellen Sie zunächst die Anzeige auf "Rechteck" ein. Geben Sie dann links oben den Realteil (2,5) und darunter den Imaginärteil (3) des ersten Operanden ein. Analog dazu geben Sie rechts oben den Realteil (-2) und darunter den Imaginärteil (1) des zweiten Operanden ein. Abschließend klicken Sie auf die gewünschte Operation (/).

Nach Betätigen der "Start"-Taste erscheint als Ergebnis die komplexe Zahl -0.4 -1.7j.

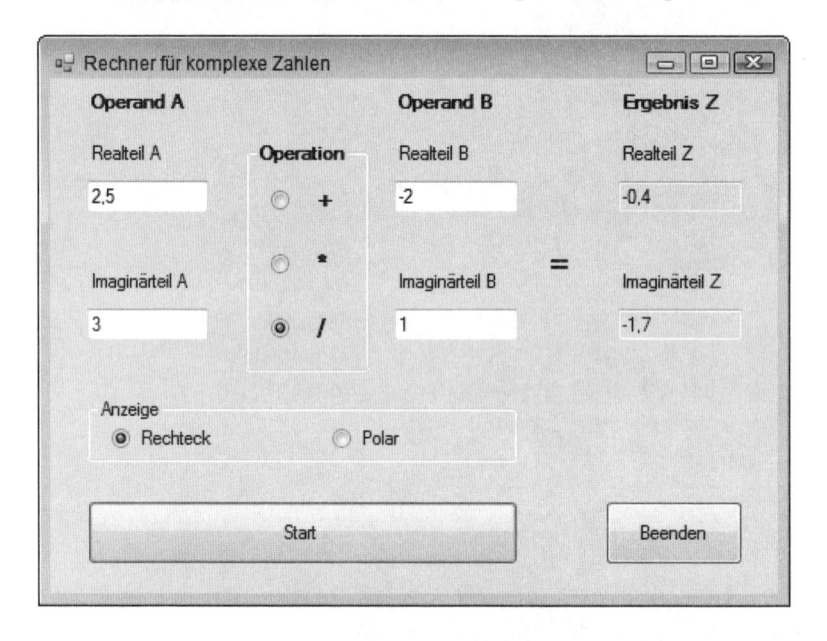

Die äquivalenten Polarkoordinaten liefern für das gleiche Beispiel einen Zeiger mit der Länge von ca. 1.746 und einem Winkel von ca. 256.76 Grad.

HINWEIS: Wenn Sie die Anzeige zwischen Rechteck- und Polarkoordinaten umgeschaltet haben, müssen Sie anschließend die "Start"-Schaltfläche klicken!

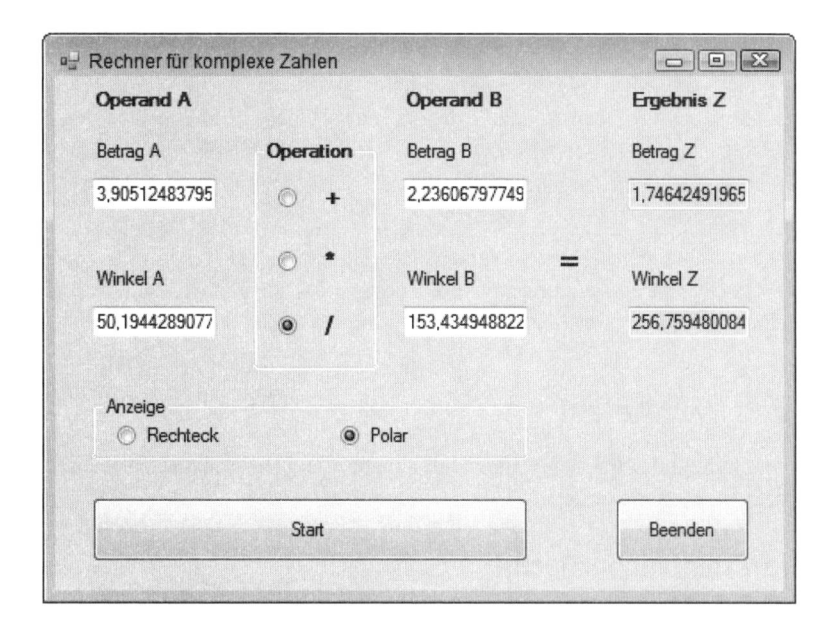

[Abbildung: Rechner für komplexe Zahlen – Operand A (Betrag A: 3,90512483795; Winkel A: 50,1944289077), Operation (+, *, /), Operand B (Betrag B: 2,23606797749; Winkel B: 153,434948822), Ergebnis Z (Betrag Z: 1,74642491965; Winkel Z: 256,759480084), Anzeige: Rechteck/Polar, Start/Beenden]

Bemerkungen

- Die Vorteile eines gut strukturierten, objektorientierten Programms liegen bekanntermaßen in der leichteren Lesbarkeit des Quellcodes ("sprechender" Code) und in der besseren Wartbarkeit und Erweiterungsfähigkeit.

- Beim Arbeiten mit Visual Studio informiert Sie die Intellisense stets aktuell über die vorhandenen Klassenmitglieder und deren Signaturen.

R16.6 Formel-Rechner mit dem CodeDOM

Jeder, der in einer Mathematik-Ausbildung steht oder im Bereich wissenschaftlich-technischer Anwendungen arbeitet, hat sicher schon vor der Aufgabe gestanden, Berechnungen von Formelausdrücken durchzuführen, sei es um eine Werteliste zu erstellen oder um eine Diagramm auszudrucken.

Wer jetzt befürchtet, dafür erst einen aufwändigen Formelparser entwickeln zu müssen, den können wir beruhigen, denn unter .NET erlaubt das *Code Document Object Model* aus dem Namensraum *System.CodeDOM* eine verblüffend einfache Realisierungsmöglichkeit: Sie können den Quellcode einer .NET-Programmiersprache zur Laufzeit "zusammenbasteln", kompilieren und ausführen! Aus der so erzeugten Assembly kann mittels Reflexion die "zusammengebastelte" Funktion aufgerufen und das Ergebnis ausgewertet werden!

HINWEIS: Ein Rechner nach diesem Prinzip stellt bezüglich seiner Leistungsfähigkeit die bekannten Windows-Taschenrechner weit in den Schatten!

In welcher Sprache Sie die zu berechnende Formel zusammenbauen ist egal, Voraussetzung ist lediglich das Vorhandensein eines zum Compiler passenden *CodeDomProvider*s. Im vorliegenden Fall haben wir uns, wen wundert's, für VB entschieden. Wir hätten aber auch den C#-Provider nehmen können, für den Endanwender ist aber die VB-Syntax einfacher zu verstehen, scheitern doch viele bereits an der peniblen Groß-/Kleinschreibung von C#.

> **HINWEIS:** Ganz abgesehen von seinem Nutzen als universeller Formelrechner bietet dieses Rezept eine eindrucksvolle Demonstration des Prinzips und der Leistungsfähigkeit des Reflection-Mechanismus von .NET.

Basisversion des Rechners

Das Grundprinzip des Formelrechners soll zunächst an einer auf das Wesentliche beschränkten Variante demonstriert werden.

Entwurf Bedienoberfläche

Öffnen Sie eine neue Windows Forms-Anwendung und erstellen Sie ein Formular mit folgendem Aussehen:

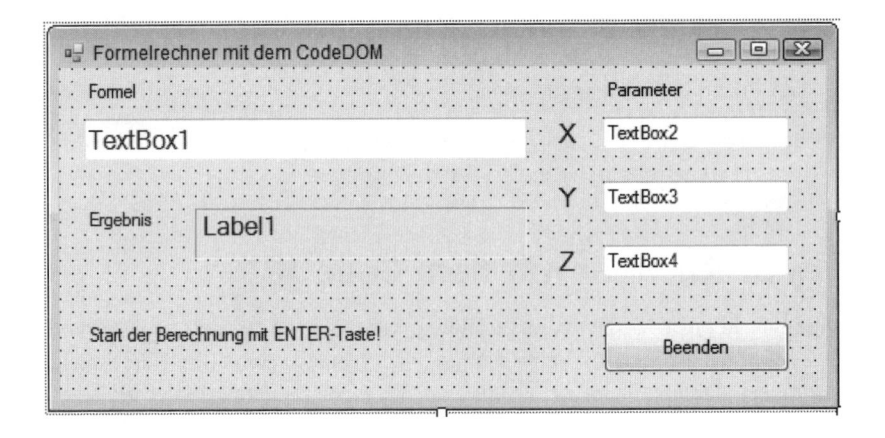

Bei der Gestaltung der Benutzerschnittstelle (*Form1*) haben Sie viel Spielraum, sodass obige Abbildung lediglich als Vorschlag zu verstehen ist. Wir können sogar auf eine Ergebnis-Schaltfläche ("=") verzichten, wie sie bei "normalen" Taschenrechnern üblich ist. Stattdessen werden wir die Berechnung durch einfaches Betätigen der Enter-Taste starten.

Außerdem gönnen wir uns noch drei weitere *TextBox*en, um auch Parameter in die Formel einbauen zu können (es empfiehlt sich, dazu die *KeyPreview*-Eigenschaft des Formulars auf *True* zu setzen).

Die Klasse CCalculator

Fügen Sie zum Projekt eine neue Klasse mit dem Namen *CCalculator* hinzu. Die Klasse stellt einzig und allein die statische Methode *Calc()* bereit, welcher der zu berechnende Ausdruck als String zu übergeben ist. Der Rückgabewert (*Double*) entspricht dem Ergebnis der Berechnung.

Die *Calc()*-Methode erzeugt den Quellcode für ein gültiges VB-Modul mit einer Klasse, die eine ganz einfache Funktion (ebenfalls mit dem Namen *Calc*) zur Berechnung dieses Ausdrucks kapselt. Der Code wird kompiliert und ausgeführt. Um den Code dem VB-Compiler zu übergeben, kommt das CodeDOM (*Code Document Object Model*) zum Einsatz, mit dem sich aus einer Anwendung heraus Programmcode erzeugen lässt. Nach dem Kompilieren wird mittels Reflection auf die erzeugte Assembly zugegriffen und der Ausdruck berechnet.

```
Imports System.CodeDom.Compiler
Imports System.Reflection

Public Class CCalculator
```

Zwischenspeichern der Assembly und der Verweise:

```
    Private Shared ass As Assembly
    Private Shared aClass As Type
    Private Shared aMethode As MethodInfo
    Private Shared obj As Object
```

Der Berechnungsfunktion wird der Formelausdruck als String übergeben:

```
    Public Shared Function Calc(ByVal expr As String) As Double
        If expr.Length = 0 Then Return 0.0
```

Im Formelausdruck werden die Dezimalkommas durch Dezimalpunkte ersetzt:

```
        expr = expr.Replace(",", ".")
```

Compilerparameter definieren:

```
        Dim opt As New CompilerParameters(Nothing, String.Empty, False)
        opt.GenerateExecutable = False
        opt.GenerateInMemory = True
```

Den zu kompilierenden VB-Quellcode müssen wir natürlich noch zeilenweise zusammenbauen, mittendrin findet sich unser zu berechnender Ausdruck. Durch die Anweisung *Imports System.Math* können wir mathematische Funktionen wie *Sin* ... auch ohne vorangestellten Namespace schreiben:

```
        Dim src As String = "Imports System.Math" & vbCrLf & _
                            "Public Class Calculate" & vbCrLf & _
                            "Public Function Calc() As Double" & vbCrLf & _
```

```
                     "Return " & expr & vbCrLf & _
                  "End Function" & vbCrLf & _
               "End Class" & vbCrLf
```

Nun kann unser VB-Quellcode kompiliert werden:

```
Dim res As CompilerResults = New VBCodeProvider().CompileAssemblyFromSource(opt, src)
```

Auf eine Fehlerauswertung sollte nicht verzichtet werden:

```
If res.Errors.Count > 0 Then
    Dim errors As String = String.Empty
    For Each cerr As CompilerError In res.Errors
        errors = errors & cerr.ToString() & vbCrLf
    Next
    ass = Nothing
    expr = String.Empty
    Throw New ApplicationException(errors)
End If
```

Die vom Compiler erzeugte Assembly kann nun ermittelt und mit dem *Reflection*-Mechanismus ausgewertet werden:

```
ass = res.CompiledAssembly
```

Die interne Klasse aus der Assembly "herausziehen":

```
aClass = ass.GetType("Calculate")
```

Jetzt kommen wir auch an die interne *Calc*-Methode heran:

```
aMethod = aClass.GetMethod("Calc")
```

Eine Instanz der internen Klasse erzeugen:

```
obj = Activator.CreateInstance(aClass)
```

Die interne *Calc*-Methode aufrufen und das Ergebnis zurück liefern:

```
    Return Convert.ToDouble(aMethod.Invoke(obj, Nothing))
End Function
```

```
End Class
```

Quellcode Form1

```
Public Class Form1
```

Die zentrale Anlaufstelle nach Änderung der Eingabewerte ist der Aufruf dieser Methode:

```
Private Sub Berechnung()
```

Den Formelausdruck zuweisen:

```
Dim str As String = TextBox1.Text.ToUpper()
```

Die Parameter X, Y, Z direkt in den Formelausdruck einbauen:

```
str = str.Replace("X", TextBox2.Text).Replace("Y", TextBox3.Text). _
                                       Replace("Z", TextBox4.Text)
```

Start der Berechnung (eine Instanziierung der Klasse *CCalculator* kann entfallen, da lediglich ein statischer Methodenaufruf erfolgt). Aufgrund der vielen möglichen Compilerfehler bei Syntaxverstößen wird der entscheidende Methodenaufruf in einer Fehlerbehandlung gekapselt:

```
Try
    Dim res As Double = CCalculator.Calc(str)
    str = res.ToString()
```

Um das Dezimaltrennzeichen einheitlich als Punkt darzustellen, wandeln wir im Ergebnisstring das Komma einfach in einen Punkt um:

```
    Label1.Text = str.Replace(",", ".")
Catch ex As Exception
    Label1.Text = String.Empty
    MessageBox.Show(ex.Message)
End Try
End Sub
```

Alle vier *TextBox*en verwenden den folgenden gemeinsamen *KeyPress*-Eventhandler, er sorgt dafür, dass die Berechnung mittels Enter-Taste gestartet wird:

```
Private Sub TextBox_KeyPress(ByVal sender As Object, ByVal e As KeyPressEventArgs) _
        Handles TextBox1.KeyPress, TextBox4.KeyPress, TextBox3.KeyPress, TextBox2.KeyPress
    If e.KeyChar = ChrW(Keys.Enter) Then
        Berechnung()
        e.Handled = True
    End If
End Sub
    ...
End Class
```

Test

Geben Sie einen beliebig komplizierten bzw. verschachtelten arithmetischen Ausdruck ein (mit oder ohne Parameter x, y, z). Grundlage ist die VB-Syntax, d.h. auch, die Groß-/Kleinschreibung ist ohne Bedeutung.

Starten Sie die Berechnung mit der Enter-Taste!

Formelrechner mit dem CodeDOM

Formel: `SQRT(x^2+y^2)/4*(y+z)+SIN(Pi/4)`

Ergebnis: 48.5633567811865

Parameter:
X 2.5
Y 6
Z 23.45

Start der Berechnung mit ENTER-Taste!

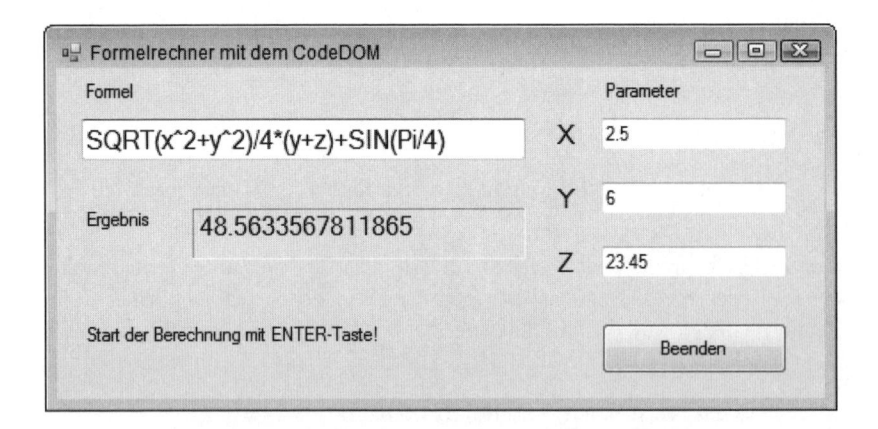

[Beenden]

Bei syntaktischen Verstößen erfolgen in der Regel recht ausführliche Fehlermeldungen. Das Beispiel in der folgenden Abbildung zeigt die Meldung, wenn versehentlich der VB-Quadratwurzel-Operator *SQRT* mit *SQR* verwechselt wurde:

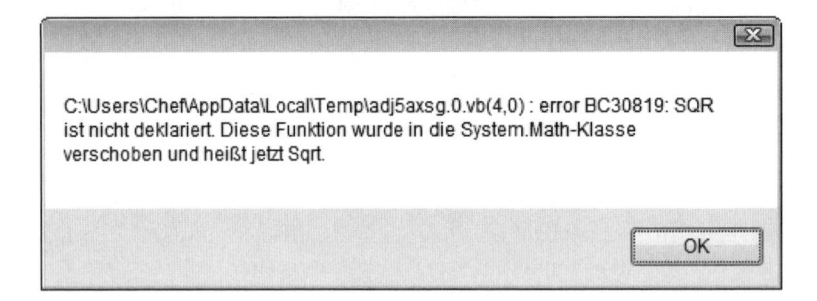

C:\Users\Chef\AppData\Local\Temp\adj5axsg.0.vb(4,0) : error BC30819: SQR ist nicht deklariert. Diese Funktion wurde in die System.Math-Klasse verschoben und heißt jetzt Sqrt.

[OK]

Bemerkungen

- Die Klasse *CCalculator* ist ausbaufähig, denn sie kann nicht nur einen einzigen Ausdruck, sondern auch einen kompletten Algorithmus berechnen, in welchem weitere Funktionen aufgerufen werden können. In diesem Fall empfiehlt sich ein mehrzeiliges Textfeld, in das der VB-Code einzugeben ist. Vorher ist auf das Vorhandensein der *Return*-Anweisung zu prüfen, sodass diese nur im Bedarfsfall (wie in unserem Beispiel) per Programmcode hinzugefügt werden muss.

- Wollen Sie für den zu berechnenden Ausdruck nicht die VB-, sondern die C#-Syntax verwenden, muss natürlich ein anderer Quellcode "zusammengebaut" werden und Sie müssen den entsprechende C#-Codeprovider instanziieren. Bei der Eingabe der Berechnungsformel wäre dann penibel auf die Groß-/Kleinschreibung zu achten.

Funktionsverlauf grafisch darstellen

In der Basisversion des Formelrechners wurde gezeigt, wie man mittels CodeDOM beliebig komplizierte mathematische Formeln auswerten kann. Will man allerdings eine grafische Auswertung (Funktionsdiagramm) vornehmen, so sind in der Regel einige hundert aufeinanderfolgende Aufrufe der Formel bei schrittweise sich ändernden Parametern erforderlich. Damit stößt das Verfahren an seine Grenzen, denn das wiederholte Kompilieren und Auswerten würde auch bei einem schnellen Rechner unzumutbar viel Zeit verbrauchen.

> **HINWEIS:** Da es nicht sinnvoll ist, bei geänderten Parametern aber gleichem Formelausdruck die Assembly immer wieder erneut zu kompilieren, speichern wir die entsprechenden Verweise auf die einmal erzeugte Assembly intern (im Arbeitsspeicher) ab und greifen bei Bedarf darauf zu.

Wir wollen die Vorgehensweise anhand einer bescheidenen Grafik für die bekannte Spaltfunktion *sin(x)/x* erläutern.

Oberfläche

Das nackte Startformular (*Form1*), ausgestattet mit einer einzigen *TextBox*, genügt! Weisen Sie der *TextBox* die *Text*-Eigenschaft "Sin(x) / x" zu (Leerzeichen und Groß-/Kleinschreibung spielen dabei keine Rolle).

Die Klasse CCalculatorX

Die Änderungen gegenüber der Klasse *CCalculator* sind durch Fettdruck hervorgehoben:

```
Imports System.CodeDom.Compiler
Imports System.Reflection
Public Class CCalculatorX
    Private Shared ass As Assembly
    Private Shared aClass As Type
    Private Shared aMethod As MethodInfo
    Private Shared obj As Object
    Private Shared expression As String

    Public Shared Function Calc(ByVal expr As String, ByVal x As Double) As Double
        If expr.Length = 0 Then Return 0.0
        expr = expr.Replace(",", ".")
```

Ein erneutes Kompilieren ist nur dann erforderlich, wenn sich der Formelausdruck *expr* geändert hat:

```
        If expr <> expression Then
            expression = expr
```

```
            Dim opt As New CompilerParameters(Nothing, String.Empty, False)
            opt.GenerateExecutable = False
            opt.GenerateInMemory = True

            Dim src As String = "Imports System.Math" & vbCrLf & _
            "Public Class Calculate" & vbCrLf & _
                "Public Function Calc(X As Double) As Double" & vbCrLf & _
                    "Return " & expr & vbCrLf & _
                "End Function" & vbCrLf & _
            "End Class" & vbCrLf

            Dim res As CompilerResults = New VBCodeProvider().CompileAssemblyFromSource( _
                                                                                    opt, src)
            If res.Errors.Count > 0 Then
                Dim errors As String = String.Empty
                For Each cerr As CompilerError In res.Errors
                    errors = errors & cerr.ToString() & vbCrLf
                Next
                ass = Nothing
                expr = String.Empty
                Throw New ApplicationException(errors)
            End If
            ass = res.CompiledAssembly
            aClass = ass.GetType("Calculate")
            aMethod = aClass.GetMethod("Calc")
            obj = Activator.CreateInstance(aClass)
        End If
```

Falls sich *expr* nicht geändert hat, genügt die Übergabe des neuen Wertes für den Parameter *x*:

```
        Return Convert.ToDouble(aMethod.Invoke(obj, New Object() {x}))
    End Function

End Class
```

Quellcode Form1

```
Public Class Form1
```

Wir überschreiben die *OnPaint*-Methode des Formulars, dadurch wird auch nach vorübergehendem Verdecken des Fensters das Diagramm automatisch neu erstellt:

```
    Protected Overrides Sub OnPaint(ByVal e As System.Windows.Forms.PaintEventArgs)
```

Um den Quellcode überschaubar zu halten, haben wir die Einstellungen des Koordinatensystems für das Diagramm der Funktion $y = sin(x)/x$ optimiert:

```vb
Dim x As Single = -40
Dim y As Single = 0
Dim xold As Single = x
Dim yold As Single = y
Dim scalex As Single = Me.Width / (2 * x)
Dim scaley As Single = -(Me.Height - 20) / 2
Dim incr As Single = 80.0F / Me.Width
Dim p As New Pen(Color.Black, 2)
```

Graphics-Objekts, auf welches das Diagramm gezeichnet werden kann:

```vb
Dim g As Graphics = e.Graphics
```

Koordinatensystem verschieben:

```vb
g.TranslateTransform(Me.Width / 2, Me.Height / 2)
```

Koordinatenachsen zeichnen:

```vb
g.DrawLine(Pens.Red, -Me.Width, 0, Me.Width, 0)
g.DrawLine(Pens.Red, 0, -Me.Height, 0, Me.Height)
```

Anzeige optimieren:

```vb
g.SmoothingMode = System.Drawing.Drawing2D.SmoothingMode.AntiAlias
```

Die einzelnen Funktionswerte berechnen und zeichnen:

```vb
For i As Integer = 0 To Me.Width - 1
    If x = 0 Then x += 0.000001F
    y = Convert.ToSingle(CCalculatorX.Calc(TextBox1.Text, x))
    x += incr
    g.DrawLine(p, x * scalex, y * scaley, xold * scalex, yold * scaley)
    xold = x
    yold = y
Next
```

Die folgende Anweisung nicht vergessen, sonst wird *Paint*-Event nicht ausgelöst:

```vb
MyBase.OnPaint(e)
End Sub
```

Der folgende Eventhandler sorgt für die Umwandlung eines Dezimalkommas in einen Dezimalpunkt und für das Neuzeichnen des Formulars nach Betätigen der Enter-Taste:

```vb
Private Sub TextBox1_KeyPress(ByVal sender As Object, ByVal e As KeyPressEventArgs) _
                                                       Handles TextBox1.KeyPress
```

```
            If e.KeyChar = "," Then
                e.KeyChar = "."
            Else
                If e.KeyChar = ChrW(Keys.Enter) Then
                    Me.Refresh()
                    e.Handled = True
                End If
            End If
        End Sub

End Class
```

Test

Gleich nach Programmstart erscheint das Diagramm der Funktion *sin(x)/x*. Die Grafik wird auch nach vorübergehendem Verdecken des Fensters in Windeseile wieder aufgebaut, da nur einmal kompiliert werden muss.

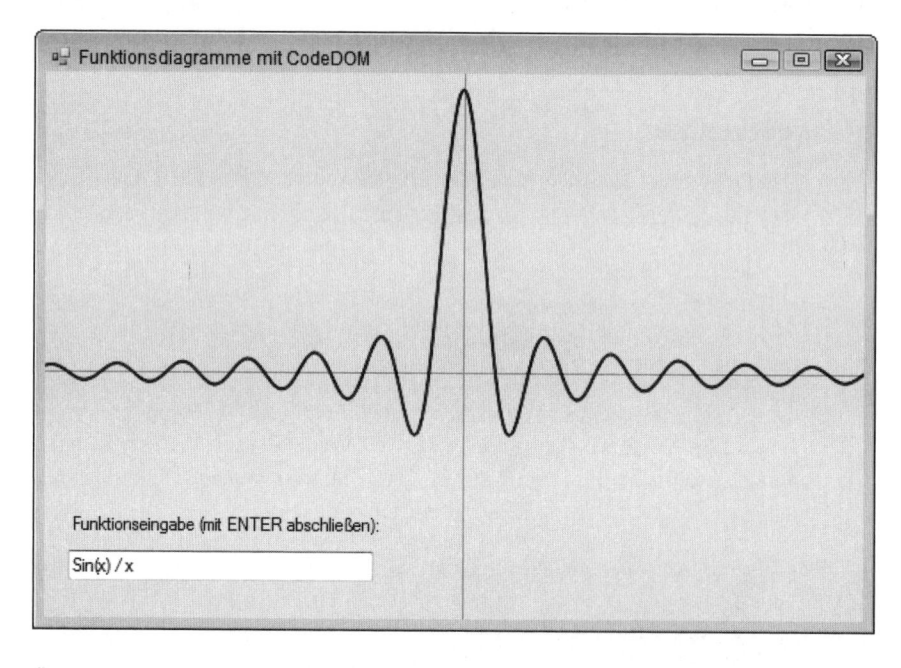

Ändern Sie den Formelausdruck und schließen Sie mit der Enter-Taste ab. Unter der Voraussetzung, dass das starre Koordinatensystem eine geeignete Darstellung zulässt, lassen sich interessante Experimente durchführen:

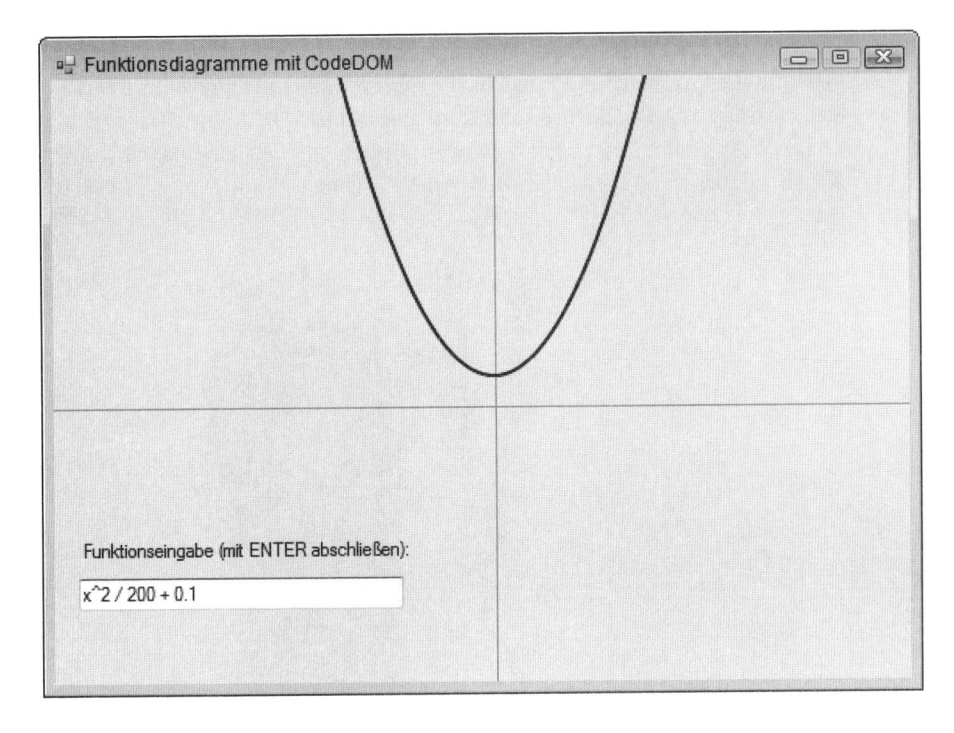

Bemerkungen

- Das Programm lässt sich durch Hinzufügen weiterer Bedienelemente für Inkremente, Maßstabsfaktoren, Skalenteilung etc. so verfeinern, dass eine optimale Darstellung nahezu beliebiger Funktionen ermöglicht wird.

- Die spezialisierte Klasse *CCalculatorX* hat gegenüber der Klasse *CCalculator* den Vorteil, dass sie wiederholte Berechnungen mit einem geänderten Parameter x gestattet, ohne dass dazu die Assembly erneut erzeugt werden müsste. Das bedeutet einen erheblichen Performancegewinn.

- Der Klasse *CCalculator* bleibt hingegen der Vorteil der universellen Verwendbarkeit für beliebige Ausdrücke mit beliebig vielen Parametern, sie eignet sich deshalb besonders für einmalig auszuführende komplizierte Berechnungen.

R16.7 Digitalvoltmeter an RS232

Zahlreiche Mess- und Elektrogeräte[1] sind auch heute noch mit der klassischen seriellen Schnittstelle ausgestattet. In Verbindung mit dem zu Visual Studio 2008 mitgelieferten *SerialPort*-Steuerelement können Sie beliebige Programme schreiben, mit denen sich diese Geräte steuern lassen.

---

[1] Sogar der Hometrainer des Autors verfügt über einen seriellen RS232-Port.

Um eine sinnvolle praktische Anwendung des *SerialPort*-Controls mit geringstem Aufwand zu demonstrieren, verwenden wir hier als Peripheriegerät ein Digitalvoltmeter (z.B. DT9602R) mit serieller Schnittstelle[2]. Es dürfte aber auch jedes andere DVM mit serieller Schnittstelle geeignet sein. Die Abbildung zeigt das DVM beim Messen einer Batteriespannung, oben sieht man das Kabel, welches zum seriellen COM-Port des PC führt.

Oberfläche

Auf das Startformular *Form1* setzen Sie ein mittels *BorderStyle*-, *Font*- und *Color*- Eigenschaften stattlich herausgeputztes *Label*, welches als Anzeigeelement dienen soll. Weiterhin benötigen Sie als Herzstück natürlich das *SerialPort*-Control sowie einen simplen *Button* zum Beenden.

Beim *SerialPort*-Control können Sie es meist bei den im Eigenschaftenfenster vorgegebenen Standardeigenschaften belassen (*DataBits = 8; Parity = None; StopBits = One*; ...) belassen. Lediglich die Eigenschaften *PortName* und *BaudRate* müssen Sie individuell anpassen. Letzteren Wert können Sie in der Regel dem Datenblatt des DVM entnehmen (z.B. Baudrate 2400 für das verwendete DT9602R). Und noch etwas sollten Sie nicht vergessen:

HINWEIS: In unserem Fall ist die *DtrEnable*-Eigenschaft des *SerialPort*-Controls auf *True* zu setzen!

---

[2] Preisgünstige Digitalvoltmeter mit RS232-Schnittstelle gibt es schon für ca. 30 Euro bei (fast) jedem Elektronikversand.

Quellcode

```
Imports System.IO.Ports

Public Class Form1
```

Beim Laden des Formulars wird der Port geöffnet:

```
Private Sub Form1_Load(ByVal sender As System.Object, ByVal e As System.EventArgs) _
                                                              Handles MyBase.Load
    SerialPort1.Open()
End Sub
```

Messdaten sind eingetroffen:

```
Private Sub SerialPort1_DataReceived(ByVal sender As System.Object, _
                ByVal e As System.IO.Ports.SerialDataReceivedEventArgs) _
                                            Handles SerialPort1.DataReceived
    Try
        Dim count As Integer = SerialPort1.BytesToRead   ' Anzahl Bytes im Empfangspuffer
```

Um den Inhalt des Empfangspuffers komplett als Zeichenkette auszulesen, könnte man die *ReadExisting*-Methode verwenden. Für die Übertragung von Zahlenwerten (Messdaten etc.) ist es aber zweckdienlicher, wenn wir von der Text- auf die Byte-Ebene hinabsteigen. Die im Folgenden vorgestellte Variante benutzt die *Read*-Methode der *SerialPort*-Komponente, um eine bestimmte Anzahl von Bytes aus dem Empfangspuffer in ein Byte-Array zur weiteren Verarbeitung einzulesen:

```
Dim ba() As Byte
ReDim ba(count - 1)
SerialPort1.Read(ba, 0, count)
```

Es folgt das Aufsplitten des übergebenen Byte-Arrays in zwei Strings (Messwert und Messbereich). In unserem Beispiel entsteht ein String aus acht ASCII-Zeichen. Dabei bilden die ersten fünf Zeichen den Messwert:

```
Dim data1 As String = System.Text.Encoding.Default.GetString(ba, 0, 5)
```

Danach folgt ein Leerzeichen. Die letzten beiden Zeichen verweisen auf den Messbereich:

```
Dim data2 As String = System.Text.Encoding.Default.GetString(ba, 6, 2)
```

Zwecks Anzeige muss auf den UI-Thread umgeschaltet werden:

```
Label1.Invoke(displayDataPtr, data1, data2)
```

Warum so umständlich? Die Komponenten der Benutzerschnittstelle (UI = User Interface) können nur von dem Thread aus verändert werden, von dem sie erzeugt wurden. Der Empfang der seriellen Daten läuft aber in einem anderen Thread ab. Als Lösung des Problems bietet sich ein Methodenzeiger (Delegate) an, der über die *Invoke*-Methode der entsprechenden Komponente (hier *Label1*) aufgerufen wird[1]:

```
Private Delegate Sub displayDataDlg(ByVal dat1 As String, ByVal dat2 As String)
Private displayDataPtr As displayDataDlg = AddressOf displayData
```

Die Anzeigeroutine, auf welche das *Delegate*-Objekt *displayDataPtr* verweist:

```
Private Sub displayData(ByVal d1 As String, ByVal d2 As String)
```

Messwert in Gleitkommazahl parsen:

```
    Dim f As Single = Single.Parse(d1)
```

Messbereichsabhängige Umrechnung und Anzeige:

```
    Select Case d2
        Case "11" : Label1.Text = f / 1000 & " V"
        Case "21" : Label1.Text = f / 100 & " V"
        Case "41" : Label1.Text = f / 10 & " mV"
        Case Else : Label1.Text = String.Empty
    End Select
End Sub
```

Beim Beenden des Programms sollte auch der Port wieder geschlossen werden:

```
Private Sub Button1_Click(ByVal sender As System.Object, ByVal e As System.EventArgs) _
                                                         Handles Button1.Click
    SerialPort1.Close()
    Me.Close()
End Sub

End Class
```

Test

Verbinden Sie Ihr DVM über das im Zubehör enthaltene Kabel mit der seriellen COM1-Schnittstelle des PC (andernfalls *PortName*-Eigenschaft im Quellcode anpassen). Stellen Sie den Messbereichsschalter des DVM auf Gleichspannung (VOLT DC) ein und aktivieren Sie die Übertragung per RS232 (siehe Bedienungsanleitung des DVM).

In Abhängigkeit von der Wandlungsrate des DVM (die des DT9602R ist hier mit ca. 1/sek nicht sonderlich berauschend) sollte das Programm nun kontinuierlich die aktuellen Messwerte anzeigen.

---

[1] Mehr zur asynchronen Programmierung und zur *SerialPort*-Komponente erfahren Sie in unserem Buch [*Visual Basic 2008 – Grundlagen und Profiwissen*].

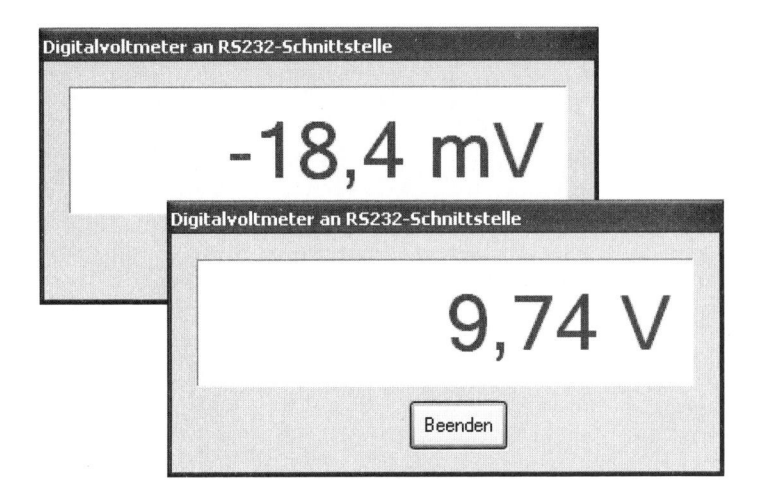

Bemerkungen

- Gefahren für Mensch und Computer beim Experimentieren sind so gut wie ausgeschlossen, da die RS232-Schnittstelle bei Messgeräten meist über Optokoppler herausgeführt wird.

- Falls keine Unterlagen zum DVM verfügbar sind: Um die Codierung der Messwerte und Messbereiche experimentell herauszufinden, kann das in unserem Buch [*Visual Basic 2008 Grundlagen und Profiwissen*] beschriebene Terminalprogramm benutzt werden (nicht vergessen: Häkchen bei DTR setzen!). Durch einige Versuche mit unterschiedlichen Spannungen lässt sich meist leicht feststellen, wie die einzelnen Ascii-Zeichen zu interpretieren sind.

- Für eine komplette Steuerung (Modelleisenbahn[1]) eignet sich z.B. das preisgünstige PC-Messmodul M 232, es verfügt über 6 Analogeingänge (10-Bit-Auflösung) sowie 8 digitale Ein-/Ausgänge. Davon kann ein Eingang als Zählereingang für ein 16-Bit-Register benutzt werden.

- Neuere PCs verfügen zugunsten zahlreicher USB-Ports meist nur noch über einen einzigen seriellen COM-Port. Hier lassen sich mit Hilfe handelsüblicher *USB zu SUB-D9-Adapter* weitere serielle Ports realisieren.

---

[1] Das Kind im Mann freut sich!

Anhang

A: Glossar

Begriff	Bedeutung	Bemerkung
ACE	Access Control Entries	Einträge in einer ACL
ACL	Access Control List	Zugangskontrollliste, dient der Rechteverwaltung
ADO	ActiveX Data Objects	ältere Datenzugriffstechnologie von Microsoft
ADO.NET		neue Datenzugriffstechnologie von Microsoft für .NET
ADS	Active Directory Service	Verzeichnisdienst
ANSI	American National Standard Institute	US-amerikanische Standardisierungsbehörde
API	Application Programming Interface	allgemeine Schnittstelle für den Anwendungsprogrammierer
ASCII	American Standard Code for Information Interchange	klassisches Textformat
ASP	Active Server Pages	Webseiten mit serverseitig ausgeführten Skripten
BLOB	Binary Large Object	binäres Objekt, z.B. Grafik
BO	Business Object	Geschäftsobjekt
CAO	Client Activated Objects	vom Client aktiviertes Objekt (.NET Remoting)
CGI	Common Gateway Interface	Möglichkeit für die Verarbeitung von Anfragen auf einem Webserver
CLI	Common Language Infrastructure	Standard für alle .NET-Programmiersprachen
CLR	Common Language Runtime	virtuelle Umgebung von .NET
COD	Click Once Deployment	neue Distributionsmöglichkeit in .NET 2.0
COM	Common Object Model	allgemeines Objektmodell von Microsoft
CSV	Comma Separated Variables	durch bestimmte Zeichen getrennte Daten (meist Komma)
CTS	Common Type System	Datentypen, die von .NET unterstützt werden
DAO	Data Access Objects	klassische Datenzugriffsobjekte
DC	Device Context	Gerätekontext
DCOM	Distributed Component Object Model	auf mehrere Rechner verteiltes COM
DES	Data Encryption Standard	Standard für die Verschlüsselung von Daten
DISCO	WebService Discovery	XML-Protokoll zum Aufsuchen von Webdiensten

Begriff	Bedeutung	Bemerkung
DLL	Dynamic Link Library	Laufzeitbibliothek, die von mehreren Programmen benutzt werden kann
DQL	Data Query Language	Untermenge von SQL zur Datenabfrage
DDL	Data Definition Language	Untermenge von SQL zur Datendefinition
DML	Data Manipulation Language	Untermenge von SQL zur Datenmanipulation
DMO	Distributed Management Objects	Objekte z.B SQLDMO zum Administrieren des SQL Servers
DNS	Domain Name Service	Umwandlung von Domain-Namen in IP-Adresse
DOM	Document Object Model	objektorientiertes Modell für den Zugriff auf strukturierte Dokumente
DSN	Data Source Name	Name einer Datenquelle
DTD	Document Type Definition	Definition der Xml-Dokumentenstruktur
DTS	Data Transformation Services	SQL-Server-Dienst, zum Transformieren von Daten
FCL	Framework Class Library	.NET-Klassenbibliothek
FSM	Finite State Machine	Endlicher Zustandsautomat
FTP	File Transfer Protocol	Internet-Protokoll für Dateitransfer
FQDN	Full Qualified Domain Name	Host-Name des Servers in URL
FSO	File System Objects	Objektmodell für Zugriff auf Laufwerke, Verzeichnisse und Dateien
GAC	Global Assembly Cache	allgemein zugänglicher Speicherbereich für Assemblies
GC	Garbage Collection	"Müllsammlung" (Freigabe von Objekten)
GDI	Graphical Device Interface	Grafikfunktionen der Windows API
GDI+		Grafikklassenbibliothek von .NET
GLS	Gleichungssystem	Begriff der numerischen Mathematik
GUI	Graphical User Interface	grafische Benutzerschnittstelle
GUID	Global Unique Identifier	eindeutiger Zufallswert (128 Bit) zur Kennzeichnung von Klassen
HTML	Hypertext Markup Language	Sprache zur Gestaltung statischer Webseiten
HTTP	Hypertext Transfer Protocol	Protokoll für Hypertextdokumente
ICMP	Internet Control Message Protocol	Nachrichtenprotokoll im Internet
ID	Identifier	Identifikationsschlüssel
IDC	Internet Database Connector	... enthält Infos zum Herstellen einer Verbindung bzw. Ausführen von SQL
IDE	Integrated Development Environment	Integrierte Entwicklungsumgebung
IE	Internet Explorer	... oder Internet Browser
IIS	Internet Information Server	... oder Internet Information Services
IL	Intermediate Language	Zwischencode von .NET
ISAM	Indexed Sequence Access Method	indexsequenzielle Zugriffsmethode

Begriff	Bedeutung	Bemerkung
ISAPI	Internet Server API Interface	Web-Anwendung (DLL) für IIS und IE
Jet	Joint Engineers Technology	lokales Datenbanksystem von Microsoft
JIT	Just In Time	Compilieren zur Laufzeit
LAN	Local Area Network	lokales Rechnernetzwerk
MARS	Multiple Active Results Sets	Mehrfachverwendung einer Connection (SQL Server 2005)
MDA	Model Driven Architecture	Anwendungsentwicklung auf Basis von Modellen
MDAC	Microsoft Data Access Components	Datenzugriffskomponenten (ab Version 2.6), müssen auf Zielcomputer installiert sein
MIME	Multipurpose Internet Mail Extensions	standardisierte Dateitypen für Internet-Nachrichten
MMC	Microsoft Management Console	Rahmenanwendung für administrative Aufgaben
MS	Microsoft	Software-Gigant
MSDE	Microsoft Data Engine	abgerüstete SQL Server-Datenbank-Engine
MSDN	Microsoft Developers Network	eine (fast) unerschöpfliche Informationsquelle für den Windows-Programmierer
MSIL	Microsoft Intermediate Language	Zwischencode für .NET
MSXML	Microsoft XML Core Services	
ODBC	Open Database Connectivity	allgemeine Datenbankschnittstelle
OLAP	On-Line Analytical Processing	
OLE	Object Linking and Embedding	Microsoft-Technologie zum Verknüpfen und Einbetten von Objekten
OLE DB		Schnittstelle für den universellen Datenzugriff
OOP	Object Oriented Programming	Objektorientierte Programmierung
PAP	Programmablaufplan	
POP3	Post Office Protocol Version 3	Posteingangsserver
PWS	Personal Web Server	abgerüstete Version des IIS
RAD	Rapid Application Development	schnelle Anwendungsentwicklung
RDBMS	Relational Database Management System	Relationales Datenbank-Management-System
RDL	Report Definition Language	Xml-basierte Beschreibungssprache für Microsoft Reporting Services
RDS	Remote Data Services	Objektmodell für Datenverkehr mit Remote Server
RPC	Remote Procedure Call	Aufruf einer entfernten Methode
RTL	Runtime Library	Laufzeitbibliothek
SAO	Server Activated Object	vom Server aktiviertes Objekt (.NET Remoting)
SDK	Software Development Kit	Entwickler-Tools
SGML	Standard Generalized Markup Language	Regelwerk zur Definition von Auszeichnungssprachen für Dokumente

Begriff	Bedeutung	Bemerkung
SMO	SQL Management Objects	managed Code-Libraries zur Verwaltung und Analyse des SQL Servers
SMTP	Simple Mail Transport Protocol	TCP/IP-Protokoll für die Übertragung von Nachrichten zwischen einzelnen Computern
SOAP	Simple Object Access Protocol	Protokoll zum XML-basierten Zugriff auf Objekte
SOM	Schema Object Model	zusätzliche APIs für den Zugriff auf XML Schema-Dokumente
SQL	Structured Query Language	Abfragesprache für Datenbanken
SQLDMO	SQL Distributed Management Objects	Library für Verwaltung des MS SQL Servers
SSL	Secure Socket Layer	Sicherheitsprotokoll für Datenübertragung
SSPI	Security Service Provider Interface	API für Authentifizierung und Vergabe von Zugriffsberechtigungen
TCP/IP	Transmission Control Protocol/ Internet Protocol	Netzwerkprotokoll zum Datentransfer, IP-Adresse ist 32-Bit-Zahl
UDDI	Universal Description, Discovery and Integration	Technologie zum Durchsuchen nach Webdiensten
UDF	User Defined Function	benutzerdefinierte Funktion (SQL Server)
UDL	Unified Data Link	standardisierte Datenverbindung
UDP	Unified Data Protocol	standardisiertes Datenprotokoll
UI	User Interface	Benutzerschnittstelle
UML	Unified Modelling Language	Sprache zur Beschreibung von Objektmodellen
UNC	Uniform Naming Convention	System zur Benennung von Dateien in vernetzten Umgebungen
URL	Uniform Resource Locator	Web-Adresse
WMI	Windows Management Instrumentation	Klassen zur Windows-Administration
WSDL	Web Services Description Language	XML-basierte Beschreibungssprache für Webdienste
WSE	Webservice Enhancements	Webdienst-Erweiterungen von Microsoft
W3C	Consortium	Standard
WWW	World Wide Web	Teil des Internets
XAML	eXtensible Application Markup Language	XML-Beschreibung für Windows-Oberflächen
XML	Extensible Markup Language	universelle textbasierte Beschreibungssprache
XSD	XML Schema Definition Language	XML-Dialekt zur Beschreibung von Datenstrukturen
XSLT	Extensible Stylesheet Language Transformations	Technologie zum Transformieren der Struktur von XML-Dokumenten

B: Wichtige Datei-Extensions

Extension	Beschreibung
.ascx	Web-Benutzersteuerelemente
.asp	Active Server Pages
.aspx	Webform
.aspx.vb	Quellcode für Webform
.cd	vom Klassen Designer angelegte Datei
.config	Konfigurationsdatei der Anwendung
.vbproj	Projektdatei
.css	StyleSheet
.deploy	Dateien für Click Once Deployment
.disco	Static Discovery File
.dll	Assembly (Klassenbibliothek)
.exe	Assembly (ausführbare Datei)
.htm	HTML-Datei
.manifest	Deployment Manifest
.pdb	Debug-Infos (Program Debug Database)
.resources	Ressourcen-Datei
.resx	Ressourcen-Datei (Xml)
.rdl	Xml-Report (Reporting Services)
.rdlc	lokaler Xml-Report
.rpt	Crystal Report
.settings	Anwendungseinstellungen (Visual Studio Settings)
.sln	Visual Studio Projektmappe
.suo	Benutzereinstellungen Visual Studio
.vb	Visual Basic-Quellcodedatei
.vshost.exe	Visual Studio Host zum Laden der Assembly
.wsf	Script für Windows Scripting Host
.xsd	XML Schema für XML-Dokumente
.xslt	XML-Transformationsdatei
default.aspx	Standardseite für Web
global.asax	Globale Ereignisse für die Webanwendung
web.config	WEB-Konfiguration
web.sitemap	Inhaltsverzeichnis des Webs für die Navigation

C: ANSI-Tabelle

0		32	[space]	64	@	96	`
1		33	!	65	A	97	a
2		34	"	66	B	98	b
3		35	#	67	C	99	c
4		36	$	68	D	100	d
5		37	%	69	E	101	e
6		38	&	70	F	102	f
7		39	'	71	G	103	g
8	BS	40	(	72	H	104	h
9	TAB	41	)	73	I	105	i
10	LF	42	*	74	J	106	j
11		43	+	75	K	107	k
12		44	,	76	L	108	l
13	CR	45	-	77	M	109	m
14		46	.	78	N	110	n
15		47	/	79	O	111	o
16		48	0	80	P	112	p
17		49	1	81	Q	113	q
18		50	2	82	R	114	r
19		51	3	83	S	115	s
20		52	4	84	T	116	t
21		53	5	85	U	117	u
22		54	6	86	V	118	v
23		55	7	87	W	119	w
24		56	8	88	X	120	x
25		57	9	89	Y	121	y
26		58	:	90	Z	122	z
27		59	;	91	[	123	{
28		60	<	92	\	124	|
29		61	=	93	]	125	}
30		62	>	94	^	126	~
31		63	?	95	_	127	

128		160	[space]	192	À	224	à
129		161	¡	193	Á	225	á
130		162	¢	194	Â	226	â
131		163	£	195	Ã	227	ã
132		164	¤	196	Ä	228	ä
133		165	¥	197	Å	229	å
134		166	¦	198	Æ	230	æ
135		167	§	199	Ç	231	ç
136		168	¨	200	È	232	è
137		169	©	201	É	233	é
138		170	ª	202	Ê	234	ê
139		171	«	203	Ë	235	ë
140		172	¬	204	Ì	236	ì
141		173		205	Í	237	í
142		174	®	206	Î	238	î
143		175	¯	207	Ï	239	ï
144		176	°	208	Ð	240	ð
145		177	±	209	Ñ	241	ñ
146		178	²	210	Ò	242	ò
147		179	³	211	Ó	243	ó
148		180	´	212	Ô	244	ô
149		181	µ	213	Õ	245	õ
150		182	¶	214	Ö	246	ö
151		183	·	215	×	247	÷
152		184	¸	216	Ø	248	ø
153		185	¹	217	Ù	249	ù
154		186	º	218	Ú	250	ú
155		187	»	219	Û	251	û
156		188	¼	220	Ü	252	ü
157		189	½	221	Ý	253	ý
158		190	¾	222	Þ	254	þ
159		191	¿	223	ß	255	ÿ

Index

A

Abfragemethoden 584
Abschreibung 86
AcceptChanges 606, 654
Access 594
Access drucken 354
Access-Datenbank 559
Activator 995, 996
ActiveXControls 724
ActualHeight 839
ActualWidth 839
AddExtension 456
AddFontResource 943
AddHandler 49, 100
AddHeader 745
AddMonths 82
AddNew 649, 653
AddRange 161
AddressList 883
AddressOf 49, 100
AddressWidth 892
AddYears 80
Administrator 882
ADO.NET 559
Afa 86
Aggregation 368
AJAX 824
Aktionsabfrage 586
AllowCurrentPage 324
AllowMerge 1031
AllowSelection 324
AllowSomePages 324, 1042
AllPages 324

AllPaintingInWmPaint 279
AllScreens 895
Alter 80
Ancestors 517
Anchor 165
Anwendungseinstellungen 175, 565, 830
Anwendungsinstanz 971
Anwendungsparameter 973
AOL 724
App.config 175, 564
Append 70, 1032
Application 885
Application_Error 737
ApplicationSettings 175
Array 27, 46, 49, 56, 118, 136, 194
Array-Index 29
Arraygröße 29
ArrayList 57
ArrowAnchor 211
Aschermittwoch 83
ASP.NET registrieren 823
ASP.NET-Grafikausgaben 784
ASP.NET-Version 791
aspnet_regiis.exe 823
Assemblies 892
Assembly 994, 996, 1089
Attributes 466
Auswahlabfrage 594
Authentifikation 819
AutoPostBack 710
AutoScroll 250
AvailablePhysicalMemory 892
AvailableVirtualMemory 892

B

BackColor 220
BackgroundImage 265
BackgroundSounds 724
Backslash 117
Balkendiagramm 229
Basisklasse 427
BatteryChargeStatus 891
BatteryFullLifetime 891
BatteryLifePercent 891
BatteryLifeRemaining 891
Beep 932
BeforeExpand 489
BeginInvoke 578
BeginPrint 1043
BeginUpdate 153, 157, 491
Beidseitiger Druck 316, 322
Berechnungen 747
Bericht 683, 687
Bericht filtern 695
Bericht gruppieren 698
Bericht sortieren 690
Bildlaufleisten 741
Bildschirm 895
Bildschirmauflösung 725
Bildschirme 888
Bildschirmschoner 921
Binärdatei 627
Binäre Daten 536
BinaryFormatter 375, 480
BinaryReader 475, 629
BinaryWriter 476, 628, 1053
Binding 647
BindingNavigator 572, 658
BindingSource 172, 174, 572, 646, 689
binReader.Deserialize 481
binWriter.Serialize 481
BitBlt 254
Bitmap 251, 667
Bitmap-Strip 282
BitsPerPixel 896
Body 959
BootMode 886
BorderStyle 213
Bounds 895
Browser 723, 724
Browser-Kopfzeile 769
Browserfenster 779
Bubblesort 102
Buchungssystem 1047
BulletedList 762, 772
ByRef 105
Byte 1000
Byte-Array 51, 501

C

C# 43
Cache-API 821
CacheDuration 820
Caching 820
CanAnimate 279
CancelEdit 649, 660
CanDuplex 316
Canvas 784
Catch 46, 97, 560
CausesValidation 186, 738
CellBorderStyle 166
ChangeClipboardChain 937
Changed 469
CheckBox 150
CheckedItems 162
CheckedListBox 161
CheckFileExists 456
CheckOnClick 161
CheckState 162
ChildItems 767
ChildNodes 763
Christi Himmelfahrt 83

Index

CInt 25
Class 48
ClientRectangle 254
ClientScript 764
clientseitige Validierung 738
Clipboard 142
CLR-Version 894
ClrVersion 724
Code Document Object Model 1087
CodeDOM 1087
CodeDomProviders 1088
Collection 57
CollectionBase 539
Color 234
ColorDialog 219
ColorMatrix 277
ColumCount 166
Columns 197, 593, 617, 662
COM1 1100
ComboBox 155, 158, 621
Command 586
CommandBuilder 569, 603, 607
CommandField 817
CommandLine 892
CommandType 592
CompanyName 893
Compare 72, 201
CompareDocumentOrder 517
CompareTo 72
CompiledAssembly 1090
Computer herunterfahren 902
ComputerInfo 886
ComputerName 889
confirm 758
ConformanceLevel 526
ConnectionString 564
Console 25, 1026
    BackgroundColor 1027
    Clear 1028
    Title 1028

Contains 162, 164
ContainsText 143
ContentType 745
ContextMenu 1034
ContextMenueStrip1 916
ContextMenuStrip. 170
Control 134
Control-Array 138, 221
Controls 132
Convert 28, 648
ConvertStringToByteArray 492
ConvertUntypedToTypedDS 677
ConvertXMLToDataSet 502
Cookie 791
cookieless 792
Cookies 724, 728
Copies 322
Copyright 893
Crashkurs 23
Crawler 724
Created 469
CreateEventSource 934
CreateGraphics 207
CreateInstance 996, 1090
CreateMeasurementGraphics 316
CreateNavigator 510, 518
CreateShortCut 919
CreateSubdirectory 918
CreateSubKey 897, 898
CreateXmlDeclaration 534
CreationTime 466
Credentials 959, 1066
CryptographicException 493
CryptoStreams 492
CurrentClockSpeed 892
CurrentCulture 886
CurrentDirectory 892
CurrentPage 324
CurrentRow 653
Cursors 165

CustomColors 220
customErrorsmode 736
CustomValidator 738

D

Data Encryption Standard 492
DataAdapter 586, 607
DataBindings 174, 573, 659
DataBits 1098
DataFormatString 751
DataGrid 501, 636
DataGridView 569, 575, 592, 621, 624, 661
DataGridViewComboBoxColumn 623
DataGridViewContentAlignment 662
DataGridViewRow 625
DataGridViewTextBoxColumn 593, 622, 662
DataKeyNames 816
DataMember 570
DataPropertyName 593, 623
DataReader 567, 664
DataReader umwandeln 643
DataReceived 1099
DataRelation 638
DataRow 560, 563
DataRowView 625, 652, 669
DataSet 501, 560
DataSet erzeugen 669
DataSet-Designer 673
DataSource 158, 569, 572, 647, 689
DataSources 690
DataTable 560, 563, 617, 627, 643
DataTableReader 644
DataView 619, 625, 639, 641, 652
DateDiff 79
Datei komprimieren 495
Datei lesen 474
Datei verschlüsseln 492
Datei-Eigenschaftenfenster 939
Datei-Informationen 464

Dateidialoge 455
Dateien 460
Dateien suchen 471
Dateisystem 468
Dateisystem-Editor 1019
Dateityp-Editor 1021
Dateiverknüpfungen 900
Datenbindung 172
Datenquelle 580, 683
Datentypen 45
DateTime 75, 80, 117
DateTimePicker 809
Datumsdifferenzen 77
Datumsformatierung 705
Datumsgrenze 592
Datumswerte 600
Day 81
DB-Client 569
Debugger 960
Decimal 146
Declare 47
Default.aspx. 710
DefaultCellStyle 593
DefaultExt 456
defaultRedirect 736
DefaultView 640
Delegate 100, 102, 432, 1100
DELETE 590, 603
DeleteCommand 603
Deleted 469
DeleteFile 1066, 1069
DeleteSubKey 897
DeleteSubKeyTree 897, 899
DeleteValue 897, 899
Depth 526
DES 492
Descendants 517
Description 893
DESCryptoServiceProvider 492
Design Pattern 435

Desktop-Icons 925
Desktop-Screenshot 256
Detail-Formular 651
DetailView 756
DeviceName 895
Dezimalkomma 147
Dezimalpunkt 147
DialogResult 457
DictionaryEntry 890
DiffGramm 809
Digitalanzeige 396
Dim 28
Directory 500
Directory2XML 534
DirectoryInfo 459, 464, 535, 763
DisplayMember 158, 623
DisplaySettingsChanged 909
Do While 46
DocumentCompleted 361
DocumentName 322
Doppelklicks 777
Double Buffering 286
DoubleBuffer 280
DownloadFile 792, 1064, 1069
Drag & Drop 179, 922
DragDrop 181, 923
DragEnter 181, 923
DragLeave 183
DrawIcon 925
DrawLine 228
DrawLines 229
DrawRectangle 214
DrawString 269
DropDownList 780
DropDownStyle 156
Druckauflösung 314
Druckausgabe 305
Druckbereich 312
Drucker anhalten 362
Drucker-Konfiguration 337, 357
Druckerauswahl 309
Druckerdialog 1029
Druckereigenschaften 358
Druckerliste 308
Druckjobname 322
Duplex 322
Duplexfähigkeit 316

E

E-Mail 957
E-Mail-Versand 759
EditItemTemplates 752
Eigenschaften 414, 420
Eigenschaftsmethoden 406
Eingabevalidierung 183
Element 516
Elimination 1069
Ellipse 213
ElseIf 45
EMail 958
EmptyDataRowStyle 743
EmptyDataText 743
EnableRaisingEvents 468, 935, 954
EncoderParameters 273
Encoding 51
EndEdit 649, 660
EndsWith 467
EndUpdate 153, 157
Energiestatus 891
EntryWritten 936
Entwurfsmuster 435
Enum 47
Enumerationen 47
EnumWindows 913
Environment 497, 886, 894
Environment Variablen 890
Ereignis 49, 432
ErrorProvider 183
ErrorsOccurred 612

Erweiterungsmethoden 108
EVA-Prinzip 23
Event 49, 432
Event-Handler 40
EventLog 934, 935
Excel-Format 744
Exception 41, 94, 560
ExecutablePath 893
ExecuteNonQuery 586, 588
ExecuteReader 665
ExitWindowsEx 902
Explorer 922
ExtClock 892
Extensible Style Language Transformation 545
Extension Method Syntax 108

F

Families 887
Farbauswahlbox 390
Farbdrucker 314
Farben 216
Farbverlauf 264
Farbwerte 234, 263
Fehler 94
Fehlercode 404 735
Fehlerklasse 967
Fehlerseite 736
Fenster-Screenshot 253
Fibonacci 67
FieldInfo 982
FileInfo 460, 464
FileName 456
FileStream 475, 499, 537, 628, 1053
FileSystemInfo 462
FileSystemWatcher 468
FileUpload 766
Fill 560, 569
FillEllipse 214
FillPie 217

Filter 456, 457, 468
Find 641
FindRows 641
FindString 157
FindWindow 926, 927
FirstChild 509
Floor 93
Flow-Layout 709
Flush 476
Focus 141
FolderBrowser 471
Fontdialog 1029
FontDialog 219
FontFamily 887
FontSmoothingContrast 887
FontSmoothingType 887
For 46
For Each 46
for-each 546
Format 647
Formatierungsstring 34
Formatters 375
Formelparser 49
Formular 123, 131, 378
Formular erben 381
FrameDimension 280
Frames 724
FromArgb 216, 263, 265
FromHdc 259
FromImage 252
Fronleichnam 83
FTP-Client 1061
FtpWebRequest 1061
FtpWebResponse 1061
FullName 466
Function 47
Funktionen 47
Funktionsdiagramm 1093
Fußzeilen 704

G

Gauss-Algorithmus 1069
Geldbeträge 93
Generic 59
GenericTypographic 268
Generische Liste 59
geometrische Transformationen 247
Gespeicherte Prozeduren 591
GetChanges 653
GetCommandLineArgs 973
GetCookie 844
GetCurrent 882
GetDC 256, 259
GetDeviceCaps 316
GetDirectories 459, 792
GetDirectoryName 463
GetEnvironmentVariables 890
GetError 185
GetExecutingAssembly 262, 893
GetExtension 464
GetFields 982
GetFileName 463, 1064
GetFileNameWithoutExtension 464
GetFiles 460, 792
GetFileSystemInfos 462
GetHdc 252
GetHostEntry 883
GetHostName 883
GetItemCheckState 164
GetLogicalDrives 497
GetManifestResourceStream 262
GetMethod 996
GetMethods 982
GetPathRoot 464
GetProcesses 913, 946
GetProperties 982
GetResponse 1063
GetStringBuilder 745
GetSubKeyNames 897

GetTempFileName 464
GetTempPath 464
GetText 143
GetType 981
GetValue 899
GIF-Animation 278
Gif-Frame 280
GiveFeedback 183
Gleitkommazahl 34
Global.asax 737
Goldener Schnitt 65
Grafik maskieren 274
Grafik scrollen 250
Grafikanimation 286
Grafikdialoge 219
Graphics 207
Gregorianischer Kalender 83
Grid-Layout 709
GridLines 194
GridView 739, 741
GroupBox 150
Gruppen 879
GUID 999
Gummiband 295
GZipStream 495

H

Haltepunkt 965
Handles 135
HardMarginX 313
HardMarginY 313
Hardware-Informationen 891
Hashtable 369
Hauptformular 119
HeaderText 593
Help 1012
HelpMaker 1016
HelpNameSpace 1015
HelpProvider 1014

Hibernate 908
HiddenField 764
HideSelection 144
Hilfe-IDE 1016
Hilfedatei 1007, 1011
Hilfemenü 1012
HTML Help Workshop 1007
HTML-Ausgaben 730
HTML-Formatierungen 770
HTML-Tabelle 709
HtmlDecode 770
HtmlEncode 751, 770
HtmlTextWriter 745
HttpUtility 770

I

IComparer-Schnittstelle 200
ICryptoTransform 493
Idle-Prozesse 947
If 45
IgnoreWhitespace 523, 526, 542
Image 774
ImageAnimator 278, 279
ImageAttributes 277
ImageCodecInfo 273
ImageFormat 251, 254, 273
Imports 44
Indeterminate 162
Indexer 372, 406, 1072
IndexOf 58, 60, 143
Informationsgerätekontext 316
Inherits 427
InitialDirectory 456, 457
INSERT 591, 603
InsertCommand 603
Installationsdatei 1017
InstalledFontCollection 271
InstalledFontsChanged 909
InstalledPrinters 307

Internet Explorer 360
Interval 242
Invalidate 286
InvalidOperationException 96
Invoke 995, 996
InvokeRequired 578
IP-Adresse 733, 883
IsAdmin 882
IsAfter 517
IsAuthenticated 827
IsBefore 517
IsClass 982
IsColor 724
IsDefaultPrinter 307
IsEnabledByUser 942
IsFontSmoothingEnabled 887
IsMDIContainer 1030
IsMobileDevice 724
IsPostBack 711
IsSpecialName 982
IsSupportedByOS 942
IsValid 739
Item 194
Items 41, 157, 158, 767
Iterationsschleife 62
IWshRuntimeLibrary 920

J

Jahre 80
Java-Script 725
JavaApplets 724
JavaScript 724
Join 49
JPEG-Kompression 273
JScript 764

K

Karfreitag 83
Kartenspiel 401

Kartesische Koordinaten 1079
KeyPress 147, 148
KeyUp 40
Klassen 413
Klassenbibliothek 378
Klassendefinition 48
Klassendiagramm 436
Kommentare 26, 44
komplexe Zahlen 1079
Komponente entwickeln 390, 396
Komposition 368
Konfigurationsdatei 564
Konsolenanwendung 24
Konsolenprogramm 35
Konstruktor 418
Konstruktor überladen 406
Kontextmenü 170, 900

L

Label 769
Lambda-Ausdrücke 108
Landscape 314, 339
LastAccessTime 467
LastNode 516
Laufwerke 497
LayoutMdi 130
Leerzeichen 118, 827
Length 34, 475, 1050
lineare Gleichungssysteme 1069
LinearGradientBrush 264
LineCap 211
LineJoin 211
Lines 143
Linien 210
LINQ to XML 513, 528
List 59
ListBox 39, 49, 152, 158, 567, 619, 775
ListDirectory 1069
Liste 689

ListView 194, 196, 482, 487, 664
ListViewItemSorter 200
LoadedAssemblies 893
LoadOption 645
Localizable 990
LocalPath 1064
LocalReport 690, 694
LockBits 288
Logische Fehler 960
Lokalisierung 990
Loop 46
Loop While 46, 66
LowMemory 909

M

MachineName 889
MailAttachment 761
Mail-Client 958
Mail-Server 759
MailMessage 760, 959
Main 121
MainWindowHandle 913
MakeTransparent 275
ManagementObjectSearcher 359, 880
Manufacturer 891
Margins 312, 319
Markierungsrahmen 295
MARS 613
Master-Detail-Beziehung 636, 657
Math 99
Matrix 247, 406
Matrizen 411
Maus 164
Maustaste 164
MaximumCopies 322
MaxLength 572
MByte 1000
MDI 1029
MDI-Applikation 128

MDI-Kindfenster 1030
MDI-Rahmenfenster 1029
MDIChild 1031, 1035
MdiParent 130
MDIParent 1035
MeasureString 268, 336
Mehrzeiliger Text 269
MemoryStream 377, 502, 677
Menü 767, 1031
Menüeditor 170
MenuStrip 885, 1031
Merge 606
MergeAction 1032
MergeIndex 1032
Message-Handler 911
MessageBox 560, 969
Messwertliste 113
Metafilegrafik 252
Methode 31
Methoden 47, 365, 414
Methoden überladen 406
MethodInfo 982, 1089
Microsoft Event Pattern 448
Microsoft Reporting Services 683
Millimeter 318
Module 25
Monatsdifferenz 81
MonitorCount 888
MonitorsSameDisplayFormat 888
Month 81
MouseButtons 164
MouseMove 164
Mouseover-Effekt 742
MouseOver-Effekt 774
MoveFirst 648
MoveLast 649
MoveNext 649
MovePrevious 649
MoveToNext 509, 518
MoveToPrevious 509, 518

MoveToRoot 509
Multicast-Delegate 446
Multicast-Event 446
MultiLine 141
Multiple Active Resultsets 613
MustInherit 426
MustOverride 427
MySettings 566, 581

N

Nachkommastellen 704
Navigationsschaltflächen (ADO) 962
Network 889
NetworkCredential 760, 959, 1066
Netzwerk 889
New 48
NewGuid 999
NewLine 141
Next 62, 225
NextNode 515
Nodes 517
NodeType 527
Nothing 31
NotifyFilter 468
NotifyIcon 189, 916
NoWrap 1044
Nullwerte 704
Nutzer 879

O

ObjectDataSource 815
Objekte 48, 413
Objektstrukturen 539
Objektvariablen 416
Observer-Pattern 435
Of-Klausel 59
OLE-Automation 347
OleDbCommand 568
OleDbCommandBuilder 659

Index

OleDbConnection 560
OleDbDataAdapter 560, 569
OleDbDataReader 567, 568, 665
OleDbParameter 595
OnChange 575
OnClientClick 779, 788
OnPaint 207
OOP 401
Open 560
OpenFileDialog 250, 455, 1038
OpenReport 356
OpenSubKey 897, 899
Operatoren 45
Operatorenüberladung 1079
OSFullName 886
Ostermontag 83
OSVersion 886
Overloads 366
Overridable 366, 427
Overrides 366, 427
OverwritePrompt 456

P

Page.Title 769
PageLoad 734
PageSetupDialog 319, 328
PageUnit 318
Paint 207
PaletteChanged 909
Panel 250, 741, 774
PAP 24, 1069
PaperKind 312
PaperName 311
PaperSizes 311, 339
Papierformate 311
Papierkorb 928
Parameter 105
Parameterdefinition 695
ParameterDirection 595

ParameterDirection.Input 593
Parameters 599
Parse 146, 647, 1053
PasswordChar 1062
Path 463
PC-Name 889
Peek 1063
Persistent 375
Pfeile 210
Pfingstmontag 83
Pfingstsonntag 83
PictureBox 179, 213, 285
PlaceHolder 775
Platform 724, 886
PlayLooping 932
PointToScreen 1014
Polarkoordinaten 1079
Polymorphie 424
Popup-Fenster 754
PopUp-Hilfe 1013
PopUp-Menü 170, 1034
portieren 43
PostBack 728
PostedFile 766
Potenzen 99
Pow 99
PowerLineStatus 891
PowerModeChanged 909
PowerStatus 891
PrependChild 534
PreviousNode 515
Primary 895
PrimaryMonitorMaximizedWindowSize 888
PrimaryMonitorSize 888
PrimaryScreen 257
PrintableArea 313
PrintDialog 1042
PrintDocument 305, 306, 1042, 1043
PrinterName 310, 338
PrinterResolution 314, 339

PrintPage 305, 319, 1043
PrintPreviewDialog 1042
PrintRange 323
PrivateFontCollection 943
Process 900, 913, 945, 951, 957
Process.Start 952
ProcessName 946
ProcessorCount 891
ProcessStartInfo 929
ProcessThread 945
ProductName 893
ProductVersion 893
Programm starten 951
Programmablaufplan 24, 63, 1069
Programmgruppen 918
Programmressourcen 260
ProgressBar 66, 498
ProhibitDtd 523
Projekt exportieren 789
Projektmappen-Explorer 710
Property 48
PropertyInfo 982
Prozeduren 47
Prozesse 945
Pythagoras 960

Q

Quadratwurzel 62
Query Expression Syntax 108
Query Notification 575
QueryString 726

R

RadioButton 150
RaiseEvent 49, 433
Random 61, 225
Random Access Datei 1047
Read 568
ReadContentAsFloat 527

ReadExisting 1099
ReadLine 25, 38
ReadOnly-Eigenschaft 421
ReadXml 506, 631, 632, 677, 689
ReadXmlSchema 550
Rechteck 213, 215
Redirect 721
ReferenceEquals 72
Referenztyp 105
Reflection 981
Reflection-Mechanismus 1088
RefreshReport 690
Regex 184
Registrierdatenbank 896
Registrierungs-Editor 1020
Registry 886
RegistryKey 898
Regulärer Ausdruck 183
RegularExpressions 184
Reisespesen 90
RejectChanges 606, 654
Rekursion 67
Relationen 501
ReleaseDC 259
ReleaseHdc 253
RemotingFormat 633
Remove 117
RemoveAt 154, 157
RemoveCurrent 649
RemoveFontResource 943
Renamed 469
RenderControl 745
RenderWithVisualStyles 942
Report 683
ReportEmbeddedResource 690
Reporting Services 706
ReportParameter 694, 697
ReportViewer 683, 685
Request 733
Request.Browser 724

RequestUri 1064
resizeTo 727
ResourceManager 990
Response 721, 724, 733
Ressourcen 983
Reverse 58, 60
RGB-Grafiken 288
RichTextBox 1029, 1038
RotateAt 248
Round 93
RoundRect 215
RowCount 166
RowDataBound 740, 749
RowFilter 639, 641
Rows 560, 617
RowUpdating 610
RS232 1097
RTF drucken 1042
Rücksubstitution 1069
runden 93, 117

S

SaveFileDialog 455, 1038
Schemainformationen 571
Schleifen 46
Schnittstellenvererbung 200
Schriftarten 271, 887, 942
Screen 895
ScreenBitDepth 724
ScreenOrientation 888
ScreenPixelsHeight 724
ScreenPixelsWidth 724
Scripting 764
ScriptManager 825
Scrollposition 771
Seitenabmessungen 311
Seitenaufrufe 734
Seitenausrichtung 314, 339
Seitenbereiche drucken 323

Seitenränder 319
Seitenzahlen 705
Select 518, 548
SELECT 595, 603
Select Case 46
SelectCommand 599, 607
Selected 625
SelectedColor 390
SelectedColorChange 390
SelectedIndexChanged 620
SelectedText 142
SelectedValue 816
Selection 324
SelectionAlignment 1040
SelectionLength 141, 142, 143
SelectionMode 153
SelectionStart 141, 142, 143
SelectQuery 747
SelectSingleNode 509
Send 959, 977
SendKeys 977
SendMessage 937, 943
SendWait 977
serialisieren 375
Serialisierer 375
Serialisierte Objekte 477
SerializationFormat 634
SerialPort 1097
Server 723
Server.ClearError 737
Server.MapPath 763
Service-Client 809
ServicePack 886
Session 721
Session-ID 792
SessionEnded 909
SessionSwitch 909
SetApartmentState 837
SetClipboardViewer 937
SetColorMatrix 277

SetDataBinding 638
SetDefaultPrinter 307
SetFocusOnError 738
SetItemCheckState 164
SetLength 1051
SetParameters 694, 697
SetSelected 153
SetSuspendState 908
SetTabStops 270
Setup-Projekt 1017
SetValue 898
Shared 48
Shared Methoden 406
SHEmptyRecycleBin 928
SHInvokePrinterCommand 331, 357
Show 125
ShowDialog 220, 457
ShowFooter 749
ShowHelp 1012
ShowPopup 1013
ShowShutDownDialog 907
ShowWindow 926, 927
Shutdown-Ereignis 908
Shutdown.exe 902
Sicherheitsabfrage 758
SmtpClient 760, 959
SocketDesignation 892
SolidBrush 218
SomePages 324
Sort 58, 639
Sorted 153
Sortieralgorithmus 102
Sortierfolge 691
Soundkarte 894, 944
SoundPlayer 931
Spaltensumme 749
SpecialFolder 918
Speicherort 708
Split 49
Sprite 274

SQL 600
SQL Server 562, 598
SQL Server-Tabellen 552
SqlCommand 592
SqlConnection 563, 592
SqlDataAdapter 563
SqlDependency 575
SQLEXPRESS 562
Sqr 227
Sqrt 227
SRCCOPY 254
Standard-Drucker 306
Standarddrucker. 305
Standardeigenschaft 369
Standardkonstruktor 419
Standby-Modus 908
Stapel-Abfrage 608
Start 957
Startformular 119
StartInfo 951
Startobjekt 119
StartupPath 900
StatementType 611
StatusStrip 1062
Steuerelement erzeugen 394
Steuerelement vererben 386
Steuerelemente 134, 645
Steuerelemente-Array 136
Steuerelementefeld 221
Stored Procedure 591
StoredProcedure 595
StreamReader 484, 1063
StreamWriter 483
String 49, 51
String.Empty 41
Stringaddition 68
StringBuilder 68
StringFormat 336
StringFormatFlags 336
StringWriter 745

Index

Structure 47, 54
Strukturen 47
Strukturvariablen 53
Sub 25, 47
SubItem 194, 197
Subject 959
SubKeyCount 897
SubMain 192
Suchassistent 929
Suchfunktionen 49
SupportsColor 314
SupportsCss 724
Suspend 908
System-Icons 924
System.Collections 57
System.Data.OleDb 559
System.Data.SqlClient 563
System.Diagnostics 946
System.Drawing.Drawing2D 210
System.Drawing.Printing 306
System.Environment 885
System.IO 1051
System.IO.Ports 1099
System.Management 358, 879
System.Media 931
System.Net 883, 959, 1062
System.Runtime.InteropServices 307
System.Security.Principal 882
System.Text 52
System.Xml.Serialization 542
System.Xml.XPat 525
System.Xml.Xsl 545
Systemereignisse 909
SystemInformation 885
Systeminformationen 885
SystemParametersInfo 922
Systemprotokoll 932, 935
Systemtöne 930

T

Tabellen 713
Tabellenspalten 704
Table 713
TableLayoutPanel 165
TableMappings 609
Tabulatoren 270
Taskbar ausblenden 927
Taskbar Notification Area 915
Tastaturbefehle 977
Tastatureingaben 148
TerminalServerSession 889
Testbild 301
TextAlign 147
Textausrichtung 863
TextBox 141, 143
TextBox drucken 335
Textdatei drucken 332
Texte gedreht 266
Textschatten 267
Textverarbeitung 1029
Then 45
Thread 1099
Threads 945
ThreadWaitReason 949
Throw 94, 96
TimeChanged 909
TimeSpan 68, 75, 77, 947
Title 456, 893
TNA 915
ToDateTime 593, 648
ToDecimal 625
ToDouble 41
TopLevel 132
Tortendiagramm 217
ToString 29, 70
TotalPhysicalMemory 892
TotalVirtualMemory 892
TrackBar 277

Trademark 893
Transfer 723
Transform 546
Transformationsdatei 546
TranslateTransform 229
Transparenz 216, 277
TreeView 489, 521, 761
Trennzeichen 50
Try 46
Try-Catch 38, 94
Typecasting 61
Typinferenz 108
Typinformation 981
Typumwandlung 61

U

Überladen 365
Überschreiben 365
Überwachungsausdrruck 965
Uhrzeit 116
ungepufferte Textausgabe 732
UnicodeEncoding 492
Unterprogramm 31
Unterbrechungsbedingung 965
Unterstreichungslinie 702
Unterverzeichnisse 459
Update 605, 649
UPDATE 603
UpdateCommand 603
UpdatedRowSource 609
UpdatePanel 825
UpdateParameters 816
UpdateProgress 825
UpdateStatus 612
Upload-Begrenzung 787
UploadFile 792, 1069
User Control 780, 784
User-Name 889
UserDomainName 889

UserHostAddress 733
UserInteractive 889, 893
UserLanguages 733
UserName 889
UserPaint 279
Using 614

V

ValidateNames 457
Validating 186
Validierung 738, 751
ValueCount 897
ValueMember 158, 623
VBScript 724
Vektorgrafik 252
Vektorgrafik (2D) 242
Vererbung 368, 374, 424
Verkehrsampel 238
Verknüpfung 919
VersionString 886
Versuch und Irrtum-Methode 201
Verzeichnisbaum 489, 761
Verzeichnisinhalt 487
Verzeichnisstruktur 534
Verzweigungen 45
ViewBox 851
VirtualScreen 888
Visual Styles 942

W

Währungsformatierung 703
Währungsspalte 592
Währungswerte 751
WaitCursor 499
WaitForInputIdle 978
WAV-Dateien 930
waveOutGetNumDevs 944
Web-Benutzersteuerelement 780
Web.config 735, 803, 830

Web.Config 712
Webanwendung 707
WebBrowser 360
Webdienst 802
WebRequestMethods 1063, 1066
Webseite drucken 788
Webverweis aktualisieren 818
Wertetyp 105
Win32_SoundDevice 894
Windows Botschaften 911
Windows Fenster 912
Windows Management Instrumentations 885
Windows Scripting Host 919
Windows-Desktop 258
Windows-Drucker-Fenster 331
WindowsIdentity 881, 882
WithEvents 49, 135, 433
WMI 358, 885
WndProc 911
Wochentag 85
Word 347
Word-Formulare 350
WorkingArea 257, 888, 896
WorkingSet 893
WPF
    AllowsTransparency 864
    AllScreens 832
    Background 864
    BevelBitmapEffect 874
    BitmapEffect 873
    BitmapFrame 857
    BlurBitmapEffect 875
    Browserfenster 838
    Canvas 861
    Content 858, 862
    Cookies 843
    DropShadowBitmapEffect 873
    EmbossBitmapEffect 875
    Fill 852
    Fokuserhalt 877
    FontFamily 859
    Fullscreen-Mode 831
    Grafiken 851
    Grafiken laden 853
    Hauptfenster 834
    Hyperlink 841
    IFRAME 839
    IsFocused 875
    IsMouseOver 875
    IsMuted 870
    Leerzeichen 858, 863
    LineBreak 863
    LoadedBehavior 870
    MediaElement 870
    Multiscreen 832
    NaturalDuration 870
    NaturalVideoHeight 870
    NaturalVideoWidth 870
    NavigationService 841, 842
    Navigationsschaltflächen 840
    Oberflächen dynamische 848
    OnStartUp 868
    OuterGlowBitmapEffect 874
    Page-Instanz 846
    PopUp 847
    Primär-Screen 832
    Programmparameter 868
    QueryString 844
    Ressourcen 855
    Runde Fenster 863
    Schatteneffekt 873
    Schriftarten 859
    Screen 832
    SetCookie 843
    ShowsNavigationUI 840
    Sinuskurve 865
    Sonderzeichen 858
    Splash-Screen 835
    Startup 868
    StartupEventArgs 868
    StartupUri 834
    Textformatierung 862
    Uniform 852
    UniformToFill 852

Video 870
WindowHeight 838
WindowStyle 864
WindowTitle 838
WindowWidth 838
Zeichnung 865
Zeilenumbrüche 863
WPF-Browseranwendung 837
Write 628, 730
WriteAttributeString 531, 538
WriteBase64 538
WriteEndElement 531
WriteFile 732
WriteLine 25, 38
WriteSchema 632
WriteStartDocument 531
WriteStartElement 531
WriteXml 507, 631, 677
WriteXmlSchema 550
WshShellClass 920
Würfel 224
Wurzeln 99
WWW-Dienst 822

XmlElement 535, 542
XmlEnum 542
XmlIgnore 542
XmlReader 523, 525, 526
XmlReaders 521
XmlReaderSettings 523, 526
XmlReadMode 677
XmlRoot 542
XmlSerializer 539
XmlWriteMode 632
XmlWriter 530
XNode 513
XOR-Zeichenmodus 295
XPathDocument 518
XPathNavigator 508, 510
XPathNodeIterator 518
Xsd-Designer 687
XslCompiledTransform 546
XSLT 545, 554

X

XComment 533
XDeclaration 533, 548
XDocument 513, 533
XElement 513, 528, 533, 548
XML-Datei 505, 631
XML-Schema 571
Xml-Strings 501
XML-Webdienst 792
XmlAttribute 542
XmlDataDocument 549
XmlDocument 510, 518, 521, 534, 549

Y

Year 78

Z

Zahleneingaben 145
Zeichen 117
Zeichenoperationen 297
Zeilenfarbe 703
Zeilenumbruch 769
Zeitdifferenzen 75
Zeitmessung 68
Zentrale Fehlerbehandlung 737
Zufallszahlen 61
Zustandsvariablen 238
Zwischenablage 936, 975

HANSER

Was Sie schon immer über Visual Basic wissen wollten...

Doberenz/Gewinnus
Visual Basic 2008 – Grundlagen und Profiwissen
1438 Seiten.
ISBN 978-3-446-41491-4

Der Titel dieses Buches ist Programm – und hat Tradition: Die Autoren wagen mit ihm seit zwölf Jahren erfolgreich den Spagat, einerseits Grundlagen und andererseits professionelle Programmiertechniken zu vermitteln. Obwohl Sprachumfang und Einsatzgebiete von Visual Basic 2008 ein breites Spektrum abdecken, verstehen es die Autoren, sich auf das Wesentliche zu konzentrieren und die wichtigsten Grundlagen knapp und trotzdem verständlich zu vermitteln.

- Grundlagen der Programmierung mit Visual Basic 2008
- Programmierung von Windows Forms-Anwendungen
- Anwendungen mit der Windows Presentation Foundation (WPF)
- Anwendungen mit ASP.NET entwickeln
- Berücksichtigt außerdem .NET 3.5, LINQ, ADO.NET u.v.a.m

Mehr Informationen zu diesem Buch und zu unserem Programm unter **www.hanser.de/computer**

HANSER

Was Sie schon immer über C# wissen wollten.

Doberenz/Gewinnus
Visual C# 2008
Grundlagen und Profiwissen
1438 Seiten.
ISBN 978-3-446-41440-2

Nach dem Prinzip »so viel wie nötig« bringen die Autoren mit Ihrem Buch Einsteigern die wesentlichen Aspekte der .NET-Programmierung mit Visual C# 2008 nahe und vermitteln rasch erste Erfolgserlebnisse. Für den Profi stellen sie eine Vielzahl von Informationen bereit, nach denen er in der Dokumentation, im Internet und in der Literatur bislang vergeblich gesucht hat. Berücksichtigt werden dabei u. a. .NET 3.5, WPF, LINQ und ADO.NET mit AJAX.

Die Kapitel bilden eine logische Aufeinanderfolge, können aber auch quergelesen werden. Die behandelten Programmiertechniken werden im Praxisteil eines jeden Kapitels anhand realer Problemstellungen im Zusammenhang vorgeführt.

Mehr Informationen zu diesem Buch und zu unserem Programm unter **www.hanser.de/computer**

HANSER

Für Spitzenköche.

Doberenz/Gewinnus
Visual C# 2008 – Kochbuch
1.152 Seiten. Mit DVD.
ISBN 978-3-446-41442-6

Die Kochbücher des Autorenduos Walter Doberenz und Thomas Gewinnus basieren auf einer einfachen Erkenntnis: Programmierbeispiele eignen sich nicht nur hervorragend, um souverän und richtig programmieren zu lernen. Vielmehr liefern sie auch sofort anwendungsbereite Lösungen, nach denen der Programmierer in der Dokumentation oder im Web lange sucht, und schließen so eine Wissenslücke.

Das vorliegende Kochbücher setzen diese Tradition fort. Der inhaltliche Bogen ihrer 450 Rezepte spannt sich dabei vom simplen Einsteigerbeispiel bis hin zu komplexen Profi-Techniken. Die Beispiele erfassen so gut wie alle wesentlichen Einsatzgebiete der Windows- und Webprogrammierung unter Visual Studio 2008.

Mehr Informationen zu diesem Buch und zu unserem Programm unter **www.hanser.de/computer**

HANSER

Volle Power voraus!

Payette
Windows PowerShell im Einsatz
592 Seiten.
ISBN 978-3-446-41239-2

Windows hat zwar eine einfach zu bedienende Oberfläche. Das Automatisieren von Systemabläufen ist dennoch nicht ganz einfach - es sei denn, man setzt PowerShell ein, Microsofts neue universelle Skriptsprache für Windows.

Windows PowerShell im Einsatz ist ein Programmiertutorial für Systemadministratoren und Entwickler, das den Leser umfassend in die Sprache und Sprachumgebung einführt. Das Buch zeigt, wie Skripte und Hilfsmittel entwickelt werden, um Systemprozesse zu automatisieren, oder mächtige Systemmanagement-Werkzeuge, um die täglichen Aufgaben der Windows-Systemadministration zu bewältigen. Das Buch deckt außerdem Themen wie Batch-Skripting und String-Verarbeitung, COM und WMI ab.

Mehr Informationen zu diesem Buch und zu unserem Programm unter **www.hanser.de/computer**

GUT AUFGELEGT
ICH BLEIBE OFFEN LIEGEN ;-) DANK SPEZIAL-
FORMAT UND PATENTIERTER BINDUNG

Kösel FD 351 · Patent-No. 0748702